法と心理学の事典

―犯罪・裁判・矯正―

越智 啓太
藤田 政博
渡邉 和美

[編集]

朝倉書店

まえがき

　2009年から裁判員制度が実施された．裁判員制度は，今まで専門家のみによって担われてきた刑事裁判を広く一般の人々にも担ってもらうという制度であり，わが国の司法制度の歴史上，1928年の陪審制度実施以来の，大きな改革の一つであるといえるであろう．
　裁判員制度の導入は，法律学の研究者や実務家に多くの問題を提起するものでもあった．たとえば，一般の人が裁判に関与した場合，はたして公平な判断を導くことができるのか，過度に重い刑や軽い刑になってしまわないのか，冤罪は増えないのか，そもそも公平な判断をする裁判員をどのように選び，どのような方法で公判を行っていけばよいのか，などの問題である．このような問題は法律学の範囲だけで解決できる問題ではなかった．このような問題の検討を得意としていたのは，人間の行動に関する実証研究を行ってきた心理学者たちであった．そこで，法律学者と心理学者との協働による研究が行われることになった．
　また，この時期，裁判員制度をめぐる問題以外でも，法律学と心理学の協働を必要とするさまざまな問題があらわれてきた．まず問題になったのは，目撃者の証言の問題である．いくつかの事件の裁判で，重要な証拠である目撃証言が誤っていたことが明らかになったことをきっかけとして，そもそも目撃証言はどの程度正確なのか，どのようにすれば正確な証言がとれるのか，目撃証言を捜査や公判の過程でどのように扱っていくべきかなどの議論が生じてきたのである．次に，子どもに対する性犯罪者の矯正の問題が出てきた．いくつかの事件で，子どもに対して性犯罪を行った犯人が，同種の前歴で刑務所を出たばかりであったことが明らかになったからである．ここでは，このような犯罪者はそもそも矯正可能なのか，可能ならばどのような方法で行えばよいのか，などの議論がなされるようになった．さらには，犯罪捜査における取調べの可視化の問題，子どもへの虐待についての問題，裁判における手続き的な公正の問題など，法学と心理学が協働して取り組まなければならないさまざまな問題が次々とあらわれてきたのである．
　このような問題は，大正・昭和の陪審制度導入の頃にも意識され，法学者と心理学者の共同作業も行われたが，あまり知られることはなかった．しかし，市民の司法参加や裁判過程における心理学上の問題に対処すべきことが忘れられたわけではなかった．法学と心理学，これらの双方の分野に関心をもつ研究者は，日本各地の大学で研究会をするなどして研究活動を続けていた．そして，折しも裁判員制度を新たに創設するという検討が司法制度改革審議会で行われていた2000年に，法律学者と心理学者が集まって「法と心理学会」

が立ち上がり，第1回大会が京都で開催された．また，いくつかの学融的研究プロジェクトが計画された．

しかし，これらの試みは当初から，うまくいったわけではなかった．そもそも法律学と心理学はまったく異なった方法論と知識体系をもった学問であり，お互いの考え方を理解するのがなかなか難しく，互いの研究者のコミュニケーションギャップが大きかったからである．これらの協働の作業をうまく働かせていくためには，法律学と心理学の専門家がそれぞれお互いの知識体系や研究方法をある程度，理解していくことが不可欠である．しかしながら，法律学と心理学の両分野の学問を，初歩的な段階から実際の問題や最先端の段階まで一冊で網羅するような書籍やハンドブックや事典は存在しなかった．

本書は，そうした事典となるべく企画されたものである．

本書のプランは，編者である越智と朝倉書店の編集者との法と心理学の現状についての話し合いの中でうまれた．その後，法社会学と社会・犯罪心理学の若手研究者である藤田と渡邉を編集代表として誘い，各章ごとにその分野の第一線で活躍する先生方を担当編集委員として編集態勢を作り上げた．最終的には現段階で考えられる最適なメンバーによって各項目が書かれた事典を作り上げることができた．なお，執筆者としては「法と心理学」という新しい分野を今後担っていく，新進気鋭の若手研究者を中心にお願いした．

できるだけ早期の出版をめざして作業を行ったのだが，結果的に，企画から完成まで4年近くかかってしまった．執筆者の中には非常に早く原稿を完成させた方も多かったので，その方々にはずいぶんお待たせしてしまった．また，朝倉書店の編集部にはたいへんなご迷惑とご苦労をおかけしてしまった．その進行管理と叱咤激励，そして索引や資料を準備する丁寧な作業がなければ，本事典は決して日の目をみることはなかっただろう．しかしながら，結果として，この分野の現段階での最高の事典を作り上げたことができたものと自負している．

この書籍の出版が，法律学研究と心理学研究のひとつの架け橋となってくれることを願っている．

2011年4月

越智啓太
藤田政博
渡邉和美

■ 編　集　者

越 智 啓 太　法政大学
藤 田 政 博　関西大学
渡 邉 和 美　科学警察研究所

■ 章担当編者

朝 比 奈 牧 子　府中刑務所［11 章］
岡 田 幸 之　（独）国立精神・神経医療研究センター［12 章］
越 智 啓 太　法政大学［6, 7, 8, 9, 10 章］
桐 生 正 幸　関西国際大学［10 章］
相 良 陽 一 郎　千葉商科大学［5 章］
サトウタツヤ　立命館大学［1 章］
藤 田 悟 郎　科学警察研究所［13 章］
藤 田 政 博　関西大学［2, 3, 4, 9 章］
水 田 恵 三　尚絅学院大学［6 章］
渡 邉 和 美　科学警察研究所［2, 7, 8 章］
　（編集協力）
飯 田 　 高　成蹊大学

■ 執　筆　者（五十音順）

相 澤 直 樹	神戸大学	石 崎 千 景	名古屋大学
会 沢 　 恒	北海道大学	板 山 　 昂	神戸学院大学 院生
赤 田 実 穂	前法務省矯正局	今 在 景 子	名古屋大学
朝 比 奈 卓	東京少年鑑別所	入 江 秀 晃	九州大学
朝 比 奈 牧 子	府中刑務所	入 山 　 茂	前東洋大学
安 達 栄 司	立教大学	岩 倉 　 希	日本大学
雨 宮 有 里	法政大学	岩 見 広 一	北海道警察科学捜査研究所
荒 川 　 歩	武蔵野美術大学	大 上 　 渉	福岡大学
安 藤 久 美 子	（独）国立精神・神経医療研究センター	大 塚 祐 輔	科学警察研究所
飯 田 　 高	成蹊大学	大 坪 庸 介	神戸大学
生 駒 貴 弘	大阪保護観察所	岡 田 幸 之	（独）国立精神・神経医療研究センター

岡田 悦典　南山大学	徳永 光　獨協大学
岡邊 健　山口大学	仲 真紀子　北海道大学
岡村 和子　科学警察研究所	中島 聡美　(独)国立精神・神経医療研究センター
岡本 拡子　高崎健康福祉大学	中村 晃　千葉商科大学
越智 啓太　法政大学	南部 さおり　横浜市立大学
笠原 洋子　(株)日本経営協会総合研究所	西田 篤史　法務省矯正局
片岡 義恵　笠松刑務所	野畑 友恵　佐賀大学
桐生 正幸　関西国際大学	萩野谷 俊平　栃木県警察科学捜査研究所
久原 恵理子　科学警察研究所	橋本 和明　花園大学
小菅 律　科学警察研究所	羽生 和紀　日本大学
小林 寿一　科学警察研究所	馬場 耕一郎　社会福祉法人友愛福祉会 おおわだ保育園
坂 明　兵庫県警察本部	樋村 恭一　実践女子大学 非常勤講師
榊 博文　慶應義塾大学	平 伸二　福山大学
相良 麻里　東京家政大学	平山 真理　白鷗大学
相良 陽一郎　千葉商科大学	福井 裕輝　(独)国立精神・神経医療研究センター
笹倉 香奈　甲南大学	福来 寛　University of California Santa Cruz
サトウタツヤ　立命館大学	藤田 悟郎　科学警察研究所
重森 雅嘉　(公財)鉄道総合技術研究所	藤田 政博　関西大学
清水 大輔　法務省福岡矯正管区	堀田 秀吾　明治大学
白石 紘章　元北海道大学 院生	本庄 武　一橋大学
杉森 伸吉　東京学芸大学	松田 睦代　関西国際大学 院生
杉山 翠　福島県警察科学捜査研究所	松並 知子　神戸女学院大学・羽衣国際大学 非常勤講師
鈴木 護　科学警察研究所	水田 恵三　尚絅学院大学
須谷 修治　(財)都市防災研究所 客員研究員	宮寺 貴之　科学警察研究所
瀬戸 真一　東京地方検察庁	森田 展彰　筑波大学
高 史明　神奈川大学・東京学芸大学 非常勤講師	柳田 多美　大正大学
髙木 勇人　警察庁	横井 幸久　愛知県警察科学捜査研究所
田代 晶子　国連アジア極東犯罪防止研修所	横田 賀英子　科学警察研究所
溜箭 将之　立教大学	若林 宏輔　立命館大学
丹藤 克也　聖カタリナ大学	渡邉 和美　科学警察研究所
寺村 堅志　法務総合研究所	綿村 英一郎　日本学術振興会特別研究員 (東京大学)
東本 愛香　千葉大学	和智 妙子　科学警察研究所

目　　次

1章　法と心理学総論

1.1　法と心理学のための主要な概念と争点 …………………………〔サトウタツヤ〕…2
1.2　法と心理学の歴史と広がり ………………………〔若林宏輔・サトウタツヤ〕…6
1.3　法と心理学の関係と学融のための方法論 ………………………〔サトウタツヤ〕…10
1.4　法 社 会 学 ……………………………………………………………〔飯田　高〕…14
1.5　法と経済学 …………………………………………………………〔飯田　高〕…16
1.6　法 言 語 学 ……………………………………………………………〔堀田秀吾〕…18

2章　日本の司法制度の概要

2.1　日本の司法制度 ……………………………………………………〔岡田悦典〕…22
2.2　民事法概説 …………………………………………………………〔飯田　高〕…24
2.3　刑事法概説 …………………………………………………………〔笹倉香奈〕…26
2.4　民 法 概 説 ……………………………………………………………〔飯田　高〕…28
2.5　刑 法 概 説 ……………………………………………………………〔本庄　武〕…30
2.6　刑事手続法 …………………………………………………………〔笹倉香奈〕…32
2.7　民事訴訟手続法 ……………………………………………………〔安達栄司〕…34
2.8　日本の捜査機関 ……………………………………………………〔坂　　明〕…36

3章　外国の司法制度の概要―英米を中心に―

3.1　アメリカの連邦捜査機関 …………………………………………〔会沢　恒〕…42
3.2　アメリカの地方警察 ………………………………………………〔会沢　恒〕…44
3.3　イギリスの捜査機関 ………………………………………………〔溜箭将之〕…46
3.4　アメリカの連邦裁判制度 …………………………………………〔会沢　恒〕…48
3.5　アメリカの州裁判制度 ……………………………………………〔会沢　恒〕…50
3.6　アメリカの裁判手続概観 …………………………………………〔会沢　恒〕…52

3.7	アメリカの民事手続	〔溜箭将之〕…54
3.8	アメリカの刑事手続	〔会沢　恒〕…56

4章　刑事法・民事法概論

4.1	人質司法と自白偏重主義	〔笹倉香奈〕…60
4.2	代用監獄（代用刑事施設）	〔笹倉香奈〕…62
4.3	別件捜索・差押え, 別件逮捕・勾留	〔笹倉香奈〕…64
4.4	国家訴追主義・起訴独占主義	〔笹倉香奈〕…66
4.5	違法収集証拠排除法則	〔徳永　光〕…68
4.6	起訴前勾留	〔徳永　光〕…70
4.7	懲罰的損害賠償	〔溜箭将之〕…72
4.8	ＡＤＲ	〔入江秀晃〕…74
4.9	リーガル・カウンセリング	〔岡田悦典〕…76
4.10	民事的交渉	〔入江秀晃〕…78
4.11	商　　標	〔堀田秀吾〕…80
4.12	生殖補助医療と家族	〔溜箭将之〕…82
4.13	手続き的公正	〔今在景子〕…84
4.14	Probable Cause（相当の理由）	〔岡田悦典〕…86
4.15	犯人識別手続き	〔本庄　武〕…88
4.16	逮　　捕	〔徳永　光〕…90
4.17	取調べの可視化	〔本庄　武〕…92
4.18	取調べの録音・録画	〔本庄　武〕…94

5章　心理学の諸分野と研究方法

5.1	心理学の研究分野	〔松並知子〕…98
5.2	社会心理学	〔松並知子〕…102
5.3	臨床心理学	〔相澤直樹〕…104
5.4	認知心理学	〔相良陽一郎〕…106
5.5	犯罪心理学	〔越智啓太〕…108
5.6	実　験　研　究	〔相良麻里〕…110
5.7	事　例　研　究	〔相澤直樹〕…112
5.8	犯罪研究における事例研究の実際	〔水田恵三〕…114
5.9	相　関　研　究	〔中村　晃〕…116
5.10	分　散　分　析	〔中村　晃〕…118
5.11	多変量解析	〔相澤直樹〕…120

6章　犯罪原因論

- 6.1 ホルモンと犯罪の関係 …………………………………〔福井裕輝〕…126
- 6.2 神経伝達物質と犯罪の関係 ……………………………〔福井裕輝〕…130
- 6.3 遺伝と犯罪行動 …………………………………………〔越智啓太〕…134
- 6.4 条件づけと犯罪 …………………………………………〔越智啓太〕…136
- 6.5 暴力映像は攻撃行動を促進するか ……………………〔岩倉　希〕…138
- 6.6 暴力ゲームは攻撃行動を促進するか …………………〔岩倉　希〕…140
- 6.7 ポルノグラフィは性犯罪を増加させるか ……………〔岩倉　希〕…142
- 6.8 家庭環境と非行の関連 …………………………………〔水田恵三〕…144
- 6.9 友人関係と非行 …………………………………………〔水田恵三〕…148
- 6.10 攻撃行動の性差 …………………………………………〔雨宮有里〕…152
- 6.11 攻撃性の個人差および測定尺度 ………………………〔雨宮有里〕…154
- 6.12 自尊心と攻撃性 …………………………………………〔雨宮有里〕…156
- 6.13 衝動的攻撃性 ……………………………………………〔雨宮有里〕…158
- 6.14 来日外国人犯罪 …………………………………………〔水田恵三〕…160
- 6.15 アノミーと犯罪 …………………………………………〔水田恵三〕…162
- 6.16 社会的学習と犯罪 ………………………………………〔水田恵三〕…164
- 6.17 ラベリングと犯罪 ………………………………………〔水田恵三〕…166
- 6.18 社会的コントロール理論と犯罪 ………………………〔水田恵三〕…168
- 6.19 合理的選択理論 …………………………………………〔羽生和紀〕…170
- 6.20 相対的剝奪 ………………………………………………〔高　史明〕…172
- 6.21 銃の保持と犯罪 …………………………………………〔丹藤克也〕…174
- 6.22 動物虐待と犯罪 …………………………………………〔越智啓太〕…176
- 6.23 子ども虐待の世代間連鎖 ………………………………〔越智啓太〕…178
- 6.24 発達障害と犯罪 …………………………………………〔安藤久美子〕…180
- 6.25 非当事者攻撃 ……………………………………………〔高　史明〕…182
- 6.26 サイコパスの特性と犯罪 ………………………………〔渡邉和美〕…184
- 6.27 生涯持続型犯罪者 ………………………………………〔渡邉和美〕…186

7章　各種犯罪の実態と研究

- 7.1 連続殺人 …………………………………………………〔渡邉和美〕…190
- 7.2 大量殺人 …………………………………………………〔渡邉和美〕…192
- 7.3 学校における銃乱射 ……………………………………〔越智啓太〕…194
- 7.4 非行集団 …………………………………………………〔岡邊　健〕…196
- 7.5 いじめ ……………………………………………………〔岡邊　健〕…198

7.6	バラバラ殺人	〔渡邉和美〕	200
7.7	通り魔	〔渡邉和美〕	202
7.8	性的殺人	〔渡邉和美〕	204
7.9	家庭内殺人	〔渡邉和美〕	206
7.10	ひき逃げ事件	〔藤田悟郎〕	210
7.11	飲酒運転	〔岡村和子〕	212
7.12	暴走族	〔小菅 律〕	216
7.13	鉄道事故	〔重森雅嘉〕	218
7.14	航空事故	〔越智啓太〕	220
7.15	レイプ	〔岩見広一〕	222
7.16	強制わいせつ	〔岩見広一〕	224
7.17	痴漢	〔東本愛香〕	226
7.18	児童虐待	〔南部さおり〕	228
7.19	子どもに対する性犯罪	〔越智啓太・杉山 翠〕	232
7.20	代理ミュンヒハウゼン症候群	〔南部さおり〕	234
7.21	ヘイトクライム	〔高 史明〕	236
7.22	侵入窃盗	〔横田賀英子〕	238
7.23	強盗(殺人)	〔横井幸久〕	240
7.24	銀行(金融機関)強盗	〔越智啓太〕	242
7.25	露出犯	〔横田賀英子〕	244
7.26	放火	〔和智妙子〕	246
7.27	連続放火	〔和智妙子〕	248
7.28	少年による殺人	〔宮寺貴之〕	250
7.29	少年による粗暴犯	〔宮寺貴之〕	252
7.30	少年による性犯罪	〔久原恵理子〕	254
7.31	少年による放火	〔久原恵理子〕	256
7.32	女子の性非行	〔久原恵理子〕	258
7.33	振り込め詐欺	〔鈴木 護〕	260
7.34	悪質商法	〔鈴木 護〕	262
7.35	動物虐待	〔岩見広一〕	264
7.36	サイバー犯罪	〔大塚祐輔〕	266
7.37	ストーカー	〔越智啓太〕	268
7.38	テロリズム	〔横田賀英子〕	270
7.39	生物化学テロ	〔越智啓太〕	272
7.40	ハイジャック	〔越智啓太〕	274
7.41	サイバーテロ	〔丹藤克也〕	276
7.42	薬物乱用	〔宮寺貴之〕	278

8章　犯罪捜査と心理学

8.1	FBI方式のプロファイリング	〔岩見広一〕	284
8.2	リバプール方式のプロファイリング	〔岩見広一〕	286
8.3	日本のプロファイリング	〔渡邉和美〕	288
8.4	地理的プロファイリング	〔鈴木　護〕	290
8.5	クライムマッピング	〔鈴木　護〕	294
8.6	事件リンク分析	〔横田賀英子〕	296
8.7	犯罪手口の一貫性	〔横田賀英子〕	300
8.8	捜査本部事件	〔渡邉和美〕	302
8.9	心理学的検死	〔入山　茂〕	304
8.10	脅迫分析	〔大塚祐輔〕	306
8.11	犯罪情勢分析	〔鈴木　護〕	308
8.12	人質立てこもり事件	〔横田賀英子〕	310
8.13	人質立てこもり事件における交渉	〔横田賀英子〕	314
8.14	ストックホルム症候群	〔横田賀英子〕	316
8.15	警察官を利用した自殺	〔越智啓太〕	318
8.16	ポリグラフ検査	〔平　伸二〕	320
8.17	中枢神経系指標を用いたポリグラフ検査	〔平　伸二〕	324
8.18	ノンバーバルコミュニケーション（NVC）による虚偽検出	〔萩野谷俊平〕	328
8.19	健忘の偽装	〔岡田幸之〕	330
8.20	取　調　べ	〔和智妙子〕	332
8.21	否認の心理	〔和智妙子〕	334
8.22	虚偽自白	〔和智妙子〕	336
8.23	証言の信頼性査定（CBCA）	〔萩野谷俊平〕	338
8.24	犯罪心理言語学	〔萩野谷俊平〕	340
8.25	超心理学的手法を用いた犯罪捜査	〔越智啓太〕	342
8.26	夜間の目撃証言	〔大上　渉〕	344
8.27	子どもの目撃証言	〔仲真紀子〕	346
8.28	高齢者の目撃証言	〔丹藤克也〕	350
8.29	誤誘導効果	〔笠原洋子〕	354
8.30	ラインナップ	〔笠原洋子〕	358
8.31	似顔絵とモンタージュ写真	〔笠原洋子〕	362
8.32	声の記憶と声からの人物同定	〔笠原洋子〕	364
8.33	確信度-正確性相関	〔石崎千景〕	366
8.34	催眠による目撃者記憶の想起促進	〔越智啓太〕	368
8.35	認知インタビュー	〔白石紘章・仲真紀子〕	370
8.36	情動喚起と目撃証言	〔野畑友恵〕	372

8.37	凶器注目効果 ……………………………………………〔大上　渉〕…	376
8.38	フォールスメモリー ……………………………………〔野畑友恵〕…	378

9章　公判プロセス

9.1	公判前整理手続 …………………………………………〔岡田悦典〕…	382
9.2	自由心証主義 ……………………………………………〔岡田悦典〕…	384
9.3	法廷でのコミュニケーション …………………………〔堀田秀吾〕…	386
9.4	説得的コミュニケーション ……………………………〔榊　博文〕…	388
9.5	法　廷　戦　術 …………………………………………〔藤田政博〕…	390
9.6	責任帰属理論・帰属バイアス …………………………〔今在景子〕…	392
9.7	集団意思決定とそのバイアス …………………………〔杉森伸吉〕…	394
9.8	集団としての陪審による意思決定 ……………………〔大坪庸介〕…	396
9.9	裁判官による意思決定 …………………………………〔藤田政博〕…	398
9.10	陪審員による意思決定 …………………………………〔荒川　歩〕…	400
9.11	集団としての裁判員による意思決定 …………………〔大坪庸介〕…	402
9.12	賠償額の決定 ……………………………………………〔綿村英一郎〕…	404
9.13	科学的陪審選任・陪審員（裁判員）の選定 …………〔福来　寛〕…	406
9.14	量　刑　判　断 …………………………………………〔綿村英一郎〕…	410
9.15	裁判員（陪審員）の数 …………………………………〔藤田政博〕…	412
9.16	陪審コンサルティング …………………………………〔福来　寛〕…	414
9.17	裁判員制度 ………………………………………………〔藤田政博〕…	416
9.18	裁判員制度批判 …………………………………………〔藤田政博〕…	418
9.19	リスキーシフト（集団極化） …………………………〔杉森伸吉〕…	420
9.20	陪審ストレス ……………………………………………〔雨宮有里〕…	422

10章　防　　犯

10.1	日本における防犯活動の動向 …………………………〔桐生正幸〕…	426
10.2	環境デザインによる犯罪予防 …………………………〔羽生和紀〕…	430
10.3	状況的犯罪予防 …………………………………………〔樋村恭一〕…	432
10.4	防犯灯による犯罪抑止 …………………………………〔須谷修治〕…	434
10.5	ゼロ・トレランス ………………………………………〔板山　昂・桐生正幸〕…	436
10.6	「割れ窓」理論 …………………………………………〔羽生和紀〕…	438
10.7	子どもを対象にした性犯罪からの防犯教育 …………〔岡本拡子〕…	440
10.8	幼い子どもを対象にした防犯システムと防犯教育 ………………………………………………〔馬場耕一郎・桐生正幸〕…	442

10.9	監視カメラ（CCTV）による犯罪抑制	〔桐生正幸〕	444
10.10	地域防犯活動	〔須谷修治〕	446
10.11	地域安全マップ	〔桐生正幸〕	448
10.12	防犯における心理学	〔桐生正幸〕	450
10.13	交通機関における防犯	〔桐生正幸・松田睦代〕	452
10.14	少年警察活動	〔小林寿一〕	454

11章　犯罪者・非行少年の処遇

11.1	加害者処遇制度と心理学の役割	〔朝比奈牧子〕	460
11.2	家庭裁判所と家庭裁判所調査官	〔橋本和明〕	464
11.3	刑事施設―刑務所，少年刑務所，拘置所―	〔赤田実穂〕	466
11.4	刑務所民間委託	〔片岡義恵〕	470
11.5	少年鑑別所と少年院	〔清水大輔〕	472
11.6	法務技官（心理），法務教官，法務技官（医師）	〔清水大輔〕	476
11.7	更生保護制度	〔田代晶子〕	478
11.8	非行少年の資質鑑別	〔朝比奈卓〕	482
11.9	成人犯罪者のアセスメント	〔西田篤史〕	486
11.10	再犯リスク評価	〔寺村堅志〕	490
11.11	殺人犯の再犯リスク評価	〔渡邉和美〕	494
11.12	性犯罪者のアセスメント	〔朝比奈牧子〕	496
11.13	犯罪者・非行少年の処遇―加害者臨床―	〔朝比奈牧子〕	498
11.14	性犯罪者に対する処遇	〔朝比奈牧子〕	502
11.15	性犯罪者に対する社会内処遇	〔田代晶子〕	504
11.16	薬物事犯者に対する処遇	〔寺村堅志〕	506
11.17	薬物事犯者に対する社会内処遇	〔生駒貴弘〕	508
11.18	修復的司法	〔平山真理〕	510
11.19	ＶＯＭ	〔平山真理〕	514

12章　精神鑑定

12.1	精神鑑定	〔岡田幸之〕	518
12.2	統合失調症	〔岡田幸之〕	522
12.3	気分障害	〔岡田幸之〕	524
12.4	発達障害	〔安藤久美子〕	526
12.5	アスペルガー障害	〔安藤久美子〕	528
12.6	精神遅滞（知的障害）	〔安藤久美子〕	530

12.7	パーソナリティ障害 ……………………………………〔岡田幸之〕…532
12.8	物質関連障害 …………………………………………〔岡田幸之〕…534
12.9	性嗜好障害（異常）……………………………………〔安藤久美子〕…536
12.10	外傷性記憶と法廷 ……………………………………〔安藤久美子〕…538
12.11	酩酊と責任能力 ………………………………………〔岡田幸之〕…540
12.12	精神鑑定における心理アセスメント ………………〔渡邉和美〕…542
12.13	ICD と DSM …………………………………………〔岡田幸之〕…544
12.14	精神障害者による殺人 ………………………………〔岡田幸之〕…548
12.15	疾病の偽装と隠ぺい …………………………………〔岡田幸之〕…550
12.16	健　　　忘 ……………………………………………〔岡田幸之〕…552
12.17	刑事裁判の訴訟能力に関する鑑定 …………………〔岡田幸之〕…554
12.18	精神保健福祉法における通報と措置診察 …………〔安藤久美子〕…558
12.19	精神保健福祉法による入院 …………………………〔安藤久美子〕…562
12.20	責任能力の基準 ………………………………………〔岡田幸之〕…564

13章　犯罪被害者

13.1	犯罪被害者 ……………………………………………〔藤田悟郎〕…568
13.2	犯罪被害者遺族 ………………………………………〔柳田多美〕…572
13.3	トラウマ ………………………………………………〔藤田悟郎〕…574
13.4	PTSD と ASD …………………………………………〔中島聡美〕…578
13.5	PTSD の治療 …………………………………………〔中島聡美〕…580
13.6	複雑性 PTSD・DESNOS ……………………………〔森田展彰〕…584
13.7	被害者支援 ……………………………………………〔藤田悟郎〕…586
13.8	犯罪被害者等基本法 …………………………………〔瀬戸真一〕…588
13.9	犯罪被害給付制度 ……………………………………〔髙木勇人〕…592
13.10	性犯罪の被害者／加害者 ……………………………〔渡邉和美〕…594
13.11	子どもと少年の被害者／加害者 ……………………〔宮寺貴之〕…596
13.12	DV と虐待の被害者／加害者 ………………………〔柳田多美〕…598
13.13	交通事故の被害者／加害者 …………………………〔藤田悟郎〕…600

参 考 図 書 ……………………………………………………………607

索　　　引 ……………………………………………………………619
　　英和対照用語一覧 …………………………………………………650

資料一覧

1 法と心理学会　（サトウタツヤ）　20
2 日本国内のおもな法律関連の学会　40
3 「法と心理学」にかかわる海外のおもな学会・その1　58
4 「法と心理学」にかかわる海外のおもな学会・その2　96
5 日本国内のおもな心理学関連学会　（相良陽一郎）　124
6 犯罪四学会　（水田恵三）　188
7 「犯罪白書」と「警察白書」　（渡邉和美）　282
8 日本における犯罪・司法統計　（渡邉和美）　380
9 法廷用語の日常語化に関するプロジェクト　（藤田政博）　424
10 犯罪統計の見方　（渡邉和美）　458
11 犯罪者・非行少年の処遇制度に関連するウェブサイト　（朝比奈牧子）　516
12 精神鑑定医とは　（岡田幸之）　566
13 犯罪被害者研究に関連するおもな学会・雑誌・白書　（藤田悟郎）　602
14 『平成○○年の犯罪』における犯罪統計一覧　603

1. 法と心理学総論

本章では,「法と心理学」という領域の全体像を扱うとともに,法学と心理学という学範（ディシプリン）と,「法と心理学」の関係についても解説する．法は人間世界のためのものであるから,人間の行動や思考の研究を行う心理学との関係は深いはずだが,実際にはそうはなっていなかった．この領域が成立したのは20世紀に入ってからである．そして,今の時代は「法と心理学」を求めているといっても過言ではない．法学の思考は演繹的であり,三段論法を一つの範型（パラダイム）にしている．一方,心理学の思考は帰納的であり,実験を行ってデータをとって考えることを一つの範型（パラダイム）にしている．本書の読者は,法学者であったり心理学者であったりするでしょうから,お互いに異なる学範の考え方を知るために,ぜひ本章を読んでほしいと思います．法学と心理学がどのように接点をもつべきか,もたざるをえないのか,を考えるための材料を本章では提供します．本章は最初に読んでいただいてもいいですが,他の章を読み終わってから読むと,また違う理解を得られるかもしれません．

〔サトウタツヤ〕

1.1 法と心理学のための主要な概念と争点

法と心理学（law and psychology）という領域について考える際には，法学，心理学それぞれにいくつかの下位分類があることを意識しておくことが理解の助けとなるので，それを説明してみよう．

法学においては刑法と民法という領域の違いへの意識，実体法と手続法の違いの認識が必要である．

心理学においては実験心理学と臨床心理学という領域の違いへの意識，研究と実践の違いの認識が必要である．

■ 刑法と民法，実体法と手続法

刑法は国家と市民との関係を規律する法であり，民法は商法などと並んで私人間の関係を規律する法である．

刑法，民法とも生活上のルールを示したものだが，刑法には違反した場合の処罰も書かれている（「＊＊は悪いことだからしてはいけません」という書き方ではない）．処罰は国家によって強制的に行われるから，その意味において厳しい規定である．しかし一方で，刑法に書かれている以外のことは一般的に悪いと思われることでも刑法違反に問われることはなく，したがって処罰もされないので（罪刑法定主義），刑法は国家が強制できる範囲を規定していると考えることもできる．

民法は私生活上のルールであり，当事者どうしで納得しているのであれば公序良俗に反しない限り，違反してもかまわないということになる（私的自治の原則）．相続は民法の重要な規定であるが，当事者が納得すればどのような相続が行われてもかまわない．ただし，当事者のだれかが異議を申したてたなら，その解決は民法に従うことになる．子どもAとBのうち，片方にしか相続させないと遺言するのは自由であるが，子どもBから「不公平である」という申し立てがあった場合には，民法に基づいて処理を行うことになる．

以上，刑法は国（公権力）対私人の法といえ，それを犯した人が刑罰を受けるというだけではなく，国家が恣意的に処罰できるわけではないことも規定しているがゆえに，刑法は自由権を保障しているといえる．民法は，私人対私人の関係を規律するもので，当事者の不満がなければ国家機関は関与せず，不満が申し立てられる場合はたいてい「不公平，不平等」を正す，あるいは当事者どうしの合意を強制するというものである．したがって，そうした申し立ての処理を行うということによって，民法は平等権を保障している，あるいは私的自治を貫徹させるといえる．損害賠償も民法に含まれる．人が一人亡くなった場合，生きていたら得られる所得や遺族の精神的損害が補償されねば不公平だ，という感情を引き起こすだろう．そうした損害の回復が当事者（遺族）によって求められるなら，民法が重要となる．

さて，刑法，民法は実体法とよばれ，生活上のルールそのものと，それに違反した場合の処分について書かれているものである．では，刑法において誰かがルールを破ったかどうかを調べたり，どのような処分が適当かを判断するのは誰がどのように決めるのだろうか．民法においてどのような申し立てが可能であり，その際の決定は誰が行うのだろうか．

ここで必要になるのが手続法であり，刑事訴訟法，民事訴訟法がそれにあたる．実体法が，法律関係の内容を表すものであり，権利義務の発生，変更，消滅などの法律関

係を規定した法規であるのに対して，手続法は，実体法に記載されている法律関係の内容を実現する手続きを規定した法規である．手続法の中には事実認定に関する規定も含まれており，心理学との関係も深い．

■ **実験心理学と臨床心理学：研究と実践**

心理学はその成り立ちからして二つの潮流がある．一つは人間の精神とは何か，どのようなことなのか，を追究する学問としての心理学であり，もう一つは狂気・精神的不安定に陥った人の理解や改善のための介入を志向する実践としての心理学である．今日，前者は実験心理学，後者は臨床心理学，とそれぞれよばれている．

実験心理学は，独立変数と従属変数を定め，独立変数を操作することにより，従属変数がどのように変化するかを観測し，それによって人間心理を記述・説明し理論化しようと試みるものである．たとえば，子どもは暗示を受けやすいということは誰でも知っている．しかし，それが本当なのかを確かめる方法を知っている人はあまりいない．

昔の研究のほうが単純なのでフランスの心理学者，ビネが1900年に発表した研究を見てみよう（Binet, 1900；佐藤, 1996）．

彼は一枚の厚紙にボタンや切手など6つのものを貼り付け（図1），小学校児童25名に1，2秒ほど呈示したのちに，いくつかの質問を行った．そのとき，ビネは「ボタンには1つ穴があいていました．それはどこでしたか？」という質問を行った．その結果は図2のようであっ

た．質問に影響され誘導され実際には見ていなかった穴を描いてしまったことがわかる．

このとき，心理学者は一つの形式の質問だけを行って満足することはない．ビネは子どもたちを3つの群にわけ，それぞれ異なる質問をしていた．暗示性の高い順に並べれば以下のようになる．

> **高暗示性質問**：「ボタンには1つ穴があいていました．それはどこでしたか？」
> **中暗示性質問**：「ボタンに穴があいていませんでしたか？ それはどこでしたか？」
> **低暗示性質問**：「ボタンのどこか壊れてましたか？」

図1 ビネが実験に用いたもの（Binet, 1900）

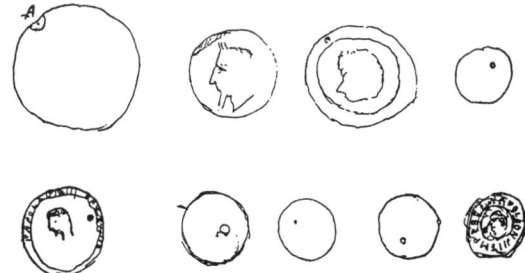

図2 暗示性実験で高暗示性質問に対して子どもたちが描いた絵（Binet, 1900）

質問者が（実際にはあいていない），穴について「一つあいていた」と決めつけて質問すると，子どもたちはその質問に影響され，図2のように見ていなかった穴を描いてしまうのである．

このように，実験者が操作すること（ここでは暗示性の強さ）を独立変数とよび，実験者が見たい効果（ここでは穴の絵を描くかどうか）を従属変数とよぶ．心理学の実験は独立変数を操作することで，従属変数にどのような影響がでるか，ということを研究することで成り立っている．

臨床心理学は，苦悩や社会的不利などをもつ個人に対して，なんらかの介入や支援を行い，負の状態の改善を図るものである．また，その前提となる心理状態を理解するために診断や測定を行うこともある．薬物依存のような依存症も，行動の自由が失われているという意味でその改善支援を行うのは臨床心理学の一つの役割である．

心理学は違法行為を行った者について，「なぜそのような違法行為を行ったのか」，「その責任を問うことに意味があるか」，「刑罰が本人にとってどのような意味をもつか」などを検討する．青少年が収容される矯正施設において，さまざまな働きかけを行うことで変容を支援することも広い意味で臨床心理学の仕事である．

臨床心理学の対象は，個々人の苦悩や社会的不利であるから，一般法則を必ずしも必要としないが，心理メカニズムや対処法についてさまざまな理論化を行っている．よく知られている理論の一つは，フロイトの精神分析学である．現在における神経症的な症状は，過去における性的エネルギーが解放されず固着していると考える理論である．

そして，臨床心理学も心理学の一部であるから，薬物によって治療するようなことを目的にすることはない．その代わり，臨床心理学においては，臨床心理士が対話を行ったり，芸術を用いたり，具体的な目標を設定して宿題として課したりしながら，苦悩や社会的不利を改善する．

自由なことを語ってもらうのが精神分析療法，会話をすることで自己の解放や他者からの受容を得るのがカウンセリングである．芸術を用いる心理療法のことを芸術療法と総称するが，集団で劇をすることで自分の問題を発見したり，カタルシスを得る方法としてサイコドラマ（心理劇）がある．楽器を演奏したり自分の好きな楽曲について語ったりするのが音楽療法である．行動療法や認知行動療法においては，望ましい行動を増やすための強化を他者が設定したり，本人が目標設定を行い自身で行動をコントロールする方法を習得していく．日本では，矯正・非行からの立ち直りを目指し支援する立場を矯正心理学とよぶ．矯正現場のアセスメント・分類・処遇というプロセスにおいて，心理的アプローチが占める割合は大きい．矯正処遇においては，個人を対象に言語で行う個人心理療法的アプローチにくわえ，集団で行い音楽や演劇などの芸術を媒介とする，集団心理療法的アプローチも用いられている（犬塚，2004；松本，2009）．

■ 事実をめぐる二つの立場

法社会学の立場から太田（2000）は，「訴訟で問題となる主張事実命題のほとんどは，具体的当事者が経験した過去の具体的な事実についての命題である．これは，個別具体的な事実であるから，繰り返しを観念することができないような事実である」と述べている．訴訟で争われる事実は「繰り返しができない」という意味で一回性，唯一性をもつのは厳粛な事実であるが，だからといって，普遍的事実の解明を目指す

心理学などの実証科学が関与できないというわけではない．

　法廷の主要な機能は裁定を行うことである．そのためには事実に基づく必要があるが，法廷で扱われる事実には限定がかけられている．つまり，「何を事実とするのか」，「何を法廷に出してよいのか」ということについてのルールと方法が整備されているのである．

　法廷に持ち込まれる争いごとや事件については，「何が事実であるか」が簡単にわからないことが多いし，曖昧だからこそ第三者の裁きを必要とするのである．それは「法的事実」とよばれる．当事者が事実だと主張しさえすればそれが事実になるわけではなく，とくに刑事事件においては法廷で認められるのは限定された事実である．ここで重要なことは，結果的に正しいことが事実だというわけではないことである．認められた手段によって収集されたものでなければ，出来事は法的事実の地位を獲得できないのである．

　捜査機関の事実収集のための手段を規定するのが刑事訴訟法であり，刑事訴訟法で認められた方法以外の証拠は法廷では認められない．たとえば捜査に盗聴を認めるかどうか．対象が組織犯罪ならば認められているが，個人犯罪の際には認められない．個人から盗聴によって捜査した「事実」は証拠として法廷には出せないのである．

　一方で，心理学が「法と心理学」の文脈で行ってきたことには，悪意もなく関係もない証人の証言が「事実」を反映しないことの指摘が含まれる．一言でいえば記憶や認知の歪みであるが，誰かの記憶が誤りだったということを一回示しても，すべての記憶があいまいだという証明にはならない．

　記憶を個人的なものとしてのみ扱うのではなく，普遍的法則を見出すために実験的事実を積み上げることが重要である．一般法則が成立し，凶器注目効果や事後情報による記憶の歪み，といった知識が常識となれば，たとえば，面通しにおいて写真一枚だけの呈示は不適切だ，というような専門知識に基づく判断がなされるのである（こうした判断を裁判所や当事者が求めれば鑑定となる）．

　事実を明らかにして，公正な裁判を行う，ということについて法学と心理学の対立点は何一つ存在しないといえるのである．

〔サトウタツヤ〕

▶文　献

Binet, A. (1900). *La suggestibilité*. Paris.

太田勝造（2000）．法律　社会科学の理論とモデル7　東大出版会

犬塚石夫（編集代表）（2004）．矯正心理学──犯罪・非行からの回復を目指す心理学　上巻理論編／下巻実践編　東京法令出版

松本佳久子（2009）．「大切な音楽」を媒介とした少年受刑者の語りの変容と意味生成の過程　サトウタツヤ（編）TEMではじめる質的研究　誠信書房　pp.101-122.

佐藤達哉（1996）．欧米と日本における証言心理学の展開　現代のエスプリ，**350**, 135-142.

1.2 法と心理学の歴史と広がり

■ 法と心理学の成立

「法と心理学」という領域は19世紀末頃のヨーロッパで成立した．その前提として，社会全体における「人間概念の拡大」（サトウ，2003）がある．

西欧の「人間」観は——Manという単語が人間と訳されることで象徴されるように——白人正常男性だけを暗黙のうちに含意していたのだが，ダーウィンの進化論の影響などを背景に，人間概念が拡大していったのである．すなわち女性，子ども，異民族，精神病患者そして犯罪者が「人間」に含まれるようになったのである．犯罪者の心理研究は，指紋によって個人の同一性認定が可能になったことで格段に飛躍をとげた．同一人物が何度も罪を犯すこと（累犯）の研究を通じて，犯罪者の心理や予後に興味がもたれるようになったからである．

心を対象とした学問自体は紀元前にその端緒が見られるが，現在のような科学的経験主義をベースとして実験・観察・調査を行う近代心理学の誕生は1879年である．ドイツのライプチヒ大学のヴント（Wundt, W.）が近代心理学を整備し，世界初の心理学実験室を成立させたのは1879年のことであり，ここに至って，人間の心の機能を対象化して科学の方法で研究する学範（ディシプリン）が成立したのである．

一方，法学領域においては19世紀中期から末期には，刑事政策の分野で新派刑法が形成された．著名な新派刑法学者であるリスト（Listz, F.V.）は，当時の犯罪発生件数の推移を初犯者と累犯者に分けて検討し，その結果明らかになった累犯者の再犯率の高さに基づき刑法改革を唱えた．これ以降，「犯罪の結果」に主として基づく応報的刑罰論に加え，「犯罪者の性質」に基づく刑罰を与える目的刑論の影響を大きく受けた刑罰論が有力に主張されるようになった．先に述べた人間概念の拡大のうち犯罪者の発見として位置づけられる．

社会全体そしてその社会の一部である法学において，人間を考える気運が高まったことは，心理学の成立を後押ししていたし，心理学の成立は他分野における人間の客観的考察を促進した．こうした入れ子構造的な相互関係こそが法と心理学成立の前提だったのである．

■ 法と心理学研究の実際

世界で初めての「法と心理学」領域の業績とされるのは，1893年にキャテル（Cattell J.M.）がアメリカで行った研究とされる．その内容は大学生に「一週間前の天気はどうだったか」などと尋ねるもので，日常経験に関する記憶の確実性の実験であるが，裁判における証言の確実さに疑問を呈するものとして，法と心理学研究を勃興させることになったのである．

フランスでは「知能検査」の先駆者として有名なビネ（Binet, A）が1900年に証言者が質問の形式や内容によってどのような影響を受けるかを調査した（被暗示性の研究）．ドイツではシュテルン（Stern, L. W.）が新派刑法学者・リストと協力して上演型実験で証言の不正確さを検討した（1901年）．さらにシュテルンは"Beiträge zur Psychologie der Aussage（証言心理学への貢献）"という雑誌を創刊した．これは後に"Zeitshrift für angewandte Psychologie（応用心理学雑誌）"となり世界初の応用心理学雑誌となった．

なお，ドイツでは19世紀の末から心理学者が刑事裁判において専門家証人として

登用されはじめており，1892年にはマルベ（Marbe）が交通事故の裁判で反応時間の観点から事故は避けられなかったと証言した．1896年の時点でシュレンクーノッツィング（Schrenck-Notzing）が，事件報道が証人たちの記憶をゆがめる可能性について裁判で証言して，この問題への興味を引き起こした．アメリカではジャストローがキャテルの研究を追試し，次いでフィップルが1909-18年にかけて，ビネやシュテルンの研究を参照しつつ，包括的な研究を行った（Bartol & Bartol, 1987）．

新派刑法学の影響の増大は犯罪者の理解とともに捜査手法にも影響を与えた．とくに累犯者への注目は人間としての犯罪者に焦点をあてることになったため，犯罪者への注目が高まった．イタリアの精神科医ロンブローゾ（Lombroso. C）は，刑死した囚人の頭蓋骨の分析を行い，犯罪者には特定の身体的特徴があるとする「生来性犯罪人説」を唱え，犯罪人類学という学問分野を提唱した．この考えは広く歓迎されたが，後に否定された．

ドイツのグロス（Grosz, Hans；1847-1915）は，『犯罪心理学』を出版した（1898年）．そしてグラーツ大学に犯罪学研究所を興して所長となる．この研究所の所長は，アドルフ・レンツ（『犯罪生物学論』の著者），エルンスト・ゼーリッヒ（『犯罪学』の著者）と受け継がれ犯罪学のグラーツ学派として知られる．

ロンブローゾは一方で，虚偽検出手法への生理的指標（血圧・脈拍など）の利用を提案し（1895年），これが現在のポリグラフ検査（嘘発見器）の初源となった（→ 8.16）．精神分析学者として著名なユング（Jung, C. G.）が提唱した言語連想法は，ある言葉に対する連想語を答えるときの反応時間の遅延が，個人のコンプレックスによって生じ

ると考えた．これが犯罪捜査に取り入れられると，無言でいる時間が長い（反応時間の長い）者は，「証言したくない内容を含んでいるのではないか」と考えられることになり，虚偽検出の一手法として応用されるに至った．これらを1908年にミュンスターバーグ（Münsterberg, H.）が統合して改善し，さらに1932年にはキーラー（Keeler, L.）によって現在使用されているポリグラフの原型が完成された．なお現在では，ポリグラフ検査は，虚偽検査ではなく，記憶の検査法として用いられている（→ 8.16）．

ミュンスターバーグはドイツで心理学を学びアメリカ・ハーバード大学で心理学を教えていたが，彼が1908年に"On the witness stand（証言台にて）"においてアメリカの裁判運営を批判すると，アメリカの法学者ウィグモア（Wigmore, J.）がこれに反発するなど，心理学の一般性を求める実証主義的性格と法学者の求める応用価値の相違の問題が表面化した．

以後，「法」と「心理学」は乖離することになる．ただしアメリカでは，ターマンが知能検査を用いた少年非行処遇で心理学者として活躍していた．

ミュンスターバーグとウィグモアの泥仕合的論争により法と心理の関係が悪化したアメリカにおいて，法学領域での実験心理学応用が再び注目されるのは，1970年代以降である．その当時，心理学では人間の高次認知活動を，情報処理の観点から解明しようとする認知心理学が台頭しはじめていた．

1967年に『認知心理学（*Cognitive psychology*）』という本を出版して，科学的な認知研究の糸口を作ったナイサーは，記憶研究の生態学的妥当性に着目すべきとして『観察された記憶』を出版し日常的記憶研

究の重要性を唱えた（1978年）．このことが記憶研究を従来の実験室研究への呪縛から解き放ち，1970年代にロフタス（Loftus, E.）が目撃証言（のゆがみ）研究に着手すると，記憶の実際的側面と認知的側面の双方に価値を持つ研究であるとして注目をあびた．また彼女は実際の法廷に専門家証人として立ち，司法からの心理学のニーズを再び開拓した．

経験主義法学やエスノメソドロジーも，法を実証的に取り扱う方法として広く知られることとなった．

■ **日本における法と心理学の歴史と世界における位置**

日本の「法と心理学」史上初の研究は，明治末期から大正初期（19世紀末から20世紀初頭）に法学者・牧野英一と心理学者・寺田精一によるものとされる．明治維新後より，日本で施行されていた刑法は旧派的なものであり，1907年に立憲君主制を採用するドイツに倣い，現行刑法が完成，公布された．

牧野はドイツで新派刑法論者のリストに師事しており，実証的研究の必要性を理解していたのである．寺田精一は，東京帝国大学哲学科心理学専修にて，日本初の心理学者である元良勇次郎の指導を受けた．彼は大学卒業後，一時期は巣鴨監獄の嘱託をも務めた．

現代において寺田の研究はあまり省みられてはいないが，1913年の『供述の価値』と題された論文は，現在の目撃証言研究に類似する実験研究であった．この実験論文は，その歴史的経緯を考えれば，日本初の法と心理学実験研究であり目撃実験研究である．

今ここで，日独の二ヵ国だけであるが，新旧刑法学の比較や人物を整理してみると表1のようになる．

寺田は大正年間に夭逝（ようせい）するが，第二次世界大戦前後の日本において，法と心理学の中心的人物となったのが植松正であった．

植松は日本大学法文学部心理学専攻を卒業後，東北帝国大学法文学部法律学専攻に再入学し，卒業後は検事・判事を務め，台北帝国大学（当時）の刑法学教授にも就任した．植松は法学と心理学の双方に通じた者として，供述の信頼度に関する実験研究も行った．また彼は，「聾唖者」に可罰的認識力があることを実証的に示し，刑法によって定められた「聾唖者の刑の軽減」を削除することを求めた．

戦前の日本で犯罪学に取り組んだのは，東京帝国大学医学部で呉秀三（精神病学教授）に師事した吉益脩夫（よします・しゅうふ）である．1924（大正13）年に卒業後，同大学大学院心理学専攻で心理学を修めている．いくつかの刑務所で精神鑑定や犯罪学

表1　新旧刑法学の特徴

	旧派刑法学	新派刑法学
刑罰の目的	応報刑論	目的刑論
実際上の適用	客観主義（犯罪主義）	主観主義（犯人主義）
予防についての考え方	一般予防主義	特別予防主義
主唱者	ビルクマイヤー	リスト
	大場茂馬	牧野英一
心理学者	協力不要	シュテルン
		寺田精一

研究を行い，1936（昭和11）年東京帝国大学脳研究室が創設されると，遺伝生物学，優生学，犯罪学の研究にあたった．

彼がとりくんだのは，遺伝を重視する犯罪学であった．帝銀事件の平沢貞通被告に対する精神鑑定人を務めるなど日本の精神鑑定の第一人者でもあった．

第二次世界大戦後の日本では心理学者による法と心理学の研究は虚偽検出，矯正といった分野以外では行われていなかった．家庭裁判所に心理職が作られたこともあり，矯正心理学は大きな分野となっていった．法学では，川島武宜により経験（主義）法学が導入された．

経験（主義）法学とは心理学などの行動科学の手法を用い，裁判過程や紛争過程の分析，そこで用いられる法的言語・文章の意味論的研究などを行うものである．

植村秀三は，1948年以降裁判所に勤務し，松山地方裁判所長，東京高等裁判所判事などを務めるかたわら犯罪学について取り組み，『刑事責任能力と精神鑑定』を出版した．またドイツにおけるウンディッチ『証言の心理』やトランケル『証言のなかの真実』を翻訳して証言心理の紹介に努めた．

アメリカで目撃証言の信憑性に関する研究が質量ともに充実していたのに対して，日本では自白の信憑性に関する研究が行われていた．日本においては職業裁判官のみが事実認定を担っていたため，目撃証言の研究が意味を持たなかったからである．甲山（かぶとやま）事件を契機とした浜田寿美男による一連の自白供述分析，とくに虚偽の犯行供述の分析は日本の法と心理学の特徴をよく表したものであるといえ，その『自白の研究』は一つの到達点を示している．

浜田の研究は，日本司法における「取り調べ室の不可視性」と「調書に書かれた内容の二次資料性」の問題点を前提にしたうえで，自白分析の方法や概念を提唱したものであり，限界も指摘されるが意義もまた大きい．心理学的にも「人が体験しない出来事を語る」という現象に対して示唆に富む内容であり，法と心理学のみならず記憶心理学の研究にも影響を与えている．このような実際の事件への供述分析研究は，日本という文脈での法学と心理学者との連携をもたらし法と心理学領域の発展に貢献した．

2000年には「法と心理学会」（→資料1）が設立され，法学者と心理学者が共通に議論するプラットフォームが整備された．2009年にはじまった裁判員裁判においては，裁判員の判断プロセスや法廷プレゼンテーションなど多様な領域で法と心理学的検討が必要となっている．

〔若林宏輔・サトウタツヤ〕

▶文 献

Bartol, C. R., & Bartol, A. M. (1987). History of forensic psychology. In I. B. Weiner, A. K. Hess (eds.), *Handbook of Forensic Psychology*. London, Wiley. pp.3-21.

浜田寿美男（1992）．自白の研究――取調べる者と取調べられる者の心的構図　三一書房（北大路書房版，2005年）

Neisser, U. (1967). *Cognitive psychology*. N.J.: Prentice-Hall.（大羽　蓁（訳）(1981)．認知心理学　誠信書房）

Neisser, U. (1978). *Memory observed : Remembering in natural contexts*.（富田達彦（訳）(1988)．観察された記憶――自然文脈での想起　誠信書房）

サトウタツヤ（2003）．心理学と社会――心理学領域の拡大　サトウタツヤ・高砂美樹　流れを読む心理学史――世界と日本の心理学　有斐閣　第3章

寺田精一（1913a, b, c）．供述の価値とは　法学志林, 17(4, 5, 6), 59-76, 63-76, 67-78.（心理研究第8巻（1914）にも転載）

植村秀三（1956）．刑事責任能力と精神鑑定　司法研修所（司法研究報告書，第8輯第7号）

1.3 法学と心理学の関係と学融のための方法論

■ **心理学から見た，心理学と法学の関係**

ハニー（Honey, 1980）は，法と心理学という領域には，3つの類型があると述べている．アメリカと日本では前提となる法制度が少し異なるが，参考にしてみよう．

まず第一が，「psychology in law」であり，法システムで活用されている心理学の技術や知識のことである．具体的には，責任能力の鑑定や虚偽検出（ポリグラフ）や供述鑑定（虚偽自白の検出）（→8.22）などが含まれる．2009年に，はじまった裁判員裁判（→9.17）において，法律の素人たる裁判員にわかりやすいプレゼンテーションをするための技術開発を行うなら，それはこの第一の類型に入るだろう．

第二は「psychology and law」であり，法システムの検証を法学とは独立に行うものである．写真帳を用いた面通しにおけるバイアスの発見や単独面通しの不使用勧告，最近では自白場面の録画方式（カメラパースペクティブ効果）が任意性に影響を与えるとする研究（Lassiter, 1980）などがこの中に含まれる．犯罪者処遇のあり方や被害者支援についても鑑定を行うのではなく，犯罪者のあり方や被害者のあり方の分析を経て提言するのであれば第二の類型に含まれる．裁判員裁判において，裁判員がどのような行動・認知を行うのかということの研究も，システムへの提言を含むものであるからここに入る．

そして第三が「psychology of law」であり，法やルールが人間社会にどのように定着してきたのか，法やルールがどのように人間行動をコントロールするのか，あるいは道徳意識の発達についてなどを取り扱う．刑罰についての意識調査（死刑存廃の可否）も第三の類型に入るだろう．

■ **法学から見た，心理学と法学の関係**

ハニーにならい，law in psychology, law and psychology, law to psychology という類型を作って考えていこう．

「law in psychology」は，心理的外傷体験（PTSD）の損害賠償にあたっての時効の法的設定の検討が含まれる．心理的外傷体験の性質によっては時効を延長する必要が生じたり，時効という概念自体を変更しなければならなくなるかもしれない．原事件の起きた時点を起点とするのか，幼児の外傷的体験の影響を20年，30年で区切ることが適当なのか，というようなことが問題の一つである（一方で時間が経てば被告側の防御が難しくなるという事情もあるから，まさに訴訟法の問題である）．また，損害賠償の権利を行使すること自体が相手との関係を思い出すことになりそれ自体が被害を拡大するというようなことがある場合もあるだろう．実際，日本の地下鉄サリン事件被害者は，被害者支援制度を使わない人がいるが，このような人を「権利の上に眠る者は保護されない」とすることが良いのか，検討する必要がある（松本, 2003）．

「law and psychology」は，ハニー（Honey, 1980）の「psychology and law」と同様である．先ほどと違う例をあげれば，カルト教団信者の心理（マインドコントロールと刑事責任の関係），消費者保護における説明責任の問題など，これまでの判例とは異なる判断を下すために必要な人間観の変更を心理学と法学が協同で行うこと，法との関係で行う処遇を心理の面から考えること（司法臨床）などが含まれる．司法臨床の先導例としてカナダにおける問題解決型裁判所をあげることができる．

> **問題解決型裁判所** (problem solving courts)
> 社会心理的な問題をかかえた個人について，刑事裁判所よりも人道的な解決と成功を目指すもの（オーマツ，2007）．裁判所に持ち込まれる個人の根本的な問題に対処するために，司法の問題を法の専門家だけで完結させて扱うのではなく，コミュニティ・サービス・プロバイダーとより緊密に協同し，統合的で協調主義的，また当事者主義的でない多くの専門家によるチームアプローチを強調する点に特徴がある．カナダ・トロントでは1990年代に設立された（村本，印刷中）．

「law to psychology」においては，「心理学実践に基づく鑑定などを法的にどのように評価するか」が最も大きな問題となるだろう．日本においては，ポリグラフを用いた虚偽検出の法的地位の検討とその確定が例としてあげられる．刑訴法では自白，直接証拠，間接証拠のいずれにあたるかで扱いが大きく異なる．したがって捜査中に（警察によって）行われた検査結果は，自白にあたらないのか，間接証拠にあたらないのか，ということの検討がなければ，法廷での証拠としては使えないため，法的な検討が必要となる．また，心理学者が行う研究・実践の倫理，不法行為の規定もこの類型に含まれるだろう．心理学においては，「実験的リアリティ」を追求するために実験参加者に事実を告げない場合があり，そのような研究が許されるのかどうかについては法的検討が必要となる．また，専門職としての心理職とクライエントの関係を法的に規定する必要があるから，それはこの「law to psychology」の課題となる．

法と心理学という領域は，以上のような問題を取り扱い，また，新しい問題が出てきたときに扱う領域である．たとえば，アメリカではテロリズム（とくに自爆テロ）に関する研究の必要性が唱えられている．異なる学範が問題を共有して研究・実践を行うことには多大の労力が必要であるが，まず，各々の学範に特徴的な思考方法について理解を深めあうことが重要であろう．

■ **法的思考と心理学的思考それぞれの特徴**
 1) 法的思考

法的思考について法と心理学という立場から考えるために，三段論法，量刑判断，事実認定の問題を取り上げる．

三段論法は論理的推論の型式のひとつである．大前提，小前提および結論という三つの命題を取り扱いつつ結論に至る推論の形式である．結論は，大前提と小前提の双方に拘束される．法学における法的処理の導出では，大前提にあたるのは法律条文であり，小前提にあたるのは事実認定であり，結論に至るという形式をとる．

> **大前提** 刑法第199条（殺人）：人を殺した者は，死刑又は無期若しくは五年以上の懲役に処する．
> **小前提** AはBを殺した．
> **結論** Aは死刑又は無期若しくは五年以上の懲役に処せられる．

この例のうち，小前提たる殺人事件の犯人が誰であるかについては，証拠に基づいて裁判官が心証を形成して判断することになる．日本ではこのプロセスを「人間心理のプロセス」として研究することは少なかったが，2009年からはじまった裁判員制度で，一般市民が裁判に参加することになって注目が高まってきている．

 2) 刑事裁判と心理学

法的思考について法と心理学という立場から考えるために，事実認定，量刑判断などおもに刑事裁判の問題を取り上げる．

事実認定 裁判は証拠によると法が規定している．刑事訴訟法では，伝聞証拠など法廷で直接真偽を確認できない証拠は排

除される一方，民事訴訟法では伝聞証拠が使われてもかまわないなど厳格さは異なるが，法廷で証拠として認められていないものやことを用いて事実認定を行うことは許されない．ただし，近年，目撃証言や自白供述など，法廷で証拠として採用されて正しいとされたものが，結果として間違っていたことが問題となっている．意図的に行ったわけでもない記憶の歪みや強制された虚偽自白の問題である．

量刑判断　法が規定する刑の範囲は，明確に広くとられている．刑法199条では，「死刑，無期若しくは五年以上の懲役」となっている．裁判官（裁判員制度の下では裁判員も）は，当該事例についての事情を考慮し，類似事件の裁判例に基づき，刑を決定する（→9.14）．個別の事件の状況・事情を考え，当該事件を起こした人間について矯正可能性などを判断することはもちろん，類似事件の量刑とのバランス（量刑相場とよばれる）も考慮する必要がある．

3）心理学的思考

心理学が主として依拠するのは，科学的実証主義である．科学における判断は最終的には，「AはBである（ない）」という形をとる．実証というプロセスはやってみなければ正しいかどうかわからない．したがって科学者の判断は，誤りの可能性を前提としたものであることが望ましい．

誤りには2種類ある．「ないものをある」という誤りと「あるものをない」という誤りである．

> **第一種の過誤**
> 何かがないときに「ある」と言ってしまう誤り．たとえば，変数AとBに相関関係がないにもかかわらず，「ある」と言ってしまうときは第一種の過誤を犯していることになる．

> **第二種の過誤**
> 何かがあるときに「ない」と言ってしまう誤り．たとえば，変数AとBに相関関係があるにもかかわらず，「ない」と言ってしまうときは第二種の過誤を犯していることになる．

第一種の過誤は，簡単にいうと「慌て者の誤り」で，早とちりで失敗するということである．たとえば，異性がこちらをしきりに見ている．気がありそうだと感じる．それで強引にアプローチして失敗した…．というのが第一種の過誤にあたる．

第二種の過誤は，「ボンヤリ者の誤り」で，自分に気がある異性がしきりに自分にいろいろなことをしてくれている．しかし，単なる親切だと思い，そのままウヤムヤ…．後でその異性の友達から「バカね～」なんて言われたりする．これが第二種の過誤ということになる．

こうした2つの誤りについて，心理学など実証科学の世界では第一種の過誤をおそれる．「ないものをある」と言ってしまって，それが誤りであると，世の中に非常に大きな混乱をもたらすことがあるためである．心理学の論文で「統計的有意性5%水準で差がない」などと書かれている場合には，上記のうち「第一種の過誤の確率を5%に抑える」ということである．事件は一回性をもっているから確率とはなじまないという主張には，一定の妥当性があるとはいえ，次項でみる心理学的鑑定（心理鑑定）などをテクニックとして確立させるためには，ある程度の一般性を確保したうえで蓋然的（確率的）正しさを示すことしかできないとするのが科学的実証主義の立場である．

4）心理学的鑑定の種類

鑑定とは，特別の学識経験を有する者による，事実の法則またはその法則を具体的事実に適用して得た判断の裁判所への報告

であり，裁判所が有していない専門的学識・知見を補う手段である（→12章）．したがって，心理学的鑑定または心理鑑定は，心理学的法則を用いて心理状態を判断することである．なお精神鑑定は日本においては精神科医の仕事であることが多い（→資料12）．心理学者が用いる鑑定で最も使われているものは，捜査における虚偽検出，知的遅れを判断するための知能検査である．最近では供述調書における虚偽自白の検出を目指す供述分析が提唱されているが，裁判所に鑑定の価値を認められることは多いとはいえない．

■ 学融的活動，あるいは，問題解決のために法と心理学ができること

「学融」とは，複数の学問分野（学範）のより深化した協同のあり方をさす．異なる学範が問題を共有して研究・実践を行うために異なる学範の固有な思考方法について理解を深めあうことは重要であるが，それだけでは十分ではない．ここではモード論（Gibbons, 1994；佐藤, 1998；サトウ, 2001）を参考に法と心理学の確立のための方法論，つまり，異なる学範が協同作業をするということ自体の理論を見ていく．

モード論の考え方として，一つの学範（つまり，法学や心理学）の中に基礎と応用があり，それらに序列があるとは考えない．学範内の知識に駆動されるモード（モード1）と，社会の要請に駆動されるモード（モード2）があると考える．

裁判員裁判の開始にともなう，「わかりやすく公正な裁判の実施」というのはまさに社会の要請であり，この要請に法学，心理学，その他の学範が応えようとするなら，それはまさにモード2型の知識生産となる．ただし複数の学範が協同するときには，学際と学融という二つの型があることに注意が必要である．学際活動は，問題を共有して異なる学範がそれぞれ単独で知識生産を行うだけで十分であるのに対し，学融活動は，問題の共有ではなく解決の共有が目指されるべきであり，そのためにはより深い学範どうしの融合が必要なのである．

法と心理学は，法学と心理学の学融的（trans-disciplinary）領域である．法学が規範学であるのに対し心理学が実証科学であること，法学が個別事例の検討や救済を第一の目的とするのに対し，心理学は一般法則を第一の目的とすること，など二つの「学範（ディシプリン）」には大きな違いがある．法学と心理学の関係について学び，また，それを「学融（トランスディシプリナリ）」として成立させる方法論を学ぶことで法と心理学はより豊かになるだろう．

［サトウタツヤ］

▶文　献

Gibbons, M. (Ed.), (1994). *The new production of knowledge : The dynamics of science and research in contemporary societies.* Sage.（小林信一（監訳）(1997)．現代社会と知の創造――モード論とは何か　丸善

Honey, C. (1980). *Psychology and legal change.* LHB, 4

カナダ・オンタリオ州問題解決型裁判所（http://www.ontariocourts.on.ca/ocj/en/）

オーマツ，マリカ（著）指宿信・吉井匡（共訳）(2007)．トロントにおける問題解決型裁判所の概要――「治療的司法」概念に基づく取り組み　立命館法学，**314**．

松本克美 (2003)．PTSD被害と損害論　時効論　立命館法学，**288**, 48-540.

佐藤達哉 (1998)．進展する「心理学と社会の関係」モード論からみた心理学――心理学論（へ）の挑戦(3)　人文学報（東京都立大学），**288**, 153-177.

サトウタツヤ (2001)．モード論――その意義と対人援助科学領域への拡張　立命館人間科学研究，**2**, 3-9.

村本邦子（印刷中）治療的司法の観点から見た法と心理の協働――トロントの治療型裁判所を視察して　法と心理

1.4 法社会学

法社会学（sociology of law；law and society）とは，法に関する現象（法の機能・法の発生・法の変容など）を考察対象とする経験科学である．法社会学という名称を見ると社会学のサブカテゴリーのように思えるが，実際は社会学だけでなく，心理学，政治学，人類学，経済学，哲学，言語学といった他の諸分野とも密接にかかわる学際的分野である．

いいかえれば，「観察された事実に基づいて法現象に関する仮説を構築し，経験的な事実による検証を経て，現象の因果関係についての一般的な法則を導く」のが法社会学の目的である．なかでも，「法が現実にどのように用いられているか」，「社会においていかなる機能を担っているか」というような問題を，データや事実に依拠しながら解明することを目指している．

これらの問題に興味がもたれる理由のひとつとして，「紙の上の法（law on paper）」と「実際に作動している法（law in action）」は異なっているという点があげられる．どのように，そしてなぜ異なっているかを明らかにするために，社会学の方法のみならず，心理学（社会心理学を含む）をはじめとした，隣接諸分野の方法をも活用した研究が行われているのが現在の法社会学である．

■ 法社会学の源流

今日の法社会学の起源は，19世紀後半のヨーロッパに求めることができる．法典を論理的に完結したものと考え，論理的演繹により法的問題を解決しようとする「概念法学」（元来はイェーリング〔Rudolf von Jhering〕がそのような論理性偏重の傾向を批判して作った言葉）に対抗する形で，「自由法論（自由法学）」とよばれる法思想が，19世紀末から20世紀初頭にかけて広がっていった．この法思想は，法典の中ではなく社会の中から自由に法が発見されるべきとの主張を展開したものであり，現実の法の追究や裁判官の裁量権拡大を唱道した点に特色がある．

自由法論の代表的論者であるオーストリアの法学者オイゲン・エールリッヒ（Eugen Ehrlich；1862-1922）は，民間における慣習・慣行が国家制定法とは違ったものであるという事実を踏まえて，法発展の動因は社会そのものの中に存在すると考え，このような「生ける法（生きた法，lebendes Recht）」の探究の必要性を説いている．

一方，自由法論以外の動きも法社会学の形成に寄与した．ほぼ同じ時期，ドイツの社会学者マックス・ウェーバー（Max Weber；1864-1920）は，近代の特徴である合理主義を総合的にとらえる試みの中で，近代法の特質や法と経済の関係について論じている．さらにウェーバーは，法現象を社会科学的に分析するための概念規定を整え，法社会学の基礎を形作った．

■ 日本の法社会学

1920年代以降，日本も法社会学の影響を受けることになる．とくにエールリッヒの「生ける法」論は日本の法学界に少なからぬ影響を及ぼし，判例研究や慣習調査へとつながっていった．ことに，末弘厳太郎（1888-1951）や川島武宜（1909-1992）らは日本における法社会学の発展に大きく貢献した．また，かつてはマルクス主義の立場からの研究も盛んに行われていた．

法のイメージが国によってさまざまに異なっているのと同様，法社会学の内容も国によっていくぶん相違がある．たとえば，

「日本人が法をどのようにとらえているか」という問題をめぐる「法意識」論は，日本の法社会学を特徴づける主題である．以下，項を改めて述べる．

■「法と心理学」と法社会学

1) 法意識研究　法意識は日本の法社会学を発展させる主要な動力となったテーマであり，かつ，心理学的研究が数多く行われた領域でもある．

法意識に関する議論の端緒を開いたのは川島武宜（1967）である．川島の関心は，いわば輸入物である西洋近代法が，日本人の心理的前提条件（これが法意識とよばれる．法「意識」という表現になっているが，無意識も含む概念である）と整合していないのではないか，という問題にあった．たとえば，所有権に関する意識の希薄さ，契約内容の曖昧さ，訴訟件数の少なさといった現象が日本において見られる．川島の法意識論によると，権利と義務を厳密に定め，自発的な権利主張を期待する西洋近代法が，日本社会に遍在する共同体的意識（和の精神がその例）とずれている点に，それらの諸現象の根本的な原因があるということになる．

川島の主張に対しては多くの批判が向けられているものの，「紙の上の法」と「実際に作動している法」とが隔たっている理由を心理的要因に求め，法制度と意識構造の連関に対する興味を喚起したことには大きな意義がある．現在に至るまで，法意識概念の再検討，法意識に関する調査，法意識の国際比較，そして法意識論の前提となっている事実についての実証研究など，多種多様な研究テーマの源泉となっている（近年の文献として，河合・加藤（2003），青木（2005），加藤・藤本（2005），木下（2006），松村・村山（2010）を参照）．

2) その他の領域　「法と心理学」と法社会学の交錯領域は，法意識研究に限られるわけではない．その他のテーマにおいても，心理学の成果や手法は頻繁に援用されている．

現段階ではとくに手続法に関連するテーマで比較的多く見られ，公正（分配的公正や手続的公正）についての研究，集団意思決定（陪審制度や裁判員制度など，集団による討議を経た判断や決定）に関する研究（→9章），あるいは，交渉や説得のプロセスに焦点を当てた研究が例としてあげられる．自白や目撃証言の研究も手続法関連のテーマに含めることができよう．

実体法に関連するテーマとしては，たとえば，発達心理学の知見に基づいて権利概念や道徳観念の発達を検討する研究や，帰属理論を応用して責任に関する人々の判断を考察する研究などがある．実体法・手続法を問わず，今後も法社会学は心理学との協働と必要とすると思われる（なお，実体法と手続法の区別については，「2.2 民事法概説」を参照されたい）．　〔飯田　高〕

▶文献

青木人志（2005）．「大岡裁き」の法意識　光文社新書

エールリッヒ，オイゲン（河上倫逸・フーブリヒト，M.訳）（1984）．法社会学の基礎理論　みすず書房

加藤雅信・藤本亮（編著）（2005）．日本人の契約観　三省堂

河合隼雄・加藤雅信（編著）（2003）．人間の心と法　有斐閣

川島武宜（1967）．日本人の法意識　岩波新書

木下麻奈子（2006）．法心理学からみた〈法意識〉　和田仁孝（編）法社会学　法律文化社　pp.81-103．

松村良之・村山眞維（編）（2010）．法意識と紛争行動　東京大学出版会

村山眞維・濱野亮（2003）．法社会学　有斐閣

太田勝造　フット，ダニエル H.・濱野亮・村山眞維（編）（2009）．法社会学の新世代　有斐閣

六本佳平（2004）．日本の法と社会　有斐閣

ウェーバー，マックス（世良晃志郎訳）（1974）．法社会学　創文社

1.5 法と経済学

法と経済学（law and economics；法の経済分析，economic analysis of law ともよばれる）は，経済学の手法を使って法を分析・解釈しようとする学問分野である．経済学的手法の応用のしかたには何種類かのものがあるが，大きく分けて，記述的分析と規範的分析の2つに分類することができる．簡単にいうと，個人の意思決定と社会状態の関係を経済学的モデルによって描写したうえで法の効果を考察するのが記述的分析，結果として生じる社会状態を明示の基準を用いて評価したり比較したりするのが規範的分析である．

記述的分析では，法が社会状態に及ぼす効果を表現するためのモデルを構築することに主眼がおかれる．このとき，個人は一貫した選好構造をもち，その選好にそった効用ないし満足度をなるべく大きくするような行動を選択する，と仮定される場合が多い（しばしば「合理性の仮定」と表現される）．そして，個人レベルでの意思決定や行動と，社会レベルでの集合的帰結との連関を表すモデルを設定する．このようなモデルを作るにあたっては，ミクロ経済学のツールが有用である．

一方，規範的分析では，特定の基準を用いて社会状態を評価することを目的とする．その望ましさの基準として通常使われるのは「効率性（efficiency）」である．効率性にもいくつかの意味があるが，大雑把にいえば，「社会のメンバーの得る効用がなるべく大きくなるように資源を配分している」状態が効率的な状態だということになる．この効率性の原理に照らし，記述的分析によって導かれた集合的帰結を相互に比較するのが，法と経済学における規範的分析である．

■経済学と心理学

経済学と心理学は次第に交流を深めてきている．「経済心理学」「行動経済学」「実験経済学」という名称の諸分野が確立したのはその一例であるが，経済学と心理学が接すると考えられる領域はいうまでもなく以前から存在しており，また実際に研究もされていた．

たとえば，アダム・スミス（Adam Smith；1723-1790）やジョン・ステュアート・ミル（John Stuart Mill；1806-1873）といった古典経済学者は，「ホモ・エコノミクス（経済的合理人）」とは異なる人間像を想定し探究していた．また，効率性の概念の基礎を作ったヴィルフレド・パレート（Vilfredo Pareto；1848-1923）も，さまざまな心理的要因に由来する非理性的行為の役割について論じている．

心理学は，理論と研究手法の双方で経済学に影響を与えている．理論においては，①人間の意思決定や判断にかかわる理論枠組を提供している（例：認知バイアス，ヒューリスティックス，時間選好，リスク回避傾向というような概念）．さらには，②感情や情動，あるいは道徳観念が個人の行動や意思決定とどのように関連しているかについても膨大な研究が蓄積されてきており（例：利他性や互恵性に関する研究），経済学でもその意義が認識されつつある．

実証のための研究手法という点では，実験の手法，とりわけ実験室実験を経済学に導き入れた点が大きい．つまり，観察対象となっている変数以外の変数を人為的環境の中でコントロールすることにより，その変数の影響についての仮説を検証しようとする方法である．ただし，経済学の領域内

で，心理学実験とは異なる独自の実験法も開発されている点には留意すべきであろう．

「法と経済学」に対しても，心理学の研究成果は重要な意味をもっている．以下，理論面と研究手法面のそれぞれについて，「法と経済学」と心理学がどのようにかかわっているかを簡単に述べる．

■ 理論面での接点

心理学の知見は，モデルの前提を吟味する目的で援用される場合もあれば，分析をさらに精緻にする目的で参照される場合もある．このことは，記述的分析と規範的分析の両方に当てはまる．

記述的分析に関しては，認知心理学（→ 5.4）や社会心理学（→ 5.2）の研究が理論的な基盤になる場合が多い．たとえば，人間行動はいかなる点でどのくらい合理性の仮定から乖離しているか，個人は意思決定に際しての信念をどのように形成するか，というような問題に対して一定の回答を示してくれる．また，特定の法制度が個人の認知や意思決定にどのような影響を与えるかという問いにも，心理学の考え方は応用されている．意思決定を支援するための制度的枠組についての研究はそのおもな例である（Sunstein, 2000；Parisi & Smith, 2005）．

規範的分析に関しては，効用や満足度を心理学の観点から再考する研究がある．なかでも，「人々の幸福度が何によってもたらされるか」，「経済的利益は幸福度とどのように相関しているのか」という問題は近年になって盛んに議論されるようになっている．たとえば，「ある水準の豊かさに達すると，物質的な豊かさと幸福度との間に相関関係がなくなる」という命題（これは「イースタリンの逆説（Easterlin paradox）」とよばれる）の妥当性や政策的含意をめぐっては，現在のところ見解が分かれている．

■ 研究手法面での接点

「法と経済学」においても，実験の手法を使った実証研究が徐々にではあるが増えてきている．とくに，ゲーム理論によって記述される状況を現実の世界に移し，理論的な予測との異同を調べる，という内容の実験研究は数多く行われている．それに加えて，訴訟や和解といった紛争解決手続を実験の手法を用いながら検討する研究や，陪審員や裁判員の討議過程の再現を試みる研究などもある．

「法と経済学」における実験は，通例，制度が与える外的なインセンティブに対して，人々がどのように反応したり行動したりするか，という点に関心を集中させる．そして，その外的なインセンティブは金銭の形で供されるのが普通である．したがって，心理学における実験とは内容や手続の点で若干異なっている部分もあり，ある意味で独特な分野ともいえる．もし個人の意思決定プロセスと社会制度の関係を視野に取り込みたいのであれば，経済学あるいは「法と経済学」で行われている実験は，心理学を研究している人たちにとっても参考になりうるものである． 〔飯田　高〕

▶文　献

依田高典（2010）．行動経済学　中公新書
クーター，ロバート　ユーレン，トマス（太田勝造訳）（1990）．法と経済学　商事法務
Parisi, F., & V.L. Smith (eds.) (2005). *The law and economics of irrational behavior.* Stanford University Press.
Posner, E.A., & C.R. Sunstein (2010). *Law and happiness.* University of Chicago Press.
シャベル，スティーブン（田中亘・飯田高訳）（2010）．法と経済学　日本経済新聞出版社
Sunstein, C.R. (ed.) (2000). *Behavioral law and economics.* Cambridge University Press.
友野典男（2006）．行動経済学　光文社新書

1.6 法言語学

法にかかわる行為・現象の多くは「ことば」なしには成り立たない。また、社会を動かす法律の条文はことばで書かれている。請求書や領収書、契約書、注意書き、申請書、承諾書など、私たちに身近な法的に効力のありそうな文書を考えてみても、たいていことばで書かれていることがわかる。裁判も、口頭主義の下、ことばによって諸手続きが進行され、記録される。名誉棄損や脅迫のように、ことばによって成立する犯罪（ことばの犯罪、language crimes）(Shuy, 1993) さえもある。

このように、法とことばの関係は深さからも、法というコンテキストにおける言語使用の研究の必要性は明白であろう。

■法と言語の研究

法と言語にまつわる研究は、法哲学においては比較的古典の部類に属するよく知られた分野である。わが国では、碧海 (1965) の研究が非常によく知られている。また、法社会学 (→1.4) の立場からは、法的な文脈における会話の分析（言説分析とよばれる）を中心にしばしば研究対象とされてきた（例：棚瀬、2001）。

しかし、近年隆盛を見せている法言語学 (forensic linguistics) の研究は、言語学者を中心に行われており、その分析方法において、法学者を中心としたこれらの研究とは趣を異にする。

■法言語学

法言語学とは、狭義には、法医学のように言語分析に関する専門的知見を、司法過程における証拠の分析・鑑定などに応用する分野である。たとえば、複数の文書の異同、商標 (→4.11) の類否、脅迫電話の主のプロファイリングなどの分析が例としてあげられる。

一方、広義の法言語学は、法というコンテキストにおける言語使用について、とくに司法過程での直接的応用を意識することなく探究していく分野である。たとえば、法廷で用いられる言語表現の研究や、調停における会話参加者の発言順序の分析などがこれにあたる。後者のアプローチは「法と言語」の研究ともよばれる。

■法言語学分析

法心理学の場合と同じように、法言語学の分析というのは、既存の言語に関する一般的な原理や理論を法的なコンテキストにおける言語現象の分析に応用することが主になる。その意味では応用言語学の一部であり、あらゆる言語学の分析理論が法言語学的分析に応用可能であるといえる。

言語学には、主要な分野として、物理現象としての音声および発音・発声を扱う音声学、人が脳の中で音をどのようにとらえ、区別しているかを扱う音韻論、語の内部構造を扱う形態論、語と語の関係や句と句の関係、文の構造を扱う統語論、意味を扱う意味論、言語表現を文脈や使用者などとの関係から考える語用論、文境界を越えて言語使用（たとえば会話や文書の内容の構造など）を分析していく談話分析などがある。これらのそれぞれの分野が、どのように実際の法言語学的分析に応用されているかについては、リーヴィ (Levi, 1986) や堀田 (2010) を参照されたい。

また、法言語学では、コーパスとよばれる、大量の言語使用のデータを電子テキスト化して検索可能な状態にしたデータベースを用いて、特定の言語表現の使用状況・現状を実例を列挙することによって提示することも多くなってきている。このような

言語使用の実態に関する記述的な手法も一般的な法心理学的な分析とは一線を画す言語学に特有の分析方法であろう．

■ 言語学鑑定

ことばにまつわる証拠の鑑定を中心とした言語分析の実務への直接的応用（狭義の法言語学）は，わが国では数えるほどしか行われてきていない（犯罪心理言語学→8.24）．たとえば，音声学および方言学を利用した脅迫電話の主と被疑者の異同についての鑑定，計量言語学的文体分析を用いた複数の電子文書の書き手の異同について異同の鑑定，語用論・談話分析を用いた発話の意図や理解の分析などが行われている．

一方，欧米では，たとえば法言語学の父とよばれるロジャー・シャイ・ジョージタウン大学名誉教授一人だけをとってみても，500件以上の事件の鑑定にかかわってきているということから，全体では非常に多くの事件で言語学的分析が用いられていることが想像できるだろう．

■ 法心理学と法言語学

多くの言語学者が，ことばは「心内の情報処理の道具」，つまり，心を働かせる道具だと考えている（定延，2005）．心理学と言語学の関係はきわめて深く，法の世界でもそれは同じである．

たとえば，供述分析を行う法心理学者にとって，言語分析は避けては通れない道である．また，脅迫などのように言語行為によって被害者に影響を与えることで成り立つ犯罪もある．さらに，裁判員裁判（→9.17）では，口頭主義の徹底が謳われており，従来よりも裁判でことばが果たす役割が増えたため，裁判員の判断は法廷でのことばのやりとりに大きく影響される可能性が高い．また，有名なエリザベス・ロフタスによる言語によって事実と異なる事後情報を与えられると目撃した記憶が変容するという実験（Loftus, 1975）などは，心理学的研究であると同時に言語学的研究であるといえよう．

このように，法というコンテキストにおいて言語と心理が同時に関係してくる現象や研究対象は豊富に存在するため，心理学と言語学の両面からの分析が重要となる．しかしながら，法心理学と法言語学は，研究パラダイムおよび研究手法などの違いからか，連携が比較的希薄というのが世界的な傾向である．したがって，今後，法心理学と法言語学の知見が有機的に結合し，研究が進められることによって，あらたな発見および発展が期待できるであろう．

〔堀田秀吾〕

▶ 文　献

碧海純一（1965）．法と言語　日本評論社
堀田秀吾（2010）．法コンテキストの言語理論　ひつじ書房
Levi, J.N. (1986). Applications of Linguistics to the Language of Legal Interactions. In Bjarkman, P. C. & Raskin, V. (eds.), *The real-world linguist : Linguistic applications in the 1980s*. Norwood. New Jersey ; Ablex. pp.230-265.
Loftus, E.F. (1975). Leading questions and the eyewitness report. *Cognitive Psychology*, **77**, 560-72.
定延利之（2005）．ささやく恋人, りきむリポーター　岩波書店
Shuy, R.W. (1993). *Language crimes : the use and abuse of language evidence in the Courtroom*. Oxford : Blackwell.
棚瀬孝夫（編）（2001）．法の言説分析　ミネルヴァ書房

資料1 ●法と心理学会

　日本における法と心理学会（The Japanese Society for Law and Psychology）は，2000年に，法学と心理学の研究交流や組織化をめざして設立された（学会HP：http://jslp.jp/）．研究者や実務家の学術研究交流の促進を目指して，学術集会や学会誌『法と心理』（年1回刊行）の刊行に加えて，講演会や研究会も行われている．2005年には「目撃供述・識別手続きに関するガイドライン」を発表したが，この内容も法学と心理学の両サイドから丁寧になされたものであった．他に「法と心理学叢書」を順次刊行している．

　学会設立以前にも，法の現象の中でとくに目撃証言や（虚偽）自白の問題については，法学と心理学の観点から共同研究が重ねられてきた．現在ではこれに加えて，基礎的な研究から，少年，障害者，被害者などにかかわる問題，犯罪行動に関する問題，民事手続きや行政手続きにおける問題，司法福祉の問題，これらに果たすジャーナリズムの役割などの現実的な諸課題に対して取り組むことが目指されている．とくに2009年5月に裁判員制度がはじまってからは，一般市民の法判断の問題など裁判員裁判に関する研究が増え始めている．なお，裁判員経験者には重い守秘義務が課されているのだが，それは本人にとっても，裁判過程の学術的検証のためにも不適切であるとして，裁判員経験者の守秘義務を緩和することを提案している（2009年）．

　年に一度の学術大会では，学会員が一同に介し，講演やシンポジウムを行う．海外からの講演者も少なくなく，本学会の国際性を示している．また，学会活動活性化の一環として，主として若手研究者の共同研究を促進するため，研究助成金を支給する制度を設けていることも特筆される．

　以下に参考として，機関誌『法と心理』の特集一覧を掲載する．日本における研究動向が大まかにわかるだろう．

（サトウタツヤ）

●機関誌「法と心理学」の特集一覧
「法と心理学の可能性」（2001年，1巻1号）
「市民と法律家のコミュニケーション」（2002年，2巻1号）
「若者と社会――加害と被害のクロスオーバー」（2004年，3巻1号）
「広津和郎の松川裁判批判の今日的継承」（2005年，4巻1号）
「裁判員制度：制度の成立過程と法学的・心理学的検討課題」（2006年，5巻1号）
「取調べの可視化を巡って――法と心理の対話」（2007年，6巻1号）
「素人の事実認定と玄人の事実認定」（2008年，7巻1号）
「心理学は裁判員裁判に何ができるか」（2009年，8巻1号）
「日本と韓国における市民の司法参加と法心理学」（2010年，9巻1号）

2. 日本の司法制度の概要

　「法と心理学」を理解するには，法についての理解はもちろん必須である．「法」というと，六法に載っている条文や裁判所の判決を思い浮かべるかもしれない．しかし，条文や判決として現れている法は，それに従って行動する人々が存在してはじめて機能する．司法機関は，われわれ市民や行政機関の行動が法にそったものであったかを判断し，また，「何が法か」を最終的に宣言し，その結果を強制する権能をもつ．司法機関のこのような作用は，そこで活動する人々の個々の行為の積み重ねであり，そのような行為は司法制度によって制約されあるいは導かれる．従って司法制度を知ることはその国の司法のありかたを知るうえで重要なフレームを提供する．本章は，日本の司法制度の概観を呈示し，「法と心理学」における「法」の理解を助けることを目的とする． 〔藤田政博〕

2.1 日本の司法制度

■ 日本の司法制度の概観

憲法76条1項は，司法権を裁判所に属するとし，司法権の独立を保障する．裁判所法は，最高裁判所と下級裁判所について定め，下級裁判所は，高等裁判所，地方裁判所，家庭裁判所，簡易裁判所である．

最高裁判所は，長官1名，裁判官14名で構成され，もっぱら高等裁判所からの上告について裁判権を行使する．高等裁判所は，もっぱら地方裁判所第一審判決，家庭裁判所の判決，簡易裁判所の刑事に関する判決の控訴について裁判権を行使する．全国8ヵ所に本庁が，6ヵ所に支部がおかれる．地方裁判所は，原則的に第一審裁判所となり，全国50の本庁，203支部が設置され，家庭裁判所は，家庭内の紛争を扱う家事調停・審判と非行を犯した少年についての少年審判を扱い，地方裁判所と同じ所に設置される．簡易裁判所は，全国438庁設置されており，訴訟の目的の価値が140万円をこえない請求についての民事訴訟事件，罰金以下の刑にあたる罪や選択刑として罰金が定められている罪（窃盗罪など）や横領罪など，軽微な犯罪を扱う刑事事件について裁判権を有する．このように審級制度を採用し，上訴を保障している．

■ 裁判

裁判には，民事裁判と刑事裁判という区別がある．民事裁判は，私人間の民事上の権利義務関係の争いを解決するためにあり，刑事裁判は，犯罪を犯したとして，起訴されている被告人が有罪か無罪か，有罪だとすればどのような刑が適切かを判断するためにある．民事裁判では私人間の争いであるため，原告と被告との間での和解が成立しうるが，刑事裁判ではそのような和解はなく，原則的に検察官だけが起訴することができる．その他，行政訴訟については，現在は行政裁判所をおくことをやめたため（憲法76条2項），行政事件は，通常の裁判所で審理される．

国民には裁判を受ける権利（憲法32条）が保障されており，裁判所は，国民に利用しやすい存在でなければならない．また，裁判官は，良心に従って職権を行い，憲法，法律に従う（憲法76条3項）．しかし，裁判所の判断によって，さまざまな事件の判断から一定の基準が示されていく．これら判例も，法の一形態として成立し（法定立機能），新たな権利を創造していくこともある（権利創造機能）．さらに，裁判所に訴訟を提起するだけで，社会で問題とすべき重大な事柄が広く認知され，その主張が認められていくこともある．具体的な紛争解決だけではなく，社会のあり方を形作る機能としても，裁判は存在している（政策形成機能）（田宮，1995, pp.8-21）．

■ 裁判官

裁判所のもとで，裁判官，検察官，弁護士といった法律専門家が活躍している．裁判官にはその独立が保障されるとともに，司法は政治的に中立であることによって正当に機能するとされるものの，常にその政治的中立性を保持する難しさをかかえている（団藤，2007, pp.204-205）．また，司法は立法，行政からの影響を受けずにその独立が保障されるため，裁判官の身分保障が憲法で要請される（憲法78条）．

なお，裁判所の違憲審査権（憲法81条）は日本国憲法によって新しく誕生した司法権の重要な権限である．しかし，これまで，十分に違憲判断をしてこなかった，とする指摘がある（司法消極主義）．そのため，

憲法裁判所の設立や最高裁判所の構成改革などの提案もある．

■ 検察官

検察官は，犯罪捜査，起訴，公判での証拠提出，意見陳述，刑の執行を担う．このうち，重要な役割は，起訴と公判活動であり，捜査についての一次的役割は警察官が担うが，政治犯罪などでは，検察官の捜査活動が期待されている．基本的に，起訴権限はわが国では検察官が独占しているが，不起訴の判断については，11名の市民から構成される検察審査会が，請求に基づき，審査することもある．2004年の法改正により，審査でくり返し「起訴相当」とされれば，強制的に起訴されることも実現した．最近では，社会的に影響を及ぼす事件について，検察官の不起訴判断を審査する審査会の役割も，注目されつつある．

■ 弁護士

弁護士は，法的助言や訴訟を代理する役割を担う職業であり，法律問題についてさまざまな分野で活躍する．日常の民事，刑事事件のほかに，国際的な渉外事件や企業買収といった企業法務，さらには，医療過誤訴訟や知的財産訴訟といった専門的な特別の知識を要する事件など，その活躍の幅は広い．弁護士は，弁護士会に登録しなければ活動できず，この強制加入制度がわが国の特徴でもある．

■ 法曹人口

平成21年7月現在，裁判官は3566人，検察官は2622人，弁護士は26958人，活躍している（最高裁判所（編），2009）．もともと，国際比較すると法曹人口が総人口に対して少なすぎるといわれ，近年の司法制度改革により，法曹人口増が目指された．

法曹人口の議論の中で，さらに重要な課題が，弁護士の地域偏在の問題である．上記弁護士の大部分は，首都圏・近畿圏・名古屋圏といった大都市圏に集中している．そのため，市民が法的トラブルに巻き込まれたときに，弁護士に相談しようとしても，アクセスに地理的障害があること，費用などの面も気になって気楽に相談に行けないという状況も，否定できない．

そこで，司法へのアクセスを促進させるために，2004年に総合法律支援法が制定され，司法支援センターが設立された．全国に事務所が設置され，法律サービスを提供している．法の支配を全国に行きわたらせる仕組みを作るために，スタッフ弁護士も雇用されている．弁護士会も，独自にこの問題に取り組み，公設事務所を弁護士過疎地域に設立してきた．

■ 日本人の意識と訴訟

日本の司法制度を語るうえで，古くからある議論として，日本人は訴訟嫌いなのではないか，という問題提起がある．諸外国と比べても，日本人が訴訟を起こす率は低いことが指摘され，今日に至っている．

しかし，それは日本人のメンタリティーだけに起因するのではなく，弁護士や裁判所などに容易にアクセスできない制度的要因によるところもある，あるいは交通事故など，すでに判断基準の確立と保険業者による解決の制度が形成されてきたため，裁判所にアクセスする必要性も乏しい社会構造になっている，といった指摘もなされている．

また，市民が弁護士のサービスを受けるためには，費用の問題も大きい．この点，民事，刑事事件において，法律扶助制度，国選弁護制度の充実を図る課題も残されている．

〔岡田悦典〕

▶ 文献

最高裁判所（編）(2009)．裁判所データブック2009 判例調査会

田宮　裕 (1995)．日本の裁判　第二版　弘文堂

団藤重光 (2007)．法学の基礎　第二版　有斐閣

2.2 民事法概説

■ 民事法の範囲

国家または公共のために公的な立場で働く個人が「公人」とよばれるのに対し，公的な立場を離れた一個人は「私人」とよばれる．このような私人相互の関係を規律する法律を総称して「私法」といい（これに対し，憲法や行政法など，国家機関や行政機関にかかわる法律を「公法」という．ただし，公法と私法を分ける基準や区別の有用性をめぐっては諸説あるうえ，公法と私法の境界は流動的であるという点には注意が必要である），私法が基準となる裁判（民事裁判）に関連する法律をまとめて「民事法」という．具体的には，民法や商法をはじめとする私法の実体法に加え，民事訴訟法，民事執行法といった手続法が包含される（理論上，手続法は公法に分類されるのが普通である）．

■ 民事実体法

実体法とは権利義務の内容を定める法であり，後で述べる手続法の対立概念となっている．民事実体法は，「裁判において私人にどのような内容の権利義務が認められるかを規律する法」ということになる．民法・商法およびそれに関連する法律が民事実体法の代表例である．もっとも，実体法の中にも手続規定は存在し，逆に手続法の中にも実体規定は存在するので，両者は法令にそった形で截然と区分できるわけではない．

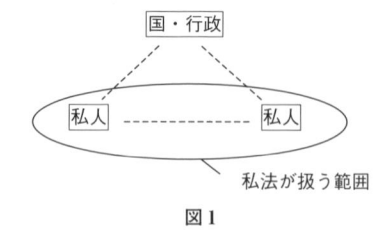

民事実体法のなかで中心的な役割を果たしているのは民法である（→2.4）．民法は私人間の一般的な法律関係を規律する法律であり，このように広い適用範囲をもっている法を「一般法」とよび，一般法の適用範囲の一部を適用範囲とする法を「特別法」とよぶ（一般法であるか特別法であるかは相対的に決まる）．民法は，種々の特別法が規律する領域に共通に適用される「私法の一般法」であり，その意味で最も重要な私法である．

民法に対する関係で特別法としてあげられるのは，商人間の取引を対象とする商法（形式的には商法典をさすが，実質的には会社法，手形法，小切手法その他の関連法令を含む），労働関係を対象とする労働法，消費者と事業者の関係を対象とする消費者契約法，借地借家関係を対象とする借地借家法などである．

■ 民事手続法

手続法とは，実体法の規定する権利義務を実現したり，権利義務に関する判断を行ったりするための手続や方式を定める法をさす．民事手続法の例としては，民事訴訟法，民事訴訟規則，人事訴訟法，民事執行法，民事保全法，破産法，非訟事件手続法などの諸法令があげられる（→2.7）．

民事手続法のなかで最も大きな役割を担っているのは，いうまでもなく民事訴訟法とその関連法令であるが，私人間の紛争を法的に解決したり調整したりするための手段は訴訟以外にもある．たとえば，裁判所が関与する手続として民事調停，家事調停，訴訟上の和解があり，さらには裁判所以外の第三者機関が関与するADR（alter-

図1

native dispute resolution）（→ 4.8）もある．手続法の分野は，実定法の分野と比べて心理学的研究が盛んである．

■ **民事法の特徴 (1)：「対等な当事者」**

国家機関や行政機関と私人との間にはある種の権力関係が存在するのが通常であり，公法は一般にそのことを前提として構成されている．一方，私法ないし民事法が扱う私人間関係においては，当事者は対等な立場にあると一応考えることができる．それゆえ，少なくとも出発点としては，民事法が前提としている社会の構図は次のようなものになっている．すなわち，対等な私人がお互いに自由に取引を行いながら社会生活を営んでいる．そして，紛争や利害衝突を解決または調整する必要が生じた場合は，国家が中立的で公平な第三者として介入する．この構図が前提とされていることは，民法の諸原則（→ 2.4）や民事訴訟法の諸原則（当事者主義，当事者対等の原則など）（→ 2.7）からも看取できる．

しかし，対等な取引関係，対等な当事者というのは，かなりの程度「擬制」にすぎず，現実の社会では当事者の力関係が不平等になっているケースも多い．そうしたケースについては，民事法は大別して2種類の方法で対処している．ひとつは民法自身による例外ルールの設定であり，もうひとつは民法以外の特別法による例外ルールの設定である．以下，やや詳しく述べておこう．

第一に，当事者が判断能力に欠けている場合や相手方よりも弱い立場におかれている場合に，民法のルールによって個別に保護を与えるという方法がある．未成年者が契約当事者となっているときに適用される規定や成年後見についての規定，あるいは意思表示に関する規定がその例である．さらに，親族法（民法第4編）の諸規定も親子関係が不平等な関係であることを踏まえたうえでの規定であるといえよう．

第二に，典型的には当事者の力関係が不平等になると考えられる社会関係をあらかじめ抽出しておき，当該社会関係を特別法によって規律するという方法もある．たとえば，労働者と使用者の関係，消費者と事業者の関係，そして借家人と家主の関係は対等とはいえない可能性が高い．これらの関係においては，それぞれ労働法，消費者契約法，借地借家法などの特別法が優先的に適用されることになる．

■ **民事法の特徴 (2)：私人のイニシアティブ**

刑事法と対比した場合に顕著となる民事法の特徴は，私人からの要求があって初めて国家機関が動きだし，国家機関のほうから積極的に動くことはない，という点にある（若干の例外あり．たとえば，民法744条1項の「不適法な婚姻の取消し」など）．いいかえると，権利内容を実現するか否かは私人のイニシアティブに委ねられているということになる．

したがって，私人が法をどのように観念し，法についていかなるイメージをいだいているか，あるいは道徳観念とどのような関係に立つか，ということは民事法の実効化にとって非常に重要な要素である．刑事法の領域と比較すると，民事法の領域では「法と心理学」の研究が進んでいるとは言い難いのが現状であるが，この領域に心理学的研究が入り込む余地は相当に大きいと考えられる． 〔飯田 高〕

▶ **文 献**

兼子一・竹下守夫（1999）．裁判法 第4版 有斐閣
三ヶ月章（1982）．法学入門 弘文堂
菅原郁夫（1998）．民事裁判心理学序説 信山社
田中英夫（1974）．実定法学入門 第3版 東京大学出版会

2.3 刑事法概説

■ 刑事法とは

　犯罪と刑罰に関する法のことを総称して「刑事法」という。

　近代以降の国家において，「犯罪」とされる行為が行われた際，行為者の刑事責任を追及し，刑罰によって制裁を与える権限は，国家にある（国家刑罰権）。つまり，刑事法は，犯罪と刑罰をめぐって国家と国民との関係を直接的に規律する法であり，「公法」とよばれる法のカテゴリーに関するものである（これに対して，私人間の関係を規律する法を，「私法」（→2.2）という。民事法は私法に分類される）。

　「犯罪」とは，一般的に「してはならない」とされる行為の中でも，個人や社会の権利・利益を著しく害するような行為について，立法者が法律などによって「犯罪である」と認めたものである。法律で定められた犯罪行為を行った者に対して，その生命（死刑），自由（懲役・禁錮などの自由刑），財産（罰金，科料などの財産刑）を強制的に奪い，制裁を加える処分が「刑罰」である。

　犯罪行為に刑罰が加えられることをあらかじめ規定し，実際に犯罪行為が行われた場合に，その行為者に対して刑罰を科すということによって，違法な行為に出たことに対する応報を与えたり（応報としての刑罰），同様の行為を一般人が行うことを抑止したり（一般予防としての刑罰），当該行為者が将来的に同じ行為を再び行わないようにしたり（特別予防としての刑罰）することが，刑事法のひとつの目的である。

　しかし，刑事法の目的は，上記のように，国家が犯罪者を処罰し，それによって社会の安全を守るということにとどまらない。むしろ，国家の側が，刑罰権行使のあり方について，国民の側からコントロールされるという側面こそが，重要である（刑事法の二次的統制機能）。

　すなわち，われわれは法律によって「犯罪」であると定義づけられた行為を行わなければ罰せられることはない。しかも，犯罪行為をしたとしても，法律の明文規定をこえた刑罰を科せられることはない（罪刑法定主義）。また，犯罪とされる行為を行ったか否か，また行った場合はいかなる刑罰が妥当かを判断する手続は，法律上のルールを守って適正に進められなければならない（適正手続の原則）。刑罰の執行も，法律（行刑法）に基づいて行われる必要がある。

　このように，刑事法は，国家が恣意的に国民の権利・利益を奪うことのないように，国家に対する統制を行うためのものでもあり，国民を守るものである。

■ 書かれた法としての刑事法

　書かれた法としての刑事法には，伝統的には，大きく分けて三種類の法領域が含まれるとされてきた。

　第一は，「いかなる行為が犯罪とされ（犯罪の成立要件），その行為に対してはいかなる刑罰を科せられるか（法律効果）」という実体的な法律関係を示した「刑法」およびその他の実体法である。1907（明治40）年に制定された「刑法」（刑法典）の他，軽犯罪法，爆発物取締罰則，暴力行為等処罰に関する法律などにも，刑法と同様，犯罪行為とそれに対する刑罰が定められている。また，道路交通法，独占禁止法，銀行法などの行政法規や，会社法，破産法などの民事法規にも，罰則規定が存在する。これらの法律は，「広義の刑法」とよばれる。

第二は，刑法に規定された犯罪行為を行ったと疑われた者について，その者が実際に犯罪行為を行ったといえるか，また行ったと認定される場合には，いかなる刑罰を科すことが妥当かを言いわたし，その刑罰を執行するための刑事手続について定めた「刑事訴訟法」などの手続法である．「刑事訴訟法」という法律のほか，手続について定めた法規としては，刑事訴訟規則，少年法，少年審判規則などが存在する．また，裁判所法，検察庁法，弁護士法，裁判員の参加する刑事裁判に関する法律（裁判員法）などには，刑事手続に関与する者に関する規定がある．その他，刑事手続のうち捜査段階で行われる捜査手段としての通信の傍受について規定した「犯罪捜査のための通信傍受に関する法律」や，確定した訴訟記録の取り扱いについて定めた「確定訴訟記録法」なども，刑事手続について規律する法といえよう．これらは，「広義の刑事訴訟法」とよばれる．

　第三は，刑事裁判によって，犯罪を行ったと認定された者の処遇にかかわる法である．懲役刑・禁錮刑等の自由刑の執行に関する行刑法と，犯罪者の更生保護に関する更生保護法がある．自由刑の執行は，従来は明治時代（明治41年）に制定された監獄法によっていたが，近年，全面的な改正が行われ，「刑事収容施設及び被収容者等の処遇に関する法律」（2005年）が整備された．また，刑事施設から出所する者の仮釈放や保護観察，社会内における処遇・援助などについて規定する「更生保護法」も，2007年に全面的に改正された．

　さらに，最近では，第四の法領域として，犯罪被害者にかかわる法があげられることもある．日本でも，犯罪被害者に対して，社会的な関心が向けられることによって，2000年以降，犯罪被害者の保護や援助のためのさまざまな立法が行われた．いわゆる犯罪被害者保護二法（2000年），犯罪被害者等基本法（2004年）などであり，これらの法律を受けて，刑事訴訟法の大改正も数度行われた（公判廷における遮へい・ビデオリンク措置，被害者の意見陳述制度，被害者参加制度の導入など）．ただし，犯罪被害者法の領域については，従来の三つの刑事法の領域との関係が不明確な部分が残されており，理論的な問題も残る．

　なお，刑事法のあり方の根本的な諸原則を定めている法として，日本における最高法規としての憲法があることを忘れてはならない．日本国憲法は，31条以下に，刑事法に関する詳細な規定をおいている．刑事法を読む際には，これらの憲法上の規定とともに，その他の憲法の人権規定（13条以下）との関係を常に意識する必要がある．

■ 学問分野としての刑事法学

　学問としての刑事法学は，大きく三つの分野に分けることができる．刑法学，刑事訴訟法学，および刑事政策学（・犯罪学）である．

　刑法を対象とする学問が「刑法学」であり，また刑事訴訟法を対象とする学問が「刑事訴訟法学」である．いずれも，実際に存在する法律の規定の意味を明らかにするという，法の解釈が中心的な内容である．法解釈学を中心とするこれらの学問は，「狭義の刑事法学」とよばれることもある．

　これらの法解釈学分野の刑事法学に対して，犯罪現象を分析・評価し，その原因を解明する「犯罪学」と，犯罪学の成果を用いつつ，犯罪対策をいかに行うべきか，またいかなる犯罪者にいかなる制裁を科すことが妥当かについて検討する「刑事政策学」も，刑事法学に含まれる．これらを上記の狭義の刑事法学に含めたものが，広い意味での刑事法学である．　　　　〔笹倉香奈〕

2.4 民法概説

■「民法」の意味

「民法」という語は二通りの意味で用いられる．形式的な意味での「民法」とは民法典（明治29年法第89号による民法第1～3編，および明治31年法第9号による民法第4・5編）をさす言葉である．これに対し，実質的な意味での「民法」とは，市民社会における市民相互の法律関係（つまり財産関係と親族関係）を規律する私法の一般法をさす言葉であり，たとえば消費者契約法，借地借家法，利息制限法，不動産登記法，製造物責任法，戸籍法などの諸法令をも含む概念である．

現行の民法典は，第1編「総則」，第2編「物権」，第3編「債権」，第4編「親族」，第5編「相続」の5編からなっており，前の3編を「財産法」，後の2編を「家族法」とよぶ場合がある．家族法を構成する2編は明治時代に制定されているが，第二次大戦後になって日本国憲法の精神に適合するように修正すべく抜本的な改正がなされた．

■物権と債権

市民社会における人々の生活は，大別して次の2つの関係を基礎として成立している．1つ目は，人が物を支配するといった「人と物との関係」であり，2つ目は特定の人に対してあることを要求するといった「人と人との関係」である．民法はこれらの関係を権利・義務の概念によって表現しており，前者は「物権」として，そして後者を「債権」として概念化している．物権とは物を直接支配する権利のことで，所有権がその代表である．他方，債権とはある人が一定の行為（目的物の引渡し，金銭の支払いがその例）を特定の他者に対して求める権利のことであり，債権に対する義務を債務という．債権および債務が発生する原因として重要なのは契約と不法行為である．

以上をいいかえれば，財産法の柱になっているのは，「所有権法」「契約法」「不法行為法」の3つだということになる．

■所有権法

所有権とは物を全面的に支配する権利であり，所有者は自由にその所有物を使用・収益・処分できる（民法206条）．他人も国家機関もその自由を侵害してはならないという原則は「所有権絶対の原則」とよばれ，資本主義を支えている．しかし，資本主義経済の発達とともにこの原則の弊害も生じ，所有権に一定の制限を課す必要性が認識されるようになってきた．現在の日本法においては，憲法29条2項，民法1条1項，民法206条に見られるように，所有権の行使には一定の制限が加えられている．

心理学の見地からは，所有権が人間の心理にどのような影響を及ぼすかという問いは，興味深い研究対象であろう．保有効果（賦与効果，endowment effect）に関する研究はその一例である．さらにいえば，複雑な歴史的経緯から生まれた近代的所有権は，通常考えられているよりもはるかに観念的かつ技術的で，難解な概念である．それゆえ，一般の人々が所有権をどのようにとらえているかを明らかにするという方向での研究もありうる（松村，2005）．

■契約法

契約は，相互に対応する複数の意思表示（売買の場合なら「売りたい」「買いたい」）が合致すること（合意）により成立する．私人の契約関係は当事者の自由な意思に委

ねられるべきで，国家機関は干渉してはならない，というのが近代法の原則である．これを「契約自由の原則」といい，当事者は自由に契約の相手方・内容・方式などを決めることができる．だが自由な意思が常に確保されるとは限らない．とくに，弱者の保護を目的として（労働法や借地借家法），あるいは契約の画一化への対処を目的として（約款規制），多くの制約が設けられるに至っている．

心理学に関連の深いテーマとしては，法意識の問題がまずあげられる（基本文献として，川島，1967）（→1.4）．近年は法と経済学の影響もあり，人間の合理性や認識の限界という面から契約法のルールを理解しようとする動きも見られる（笠井，2005）．

■ 不法行為法

ある行為者が故意や過失によって他人に損害を与えた場合，行為者は損害を賠償する責任を負う．近代法においては，個人の活動の自由を保障するために，故意または過失がない限り，責任を負わされることはないとされる．これは「過失責任の原則」とよばれる．けれども，深刻な害をもたらしうる活動をしながら利益を得る主体が多く出現し，一方で，被害者に十分な救済を与えることが難しくなってきた．そこで過失責任の原則を修正し，分野によっては無過失であっても責任を課すようになっている．

不法行為法は，民法の中でも心理学と結びつきやすい領域といえる．たとえば，故意や過失の構造，責任帰属の問題は古典的なテーマである．また，責任判断を左右する要素である予測可能性や結果の発生確率についても，認知バイアスとの関連で多くの研究がなされている．

■ 家族法

財産法が市場を規律する法だとすれば，家族法は市場を裏で支える親密圏や，市場の外にある領域を規律する法である（もっとも，相続法は家族法に含まれるものの財産法に近い性質をもっている）．

とりわけ親族法は心理学的知見が有用な分野である．離婚，親権者の指定，DVその他の紛争や事件は，その背景にある諸事情を考慮し，解決案のもたらしうる結果を検討したうえで解決されるべきである．この点で心理学は家族をめぐる紛争の解決に役立っている．

■ 民法と心理学

実体法である民法に対して，心理学はおおむね二通りの方法で示唆を与えることができる．ひとつは，現在施行されている法的ルールを前提として，個別具体的な紛争や事件の解決に寄与するような知見を提供することである．もうひとつはより射程が広く，心理学の研究によって得られた成果を法制度の構想に反映させることである．

民法と心理学のかかわりの形態は前者が中心であるように思われるが，後者ももっと強調されてよい．とくに，民法の基本原則は個人の自由意思を基盤として成り立っている．経済の発展に伴って基本原則が修正されつつあることは前述のとおりだが，心理学があぶり出す人間像も，基本原則を問い直す契機を提供しうるだろう．

〔飯田　高〕

▶文　献

道垣内弘人（2008）．ゼミナール民法入門　第4版　日本経済新聞出版社

笠井　修（2005）．法と心理学——契約法学への応用　成城学園教育研究所研究年報　**25**，77-93．

河合隼雄・加藤雅信（2003）．人間の心と法　有斐閣

川島武宜（1967）．日本人の法意識　岩波新書

松村良之（2005）．所有権の心理学　菅原郁夫・サトウタツヤ・黒沢香（編）法と心理学のフロンティア　北大路書房　pp.35-57．

内田　貴（2009）．民法Ⅰ　第4版　東京大学出版会

2.5 刑法概説

■ 刑法という法律

　刑法とは，どのような行為が犯罪となり，それにどのような刑罰が科せられるかを定めた法律であり，総則と各則から構成される．総則はあらゆる犯罪に適用される一般的な成立要件と刑罰の種類やその内容について，各則は殺人罪や窃盗罪など個別犯罪の成立要件とそれに適用される刑（法定刑）について規定している．刑法以外で犯罪について定めている法律も，道路交通法，覚せい剤取締法など無数に存在する．これらは特別刑法とよばれるが，単に刑法以外に規定されているというだけで，刑法総則は等しく適用されると解されている．

■ 現行刑法の特色

　現行刑法は，1907（明治40）年に制定されて以来，その基本的な構造は維持されたままである．その特色は，各犯罪の成立要件が簡潔に規定され，それに対する科しうる刑の幅が広いことにある．たとえば，殺人罪（199条）の成立要件は「人を殺した者は」とだけ規定されており，その法定刑は「死刑又は無期若しくは5年以上の有期懲役」とされている．さらに「特に酌量すべき事情」（66条）があれば刑の下限は2分の1，2年6月にまで下がり，執行猶予を付すことすら可能になる．現に人の命が故意に奪われたとしてもこれだけの刑の幅が予定されている．しかも日本では，具体的な量刑の手がかりを示すガイドラインも作られておらず，量刑はもっぱら裁判官の裁量に委ねられていた．裁判員制度がこの状況に変化をもたらすことも予想されるが，いずれにせよ，幅広い法定刑の中で具体的にどのような刑を選択するかが重要な問題となる．

■ 刑法の存在根拠

　殺人罪，窃盗罪などの典型的な犯罪の多くは，元来私人間のトラブルでもある．その解決は民法に依拠して当事者間で自主的に，あるいは民事裁判を介して行われる．ところが双方に不満がなく円満に解決したとしても，国家は刑罰という強力な手段を用いてトラブルに介入することがある．加害者が刑務所に行けば被害者への損害賠償が阻害されることすらある．他方で，民事不法行為は被害者に実害が発生した場合に成立するのに対し，刑法上の犯罪には通貨偽造罪や殺人未遂罪など実害発生以前に成立するものがある．このように民法に重複してあるいは民法から独自に刑法が適用領域を有する根拠が問題となる．

　その根拠を最も一般的にいえば，国家にとって望ましくない行動を規制することにより社会秩序を維持することにあるが，そこで想定されているメカニズムについては種々の見解が対立している．

　伝統的には，不正な害悪を生み出した犯罪者に対して刑罰という苦痛を与えることにより，正義の観念を貫徹させるとする応報刑論，犯罪者に見せしめとして苦痛を与えることにより潜在的に犯罪を行う可能性のある者に犯罪を思いとどまらせようとする一般予防論，犯罪者を処罰により教育して更生させることにより再犯を防止しようとする特別予防論，の三つの見解が主張されてきた．このうち応報刑論は正義の追求とはいっても，それが無目的に行われるのであれば現代国家の任務として相応しくないのではないかということが問題とされ，一般予防論と特別予防論については，刑罰の犯罪予防効果は実証されていないことが問題視されてきた．

最近では，処罰により，犯罪をすべきでないという規範意識が正しいものであることを確証しようとする見解や，国民の規範意識を向上させようとする見解など規範意識に着目した見解も出されている（積極的一般予防論とよばれる）．これらの見解では，実証的に確認できる規範意識が措定されている場合と，潜在意識や観念的なものなど実証になじまないものが措定されている場合とがあり，心理学的に研究する場合には注意が必要である．

■刑法の基本原理

刑法は刑罰という国家にとって最も強力な制裁手段を用いるため，慎重に適用されなければならないと考えられてきた．

そこで第1に，何が犯罪とされ，それにいかなる刑罰が科せられるかはあらかじめ法律で明確に示されていなければならない（罪刑法定主義）．不意打ちとして処罰されることを防ぎ，行動の自由を保障するとともに，処罰対象を国会で民主的に決定するためである．そこで，犯罪である行為に似た有害な行為が行われても，刑法を類推解釈して処罰することは禁止される．しかし，何が類推かの判断には微妙なところがあり，日本の裁判所は比較的柔軟に法規定を解釈し処罰を許容することが多い．

第2に，犯罪とされる行為は，生命や財産といった法が保護している利益（法益）を侵害するか危険にさらすような行為でなければならない（侵害原理）．ゆえに不倫など単に倫理的に好ましくないだけの行為は処罰されることはない．ところが近年は，社会の複雑化とともに，人クローンの産生など倫理そのものを保護しているとも思われる行為が処罰されているほか（法益の抽象化），環境犯罪など法益侵害からほど遠く軽微な危険しか及ぼさないような行為が処罰されるに至っている（法益保護の早期化）．

第3に，処罰のためには，行為を行ったことにつき行為者を非難可能でなければならない（責任主義）．処罰の正当性を確保するためである．そのため，犯罪が精神障害に支配され惹起されたような場合，心神喪失と評価されると処罰されない．しかし日本には，保安処分が存在しないこともあって，重大犯罪を犯した行為者に対して裁判所が心神喪失を認めることはまれであり，責任主義が形骸化していないかという問題がある．

■刑法と被害者

このように刑法は国家と個人の対抗関係の中で，犯罪を社会秩序を乱すものととらえてきた．犯罪は確かに特定の個人に被害を与えることもあるが，それはあくまで私人間で民事的に解決されるべき問題で，刑法が取り上げるべき問題ではないと考えられてきたのである．

しかし，犯罪被害者・遺族の悲惨な状況が明らかになり，被害者・遺族が声を上げはじめたことにより，刑事裁判に被害者の生の声が流入するようになった．伝統的な考え方を修正し，刑法においても被害者の被害感情の慰撫や処罰感情の充足を目的として刑罰を科すべきかどうかが問われている．現在のところ，実務も学説の大勢も刑罰を私的復讐の手段とすることは否定している．しかし，実際は被害者感情を重視して刑法が運用されるようになってきており，その考慮の限界を理論的・実証的に明らかにする必要がある． 〔本庄　武〕

▶文　献

村井敏邦（2008）．裁判員のための刑事法ガイド　法律文化社

前田雅英（2009）．裁判員のための刑事法入門　東京大学出版会

2.6 刑事手続法

■ 刑事手続とは

　国家は，刑法（→2.5）によって，犯罪行為とそれに対する刑罰の内容をあらかじめ国民に提示する．しかし，実際に犯罪行為が行われた場合に刑罰を科すためには，犯罪事実を認定し，刑罰を適用するための手続が用意されていなければならない．また，国家刑罰権とは，国家が国民に対して直接の権利・利益の侵害をすることを認める，峻烈かつ過酷な権限であるから（→2.3），その権限が誤って行使されるようなことがあってはならない．

　そこで，犯罪行為を行ったと疑われた者（被疑者・被告人）の権利・利益を守りつつ，その者が有罪であるということが立証された場合にのみ，適正な刑罰を科すことができるような手続が必要であり，その手続を運用するためのルールが必要となる．刑罰権を実現するための手続を「刑事手続」といい，その運用のルールを定めた法律を「刑事訴訟法」という．

■ 刑事手続の流れ

　刑事手続は，典型的には，①捜査，②公訴の提起（検察官による起訴），③第1審の公判および裁判，④上訴（控訴審，上告審）という段階を経る．もちろん，捜査の途中で事件処理が終了することもあれば，上訴が行われないこともある．有罪判決が確定したときは，⑤刑の執行が行われる．また，判決が確定した後に，新たな証拠が見つかるなど，確定判決を見直す必要が生じた場合には，再審が行われることもある．

　捜査は，警察官と検察官（および検察事務官）によって行われ，事件に関する情報や資料の収集がなされる．ときに捜査機関は強制力を用いて被疑者の身体の拘束を行ったり（逮捕・勾留），自宅等の捜索を行い，証拠物を差し押えたりすることもある（捜査段階で生じる諸問題については，→4.1〜4.6，4.18〜4.21，8.20〜8.22）．

　公訴の提起（起訴）は，検察官によって行われる．日本では，検察官のみが公訴提起をすることができ，検察官は起訴を行うか否かについての幅広い裁量権を有している（→4.4）．この段階から，被疑者は「被告人」とよばれることになる．

　起訴が行われ，事件が裁判所に持ち込まれると，裁判所における公判審理が行われる．そこでは，当事者たる検察官および被告人から証拠が提出され，裁判所（裁判官および一定の事件については裁判員）が当事者の提出した証拠に基づいて事実認定を行う．「すべての合理的な疑いを払拭する程度に，被告人が有罪であることを検察官が立証できた」と裁判所が考えた場合にのみ，有罪判決は言いわたされうる．そうでない場合は，裁判所は無罪判決を言いわたさねばならない（→9章）．

　第1審裁判所の判決に不服がある場合，不服がある者は高等裁判所に控訴を申し立て，さらに不服があれば，最高裁判所に上告を申し立てることができる（あわせて上訴という）．

　上訴の手段がつきた場合，または判決に対する不服申立てがない場合には，判決が確定することになる．しかし，確定後に被告人が判決に納得ができない場合には，再審の請求などの非常救済手段をとることが，一定の場合には可能である．

■ 刑事訴訟法とは

　刑事手続に関する最も重要な法律は，刑事訴訟法である．日本における刑事訴訟法の原型は，1880（明治13）年にフランス

人であるボアソナードによって立案された「治罪法」であったが，その後，日本における法規のモデルがドイツ法へと移行するとともに改正され，1922（大正11）年にはドイツにならった「刑事訴訟法」（旧刑事訴訟法）が制定された．

第二次世界大戦後，1946（昭和21）年には日本国憲法が制定された．旧刑事訴訟法下の刑事手続におけるさまざまな人権侵害（任意同行・任意留置の濫用，捜査における拷問の利用など）への反省から，憲法は31条以下に刑事手続に関する人権保障のための条項を多数規定した．この憲法に従って1948年には，刑事訴訟法もアメリカ法にならった人権保障規定を盛り込むべく改正された．ただし，新しい刑事訴訟法も完全にアメリカ型の刑事手続を採用したわけではなく，旧法から引き継いだドイツ法の影響をも残すものであった．現行刑事訴訟法は，かくして，大陸法と英米法の両方の影響を受けて作られた混合型である．

刑事訴訟法は，1953年の小改正を経た後，約半世紀もの間，大きく改正されなかった．しかし，1990年代以降は，麻薬特例法（1991年）によるコントロールド・デリバリー（泳がせ捜査）の導入，通信傍受法（1999年）による捜査段階における通信の盗聴が導入されたほか，2000年以降には，犯罪被害者を中心とした証人の保護制度，裁判員制度，公判前整理手続，被疑者の国選弁護制度，被害者参加人制度，即決裁判手続などが次々と導入されている．

■ 広義の「刑事訴訟法」

刑事手続に関する法規は，刑事訴訟法のみではない．前述のとおり，日本の最高法規である日本国憲法は，31条ないし40条に，刑事法にかかわる重要な規定をおいている．

また，刑事訴訟法の運用を具体的に定めた刑事訴訟規則，裁判所の組織などについて定めた裁判所法，少年事件についての特別の手続について定めた少年法，一般市民が刑事裁判にかかわる裁判員制度について定めた裁判員法，盗聴という特殊な捜査手法について定めた通信傍受法などの法規も，広義の刑事訴訟法とよばれる（→2.3）．

■ 刑事訴訟法の目的

刑事訴訟法は，真実を発見して犯人の処罰を実現し，社会の安全を守るという機能を有する（実体的真実主義）．しかし，刑罰権を発動するために，真実の解明をあまりにも強調することは犯人必罰の発想につながりやすく，人権侵害を引き起こす危険性がある．そこで，誤判を防止し，またたとえ真犯人であったとしてもその者の権利・利益を保障し，その者が自分の主張を十分に述べることができるように手続を進めることが必要となる（適正手続主義，憲法31条を参照）．

現行法は，適正な手続を保障するために，いくつかの重要な権利を被疑者・被告人に与えている．たとえば，被疑者・被告人を検察官と対等な立場に引き上げるように弁護人を選任するという権利（弁護人依頼権），有利・不利を問わず質問に答えなくてもよいという権利（黙秘権）などがあげられる．また，捜査過程において強制捜査（逮捕・勾留や捜索・差押えなど）が行われる場合には，事前に裁判官が審査をして令状を発付した場合に限られる（令状主義）．さらに，被疑者・被告人は，検察官により有罪であると立証されるまでは，無罪の者として扱われる（無罪推定原則）．この原則は「有罪ではない」という合理的な疑いをすべて払拭する程度に検察官によって犯罪を証明されなければ，有罪とされてはならないという規範的意味を含む．

〔笹倉香奈〕

2.7 民事訴訟手続法

　民事訴訟手続とは，広義では民事法の領域に属する事項に関して裁判所で実施される紛争解決手続の総称であるが，狭義では平成8 (1996) 年公布の民事訴訟法の規制対象である，訴えの提起から判決確定までの裁判上の手続，すなわち判決手続のみを意味する．以下では，狭義の民事訴訟手続を第一に念頭において解説する．

　民事訴訟手続（判決手続）は，原告が主張する実体法上の権利又は法律関係の存否を，裁判所が判決によって確定する手続である．これらの権利または法律関係は観念的な存在なので，裁判所はその存否を直接認識して判断することができない．権利又は法律関係についての判断は，民法などの実体法に定められている権利の発生，障害，変更及び消滅のための法律要件に該当する具体的事実の有無によって決せられる．

■ 民事訴訟手続の流れ

　民事訴訟は，原告が裁判所に訴状（民訴法（民事訴訟法133条）を提出することにはじまる．裁判所は，訴状の形式的な審査（137条）をした後に，第一回口頭弁論期日を指定して訴状副本と呼出状を被告に送達する（138条，139条）．口頭弁論（87条）は，公開の法廷において実施され（憲法82条），訴状の陳述の後，それに対する被告の答弁が行われる．さらに口頭弁論期日において，原告が訴状において請求の趣旨に掲げて判断を求めている被告に対する権利要求（たとえば，「被告は原告に対し，金1000万円を支払え，との判決を求める．」，「原告が，別紙物件目録記載の土地の所有権を有することを確認する，との判決を求める．」）をめぐって，そこに掲げられている民法・商法上の権利（これを「訴訟物」とよぶ）の発生，変更，消滅を引き起こす事実（要件事実．たとえば，「売買契約の締結」「履行期の経過」「錯誤」「代金の弁済」）について，原告と被告がそれぞれ主張し，立証（179条以下）をする．裁判所は，事件の争点を絞り，立証の準備をするために，準備的口頭弁論（164条），弁論準備手続（168条），及び書面による準備手続（175条）が実施されることがある．裁判所は，争われている事実について判断を下すべきと考えると，口頭弁論を終結して,判決を言いわたす(243条,251条)．

　まとめると，民事訴訟の手続は，①訴えの提起にはじまり，②口頭弁論を経て，③終局判決の言いわたしによって完結する裁判手続である．

■ 民事裁判の審理原則

　民事訴訟は，訴訟物としてとらえられる民法・商法上の権利の発生，変更及び消滅を定める実体法律要件（要件事実）に該当する具体的事実の存否を裁判所が判断し，よって原告が主張するような権利要求が認められるか否かを宣言するための一連の手続である．裁判所はそれらの具体的事実の存否を自ら探知しない．当事者の私的利益が問題になっている民事訴訟においては，当事者がそれらの事実を裁判上主張しなければならないし，裁判所は当事者が主張しない事実を考慮して裁判の基礎にしてはならない（弁論主義の第一原則）．その際に，原告又は被告のいずれの当事者が当該事実を主張するかは問題にはならない．民事訴訟の審理の過程において，裁判長は当事者が主張している事実が不明瞭または不完全であると考えるならば，釈明権を行使して当事者に補完させることができる（147条）．当事者が主張する裁判上重要な具体

的事実について相手方が争わない場合（自白の場合），裁判所は事実をそのまま裁判の基礎にしなければならない（弁論主義の第二原則）．紛争の当事者間の紛争は，民事訴訟においては一方当事者にとって有利な法律効果を導くための具体的事実（主要事実）の存否に関する原告と被告の争いとして顕れる．このように争いのある事実については，裁判所は，口頭弁論の全趣旨および証拠調べの結果を斟酌して自由な心証によってその真偽を判断する（247条）．そのうち裁判所が証拠調べをすべきかどうか（証拠申請，180条）の判断と，取り調べられるべき具体的証拠の提出は当事者の権限であり，かつ責任である（職権証拠調べの禁止．弁論主義の第三原則）．裁判官が主要事実の存否を証拠や状況的な間接事実の積み重ねによって認定する際に，重要な役割を果たすのが経験則である．民法や商法の古典的な取引関係に関する経験則について，裁判官は職業経験的に獲得していく．しかし，進展が著しい科学技術の紛争（知的財産，建築，医療，金融取引）にかかわる経験則については外部の専門家に頼らざるをえない．民事訴訟において裁判所が利用可能な専門知識の取得方法として，①鑑定（212条以下）および鑑定嘱託（同218条）（→12章），②調査の嘱託（同186条），③補佐人（同60条），④専門家調停委員への付調停（民事調停法20条），⑤裁判所調査官（裁判所法57条），⑦専門委員（民訴法92条の2）がある．その他に，当事者が自発的な証拠収集活動の一環として専門家に意見書を求め，書証として裁判所に提出する私鑑定も利用されている．

■ 民事訴訟の判決の効力

民事訴訟手続は，終局判決の言いわたしによって完結する．当事者はこの判決の内容に不満がある場合，上級審の裁判所に対して上訴することができる．第1審裁判所の判決に対する上訴を控訴（281条以下），第2審裁判所の判決に対する上訴を上告（311条以下）とよぶ．終局判決が，上訴されないまま上訴期間が経過する，または最高裁判所の判決が言いわたされると，当該訴訟の判決は確定する．確定判決は，強制執行の根拠になる執行力（民事執行法22条1号），一定の法律関係の変動を引き起こす形成力のほか，既判力が生じる．なお，民事訴訟の手続は，終局判決の他に，訴えの取下，請求の放棄・認諾，及び訴訟上の和解によっても終了し（261条以下），それらは，確定判決と同一の効力を有する（267条）．

確定判決の既判力は，判決書の主文に包含されている事項，すなわち訴訟物についての判断に生じる（既判力の客観的範囲．114条1項）．例外的に，判決の理由中に記載された相殺の抗弁の判断についても既判力は生じる（同条2項）．確定判決の効力は，当事者にのみ及ぶことが原則であるが，当事者と同等の地位にあると看做される者にも拡張される（115条1項）．既判力は，客観的範囲（訴訟物），主観的範囲（当事者等），及び時間的範囲（事実審口頭弁論終結時．民事執行法35条2項）の枠内において観念される．とりわけ，確定判決の内容となっている権利または法律関係の存否が，別の訴訟手続（後訴）において主張されている権利要求（訴訟物）の存否を左右する関係にある場合，後訴の当事者は既判力に反する主張・立証をすることが許されず，また裁判所は既判力に矛盾抵触する判断をすることが許されない（既判力の作用）．確定判決の既判力は，限定された再審事由に基づく再審手続（338条以下）を経なければ，消滅しないのが原則である．

〔安達栄司〕

2.8 日本の捜査機関

■警察庁
警察機関

日本の警察は，国の警察行政機関として国家公安委員会（National Public Safety Commission）と警察庁（National Police Agency）がおかれ，都道府県に，都道府県警察行政機関として都道府県公安委員会（Prefectural Public Safety Commission），警察本部（Prefectural Police Headquaters），警察署（Police Station）などがおかれるという仕組みになっている．

都道府県警察は，それぞれの都道府県において「個人の生命,身体及び財産の保護」と「犯罪の予防，鎮圧及び捜査，被疑者の逮捕，交通の取締その他公共の安全と秩序の維持」という責務を担っており（警察法2条1項），警察職務の執行は基本的に都道府県警察が行うことになる．そして，国の警察機関は，国の公安に係る警察運営，警察教養等に関する事項について統轄し，警察行政について調整を行うなど，一定の限度で関与する．

警察は組織として捜査活動を行うが，捜査権限を有しているのは警察官である．警察庁，都道府県警察には，警察官がおかれており（警察法34条1項,同法55条1項），警察官は，司法警察職員とされ，捜査権限が与えられている（刑事訴訟法189条）．また，警察官は上官の指揮監督を受けて，警察の事務を執行する（警察法63条）．

捜査の主体としては，捜査対象事項に限定のない一般司法警察職員である警察官のほかに，検察官および検察事務官，特定の事項について捜査権限を有する特別司法警察職員があるが，平成20（2008）年において検察が通常受理した事件，すなわち日本において裁判の対象となりうる事案43万426件の内訳を見ると，検察官の認知・直受が6807件，通常司法警察員からの受理が414692件，特別司法警察員からの受理が8927件となっており，96.3％が警察によって検察に送られている．

国家公安員会と警察庁

国家公安委員会は，国務大臣である委員長と5人の委員によって構成されている．国家公安委員会は，内閣府の外局として，内閣総理大臣が所轄するものとされているが，その指揮監督を受けることなく，独立して職権を行使する．これは，警察の政治的中立性を確保するとともに，国民の良識を代表する者が警察を管理することによって，その運営が独善的になることを防止するためである．

国家公安委員会は，国の警察機関として，国の公安に係る警察運営をつかさどり，警察教養などに関する事項を統轄し，警察行政に関する調整を行うことにより，個人の権利と自由を保護し，公共の安全と秩序を維持することを任務とする（警察法5条1項）．

国家公安委員会は，この任務の達成を図るために，警察に関する制度の企画・立案，警察に関する国の予算，警察に関する国の政策評価，国の公安に係る事案についての警察の運営，緊急事態への対処，広域組織犯罪等に対処するための警察の態勢，全国的な幹線道路における交通規制，犯罪収益情報の収集・分析・提供，国際的な関係機関との連係，皇宮警察，警察教養，警察通信，情報技術解析，犯罪鑑識，犯罪統計，警察装備，警察職員の任用・勤務・活動の基準等に関する事項について警察庁を管理する（警察法5条2項）．

また，国家公安委員会は，その任務を達成するため，法令の規定に基づいてその事務とされたことをつかさどる（警察法5条3項）．さらに，国家公安委員会は，その権限に属する事務に関し，法令の特別の委任に基づいて，国家公安委員会規則を制定することができる（警察法12条）．捜査関係では，国家公安委員会規則として，犯罪捜査規範，犯罪捜査共助規則などがある．

このように，国家公安委員会は，法令で定められた場合を除き，自ら個々具体的な権限を行使するのではなく，運営機関である警察庁を管理することにより任務の達成を図るものとされており，警察庁の管理以外の自らの権限行使に関しては，警察庁の補佐を受ける．

警察庁の任務

警察庁は，国家公安委員会とともに，国の警察機関として，以下の事務を国家公安委員会の管理の下につかさどり，都道府県警察を指揮監督する（警察法16条）．

1) 国の公安に係る警察運営として国が自らの判断と責任において行うべきもの
(1) 警察に関する制度の企画・立案
(2) 警察に関する国の予算
(3) 警察に関する国の政策評価
(4) 国の公安に係る事案についての警察の運営
(5) 緊急事態への対処
(6) 広域組織犯罪等に対処するための警察の態勢
(7) 全国的な幹線道路における交通規制
(8) 犯罪収益情報の収集・分析・提供
(9) 国際的な関係機関との連係
(10) 国際捜査共助
(11) 国際緊急援助活動
(12) 国際協力
(13) 債権管理回収業に関する特別法関係
(14) 無差別大量殺人行為を行った団体の規制に関する法律関係
(15) 皇宮警察に関する事項

2) 警察活動の基盤となるものであって，技術的な面からも全国的に統一を図ることが必要となるもの
(16) 警察教養
(17) 警察通信
(18) 情報技術解析
(19) 犯罪鑑識
(20) 犯罪統計
(21) 警察装備に関する事項

3) 全国的な活動水準の均質性を維持し，効率的な事務処理が行われるようにするため国において調整を行うもの

広域にまたがる犯罪捜査に関して分担を定めることなどもこれに当たる．
(22) 警察職員の任用・勤務・活動の基準
(23) 警察行政に関する調整に関する事項

これらに加えて，(1)〜(23)の事務を遂行するために必要な監察，その他法令により警察庁の権限に属せられた事務も警察庁が所掌し，都道府県警察を指揮監督する．

警察庁の組織

警察庁の内部部局として，長官官房，生活安全局，刑事局，交通局，警備局，情報通信局がおかれ，刑事局に組織犯罪対策部が，警備局に外事情報部がそれぞれおかれている（警察法3章2節）．また，内部部局には，事務を分掌する課がおかれている（警察法26条）．付属機関として，警察大学校，科学警察研究所，皇宮警察本部が置かれている．

このうち，科学警察研究所は，①科学捜査についての研究などとこれらを応用する鑑定及び検査，②少年の非行防止その他犯罪の防止についての研究など，③交通事故の防止その他交通警察についての研究など

に関することをつかさどる(警察法28条).

地方機関として，複数の府県を管轄するブロックセンターである，東北，関東，中部，近畿，中国，四国，九州の各管区警察局が置かれている（警察法30条）．

警察庁と都道府県警察の態勢

警察庁の平成21(2009)年度の定員は7660人で，内訳は警察官1899人，皇宮護衛官901人，一般職員4806人となっている．都道府県警察の平成21年度の定員は28万2980人で，内訳は地方警務官623人，地方警察官25万3682人，一般職員2万8675人となっている．

また，警察庁の平成20年度最終補正後の予算は2798億6600万円で，内訳は，人件費898億1200万円(32.1%)，装備・通信・施設費478億6000万円（17.1%），その他731億8300万円（26.1%），補助金690億1100万円（23.7%）となっている．都道府県警察の平成20年度最終補正後の予算は3兆3723億300万円で，内訳は，人件費2兆7533億7500万円（81.6%），施設費2507億7700万円（7.4%），その他3681億5100万円（11.0%）となっている．

■ **都道府県警察**

都道府県警察の任務と組織

それぞれの都道府県警察は，都道府県公安委員会，警視庁または道府県本部，警察署などからなる都道府県の機関であり，それぞれの都道府県の区域について，個人の生命，身体および財産の保護と，犯罪の予防，鎮圧および捜査，被疑者の逮捕，交通の取締その他の公共の安全と秩序の維持を任務としている．

都道府県公安委員会は，警察の民主的運営と政治的中立性を確保するために住民を代表する合議制の機関としておかれ，都道府県警察の管理にあたっている．この管理は，大綱方針を定めてこれによる運営がなされるよう，事前事後に監督を行うことによる．都道府県公安委員会は都道府県の機関であるから知事の所轄の下にあるが，その指揮監督を受けることなく，独立してその職権を行使する．

都警察の本部として警視庁が，道府県警察の本部として道府県警察本部がおかれている．警視庁および道府県警察本部は，それぞれ，都道府県公安委員会の管理の下に，都警察および道府県警察の事務をつかさどり，法令により都道府県公安委員会の権限とされた事項について都道府県公安委員会を補佐する（警察法47条1項及び2項）．

警視庁および道府県警察本部の内部組織として，人事，監察，会計，警察教養などを担当する警務部，犯罪の予防や少年非行防止などを担当する生活安全部，刑事，鑑識，暴力団対策，薬物・銃器犯罪などを担当する刑事部，交通部，災害警備や緊急事態対処を担当する警備部がおかれ，そのほか都道府県の人口，犯罪発生状況その他の事情により必要があるときには，総務部，地域部，公安部などがおかれている（警察法47条4項，警察法施行令4条及び別表第一）．

また，部の下には，必要な課が設置されている．科学捜査に関連する研究，実験，鑑定，検査などを担当する科学捜査研究所は刑事部におかれるのが通例である．警務部門のような管理部門は別として，生活安全（少年犯罪，悪質商法事件など），刑事（殺人，強盗，傷害，窃盗事件など），交通（交通事故事件など），警備（入国管理関連事件やテロ事件など）のいずれの部門においても，かっこ内に例示したような事件について捜査を担当することになる．

都道府県を区域に分割し，それぞれの区域に管轄する警察署がおかれている．平成21年4月1日現在で全国に1201の警察署

がおかれている．警察署には，署長がおかれ，管轄区域内における警察の事務を処理し，所属の警察職員を指揮監督する．警察署の下部機構として，交番その他の派出所または駐在所が設けられている（警察法53条5項）．交番は，原則として交代制の地域警察官により運用される．駐在所は，原則として駐在制の地域警察官により運用される．

また，警察署には，署の規模や都道府県により違いがあるが，一般的に警務課，交通課，警備課，交番やパトカーの運用などを担当する地域課，刑事組織犯罪対策課，生活安全課などがおかれるのが通例である．

管轄区域と協力など

都道府県警察は，都道府県の機関であり，相互に独立して，それぞれの都道府県における治安の責務を担っている．都道府県の警察官も，警察法に特別の定めがある場合を除き，その都道府県警察の管轄区域内で職権を行使することとされている．

しかし，犯罪は一つの都道府県の境界を越えて行われることも多く，また広域的な組織犯罪など，複数の都道府県警察が協力して対応することが必要な事象も存在している．さらに，災害など通常の一都道府県警察の態勢では対応できない突発的事案などへの対応も必要である．

これらを踏まえ，都道府県警察は，相互に協力する義務を負っており（警察法59条，警察法38条6項）．また，警察庁または他の都道府県警察に対して援助の要求をすることができることとなっている（警察法60条1項）．さらに，管内治安維持（警察法61条）や広域的組織犯罪等への対応のため（警察法60条の3）の管轄区域外での権限行使，権限行使境界周辺（警察法60条の2，警察法施行令7条の2）・複数県にわたって動く交通機関内（警察法66条2項）での権限行使が可能となるような仕組みが設けられている．

国と都道府県警察の関係

警察事務は，本来国家的性格と地方的性格を併せもつものであり，都道府県警察は本質的な性格として自治体警察である一方，

- 警察庁の所掌事務（「国家公安委員会と警察庁」の項参照）について警察庁長官から指揮監督を受ける（警察法16条2項）
- 警視正以上の階級にある警察官（地方警務官）を一般職の国家公務員とする（警察法56条1項）
- 都道府県警察に要する経費のうち特定の事務に要する経費を国が負担する．警視正以上の階級にある警察官の俸給，警察通信に要する経費，警衛及び警備に関する経費，国の公安に係る犯罪その他特殊の犯罪の捜査に要する経費など．（警察法37条1項）

などの国家的な性格が付与されている．

〔坂 明〕

▶文　献

法務省（2009）．検察統計年報　http://www.moj.go.jp/TOUKEI/ichiran/kensatsu.html
警察制度研究会（2004）．全訂版警察法解説　東京法令出版
警察庁（2008）．Police of Japan 2009　http://www.npa.go.jp/english/kokusai/Web1.htm
警察庁（2009）．平成21年　警察白書　ぎょうせい　http://www.npa.go.jp/hakusyo/
田村正博（2003）．警察行政法解説　4訂版　東京法令出版

資料2 ●日本国内のおもな法律関連の学会

わが国の法律関連の学会で，本書に関係するおもな学会を，おもな機関誌と学会サイトとともに，以下に掲げる．

○学会名　（設立年）　　おもな機関誌　　ウェブサイト
国際法学会　（1897年）　『国際法外交雑誌』　http://wwwsoc.nii.ac.jp/jsil/
日本法医学会　（1914年）　"Legal Medicine"　http://www.jslm.jp/
日本法社会学会　（1947年）　機関誌『法社会学』　http://wwwsoc.nii.ac.jp/hosha/
日本私法学会　（1948年）　『私法』　http://wwwsoc.nii.ac.jp/japl/publications/index.html
日本法哲学会　（1948年）　『法哲学年報』　http://wwwsoc.nii.ac.jp/jalp/
日本公法学会　（1948年）　『公法研究』
日本刑法学会　（1949年）　『刑法雑誌』　http://www.clsj.jp/
　　　＊刑法・刑事訴訟法・刑事政策の刑事法三部門が統合されている．
国際私法学会　（1949年）　『国際私法年報』　http://wwwsoc.nii.ac.jp/pilaj/
日本民事訴訟法学会　（1949年）　『民事訴訟雑誌』　http://wwwsoc.nii.ac.jp/jzpr/
比較法学会　（1950年）　『比較法研究』　http://wwwsoc.nii.ac.jp/jscl/
日仏法学会　（1959年）『日仏法学』
日独法学会　（──）　『日独法学』
日米法学会　（1964年）　『アメリカ法』　http://www.kichi.j.u-tokyo.ac.jp/nichibei.html
日本医事法学会　（1969年）　『年報医事法学』　http://wwwsoc.nii.ac.jp/arl/
日本家族〈社会と法〉学会　（1983年）　『家族〈社会と法〉』　http://www.geocities.jp/nihon_kazoku/
法と精神医療学会　（1986年）　『法と精神医療』　http://homepage2.nifty.com/law-psychiatry/
法と経済学会　（2003年）　『法と経済学研究』　http://www.jlea.jp/
ジェンダー法学会　（2003年）　『ジェンダーと法』　http://wwwsoc.nii.ac.jp/genderlaw/
日本成年後見法学会　（2003年）　『成年後見法研究』　http://www.jaga.gr.jp/
アジア法学会　（2003年）　『アジア法研究』
仲裁ADR法学会　（2004年）　『仲裁とADR』　http://sites.google.com/site/arbitrationadrlaw/
司法アクセス学会　（2006年）　http://homepage2.nifty.com/jaaj/
法と言語学会　（2009年）　http://jall.jpn.org/

　＊1　法と心理学会は資料1，犯罪関連学会は資料6，被害者学会は資料13を参照のこと．
　＊2　日本国内の法律関連の「学会誌」については，『リーガル・リサーチ』（いしかわ　まりこ　ほか著，日本評論社，2003年）に一覧（第3版では305-306頁）がある．

3. 外国の司法制度の概要——英米を中心に——

司法制度は，その時その土地の統治のあり方を反映したものであり，時期や国によって大幅に異なっている．これは各国各地における統治機構のありかたと歴史的経緯を反映したものである．それと同時に，各国における紛争の解決法，さらには法についての考え方が反映されたものであり，実に多様である．法と心理学における「法」は，「何が正義か」「何が法なのか」などの非常に抽象的な法概念も対象にするし，法廷心理学のように現実の訴訟手続に応用される事項も研究対象にする．応用研究はもちろん，抽象的に法について考察する際にも，たとえば海外の研究がどのような制度を前提に裁判を語っているか知ることは，議論の前提を理解するうえで非常に役に立つだろう．本章では，日本人にとってかかわりと関心の深いアメリカとイギリスを中心に，海外の司法制度について紹介する．

〔藤田政博〕

3.1 アメリカの連邦捜査機関

アメリカ合衆国の連邦法の執行について責任を負っている機関は多岐にわたる．各機関の所管・権限はそれぞれ連邦制定法により特定されている．現在における主要な法執行機関は，司法省（Department of Justice）傘下にあるものと国土安全保障省（Department of Homeland Security）傘下のものとに大別することができる．

■ 連邦捜査局（FBI）

FBI（Federal Bureau of Investigation）は連邦司法省の下におかれている組織であり，「テロリスト及び外国の諜報活動の脅威から合衆国を保護し防衛すること，合衆国の刑事法を維持し執行すること，連邦，州，地方自治体並びに国際的な機関及びパートナーに対してリーダーシップ及び刑事司法上のサービスを提供すること」を任務として掲げている．

1908年に，「捜査局（Bureau of Investigation：BOI）」として発足し，若干の変遷を経て1935年に現在の名称となった．現在では，逮捕権限を有する特別捜査官約1万2000名を擁し，他のスタッフを含めると3万人強が勤務している．本部は首都ワシントンにある．全米の主要都市に56の地域事務所があるほか，400以上の駐在事務所があり，また合衆国の在外公館にも駐在員が配置されている．

FBIは連邦法上の犯罪を捜査する権限を有する．現在の活動の優先事項としては，テロ攻撃からの合衆国の保護，外国の諜報活動からの合衆国の保護，サイバー攻撃・ハイテク犯罪からの合衆国の保護，あらゆる公職の汚職への対応，公民権の保護，全米的・国際的犯罪組織への対応，主要な経済犯罪への対応，重要な暴力犯罪への対応，連邦・州・地方および国際的パートナーへのサポートなどがあげられている．

アメリカ合衆国の連邦制の下においては通常の犯罪は州法事項であり，第一義的な対応は州・地方の警察組織によってなされるが，テロリズムや諜報活動（知的財産権の盗用なども含まれる），州境をまたぐような広域事件など，連邦法上の問題となるとFBIの介入する余地が出てくる．

たとえば州境を越えて被害者が移動する誘拐は連邦犯罪とされているが，行方不明から24時間以内に身柄の解放がなされないと，「州境を越えたもの」と推定されてFBIによる捜査の対象となる．また，銀行強盗は銀行預金が連邦法上の保護下にあることから，連邦犯罪となりFBIが関与する．組織犯罪対策としては，組織犯罪などの浸透の取締りに関する法律（通称RICO法）がしばしば活用される．公民権法の執行についても責任を負うほか，薬物規制についてもDEA（後述）と管轄を共有している．

また，他の連邦・州・地方および国際的な法執行機関に対し，法執行・犯罪対策のための支援活動も行っている．FBI研究所（FBI Laboratory）は1932年に設立された世界最大規模の犯罪科学・科学捜査に関する研究所であり，科学捜査に関する分析・サポートを，FBI本体のみならず連邦・州・地方の法執行機関に提供している．その他，統一犯罪報告書（Uniform Crime Report）のような形での犯罪動向の収集・分析や，国内外の法執行官に対する研修プログラムの提供も行っている．

■ 他の司法省傘下の法執行機関

連邦検察官（United States Attorney）は連邦政府の刑事訴追などを担当する官職である．原則として連邦地方裁判所の管轄

区域に対応する形で任命されており，検察官補（Assistant U.S. Attorney）などを擁する連邦検察庁（U.S. Attorney's Office）を統轄している．各地域の法執行官の長として，複数の法執行機関の関与する捜査活動を調整する責任を負うが，独自の捜査部門を有する組織は一部に留まり，捜査活動自体は FBI など他の機関に依存している．ただし，他の機関に捜査の要請はできるものの，直接に指揮する権限はもたない．大陪審での手続を通じて捜査のイニシアチブをとることもある．

麻薬取締局（Drug Enforcement Administration：DEA）は，1970年規制薬物法を執行するため，1973年に設置された．麻薬などの薬物に関する規制を執行し，違法に取引される薬物の製造・頒布に関する捜査活動を行う．国外における調査の権限も有する．約1万人のスタッフを擁し，うち，特別捜査官は5000名規模である．

アルコール・タバコ・火器および爆発物取締局（Bureau of Alcohol, Tobacco, Firearms and Explosives：ATF）は，火器・爆発物の違法な使用・製造・保持，放火や爆破，またアルコール・タバコ製品の違法な取引といった連邦犯罪を捜査し，防止する責任を有する組織である．2002年に財務省から司法省傘下に移管された．2000名強の特別捜査官を含む約5000名の人員を擁する．

他の司法省傘下の法執行機関としては，連邦刑務所局（Federal Bureau of Prisons；司法省傘下の法執行機関としては最大の人員を擁する），連邦保安局（United States Marshals Service；脱走者の捜索，連邦裁判所の警備などを任務とする）などがある．

■ その他の連邦法執行機関

国土安全保障省の傘下には，合衆国の領域の安全確保に関連した法執行機関が集められている．税関・国境警備局（U.S. Customs and Border Protection），移民・税関執行局（Bureau of Immigration and Customs Enforcement），運輸安全保障局（Transportation Security Administration），沿岸警備隊（U.S. Coast Guard），シークレットサービス（U.S. Secret Service）などがある．

他の省庁の傘下にも，さまざまな多様な連邦法執行機関が存在する．比較的大規模なものとしては，郵便公社郵政監察局（United States Postal Inspection Service），内国歳入庁（財務省傘下）刑事捜査部（Internal Revenue Service, Criminal Investigation），国立公園局（National Park Service）（内務省傘下）などをあげることができる．

〔会沢　恒〕

3.2 アメリカの地方警察

アメリカ合衆国の法執行機関（law enforcement agencies）は，際だった分権制と，そこからもたらされる多様性によって特徴づけることができる．これは単に，連邦政府に加えて50の州が独自の法執行機関を有するということに留まらない．各州の内部においても，地方自治体などの設置する地方警察，保安官，州警察など，さまざまなレベルおよび種類の法執行機関が設けられている．

全米で1万8000程度の警察組織があるとされ，逮捕権限をもつフルタイムの法執行官（law enforcement officer）が70万人強，その他のスタッフやパートタイムの職員を含めると120万人程度が法執行関連の職務にあたっている．

本項は主として州における法執行機関について述べるが，その詳細は各州によって異なっており，各州においても異なる種類の警察が活動しているため，主要な法執行機関について類型的に解説する．

■ 地方警察・自治体警察

地方警察（local police）ないし自治体警察（municipal police）は，元来保安官の補助組織として発足したが，現在では組織数で全警察組織の約7割，法執行官の数でも約6割を占め，アメリカの法執行機関の主力に位置する．圧倒的多数が市政府などの地方自治体政府により運営されているが，カウンティ政府や先住民部族政府の運営するもの，複数の地方自治体をカバーするものもある．

組織間の多様性は大きく，人員が10名未満の小規模の組織がおよそ半数ある一方で（フルタイムの法執行官をもたない組織すら存在する），1000名以上の人員を有する組織は数の上では少ないものの人員数では地方警察全体の約3分の1を占めている．

また，その活動内容も管轄地域の状況によって大きく異なる．多数の警察官・その他のスタッフと複雑な内部組織をもつ大規模な警察機構は，ニューヨークやシカゴ，ロサンゼルスのような大都市部に集中しており，暴力犯罪をはじめとするそうした地域に多い犯罪に対応している．

■ 保安官

保安官（sheriff）はカウンティにおける法執行の最高責任者であり，一般に選挙により選出される．全米で3000強の保安官事務所があり，その下では法執行機関全体のフルタイムの法執行官の4分の1弱が職務にあたっている．もっとも，保安官本人1名のみの事務所から，法執行官のみで8000名以上を擁する規模のものまで，組織間の差異は大きい．

保安官の管轄する職務内容は幅広く，狭義の法執行（警察，犯罪捜査）から司法権に関連するもの（送達，競売など），拘置所の運営にまでわたる．ただし，これらのうち，どの範囲の職務を担当するかは州ごとに（場合によってはカウンティごとに）異なり，一部の職務しか行わない（他の職務は他の機関に委ねられている）地域もある（法執行権限をもたない場合もある）．地方自治体レベルおよび州レベルでの警察組織の拡充にともない，法執行活動におけるカウンティ保安官の重要性は低下しつつあり，主として地方自治体政府の整備されていない地域をカバーしている．

■ 州レベルの法執行機関

ハワイを除く49州が州政府レベルの州警察を有しており，法執行官の数では約8%を占める．地理的には州全体をカバー

するが，一般にはカウンティ保安官や地方警察の管轄しないハイウェイのパトロールや州の施設の警備といった職務を行う（「ハイウェイ・パトロール（Highway Patrol）」などといった名称の組織のみをもつ州もある）．加えて警察組織間の連携体制の構築や小規模な警察の人員の訓練，科学捜査に関するサポートといった他の警察組織の支援も行っている．

また，州の捜査部門が犯罪調査などを行う機関として設けられており，通常，州司法長官に対して責任を負っている．独立した機関としておかれていることも，州の公衆安全局や州警察の一部として設置されていることもある．加えて，公園や漁業・狩猟といった特定的な地区・職務のための法執行機関も設けられていることがある．

■ その他の警察組織

交通機関（鉄道など）や大学などのために独自の警察組織が設けられていることがある．そのようなものの中には，空間的には州境を跨いで複数の州にわたって活動するものもある．

州によってはコンスタブル（constable）とよばれる役職が，州ないしカウンティのレベルで残っている．一部の州では保安官と同様の職務を行っている．

検視官（coronor）は，変死体について調査するなどの職務を負う．カウンティのレベルで選挙により選ばれる職務である（このため医学の専門家が就くとは限らない）．保安官と兼務されることもあり，また法医学の専門家が任命される監察医（medical examiner）制度におきかえた法域も多い．

■ その他

あらゆる警察組織をたばねる公式の集権的なメカニズムは存在しない．多様な種類の警察組織がしばしば同一地域に並立的に存在することにより，組織間の協調の困難や活動の重複といった問題が生じていると指摘されることがある．

そうした問題への対応としては，組織間の（とりわけ小規模な組織から大規模組織への）管轄業務の委託，組織間の連携体制の構築，特定の問題に対応するために複数の組織から派遣される人員によるタスク・フォースの編成といったことが行われているほか，現場レベルではインフォーマルな協調・情報交換も行われているとの指摘もある．

また，警察官としての最低限の資質の確保のため，実際に職務に就く前に訓練を受けることを含む，資格・認証制度が州によって導入されている．現在ではすべての州がなんらかの認証要件を課している．

〔会沢　恒〕

3.3 イギリスの捜査機関

■概　要

　イギリスには，イングランドとウェールズであわせて43の管区に独立した警察（police force）が配置されている．各警察の活動を監督するのは，各管区内の自治体から選ばれる委員で構成される警察委員会（police authority）で，そこで警察長（chief constable）などが選任され，財政や重要事項が決定される．人員は総計24万431人で，14万1631人の警察官，7万7900人の職員，1万6685人の地域サポート警察官などから構成される（2010年3月末時点）．

　国の政府省庁として警察関係を所管する内務省は，警察行政，政策立案，警察の監督を行う．内務大臣は，各警察委員会に対し，委員選出に関与するほか，所要の指示を与え，報告を求める権限をもつ．同省の警察監察官（Her Majesty Inspectorate of Constabulary）は，警察の効率性と実効性につき監査を行う．そのほか，鉄道警察（運輸省），民間核施設警察（通商産業省），防衛省警察など特定分野で全国を管轄する警察が存在する．

　警察への苦情に対しては，警察苦情処理独立委員会（Independent Police Complaints Commission）が捜査権限をもつ．

　スコットランドと北アイルランドは別個の警察組織をもっているが，ここではイングランドとウェールズを中心に解説する．

■沿　革

　イングランドとウェールズに近代的な警察が成立したのは，ロンドン首都圏を管轄するロンドン警視庁（Metropolitan Police）が設置された1829年である．その後，19世紀半ばにかけて各地の自治体に警察が設置されていった．こうして，自治体警察を中心とし，中央統制を排する地方分権的な警察の伝統が形成された．

　しかし，両世界大戦以降の社会と犯罪の変化に伴い，警察活動を統一化する必要が高まった．警察の統廃合が進められる一方，内務大臣の監督・統制権限が強化された．2005年，組織犯罪に国レベルで対処するため，重大組織犯罪対策機構（Serious Organised Crime Agency）が設立された．

■警察および刑事証拠に関する法と実務綱領

　警察による捜査活動および被疑者の取り扱いは，1984年警察および刑事証拠に関する法（警察刑事証拠法）（Police and Criminal Evidence Act 1984）に規定されている．同法のもととなる1981年報告書を作成したのは，裁判官，弁護士，警察と一般市民のあわせて15人からなる，刑事手続に関する王立委員会だった．これは，少年被疑者に対する冤罪事件が社会的に注目されたのを契機に設置された．その後も，大きな冤罪事件が起きるたびに科学的調査がなされ，その心理学的知見が立法や警察実務に影響を与えている．

　警察刑事証拠法に基づき，実務綱領（Code of Practice）が策定されている．実務綱領Aは停止・捜検，Bは家宅捜索，Cは拘置，Dは同一性の識別，Eは取調べのテープ録音，Fは取調べのビデオ録画，Gは逮捕，Hはテロリストと疑われる者の扱いについて定めている．実務綱領は，厳密には法律ではなく，違反してもただちに民事・刑事責任は生じない．しかし，警察が実務綱領に違反して得た証拠は，裁判において裁判官に採用されない場合がある．

　警察刑事証拠法および実務綱領は，革新

的な捜査手法や，被疑者を保護する法的手続を採用したことで知られる．

被疑者は，速やかに弁護士に面会し，他者の介在しないところでアドバイスを受け，また取調べに弁護士を同席させる権利を有する．被疑者はまた，外部の人に逮捕された事実を伝えることができる．

目撃者による被疑者の特定には，原則としてビデオによる同一性識別手法がとられる．目撃者は，被疑者と，最低8人の似た人物が同じ姿勢や動きをしている動画を見せられ，どの人物を見たか尋ねられる．手続は捜査に関与しない担当者が行い，目撃者に適切な情報のみ与えるなど，目撃者の誘導や暗示を防ぐ手続も設けられている．

取調べは，テープで録音またはビデオで録画される．マスターは封印され，コピーが然るべき使途で用いられる．当初は否定的だった警察も，録音によって被疑者が罪を自白する割合が高まり，また裁判で訴追側の証拠の違法性が争われにくくなったため，むしろ積極的に受け容れるに至った．

■捜査活動と人権

他方で，イギリスの警察には，強い捜査権限が与えられている．令状なしに逮捕や捜索，物品を押収する権限は，諸外国と比べて広い．1994年にはこうした権限が拡大されるとともに，黙秘権を制限する立法が成立した．被疑者は，警察の質問に対し答えるのを拒否できるが，黙秘の事実は裁判で不利な証拠として扱われる場合がある．

しかし，この広範な捜査権限が，欧州人権条約に抵触する事例も現れている．欧州人権裁判所は，黙秘権の制限につき，取調べや弁護士の関与のありかた次第では，公正な裁判の保障（条約6条）に抵触しうると判断した．イギリス警察による盗聴装置を用いた被疑者のアパート監視や，DNAデータベースも，プライバシーの権利（条約8条）侵害にあたると判断されている．

また，2001年のアメリカ同時多発テロを受けて，イギリスでも外国人テロリスト容疑者を，起訴せずに無期限で拘束することを認める法律が成立した．しかしこれは，貴族院（今日では連合王国最高裁）により，人身の自由の保障（条約5条）に反するとの判断が下された．これに対応し，より限定的に自由の制限するコントロール・オーダーを認めるテロ対策立法が成立している．しかし，実質的に自宅軟禁を命じることができるこの法律については，引き続き裁判所で合法性が争われている．

■逮捕から起訴まで

警察は原則として，被疑者を逮捕して警察署に引致してから24時間以内に起訴しない限り釈放しなければならない．この期限は，重大犯罪に限り，96時間にまで延長することができる．

警察は，伝統的に被疑者を起訴する権限を有してきたが，2003年にその権限が大幅に公訴局（Crown Prosecution Service）に移された．それでも警察は，公訴局に事件を送るにあたり，起訴に足るだけの証拠があるかなど実質的な判断を下している．

2009年に刑事法院（Crown Court）に起訴された事件104418件のうち，71442件（68%）では被告人が自らの罪を争っておらず，争いがあったのは29835件（29%）である．争いのあった事件のうち，18583件（62%）では無罪判決が下され，有罪判決は11252件（38%）である．〔溜箭将之〕

▶文 献

Gudjonsson, G.H. (2003). *The psychology of interrogations and confessions : A handbook*. Wiley：Chichester.

今野耿介（2000）．英国警察制度概説　原書房

Zander, M. (2005). *The Police and the Criminal Evidence Act 1984*, 5th ed. Sweet & Maxwell：London.

3.4 アメリカの連邦裁判制度

アメリカ合衆国の連邦憲法第3編は,「合衆国の司法権は,1つの最高裁判所および連邦議会が随時制定し設立する下級裁判所に属する」と規定し,これに基づいた最高裁判所および控訴裁判所・地方裁判所が現在における連邦政府の司法部門の主要部分を構成している.この他,連邦議会は他の立法権限を与えた憲法条項に基づき,限定的な管轄権を有する裁判所を設置している.

■ 合衆国最高裁判所

最高裁(Supreme Court of the United States)は一つが設けられ,その建物は首都ワシントンにあり,1名の主席裁判官(長官,Chief Justice)と8名の陪席裁判官(Associate Justices)の計9名により構成されている.毎年10月から開始するサイクルにより運営されているが,実際の開廷期は6月末に終わるのが慣例である.

最高裁の事件の大部分は上訴事件である.連邦の下級裁判所からの上訴に加え,州裁判所からの上訴を受け付ける.ただし,州裁判所からの上訴に際しては連邦法上の重要な問題を含んだ事件であることに加え,州裁判所システムでの手続が尽きている必要があるのが原則である.

また,いずれの系統の裁判所からの上訴であっても,最高裁は受理に際して裁量を有している.現在の慣行では9名中4名の裁判官の賛成により上訴が認められ,最高裁が実際に実質的な判断を下す事件は年間70～100件前後である.一部の争点についてのみ上訴が認められることや,一旦,上訴が認められた後に撤回されることもある.上訴を採択しなかったことは,関係する論点についての最高裁の判断を含意するものではない.

事件の判断は全9名の裁判官による合議体が行う.主席裁判官と陪席裁判官との意見は基本的に同一の重みをもつ.過半数の裁判官の賛成により結論が下されることとなり,理由づけについても同意に達していれば,そのうちの一人の執筆する意見が法廷意見ないし多数意見となる.しかし,結論については過半数の見解が一致しても,理由づけについては必要な数の賛成が得られなかった場合,法廷意見は構成されない.

■ 合衆国控訴裁判所

中間上訴裁判所である控訴裁判所(United States Court of Appeals)は13設けられている.全米が地理的に12の巡回区(Circuit),すなわち第1から第11巡回区と首都ワシントンのみを含むコロンビア特別区巡回区(District of Columbia Circuit)に分割され,それぞれに一つの控訴裁判所が設置されている.加えて,地理的には全米を管轄しつつ,特許事件など特殊な事件類型についての上訴を取り扱う連邦巡回区控訴裁判所(Court of Appeals for the Federal Circuit)がある.専属の裁判官の定員は最小の巡回区(第1巡回区)の6から最大29(第9巡回区)の合計179名であるが,他の連邦裁判官が合議体の一部として判断に関与することもある.

控訴裁判所は地裁などの連邦裁判所や一部の連邦行政機関の判断に対する上訴事件を取り扱う.法律審として専ら法律問題についてのみ審査する.原則として事件は3名の裁判官によって構成される合議体が判断し,ゆえに担当裁判官のうち2名の賛成により結論は決する.ただし,(通常は当事者の申立に基づいて,3名合議体の判断に対する再審理の形で,)当該巡回区の裁

判官全員の参加する全員法廷（court in banc/en banc court）が開廷されることがある．

■ **合衆国地方裁判所**

地方裁判所（United States District Court）は，各州が1～4つの地区に分割されそれぞれに一つずつ，加えてコロンビア特別区などの連邦直轄地に設置されているものがあり，合計94設けられている．裁判官の定員は最小2名・最大28名の合計678名である．

地方裁判所は第一審管轄権を有する．

例外的な場合を除き，事件は1名の裁判官が担当する．なお，第一審裁判所として事実審を担当することから，しかるべき事件では陪審を伴った審理が行われる．

■ **裁判官**

憲法第3編に基づく裁判所の裁判官は，連邦議会上院の助言と承認に基づき大統領が任命する．終身制であり（ただし自らの判断で退任することは可能），弾劾手続以外で罷免されることはなく，在職中に報酬を減額されることもない．また，各裁判官ポストは独立のものであり，他の（たとえばより上位の裁判所の）裁判官となるためには改めて任命手続を経る必要がある．

終身制のため，大統領その他の政治部門は裁判官人事を通じて長期にわたる影響力を残すことができる可能性がある一方，特に上級の裁判所の裁判官人事は政治的な争点ともなる．

他の裁判所の裁判官については憲法上の要請はなく，任期制である．

■ **事物管轄権**

憲法上，連邦裁判所の取り扱うことのできる事件は列挙された類型に限定されており，連邦議会がそれを具体化する際にさらに制限を加えている．現在における主要な事件類型としては，連邦法上の問題に関する事件，異なる州の州民の間の訴訟，連邦政府が原告または被告当事者となる訴訟，海事事件をあげることができる．また，単独では連邦裁判所に訴訟を提起できない争点であっても，他の提起可能な事件の一部として主張することは認められる．

なお，連邦法によってとくに連邦裁判所の専属管轄とされる場合を除き，州裁判所において連邦法上の問題を提起することは妨げられない．ただし，そうした連邦問題事件に限らず，連邦裁判所が管轄権を有するにもかかわらず，州裁判所に訴訟が提起された場合には，被告の申立により事件が連邦地裁に移管されることがある．また，連邦問題事件について，連邦地裁に第一審として訴訟を提起する際には原告の請求自体が連邦法に基づいている必要があるが，前述の州裁判所からの連邦最高裁への上訴に際してはこのような制限はない．

■ **その他の裁判所**

他に憲法第3編に基づく裁判所としては，国際通商裁判所（Court of International Trade）がある．

他の権限に基づいて連邦議会の設置した裁判所としては，破産裁判所（bankruptcy court，連邦地裁の一部門として位置づけられる），合衆国連邦請求裁判所（United States Court of Federal Claims），合衆国租税裁判所（United States Tax Court），合衆国退役軍人請求控訴裁判所（United States Court of Appeals for Veterans Claims），軍事法廷などあるほか，行政庁の内部でも司法的機能を果たしている部門・職員がいる．　〔会沢　恒〕

3.5 アメリカの州裁判制度

　州の独立性の強いアメリカ合衆国の連邦制の下では，裁判所制度についても各州が独自のものを有している．それぞれの州の司法制度が他州のそれから相互に独立であるのみならず，連邦裁判所からも原則として独立して存在している（なお，コロンビア特別区などの連邦直轄地にも，狭義の連邦裁判所とは別の系列として州裁判所に相当する司法組織が設けられている）．

　裁判所の名称を含めた具体的な制度についても各州の憲法以下の法令に委ねられており，詳細は州ごとに多様である．本項は多くの州に見られる一般的な傾向を解説する．

　契約・不法行為といった一般的な民事事件，殺人・強盗・窃盗といった一般的な刑事事件の圧倒的多数が州裁判所システムによって処理されている．

■最上級裁判所

　ほとんどの州は最上級裁判所として一つを設置しているが，オクラホマとテキサスの2州では刑事事件とその他の事件とに分けて二つが設置されている．名称としては，"Supreme Court"というものが多い．

　州の最上級裁判所は主として下級裁判所からの上訴事件を取り扱う．二審制を採用している州では上訴がなされれば当然に最高裁に事件が到達することとなるが，三審制を採用する州においては，中間上訴裁判所から最上級裁判所への上訴につき，裁量上訴制を採用している法域が多い．

　州の最高裁は，州法の解釈・適用に関して最終的な権能を有しており，連邦最高裁がこれに介入できるのは合衆国憲法などの連邦法に反する場合に限られる．州議会や連邦裁判所からの意見照会を受け付ける手続を設けている州もある．

　7名の裁判官によって構成する州が多いが，5名・9名の州もある．多くの場合，うち1名が主席裁判官の任にあたる．全裁判官による合議体が判断にあたるのが通常であるが，一部の州はより少ない人数によって合議体を構成することも認めている．

■中間上訴裁判所

　裁判所制度として二審制を採用するか三審制を採用するかも各州に委ねられる事項であるが，事件数の増大に伴い，最上級裁判所の負担軽減と判例形成機能の強化を目指して，20世紀後半には中間上訴裁判所（intermediate appellate court）を設けて三審制に移行する州が増えた．現在では39の法域が中間上訴裁判所を有する．"Court of Appeals"との名称が多いが他にも多彩な名称がある．

　中間上訴裁判所は，主として第一審裁判所の終局判決から上訴された事件を取り扱う．法律審としてもっぱら法律問題についてのみ審理する．多くの場合，3名の裁判官による合議体が判断する．

■第一審裁判所

　第一審裁判所（trial court）は，一般的管轄権をもつ裁判所（court of general jurisdiction）と，制限的管轄権のみを有する裁判所（court of limited jurisdiction）とに大別できる．

　前者はすべての州が有しており，日本の地方裁判所のイメージに相当する．重要な事件，すなわち一定以上の訴額を有する民事事件・重罪（felony）に関する刑事事件などが取り扱われる．"Circuit Court"，"District Court"，"Superior Court"などの名称が与えられていることが多い．

英国の伝統で，事件類型により複数の系列の裁判所制度が運用されていたことを継受して，一部の州ではコモンロー（狭義）事件とエクイティ事件とで取り扱う裁判所または部門を別々に設けている．

制限された管轄権をもつ裁判所は，事件類型，訴額（民事の場合），課しうる量刑（刑事の場合）などによって取り扱うことのできる事件が限定されている裁判所である．日本の家庭裁判所や簡易裁判所のイメージに相当する，少額裁判所や家庭裁判所，少年裁判所といったものであるが，そうした裁判所としてどのようなものを設けるかは州により多様である．一般的管轄権をもつ裁判所と同格のものとして位置づけられる場合と，より下位の裁判所として位置づけられる場合とがある．

通常，第一審裁判所では1名の裁判官が事件を担当する．なお，事実審として事実認定も行うが，その際，しかるべき事件では陪審を伴った審理が行われる．

■ 裁判官

裁判官は通常，法曹としての一定の経験を経た後に選任される．その選任方法も州ごとにさまざまであり，また一つの州でも上級裁判所と下級裁判所とで選任方法が異なる場合もある．最上級裁判所についていえば，選挙制（党派的選挙ないし非党派的選挙）を採用する州が多い．その他，州立法部による選挙，州知事による任命（しばしば州上院による承認と組み合わされる），メリット・プラン（裁判官指名委員会の作成する候補者名簿に基づいて州知事が任命し，一定期間経過後ないし再任の際に州民による信任投票を受ける．ミズーリ・プランともよばれる）による選任手続を採用する州もある．選任方法によって濃淡はあるが，アメリカの裁判官が一定の政治性を帯びる面は否定しがたい．

連邦裁判所の裁判官とは異なり，州裁判官の終身制を採用している州は少ない．大多数の州が4年ないし12年の任期制を採用している．定年制を採用している州もある．

■ 管轄権

連邦裁判所の専属管轄として連邦法によって規定されない限り，州裁判所には連邦裁判所におけるような事物管轄権の限定はなく，連邦法上の問題も取り扱うことができる（ただし，制限された管轄権をもつ裁判所においてはしかるべき種類の事件しか取り扱えない）．

他方，領域的管轄権，すなわち当該の被告ないし事件との関係における空間的な管轄の射程については，とりわけ民事訴訟において問題となりうる．この点については，連邦憲法のデュー・プロセス条項上，「フェアプレイと実質的正義に関する伝統的観念」に反しない「最小限度の接触」が判例法によって要求されており，無限定に範囲を広げることは認められない．その具体的な内容は州法によって規定されている．

〔会沢　恒〕

3.6 アメリカの裁判手続概観

アメリカ合衆国における，民事・刑事双方の裁判手続に共通する特徴を概観する．

■ **当事者対抗主義**

アメリカの裁判手続は，当事者対抗主義（adversary system）を基調とする．すなわち，双方の当事者（およびその代理人たる弁護士）が勝訴を求めて競い合い，手続の進行についても主導権を握る．裁判官は争いがある場合の裁定者としてのみふるまい，独自の調査などは行わないのが原則である．

■ **手続の構成の特徴**

民事・刑事それぞれの手続の流れを図1に示してある．いずれも，公判（トライアル，trial）手続を手続全体の中軸的な位置に配した構造をしていることが特徴的である．公判に至る前の段階で可能な手続は済ませてしまい，公判で審理すべき内容が絞り込まれる．公判後の手続は公判審理のチェックを主目的とする．これは，公判が事実認定を任務とする陪審による審理として行われることが原則型であることに由来する（陪審を伴わずに裁判官が事実認定を行う公判（bench trial）もある）．また，陪審審理を伴う公判は負担の重い手続でもあることから，公判に至る前に事件を処理してしまう回路が発達している．民事事件においては裁判外の和解で決着する事件も多い．

事実認定は陪審によって行われることから，原則として上訴審は法律審としてのみ機能し，事実認定については判断しない．

■ **陪審**（jury）

連邦憲法上，刑事事件の被告人は，公判について陪審（小陪審，petit jury）による審理を受ける権利を保証されている．連邦憲法上の民事小陪審の保障の及ぶ範囲は連邦裁判所についてのみだが，州裁判所における民事小陪審の審理を受ける権利は各州の憲法などによって保障されている．

伝統的に陪審は，12名の市民によって構成される（ただし，現在ではより少ない員数による陪審も認められることがあり，とくに民事事件ではそうである）．

公判手続は陪審員の選任からはじまる．陪審員候補者リストに基づいて呼び出された候補者はまず，予備尋問（voir dire）手続において，事件当事者の関係者ではないか，その他公正に判断を下せない事情を有しないかを質問される．公正な判断を下せないと考えられる候補者は，理由付きの忌避（challenge for cause）により排除される．人数に制限はない．加えて，両当事者は一定数（事件類型による）までの候補者を理由を示さずに忌避することができる（専断的忌避，peremptory challenge）．

陪審の構成は，「地域社会の公正な断面（fair cross-section of the community）」を反映するべきだとされる．現在の判例法では，陪審員候補者リストの作成および個々の陪審選任手続における専断的忌避の行使の際に，人種・性別に基づいて差別的取り扱いをすることが禁止されている．ただし，こうした判例法は陪審員選任過程が特定のグループをシステマティックに排除することを規制するものであり，実際に構成された具体的な陪審員団が地域の人口構成に比例していることを保障するわけではない．

■ **公判手続の特徴**

事実認定者として陪審が関与することが公判の基本形であることから，公判の直接主義（事実認定者の面前で直接に審理が行われるべきこと）・口頭主義という特徴が

導かれる.

公判手続の基本的な流れは以下のとおりである. まず, 両当事者(の弁護士)が冒頭弁論を行い, 立証しようとする内容を予告する. 続いて, 原告・検察官が立証活動を行う. その後, 被告・被告人が立証活動を行い, さらに必要に応じて原告・検察官が追加的立証を行う. 立証活動は証拠を提出することにより行われるが, これには証人による証言を含む. 証人の取調は原則として尋問形式による. 当該証人を召喚した側がまず主尋問(direct examination)を行う. その後, 反対当事者側が反対尋問(cross examination)を行い, さらに必要に応じて再主尋問が行われる. 双方の立証活動が終わると, 両当事者は最終弁論を行う. 裁判官が適用すべき法などについて説示(instruction; charge)をした後, 陪審員のみが別室で評議(deliberation)に入る.

陪審の判断は評決(verdict)とよばれる. 伝統的には陪審員の全員一致が要求される(ただし, 近時この要件を緩和した法域もある). 全員一致の評決に到達できない場合は評決不成立(hung jury)として新たな陪審の下で再審理を行うこととなる.

■ **裁判官による陪審の統制と証拠法**

陪審審理といっても, もっぱら市民のみが判断に関与するわけではない. 裁判官(事実認定の行われる第一審においては1名)が, 法廷全体の主宰者として, 手続全般を監督している. 陪審審理とはむしろ, 「事実問題は陪審に, 法律問題は裁判官に」との基準の下での機能分担を伴った審理手続・判断であるといえる.

裁判官が陪審の判断を枠づける手段の主要なものの一つとして, 証拠の採否に関する判断がある. 公判に提出され, 陪審が事実認定の根拠としてよい証拠の許容性(admissibility)は, 裁判官によって判断される. たとえば, 関連性(relevancy)のない証拠, 伝聞証拠(hearsay evidence), 陪審を過度に混乱させあるいは手続を遅延させる証拠などは排除される. 他方, 提出・許容された証拠をどの程度重視して判断するかは事実認定者に委ねられる.

〔会沢 恒〕

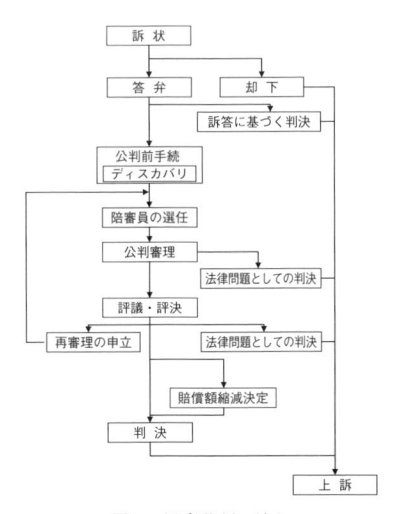

図1 民事裁判の流れ

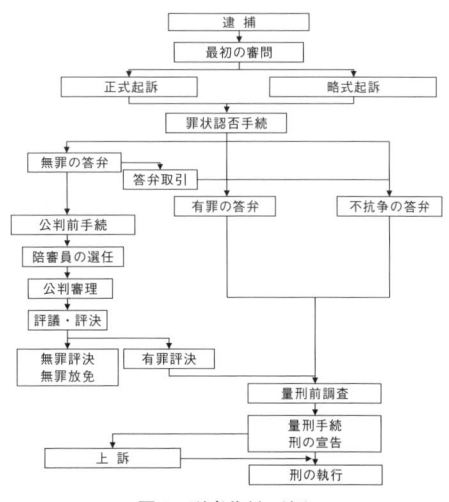

図2 刑事裁判の流れ

3.7 アメリカの民事手続

■連邦制

アメリカは連邦制国家であり，50ある州とワシントンD.C.で，異なる裁判所体系と裁判手続きがある．連邦政府にも裁判所があり，連邦法にかかわる紛争や，異なる州に住む当事者間の争いにつき裁判が行われる．民事手続きについて，アメリカに統一的に適用される規則があるわけではない．しかし，連邦憲法の司法権や手続保障にかかわる規定は，すべての州と連邦の裁判所で適用される．また連邦地方裁判所の手続きを定める連邦民事訴訟規則（1938年）は，多くの州の民事訴訟規則に影響を与えている．

■陪審制

アメリカの民事訴訟では，原則として陪審による裁判が行われる．陪審（jury）は，一般市民から無作為に選ばれた陪審員からなる．陪審員の人数は，伝統的には12人だが，それ以下の人数（たとえば6人）による陪審もしばしば認められる．陪審による裁判を受ける権利は憲法で保障され，原告と被告がともにこの権利を放棄した場合のみ，裁判官による裁判が行われる．陪審による裁判では，裁判官が法律問題につき判断し，陪審は事実問題について判断し，法を適用する．被告が損害賠償責任を負うか否か，また責任を負う場合に賠償額がいくらかを判断するのも，陪審の役割である．

■トライアル

陪審制は，アメリカの民事手続きの構造に大きな影響を与えている．陪審員となる一般市民を裁判に拘束する期間を最小限にするため，事実審理は集中して行われる．このトライアル（trial）とよばれる集中審理では，陪審（両当事者が陪審審理を受ける権利を放棄すれば裁判官）に対して当事者が証拠を提示し，事実認定が行われる．伝統的に字の読めない市民も陪審となってきたため，トライアルは口頭でなされる．

陪審が不適切な証拠にさらされないよう，アメリカの訴訟では，証拠法が発達している．トライアルにおいて，一方当事者が異議を申立て，相手方の訴訟活動が訴訟規則や証拠規則に反すると主張すると，裁判官は，異議を容れるか退けるかをその場で判断しつつ訴訟を進行させる．

訴訟で争われる事実が正しいと証明するのは，原則として原告の責任である．ただ，すべての証拠が出尽くしても，陪審（または裁判官）が事実を完全に確かだと確信できないことがある．その場合，アメリカの民事訴訟では，原告は自らの主張が証拠に基づいて被告の主張に比べてより確からしいと説得できれば，勝訴判決を得られる．刑事訴訟では検察が合理的な疑いを容れない程度まで証明しなければならないのと比べると，容易な証明基準である．日本の民事訴訟でも，原告は自らの主張が高度の蓋然性を超える程度まで確からしいと証明しなければならず，それと比べてもアメリカの原告は低い証明の程度で勝訴できる．

■プレトライアル

トライアルに先立つ手続き全般をプレトライアルという．この段階で，当事者が証拠を収集し，トライアルでどの当事者が誰に対しいかなる主張をするかといった争点が決定される．1990年代以降は，代替的紛争解決（alternative dispute resolution：ADR）（→4.8）も重視され，プレトライアルにおける和解の促進が図られている．

■証拠開示手続き

プレトライアルには，ディスカバリーと

よばれる，アメリカ独特の広範な証拠開示手続き（discovery）が存在する．訴訟当事者は，相手方当事者だけでなく，第三者に対しても，訴訟に関係する文書の提出を求めたり，証言を求めたりすることができる．開示を請求された者は，開示拒絶特権（privilege）にかかる一定の情報を除き，訴訟に関連性のある全ての文書を開示し，証言にも応じなければならない．手続きは訴訟当事者間で進められ，具体的な開示の適否が争われた場合に裁判官が関与する．

証拠開示手続きは，大企業を相手取って訴訟を起こす市民など，証拠の確保に苦労する当事者にとり，強力な武器となる．他方で，開示を求められる側は重い負担を強いられ，プライバシーや企業秘密が暴かれることもある．この手続きが嫌がらせ的に濫用されたり，訴訟費用を高騰させる原因となったりしているとの批判も強い．

■クラス・アクション

アメリカには，クラス・アクション（class action）とよばれる多数当事者訴訟制度がある．原告が多数で，共通の法的問題や事実関係が争われる場合，多数の原告のうち数人が原告全体を代表して訴訟を追行できる．個々の訴えは比較的少額でも，多数の訴えを統合すれば効果的な訴訟活動が可能になり，多くの被害者を出す違法行為を抑止する効果も強い．独占禁止法や証券取引法，消費者保護法などの違反に対し効果的に用いられる．学校の差別解消など，多くの利害関係者がかかわる訴訟でも，クラス・アクションを通じた救済がなされてきた．

しかしこの制度も，被告に大きな圧力をかけるもので，濫用の危険性が指摘されている．多数の原告どうしで利害が対立する場合に，裁判官がどこまでクラス・アクションを認めるべきかについても，議論がある．

■第一審の判決

第一審の判決は，原則トライアルを経て陪審の評決を受けて下される．しかし，限られた場合には，裁判官が判決を下すことができる．両当事者の間で事実関係に大きな争いがなく，プレトライアルで結論が出る場合には，裁判官がトライアルを待たずに判決を出せる．これをサマリー・ジャジメント（summary judgment）という．

トライアルが行われても，合理的な陪審であれば，証拠全体に照らし，どちらかの当事者を勝訴させる結論に至るに違いないと裁判官が判断すれば，法律問題として判決を下すことができる（judgment as a matter of law）．また，陪審の評決が明らかに合理性を欠く場合には，裁判官は新たなトライアルを命ずることができる．

■上　訴

第一審の判決に不服の当事者は，上訴して第二審裁判所の判断を仰ぐことができる．上訴では法律問題のみ審査され，事実問題は争えず，新たな証拠の提出も許されない．当事者が権利として上訴できるのは，第二審までである．州によっては，第二審裁判所が最上級審とされる．第三審の裁判所まである州でも，第三審裁判所への上訴は，とくに重要な法的争点が含まれると裁判所が判断した事件にのみ認められる．

州の最上級裁判所の判断は，原則として最終的な判断となるが，連邦法や連邦憲法が争点となる場合には，連邦最高裁判所に上訴できる．ここでも，重要と判断された上訴のみが受け付けられる．〔溜箭将之〕

▶文　献

浅香吉幹（2008）．アメリカ民事手続法　第2版　弘文堂

Friedenthal, J.H., Kane, M.K., & Miller, A.R.,(2005). *Civil Procedure*. 4th ed., West：New York.

Hazard, G., & Taruffo, M. (1995). *American civil procedure*. Yale University Press：New Haven.

3.8 アメリカの刑事手続

アメリカ合衆国において，刑事事件を処理する手続もまた，連邦および各州において異なる．また少年事件のような特殊な事件類型については，別途の手続や機関を設けている法域も多い．ただし，20世紀後半以降，連邦最高裁は連邦憲法に基づいて，刑事司法の諸側面を統制する判例法を展開している．本項は多くの法域に共通する一般刑事事件について，手続の大枠をモデル的に示す．

■逮捕から起訴まで

逮捕は令状に基づく場合もあるが，実際には相当な理由（probable cause）（→4.14）の存在を条件としたうえでの無令状逮捕が多い．逮捕の際には，被告人に対してミランダ警告とよばれる告知が与えられる．（その内容は，①黙秘権，②供述は不利益に利用されうること，③弁護人の立ち会いを求める権利，④経済力がなければ公費によって弁護人を付けてもらう権利の4つ）．

逮捕がなされると訴追請求状（complaint）が裁判所に提出される．しかる後，逮捕された被疑者は，すみやかに裁判官の下へと引致される（最初の審問；initial appearance, first appearance などとよばれる）．逮捕の必要性の審査，被告人に対する被疑事実や被告人としての権利の告知，保釈の可否および条件の判断などが行われる．

重罪（felony）の起訴には2種類の形式がある．伝統的には大陪審（grand jury）による起訴（indictment）が正式のものであり，連邦を初めとする法域で維持されている．しかし，大陪審を伴わず，（予備審問（preliminary hearing）を経て）略式の起訴（information）がなされることもあり，法域によってはすべて後者の手続で処理してよい．（あるいは大陪審が既に廃止されていて後者で対応せざるをえない）．他方，軽罪（misdemeanor）については，訴追請求状がそのまま起訴状として機能する．

■罪状認否手続と答弁取引

引き続き，罪状認否手続（arraignment）が行われる．裁判官の面前で被告人に対し起訴状が提示される．これに対し，被告人としては3つの選択肢がある．第一に，無罪の答弁（plea of not guilty）をして訴追を争う．第二に，有罪の答弁（plea of guilty）をして刑事責任を引き受ける．第三に不抗争の答弁（plea of non contendere）というものがあり，これは起訴事実を認めるものではないが刑罰には服するという答弁である．

有罪の答弁，不抗争の答弁をして裁判官（および場合により検察官）による承認を受けると，公判手続が省略され量刑手続に進む．実際には圧倒的多数の事件がこの手順によって処理されており，公判の開かれる事件は少数に留まる．ただし，被告人が罪状認否手続において当初から有罪の答弁をすることは少なく，最初は無罪の答弁をするのが通常である．これに対し検察官としては，一部の起訴を取り下げる，より軽い罪での訴追に切り替える，軽い刑を勧告するといった被告人に有利な条件を持ち出して有罪の答弁に切り替えるようもちかけることができる．

こうした，有罪の答弁とその条件をめぐる検察官と被告人（およびその弁護人）とのやり取りは答弁取引（plea bargaining）とよばれる．この過程で検察官がなした約束を果たさなかった場合，被告人は有罪の答弁を取り下げることができる．また，検察官が軽い刑を勧告することとなった場

合，裁判官にこれを受け容れる義務はないが，たいていは受け入れるし，仮に受け容れずにより重い刑を科すこととされると被告人は有罪の答弁を取り下げることができる．

■ 公判前手続と公判

　無罪の答弁をすると公判期日が設定される．公判に先立ち，被告人は諸々の申立を行うことができる．主要なものとしては，検察官に対し証拠の開示を求める申立，違法収集証拠の排除を求める申立などがある．憲法上，被告人は，公判（トライアル，trial）について陪審（小陪審，petit jury）による審理を受ける権利が保証されている（ただし，被告人は裁判官による審理を選択することもできる）．陪審員が選任され宣誓して任に就くと，審理が開始される．まず，検察官および被告人側が冒頭陳述を行う．そして，まずは検察側が，引き続いて被告人側が，証人による証言を含む証拠を提出して立証活動を行う．立証責任を担当する検察官は，「合理的な疑いをこえて（beyond reasonable doubt）」被告人の有罪を立証しなければならない．

　立証活動が終了すると，検察官および弁護人による最終弁論が行われる．裁判官から陪審員に対して説示がなされたうえで，陪審員のみによって評議が行われる．陪審の結論が評決（verdict）である．通常，評決に際しては陪審員の全員一致が要求され，全員一致の評決に到達できない場合は評決不成立（hung jury）として新たな陪審の下で再審理を行うこととなる．

■ 量刑手続

　通常，公判においては被告人が有罪か無罪かのみを判断し，量刑については判断しない．無罪評決であれば被告人は無罪放免となる（無罪評決に対して検察官は上訴することができない）．公判により有罪とされた場合，または罪状認否手続で有罪の答弁・不抗争の答弁がされた場合，期日を改めて，裁判官によって量刑を決定する手続（sentencing）が行われる．この期日に先立ち，量刑判断に関係する事情が調査される．また，現在では多くの法域において，量刑手続に被害者影響陳述（victim impact statement）を提出することを認めあるいは要求している．

　伝統的に量刑の判断に際して裁判官は裁量を有するが，近時は多くの法域が量刑ガイドライン（sentencing guidelines）を整備して裁判官の裁量を枠付けている．

　なお，死刑事件においては例外的に，被告人に死刑を科すべきかを陪審に判断させる法域が多い．この場合，公判手続は二段階に分けて審理され，第一段階で有罪と判断されると，第二段階で追加の証拠調べのうえ，死刑を科すかどうかを判断する．

■ 第一審後の手続

　被告人は，第一審の有罪判決に対して上訴することができる．州法違反として州裁判所に係属した事件において，州裁判所システムでの上訴が尽きた場合であっても，連邦法違反（通常は連邦憲法違反）を主張して連邦最高裁に裁量上訴を求める可能性がある．上訴が尽きて収監された後も，独立した手続である人身保護手続（habeas corpus）によって，刑事手続の瑕疵を追求する可能性がある．

■ 弁護士による援助

　連邦憲法上，被告人は弁護士による援助を受ける権利を有している．このため，各法域・地域では，受任可能な弁護士のリストの整備や政府の一部として，弁護担当部局の設置（狭義の public defender），弁護士事務所との包括委託契約ないしこれらの組み合わせにより必要な弁護士を確保している．

〔会沢　恒〕

資料3 ●「法と心理学」にかかわる海外のおもな学会・その1

法と心理学や犯罪学にかかわる海外の学会を集めてみた（日本語訳は必ずしも定訳ではない）．おもな学会誌とサイトとともに掲げておく．日本人の参加も多い英語圏が中心になっているが，最近ではアジア犯罪学会が創設されるなどの動きも見られる．

（法と心理）

The American Psychology- Law Society, Division 41 of the American Psychological Association（アメリカ心理学会 法と心理学部会）
　"Law and Human Behavior" http://www.ap-ls.org/
　北米を代表する法と心理学会誌を刊行．

Australian and New Zealand Association of Psychiatry, Psychology and Law（オーストラリア／ニュージーランド法と心理学会）
　"Psychiatry, Psychology and Law" http://www.anzappl.org/

American Board of Forensic Psychology/American Academy of Forensic Psychology（アメリカ裁判（司法）心理学会議）
　"Forensic Psychology" http://www.abfp.com/

European Association of Psychology and Law（EAPL）（ヨーロッパ法と心理学会）
　"Journal of European Psychology Students"

Korean Society Psychology and Law（韓国心理と法学会）
　日本より早く発足．法廷への心理学者のアドバイスを制度化するなどの成果をあげている．

（犯罪学）

The American Society of Criminology（アメリカ犯罪学会）
　"Criminology"，"Criminology & Public Policy" http://www.asc41.com/

Asian Society of Criminology（アジア犯罪学会）
　アジアの10か国をこえる研究者により2009年に創設．

British Society of Criminology（イギリス犯罪学会）
　"Criminology & Criminal Justice"，"The British Journal of Criminology"
　http://www.britsoccrim.org/

European Society of Criminology（ヨーロッパ犯罪学会）
　"European Journal of Criminology" http://www.esc-eurocrim.org/board.shtml

International Society for Criminology（ISC）（国際犯罪学会）
　https://www.uia.be/s/or/en/1100023501
　第16回世界大会が，2011年8月に日本の神戸で開催される．

4.
刑事法・民事法概論

　本章では，いわゆる「法律」の中身について紹介する．ただし，逐条解説ではなく，民法や刑法などのそれぞれの分野の法を支える考え方を紹介する．これはさまざまな法の第1条に掲げられる「目的」よりも基本的な，書かれざる基盤概念である．このような，法律を支える考え方を知っておけば，ある法律が総体としてどの方向に社会をもっていこうとしているのかが理解できる．そして誤解をおそれずにいえば，法律について学ぶということは，各法の基礎となる考え方や設計思想，規定の方向性やそのありかたを知ったうえで条文の内容を知りそして適用・解釈できるようになることであり，一般にイメージされるような，条文を丸暗記することではない．本章で取り上げられた概観を得ることで，心理学分野あるいは他分野から出発して「法と心理学」にアプローチしようとする際に，法を理解するための足がかりを得ることができるだろう．　〔藤田政博〕

4.1 人質司法と自白偏重主義

「人質司法」とは，長期にわたり被疑者・被告人の身体を拘束し，その身体拘束を利用して取調べを行い，犯罪事実を否認したり黙秘したりする者については，自白をするまで身体拘束を続けるという，日本の捜査のあり方への批判を込めたことばである．被疑者・被告人の身体の自由と引き替えに自白を得るという意味で，「人質」という言葉が用いられる．

このようにして得られた自白は供述調書に録取され（刑訴法198条3項），検察官が起訴を決定するための材料となるだけではなく，公判段階においても裁判所が事実を認定するための証拠として重視される．捜査段階においても，公判段階においても，一貫して自白が重視される日本の司法のあり方は，「自白偏重主義」とも表現される．

■ 被疑者・被告人の身体拘束（逮捕・勾留）

被疑者のうち，罪を犯したことを疑うに足りる相当な理由があり，かつ身体拘束の必要がある者については逮捕・勾留という強制の処分がとられ，その身体を刑事施設に拘禁することができる．逮捕（→4.16）については，被疑者が逃亡するか罪証を隠滅する虞があるときに逮捕の必要性があるとされ，勾留については，住居不定であるか，罪証隠滅又は逃亡を疑うに足りる相当な理由がある場合のうち，いずれか一つ以上の事由があれば勾留の必要があるとされる．

逮捕から勾留請求までの期間は最大で3日間，起訴前の勾留は原則として勾留請求から10日間（10日間の延長が可能）行われる（同208条）．

起訴前勾留と同様の勾留の理由があれば，起訴後の被告人についても勾留が可能である．起訴後勾留は原則として1ヵ月で，その後1ヵ月ごとに延長をすることができる．

捜査実務では，被疑者・被告人が犯罪事実を否認している場合や黙秘している場合は，罪証隠滅の可能性があるとして身体拘束の必要性があるとされる．したがって，罪を認めていない者については，身体拘束が行われる可能性が高い．

■ 被疑者の取調べと自白調書

身体を拘束されているか否かにかかわらず，被疑者に対しては捜査官による取調べ（→8.20）が行われるのが通常である．供述の中でも，被疑者の「自白」はとくに重視される．

その理由は，第一に，事件の真相を知るのは犯人であり，犯人である疑いがある被疑者を情報源とすることが実体的真実の発見・追求のために必要であると考えられていること，第二に，犯行の動機など，犯罪の主観面の立証や組織犯罪の立証のためには自白が大きな意味をもつこと，第三に，自白を行い反省するということが犯人の改善更生のために有用であるとされること，第四に，自白の存在が一般市民の当罰意識を満足させるとともに被害者の宥恕にも資すると考えられること，第五に，公判段階において裁判官が，自白に対して高い証拠価値を与えていることにあるとされる（三井，1997）．

取調べで得られた供述は，調書として証拠化され，公判での重要な証拠となる．日本の刑事裁判は，しばしば「調書裁判」と称される．これは，捜査段階で作成された調書が公判において証拠として多用されてきたからである．本来，事実認定はなるべく新鮮な証拠に基づいて行う必要があるから，証人尋問や被告人質問によって供述証

拠を得るという方法が原則である（刑訴法320条）．しかし，日本では，捜査段階で得られた自白調書などを裁判官が読みこみ，それに基づいて事実認定が行われてきた．

このように重要視されている，捜査段階の自白を獲得するための手段として，取調べが行われる．

■ 取調べ受忍義務

捜査実務では，身体を拘束されている被疑者に取調べを受ける義務（取調べ受忍義務）があると考えられており，自白獲得のため，ときには過酷な長時間の取調べが行われていた．これに対して，学説における通説は，身体拘束の目的が取調べではないこと，取調べ受忍義務を認めることは黙秘権を否定することにつながること，現行法は被疑者を手続の当事者としてとらえており，取調べの客体としては見ていないはずであることから，被疑者に取調べ受忍義務を認めるのは不当であると批判している．

■ 保釈制度

以上のとおり，日本では比較的長期間の身体拘束が可能で，その間に自白の獲得を目指した取調べが行われる．しかし，身体拘束を解消する制度は限定的である．

強制的な身体拘束を解くための制度として，保釈制度がある．保釈とは，一定の保証金の納付を条件に，身体拘束の執行を停止し，身体拘束状態から被拘禁者を解放する制度である．有罪判決までは被告人は無罪と推定される．また，被告人は刑事手続の一方当事者という地位にある．したがって，被告人の身体を拘束するということは例外でなければならない．そこで，法は，裁判所は，保釈請求があれば，除外事由がない限り原則として保釈を許さなければならないとする（89条・権利保釈）．

しかし，日本では，起訴前勾留に保釈制度がなく，起訴後の勾留には保釈制度があるが，その運用は限定的である．保釈率は，平成19(2007)年の司法統計年報によれば，14.3%程度にとどまる．

保釈の運用が限定的なのは，権利保釈の除外事由が幅広く（89条各号を参照），実際には原則として保釈を認めないという運用がなされているためである．除外事由の中でも「罪証の隠滅を疑うに足りる相当の理由」(89条4号)の存在が認められやすく，被告人が起訴事実を否認したり，黙秘したりしているときは，具体的事実の裏づけもなく「罪証隠滅の可能性あり」として保釈が許可されない傾向にある（武井，2005）．無実を訴える被告人は，かくして長期間，身体拘束を継続される．

■ 人質司法・自白偏重主義と冤罪

以上のとおり，日本の刑事手続では，起訴前段階から長期間にわたる身体拘束が行われ（身体拘束が行われる場所の問題について：→4.2)，密室の取調室で，自白の獲得を目指した取調べが行われ，しかも身体を拘束されている被疑者には，取調べを受ける義務があるとされる．さらに，起訴後も，自白していない被告人につき長期にわたる身体拘束が行われる．このような手続のあり方が虚偽自白に結びつき，それが冤罪の原因となった例も数多い（浜田，2005）．

〔笹倉香奈〕

▶文　献

浜田寿美男 (2005). 自白の心理学　新版　北大路書房

三井　誠 (1997). 刑事手続法 (1)　新版　有斐閣

三井　誠 (2003). 刑事手続法 (2)　有斐閣

武井康年・森下弘（編著）(2005). ハンドブック刑事弁護　現代人文社

竹之内明 (2000). 人質司法の実態はどうなっているか　季刊刑事弁護, **21**, 94.

4.2 代用監獄（代用刑事施設）

　被疑者・被告人（裁判確定前の身分にある，「未決」の状態の者）の勾留が行われる場合には，裁判官が発付する勾留状が必要であるが，この勾留状には，勾留を行う場所が記載されねばならない（刑事訴訟法64条1項・207条1項）。改正前の監獄法の下では，この勾留場所は「監獄」の中でも拘置所（→ 11.3）とされたが，警察官署に付属する留置場を監獄の「代用」として用いることが認められていた（旧監獄法1条3項）。

　以上のことから，警察の留置場は「代用監獄」とよばれた。沿革的には，代用監獄は，拘置所の不足に対処するためのあくまで便宜的な処置とされ，いずれは廃止が想定されていた制度であった。

　しかし，実務においては，起訴前に勾留される被疑者のほとんどが警察の留置場に収容され，起訴後，その身体が拘置所に移されるという運用が行われてきた。すなわち，被疑者は，原則的に警察の留置場に収容されるということになっている。起訴前の被疑者は，勾留請求前の逮捕留置の期間を含めると，最長23日間もの間，警察の留置場に留置されることになる。

■代用監獄問題

　代用監獄の問題性が明らかになったのが，再審によって冤罪が判明し，再審無罪判決が出された事件（松山事件，免田事件など）の検討を通してであった。代用監獄は，法務省管轄の（かつ警察署から比較的地理的に遠方にある）拘置所とは異なり，警察署内にある。したがって，捜査機関である警察が24時間被疑者を自己の支配下におき，被疑者を社会生活や情報から切り離してその生活を統制し，しかも取調べ（→ 8.20）を受ける義務（取調べ受忍義務）（→ 4.1）を認めることによって，時間的にも方法的にも制約のかからない取調べを実現するために利用されていると批判された。

　自白の獲得を目的とするこのような取調べによって，虚偽自白（→ 8.22）が生み出され，それが冤罪の原因になっているとの指摘もなされた。すなわち，代用監獄は，自白を重視し，長期間の身体拘束を利用した長時間の取調べによって徹底的に自白を獲得しようとする日本の司法のあり方を支えてきたともいえる（→ 4.1）。

　国際的にも，このような問題をもつ代用監獄は批判されてきた。国際人権B規約9条3項は，逮捕後，被疑者は速やかに裁判官の面前に連れて行かれなければならないと規定する。これは，未決拘禁は司法的なコントロールの下で行われなければならず，「捜査と拘禁は分離されなければならない」という要請にもとづくものである（葛野，2007；p.428 以下）。

　国連規約人権委員会は，このような考え方のもと，1998年以降，日本における被疑者取調べのあり方の問題点の一つとして，代用監獄が警察の管理下におかれており，被疑者が司法的コントロールの下におかれていないことを懸念し，代用監獄制度を是正するよう日本政府に勧告し続けている。

■代用監獄存置論

　これに対して，捜査機関側は，被疑者の身体が第一次捜査機関（警察）と近接した場所である代用監獄内にあれば，迅速かつ効果的な捜査活動をすることが可能であり，それによって真相を解明することが容易となること，現在の拘置所には，その数や設備上，地理上の問題があるということ，

また被疑者と面会しようとする弁護人や家族にとっても、警察署のほうがおもむきやすいなどの理由から、代用監獄の存置を主張する（三井, 1997；pp.24-25）。

また、警察庁は、1980年の通達によって、留置場の管理を行う部門を、捜査を行う刑事課から捜査を担当しない総務課に移管することで、取調べと被疑者の身体の管理を行う部門を分離し、代用監獄問題の解決を図ろうとした。しかし、この改革以降も、食事時間や用便について留置担当官ではなく捜査官が指図する、あるいは取調べ警察官が、被疑者を警察官の下に連れて行ったうえで取調べに同席するなどの例があり、捜査と拘禁が警察署長の指揮下で統一され、留置部門は捜査部門に従属するという実態があり、「捜査と拘禁の分離」は実現されていないとの指摘もなされている（葛野, 2009；p.429）。代用監獄の問題点として指摘されてきた諸点は、現在なお解決されていない。

■ 監獄法改正と被収容者処遇法

留置場を「代用」として規定した監獄法は、2005年に改正されて「刑事施設及び受刑者の処遇等に関する法律」（受刑者処遇法）が制定され、その後2006年の改正によって留置施設に関する新たな規定を含む「刑事収容施設及び被収容者等の処遇に関する法律」に改められた。改正法の下では、未決被拘禁者の拘禁場所は「刑事施設」とされたが、「刑事施設に収容することに代えて」警察留置場（留置施設）に留置することもできるとされた（15条1項）。

新法の下においても、勾留場所として警察留置場（代用刑事施設）を使用することが認められたのであった。ただし、本法の参議院の法務委員会における付帯決議においては、代用刑事施設制度のあり方について、「刑事手続全体との関連の中で検討すること」が求められている。（刑弁・47号）

■ 今後の展望

不適正な取調べを防止し、虚偽の自白を防ぐためには、捜査機関の取調べをビデオ・DVDなどで録音・録画し、さらに弁護人を立ち会わせることが必要であるということが近年主張されている（取調べの可視化論）（→ 4.17, 4.18）。取調べ受忍義務を身体拘束を受けている者に課すことの問題はおくとしても、取調べ自体がたとえ適正に行われたとしても、社会から隔離され、捜査機関の手元に身体を長期間拘束されるという状況のもとで取調べが行われることにより、普通の取調べが、自白を強要するような圧力をもってしまうということも指摘されてきている（葛野, 2007）。そうであるとすれば、問題を根本的に変えるためには、取調べを可視化するだけではなく、捜査機関の手元で長期間の身体拘束を行い、そこでの取調べで自白を獲得することを重視する日本の捜査を支える代用刑事施設（代用監獄）制度こそ、見直される必要がある。　　　　　　　　　　〔笹倉香奈〕

▶文　献

刑事立法研究会（編）(2005). 代用監獄・拘置所改革のゆくえ　現代人文社

小池振一郎・青木和子（編）(2006). なぜ、いま代用監獄か　岩波ブックレット

青木和子 (2006). 代用監獄問題の現段階　刑事法ジャーナル, 5, 29.

村井俊郎・川崎英明・白取祐司（編）(2007). 刑事司法改革と刑事訴訟法　上巻　日本評論社（とくに、五十嵐二葉「第8講国際人権法と刑事訴訟法」、葛野尋之「第15講刑事訴訟法と刑事拘禁法」、高内寿夫「第16講被疑者取調べと弁護権」）

三井　誠 (1997). 刑事手続法（1）有斐閣

庭山英雄・五十嵐二葉 (1981). 代用監獄制度と市民的自由　成文堂

4.3 別件捜索・差押え，別件逮捕・勾留

捜索・差押え，逮捕・勾留（→4.18）などの強制処分は，一定の要件が備わっている場合に，裁判官の発付する令状があって初めて行われうる（憲法33条，35条）．捜索・差押えあるいは逮捕・勾留を行うための正当な理由があるといわれるためには，第一に被疑事実の存在が必要である．捜索差押令状においては，これが「罪名」という形で記載され（刑事訴訟法219条），逮捕状・勾留状においては，「罪名」および「被疑事実の要旨」という形で記載される（法199条，200条，207条1項・60条1項）．

しかし，実務においては，ある被疑事実（本件）について令状を得るための要件が備わっていないときに，それとは異なる被疑事実（別件）を理由として強制捜査の手続をとり，その手続を用いて本件に関する証拠を収集する捜査手法がある．これが，別件捜索・差押え，または別件逮捕・勾留とよばれる手法である．これらは，法令上の用語ではなく実務の運用から誕生したことばである．本命である「本件」（殺人，強盗などの重大事件）についての捜査を行うために，比較的に軽微な「別件」に関する強制捜査を利用するというのが典型的な方法である．

■ 別件逮捕・勾留

被疑者の身体拘束には23日間という時間制限がある（逮捕してから勾留請求までが最長で72時間，勾留の期間が原則10日間，勾留の延長が認められた場合さらに10日間の身体拘束が可能）．そこで，この制限時間内に本命の事件（本件）についての捜査が終わらないような場合，あるいは，本命の事件について身体拘束をするための要件が具備されていない場合に，別件逮捕・勾留という脱法的な方法が用いられることがある．

別件逮捕・勾留が行われる場合，典型的には，別件についての身体拘束期間を利用して本件の取調べ（→8.20）を行い，それによって本件に関する自白を得て，改めて本件で被疑者を逮捕することが目指される（最決昭和52年8月9日刑集31巻5号821頁〔狭山事件〕）．このことが問題とされてきたのは，別件による逮捕・勾留の時間を使って長期間の身体拘束が行われ，その間の取調べによって本件に関する虚偽の自白（→8.22）が生みだされ，冤罪が発生するという事例がこれまでも実際に存在してきたからである（後藤，2001；p.70）．

別件について逮捕・勾留の要件がそろっていない場合に，身体拘束そのものが違法となるのは当然である．問題は，別件について逮捕・勾留の要件がそろっているが，その身体拘束がもっぱら本件についての取調べを行うという目的でなされているときである．そのような身体拘束は適法であろうか．

別件について逮捕・勾留の理由が備わっていれば，たとえ取調べ官が本件について取り調べるという意図・目的をもっていたとしても問題はないという考え方がある．これを「別件基準説」という．逮捕・勾留の時点に立って，その適否を判断するものであり，取調べにおいてどの事件が中心として取調べられたかについては考慮されない．しかし，この考え方を採用すれば，別件逮捕・勾留が違法とされることはほとんどなくなることになろう．

この考え方に対しては，取調べの時点に立ったときに，「本件を取り調べるということを主たる目的として行われた別件逮

捕・勾留は違法である」という考え方が対立している．これを「本件基準説」という．別件での逮捕・勾留がたとえ要件を具備していたとしても，それが本件に関する自白を獲得するための手段として行われているときには被疑者の黙秘権を制約してしまう結果になる可能性があること，また，別件逮捕・勾留が実質的には令状が出される要件を備えていない本件に関する捜査のために行われるため，令状主義を潜脱する脱法的な手法であるといえること，そもそも逮捕・勾留は取調べのために行われうるのではないにもかかわらず，もっぱら取調べを行うために別件逮捕・勾留を行っていること，などから，このような逮捕・勾留を違法とする本件基準説が学説における通説となっている（後藤, 2001 ; p.76）．

判例も，逮捕・勾留がもっぱら本件の取調べに利用するために行われた場合，その逮捕・勾留は違法であるとする（上記・狭山事件決定）．

本件基準説の立場から別件逮捕・勾留が違法であるとされたときは，その間に行われた取調べは当然違法ということになる．となれば，その取調べで得られた自白は後の公判での証拠として使うことができないのみならず，別件逮捕・勾留で得られた自白等に基づいて，後に改めて本件による逮捕・勾留が行われた場合，その身体拘束も違法ということになる．

■ **別件捜索・別件差押え**

別件捜索・差押えは，別件の捜索差押令状を利用して捜索を行い，本件に関する証拠を見つけ出し，それを証拠物として差し押えることを目的とする．

捜索差押令状を請求する場合，捜査機関は，被疑者が「罪を犯したと思料されるべき資料」（刑訴規則 156 条 1 項）を提出すれば足りるとし，また，捜索差押令状の場合は「罪名」を記載すればよいとしており（法 219 条 1 項），いずれも逮捕・勾留の場合よりも要件はゆるやかである．捜索・差押えが，逮捕・勾留という被疑者の身体拘束に先行して捜査の初期の段階で行われるということを法が予定していること，捜索・差押えにより物的な証拠を得たうえで逮捕・勾留を行うことが，むしろ自白強要の危険性を減ずると考えられていることによる．したがって，捜索差押令状における「物の明示」は，ある程度の幅をもって行われることになる．

他方で，捜索・差押えにおいては，強制的に人の住居などのプライバシーを侵害し，その所有物を奪うという処分が行われる以上，その処分が認められうる範囲は明確である必要がある．したがって，被疑事実との関連性がない物を捜索し，差し押えることは許されない．つまり，別件捜索・差押えは許されないはずである．最高裁も，一般論としてではあるが，「捜査機関が専ら別罪の証拠に利用する目的で差押許可状に明示された物を差し押さえることも禁止される」と述べる（最決昭和 51 年 11 月 18 日判時 837 号 104 頁）．

下級審には，本件について証拠を発見するために，ことさら捜索を行う必要性が乏しい別件の軽微な事件を利用して，捜索差押令状を得て捜索を行った警察当局の捜査のあり方は違法の疑いが強いとしたものもある（広島高判昭和 56 年 11 月 26 日判時 1047 号 162 頁）． 〔笹倉香奈〕

▶ **文献**

後藤 昭 (2001). 捜査法の論理 岩波書店
川出敏裕 (1998). 別件逮捕・勾留の研究 東京大学出版会
酒巻 匡 (1993). いわゆる別件捜索・差押えについて 神戸法学雑誌, **43**(3), 615.

4.4 国家訴追主義・起訴独占主義

日本では，刑事事件について，検察官のみが裁判所に対して訴えの提起（起訴）をすることができる．刑事訴訟法（以下「刑訴法」）247条は，「公訴は，検察官がこれを行う」と規定する．「公訴」とは，「私訴」に対する概念であり，この言葉を使うことによって，日本では「起訴」という行為が，公の立場からのみ行われるということが示されている．実際にも，刑事事件については，国家機関のみによって訴追（公訴を提起し，公判を維持すること）が行われる．これを，「国家訴追主義」という．さらに同条は，国家機関の中でも，検察官のみが公訴の提起をすることができるとする．すなわち起訴権限が検察官に独占されている「起訴独占主義」が採用されている．

■ 国家訴追と私人訴追

国家訴追主義の立場を厳格に貫き，一般市民である私人には訴追権限を与えなかった日本法の立場に対して，諸外国では，私人訴追を認める法制も存在する．私人訴追の伝統をもつイギリスでは，現在なお訴追権が一般市民にあるとされ，原則として私人訴追主義がとられている（ただし，近年イギリスにおいても検察庁創設などの制度改革が行われたことについて，小山（1995）を参照）．アメリカの一部の州には，一般市民で構成される大陪審が事件の起訴・不起訴を決定するという制度がある．フランス，ドイツといった大陸法の国々では国家訴追主義が採用されているが，例外的に被害者および被害者遺族による私人訴追が行われうる．

日本の最高裁は，国家訴追主義を採用するか，私人訴追主義を認めるか，は立法政策にすぎないとする（最判昭和27年12月24日民集6巻11号1214頁）が，近年，犯罪被害者の権利運動を行う団体などから，犯罪被害者は刑事事件の「当事者」といえるから，被害者にも訴追権限を与える法改正が行われるべきであるとの主張がなされている．

■ 起訴独占主義

日本法は公的機関の中でも検察官にのみ訴追権限を与えるという起訴独占主義を採用した．検察官は，法務省の下にある検察庁に属しており，その身分は行政官である．しかし，同時に，検察官は公益の代表者たる法律家として，その権限を適正に行使するという特別の義務を有する．

しかし，検察官が公益の代表者であるといっても，その権限が必ず適正に行使されるという保証はない．さらに，日本の検察官は，起訴を行う際に広範な裁量権を行使することができる．たとえ犯罪の嫌疑があり，証拠がそろっているような場合であっても，当該事件について，被疑者の性格や年齢，事案の性質などの諸般の事情を考慮して，あえて事件を起訴しないという判断を行うことができる（起訴便宜主義，刑事訴訟法248条参照）．このような判断によって起訴が行われない場合，その処分を「起訴猶予処分」という．実務上も，起訴猶予制度は広範に活用されている．

以上のように，検察官は，起訴をするか否かの判断を独占し，しかもそれを自由に行使することができる．となれば，検察官の公訴の提起に関する判断が恣意的に行われるような場合には，その処分を正す必要がある．そこで，現行法は，以下のような手段によって検察官の訴追権限の濫用防止を図っている．

■ 起訴独占主義の例外

　公務員の職権濫用など一定の罪については，自分が告訴または告発を行った事件が検察官により不起訴とされたとき，その処分に不服がある告訴人・告発人は，裁判所に対して当該不起訴処分が不当であると考える理由を示し，当該事件の審判を請求することができる．これを，準起訴手続（付審判手続）という（刑訴法 262 〜 269 条）．裁判所が，請求に理由があると考えれば，当該事件を管轄地方裁判所の審判に付するという決定（付審判の決定）がなされる．そうして，この決定があったとき，その事件について，公訴の提起があったとみなされる．この場合，公判においては，弁護士が検察官役を勤めることになる．

　また，その他の罪についても，被害者・告発者など一定の者が，一般市民で構成される検察審査会に対して検察官の不起訴処分に対する審査を求める制度も存在する（検察審査会法などを参照されたい）．従来は，検察審査会の議決には拘束力がなかったが，2009 年 5 月から，「起訴相当」の議決が出たときに，検察官が再び不起訴処分をした場合にはその当否が審査され，その結果，検察審査会が再び「起訴をすべき旨」の議決をしたときには，この議決には拘束力が生じることとなった．

　検察官が訴追権限を独占していることから生じる問題点を解決するために，以上のような制度が準備されている．しかし，準起訴手続が開始されることは，ごくまれである．またこれまでは，検察審査会の議決には拘束力が存在しなかった．さらに，検察官が「起訴をする」という判断を不当に行った場合，この裁量権をコントロールするための制度的な手当ては存在しない（このようなときには，理論上，検察官が不当な起訴を行った場合には，手続を打ち切る

べきであるという「公訴権濫用論」が唱えられている．最決昭和 55・12・17（刑集 34 巻 7 号 672 頁）を参照）．したがって，これらの制度によって，本当に国家訴追主義・起訴独占主義がもつ危険性が解消されるかは，疑問であるともいわれてきた．

■ 検察官司法

　以上のとおり日本では，ほぼ純粋な形で国家独占主義および起訴独占主義が貫かれている．これに加え検察官は，起訴猶予処分という形で，広範な訴追裁量権を行使することが可能である．このような制度を背景に，検察官は捜査段階において起訴をする事件を綿密にふるい分け，公判において有罪判決を得られる見込みの高い事件についてのみ公訴を提起するという姿勢をとってきた．その結果，これまでは，いったん検察官が公訴を提起した事件は，裁判所での審理を経た後，そのほとんど（99% 以上）が有罪判決に終わるという結果になっていた．このことは，検察官の訴追権限の行使が，実質的に裁判の結果を左右する（起訴された事件は有罪判決に終わる）ことを意味し，事件の決着を公開の法廷で行われる公判廷でつけるという公判中心主義の考え方が後退する一因となってきた．

　検察官がその訴追権限によって裁判の結果を支配することが可能となっているこのような状況は，批判をこめて「検察官司法」とよばれることもある．　　　　〔笹倉香奈〕

▶文　献

藤永幸治・河上和雄・中山善房（編）（1995）．大コンメンタール刑事訴訟法　第 4 巻　青林書院
小山雅亀（1995）．イギリスの訴追制度　成文堂
川崎英明（1997）．現代検察官論　日本評論社
三井　誠（2003）．刑事手続法 II　有斐閣
寺崎嘉博（2003）．国家訴追主義・起訴便宜主義　法学教室，**268**，21.
ジョンソン，D・T　大久保光也（訳）（2004）．アメリカ人のみた日本の検察制度——日米の比較考察　シュプリンガー・フェアラーク東京

4.5 違法収集証拠排除法則

違法収集証拠排除法則（以下，排除法則）とは，違法な手続により獲得された証拠の証拠能力を否定するという原則をいう．「証拠能力」は，ある情報につき，事実認定のための証拠として用いることができる資格をさす．なお，「証明力」は，証拠能力が認められた証拠につき，事実を推認させる力（証拠としての価値）を意味する別個の概念である．

任意性に疑いのある自白を証拠とすることができないという自白法則は，明文で定められている（憲法38条2項，刑事訴訟法319条1項）．これに対して，排除法則に関する明文規定はない．また証拠物の場合，収集手続に違法があっても，その証明力自体が損なわれるわけではない．そのため，供述の任意性が問題となる場合と異なり，ただちに証拠能力を否定すべきだという結論には至らないのである．排除法則の場面においては，適正手続きの保障と真相の究明（処罰の実現）という2つの価値が対立し，その選択を迫られることとなる．

排除法則により証拠能力が否定されれば，有罪判決を受けるはずだった者が無罪放免となる公算が高まる．そこでかつては，捜査機関の間違いを被告人の無罪により解決しようとするのは論理的でないとか，手続の違法に対する救済は国家賠償や懲戒等の内部規律で対応すべきであるなどの理由をあげ，収集過程における違法と証拠能力とに関連はないと考える向きもあった．しかし，アメリカの判例法の影響を受けつつ，適正手続の観念が定着した今日において，排除法則自体を否定する見解はない．もっとも，排除法則の根拠そして排除基準のとらえ方については一様でなく，真相の究明は適正手続きの下で行わなければならないという原理原則を，個別事案においてどの程度徹底させるかによるところがある．

■ 排除法則の根拠

排除法則の根拠については，おおむね①適正手続を保障するため，②違法に得られた証拠を裁判に持ち込ませないことで，「司法の廉潔性・無瑕性」を保つため，③将来における違法捜査の再発を抑止するため，という3点があげられる．これらは互いに排他的ではないものの，そもそも排除法則が憲法上の原則か政策判断かという点に関連して，重点のおき方に違いが生じる．また，それによって，たとえば私人が違法に入手した証拠の証拠能力如何，あるいは違法収集証拠を取り調べることにつき相手方に異議がない場合の取り扱いといった問題に対する帰結が異なってくる．

「憲法上の要請である」と解する立場によれば，憲法31条，35条が直接的に排除法則の根拠規定となる．すなわち，憲法31条は適正手続によらなければ刑罰を科されないことを，憲法35条は令状なくして捜索・押収されない原則を規定しており，そこには，適正手続によらないで（令状主義に反して）得られた証拠に基づき有罪認定されないこと，すなわちそのようにして得られた証拠は排除されるべきことが，当然に含意されているということになる．

これに対して最高裁判所は，排除法則については自白法則に対応するような明文規定がないことから，刑訴法の解釈に委ねられるとし，証拠として採用するかどうかは訴訟法レベルの政策判断であるとしている（最判昭53（1978）年9月7日刑集32巻6号1672頁．最高裁判所が初めて排除法則を宣言した判決である．職務質問の際，被

告人の承諾なく，その上衣内ポケットに手を入れて所持品を取り出し検査したところ，それが覚せい剤であったという事案で，捜査手続きの違法を認めつつ，覚せい剤の証拠能力は否定しなかった）．

■ 排除の基準

どのような違法がある場合に証拠を排除すべきかという基準については，排除法則の根拠と関連して，多様な考え方がある．まず，手続きにどの程度の違法があれば証拠排除の結論に至るべきかという判断基準に違いがある．次に判断要素につき，専ら違法の程度を基準とする見解と（絶対的排除説），それ以外の事情も加味する見解と（相対的排除説）に分けられる．とりわけ，事案の重大性や当該証拠の重要性といった手続きの違法とは直接関連しない事情を考慮することの可否について対立がある．

上記昭和53（1978）年最高裁判決は，「令状主義の精神を没却するような重大な違法があり，これを証拠として許容することが，将来における違法な捜査の抑制の見地からして相当でないと認められる場合においては，その証拠能力は否定される」としており，①違法の重大性だけでなく，②排除相当性を考慮に入れる点で，相対的排除説に近い．

なお，この2つの要件の関係については，いずれか一方を満たせば排除されるとの読み方と，いずれも満たした場合に限り排除されるとの読み方があるところ，実務家の中では後者と解する見解が多いようである．

最高裁は，単なる令状主義違反ではなく，その精神を没却するような重大な違法がある場合を排除の要件としている．すなわち違法性の度合いが相当高くない限り，排除の結論に至ることはない．現に昭和53年以降，平成15（2003）年に至るまで，最高裁が証拠排除の結論を認めた例はなかった（ただし下級審レベルにおいて，証拠排除の結論が確定した例は，必ずしも珍しくない）．最高裁は平成15年，初めて証拠排除の結論を支持した（最判2003（平成15）年2月14日刑集57巻2号121頁）．この事案では，警察官らが違法逮捕を行った後，その事実を糊塗するため，書面に虚偽記載をしたり偽証を行ったりした態度が，違法の重大性判断において重視された．

■ 派生証拠の証拠能力

排除法則の趣旨を徹底するためには，違法に収集された証拠だけでなく，そこから派生して得られた証拠の証拠能力を問う必要が生じる．この派生証拠は，アメリカの議論にならい「毒樹の果実」とよばれる（ただし，判例上この用語が使われるわけではない）．

上記の最高裁平成15年判決においても，排除法則が派生証拠に及ぶことを前提として，その証拠能力が検討されている．もっとも同判決は，違法逮捕下で任意に提出された被疑者の尿およびその鑑定書（毒樹）については，重大な違法のある逮捕と密接な関連を有する証拠として排除する一方，当該鑑定書等を疎明資料として発付された捜索差押状に基づく捜索の結果，発見・押収された覚せい剤とその鑑定書（果実）については，その収集手続きに重大な違法があるとまではいえないとして証拠能力を認めた．

派生証拠の排除に関する議論は，違法収集証拠一般の場合と同様といえるが，とりわけ毒樹との関連性の程度が問題となる．この関連性については，「独立入手源の法理」「希釈法理」「不可避的発見の法理」などの枠組で論じられることが多い．

〔徳永　光〕

4.6 起訴前勾留

「逃亡又は罪証隠滅」を防止するため，被疑者の身体を比較的長期間拘束する裁判とその執行をいう．勾留には，起訴前の被疑者勾留と起訴後の被告人勾留とがある．起訴前勾留には，起訴後勾留の規定が準用されており（刑訴法207条1項本文），勾留の実体的要件等は同じである．しかし，勾留期間，保釈の有無などの点に相違がある．なお拘留は刑罰の一種であり，まったく別の概念である（刑法9条，16条）．

被疑者勾留は，被疑者の逃亡，罪証隠滅を防止するために行われるのであって，取調べ目的の勾留は許されていない．しかし，逃走防止や罪証隠滅防止の措置をとったうえで捜査（取調べを含む）を行うことのできる，捜査機関にとっての手持ち時間であるとの考え方が根強くある．

なお，心身の発達の不十分な少年については，身体拘束による悪影響をできる限り避けるため，「やむを得ない場合でなければ」勾留状を発付することができない（少年法48条1項）．また，少年の場合には，勾留に代えて観護措置をとること（少年法43条），または勾留場所を少年鑑別所とすることも可能であるものの，あまり実施されず，代用刑事施設で勾留されることが多いことが指摘されている．

■ 勾留の実体的要件

「罪を犯したことを疑うに足りる相当な理由」があり，かつ，①定まった住居を有しないこと，②逃亡し又は逃亡すると疑うに足りる相当な理由があること，③罪証を隠滅すると疑うに足りる相当な理由があることの，いずれかに該当することが要件である．なお，「逃亡のおそれ」「罪証隠滅のおそれ」などと便宜的に省略されることは多いが，正式には，逃亡や罪証隠滅を「疑うに足りる相当な理由」という，より高度の疑いが積極的に認められることが要件となる．さらに，これらの要件が認められる場合であってもなお，その必要性（相当性）がなければ勾留は許されない．

■ 勾留の手続的要件

1) 逮捕前置主義　被疑者の勾留には，先に逮捕手続を経る必要がある．在宅の被疑者に関し，ただちに勾留請求することは許されない．これを逮捕前置主義という．勾留という長期の身体拘束をする前に，いったん比較的短期である逮捕手続をとり，そこでなお犯罪の嫌疑があり身体拘束の必要性があると認められる場合に限って，勾留請求を行うという趣旨の制度である．このように，逮捕の審査と勾留の審査という2回の司法審査を経る（現行犯逮捕の場合は例外的に1回）ことで，身体拘束に対する慎重さが確保される．

ここで，勾留に先行する逮捕（→ 4.18）は適法なものでなければならない．逮捕が違法であれば本来ただちに釈放されるべきだったのであり，その後の勾留に対して逮捕が先行したとはいえなくなるからである．また，現行法上，逮捕に対する直接の不服申立手段が設けられていないことから，勾留の段階で逮捕の適否も含めた司法審査が予定されていると解される．

2) 勾留手続　検察官から勾留請求を受けた裁判官は，勾留要件を判断するため，被疑者に被疑事実を告げ，それに対する陳述を聴く手続を行う．これを勾留質問という．現行法では，この段階で，国選弁護人選任請求権のある被疑者に対し，その旨を告知することになる．勾留質問の結果，勾留請求が適法であり，かつ勾留の理由およ

び必要性があると認めたときは，裁判官は速やかに勾留状を発付しなければならない．そうでないなら，ただちに被疑者の釈放を命じなければならない．

■ 事件単位の原則

　令状主義の下では，裁判官は勾留の理由や必要性を具体的に審査することが求められる（逮捕状請求に対する審査も同様）．すなわち，逮捕・勾留の要件を満たすかどうかは，具体的な被疑事実を基礎として，その被疑事実ごとに判断されなければならない．結果として，逮捕・勾留の効力は，その審査対象となった被疑事実に対してのみ及ぶ（実務・通説の考え方であり，「事件単位の原則」とよばれている）．したがって，たとえば，窃盗事件で逮捕された被疑者を，窃盗についての勾留理由が認められないにもかかわらず，別途殺人の嫌疑があるからといってそのまま殺人事件で勾留されることは許されない．この場合は，殺人事件についてまず逮捕を行うことからはじめなければならない．一見すると，身体拘束期間が長くなるようにみえるが，2回の令状審査を確保することにより不要な身体拘束を回避することができる．

■ 勾留の期間と場所

　勾留期間は，請求の日から10日である（初日および休日も含む）．10日以内に公訴を提起しないときは，検察官はただちに被疑者を釈放しなければならない．ただし，検察官の請求により，裁判官が「やむを得ない事由」があると認めるときは，10日間を限度として延長ができる．報道などで，逮捕から起訴までの期間は最長23日間であるとの説明がなされるのは，司法警察職員が被疑者を逮捕した場合，勾留請求までの最大期間は3日間であり，被疑者勾留の期間が最大20日間となるからである．

　刑事訴訟法上，勾留場所として予定されているのは法務省管轄の刑事施設である．しかし都道府県警察の留置施設（警察留置場）も，刑事施設に「代用」することが認められており，勾留された被疑者のほとんどが留置場に収容されている．この留置場が，自白強要の元凶，冤罪の温床として評判の良くない「代用監獄」（→ 4.2）であるが，2006年の「刑事収容施設及び被収容者等の処遇に関する法律」の改正以降も存続している（第15条1項「代用刑事施設」）．警察のコントロール下に被疑者をおいて，「効果的な」取調べを行うことこそが，真実発見に不可欠の手段であるという捜査機関の強固な信念は，制度の廃止に対して極度の危機感をいだくようであり，廃止論への反発が強い．国際的にみれば，1980年代以降，国連の規約人権委員会から代用監獄廃止の示唆を受け続けており，また，国連拷問禁止委員会は2007年，代用監獄の廃止を勧告している．

■ 勾留に対する救済手段等

　勾留に関する裁判に対しては，準抗告により，その裁判の取消し，変更を請求することができる．また，憲法34条後段に基づき，勾留理由開示の制度が設けられている．これは，公開の法廷で，裁判長が勾留の理由を告げ，開示された理由に対して，検察官，被疑者・被告人，弁護人およびこれら以外の請求者は，意見を述べることができる手続である．その他，「勾留の理由又は必要がなくなったとき，又は勾留が不当に長くなったとき」は，勾留を取り消さなければならない．また，認められる事案は少ないが，勾留の執行停止という手続もある．問題は，現行法上，被疑者段階での保釈の制度が存在していないことである．この点も，代用監獄とならび，国際的にも批判されてきた重要な検討課題である．

〔德永　光〕

4.7 懲罰的損害賠償

民事訴訟は一般に，損害の補償を目的とするといわれる．被害者に損害を生じさせた加害者に対し，裁判で損害賠償を命ずることで，被害者のこうむった損害を埋め合わせさせるのである．しかし，アメリカやイギリスには，悪質な違法行為を行った加害者（被告）に対し，損害額をこえる額の賠償を被害者（原告）に支払うよう命ずる懲罰的損害賠償（punitive damages）という制度がある．これは，民事訴訟を通じて懲罰（punishment）を加え，違法行為の抑止（deterrence）を図るもので，故意や害意を伴うなど，とくに悪性の強い違法行為に対する訴えでのみ認められる．一般の契約違反では認められない．

■アメリカにおける懲罰的損害賠償

アメリカでは，多くの州の不法行為訴訟で懲罰的損害賠償が認められている．連邦裁判所では，これに加え，差別禁止法などに関する訴訟でも認められる．

アメリカでは憲法により，民事訴訟で陪審による裁判を受ける権利が保障されている．懲罰的損害賠償を課しうる事件であれば，懲罰的損害賠償を認めるか，また賠償額をいくらにするかは，陪審が判断する．

裁判では，両当事者が法廷で証拠を提示し，締めくくりに弁護士が最終弁論を行う．これを受け，裁判官が陪審に対し，適用すべき法律や懲罰的損害賠償の意義につき説示する．陪審は説示をもって法廷から別室に退き，被告が賠償責任を負うか，負う場合には損害賠償額をいくらにするかを決める．陪審の認めた賠償額が不当に高額な場合には，裁判官が減額することができる．

■フォード・ピント車事件

象徴的な例として，カリフォルニア州での製造物責任事件がある．フォード社は1970年代にピントという小型車を発売した．この車が衝突炎上した事件をめぐる裁判で，フォード社がガソリン・タンクの危険性を認識しながら設計を改善しなかったことを示す，会社の内部資料が明るみに出た．フォード社は人の死を20万ドルとコスト計算し，設計を変更しないと決定していた．カリフォルニア州の陪審は，命の金銭損得勘定は許せぬとして，通常の損害賠償250万ドルに加え，1億2500万ドルの懲罰的損害賠償を認めた．ただし懲罰的損害賠償については，裁判官が350万ドルに減額した（1978年）．

こうした巨額の懲罰的損害賠償が認められる背景には，市民自らが正義や法の精神を実現するというアメリカの法文化がある．不正行為を行った企業に対し，被害者が民事訴訟を起こし，陪審が懲罰的損害賠償の評決を通じ制裁を下す，という気風である．

■州制定法や連邦最高裁判決による制約

しかし，懲罰的損害賠償に対しては，批判も強い．陪審の判断が予想しにくく賠償額の判断も恣意的である，また巨額の賠償金を支払うリスクが企業活動に支障をきたす，成功報酬制で訴訟を請け負う弁護士を利するだけである，といったものである．

批判の高まりから，1980年代以降，多くの州で懲罰的損害賠償を制約する改革がなされた．懲罰的損害賠償額を一定の上限額や実損害の一定倍率以下に制限する，弁護士の報酬額を制限する，賠償額の一部を州に納めさせる，などの法律が制定された．

連邦最高裁もまた，1990年代後半以降の判決で，不当に高額な懲罰的損害賠償は，適正な法の手続を保障した合衆国憲法に反

するとして，陪審の認めた損害賠償額を裁判官や上級裁判所が積極的に審査するよう促した．裁判官による審査では，損害額が被告の行為の悪質さ，実際の損害額，同様な行為に対する刑事罰と比べて，バランスを失していないかが考慮される．

■ **イギリスにおける懲罰的損害賠償**

イギリスも伝統的に懲罰的損害賠償を認めているが，アメリカより限定されている．一部の制定法で懲罰的損害賠償が認められるほかは，公務員（典型的には警察官）の恣意的な行為，通常の損害賠償を支払ってもなお利益を確保できると知りつつなされた行為（典型的には新聞社による名誉毀損）の二つの類型に限って懲罰的損害賠償が認められる．批判はあるが，市民や私企業の不法行為に対して懲罰的損害賠償を課すことには否定的な立場が貫かれている．

イギリスでも，警察官に対する訴訟や，名誉毀損の訴えでは，陪審裁判が行われる．しかし裁判官は，陪審の認める損害賠償額を制約することができる．認められる損害賠償額も，一般にアメリカよりも少ない．

■ **日本**

日本には懲罰的損害賠償を認める法律は存在せず，裁判所も一貫して懲罰的損害賠償を否定してきた．アメリカのカリフォルニア州で懲罰的損害賠償の判決を得た原告が，日本の裁判所で執行を求めた裁判で，最高裁は1997年に請求を退けた．日本では，加害者への制裁や不法行為の抑止は，刑事上又は行政上の制裁に委ねられ，懲罰的損害賠償は，日本の不法行為に基づく損害賠償制度の基本原則と相いれないとされる．

日本でも，懲罰的損害賠償と同様の請求がなされた事件がある．三菱ふそう自動車のリコール隠し事件で，脱落した車輪にぶつかって死亡した人の親族が，会社の欠陥隠匿が悪質だとして，通常より高額な慰謝料を求めた．しかし横浜地裁は2007年，先の最高裁と同じ論理で制裁的慰謝料の請求を退けた（2009年に東京高裁判決でも支持された）．

■ **懲罰的損害賠償の判断過程**

懲罰的損害賠償は，懲罰と抑止を目的とするため，被害者がこうむった損害よりも，加害行為の意図や，懲罰・抑止の必要な程度など，加害者側の事情が重要な判断要素になる．陪審に対する最終弁論で，被告企業の資産規模を示し，この大企業を懲らしめるには高額の賠償金を払わせるべきだ，と訴えるのは，原告側弁護士の常套手段であり，法的にも認められた法廷弁論である．

陪審による懲罰的損害賠償の判断が，実際にどのようになされ，どのような要因に左右されるかについては，未解明の要素が多い．しかし，陪審が賠償額を決定する思考過程や，具体的な裁判手続が陪審の判断に与える影響などにつき，心理学的な実証研究がアメリカを中心になされている．こうした中から，裁判官が陪審に詳細な説示をしても，陪審による判断のばらつきや極端に高額な評決を防ぐのは難しい，被告の行為が悪質か否かの評価については陪審ごとにばらつきは小さいが，それを賠償額に変換する段階で大きな個人差が出る，全員一致の判断のほうが多数決に比べて極端に高額な評決が下されやすい，といった知見が積み重ねられつつある． 〔溜箭将之〕

▶ **文　献**

Sunstein, C.R. et al., (2000). Punitive damages: How juries decide. *Behavioral Law and Economics.* Cambridge UP: Cambridge. pp. 232-258.

Ohtsubo, Y. et al. (2004). Effects of group decision rules on decisions involving continuous alternatives: The unanimity rule and extreme decisions in mock civil juries. *Journal of Experimental Social Psychology,* **40**(3), 320-331.

樋口範雄（1988）．制裁的慰謝料論について　ジュリスト，**911**, 19-24.

4.8 ADR

■ 裁判外紛争解決手続

ADR（alternative dispute resolution）の訳語として，かつては，「代替的紛争処理」などと訳される場合もあったが，現在では「裁判外紛争解決手続」が定着している．

ADRを広義にとらえると，裁判所における訴訟手続以外のすべての紛争解決手続が含まれうる．つまり，裁判所における裁判官による和解手続，仲裁，調停，あっせん，法律相談，当事者どうしの直接交渉に至るまでADRであるとしても間違いとは言い切れない．また，日本にはあまり見られない手続として，早期中立人評価（early neutral evaluation），サマリージュリートライアルなどの手続もアメリカなどには存在し，ADRの一形態であるとされる．

狭義には，ADRを調停（ADR法（後述）上の和解の仲介）の同義語として用いる場合もある．「調停」と「あっせん」は，ともにADR法上の和解の仲介に該当する場合が多いが，その用語の区別に関しては必ずしも統一的に定まっておらず，機関ごとに定義して使用している．

■ 手続主宰者による分類

手続主宰者の団体の性質で見ると，裁判所自身が行うもの（司法型ADR），行政機関が行うもの（行政型ADR），民間の団体が行うもの（民間型ADR）に大別される．

手続主宰者別に見ると，司法型ADRの存在感が大きく，調停の実施件数の面では他の類型を圧倒している．行政型ADRに関しては，相談や情報提供機能が主として位置づけられ，第三者による仲介活動は二次的な位置におかれているきらいがあるが，無料の手続である場合も多く，それなりに活用されている．一方，民間型ADRに関しては，交通事故を除くと，利用は総じて低水準に留まる．弁護士会などの士業団体における活動は，財政的に厳しくボランティア的な位置づけにとどまり，利用はあまり伸びていない．業界団体型の民間ADRについても調停件数がゼロ件の機関も少なくない状況で，総じて利用が少ない．

アメリカにおいても，司法型，行政型，民間型の区別は存在する．ただし，地域コミュニティのために活動する非営利民間団体が裁判所から財政支援や事件の回付を受け，裁判所ときわめて近い活動を行っている場合も少なくないため，わが国における区別と事情が異なっている．

■ ADR法

ADR法（裁判外紛争解決手続の利用の促進に関する法律，2004年法律第151号）は，2007年4月に施行された．2010年10月19日現在で80の民間紛争解決機関が法務省の認証を受けている．

この法律は民間型ADRの活性化を意図して立法されたものとされる．弁護士による助言措置を定めるなど，一定の要件を満たせば法務省の認証を得られ，和解の仲介手続を業務として有償で行うことができる．弁護士以外の法律専門職（いわゆる隣接士業）にとって，いわゆる代書業務をこえた紛争専門家としての足がかりにしたいという期待もあり，認証を取得したいと考える法律専門職団体は少なくない．

ただし，ADR法のスキームでは，認証を得たからといって，なんら財政的支援が得られるわけでもない．運営資金のほとんどが税金でまかなわれる司法型ADRや行政型ADRと異なり，すべて当事者負担と団体自身の補填による経営を余儀なくされ

る．また，裁判所からの事件回付もない．隣接士業の中には，「機関という箱の形だけ整えておけば十分」という立場もあり，民間型 ADR の利用を増やしていこうという経済的インセンティブをもつ者が実はどこにもいないという状況は，ADR 法の成立後でも変化していないと見ることもできる．

■ ADR の政策意義

ADR を政策的にどのように位置づけるかについては，一様でないだけでなく，重要な対立関係が存在する．すなわち社会秩序維持を小さな司法によって実現したいという司法経済，あるいは効率性を重視する考え方（上からの ADR）が一つの極にある．また他方の極には，市民へのアクセスを拡大し，当事者の自己決定を実現したいという考え方（下からの ADR）があろう．

また，法の欠缺が見られる分野での紛争解決を通じ，規範を創造することをその意義に認める考え方もあれば，小さな司法なりに個別事情に即して当事者の満足をできるだけ高くすることこそが目標であると考える立場もある．

■ アメリカにおける歴史

アメリカにおいては，1976 年のパウンド会議を現在の ADR ムーブメントの起源にあげることが多い．当時の訴訟件数の増加を背景に，裁判所以外での紛争解決能力を増大させることで，裁判所の混雑を減らそうという発想，すなわち典型的な「上からの ADR」の政策意図があった．

興味深いことに，ほぼ同時期に，コミュニティ調停の社会実験のルーツも散見される．これは，人権思想を背景としたアクティビストらによる市民の自治拡大を意図した調停運動として，「下からの ADR」を目指したものである．

その後，州レベルの司法政策などのなかで，上下双方からの ADR 運動が制度化の過程で出会う状況が登場する．コミュニティ調停思想の中核である下からの ADR 理念が，制度化されるにあたって形骸化するといった懸念も述べられているが，上下からの ADR 運動の緊張関係がアメリカの調停の基本的なダイナミズムを生んでいると見てよいであろう．

■ わが国における歴史

わが国における ADR には，大正期の調停立法から数えてもかなりの長さを誇る．戦後においても，司法型 ADR の存在が大きく，批判を受けつつも 1974 年の民事調停法改正などを経て広く利用されている．また，社会で新たに問題とされた分野にはそれぞれ ADR が作られ，分野ごとに ADR が割拠していく状態が形作られた．建設，公害，消費者，交通事故，製造物責任などが代表格であろう．

裁判所の外側での，分野によらない ADR のさきがけとしては，弁護士会 ADR がある．すでに 20 年の挑戦になるが，市民に親しまれる水準にまで利用が広がっているとはいえない．弁護士会には，裁判所外で私的自治を拡げる ADR 運動の主体という側面（ADR のアクセル）と，弁護士法 72 条を根拠として，弁護士以外が参入する障壁になるという側面（ADR のブレーキ）の二面性がある．

現在のいくつかの萌芽的な動きが，「下からの ADR」として影響力をもつ運動に育つかどうかは定かではない．また，ADR 法によって民間型 ADR が普及するかどうかについても，見通しは必ずしも明確ではない． 〔入江秀晃〕

▶ 文　献

山田　文・山本和彦（2008）．ADR 仲裁法　日本評論社

4.9 リーガル・カウンセリング

リーガル・カウンセリングとは，弁護士と依頼者との相談過程に光を当てて，具体的な面接技法を論ずるものの総称である．日本では，リーガル・カウンセリングという用語は，弁護士の面接技法について，臨床心理学などの知見を導入して，その相談過程を解明，モデル化し，あるべき法律相談の詳細を明確に提示しようという試みの標語の一例として，利用されている．

ただし，アメリカでは，リーガル・カウンセリングという語が一般化しているわけでは必ずしもない．また，法科大学院の教育の中で，実際の事件を扱って一連の手続実務を学んだり，公判における尋問技術を学ぶといった広い意味での実務教育が発展し，その一面として弁護士の相談・面接技法（ここでいう，いわゆるリーガル・カウンセリング）に関心が寄せられ，体系的なモデルが発展を遂げてきたのである．

■ 日本における実務教育

これまでの日本の法学教育は，4年制大学の法学部において，もっぱら実践されてきた．ただし，その教育目標は，法律専門職（裁判官，検察官，弁護士）を養成することだけを念頭におかれていたわけでは必ずしもなく，さまざまな分野の人材育成が担われてきた．したがって，法律学の対象も，実際の法律（憲法，民法，刑法など）を対象とし，その教育内容についても，それら法律や裁判所の判例についての解釈のほかに，その歴史的由来や考え方（哲学，社会思想など）を教えることがほとんどであった．もちろん，これらは法学教育の大部分の重要な内容であることは，否定できないことである．しかし，大学では，その法律知識を前提に，さまざまな書面を書き，裁判でどのように証人を尋問し，裁判官であればどのように判決を出していくのか，などといった実務的なことを体系的に教えることはなく，その役割は司法試験に合格した専門職候補生がすべて受ける司法研修所の教育に委ねられていた．2004年から日本でも法科大学院が設立され，法曹養成に特化した教育システムが作り上げられたことにより，実務教育の一端を大学教育が担うことにもなり，実定法教育と実務教育との連携が，検討されつつある．

■ 日本における弁護士の面接技法

司法研修所における教育を含め，日本の法実務教育においては，おもに，公判における尋問技術を，模擬裁判を使って学んだり，裁判文書の起案をしたりと，実務を担っていくうえで必要なさまざまな知識，技術を学ぶ．また，司法研修所では，裁判官，検察官，弁護士の三様の実務を学ぶ．とくに，弁護士業務においては，裁判実務以外にも，日々の法律事務所における法律相談業務，具体的な交渉などに，多くの時間が費やされる．しかし，これら相談・交渉業務については，どちらかといえば，自ら実務経験を積むことによって，そのノウハウ，作法を体得してきた．アメリカで発展してきたリーガル・カウンセリングは，その相談過程に光を当てて，具体的な技法を教育の中で学ぶことができ，また，そのことが必要であるとしている．

■ 依頼者中心モデル

リーガル・カウンセリングとして，まとまったモデルを提示し，影響を与えてきたのが，ビンダーら（Binder et al., 2004）の依頼者中心モデルである．ここでは，依頼者と弁護士との相談過程において権威モデルと依頼者中心モデルに分け，弁護士は依

頼者中心に相談過程を形成していくことが必要であるとしたのである．権威モデルにおいて想定される弁護士像は，依頼者の相談内容について，それに法律をあてはめたり，法情報を提供するだけの装置と位置づける．しかし，法律相談に来る依頼者は，法律的な側面だけではない，経済的，心理的，社会的な側面など，さまざまな背景事情を抱えている．弁護士はこのような法律的な側面だけではない，さまざまな背景にも光を当てないと，真に十分なサービスを提供できないとするのである．

ある人のミスで損失を被った被害者がいるとしよう．損失を埋め合わせることを，その人に被害者が求めたい場合もあれば，ミスをした人と親しかったとすれば，その人との仲を配慮しなければならず，仲直りをすることによって問題が解決するかもしれない．また，その2人をとりまく周囲の環境も問題解決には重要な考慮要素になるかもしれない．このように一つの法的ケースには，さまざまな側面を考慮する必要性が高く，その事実確認の仕方次第で，問題解決の方向性は異なってくる可能性も高くなる．したがって，事実を収集する過程こそが重要な局面であり，またどのような問題解決を提示していくのか，その過程も重要な局面なのである．

ビンダーらは，これらの側面に光を当て，相談過程において，依頼者のニーズを探索すべく，弁護士が依頼者から話を「聴く」技法など，臨床心理学（→5.3）の知見を法的な相談過程において導入し，それを体系的に精緻なモデルとして提示したのである．

■ リーガル・カウンセリングの意義

もともと弁護士は，職業的実践の中で，相談技法を身につけてきた．またその中で，依頼者の話に耳を傾けて，必要な場合には話を整理し，真に依頼者が望む問題解決を

実現していく．それが良き法曹人として考えられてきたことは，わが国においても同様である．しかし，弁護士として依頼者の話をあまりよく聴かなかったり，自分の意見を押しつけてしまったりすれば，それは理想とはほど遠い．ビンダーらのモデルは，日々ありがちなそのような相談業務の問題性を直視したところに，第一の意義がある．また，従来の法律学では一定の事実を前提にして，その事実に法を適用する考え方に焦点を置いていた．しかし，ビンダーらの業績は，その視点を180度ひっくり返して，目指す理念のもと，その事実を収集する過程をあるべき一つのモデルとして体系化したことにある．広く大学において教育を可能とすべく，実際の法の世界をモデルとして昇華させた意義は大きい．

この分野では，依頼者中心に偏りすぎているとして，弁護士と依頼者との関係は，より協同的に進めていくべきではないかとする協同モデルが提案されたりしている（Cochran et al., 1999）．また，心理学の知見の応用など学際的研究が必要であり，さらに，モデルはその国の法律に縛られることなく国際的に同じ土俵で議論できるものである．一方で，その国の法文化，理想とする法曹についての議論とも関係する．わが国でも，法科大学院の設立に伴い，実務教育の観点から，リーガル・カウンセリングへの関心が高まっているだけに，広がりのある研究が今後とも求められるだろう．

〔岡田悦典〕

▶文　献

Binder, D.A., Bergman, P., & Price, S.C. (1991). Lawyers as counselors：A client-centered approach. West Group.

Cochran, R.F., Dipippa, J.M.A., & Peters, M.M. (1999). The counselor-at-law：A collaborative approach to client interviewing and counseling. LesisNexis.

4.10 民事的交渉

■ 交渉と契約

　交渉とは，互いに利害関係を有する複数の主体が，なんらかの行為を実施または約束するために行う話し合いをいう．

　たとえば，「貸したお金を返せ」という話し合いの結果，「11月1日までに全額を銀行口座に振り込む」といった約束で決着したケースを考えてみよう．この事例では，貸した側から借りた側に話し合うようよびかけ，実際になんらかの話し合いを行い，そして最終的に約束をとりつけているが，その過程全般を交渉とよびうるであろう．この事例を含めて，一般的には，交渉の結果得られる約束は，契約として法的な効力をもつ．

　私的自治の原則に則り，契約は一般的に自由とされる（契約自由の原則）．契約自由の原則には，公序良俗に反する場合（民90条），強行法規に反する場合（民91条）の例外がある．

　交渉過程で，詐欺や脅迫など，意思決定を行う場面で通常の心理状態でない状況を強いられた場合にも契約は無効とされる．

■ 分配型交渉と統合型交渉

　交渉過程を理論的にとらえようとする交渉学は，1980年代初頭に『ハーバード流交渉術』（Fisher & Ury, 1981）が出版されて以降に発展した．

　同書が提案した統合型交渉は，Win-Winというフレーズとともに学術だけでなく，実務界にもそのコンセプトは拡がっている．統合型交渉は，金銭などの限られた資源を奪い合うという伝統的な分配型交渉観に対するアンチテーゼとして登場した．

　統合型交渉についての講学的な説明には，オレンジを分配する姉妹の例が使われる場合が多い．1個のオレンジを取り合っていた姉妹が，その動機を確認すると，妹は「ケーキを作るために皮が欲しかった」，姉は「中身が食べたかった」と後でわかるというストーリーである．分配型交渉観では，1個のオレンジを双方が権利を主張する際に，どちらかが全部をとるか，半分ずつに分けるという結論にならざるをえない．統合型交渉では，「なぜそのオレンジを欲しいか」の理由を互いに聞くことで，双方が自らの利害にとってなんら妥協することなく，一個のオレンジを欲しいという当初の主張を，自主的に変更し，双方が満足する結果を得る．なお，統合型交渉に関して，フォレット（Follett, M.P.）が先駆者であり，オレンジの姉妹の事例についても，彼女の創作であるといわれる．

　統合型交渉を成立させるためには，金銭そのもののように一元的な価値だけでなく，心理的ニーズを含めた複数の価値軸を双方がもち，しかもその価値観が異なることが必要である．たとえば，交渉を1週間以内に成立させたいというニーズが一方に強く，もう一方には強くなければ，早く成立させることそのものを交渉上の論点に上げることで，交渉成立への可能性を増やすことができる．

■ 分配型交渉における交渉の戦術

　分配型交渉におけるテクニックとしては，現実的な範囲で強気に具体的な要求額を提示する方法が有効とされる．これは，認知心理学で研究されたアンカリング効果によって説明される．

　その他には，フットインザドアテクニック（受け入れやすい問いかけと，相手の合意をくり返すことで，徐々に高い要求を飲ませるテクニック）なども，同種の類型に

上げられるだろう（→ 9.4）．

近年，分配型交渉の重要性が再評価されている．限られた資源を双方が取り合うという側面だけが残る交渉もあり，Win-Winという理想主義的な見方だけでは，かえって不適当な結果を招く場合があるからである．しかし，分配型交渉のテクニックは，特定資源の奪い合いを最適化する手法であり，こうした技術を過度に利用することそのものが，交渉相手や，社会一般に対しての短期的視野での攻撃的な姿勢を示しているととられかねない点には注意する必要がある．

■統合型交渉における交渉の戦略

統合型交渉観においては，システマティックな方法が推奨される．

そもそもその相手と合意する必要があるかについて，交渉によらない場合の最善策（BATNA：best alternative to a negotiated agreement）との比較を行うところからスタートすべきであると考える．つまり，「合意ありき」でいかに相手を変えるかという考え方をするのではなく，「どういう条件が整えば交渉を続けるか」あるいは，「離脱するか」を冷静に判断できるように準備しておくことで，かえってその後の話し合いを目先のかけひきの応酬から少し距離のあるところに自分をおくことができると考えるのである．

他には，人間関係にどのような影響を与えるか，どのようなコミュニケーションを行うことが望ましいか，最終的に約束をする前にしておかなければならないことは何かといった点を，いわば交渉に入る前の段階で十分に検討しておくべきと考える．

双方に突きつけ合う要求（position）そのものは，単なる選択肢として扱われる．

互いに要求し合っている選択肢をすぐに相手に受け入れさせることができていないのであるから，交渉が成立していないと考えるのである．統合型交渉において，最も重要なのは利害（interest）と考える．利害を開示すれば，相手が気づいていない交渉力を相手方に与えてしまうおそれがあるため，リスクが伴う．

統合型交渉においては，交渉参加者が共通の問題解決のために互いに保有する資源を提供すれば，問題が解決できる（場合が多い）という基本的に楽観的な世界観がその背景にある．自分の利害に向き合い，優先順位をつけ，相手にも理解できるように話すこと（assertion）と，相手が相手の利害を大切にしていることを尊重し，理解し，理解を示すこと（empathy）こそが交渉過程の本質である．

また，正当性（legitimacy）ないし客観的基準（objective criteria）の情報を持ち込むことは，交渉を勝ち負けでなく，公正な問題解決に役立つとしている．

■感情その他の人間的要素

近年，取引的な交渉観では説明しきれない，交渉者の「感情」や「アイデンティティ」が交渉に与える影響と，対処方法についても議論や研究が見られるようになってきた．　　　　　　　　　〔入江秀晃〕

▶文　献

Fisher, R., & Ury, W. (1981). *Getting to yes*. Houghton Mifflin.（金山宣夫・浅井和子（訳）(1989). ハーバード流交渉術　三笠書房）

Fisher, R., & Shapiro, D. (2006). *Beyond reason*, Penguin USA.（印南一路（訳）(2006). 新ハーバード流交渉術　講談社）

Stone, D., Patton, B., & Heen, S. (1999). *Difficult conversations*. Viking Penguin.（松本剛史（訳）(1999). 言いにくいことをうまく伝える会話術　草思社）

4.11 商標

　商標（trademark）とは，たとえば，コンピュータの「VAIO」（ソニー）や荷物宅配サービスの「佐川急便」のように，業として提供される商品やサービスの自他を区別する表示として使用されている文字・図形・記号・形状などをさす．商標の中でもとくに商標登録を受けているものを登録商標とよぶ．

■商標と法心理学

　アメリカの最高裁判事が，「商標の保護は，標章（マーク）の心理的機能を法が認識するもの」（Mishawaka Rubber and Woolen Mfg. Co. v. S.S. Kresge Co., 316 U.S. 203（1942））と判示したことからも商標と心理学の関係の深さがうかがえる．しかし，日本の法と心理学の研究は，これまで刑事法に関するものがほとんどであり，商標使用をめぐる商標法や不正競争防止法にかかわる研究は，体系的には行われてこなかった．

　しかし，アメリカやカナダでは一定の研究の蓄積があり，実務とのかかわりでも，心理学者が実務家から証拠の分析を依頼されたり，法廷で専門家証人として証言したりすることもめずらしくない．

■商標と法心理学の視点

　商標の問題で心理学がかかわるのは，大まかに，混同，稀釈化，普通名称化，二次的意味（セカンダリー・ミーニング），そしてブランドに関するものに分けることができるだろう．これらはすべて言語表現・ロゴ・図案・（商品の）形状などの認識と理解に関わるものであるから，心理学が大きくかかわってくる．

　混同　たとえば新三共胃腸薬やかぜ薬のルルといった薬を販売している「三共」と衛生害虫駆除などを業として行う「三共消毒」のように，既存の特定の商標と同一あるいは類似した標章について，これらのマークを付した商品やサービスが「同一の出所のものと需要者に間違えられてしまうおそれがあるかどうか」ということが争点になる．心理学がかかわる商標に関する法的判断の最も中心になる分野である．

　稀釈化　たとえば，高級服飾品のブランドとして知られる「シャネル」という名称を，スナックが店名に用いる場合のように，周知性の高い既存の商標を他者が用いることによって，当該商標がもっている自他識別力（他の商標と自己の商標を判別させる力），そしてその商標がもつイメージ，顧客吸引力，そして広告力などが弱まる現象のことをさす．この分野については，国内外を含め心理学的研究がほとんど行われていない．

　普通名称化　たとえば「ホッチキス」や「セロテープ」のように，もともとは特定の企業などの商標だったものが，同様の種類の商品やサービス一般をさす名称として用いられるようになる現象をさす．

　二次的意味　人名や地理的名称や普通名称のような，本来は自他識別力を有さない表現などを含んだ商標が使用を通して獲得された特定の商品やサービスと結びついた意味である．商標の二次的意味の認定には，通常，自他識別力も必要とされる．たとえば，「ミルクドーナツ」は単に製品の材料を示している名称だが，商標としての使用によって自他識別力を獲得した例である．

　ブランドの研究　広告に関する心理学の研究としては，わが国でも一定の蓄積があるが，法と心理学の立場からはほとんど

行われてきていない．とくに周知性，ブランドイメージなどについて，法的判断の傾向と関連した形での体系的研究の発展が望まれる．

このようなさまざまな商標に関する現象を法と心理学の立場から概観した研究としては，ジャコビ（Jacoby, 2001）が参考になる．

■ 商標とアンケート調査

法的コンテキストで，商標に関して心理学の知見が最も必要とされるのがアンケート調査（質問紙調査）である．たとえば，ある標章がどの程度の出所の混同を招いているかを，電話・街頭・インターネットなどを通して調査するのである．

アンケート調査の使用については，法学の立場からこれまでもしばしば議論されてきている．たとえば，日本で実際にアンケート調査が用いられた判例のリストとともに，アメリカを中心に行われているさまざまな商標の調査手法について簡潔にまとめたものとして青木（2004）がある．心理学の立場からのアンケート調査の方法や有用性については，コービン（Corbin et al., 2000）が詳しい．

アンケート調査が有用な商標の分野は，混同の恐れ，周知性，識別力である（Corbin et al, 2000；p.48）．混同のアンケート調査では，心理学で通常用いられている厳密な統計手法は避けられる傾向がある．単純に「何％の需要者層の市民が混同しているか」が報告される．司法による混同の判断では，混同の原因となる双方の標章の類似性が音・意味・形といった側面から精査される．

■ 要部の認定

商標の自他識別力の判断では，通常，商標の「要部」がどこかということが問題になる．要部とは，最も消費者の注意を引き，自他識別力を有する部分と定義される．たとえば，「小僧寿し」であれば，「小僧」や「寿司」という語だけでは自他識別力が生じず，これらの語を組み合わせ全体が消費者の注意を引き，自他識別力を有する要部と認定される．

単純にいうと，原告と被告の商標の間で，要部と認定された部分が一致していると，商標の保護が認定されやすく，異なると認定されにくい．たとえば，上述の「小僧寿し」と「小僧」という商標争われた事例では，原告商標「小僧寿し」の「小僧」の部分だけでは消費者の注意を引き，識別力を有する要部となりえないとされた．

要部の認定に的を絞った心理学的研究は非常に限られており，今後の発展が期待される．心理言語学の立場から要部の認定方法および識別力の発生のメカニズムについて検討したものに，言語学の理論と反応潜時を用いた実験を組み合わせた試みとしては，堀田・藤田（Hotta & Fujita, 2007）があげられる（→ 1.6）．

〔堀田秀吾〕

▶ 文　献

青木博通（2004）．商標・不正競争事件における証拠としてのアンケート調査　知財管理, **54**(7), 991-1010.

Corbin, R.M., Gill, A.K., & Jolliffe, R.S. (2000). *Trial by survey : Survey evidence and the law*. Scarborough : Carswell.

Hotta, S., & Fujita, M. (2007). The Psycholinguistic Foundation of Trademarks : An Experimental Study. *Proceedings of The 2nd European IAFL Conference on Forensic Linguistics/Language and the Law*, 173-178

Jacoby, J. (2001). The psychological foundations of trademark law : Secondary meaning, genericism, fame, confusion and dilution. *The Trademark Reporter*, **91**, 1013-1071.

田村義之（2000）．商標法概説　第2版　弘文堂

4.12
生殖補助医療と家族

生殖補助医療技術の発展は目覚しく、これまで子をもつことを諦めざるをえなかった人にも子をもてる可能性が広がった。しかし生殖補助医療（reproductive medicine）は、医療の対象となる不妊症の人だけでなく、卵子提供者・代理懐胎者といった第三者にも一定のリスクを負わせる。また生殖補助医療の形態によっては、子を生み育てたいと望む「親」と、子と遺伝的つながりをもつ「親」、子を懐胎・出産した「親」が異なってくる。このため、生殖補助医療の是非や、出生子をめぐる親子関係など、医学・法・倫理などの幅広い観点から議論が高まっている。

■ **生殖補助医療と法的・倫理的問題**

男性の不妊を克服する生殖補助医療は、比較的早く1960年代から行われてきた。代表的な例が人工授精で、夫の精子を用いる場合を配偶者間人工授精、夫以外の男性の精子を用いる場合を非配偶者間人工授精という。後者は、夫と出生子との間に遺伝的つながりがなく、親子関係を認められるかが問題となる。しかし実際には、子は夫婦の嫡出子として届けられ、他人には人工授精の事実がわからないこともあり、既成事実が積み上げられていった。判例上も、夫の同意した人工授精で妻が懐胎した子は、嫡出推定の及ぶ嫡出子とされ、夫婦いずれも夫と子との間の親子関係を否定できない。

女性の不妊を克服する技術としては、夫の精子と妻以外の第三者の女性（卵子提供者）の卵子を人工授精してできた胚を妻に移植する借卵型出産、夫の精子を妻以外の第三者に人工授精する借卵型代理懐胎、夫の精子と妻（または卵子提供者）の卵子を人工授精し、第三者の女性に移植する借り腹型代理懐胎がある。卵子の採取や出産には、精子の採取・提供よりも重い身体的負担やリスクが伴い、妻のほかに卵子提供者、出産者と複数の女性が関与する形態もあるため、法的・倫理的問題は深刻になる。

■ **法的規制に向けて**

日本で生殖補助医療に対する唯一の規制となってきたのが、日本産婦人科学会の会告である。会告は、体外受精・胚移植を配偶者間に限定し、代理懐胎の実施を認めていない。しかしこれに反して代理懐胎を行う医師もおり、法的対応の必要性が高まってきた。こうした中、厚生労働省の厚生科学審議会生殖補助医療部会は2003年、精子・卵子・胚の提供を受ける生殖補助医療を、不妊症で子をもてない法律上の夫婦に限るとともに、代理懐胎を禁止する方針を示した。法務省の法制審議会生殖補助医療親子法制部会も、生殖補助医療で子が生まれた場合、出産した女性を母とする見解を示した。しかしこれらの検討結果は、これまでのところ立法化には至っていない。

■ **諸外国の動向**

海外に目を向けると、生殖補助医療に関する法制は国ごとに異なる。代理懐胎を例にとると、アメリカのカリフォルニアやネバダなど一部の州や、イギリス、オランダ、イスラエルなどでは認められるが、アメリカでもニューヨークやミシガンなどの州やワシントンDC、またドイツ、フランスなどの国々では禁止されている。代理懐胎を認める諸国でも、合法とされる条件や範囲、親子関係を決定する手続などは異なる。

■ **海外で生殖補助医療を受けた場合**

海外渡航が容易になった今日、日本では認められない医療行為を海外で受けること

も，費用さえ確保できれば困難ではない．しかし，日本人が海外で現地の法律の下で合法的に生殖補助医療をうけて生まれた子につき，近年相次いで訴訟が提起され，社会的にも注目を集めている．

■ 代理懐胎に関する近年の裁判

事例はいずれも，日本人夫婦がアメリカに渡り，アメリカ人女性と代理出産契約を締結し，この女性の借り腹型代理懐胎で子をもうけたものだった．第三者の卵子提供をうけた事例が，大阪高決平成17年5月20日判時1919号107頁，依頼者自身の卵子を用いた事例が，最決平成19年3月・23日民集61巻2号619頁である．帰国した日本人夫婦は，出生子を夫婦の嫡出子とする出生届を地元の地方自治体に提出したが，自治体は，届け出た女性に出産の事実がないとして受理を拒んだ．夫婦は出生届を受理するよう裁判所に申立てをしたが，裁判所はこれを退ける決定を下した．

決定によれば，出生子の母は出産女性だとする従来の判例が，生殖補助医療の事例でも適用になる．すなわち日本法では，代理懐胎で生まれた子の母は，代理懐胎者となる．海外の法律が代理出産契約を有効とし，依頼夫婦と出生子の間に親子関係を認める場合でも，日本人夫婦の嫡出親子関係は日本法で決まる以上，認められない（法の適用に関する通則法28条1項）．また夫婦と出生子の親子関係が海外の裁判手続で認められても，その判決は日本の身分法秩序の基本原則に反し，日本の裁判所では承認されない（民事訴訟法118条3号）．

実は，これらの事件は，これまで海外で行われた多数の代理懐胎の一部にすぎない．多くの場合，役所への届出は代理懐胎の事実を伏せたままされ，本来は認められない嫡出親子関係が認められている．今後，両親の離婚や相続などの争いで親子関係が争われた場合，子の法的地位がどうなるかは，現時点では不透明なままである．

■ 子の福祉と心理学

現状では，生殖補助医療で生まれてくる子は，法的な親が存在しない，保護者が決まらない，引渡し拒否や引き取り拒否にあうなど，不安定な立場におかれかねない．生殖補助医療を行う決定がされる時点では，「子」は当然ながら存在せず，自らの意向を表明し，選択権を行使することができない．そのため，子の福祉は何よりも優先されるべきだといわれることが多い．しかし，何が子の福祉か，またそれをいかに立法や法解釈に反映すべきかといった議論は，いまだ社会的な合意をみていない．

生殖補助医療で生まれた子に，自らのアイデンティティーを確立するため，出自を知る権利（right to know one's biological origin）をどこまで認めるかも，精子や卵子の提供者のプライバシー，遺伝子の選別や商業主義を防ぐ必要性にも配慮しつつ検討がなされなければならない．生殖補助医療が生まれた子の心理にいかなる影響を与えるか．養育親と子との間に遺伝的なつながりがないこと，また分娩の経験がないことが，必ずしも親子のかかわり方や子の精神的発育に悪影響を及ぼすわけではないとの研究結果もある．しかし医療技術が急速に進展する中，心理学的調査研究は質・量ともに限られている． 〔溜箭将之〕

▶ 文　献

日本学術会議（2008）．代理懐胎を中心とする生殖補助医療の課題——社会的合意に向けて（日本学術会議HP）

樋口範雄・土屋裕子編（2005）．生命倫理と法，弘文堂

Golombok, S., et al. (2006). Non-genetic and non-gestational parenthood : Consequences for parent-child relationships and the psychological well-being of mothers, fathers and children at age 3. *Human Reproduction*, **21** (7), 1918-1924.

4.13 手続き的公正

手続き的公正（procedual justice）とは，決定や提案が示されるに至る過程の適切さに対する評価を意味する．こうした手続きに対する公正さの評価を考える際には，二つの観点からの評価が考えられる．一つは，その手続きが「法律に則していて正しい」，あるいは「適切な段階を踏んでいるので正しい」といった客観的な公正評価である．もう一つは，その決定や提案にかかわる当事者個人が「手続きは正しかった」と評価する主観的な公正評価である．心理学領域においては，手続き的公正という言葉を使用する場合，後者の個人による主観的な評価をさすことがほとんどである．

手続き的公正が問題となるのは，紛争解決場面であり，おもに，裁判，人間関係，産業・組織，政治などの場面である．手続き的公正は，こうした紛争解決場面での当事者の利益に対する評価とは別の評価として扱われ，当事者によって手続きが公正であると評価されるならば，たとえ自分の利益が制限されるような結果に至ったとしても，当事者がその結果を受容しやすくなる効果をもつことがこれまでの研究より報告されている．

手続き的公正に関する心理学的研究は，裁判に対する当事者による評価を検討することからはじまる．その後，組織内における雇用関係場面，日常生活での人間関係場面，政治に対する一般市民の評価と，より多様な場面での手続き的公正の影響力が検討されてきている．

■ 知的利己心モデル

紛争解決場面における手続き的公正の効果に最初に注目し，体系的に手続き的公正評価の効果を検討したのはチボーとウォーカー（Thibaut & Walker, 1975）である．彼らは裁判場面をフィールドとしてさまざまな研究を行っている．そして，資源の配分方法ではなく紛争解決の過程を重視し，当事者が公正と判断する紛争解決手続きとは何かを追及しようとした．客観的に正しいかどうかということではなく，紛争解決制度を利用する当事者が正しいと評価する手続きに注目したところが彼らの研究の意義深い点である．

彼らの理論モデルの中心にあるのは，当事者が紛争解決過程に関与する「コントロール感」である．当事者は最終的な決定が自分に有利であるよう導くために，自分が結果を決定できる決定コントロールを求めている．しかし，裁判のように解決の決定権が第三者にある場合，当事者が自分にとって有利な結果を得るために決定に直接働きかけることは困難である．したがって，人々は決定に対して自分が関与できないならば，結果が導かれる過程に関与することを望むようになる．これが過程コントロールである．

当事者が決定コントロールではなく，過程コントロールを得ることで納得する理由は，集団に所属することによって長期的には個人の利益が期待できるためであるとチボーとウォーカーは説明する．

成員の一人として集団に属し続けようとする場合，自分の利益を抑えて，他の集団成員の利益を優先する，または他の集団成員が利益を犠牲にして，自分の利益を優先してくれるという場面に直面することがある．集団に属していれば，他の成員と協力することによって一人でいるよりも大きな利益を得ることができる．たとえ，目の前で起きている出来事が自分にとってあまり

都合のよいものでなくても，長期的に考えれば，別の機会で大きな利益を得る可能性がある．したがって，人々は決定コントロールを他者に譲ることを厭わなくなり，自己利益を重視し利己的ではあるけれども，長期的見通しによる知的な判断から自己利益を放棄しうる存在であると説明されている．

■集団価値モデル

チボーとウォーカーの知的利己心モデル以降，当事者は紛争解決過程に対してコントロール感を知覚できる手続きを求めており，またコントロール感を感じられる手続きが公正な手続きであるという知見を支持する研究が数多く報告されるようになった．その後，タイラー（Tyler, T.R.）やリンド（Lind, E.A.）らによる研究から，紛争解決過程で当事者が自分の意見を発言すること自体に価値がある，ということが実証される．

彼らの研究が行われるまで，発言することは当事者が自分にとって有利な結果を得ようとするために，間接的に結果を操作しようとする過程コントロールの手段としてしか考えられてこなかった．しかし，彼らの研究から，発言すること自体が当事者にとって価値をもつこと，権威者から理解してもらえるという認知が当事者にとって重要であることが明らかになった．

権威者から理解されることが，なぜ当事者にとって公正評価に結びつくのかという問いに対して，リンドとタイラーは社会的アイデンティティ理論をもとに集団価値モデルを提唱している．人々は本能として他者との親和欲求をもち集団に属している．集団に属す人々にとって，その集団内で集団成員としての処遇を受けることは，集団から排除される恐れをなくし，集団の一成員として自尊心を維持することができる．自分が集団成員として扱われているかどうかを確認するために，自分に対する他の成員の対応を手がかりとして集団内での自分の立場を推測する．集団価値モデルでは，人々が社会的アイデンティティに基づいて自尊心を維持しようとする存在であると考え，集団成員として適切に扱われるかどうかに関心をもっていると考察する．

リンドとタイラーは，こうした社会的知覚は処遇判断の基準として，中立性，信頼性，地位の尊重といった手続き的公正の関係要因を構成すると論じている（Lind & Tyler, 1988）．

中立性とは決定者が正確な事実に基づき，先入観や偏見の影響を受けずに決定を行ったという認知，信頼性とは決定者が紛争解決の力量があり，その役割を誠実に遂行しようとしたという認知，そして，地位の尊重とは決定者によって当事者が関係者の一員として尊重されたという認知である．決定や提案の手続きにおいて決定者からこうした関係要因に叶った処遇を受けた人は，集団の一員としての自尊心が高められ，その結果，その手続きを公正であると評価すると仮定するのが集団価値モデルである．

〔今在景子〕

▶文　献

Thibaut, J., & Walker, L. (1975). *Procedural justice : A psychological analysis.* Hillsdale, NJ : Erlbaum.

Lind, E.A., & Tyler, T.R. (1988). *The Social psychology of procedural justice.* New York : Plenum Press.(菅原郁夫・大渕憲一（訳）(1995). フェアネスと手続きの社会心理学——裁判，政治，組織への応用　ブレーン出版)

4.14 Probable Cause（相当の理由）

■アメリカ法

アメリカ法においては，逮捕や捜索差押えのための令状を発付するときには，Probable Cause（相当の理由）が必要とされる．合衆国憲法修正4条にて，令状発付の要件として明記され，アメリカ憲法の中でも中心的役割を果たしている．

「相当の理由」は，個人のプライバシーへの国家の干渉や理由のない逮捕から個人を保護することと，社会全体を守るために法を執行するということの，両者の均衡を図るものである（Dressler, 2002, p.141）．警察官の行動指針にもなっており（デル＝カーメン，p.99, 1994），その内容が，判例法で形成されている．

また，英米法の歴史では，「相当の理由」は，公判前の初期手続における判断基準として発展してきた．有罪判決を必要とする基準ほど確実ではないが，スクリーニング機能を果たすために，ある程度高いものが要請される．ただし，学説・判例にて，疑わしいという単なる推測と，有罪基準としての合理的疑いの間のなんらかの特定基準に到達してきたわけでは，必ずしもないとされている（シャピロ，2003, pp.121-156）．

■「相当の理由」の内容

まず，「相当の理由」がなければ令状は執行されない．そして，すべての逮捕には「相当の理由」が必要であり，捜索・差押えも，ごくわずかの例外を除いて，「相当の理由」で行われれば合法となる（Dressler, 2002, pp.141-142）．すなわち，令状によらない逮捕，捜索・差押えにも必要とされる．

警察官は，特定の事実と状況に対する知識によって，「相当の理由」を立証しなければならないが，その他に，信頼できる第三者からの情報，あるいは情報と合わせた補強証拠によって，警察官が立証する場合もある．警察官が令状発付請求する場合には，宣誓供述書によって証明する必要があるが，令状によらない場合には，公判で「相当の理由」を立証する（デル＝カーメン，1994, pp.106-107）．

「相当の理由」には，逮捕と捜索・差押えの間には基本的な区別がない（Dressler, 2002, pp.143-144）．押収する物については，従来は，犯罪の果実，犯罪の道具，禁制物であったが，その後，さらに，犯罪活動との間に連関がある物としての「単なる証拠（mere evidence）」まで拡張された．そしてこの連関は，差し押さえられた証拠が特定の拘束ないしは有罪立証を促進させると信ずる「相当の理由」がある場合とされた（Warden v. Hayden, 387 U.S. 294, 307 [1967]）．

「相当の理由」は，判例法で伝統的に，当該警察官が知っていて，また，それについて合理的に信頼することができる情報の範囲内における事実と状況が，それ自体，犯罪が行われてきた，あるいは行われているということを，理性ある注意力（reasonable caution）をもつその人間に確信させる（belief）に十分であること，とされている（Brinegar v. United States, 338 U.S. 160, 175-76 [1949]）．

■日本法との比較

日本においても，原則として，逮捕するためには，「理由」となっている犯罪を明示する令状を必要とし（憲法33条），捜索・差押えにも「正当な理由」に基づいて発せられた令状を必要とする（憲法35条）．

憲法35条の元となったGHQ草案33条では，その英文で"probable cause"の語

が存在していた．またこの段階では，この条文に身体拘束についても含まれていたが，別に逮捕の条文があったことから，その後，省かれることとなった．また，"probable cause"も，"adequate cause"に変更され，「正当な理由」という語が当てられて，現在の憲法35条として成立したのである．

このように憲法では，逮捕および捜索・差押えについて二つの条文に分かれており，アメリカ法で発展してきた「相当の理由」という統一された概念が議論されてきたわけではなく，判例法が，アメリカ法のように形成されてきたわけではなかった．しかし，現行法は，アメリカ法の影響を強く受けていると理解されており，強制処分への抑制の精神は，アメリカ法と同様に求められている．

ただし，アメリカ法では，「相当の理由」の定義の難しさから，近年では，その立証方法のあり方へと議論の焦点が移っていった（シャピロ，2003，pp.121-156）．一方，日本法では，「正当な理由」といった憲法上の要件自体について，これまで十分には議論，検証されてはこなかった．

■ 逮捕・勾留

刑事訴訟法では，逮捕状による逮捕の場合には，被害者が罪を犯したことを疑うに足りる相当の理由が必要とされる（刑訴法199条1項）．逮捕（→4.16）に引き続く勾留には，罪を犯したと疑うに足りる相当の理由が必要であり，さらに，住所不定，罪証隠滅の虞（おそれ），逃亡の虞のどれかに該当することが要件となる（刑訴法60条）．また，逮捕の場合には，相当性のほかに，逮捕の必要性（逃亡の虞かつ罪証隠滅の虞等：刑訴規則143条の2参照）が必要である．現行犯逮捕（刑訴法212条）や事後的に令状を要求する緊急逮捕が認められている（刑訴法210条）．

逮捕状の請求においては，逮捕の理由と逮捕の必要があることを認める資料を提供しなければならず（刑訴規則143条の2），裁判官は，請求者に出頭を求め，陳述を聞くことができる（刑訴規則143条の3）．勾留には，その請求に対して勾留質問の手続をする（刑訴法61条）．

■ 捜索・差押え

捜索・差押えについては，刑事訴訟法では犯罪捜査をする必要があることとしているだけである（刑訴法218条1項）．また，逮捕に伴う無令状の捜索・差押えを認める場合（刑訴法220条1項）がある．

令状請求にあたって裁判官が審査する内容は，一定の請求書および資料の提供から，裁判官が，①罪を犯したと思料されること（刑訴規則156条1項），②証拠などの存在の蓋然性，③犯罪の態様・軽重，差押物の証拠としての価値・重要性，隠滅・棄損のおそれの有無，差押えを受ける者の不利益の程度など諸般の事情に照らして相当かどうかを判断することが期待される，との指摘がある（田宮，1996，p.103）．

逮捕に伴う無令状捜索・差押えについては，条文上，「逮捕する場合」に「逮捕の場所」で行うことができ，その文言解釈上の時間的ないし場所的限界についての議論がある．

〔岡田悦典〕

▶ 文　献

Dressler, J. (2002). *Understanding criminal procedure*. 3rd ed. LexisNexis

デル＝カーメン，R.V.（著）佐伯千仞（監修）樺島正法・鼎博之（訳）（1994）．アメリカ刑事手続法概説　第一法規

シャピロ，B.J.（著）庭山英雄・融祐子（訳）（2003）．「合理的疑いを超える」証明とはなにか　日本評論社

田宮　裕（1996）．刑事訴訟法　第二版　有斐閣

4.15 犯人識別手続き

■ 科学的犯人識別と目撃者による犯人識別

犯人識別は，被疑者を特定するため，あるいは特定した被疑者の犯人との同一性を確認するために行われる手続きである．

犯行現場に犯人の指紋・掌紋・DNA・顔画像などが残されていれば，その個人情報を予め整備しておいたデータベースや特定された被疑者の個人情報と照合することにより，犯人識別を行える場合がある．この手法は，科学技術の飛躍的な進歩とともに今後ますます重要になっていくと思われるものの，犯人の個人情報が遺留されていない場合もあり，またこの手法はプライバシー保護の要請との調整が不可避であるため，万能ではない．伝統的に重視されてきた目撃者による犯人識別は今後も重要な識別手続きであり続ける．以下では，これを犯人識別手続きと称する．

■ 日本における犯人識別手続き

日本の捜査実務では，目撃者にとって犯人が既知の人物であったり，犯行現場で犯人が取り押さえられたりするなどして識別手続きを実施することが無意味である場合を除いて，目撃者に写真面割りを実施し，そこで犯人が識別されると，次に単独面通しをする運用が一般的であるとされる．

■ 写真面割り

写真面割りとは，複数の顔写真を目撃者に呈示し，特定の人物を選んでもらう手続である．これは，被疑者が特定されていない場合に被疑者を特定する目的で行われることもあるが，日本ではそれ以外に，目撃供述以外の証拠から特定された被疑者が目撃者により犯人と識別されるかを確かめるために実施されることもある．

写真面割りは，下田缶ビール事件（静岡地裁沼津支部で1986年2月24日に再審開始決定）などで，誤った犯人識別を惹起し冤罪の原因となってきた．しかし裁判例においては，実施方法に問題がない限り写真面割りによる犯人識別は，その後の単独面通しとともに信用される傾向にある．

それに対して，写真は実物に比べてそこから得られる情報が限られている．特定の表情のみがとらえられ，胸から上の写真では体格・身長など情報は得られないため，写真面割りの使用を制限すべきとの見解がある．イギリスの警察刑事証拠法・実務規範（Police and Criminal Evidence Act (PACE), Code of Practice）では，写真面割りは被疑者が特定されていない場合に被疑者を探し出すために行われ，被疑者が特定されている場合に写真面割りを行うことは禁止されている．

日本の法と心理学会が発表した「目撃供述・識別手続に関するガイドライン」においても基本的に同様である．ただし，学会ガイドラインは被疑者が特定されていない場合の写真面割りとは区別して，被疑者が特定されている場合の犯人識別のために実施する「写真ラインナップ」という手続きを規定し，これをより相応しい方法がない場合の最終手段として用いるとしている．

いずれにせよ，写真面割りを実施する場合には，写真枚数（多すぎず少なすぎず），写真の選定基準（類似する特徴を有する），目撃者への教示（被疑者が含まれていないこともある），写真の呈示方法（同時的よりも継時的手法が好ましい）など，写真面割りを公正に行うための実施条件について配慮が必要である．

■ 面通し

実物の被疑者を目の前にして識別を行う

面通しには単独面通し，複数の人物を並べるラインナップ（line up）（イギリスではパレード（parade）という）（→ 8.30），ビデオ映像による面通しなどがある．

面通しの方法としてはできる限り正確な識別が行える方法が好ましいが，単独面通しには問題がある．最高裁（1989年10月26日）も，板橋強制わいせつ事件において，犯人識別供述の信用性を否定するにあたり，「暗示性が強いためできる限り避けるべきであるとされている」と述べており，一般に信用性は低く評価されている．また，写真面割り後に単独面通しが実施された場合，面通しで識別されたのが犯人ではなく写真に写った人物である可能性が否定できないという問題がある．

イギリスの実務規範では，①パレード，②人混みの中で被疑者を識別させる集団識別（group identification），③被疑者を含む複数人のビデオ映像を呈示するビデオ識別，④単独面通し（confrontation）の4種類の識別手続きが予定されている．現在では，①が実施可能でかつより相応しいのでなければ，実施可能である限り②が行われなければならず，③は①②よりも相応しい場合に実施され，④は①②③がいずれも実施できない場合に初めて実施されることになっている．規定上は単独面通しを実施する余地があることになるが，実際は行われていないとの報告がある．日本の学会ガイドラインでも原則として，①ライブラインナップか，②ビデオラインナップを行うこととされ，それらが難しい場合に③写真ラインナップが許容されている．また，単独面通しは端的に禁止する提言となっている．

このように単独面通しは好ましくないと評価されるが，日本の捜査実務では好んで用いられているようである．その理由としては，単独面通しは被疑者に知られずに実施できることや，ラインナップ実施には被疑者の同意が必要となること，類似した特徴を有する人物を集めるなど，ラインナップには手間がかかることが考えられる．また，日本の裁判実務では，単独面通しであったということだけで信用性が否定されることはないため，先行する写真面割り手続きに問題がなければ，続く単独面通しによる犯人識別の信用性は肯定されやすい，という事情も捜査実務において単独面通しがなくならない理由であると考えられる．

ラインナップ実施にあたっても手続きの適正さを確保することに意を払う必要がある．学会ガイドラインでは，写真面割りでの留意点に共通の事項に加え，実施担当者が被疑者を知らないこと，目撃者を実施まで被疑者から隔離すること，手続過程を録画することなどが提言されている．

■犯人識別手続きにおける被疑者の権利

犯人識別手続きにおいて捜査官による暗示誘導を排除するためには，被疑者に手続きの適正さを監視する権利を認めることが有効である．アメリカでは一定の範囲で弁護人の事前の助言を受ける権利や実施過程への弁護人の立会いが憲法上の弁護人依頼権として保障される．イギリスの実務規範でも弁護人を立ち会わせることができる他，パレード実施に被疑者の同意を必要としている．日本ではいずれも実現していない．もっとも権利の強度は，規定に違反して実施された識別が証拠として排除されるか否かにもかかわっていることに注意が必要である． 〔本庄 武〕

▶文 献
渡部保夫（監修）（2001）．目撃証言の研究　北大路書房
法と心理学会・目撃ガイドライン作成委員会（2005）．目撃供述・識別手続に関するガイドライン　現代人文社
渡辺昭一（編）（2004）．捜査心理学　北大路書房

4.16 逮捕

逮捕とは，被疑者の身体を拘束し，指定の場所に連れて行く（引致する）ことをいう．逮捕は，無罪と推定される被疑者の人身の自由に対する重大な侵害であるから，できる限り行わないのが本来であり（身体不拘束の原則），被疑者は逮捕されるのが標準であると考えてはならない．また逮捕された被疑者を長時間，捜査機関のコントロール下に留め置くのは適当でなく，できる限り速やかに裁判官の下に引致するのがあるべき姿であろう．ところが，現実には，とりわけ被疑者が否認や黙秘をする事案において，「人質司法」と揶揄される身体拘束の実態がある．また，被疑者段階における身体拘束期間（後述）は，逃走防止や罪証隠滅防止の措置をとったうえで捜査（取調べを含む）を行う，捜査機関にとっての手持ち時間であるとの考え方に基づいて，現行実務は運用されている．逮捕の位置づけに関しては，「裁判官の面前へ引致するまでの短時間の拘束である」という考え方と，「捜査のための時間」というとらえ方とのあいだには大きな隔たりがある．

逮捕には，通常逮捕・緊急逮捕・現行犯逮捕の三種類がある．なお，「別件逮捕」とは，逮捕の種類を表す法令用語ではなく捜査手法をさす．冤罪事件においてたびたび問題となり，その違法性について長く議論され続けている．

■ 逮捕の種類と要件

1) 通常逮捕 あらかじめ裁判官の発した逮捕状により被疑者を逮捕するという原則形態の逮捕手続である（憲法33条）．逮捕の実体的要件は，「罪を犯したことを疑うに足りる相当な理由」（逮捕の理由）と，「逃亡又は罪証隠滅のおそれ」（逮捕の必要性）である（刑訴法199条）．この逮捕の必要性に関して条文上は，裁判官が「明らかに逮捕の必要がないと認めるとき」は逮捕状を発しないという規定の仕方がなされており，逮捕の必要性があるという積極的な認定までは要求されていない．一定の軽微事件（30万円以下の罰金，拘留又は科料に当たる罪等）については，類型的に逮捕要件が厳しくなり，逃亡・罪証隠滅のおそれに加えて，住居不定または出頭要求に応じないという事情が付け加わらない限り逮捕されることはない．

逮捕状の請求権者は，請求にあたっての慎重さを担保するため，検察官または司法警察員（警察官の場合は警部以上の者）に限定されている．執行は，検察事務官，司法巡査も行える．逮捕に際しては，被疑者に逮捕状を示さなければならない．逮捕状は発付されているが，現場に所持しておらず被疑者に示すことができない場合，急速を要するときは，被疑者に被疑事実の要旨と令状が発せられていることを告げて，執行することができる．これを緊急執行という（後述の緊急逮捕とは別のものである）．ただし，令状はその後できる限り速やかに示さなければならない．

2) 現行犯逮捕 「現に罪を行い，又は現に罪を行い終わった者」を現行犯人という．また，①犯人として追呼（ついこ）されているとき，②贓物（盗品）又は明らかに犯罪の用に供したと思われる兇器その他の物を所持しているとき，③身体又は被服に犯罪の顕著な証跡があるとき，④誰何（すいか）されて逃走しようとするとき，のいずれかに該当し，かつ「罪を行い終わって間がないと明らかに認められる」場合は，現行犯人とみなされる（刑訴法212条2項

参照.「準現行犯逮捕」).現行犯人は無令状で,私人であっても逮捕することができる.令状主義の例外である(憲法33条).このような例外が許容されるのは,現行犯逮捕可能な状況においては,令状審査を経なくとも誤認逮捕の可能性が少ないこと,かつ,令状発付を待ったのでは被疑者の逃走又は証拠隠滅を防ぐことができないという緊急性が(現に犯罪の途中であれば,それを止める緊急性も)認められるからである.逆にみれば,誤認逮捕の可能性がないことを担保するだけの客観的状況(時間的接着性,場所的接着性など)が必要である.なお,現行犯逮捕においても逮捕の必要性は要件となる.

3) **緊急逮捕**　　緊急逮捕とは,「死刑又は無期若しくは長期3年以上の懲役若しくは禁錮に当たる罪(住居侵入,窃盗,器物損壊等も含まれる)」を犯したことを疑うに足りる充分な理由がある場合で,急速を要し,裁判官の逮捕状を求めることができないとき,その理由を告げて,被疑者を逮捕することである(刑訴法210条).緊急逮捕後は,ただちに裁判官の逮捕状を求める手続をしなければならず,逮捕状が発せられないときは,ただちに被疑者を釈放しなければならない.

憲法33条が令状主義の例外としたのは現行犯逮捕だけであるから,裁判官による事前の審査を経ずに行われる緊急逮捕の合憲性については疑問が生じうる.しかし,判例は,憲法33条の規定の趣旨に反するものではないとしている.いずれにせよ,合憲というには,逮捕後「ただちに」令状請求手続をとることが不可欠である.

■ **逮捕後の手続**

司法巡査が逮捕をしたときは,被疑者からの弁解録取や釈放の可否を判断する権限のある司法警察員(検察事務官の場合は検察官)に,被疑者を引致しなければならない.司法警察員または検察官は,被疑者に対してただちに犯罪事実の要旨および弁護人選任権を告げ,弁解の機会を与えなければならない.そして,留置の必要のない場合は,ただちに被疑者を釈放しなければならない.逮捕およびその後の手続には,厳格な期間の制限が設けられている.

司法警察員は,被疑者を釈放しないのであれば,48時間以内に検察官へ送致する手続をしなければならない.送致を受けた検察官は,24時間以内(被疑者が身体を拘束されたときから72時間以内)に被疑者を釈放するか,公訴提起するか,裁判官に勾留(→4.6)を請求しなければならない(検察官が逮捕を行ったときは48時間内である).厳格な期間制限が定められているのは,人身の自由の制約という重大な権利侵害を必要最小限にとどめようとの趣旨である.このことから,逮捕は原則として一回に限られることがわかる(勾留についても同様).同一の事件につき何度も逮捕が許されるとしたら,法律に時間制限を設け,権利侵害を最小限に留めようとした意味がなくなってしまうからである.

■ **不服申立て**

不服申立手段としては準抗告が考えられるが,条文上(刑訴法429条1項2号),準抗告の対象として逮捕が明記されていないことを理由に,実務では,逮捕に対する直接の不服申立手段はないと解されている.逮捕段階の違法については,勾留請求時に,勾留の可否と一括して判断されることになる.しかし,必ずしも逮捕が短期間の処分とはいえない実情からみて,逮捕に準抗告を認めるべきだとする見解も有力である.

〔徳永　光〕

4.17 取調べの可視化

■ 取調べの意義と可視化の必要性

取調べ（interrogation）は，犯罪捜査の一環として供述証拠を収集するために行われ，被疑者に対するもの（刑訴法 198 条 1 項）とそれ以外の者（参考人）に対するもの（同 223 条 1 項）がある．このうち被疑者に対する取調べは自白をはじめとする自己（被疑者）に不利益な供述を獲得することを目的に行われることが一般的である．

しかし，真犯人であるか無実の者であるかを問わず，その種のことは供述したくない場合が多いため，取調べは無理に供述を迫るものとなりやすい．そこで，憲法 38 条 1 項は「何人も，自己に不利益な供述を強要されない．」としてこの種の事態を禁止している．しかし，この禁止を実効的なものとし被疑者が主体的に供述することを確保するためには，取調べが可視的である必要がある．また同 2 項は強制，拷問などの結果得られた自白は証拠とすることができないと定める．自白を証拠としてよいかの判断（自白の任意性判断）を的確に行うためには，取調べ状況が事後的に検証できることが必要である．さもなければ，法廷で被告人と捜査官が供述強要の有無について対立する供述を行い，それはしばしば水掛け論となり，的確な判断が困難となってしまうからである．この局面でも可視化が要請される．

とりわけ，連日・長時間にわたって取調べが行われる日本の実務においては可視化の必要性が高い．また可視化により自白の任意性をめぐる不毛な争いが減少することは捜査機関にとってもメリットとなる．しかし日本の捜査実務では，取調べにおいて，①被疑者と捜査官の間で信頼関係を構築して供述を引き出すことが重要であり，②組織犯罪の場合など被疑者が事後の報復を恐れずに安心して供述をできる環境を確保する必要があり，③取調べの過程で被疑者や被害者のプライバシーにかかわる事項が語られる必要があると主張される．

可視化が進みすぎると有効な供述が得られず，真相解明が妨げられ，引いては治安が悪化するというのである．この主張の当否については争いがあるが，いずれにせよ取調べの可視化と取調べの実効性確保のバランスをどう取るかが問われ，それにより望ましい可視化の手段が決まることになる．

可視化の手段には，①書面による可視化，②人的監視による可視化，③電子機器による可視化（録音・録画）があるが，③は次項目で扱うため，以下では①と②について言及する．

■ 書面による可視化

取調べで得られた供述に基づいて捜査官は調書を作成できる．被疑者は調書の内容の正確性をチェックし，誤りがあれば署名押印を拒絶できる（刑訴法 198 条 3-5 項）．

刑訴法で定められたこの制度は一定程度取調べを可視化することに寄与する．しかしながら，供述調書は，取調べの都度必ず作成されるわけではなく，捜査官が調書化する必要があると考えたときにのみ作成される．また，供述調書は被疑者の供述を忠実に記録化したものではなく，捜査官が要約したものであり細かなニュアンスは捨象されてしまっている．これらの難点は取調べの都度，一問一答式での調書作成を義務づければある程度解消される．しかしその場合でも，供述調書はあくまで被疑者の供述のみを記載したものであり，捜査官から

いかなる働きかけがあったかという可視化にとって決定的に重要な情報が記載されていないという限界がある.

供述調書の限界を補うものに，司法制度改革審議会の提言に基づいて2003年に導入された「取調べ状況報告書」という書面がある（犯罪捜査規範182条の2）．被疑者を取り調べた場合に作成され，罪名，逮捕・勾留の有無，取調べ年月日，取調べ担当者，取調べ場所，供述調書作成の有無および通数などが記載される．これにより取調べの過程は一定程度明らかになるものの，入手できるのは取調べに関する外形的情報にとどまり，取調べの内容は明らかにならない．本制度が導入されて以降も取調べをめぐる紛争が収まることはなく，さらなる改革が実施されたことは本制度の限界を示している.

以上が捜査官側で作成する書面であるのに対して，被疑者側で作成する書面として「被疑者ノート」がある．これは，2004年から弁護士会が活用を呼びかけているもので，弁護人から被疑者に差し入れられ，被疑者が取調べの直後，記憶が新鮮なうちに，取調べ事項，取調べ方法，取調官の態度，被疑者自身の対応などについて記載しておき，後の公判で活用するためのものである．記憶の喚起・保全を行うことで後の公判において自信をもって供述する根拠になり，実際に被疑者ノートが証拠として採用され自白の任意性を否定する根拠とされた裁判例も存在するが，一方，当事者である被疑者が作成するという限界がある.

■ 人的監視による可視化

取調べの際に第三者が監視する制度は，書面や電子機器による可視化とは異なり，リアルタイムでの監視であり自白強要など不適切な取調べを遮断できる強力な措置である.

外国には，被疑者に弁護人などの立会いを請求する権利を保障する法制度がある．とりわけアメリカのミランダ警告のように，被疑者の要求にもかかわらず弁護人の立会いなしで獲得された自白は証拠とすることができないとすれば，不適正な取調べを防止する効果は強い．他方で，アメリカでは被疑者に立会い請求権を放棄させた状態での取調べで虚偽自白が採られたことが問題視されている．また，イギリスのように弁護人が取調べに駆けつけられる体制が十分でなく，弁護士以外の立会人の能力が十分でないと指摘されている場合もある．立会い制度は万能ではない.

弁護人立会いは，日本型の濃密な取調べとは両立しない制度であるため，捜査実務の拒絶感は大きく，今のところ実現の見込みはない.

日本で実現したのは警察内部での監視制度である．「被疑者取調べの適正化のための監督に関する規則」（2008年）に基づいて，捜査官以外の警察官である取調べ監督官が，取調べ室の外部から視認したり記録を閲覧するなどの方法により，有形力の行使など一定の監督対象行為が行われていないかを確認し，監督対象行為があったと認めた場合，捜査官にその中止を申し入れるという制度が導入された．この制度の有効性については今後の検証を待たなければならないが，警察内部の監督であるだけに，実効性に疑問が呈され，全面的録音・録画の導入を求める声は依然として強い.

〔本庄　武〕

▶ 文　献

小坂井久（2009）．取調べ可視化論の現在　現代人文社

川出敏裕（2009）．被疑者取調べの在り方について　警察政策，**11**，162-184.

露木康浩（2005）．取調べ可視化論の問題　法学新報，**112**(1・2)，137-161.

4.18
取調べの録音・録画

■ 取調べの録音・録画に関する動向

　取調べ（→ 8.20）の過程を電子機器により録音・録画することは可視化（→ 4.17）の一手法であるが，その導入の可否は非常に活発に議論されており，単に取調べの可視化という場合でも録音・録画をさす場合も多い。

　イギリスをはじめとして，取調べの録音・録画を導入した国では，この制度は取調べにおける自白強要を防止するばかりでなく（→ 8.22），録音・録画には供述を躊躇させる効果はなく，かえって録音・録画により自白の任意性をめぐる紛争が解消できるとして，捜査官側からも好意的に評価されていることが多い。

　録音・録画よりも，弁護人の立会いによる可視化を重視してきたアメリカにおいても，立会い請求権告知前，請求権放棄後に行われる立会いなしの取調べにおいて得られた自白に基づいて有罪になったが，後に冤罪であった事例が多数存在することが明らかになり，州単位で録音・録画制度を導入するところが増えてきている。

　日本では，諸外国と異なり連日にわたる長時間の取調べが行われることがあるため，当初はコストが膨大であるとの異論が現実的に説得力を有したが，テクノロジーの発展とともにこの論点はもはや意味を失い，取調べへの影響が正面から論じられるに至っている。

■ 裁判員制度との関係

　録音・録画をめぐる議論が大きな転機を迎えたのは裁判員制度導入が決定されてからである（→ 9.17）。従来導入に慎重な姿勢を見せていた（元）裁判官の論者から，取調べの状況について客観的証拠が乏しい中で，取調べ時に暴行があったかなかったかなどについて水掛け論のような議論が法廷で展開されても，取調べの実情に詳しくない裁判員にはとても判断できないとして，裁判員対象事件では取調べの録音・録画がされるべきとの主張がされるようになった。これは取調べの適正化を直接の目的とする議論ではないが，結果的にそれに資するものであるため，適正化のための導入論とあわさり録音・録画導入を求める声が大きくなった。

■ 一部録音・録画制度の試行・実施

　このような動向とともに，富山強姦事件（2002年），志布志選挙違反事件（2003年）で無理な取調べにより虚偽自白が生み出されたことへの批判が高まったこともあり，従来録音・録画制度の導入に消極的であった捜査実務においても，取調べの一部録音・録画制度が導入されるに至った。検察庁においては2006年から試行され，2009年から正式に実施されており，警察においても2008年から試行されている。

　いずれも，裁判員対象事件のうち被疑者が自白している事件における取調べのうち，録取された自白内容について被疑者に確認をしている場面に限って録音・録画を実施するものとしている。ただし，真相解明を阻害したり捜査に支障が生じるおそれがあると判断された事件などは除外される。

　試行結果の検証においては，録音・録画が自白の任意性についての効果的・効率的立証に寄与するとしつつ，被疑者による録音・録画拒否，供述内容の変化，供述態度の変化が一定数見られたことから録音・録画が取調べの真相解明機能に影響を及ぼす場合があるとして，慎重な実施が必要と結論づけられている。

一部録音・録画については，少なくとも録音・録画されている部分では自発的に供述していることが明らかになるとして有用と評価する立場・裁判例もあるが，任意性評価には自白に至る過程が重要であるところ，その場面は記録されておらず，その影響下で自白している場面のみを記録するのでは証拠価値を過大視することはできないとする裁判例や一部録音・録画はかえって有害であるとの評価もある．

■ 全面的な録音・録画の是非

捜査実務は取調べ全過程の録音・録画には依然として強く反対している．その理由は主として，①取調べ全過程の録音・録画は取調官と被疑者との信頼関係の構築を困難にする結果，真実の供述獲得が困難になるとともに犯人に反省悔悟を促すという取調べの機能が害される，②組織犯罪など，被疑者が供述したことがわからないような形で，供述をもとに捜査を進めることがあるが，そのような捜査手法が採れなくなる，③取調べの過程で，被疑者や被害者などのプライバシーや名誉にかかわる情報が供述されなくなる，という3点に求められる．

このうち，②③は録音・録画の対象から除外したり，公判での取調べ方法を工夫したりすることで克服可能であり，真の問題は①であるとされる．①の主張に根拠があるかは実証的に答えられるべき課題であるが，仮にこれらの問いに肯定的に答えるとしても，全面的録音・録画積極説は，そもそも取調官が被疑者と情的信頼関係を形成しようとすることが無理な取調べを誘発し，その中で虚偽自白が生まれるととらえており，消極説との調整は容易ではない．信頼関係構築の必要が高い場合とは虚偽自白のおそれが高い場合と表裏一体であるからである．最終的には，取調べの比重が高い現在の捜査のあり方を変革する労力を払って虚偽自白防止に努めるかどうかという判断になるものと思われる．

■ 録音・録画の課題

最後に全面的な録音・録画を実施するとした場合でも，なお解決すべき課題のいくつかについて言及する．

第1に録音・録画を実施する範囲を身体拘束中の取調べに限るか，任意の被疑者取調べ，さらには未だ被疑者とはいえない段階や被疑者以外への参考人取調べにまで拡大するかという問題がある．過去には，任意取調べや参考人取調べでも虚偽自白がなされた例が確認されており，録音・録画を実施するのであれば，その範囲はできるだけ拡大される必要がある．

第2に録音・録画の実施を被疑者が放棄できるかという問題がある．これは録音・録画は被疑者の権利か，適切な自白の任意性判断のための制度かということに関連する．権利だとすれば放棄に馴染みやすいが，その場合，放棄の有効性をめぐる紛争が生じるおそれがある．

第3に，撮影方法について，被疑者だけをクローズ・アップした録画は判断者にバイアスを生じやすいとの研究結果があり，注意が必要である． 〔本庄　武〕

▶文献

指宿　信（2008）．取調べ録画制度における映像インパクトと手続法的抑制策の検討　判例時報，1995，3-11．

指宿　信（2010）．被疑者取調べと録画制度　商事法務

警察庁（2009）．警察における取調べの録音・録画の試行の検証について（警察庁HP）

小坂井久（2009）．取調べ可視化論の現在　現代人文社

最高検察庁（2009）．取調べの録音・録画の試行についての検証結果（検察庁HP）

渡辺　修・山田直子（2004）．取調べ可視化——密室への挑戦　成文堂

吉丸　眞（2006）．録音・録画記録制度について（上／下）　判例時報，1913，16-30／1914，19-33．

資料4 ●「法と心理学」にかかわる海外のおもな学会・その2

直接「法と心理」を名乗っているわけではないものの,関連の深い研究者・研究発表が多い学会を掲げた(被害者学関連については資料13参照)

Asian Association of Law and Society
 Law and Society Association のアジアからの参加者が中心となって2008年から活動を開始したアジア部会。韓国・日本の市民参加制度等の発表が多く,年1回の大会には北米・ヨーロッパからも陪審研究者が参加している。
Canadian Psychological Association(カナダ心理学会)
 "*Canadian Psychology*" http://www.cpa.ca/
 法と心理学専門というわけではないが,法と心理学についての活発な発表が行われている。
International Academy of Investigative Psychology(国際捜査心理学アカデミー)
 "*Journal of Investigative Psychology and Offender Profiling*" http://ia-ip.org/
International Association of Applied Psychology(国際応用心理学会)
 "*Applied Psychology : Health and Well-Being*" http://www.iaapsy.org/
Law and Society Association(アメリカ法社会学会)
 "Law and Society Review" http://www.lawandsociety.org/
 北米を代表する法社会学会。掲載論文では,各国の司法制度や司法の実施状況などの記述的関心が強いが,法と他の社会科学の学際領域についても幅広くカバーする学会であり,法と心理学的分野も含まれる。
The Society for Applied Research in Memory and Cognition(SARMAC)
(記憶と認知応用研究学会)
 "*Journal of Applied Research in Memory and Cognition*","*Cognitive Technology*"
 北米・オーストラリア・ニュージーランド等の研究者が中心となっている国際学会。日本でも大会が行われた。

●学会誌以外で,「法と心理」にかかわる論文が掲載される学術雑誌として,以下のようなものがある。
 "*Psychology, Crime, and Law*"(Routledge)
 "*International Journal of Crime, Justice, and Law*"(Elsevier)
 "*Journal of Forensic Science*"(Wiley)

5.
心理学の諸分野と研究方法

人間は誰しも素朴に自己や他者の「心」について考えるものである．実際，「心の研究」の歴史は非常に古く，古代ギリシアにその源泉をみることができる．一方，現代の心理学も「心」について探求しているという点では同じである．しかし，その研究方法は大きく進化しており，「科学的に心を研究する学問」として，広範な専門領域を備え，他のさまざまな学問とも学際的な連携をしながら，大きな研究分野を形成するようになった．本章では，現代の心理学を構成する主要な研究分野を概観するとともに，心理学に特徴的な研究方法を取り上げて紹介する．その際，「法と心理学の連携」という面から注目すべき点についても検討を加えている．〔相良陽一郎〕

5.1 心理学の研究分野

　心理学とは「こころ」について研究する学問である．しかし，こころとよばれるものは，物質や身体のように可視化・客観化できない．つまり，こころとは，各個人の内側にあり，主観的に体験されるものである．そのため，心理学においては，主観的な経験をいかにして客観化し説明可能にするかということが重要視され，科学的な方法に基づき，観察・測定できるデータを集め，実証的・実験的に検証するという方法がとられてきた．

　現在もなお研究方法や対象について，さまざまな議論と模索がある．また近年，新しい研究方法が次々と開発され，研究対象や研究目的も非常に広範で多様になっている．そのため，現代の心理学を定義することは困難であるが，共通するのは，日常生活や社会の中から情報を集め分析することにより，人のパーソナリティや行動，すなわち，こころの働きを解明しようとする学問であるといえよう．

■ 心理学の歴史

　心理学の歴史は浅いといわれているが，こころを対象にした学問は太古より存在していた．哲学者アリストテレス（Aristoteles）は，最初の心理学書を著したとされている．科学としての心理学が成立したのは19世紀の半ばである．自然科学同様，客観的な方法を用いて人間のこころを科学的に解明しようとする試みがなされた．代表的なものとしては，フェヒナー（Fechner, G.T.）によって提唱された精神物理学という学問領域があげられる．

　ドイツの医学博士であり，ライプチヒ大学の哲学教授であったヴント（Wundt, W.）は，1879年に心理学実験室を創立した．これが（実験）心理学のはじまりとされている．ヴントは実際に観察できる心的機能，つまり経験・記憶・意識などについての詳細な報告を研究対象とした．これが，内観法とよばれる現代心理学の基礎である．内観法は，直接経験としての意識の構成要素を明らかにすることを目的としていることから意識心理学ともよばれる．その後，心理学は，フロイト（Freud, S.）の精神分析学，ワトソン（Watson, J.B.）の行動心理学，ゲシュタルト心理学（gestalt psychology）の三つの大きな流れになっていった．

　オーストリアの精神科医フロイトは，自らの臨床経験を通し，こころには自分でも意識できない無意識の世界があり，それが人間を動かすエネルギーになっていること，また文化や社会のできごとの多くが無意識の欲望や感情によって支配されていることを主張した．フロイトの精神分析は，当初は非科学的で独断的であるなどと批判されたが，その後の思想と文化に大きな影響を与えるとともに，心理学，とくに臨床心理学やカウンセリングの発展に大きく貢献した．

　アメリカ人のワトソンは，客観的に分析したり観察することが困難な意識を研究対象にすべきではないと，ヴントの内観法を批判し，外に現れる行動のみを研究対象にすべきであると主張した．ワトソンの考え方は行動心理学とよばれ，「心理学は行動の科学である」という定義の根拠になっている．ワトソンとほぼ同時期に，ドイツではウェルトハイマー（Wertheimer, M.），ケーラー（Kohler, W.），コフカ（Koffka, K.）などの心理学者が，「部分をいくら足し合わせても全体にはならない，部分は全体の

中で初めてその役割を与えられ，機能する」という考え方のゲシュタルト心理学を提唱し，人間の意識を要素に分けて細かく分析しても意味がないとヴントの心理学を批判した．

その後，人間性心理学を提唱したマズロー（Maslow, A.）や，新行動主義のハル（Hull, C.L.）やスキナー（Skinner, B.F.）など，多彩な研究者の活躍があり，現在は認知心理学の発展と臨床心理学の隆盛が目覚ましいといわれている．

■ **心理学の研究方法**

心理学の研究方法には，1）検証型研究と探索型研究，2）量的研究と質的研究という分類があり，具体的な手法に基づく分類には，3）調査・実験・観察・検査・事例研究などがある．

1）検証型研究と探索型研究

初めに先行研究を通し仮説を立て，その仮説を検証するために調査分析を実施する「検証型研究」と，調査や分析などを通して自ら仮説を生成し，その仮説を確認しつつ調査分析を続けるという手順を踏む「探索型研究」の2種類がある．心理学の歴史の中では，自然科学的な方法をとりいれた検証型研究をとることが多く，方法論的にも先に整備されてきた．探索型研究は，研究者の主観的な経験に基づく場合もあり，科学的方法には適さないとされてきたが，最近は，臨床的実践や観察・面接場面から仮説を生成していく方法が重要視されてきている．

2）量的研究と質的研究

量的研究の場合は数値データを用いる．たとえば，心理テストの得点や実験データなどは量的研究に使われ，さまざまな統計的指標を算出するなど，統計的に分析することができる．一方，観察記録，面接記録，フィールドワークの記録，事例報告書などの（数値におきかえない）記述的データを使う場合は，質的研究とよばれる．質的研究は分析が難しく，分析者の力量や主観的要素によって結果が変わるという難点をもつ反面，量的研究では得られない，より個人的・実感的な結果が得られるという利点をもつ．概して，量的研究は検証型研究に，質的研究は探索型研究に，使われる場合が多い．

3）調査・実験・観察・検査・事例研究

調査 ある事柄に対する意見，態度，意識などについてのデータを得ることが目的である．質問紙調査や面接調査など多様な調査方法がある．

実験 人為的に実験条件を設定し，条件と結果の関連性を明らかにすることが目的である（→5.6）．因果関係がわかりやすい一方，人為的であるがゆえに現実に適用できない可能性もある．

観察 原則としては，自然な状況での自然な行動を観察・記録することが目的である．対象にはまったく干渉しない自然観察法と，観察者自身が対象に参与しつつ観察する参加観察法がある．

検査 「心理検査」を用い，知能，性格，学力，適性など，目に見えない個人の特性や集団の中での位置を測定することが目的である．これらの検査は，信頼性や妥当性の検討などの標準化の手続きが，慎重に行われている．

事例研究 個別の事例について，多角的な資料を提示し詳細に検討する方法である（→5.7, 5.8）．量的研究では把握できない特殊な事例や，個別の詳細な傾向を明らかにしたい場合，典型的な例をとりあげ，詳細に検討することで本質を明らかにすることができる．

■ **心理学の研究分野**

現代の心理学は，どの側面に重点的にア

プローチするかによって，大まかに領域化することができる．以下に代表的な分野を列挙する．これらの分野は相互に重複している部分も多く，分野間の交流も密接である．

知覚心理学　人間の外部情報の取り入れのプロセスとそのメカニズム，つまり，視覚，聴覚，触覚，嗅覚，味覚に関する解明が目的である．いいかえれば，「なぜそのように見えるのか聞こえるのか」を追究する分野である．

生理心理学　脳あるいは中枢神経系のしくみやはたらきについて，おもに実験的方法を用いて研究している．脳への刺激と行動・意識の変化，あるいは，脳の障害と行動・意識の異常の関連などについて研究している．

認知心理学（→ 5.4）

動物心理学（比較心理学）　動物の心と行動そのものを対象にする場合と，動物と人間を比較することにより人間を探究する場合の2通りがある．

発達心理学　乳児から児童，青年から成人，さらに老人に至るまでに共通する発達の原則と，各々の時期に固有の発達のメカニズムを考える．また，認知，臨床，社会など多くの問題を発達という観点から分析する．年齢的な区分から，乳幼児心理学，児童心理学，青年心理学という名称でよばれることもある．

教育心理学　人間の成長や発達を支えている教育的な営みに関連する分野である．教師と児童生徒双方の問題，また，学習指導や教室内の人間関係など，教育に関する広範な問題を扱い，その成果は教育に活かされている．

学習心理学　経験を通して行動を変容させていく過程を研究する分野である．条件づけ，観察学習，記憶と忘却などがおもなテーマである．

パーソナリティ（人格）心理学　パーソナリティの分類，パーソナリティの形成と遺伝の影響，家族関係や養育態度などの環境の影響，パーソナリティ検査，パーソナリティの病理や障害などについて研究している．

臨床心理学（→ 5.3）
社会心理学（→ 5.2）

産業・組織心理学　組織の中の人間関係や組織のあり方，採用・人事・教育などの組織と人の関係，働く人のメンタルヘルスを中心としたビジネスと健康の問題，広告の効果や購買意欲などのマーケティングに関する心理など，広範なテーマを扱っている．

健康心理学　心身を健康にする心理的条件を解明する分野である．疾病の罹患率とパーソナリティの関連，ストレスとそれへの対処（ストレス・コーピング），病に苦しむ人への有効な対応など，広範なテーマを含む．

環境心理学　環境と心の結びつきを解明する分野である．環境との相互作用を意識・行動面から解析することにより，人間と環境とのより好ましい関係を実現するための共通原理を発見することを究極の目的としている．

犯罪心理学　犯罪や犯罪者について，遺伝，性別，年齢，パーソナリティ，知能などの個人的要因，家庭環境，地域環境，マスコミなどの社会的要因などの多様な側面から研究する．（→ 5.5）．

災害心理学　突発的災害によって生じる現象，たとえば，パニック，避難行動，デマなどや災害を体験した人のトラウマ（心的外傷）によるストレスなどを扱う．

家族心理学　家族関係を研究対象としている．たとえば，家庭内暴力，摂食障害

などの問題が生じた場合，従来のように，子どもの側の要因，または親のしつけの問題として追究するのではなく，家族間のコミュニケーションやダイナミズムを変えることによって，問題を解決することを志向する．

スポーツ心理学　スポーツ技術を向上させるために効果的な方法や，競技などの際に最大限に実力を発揮するための方策など，スポーツに関する研究を行う分野である．不安や緊張感などの競技者の心理，コーチの役割，動機づけなどを研究テーマとしている．

交通心理学　交通事故の発生メカニズム，とくに心理的要因を明らかにし，事故発生要因を取り除くことが目的である．具体的には，安全運転の態度の形成，危険の感じ方，事故を起こしやすいドライバーの特徴，運転適性テストの開発などのテーマがある．

宗教心理学　個人や集団の宗教的現象を研究対象とする．たとえば，信仰による意識や態度の変化，祈りや儀礼，修行の心理的効果，宗教団体への入信と回心の心理機制，教団組織の分析など広範なテーマをあつかう．最近ではカルト・マインド・コントロールとよばれる洗脳技法が注目されている．

音楽心理学　音響に関する実験心理，子どもの音楽的能力の発達，BGMの効果，音楽療法の治療効果などを研究対象とする分野である．

福祉心理学　福祉の対象となる人たちの心理的特性，援助サービスに関する心理的評価，福祉の場で働いている人たちの心理など，広範なテーマをもつ．最近注目されている分野である．

被害者心理学　被害者の心の傷（トラウマ）とその行動について研究し，被害者への精神的援助，主としてトラウマ・カウンセリングを扱う．たとえば，災害時の被害者の行動の研究や悪徳商法の被害者の特性の研究などをテーマとしている．

ジェンダー心理学　社会的・文化的・歴史的につくられた性差であるジェンダーの視点から心理的事象を分析すること，また，人の行動や意識がいかにジェンダー化されているかを明らかにすることを目的としている．

文化心理学　習慣，言語，世界観などの心理的過程に，いかに文化が影響を及ぼしているかを研究している．ある行動の背景には個人的特性だけではなく，文化・社会的状況が大きくかかわっていることを明らかにしている．

以上のように，多くの分野が存在し，それぞれに対象も研究方法も異なっている心理学の現状を見れば，その全体像は漠然として把握しづらい．しかし，それらの分野がまったく別個の方法論や問題意識をもっているわけではなく，名称が異なれば独立した研究分野であるというわけでもない．

現代の心理学は，広範な研究対象と多様な研究方法をもち，社会学，教育学，文化人類学，文学，脳科学，医学など心理学以外の多くの領域との学際的研究へと広がっているといえよう．　　　　〔松並知子〕

▶**文　献**
市川伸一（2001）．心理学の研究とは何か　南風原朝和・市川伸一・下山晴彦（編）心理学研究法入門　東京大学出版会　pp.1-18.
海保博之・楠見孝（監）（2006）．心理学総合事典　朝倉書店
越智啓太（2006）．心理学の研究分野と研究方法　法と心理，**5**(1), 48-56.
中島義明・箱田裕司・繁桝算男（編）（2005）．新・心理学の基礎知識　有斐閣
中島義明ほか（編）（1999）．心理学辞典　有斐閣

5.2 社会心理学

社会心理学（social psychology）とは，社会行動，すなわち，社会の中での人の行動について研究する学問である．学問領域としては，心理学と社会学の境界に位置するといわれているが，社会学のようにマクロレベルでの社会変化と一般的な行動傾向の関係を分析することを目的としているのではなく，また，臨床心理学やパーソナリティ心理学のように個人の精神構造を理解することに焦点を当てているのでもない．

社会行動が起こった場合，その原因が個人のパーソナリティや特性にのみある，または，社会や環境にのみあるとするのではなく，個人と社会的状況の相互作用にあるとみなす．すなわち，人がどのように社会から影響を受けているのか，また，人の行動や意識がどのように社会に影響を与え，社会を構築していくのかという，人と社会の相互作用を研究対象にしている．

具体的な研究対象は以下のように分類することができる．

1) 個人内の心理過程

自己や他者，集団に対する認知や評価，また，個人的な価値観や感情などの内的体験にかかわる社会的要因や社会との相互作用について分析する．

〈具体的なテーマ〉
- 自己：社会的自己，自己概念，自己呈示，自己評価
- 社会的動機づけ：達成動機，親和動機，成功回避動機
- 社会的認知：対人認知，印象形成，帰属過程，ステレオタイプ
- 態度・態度変容：説得

2) 対人間の心理過程

人間関係，対人行動，相互作用プロセスなどの人と人との関係に関する心的機能やそれらの背後にある社会的要因などを解明する．

〈具体的なテーマ〉
- 対人行動：攻撃，援助，対人交渉
- 人間関係：対人魅力，友情，恋愛
- コミュニケーション

3) 集団の心理過程

集団の中での人の行動や人間関係，集団の機能や特徴，または，集団間の対立・協調関係など，集団の内外に関する心的機能を明らかにする．

〈具体的なテーマ〉
- 集団の構造・機能：社会的影響，集団意思決定，規範，同調・服従
- 社会的勢力・リーダーシップ
- 偏見，差別

4) 社会・文化レベルでの心理過程

より大きな集団としての社会や文化の中で起こりうる多様な現象について分析する．また，文化・社会が行動や意識に与える影響についても検討する．

〈具体的なテーマ〉
- マス・コミュニケーション
- 集合行動：群衆心理，流言，パニック
- 流行・普及：消費・購買行動
- ジェンダー・性役割
- 文化：文化的自己観，集団主義と個人主義，異文化適応

■ 社会心理学の成り立ち

社会心理学のはじまりは20世紀初頭とされている．1908年，心理学者のマクドゥーガル（McDougall, W.）が「社会心理学入門」を，社会学者のロス（Ross, E.A.）が「社会心理学」を出版し，著書のタイト

ルに初めて社会心理学という言葉が使われた．また，1924年にはオルポート（Allport, G.W.）が社会心理学のテキストともいうべき本を出版し，今日の社会心理学の基礎を提示した．1920年ごろからは実証的な社会心理学研究が行われるようになったが，第2次世界大戦中には，心理学，社会学の分野をこえた協力態勢がとられ，その結果，社会心理学は1950年以降，アメリカを中心に急速に発展した．

「社会心理学」という本を最初に著した人物が，ひとりは心理学者であり，もうひとりは社会学者であったという事実にも表れているように，社会心理学には，当初から，社会で共有されている行動や心理を研究対象とする「社会学的社会心理学」と社会の中での個人の行動や心理を研究対象とする「心理学的社会心理学」の二つの社会心理学があった．

社会学的アプローチでは，文化，制度，慣習，規範，階層，役割などの環境要因を強調する一方，心理学的アプローチでは，知覚，学習，感情，思考，コミュニケーションなどの「人」要因を研究対象としている．両者の違いはアメリカではとくに明白であり，1960〜70年代，「社会学的社会心理学」と「心理学的社会心理学」の分離や，統合理論の欠如などについて批判が相次いだ．批判や反省の対象は実験手法や研究対象，理論などにまで及び，「社会心理学の危機論争」とよばれたが，その後，社会心理学はアメリカ以外の国々でも発展が見られ，方法も対象もより多様になってきている．

■ 最近の動向

1960年代の「認知革命」以降，認知機構とプロセスの解明に焦点が当てられるようになった．人をコンピュータのように一つの情報処理システムとみなす認知心理学の理論概念とパラダイム（→5.4）が，対人認知や帰属や態度の研究に取り入れられることで，「社会的認知」という新分野が成立した．社会心理学の始祖の一人とされるクルト・レヴィン（Lewin,K.）は，$B=f(P,E)$という定式を使い，人の行動（behavior）は個人要因（個人的特質）（person）と環境（environment）との関数によって生み出されると論じた．当初は，環境要因に焦点が当てられていたが，認知革命後は，関数機能の部分，すなわち，人が環境要因をどのように認知し，すでにもっている個人要因とどのように結び付いて行動になるのかというプロセスの部分が重要視されるようになった．現在では，そこに意志や感情の働きを含んだ，より総合的な人間モデルを提案している．

1980年代には，流行語となったポスト・モダン（postmodern）の思想が心理学にも影響を与えた．たとえば，ガーゲン（Gergen, 1999）は実験的手法で明らかにされた理論は，歴史や文化による制約を免れないので普遍的知識とはいえず，また社会心理学的知識は社会的に構成されたものであると主張した．このような批判を受け，実験的手法のみに頼らない多様な研究方法や，社会的相互作用などを考慮した研究が試みられている．

最近，「人間の心理メカニズムには普遍性があり，進化の機能に基づく」として進化論の視点を取り入れた「進化社会心理学」の動向が注目されている．また，脳内過程と社会的行動との関連を探索する神経科学的アプローチによる研究も展開されており，多様な学際的研究が一層必要とされている．

〔松並知子〕

▶文 献

Gergen, K. (1999). *An invitation to social construction*. Sage，（東村知子（訳）(2004)．あなたへの社会構成主義　ナカニシヤ出版）

5.3 臨床心理学

臨床心理学(clinical psychology)とは，心がもととなって生じる，あるいは，心が深いかかわりをもつ困難事態にある人の問題解決を目的とする心理学の一分野である．

心理学そのものがそうであったように，臨床心理学ももともと独立した学問領域ではなく，医学，精神医学，哲学の中の一分野であった．それが，1900年代半ばにアメリカを中心に臨床心理学の研究と実践が大規模に展開されるようになった．

日本では，1950年頃から臨床心理学の先駆的な活動がはじまり，紆余曲折を経て今日のように幅広く普及するようになった．代表的な学会である日本心理臨床学会は，2009年2月時点で2万人をこえる会員数を有している．

臨床心理学に関する実践と研究はきわめて多種多様である．比較的体系化された理論だけでもかなりの数にのぼり，さらにその支流に位置づくもの，技法的志向が強いものなども含めると枚挙に暇がない．以下ではおもな実践と研究のみを概観する．

■ 精神分析学

臨床心理学に関係する代表的な学派のひとつに精神分析学（psychoanalysis）があげられる．精神分析学は，1890年代にフロイト（Freud, S.）により創始されたもので，無意識の心の働きを仮定する深層心理学，そこに性欲動の働きを重視する性欲論，性欲と自我との力動的な関係を仮定する力動論などにその特徴が見られる．

フロイト以降の展開としては，ホーナイ，フロム，サリヴァンを中心とし文化や対人関係の視点を重視する新フロイト派，主としてアメリカを中心に，ハルトマンやアンナ・フロイトなどの自我理論に，スピッツやマーラーらによる乳幼児観察研究の知見を組み入れた自我心理学，クラインの内的対象関係に関する理論からはじまり，イギリスを中心にビオン，ローゼンフェルト，バリント，ウィニコットらにより発展させられた対象関係論，自己愛的人格障害の治療をもとに発展したコフートの自己心理学などがあげられる．また，フロイトと初期に袂を分かち，独自の理論と技法を展開したものとして，ユング（Jung, C.G.）の分析心理学，アドラー（Adler, A.）の個人心理学がある．

■ カウンセリング理論

1900年代半ばにアメリカを中心に多くのカウンセリング理論が発展している．その代表にロジャース（Rogers, C.）によるクライアント中心療法（client-centered therapy）とエンカウンターグループがあげられる．無条件の積極的関心，共感的理解，自己一致を重視するこの技法は，同時期に日本の教育相談に大規模に取り入れられた．また，パールズ（Perls, F.）のゲシュタルト療法（Gestalt therapy）も，この時期のカウンセリング理論隆盛の一角を担っている．ゲシュタルト療法では，人格の全体性と統合性を重視する観点から，ホット・シートやボディーワークなどの表現的な技法が重視され，今日のイメージ療法や表現療法に大きな影響を与えている．

エリス（Ellis, A.）による論理療法（rational emotive therapy）も，時期的にはカウンセリング理論の一つに位置づけられる．論理療法では，諸種の心理的苦悶を非合理な信念によるものと考え，それに論理的な反論を加え合理的な信念を獲得することを目指す．このような実践の性質からも，次に述べる認知療法とかかわりが深い．

■ 認知療法と認知行動療法

アカデミックな心理学の基礎的研究を背景とする心理療法が近年重視されるようになってきている．それが認知療法（cognitive therapy），ないしは，認知行動療法（cognitive behavior therapy）である．

認知療法は，社会的学習理論を背景に，ベック（Beck, A.T.）を中心に体系化された心理療法である．心理的問題を学習された歪んだ認知（否定的自動思考）によるものと位置づけ，その認知を修正することを目指す．

今日の認知療法では，行動的な手法も同時に取り入れられることが多く，系統的脱感作や諸種のリラクゼーション法，ロールプレイングやメンタルリハーサルなどの役割演技練習，心理教育などとの組み合わせで実施される．自宅で実施する宿題課題を含め，治療は短期に終了し，自己学習できるテキストなどもある．治療効果に関する客観的データが準備されており，治療目的，治療方法，期待される治療効果が対象者に明確に示される．

■ ナラティブ・アプローチ，解決志向アプローチと家族療法など

さらに近年になって新たな心理療法が展開しつつある．それらは，理論的にはベイトソン（Bateson, G.）のコミュニケーション理論とガーゲン（Gergen, K.）による社会構成主義に関係が深く，また，技法的にはエリクソン（Erickson, M.H.）の催眠療法とも結びつきが深い．主には，従来的な個人内要因を前提とする理論と実践を否定し，心の問題を社会的・対人的な関係性の中で形成されるものと位置づける．

その中には，個人の語りにより現実が形成され変化していくことに基点をおくナラティブ・アプローチ（narrative approach），解決に向けたより積極的で肯定的な考え方に焦点化する解決志向アプローチ（solution focused approach），心の問題を家族システムの問題として扱う家族療法（family therapy）などが含まれる．従来とはまったく異なる斬新なアプローチをもつものが少なくなく，また一般に治療は短期間で効率的な問題解決が目指される．

■ 臨床心理学の視座

以上のような多種多様な実践と研究になんらかの共通点を見出すことは容易ではない．ただし，巨視的に見れば次のような点はいえるであろう．まず何よりも，①いずれもが臨床実践を目的とし，臨床実践の中で修正され検証されてきたものである．臨床関係は，比較的長期にわたるおもに個別性に重点化されたフィールドを自然なかたちで生み出す．また，②その目的が，心の問題に悩む人の心理的問題の解決に資することにあることから，理解の視座が知る側に準備された枠組みから相手の側に相対的に移動しやすい．このことが，活発で時に革新的な理論的展開をもたらしている．さらに，③臨床関係は，距離をおいた間接化されたかかわりだけでなく，相手との直接的なかかわりを生じさせる．したがって，対象化された客観的な理解の仕方だけでなく，知る側自身も込みにしたかかわりの中で相手を理解する可能性を生み出している．

ただし，②に関しては，その理解の複雑さや不明確さについて，③に関しては，単なる主観的な思い込みとの区別が困難である点について批判が多く，今日なお重大な問題を残している．また，以上のような臨床理解を他の目的にそのまま適用しうるかといった限界についても未だ不明確な点が多い．

〔相澤直樹〕

▶文　献

辻　悟（2008）．治療精神医学の実践——こころのホームとアウェイ　創元社

5.4 認知心理学

認知心理学（cognitive psychology）は，人間の知的な精神活動を研究する心理学である．現代の心理学の主流のひとつといえる．主要な研究分野としては，感覚・知覚・注意・記憶・言語・知識・思考・感情などがあげられるが，実際の研究は，認知科学（cognitive science）や脳科学をはじめとした近接領域との連携も含め，非常に広範囲にわたって行われている．

なお認知科学は，認知心理学よりも知的活動を広くとらえ，生物だけではなく機械までも研究対象とする学際的な学問であり，心理学・情報科学・脳科学・言語学・哲学・文化人類学など，さまざまな学問とかかわりをもっている（中島，2006）．

■ 認知心理学の成り立ち

基礎的な心理学は，大まかに分けると，「意識心理学→行動主義心理学→認知心理学」と変遷してきた．

19世紀末，科学的な方法によって人間の精神活動を研究する新たな学問として，心理学が哲学から独立したとき，研究の対象は意識内容であり，研究方法は意識を使っての省察（内観）であった．これがヴント（Wundt, W.）に代表される意識心理学である．しかし，意識という主観的な経験に頼っていたのでは，科学的に研究を行うことは難しい．また当時フロイト（Freud, S.）の精神分析が無意識の存在を強く示したことも影響し，意識を研究の中心に据えていた意識心理学はめざましい成果が得られないまま，20世紀初め，行動主義心理学に主流の座を明け渡した．

ワトソン（Watson, J.B.）に代表される行動主義心理学は，客観的に観察できる行動のみを研究対象とし，多くの成果が得られた．その一方で，厳密な科学的手法を優先するあまり，人間の内面的な精神活動についてはほとんど研究対象としなかったため，20世紀後半になると，言語の算出や理解，問題の解決能力など高次の精神活動の説明に限界を来すようになった（齋藤，1999）．

こうした状況はコンピュータの登場によって一変する．コンピュータは記憶や計算という，それまでは人間の精神にしかできないと考えられていた作業ができる．それならば，人間の精神活動も，コンピュータが行っている情報処理と同等とみなして研究できないものだろうか，と考えられるようになった．

こうした情報処理的な考え方のもと，記憶・言語・思考・注意といった人間の内面にかかわる精神活動の解明が大きく進むこととなった．認知心理学の誕生である．そして，後に「認知革命」とよばれることになる大規模な地殻変動が生じ，1960年代，心理学の主流は行動主義から認知心理学へと移ったのである（髙野，2006）．

認知心理学は人間の内面を研究対象としているため，昔の意識心理学に後戻りしているようにも思われるが，そうではない．本来の認知心理学は，あくまで行動の科学であり，その点では行動主義と変わらない．しかし，行動（人間のふるまい）という指標をもとに，人間の内面的な精神活動を研究の対象としている点が独自の特徴である．また，意識心理学のように意識だけに注目するのではなく，無意識の精神活動を研究対象としている点にも独自性がある．

したがって，注意や記憶などの認知機能について研究すればすぐに認知心理学になるわけではない．上記のような成り立ちの

もとに生まれた研究スタイルを備えたものでなければ認知心理学の研究とはよべないのである（丸野, 1998）.

■ 認知心理学の研究方法

現在のところ，大きく三つに分類できる．中心になっているのは，行動を指標とした実験研究である．たとえば，被験者に何か課題を与え，どれくらい正しく解けるか，どれくらい早く解けるか，といった行動を測定し，課題と行動の関係から認知のプロセスを推定するといった方法である．

2番目は，コンピュータ・シミュレーションである．先行研究における理論や実験結果をもとにして立てられた仮説を検証するため，その仮説をコンピュータのプログラムに翻訳し，コンピュータに人間の被験者と同等のことをさせてみるという方法である．もしコンピュータのふるまいが予想通りであれば，仮説が正しいと判断できる．

3番目は，脳神経科学的な方法である．なんらかの精神活動を行っている際の脳の状態について，fMRI（機能的磁気共鳴画像）などの脳機能イメージング法や脳波などでデータを得て研究する方法である．この研究方法は近年の科学技術進歩により，急速に進展している．

また主要な方法ではないが，補助的に内観報告が利用される場合や，人間の行動とそれが生じた状況（社会文化的背景）の関係を綿密に調べるためのフィールド研究などが行われる場合もある．

■ 認知心理学の応用分野

応用分野は多岐にわたる．とくに法律学との関連が深い領域として，目撃証言研究がある（→ 8.26 ～ 8.38）．これは，事件・事故などの目撃者や被害者から得られる目撃供述に関する研究領域である．実際，目撃証言を認知心理学的にとらえると，「事件を目撃し，記憶として保持し，必要な場面で証言を行う」といった一連の過程は，「外界の事象を知覚・認知し，記憶表象として記銘・保持し，適切なかたちで想起する」という記憶のプロセスとみなすことができる．したがって，従来の認知心理学の記憶研究における知見を応用すれば，現実の目撃証言にかかわる多くの現象を（常識的には理解に苦しむような現象を含めて）うまく説明できることが多い．

また，実際の事件処理に認知心理学の専門家がかかわることも増えている．たとえば捜査実務において正確な証言を得るための手法や，訴訟実務において目撃証言を取り上げる際の注意点など，さまざまな場面で心理学者の提案が活かされている．過去の判例においても，目撃証言の信憑性の評価を心理学者が行い，それが判決に影響を与えるケースもある（渡部, 2001）．

今後は，日本でも裁判員制度が開始されたことから，人間の思考・推論・情動・判断といった意思決定プロセスの研究が司法の場に応用される場面が増えるであろう．

〔相良陽一郎〕

▶ 文　献

丸野俊一 (1998). 心理学の過去, 現在, 未来　丸野俊一（編），シリーズ心理学のなかの論争 [1] 認知心理学における論争　ナカニシヤ出版　pp.1-29.

中島義明 (2006). 情報処理心理学――情報と人間の関わりの認知心理学　サイエンス社

齋藤洋典 (1999). 認知心理学　中島義明ほか（編），心理学辞典　有斐閣　pp.664-665.

高野陽太郎 (2006). 認知心理学とは何か？　高野陽太郎・波多野誼余夫（編），認知心理学概論　放送大学教育振興会　pp.11-19.

渡部保夫（監）(2001). 目撃証言の研究――法と心理学の架け橋をもとめて　北大路書房

5.5 犯罪心理学

犯罪心理学（criminal psychology, forensic psychology）とは，犯罪に関する諸現象について心理学的な方法論を用いて明らかにしていく学問体系であり，犯罪の捜査，犯罪者の矯正や防犯などの活動に応用されている．

■犯罪心理学の分野

犯罪心理学といってもその扱う内容は広く，さまざまな下位分類が可能である．

犯罪原因論 これは「人はなぜ，犯罪を行うのか」という問題について研究する分野である（→6章）．犯罪原因論には，ホルモンや神経伝達物質，遺伝子，栄養，微量金属などの生体構成物質と犯罪の関係を研究する生物学的アプローチ，経済社会的な地位，社会体制や社会システム，景気や失業，都市構造などと犯罪の関係を研究する社会学的アプローチ，パーソナリティや親子関係，生育環境と犯罪の関係やメディアが犯罪に及ぼす影響を研究する心理学的アプローチがある．

捜査心理学 これは心理学の知識や分析方法を犯罪捜査に応用し，犯罪捜査を支援する研究分野である（→8章）．犯人の行動から犯罪者の属性を推定する犯罪者プロファイリング，犯行現場の地理的な特徴から犯人の居住地や次の犯行地点を予測する地理的プロファイリング，犯行の特徴を手がかりに複数の事件を同じ犯人が行ったものかどうかを判断していく事件リンク分析，生理的な指標を使って虚偽を検出するポリグラフ検査，人質交渉技術，捜査面接の技術などの研究が含まれる．

裁判心理学 裁判の過程で心理学の知識を使用するものである（→9章）．裁判官や陪審員の意思決定などの研究，公正な裁判手続きに関する研究や目撃者や被害者の証言の信頼性の査定などの研究が含まれる．

精神鑑定 厳密にいえば，犯罪心理学の一分野とはいえない．精神鑑定では，被告人（等）が犯行を行った時点で精神疾患にかかっていたかどうか，責任能力に影響を与える精神症状が認められたかどうかを判断することがおもな目的であり，心理学的な実証研究というよりも医学的診断が重要となる．そのため，精神鑑定は医学教育の中に位置づけられている（→12章）．

矯正心理学 犯罪者や非行少年の矯正手法を研究し，実践する分野である（→11章）．彼らのアセスメントやカウンセリング，性犯罪者の再犯防止などの研究が行われる．少年鑑別所での少年の資質鑑別，少年院における矯正教育，成人の薬物乱用者や性犯罪者への治療・教育などの分野で応用されている．日本の犯罪心理学者の大半は，法務省管轄のこれらの機関に所属している．

防犯心理学 犯罪を防止するためにはどのような手段が有効かについて研究する分野である（→10章）．有効な防犯対策をするためには犯罪者の行動の特性について把握しておくことが必要である．防犯心理学の中でも都市環境に焦点を当てたアプローチを環境防犯心理学とよぶ．

被害者心理学 犯罪被害者に対するカウンセリングを行う臨床心理学の一分野である（→13章）．

■犯罪心理学の隣接分野

犯罪に関する学問は，現実社会の問題を取り扱う学問であるので，学際的なひろがりをもって，さまざまな観点から研究されている．主要な隣接分野としては以下のよ

うなものがある．

犯罪学　実証的な方法論で犯罪現象を分析する学問であり，犯罪心理学の社会学的原因論と重なる部分も大きい．おもにアメリカで発展した分野であり，それゆえ実証的なアプローチを重視する．また，非行グループやギャング集団への参与観察などのフィールド研究もこの分野の研究の得意とするところである．アノミー理論や分化的学習理論，ラベリング理論や社会的コントロール理論など犯罪原因に関する重要な理論の多くはこの分野の研究者によって作られたものである．

犯罪社会学　社会学的な理論から犯罪を理解していこうとするアプローチである．社会格差や文化接触，社会体制と犯罪の関係など犯罪心理学に比べてより空間的にも時間的にもマクロな観点から犯罪を扱うことが多いが，近年，より実証的な立場からの研究が盛んになっており，犯罪心理学や犯罪学との距離も近くなっている．

刑事政策，刑事学　犯罪を防止し犯罪者を矯正するためにはどのような法律を定め運用していけばよいのか，どのような行政システムを構築すればよいのかを研究する学問である．大学では法律学の一分野として講義されている．

日本の大学での講義では「刑事学」という名称で講義されている場合も「刑事政策」という名称で講義されている場合もあるが実質的には同じものである．刑事学という言葉はフランス語のsciences pénaleから，刑事政策という言葉はドイツ語のKriminalpolitikからきている．

■**犯罪心理学の源流**

犯罪や刑罰制度に関する先駆的な業績はイタリアのベッカリーア（C. B. Beccaria）やイギリスのベンサム（J. Bentham）などの古典派犯罪学者によってなされたものであるが，初めて実証的な観点から犯罪現象を扱ったのは，ロンブローゾ（Lombroso, C.）である．彼は医師であり，犯罪者と一般の人々を人体計測し，そこから，犯罪者は野蛮人の先祖返りであるという生来性犯罪人説を唱えた．もちろん，ロンブローゾの考えは現在では受け入れられていないが，犯罪現象に科学的なアプローチを取り入れたという意味では犯罪科学一般の生みの親といえるであろう．

彼が個人に焦点を当てたのに対して，社会的な統計データを基にマクロな観点から犯罪現象を分析したのは，フランスのゲリー（A. Guerry）やベルギーのケトレー（A. Quetelet）が最初である．ケトレーは犯罪は社会によってひきおこされるものであり，ある社会においては一定の犯罪が恒常的に発生してくる，ゆえに犯罪の数は予測可能であるという犯罪恒常説を唱えた．

これらの先駆者の業績を基にして，ゴダート（H. Goddard）による精神薄弱と犯罪の関連の研究，ゼーリッヒ（E. Seelig）による犯罪者の類型論の研究，グリュック夫妻（S. & E. Glueck）の非行少年に対する心理テストを用いた実証的研究，アイゼンク（H. Eysenck）による自律神経系の活動と犯罪の研究など多くの重要な犯罪心理学研究が生み出されていくことになる．

〔越智啓太〕

5.6 実験研究

われわれは誰しも通常の日常生活における経験や観察（自然観察）に基づいて心理学的な知見を述べることができる．しかしそのような観察は非系統的に行われており，先入観や独断に基づいていることも多く，ミスを犯しやすいものである．また人間の行動の多くは無意識に生じており，自然観察では見落としてしまう部分が無視できないほどに大きい．こうした自然観察で生じがちなミスを犯さないための研究法の一つが実験（experiment）である（中島・佐藤，1993）．

心理学における実験とは，人間の特定の行動が生起する条件を明確にし，条件と行動との関数関係を定立するために，人為的条件を設定して観察・記録・測定することである．多くの場合，先行研究に基づき研究者があらかじめ仮説を立て，それを検証する仮説検証実験というかたちで行われるが，新たな領域の研究などでは先行研究が少ないなどの理由で仮説を立てることが難しい場合もあり，新たな仮説を模索し導き出すための探索実験が行われることもある．また，実験で扱うデータには量的なものと質的なものがあり，それぞれ量的実験，質的実験と区別できる（嶋田，1999）．

■ 心理学の主要な研究法としての実験

実験を研究の手段とし，実験の成果に基づいて考察を行う心理学のことを実験心理学（experimental psychology）というが，この歴史はヴント（Wundt, W.）が世界初の心理学実験室をライプチヒ大学に創設した1879年にまでさかのぼることができる（大山，2007）．哲学から独立し，科学としての心理学を確立するうえで，実験は欠くことのできない研究手段であった．その後，さまざまな領域において実験に基づく研究法が発達し，今日では広範囲の心理学における主要な研究法の一つとなっている．

一般に実験を運営・実施する人を実験者（experimenter）とよび，実験の対象となる人を被験者（subject），実験協力者，実験参加者（participant）などとよぶ．かつては「被験者」というよび方が一般的であったが，英語圏では"subject"が主従関係を暗示するという理由から，現在は"participant"とよぶことが多い（日本心理学会倫理委員会，2010）．日本語の「被験者」にはそのような含みはなく，中立的な意味で使用されてきたが，今後は「実験協力者」あるいは「実験参加者」のほうが一般的となろう．

ところで心理学における主要な研究法は，①調査，②実践，③実験に大別することができる（市川，2001）．

①調査は，観察・インタビュー・質問紙調査などにより，研究対象にあまり影響を与えないようにしながらデータを収集する方法である．②実践は，教育場面や治療場面のように，研究者が研究対象者に積極的に働きかける（介入する）ことにより，対象者への援助と同時にデータを収集する方法である．③実験は調査と同様に，対象者への関与は最小限にしながらも，研究目的に照らして重要な部分については実践と同様に，条件を統制し，積極的に介入を行う．もしある条件における被験者の行動と，別の条件における行動が異なれば，その原因は条件間の違いにあるとみなすことができるからである．

このように，条件設定などにより実験者側で変化させた要因（独立変数〔independent variable〕あるいは実験変数とよぶ）

と，その結果観察される被験者の行動変化（従属変数〔dependent variable〕とよぶ）の関数関係を検討することが実験研究の目的なのである．

■ 実験研究を行うメリット

実験は他の研究法に比べ，多くの長所をもっている．自然観察では統制が難しいような要因や，ごくまれにしか起こりえないような条件を人為的に作り出し，必要ならば同一条件でくり返し検討することや，条件を組織的に変化させてその効果を調べることもできる（大山，2007）．

また，実験研究では独立変数の操作が従属変数に影響を与えることがわかれば，そこに因果関係を見出すことができるのも大きな長所といえる．一般的な質問紙調査などでは諸要因間の相関関係が得られることが多いが，相関関係だけから因果関係を導き出すのは通常困難であろう．

■ 実験研究を行う際に注意すべきこと

正しい因果関係を見出すためには，実験者が操作する独立変数のみが条件間で異なり，独立変数以外のあらゆる要素は条件間で等しくなければならない．なぜなら，独立変数以外の要素が条件間で異なっていた場合，もし条件間で従属変数に違いが見られたとしても，それが独立変数の影響なのか，それ以外の要素（剰余変数〔extraneous variable〕とよぶ）の影響なのか，わからなくなってしまうからである．

そうした混乱を避けるため，実験では厳密な条件統制が求められ，しばしば日常的な場面からは切り離された人工的な環境（例えば実験室など）が必要となる．しかしその一方で，厳密な条件統制を目指すあまり，実験状況が現実の環境とはかけ離れてしまい，そこから得られた結果も日常生活に当てはめることが難しくなってしまうこともある．実験においては，厳密な統制を行う一方で，できるだけ人間の日常生活状況とかけ離れないようにすること（生態学的妥当性，ecological validity）も重要である．

被験者の選定においても注意が必要である．各条件に割り当てられる被験者の属性が偏ってしまうと，それも剰余変数として結果に影響を与える可能性がある．実験で得られた結果を一般化する際には，母集団から標本を抽出する統計学的な無作為抽出の技法に従い，注意深く対象者を選択しなくてはならない．さらに被験者を各条件に割り当てる際は，分散分析などに代表される実験計画法に従う必要がある．

また，実験者自体が被験者の行動に影響を与えてしまう実験者効果（experimenter effects）にも注意が必要である．実験者は無意識のうちに被験者に影響を与え，当初の予想にそった結果を被験者から引き出しやすい傾向がある．これも剰余変数とみなすことができる．

なお，厳密な条件統制の実験を行うことは，研究にとって重要であるが，そのためなら実験者は何をやってもよいというわけではない．倫理的に問題のある実験は行うべきではないのは当然のことである．多くの研究機関では研究者が実験に際して守るべき倫理規定が定められている（嶋田，1999）．

〔相良麻里〕

▶文　献

市川伸一（2001）．心理学の研究とは何か　南風原朝和・市川伸一・下山晴彦（編），心理学研究法入門　東京大学出版会　pp.1-17.

中島義明・佐藤浩一（1993）．心理学実験法　大山正・中島義明（編），実験心理学への招待　サイエンス社　pp.1-29.

日本心理学会倫理委員会（2010）．社団法人日本心理学会倫理規程　第2版　日本心理学会

大山　正（2007）．実験心理学　サイエンス社

嶋田博行（1999）．実験　中島義明ほか（編），心理学辞典　有斐閣　pp.345-346.

5.7 事例研究

事例研究（case study）とは，単一の事例（人物，グループ，地域，出来事など，以下では人と略する）を研究の対象とし，そこから一般化可能な法則性を見出そうとする研究手法である。この用語そのものは，社会学・歴史学・経済学などでも用いられる一般的な表現である。また，心理学の中でも実験研究や調査研究に対比して，単一対象の質的データ研究が事例研究とよばれることもある。ただし，通例，事例研究といえば，精神・心理臨床において臨床家ないし研究者（以下，臨床家と略する）が特定の心病める人に関する臨床情報を素材としてその心理を探求する手法をさす。

■ 事例研究の種類

事例研究では，なんらかの理由で研究の対象となりうる事例が選ばれる。たとえば，①特定の臨床症状や心理的特徴の典型例に位置づくもの，反対に②きわめてまれな臨床症状を示したものなどが事例研究の対象となりうる。あるいは，③臨床的働きかけにより顕著な改善を示した事例や，④逆に改善がとくに困難であったり経過に他に類を見ない特殊性が見られたものが取り上げられることもある。また，⑤なんらかの事情で特殊な臨床情報が得られた事例（数十年にわたる長期経過，関係する症状を示した家族の詳細な情報，身体的・医学的所見など）が対象となる場合もある。

研究の手法としては，面接法によるものが主流である。面接法は，面接者と被面接者との直接的な関係の中での相互作用が中心となる。それは，時々刻々と変化するものであり，条件統制を課すことがほとんど不可能に近い。そのため，実験的手法や計量的手法が適さず，事例研究を通じて検討する必要が生じてくる。一方，心理検査法を用いた場合，検査課題という共通の素材が用いられるため，数量化してとらえやすくなる。とくに，知能検査法と自己報告式人格検査法は刺激としての統制度が高く，計量心理学的手法が用いられることが多い。他方で，人格検査法の一つである投影法では，被験者の反応に相当程度の自由度が許されているため，数値化できる範囲が限定されてくる。その結果，事例研究による検討が必要となる。とくに情報量が多いロールシャッハ検査法やTAT（主題統覚検査）などでは，事例研究が重要な位置を占めている。

なお，事例研究では，通例上記の面接情報や心理検査結果以外に幅広い情報を活用することが多い。つまり，成育歴，問題歴，治療歴，家族関係，就労・就学状況，対人関係の特徴などに関する情報も加味して，その事例に対する理解を形成していく。

■ 事例研究の特徴

事例研究は，しばしば人の個別的な側面を明らかにする研究と評価される。しかし，いわば「その人だけにしかあてはまらない」個別的な側面を研究することの意義は少ない。その目指すところも，個別的な事例に示される一般的な法則性を探求することにある。事例研究の特徴は，むしろその探求の方法にある。事例研究では，心の問題をかかえた人と臨床家との関係の中で探求が行われる。この関係は，日常的な対人関係とは性質が異なり，目的や意図が明確化している。そして，かかわる側が相手の心理を理解するのは，そのことにより問題解決に向けた指針を得ることができると考えるからにほかならない。臨床家は，この治療的意図に基づき，仮定された理解から相手

に働きかけ，予想通りの反応が返ってくればその理解は確認され，もし予想外の反応が返ってくれば修正を行う．この仮説検証の過程は治療期間中絶えずくり返され，徐々に確証の度合いの高い理解に向かっていく．さらに，狭く臨床主訴だけでなく，それ以外の情報，たとえば，臨床場面での他の特徴的な言動，対人関係の特徴や社会適応状況，家族関係などの情報をよりよく説明するようなものであれば，よりいっそう確証の度合いが高まることになる．

以上のプロセスが，書類上の情報や言語的なやりとりといった間接化されたかかわりだけでなく，かかわる側の感情レベルや行動レベルでの反応を含む直接的なかかわりの中で行われる点に事例研究のいまひとつの特徴がある．日常的な人間関係でも，直接的レベルでのかかわりは相互に影響を与えあっているが，そのことを意識することはほとんどない．しかし，臨床家が関係の中で自分の内側に体験することにも意識を向けて，そのことを介して相手を理解する手法が用いられる．H.S.サリヴァンが「関与しながらの観察（participant observation）」として概念化したこの道筋は，事例研究の重要な一つの特徴となっている．

■ 事例研究の問題点

上記のような特徴をもつ事例研究は，しばしばその特徴ゆえに厳しい批判の対象となる．そもそも関係の中で行われる仮説検証過程は，厳密には当事者しか知ることができない．したがって，そこで正当な手続きが行われているかどうかは，ひとえに臨床家の自覚にゆだねられてしまう．いいかえるならば，①当事者が仮定された理解をどの程度明確化できているか，また，②そこからそれを検証するに足る一貫した働きかけを行いえているか，さらには，③その働きかけに対する相手の反応を正確に観察しえているかが問題となるのである．

①が満たされていなければ跡付けの理論となり，②が満たされていなければそれに対する反応そのものの意味が不確定となる．また，③における不十分さは，検証の正当性そのものをゆるがしかねない．しかしながら，単純に考えても，相手が示した反応が正当に観察されているか，反応として選ばれたものに偏りが生じていないか，などは常に微妙な問題である．以上のような重要な側面が臨床家自身にゆだねられていることにより，事例研究はしばしば主観的であるとして批判される．

■ 事例研究における一般性の問題

現代の科学は実証主義と反証主義の強い影響を受けており，仮説の論理的な整合性は，必ずしもその信頼性を支える根拠とはならないと考えられている．仮説の妥当性は，事象の再現可能性と十分な反証テストを経ることにより初めて担保されるとされる．事例研究の特徴は，その条件を満たしていないといえる．しかしながら，事例研究は人間の心理に広くあてはまる信頼性のある知識を探求することを志向しているのである．以上の問題は，事例研究の領域で未だ解決されていない重要な問題である．ひとつには，かかわりの当事者の一方が心病む人であるということは，そこからの反応が研究者の主観に左右されないものとしての意義をもつ可能性がある．臨床家が心病める人の反応を正確に観察しえているかどうかにかかわらず，長い目で見れば治療的な成果によって臨床家の理解の正当性が示されることになると考えることもできる．

〔相澤直樹〕

▶文　献

辻　悟（1997）．ロールシャッハ検査法——形式構造的解析の理論と実際　金子書房

5.8 犯罪研究における事例研究の実際

■犯罪研究において事例研究はなぜ必要か

犯罪研究における事例研究とは,「犯罪非行の事例に基づいて,犯罪非行に至る要因を分析し,その事例の原因を分析するとともに,犯罪非行の一般的な原因の分析にも貢献する目的でなされるもの」である。臨床心理学において事例研究もしくはケース研究といわれるものもあるが(→5.7),犯罪研究においては原因の分析と犯罪原因仮説の一般化により重点がおかれている。法学の分野で行われている判例研究も事例研究の一種である。

犯罪研究において最も行われている方法は犯罪非行者と一般の人との比較を行い,犯罪非行者に欠けている点を探り,それを犯罪非行の原因とするものである。それはたとえば,犯罪者の怠惰な性格や享楽的な生活態度などである。しかしそこで問題であるのは,怠惰な性格などは一般の人にも存在する点である。その程度が,犯罪者の方が強いのであろうか。また,犯罪者や非行者には貧しい家庭の出身者が多いとされるが,それを一般の人と比べて統計的に有意に差があったとしても,貧しくても立派に育っている人のほうが圧倒的に多いのは事実である。犯罪者や非行者が一般の人と比べて何かが欠けているという見方をするよりも,怠惰な性格や家庭の貧しさといったマイナス要因が事例の中でどのように作用したのかを分析することのほうが有益である。

■事例研究の目指すもの

先の定義で述べたように,事例研究の目的は事例の分析(個性記述)と,一般的な犯罪非行の原因を追及する法則定立である。一つの犯罪事例を徹底的に研究することは,それだけでも十分に意義があることである。何よりも事実に基づいていることであるのでさまざまな要因がいかに相互に作用しているのかを知ることができる。

また,事例間を比較することで,要因間の相互作用を複眼的に分析することができる。事例研究はその事例にのみいえることで,汎用性がないという見方もある。しかし,類似の事例を集め類型化していくことで,法則定立も可能である。これは安倍(1969)によって帰納演繹法とよばれている。

■事例研究の構成要素

イン(Yin, 1994)によれば事例研究には5つの構成要素が必要である。それは,①研究問題,②その命題,③その分析単位,④データを命題に結びつける論理,⑤発見物の解釈基準である。研究命題は例えば,少年を非行に導いたのは交友関係であったなどである。分析単位は,個人のことが多いが,交友関係など集団や学校が分析単位となることもある。命題へと至る論理や発見物の解釈基準は最近の質的データの分析が参考となろう。

■アプローチ方法

イン(Yin, 1994)によれば,事例研究にはトライアンギュレーション的(三角測量的)見方,複眼的見方が必要である。それは,日記や書物など既存資料を利用したり,行動観察や面接記録,質問紙の自由回答欄の分析(最近ではテキストマイニングによる研究が盛んである)などであり,インのものを多少改変して図示したものが図1である。その具体的方法に関しては佐藤(2006)が参考となる。

■事例の分析

昭和58(1983)年,名古屋市において,

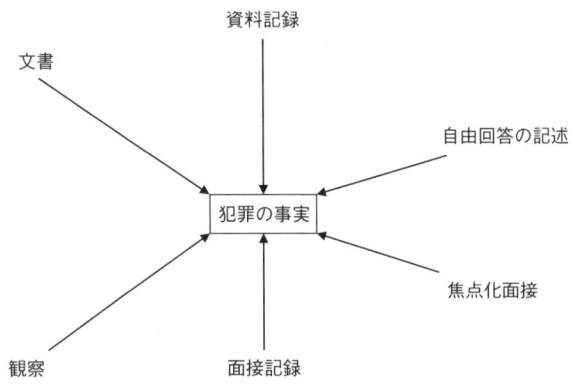

```
          資料記録
              ↓
    文書         自由回答の記述
      ↘       ↙
       犯罪の事実
      ↗   ↑   ↖
              焦点化面接
    観察    面接記録
```

図1 事例研究におけるトライアンギュレーション的接近方法

銀行から出てきた人へピストルによる強盗を試みた男が逮捕された．この男は，昭和47（1972）年から57（1982）年にかけての8件8人の殺害を自供しだした．

この男は昭和23（1948）年農家の長男として出生した．高校時代に盗みをくり返し少年院に送られている．出所後の昭和47年消防組合に正式採用され消防士となる．消防士となってまもない9月，京都市内のアパートに，空き巣目的で侵入．とろが，住人がおり，住人を強姦して殺害した．その後，強盗と殺人をくり返すが，犯行の動機は派手な生活をしていたため借金が膨らんだものであった．

彼は，消防士としての在職中，20回の表彰を受け，全国競技大会では2年連続入賞するなど有望な消防士としての地位を固めていた．在職中人命救助で表彰もされている．昭和61年3月24日一審で死刑判決．平成6年1月17日最高裁で死刑が確定．平成12年11月30日死刑執行された．

以下，事件の分析である．少年時代の非行の原因は不明であるが，その後の消防士時代の犯罪は，同僚から「少年院あがり」と揶揄されたため，それを忘れるために酒や派手な生活に手を染め，その結果強盗に入り，顔を見られたため殺害している．その後はそのことを忘れるためもあって自暴自棄になって犯行をエスカレートさせている．その一方，自己否定感を払拭するために人命救助なども行っている．

この事例は反社会的な行動イコール反社会的性格，向社会的行動イコール向社会的な性格と単一的に考えていてはとうてい理解できない犯罪である．　　　〔水田恵三〕

▶文　献

安倍淳吉（1969）．犯罪心理学研究法　北村晴朗・安倍淳吉・黒田正典（編）心理学研究法　誠信書房

佐藤郁哉（2006）．フィールドワーク——書を持って街へ出よう　増補版　新曜社

Strauss, A., & Corbin, J. (1998). *Basic of qualitative research*. 2nd ed. Sage.（操・森岡（訳）(2004)．質的研究の基礎　第2版　医学書院）

Yin, R.K. (1994). *Case study research*. 2nd ed. Sage.（近藤公彦（訳）(1996)．ケース・スタディの方法　第2版　千倉書房）

5.9 相関研究

2つの量的な変数の関連を検討する際には，相関分析が行われる．たとえば「身長が高くなると体重も増加する」といったように，一方の変数が増加すると他方も増加する関係を，正の相関があるという．一方，「気温が高くなるほど使い捨てカイロの販売量は減少する」といったように，一方の変数が増加すると他方が減少する関係を，負の相関があるという．また，両者の関係が強ければ，相関が高いという．

■ 散布図

2つの量的な変数の間の関係は，一方の変数を横軸にとり，もう一方の変数を縦軸にとってデータをプロットした「散布図（scatter plot）」により，視覚的に2変数間の関係を検討することが可能である．

たとえば，グラフが右上がりになればそれは正の相関があることを表し，逆に右下がりになれば負の相関があることが示される．また，散布図が一本の直線に近くなっていくほど2変数の関係が強く相関が高いということができる．

■ 相関係数

このような2つの量的変数の関連の向きと強さを表す数値を，「相関係数（correlation coefficient）」という．2変数間の直線的な相関を検討する際には，ピアソンの積率相関係数（Pearson's product moment coefficient of correlation）が最もよく使われる．一方，順位間の相関には，スピアマンの順位相関係数（Speaman's rank correlation coefficient）やケンドールの順位相関係数（Kendall's rank correlation coefficient）などが用いられる．

相関係数の中でも最もよく使われるピアソンの積率相関係数 r は，S_{xy}/S_xS_y で求められる．この式の分子 S_{xy} は共分散（covariance）とよばれ，

$$S_{xy} = \frac{1}{N}\sum_{i=1}^{N}(x_i-\bar{x})(y_i-\bar{y})$$

で定義される．つまり，2変数に対しそれぞれのデータから平均を引き，その積を合計したものをデータの数で割ったものである．この相関係数 r は，$-1 \sim 1$ の値をとり，0に近い値になるほど2変量の関係が弱いことを示す．相関係数が1のときは，データのすべてが右上がりの直線上に並び，逆に -1 のときは，データのすべてが右下がりの直線上に並ぶことになる．

明確には基準がないが，一般的には r の絶対値が0.2より低ければ，ほとんど相関がなく，$0.2 \sim 0.4$ であれば弱い相関があり，$0.4 \sim 0.7$ であれば中程度の相関，0.7以上であれば強い相関があると判断される．

さらに，研究では一般に相関係数の有意性の検定を行う．サンプルで得られた結果が無相関の母集団からどの程度の確率で得られるものであるかを計算し，その確率が小さいならば「母集団においても相関がある」と判断するという手続きである．一般的にほとんどの統計ソフトウェアにおいてこの有意性の検定の結果も出力される．

■ 相関係数を算出するうえでの留意点

相関係数を用いて相関分析をするうえでは，いくつか注意するべき点がある．まず相関係数の値は，外れ値（極端に大きかったり，極端に小さい値の少数のデータ）によって大きく変化する可能性があることを考慮する必要がある．そのため，散布図を用いて外れ値が含まれているか確認することが必要となる．

また，ピアソンの相関係数を算出する場合は，2変数が直線的な関係であることが

前提であるため，散布図を用いて視覚的に確認する必要がある．2変数の関係が直線的でなく，曲線相関が想定される場合は，①数値を変換する（たとえば，対数変換など），②変数をいくつかに分割して，複数の直線を当てはめる，③相関比を用いる，などが考えられる．

さらに，集団の一部だけを取り出して相関係数を計算すると，相関係数が小さくなる傾向がみられる．このような効果を選抜効果，あるいは切断効果とよぶ．たとえば，大学の入試の成績と入学後の成績の相関関係を検討しようとすると，そもそも大学入試の合格点に満たないものは対象から外れてしまい，入試の成績が合格点より高い者のみを対象として相関分析を行うために，両者に関係があったとしても相関係数が大きくならないことが考えられ，このようなことも分析をする際に考慮する必要がある．

また，2つの変数間には本当は相関がないにもかかわらず，第3の変数の存在によって見かけ上あらわれる相関を擬似相関（spurious correlation）というが，この擬似相関にも注意を払う必要がある．

たとえば，小学生を対象として身長と漢字力（知っている漢字の量）の相関係数を算出すると，正の相関係数が得られることが考えられる．ここから，「身長が高いほど，多くの漢字を知っている」と結論づけるのは不自然である．つまり，小学生では身長は年齢とともに高くなり，知っている漢字の量も年齢とともに多くなると考えられる．つまり身長と年齢に正の相関があり，漢字力と年齢にも正の相関があるため，見かけ上，身長と漢字力との間に擬似相関が表れてしまう．こうした問題を回避するために，たとえばある年齢の児童だけを取り出して，身長と漢字力との相関をみる，ということが一つの方法として考えられる．あるいは，第3の変数が連続変数の場合，その第3の変数の影響（この場合年齢）を取り除いたうえでの相関係数（身長と漢字力）を偏相関係数（partial correlation coefficient）といい，これを指標に検討することも可能である．

さらに，相関が強いからといって，必ずしも二つの変数の間に因果関係があるとはいえないことに注意する必要がある．たとえば上の例のように，年齢と身長に正の相関関係がみられることからは，年齢が高くなることによって身長が高くなると結論づけることに無理はない．それは「身長が高くなることによって年齢が高くなる」というのは常識的に考えられないためである．

このように，原因と結果の関係がはっきりしている場合には因果関係を言及することができる．しかし，たとえば学生の勉強に対するやる気と成績との間には正の相関関係があるといった場合には，「やる気があるために成績が良い」のか，「成績が良いためにやる気がでる」のか，相関分析からは判断がつかない．そのため，このようなときは，「やる気が高いほど成績が良い傾向がみられた」ということはできるが，原因と結果に関しては結論づけはできないことに注意する必要がある．原因と結果についての詳しい分析には，さらに精密な実験計画が必要とされる（→5.6）．

〔中村　晃〕

▶文　献

南風原朝和（2002）．心理統計学の基礎——統合的理解のために　有斐閣

田中　敏・山際勇一郎（1989）．ユーザーのための教育心理統計と実験計画法　教育出版

5.10 分 散 分 析

2条件の平均の差を検定する方法としてはt検定が使われるが，3以上の条件による差を検定する方法としては，分散分析（analysis of variance）が用いられる．分散分析の基本的考え方としては，全体のばらつき（分散）を条件の違いによって説明できるばらつきと誤差によるばらつきにわけ，条件によるばらつきが誤差によるばらつきよりも十分に大きければ，ばらつきが生じた原因を条件の違いによるものとみなせると考える．このようにして分散分析では，条件別の平均の比較を，全体のばらつきを分解することによって分析するため，分散分析とよばれる．

■実験計画

データの値を変化させる原因のことを要因（factor）といい，要因を構成する条件のことを水準（level）という．たとえば，性別という要因には男性と女性という2水準があり，ABO式血液型という要因には，A型，B型，O型，AB型の4水準からなる．また，要因が一つの場合の分散分析を1要因分散分析，要因が二つの場合は2要因分散分析とよばれる．

一人の被験者を一つの条件にのみ割り当てるようにしたとき，これを被験者間計画（between-subjects design）とよび，同じ被験者が複数の条件を経験するようにしたとき，これを被験者内計画（within-subjects design）とよぶ．このように，実験を行ううえで，どのように被験者を配置するのか，要因をいくつ用意するのか，などを計画することを実験計画，あるいは実験デザインとよぶ．分散分析では，1要因分散分析と2要因分散分析がよく行われるため，以下それぞれについて述べていく．

■1要因分散分析の手順

分散分析では，F値（F比）という統計量を求める．F値は，条件の違いによるばらつきが，誤差によるばらつきの何倍になるかを，比で表した指標である．なお，F値の求め方は，被験者間計画（一人の被験者を一つの条件にのみ割り当てる）と被験者内計画（同じ被験者が複数の条件を経験）では，求め方が一部異なるが，どちらの場合も，このF値を検定統計量として用い，F分布にあてはめて有意性の検定を行う．F分布にあてはめる場合，自由度（degree of freedom）が二つ必要とされ，一つは「条件の数 − 1」で表され，もう一つは「データ数 − 条件数」で表される．

F値の有意性とは，各条件の平均同士の間に有意差が存在することを示す．しかし，条件が3以上ある場合は，どの平均の差が有意であるのかがわからない．そのため，F値の検定が有意でなかった場合は分析がそこで終わりだが，有意であった場合は，多重比較（multiple comparison）を行う．

多重比較とは，三つ以上の平均がある場合に，2平均ずつを対にした「多数回の比較」と言う意味をもつ．つまり，ある要因に有意差が認められたとき，個々の平均値間の差を検定し，どの条件間に有意な差があるかを検定するための分析である．

テューキー（Tukey）法やフィッシャー（Fisher）の最小有意差法（LSD：Least Significant Difference）などがよく用いられる．多重比較によりどこの条件間に有意差があるのか検定して，分析は終了となる．なお論文に分散分析の結果を載せる場合は，F値, 自由度, 有意かどうか（たとえば，$F(2, 148) = 10.52$, $p < .05$)，および有意だった場合には多重比較の結果を記述する．

■ 二要因分散分析の手順

　二要因の分散分析には，①被験者間計画：二要因のどちらとも被験者間要因，②被験者内計画：どちらの要因も被験者内要因，および③混合計画（mixed design）：一方が被験者間要因，他方が被験者内要因，の3種類がある．

　また二要因以上の分散分析では，主効果と交互作用を検討する必要がある．各要因の単独の効果のことを主効果（main effect），複数の要因の組み合わせの効果のことを交互作用（interaction）という．どの計画でも分析の手順としては，1要因分散分析と場合と同様，F値を求めるが，要因Aに対するF値（要因Aの主効果），要因Bに対するF値（要因Bの主効果），および交互作用のF値を求める．このとき，交互作用が有意な場合は，交互作用の分析を行う．交互作用が有意ではなく，主効果が有意な場合でしかも条件数が3以上の場合は，多重比較を行う．

■ 交互作用の分析

　交互作用が有意な場合は，交互作用の分析を行う．交互作用は「二要因以上の実験計画において，ある要因が従属変数（データの値）に及ぼす影響の大きさまたは方向が，別の要因の水準によって異なること」と定義される．まずは，条件別に平均値のパターンを確認するために，平均のグラフを描く．

　このときに，平均点を結んだ直線が平行になるときは交互作用がなく，平行でない場合は交互作用があることが考えられる．ここで，一方の要因が従属変数に及ぼす影響の「大きさ」が，他方の要因の水準によって異なる交互作用を，順方向（ordinal）の交互作用という．また，一方の要因が従属変数に及ぼす影響の「方向」が他方の要因の水準によって異なる交互作用を，逆方向（disordinal）の交互作用という．

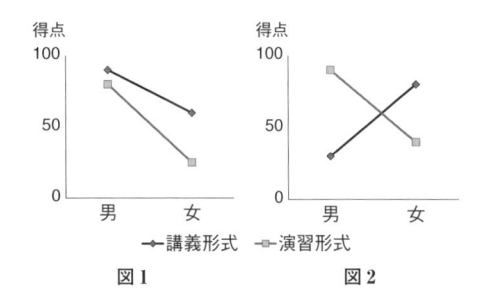

　たとえば，講義形式と演習形式の授業をしたときに，男性と女性で学力テストの得点にどのような影響を与えるのかを検討する場合を例にする．順方向の交互作用だと，図1のように男子学生は講義形式の指導を受けたほうが演習形式よりも少しテスト得点が高いが，女子学生は講義形式の指導を受けたほうが演習形式よりもずっとテスト得点が高い．このように，順方向の交互作用では，影響を及ぼす大きさが異なる．

　一方，逆方向の交互作用では，図2のように男子学生は講義形式よりも演習形式のほうが効果的だが，女子学生は逆に講義形式のほうが演習形式より効果的であるといえる．このように，逆方向の交互作用では，影響を及ぼす方向が異なる．

　交互作用の分析では，男性では講義形式と演習形式のどちらが得点が高いか，および女性では講義形式と演習形式とどちらが得点が高いか，さらに講義形式のときに男性と女性のどちらの得点が高いか，および演習形式のときに男性と女性のどちらの得点が高いか，ということをそれぞれ検定していく．

〔中村　晃〕

▶文　献

南風原朝和（2002）．心理統計学の基礎――統合的理解のために　有斐閣アルマ

山田剛史・村井潤一郎（2004）．よくわかる心理統計　ミネルヴァ書房

5.11 多変量解析

今日の心理学的研究では，複数の調査協力者から得られた多数の測定値や回答を分析の対象とすることが多い．その場合，2変数間の相関係数や度数のクロス集計表のみでは，データの全体像を的確にとらえることが困難となる．なんらかの手法で，多数の変数間の関係を要約的に把握したり，要因の効果と影響を効率的に検討することが求められる．多変量解析（multivariate analysis）は，そのような研究上の要請にこたえるべく準備されたデータ解析法の総称である．以下ではそのおもなものについて解説を行う．

■ 因子分析

因子分析（factor analysis）とは，複数の変数の背後に潜む共通要因（因子）を検討する手法である．いいかえるならば，多変数をそれよりも少数の適切な潜在因子によって説明することを目的としている．例えば，複数の学業成績の背景にある知的因子を検討する，性格に関する複数の質問項目を説明する特性要因を検討する，職業興味に関する項目回答から職業興味を決定するいくつかの要因を抽出する，などである．因子分析は，おもにあらかじめ仮定された因子構造をサンプルデータにより検証する確認的因子分析と，得られたデータから適切な因子構造を抽出する探索的因子分析に区分される．

確認的因子分析（confirmatory factor analysis） 後に述べる共分散構造分析（構造方程式モデリング）の一つに含まれる分析手法である．先行知見や理論的な推定により因子構造をあらかじめ仮定し，サンプルデータに対してその仮説を検証する点に特徴がある．各観測変数が一つの因子に負荷することを仮定する因子構造においては，観測変数を従属変数，因子を独立変数とする回帰モデルとなる．潜在因子の平均値と分散をどのようにも定めることができるため，前者を0，後者を1に制約する（分散のかわりに一つの観測変数への偏回帰係数を1に固定する場合もある）．観測変数と潜在因子の関係は偏回帰係数で示されるが，偏回帰係数は観測変数の単位に影響されるため，観測変数の標準化することで得られる標準偏回帰係数を用いる．この標準偏回帰係数は，観測変数と因子の関係の強さを示す因子負荷量として，値の大きさと相互の比較の指標とすることができる．因子構造の妥当性は，偏回帰整数や標準偏回帰係数の値とは別に，データに対する当てはまりの度合いを示す適合度により評価される．適合度を示す指標にはきわめて多様な準備されており，通常は複数の指標を示す．おもにGFI，AGFI，RMRを参考とすることが多く，最近はこれに合わせてRMSEAが重視される傾向にある．分析の内容や目的によってどの指標を用いるかは異なってくる．心理学的な調査研究の中では，適合度指標（GFI），修正適合度指標（AGFI），残差平方平均平方根（RMR）やRMSEA（root mean square error of approximation）が基準としてしばしばもちいられる．

探索的因子分析（exploratory factor analysis） 得られたデータから潜在的な因子構造を抽出する手法である．因子の計算方法は多様なものが準備されているが，主因子法が用いられることが多い（最近は最尤推定が推奨される場合もある）．算出された因子が変数全体を説明する度合いは，各因子の固有値（各変数の分散を1

とした場合の当該因子が説明する分散）と説明率（その比率）で示される．また，各因子と各変数の関係の強さは，因子負荷量として算出される．多数の変数に因子分析を施す場合，複数の因子が採用されることが多いが，因子の数を決定する絶対的基準は準備されていない．多くの場合，各因子間の固有値の変動状況を参考とする，あるいは，固有値が1以上の因子を採用するなどの手法が用いられる．また，探索的因子分析では，原則的には事前の因子構造の仮説がないため，得られた因子は各変数との関係に照らしてその意味が解釈されなければならない．そのために，単純構造（各変数ができるだけ一つの因子に高く負荷する関係）を求めるために因子回転という手続きを行う．

因子回転には，大きく分けて因子間の独立性を仮定する直交回転とそのような仮定を設けない（相関関係を許容する）斜交回転に分けられる．前者の代表はバリマックス回転であり，後者の代表はプロマックス回転である．いずれを用いるかは分析目的によるが，直交回転に関しては，解釈の容易さはあるものの，因子間に関連がないとの理論的仮説には無理があることが少なくないため，近年では斜交回転が選択される傾向にある．

なお，このほかに類似の分析法として主成分分析がよく用いられる．ただし，主成分分析は，多くの変数をより少ない合成成分で説明することを目的とするものであり，計算手法の違いからも因子分析とは異なるものと位置づけられている．

■ クラスター分析

クラスター分析（cluster analysis）は，いくつかの測定値や回答を基準に対象者をグループ（クラスター）に分類する手法である．ある人口動態データから調査対象者群をいくつかの似通ったグループに分ける，対人関係に関する質問項目への回答を基準に対人関係のパターンを共有するいくつかの群を抽出する，などである．クラスター分析には，クラスターを一つずつ段階的に形成する階層的クラスター分析と，あらかじめ決められた数のクラスターに対象者を割り当てていく非階層的クラスター分析がある．

階層的クラスター分析　個々の対象者，ないしは，クラスターを段階的に結び付けていき，最終的に全対象者が一つのクラスターとなるまで計算を行う．その際，それらの距離（類似性）の指標とクラスター化の方法を指定しなければならない．前者にはさまざまなものが提案されているが，一般的なものの一つとして幾何学的な距離の二乗に相当する平方ユークリッド距離がある．後者に関しては，両クラスター内の最も距離の近い個体間の距離をクラスター間の距離として採用する最短距離法，逆に最も距離の遠い個体間の距離を採用する最長距離法，そのほか，両クラスター内の平方和を最小にする基準でクラスターどうしを結びつけるウォード法などが比較的よく用いられる．クラスター分析では，クラスター数を決定する一般的な基準はなく，多くの場合，クラスターの数，各クラスターに含まれる対象者数，各クラスター内の測定値や回答の平均値をもとに妥当なクラスター数を決定する．ただし，クラスター化の距離が急に大きくなる箇所がある場合には，その前段階におけるクラスター数を採用することは有効な手段とされている．なお，階層的クラスター分析では，クラスター化の段階を樹形図（デンドログラム）として図示することができる．この図を参照すれば，クラスター化の流れを視覚的にとらえ検討することができる．

非階層的クラスター分析 あらかじめ定められたクラスター数に従い，初期のクラスター中心を定め，順次クラスター中心を更新しつつ，新しいクラスター中心への変化量が一定の基準を下回った段階で最終的なクラスターを確定する．階層的クラスター分析に比べクラスターの形成過程の細部がとらえにくくはなるが，個体数が多い場合には計算時間が少なく用いやすい．

■ **判別分析**

判別分析（discriminant analysis）は，なんらかの測定値や回答である説明変数によって対象者をグループに分類する手法である．クラスター分析の目的が未知のグループ分けを作り出すことにあるのに対して，判別分析は与えられた外的基準による分類（たとえば，入学試験の合格群と不合格群，患者群と非患者群，支持政党など）のいずれに対象者が属するのかを判別することを目的とする．

判別分析を用いる研究上の目的は，大きく二つに分かれる．一つは，ある対象者がどのグループに属するかを判別することであり，今ひとつはその判別にあたってどの説明変数が重要であるかを知ることである．ただいずれの場合も，分析手続きの中心となるのは判別に有意な線形判別関数を特定することにある．判別関数の判別に対する有効性は正準相関係数と説明率により示され，各説明変数の判別に対する重要性は判別係数で示される．

有意性の検定にあたってはウィルクスのΛ（ラムダ）値が指標として用いられ，各グループ間に差がみられるかどうかを検証する．また，判別関数がどのような基準によりグループを判別しているのか，については別途解釈が必要になる．その際，判別関数と各説明変数の相関，あるいは，各グループの判別関数平均値などを参考に解釈を行う．ただし，3グループ以上の判別でグループ間の関係が錯綜する場合には，判別関数の解釈がかなり複雑になる場合もある．

グループの判別にあたって重要となる説明変数を検討する際には，判別係数を用いる．ただし，標準化しない判別係数は，説明変数の単位に影響されるため，標準化された判別係数を比較する必要がある．また，判別に有意な変数のみを選択する手法としてステップワイズ法を用いることができる．ここでは，最も有意な説明変数から順次判別関数に投入し，有意な説明変数がみられなくなるまでこの作業をくり返す．最終的には有意な説明変数のみにより構成された判別関数を得ることができる．

また，対象者の判別を目的とする場合，判別分析ではあらかじめ与えられた対象者のグループと分析の結果予測されるグループとの一致度を出力することができる．その際，各対象者がグループに含まれる確率を出力するとともに，誤って判別された対象者とその比率を表示することができる．さらには，新たな対象者の判別を行うことも可能である．

■ **共分散構造分析（構造方程式モデリング）**

共分散構造分析（covariance structure analysis），または，構造方程式モデリング（structural equation modeling）は，近年盛んに用いられるようになった手法の一つである．ただし，特定の分析手法をさすというよりも，そのもとに従来の分析手法を包括する新たな統計分析の枠組みであるとみなしたほうがふさわしいように思われる．たとえば，前述した多変量解析法のほとんどが共分散構造分析の中で実行可能であるし，そのほかにも重回帰分析，パス解析などの統計手法も実行することができる．

共分散構造分析は，実際に測定された観

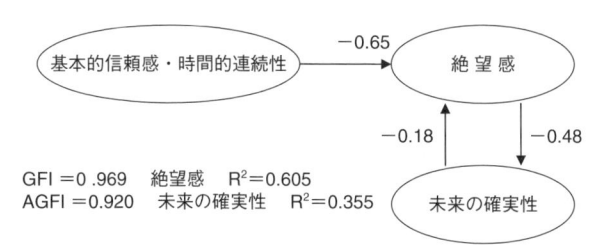

```
                                    −0.65
    基本的信頼感・時間的連続性  ────────→   絶 望 感

                                            −0.18 ↑  ↓ −0.48
    GFI =0.969    絶望感        R²=0.605
    AGFI=0.920    未来の確実性   R²=0.355      未来の確実性
```

図1　基本的信頼感と絶望感の共分散構造分析モデル（観測変数と誤差項は省略）（谷，1998）

測変数だけでなくデータとして実際に示されることのない潜在変数を導入し，多彩なモデル（変数どうしの共変動，因果関係）を構築することが可能である（図1）．心理学は，その対象の性質から実際に観察できない構成概念を用いることが多い．この点からも，共分散構造分析は心理学研究に適するとされている．もちろんモデル構成の自由度が高いとはいえ，理論的に整合性のある変数どうしの関係はあらかじめ研究者によって準備されなければならない．ただし，そのほかにも，モデルによっては推定値の計算にあたって解が定まらない場合があり，識別性の問題とよばれる．推定値と変数の数から識別されないモデルは特定されうるが，それ以外にも識別されないモデルが存在することが知られている．モデルが識別されない場合，推定値に制約を加えるしかないが，一定以上の制約を行う場合には理論的観点や先行知見などを取り入れた高度な判断が必要となる．

また，共分散構造分析は，モデルのデータに対する適合の度合いを評価することができる．これにより，多彩なモデルを同一の観点から比較し評価することが可能となっている．

■ 数量化理論

数量化理論は，データに質的変量を含む場合にそれを数値化して分析する技術であるが，多数の変数を同時に取り扱うため広義には多変量解析の中に含まれる．データの性質や分析手法により数量化Ⅰ類からⅣ類までが準備されている．数量化Ⅰ類は，質的なデータから数量データを予測する際にもちいられるのに対し，数量化Ⅱ類は，質的なデータから質的な分類を判別する際に用いられる．また，数量化Ⅲ類は質的データをもとに変数や対象を分類する手法であり，数量化Ⅳ類は類似度を示す質的データをもつ対象を単一直線，ないしは，複数次元の平面に位置づける手法である．

以上のほかにも多変量解析法は膨大な数のものが準備されており，心理学的研究に対して有効な分析ツールを提供している．ただし，これらの統計手法もそれだけで有用な知見を産出するわけではなく，事前の理論的考察と先行研究から導き出された整合性のある仮説，それを測定・評価するための適切な方法の選択，さらには，当該の対象を測定するにあたって実験条件の整備や適切なサンプリングなどを介して初めてその真価が発揮されるものである．

〔相澤直樹〕

▶文　献

谷　冬彦（1998）．青年期における基本的信頼感と時間的展望　発達心理学研究，9，35-44．

豊田秀樹（1992）．SASによる共分散構造分析　東京大学出版会

資料5 ●日本国内のおもな心理学関連学会

　日本国内の心理学関連の学会およびその機関誌について，設立年順に一覧とした．ただし，ここにあげたものは5章で紹介した専門領域と関連の深い学会のみである．

（相良陽一郎）

学会名	設立年	おもな機関誌
日本心理学会	1927	心理学研究，Japanese Psychological Research
日本動物心理学会	1933	動物心理学研究
日本応用心理学会	1936	応用心理学研究
日本グループ・ダイナミックス学会	1949	実験社会心理学研究
日本精神分析学会	1955	精神分析研究
日本教育心理学会	1959	教育心理学研究，教育心理学年報
日本社会心理学会	1960	社会心理学研究
日本犯罪心理学会	1963	犯罪心理学研究
日本特殊教育学会	1963	特殊教育学研究
日本臨床心理学会	1964	臨床心理学研究
日本スポーツ心理学会	1973	スポーツ心理学研究
日本基礎心理学会	1981	基礎心理学研究
日本交通心理学会	1982	交通心理学研究
日本心理臨床学会	1982	心理臨床学研究
日本人間性心理学会	1982	人間性心理学研究
人間・環境学会	1982	MERA ジャーナル
日本行動分析学会	1983	行動分析学研究
日本生理心理学会	1983	生理心理学と精神生理学
日本認知科学会	1983	認知科学
日本家族心理学会	1984	家族心理学研究
産業・組織心理学会	1985	産業・組織心理学研究
日本箱庭療法学会	1987	箱庭療法学研究
日本カウンセリング学会	1987	カウンセリング研究
日本学生相談学会	1987	学生相談研究
日本健康心理学会	1988	健康心理学研究
日本発達心理学会	1989	発達心理学研究
日本臨床動作学会	1991	臨床動作学研究
日本感情心理学会	1992	感情心理学研究
日本パーソナリティ心理学会	1992	パーソナリティ研究
日本青年心理学会	1993	青年心理学研究
日本行動科学会	1993	行動科学
日本ブリーフサイコセラピー学会	1995	ブリーフサイコセラピー研究
日本産業カウンセリング学会	1996	産業カウンセリング研究
法と心理学会	2000	法と心理
日本遊戯療法学会	2001	遊戯療法学研究
日本認知心理学会	2003	認知心理学研究
日本福祉心理学会	2003	福祉心理学研究
質的心理学会	2004	質的心理学研究

＊上記のほとんどの学会は日本心理学諸学会連合に加盟しており，詳細はウェブサイトから見ることができる．
日本心理学諸学会連合事務局（http://jupa.jp/）

6.
犯罪原因論

本章では犯罪を引き起こしたさまざまな「事柄」が述べられるが，犯罪の単一の原因は考えにくい．むしろ犯罪の「要因」といったほうが正確であろう．たとえば犯罪の原因として生理学的な脳やホルモンがあるが，それすら本章で展開するように，唯一の原因ではない．要因が単一ではないがゆえに，更生，治療が難しいとともに，素人でも勝手に要因をあげることができるのであろう．大切であるのは，その要因がどのように結びつきあって，影響し合って犯罪の原因となるのかを説明することである． 〔水田恵三〕

6.1 ホルモンと犯罪の関係

■ ホルモンとは

ホルモン（hormone）とは，内分泌器官で合成・分泌され，血液を通して体内を循環し，他の標的細胞または諸臓器の機能を特異的に調節する生理活性物質である．生体内外の情報に応じて産生・分泌され，標的器官の機能レベルを促進あるいは抑制する効果をもつ．

ホルモンの重要な働きは，外界の変化に対して個体の内部環境を一定に保ち，機能を正常に働かせ，生命の維持を図るという生理的適応の調節系を果たすことである．ホルモンは，水分・電解質・血糖・体温・血圧などの体内恒常性の維持（ホメオスタシス），生体リズム，摂食，成長，性行動などの生命活動に深く関係している．

ホルモンは，上位の内分泌腺から特定の腺の活動に影響を与えるホルモンが分泌されて，下位の内分泌腺を刺激して，ここから末梢のホルモンが分泌され，最終的な標的細胞へ到達し生理反応を起こす．図1に主要な内分泌腺，標的器官，ホルモンの関係を示す．

■ ホルモンと犯罪

犯罪と関連するホルモンとしては，性ホルモン（テストステロン）とストレスホルモン（コルチゾール）の2つが主としてこれまで研究されてきている．しかし，ストレスとの関連については，神経伝達物質（セロトニン，ノルアドレナリン）とのかかわりが深い（→6.2）．

1) 性ホルモンと攻撃行動

(1) 性ホルモン　性ホルモンには男性ホルモンと女性ホルモンがある．男性ホルモン（ステロイド）はアンドロスタンに，女性ホルモンはエストランに属し，前者ではテストステロン，後者ではエストラジオールが代表的ホルモンである．

性ホルモンの中でも，テストステロンが攻撃行動と関連していることがこれまでに指摘されている．

(2) 動物の攻撃行動　人間以外の多くの哺乳類において，血中テストステロン濃度と攻撃行動との間に強い関連があることが示されている．テストステロン産生器官である精巣を除去すると攻撃行動は減少する．一方で，テストステロンを血中などに注入すると攻撃行動は増加する（Trainor et al., 2004）．

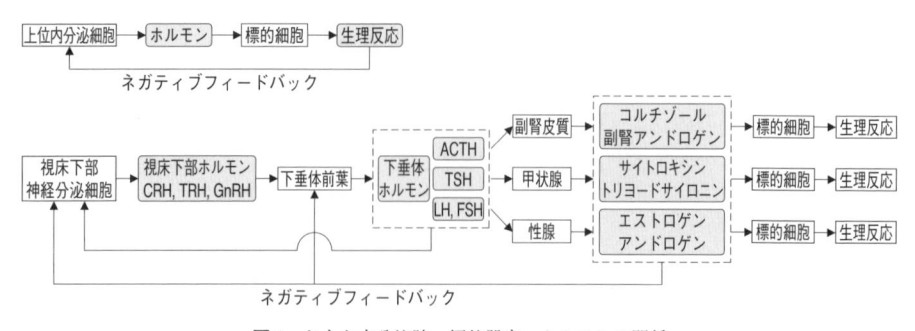

図1 おもな内分泌腺，標的器官，ホルモンの関係

しかし、アカゲザルやチンパンジーなど、高度な霊長類になると、発達的、社会的、認知的な要因が攻撃行動に重要な影響を与え、ホルモンとの関係はより複雑になる。そして、テストステロン濃度と攻撃行動との間に相関関係を示すデータが得られたとしても、それは必ずしも因果関係を示すものではないと考えられている。

集団における地位など社会的関係性によってもテストステロン濃度は変動し、テストステロンが攻撃行動そのものの原因となるというよりは、社会的地位や関係性が攻撃行動とテストステロンとの媒介となって働いていることが示唆されている（Archer, 2004）。

(3) 人間の攻撃行動 テストステロンと攻撃行動の関連を調べようとする試みは、古くから行われている。女性に比べて男性の攻撃行動が多いことを考えると、そうした推測ももっともなことであろう。男性が女性よりずっと血中テストステロン濃度が高いことは、このことをうまく説明できそうである。そして、女性でも攻撃的な者は、通常に比べてテストステロンレベルが高いのではないかと考えられてきた。

そのようなことから、血液中あるいは唾液中のテストステロン濃度と、暴力や攻撃性との関連が調べられている。そして、支配的な傾向や攻撃性とテストステロンとの関係が示されている（Shellers et al., 2007；Carrè & McCormick, 2008）。

一方で、これらの関連を見出せなかった研究もある（Josephs et al., 2006；Stanton & Schultheiss, 2007）。現在のところ、これらの関連について一貫性はなく、人間においては、霊長類以外の動物ほどのエビデンスは確立されていない。その原因については、以下のことが考えられている。

一つは、社会的な相互作用がテストステロン濃度に影響するためである。勝敗の決まる競争場面、スポーツ、魅力を感じる異性がいる場面といった状況で、テストステロン濃度は変化することがわかっている（van Anders & Watoson, 2006；Roney et al., 2007）。（→ 6.5, 6.6）

もう一つは、方法論的問題であると考えられている。まず、暴力とホルモンの関係を調べようとする場合、血液検体を採取したとしても、それは、過去に起きた暴力と採取時のホルモン濃度の関連をみているにすぎない。次に、体循環における抹消のテストステロンを解析しても、脳の神経細胞内で起きている現象を必ずしも反映していないという限界がある。また、攻撃性の評価が、質問紙を用いたものもあれば、平常時の競争的態度、あるいは犯罪歴を調べたものまでさまざまであり、実験デザインに統一性がない。今後、系統的な研究によって知見を集積することで、解明を進める必要があるだろう。

2) 性犯罪と性ホルモン療法

以上のように、テストステロンを一般的攻撃性と関連づけるのは、現在のところ難しい。しかし、少なくとも思春期をすぎた男性においては、性的欲求は種の維持のための生殖行為を行うに際しての根源的な本能であり、性的快感によって裏打ちされ、そこにテストステロンが関与していることは科学的事実である。

たとえば、血中テストステロン濃度が低下すると、性的関心や興奮、空想などが減少する。また、テストステロンが過剰に高い性犯罪者は、より暴力的性犯罪を起こす傾向があり、性犯罪の再犯を予測することが明らかになっている（→ 6.7, 11.12）。

こうしたことから、かつては、性犯罪者に対して精巣を除去するという外科手術治療が行われてきた。だが、現在では、不可

逆的なこうした方法に対しては倫理的問題が指摘されるようになり，欧米を中心として，性犯罪者に対してテストステロン活性を減少させる抗アンドロゲン剤を用いた性ホルモン療法が施されるようになっている．そして，エビデンスも相当に蓄積され，性ホルモン療法は性犯罪者の攻撃性を減じる効果があり，再犯の防止にもなることが示されてきている．

抗アンドロゲン剤を用いた性犯罪者に対する性ホルモン療法は，テストステロンを減少させる酢酸メドロキプロゲステロン（MPA），酢酸シプロテロン（CPA）といった薬剤が用いられる．MPAは性腺刺激ホルモン分泌を抑制することによって，精巣でのテストステロン生成を減少させる．CPAは，アンドロゲン受容体での拮抗的抑制を介して，テストステロンの効果を打ち消すように作用する．

また，1990年代に入ってからは，酢酸ロイプロリド（性腺刺激ホルモン放出ホルモン［GnRH］の一種のLH-RHの合成類似化合物）の使用による治療が多用されるようになっている．酢酸ロイプロリドの作用は，一般的な抗アンドロゲン剤とは異なっている．この薬剤を投与するとはじめはテストステロンやその他の精巣ステロイドの産生放出を刺激し，むしろ性的欲動を増加させる．しかし，長期的に投与することによって，性腺刺激ホルモン受容体の数が減少し，神経細胞の応答性が低下する．これをダウンレギュレーションという．その結果，精巣ステロイド生成が抑制され，アンドロゲン濃度が低下する．以上のような調節を経て，酢酸ロイプロリドは，他の抗アンドロゲン剤と同様の機能を果たすことになる．

性ホルモン療法以外では，性犯罪者の常習性と強迫性障害との関係が示唆されており，強迫性障害の治療にしばしば用いられるセロトニン再取り込み阻害薬（selective serotonin reuptake inhibitor：SSRI）が使用される（→6.2）．

欧米における性犯罪治療の現状について以下に整理しておく（図2）．まず，性的認知の歪みなどに対して，認知行動療法がすべての性犯罪者に行われる．そして，再犯のリスクが高い者については，薬物療法やホルモン療法が併用される．

相手の身体に触れない，ないし，暴力をふるわない性犯罪者や，再犯のリスクのある者の中でも比較的リスクが低い者には，

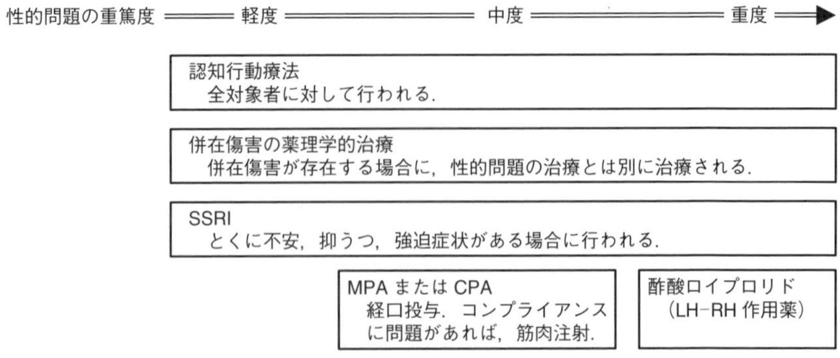

性的問題の重篤度 ━━━ 軽度 ━━━━━━━ 中度 ━━━━━━━ 重度 ━━▶

- 認知行動療法
    全対象者に対して行われる．
- 併在傷害の薬理学的治療
    併在傷害が存在する場合に，性的問題の治療とは別に治療される．
- SSRI
    とくに不安，抑うつ，強迫症状がある場合に行われる．
- MPAまたはCPA
    経口投与．コンプライアンスに問題があれば，筋肉注射．
- 酢酸ロイプロリド
    （LH-RH作用薬）

図2　欧米における性犯罪治療の現状

SSRI が使用される．そして，それ以外の性犯罪者に対して，初めて SSRI と併用して，抗アンドロゲン剤による治療が適用され，CPA か MPA の経口投与が考えられる．SSRI と CPA や MPA の併用による治療が成功しなかった場合，それらの薬剤の片方ないし両方を変更することを試みる（たとえば，SSRI から三環系抗鬱薬へ，CPA から MPA へ）．または，これらに加えてかこれらの代理として，酢酸ロイプロリドを使用する．再犯率は，認知行動療法により減少し，また薬物療法によっても減少する．そして単独で行うよりも，これらを併用することでより効果があがるとされている（Guay, 2009）．

3）わが国の状況

現在わが国では，性犯罪者に対しては，薬事法未承認ということもあり性ホルモン療法は行われておらず，認知行動療法も法務省などで最近ようやく始動したところである．性ホルモン療法は，テストステロン生成を低下させるその作用のため，「化学的去勢」などといわれることもある．こうした倫理的問題も十分に議論したうえで環境を整え，今後取り取り組んでいくべき課題であると思われる． 〔福井裕輝〕

▶文　献

Archer J. (2004). Testosterone and human aggression: an evaluation of challenge hypothesis. *Neuroscience and Behavioral Reviews*, **30**, 319-345.

Carré J.M., & McCormick C.M. (2008). Aggressive behavior and change in salivary testosterone concentrations predict willingness to engage in a competitive task. *Horm. Behav.*, **54**(3), 403-9.

Guay D.R. (2009). Drug treatment of paraphilic and nonparaphilic sexual disorders. *Clin. Ther.*, **31**(1), 1-31.

Josephs, R.A., Sellers, J.G., Newman, M.L., & Mehta, P.H. (2006). The mismatch effect: when testosterone and status are at odds. *Pers. Soc. Psychol.*, **90**(6), 999-1013.

Roney, J.R., Lukaszewski, A.W., & Simmons, Z.L. (2007). Rapid endocrine responses of young men to social interactions with young women. *Horm. Behav.*, **52**(3), 326-33.

Shellers, J., Mehl, R., & Josephs, R. (2007). Hormones and personality: Testosterone as a marker of individual differences. *J. Res. Personal.*, **41**, 126-138.

Stanton, S.J., & Schultheiss, O.C. (2007). Basal and dynamic relationships between implicit power motivation and estradiol in women. *Horm. Behav.*, **52**(5), 571-80.

Trainor, B.C., Bird, I.M., & Marler, C.A. (2004). Opposing hormonal mechanisms of aggression revealed through short-lived testosterone manipulations and multiple winning experiences. *Horm. Behav.*, **45**(2), 115-121.

van Anders, S.M., Watson, N. (2006). Social neuroendocrinology: Effects of social contexts and behaviors on sex steroids in humans. *Human Nature*, **17**(2), 212-237.

6.2 神経伝達物質と犯罪の関係

■ 神経伝達物質とは

脳は神経細胞（ニューロン，neuron）による巨大ネットワークであり，人間の脳には約2千億個の神経細胞が存在するとされている．神経細胞と神経細胞間あるいは神経細胞と効果器細胞（たとえば筋細胞）間の接合部をシナプスという．神経細胞内の1か0（全か無）のインパルスによる情報の伝導とは異なり，シナプスでは，アナログ量による情報の伝達が行われる．それを担うのが，シナプス前神経細胞からシナプス後神経細胞へと情報を伝える神経伝達物質である．神経伝達物質は化学物質であり，興奮性あるいは抑制性の作用を示す．

神経伝達物質には，小分子と大分子のものがある．小分子神経伝達物質には，モノアミン，アミノ酸，アセチルコリンがあり，大分子神経伝達物質には，神経ペプチドがある．モノアミンは，インドールアミンとカテコールアミンの2つのグループに分類され，前者にはセロトニン（別名5-ヒドロキシトリプタミン［5-HT］）が，後者には，ノルアドレナリン，アドレナリン，ドーパミンが含まれる．それぞれの神経伝達物質は，さまざまな神経生理機能と関連している（表1）．

■ 神経伝達物質と犯罪

犯罪には，生物学的，発達的，心理社会的，文化的などさまざまな要因が関与するが，暴力犯罪に結びつく生物学的基盤としては，衝動的攻撃性（→ 6.13）が重要である．衝動性と攻撃性は，似通っているが，異なる概念である．

衝動性は，自己や他者にとって有害となる一時的な感情，本能的欲求，誘惑などをコントロールできなくなることとして定義される．衝動的行動は，熟慮されることなく，即時的，直接的な効果を得ることのみを目的として起こる．

一方，攻撃性は，他者に対して意図して危害や傷害を加える攻撃行動において，その原因となるさまざまな内的過程（情動，認知，人格など）と定義される．攻撃行動

表1 神経伝達物質の種類と機能

神経伝達物質		神経生理機能
モノアミン	セロトニン (5-HT)	喜怒哀楽の感情をコントロールし，精神を安定させる働きがあり，抑うつとの関連が知られる．
	カテコールアミン ・ノルアドレナリン ・アドレナリン ・ドーパミン	外部環境からの突発的で不快な刺激，内部環境の危機的変動に注意を喚起するように働く．闘争－逃走反応にかかわる． 快の感情，意欲，動機づけ，学習にかかわる．
アミノ酸	グルタミン酸 γアミノ酪酸 (GABA) など	神経を興奮させる．てんかん発作にかかわる． 神経を抑制させる．不安や緊張を和らげる働きがある．
アセチルコリン		神経を興奮させる．学習・記憶にかかわる．
ペプチド	多種類（エンドルフィンなど）	多様

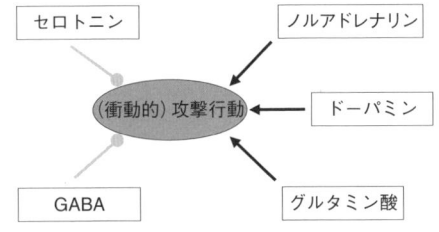

図1 衝動的攻撃にかかわる神経伝達物質

は，注意が集中し，警戒状態が持続し，爆発性が高まることによって発露する．その結果，他者，自己への身体的・言語的危害が起こる．

攻撃性は，防御的・計画的・衝動的の3つにしばしば分類される．たとえば，十分に練られた暗殺の企みは計画的攻撃であるが，衝動的ではない．衝動的攻撃は，ストレスや脅威に曝されたときにとる究極の反応である．直面した脅威がそれほど強くなく，また相手との距離が遠い場合，すくんでしまう．脅威が強く，距離が近い場合，その場から逃げようとする．さらに脅威が強まり，距離が近接すると，衝動的攻撃が示される．

衝動的攻撃には，さまざまな興奮性あるいは抑制性の神経伝達物質が関与している（図1）．しかし，ドーパミン，GABA，グルタミン酸については，その働きは明確になっていない．現在のところ，衝動的攻撃に関する作用機序が十分にわかっているのは，セロトニンとノルアドレナリン，そして，ホルモンであるコルチゾールである（→ 6.1）．

■ ストレスと衝動的攻撃

ストレス（stress）は，体外から加えられた要求/脅威に対する身体の非特異的な反応のことをいう．そして，反応を引き起こす刺激のことをストレッサー，刺激に対して反応し，歪みを起こした状態のことをストレスという．

ストレス/脅威に対する神経回路網の一つに，扁桃体内側核から視床下部へと至り，さらに中脳水道周囲灰白質（PAG）の背側に到達するものがある（図2）．このシステムは，階層構造をなしている．つまり，扁桃体からシグナルが送られたとしても，視床下部あるいはPAGが適切に機能していなければ攻撃性は表出されない．しかし，PAGからシグナルが送られる場合，攻撃性は扁桃体の機能状態とは関係しない．したがって，扁桃体が損傷を受けていてもPAGの神経を刺激することで衝動的攻撃は引き起こされる．しかし，PAGに損傷がある場合，扁桃体を刺激しても衝動的攻撃は引き起こされない．

ストレスや脅威に反応し，攻撃に関与する神経化学的回路として重要なものが二つある．第一は，ノルアドレナリン神経系である．扁桃体内側核からニューロンが青斑核に投射し，それを通じて，ノルアドレナリンが放出される．ノルアドレナリンと衝動的攻撃との関連については，マウスにおける薬理学的操作および遺伝子操作などの研究から明らかにされている．

第二は，視床下部-下垂体-副腎（HPA）経路とよばれるものである（→ 6.1）．ストレスがかかると，視床下部の室傍核から副腎皮質刺激ホルモン放出因子（CRF）が放出される．CRFは室傍核ニューロンから下垂体前葉に注ぐ門流に放出され，次に副腎皮質刺激ホルモン（ACTH）が下垂体にて合成・放出される．その結果，副腎からのコルチゾール放出が増加する．

ストレス刺激に対して，衝動的攻撃が起きるかどうかは，今現在だけでなく，過去に曝されたストレスの影響も受ける．慢性的にストレスを受けると，その後にストレスに暴露された際のノルアドレナリン放出

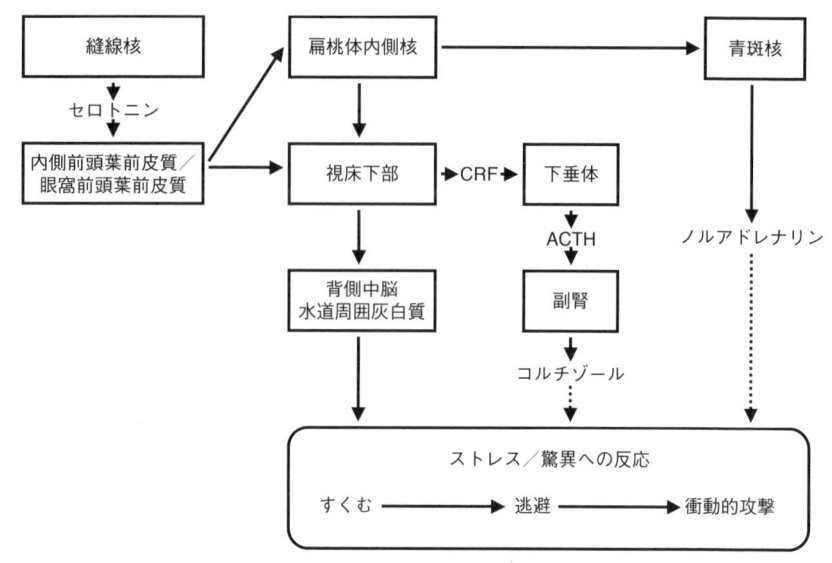

図2 神経伝達物質と攻撃行動

の増強に関連し，ノルアドレナリン系の感度増大に終生影響を与える．たとえば，母親からの分離は，青斑核の自己受容体の減少を引き起こす．自己受容体は抑制性に働くので，これにより，ノルアドレナリンの反応性と，青斑核の活性が高まる．また，幼少期に強いストレスを受けると，HPA経路に，長期にわたって影響が及ぶ．

身体的虐待，折檻，親の暴力などが，子どもの攻撃行動のリスクを高めることが明らかになっている（Farrington & Loeber, 2000）．さらに，戦闘体験による心的外傷後ストレス障害（PTSD）に罹患した患者群では，攻撃行動を示す危険性が高い（Silva et al., 2001）．これらには，ストレス/脅威に対する神経回路の活性水準が高まっていることが示唆されている．

■ セロトニン系の障害と衝動的攻撃

神経伝達物質のなかで，最も攻撃性との関連について研究がなされているのはセロトニンである．一般的に，セロトニンの活性を高めると攻撃性は下がり，活性を低めると攻撃性は上がる．行為障害や反抗挑戦性障害，攻撃的なパーソナリティ障害でセロトニン濃度が低いことが示されている（Mitsis et al., 2000 ; Hollander et al., 2005）．また，セロトニン再取込阻害薬（SSRI）は，衝動的攻撃を減じることが示されている．

セロトニンは，前頭葉，とくに内側前頭前皮質/眼窩前頭前皮質を通して，神経回路の制御に関与している（図2）．おもに，それらの部位での，$5HT_2$受容体の活動が，攻撃行動を調整し抑制する．セロトニン系統の障害は，前頭葉のさまざまな働きを低下させ，ストレス/脅威に対する神経回路の制御機能不全から攻撃，とくに衝動的攻撃を引き起こす．ヒトを対象とした神経画像データからも，衝動的攻撃を呈する患者群では，前頭葉機能が低下していることが明らかになっている．

このようなことから，セロトニン機能を

種々に評価することによって，攻撃行動との関連がさまざまに示されている．以下に順に紹介する．

1) 脳脊髄液　セロトニン（5-HT）が代謝されると5-HIAAが生成される．脳脊髄液における5-HIAA濃度を測定することによってセロトニン機能を評価することができる．5HIAA濃度が減少すると，衝動的攻撃性は増加する．

2) 血小板　血小板は，セロトニンと結合し血流に乗って末梢に運ばれる．血小板でのセロトニン受容体の機能，セロトニン取込や，セロトニントランスポーター（5HTT）の数を調べることによって，攻撃行動との関連を明らかにすることができる．

3) セロトニン受容体　脳神経細胞におけるセロトニン受容体と攻撃性の関連については，セロトニン受容体のなかでも，5-HT_{1A}および5-HT_{1B}受容体が最も解明が進んでいる．これらの受容体への作動薬の投与や受容体機能障害の有無によって，その機能が評価され，攻撃性との関連が示されている．近年では，動物を用いた受容体の発現遺伝子についての研究も進み，5-HT_{1A}受容体の表現型によって攻撃性の高さが異なることや，5-HT_{1B}受容体をノックアウト（特定の遺伝子の人工的破壊）すると，激しい衝動的攻撃を示すことが明らかになっている（Popova, 2006）．

4) モノアミン酸化酵素（MAO）　モノアミン酸化酵素（MAO）は，セロトニンを含むモノアミン神経伝達物質の代謝を促進させる酵素群のことである．血小板のMAOは，大脳におけるMAOの活動の末梢性の指標となることが知られている．MAOには，MAO-AとMAO-Bが存在する．最近では，MAO-Aをコードしている遺伝子の欠損が，衝動的な攻撃行動の増加と関連していることがわかり，MAO-Aを介するセロトニンの不活性化と攻撃性との関連が注目されている．

5) 陽電子放射線断層法（PET）研究　脳内での神経活動が高まるとその部位で代謝量が増大する．近年の研究により，PETを用いて脳神経細胞の糖代謝を測定することで，脳におけるセロトニン機能の低下によって衝動性と攻撃性が現れることが示されている．とくに，前頭葉領域の眼窩前頭前皮質や内側前頭前皮質を対象にして多く調べられている．

以上のように，神経伝達物質と犯罪，とくに衝動的攻撃性との関連が，徐々に明らかになりつつある．神経伝達物質についてのエビデンスは，直接的に治療薬の開発へと結びつきうるものである．犯罪者でも難治な者，とくにパーソナリティ障害（→ 12.7）やサイコパス（→ 6.25）に対する治療が，近い将来可能になることが期待される．

〔福井裕輝〕

▶文　献

Farrington, D.P., & Loeber, R. (2000). Epidemiology of juvenile violence. *Child. Adolesc. Psychiatr. Clin. N. Am.*, **9**(4), 733-48.

Hollander, E., Swann, A.C., Coccaro, E.F., Jiang, P., & Smith, T.B. (2005). Impact of trait impulsivity and state aggression on divalproex versus placebo response in borderline personality disorder. *Am. J. Psychiatry.*, **162**(3), 621-4.

Popova, N.K. (2006). From genes to aggressive behavior : The role of serotonergic system. *Bioessays.*, **28**(5), 495-503.

Mitsis, E.M., Halperin, J.M., & Newcorn, J.H. (2000). Serotonin and aggression in children. *Curr Psychiatry Rep.*, **2**(2), 95-101.

Silva, J.A., Derecho, D.V., Leong, G.B., Weinstock, R., & Ferrari, M.M. (2001). A classification of psychological factors leading to violent behavior in posttraumatic stress disorder. *Journal of Forensic Science*, **46**(2), 309-316.

6.3 遺伝と犯罪行動

犯罪行動は遺伝するのか．この問題は古くからさまざまな方法で検討されてきた．この問題を科学的に検討する場合，用いられる代表的な方法論として双生児研究と養子研究がある．従属変数となる犯罪行動に関しては，客観的な犯歴などをとる場合もあるが，犯罪を行っても検挙されない場合があることや，犯罪の重大さや頻度などの情報が得られない場合もあるため，自己報告された犯罪・非行頻度，攻撃性尺度の得点，教師や両親，軍隊における評定などが用いられることもある．

■ 双生児研究の方法論と研究

一卵性双生児と二卵性双生児の犯罪の一致率を調べることによって，犯罪の遺伝傾向を明らかにしようとする方法である．

一卵性双生児は，遺伝子を100％共有しているのに対して，二卵性双生児は「兄弟が同時に生まれた」状態と同じであり，共有している遺伝子は50％である．もし，犯罪行動が遺伝するのであれば，一卵性双生児は二卵性双生児よりも相互が犯罪を犯す一致率が大きくなることが予想される．もし，遺伝が関係なく，環境によって犯罪傾向が決まるのであれば，一致率は同じ程度になると考えられる．このようなロジックでの研究は医学研究では非常にポピュラーで，遺伝の影響を比較的正確に見積もることができる方法としてひろく用いられている．

犯罪の遺伝についての双生児研究を最初に行ったのは，ドイツのヨハネス・ランゲ(Lange, J.) である．彼は双生児の一方に刑務所収容歴がある場合，他方も収容歴があるのは一卵性双生児で77％，二卵性双生児で12％というデータを示した．これは犯罪の遺伝傾向を明確に示しているものである．ランゲはこの結果を『犯罪は運命である』というセンセーショナルなタイトルの本として出版している．

その後，より詳細で大規模な研究がデンマークで行われた (Christiansen, 1977)．1881～1910年の間にデンマークで生まれた双生児約6000組が調査された．その結果，一卵性双生児の犯罪一致率は35.6％，二卵性双生児の一致率は12.3％となった．驚くべきことにこれも犯罪傾向が遺伝するという結果を示している．その後，行われた多くの研究でもやはり結果としては同様な遺伝効果が示されている．また，成人の犯罪ではこのような傾向は見られやすいが，少年非行などでは遺伝の効果が見られにくいことも知られている．

■ 養子法の方法論と研究

養子研究は，養子に出された子どもの行動を手がかりにして，犯罪行動が遺伝するものなのかを検討する方法である．養子のケースを収集し，生みの親が犯罪者だった場合とそうでない場合，育ての親が犯罪者であった場合とそうでない場合の子どもの犯罪率を比較するのである．もし，犯罪が生育環境よりも遺伝によって規定されている行動であるならば，生みの親が犯罪者である場合に子どもの犯罪率が高くなるはずであるし，生育環境が重要であるならば，育ての親が犯罪者である場合に子どもはより犯罪者になることが予測される．

養子法の代表的な研究は，コペンハーゲン研究である (Hutching & Mednick, 1977)．この研究では，コペンハーゲン近郊の住民を対象として，研究が行われた．この研究では，子供に犯罪歴があったのは，「実父，養父ともに犯罪歴のある」場合，36.2％，

「実父に犯罪歴があり，養父にない場合」は21.9％，「実父に犯罪歴がなく，養父にある」場合は11.5％，「実父，養父ともに犯罪歴がない」場合は10.5％だということがわかった．この結果を見ると，子どもの犯罪歴には養父の犯罪歴と実父の犯罪歴が両方影響していることがわかるが，興味深いことに実父の犯罪歴のほうが影響力が大きいこともわかる．これは，犯罪が環境によるものであるというよりは，遺伝などの生まれつきの要因とより関係していることを示している．

また，キャドレットらは，アイオワ州で246人の養子を対象にした研究を行って同様の結果を報告している．ボーマンは，ストックホルムで1930～1950年に生まれ養子に出された子供を対象にした研究で，やはり実親の影響が強いという報告をしている（Bohman, M.）．

■犯罪と遺伝に関する研究の総括と問題点

結果としては否定的なものもあるものの，多くの研究はなんらかの遺伝規定性を報告するものが多い．どの程度の影響力なのかについて，独立に行われた42の双生児研究と，10の養子研究をメタ分析した研究では，暴力の遺伝規定率は44％，反社会的行動の遺伝規定率は47％と推定している（Rhee & Waldman, 2002）．また，さまざまな研究の遺伝率の中央値は50％をやや下回る程度のものだと考える見解もある．その他の研究でも，犯罪や攻撃性の遺伝規定率として，約40～50％程度という数値を報告しているものが多い．また，予想に反して，犯罪の遺伝規定性は暴力犯罪に関するものよりも財産犯罪に関するもののほうが大きいという結果が重ねて示されている．クロニンガーのデータでは，財産犯罪の遺伝率は0.78なのに対して，暴力犯罪は0.50である（Cloninger & Gottesman 1987）．

問題は，これらの結果が何を示しているかということである．「犯罪遺伝子」のようなものが存在する可能性を信じる研究者はほとんどいない．サイコパス傾向や衝動性など，犯罪と結びつきやすいパーソナリティ特性が遺伝した結果であるとも考えられるが，むしろ，犯罪と直接は関係しないようなパーソナリティ特性や，悪い環境にさらされた場合の脆弱性の遺伝を通じて間接的に犯罪行動に影響が及んだという可能性が大きいと思われる．

また，この種の研究においてはその方法論上の問題点が指摘される場合が多い．とくにこの種の研究の従属変数が結果を左右しているという議論は興味深い．たとえば，イギリスでの大規模な双生児研究においては，攻撃行動の自己報告データの遺伝規定率は42％であったのに，教師の評定データでは76％であった． 〔越智啓太〕

▶文　献

Christiansen, K.O. (1977). A preliminary study of criminality among twins. In SA Mednick and K. O. Christiansen (Eds.), *Biosocial bases of criminal behavior*. New York : Gardner Press. pp.89-108.

Cloninger, C.R., & Gottesman, 1.1. (1987). Genetic and environmental factors in antisocial behavior disorders. In S.A. Mednick, T.E. Moffitt, & S.A. Stack (Eds.), *The causes of crime : New biological approaches*. New York : Cambridge University Press. pp.92-109.

Hutchings, B., & Mednick, SA (1977). Criminality in adoptees and their adoptive and biological parents : A pilot study. In Mednick, S.A., & Christiansen, K.O. (eds.), *Biosocial bases of criminal behavior*. Gardner Press, New York, pp.127-141

Rhee, S. H., & Waldman, I. D. (2002). Genetic and environmental influences on antisocial behavior : a meta-analysis of twins and adoption studies. *Psychological Bulletin*, **128**, 490-529.

6.4 条件づけと犯罪

■条件づけの定義

犯罪の原因のひとつとして，犯罪者の条件づけ（conditioning）パターンの特性が取り上げられることがある．

条件づけには大きく分けて2種類のものがある．1つは，レスポンデント条件づけ（古典的条件づけ，パブロフ型条件づけ）といわれるものである．レスポンデント条件づけの代表的な例はパブロフの実験である．犬は，えさ（無条件刺激）を口の中に入れると唾液が分泌する（無条件反応）という反射を生得的にもっている．また，ベルの音を聞かせても唾液は分泌しない．このとき，えさに随伴させてベルの音（条件刺激）を呈示する試行をくり返すと，ベルの音と唾液分泌の間に条件反応が形成され，ベルの音を聞かせるだけで唾液が分泌（条件反応）されるようになる．

もう一つは，オペラント条件づけ（道具的条件づけ）といわれる．これは動物がある行動を自発させたあとで，えさなど（強化子）を与えるとその行動の生起頻度が上昇し，電気ショックなど（弱化子，一般には罰とよばれる）を与えると，その行動の生起頻度が減少するという現象である．実験装置に入れられたラットが，装置につけられたてこを押すとえさが出る場合，てこ押しの生起頻度は上昇し，てこをおすと電気ショックが与えられる場合，てこ押しの生起頻度は減少する．

■条件づけと犯罪に関するアイゼンクの理論

犯罪と条件づけの関係についての理論を提唱したのは，アイゼンク（Eysenck, H.J.）である．彼は，社会生活における行動が十分に条件づけされない場合，人は犯罪を行うようになると考えた．彼は条件づけの中でもオペラント条件づけよりもむしろ，レスポンデント条件づけの機能を重視した．

ふつうの家庭環境の中ではわれわれは，社会的に望ましいとは思われていない行動，たとえば，盗みをすること，暴力をふるうこと，不正を働くことなどの行動を行うと，その後に罰せられることが多い（この罰自体が直接的にこれらの行動を抑制するというのであれば，これはオペラント条件づけである）．この罰は，われわれに（主観的には）不快感をもたらす．このような経験を何度もくり返すと，盗んだり，暴力をふるう行動（条件刺激）が，罰せられたときの不快な感情（条件反応）とレスポンデント条件づけされて，これらの行動を行おうとすると，不快な感情が生じて行動が抑制されるというのである．

しかし，このような条件づけがされにくい場合には，反社会的な行動の抑制作用が十分学習されずに犯罪を犯しやすくなるというのである．彼の理論によれば，大脳皮質の覚醒水準が低く（外向性），自律神経系の覚醒水準が高い（神経症傾向）の場合が条件づけにくい状態となる．そのため，犯罪者，とくに常習犯罪者は外向性が高く，神経症傾向が高いことになる．

現在まで，アイゼンクの理論を検証しようとした研究はいくつか行われているが，残念ながら，彼の仮説は検証されないことがわかってきた．これは研究を暴力犯などに限った研究でも，年齢や人種，罪種などを統制した研究でも同様である（Farrington et al., 1982）．外向性尺度に関しては犯罪者群と非犯罪者群に差が見られないことが多く，神経症傾向についてはアイゼンクの予測とは逆に犯罪者群のほうが低い結果が見られることが多い．これらのこと

からアイゼンクの理論は実証的なデータからは否定されていると考えられる．

しかしながら，問題なのはこの理論の検証が性格テストを用いて行われている点である．性格テストは性格の自己報告なので，信頼性が高くない可能性がある．また，これらの実験の協力者が，自分自身の性格行動傾向を正しく把握していて，正直に性格検査に回答しているという保証もない．

■ 生理的な指標を用いた研究

興味深いことに実際の生理反応を用いて行われた実験においては，犯罪者は条件づけされにくい傾向にあるという結果が得られる場合が多い．

シドルらは，少年院に収容された16～18歳の少年に75dBの定位刺激を聞かせた場合の皮膚コンダクタンスの変化の半減期が，統制群の少年に比べて長いということを明らかにした (Siddle et al., 1976)．皮膚コンダクタンスの敏感さは条件づけやすさと関連しているため，この研究の結果は非行少年は条件づけしにくいという現象を示している．

近年とくに注目されているのは，サイコパス特性と回避学習の困難さの関係である．サイコパス (→6.25) とは，尊大で虚偽的な対人関係と感情の欠落，衝動性無責任性を特徴とする人格障害であり，多種多様な犯罪と関係しているといわれている．

ニューマンらは，初めに強化が与えられた行動が次第に強化されなくなっていき，罰が与えられるようになっていく課題において，サイコパスの被験者は，反応の停止を行うことが困難であることを示した (Newman et al., 1987)．また，リッケンは，「心的迷路」課題を用いて，同様な現象を示した (Lykken, 1957)．この研究では，被験者に4種類の選択肢が次々に与えられ，あたかも迷路の中の進路選択のようにそのなかから1つの選択肢を選んでいくという課題が行われた．このうち，1種類の選択肢が正解で，被験者は次の問題に進めるが，正解を選べなければもう一度選択を行わなければならない．この実験では，不正解の選択肢のひとつが電気ショックを起こすようになっていた．この課題を行うと，サイコパスの被験者は，統制群に比べて迷路が完全にできるようになるまでの学習に要する時間は変わらないものの，電気ショックが与えられる選択肢を回避する傾向が学習されにくいということが示された (Lykken, 1957)．

〔越智啓太〕

▶文 献

Farrington, D. P., Biron, L., & LeBlance, M. (1982). Personality and delinquency in London and Montreal. In J. Gunn & D. P. Farrington (Eds.), *Abnormal offenders, delinquency, and the criminal justice system*. Chichster, UK：Wiley.

Raine, A. (1993). *The psychopathology of crime. criminal behavior as a clinical disorder*. San Diego：Academic Press

Lykken, D.T. (1957). A study of anxiety in the sociopathic rsonality. *Journal of Abnormal and Social Psychology*, **55**, 6-10.

Newman, J.P., Patterson, C.M., & Kosson, D.S. (1987). Response perseveration in psychopaths. *Journal of Abnormal Psychology*, **96**, 145-148.

Siddle, D.A.T., Mednick, S., Nicol, A.R., & Foggiti, R.H. (1976). Skinconductance recovery in antisocial adolescents. *British Journal of Social and Clinical Psychology*, **15**, 425-428.

6.5 暴力映像は攻撃行動を促進するか

■ 暴力映像と攻撃性

　テレビや映画などで描写される暴力映像が，視聴者の攻撃行動を促進するのかという問題については，1960年代から現在に至るまで，アメリカを中心として数多くの研究がなされてきた．近年，日本でも凶悪な事件が発生すると，犯人が暴力的なメディアを所持していたか否かについて注目されることがある．

　これまでの多くの研究による共通の見解として，映像による暴力的描写との接触は，短期的・長期的に攻撃性を促進する効果があるといわれている．とくに映像の表現特性が現実性・残虐性・力動性が高く，暴力行動の文脈特性として行為の正当性が高く，報酬がある場合に視聴者の攻撃行動は促進されることが明らかにされている．

■ 暴力映像の攻撃性促進効果

　モデリング理論（modeling）では，視聴者は映像の中の登場人物の攻撃行動と攻撃行動による結果の関係をモデリングし，映像中の暴力行為が正当化され報酬を受けた場合，視聴者の攻撃行動の生起確率をより高めると推測される．また登場人物が攻撃した結果，報酬が得られた場合，視聴者は同様の方略によって報酬が得られると学習する可能性が高く，類似場面で攻撃行動を再生する可能性が高まることが考えられる．

　湯川・吉田（2003）の研究では，さまざまな暴力映像に関する印象評価を分析し，暴力映像を，戦争映画やマフィア映画などの残酷で衝撃的な「暴力性の高い」暴力映像と，アニメや時代劇などの残酷性がなく虚偽的で様式化された「娯楽性の高い」暴力映像に分類し，「暴力性の高い」映像は「娯楽性の高い」映像よりも，視聴者のネガティブな認知や感情を強く生じさせることを明らかにした．しかし，ネガティブな感情や認知が攻撃行動の表出に直接的につながらず，攻撃行動は単に映像を視聴しただけでは促進されないことが示された．その理由として個人の怒り喚起操作をあげている．

　多くの実験研究から，視聴時の感情状態によって暴力映像が攻撃行動に及ぼす影響が異なることが明らかにされている．とくに視聴前に怒りが喚起されている場合，攻撃行動が促進される可能性があることが示唆されている．実験研究の大半は，挑発操作により怒りを喚起させられる条件と，挑発操作を行わない条件で比較が行われている．その結果，挑発操作が行われない条件では暴力映像の視聴後に攻撃行動は促進されないが，挑発操作が行われた条件では攻撃行動が促進されやすいことが示唆されている．

　これらの研究から暴力映像の視聴が攻撃行動の直接の起因になるのではなく，視聴する暴力映像の表現特性や登場人物の攻撃行動に伴う結果，視聴者の視聴時の感情状態が複雑に絡み合い，攻撃行動が促進されることが考えられる．

■ 攻撃の個人差

　暴力映像の視聴によって攻撃行動が促進されるか否かは，個人差があるということがいわれている．暴力的映像がどのような人に影響し，攻撃行動を促進させるのかという個人差研究も多く行われている．これまでの研究では，個人の攻撃特性に注目し，あらかじめ被験者の攻撃特性を測定しておき，攻撃特性の異なる群ごとに，暴力的なメディアを視聴させ，視聴後の攻撃的な行

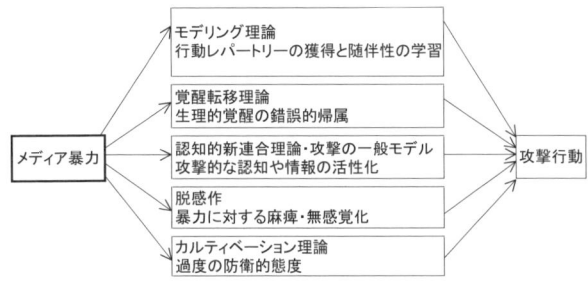

```
メディア暴力 ─→ モデリング理論
                行動レパートリーの獲得と随伴性の学習
             ─→ 覚醒転移理論
                生理的覚醒の錯誤的帰属
             ─→ 認知新連合理論・攻撃の一般モデル  ─→ 攻撃行動
                攻撃的な認知や情報の活性化
             ─→ 脱感作
                暴力に対する麻痺・無感覚化
             ─→ カルティベーション理論
                過度の防衛的態度
```

図1 メディア暴力の複合的影響（湯川, 2005）

動や感情を比較するものが多い．

攻撃特性の高い被験者ほど暴力的描写を好む傾向があり，視聴後に生理的覚醒が高まることや，映像の中の被害者に同情を示さないこと，視聴後に攻撃行動が生起されやすくなることが報告されている．

■ **暴力映像と攻撃性の説明理論**

モデリング理論をはじめとして暴力映像と攻撃性の関連について説明する理論がいくつかあるが，攻撃を説明する統一モデルとしてあげられているのが，アンダーソン（Anderson, 2003）の攻撃の一般モデル（General Aggression Model）である．攻撃の一般モデルは短期的影響と長期的影響の二つのモデルが示されている．

短期的影響のモデルでは，攻撃行動が生起されるまでを入力・経路・結果の三段階としている．まず個人要因（知識構造および攻撃特性）と状況要因（挑発や暴力的メディアとの接触）が相互作用し，その時点での認知・情動・生理的覚醒の個人内要因に影響を及ぼし，攻撃的行動を表出するか否かの評価と意思決定につながると説明している．

長期的影響のモデルでは，暴力的映像を反復的に視聴することにより，攻撃に関連した知識構造（信念・態度・スキーマ・脱抑制）が形成され，攻撃的な人格特性を増強するとされる．

湯川（2005）によれば，暴力映像は感情効果と学習効果，覚醒転移や脱感作などのさまざまな効果が同時かつ複雑に絡み合い，攻撃行動に影響を及ぼすと考え，さまざまなルートを介し攻撃行動に複合的に影響を及ぼすことを示唆している．

〔岩倉　希〕

▶**文　献**

Anderson, C.A., Berkowitz, L., Donnerstein, E., Huesmann, L.R., Johnson, J., & Linz, D., et al. (2003). The influence of media violence on youth. *Psychological Science in the Public Interest*, **4**, 81-110.

Bandura, A. (1999). Social cognitive theory：An agentic perspective. *Asian Journal of social psychology*, **2**(1), 21-41.

Huesmann, L.R., Moise-Titus, J., Podolski, C., & Eron, L.D. (2003). Longitudinal relations between children's exposure to TV violence and their aggressive and violent behavior in young adulthood：1977-1992. *Developmental Psychology*, **39**(2), 201-221.

湯川進太郎・吉田富二雄（2003）．暴力映像の特性分析─表現特性および文脈特性が感情反応に及ぼす効果　社会心理学研究, 13, 159-169

湯川進太郎（2005）．バイオレンス──攻撃と怒りの臨床社会心理学　北大路書房

6.6 暴力ゲームは攻撃行動を促進するか

暴力映像に関する多くの研究では映画やテレビなどのメディアの視聴が多く扱われてきた（→6.5）．しかし1980年代以降，暴力ゲーム（violent video game）の研究も海外で数多く行われるようになった．1990年代後半以降はゲームが急速に進化し，映像や質の高度化に伴うゲームのブームから，暴力ゲームと攻撃性の関係について日本でも研究が行われるようになった（坂本，1996；渋谷，2001）．

海外研究では，アンダーソンら（Anderson & Dill, 2000）が暴力ゲームは暴力映像を視聴するよりも有害性が高いとみなした．その理由として，

① 自ら攻撃行動を選択し，ふるまうことで攻撃行動を積極的に直接体験する
② 攻撃行動のモデリング・リハーサル・強化が同時に行われることにより行動レパトリーとして獲得されやすい
③ 登場人物との同一化が促進される
④ ゲームをプレーしている間，攻撃者の視点で行動することを要求される

ことをあげている．

近年のゲームの特徴としてインタラクティブ性（相互作用性）と現実性の高さがある．

インタラクティブ性の高いゲームは，直接的な強化を連続して受ける可能性があるため，単に映像を視聴して代理強化を受けるよりも攻撃性が促進されることが考えられる．たとえばゲームの中での敵を倒すような攻撃行動によって，得られる得点やクリア時の映像などの刺激が強化子となり，攻撃行動がくり返され，行動レパトリーとして獲得されやすくなることが考えられる．

現実性の高さは，湯川・吉田（1999）の研究から，現実性が高くきわめて残酷性の高いゲームほど，娯楽性の高いゲームよりも攻撃的思考・不快感情が生起されることが示されている．

■ 暴力ゲームの即時的な影響

暴力ゲームが攻撃性に及ぼす即時的な影響は，生理的覚醒の増加・攻撃的思考の増加・攻撃的感情に影響すると考えられている．覚醒転移理論は，メディアとの接触によって生じた生理的覚醒状態が，後の別な場面においても引き続き，挑発などによって引き起こされた覚醒と結合され，攻撃的な反応を高めるというものである．

近年の現実性とインタラクティブ性の強いゲームは，運動により生理的喚起を生起しやすいと考えられることから，後の攻撃的行為を引き起こしやすく，とくにゲームが暴力的であった場合，その効果は一層高まる可能性が考えられる．またプライミング効果では，攻撃行動のような特定の外的刺激との接触は，関連する思考や感情とのアクセス可能性を高め，その後の刺激に対する反応に影響すると考える．

ブッシュマンら（Bushman & Anderson, 2002）の実験では，暴力的ゲームのプレーヤーと非暴力的ゲームのプレーヤーを無作為に割り当て，攻撃的な言語を認識する時間の差を計測している．その結果，暴力的ゲームを終えたプレーヤーは，攻撃的な単語をより早く特定することを示した．また対人葛藤場面のシナリオを完成させる課題では，より攻撃的な結果を描写する傾向が高かった．

この結果から，暴力ゲームの効果は攻撃的思考を誘発する可能性が示唆される．感情においては，暴力ゲームと接するときの

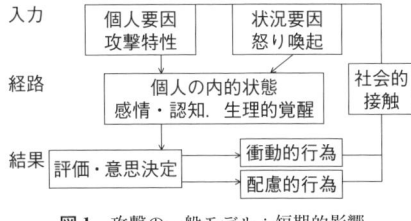

図1 攻撃の一般モデル：短期的影響
（Anderson & Bushman, 2002）

個人の感情状態が，怒り・不満・ストレスなどのネガティブ状態にあるときほどとくに影響を受けやすく，健全な心身状態にある場合には影響が少ないことが示唆されている．

攻撃の一般モデルによる，短期的影響（図1）（Anderson & Dill, 2000）では，暴力ゲームによる攻撃行動は，攻撃的な認知・感情・覚醒の内的状態を経路として，攻撃的な思考や行為を誘発することを示している．しかしここで重要なのは，攻撃的な特性をもつ個人が，暴力ゲームを再生することで，攻撃的な思考および感情へのアクセス可能性を高めるということであり，個人特性と暴力ゲームによる攻撃行動の相互作用が重要な変数となるということである．

■ 暴力ゲームの長期的な影響

アンダーソンら（Anderson & Dill, 2000）は反復的な暴力ゲームとの接触は，敵への警戒や，他者への攻撃的な行動，他者が攻撃的な行動を起こすだろうという予測，暴力行為への積極的な態度，暴力が問題解決として適切で効果的であるという信念を含む認知構造の形成と，反復による暴力行為への脱感作が，個人の攻撃特性を増加すると考える．反復的な接触により攻撃特性が増加された個人が，暴力ゲームを再生することで，攻撃的な認知・感情・覚醒を媒介し，

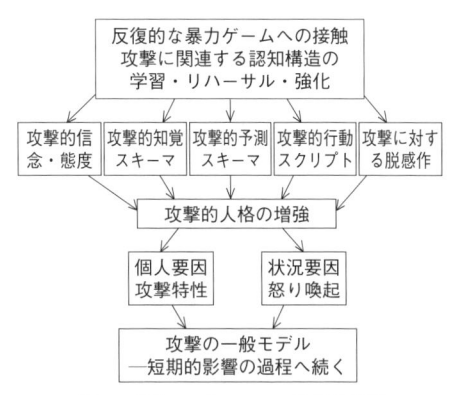

図2 攻撃の一般モデル：長期的影響
（Anderson & Bushman, 2002）

攻撃的な思考や行為を誘発することを示している．

近年，わが国でも暴力ゲームについての研究が進められ，欧米の研究結果が必ずしも適用できるとはいえないことも指摘されている．とくに反復的な暴力ゲームの接触に関する研究はわが国ではまだ研究が少なく，今後も実証的な研究が必要とされる．

〔岩倉 希〕

▶文　献

Anderson, C.A., & Dill, K.E. (2000). Video games and aggressive thoughts, feelings, and behavior in the laboratory and in life. *Journal of Personality and Social Psychology*, **78**, 772-790.

Bushman, B.J., & Anderson, C.A. (2002). Violent video games and hostile expectations: A test of the General Aggression Model. *Personality and Social Psychology Bulletin*, **28**, 1679-1686.

湯川進太郎・吉田富二雄（2003）．暴力映像の特性分析——表現特性および文脈特性が感情反応に及ぼす効果　社会心理学研究，**18**(2), 127-136.

坂本　章（1996）．テレビゲームは暴力性を高めるか　児童心理，**53**(2), 105-112.

渋谷明子（2001）．テレビゲームの暴力描写が攻撃行動に及ぼす影響——研究の現状と課題　慶應義塾大学社会学研究科紀要，**53**, 55-67.

6.7 ポルノグラフィは性犯罪を増加させるか

■ ポルノグラフィとは

ポルノグラフィ（pornography）とは，消費者を性的に刺激するように意図され，明確な性的描写（性的行動あるいは身体の一部分）を明示するさまざまなメディア媒体とされる．

ポルノグラフィは，おもに3つのコンテンツに分類される．
① 暴力的な描写を一切含まない，ヌード写真や同意のうえの性的行為の映像．
② 露骨な暴力行為はないが，女性に対する攻撃や性的犯罪行為を暗示するような映像．
③ レイプや暴力による性的行為などの映像．

■ 性犯罪との関連性

ポルノグラフィの視聴と性犯罪（→7.15, 7.16, 7.17, 7.19）の関連性を検討する研究として，ポルノグラフィの消費率と性犯罪の発生件数の変動を統計的に分析する方法がある．① さまざまな国や地域で，ポルノグラフィが規制緩和される前後と性犯罪発生率の動向や，② ポルノグラフィ消費率が高い時期の性犯罪発生率の動向が調査されてきた．

この研究の仮説では，消費率の増加に伴って性犯罪発生率が増加していた場合，ポルノグラフィが性犯罪発生の起因の一部になっていると考えるが，これまでのこの研究では，方法論などの問題により一致した結果が得られてこなかった．しかし，バロン（Baron et al., 1989）は，アメリカのレイプ事件の頻発する州とそうでない州の比較研究によって，独身男性の人口と社会解体的な環境はポルノグラフィの消費を促進し，ポルノグラフィの消費率は性犯罪発生率を高めることを示した．

国や地域を単位とした研究以外でも，多くの研究によって，性犯罪者とポルノグラフィの視聴頻度の関連性が研究されてきた．この方法では性犯罪者に過去のポルノグラフィの視聴頻度を質問するものや，性犯罪者とそれ以外の罪種の犯罪者，そして一般の人々のポルノグラフィの視聴頻度と性的嗜好を比較をするもの，ポルノグラフィを視聴後の生理的変化を測定する研究がある．

これまで，児童性愛者はレイプ犯よりもポルノグラフィを頻繁に視聴しており，ポルノグラフィ視聴後，実際に映像の行為を模倣したことを報告したという研究もある．しかし，他のさまざまな研究においてはそれぞれのグループで差がないことが報告されており，視聴頻度が直接レイプや性的暴力行為の原因になるという結果は示されていない．

■ 攻撃性に及ぼす影響

ポルノグラフィの視聴が，個人の攻撃性を促進するのかを直接的に測定する方法として実験的研究が数多く行われている．実験的研究の多くは，刺激としてさまざまなタイプのポルノグラフィを提示し，その後の女性に対する性的攻撃やレイプを支持する態度について研究する．

一般の男性を対象としたアレンら（Allen et al., 1995）のメタ分析では，実験条件下でのポルノグラフィの接触と攻撃性の関連性を分析している．ポルノグラフィのタイプはヌード・非暴力的コンテンツ・暴力的コンテンツの3タイプに分類された．結果として，ヌードを提示された条件は，攻撃的傾向が減少していたが，他二つのコンテンツを提示された条件は，著しく攻撃的な

行為を促進させていた．暴力的なコンテンツと非暴力的コンテンツを比較すると，暴力的コンテンツがより攻撃的な行為を促進している傾向がみられたが，二つのコンテンツの効果量は有意でなかった．アレンらは「暴力的なコンテンツが必ずしも攻撃行動に結び付くわけではない」と結論づけ，ポルノグラフィを視聴する前に，ストレスや怒りを喚起されている個人は，非暴力的ポルノグラフィにも攻撃的に反応する可能性があることを示唆している．

また多くの研究から，露骨な暴力的性描写でなくても，ポルノグラフィの内容が，女性が男性からの強制的な性行為やレイプを望んでいるというような，過度に女性の品位を下げる内容であった場合，視聴後の女性に対する攻撃性が促進され，レイプに対して受容的になることが示唆されている．

■ **個人特性**

性的逸脱傾向や攻撃性の高い個人が，暴力的なポルノグラフィを選択的に好んで視聴する可能性を示す結果として，マラムスら（Malamuth et al., 2000）は，一般の男性を対象として暴力的描写を多く含むポルノグラフィの視聴頻度と，性的攻撃傾向について質問調査を行い，性的攻撃傾向が高いグループは，頻繁に暴力的ポルノグラフィを視聴をしていることを報告している．

マラムスら（Malamuth & Check, 1985）の研究では，あらかじめ質問紙によりレイプ傾向の高い男性と低い男性に分類し，同意のうえの性行為と男性による強制的な性行為の映像を提示して比較を行った．その結果，レイプ傾向の高い男性は，ポルノグラフィ視聴後，レイプや女性に対する性的暴力を支持する傾向が高かった．

近年，多くの研究から一貫して報告されているのは，反社会的で，女性に対して敵意的であり，性的に逸脱傾向のある人は，そうでない人よりも，ポルノグラフィの視聴頻度が高い，ということである．

ヴェガら（Vega & Malamuth, 2007）は，特定の文化的背景と性格特性によって，ポルノグラフィの効果に差があると述べている．社会に批判的な環境や，対立的な家庭環境で育った反社会的で女性に敵対的または性的に奔放な性的傾向をもつ個人が，怒り喚起状態で，ポルノグラフィを視聴した場合，性的暴力行為やレイプに対する受容的態度が促進され，負の効果を受ける可能性があると示唆している． 〔岩倉 希〕

▶ **文 献**

Allen, M., D'Alessio, D., & Brezgel, K. (1995). A meta-analysis summarizing the effects of pornography Ⅱ：Aggression after exposure. *Human Communications Research*, **22**, 258-325.

Baron, L., & Straus, M.A. (1987). Four theories of rape：A macrosociological analysis. *Social Problems*, **34**(5), 467-489.

Malamuth, N.M., Addison, T., & Koss, M. (2000). Pornography and sexual aggression：Are there reliable effects and can we understand them? *Annual Review of Sex Research*, **11**, 26-91.

Malamuth, N. M., & Check, J. (1981). The effects of mass media exposure on acceptance of violence against women：A field experiment. *Journal of Research in Personality*, **15**, 436-446.

Vega, V., & Malamuth, N. M. (2007). Predicting sexual aggression：The role of pornography in the context of general and specific risk factors. *Aggressive Behavior*, **33**, 104-117.

6.8 家庭環境と非行の関連

■ 家庭と非行との関係

非行（juvenile delinquency）が生じると必ずといっていいほど少年の親は責められる。少年事件の審判では必ず親は同席させられる。少年事件を扱う裁判所は家庭裁判所である。それほど非行と家庭は密接な関係があるとされる。

家庭は、子どもを社会的な人間に育てる社会的な機能（社会化機能）とともに、子どもの生活を保護する機能（保護機能）が必要とされる。また、子どもの情緒的安定の機能も必要である。社会化機能の中には統制機能も必要とされるのであるから、家庭の主たる機能は保護と統制とであるといえる。非行が生じるのは、家庭のこの保護と統制機能が十分ではなかったためであると考えることができる。

■ 家庭と非行に関する理論

瀬川（1998）は家庭の構造犯罪・非行原因となりうる家庭を4つに分けている。

① 欠損家庭：死亡、離婚、遺棄などのために実父母がそろっていない家庭（単親家庭）。
② 葛藤家庭：心理的な葛藤のために、家族内の人間関係に不和対立を生じている家庭。
③ 犯罪家庭：犯罪に対して考え方や行動が肯定的な家庭。
④ 貧困家庭：経済的な生活水準が低い家庭

このように家庭の構造を固定的に非行の原因とする考え方は、その家庭に育った姉妹兄弟すべてが非行に走っているわけではないことや、このような家庭であってもむしろ犯罪とは無縁に立派に育っている人のほうが多いことから、とくにアメリカにおいては否定されるに至っている。家庭の構造が非行にストレートに影響するという考えは普遍的ではない。

1970年代からは「家庭の相互作用」が重視されるようになる。このアプローチが重視するのは家庭の社会的機能である。家庭の社会化機能には4つの重要な要素がある。①親の監督、②愛情の絆、③家庭全体の調和、④親子のコミュニケーションである。そして、これらの要素が欠如して家庭の社会化機能がなくなった場合に、家庭が非行の原因となりうると考える。

アメリカの社会学者であるハーシ（Hirschi, T.）は、社会的統制理論（social control theory）の観点から社会的絆（social bond）という概念を提示している。この絆は主として家庭との絆から生じるものである。ハーシは「なぜ一般の人は非行を起こさないのか」の観点から、アメリカの中学と高校を対象に、どの程度「禁じられた行動を行っているのか」という質問項目や、両親・友人・学校に対する態度・感情を尋ねた。その結果、少年が非行を犯さないのは少年と社会との間に、次の4つの要因があると説明する。

1) アタッチメント（attachment） 愛着による絆である。両親・兄弟・教師・友人など子どもにとって親密な人々に対してもつ愛情や紐帯、職場、学校や部活など集団への愛着心である。

2) コミットメント（committment） 直訳すれば物事や人にかかわることである。合法的な手段で目標に向かって努力することであり、進学や就職に向かって努力すること、勉強やスポーツにかかわることである。

3) インボルブメント（involvement） 直訳すれば打ち込むということであり、受

験勉強や部活に一生懸命に従事し，非行に走る暇がない状態である．打ち込むことによって，それに関連する人々との絆も生じる．

4) ビリーフ (belief) 　信念のことであり自分の考えとして，ルールや規範に従うことである．

上記の絆は家族との関係のみで形成されるわけではないが，家族と非行との関係を示した理論といえよう．

■ **統計的データ**

金（2007）によれば，過去の世論調査から見て，家庭の非行化要因についての世間一般の考え方は変遷している．1950年の調査では，第二次世界大戦の敗北によって生じた貧困家庭，ひとり親と両親がないことが躾，愛情の欠如などをもたらし，そのことが子どもが非行に走る原因と考えられていた．その後1965年の調査では，家庭の雰囲気や親の養育態度を問題視する傾向に変わっていく．1970年代になると家庭の核家族化に伴い，母親の過保護，過干渉とともに，逆に放任なども子どもの非行化の要因として考えられている．

金は，従来指摘されてきた家庭内におけるひとり親と両親のいない家庭や貧困が，非行原因として重要なのではなく，家庭内における不適切な親子関係，家庭間の不調和や葛藤，不健康など緊張状態，意思疎通の欠如などという人間関係の障害が最も重要な非行原因として着目され，重要な位置を占めるようになってきているとした．そのうえで，家庭の役割機能，とくに親の内的統制，柔軟な対応など，根本的な姿勢のあり方が問われる時代になっていると結論している．

さて，平成10（1998）年度の「犯罪白書」によれば，少年鑑別所収容者のうち，実父母率（保護者が実父母である）に関して，男子は50％台，女子は40％台である．保護者の生活程度が中以上は昭和63（1988）年は76.7％であったが，平成9（1997）年には86.4％となっている．一般家庭でも実父母率が低下していることから，これらが非行の一般化，どのような家庭でも非行が生じうるという根拠となっている．また，親が感じる親子関係として親子間の交流不足が増加している．親子間の交流不足は家族関係の薄さ，共働き率の増加などとも関連していると考えられるが，それぞれの家庭で原因はさまざまである．

■ **最近の理論**

最近は家庭と非行の関係を包括的に取り上げている理論は少ない．非行と家庭は関係がないのではなく，関係がありすぎるがゆえに，その関係すべてを射程に入れたグランドセオリーを構築するのは困難であるのであろう．以下その関係を個々に見た二つの注目すべき理論を紹介する．

親子間のコミュニケーションに関して，エムディ（Sameroff & Emde, 2003）はソーシャル・リファレンシングという概念を提示している．これは以下の考え方である．幼い子どもが，初めて出会ったことに対して，「そうすればいいのかな」と振り返ったとき，親や祖父母や保母さんなどの視線が必ず見守ってくれていて，そして「どうすればいいのか」を教えてくれる．そういう過程を通して，幼い子どもの中に育っていく人間的な感情や感性をいう．人間が社会的なルールを守りながら生きていくために，その基盤となる重要な感情であり，人と人が共感しあって，そのことを誇りと感じあって生きるために必要な感情である．そして最近の親は，子どもへの視線の量が減少しているために，正しさの基準が伝わらず，その結果こどもたちに規範意識が十分に育っていないと考えられる．

親の養育態度の問題が過干渉か放任かという問題に関して，最近，奥村（2002）はミスマッチング（mismatching）という概念を提示している．これは依存的な子どもを放任したり，独立的な子どもに対して過干渉である結果，子どもが精神障害に至るという概念である．このミスマッチングという考えは，親子間の問題を相互関係的にとらえている．

■安倍理論

家庭と非行の相互関係が主張される以前に，安倍（1969）はすでに包括的な理論を提示している．まず，児童期の中心は家庭である（定位家族）．定位家族における価値学習の在り方や定位家族からの離脱の仕方によっては，犯罪レディネス（犯罪への至りやすさ）が形成されたり，犯罪発生場面が準備されたりする．

安倍によると，犯罪形成場面は，犯罪レディネス形成場面・定着場面，犯罪発生場面と犯罪抑制場面，犯罪矯正場面の4つの場面からなる．

1）犯罪レディネス形成・定着場面と家族　これは家族の統制機能と保護機能が十分に機能しない場合に犯罪に至るという考えである．2つの機能は質量とも一定ではないので，先程述べた奥村のミスマッチングなどが適用できる．

2）犯罪発生場面・抑制場面と家族　家族が発生場面となるには，3つの形式がある．1つは，犯罪の抑制に努めはするが，有効な抑制力を行使できず，犯罪が発生するものである．第2は家族が犯罪を積極的に誘因・庇護する場合である．第3は子どもの隠蔽により，犯罪の発生に気づかない場合である．

3）犯罪矯正場面と家族　家族は非行の原因としてのみ考えられやすいが，更生，矯正としても重要な意味をもっている．家族が矯正場面として機能するためには，犯罪の発生について，それぞれの家族機能が価値態度の形成にいかに影響していたのかを明確にしたうえで，青年の発達段階を考慮しながら，その機能障害や機能の不全を補う形で青年に対応しなくてはならない．

■事　例

家庭裁判所調査官研修所（2002）は，「重大少年事件の実証的研究」という冊子を出版している．その中に殺人事件を起こした少年たちと家庭との関連の事例が数多くのっているのでここで取り上げたい．ここでは重大な事件を起こした少年たちの家族関係の特徴をまとめている．ここでは事例を整理するために，先に述べた統制機能と保護機能の機能不全に分けて記述する．

1）統制機能の不全

親自身に余裕がない　親自身が，育児への不安，サラ金からの借金，精神障害などの問題をかかえて余裕がない場合が多く，親が少年の問題行動に気づいていても，体罰と叱責を加えるばかりで適切な対応ができない．その結果，少年の性格や気持ちを考えずに体罰と叱責を加えるばかりで適切な対応ができず，少年が問題行動をエスカレートさせていくケース．

しつけと虐待のはき違え　しつけの名の下にひどい体罰を加える親．その結果，少年が「自分はだめな人間」あるいは「愛される価値のない人間」であるというイメージをもつようになり，対人関係の中で適切な距離をとることができなくなったケース．

少年を過大評価する親　少年を過大に評価し，そのプラス面しか見ない親．その結果，少年に感情をコントロールする力が不足してしまうケース．

少年の挫折に対応できない親　少年が相当深刻な不適応状態に陥っているにもか

かわらず，親が軽く考え，必要なケアをしなかったため，少年がますます情緒不安定になるケース．

よい子，理想の姿だけを求めている
主観的には「理想のこども」を作る子育てをしようと思うが，結果として少年の本当の姿を見失い，少年が家庭内の葛藤に巻き込まれ，心理的なストレスを受けていたケース．

母親をサポートできず，男性モデルにならない父親　父親が父親としての役割をとることに消極的で，少年との関係が過度に情緒的であったり，子育てにおいて母親をほどよくサポートできない．とりわけ父親が暴力で母や子どもを支配しようとすると少年はその暴力のみ模倣してしまうケース．最近では父親の「大人性」が注目されている．

祖父母の陰に隠れる父母　父母が自立しておらず，祖父母に頼りすぎてしまっているものや，父母が望んでいないにもかかわらず，祖父母が育児や養育に必要以上に介入している．

2) 保護機能の不全

親の期待の強さ　少年への期待が強く，少年のほうが親の期待を先回りして取り込みすぎて，子どもらしいありのままの感情を抑えてしまう．

コミュニケーションが乏しい　表面的には問題がないようであるが，家族の間で情感のこもったコミュニケーションが乏しい点．

夫婦の絆の弱さ　父母が互いに不満を持ちながら，夫婦の絆が弱く，お互いのコミュニケーションが乏しく，不満が解消されないまま，表面的な夫婦関係が維持されている．

母親や母親に代わる者への基本的な信頼感のなさ　親との相互交流が円滑に行われないと，子どもは周囲の人がどのような反応をするかわからないという不安をかかえたまま，自分の殻に閉じこもり，周囲とのかかわりを避けようとするようになる．

■ **結　論**

事例で見たような親であっても立派に育っている子もいることや，同じ家庭であっても兄弟姉妹すべてが非行に走っているわけではないことから，その家庭がその子どもにどのように作用を及ぼしたのか，立ち直りにどのように影響を及ぼしたのかを考える必要がある．家庭の一つの要因を固定的とらえて偏見をもって見るよりも家庭も非行化の一要因ととらえ他の要因との相互作用を考えていくことが望ましい．

〔水田恵三〕

▶**文　献**

安倍淳吉（1969）．犯罪心理学研究法　北村・黒田・安倍（編）心理学研究法　誠信書房

Hirschi, T. (1969). *Causes of delinquency*. Berkeley : University of California Pres. （森田洋司・清水賢二（監訳）（1995）．非行の原因——家庭・学校・社会へのつながりを求めて　文化書房博文社）

石田幸平・武井槇次（編）（1984）．犯罪心理学——青少年犯罪者の生活空間と類型論　東海大学出版会

笠井達夫・桐生正幸・水田恵三（編）（2002）．犯罪に挑む心理学——現場が語る最前線　北大路書房

家庭裁判所調査官研修所（監修）（2002）．重大少年事件の実証的研究　司法協会

金　英淑（2007）．少年非行の原因としての家族関係　現代社会文化研究，**39**，73-90．

奥村雄介（2003）．凶悪な少年非行——いわゆる「いきなり型非行」について　笠井達夫・桐生正幸・水田恵三（編著）犯罪に挑む心理学　北大路書房　4.4節

Sameroff, A.J., & Emde, R.N. (1989). *Relationship disturbances in early childhood : A developmental approach*. New York : Basic Books. （井上果子他（訳）（2003）．早期関係性障害——乳幼児期の成り立ちとその変遷を探る　岩崎学術出版社）

6.9 友人関係と非行

■ 非行と友人関係の密接な関係

　青少年の非行化の経緯として交友関係の重要性はグリュック夫妻（Glueck, S. & E.）をはじめ古くから指摘されており，友人関係と非行は密接な関係をもっている．一般的な青少年のデータとして，日本と韓国においては，悩み事の相談相手として友人が第一番にあげられている．「相談する」ということは人間関係にとって最も重要な地位を占めることであるから，人間関係において友人関係は家庭と同じくらい重要な意味をもっている．青少年にとって乳・幼児期は家庭からの影響が大きいが，発達するに従って友人からの影響がより大きくなってくる．青年期における友人関係の機能は，安定化，モデル化などであるが，とくに後者のモデル化は友人の価値観を互いに取り入れることであり，その価値観が反社会的なものであれば行動は反社会的なものになる危険性が高い．また，上野（1994）は現代の高校生の友人関係を調査し，友人関係の距離の大小と「同調のある，なし」から，交友関係のパターンを密着群，独立群，表面群，個別群に分けた．これらの群に属する割合がほぼ同率である結果が得られている．このことは表面群（距離小，同調大），個別群（距離大，同調小）が増加し，友人関係のもち方が従来と比べてより希薄になったことを意味する．そして，その希薄さを補い満たすものとして携帯電話やインターネットなどがあるが，そのことは実際の人間関係を現実感の乏しいものとしている．

　以上は，青少年の一般的な傾向であり，友人関係の不良がストレートに非行に結びつくものではないが，友人関係が非行に及ぼす影響を考えるときそれを二つに分けて考える必要がでてくる．一つは友人が互いに悪影響を与えあって一方が非行にいたることと，友人どうしが集団で非行に至るパターンである．

■ 反社会的態度の形成

　行動への精神的準備状態のことを態度という．態度は価値観を学習することによって形成されるが，態度の形成にとってとくに重要であるのは準拠集団である．準拠集団には家族，学校の先生などがあるが青年期の少年にとって一番重要であるのは友人である．

　安倍（1956）によれば，人が反社会的な態度を心の中に形成する際には以下の4つが考えられる（非行発生類型）．①準拠集団の価値観が反社会的なものであり，それを受け入れることにより，反社会的な態度を形成する場合．②準拠集団の価値観が順法的であっても，それを受け入れられないことにより，結果的に反社会的な態度を形成する場合．③準拠集団の価値観が順法的，反社会的に一貫しておらず，混濁していてそれに従った結果，反社会的な態度を形成する場合．④準拠集団の価値観は順法的であるが，それに過度に適応することで状況の変化に対応できなくなり，反社会的な態度が形成される場合．

　このように準拠集団と態度形成の関係を安倍は包括的に説明しているが，友人関係と非行を説明するうえでは，①が一番クリアーである．すなわち，家庭が反社会的な価値観をもつ場合には子どもが反社会的な価値観を身につける可能性が高い．同様に，友人や先輩など交友関係の中で，友人たちの反社会的態度が強かったり，集団の基準が反社会的なものであると，個人が反社会

的な態度を定着させやすい．水田（2001）は集団に共通する価値観を少年院在院者と一般群で比較し，少年院在院者には「その場が楽しければいい」という利那性が強いことを見出している．

友人関係が非行に及ぼす影響を理論的に説明したものとして，模倣説，非行副次文化論，下流階層文化論，分化的接触論，文化葛藤論などがある（それぞれは交友関係と非行の関係以外も説明可能な著名な理論である．ここでは瀬川（1998）に基づいて友人関係との関連を記述する）．

タルド（Tarde, J.G.）の模倣説は，犯罪は模倣によってなされ，3つの仮説より成立しているとしている．
 (a) 距離の法則：密接な心理的接触があれば模倣されやすい．
 (b) 方向の法則：模倣の方向は上位の者から下位の者へ及ぶ．
 (c) 挿入の法則（省略）．

アメリカの社会学者コーエン（Cohen, A.K.）は，都市の少年ギャング団が一般に広まる文化とは別の副次文化をもっていることを主張した．そして，少年ギャング（非行集団）は一般文化に対抗する形で反動的に自分たちの副次文化を作り出すとした．これが非行副次文化論であり，その文化は反社会的な傾向を強める．

一方ミラー（Miller, W.B.）は，彼らの副次文化は対抗的ではなく，彼ら独自の文化であるとし下流階層文化論を唱えた．いずれにせよアメリカで生まれたこれらの理論は，下層という概念がわが国においては考えにくいなどの指摘があるが，少年たちが現行の文化に対抗する形で文化を形成し，それが必然的に反社会的になりやすい（たとえば暴力の強さが絶対的価値を占めるなど）というメカニズムは納得できよう．

セリン（Serin, T.）が提唱した文化的葛藤論は，異質な文化との衝突と，文化的格差から生じる葛藤が行為規範の葛藤を生み，個人の規範意識が不安定になり，犯罪非行に結びつくという考えである．たとえば，歌手の尾崎豊の歌とくに「卒業」の歌詞に見られる，大人という文化と青年文化の葛藤との結果生じる激しい敵対感情などにも見られる．

サザーランド（Sutherland, E.H.）は，犯罪，非行行動はさまざまな集団や個人との接触の中で学習されると考え分化的接触理論を提唱した．彼は九つの命題を提唱しているが，たとえば，犯罪行動は他の人々との相互作用の中で学習される，その学習の主要部分は親密で私的な集団で生まれるなどが友人関係の非行への影響として直接的なものである．

グレーザー（Graser, D.）は，接触が同一化する対象に限定されるとし，分化的同一理論を提唱した．これは同一化する対象が尊敬する先輩や親しい友人に限定され，そこから反社会的態度が学習するのである．

これまでの社会学理論は，環境が同じであっても，非行化する人としない人の差の説明が十分なものではなかった．そこでマッツア（Matza, D.）は，漂流理論を提示し，非行少年は合法価値体系と非合法価値体系との間を漂流していること，非行少年は違法行為をする際に自らの行為を正当化していると主張した．とくに後者の正当化技術の中で高度の忠誠心への訴え（仲間への忠誠のために犯罪を行う）などが友人関係の影響を直接に説明する点である．

■ 初発型非行の経緯

上記のようにさまざまな形で反社会的な態度が形成されても，ただちに非行が実行されるわけではない．そこには実行に至るスキルを習得したり，反社会的態度が反社

会的価値観として個人の中に定着されていなければならない。それらは，おもに友人関係を通じて個人の中に定着されていく．

■ **集団での非行**

毎年発刊されている「犯罪白書」によれば，わが国の犯罪少年の共犯率は40％以上で成人よりも多いがとりわけ，強盗，傷害，恐喝など凶悪犯罪の共犯率が高い．集団の非行はアメリカにおいては古くから指摘されてきた（菊地，1964）．とりわけシカゴ大学を中心とするシカゴ学派では，非行少年の集団性に着目し，都市部の青少年が集団的に引き起こされる事実に注目した．彼らのうちの一人であるスラッシャー（Shrasher, F.M.）は，少年たちの非行集団が都市の間隙地帯に多いことを発見している．また，ショウとマッケイ（Shaw & Mckay）は非行の大部分が都市の解体地域で生じることを示し，ホワイト（Whyte, W.F.）は有名な著書『ストリート・コーナー・ソサエティ』の中で，非行集団の中のリーダーシップの重要性や，彼らが相互関係の中でより非行化していく様を描いた．このように非行少年たちが集団で地域の中で非行化を強めていく様は，スラム街などの地域に限定的に適用されるのではなく，一般的に理論化可能である．

■ **トルネード仮説**

非行少年たちが集団で非行化していく経緯を描いたものにトルネード仮説がある．

水田ら（2001）は，集団非行におけるトルネード仮説を提示した（図1）．ベースは，少年のもつ反社会的価値観にある．これまで数々の理論で示したように集団の中で反社会的価値観を学習し，それが自我の中核となる．これが非行化への骨組みである．そして，資質面のある程度の偏りをベースとして，反社会的価値観を骨組みに，集団の中で反社会性をあたかも竜巻のようにエスカレートさせ反社会的行動に結びつけていくプロセスをトルネード仮説と命名した．

多くの少年たちは，互いに何かを感じるかのように集まる．「自分の気持ちを理解してもらいたい」，「退屈をしのぎたい」，「何かいいことがあるかもしれない」などの気持ちからかもしれない．彼ら彼女らには多く，「否定的な自我同一性」や刹那性などが見られる．そして集団で行動するにつれて反社会的価値観を身につけていく．さらに，同調，内集団びいき，没個性化などが働き集団での抑制力が低下し，集団での非行をエスカレートしていったり，単独での非行へと移行していったりする．また，集団で非

図1　トルネード仮説

行を行う場合には，皆で煽り立てることはするが，「止めようよ」という沈静化に向かう言動ができないことが最近の特徴である．このように，あたかも竜巻のように犯罪がエスカレートしていくのが「トルネード仮説」の骨子である．

■ 暴走族の掟

青少年のもつ集団の基準はおおむね健全なものである．「高校だけは卒業しよう」「お金持ちになろう」「いい大学に入ろう」「悪いことはしないようにしよう」．しかし，上記のトルネード仮説のように，一度反社会的集団に帰属すると彼らは，互いに反社会性をより強めていく．

たとえば暴走族には以下のような決まりがある．暴走族はヘルメットをかぶってはいけない．理由は，ヤンキーにはヘルメットが似合わないからである．暴走族は，仕事をしてはならない．また 2 ケツ狩りといって，暴走族以外の者が，原付に 2 人乗り（= 2 ケツ）しているのを発見すると，これを停めさせ，暴走族に加入するか，金を払うか，シバキを受けるかの三者択一を迫る行為がある．また，暴走族を抜けようとするときには，お金を払ったり，暴力を受けたりする．このように暴走族は互いの価値観を強化する中で反社会的価値観を強めていく．

ここで，集団での友人関係に焦点を当てた社会心理学の研究を紹介する．

■ シェリフの実験

社会心理学者のシェリフ夫妻（1964）は少年たちの集団間葛藤を現場で解明することを心がけた．具体的には 11～12 歳の白人男子をキャンプに参加させ，集団の形成，葛藤，葛藤解決の様子を参与観察した．

第一段階　集団の形成： 二つの集団があったが互いに交わることはなかった．互いに自分たちの集団に名前をつけ，それぞれリーダーや規範をもち団結心も生まれた．

第二段階　集団間の葛藤： 互いの対抗試合はエスカレートし，夜になって襲撃，報復合戦などがはじまった．リーダーが交代したり，力の強いものがヒーローになるようになった．時間の大部分は敵を打ち負かす計画作りに費やされた．

第三段階　葛藤の解消： 上位目標の設定．水道管の補修，故障したトラックを動かすなど，敵対している集団どうしが協力しないと達成できない目標や課題の設定と遂行．このように，青少年は友人関係が集団になると互いに敵対しあうようになることもあるが，上位の目標を設定することにより，集団間の葛藤が解決する可能性が示されている．

■ まとめ

以上のように，友人関係と非行とは家族関係と同等もしくはそれ以上に密接な関係があり，それゆえそれらの関連性を指摘する理論も数多く出てくる．ここでは，その一部を紹介したが，他のテーマで関連する理論もあり，そこで詳しく述べられる．

〔水田恵三〕

▶ 文　献

安倍淳吉（1956）．社会心理学　共立出版
細江達朗（2001）．犯罪心理学　ナツメ社
水田恵三ほか（2001）．トルネード仮説の実証的研究　犯罪心理学研究，**39**，46-47．
瀬川　晃（1998）．犯罪学　成文堂
Sherif, M., & Sherif, C.W. (1964). *Reference groups : Exploration into conformity and deviation of adolescents*. Harper and Row.（重松俊明（訳）(1968)．準拠集団——青少年の同調と逸脱　黎明書房）
上野行良ほか（1994）．青年期の交友関係における同調と心理的距離　教育心理学研究，**42**(1)，21-28．
Whyte, W.F. (1993). *Street corner society : the social structure of an Italian slum*. 4th Ed. University of Chicago Press.（奥田道大・有里典三（訳），(2000)．ストリート・コーナー・ソサエティ　有斐閣）

6.10 攻撃行動の性差

性別は明確な個人特性であるため，攻撃行動に与える影響については多くの研究が行われてきた．これらの研究は，「男性と女性ではどちらのほうが攻撃行動が多いのか」という攻撃の量に関する研究と，「攻撃の種類に性差はあるのか」という質に関する研究，「なぜ性差が生じるのか」というメカニズムについての研究に分類できる．

■ 攻撃の量に関する研究

「男性のほうが女性よりも攻撃的なのではないか」というわれわれの日常的な内観は，初期の研究ではおおむね支持されている．こうした内観は男性のほうが暴力行為の検挙率が高いという現象や，反社会的攻撃が多いということからも裏づけられているように思える．

では，本当に男性のほうが女性よりも攻撃的なのだろうか．「男性が常に女性よりも攻撃的である」という見解は，近年の研究では必ずしも支持されていない．たとえば，挑発事態や匿名状況では，女性は男性と同じくらい攻撃的にふるまう．また，攻撃行動の性差についてのレビュー（Eagly & Steffen, 1986）は，男性のほうが女性よりも攻撃的という攻撃性の性差は傾向でしかなく，研究間で一貫した結果は得られていないと述べている．一方で，「女性のほうが男性よりも攻撃行動が多い」という研究結果もある．たとえば，悪意のあるうわさを流す・相手を仲間はずれにするなどの関係性攻撃は男性よりも女性のほうが多い（Björkqvist et al., 1992）．

このような結果を受けて，攻撃行動の性差を扱った研究では，「男性と女性のどちらが攻撃的か」という攻撃の量の検討から，攻撃の種類の違いという攻撃の質に関するものに移行しつつあるといえる．

■ 攻撃の質に関する研究

攻撃の種類についてはさまざまな分類が試みられているが，性差に関連するものとしては，直接的攻撃と間接的攻撃があげられる．直接的攻撃とは，加害者が被害者にじかに危害を加えるタイプの攻撃であり，言語的攻撃（例：面と向かって罵倒する）と身体的攻撃（例：殴る・蹴る）の両方が含まれる．一方，間接的攻撃とは加害者が被害者に直接危害を加えるのではなく，集団からの排斥のように既存の社会構造を利用して攻撃する方法である．

すでに述べたように，攻撃の性差研究は対象とする攻撃の種類によって影響を受ける．たとえば直接的攻撃では男性のほうが女性よりも攻撃行動が多い．この傾向は発達段階の初期でもみられ，たとえば8歳児・11歳児・15歳児を対象に，攻撃行動の種類と性差を検討した研究（Björkqvis et al., 1992）では，8歳児から一貫して男児のほうが女児よりも直接的な物理的行動が多いことを示している．一方，関係性攻撃の場合，8歳児では明確な性差は見られないが，15歳児になると女児のほうが男児よりも関係性攻撃を多く行うようになる．

初期の研究において「男性が女性よりも攻撃行動が多い」という見解が支持されていた理由の一つとして，直接的攻撃に重きがおかれていたことがあげられる．初期の攻撃研究では，暴力犯罪やけんかなど直接的な攻撃行動が問題とされてきた．また，殴る・蹴るなどの直接的攻撃が実験や調査で検出しやすいのに比べ，「悪意のある噂をながす」ような関係性攻撃は，誰がその攻撃を行っているかの特定が困難な場合

もあり（Lagerspetz et al., 1988），研究対象にすることが難しい．
　しかし，女性による攻撃は男性の攻撃とその種類が異なるだけでなく，発達の仕方や構成要素が異なる可能性が指摘されており，現在多くの研究が行われている．

■ なぜ攻撃の性差が生じるのか

　「なぜ攻撃の性差が生じるのか」に関する説明は，生物学要因と社会学的要因の2つに分類できる．生物学的要因では，男性のほうが女性よりも攻撃性が高い理由としてテストステロンのような攻撃に関連するホルモンの分泌が男性のほうが多いためであるとしている（→6.1）．しかし，テストステロンによる攻撃行動の増加はラットなどではみられるが，人間の男性においてはそうした効果を支持する結果は得られていない（Archer et al., 1998）．生物学的な要因による攻撃の性差は，むしろ男性のほうが女性よりも身体的に優位であり，そのため直接的な身体攻撃に訴えやすいという理由によるものであると考えられる．
　一方，社会学的要因では，男性と女性の攻撃タイプの差は社会化の過程，すなわち，性役割や家父長制などの学習結果であると考えられる．「やられたらやりかえせ」ということばが一般的には男性のみに向けられるように，男性の攻撃行動は容認（場合によっては肯定）される傾向がある．これには男性的な性役割が関与していると考えられる．
　たとえば，モッシャーら（Mosher & Sirkin, 1984）は，男性らしさ人格特性の高い人，すなわち，「暴力を男らしい」と知覚する傾向が高く，危険を刺激的であると感じる男性は，そうでない男性に比べて有意に攻撃行動が多いという結果を示している．これに対し，女性の攻撃行動，とくに直接的な攻撃行動は非難されやすい．また，近年生物学的要因と社会学的要因の二つにまたがるものとして，感情の刺激への反応性と持続性という考え方が提出されている（Knight et al., 2002）．
　これは，男性のほうが不快な感情を誘発するような刺激に対する敏感性が高く，また不快な感情刺激に対して攻撃を抑制しようという動機（もしくはスキル）が低いために，男性のほうが女性よりも攻撃行動が多いというものである．この結果は従来いわれていたような「女性のほうが男性よりも感情的になり，その結果として攻撃を行いやすい」という直感に反するものであり，興味深い研究結果であるといえるだろう．

〔雨宮有里〕

▶文　献

Archer, J., Birring, S.S., & Wu, F.C.W. (1998). The association between testosterone and aggression in young men：Empirical findings and a meta-analysis. *Aggressive Behavior*, **24**, 411-420.

Björkqvist, K., Lagerspetz, K. M., & Kaukiainen, A. (1992). Do girls manipulate and boys fight? developmental trends in regard to direct and indirect aggression. *Aggressive Behavior*, **18**, 117-127.

Eagly, A.H., & Steffen, V.J. (1986). Gender and aggressive behavior：A meta-analytic review of the social psychological literature. *Psychological Bulletin*, **100**, 309-330.

Mosher, D.L., & Sirkin, M. (1984). Measuring a macho personality constellation. *Journal of Research in Personality*, **18**, 150-163.

Knight, G.P., Guthrie, I.K., Page, M.C., & Fabes, R.A. (2002). Emotional arousal and gender differences in aggression：A meta-analysis. *Aggressive Behavior*, **28**, 366-393.

Lagerspetz, K.M., Björkqvist, K., & Peltonen, T. (1988). Is indirect aggression typical of females? gender differences in aggressiveness in 11- to 12-year-old children. *Aggressive Behavior*, **14**, 403-414.

Lightdale, J.R., & Prentice, D.A. (1994). Rethinking sex differences in aggression：Aggressive behavior in the absence of social roles. *Personality and Social Psychology Bulletin*, **20**, 34-44.

6.11 攻撃性の個人差および測定尺度

攻撃性の高い事件が発生すると，人々の関心は「どのような人がこうした犯行を行ったのか」に集まる．攻撃的な犯行を行う人と行わない人には，何か違いがあると考えるためである．このように攻撃性に関連する個人特性を攻撃の個人差という．

攻撃の個人差には性別や年齢など質的なものと，敵意の感じやすさのように量的なものの二種類がある．本項では後者のうち，とくに短気と情動的感受性，敵意的帰属バイアス，反芻傾向，自己愛について紹介する．

■短気と情動的感受性

短気（irritability）とは些細な挑発や意見の相違に対して衝動的，対決的，あるいは激しく反応する傾向である．一方，情動的感受性（emotional susceptibility）とは不快，無力感，不全感などを感じやすく傷つきやすい傾向をさす．短気や情動的感受性を測定する尺度としては短気・情動的感受性尺度（Caprara, 1985）があげられる．短気は身体的・言語的・間接的攻撃行動と，情動的感受性は自責や不安と関与しており，ともに攻撃性に結びつく．一般的に，不快な感情が喚起された個人は，その感情が強ければ強いほど攻撃的にふるまいやすくなる．短気傾向や情動的感受性の高い人は，こうした不快感情を感じやすいため攻撃行動が多くなると考えられる．

■敵意的帰属バイアス

敵意的帰属バイアス（hostile attribution style）とは，曖昧な刺激を自分への敵意や挑発と帰属する傾向である．この傾向が高い人は，たとえば道でふと目があったという中性的な刺激に対しても，「自分に文句があるに違いない」などというように敵意的に解釈し，その解釈に対する「正当な」反応として他者を攻撃する．敵意的な攻撃性を測定する尺度としては，敵意的攻撃インベントリー（秦, 1990）があげられる．

敵意的帰属バイアスは刺激の解釈に関連する個人差であるが，長期的にはそのバイアスにそった社会環境を作り上げ，攻撃を増幅させてしまう可能性がある．敵意的帰属バイアスの高い人は，周囲の人には自分を傷つけようという意図があると思い込んでおり，それに対する反応として攻撃的に振舞う．攻撃的にふるまわれた人は，それに対応する形で敵対的な態度を形成する．このようにして，当初はバイアスであったはずの認知が現実のものとなり，結果としてますます攻撃が助長されるという悪循環に陥る．そのため，敵意的帰属バイアスを長期的な攻撃行動や逸脱傾向の予測因子と考えた多くの研究が行われている．

■反芻傾向

反芻傾向（rumination）とは広義には自己の思考や経験に注意を向けやすい傾向をさすが，攻撃性に関連する個人差として扱われる場合は，不快な経験やその契機となった刺激について注意を向ける傾向を示すことが多い．一般的な反芻傾向を測定する尺度にはRumination-Reflection Questionnaire（Trapnell & Campbell, 1999；日本語版として高野・丹野, 2008）が，敵意的反芻傾向に特化した尺度としてはDissipation-Rumination Scale（Caprara, 1986）があげられる．

反芻傾向は，とくに攻撃を誘発するような刺激から攻撃行動までの時間がある場合に攻撃を予測する．この考え方は，欲求不満−攻撃仮説に依拠している．通常，欲求不満を生じさせた刺激は時間がたつにつれ

てその効果が薄れる．そのため，即時の攻撃が行わなかった場合は，時間とともに攻撃性は減少する．しかし，反芻傾向が高い人は，欲求不満を生じさせた刺激やその内容についてくり返し考えるために，時間がたつにつれむしろ報復動機が高くなり，攻撃を行いやすくなると考えられる．

また，反芻傾向の高い人の攻撃の特徴として，攻撃を誘発した対象以外のものに攻撃がむかう攻撃のおきかえ（displaced aggression）が生じやすいことがあげられる．攻撃の誘発刺激から長く時間が経過すると，その刺激を与えた当事者がすでにその場にいないこともある．しかし，反芻傾向の高い人は報復動機が増幅してしまっているため，不快刺激を与えた当事者が存在しない場合はその場に居合わせた別の対象に攻撃をおきかえると考えられる．

■自己愛

近年，自己愛傾向（narcissism）の高さが攻撃を予測するという研究が多く報告されている．自己愛的人格特性を測定する尺度としては Narcissistic Personality Inventory（NPI；Raskin & Terry, 1988；日本語版として小西ら，2006）が考案されている．

では，なぜ自己愛傾向が高いと攻撃的になるのだろうか．その説明のひとつとして，自己愛的傾向の下位項目である権利意識の高さが非寛容さと結びついており，それが攻撃性につながることが指摘されている（Exline et al., 2004）．彼らは6つの調査および実験を行っているが，パーソナリティ特性であるビッグファイブの調和性や相手との親密性，償いの程度など寛容さに影響を与えるさまざまな要因を統制したうえでも，権利意識は非寛容さを予測した．また，権利意識が高い人は，実験状況においてより多くの攻撃を行った．権利意識の高さが攻撃性を予測する理由としては次のように説明されている．自己愛的傾向の高い人は自分を特別であると考えており，そう扱われることを他者にも要求する．しかし，彼らの自己評価はえてして誇大的である．このような状態で望むような扱いを受けないと，不当な扱いをうけていると感じ，相手を許さずに攻撃行動が行われると考えられる．

〔雨宮有里〕

▶文　献

Caprara, G.V. (1985). Indicators of impulsive aggression：Present status of research on irritability and emotional susceptibility scales. *Personality and Individual Differences*, **6**, 665-674.

Caprara, G.V. (1986). Indicators of aggression：The Dissipation-Rumination Scale. *Personality and Indivisual Differences*, **7**, 763-769.

Exline, J.J., Baumeister, R.F., Bushman, B.J., Campbell, W.K., & Finkel, E.J. (2004). Too proud to let go：Narcissistic entitlement as a barrier to forgiveness. *Journal of Personality and Social Psychology*, **87**, 894-912.

小西瑞穂・大川匡子・橋本宰（2006）．自己愛人格傾向尺度（NPI-35）の作成の試み　パーソナリティ研究, **14**, 214-226.

秦一士（1990）．敵意的攻撃インベントリーの作成　心理学研究, **61**, 227-234.

Raskin, R., & Terry, H. (1988). A principal-components analysis of the Narcissistic Personality Inventory and further evidence of its construct validation. *Journal of Personality and Social Psychology*, **54**, 890-902.

Trapnell, P.D., & Campbell, J.D. (1999). Private self-consciousness and the five-factor model of personality：Distinguishing rumination from reflection. *Journal of Personality and Social Psychology*, **76**, 284-304.

高野慶輔・丹野義彦（2008）．Rumination-reflection questionnaire 日本語版作成の試み　パーソナリティ研究, **16**, 259-261.

6.12 自尊心と攻撃性

自尊心（self-esteem）には顕在的自尊心と潜在的自尊心の2つが存在する．顕在的自尊心とは，自分自身をどのくらい価値がある人間だと感じるかであり，意識可能な自尊心をさす．この顕在的自尊心は，自己に対するポジティブな評価と自己受容とで構成されるローゼンバーク自尊心尺度で測定されることが多い．一方，潜在的自尊心は自分では意識できない自尊心であり，自己と快がどのくらい強く結びついているかをさす．この潜在的自尊心の測定には，おもに潜在的連合テスト（Implicit Association Test）やネームレター・テストなどが用いられている．

顕在的・潜在的自尊心が攻撃性に与える影響に関する研究は，低い顕在的自尊心が攻撃を予測するという研究と，高くて不安定な顕在的自尊心をもつ人が自我脅威を受けると攻撃を行うという研究，顕在的自尊心と潜在的自尊心の解離が攻撃を予測するという研究の3つに分類することが可能である．

■ 低い顕在的自尊心 - 攻撃

顕在的自尊心に関する研究では，顕在的自尊心の高さは社会適応や学業成績の向上などさまざまなポジティブな結果をもたらし，反対に低い顕在的自尊心はネガティブな結果（攻撃や逸脱行動）を予測すると考えられてきた．そのため，「低い顕在的自尊心が攻撃を予測する」という研究が多く行われている．たとえば，児童を対象に顕在的自尊心の低さが将来の攻撃行動につながるか縦断的に検討した研究（Donnellan et al., 2005）では，顕在的自尊心の低さは他の変数を統制しても攻撃行動を予測するという結果が得られている．また，「若いギャングは自尊心が低い」という研究や「児童虐待を行う人は自尊心が低い」という結果も低い自尊心が攻撃を予測するという見解を支持するものであるといえる．

では，顕在的自尊心が低いとなぜ攻撃を行いやすいのだろうか．これは，社会的絆理論で説明が可能である．たとえば，社会的絆のひとつである愛着は，親密な関係にある相手の期待にそい，これを裏切るまいとする感情レベルでの絆である．一般的に他者を攻撃することは好ましいことではないため，もし，攻撃的にふるまった場合は相手の信頼や期待を裏切ってしまうことになる．そのため，社会的絆が強い人は攻撃を誘発されるような場面でも攻撃の抑制動機が働く．一方，顕在的自尊心の低い人は社会的絆が弱いことが多いため，攻撃が抑制されにくいと考えられる．

もうひとつの説明として，攻撃による自己呈示および自己高揚があげられる．多くの人は自分を価値あるものだと思いたいという自己高揚動機をもっている．しかし，顕在的自尊心が低い人は，社会的地位や学力といった自己高揚の資源が少ないことが多い．そのため，自己呈示の方法として攻撃を選び，攻撃で相手に勝つことによって自尊心を高めようとすると考えられる．

■ 高くて不安定な顕在的自尊心 - 攻撃

低い顕在的自尊心ではなく，高くて不安定な顕在的自尊心をもつ人が自我脅威にさらされると攻撃を行うことを示した研究も多い．高くて不安定な顕在的自尊心とは，現実よりも過度に高い自己知識に対する評価であり，自己愛傾向が高いと換言することができる．

たとえば，ブッシュマンら（Bushman & Baumeister, 1998）は顕在的自尊心と自

己愛傾向および自我脅威が攻撃に与える影響について実験的に検討している．その結果，顕在的自尊心の高低そのものは攻撃に関係がなく，高くて不安定な顕在的自尊心（自己愛傾向が高い）をもつ人が自我脅威を受けると攻撃をするという結果が得られた．同様の結果は他の研究でも支持されている（Reidy et al., 2008；Barry et al., 2007）．

この結果は，自我脅威理論で説明可能である．すでに述べたように，自尊心を維持高揚しようとする動機は，多くの人が共通してもっている．しかし，顕在的自尊心が過度に高い人，すなわち，高くて不安定な顕在的自尊心をもつ人は，他者から自己評価よりも低く評価される確率が高い．こうした低い評価は，自己評価を高揚・維持しようとする動機を脅かす自我脅威となるため，評価を与えた相手を排除しようとして攻撃が生じると考えられる．

■ 潜在・顕在的自尊心の解離 – 攻撃

自尊心には自分で意識可能な顕在的自尊心とは別に意識不可能な潜在的自尊心が存在する．この顕在的自尊心と潜在的自尊心との相関は一般的に小さい．そのため，顕在・潜在的自尊心の組み合わせは，「顕在的自尊心が高く，潜在的自尊心が低い」場合や，「顕在的自尊心・潜在的自尊心ともに高い」場合のように，4つのマトリクスが存在する（図1）．

このうち，潜在的自尊心が低く，顕在的自尊心が高い場合，すなわち，顕在・潜在的自尊心が解離している場合に攻撃的になるという研究結果が示されている．たとえば，顕在的自尊心が高く，潜在的自尊心が低い人は両方とも高い人に比べ，自我脅威状況で防衛的反応を示しやすいという結果が報告されている（Jordan et al., 2003）．また，顕在的自尊心が高く，潜在的自尊心が低い児童はどちらも高い児童よりも言語・物理的攻撃ともに多いという結果が得られている（Standstrom & Jordan., 2008）．

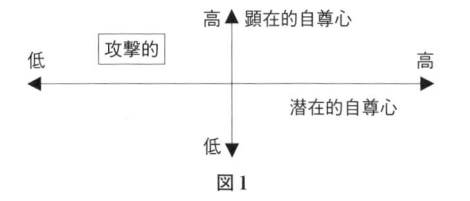

では，なぜ顕在・潜在的自尊心が解離していると攻撃を行いやすいのだろうか．潜在的自尊心が低い場合，自己に対する絶え間ない"疑い"が意識に忍び込んでくる．もし，そのような自己への"疑い"に反して顕在的自尊心が高かった場合，脅威を感じて高い顕在的自尊心を守るために自己防衛的行動（攻撃）が生じると考えられる．

〔雨宮有里〕

▶文　献

Barry, T.D., Thompson, A., Barry, C.T., Lochman, J.E., Adler, K., & Hill, K. (2007). The importance of narcissism in predicting proactive and reactive aggression in moderately to highly aggressive children. *Aggressive Behavior*, **33**, 185-197.

Bushman, B.J., & Baumeister, R.F. (1998). Threatened egotism, narcissism, self-esteem, and direct and displaced aggression：Does self-love or self-hate lead to violence? *Journal of Personality and Social Psychology*, **75**, 219-229.

Donnellan, M.B., Trzesniewski, K.H., Robins, R.W., Moffitt, T.E., & Caspi, A. (2005). Low self-esteem is related to aggression, antisocial behavior, and delinquency. *Psychological Science*, **16**, 328-335.

Jordan, C.H., Spencer, S.J., Zanna, M.P., Hoshino-Browne, E., & Correll, J. (2003). Secure and defensive high self-esteem. *Journal of Personality & Social Psychology*, **85**, 969-978.

Sandstrom, M.J., & Jordan, R. (2008). Defensive self-esteem and aggression in childhood. *Journal of Research in Personality*, **42**, 506-514.

Reidy, D.E., Zeichner, A., Foster, J.D., & Martinez, M.A. (2008). Effects of narcissistic entitlement and exploitativeness on human physical aggression. *Personality and Individual Differences*, **44**, 865-875.

図1

6.13 衝動的攻撃性

衝動的攻撃性（impulsive aggression）とは，「ついカッとなって」ということばに象徴されるような，行動のコントロールを失った結果として生じる攻撃行動，およびそれが生起する認知過程をさす．衝動的攻撃の例としては「渋滞でイライラしていたところで子どもがぐずりだし，つい怒鳴りつけてしまった」などがあげられる．衝動的攻撃性の理論は，攻撃における情動の役割を重視しており，われわれの内観に合致する．また，裁判においても計画的犯行か衝動的犯行かが量刑の判断に用いられるなど，攻撃に関する知見の中でも日常に根づいたものであるといえる．

衝動的攻撃性の説明理論としては，欲求不満−攻撃仮説（Dollard et al., 1939）や認知的新連合理論（Berkowitz, 1989），一般感情攻撃モデル（Anderson, Deuser, & DeNeve, 1995）などがあげられる．

■ 欲求不満−攻撃仮説

衝動的攻撃性の初期の説明理論として，欲求不満−攻撃仮説があげられる．この仮説によると，欲求不満状態とは，ある目的が外的な干渉を受けて妨げられている状態である．欲求不満状態では，不快な緊張や怒りが生じる．これを解消しようとして衝動的な攻撃性が生じ，その結果攻撃行動が発現すると考えられる．この欲求不満−攻撃仮説では，不快な情動が発散され，生理学的な緊張が緩和されると攻撃性が鎮静化するというカタルシス効果が仮定されている．

しかしながら，欲求不満状態は常に攻撃行動を導くわけではない．また，この理論で予測されるようなカタルシス効果は実証的には支持されておらず，むしろ攻撃行動の傾向を強めるという結果も得られている（Bushman et al., 1999）．そのため，欲求不満−攻撃仮説はそのエッセンスを残しながら，さまざまな理論的改良が行われてきた．

■ 認知的新連合理論

欲求不満−攻撃仮説をより精緻化したのが認知的新連合理論である．この理論では個人がある不快な出来事を経験すると，まず未分化な不快感情が経験されるとしている．この不快感情は，攻撃的な概念・行動のスクリプトと結びついて心的ネットワークの形で保持されており，不快な感情が経験されると，その活性化が自動的に伝播する．

このように攻撃に関する心的ネットワークが活性化された状態では，その後に起こった状況や刺激の解釈が攻撃的な方向に歪められやすくなる．たとえば，「子どもがぐずっている」という状況を，「自分を困らせようとしている」のように悪意のあるものと解釈しやすくなる．また，攻撃的行動のスクリプトが活性化しているので，ささいな刺激に対しても攻撃行動を選択する確率が高くなる．

認知的新連合理論においても，衝動的な攻撃動機はほぼ自動的に発生する．しかし通常は，こうした自動的な過程をモニタリングする統制的過程が働いているため，衝動的な攻撃動機は抑制されることが多い．実際に攻撃行動が生じるのは，認知資源の枯渇など，なんらかの理由でこの統制的過程が阻害されたときであると考えられる（Berkowitz & Frodi, 1979）．

■ 一般感情攻撃モデル

一般感情攻撃モデルは，「気温の高い地域では暴力犯罪が多い」という高温仮説

(heat hypothesis) の妥当性を検討する中で提案されたモデルである。高温仮説では，高い気温こそが攻撃性を増加させるとしている。これに対しアンダーソンら (Anderson, et al., 1995) は，確かに高い気温は暴力的な犯罪を増加させるが，それは攻撃性を増加させる状況要因の一つにすぎないと位置づけている。

一般感情攻撃モデルでは，不快な状況刺激（高い気温や欲求不満，他者からの攻撃）が入力されると，それと結びついている攻撃的な認知や感情，覚醒度が自動的に活性化し，それらの活性化に対して状況の判断（例：行為が意図的か否か）や喚起された感情の種類（例：相手に対する怒り）といった一時的な評価が自動的に行われる。その評価結果を受け，対処方略や感情の再評価を含むより二次的な評価が行われ，最終的な行動が選択される。認知的新連合理論と一般感情モデルの相違点として，後者は攻撃に対する態度や敵意的帰属のような個人差を重視している点があげられる。

■ 衝動的攻撃行動の個人差

すでに述べたように，不快感情やストレスを経験すると，一般的に攻撃動機は高まると考えられる。しかし，実際に衝動的攻撃を行うか否かには明確な個人差がある（→ 6.11）。衝動的攻撃性に関連する個人差については，短気傾向や情動的感受性など刺激に対して不快情動を感じやすい傾向や，衝動性の統制があげられる。とくに衝動性の統制は，古くから注目されている概念である。たとえば，ハーシ（Hirschi, T.）らの自己統制理論（self control theory）では，攻撃を含む犯罪を「自己利益の追求により行われる暴力の行使ないし詐欺行為」と定義し，自己統制が弱い者がこうした犯罪行為を行うとしている。

また，古典的な人格検査であるアイゼンク人格目録では，その下位項目として冷淡さや攻撃的衝動，反社会性などに関する項目を含む衝動のコントロール性を設定している。この衝動のコントロール性は非行や犯罪傾向を予測すると考えられている。

また，衝動性の統制は攻撃行動の性差（→ 6.10）を説明する変数としても近年注目を集めている。たとえば，男性のほうが女性よりも直接的な攻撃行動が多い理由として，衝動的な攻撃を統制しようという動機およびスキルが低い可能性が指摘されている (Knight, et al., 2002)。こうした攻撃の抑制動機の低さは，男性のほうが女性よりも身体的に優位であるという生物学的な差異とともに意識的な違いとしてドメステックバイオレンスなどにも影響を与えていると考えられる。

〔雨宮有里〕

▶ 文　献

Anderson, C.A., Deuser, W.E., & DeNeve, K.M. (1995). Hot temperatures, hostile affect, hostile cognition, and arousal: Tests of a general model of affective aggression. *Personality and Social Psychology Bulletin*, **21**, 434-448.

Berkowitz, L., & Frodi, A. (1979). Reactions to a child's mistakes as affected by her/his looks and speech. *Social Psychology*, **42**, 420-425.

Bushman, B.J., Baumeister, R.F., & Stack, A.D. (1999). Catharsis, aggression, and persuasive influence: Self-fulfilling or self-defeating prophecies? *Journal of Personality and Social Psychology*, **76**, 367-376.

Dollard, J., Miller, N.E., Doob, L.W., Mowrer, O.H., & Sears, R.R. (1939). *Frustration and aggression*. New Haven, CT US: Yale University Press.

Godfredson, M., & Hirschi, Tr. (1990). *A General Theory of Crime*. Stanford Univ. Press.

Knight, G.P., Guthrie, I.K., Page, M.C., & Fabes, R.A. (2002). Emotional Arousal and Gender Differences in Aggression: A Meta-Analysis. *Aggressive Behavior*, **28**, 366-393.

6.14 来日外国人犯罪

伊坂幸太郎著の『アヒルと鴨のコインロッカー』（2003年刊）では，アヒルと鴨の違いが述べられている．鴨が日本の古来種であるのに対して，アヒルはマガモを海外で改良した外来種である．外見は日本人と変わらないのに，外国人であるとわかったとたん日本人は差別することも，この小説のテーマである（と思われる）．

■調査データ

岩男（2007）によれば，来日外国人犯罪者は刑法犯のうち 2005 年には殺人 51 件，強盗 235 件，放火 9 件，強姦 19 件がある．窃盗事件も住居対象の侵入盗は 13％を占めて，刑務所でも収容過剰が続いている．岩男（2007）たちが，全国の受刑者から抽出した 865 名の外国人受刑者に対して実施した 2004 年の調査によれば，まず外国人受刑者のうち中国人が 5 割，次いでブラジル人，韓国・朝鮮人，イラン人の順となっている．来日の目的の半分近くは「金を儲ける」で男性の場合は次いで「就労目的」である．パーセンテージは 10％前後と少ないが，「犯罪目的」と堂々と回答している者もいる．犯行の動機は，「借金のため」が半分近い．受刑の原因となった罪種に関して，日本人は薬物犯・窃盗・傷害・詐欺の順である．外国人では男女とも入管法違反が 3 割強，薬物犯が 3 割弱，男子の場合は窃盗が 32％，強盗が 11％と日本人男性犯罪者よりもやや多い．最近では男女とも覚醒剤取締法違反が増加している．共犯関係では，外国人は「いつも共犯がいる」が男子で 62％，女子で 58％であるのに対して，日本人の場合は，男子で 16％，女子で 31％にとどまっている．被害者への気持ちは，外国人は日本人犯罪者に比べて否定的な回答が多く，男子の 41％，女子の 27％が考えたことがなく，とくに中国出身は 6 割が考えたことがない．手口に見られる外国人犯罪の特徴は，日本人が犯行が露見しないように細心の注意を払う傾向があるのに対して，金を奪うという目的を達成することに大きな関心がある．それゆえ，手口が残忍になることもある．

■安倍の発生類型

安倍（1969）によれば，これまでの生活の時期ごとに基本的生活の場となり，心理的な支えとなった社会集団が何であったか，その社会集団に支配的な価値はいかなるものであったか，そしてその社会集団に彼がどう適応し，不適応であったのかの 3 点を総合的に検討することで，反社会的な態度の形成過程をとらえることができるとした．安倍はこの反社会化過程を A〜D の 4 類型に分類した．この 4 類型の中で外国人犯罪に該当すると思われる 2 類型について菊池（1994）をもとに説明する．

B型：基本的生活の場となり，心理的な支えとなった社会集団のもつ価値の方向が法的統制基準と逆の方向（反社会的方向）にあり，しかもそれに適応することで心理的にも支えられて，法基準に対して，反発・無視の態度が形成される．たとえば，反社会的集団の一員となって組織の反社会的活動に参加することである．犯罪目的で来日する一部の外国人犯罪者を説明するのに妥当であると思われる．

D型：基本的に生活の場となり，心理的な支えとなった社会集団のもつ特定の価値に強く硬く適応しすぎていて，他の社会集団や社会生活場面の変化に対応できなくなる．従来の価値をそのまま信奉して行動して結果的に反社会的になったり，適応の閉塞状態から暴発的に犯罪に至ったりする．

> 外国人犯罪者の場合，とりわけ価値を金銭におく傾向が強い．たとえば職場において金銭面のみを重視する態度は職場不適応の一因となり，犯罪に至りやすい要因となっている．

■ 葛藤理論

　葛藤理論は，個人（もしくは集団）と社会（もしくは規範）との葛藤の中で犯罪が生じるという考え方である（Vold & Burnald, 1958）．独自の文化をもつ外国人が異質な文化をもつ日本に来日した際に葛藤を生じ，それが犯罪へと至るという考え方である．ヴォルドの理論は文化集団の間の葛藤に基盤をおくため，文化葛藤理論とよばれるが，彼の主張は，異なる文化は異なる「行為規範」をもっているということである．セリン（Serin）は二つの異なる文化の間に生じる葛藤をまず，「第一次的文化葛藤」と定義した．この第一次的文化葛藤は，2つの異なる文化圏の境界領域でまた移民のような場合に生じる．

　次に「第二次的文化葛藤」は1つの文化が発展して，いくつかの異なった副次文化に分化し，そのそれぞれが固有の行為規範をもつときに生じるといわれている．たとえば，わが国における江戸期から明治期への混乱期の度重なる暗殺や民衆の「ええじゃないか」，また，二重の基準をもつ「マージナルマン」などが該当する．続いて，ヴォルドの集団葛藤理論がある．彼は，犯罪とは「十分な権力をもたない社会集団が，自らの利益の獲得のために闘争を挑むものである」としている．そして，集団内の地位を保ちたい個人は集団葛藤の状況下において犯罪が生じることがあるとしている．

■ 来日外国人犯罪の実際

　ここでは，中国人の来日犯罪を扱った張（2003）の研究を紹介する．彼はセリンの文化的葛藤理論に基づいて来日外国人犯罪を分析している．張によると来日外国人による犯罪は，殺人などの凶悪犯罪が全体の5.8％と日本人の占める割合よりも多いことを示し，社会問題化している．来日中国人に限定すると，彼ら彼女らは犯罪目的で入国するか否かにかかわらず，日本人からの差別や過酷な労働条件などの理由により，不法残留者になりやすく，それが悪循環で犯罪に至ったり，金銭のトラブルで中国人どうし殺人に至ったりしている．不法滞在である場合に被害は届けにくい．マスコミが流すイメージと異なり，来日外国人による殺人事件の被害者の3分の2は中国人である．強盗事件の被害者も中国人が8割弱である．一方，偽造や窃盗は直接の被害は日本人で被害も大きい．犯行の手口も日本人よりも大胆で，ときには残虐な行為も厭わない．また私文書偽造は，中国の文化では違法の認識はないとまでいわれている．

　張は，日本と中国の文化的差異，たとえば紛争解決の方法，偽造文化の差異，賭博に関する認識の違いなど文化的葛藤が犯罪の一因であるとした．さらに「閉塞的な日本人の外国人への差別および第二次世界大戦の日本人の中国人に対する虐待の事実が犯罪の一因になっていることも否定できない」としている．これも文化的葛藤理論で分析可能である．　　　　　〔水田恵三〕

▶文　献

安倍淳吉（1969）．犯罪心理学研究法　北村・安倍・黒田（編）心理学研究法　誠信書房

菊池武剋（1994）．犯罪・非行をどうとらえるか　水田恵三（編著）犯罪非行の社会心理学　ブレーン出版

岩男壽美子（2007）．外国人犯罪者　岩波書店

Vold, G.B., & Bernard, T.J. (1986). *Theoretical criminology.* 3rd ed. Oxford University Press.（平野龍一・岩井弘融（監訳）(1990)．犯罪学──理論的考察　東京大学出版会）

張　荊（2003）．来日外国人犯罪　明石書店

6.15 アノミーと犯罪

■デュルケームのアノミー論

デュルケーム（Durkheim, E.）は，個人と社会との関係において，犯罪は個人よりも社会の要因が大きく影響すると考えた．社会が近代化するにつれて，伝統的な社会の連帯性が弱まるとともに，アノミー（anomie，無秩序状態）が生じ，自殺や犯罪などの社会病理現象が発生するとした．

アノミーは，社会秩序が乱れ，混乱した状態にあることをさす「アノモス（anomos）」を語源とし，宗教学において使用されていたが，デュルケームが初めて社会学にこの言葉を用いた．

デュルケームは，犯罪行動の推進力は生来的に備わっている欲望と衝動であるとした．そして，異なった時代と場所における犯罪の量的差異は，犯罪行為を行うように個人を駆り立てる力の差異によっては説明できないとした．犯罪行動の量的差異は，抑制諸力の差異によってのみ説明されるとした．デュルケームは社会が文化を通じてか，構造を通ずるかして人間性を抑制するとした．これらの抑制が急速な社会変動の期間において崩壊することによって犯罪行動が生じる危険性が生じると説明した．

■マートンのアノミー論

アメリカの社会学者マートン（Merton, R.K.）はデュルケームのアノミーという概念を発展させ，社会の人々に共通する目標（文化的目標）がそれを達成するための合法的な手段（制度的手段）との間に不協和が生じることをアノミーとよんだ．したがって，デュルケームのアノミーとは内容が異なっている．

文化的目標が合法的な手段で達成できないとき，アノミー的緊張状態に陥り，その緊張状態から逃れるため，犯罪によっても目標を達成しようとする．この緊張状態が犯罪の原因となっていることから，彼の理論は緊張理論（strain theory）ともいわれている．マートンは，個人を犯罪行動に駆り立てる文化的諸力と，個人を犯罪行動から抑制する文化的諸力との不均衡という観点から犯罪の発生を説明した．

マートンは社会の中の文化に着目した．アメリカの文化において最も目立つ文化的目標は富を獲得することである．とりわけ，貧しい家庭に育っても巨万の富を得る，出自によらない出世は，「アメリカンドリーム」とされる．そして，次には制度化された手段（合法的な手段）を通して富を獲得する能力に焦点が当てられた．そして，アノミー状態に対応しうる様式は，このその社会に共通する文化的目標と制度化された手段に対する個人の態度に基づいてさまざまである．マートンはこれらの反応の選択を表1のように5つに分けた．

1）同調 文化的目標，制度化された手段ともにプラス（たとえば，文化的目標を受容し，制度化された手段を利用可能）で，アメリカの場合は，金銭的富を求めて合法的に努力するタイプである．

2）革新 制度的な手段を用いては，富の獲得という文化的目標に到達できないと気づく．そのため，富を得ようとして新

表1 マートンによるアノミー状況と適応様式

適応形態	文化的目標	制度化された手段
1 同調	＋	＋
2 革新	＋	－
3 儀礼主義	－	＋
4 対抗	－	－
5 反抗	±	±

しい方法（非合法な）方法を見つける．実業家は，詐欺や不正表示などの，さまざまなホワイトカラー犯罪を工夫したり，脱税したりするかもしれない．貧しい人々は，賭博，売春あるいは薬物取引などに手を染めるかもしれない．しかし，この手段がまれにではあるが，人々の気づかない革新的なものである場合，一躍ヒーローになることもある．しかしながら，多くは手段が反社会的であり，犯罪の大部分はこのパターンである．

3）儀礼主義　絶えざる富の獲得の可能性を拒絶しつつ，勤勉・正直などの規範への忠誠心を保持し続ける．彼らは，これ以上のものを望もうとはしない．この最低水準のものさえ失うのではないかという恐怖が彼らをこの段階に閉じ込めているのである．

4）逃避　ゲーム全体からの完全なドロップアウトを意味している．このタイプの犯罪者には薬物依存などがある．

5）反抗　この場合，人々は社会に共通する価値観を新しい価値によって取り替えることによって自分の欲求不満に反応する．その手段が，合法的なものもあるが，暴力による革命の場合もある．

いずれにせよ，マートンの適応の方法はパーソナリティではなく，アノミーによって生じた緊張状態をいかに解消するのかのパターンによって犯罪を説明しようとするものである．〔水田恵三〕

＊補注：本項の記述はおもにヴォルド（Vold & Bernand, 1986）に記述を参考にした．

事例　光クラブ事件

1948（昭和23）年9月, 大学生のYは，貸金業「光クラブ」を設立した．周囲の目を引く画期的な広告を打ち，多額の資金を調達することに成功する．集めた資金を商店，企業などに高利で貸し付けた．学生が経営を行っている（学士金融）ということが，業界で注目された．

しかし，光クラブは，Yが物価統制令違反で逮捕（後に不起訴）されると同時に出資者の信用を失い，業績が急激に悪化．債務を履行できなくなったYは，本社の一室で青酸カリをあおり，遺書を残して服毒自殺した．

第二次世界大戦直後戦前の価値観・権威が完全に崩壊した時期であり，既存の道徳観を欠いた無軌道な若者による犯罪が頻発し，彼らが起こした犯罪は「アプレゲール犯罪」とよばれた．これはデュルケームのいうアノミー状態であり，マートンでは革新に該当する．

▶**文　献**

Durkheim, E. (1897). *Le suicide : etude de sociologie.*（宮島喬（訳）(1985). 自殺論　中央公論社）

Merton, R.K. (1951). *Social theory and social structure : Toward the codification of theory and research.* The Free Press of Glencoe.（森東吾ほか訳 (1961). 社会理論と社会構造　みすず書房）

瀬川　晃 (1998). 犯罪学　成文堂

Vold, G.B., & Barnard, J.J. (1986). *Theoretical criminology.* 3rd ed. Oxford University Press.（平野・岩井（監訳）(1990). 犯罪学　東京大学出版会）

6.16 社会的学習と犯罪

心理学における学習理論（learning theory）は，行動を説明するものとしては基礎的なものである．とりわけ強化の概念は犯罪行動と強く結びついている．しかし，犯罪行動を強化の概念のみで説明することは難しいという意見もある．

■ 条件づけ理論

哲学者のベンサム（Bentham）は人間の行為が喜びを探し，痛みを避けることによって統制されていることを指摘した．これはレスポンデント，オペラント両者の条件づけの基本である．報酬があれば強化され，罰があれば消去される（→6.4）．

犯罪をそこまで単純化して考える人は少ないが，金銭などの報酬があれば犯罪行動が強化され，逮捕・服役があれば犯罪行動が消去される．犯罪は多くの場合，物質的な報酬への欲望により動機づけられているように見受けられる．しかしながらそれらの犯罪は，たとえば仲間の間での地位，自尊心，有能感を高めるような社会，心理的強化に対する欲求，あるいは単にスリルに対する欲求によっても駆り立てられるかもしれない．また，応報刑に基づいて，罰があればすべての犯罪行動が消去されるのであったならば，刑務所はがら空きであろう．

しかしながら，限定的にいうならば，恐怖条件づけによって相手を学習性絶望感の状態にし，犯罪の遂行を容易にすることは可能である．相手に対して，死の恐怖を味わわせ，「言うとおりに従わなければ」という意識をもたせることによって犯罪の遂行を容易にすることはある．いじめ集団や暴力団などが常習的に使う手口である．また，北九州では電気ショックを相手に与え，学習性絶望感に陥らせたうえで完全に自己の意に従わせ，一家を壊滅に追いやった事件がある．

> **事件の概要**
>
> 2002年17歳の少女が祖父の元へ命からがら逃げてきた．少女によると，自分は男女によって監禁され，足の爪を剥がされ，自分の父親は殺されたとのことである．そこでその男女を監禁傷害で傷害で逮捕したところ，前代未聞の殺人劇が発覚した．
>
> 男女はMとJで，まずこの少女の父親が1996年に監禁され，衰弱と電気ショックにより殺害されている．遺体は解体した後ミキサーでミンチ状にして公衆便所や海に投棄された．1997年にはJの父親，翌年にはJの母親，Jの妹，妹の亭主，妹夫婦の子ども二人が相次いで同様の手口で殺害されている．
>
> 計7人の殺害で，Jの家族はJを除いて殲滅された．一審ではM，Jともに死刑判決を受け二人とも控訴し，2審ではJのみは無期懲役に減軽されている．

■ 社会的学習

バンデューラ（Bandura, A.）が提唱した社会的学習理論は，直接学習によらないで観察によっても学習が成立するというもので，より人間の学習に近いものである．間接学習もしくはモデリングともよばれる．たとえば，テレビで銃の撃ち方を見た子どもは，直接銃の撃ち方を学ばなくても，学習できるかもしれない．

この間接学習が成立するためには，観察者と被観察者との間に尊敬や同一視の感情が成立していることが必要である．これは代理強化といわれる．暴走族の少年たちは，とくに直接教えられなくても，バイクの盗み方を学習し，警察をからかう技術を習得し，無免許でもバイクの乗り方を学習し，力による支配を学習する．それらを学習す

るなかで，反社会的な価値意識も次第に身についていくのである．

バンデューラの考え方は，とりわけ攻撃行動に適用されている．テレビや間接的に攻撃行動を見た人は，代理強化のメカニズムにより，攻撃行動やその手口を学習する．しかし，攻撃行動を観察することが，模倣に結びつくのか，カタルシスになるのかは意見が分かれるところである．

■ **分化的接触理論**

タルドはロンブローゾの生物学的な犯罪理論に対して，犯罪は模倣によって成立すると考えた．

タルドの模倣の法則は，①人々が互いにどのくらい親密に接触しているのかという程度に応じて互いに模倣しあう，②たいてい劣性なものが優勢なものを模倣する，③より新しい流行がより古いものにとって代わる，ということである．

この後，犯罪学者であるサザーランド（Sutherland, E.H.）は犯罪は学習によって成立するとした．彼の主張は9つのポイントからなっている．

①犯罪行動は学習される．
②犯罪行動は他の人々との相互作用におけるコミュニケーションによって学習される．
③おもな部分は親密な私的集団の中で生じる．
④学習は技術，動機，衝動，態度の方向づけなどが含まれる．
⑤方向づけは法律を好ましく見るか否かによって大きく異なる．
⑥法律違反を好ましいとするとき人は非行少年になる．反社会的集団に分化的に接触する．これが分化的接触の原理である．
⑦分化的接触は頻度，期間，優先性，強度により変化する．
⑧犯罪行動の学習は他の学習におけるメカニズムを含んでいる．
⑨学習のプロセスは犯罪行動も非犯罪行動も説明できる概念であり，両者を区別することはできない．

後にグレーザー（Glaser, D.）は，犯罪者との直接接触よりも犯罪的役割との同一視を含んでいるとし，彼は自身の理論を分化的同一化理論とした．たとえば若者はアル・カポネと会ったことがなくても彼を同一視し，彼の行動を模倣するかもしれない．

■ **インターネットと犯罪**

分化的接触理論では，集団との直接的な学習が前提であるが，最近のインターネットを中心とするメディアの発展は，集団との接触であっても，間接的な接触や同一視なしでの接触を可能にしている．犯罪の手口などの学習も，犯罪の手段さえ（薬物や銃器など）もインターネットによって学習可能となることは，従来の理論を適用することが難しい現実になりつつあることを示している． 〔水田恵三〕

▶ **文　献**

Bandura, A.(1973). *Aggression : A social learning analysis*. Prentice-Hall.
Bartol,C.R., & Bartol, A.M.(2005). *Criminal behavior : A psychosocial approach*. 7th ed. Pearson Prentice Hall.（羽生和彦（監訳）(2006). 犯罪心理学　北大路書房）
豊田正義(2005). 消された一家　新潮社
ヴォルド，バーナード（著）平野・岩井（監訳）(1990). 犯罪学　東京大学出版会

6.17 ラベリングと犯罪

ラベリング（labelling）とはレッテルを貼ることである．時代背景を述べれば，1960年代の以降の犯罪増加を受けて，社会学的決定論（→ 6.15, 6.16）が支持を失うばかりか，その前提そのものに疑問がもたれるようになった．

本項で述べるラベリング理論も社会的統制理論（→ 6.19）もその流れにあるが，非行少年の価値観も一定のものではなく，漂流していることや，違法行為を中和化するなどの漂流理論もその流れをくむものである．

■ ラベリング理論

ラベリング理論はベッカー（Becker, 1963）によって注目を浴びた．とりわけセンセーショナルであったのは，この理論が実際の犯罪者へのインタビュー調査にもとづいたものであったこと，とりわけ薬物犯罪者がマリファナを吸引する際には段階があり，最初は何にもないものが，周囲から生体反応が「薬物を吸引したときの反応である」とレテッルを貼られて，初めてハイになれることなどの体験を示したことである．

彼の理論は，犯罪は本来的に存在するものではなく，「誰かが彼の行為を非難し，ラベルを貼るから犯罪になる」と考え，刑事司法機関や社会が犯罪者をラベルづけするプロセスに注目した．刑事司法機関の統制では統制の側から見ると「社会の統制の強化がかえって逸脱行動を生み出す」という考え方である．一方，犯罪者の側から見ると，社会統制の強化が逸脱的アイデンティティを形成し（これは後に否定的自我同一性とよばれるようになる．単純にいえば「どうせ俺はだめなんだ」という考え），それにそった生活スタイルをするのではないかという考えである．

瀬川（1998）はラベリング理論を形作る基礎概念として次の5つをあげている．

1) 社会的相互作用　犯罪は素質的要因や環境要因に基づくものではなく，犯罪者としてラベルづけされるもの（犯罪者）とラベルづけするもの（司法機関など）との相互作用から生み出される．

2) 第二次逸脱　最初の犯行（第一次逸脱）によって生じる「非行少年」「犯罪者」というレッテルによって個人が社会的ハンディキャップを負う．その一方で，レッテルを貼られたものは，否定的な自己概念を強め，再犯（第二次逸脱）に追い込まれる．

3) 悪のドラマ化　犯罪者が主役となり，司法機関や社会が演出家や観客となることによって「悪のドラマ」が上演される．とりわけ昨今では，マスコミが行為を善か悪かを判断しその方向で取り上げている．それゆえ，非行少年の対策の要点はこの悪のドラマ化の回避である．

4) 予言の自己成就　これはもともと社会学者のマートンが考えたものであるが，個人に対する否定的な予言（親が子どもに対して「ろくなおとなにならない」という）が当人に対する周囲の拒否の反応を呼び起こす．その一方，当人も逸脱的アイデンティティを強め（ネガティブ・アイデンティティ），予言にそった形で逸脱を行ってしまう．

5) 負け犬のイデオロギー　伝統的な犯罪学者が国家権力側の勝ち犬のイデオロギーに基づくものであると主張し，犯罪学者は負け犬の側に立つべきであるとする考え方である．

■ **スティグマ**

スティグマ（stigma）とは，他者に対する刻印づけであり，ラベリングよりもニュアンスは強いものがある．スティグマは，もともとは古代ギリシアで奴隷・犯罪人・謀反人であることを示す焼き印・肉体上の「しるし」のことで，「汚れた者」「忌むべき者」というマイナスイメージが肉体上に烙印されたものである．のちにカトリック教会では，十字架上で死んだキリストの五つの傷と同じものが聖人＝カリスマに現れるということから，「聖痕」の意味に転化した．ゴッフマン（Goffman, 1963）が社会学概念として取り上げたものである．

ゴッフマンは対象者に対して直接の面接は行っていないが，豊富な具体的事例によりスティグマの負の側面を押すものと押されるものとの相互作用の結果としてとらえている．スティグマとなりうる属性としては，病気・障害・犯罪に手を染めることなどがある．スティグマのある人を平等に扱わず差別し，その結果，差別された人がその不公平感から犯罪に至るという考え方である．

一方，自ら入れ墨を入れたり，小指を詰めたり，やくざ（「8＋9＋3＝20」が花札の最高得点19に対してオーバーし，駄目という意味である）などとよび，自ら刻印づけしたうえで，反社会的行動に手を染めることもある．

ラベリングもスティグマも，いずれも犯罪者に対して負のイメージをすり込むことにより，それをされた者はより犯罪者の道を歩んでしまうという考え方である．それへの批判は第一次逸脱を説明できない，司法制度（刑事政策を含めて）そのものの存在を否定するものなどがある．制度への批判は1960年代のアメリカの時流と合致していたかもしれないが（ベトナム戦争などへの批判），イデオロギーとして法制度そのものの否定は成功しているとは言い難い．しかし，心理学的に見るならば，次の事例のように親からもラベリングされてしまった不幸なケースも存在するのである．

〔水田恵三〕

事例：積み木崩し（事件の概要）

1980年代，当時高名な中堅俳優であったH氏の娘であるUが非行に走った．そのことをH氏が本にしたことで，世間の耳目を引いた．

Uが，シンナーやトルエン吸引そして覚醒剤へと至った原因は，一つには自分の非行化を本にされて出版されたことである．両親がそれまでの育て方を真剣に悔いて，懺悔の気持ちで書いた本ならともかくも，自分たちの都合の悪いところはさらりと流して，娘に尽力した面だけを誇大に強調した本では，娘にとっては世間から「非行少女」のレッテルを貼られるものでしかなかった．

その後のUは一時落ち着きを見せたが，再び非行に走ってしまった．

▶**文　献**

Becker, H.S. (1963). *Outsiders : Studies in the sociology of deviance.* Free Press of Glencoe.（村上直之（訳）(1993)．アウトサイダーズ——ラベリング理論とはなにか　新装版　新泉社）

Goffman, E. (1963). *Stigma : Notes on the management of spoiled identity.* Prentice-Hall.（石黒毅（訳）(2001)．スティグマの社会学——烙印を押されたアイデンティティ　改訂版　せりか書房）

穂積隆信 (1982)．積み木崩し　桐原書店

瀬川　晃 (1998)．犯罪学　成文堂

6.18 社会的コントロール理論と犯罪

社会的コントロール（社会的統制）理論は、個人対社会を考えたときに、社会からのコントロールが弱くなったときに非行や犯罪が生じるという考え方である。コントロールというだけに、おもに非行の原因の説明に用いられてきた。緊張理論やラベリング理論が衰退化するにつれて台頭してきた理論であり、セルフコントロールを経て、最近では「割れ窓理論」（→10.6）などへと発展している。

■社会的コントロール理論

以下の記述の多くは、佐藤（1984）によっている。緊張モデルでは、欲求不満や葛藤がストレートに逸脱行動に結びつくことを述べたが、社会コントロール理論では、同調すること（あるいは合法行動をすること）の利害損失という用語で概念化される。この同調することの利害損得の他に、親子との気持ちの通い合い、刑罰の犯罪に対する抑止効果、地域社会による逸脱行動に対する統制能力などといったさまざまな社会コントロールあるいは個人と社会の絆が問題とされる。犯罪・非行は、これらの社会コントロールが十分に機能しなくなったとき、あるいは個人と社会との絆がゆるんだ際に発生するとされる。

■社会コントロールモデルの特徴

刑事学の分野では、このコントロールを「抑止」という考えで用いている。精神分析の理論の、超自我がイドを抑制するという考え方に似ている。個人の中に犯罪に至る欲望や情動があり、それを社会がいかに抑えるか、そして抑え切れなかったときに犯罪が生じるというメカニズムである。

社会コントロール理論を展開してきたのがハーシ（Hirschi, 1969）である。すでに述べたように、個人と社会との4つの要因が「非行を抑えコントロールしている」という考え方である。

> **4つの要因**
> 1. **愛着**　両親や朋友などという他者に対する心情的な絆
> 2. **コミットメント**　合法的に生活し、行動することの利害損失、および犯罪行動に伴うコストやリスクに対する顧慮
> 3. **インボルブメント**　合法的に生活していることによって逸脱行動を行う機会や時間がないこと
> 4. **信念**　合法的な価値や規範の正当性などに対する信念や信頼の度合いである。

それぞれの絆は犯罪行動への抑止効果をもつことが想定され、これらの絆がゆるんだときに（コントロールを失ったときに）非行が生じるとする考えである。

社会コントロール理論では、社会全体や社会の構成単位である家族や地域共同体の統制力の弱体が問題とされる。緊張理論では葛藤などがストレートに逸脱行動に結びつくが、コントロール理論では、緊張要因（たとえば親との葛藤）が犯罪を抑止するコントロールのメカニズムを弱めるように働く（たとえば親のしつけに反抗する）。あるいは、すでになんらかの形で社会コントロールがうまく作用しなくなっていたときに緊張要因が犯罪と結びつくとする。

佐藤（1984）によれば、コーンハウザー（Kornhauser, W.A.）は犯罪理論のレビューの中でさまざまな社会コントロールを、①直接か間接か、②外的か内的かで、図1のような4つのカテゴリーに分類している。

このように社会コントロールもさまざまな角度から分析可能となり、さらには実践的に応用することも可能となる。たとえば、

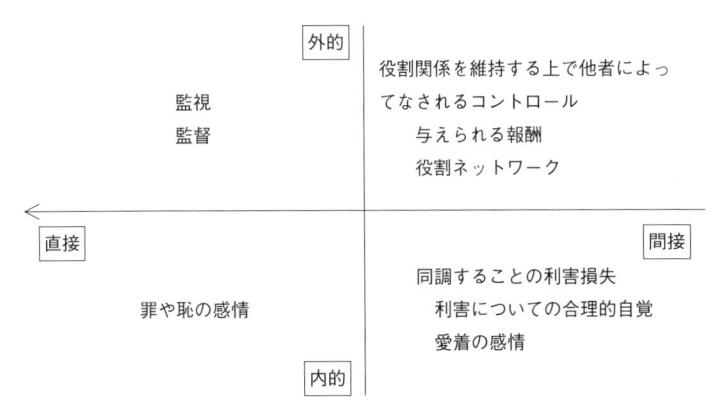

```
              外的
              │
              │  役割関係を維持する上で他者によっ
  監視         │  てなされるコントロール
  監督         │    与えられる報酬
              │    役割ネットワーク
              │
直接 ←────────┼──────────────── 間接
              │
              │  同調することの利害損失
  罪や恥の感情  │    利害についての合理的自覚
              │    愛着の感情
              │
              内的
```

図1 社会的コントロールの種類（佐藤，1984）

報酬を操作したり，役割を与えることによって，外部から間接的に操作可能となるのである．

■ セルフコントロール理論

瀬川（1998）によると，ハーシは社会コントロール理論からセルフコントロール理論へとのスローガンを掲げた．そして犯罪の原因を「セルフコントロールの欠如・弱体に求めた」．セルフコントロールの弱いものは，「衝動的で無感覚であり，身体的な危険を省みないでさらに近視眼的非言語的な傾向を有するもの」とされた．彼らの理論（Gottfredson & Hirschi, 1990）は9つに整理される．

> セルフコントロールの弱い者は，…
> 1. その場しのぎの一瞬の欲望を満足させようとする．
> 2. 勤勉や粘り強さを欠く．
> 3. 冒険好きである．
> 4. 結婚や仕事および対人関係の面で不安定である．
> 5. 手に技術をもたない．
> 6. 自己中心的で被害者の苦痛を考えていない．
> 7. 犯罪以外にも喫煙，飲酒，賭博への依存がある．
> 8. 社会性がない．
> 9. 忍耐力がなく，争いがあると言葉よりも暴力で応じる．

この点に関しては，社会コントロール理論が個人と社会との関係を説明していたのに，また個人のパーソナリティの問題となってしまい，文化や社会と犯罪との関連性の問題を説明し切れていないという批判もある． 〔水田惠三〕

▶文献

Gottfredson, M.R., & Hirschi, T. (1990). *A general theory of crime*. Stanford University Press.（松本忠久（訳）(1996). 犯罪の基礎理論 文憲堂）

Hirschi, T. (1969). *Causes of delinquency*. University of California Press.（森田洋司・清水新二（監訳）(1995). 非行の原因──家庭・学校・社会へのつながりを求めて 文化書房博文社）

佐藤郁哉（1984）．アメリカにおける犯罪研究の動向 石田・武井（編） 犯罪心理学 東海大学出版会

瀬川 晃（1998）．犯罪学 成文堂

6.19 合理的選択理論

犯罪関係の学問領域で合理的選択理論（rational choice theory）という場合には，クラーク（R.V. Clarke）が提唱し，定義する理論を示すことが多い．もともとの合理的選択理論とは，経済学を中心に発展してきた理論であり，そこでは個人は数ある選択肢の中から，自由な判断に基づき，最大利得を目指して行動を選択するとされる．これは，市場経済やその他多くの近代経済学概念の基礎をなす理論であり，前提である．クラーク（Cornish & Clarke, 1986）が主張し，その後，犯罪諸科学の中で検証，発展してきた合理的選択理論は，この経済学的な合理的選択理論と完全に一致するものではない．

犯罪諸科学の中で発展してきた合理的選択理論とは，「犯罪とは金銭，地位，セックス，興奮といったごく普通の要求を満すための行動であり，そうした欲求を満すために，時間，能力，どのような情報を持っているかなどによる制約がされた選択・決定の過程を含んでいる」（Clarke & Felson, 1993, p.6）と説明される．

この選択と決定の過程において，犯罪を行う者は，①犯罪成功の可能性と犯罪に失敗して逮捕される可能性，②犯罪によって得られる利得，③逮捕された時の罪の重さ，④犯罪にかかるコストを考慮して犯罪を実施する，とされる．

④のコストとは，金銭的なものを含むが，おもに犯罪行為や準備に必要な労力や時間などを意味している．

こうした選択と決定により実施される犯罪という行為は，もちろん法的・倫理的には正しいものではなく，そういう意味での一般的社会的通念からは合理的とはみなしがたい．また，全般的・客観的に評価するならば，犯罪という行為は犯罪者に最終的な純益をもたらすことは少なく，期待値として考えるならばマイナスになる．つまり，一回一回の犯行は成功したとしても，犯行をくり返した場合には，逮捕され，それまでに得た利益以上の償いを求められることになる可能性が高い．つまり，基本的には犯罪は割に合わない行動であるため，職業的犯罪者として常習的に犯行をくり返すこと自体がすでに不合理な判断であることが多いのである．

それでは，犯罪諸科学における合理的選択理論とは根本的に間違った理論，あるいは用語の使い方ということなのだろうか．クラークの主張する犯罪者の合理的選択とは，そうした行為の正当性や個人の最大利得の追及行為として犯罪を合理的に選択するということを意味するものではない．彼のいう合理性とは，犯罪を行う者の判断の過程において，利益・リスク・コストが考慮されているために生じる法則や理解可能性としてとらえるべきものである．つまり，犯罪が完全に衝動的で，突発的な行為で法則性のないものであったり，または，犯罪者という人々は一般の非犯罪者とは根本的に違う人間であり，彼らの思考法は一般人にはできないとすると，犯罪あるいは犯罪者の行動を理解し，予測することは不可能ということになってしまう．その場合には，犯人を逮捕するために犯人の行動を推定したり，効果的な行動レベルでの犯罪予防ということは非常に難しくなってしまう．

しかし，そうではなく，犯罪行動の背後には一般人が了解可能な，なんらかの法則があり，そのため犯人の行動の理解や予測が可能であると考え，その理解可能性を

もって合理性とみなすのが，犯罪における合理的選択理論ということになる．そして，クラークの趣旨は，犯罪者の理解可能な行動や意思決定の法則を理解することにより，犯罪解決や予防に直接的な行動レベルでの介入を行っていこうというものである．

もちろん，犯罪行為の中にはあくまでも衝動的で，突発的なものも多く存在する．そうした，まったく意思決定過程の伴わない犯罪は，いかなる意味でも合理的とはいえないかもしれない．しかし，犯罪者の行動が特異であるとみなされることが多いのは，犯罪の目的，手段，そして結果が非日常的なものであり，さらにその多くが強い負の感情（恐怖，憎悪，悲嘆，嫌悪など）を引き起こすために，特異なものとしてとらえられるのである．しかし，そうした目的や手段の特異性を除くと，その行為を行う一つ一つのプロセスにおいては，一般人の理解可能な意思決定のプロセスが存在していることが多い．

犯罪諸科学における合理的選択理論は，旧来の多くの犯罪理論が前提とする犯罪が，犯罪傾向をもつ限定された「犯罪者」といわれる人々によって行われるという考えから，犯罪は意思決定過程の結果であり，誰もが十分な利益が期待でき，リスクやコストが非常に低い状況では犯行を行う可能性があるという「状況論」という視点をもたらす．こうした視点は，犯罪傾向を含む「犯罪原因論」と対比されるものであるが，対立する，あるいは相互排他性をもつものではない．犯罪の原因を個人の犯罪傾向・犯罪特性においた場合には，逮捕した後に，その犯人を矯正することに大変な時間と労力・費用が必要とされる．社会を生み出していく社会の構造の改善や改革にはさらに長い時間と多くの労力・費用が必要である．

一方で，状況論的視点に立つ対策は，対症療法的なものであり，相対的には必要な時間やコストは少なくて済む傾向がある．したがって，犯罪発生における状況論は政策，行政，法執行における効率的で経済的な犯罪への対処法をもたらすための，別の手段を提供する視点，あるいは提言としてとらえることがふさわしく，原因論を否定する対立理論ではない．

犯罪諸科学における合理的選択理論のその他の特徴としては，犯罪を企てること（あるいは犯罪者になること，犯罪傾向）と犯罪行為の実施を完全に別の過程としてとらえることがあげられる．他の多くの犯罪理論では犯罪者傾向と犯罪行為をあまり分けてとらえず，犯罪傾向が高いものは犯罪を行う，あるいは犯罪行為は犯罪傾向の表出であると考える．

しかし，犯罪諸科学における合理的選択理論では，犯罪を企てることと犯罪を実施することは，それぞれが別の情報や制約をもつ完全に独立した意思決定過程であるとらえる．さらに，犯罪を企てること（犯罪者であること）の中にも，犯罪者になること，犯罪者であり続けること，犯罪者であることをやめること，の3つの意思決定過程を重視する．また，犯罪の種類により，付随する利益，コスト，リスクは大きく異なるそのため，意思決定のメカニズムは，罪種ごとに変化する．そのため，犯罪全般の説明をするのではなく，罪種ごとの説明を目指すことも特徴である．〔羽生和紀〕

▶文　献

Clarke, R.V., & Felson, M. (Eds.), (1993). *Routine activity and rational choice*. New Brunswick, NJ, USA：Transaction Publishers.

Cornish, D.B., & Clarke, R.V. (Eds.), (1986). *The reasoning criminal：Rational choice perspective on offending*. New York, NY, USA：Springer-Verlag.

6.20 相対的剥奪

自分の現状をなんらかの基準——自分や内集団の過去の経験や，現在の他人の境遇——と比較したときに，「自分が当然もっているべきである」と思われるものをもっていないというずれに気づくことがある．この認知を，相対的剥奪（relative deprivation）とよぶ．この剥奪感が，分配の公正と手続き的公正が阻害されているという認知と結びつくと，他者や社会システムへの不満や憤りが生じる．

相対的剥奪は比較の結果であり，現実になんらかの資源を他者に奪われていたり，客観的に見て恵まれない境遇にあったりすることは，必要条件ではない．経済の成長局面では，「このまま経済がよくなりつづける」という期待が生じるが，現実がその期待に合致しないと，相対的剥奪が感じられることになる．つまり，恵まれない境遇が長く続いている期間よりも，長期間生活水準の向上が続いた後，突然の下降期に入ったときの方が，相対的剥奪は生じやすい（Jカーブ仮説：Davies, 1969）．

たとえば日本では，戦後まもない時期から長らく経済成長が続いた後，1990年代のバブル崩壊より停滞がはじまった．このような場合には，実際には以前よりもはるかに恵まれた境遇にあるにもかかわらず，相対的剥奪が強く感じられることになる．物質的に恵まれた現代日本人が，なおも社会に強い不満をいだくことがあることは，しばしば病理的な現象であるかのように言及されるが，相対的剥奪という観点から見ると，自然な現象であることが理解できる．

相対的剥奪は，他の集団の人々との比較（社会的比較）によっても生じる．今日第三世界の人々は，自分たちの境遇が以前より悪化していることを認知した場合のみならず，先進国との格差を認知した場合にも，相対的剥奪を感じることになるだろう．

剥奪感は，自分個人が他者よりも相対的に剥奪されていると感じる個人的剥奪感（personal/egoistic relative deprivation）と，内集団が外集団よりも相対的に剥奪されていると感じる集団的剥奪感（group/fraternal relative deprivation）に分けることができる（Runciman, 1966）．偏見や社会への不満や憤りに密接に関係しているのは後者であると考えられている．

たとえば，アル・カーイダのような国際テロリスト組織が，貧困層のみならず，相当に裕福な層によっても構成されていることをもって，「貧困や格差はテロの原因ではない」との主張がなされることがある．しかし，自分たちが集団内では恵まれた部類に入るにもかかわらず（すなわち個人的剥奪感をあまりいだかないにもかかわらず），集団間の壁に気づかされ集団的剥奪感をいだきやすいのが，これら富裕層であることを考えると，テロの原因が貧困や格差であるという指摘はあながち誤りとはいえないということになる．

集団的剥奪感がそれに対処しようという集団的行動につながるには，集団間の境界に透過性がないこと（Wright et al., 1990）が重要であることが示されている．

■スケープゴート

相対的剥奪感が外集団に帰属されたり，外集団が内集団に代わって利益を得ていると感じられたりした場合には，その集団への敵意や偏見が生じやすくなることが，調査（Vanneman & Pettigrew, 1972）および実験（Grant & Brown, 1995）により示されている．しかし，剥奪には本来関係の

ない外集団に対しても偏見が強まることがあり（Guimond & Dambrun, 2002）、このような場合これらの外集団のことをスケープゴート（scapegoat）とよぶ。

スケープゴートの代表的なものは、ナチスが第一次世界大戦後の経済的・社会的問題のすべてをユダヤ人に押しつけ迫害したものである。この例からもわかるように、集団に対する偏見は、ときにヘイトクライム（→7.21）につながる。

スケープゴート化についての理論として最も有名なものに、欲求不満-攻撃-おきかえ理論（frustration-aggression-displacement theory）（Allport, 1954）がある。これは、欲求不満が生じると攻撃が起こるが、もし欲求不満の原因に対して攻撃ができないと、代替物を探すとするものである。しかし、この理論を証明しようとする試みは、長く続けられてきたにもかかわらず、あまり成功していない。また、この理論はなぜある集団がスケープゴートに選ばれ、他の集団が選ばれないのかを説明していないことなどの問題がある（Duckitt, 1994）。そこで、どのような集団が、どのような過程でスケープゴートに選ばれるかをイデオロギーの観点から記述したモデルが提唱されている（Glick, 2002）。

■ 相対的満足

相対的剥奪と対になる概念に、相対的満足がある。これは相対的剥奪とは逆に、自分（たち）の境遇が過去や他の集団に比べて優れていることを認知した状態をさす。

相対的満足を感じている場合にも、人々は外集団に対して偏見をいだきやすくなる。これは、内集団の優位な地位を正当化するために、外集団を卑下しようとするためと考えられる。なお、相対的満足の場合にも、それをもたらした集団以外の集団に対しても偏見が強まる場合がある（Guimond & Dambrun, 2002）。〔高　史明〕

▶ 文　献

Allport, G.W. (1954). *The nature of prejudice*. Perseus

Davies, J.C. (1969) The J-curve of rising and declining satisfactions as a cause of some great revolutions and a contained rebellion. In H.D. Graham & T.R. Gurr (Eds.), *The history of violence in america : Historical and comparative perspectives*. Praeger

Duckitt, J. (1994). *The social psychology of prejudice*. Praeger.

Glick, P. (2002). Sacrificial lambs dressed in wolves' clothing : Envious prejudice, ideology, and the scapegoating of Jews : In L. S. Newman & R. Erber (Eds.), *Understanding genocide : The social psychology of Holocaust*. Oxford University Press. pp.113-142.

Grant, P.R., & Brown, R. (1995). From ethnocentrism to collective protest : Responses to relative deprivation and threat to social identity. *Social Psychology Quarterly*, **58**, 195-211.

Guimond, S., & Dambrun, M. (2002). When prosperity breeds intergroup hostility : The effects of relative deprivation and relative gratification on prejudice. *Personality and Social Psychology Bulletin*, **28**, 900-912.

Vanneman, R.D., & Pettigrew, T.F. (1972). Race and relative deprivation in the urban United States. *Race : the journal of the institute of race relation*, **13**, 461-486

Runciman, W.G. (1966). *Relative deprivation and social justice : A study of attitudes to social inequality in twentieth-century England*. Routledge & Kegan Paul.

Wright, S.C., Taylor, D.M., & Moghaddam, F.M. (1990). Reponding to membersip in a disadvantaged group : From acceptance to collective protest. *Journal of Personality and Social Psychology*, **58**, 994-1003.

6.21
銃の保持と犯罪

　銃が広く流通しているアメリカにおいては，銃器が犯罪に利用される割合が高く，銃の保持と犯罪の発生率の関係に大きな関心が寄せられている。わが国ではいわゆる銃刀法により一定の場合を除いては，銃の所持は認められておらず，またアメリカと比べ，犯罪において銃器が使用される割合も低い。そのため，単純に「銃の所持を規制すれば，犯罪が減少する」との考えがある。

　しかし，銃規制の問題が議論されることの多いアメリカでは，銃の保持と犯罪の関係については，おもに2つの見解がある。

　1つは「銃所持の増加は犯罪を増加させる」という考えである。たとえば，論争の末に銃を使用した場合，他の凶器と比べ殺傷能力が高いために，相手を死亡させる可能性が高まるかもしれない。このようなケースが増加すれば，銃所持は殺人を増加させることになる。また，銃所持者が増加すれば，犯罪者が窃盗によって銃を入手し，それを犯罪に使用するケースが増えることも懸念される。

　これに対して，「銃所持の増加は犯罪を抑止する」という考えがある。銃の所持が犯罪の抑止となる理由として，次の2点があげられる。1つ目は，銃を保有していれば，犯罪に遭遇した際にそれを護身に用いることができ，犯罪被害や危害を防ぐことができるというものである。2つ目は，銃を所有する市民が増加すれば，犯罪を犯す可能性のある者にとって，犯罪を実行した場合のコストが高く認知され，犯罪行動がためらわれるというものである。

この場合，銃を所持しているかどうかを外側から判断できないよう，市民が銃器を隠し持つ必要があるとされる。市民が目に見える形で犯罪予防策を講じている場合，犯罪者は予防対策がより万全でない者を犯罪の対象に選び，被害対象が移行するだけで被害そのものは減少しないと考えられるからである。市民が銃を隠して携行していれば，犯罪者は事前に誰が銃を所持しているのかわからず，どの潜在的被害者との接触においてもリスク認知が上昇するとされる。いずれの立場が妥当なのかを検討すべく，銃保持と犯罪発生率の関係について多くの実証研究が行われている。

■銃保有と殺人の関係

　銃保有が護身に有効なのかを検討した代表的な研究として，ケラーマンらの研究 (Kellermann et al., 1993) があげられる。ケラーマンらは，殺人が被害者の自宅で発生したケースを対象とした調査から，自宅に銃を保有しているほど，殺人被害に遭いやすいことを報告している。自宅で発生した殺人に限定しない研究からも，家庭での銃保有が，殺人被害のリスク因子であることが報告されている (Wieber, 2003)。

　しかし，これらの研究で用いられた分析手法には，因果関係が明確に特定できないという問題がある。銃の保有と殺人被害に関係があったとしても，銃を保有しているから殺人被害に遭うのではなく，被害に遭う可能性が高い者が護身などの理由で銃を保有しているという逆の因果関係が存在する可能性も考えられる。

　銃の保有数（より正確には州や郡ごとの銃器の流通量）と犯罪発生件数の関係を検討した研究も行われている。これらの研究では銃の保有数が増加すれば，殺人などの犯罪が増加するとの報告もあれば (Duggan, 2001)，反対の結果を報告する研究

(Kleck, 1991；Lott, 2000) も結果が混在している．

この種の研究の大きな問題点として，銃の保有数に関する信頼できるデータは国レベルでしか記録されていないため，州や郡レベルでの分析には銃保有数の代替測度（たとえば，銃による自殺件数，銃器専門雑誌の売上部数など）が用いられるが，その信頼性が明確でないことが指摘されている．そのため，銃保有と殺人被害や犯罪発生件数の関係については，現在のところ明確な結論が得られていない．

■ 銃規制と犯罪

アメリカでは連邦法による銃規制だけでなく，州や市などの各自治体によっても個別に規制が行われている．このような銃規制の違いによって，おもに州や郡ごとに各種犯罪の発生件数に違いがあるのか，また銃規制の実施前後で犯罪の発生件数に違いが見られるのか，といった点が検討されている．これまでの研究からは，銃規制が犯罪を増加させるのか，それとも減少させるのかについて，相反する結果が報告されており論争をよんでいる．

論争の発端となったのが，経済学者ロット (Lott, J.) による一連の研究である．彼は1977年から1992年の郡レベルの犯罪や法令に関するパネルデータを用いた統計的分析から，銃の秘匿携行を許可する法令 (right-to-carry-laws とよばれる，銃を隠して携行することを許可する法令) の施行により，暴力犯罪 (殺人，レイプ，加重暴行) の発生件数が減少すると報告した．その後，多く研究が行われ，ロットと同様に銃秘匿携行権を認める法令の施行により暴力犯罪が減少するという研究と，反対に暴力犯罪が増加するか，または統計的に有意な影響がないという研究があり，明確な結論は得られていない．

結果が一貫しない原因として，銃秘匿携行権が犯罪の発生に及ぼす影響は，統計モデルに敏感であることが指摘されている．つまり，投入される変数や統計モデルのわずかな違いによって結果が大きく変わってしまうという問題がある．また，同じ統計モデルを用いて1992年以降のより最近のデータも含めた分析を行った場合に，同じ結果が得られない場合があることが指摘されている．

既存の分析手法とデータの限界から，銃規制と犯罪発生件数の因果関係について，科学的に根拠のある結論を下すことは難しく，銃規制によって実際の銃携行行動がどのように変化するのかを個人レベルで検討するなど，新しいアプローチの必要性が指摘されている．　　　　　　〔丹藤克也〕

▶ 文　献

Duggan, M. (2001). More guns, more crime. *The Journal of Political Economy*, **109**, 1086-1114.

Kellermann, A.L., Rivara, F.P., Rushforth, N.B., Banton, J.G., Reay, D.T., Francisco, J.T., Locci, A.B., Prodzinski, J., Hackman, B.B., & Somes, G. (1993). Gun ownership as a risk factor for homicide in the home. *New England Journal of Medicine*, **329**, 1084-91.

Kleck, G. (1991). *Point blank : Guns and violence in America*. New York : Aldine De Gruyter.

Lott, J.R. (2000). *More guns, less crime : Understanding crime and gun control laws*. 2nd ed. Chicago : University of Chicago Press.

Nisbet, L. (Ed.), (2001). *The gun control debate : You decide*. 2nd ed. Amherst, NY : Peometheus Books.

Wieber, D.J. (2003). Homicide and suicide risks associated with firearms in the home : A national case-control study. *Annals of Emergency Medicine*, **41**, 771-782.

Wellford, C.F., Pepper, J.V., & Petrie, C.V. (Eds.) (2005). *Firearms and violence : A critical review*. Washington, DC : The National Academies Press.

6.22 動物虐待と犯罪

動物虐待（animal cruelty）とは，動物に対して不当な取り扱いをすることによって，動物を殺害したり，負傷させたり，苦しめたりすることである（→7.34）．故意による傷害をさすことが多いが，ペットや家畜などの動物に対する養育放棄や不衛生な状況での飼育（積極的ネグレクト），動物の扱いについての無知が原因で動物の生命を危険にさらすこと（消極的ネグレクト）や性的な行為への動物の使用なども動物虐待である．

動物虐待が犯罪者，とくに凶悪な犯罪を犯した犯罪者に見られやすいということが古くから指摘されてきた．この問題で最も有名な仮説として，マクドナルドの3兆候説がある．これは子どもの時期に「動物虐待」「放火」「夜尿症」の3つの要素が見られることが，将来の反社会的行動を予測するという説である．日本でも，凶悪犯罪者が幼児期において動物を虐待していたことなどが報道されたため，一時，これらの関係についての議論がマスコミに盛んに取り上げられた．

■ 子どもによる動物虐待と将来の反社会的行動の関連の実証研究

アヘンバック（Achenbach, 1991）は，なんらかの精神的な問題で小児科を受診している「受診児童」の中で動物虐待の報告率が高いことを報告している．彼は「小児行動チェックリスト」の動物虐待に関する報告を指標にすると，4～11歳では受診グループで男児18％，女児11％に動物虐待の報告が見られらのに対して，非受診グループでは，男児6％，女児2％にこれが見られたにすぎなかったことを示している．

では，犯罪に関してはどうであろうか．凶悪犯罪を犯した犯人が児童期に動物虐待をしていたことはしばしば報道されるが，それは以下のような実証的な研究が元になっている．

FBIのR.レスラーは，連続殺人犯人の生育歴のデータを分析した結果，彼らに高率で動物虐待の経験があることを見出した．自己報告データによれば，児童期で36％，思春期で46％，成人期で36％の連続殺人犯人に動物虐待経験があった（Ressler et al., 1986）．また，ケラートらの研究では，152人の犯罪者と非犯罪にインタビューし，攻撃的犯罪者は非攻撃的犯罪者や非犯罪者に比較して動物虐待の頻度が高いことが示された．攻撃的犯罪者の25％は動物虐待を報告したが，その他の群では，6％にすぎなかった（Kellert & Felthous, 1985）．メリル・ペレツらは，フロリダ最高度保安刑務所で，45人の暴力犯と非暴力犯を比較した結果，暴力犯は，有意に児童期の動物虐待が多く，その傾向はとくにペットに関する虐待に現れることが示された（Merz-Perez et al., 2001）．また，その手口はその後の人間に対する犯行パターンと類似していた．女性については，フェルソウスらの研究がある．彼らは，31人の女性の受刑者について研究を行い，非暴力的な犯罪で服役しているものには，動物虐待歴が見られなかったのに対して，暴力的犯罪によって服役しているものには，36％の動物虐待歴が存在していることを示した（Felthous & Yudowitz, 1977）．

マクドナルドの他の兆候との関係を示した研究としては，タピアのものがある．この研究では，ミズーリ大学病院の小児科に動物虐待を主訴として来院した5～14歳の少年18人を調査しているが，その結果，

表1 暴力犯罪者と非暴力犯罪者の動物虐待経験とそのタイプ
(Merz-Perez & Heide, 2004)

	非暴力犯 ($n=45$)	暴力犯 ($n=45$)	
野生動物	13	29	$p ≒ 0.06$
家畜	2	14	$p ≒ 0.05$
ペット	7	26	$p ≒ 0.01$
迷い動物	0	11	$p ≒ 0.03$
いずれかの動物	20	56	$p ≒ 0.01$

彼らのうち16名が人間に対しても身体的虐待や性的虐待を行っていることがわかった（Tapia, 1971）．また，このうち5名は放火も行っており，3人は夜尿症でもあった．彼らのうち13人はその6年後に追跡調査をされたが，半数以上は動物虐待傾向が改善されていなかった．

■ 子どもによる動物虐待と将来の反社会的行動の関連の実証研究

ただし，子どもが動物を虐待する理由には，さまざまなものがあるため，一概に子どもの動物虐待を暴力犯罪のリスク要因ととらえるのは問題かもしれない．子どもによる動物虐待の原因は大きく4つのカテゴリーに分けられる．

第1のカテゴリーは，好奇心タイプである．このタイプは，就学前から小学校低学年である．虐待の原因は，動物の世話や取り扱いについてのトレーニングに欠けていることである．第2のカテゴリーは，非行タイプであり，このタイプはより年長の青年，少年たちである．彼らは，器物損壊などの多くの反社会的行動を行うが動物虐待はそのひとつとして生じる．動物を虐待することによって自分の勇気や非情さを示すことが目的である場合がある．

第1，第2のケースは予後が良く，比較的問題が少ないケースである．第3のカテゴリーは，子ども自身が身体的虐待や性的な虐待，家庭内暴力の目撃などの被害を受けており，そのストレスやトラウマ反応によって動物虐待が生じるケースであり，「子どもの危機へのサイン」としてとらえることができる．虐待（→6.23, 7.18）などのさまざまな家庭内の問題に直面している児童はそうでない児童に比べて動物虐待の比率が高いことが指摘されている．第4のカテゴリーは，子どもが反社会性の行為障害，あるいは共感性の欠如などの特性をもつ場合である．このカテゴリーに該当するケースが将来の問題行動と密接に関連していると思われる．　　　　　　　　〔越智啓太〕

▶文　献

Achenbach, T. M., Howell, C. T., Quay, H. C., & Conners, C.K. (1991). National survey of problems and competencies among four-to sixteen-year-olds. *Monographs of the Society for Research in Child Development*, 56 (Serial No. 225).

Felthous, A.R., & Yudowitz, B. (1977). Approaching a comparative typology of assaultive female offenders. *Psychiatry*, **40**, 270-276.

Kellert, S., & Felthous, A. 1985 Childhood cruelty towards animals among criminals and noncriminals. *Human relations*, **38**, 113-129.

Merz-Perez, L., & Heide, K.M. (2004). *Animal cruelty*. Altamira press：Walnut Creek

Ressler, R., Burgess, A.W., Douglas, J.E., Hartman, C.R., & D'Agostino, R.B. (1986). Sexual killers and their victims：Identifying patterns through crime scene analysis. *Journal of Interpersonal Violence*, **1**, 288-308.

Tapia, F. (1971). Children who are cruel to animals. *Clinical Psychiatry and Human Development*, **2**, 70-71.

6.23
子ども虐待の世代間連鎖

子ども虐待の世代間連鎖（transgenerational transmission）とは、身体的虐待、ネグレクト、性的虐待などで自分が虐待を受けて育った親が、成長後に自分の子どもを同じように虐待するようになるという現象である（児童虐待→7.18）。

この現象は、人は、子どもの育て方について、自分が育てられた方法を学習しており、それを自分の子どもにも同様に適用してしまうために、生じるなどと説明される。虐待の世代間連鎖は、研究者以外にもジャーナリズムなどで取り上げられることも多く、一般にも広く知られている現象である。最も極端な主張においては、虐待の被害を受けた子どもはほぼ例外なく自分の子どもを虐待するというものまである。

■子実証研究

身体的虐待の世代間連鎖に関する初期のレビュー論文にオリバー（Oliver, 1993）によるものがある。彼は、アメリカとイギリスの研究を中心に虐待の連鎖を扱った研究を60集め、その結果を集計した。虐待の連鎖の割合に関しては、100％という報告から10％以下という報告まであった。おおむね、1/3の研究では虐待の連鎖の証拠が見出され、1/3では、虐待を受けたことでなんらかの暴力的な行動に関する脆弱性が生じたことが示され、残りの1/3では虐待の連鎖の証拠が見られなかった。

ただし、彼の研究では、とくに高い虐待の連鎖率を示した研究は、臨床的なケース研究であり、実証的な研究では虐待の連鎖の証拠がみられない場合が多かった。臨床研究では、虐待の加害者に対するカウンセリングの過程で「自らも虐待を受けた」という加害者自身の証言をそのまま信じてしまっているものが多く、また、少数事例の研究をもとにして結論を出してしまっており、問題がある。したがって、虐待の連鎖の存在について検討していくためには、実証研究を中心に検討していく必要がある。

そのような観点で行われた研究として、エルテム（Ertem et al., 2000）がある。彼らは、1965～2000年までに英語圏で行われた虐待の連鎖に関する実証的な研究について、体系的なレビューを行った。彼らは、まず、データベースからこの問題を扱った実証的な研究を探し出した。その結果、この種の研究は現在のところ10個しかないことがわかった。それぞれの研究において、第1世代の虐待率と第2世代の虐待率を比較した。その結果、表1のような結果が得られた。G1は親世代、G2は子世代のことをさし、aは虐待があったことを、naはそれがなかったことをさす。数字はそれぞれの研究で観測されたケースの数である。次にこれらの研究が、実証研究としての条件を満たしているかについて、8個の基準をもとに検討した。8個の基準とは、研究対象が人口のランダムな代表となっているか、統制群を用いているか、虐待の定義がきちんとなされているか、想起バイアスに対して配慮されているかなどの基準である。その結果、基準を最も多く8個とも満たしている研究はひとつしかなく（Egeland & Brunnquell, 1979）、その研究では虐待の相対リスク（自分に虐待歴がある場合、ない場合に比べて何倍虐待しやすいのか）は、12.6（95％信頼区間1.87～87.2）であることがわかった。しかし、次点であり、6個の基準を満たしている研究（Widow, 1989）においては、1.05（95％信頼区間0.53～2.06）となった。

表1 従来の研究における2世代の虐待頻度（Ertem et al., 2000）

研究	G1a-G2a	G1a-G2na	G1na-G2a	G1na-G2na	相対リスク
Widom（1989）	20	888	14	553	1.05
Egeland & Brunnquell（1979）	18	12	1	20	12.6
Altemeier et al.,（1979）	7	88	53	778	1.16
Hunter et. al.,（1978）	9	40	1	205	37.8
Dubowitz et al.,（1987）	11	20	14	70	2.75
Smith et al.,（1975）	36	4	75	45	5.40
Smith et al.,（1991）	21	7	24	38	4.75
Healy et al.,（1991）	8	3	5	10	4.44

＊G1：親の世代，G2：子の世代，a：虐待が見られたこと，na：虐待が見られなかった．数字は観測数

また，カウフマンら（Kaufman & Ziegler, 1986）は，この問題に関する従来の研究を概観し，その研究の不一致を認識したうえで，虐待を受けた子どものうち，約30％程度が自分も虐待を行う親になるのではないかという推定を行っている．この数値が現在のところ，最もよく引用されるものである．いずれにせよ，「虐待の連鎖はほぼ100％」などの主張とは大きく食い違うのは確かである．

■虐待が連鎖しない家族の特性の研究

現在では，虐待の連鎖の比率を推定するよりもむしろ，虐待の連鎖が断ち切られたケースが，断ち切れなかったケースとどのように異なっていたのかを明らかにし，実証的な観点から，虐待防止の手がかりを得ようとする研究が多い．この代表的な研究（Hunter & Kilstrom, 1979）では，児童相談所に入所している282名の児童について調査を行っている．その結果，虐待の連鎖が生じた家族9家族と，自分は虐待されたにもかかわらず，虐待が連鎖しなかった40家族が発見された．この虐待の連鎖に打ち勝った家族と連鎖してしまった家族の特徴について比較した結果，社会的な資源，妊娠への適応，幼児の特性，親と幼児の接触パタンにおいてこれらの集団に違いがあ

ることが見出された． 〔越智啓太〕

▶文 献

Egeland, B., & Don Brunnquell, B.A.（1979）. An At-Risk Approach to the Study of Child Abuse：Some Preliminary Findings. *Journal of the American Academy of Child Psychiatry.* **18**（2）, 219-235.

Ertem, I.O., Leventhal, J.M., & Dobbs, S.（2000）. Intergenerational continuity of child physical abuse：how good is the evidence? *Lancet*, **356**, 814-819.

Hunter, R.S., & Kilstrom, N.（1979）. Breaking the cycle in abusive families. *American Journal of Psychiatry*, **136**, 1320-1322.

Kaufman, J., & Zigler, E.（1989）. The intergenerational transmission of child abuse. In D. Cicchetti & V.K. Carlson（Eds.）, *Child maltreatment：Theory and research on the causes and consequences of child abuse and neglect.* New York：Cambridge University Press.

McCloskey, L.A., & Bailey, J.A.（2000）. The intergenerational transmission of risk for child sexual abuse. *Journal of Interpersonal Violence*, **15**, 1019-1035.

Oliver, J.E.（1993）. Intergenerational transmission of child abuse：Rates, research, and clinical implications. *American Journal of Psychiatry*, **150**, 1315-1324.

Widom, C.S.（1989）. Child abuse, neglect, and adult behavior：Research design and findings on criminality, violence, and child abuse. *American Journal of Orthopsychiatry*, **59**, 355-367.

6.24 発達障害と犯罪

　発達障害とは，胎生期を含めた発達期に起こった中枢神経系の生物学的な障害や発達の未熟性により，精神あるいは運動などの機能の獲得に遅れや歪み，あるいは偏りが生じたと考えられるさまざまな状態を包括した診断概念であるため，「発達障害」のなかには多くの障害名が含まれる．

　海外では1980年代から発達障害と暴力などの反社会的な行動や薬物依存との関連でさまざまな研究が行われてきた．わが国においても1990年代後半以降，発達障害をもつ少年による非行事例が報告されるようになり，司法精神医学の分野では重要な論題のひとつとなっている．しかし，発達障害の予後については，成長過程における脳の発達や外部からの適切な働きかけにより社会的な適応機能を獲得しうると考えられていることや，犯罪に至るケースでは社会的環境などの外的要因に依拠する部分も大きいといわれていることなどから，安易に診断名と反社会的行動とを結びつけることのないよう十分に注意する必要がある．

　ここでは以上の点に注意したうえで，発達障害に該当する障害名のうち，いくつかの代表的な障害について取り上げ，反社会的行動との関連について説明する．

■ 注意欠陥／多動性障害（ADHD）

　ADHD（attention deficit hyperactive disorder）は，不注意・多動性・衝動性を三徴とする障害で，障害を構成するおもな症状によって不注意優勢型，多動性-衝動性優勢型と混合型の三病型に分類される．有病率は調査によって2〜20％とばらつきがあり，American Academy of Pediatricsによる統計では学童期の6.9％，一般人口では10.3％と報告されている．女子に比べて男子の発生率が高い．病因論をたどるとかつては微細脳損傷（minimal brain damaged：MBD），微細脳機能障害（minimal brain dysfunction：MBD）などとよばれていたが，1970年代以降は遺伝的要因や神経生物学的要因などの多因子的障害という見方が優勢となっている．

　ADHDの予後は多様で，症候群の寛解（syndromatic remission）が見られるという一方で，多動性については成人になるに従って消失するが，注意散漫や衝動性の制御の問題は残りやすく，15〜20％はADHDの症状が成人まで残るともいわれている．また，成人のADHDでは精神障害の並存率が非常に高く，とくに不安障害，大うつ病との関係が指摘されている．

　反社会的行動との関連では，「多動性」「衝動性」が高いことが有意なリスクファクターとされている．とくに青年期まで症状が残るADHDの場合には，将来，行為障害や物質関連障害に発展する危険性が高い．また，反抗挑戦性障害（oppositional defiant disorder：ODD），行為障害や学習障害を合併しているケースでも，薬物依存や反社会的パーソナリティ障害への発展や犯罪発生率がADHD単独のケースよりも有意に高くなることが指摘されている．

■ 学習障害（LD）

　学習障害（learning disorder：LD）とは，全般的な知的発達に遅れはないが，聞く，話す，読む，書く，計算するまたは推論する能力において，特定の技能獲得に著しい困難を示すさまざまな状態をさす．わが国の有病率は2〜10％と見積もられており，アメリカでは学童の約5％が該当するともいわれている．中枢神経系のなんらかの機能障害が原因であると推定されており，視

覚障害，聴覚障害，知的障害，情緒障害などの障害や，環境的な要因は直接の原因ではない．

　学習障害の予後については，ADHD, 行為障害や気分障害などを合併する危険性が他の障害に比較して高く，とくに読字障害をもつ小児では25％がADHDを合併しているという報告もある．また，学校生活にうまく適応できず，退学に至る割合は40％と通常の青年の1.5倍を示すという．

　ところで，ADHDや学習障害をもつ者のなかには，孤立していじめの対象となったり，自己評価を低下させた結果，居場所を求めて非行グループに属するようになることも少なくない．こうした背景を考えると，反社会的行動に結びつきやすい発達障害のケースについては，「発達障害」による生物学的な要因が単独で作用しているというのではなく，二次的な被害によって生じた心理的要因，環境的要因も，その予後に大きく影響していると考えられる．

■ 行為障害

　行為障害（conduct disorder：CD）は破壊的行動障害のひとつで，人や動物に対する攻撃性，所有物の破壊，嘘や窃盗，重大な規則違反などの反社会的，攻撃的あるいは反抗的な行動パターンが反復的に持続することを特徴とする．DSM-IV-TRでは発症時期により10歳未満を小児期発症型，10歳以降を青年期発症型として分類しており，さらに軽症・中等症・重症の3段階で重症度についても評価している．

　行為障害の有病率は一般人口では1〜10％と見積もられている．女子よりも男子のほうが発症頻度が高く，その比率は4対1〜12対1まで幅がある．また，行為障害および反社会的行動の発生率と社会経済的要因とは有意に相関するとされている．

　行為障害の予後については，反社会的パーソナリティ障害，物質関連障害や気分障害との関連がよく知られている．とくに反抗挑戦性障害から移行した行為障害の場合には将来，反社会的行動に発展するリスクが5倍にのぼるという報告もある．発症年齢に関する研究によれば，10歳以前に問題行動が見られる小児期発症型の場合には治療効果が乏しく，将来，反社会性パーソナリティ障害に移行しやすいとされている．

　しかし，行為障害の診断自体と犯罪の相関は示されておらず，行為障害の予後は環境的要因によって大きく左右されるという意見もある．軽症の行為障害で併存する精神病理がなく，正常な知的機能があれば，予後は良好であるとも予測されている．

■ 注意欠陥および破壊的行動障害の関連

　ADHDと反抗挑戦性障害および行為障害を含む破壊的行動障害の関連をみると「多動性」「衝動性」などの症候学的な類似点が認められる．遺伝などの生物学的要因，認知機能などの神経心理学的要因，養育環境や対人関係などの心理社会的要因といった多因子が複合して関与しているという点でも共通し，これらの障害の合併率は高い．

　反抗挑戦性障害は，もともと行為障害の前駆的障害として概念化された障害であり，ICD-10では行為障害の下位類型に含まれている．これは両者が近縁の障害であることを示している．ADHDを含めたこれらの障害どうしの関係については，ADHDから反抗挑戦性障害へ，さらには行為障害を経て一部の者は反社会性パーソナリティ障害へと発展するという仮説も提唱されており，DBDマーチ（DBD：disruptive behavioral disorder, 破壊性行動障害）とよばれている．（広汎性発達障害（アスペルガー障害）（→12.5）；精神遅滞（→12.6））

〔安藤久美子〕

6.25 非当事者攻撃

ある攻撃ないし挑発に対して，それを受けた当事者以外の人物が報復として攻撃を行うことを，非当事者攻撃（third-party aggression）とよぶ．

非当事者攻撃が生じるには，当初の攻撃や挑発が個人間の出来事ではなく，外集団の成員による内集団の成員に対する加害とみなされることが重要である（Lickel et al., 2006）．たとえば，ヘイトクライム（→ 7.21）は，被害を受けた集団の社会的カテゴリーを顕在化させるため，ヘイトクライムへの報復として被害者集団の成員による非当事者攻撃が生じる事がある．1991 年のロドニー・キング殴打事件とそれに続いて起こった 1992 年のロス暴動は，その好例である．

逆に，ヘイトクライムが非当事者攻撃であることもある．たとえば，白人や韓国人商店主を無差別に襲ったロス暴動のほか，9.11 テロやその後のアラブ系住民に対するヘイトクライムは，しばしば非当事者による"報復"と位置づけられた．

このように非当事者攻撃は，最初の加害の当事者に対して行われるとは限らず，加害者と同じ集団に属するだけの非当事者に対して行われることも多い（当初の加害の情報自体がデマであり，したがって加害者が存在しない場合や，テロの首謀者のように報復が可能な範囲に加害の当事者がいない場合に，こうした非当事者への攻撃は起こりやすいと考えられる）．攻撃の対象は集団の代表的人物や，国旗，経典，聖人・偉人像，十字架などのシンボルの場合もある．

とくにシンボルの場合には，法には抵触しない場合も多い．日本においては，シンボルを毀損することは，たとえ脅迫などの意図があったとしても，表現の自由に抵触しかねないため，民主主義国家においては取り締まることは困難である．一方で，集団のアイデンティティを規定するこれらの対象への攻撃は，非当事者によるさらなる報復を招きやすいという性質がある．

当初の攻撃が外集団どうしで行われたものとみなされたり，内集団どうしで行われたものとみなされたりした場合には，非当事者攻撃は起こりにくい．どのカテゴリーが用いられやすいかは，それまでの歴史的経緯やカテゴリーの目立ちやすさ，社会的影響・プロパガンダなどがかかわる（Lickel et al., 2006）．

■ 動機

非当事者が攻撃を行う動機の感情的な要素としては，おもに内集団成員への同情と誇りに基づく怒りがかかわっている（Stenstrom et al., 2008）．この他に，将来のさらなる加害を抑止しようという現実的な動機や，仲間が攻撃や挑発を受けた場合には報復しなければならないという社会的規範がかかわっているのではないかと考えられている（Lickel et al., 2006）．これらの動機は，潜在的な加害者が内集団に強く同一化しているほど，強く作用すると考えられる（Lickel et al., 2006；Stenstrom et al., 2008）．

当初の加害の当事者以外が非当事者攻撃の被害者に選ばれるにあたっては，集団の実体性（entitativity；集団を単なる個人の集合ではなく，全体としてまとまりのある対象とみなす程度）の認知がかかわっていると考えられる．実体性が高いほど，集団の他の成員の行為の責任を共有しているとみなされやすく，また同じ性質を共有して

いると推論されやすいからである。また，内集団に強く同一化しているほど，外集団の実体性を高く見積もるというバイアスがあることが示されている（Stenstrom et al., 2008）。

■影響する要因

リッケルら（Lickel et al., 2006）は，非当事者攻撃の生起を左右する可能性のある要因として，次のようなものをあげている。

集団間に勢力の違いがある場合（強い勢力をもつ集団が攻撃を受けたとき，報復としての非当事者攻撃が生じやすいであろう。これに対して，勢力の弱い集団が攻撃を受けたとき，典型的な反応は恐怖を感じることであり，非当事者攻撃は生じにくいであろう），当初の加害が集団の中心的なアイデンティティや集団の代表的人物を脅かす場合，当初の加害が公衆場面でなされた場合，集団のリーダーが報復攻撃を支持した場合，潜在的な攻撃者が集団でいる場合などには，非当事者攻撃は生じやすく，より過激なものになるであろう。

■非当事者攻撃の帰結

当初の被害者に同一化していることで，外集団は実体性のあるものに見えやすくなる。このため，非当事者攻撃には加害者（初期の報復者）として非当事者がかかわるのみならず，被害者にも非当事者がしばしば選ばれる。これは非当事者攻撃の加害者には正当なことに見えるが，その被害者にとっては不当に見えるため，どちらの集団も自分達を被害者として認知しやすい。報復の原因となる被害は自分が受けたものではなく，また自分以外の内集団成員も同時に攻撃を行うことがあるため，彼我の集団の蒙った被害の総量の正確な評価は困難であり，互いに内集団の受けた被害を過大に評価しやすい。こうして，非当事者攻撃の応酬は集団間葛藤をエスカレートさせたり長期間維持したりすることになる（Stenstrom et al., 2008）。

こうした攻撃の応酬は，集団のアイデンティティそのものへの脅威とみなされるため，単なる資源の奪い合いよりも解決が難しい場合があり，現実的葛藤理論（realistic conflict theory）（Sherif, 1966）に基づくものなどの，資源の競合による紛争に関して得られた知見は，役に立たないかもしれない。最も苛烈な暴力の応酬においては，アイデンティティをめぐる葛藤が重要な役割を果たしていることが多い。また，葛藤は長期間――初期の関係者の死後も――続く可能性がある（Coleman, 2000）。

こうした状況を改善するために内集団への同一化の程度に対して介入するのは，おそらく困難である。しかし，外集団の実体性の認知を弱めること――外集団が画一的な凝集性の高い存在ではなく多様な個人の集合である事を理解させること――は，紛争の緩和に有効であるかもしれない（Stenstrom et al., 2008）。　　　　〔高　史明〕

▶文　献

Coleman, P.T. (2000). Intractable conflict. In M. Deutsch & P.T. Coleman (Eds.), *The handbook of conflict resolution : Theory and practice.* Jossey-Bass. pp.428-450.

Lickel, B., Miller, N., Stenstrom, D.M., Denson, T.F., & Schmader, T. (2006). *Personality and Social Psychology Review*, **10**, 372-390.

Sherif, M. (1966). *In common predicament : Social Psychology of intergroup conflict and cooperation.* Houghton Mifflin.

Stenstrom. D.M., Lickel, B., Denson, T.F., & Miller, N. (2008). The Roles of Ingroup Identification and Outgroup Entitativity in Intergroup Retribution. *Personality and Social Psychology Bulletin*, **34**, 1570-1582.

6.26 サイコパスの特性と犯罪

サイコパス（psychopath）とは，自己中心的，衝動性，無責任さ，浅薄な感情，共感性のなさ，罪悪感の欠如，良心の欠如などの行動特徴を含む感情や対人関係の集合体として定義される，社会的に破壊的な障害である．定義の中に障害という言葉があるが，精神病状態を意味するものではなく，生得的にもっている性格特性であり，生涯にわたる変化がほとんどない人格障害の一つと考えられている．

現在のサイコパス概念の元にあるのは，ハーヴェイ・クレックリー（Cleckley, 1941）が著書"The Mask of Sanity"の中で示した人格障害の態様である．彼はその著書の中で，サイコパシーを次の16の特徴を有する人物として記述した．

> 表面的な魅力と高い知能，妄想や他の非合理的な思考がないこと，神経質さがなく精神神経症状がないこと，信頼性の欠如，不正直で不誠実であること，良心の呵責や罪悪感の欠如，不適切に動機づけられた反社会的行動，判断力のなさと経験から学習できないこと，病的な自己中心性と愛に関する能力のなさ，情動反応が一般的に乏しいこと，洞察力の明らかな低下，対人関係一般における応答性のなさ，飲酒時またはそうでないときの風変わりで不愉快な行動，自殺はほとんど行われない，人間味のない，つまらない場当たり的な性生活，いかなるライフプランにも従うことはできない．

■サイコパシーを測定する

サイコパシーを測定するための尺度として有名なものには，司法や臨床的使用を想定した構造化面接での評価を行うPCL-R（Hare, 1991）や，一般サンプルでの自己記入式の質問紙で測定を行う一次性・二次性サイコパシー尺度（Levenson et al., 1995）などがある．これらはいずれも，2因子の構造が想定されており，人格特徴と行動様式の双方から評価する．

PCL-R　ロバート・ヘア（Hare, R.）は，1980年にサイコパシーの測定尺度としてPCL（Psychopathy checklist）を開発し，1991年には改訂版であるPCL-Rを開発した．この尺度は，世界各国で幅広く使用されており，暴力のリスク評価ツールであるHCR-20の中にも取り入れられている．

PCL-Rは，おもに司法臨床場面での使用を想定して開発されており，訓練された者のみが実施できる．構造化面接やファイルデータから，第1因子（対人面，感情面）および第2因子（逸脱したライフスタイル，反社会性）にかかわる20項目について，青年期後半から現在までの生活史で見た場合の強度または深刻さ，頻度，持続期間から3段階評定（0～2点）を行う．サイコパシーと分類するためのカットオフポイントは，研究面においては30点と設定される場合が多いが，欧米では，刑務所収容者のサンプルと精神障害者のサンプルで標準化されており，それぞれの平均+1 SDを目安としたり，30点以上を高得点群，20～30点を中得点群，それ未満を低得点群と分類したりする．

PCL-Rは成人用であるが，他に少年用のPCL-YV，成人用のスクリーニングバージョンのPCL-SVなどがある．

レヴェンソンの一次性・二次性サイコパシー尺度　一次性・二次性サイコパシー尺度（Primary and Secondary Psychopathy Scale）は，26項目の自己記入式の質問紙である．一次性サイコパシー（「どんなことをやっても，とがめを受けずにすめ

ば、私にとっては正しいことである」、「他の人の気持ちを操ることは楽しい」など16項目)、二次性サイコパシー(「気が付くと、何度も何度も、同じようなトラブルになってしまう」、「成功は、適者生存の原理に基づいている。負けた人間のことなど気にならない」など10項目)からなり、一次性と二次性は、PCL-Rでみた第一因子と第二因子にそれぞれ該当する。大隅ら(2007)が日本語版の検討を行っており、一般サンプルでの検討にこの尺度は有用である。

■サイコパシーと犯罪

これまでに多くの研究が、サイコパシーの特性が犯罪性と強く関連していることを示している。とくに、PCL-Rで測定されるサイコパシーは、犯罪者や触法精神障害者の犯罪全般や暴力犯罪での再犯、収容者の施設内規律違反を予測する因子として重要であることが多くの研究で指摘されている。たとえば、暴力のリスク予測に関する4つのメタアナリシスの研究の概観で、PCL-Rがさまざまな状況における暴力の予測において鍵となる因子であることが示されている(Dolan & Doyle)。また、性犯罪者の再犯(→11.12)についても、95研究、31000人の性犯罪者のサンプルに関するメタアナリシス(Hanson & Morton-Bourgon)では、PCL-Rのサイコパシーは再犯と関連しており、性犯罪者の罪種を問わない再犯をよく予測するという結果が見出されている。

サイコパスが行う暴力の形態は非サイコパスが行う暴力の形態とは異なり、暴力を道具的に使用する傾向が強いことが示されている。カナダの殺人犯125名について、殺人が手段としての暴力行為(暴力の道具的使用)として行われたか、感情の発散として行われたのか(暴力の表出的利用)を確認したところ、殺人が手段として行われた比率は、非サイコパスの殺人犯では48.4%であったのに対して、サイコパスの殺人犯では93.3%とほとんどを占めていた(Woodworth & Porter)。

■サイコパシーと反社会性人格障害

サイコパシーは犯罪性との関連が強いが、犯罪性、社会病質、反社会性人格障害とは同義ではない。

類似の概念である、反社会性人格障害(antisocial personality disorder)は、アメリカ精神医学会によるDSM-Ⅳ-TRの中で、行動面から評価するものとして定義されており、犯罪者にはこれに該当する者が多くを占める。しかし、反社会性人格障害に該当する者のうち、PCL-Rで測定するサイコパシーに該当するのは20〜30%にすぎない(Hart & Hare)ことが指摘されている。また、社会病質は反社会性の人たちをさす言葉で、社会規範や文化的信念システムを学ばずに育った者である。自己中心的で操作的であるが、どちらかというと衝動的な傾向の強い犯罪の常習者をさしている。

〔渡邉和美〕

▶文 献

Cleckley, H.M. (1941). *The mask of sanity*. St Louis, Mosby.

Hare, R.D. (1991). *The Hare Psychopathy Checklist-Revised*. Toronto : Multi-Health Systems.

Hare, R.D. (1998). Psychopath and their nature : Implications for the mental health and criminal justice systems. In Millon, T. et al. (1998). *Psychopathy : Antisocial, Criminal, and Violent Behavior*. Guilford Press, pp.188-212.

Levenson, M.R., Kiehl, K.A., & Fitzpatrick, C.M. (1995). Assessing psycopathic attributes in a noninstitutionalized population. *Journal of Personality and Social Psychology*, **68**(1), 151-158.

大隅尚広・金山範明・杉浦義典・大平英樹(2007). 日本語版一次性・二次性サイコパシー尺度の信頼性と妥当性の検討 パーソナリティ研究, **16**(1), 117-120.

6.27 生涯持続型犯罪者

生涯持続型犯罪者（life course persistent offender, persistent offender, repeated offender, habitual offender, chronic offender）とは，生育歴の中で犯罪性を獲得し，犯罪から足を洗うことなく，人生の中で犯罪行為をくり返す者をいう．

刑務所入所をくり返す人たちや常習性の高い犯罪者については，古くから問題意識がもたれており，おもに「そうでない者たちと何が違うのか」について検討が行われてきた．刑務所収監者に関する調査研究や非行少年のコホート研究，住民の追跡研究など多角的な研究が行われ，犯罪をくり返す者たちは，そうでない者たちと比較して生育歴や心理特性に違いがあることが指摘されてきた．1990年代以降になると，発達犯罪学（developmental criminology）的な視点が導入され，この研究領域については新たな展開が示されている．

小林（2008）によれば，発達犯罪学はおもに発達心理学とライフコース社会学の者たちが研究に取り組んできた．心理学者はおもに出生から青年期に至る時系列で非行化が生じる過程に重点をおいてきたが，社会学者は思春期以降の非行化（→6.8, 6.9）と，成人への移行期および成人期の犯罪の継続と終息の過程に重点をおいてきた．

■ モフィットの発達類型理論（developmental taxonomy）

モフィット（Moffit, 1993）は，問題行動や反社会的行動を行う人間を，質的に異なる①生涯持続（life persistent）型と，②青年期限定（adolescence-limited）型に分類できるとした．

生涯持続型　生涯にわたり，比較的高頻度に反社会的な行動をくり返す者である．出生前後に生じた微細な神経的障害により，乳幼児期から扱いにくい統制困難な行動傾向が発現し，そうした問題傾向に親がうまく対応できずに高圧的に対応することで，攻撃性や妄想的解釈をする（人の言動に悪意があると解釈する）認知傾向を高め，反社会性が形成される．こうした人間は認知機能や対人関係が劣るため社会適応が悪く，遵法的な集団から阻害されて，同類と非行集団（→7.4）を形成し犯罪性をさらに深めていく．この群に該当する者は青年期に非行を行う者のごく一部である．また，この群の多くは男性であり，あらゆる形態の逸脱行動を行うが，とくに暴力的な犯罪が多いのが特徴である．

青年期限定型　それまでとくに問題行動を示さなかった者が，青年期において一時的に逸脱行動を示すが，成人になると逸脱行動をやめて，遵法的なライフスタイルに従うようになるタイプである．青年期に非行を示す者のほとんどがこの青年期限定型に属する．男女差は少ない．このタイプでは，生物学的な成熟と社会的成熟のギャップ（maturation gap）から生ずる緊張やストレスを解放するために，非行を行っている．非行は，生涯持続型の人たちが行っている行為を観察学習によって模倣したものであり，青年期をこえて生物学的にも成熟すれば，この緊張やストレスからは解放されるため，いずれ逸脱行動をする必要がなくなる．

■ 犯罪性や非行性の深化の方向性

このモフィットの発達類型論に基づいて，犯罪性や非行性の深化の方向性の検討がなされている．犯罪性や非行性が深化していくとき，多様な犯罪を行う（versatility of offending）方向に行くのか，それとも

ある領域の犯罪に専門化する（specialization of offending）方向に深化していくのか，という議論がある．

常習窃盗犯などは，専門化の方向に深化する典型例であろうが，必ずしもすべての犯罪者に一般化できるものではない．この議論については明確な知見が得られていなかったが，マツェロールら（Mazerolle et al. 2000）は，早発（early onset）型とされる幼少期から非行性を示すタイプは，幼少期に身につけた行動スタイルを持続させるため生涯持続型犯罪者となり，多様な犯罪を行う傾向があること，青年期後期に初めて非行性を示すタイプは，成人の権威からの独立を示す特定の領域（飲酒，喫煙，車両を乗り回す，軽微な窃盗など）に専門化するだろうという仮説を検討し，早発型はより多様な犯罪を行う傾向があることを示している．

この青年期に限定した検討の結果は，モフィットの理論を支持するものであるが，早発型の者であっても成人期において犯罪から離脱する者がいるのも事実であり，そうした視点は想定されていない．それを考慮すると，さらに複雑なモデルを想定する必要があるといえるだろう．

■ 発達上問題がない成人が犯罪性を示すのか

ロンドン市内出身の男性を4歳から48歳まで前向き（prospective）に追跡した研究では，21歳以降に初めて警察に検挙された者を遅発（late onset）型として，その自己申告非行を確認した．そのほとんどが，児童期または青年期になんらかの犯罪（ただし，検挙率の低い犯罪で，頻度も多くはない）をしており，3分の1の者は検挙されても不思議ではない程度の頻度で非行を行っていた（McGee & Farrington, 2010）．この結果は公的記録による研究の限界を示している．

ザラら（Zara & Farrington, 2010）は，公的記録だけでなく自己申告非行の情報を用いて遅発型を特定し，その児童期青年期の特徴を早発型並びに非犯罪者と比較して，その質的な違いを示している．遅発型は，早発型と非犯罪者に比較して，児童期青年期を通してより神経症的であった．また，非犯罪者に比較して，8～10歳時に不登校があり，貧しい家で生活していた傾向があり，12～14歳時に神経症的で，16～18歳時に無職でストリートを徘徊する傾向があった．この結果は，遅発型は確かに存在しており，早発型と遅発型で犯罪者となる背景要因が異なっていることを示している．

これらの他にも，モフィットの発達類型論の妥当性については実証的な検討が数多くなされており，単純な2類型では説明できないとの指摘も多い．しかし，生涯持続型となる早発型の犯罪者たちについての発達心理学的な視点からの説明は有用である．

〔渡邉和美〕

▶文　献

小林寿一（編著）（2008）．少年非行の行動科学——学際的アプローチと実践への応用　北大路書房

Mazerolle, P., Brame, R., Piquero, A., & Dean, C. (2000). Onset age, persistence, and ofending versatility : Comparisons across gender. *Criminology*, **38** (4), 1143-1172.

McGee, T.R., & Farrington, D.P. (2010). Are there any true adult-onset offenders. *British Journal of Criminology*, **50**, 530-549.

Moffitt, T.E. (1993). Adolescence-limited and life-course- persistent antisocial behavior : A developmental taxonomy. *Psychological Review*, **100**, 674-701.

Zara, G., & Farrington, D.P. (2010). A longitudinal analysis of early risk factors for adult -onset offending : What predicts a delayed criminal career? *Criminal Behaviour and Mental Health*, **20**, (4), 257-273.

資料6 ●犯罪四学会

　わが国においては,「犯罪四学会」とよばれるものがあり,それぞれ学会誌が発刊されている.

1) 日本犯罪学会（1928年設立,前身は日本犯罪学協会）
　おもに精神医学や法医学の研究者が中心となっており,機関誌は『犯罪学雑誌』（年6回刊行）である.

2) 日本犯罪心理学会（1963年設立,前身は矯正心理研究会）
　犯罪心理学,とりわけ矯正（刑務所,少年院,少年鑑別所）の職員が中心となっているが,最近では警察の科学警察研究所や科学捜査研究所の職員も活躍している.機関誌は『犯罪心理学研究』（年2回刊行）である.

3) 日本犯罪社会学会（1974年設立）
　社会学の研究者が中心となっており,機関誌は『犯罪社会学研究』（年1回刊行）である.

4) 日本被害者学会（1990年設立）
　法学領域の研究者が中心となっており,雑誌は『被害者学研究』（年1回刊行）である.

　そのほかの学会として,「日本鑑識科学技術学会」で「法文書と法心理」のセッションがあり,「法と心理学会」（→資料1）には機関誌『法と心理』がある.
　さらに,雑誌としては『更生保護』があり,これは日本更正保護協会が毎月発刊している.季刊誌の『犯罪と非行』は,日立みらい財団が発刊している.
　また,警察関係では『警察学論集』,『科学警察研究所報告』があり,家庭裁判所には『家裁月報』がある.法務省関係では『刑政』や『法務省総合研究所研究部報告』などがある.医学関係では『犯罪と医学』がある.

（水田恵三）

7. 各種犯罪の実態と研究

歴史的に犯罪心理学は，犯罪者をそれがどんなタイプの犯罪者であるかをとくに区別せずに，単なる犯罪者としてまとめて扱っていた．しかし，犯罪者といっても，泥棒と性犯罪者，殺人者ではその属性や行動は大きく異なるし，また，もちろん，職業的犯罪者とアマチュアでも同様である．そこで，近年の犯罪心理学では，犯罪罪種ごとに犯人の特徴や行動を検討するアプローチがとられるようになってきた．これは犯罪者行動（criminal behavior）論ともよばれる研究領域である．犯罪者行動論は，プロファイリングや防犯対策，犯罪者の矯正の基礎となる研究として現在の犯罪心理学の重要な一角を担っている．　　　　　　　　　　　　　　　　　　〔越智啓太〕

7.1 連続殺人

FBIによる殺人の類型（Ressler et al., 1988）によれば，連続殺人（serial murder）とは，殺人と殺人の間に感情的冷却期間がある状態で，4人以上の被害者を殺害するものと定義される．殺人の後に感情的な冷却期間を経験し，その後また感情の高まりとともに次の殺人を敢行する．この感情の冷却期間は主観的なもので数日から数週か，数ヵ月になることもある．その感情の冷却期間の間に，次の殺人について空想するため，連続殺人は計画性が高い犯行となる．

■日本における連続殺人

日本においては，4件以上の連続殺人の発生はまれである．渡邉ら（2008）は，過去10年間に発生・解決した殺人捜査本部事件（1028件）のうち，①逮捕されるまでの間に，2件以上の既遂の殺人事件を敢行したもの，②ただし，事件間隔が24時間以内のものを除く，という2条件に該当するものを連続殺人として抽出したところ，資料の7.0％にあたる31人の主犯による72件を抽出した．また，この中で3件以上の殺人事件を行っていた主犯格の加害者は5人しかいなかったことから，日本の場合，連続殺人の研究では殺人が2件以上の場合を対象とすることが現実的である．

特徴　渡邉ら（2008）は，アメリカのシアトルにおける連続殺人の特徴（Salfati & Bateman, 2005）と比較し，日本の連続殺人事件の特徴を示している．シアトルにおける連続殺人の特徴と比較して，日本の場合には，35歳以上の被害者，独居被害者，凶器現場持込み，凶器が紐類，死体の移動，死体隠蔽の比率が高く，15歳以下の被害者，性的暴行あり，記念品（被害者の所持品だが金銭的価値のないもの）の持ち去り，凶器が銃器類の比率が低かった．また，女性被害者，凶器が刃物類，屋外で発見の比率に違いはなかった．このことから，連続殺人事件として想定される事件の概要がアメリカと日本では大きく異なっていることがわかる．

行動の一貫性　連続殺人犯が犯行中に示す行動の一貫性は多様であり，それは行動領域によって異なっていた（渡邉ほか, 2008）．たとえば，被害者選択，窃取物，遺棄の有無については一貫性が高いが，具体的な殺害方法や使用凶器については，一貫性は低かった．そもそも一貫して単独犯で犯行した者は48.4％であり，共犯者を伴う場合が半数を占めることから，共犯者要因が強く影響した可能性があるが，動機が変遷する可能性や問題解決のために獲得した殺人という手段を選択する閾値が下がった可能性などが考えられる．

■連続殺人の被害者

売春や援助交際をする者は，初対面の加害者にとっても接近しやすく，獲物としやすい．また，行方が不明になってもすぐに届け出が出されないような生活様式をもつ者，独居者を対象とすれば，犯行の発覚を遅らせることができる．そうした「容易な被害者」を対象とする殺人犯は，より多くの成功（殺害）を経験できる．

■連続殺人の類型

ホームズとドゥビュルガー（Holmes & De Burger, 1988）は，面接，生育歴データ，法廷記録，事例研究，臨床記録を情報源として，110人の連続殺人犯の動機や犯罪行動パタンに関する分析から，連続殺人犯を次の4つに分類した．

(1) 妄想的な動機：殺害に「合理性」を創り出すメッセージを聞き，幻想を見る．

(2) 任務志向の動機:売春婦のような「罪深い」人たちを社会から排除するといった遂行すべき課題があると信じている.

(3) 快楽主義的な動機:殺人行動から喜びを引き出している. このタイプは3つの下位分類を含む. ①快楽殺人犯(lust killer):殺害や加虐行為が快楽となっている. 性的サディズムや,多数刺すこと piquerism, 死体愛などが含まれる. ②スリル殺人犯(thrill killer):殺害時のハイな気分を楽しむ, ③安楽殺人犯(comfort killer):他人のお金を使って,容易に人生を楽しもうと思っている.

(4) 力や支配を志向する動機:他者に対する優位性を求め,人の生死をコントロールすることは,究極の力の行使であるとみなしている.

■ **連続殺人犯を説明するモデル**

人がいかにして連続殺人犯になるのかを説明するためのさまざまなモデルが検討されているが,主要なものは,FBIによる動機形成モデルとトラウマ-統制モデルである.いずれも,外傷的な体験と暴力的なファンタジーを重視しており,経験からのフィードバックの過程を考慮している点が共通している. これら連続殺人犯を説明するモデルの妥当性については,今後,実証的な検証を必要とするが,過程を理解するためには有用なモデルである.

FBIの動機形成モデル レスラーら(Ressler et al., 1988)は,逮捕されて有罪になり懲役に服している36人の男性の性的殺人犯との面接を通して,暴力犯罪行動の動機とパターンの分析を行った. また,彼らは,精神鑑定や,警察,法廷,および刑務所といったさまざまな保管データの概観を行った. 彼らは,性的殺人の動機モデルとして,社会環境,幼年期や青年期の形成的な出来事,その後のパターン化された反応,他者に向かった結果的な行動,心的なフィードバック・フィルタを通して暴力行為に至る過程を統合したモデルを構築している.

トラウマ統制モデル ヒッキー(Hickey, 1997)は,発達の初期段階の過程と要因を重視した「トラウマ-統制モデル」(trauma-control model)を提唱している. 連続殺人犯に共通する最も重要な要因である暴力的なファンタジーが維持される背景には,虐待などトラウマを受けるような出来事があり,その心理的な防衛の意味での解離があること,トラウマを受けるような出来事は,無力で卑小な自分という感情や低い自尊心の原因となりうることから,そこで暴力的なファンタジーが発展すると考える. 発展した暴力的なファンタジーを経験する人たちにとっては,連続殺人犯がもつ背景要因(生物学的なものや,心理学的または社会学的なもの)と促進要因(アルコールや薬物,ポルノなど)が,現実世界での攻撃行動の触媒として機能しうると考える. トラウマと暴力的ファンタジーのサイクルに一度殺人が組み込まれると,逮捕されるまで殺人がくり返し行われるとするモデルである. 〔渡邉和美〕

▶ **文 献**

Hickey, E. (1997). *Serial murderers and their victims*. 2nd ed. Belmont, CA: Wadsworth.

Holmes, R.M., & De Burger, J.E. (1988). Serial murder. Newbury Park, CA: Sage.

Ressler, R.K., Burgess, A.W., & Douglas, J.E. (1988). Sexual homicide: Patterns and motives. MA: Lexington Books. (狩野秀之(訳)(1995). 快楽殺人の心理——FBI心理分析官のノートより 講談社

Salfati, C.G., & Bateman, A.L. (2005). Serial homicide: An Investigation of behavioural consistency. *Journal of Investigative Psychology and Offender Profiling*, **2**, 121-144.

渡邉和美・横田賀英子・和智妙子・藤田悟郎(2008). 連続殺人犯の行動の一貫性に関する分析 犯罪心理学研究, **46**(特別号), 44-45.

7.2 大量殺人

大量殺人（mass murder）とは，被害者の人数，犯行場所の数，事件間の間隔の3つの要因を用いたFBIによる殺人の分類（Ressler et. al., 1998）によれば，大体同じ場所で，おおむね同じ時間帯に，一つのエピソードで4人以上の被害者が殺害されたものと定義される。殺害行為が複数のエピソードとして行われる場合，つまり殺害行為と殺害行為の間に感情の冷却期間をおく場合には，それは連続殺人（→7.1）と定義される。

大量殺人の定義において必要とされる被害者の人数は，研究者によって異なっており，欧米では3人以上と定義されることも多い。渡邉ら（2008）によれば，日本においては3人以上の被害者が殺害される事件の発生はまれであり，1991～2005年までの15年間では年に8.3件（同期間の殺人・致死事件全体の0.5％）の発生しかない。そのため，日本では2人以上の被害者を殺害した場合（同期間で年に39.2件，殺人・致死事件全体の2.5％）を大量殺人と定義して検討する場合が多い。

精神科医の吉益（1958）と中村（1960）は受刑者調査を資料として，影山（1987）は自身が行った起訴前鑑定例を対象として，大量殺人を含む複数の者を殺害した加害者（multiple murderer）に関する検討を行っている。彼らが示す下位類型の「同時型」が大量殺人である。

■ 大量殺人の形態

大量殺人の伝統的な形態は，一家殺人事件に見られるような無理心中を意図した家族殺である。近年では，テロリストによる爆破などの発生がまれなタイプを除くと，被害者の人数が多い大量殺人の典型例は，アメリカ合衆国コロラド州のコロンバイン高校の銃乱射事件（1999年4月20日発生）やバージニア工科大学銃乱射事件（2007年4月16日）などに見られるような，学校内や職場内における銃乱射事件（→7.3）であるといわれている。これに対し，わが国において被害者の人数が多い大量殺人の典型例は，古くは30人が殺害された津山事件（1938年5月21日），最近では秋葉原の通り魔事件（2008年6月10日発生）に見られるような，公共または準公共空間で無差別に殺傷する通り魔（→7.7）事件である。こうした典型例の違いは，使用される凶器の違いを反映しており，アメリカではおもに銃器類が使用されるが，日本では刃物類が主であり，できるだけ多くの人を殺傷するために車両が用いられる傾向があるのが特徴である。

以下，渡邉ら（2008）の知見に従って，日本における大量殺人（2人以上の者が1回の犯行で殺害された事件）の特徴を，1人が殺害された事件のそれと比較する形で示す。

■ 日本における大量殺人の被害者

殺害の対象となった被害者の特徴は1人が殺害された事件と大きく異なっている。大量殺人の被害者はランダムに選ばれるわけではない。被害者には犯行を完遂しやすい対象である子どもや高齢者の比率が約半数を占めて多く，女性被害者も約半数を占めて多い。大量殺人の主たる被害者に10代以下の子どもの被害者が占める割合は3割程度であり，大量殺人の主要な問題の一つに子殺し（家庭内殺人→7.9）がある。加害者が検挙された事件における加害者・被害者関係を見ると，1人が殺害された事件と比較して，被害者が加害者の親族（6割）

である比率が高く，知人（3割）や面識なし（1割）の比率は低かった．加害者が自殺した事件の情報を含めれば，親族被害者の比率はさらに高くなると考えられる．

■ **日本における大量殺人の加害者**

加害者のおもな特徴としては，単独犯や男性加害者の割合がそれぞれ8割であり，これらは1人が殺害された事件の加害者特徴と同様である．主たる加害者の年齢層は，1人が殺害された事件の加害者とは異なり，30代（3割）の比率が高く，60歳以上（7%）の比率は低くなっており，30～40代が加害者の半数を占める．加害者の犯罪性は必ずしも高くはなく，捜査本部事件における大量殺人では犯罪経歴を有する者が約半数であった．また，犯行の動機を見ると，最も多いのは金品目的（3割）で，次いで怨恨（2割弱），男女トラブルと憤怒（各1割程度）が続き，金銭トラブル，証拠隠滅，精神障害，無理心中，その他・不明はそれぞれ1割に満たなかった．

■ **大量殺人と自殺**

大量殺人の加害者には犯行後に自殺する者が4割弱いる．加害者の死亡率は，2人死亡の事件では3割程度，3人以上死亡の事件では4割程度を示す．加害者が犯行後に死亡する比率は，1人が殺害された事件の場合（5%程度）と比較して高いのが特徴である．この大量殺人と自殺との関連の強さは，多くの研究者が指摘するものであり，大量殺人には拡大自殺が多く含まれていることや，抑うつ状態やうつとの関連が強いことが示唆される．中でも，10代以下の子どもが被害者の場合には加害者死亡率が高く，その傾向が顕著である．

■ **大量殺人の類型**

大量殺人に関する実証的な類型はまだない．いくつかの探索的な類型があるのみであるが，これらは大量殺人事件の理解に有用である．

ホームズら（Holmes & Holmes, 1994）は幅広い要因を考慮し，大量殺人犯を信奉者型（disciple），家族全滅型（family annihilator），偽特攻隊型（pseudo commando），不満をかかえた被雇用者型（disgruntled employee），逃走後に発生型（set-and-run）の5つに分類している．また，フォックスら（Fox & Levin, 2003）は，動機に基づいて，連続殺人と大量殺人に共通する分類を検討し，復讐型（revenge），パワー型（power），誠実型（loyalty），利益型（profit），テロ型（terror）の5つに分類している．さらに，観察可能な行動特徴に注目した渡邉ら（2008）は，犯行形態，被害者特徴，加害者特徴の変数の構造から，加害者・被害者関係を軸とした，親族型，知人型，面識なし型の3分類を見出している．上述した分類（Holmes & Holmes, 1994；Fox & Levin, 2003）も，それぞれ加害者・被害者関係と強く関連しており，大量殺人の理解には加害者・被害者関係が重要な軸となっている．　〔渡邉和美〕

▶ **文　献**

Fox, J.A.,& Levin, J. (2003). Mass murder：An analysis of extreme violence. *Journal of applied psychoanalytic studies*, **5**(1), 47-64.

Holmes, R.M., & Holmes, S.T. (1994). *Murder in America*. Newbury Park California：Sage.

影山任佐（1987）．大量殺人について――地検の起訴前鑑定6年間の事例及び統計的研究　犯罪学雑誌，**53**, 170-183.

中村一夫（1960）．大量殺人者の犯罪生物学的研究　犯罪学雑誌，**26**, 101-118.

Ressler, R.K., Burgess, A.W., & Douglas, J.E. (1998). *Sexual homicide：Patterns and motives*. MA：Lexington Books.

渡邉和美・佐藤敦司・吉本かおり・横田賀英子・和智妙子・藤田悟郎（2008）．日本における大量殺人事件の発生状況と類型について　犯罪学雑誌，**74**, 190-204.

吉益脩夫（1958）．犯罪生活曲線からみた殺人者の研究　精神神経学雑誌，**60**, 1352.

7.3 学校における銃乱射

■定義と事例

学校における銃乱射（school shooting）は，大量殺人の一種の形態であり，一人（まれに複数犯の場合もある）が中学校や高等学校，大学などの教育機関の構内で銃を乱射して，生徒・学生・教職員などを無差別に殺傷するタイプの事件である．

代表的な事件としては，1999年4月に，コロラド州のコロンバイン高校で2名の犯人（Eric Harris, Dylan Klebold）が銃を乱射し，生徒12名，教員1名を殺害し，多くの負傷者を出したあと自殺した事件や，2005年3月に16歳の少年ジェフリー・ウェイス（Jeffrey Weise）が，ミネソタ州のレッドレイク周辺およびレッドレイク高校で銃を乱射し9名を殺害後自殺した事件などがある．

このタイプの事件で現在最も犠牲者が多いのは，2007年4月にバージニア州ブラックスバーグのバージニア工科大学で，銃を乱射して32名の教職員を殺害（うち2名は学生寮で射殺）後，自殺した在米韓国人留学生の趙承熙の事件である．

学校における銃乱射事件は，アメリカでは，1970年頃から発生しはじめ，1980年代，1990年代と徐々に発生件数が増加した．最近では，毎年3〜5件前後が報道されている．アメリカ以外ではカナダ，イギリス，ドイツなどでも発生している．日本ではこのタイプの事件は発生していないが，銃でなく刃物を持った犯人による学校での大量殺傷事件として大阪教育大学附属池田小学校事件（2001年6月）があり，これは学校における銃乱射事件と類似したものだと考えられる．

■典型的な状況

学校における銃乱射事件は社会的にも大きな影響を生じさせるものであるため，アメリカ連邦捜査局（FBI）やシークレットサービスは，2000年にこれらの事件について詳細な分析を行った．その結果，これらの事件は類似した特徴をもっていることがわかってきた．典型的な銃乱射犯人のプロフィールは以下のとおりである．

犯人は白人の男子であり，年齢は被害者と同一年齢層，つまり中学校における銃乱射の犯人は中学生，高校における銃乱射の犯人は高校生であることが多く，その学校の在学生か卒業生である．犯人は，その学校の中でどちらかといえば目立たない存在であり，いじめっ子であるよりは，いじめられっ子である．ギャングや不良グループに入っていない．ギャングや不良は学内での通常のタイプの殺人事件を起こすことはあるが，銃乱射事件は起こさない（コロンバイン高校銃乱射事件の犯人たちは，トレンチコートマフィアというグループをつくっていたが，これは不良グループというよりは，いじめられっ子たちが集まって作ったグループであった）．犯人は，学校のメンバーから，いじめられたり無視されたり，あるいは侮辱されたりした経験をもち，その恨みを晴らそうとするというのが重要な動機の一つである．恨みの対象は，彼らをいじめた特定の人物や特定のグループであるよりも，学校全体やクラス全体などの，より大きなカテゴリーになる．犯人はこれらの対象に対する恨みを増幅させ犯行計画を立てる．この計画はある程度周到になされるが，計画の途中でその計画の一部を人に話す場合もある．さらにノートやインターネット上に犯行計画が記録されていることも多い．犯人は対象カテゴリーの

成員をできるだけ多く殺傷し，最後には自分も死のうと思っている．そのため，犯人は逃走することは少ないし，また逃走のための手段をあらかじめ用意したり，証拠を隠滅することを考えない．また，ほとんどの場合，襲撃後の人生計画や逃走計画を立てていない．犯人はできるだけ多くの被害者を殺傷しようと思うために，入手可能な場合には複数の武器（拳銃やその弾，爆弾，刃物など）を持って犯行に臨む．犯行後は自殺する場合が多い．また，警官隊と撃ち合って死亡する場合も多いが，この場合も無謀な撃ち合いをして撃ち殺されることから，一種の自殺（警察官を利用した自殺）（→8.15）をしていると考えられる．犯人はあらかじめ遺書を用意しておくか，ビデオメッセージなどを用意している場合が多い．これらのメッセージの中には攻撃対象への恨みや自己を優越視した表現が見られる．犯行後にこれらのメッセージが記録されることもあるが，事件についての謝罪が見られることは少ない．なお，この種の事件は都市部よりも田舎部や地方都市で発生することが多いことが指摘されているが，その原因はわかっていない．

■ 学校における銃乱射事件をめぐる議論

学校における銃乱射事件は社会的に多くのインパクトを与える事件であり，事件発生後にはマスコミなどで多くの議論がなされる．政治的な議論に発展する場合も多い．銃乱射やその原因をめぐる議論の論点は，大きく3つに分けることができる．第1の論点は，銃社会がこの事件の原因ではないか，というものである．これはアメリカで銃規制問題が論じられることが多いためである．確かに銃乱射犯人の多くは銃に子どもの頃から親しんでいることがわかっている．また，犯行の直前には銃の試射をしていることも多い．銃入手が困難である国ではこの種の犯罪は起こりにくいことを考えれば，銃が犯行の原因の一部を担っているのは確かかもしれない．しかし，成人のすべてが銃を保有しているスイスでこの種の犯罪の発生率が低いことなどを考えると，最も大きな原因であるのは銃の入手そのものであるよりも，集団内での孤立やその原因を学校そのものに帰属させることにあり，銃の入手可能性は，犯行を引き起こす原因というよりは，犯行の形態を決める要因であると思われる．

第2の論点は，銃乱射の原因は，暴力的なゲームや映画が原因ではないか，というものである．多くの銃乱射犯人がこの種の映像やゲームを好んでいたことが指摘されている．また，コロンバイン高校銃乱射事件の犯人の行動や服装が「バスケットボール・ダイアリーズ（The Basketball Diaries）」（1995年，米映画：原作は『マンハッタン少年日記』）の内容と類似していたことからこの問題は話題になった．しかしながら，映画，ゲーム自体が犯罪を引き起こしていることを示す明確な証拠はない．むしろ，敵意を増加させた犯人がこの種の映像に親近感をもちやすかったり，同一視しやすいといった逆の因果関係のほうが強い可能性がある．

第3の論点は，家庭の問題が銃乱射を引き起こすのではないかというものである．現在のところ，犯人の家庭に関するさまざまな要因と犯行の関係は明らかになっていない．犯人の出身階層は下層の場合もあれば，中層以上の場合もある．子どもの頃に被虐待経験がある犯人もいれば，甘やかされて育った場合もある． 〔越智啓太〕

▶文　献

Verlinden, S., Hersen, M., & Thomas, J. (2000). Risk factors in school shootings. *Clinical Psychology Review*, **20**, 3-56.

7.4 非行集団

非行を行うことを共通の関心や目標として，相互作用を行う複数の人間の集まりのことを，非行集団（gang）という．

一般に，集団に一定の組織性がある，個々の構成員の集団への帰属意識が高い，明確な継続性が認められるなどの特徴があるが，これらの特徴は，必ずしも非行集団の必要条件とはいえないとする論者もいる．犯罪学研究者の中に，非行集団の定義に関する明確なコンセンサスはなく（Esbensen et al., 2001），定義自体が，非行集団に関する研究の大きな論点であるともいえる．

『警察白書』には，「組織性・継続性を有する集団であって，自ら非行行為を繰り返すほか，構成員の非行を容認，助長し，かつ，非行により構成員間の連帯を強める性格のあるもの」という，比較的狭い定義が示されている（警察庁（編），1998）．

また，矯正・保護の統計においては，これとは別に，「不良集団」という概念で，非行を犯した少年の非行集団への関与の態様が，把握されている．

■日本における非行集団の現状

2009年中に刑法犯で検挙された少年90282人のうち，なんらかの非行集団に加入していた少年は2600人（2.9％）であり，内訳は，暴走族集団が730人，窃盗犯集団が428人，粗暴犯集団が398人などとなっている（警察庁生活安全局少年課（編），2010）．

非行集団やその構成員が，どの程度存在するのかに関しては，信頼できる統計が日本にはない（後述するように，アメリカにはある）．ただ，暴走族（→7.12）の構成員数やグループ数については警察で把握されており，この動向をみることで，限定的ではあるが，年次的な変化を知ることができる．

典型的な非行集団である「共同危険型」暴走族（警察庁が「爆音を伴う暴走等を集団で行うもの」と定義した暴走族）について，過去四半世紀の構成員数・グループ数

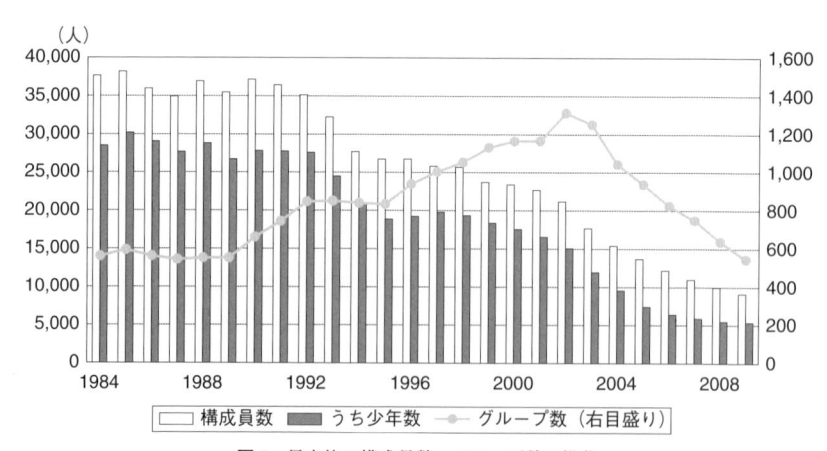

図1 暴走族の構成員数・グループ数の推移
『平成22年版犯罪白書』（付録CD-ROM）により筆者作成．共同危険型暴走族に限る．

の推移を示したのが，図1である．

この図から，暴走族の構成員数は，1990年代前半以降，減少してきていることがわかる．過去10年でみると，少年の構成員数は減少しているのに対して，成人のそれは，ほぼ横ばいで推移している．近年，暴走族が高年齢化しているという指摘がなされるようになったのは，そのためである．

グループ数でみると，長らく増加傾向にあったが，2002年にピークに達した後減少に転じた．最近の暴走族は以前より小規模になっており，2～3人で暴走を行うようなケースも少なくない．

このような量的な変化に加えて，非行集団の質にも近年変化がみられるとの指摘がある．たとえば土井（2003）は，最近の非行が「脱集団化」しているととらえ，少年たちは濃密な人間関係を築けなくなったために，「仲間からの誘いを断ることができずに，その場の雰囲気に簡単にのみ込まれて犯行へと加わってしまいやすい」と指摘している．

しかし，少年の付和雷同的な特性は，古くは1960年代の『犯罪白書』でも指摘されている．仲間との関係や場の空気を壊したくないがゆえに非行に手を染めるという集団成員の行動原理が，現代に特有のものであるとは，必ずしもいえないであろう．

■非行集団を対象とする行動科学的研究

20世紀初頭から今日まで，犯罪学研究者の多くが，非行集団に関心を寄せてきた．コーエンの非行副次文化論（Cohen, 1955），クロワードとオーリンの分化的機会構造論（Cloward & Ohlin, 1960）など，非行集団に関する研究から生まれた犯罪学理論は，少なくない．

アメリカでは，1990年代以降，定期的に全国青少年非行集団調査（National Youth Gang Survey）が実施されており，代表的なサンプリングに基づいて，非行集団の全体像が把握されている．また，さまざまな角度から非行集団に関する行動科学的研究が進められており，もともと非行頻度の高い者が非行集団に加入しやすいのではなく，非行集団に入ることそれ自体が，個人の非行行動を促進する効果をもつこと（Thornberry et al., 1993）などが明らかになっている．アメリカではこのような実証的研究に基づいて，非行集団への加入を抑止する実践的な取組みがなされている．

非行集団が存在するがゆえに非行性を深めてしまったり，非行からの立直りが困難になったりするケースは，日本でも少なくないと思われるが，非行集団に関する国内の研究蓄積は乏しいといわざるをえない．今後の研究の進展が強く望まれる．

〔岡邊 健〕

▶文　献

土井隆義（2003）．〈非行少年〉の消滅——個性神話と少年犯罪　信山社

Cloward, R.A., & Ohlin, L.E. (1960). *Delinquency and opportunity : A theory of delinquent gangs*. Free Press.

Cohen, A.K. (1955). *Delinquent boys : The culture of the gang*. Free Press.

Esbensen, F.-A., Winfree, Jr., L.T., He, N., & Taylor, T.J. (2001). Youth gangs and definitional issues : When is a gang a gang, and why does it matter? *Crime and Delinquency*, **47**, 105-130.

警察庁（編）(1998)．平成10年版警察白書——ハイテク犯罪の現状と警察の取組み　大蔵省印刷局

警察庁生活安全局少年課（編）(2010)．平成21年中における少年の補導及び保護の概況

Thornberry, T.P., Krohn, M.D., Lizotte, A.J., & Chard-Wierschem, D. (1993). The role of juvenile gangs in facilitating delinquent behavior. *Journal of Research in Crime and Delinquency*, **30**, 55-87.

7.5 いじめ

広い意味では，成人間のそれも含めて，ネガティブな対人コミュニケーションのすべてが，いじめ (bullying) には含まれうる．アメリカやイギリスなどでは，職場いじめ (workplace bullying) に関する研究も進展しており，セクシャルハラスメントなどの嫌がらせ行為も，いじめの一形態とみなされている (Krahé, 2001). 成人どうしのいじめや嫌がらせも，検討すべき重要な問題ではあるが，以下では，児童・生徒間のいじめに限定して述べる．

いじめの定義としてしばしば言及されるのは，オルヴェウス (Olweus, 1993) である．日本では，森田・清永 (1994) による定義もよく知られている．非対称の力関係にある二者の一方が他方に，肉体的・精神的な苦痛を与える行為とする点で，これらは共通しているが，それに加えてオルヴェウス (Olweus, 1993) は行為の継続性を，森田・清永 (1994) は同一集団内の相互作用である点を，それぞれ定義に含めている．一過性のけんかや，集団とは無関係に行われる個人間の嫌がらせなどを，いじめに含めるかどうかの判断は，研究者によって異なる．なお，文部科学省によるいじめの定義は，以下である．

> **いじめの定義**（文部科学省）
> 当該児童生徒が，一定の人間関係のある者から，心理的・物理的な攻撃を受けたことにより，精神的な苦痛を感じているものとする．なお，起こった場所は学校の内外を問わない．

いじめという概念は幅が広い．一方の極には，冷やかし，からかい，いじわるなどとよばれる行為に近接した形態があり，もう一方の極には，恐喝や傷害などの犯罪を構成するような行為がある．そのどちらかだけに着目していては，いじめ問題の全体像を見誤ることになる．

2000年代半ば以降，青少年によるインターネット利用の普及に伴って，ウェブサイト上の掲示板やSNS，メールなどを使用して，相手に精神的な苦痛を与えるいじめが，社会問題化してきた．「ネットいじめ」とよばれるこの種の形態のいじめは，欧米でも，cyber-bullying として問題化している．ネットいじめの最大の特徴は，いじめが特定の場所や時間に限定されず，継続・反復しやすい点にある．ネットによっていじめが見えづらくなったとの指摘もあるが，むしろ荻上 (2008) が述べるように，いじめはもともと，大人の目の届かないところで行われていて，ネットが用いられることで，このような潜在的ないじめが外部に可視化されるようになったと考えるのが妥当であろう．

■ いじめの特徴

いじめを原因とする自殺の発生などにより，日本では1980年代に，いじめがはじめて社会問題化した．これ以降，さまざまな角度からいじめに関する学術研究が進められた．いじめの特徴については，おもに次のような知見が知られている．

第1に，いじめの加害者や被害者だけでなく，集団内でいじめを面白がる「観衆」や，見て見ぬふりをする「傍観者」の存在が重要であるということである (森田・清永, 1994). 「四層構造論」とよばれるこの議論では，いじめの長期化や陰湿化を，観衆や傍観者の存在から説明できるという仮説が提起され，これが実証されている．

第2に，加害者と被害者が容易に入れ替わるという事実である．滝 (2007) は追跡

調査に基づいて，常習的にいじめの加害や被害を経験する者はほとんどいないことを明らかにし，このような状況は日本以外でも認められるとした．特定の属性をもつ者が，加害者や被害者になるのではなく，誰もが加害側にも被害側にもなりうるということである．

第3に，いじめは可視性が低いという点である．その理由の1つは，加害者と被害者の入れ替わりの容易さにあるが，森田・清永（1994）が指摘するように，加害者側がいじめと認識していない場合や，被害者すら「自分がいじめられている」という認識をもっていない場合もありうるから，事態は複雑である．また，いじめの存在を大人に知らせる行為は，子ども集団の中で非難の的となりうるし，そもそも大人による介入を回避しようとすることは，子どもの心理発達プロセスのなかで当然のふるまいともいえる．これらのことも，いじめに大人の目が届きにくい要因である．

いじめの原因については，多くの論者によって多種多様な指摘がなされてきたが，内藤（2001）の指摘によれば，これらのなかには，人間関係の濃密化と希薄化，子どもたちの幼児化と計算高さのように，相互に矛盾する指摘が含まれている．日本社会の特殊性や時代の変化などでいじめを説明する通俗的な原因論の中には，妥当性が疑わしいものも少なくない．

■いじめへの対応

欧米で有名ないじめ対策プログラムに，「オルヴェウスいじめ防止プログラム」（Olweus Bullying Prevention Program）がある．これによれば，「いじめは絶対に認められない行為である」との教師・生徒の認識，そして生徒への監視の強化が，いじめ対策には不可欠であるという．ただ，海外で有効とされるプログラムが日本でも機能するとは必ずしもいえない．たとえば，欧米では校庭監視が有効ないじめ対策と考えられているが，滝（2007）の指摘によれば，この対策はいじめを暴力行為としてとらえがちな欧米だからこそ有効であるともいえる．

いじめへの対応策をめぐっては，研究者間で意見の相違もみられる．たとえば，一定の期間，集団への所属を強制する伝統的な学級制度をなくせば，いじめが改善するとの見解（内藤，2001）がある一方で，むしろ意識的・計画的に他者との交流を促して社会性を高めることが，有効ないじめ予防策となるとの指摘（滝，2007）もある．

欧米の実証研究では，学校で実施される介入プログラムの有効性が認められている（Farrington & Ttofi, 2009）．しかし，日本国内でこの種の研究が十分になされているとは言い難い．今後の研究の進展が待たれる．

〔岡邊　健〕

▶文　献

Farrington, D.P., & Ttofi, M.M (2009). *School-based programs to reduce bullying and victimization.* Campbell Collaboration.

Krahé, B. (2001). *The social psychology of aggression.* Psychology Press.（秦一士・湯川進太郎（編訳）(2004). 攻撃の心理学　北大路書房）

森田洋司・清永賢二（1994）．いじめ——教室の病い　新訂版　金子書房

内藤朝雄（2001）．いじめの社会理論——その生態学的秩序の生成と解体　柏書房

荻上チキ（2008）．ネットいじめ——ウェブ社会と終わりなき「キャラ戦争」　PHP研究所

Olweus, D. (1993). *Bullying at school : What we know and what we can do.* Blackwell Publishers.（松井賚夫・角山剛・都築幸恵（訳）(1995). いじめ こうすれば防げる——ノルウェーにおける成功例　川島書店）

滝　充（2007）．Evidenceに基づくいじめ対策　国立教育政策研究所紀要，**136**，119-135．

7.6 バラバラ殺人

「バラバラ殺人(mutilation murder)」という言葉は俗語であり，それが被害者の身体が切断されていた場合を示すという共通概念はあるが，殺害行為としての切断や，ほぼ切断状態であるものを包含するか否かについては必ずしも明確ではない．渡邉と田村(1999)は，死体発見時の遺体状況を基礎に，「バラバラ」殺人の定義を行い，「他殺体の発見時に，その身体になんらかの切断行為が加えられていた」事件とした．この定義には，殺害自体が目的となる切断行為や，ほぼ切断状態にあるものも含まれる．

■バラバラ殺人の発生頻度

長期的な視点に立てば，バラバラ殺人捜査本部事件(→8.8)の数は戦後から一貫して増加の傾向にあるが，最近でも年間に数件程度の発生しかない(渡邉・田村，1999)．バラバラ殺人捜査本部事件の解決率は76％程度であり，殺人一般の解決率93〜98％と比較すると低く，解決の難しいタイプの殺人である．

■バラバラに切断する理由

海外の研究状況を概観した場合，バラバラ殺人事件はプロファイリング」(→8.1〜8.4)に最適な罪種の一つとされている(Holmes & Holmes 1996；Ressler 1996)．FBIによるプロファイリング研究の中では「バラバラ殺人」事件は性的殺人事件の一つとして扱われており，その切断行為は性的空想と強く関連することが想定されている．しかし，日本の場合，バラバラ殺人事件の9割以上が，運搬を容易にするためや証拠隠滅など，犯行の形跡を消すことを理由に死体の切断行為を行っている．

死体の切断とともに性器切除(乳房切除も含む)が行われるのは1割程度であるが，その対象は女性に限らない．これに対して，性器切除を行う加害者のほとんどは男性である．女性が性器のみを切除した著名な事件には，恋人の男性を絞殺後に，大切なものであるという理由で陰部を切り取り，逃走時に持ち去った阿部定事件(昭和11年)がある．性器切除には，身体を細かく切断・肉削ぎするための一過程として性器を切除する場合と，切断数が多くないにもかかわらず性器を切除する場合とがある．近年は，前者が増加しており，徹底的に証拠隠滅行為を行う加害者の増加を示唆する．

■性的な嗜好によるバラバラ殺人

切断行為自体が，興味関心に基づく場合や，性的な興奮を伴うものとなる場合がある．レスラーら(Ressler et al., 1988)は，性的殺人(→7.8)の中には，拷問や身体切断，オーバーキル(over kill，必要以上に被害者の身体に損傷を加えること)といった特徴を示すものがある．中でも身体の切断は，感情を高揚させるために必要なイメージの異常さと複雑さのレベルを考慮すると，身体切断は犯人の心理的倒錯の究極の現れだと指摘している．そうしたタイプのバラバラ殺人はまれであるが，死体の切り裂き行為や性器への攻撃などが認められるバラバラ殺人では，加害者には性的な嗜好の逸脱が認められる．

■悪魔払いによるバラバラ殺人事件

福島(1999)は，精神鑑定の自検例として，昭和62(1987)年に発生した悪魔払いを理由としたバラバラ殺人事件を報告している．この事件では，おそらく側頭葉てんかんの幻覚発作により着想された，「自分に神が降りた」「被害者は神に選ばれた人間である」「自分は被害者を悪魔から守る使命がある」という宗教的・オカルト的

な支配観念にとらわれた主犯格の加害者が，悪魔が憑いた被害者から悪魔を追い出すために被害者の肉体を殺し，さらに被害者の身体から悪魔を追い出して清めるという理由でバラバラに切断した．こうしたタイプのバラバラ殺人事件の発生もまれである．

■ **バラバラ殺人における面識関係**

「バラバラ」に切断するという行為にかかる，精神的，肉体的，時間的労力を費やすからには，それだけ加害者と被害者の関係は近いことを示しており，被害者の身元が判明しさえすれば加害者にたどり着くのは困難ではないと考えられてきた．しかしながら，近年のケースでは，加害者・被害者関係はより希薄な方向へと変化してきている．

バラバラ殺人事件における加害者・被害者関係は，動機の分布と強く関連しており，それらは被害者の性別と年齢層の組み合わせと強く関連している．ここでは，渡邉と田村（1999）の知見に基づき，被害者の性別と年齢層別の組み合わせによる分類別でみた，バラバラ殺人事件の特徴を示す．

20歳未満の男性または女性が被害者の場合 被害者の年齢層が20歳未満であった場合，性目的や男女関係のトラブルなど，性がらみの問題が主たる殺害動機であった．加害者のすべては単独犯であり，20代が6割を占めていた．この群では，遺体発見場所から被害者宅までの距離が20 km以上と遠い場合に，被害者にとって面識のない加害者による性的動機に基づく事件である場合が多い．

20歳以上の女性が被害者の場合 被害者が20歳以上の女性であった場合，7割以上が被害者の親族または愛人による事件であり，そうでない場合でも，まったくの無関係者による事件はなかった．加害者は30代から50代の各年齢に3割ずつ分布していた．単独犯は8割である．親族または愛人による事件でない場合には，被害者が風俗関係従業者であるか否かで，加害者の年齢分布や無職者の割合が異なっていた．

20歳以上の男性または女性が被害者の場合 被害者が20歳以上の男性の場合，親族犯はごくまれで，その場合被害者の障害から将来を悲観したことが殺害の動機であった．また，まったくの無関係者による事件もまれで，その場合には連続殺人事件となっていた．9割が知人または一時的会合者（事件の直前に知り合ったもの）による事件であるが，女性の場合とは異なり，愛人の割合は1割で，職場関連の知人の割合が4割であった．殺害動機は金絡みの問題が多い．金品目的でない場合には，被害者が有職者であれば，親族・愛人関係者や職場関係者とのトラブルによるものが多く，被害者が有職者でなければ，さまざまなタイプが混在していた．

〔渡邉和美〕

▶ **文　献**

福島章（1999）．悪魔払いバラバラ殺人事件，福島章（編）現代の精神鑑定　金子書房　pp.361-427.

Ressler, R.K., Burgess, A.W., & Douglas, J.E. (1988). *Sexual homicide : Pattern and motives.* Lexington Books.（狩野秀之（訳）（1995）．快楽殺人の心理――FBI心理分析官のノートより　講談社）

渡邉和美・田村雅幸（1998）．戦後50年間におけるバラバラ殺人事件の形態分析　科学警察研究所報告防犯少年編，**39**(1)，52-65.

渡邉和美・田村雅幸（1999）．バラバラ殺人事件の犯人像分析　科学警察研究所報告防犯少年編，**39**(2)，1-17.

7.7 通り魔

> **事件の概要**：覚せい剤乱用者であった被疑者は，通行人を殺害しようと決意し，約40メートルの間の路上において，通行中の4人（27歳女性，3歳女児，1歳男児，33歳女性）の胸部，腹部，背部などを柳刃包丁で突き刺して失血死させ，引き続き，通行中の2人（71歳女性，39歳女性）に腹部を刺したり切りつけて傷害を負わせ，さらに，通行中の33歳女性に柳刃包丁をつきつけて店舗に押し込み，暴行脅迫を加えて店舗に監禁し立てこもった．

警察庁（1981年）の定義によれば，「通り魔事件とは，人の自由に通行できる場所において，確たる動機がなく，不特定の者に対し，凶器を使用するなどして殺害等の危害（殺人，傷害暴行，器物損壊－たとえば晴れ着魔のような場合）を加える事件」である．器物損壊は人に対する直接的な攻撃ではないが，晴れ着魔やスカート切りが女性に対する傷害や強姦にエスカレートする可能性を考慮して，定義に含められていると考えられる．しかしスカート切りの多くが，電車内での痴漢行為として行われる場合が多く，器物損壊を除外して検討される場合が多い．警察庁の定義を整理すると，①公共空間または準公共空間において，②一見動機が不明確で，③被害者選択が一見ランダムで，④凶器などにより危害を加えるものという4つの条件を満たすものが通り魔事件であるといえる．

■ 発生頻度

通り魔事件の発生はまれであり，全国で年に数件程度である．秋葉原の通り魔事件が発生した2008年には，通り魔事件の発生が増加した．加害者の中には過去の具体的な事例を模倣しようとしたと述べる者もいることから，社会的学習理論が示すように，メディアの報道などを通して動機や手段を学習する者がいることが示唆される．

■ 事例

福島（1984）は，精神鑑定の自検例として，「深川の通り魔事件（昭和56年6月17日発生）」を著書の中で紹介している．

福島によれば，この被疑者は犯行時には幻覚妄想状態にあり，体系化した被害妄想，関係妄想を主とする妄想が犯行の動機の形成に重要な役割を果たしていた．また，彼の幻覚妄想状態は統合失調症によるものではなく，本人の多彩な精神病質を示す性格や生活史，覚せい剤乱用経験などから発生的に了解できるとした．

■ 犯行形態

殺人と同様に，犯行の時間，犯行の場所の数，被害者の数によって，通り魔の犯行形態を分類できる．田村ら（1998b）は，次に示す有用な3分類を示している．1つの時間，1つの場所で，1人の被害者を対象とする「単発犯（single offender）」，一連の時間，1つの犯行領域で複数の被害者を対象とする「スプリー犯（spree offender）」，複数の時間で，複数の場所で，複数の被害者を対象とする「連続犯（serial offender）」である．スプリー犯と連続犯の違いは，犯行と犯行の間における感情的冷却期間の有無である．しかし，これを客観的に測定することが不可能であるため，便宜的に24時間を設定している．

被害者特徴　通り魔の被害者は，加害者と事前の面識はなく，偶然その場にいたものとして被害に遭ってしまう．しかしながら，加害者は必ずしもランダムに被害者を選択しているわけではない．「女性や子

どもなら，うまくいくと思った」という供述が得られることも多く，犯行場面において偶然出会わせた人たちの中から，やりやすい相手を選択している．

加害者特徴　通り魔の加害者には，社会的不適応を示す者や，社会的弱者の立場にある者が多くを占める．20〜40代の成人男性が多数を占め，無職が7割，独居あるいは配偶者はなく親と同居である者が9割，中卒程度の学歴が5割，犯罪経歴を有する者が6割，犯行時に精神疾患あり（人格障害を含む）と診断される者が8割を占める．

これらの特徴をもつ者たちは，社会病理の影響を強く受ける人たちであり，通り魔事件の加害者の背景を探っていくと，そのときの社会問題がクローズアップされる．

動機　動機を概観すると，妄想に支配されて，鬱積した感情の発散，社会や曖昧な対象（たとえば「幸せそうな人」など）に対する恨み憎しみ，刑事司法システムによる"社会的"自殺，刑務所への長期入所希望，性的な動機（たとえば，悲鳴が快感など）など，多様な動機が認められ，一人の加害者が複数の動機に該当する場合もある．

通り魔の加害者たちが不特定の人たちを攻撃の対象として狙うのは，単に「置き換えられた攻撃」というよりは，「他者を自分の目的のために利用してもよい」という自己中心的，反社会的な人格特徴など複数の要因が関連しているといえる．福島（1984）は，通り魔が街中の不特定の人に対して攻撃性を向けるのは，精神障害による合理的な思考の障害とともに，身近に親しい他者をもちえない現代的・都会的状況と，生来の性格が重要であると指摘している．

■ **通り魔の類型別の特徴**

単発犯　路上での発生が多い．単発犯は精神障害を有する場合も多く，急性期の活発な精神症状を呈する場合と，統合失調症の陰性症状（感情鈍麻，思考の貧困，意欲の欠如など）を呈する場合とがある．また，犯罪経歴を有する者や刑務所等への入所経験を有する者が多いのが特徴であり，脆弱な自我や反社会性，情性欠如などの人格の問題をもつ者が多い．

スプリー犯　繁華街や駅前，大型施設での発生が多い．ストレス耐性の低さ，肥大化した自己愛，未熟な人格といった人格の問題を有する場合が多く，自我を守るための防衛機制として犯行が計画される．本人の生活状況や社会への適応状況の悪さは，社会など外部に帰属され，社会や漠然とした対象に恨みをいだく．自殺企図はあるが実行に至らず，刑事司法システムを利用した"社会的"自殺として犯行を行う．犯行を実行するまでの計画性は高いが，その後についてはまったく考えていないことが多い．

連続犯　路上での発生が多い．未熟な人格や反社会性といった人格の問題を有する場合が多く，犯行は，日常生活の中で得られない，自分の人生をコントロールしている感覚を得る（力の確認）ために行われる．女性が被害者として選択される場合には，性的な動機と強く関連して犯行が行われている．

〔渡邉和美〕

▶ 文　献

福島　章（1984）．通り魔事件の精神鑑定　犯罪心理学研究Ⅱ　金剛出版　pp.113-190．

田村雅幸・渡邉和美・鈴木護・佐野賀英子・渡辺昭一・池上聖次郎（1998a）．通り魔事件の犯人像1——犯人特性の分析　科学警察研究所報告防犯少年編 **39**(1) 1-11．

田村雅幸・渡邉和美・鈴木護・佐野賀英子・渡辺昭一・池上聖次郎（1998b）．通り魔事件の犯人像2——事件持性の分析による犯人像推定　科学警察研究所報告防犯少年編 **39**(1) 12-20．

警察庁刑事局捜査第一課（1981）．「通り魔殺人事件」について（部内資料）

7.8 性的殺人

性的殺人（sexual homicide）とは，殺害に至る一連の出来事に性的な要素が認められるものと定義される（Hickey, 2003）．死体の発見時に見出された性的行為や性的な要素を示す痕跡は，殺害行為の前，殺害中，殺害後のいずれの段階で残されたものであってもかまわない．

性的殺人には2つの下位分類があり，その一つが快楽殺人（lust murder, erotophonophilia）である．快楽殺人は，加害者が自分の性的な快楽や満足を得るために，被害者に対してサディスティックで残忍な殺害行為を行うものをいう．もう一つは，レイプ（→ 7.15）して証拠隠滅のために被害者を殺害するなどの強姦殺人や，置き換えられた怒り（displaced anger）による殺人を含むものである．

性的殺人の例としては，女性の死体が全裸で性的なポーズをとらされたものなど，イメージしやすい典型例がある．しかし，性的な要素が認められないにもかかわらず，性的な動機に基づいて殺人が行われる場合があることが先行研究で指摘されている．そうした事例の場合は，加害者が性的動機に関する供述をしない限り，性的な要素を確認することは困難で，把握が難しい．一方，性的な要素が認められる事件の多くで，殺人自体が性的な動機ではなく，被害者の抵抗抑圧や，被害者を殺害することによる証拠隠滅を動機として行われており，それを性的殺人の定義に含まないとする研究者もいる．こうした性的殺人の研究が直面する問題として，シュレジンガー（Schlesinger, 2004）は次の6点を指摘している．①広く合意のある定義がない，②性的殺人に見える事件の多くが，実際には性的に動機づけられていない，③性的殺人の多くは，外見的に性的には見えない，④性的殺人と性的行動と結びついた殺人との区別は曖昧な場合が多い，⑤国の犯罪統計に分類が存在しない，⑥不完全で不正確な生育歴と学際的協力の欠如など，実践上の障害があたりまえに存在する．

これらの問題点は，性的殺人の全体像の把握やそれぞれの研究で得られた知見の統合の弊害になる．しかし，性的殺人のうち把握しやすいタイプのものについては，多くの研究の蓄積がある．

■快楽殺人

快楽殺人犯は，人を殺害する内容の性的空想（sexual fantasy）を性的興奮とともにくり返し楽しんでおり，マスターベーションで得られるオーガズムにより，その性的空想の内容と性的興奮との結びつきはくり返し強化されている．実際の犯行は，現実世界での性的空想の実現であり，そこから満足感も得られるが，同時にうまくいかなかった点や物足りなさについて不満足感も感じる．そのため，さらなる性的満足感を求めて実際の犯行をもくり返す傾向があり，結果的に連続殺人犯となる（→ 7.1）．また，究極の性的快楽や満足を求めるため，その犯行内容はエスカレートする傾向があることが指摘されている．

快楽殺人を性嗜好異常（→ 12.9）の一つとしてとらえる場合には erotophonophilia とよぶ．Erotophonophilia は，多くの場合，鞭打ち（flagellation），多数の刺切創を加えて興奮する（picquerism），食人（anthropophagy），吸血（vampirism），死体サディズム（necrosadism），死姦を好む死体性愛（necrophilia）などの複数の性嗜好異常から構成されている．こうした観点からは，

性的殺人犯は性犯罪者の一形態としてとらえるほうが適切といえる．

■ 性的殺人の 2 類型

性的殺人の研究で有名なものは FBI のもの（Ressler et al., 1988）で，36 人の性的殺人犯に対する面接調査と彼らに関する各種記録調査の手法を用いて，性的殺人犯の分類や動機づけモデルを検討している．

FBI が定義した性的殺人は，「証拠あるいは観察によって性的な要素を本質的に含むことが明らかな殺人」であり，具体的には，被害者が特別な服装をさせられている，着衣がない，性器部分が露出している，性的なポーズをとらされている，性交渉（口腔性交，肛門性交，性器性交）の形跡がある，性的代償行為，性的関心やサディスティックな空想の痕跡が認められるもの，とされている．この基準に該当した性的殺人犯の研究から，「秩序型」「無秩序型」の 2 類型が提唱されている．

秩序型（organized）　秩序型の快楽殺人犯は，反社会型の人物で，是非善悪の判断は可能であるが，自己中心的で，他人の権利を尊重することに困難さがあり，社会秩序を軽視しており，個人の利得や性的満足を高めるために他人を操作して利用する．秩序・反社会型の犯行は狡猾で，入念に考えられた行動を行っている．居住地から離れた場所に被害者を物色に行き，機会的に被害者を選択して殺害し，死体を別の場所に遺棄する．凶器は予め準備して現場に持ち込み，持ち去る．

無秩序型（disorganized）　無秩序型の犯人は，非社会型の人物で，社会的に孤立しているか内向的なタイプである．対人関係に困難さがあり，他人から拒否されていると感じており，それにより自身の孤独や絶望，無気力を強めている．無秩序・非社会型の犯行は計画性がなく，混乱しているように見える．居住地や勤務先の近くで犯行を行い，現場で調達した凶器を用い，その凶器は犯行現場に遺留し，被害者の死体はそのまま放置する．

この類型は，性的殺人の犯人像推定の重要な枠組みであるが，実際には一つの事件が双方の特徴をもつことが多く，実証的でないという批判もある．

■ 日本の性的殺人

国内における性的殺人の研究例には，岩見ら（2003）の報告がある．岩見らは，犯行時に性的な動機，あるいは性的な行為が認められた殺人（未遂を含む）を性的殺人と定義した．1989 年から 1990 年 4 月までの間の検挙人員に占める性的殺人犯の割合は 0.6％（87 人）であり，日本では性的殺人がまれであることを示している．

主犯 83 人でみた性的殺人事件の特徴としては，夜間（81％），屋内（68％），絞殺・扼殺（70％），車両利用（57％），犯行用具を予め準備する（48％）などがあげられ，典型的な犯人像としては，男性（99％），単独犯（95％），有職者（63％），主要犯罪の経歴あり（49％），平均年齢 35 歳であり，居住地と同一市町村（64％）のよく知った場所で（93％），面識のない被害者（66％）を対象とする場合が多いと報告されている．

〔渡邉和美〕

▶ 文　献

Hickey, E. (eds.) (2003). *Encyclopedia of murder and violent crimes*. Thousand Oaks, CA : Sage.

岩見広一・横田賀英子・渡邉和美（2003）．性的な殺人の犯行形態及び犯人特徴　日本鑑識科学技術学会誌，**8**（別冊号），p.157．

Ressler, R.K., Burgess, A.W., & Douglas, J.E. (1988). *Sexual homicide : Pattern and motives*. Lexington Books.（狩野秀之（訳）（1995）．快楽殺人の心理——FBI 心理分析官のノートより　講談社

Schlesinger, L.B. (2004). *Sexual murder : Catathymic and compulsive homicides*. Boca Raton, Florida, CRC Press.

7.9 家庭内殺人

家庭内殺人 (family homicide, domestic homicide, intrafamilial homicide) とは，文字どおり，家庭の中での殺人であり，家族の成員により，家族の成員に対して行われる．

次に示すものが家庭内殺人に含まれる．

配偶者殺し（sponsicide/intimaticide）
配偶者を殺害するもの．同棲相手などの親密な相手を殺害するものを含む．
新生児殺（neonaticide）
生後24時間以内の新生児を殺害するもの
乳幼児殺（infanticide）
生後24時間をこえて5歳までの乳幼児を殺害するもの．とくに，生後24時間をこえて1歳未満の乳児を殺害する場合は嬰児殺（infanticide）とよぶ．
子殺し（filicide）
5歳をこえる子どもを殺害するもの．5～18歳の子どもの場合を early filicide，18歳をこえる子どもを殺害する場合を late filicide に分類する場合もある．
親殺し（parricide）
親を殺害するもの．両親を殺害する場合をparenticide，父親殺しを patricide，母親殺しを matricide とよぶ．（少年による親殺しは少年による殺人（→7.27）を参照）．
兄弟殺し（fratricide, siblicide）
兄弟姉妹を殺害するもの．

拡大家族の場合には，祖父母殺しなども含まれる．また，親族殺（kinicide）として，同居でない祖父母や，叔父・叔母，伯父・伯母，甥・姪などが含まれることもある．

■家庭内殺人の発生状況

2000～2009年の犯罪統計書によると，この10年間における殺人の検挙事件において加害者・被害者関係が親族であった比率は4割強である（表1）．この傾向はこの10年間で変わらないが，近年その比率は5割に近くに漸増している．先行研究では，カナダにおける家庭内殺人の割合は30～36％を示しており（Silverman & Mukherjee, 1987），アメリカの殺人加害者における家庭内殺人の割合は13％（配偶者殺し5.5％，子殺し2.7％，親殺し1.6％，兄弟殺し1.3％，その他2.3％）を示している（Dawson & Langan, 1994）．これらに比較するとわが国では家庭内殺人の比率は高く，家族成員間の関係性は良くも悪くも強いことが示唆される．

表1でみると，親族殺のうち，最も多いのは配偶者殺（37％）であり，次いで親殺し（25％）と子殺し（23％）が同程度を示し，兄弟殺（8％）やその他親族殺（6％）が占める割合は小さい．この比率の違いは，配偶者間や親子間での葛藤の強さや暴力の問題が背景にあることを示唆する．

犯罪統計書の数字を読むときに注意しなければならないのは，この統計が検挙事件に関するもののみであり，精神障害などにより加害者に責任を問えない場合（犯罪統計書では，解決事件とよばれる）は含まれていないことである．渡邉ら（2008）によれば，殺人を行ったが精神障害を理由に刑の減免を受けた触法精神障害者の3分の2が親族を対象に殺人を行っていたことから，実際の家庭内殺人の発生件数は犯罪統計に現れるより大きな数字となる．

■家庭内殺人のリスク要因

家庭内殺人といっても多様なタイプの殺人が含まれている．このタイプ別に，その背景や動機などが異なっている．しかしながら，家庭内殺人に共通するリスク要因として，①家庭内暴力（ドメスティックバイオレンスや各種虐待を含む）（→13.12），②

表1 親族を対象とした殺人事件の検挙状況（2000〜2009年）

	殺人総数	親族殺全体	殺人全体に占める割合(%)	父母	親族殺に占める割合(%)	配偶者(含む内縁関係)	親族殺に占める割合(%)	子	親族殺に占める割合(%)	兄弟姉妹	親族殺に占める割合(%)	その他親族	親族殺に占める割合(%)
2000	1219	514	42.2	131	25.5	197	38.3	120	23.3	34	6.6	32	6.2
2001	1157	492	42.5	98	19.9	191	38.8	121	24.6	47	9.6	35	7.1
2002	1278	512	40.1	111	21.7	197	38.5	128	25.0	41	8.0	35	6.8
2003	1258	530	42.1	133	25.1	215	40.6	110	20.8	47	8.9	25	4.7
2004	1224	557	45.5	121	21.7	206	37.0	135	24.2	57	10.2	38	6.8
2005	1224	541	44.2	133	24.6	218	40.3	111	20.5	50	9.2	29	5.4
2006	1155	542	46.9	154	28.4	179	33.0	143	26.4	38	7.0	28	5.2
2007	1052	506	48.1	133	26.3	192	37.9	102	20.2	42	8.3	37	7.3
2008	1120	558	49.8	143	25.6	200	35.8	130	23.3	36	6.4	49	8.8
2009	971	467	48.1	121	25.9	152	32.5	116	24.8	48	10.3	30	6.4
全体	11658	5219	44.8	1278	24.5	1947	37.3	1216	23.3	440	8.4	338	6.5

注）警察庁作成の犯罪統計書「平成〇〇年の犯罪」における「罪種別被疑者と被害者との関係別検挙件数」より筆者が作成．責任無能力などによる解決事件を含まない．

圧倒されるほどの社会的ストレスの存在，③精神疾患，④物質（アルコールや薬物）乱用（→7.41），⑤火器，とくに銃器へのアクセスのしやすさ，の5つがあげられている（Ewing, 1997）．

■ 家庭内殺人と自殺

家庭内殺人と自殺は関連が強い．先行研究によれば，殺人を行った後の自殺（homicide-suicide）で最も多いタイプは，配偶者あるいは元配偶者を殺害後に自殺をするものである．このタイプの場合には，単に自殺をした場合に比較して，殺害前にドメスティックバイオレンスがあった者の比率が高いのが特徴である．

近年では，高齢者が配偶者を殺害後に自殺を図る者の増加が指摘されており，その多くが長期にわたる配偶者の看病生活に疲れての犯行である．その場合加害者の多くが犯行時にはうつ病などの精神障害に罹患している状態にあったことが示されている（Bourget et al., 2010）．高齢化社会の進行に伴い，殺人の加害者，被害者ともに高齢化の傾向を示していることから，わが国でもこうした問題が今後増加する可能性もある．

渡邉ら（2008）によると，1991〜2005年の15年間における2人以上の者が死亡した事件の59％，その他殺人の41％が親族の者を対象としており，家庭内殺人は大量殺人（→7.2）との関連が強いことを示している．

また，大量殺人と加害者の自殺には強い関連があり，大量殺人の加害者死亡率は37％を示す．とくに2人以上が死亡した殺人で，被害者に子どもが含まれる場合の加害者死亡率が高く53％で，子どもが含まれない場合は30％，その他殺人で被害者に子どもが含まれる場合は9％，その他殺人の被害者に子どもが含まれない場合は5％であった．子どもを殺害する場合に加害者の自殺のリスクが大量殺人で2.7倍，その他殺人で1.9倍高くなっていた．

また，新聞記事データベースから親子心中を抽出した研究（Nambu, 2007）では，

親子心中の加害者の死亡率は男性加害者で67％，女性加害者で59％とかなり高い比率を示していた．このことは，わが国の殺人事件では，親が子どもを殺害する場合，とくに子どもを含めて家族の成員を2人以上を殺害した場合に加害者の自殺リスクが高くなるといえる．

わが国には，家族内殺人の一形態に「親子心中」とよばれるものがあり，それに対する市民の態度は，それ以外の殺人に比較するとやや寛容である．しかし，欧米ではこれを単なる「殺害後の自殺（homicide-suicide）」として扱う．

■ 家庭内暴力と家庭内殺人

家庭内で行われている暴力の延長で殺害が行われることがある．また，家庭内で行われている暴力から逃れるために，殺害が行われることがある．

わが国では，家庭内暴力という言葉は，「子どもが家庭内で物や親兄弟に対して暴力をふるうこと」を意味する場合が多いが，家庭内で行われる暴力には，他にも配偶者間や親密な相手との間で行われるドメスティックバイオレンス（domestic violence）や，近年相談件数の増加が問題となっている児童虐待（child abuse）（→ 6.23, 7.18），高齢者虐待（elderly abuse）などがある．家庭の中で行われる暴力は，家庭の外からは発見しにくく，重大な事案になってから発覚する場合も多い．

日常の暴力の延長で殺害が行われる場合には，加害者に人格の問題が認められる場合が多いのに対し，日常の継続する暴力から逃れるために殺害が行われる場合には，加害者に抑うつ状態や社会からの孤立などの問題がある場合が多いことが指摘されている．

■ 配偶者殺し

女性加害者では，保険金などの金品目的で殺害する場合もあるが，多くの場合，加害者は長い間夫からのドメスティックバイオレンスに苦しめられてきたという経歴をもつといわれている．一般的には，被害者である夫との口論などが契機となって行われ，深夜から未明の間に，寝室やリビングなどで夫を殺害する．夫を殺害する女性は児童期にも父親からの虐待歴を有する，虐待により死の恐怖を何度も経験している，過去に自殺企図があるなどの特徴を有することが指摘されている．

男性加害者では，多くの場合，依存的で他者からの評価を求める傾向があり，社会適応が悪いため，強いストレスをかかえている．家庭外では状況をコントロールすることができないため，家庭内で不適切なほどのコントロールを求める．物質乱用（→ 7.42）をする者も多く，日頃から家庭内で暴力的にふるまう者も多い．解雇などの喪失体験に対する反応として殺人が行われる．こうしたタイプの他，男女関係のトラブルで妻の殺害に至る者もいる．

■ 子殺し

田口（2006）は，子殺しを新生児殺，嬰児殺，1歳以上の未成年の子を対象とする子殺し，成人の子どもを対象とする子殺しの4分類にし，その特徴をまとめている．

新生児殺のほとんどは加害者が母親である．望まない妊娠をして，中絶の機会を逸した母親が出産後すぐにその子を殺害する．他の子殺しに比較して，中心となる加害者の年齢層が低く，未婚者が多いこと，殺害後に自殺企図者は少ないことが特徴である．

嬰児殺の動機には，産褥期（分娩後6ないし8週まで）の精神障害によるもの（多くは拡大自殺）と，育児ストレスによるものがある．育児ストレスの場合には，慣れない乳児の世話による疲労などから抑うつ

状態を呈して悲観的になっての犯行のほか，未熟で自己中心的な人格から殺害が行われる場合がある．

1歳以上の未成年の子を対象とする子殺しの場合，嬰児殺と同様に，母親の精神障害による拡大自殺が多い．子どもの年齢が高くなるほど被害者に占める男児の割合が高くなり，加害者が父親である割合も低年齢の子に比較して高くなる傾向がある．

成人の子を対象とする子殺しの場合，高齢の親が子どもの精神障害や病気などの家庭介護に疲れ果てて拡大自殺を図る場合や，激しい暴力から身を守るために衝動的に殺害する場合などがある．

家庭内殺人においては，加害者・被害者ともに社会から孤立しがちであり，おかれた状況を改善するために使用可能な資源が乏しい場合が多い．なんらかの形で，家庭外の支援や相談を受ける機会があれば，未然に防止することも可能な場合があると考えられる．ドメスティックバイオレンスや虐待防止への多面的な取り組みなどが功を奏せば，家庭内殺人についてもリスクを減らすことができるだろう． 〔渡邉和美〕

▶文　献

Bouget, D., Gagne, P., & Whitehurst, L. (2010). Domestic homicide and homicide-suicide : The older offender. *Journal of American Academy of Psychiagty and Law*, **38**, 305-311.

Dawson, J.M., & Langan, P.A. (1994). Murder in families. *Bureau of Justice Statistics Special report*, US Department Justice. http://www.ce-credit.com/articles/100210/MurderFamilies100210.pdf

Ewing, C.P. (1997). *Fatal families : The dynamics of intrafamilial homicide*. Thousand Oaks : Sage.

Nambu, S. (2007). Oyako-Shinju (Parent-child suicide) in Japan, Law and Society Association 2007 Annual Meeting.

Silverman, R.A., & Mukherjee, S.K. (1987). Intimate homicide : An analysis of violent social relationships, *Behavioral Science and the Law*, **5**(1), 37-47.

Starzomski, A., & Nussbaum, D. (2000). The self and the psychology of domestic homicide-suicide, *International Journal of Offender Therapy and Comparative Criminology*, **44**(4), 468-479.

田口寿子(2006)．子殺し　松下正明(総編集)(2006)．犯罪と犯罪者の精神医学　Ⅵ家族と犯罪　中山書店　pp.355-363．

渡邉和美・佐藤敦司・吉本かおり・横田賀英子・和智妙子・藤田悟郎(2008)．日本における大量殺人事件の発生状況と類型について　犯罪学雑誌，**74**(6), 190-204．

7.10 ひき逃げ事件

■ 定　義

　交通事故に遭遇したとき，運転者には負傷者を救護する義務と，事故の内容を警察官に通報する義務が課せられている．一般的に，前者を救護義務，後者を報告義務という．これらの義務を履行せずに，事故の現場を離れると，ひき逃げ事件，無申告事件となる．救護義務については，道路交通法72条1項の前段に，次のように定められている．

> 交通事故があったときは，当該交通事故に係る車両等の運転者その他の乗務員は，直ちに車両等の運転を停止して，負傷者を救護し，道路における危険を防止する等必要な措置を講じなければならない．

　「ひき逃げ（hit-and-run accident）」という言葉からは，「四輪車が歩行者を車輪で轢いたうえで逃走する」という事件を想像するが，車両どうしの事故を起こして，必要な措置を行わずに現場を離れた場合も，ひき逃げとなる．

■ 罰　則

　ひき逃げをした運転者には重い罰則が課せられる．救護義務に違反した場合の罰則は，「人の死傷が当該運転者の運転に起因するものであるときは，10年以下の懲役又は100万円以下の罰金に処する」（道路交通法117条2項）と定められている．
　ひき逃げでは，自動車運転過失致死傷罪（刑法211条2項）も同時に成立するのが普通である．飲酒運転（→7.11）などの危険な運転を故意に行った場合は，危険運転致死傷罪（刑法208条の2）が成立することもある．これらの罪と救護義務違反は併合罪となる．

　2006年8月に福岡県で発生した幼児3名死亡の事故において，検察側は，危険運転致死傷罪と道路交通法違反の併合罪で懲役25年を求刑した．福岡地裁の第一審では，業務上過失致死傷罪が適用され，懲役7年6月の判決であったが，福岡高裁は一審判決を破棄し，危険運転致死傷罪を適用し，懲役20年をいいわたした．現在，被告が最高裁に上告している．
　また，被害者が死亡する可能性を認識していながら，被害者が死んでもよいと考え，放置した場合などでは，殺人罪もしくは殺人未遂罪に問われることもある．
　2008年10月に大阪市で，歩行者が車にはねられ，車の底部に巻き込まれて約3km引きずられて死亡した事件で，大阪地検は，運転者が車に人を巻き込んだことを認識したうえで運転を続けていたことから，殺意があったとし，殺人と自動車運転過失傷害，道路交通法違反（無免許運転，救護義務違反）で被告を起訴している．

■ 発生件数と検挙率

　2009年中に発生したひき逃げ事件の発生件数は，1万2350件であり，全人身事故に占める割合は1.68％であった．このうち被害者が死亡した事件は172件，重傷であった事件が908件，軽傷であった事件は11270件であった．重い罰則が課せられているにもかかわらず，ひき逃げ事件が多く発生している．
　ひき逃げ事件の発生件数の推移をみると，2003～05年の3年間は，発生件数が1万9千件をこえるとともに，ひき逃げ事件が全人身事故に占める割合も2％をこえていたが，近年では，発生件数と構成率ともに減少傾向にある．ひき逃げ事件の検挙率は，死亡事故で93.0％であり，重傷事故で57.0％，軽傷事故では36.2％である（交

通事故総合分析センター，2010）．

ひき逃げを否認し，証拠を隠滅する運転者も多いため，事件の捜査においては，車種だけでなく車両を特定する物的証拠の確保が重要である．車両番号や被害者の血痕などの，より直接的な証拠が得られない事件であっても，塗膜片やガラス片，死体に残った車両の痕跡，衣類の繊維などの証拠が事件の立証に利用される．

近年では，車両の製造技術が向上したため，事故の衝撃で部品や塗膜片などが脱落することが少なく，捜査がより困難になっている．部品や塗膜片などのデータベースを活用し，物的証拠の特定を迅速にする，より微細な分析が可能な新しい技術を利用するなどの工夫が行われている．きわめて微量な元素を分析可能な，Spring-8 とよばれる装置によりフロントガラスに含まれる不純物を鑑定し，逃走した車両を特定して事件を立証するとともに，事件への関与を否認していた容疑者の自供を得た事例もある（横塚，2008）．

■逃走の動機と要因

2008 年中のひき逃げ事件で，最も多かった逃走の動機は，「事故を起こしたことを恐れて」で 15.0％であり，次いで「飲酒運転中であった」が 12.6％，「被害者の被害程度が大したことないと思ったから」が 13.6％，「無免許運転中」が 9.5％などであった（警察庁，2009）．

また，2007 年中に危険運転致死傷罪で立件された 434 件のうち，飲酒運転の事故は 166 件で，そのうちの 27.1％にあたる 45 件は，飲酒のうえ，ひき逃げを行った事故であった（大塚，2008）．ひき逃げと飲酒運転は密接な関係にある．

逃走の要因を調べる研究も行われている．夜間の単路など監視性が低い場所の事故や，罰則が重い事故において，運転者が逃走する確率が高いことから，運転者は逃走によるコストと利得を比較し，逃走するかを判断するとしている（Tay et al., 2008）．また道路の設計や交通流などの道路環境の要因が，逃走に影響するのである（Tay et al., 2009）．

一方，合理的選択理論（→ 6.19）と性格理論から逃走の原因を考察する立場では，逃走による損得だけでなく，無謀な行動の傾向や犯罪性などの運転者の行動や性格の特徴が逃走に関係するとしている（Solnick & Hemenway, 1995）．また，桐生（2005）は，ひき逃げ事件の事例分析に基づき，監視性の低さなどの環境要因と，社会的立場などの運転者要因が，逃走の判断に影響することを指摘している．

〔藤田悟郎〕

▶文　献

桐生正幸(2005)．歩行者とドライバーの交差(衝突) 国際交通安全学会誌，**30**(2)，30-37.
警察庁（2010）．平成 21 年の犯罪　警察庁
交通事故総合分析センター（2010）．平成 21 年交通事故統計年報　交通事故総合分析センター
大塚保和（2008）．交通事故事件捜査の現状と課題　月刊交通，**39**(9)，4-11.
Solnick, S., & Hemenway, D. (1995). Hit the bottle and run：The role of alcohol in hit-and-run pedestrian fatalities. *Journal of Studies on Alcohol*, **55**, 679-684.
Tay, R., Rifaat, S.M., & Chin, H.C. (2008). A logistic model of the effects of roadway, environmental, vehicle, crash and driver characteristics on hit-and-run crashes. *Accident Analysis & Prevention*, **40**, 1330-1336.
Tay, R., Barua, U., & Kattan, L. (2009). Factors contributing to hit-and-run in fatal crashes. *Accident Analysis & Prevention*, **41**, 227-233.
横塚　守（2008）．世界最高性能を誇る大型放射光施設（Spring-8）を用いた死亡ひき逃げ事件の検挙について　月刊交通，**39**(9)，35-42.

7.11 飲酒運転

■ **悪質な交通犯罪としての飲酒運転**

日本では，飲酒も自動車などの運転もきわめて日常的な行為であるが，両者が一定の量的，時間的間隔以上に接近すると，道路交通法の酒気帯び運転の禁止に違反する．アルコールの影響下で自動車などを運転すると，高次の判断力を含む運転能力に影響を与え，他者に危害を与える危険性が格段に高まるためである．飲酒運転（drink driving）により他者を死傷させると自動車運転過失致死傷に問われ，さらにアルコールの影響により正常な運転が困難な状態であったと認められれば，危険運転致死傷罪が適用される．

日本は，飲酒運転に対して最も厳しい法律をもつ国のひとつである．1970年に初めて酒気帯び運転の取締り基準（血中アルコール濃度：Blood Alcohol Concentration（BAC）0.05％に相当）を導入したあと，2002年に取締り基準がBAC 0.03％に引き下げられた結果，北欧諸国に次いで厳しい取締り基準をもつ国となった．また，多くの国では，取締り基準に達しなければ運転前の飲酒が禁じられているわけではないのに対して，日本では運転する際の飲酒は許容されない．

■ **飲酒運転に対する厳罰化**

危険運転致死傷罪が新設された2001年以降，数回にわたり飲酒運転への罰則が強化された結果，飲酒が絡んだ交通事故は急激に減少した．1998年当時と比較すると，飲酒運転の取締り件数，飲酒交通死亡事故件数は各々15％，24％（2008年）に減少した．一方，多くの先進国では，飲酒運転問題の程度と規模が日本よりも深刻である．飲酒運転とその被害を数年間で顕著に減少させた成功例は，先行研究（Mann et al, 2001）から判断する限り，日本以外にあまり見受けられない．

厳罰化は法的な範疇にとどまらず，社会的制裁などインフォーマルな対策へと拡大し，国民の規範意識も急激に変化した．一連の劇的な変化は，飲酒事故の悲惨さとともに，犯罪被害者遺族などが厳罰化を訴える活動がマスメディアでくり返し伝えられることで世論の変化をもたらし，それを司法関係者が支持した結果とされる（日本犯罪社会学会，2009）．こういった近年の社会的状況は，1980年代のアメリカのそれと似ている．当時のアメリカでは，MADD（Mothers Against Drunk Driving）など，犯罪被害者救援組織に代表される草の根市民運動による活動が政策に大きな影響を与え，飲酒運転への厳罰化が実施された経緯がある（Ross, 1992）．

■ **抑止理論の概念とその効果**

飲酒運転に対する厳罰化は，刑事政策の要である抑止理論（deterrence theory）に依拠する．1970年代以降，北米や豪州を中心に抑止理論の飲酒運転への適用の是非とその効果が論じられてきた．抑止理論は，「人は犯罪を行うことから得られる便益と費用を秤にかけて行動する」とし，「罰則を強化すれば，潜在的な飲酒運転者が飲酒運転をする確率を下げ（一般抑止），既に飲酒運転を犯した者が再犯する危険性を下げる（特別抑止）．抑止効果が十分に発揮されるための前提条件は，罰則が確実かつ迅速に執行され，十分に厳しいこと」と考える．

抑止理論に対する学術的評価は，総じて芳しくない．潜在的な飲酒運転者への一般抑止効果は，費用対効果の面から十分とい

えず，すでに飲酒運転が発覚した者への特別抑止の観点からは，逆効果でさえある (Ross, 1992)，との意見に代表される．抑止理論は罰則執行の確実性をあげることを最も重視するが，飲酒運転の検挙を効率的に行ったとしても，飲酒運転の暗数は相当数にのぼる．アメリカやドイツで1990年代までに示された複数の研究によれば，取締り基準をこえた状態で運転しても，取締りを受けるのは600〜1000回に1回とされる (Vollrath & Kazenwadel, 1997)．

十分な費用対効果が認められると評価されているのは，運転免許の停止・取消処分である．実際には，処分期間中であっても，相当数の者が運転を続けることがわかっているが，彼らは運転頻度や走行距離を抑えるなどして慎重に運転するため，交通安全上の目的は果たしていると解釈される．アメリカでは，さまざまな対策を講じてきたにもかかわらず，飲酒運転による被害の規模が依然として深刻であり，抑止理論に基づく対策が大きな効果をあげているとはいいがたい．翻って日本は，罰則の強化と集団的規範意識の変化により，大半の国民が急速に飲酒運転を自粛するようになったと考えられ，一般抑止が非常に効率よく機能したといえる．

■ 飲酒運転者への対策

一般抑止の側面では，日本は成功を収めたが，飲酒運転をやめない者や取締りを受けた者に対する対策は，近年まで変化してこなかった．とくにわが国に不足しているのは，飲酒運転者のかかえる問題を理解するための研究とそれを踏まえた対策の検討である．

まず，飲酒運転者の問題の所在および問題の深刻さへの理解が不足している．次に，飲酒運転者のかかえる問題の所在に対応した適切な再犯防止策の検討が十分に行われてこなかった．過去に実施されてきた飲酒運転者への教育は，抑止理論に基づく情報提供型のもので，一般的な交通事故防止を題材とした内容が多かった．教育プログラムの対象者と具体的な目的が明確でないことも多く，効果評価もあまり実施されてこなかった．近年，飲酒運転に的を絞った新たな試みが関係各所ではじめられており，成果を生むことが期待される．以下に，飲酒運転者および再犯防止策の一端について，海外の先行研究結果を紹介する．

■ 問題飲酒と飲酒運転

飲酒運転を説明するさまざまな変数のうち，飲酒行動に関する変数の説明力が大きいことがわかっている．一般運転者をサンプルとした場合，飲酒量が多い人ほど飲酒運転の頻度が高く，問題飲酒の程度が深刻な人ほど飲酒運転で再検挙される率が高い．飲酒運転者のみを分析対象にした場合，取締り時のBACが非常に高い場合，交通事故の被害の程度が重く，その後の再検挙率も高い．また，問題飲酒の程度も深刻である．こういった結果を根拠に，たとえばドイツでは，BAC 0.16％に達したら問題飲酒の程度が看過できない域に達したと判断して運転免許を取り消している（岡村・シュミット－アーント，2005）．

飲酒運転に至らしめる直接的な原因に，過度の，あるいは不適切な飲酒があるのは明らかで，これが重篤になるとアルコール乱用やアルコール依存症につながる．アルコール使用に関して医学的治療を要する者に運転者教育を施しても意味が薄く，これらの者に医療的介入を施す仕組みが必要である．その反面，飲酒運転者は全員アルコール依存症者やその予備軍であるという認識も誤りである．問題飲酒者でなくとも，飲酒運転をする高リスク運転者がいることは知られている (Donovan, 1983)．一口に飲

酒運転者といっても，飲酒行動の問題幅が非常に大きく，それが飲酒運転に結びつくパターンは実に多様であり，飲酒運転に至らしめた個々の心理的要因を考慮せずして有効な対策はとれないといえる．

日本特有の遺伝生物学的事情も忘れてはならない．アセトアルデヒドの酵素活性不全のため日本人の約4割はまったく，あるいは少量しかアルコールを受けつけない（猪野，1996）．これらの人は過剰飲酒には陥りにくいが，飲酒運転をする可能性はある．一方，残りの約6割の人は過剰飲酒に陥る可能性も，それが飲酒運転につながる可能性もある．

■ 運転調整による飲酒運転回避

飲酒をしても，運転の総量が小さければ，あるいは運転方法を調整できれば，飲酒運転に結びつく理論的可能性は低くなる．運転行動に関する変数を，その他の変数とともに分析した1970年代以降研究では，運転行動の説明力は低いとする結果が多い．その一方で，アメリカのフロリダ州で近年開発された初犯者向け教育プログラムは，アメリカで従来実施されてきた飲酒行動の是正ではなく，運転行動の調整を目的としており，一定の成果が報告されている（Rider et al, 2006）．

日本の人口の約半分は，自家用車の利用率が低く公共交通機関の利用率が高い大都市圏に集中している．その結果，自家用車による移動が全体に占める割合が欧米諸国よりも低い．対象者と居住地域を限定して，運転行動の調整による飲酒と運転の分離の可能性を検討する価値はある．

ただし，問題飲酒の程度が深刻な人には，運転行動の調整だけでは再犯防止効果が不十分であろう．

■ パーソナリティ・態度と飲酒運転

飲酒運転の心理学的研究では，古くから，時間・状況による変動が小さいパーソナリティ特性に興味が注がれてきた．たとえば，鬱傾向，攻撃性，衝動性，刺激欲求（sensation seeking），自己統制感（locus of control）が，飲酒運転者にどれほど顕著にみられるか，交通事故を起こすリスクなどを予測できるかといった検討がなされ（Donovan, 1983），現在までこの種の研究は行われている．飲酒運転者の特徴を知るのに有効である一方，パーソナリティ研究の弱点は，好ましくないパーソナリティ特性が具体的にどう飲酒運転に導いたか因果関係を特定しにくく，飲酒運転者をその他の運転者群と峻別する判別力も十分に高くないため，問題解決に活用しにくい点であろう．

1990年代以降の態度研究は，どうしたら飲酒運転をしないように介入できるかという問題解決に即した構成概念にも着目している．とりわけ，社会心理学のモデル計画的行動理論（TPB：theory of planned behavior）（Ajzen, 1991）を，運転者の逸脱行動に適用した研究が多く行われている．計画的行動理論では，ある行動を規定するのは，行動への意図であり，意図を直接説明する変数に，態度，主観的規範（周囲の人にどう思われるか），主観的統制（いかに行動をコントロールできるか）があると仮定する．計画的行動理論を飲酒運転に適用した例によれば，計画的行動理論が想定する変数に，飲酒行動と取締りへの主観的認知を組み込んだ修正モデルを使えば，飲酒運転の意図をよく説明できる（Åberg, 1993）ことが示されている．

■ 教育・治療とその効果評価

北米や豪州では，1990年代初頭まで，飲酒運転者向けの教育的・治療的対策の実施効果を調べた結果，これらの対策が再検挙率を下げる効果は不明確，もしくは乏し

いと結論づけた研究が多かった．原因として，実施されていた対策の内容だけでなく，効果評価の方法にも問題があることも多かった．対策の内容と目的と明確化するとともに，無作為割付比較試験（RCT：randomized control trial）による効果評価を行ったうえで最終的な結論を出すべきであろう．

飲酒運転者への教育的・治療的対策の効果に関する大規模なメタ分析（Wells-Parker et al., 1995）では，対策を行わなかった場合と比べて，対策実施により再検挙率を8〜9％下げる効果が認められたと推計している．対策の内容は，一部の者にしか当てはまらない内容（たとえば断酒治療）ではなく，大多数の者に適用可能な内容の効果が最も高かったとし，情報提供型の教育と心理療法に加えて，教育実施後のフォローアップを統合させた介入が有効であると結論づけている．教育的・治療的対策の効果の測定指標には再検挙率が使われることが多いが，飲酒運転への認識を変えることを目指す認知行動療法などに基づく対策においては，態度変容も測定すべきであると指摘されている（岡村・シュミット－アーント，2005）．

さらに，多くの研究者が指摘していることであるが（Nochajski & Stasiewicz, 2006），一口に飲酒運転者といっても必ずしも均質なサブグループではなく，とりわけ問題飲酒の程度や本人の飲酒運転問題に対する洞察・認識の度合いは非常に多様である．こういった側面に配慮した教育的・治療的対処を行うことも重要である．

〔岡村和子〕

▶文　献

Åberg, L. (1993). Drinking and driving: Intentions, attitudes, and social norms of Swedish male drivers. *Accident Analysis & Prevention*, 25, 289-296.

Ajzen, I. (1991). The theory of planned behavior. *Organizational Behavior and Human Decision Process*, 50, 179-211.

Donovan, D.M. (1983). Drinking behavior, personality factors and high-risk driving. *Journal of Studies on Alcohol*, 44, 395-428.

猪野亜朗（1996）．アルコール性臓器障害と依存症の治療マニュアル　星和書店

Mann, R.E. et al. (2001). The effects of introducing or lowering legal per se blood alcohol limits for driving: an international review. *Accident Analysis & Prevention*, 33, 569-583.

日本犯罪社会学会（2009）．グローバル化する厳罰化とポピュリズム　現代人文社

Nochaiski, T.H. & Stasiewicz, P.R. (2006). Relapse to driving under the influence (DUI): A review. *Clinical Psychology Review*, 26, 179-195.

岡村和子・S.-B. シュミット－アーント（2005）．ドイツにおける運転者リハビリテーションの概要　交通心理学研究，21, 29-39.

Rider, R. et al. (2006). The impact of a novel educational curriculum for first-time DUI offenders on intermediate outcomes relevant to DUI recidivism. *Accident Analysis & Prevention*, 38, 482-489.

Ross, H.L. (1992). *Confronting drunk driving. Social policy for saving lives*. Yale University Press.

Vollrath, M., & Kazenwadel, J. (1997). Das Dunkelfeld der Trunkenheitsfahrten. *Blutalkohol*, 34, 344-359.

Wells-Parker, E., et al. (1995). Final results from a meta-analysis of remedial interventions with drink/drive offenders. *Addiction*, 90, 907-926.

7.12 暴走族

警察による暴走族（motor cycle gang）の定義は，「自動車等（四輪及び二輪の，また，原動機付自転車を含む．）を運転して各種の交通違反を行い，他の交通に危険を生じさせ，あるいは迷惑を及ぼす行為を行う者」であり，実際にはこれに加えて，集団性・常習性が考慮されている（高橋，1991）．暴走族の原型は，1955年頃から見られた，二輪車に乗車し騒音を立て暴走する「カミナリ族」にさかのぼる．その後，1960～70年代に，見物の群衆を巻き込んだ騒乱が全国各地で起こるようになった．1972年，富山市で数十台の乗用車の若者と見物の群衆約3000人が暴徒化し，商店や一般車両を破壊するという富山事件が起こり，これを契機に「暴走族」という呼称が用いられるようになった．1975年頃からは暴走族のグループ化が進み，グループどうしの対立抗争事件が起こる一方，一般車両や警察を襲撃する悪質な事案も目立つようになった．

こうした中，1978年に道路交通法が改正され，「共同危険行為等の禁止」の規定が導入された．これによってグループ未加入者の比率が高まり，大規模な集団走行から小グループによる走行への変化が起こった．1982年には構成員数が最大となるものの，それ以降は，鎮静化の傾向を示すようになる．その一方で，悪質性・凶悪性が進み，暴力団と関係をもつグループが増える様子も見られ，暴走族が非行集団的性格を強めるようになった．また，1994年頃からは違法競走型暴走族（後述）の暴走行為が目立つようになり，1997年以降は，グループの小規模化に伴う連合化・広域化が見られた．2004年には1988年以来初めて暴走族に関する110番通報件数が10万件を下回った．2005年以降は，旧車會（後述）が各地で見られるようになってきている．

■暴走族の分類

警察の統計における暴走族の分類としては，共同危険型，違法競走型がある．共同危険型は，集団で爆音暴走をし，ヘルメットをかぶらず信号を無視した無免許運転を行い，夜間に二輪車で走行し，少年の割合が多い（54.8％）といった特徴がある．暴走族グループ加入者はこのタイプが多く，グループの凝集性が高い．一方，違法競走型は，おもに運転技術や走行速度などを競い，暴走族という自覚が薄く，成人が92.8％と大多数を占め，ローリング族・ドリフト族などとよばれ，四輪車で走行する傾向が高い．暴走族構成員に占める割合は共同危険型が86.7％（9985人）と大半で，違法競走型は13.3％（1531人）にすぎない．

近年この他に，元暴走族により構成された「旧車會」の登場が報告されている（約4800人）．25歳以上の比較的高年齢の者が多く，年式の古い二輪車で走行する．旧車會の中には遵法的な旧車愛好家グループも存在するが，旧車會とは名ばかりで実質は共同危険型と変わらない活動をしている者もいる（以上は伊藤（2009）による2008年の数値）．

■暴走族研究

暴走族研究が行われた時期は，1970～80年代に集中しており，それ以降の研究はごく少ない．この時期の暴走族研究から代表的なものを以下に紹介する．田村（1981）は，暴走族の集団特性は，組織としては極めてルーズで，規則は徹底しておらず，大小のグループが存在し，系列化が

みられる場合もあると指摘した．また，国際交通安全学会004プロジェクトチーム (1977)，長山 (1989) は，一般高校生を「車接近・車志向性の高低」に従い3群に分類し，暴走族少年を車志向性が最も高い群として，4群の特性を比較し，車志向性と友人関係志向性には強い関連があることを明らかにした．

佐藤 (1984) は，京都の暴走族に対するフィールドワークや質問票調査，暴走族を扱った広範な文献を材料とし，暴走行為や暴走族文化，メディア・研究者らや暴走族自身が描き出す，暴走族というドラマを文化人類学的視点で分析した．既存の研究やマスコミ報道を，根拠の薄い心理主義的原因論であると批判し，先行研究と異なるさまざまな切り口で暴走族少年の体験をとらえ直している．

■ 暴走族の現況

暴走族構成員数は，1982年 (42510人) 以降，おおむね減少傾向が続き，2008年には11516人とピーク時の約3割以下となった．また，少年 (14〜19歳) 人口10万人中の暴走族少年数 (共同危険型のみ) も，1981年の311.1人をピークに，2008年は74.3人と4分の1以下に減少した．絶対数・人口比ともに構成員数は減少傾向にある (→7.4)．

形態の点でも変化が見られる．従来，「暴走族には引退がある」というのが定説であったが，近年は，引退してOBになった後も集団暴走行為に参加したり，暴走族グループへの影響力をもち続けたりするケースがみられるようになり，暴走族グループへの加入・非加入の基準が不明確になってきている．その他にも，成人割合の増加，グループの小規模化，暴力団との関係の深化，旧車會の登場など，現在の暴走族は以前に比べ，さまざまな点で異なっている．

こうした変化の一方，凶悪性・悪質性は堅持され，2008年現在でも，暴走族少年は一般少年より，人口あたりの検挙・補導件数が刑法犯全体で約12倍，粗暴犯で約50倍多い (警察庁，2009)．さらに日本の非行集団の中で，暴走族集団は依然として主要なものである (警察庁生活安全局少年課，2008)．

また，暴走族には地域差があることが知られている．かつては，東日本型は大規模集団，ツーリング型，低年齢，西日本型は小規模集団，サーキット型，高年齢という特徴があった (長山，1989)．現在では，構成員数に西高東低の傾向が見られ，とくに近畿地方の暴走族構成員数が多い．

現在の暴走族対策は，警察による取締りの強化とともに，23道府県152市町村での暴走族根絶 (追放) 条例の制定，中学校・高等学校での暴走族加入阻止教室，警察による暴走族のイメージダウン策，警察・家庭・学校・保護司が連携した離脱支援・再犯の防止などが行われている．

〔小菅　律〕

▶文　献

伊藤正彦 (2009)．暴走族の実態と今後の取組み　月刊交通，**40** (6)，4-19.

警察庁 (2009)．平成21年版警察白書　ぎょうせい

警察庁生活安全局少年課 (2008)．平成19年中における少年の補導及び保護の概況

国際交通安全学会004プロジェクトチーム (1977)．暴走族と高校生に見る車接近の背景要因の研究 (中間報告)　IATSS review，**3** (1)，22-36.

長山泰久 (1989)．暴走族と高校生・中学生　屋久孝夫 (編) 暴走族　同朋舎　pp.171-207.

佐藤郁哉 (1984)．暴走族のエスノグラフィー　新曜社

高橋泰博 (1991)．暴走族・暴走行為の諸相と問題状況について　警察学論集，**44** (11)，1-17.

田村雅幸 (1981)．法改正後の暴走族の動向に関する研究　1．加入者の社会心理的特徴の分析　科学警察研究所報告防犯少年編，**22** (1)，55-66.

7.13 鉄道事故

■ 定　義

　国土交通省では，報告すべき事故として，鉄道事業法第19条において以下のように定めている．

> ・列車の衝突若しくは火災その他の列車若しくは車両の運転中における事故，鉄道による輸送に障害を生じた事態，鉄道に係る電気事故
> ・列車又は車両の運転中における事故が発生するおそれがあると認められる国土交通省令で定める事態（重大インシデントともいう）

　さらに，この詳細が，運輸省令（昭和62年2月20日運輸省令第8号，最終改正平成18年7月14日国土交通省令第78号）鉄道事故報告規則第3条から第4条に定められている．

　たとえば，鉄道運転事故は，列車衝突事故（列車が他の列車又は車両と衝突，又は接触した事故），列車脱線事故（列車が脱線した事故），列車火災事故（列車に火災が生じた事故），踏切障害事故（踏切道において，列車又は車両が道路を通行する人又は車両等と衝突，又は接触した事故），道路障害事故（踏切道以外の道路において，列車又は車両が道路を通行する人又は車両等と衝突，又は接触した事故），鉄道人身障害事故（列車又は車両の運転により人の死傷を生じた事故），鉄道物損事故（列車又は車両の運転により五百万円以上の物損を生じた事故）である．なお，鉄道運転事故以外に，索道運転事故，輸送障害，電気事故が定められている．

　鉄道運転事故は，比較的重大な損失を前提とされるものであるが，これら以外にも「乗客，乗務員などに死亡者を生じたもの」，「5人以上の死傷を生じたもの」，「鉄道係員の取扱い誤り又は車両若しくは鉄道施設の故障」，「損傷，破壊等に原因があるおそれがあると認められるもの」，「3時間以上本線における運転を支障すると認められるもの」，「特に異例と認められるもの」について報告が求められている（鉄道事故報告規則の第5条）．また，死傷者や物損が含まれない軽微な事故は，輸送障害として報告が求められる．輸送障害は，「3時間以上本線における運転を支障すると認められるもの」，「特に異例と認められるもの」と定められている．鉄道事業者は，事故発生後，定められた期間内に定められた様式で地方運輸局長に報告しなければならない．

■ 事故調査

　鉄道事業法第19条で定められた鉄道事故や重大インシデントの原因調査は，運輸安全委員会が行う（運輸安全委員会設置法，昭和48年10月12日法律第103号，最終改正：平成20年5月2日法律第26号）．運輸安全委員会は，従来の航空・鉄道事故調査委員会と海難審判庁の原因究明部門が平成20年10月に再編されてできた国土交通省の外局であり，鉄道事故以外にも，航空事故や船舶事故を扱う．委員会は，1名の委員長と7名の常勤委員，5名の非常勤委員から構成され，この中には，ヒューマンファクター（人や集団が，機器や組織などのシステムにかかわる際に関与する身体的，精神的要因）の専門家も含まれている．

■ ヒューマンエラー

　国土交通省のデータでは，JR，大手民鉄，公営地下鉄の輸送障害原因の約10%が鉄道係員に関連したものであることが示されている（表1）．

　鉄道の重大事故の原因については，発生率が小さいため，一般傾向を議論することは難しい．しかし，原因としてヒューマンエラー（偶然以外の原因で，行為が意図し

表1　鉄道の輸送障害における鉄道係員の関連する比率（%）

年度	割合（%）
2001	10.83
2002	11.82
2003	10.93
2004	13.38
2005	11.28

＊国土交通省のホームページの報道発表資料から，利用可能な平成14～18年の鉄道関係報道発表資料を用いて算出した．

たものとは違う結果になってしまったもの全般．失敗，うっかりミスや見間違い，判断間違い，し忘れなど．）が指摘されるものも少なからずある．最近の例では，以下のようなことが指摘されている．

・2002年2月22日に発生した九州旅客鉄道株式会社・鹿児島線海老津駅～教育大前駅間列車衝突事故の原因として，異常時の正規の取り扱いで，停止現示の閉そく信号機内に進入した列車の運転士が勘違いにより加速したこと（航空・鉄道事故調査委員会，2003）
・2005年3月2日に発生した土佐くろしお鉄道・宿毛線宿毛駅構内列車脱線事故の原因として，場内信号機注意信号現示に対して運転士が減速しなかったこと（航空・鉄道事故調査委員会，2007b）
・2005年4月25日に発生した福知山線塚口駅～尼崎駅間列車脱線事故の原因として，運転士の注意が無線交信にそれたことや直前事故の言い訳を考えていたことによりブレーキ使用が遅れたこと（航空・鉄道事故調査委員会，2007a）

また，最近では，ヒューマンエラーの背後要因として，関係者個人の要因だけではなく，組織的な要因を指摘されることが多い．たとえば，上記の福知山線事故では，運転士の直前事故に関する虚偽報告の背後要因として西日本旅客鉄道株式会社の厳しい日勤教育や懲戒処分などの運転士管理方法が関与した可能性が指摘されている（航空・鉄道事故調査委員会，2007a）．組織要因が指摘されるようになった背景には，ヒューマンエラーが人の本質的な問題で，事故防止にはヒューマンエラーの誘発要因としての手順，機器，環境，人間関係が重要だとする考え方がある（Hawkins, 1987）．

■業務上過失傷害

国内では事故を引き起こした直接の関係者に対する免責制度はない．したがって，鉄道事故がヒューマンエラーに起因する場合，直接引き起こした関係者が業務上の過失を認定され，刑事罰を受ける可能性がある．最近では，さらに事故責任を，直接ヒューマンエラーを起こした関係者だけではなくヒューマンエラーの誘発要因を管理すべき会社や管理者に求めるようになってきている．たとえば，福知山線事故では，事故当時の安全担当役員が業務上過失致死傷罪で在宅起訴されている．〔重森雅嘉〕

▶文　献

Hawkins, F.H. (1987). *Human factors in flight*. Hants, England：Gower Technical Press.（石川好美（監訳）(1992). ヒューマン・ファクター──航空の分野を中心として　成山堂書店）

航空・鉄道事故調査委員会（2003）. 鉄道事故調査報告書：九州旅客鉄道株式会社鹿児島線海老津駅～教育大前駅間列車衝突事故　航空・鉄道事故調査委員会．

航空・鉄道事故調査委員会（2007a）. 鉄道事故調査報告書：西日本旅客鉄道株式会社福知山線塚口駅～尼崎駅間列車脱線事故　航空・鉄道事故調査委員会．

航空・鉄道事故調査委員会（2007b）. 鉄道事故調査報告書：土佐くろしお鉄道株式会社宿毛線宿毛駅構内列車脱線事故　航空・鉄道事故調査委員会．

国土交通省　鉄道事故等の発生状況について（平成13～17年度）(http://www.mlit.go.jp/report/press/tetsudo_news.html)

Reason, J. (1990). *Human error*. Cambridge UK：Cambridge University Press.

7.14 航　空　事　故

■ 定義と法規

　航空事故（air accident）の法的な定義は，航空法（昭和27年法律第231号）第76条第1項にあげられている．

- 一　航空機の墜落，衝突又は火災
- 二　航空機による人の死傷又は物件の損壊
- 三　航空機内にある者の死亡（国土交通省令で定めるものを除く．）又は行方不明
- 四　他の航空機との接触
- 五　その他国土交通省令で定める航空機に関する事故

　五号の国土交通省令とは，航空法施行規則第165条の三であり，ここには，「航行中の航空機が損傷（発動機，発動機覆い，発動機補機，プロペラ，翼端，アンテナ，タイヤ，ブレーキ又はフェアリングのみの損傷を除く）を受けた事態」とある．

　航空法は，すべての航空機とその運用を対象とした法であるが，自衛隊機の事故については，自衛隊法により，上記の定義が除外されており，航空機事故の定義は「航空事故調査及び報告等に関する訓令」2号において定義がなされている．その定義も基本的には航空法と同様なものであるが，戦闘行為による墜落などについて除外されている点が異なる．

■ 航空機事故の原因とその分類

　航空事故の原因には，気象に起因するもの，機体の構造に起因するもの，機体整備のミスによるもの，航空管制のミスによるもの，操縦ミスによるものなどがある．以前は操縦ミスとされるものが最も多かったが，近年，操縦ミスによる事故は大きく減少している．その理由としては，操縦ミスが以前より減ったというよりは，以前は原因不明の事故はすべて操縦ミスとして処理されていたが，近年は事故調査システムが整備されてきたため，実際の事故原因が判明するようになったからだと思われる．

　心理学的な観点から見て，重要なのは事故にヒューマンファクターがかかわっている形態の事故である．具体例としては以下のようなものがある．

空間識失調による軍用機の墜落事故
1987年3月13日，対戦闘機訓練中のF-15J型機が「バーディゴに入った」と僚機に連絡を取った直後に海上に墜落した．バーディゴ（vertigo）とは空間識失調のことで，機体の向きや方向が認知できなくなる状況のことである．つまり「上がどちらで，下がどちらかがわからなくなる」状態で大変危険である．当時の気象状況は視界も悪く，雲も多く，水平線がはっきりしない状況であり，バーディゴが生じやすい状態であった．この種の事故は，錯視などの人間の知覚の基礎的な過程に関連しているものである．

管制官の指示における「言い間違い」に起因する異常接近事例　　2001年1月31日15時55分，東京発那覇行きの日本航空907便B747-400Dと，釜山発成田行きの日本航空958便DC-10-40が，駿河湾上空18500フィートの上空で異常接近し回避動作によって9名が重傷を負う事故が発生した．この空域は東京航空交通管制部の関東南Cセクターに属しており，当時は訓練管制官と監督管制官の2名で管制を行っていた．15時54分，管制卓のレーダー上でこれらの2機についてのCNF（異常接近警報）が作動した．この状況で，管制官は958便を降下させて衝突を回避しようとしたが，「日本航空958便」というべきところを誤って「日本航空907便」といって，

降下を指示してしまった．このミスに監督管制官も気づかず結果として2機は異常接近してしまった．

この事故は単純な言い間違いの事故であるように思われるが，その背景には，予期しない事態の発生によるストレス下での行動の問題，思い込みを訂正できないという認知過程の問題，集団（2名）での意思決定の問題（→9.7）などの問題を含んでいる．

ヒューマン＝コンピューターインターフェースに起因する事故 1994年6月4日午後8時16分ころ，台北中正発名古屋（小牧）行きの中華航空エアバスA-300B4がILS（計器着陸装置）でグライドスロープにのって降下進入中，副操縦士が誤って自動操縦装置を着陸復行モードに入れてしまった．エアバスA-300B4はいわゆるハイテク機であり，操縦の多くを自動化している．そのため，この時点で機体は（着陸復行のため）エンジン出力を上げて，水平飛行に移ろうとした．これに対して操縦士は，当初は着陸復行モードに入っていることに気づかず，操縦桿を押して強引に機体を下降させようとした．着陸復行モードに入っていることに気づいた後，操縦士はそれを解除しようとしたが，解除方法が十分に理解，訓練されていなかった（着陸復行モードがうっかり解除されてしまうことを防ぐために，解除手順が複雑であった）ため，解除に失敗し，手動操作と自動操縦の指示が拮抗して結果として失速，墜落した．

近年，航空機は自動化が進展している．計器とのインターフェースに起因する事故については，以前は計器の見にくさなどに起因する事故が多かったが，最近ではこの事故のように高度な自動操縦装置の操作の失敗など，より高度な認知メカニズムとのインターフェースの問題から事故が発生することが多くなっており，これを新たなタイプの事故であると指摘する論者も多い．

■ **アメリカ・日本における航空事故調査と刑事訴追**

アメリカは航空事故の調査に関して最も進んだシステムをもっているといわれている．アメリカの航空機事故はNTSB（National Transportation Safety Board）が中心となって行われる．NTSBは，アメリカ国内の運輸事故を調査し，再発防止のためにさまざまな勧告を出すことができる連邦機関である．事故調査においては，NTSBの権限は非常に大きく，FBIや連邦航空局などに対して優先権をもっている．また，調査組織に関してもヒューマンファクターの専門家を含む多くの専門スタッフを有している．アメリカでは，基本的に故意または重大な過失があるような事故でない限りは刑事訴追されることはない．その代わりに懲罰的損害賠償などの民事罰が，刑事罰の代わりの役割を果たしている．

日本の航空事故の調査は，1971年に全日空機と自衛隊機が衝突墜落した雫石事故をきっかけに航空事故調査委員会が運輸省（現国土交通省）に設立され，その後，2001年に航空事故・鉄道事故調査委員会への改組をへて，2008年から運輸安全委員会とされ，権限などが強化された．目的は事故の再発防止，安全性の向上，そのための勧告などであり，この点ではNTSBと同様であるが，組織規模ははるかに小さい．事故の刑事責任に関しては警察，検察が運輸委員会とは独立に捜査を行い，刑事訴追を行う． 〔越智啓太〕

▶**文　献**

土本武司（1994）．航空事故と刑事責任　判例時報社

Owen, D.（2006）．*Air accident investigation.* 3rd ed. Haynes Pubns.

7.15 レイプ

■刑法上のレイプ

現在，わが国の刑法で規定されているレイプ（rape）は「強姦罪」「準強姦罪」が基本タイプである．「準」は，薬物を用いて被害者を昏睡させるなど，心身喪失や抗拒不能な状態で強姦に及ぶ犯行タイプである．

その他のレイプは，2人以上の者が共同して被害者を強姦する「集団強姦罪・準集団強姦罪」，強姦時に被害者を怪我させたり，死亡させたりする「強姦致死傷罪・準強姦致死傷罪」，2人以上での強姦時に被害者を怪我させたり，死亡させたりする「集団強姦致死傷罪・準集団強姦致死傷罪」である．また，強盗の際に被害者を強姦する「強盗強姦罪」，強盗の際に被害者を強姦し，死亡させた「強盗強姦致死罪」がある．

上記レイプの被害者は「女子」であり，被害者が13歳以上の場合，犯人が強姦に際し，「暴行または脅迫」を用いることも必要となる（「準」以外）．犯人が単独犯の場合のみ，被害者による告訴が必要な「親告罪」が適用される．また，上記レイプには当然ながら「未遂」も含まれる．刑罰は，犯行タイプによって3年以上の有期懲役から死刑までと幅広い．また，刑法上のレイプは「男性器の女性器に対する一部挿入」が条件であるため，被害者には男性は含まれず，肛門姦，性具を女性器に入れるなどの行為には，強姦罪は適用されない．

■わが国におけるレイプ事件

わが国の平成15～19（2003～2007）年までの5年間の警察統計によれば，レイプ（強盗強姦および強姦）の認知事件は毎年平均2300件くらいであり，うち7割弱が検挙されている．

レイプ事件の一般的な犯行特徴は，75％が20時から翌6時までの間に発生，複数県で犯行に及ぶ犯人は強盗強姦で1割，強姦はかなり少ない．

被害者宅への侵入が伴う犯行は，強盗強姦で5割強，強姦で3割強となる．凶器などの犯行用具の携行は，強盗強姦で5割をこえ，強姦では2割に満たない．被害者の9割強は，13～39歳である（→7.19）．

レイプ犯の特徴としては，9割が単独犯であり，10代から40代までで9割強を占める．レイプ犯の精神疾患や物質乱用は2％程度と皆無に近い．犯人との面識は，強盗強姦では1割に満たなく，強姦ではそれが4割となり，うち半数は友人知人であるため，この中にはデートレイプの占める割合が高いといえる．

強盗強姦犯で9％以上を占める職業は，無職，労務者，技能工，サービス業の順であり（計7割強），同様に強姦犯では，無職，労務者，技能工，学生（計6割）である．前科は，強盗強姦犯の47％，強姦犯の36％に認められるが，レイプ犯の中で，同一罪種前科を有する者は1割程度である．

強盗強姦犯の6割強，強姦犯の5割近くは移動手段が自動車である．

■海外のレイプ類型

レイプ犯の行動は多様であるため，法執行・矯正・医療など，レイプ問題に関係するさまざまな公的機関や研究機関が，レイプ犯の行動パターンなどに基づいて分類を行い，それぞれの専門領域での業務をより円滑にするために活用している．ここでは，マサチューセッツ治療センター（MTC）の類型について紹介する．

マサチューセッツ治療センターでは，レイプに関係する性的特徴と攻撃的行動を考

慮し，①攻撃性置換型，②補償型，③性的攻撃型，④衝動型の4類型を明らかにした．

> **攻撃性置換型**　被害者に対し暴力的かつ攻撃的であり，性的感情はほとんどなく，被害者を負傷させ，自尊心を傷つけ，品位を落とすためにレイプすることから，「怒り報復型」ともいう．女性との関係は頻繁な苛立ちと周期的な暴力という特徴がある．犯行を抑えきれない衝動として帰属する．
> **補償型**　自分の性的能力を証明したいという動機であるため，パワー確認型ともいう．日常生活では消極的で，内気で社会的な適性がない．ひたすら従順な被害者を中心としたファンタジーの世界をもつ．犯行前に頻繁に見かけたか，ストーキングによって被害者を内偵する．被害者が強く抵抗すれば，逃げ出し，服従した場合には暴力を行使しない．
> **性的攻撃型**　暴力と苦痛から強い性的満足感を得るタイプであり，サディスト型ともいう．女性は男性に犯され支配されることを喜んでおり，そうした面が女性にあると思い込んでいる．行動統制およびフラストレーション耐性が弱い．
> **衝動型**　機会が訪れたときに自然発生的にレイプを行うため，「搾取型」ともいう．たとえば，強盗や窃盗の際に被害者が偶然居合わせたために，レイプに至ったケースである．この場合，暴力は最小限で，性的色彩も薄い．犯人はレイプ以外の犯罪経歴が多い．

MTCの新しい分類（MTC：R3）では，基本的な4類型は上記と同様であるが，レイプ犯の社会的能力の高低，性的動機の性質やファンタジーの表出程度によって，レイプ犯を4つの類型と9つの下位類型に分類している．また，MTCの分類は，グロス（Groth, A.N.）の怒り型，パワー型，サディスト型の類型と類似しており，グロスの類型は，レイプ犯の査定および治療という目的だけではなく，FBI方式のプロファイリング（パワー確認型，パワー主張型，怒り報復型，怒り興奮型の4類型）（→ 8.1) といった犯罪捜査の分野でも利用されている．

■ わが国のレイプ類型

わが国では横田ら（2004）が，プロファイリングを目的に，多次元尺度法を用いて屋内強姦犯4079名の行動から，性愛性・親密性・支配性の3つの犯行テーマを見出した．

> **性愛性**　被害者を性的に侮辱，貶める行動があり，支配性と異なり性的な意味合いにおける攻撃性が強く，性的欲求を満たすための媒体として被害者を扱うタイプである．
> **親密性**　被害者と人間関係を築こうとし，被害者に質問し，親和欲求を表出するタイプである．
> **支配性**　犯行を準備し，被害者を身体的，物理的に支配するために，脅迫や暴力をふるうタイプである．

これらの犯行テーマは犯人の犯罪歴とある程度の関連性があり，支配性は強盗，窃盗の犯罪歴，性愛性は性犯罪の犯罪歴と関係があることが認められている．

また，犯罪捜査の分野では，同一犯人による連続事件の識別（事件リンク分析）（→ 8.6）や暴力のエスカレートの判断において，これらのレイプ犯の類型を活用している．

〔岩見広一〕

▶文　献

Bartol, C.R., & Bartol, A.M. (2005). *Criminal Behavior : A psychological approach*. Prentice Hall. (羽生和紀（監訳）(2006)．犯罪心理学——行動科学のアプローチ　北大路書房）
警察庁 (2003-2008)．平成15-19年の犯罪
越智啓太（編）(2005)．朝倉心理学講座18　犯罪心理学　朝倉書店
横田賀英子・岩見広一・渡邉和美・藤田悟郎 (2004)．屋内強姦犯の犯行スタイルの識別性に関する分析——多次元尺度法を用いた検討　日本行動計量学会第32回大会発表論文抄録集, 142-143.

7.16 強制わいせつ

■ 刑法上の強制わいせつ

わが国における刑法上の強制わいせつ（indecent assault）は，「強制わいせつ罪」「準強制わいせつ罪」が基本タイプである．「準」は，心身喪失もしくは抗拒不能な状態でわいせつ行為に及ぶ犯行タイプを意味する．

被害者の性別および年齢を問わず，暴行又は脅迫を用いたわいせつ行為が処罰の対象となる．また，「強制わいせつ致死傷罪」は，強制わいせつ行為に及ぶ際，被害者を殺害あるいは負傷させた場合に適用される．

刑罰は，犯行タイプによって6ヵ月以上の有期懲役刑から無期刑までと幅広い．

■ わが国における強制わいせつ事件

平成15～19（2003～2007）年までの5年間の警察統計によれば，強制わいせつ事件は平均で毎年9000件弱発生し，うち4割強が検挙されている．

強制わいせつの一般的な犯行特徴は，16時から翌2時までの間に6割強が発生し，8割強の犯行は被害者宅以外の場所であり，99%の犯人は一府県で犯行に及ぶ．凶器などの犯行用具の携行は6%程度で，レイプ事件に比べれば，非常に低い．

被害者の9割近くは6～29歳までである．男性被害者は全体の3%にすぎないが，その多くが0～12歳の男児であり，この年代の1割に相当する．被害者の8割は犯人と面識がなく，面識がある場合は，友人知人，職場関係，その他の関係である．

強制わいせつ犯の特徴は，99%が単独犯，9割強が10～50代である．8%をこえる職業は，無職，学生，労務者，技能工，サービス業の順である．精神疾患や物質乱用は2%程度である．3割に前科があるが，強制わいせつ犯全体では同一罪種の前科は1割しか認められない．移動手段の6割近くが徒歩，自動車は3割程度で，うち自己所有車両率は7割近い．

■ 強制わいせつ事件の分析

わが国では，長澤がプロファイリングを目的として，年少者以外の女性を対象とした強制わいせつ90例を分析し，多変量解析を用いて犯行形態を類型化したうえ，類型別に犯人属性を記述している．

犯行形態は，犯行場面の支配レベル（支配，被支配）と被害者の年齢層（成人，未成年）によって4つに分類されている．

> **支配・成人** 19時から翌6時の間に裏通りにおいて，成人女性に話しかけ，脅迫や暴行を用い，性器を触り，自動車を使用するなどの犯行形態である．主要な犯人属性は性犯罪，窃盗犯歴がある20～30代の独居，有職者などである．
>
> **支配・未成年** 犯行形態は，7～18時の間に農漁村などの裏通りにおいて，女子中高生に話しかけて接近，偽計を用い，性器を触り，自動車を使用するなどである．主要な犯人属性は，犯行地から10km以上離れて居住し，性犯罪歴がある40代の有職者などである．
>
> **被支配・成人** 19時から翌6時の間に住宅街の裏通りにおいて，成人女性に無言で接近，暴行せずに抱きつき，徒歩か自転車，バイク使用などの犯行形態である．おもな犯人属性には，10～20代で，犯行地から3km未満に居住などの特徴がある．
>
> **被支配・未成年** 犯行形態は，7時から18時の間に表通りにおいて，女子中高生に無言で接近，暴行せずに抱きつき，徒歩か自転車，バイクを使用するなどである．おもな犯人属性は，独身で親と同居している10～20代などである．

また，移動手段別の居住地までの距離は，自動車犯の約6割近くが10 km以上，自転車犯の6割以上および徒歩犯の5割は3 km未満であった．

さらに，年代別の居住地までの距離は，10代の6割が3 km未満，それ以降40代までは徐々に居住地までの距離が長くなり，50代以上で再び3 km未満が多くなる．

■ パラフィリアと強制わいせつ

パラフィリア（paraphilia，性嗜好障害）には，被害者にほとんど接近しないタイプがある．すなわち，フェティシズム，服装倒錯，露出症，窃視症などは，強制わいせつよりも，公然わいせつや軽犯罪，迷惑防止条例などとの結びのほうが強い．

しかし，強制的な被害者との接触が避けられないサド・マゾヒズム，小児性愛，窃触症，死体愛などは強制わいせつ，レイプ，殺人などの犯罪において生じる可能性がある．とくに，年少者に対する強姦，強制わいせつは，小児性愛に該当することがある（→ 7.18）．

■ スペクトラムとしての性犯罪

強姦や強制わいせつは，対人犯罪であり，当初は女性への追随であった行動がエスカレートして強制わいせつ，さらに強姦（→ 7.15）へと発展していくことが多い．

また，パラフィリアを含めて，より広い「性犯罪」という枠組みでとらえた場合，窃盗や強盗などの生活目的が主の財産犯に比べると，逸脱した性嗜好という趣味が絡んだ犯罪形態は非常に幅広く多様である．さらに，犯人に強姦の動機があっても，被害者の抵抗が激しい，あるいは襲撃途中に通行人が通りかかったなどの理由により，犯人が犯行を途中で断念する場合がある．この場合，強姦罪ではなく，強制わいせつ罪が適用されることになる．

つまり，心理学に限らず，法学では，強制わいせつや強姦といった罪名レベルの研究は当然必要であるが，とくに，心理学では罪名レベルだけではなく，被害対象との相互作用，犯罪場面の状況要因，性的行為や犯罪行為のエスカレートなどの視点が非常に重要であり，性的逸脱から性暴力までを含む性犯罪という幅広いスペクトラムで捉えた方が性犯罪者の一連の犯行行動や心理を理解しやすい．

■ 性犯罪のおもな心理

ビーチとウォード（Beech, & Ward, 2004）は，性犯罪者の心理メカニズムに関して提案されてきた数々の理論を比較検討した．その結果，性犯罪者に共通する4つの特徴として，「異性関係のスキルの欠如」「歪んだ性的嗜好と性的空想」「性的強制を正当化する認知的歪み（いわゆる，レイプ神話など）」「情動統制の不良」をあげている．

情動統制の不良は性犯罪者に限らず，犯罪者全般に共通するが，その他の3特徴は性犯罪に特有なものと考えられている．

また，レイプ神話は，「女性は男性からの強引な性的アプローチを期待している」など，女性の性に関する誤った信念である．

大渕（2006）は，性犯罪者が一般犯罪者や大学生に比べて，女性にレイプ願望があることを強く信じていたことを明らかにしている．

〔岩見広一〕

▶ 文　献

Beech, A.R., & Ward, T. (2004). The integration of etiology and risk in sexual offenders : A theoretical framework. *Aggression and Violent Behavior*, **10**, 31-63.

警察庁（2003-2008）．平成15-19年の犯罪松下正明（2006）．司法精神医学3巻　犯罪と犯罪者の精神医学　中山書店

大渕憲一（2006）．犯罪心理学　培風館

田村雅幸（監修）（2000）．プロファイリングとは何か　立花書房

7.17 痴漢

そのことばのもつ意味は，愚かな男，ばかもの，女にみだらなふるまいをする男のことであり，英語では "a sexual molester" である．この意味からすると，強制わいせつ罪（→7.16），わいせつ物陳列罪，および各地方公共団体の迷惑防止条例など幅広く処罰対象となるわいせつな行為に該当することになる．DSM-IV-TR2 においては，「性嗜好異常（パラフィリア）」として「窃触症（frotteurism）」と分類され，見知らぬ人物の股間や乳房などの身体に触れることに強い性嗜好を有する，または見知らぬ人物に性器をこすりつけることに強い性嗜好を有することとして定義づけられる．

■痴漢の特徴

若年女性の痴漢被害の実態を調査した結果（鈴木，2000），痴漢のほぼ8割が「電車，バス等の中」で行われており，「夜道」「日中の路上」「駅の構内」，そして「公共の建物の中」とつづく．日本では「痴漢」という行為は，電車やバスなどの乗り物内でのわいせつ行為ととらえられ，その件数の多さから大きな社会問題となっている．1990年代，痴漢問題が社会的に取り上げられ，痴漢撲滅運動が広がるようになるが，すでに大正時代の新聞に「電車内におけるわいせつ行為」に関する記事が確認できる．また近年では，痴漢冤罪という新たな問題も浮上している．

痴漢は車内が混雑しているということが誘因の一つであるととらえられる．そしてこれがわが国の性犯罪の中で特徴的なものであるといえる．社会事情によりわが国の交通機関の混雑が激しく，加害者の多くが満員電車に乗る通学通勤者にあたる年齢であること（鈴木，2000），通学通勤者を狙う犯罪であることの指摘から理解できる．

その手口は，胸や尻，性器などを衣服や下着の上から，あるいは直接触れるなどさまざまであり，手の平ではなく手の甲や自身の体の一部（肘や膝や太腿）などによる窃触行為もみられる．また，行為中に射精することで満足する，思い出してマスターベーションすることで満足を得る，自身の精液を相手に付着させることに満足を求めるなどさまざまである（あらかじめ精液を容器などに準備する者もいる）．そして，見知らぬ相手を対象とする場合だけではなく，同じ相手に対して継続的にくり返し痴漢行為をするケースもある．そして，被害は女性に限らない．

■くり返される犯罪と認知の問題

痴漢行為をくり返す者には，「電車（車両）を変えないのは，喜んでいるからだ」，「このくらいならば，嫌がらないだろう」，「強姦しているわけではない」，「スカートが短いのだから，触られても仕方ない」などと述べ，犯罪性を過小評価し，被害者が強い抵抗を示さないととらえ，そこに同意があったと解釈する者が多い．

多くは，痴漢行為が犯罪行為であることは認識しているが，尻，胸や性器などを触ることのみが犯罪行為であり，自身の行為は痴漢には該当しないととらえ，必ずしも犯罪とは認識していない者もいる．痴漢に対する肯定的認識と理解不足となることが考えられる．混雑した電車やバスは，混雑に紛れて行為に及びやすい，触っているのが誰だか特定されにくい，被害者の抵抗が困難，自身が逃げやすいという"事件の容易さ"を認知としてもっている者も多い．混雑していない電車内やバス，長距離バス

や深夜バス内における痴漢行為については，睡眠中であることを「気づかれない」「すきがある」として狙い，窃盗（財布など）を同時に行う者もいる．また犯罪行為と知っているがゆえに，スリル感を感じ性的興奮が高まるという者は，「ここでしか得られないスリル」が累行と関連すると考えられる．実際の場面では，迷惑防止条例違反や，その行為によって強制わいせつ罪となるが，執行猶予，罰金および科料などに処せられることが多く，罪の軽視により，行為が継続することも考えられる．また，前述のように，通学通勤時間のため被害届出数が少ないことも「捕まらない」という認知に拍車をかける．

■ **性的空想と痴漢**

ポルノが性犯罪と関連するのかという研究（→ 6.8）が報告され，議論が行われているが，痴漢についてもインターネット上に多くの関連サイトが立ちあげられ，情報が氾濫しているということは事実である．このようなページ上のやりとりが，性的空想の増大や，具体性や計画性が増すことにつながるということはいえよう．自己の空想や経験を書き込む者もいるが，掲示板や関連サイトで知り合った女性と「同意のうえ」でわいせつ行為に至ったと述べる者もおり，肯定的認識を後押しする要因となる．

このような痴漢を肯定する認知のいくつかは，ビデオやDVD，雑誌記事，そしてインターネット上のやりとなどさまざまな情報により強化され，学習されると考えられるが，通常，性的空想と実際の行動との間には大きな開きがある．しかし，日常生活において，このような媒体との接触の頻度が増し，時間が長くなることにより，その開きを埋め，行為の実施しやすさにつながっていくと考えられる．

■ **トリートメントの実際**

パラフィリアの視点から見るならば，病因論の一つとして，求愛の障害（courtship disorder）概念が取り上げられるように（針間，2003），母子密着願望や退行願望などアタッチメントの問題を指摘する報告もある．欧米や欧州では，男性ホルモン（テストステロン）の血中レベルを低下させる，などの薬物療法により一定の効果をあげているという報告もあるが（→ 6.1），日本ではこのような薬物療法は検討課題とされている．パラフィリアに伴うことの多いとされる衝動性，強迫性の改善を目的とした抗うつ剤の導入を含めて薬物療法の必要性を模索している状況である．現在は，いくつかの要因からなる問題行動であるとし，再犯を防止するためのアプローチをすることが性犯罪者トリートメント全般の主流となっている．性犯罪を肯定するような認知を修正するアプローチや，問題解決スキルを獲得し，被害者への共感を促し，犯罪行為をすることなく生活できることを目標とし，その方法を自己責任として学習していく．わが国では，2006年度より刑務所および保護観察所においてプログラムが開始されており，痴漢もその対象である．電車など公共交通機関をまったく利用しない選択肢を取り難い現代社会において，どのような戦略を採用すれば，痴漢行為をせず生活をしていけるのかという具体的計画を立て，実践するよう促すのかということは，わが国独自のトリートメントの発展および社会内トリートメントの充実において大きな課題であると思われる． 〔東本愛香〕

▶ **文　献**

針間克己（2003）．日本臨床領域別症候群シリーズNo.39　精神医学症候群　294-296．

鈴木眞悟（2000）．若年女性における痴漢被害の実態　科学警察研究所報告防犯少年編　**40**(2)，42-50．

7.18 児童虐待

　児童虐待は child abuse の訳語とされている．"abuse" は "ab" + "use" で，普通でない，適正でない利用，すなわち「悪用」「乱用」などをさす用語である．drug abuse や alcohol abuse など，特定物質の「乱用」を表す際に用いられることから，本来は「子どもの乱用／悪用」などと訳されるべきである．しかし，それでは意味が通りにくいため，「むごい」「残酷な扱い」を表す用語である「虐待」をあてたものだとされる．西澤（2010）は，abuse を意味する「乱用的なかかわり」につき，子どもの存在あるいは子どもとの関係を，親が自分のために「利用（悪用）」することだと説明する．

　また宮田（2010）は，abuse をくり返すことで，少しずつ自分の意志ではコントロールできない「addiction」（嗜癖／中毒）へと至るものと指摘する．これは児童虐待が，麻薬やアルコールなどと同様の特性である，「即効性」と「強力性」をもつこと，すなわち，虐待という手段によって，非常に短時間で自分が希望する方向へと子どもを「修正する」ことができるということに求められるという．そして，最初は子どもの行動を修正するために行っていた行為が，そのうち大人自身の気持ち（怒り，不安感，苛立ち）を鎮めるための「手段」に変質する．そのため，ついつい必要がない場合でも用いてしまいたくなり，さらなる効果を求めて，量・質ともにエスカレートしてしまうとされる．

■ 被殴打児症候群とアメリカの虐待

　コロラド大学の小児科医ケンプ（Kempe, 1962）は，"The Battered Child Syndrome" という画期的な論文において，「被殴打児症候群」と訳されるこの概念を「骨折，硬膜下血腫，生育不全，軟部組織の腫脹，皮膚の打撲傷の証拠を提示する子ども，突然死亡し，あるいは外傷の程度や性状がその外傷の生起に関して与えられた履歴と食い違う，あらゆる児童に考慮すべき症候群」だとした．また，あわせて加害親の特徴にも言及し，「…たいてい児童の外傷について知るところの一切を完全に否認し，両親のいずれにも完全に無実であるという態度の維持が見られる．このような態度は，身体的な攻撃の証拠が明白で，その外傷が他のいかなる機序によっても起こり得ないという事実にもかかわらず，維持される」と，治療に非協力的で，かたくなに責任逃れをする傾向を指摘した．

　さらにケンプが「同症候群は臨床医の知識経験の不足によってかなり見過ごされ，誤診されてきた可能性が高い」と指摘したことに呼応するように，以降，各地の医療機関からの虐待の報告が相次いだ．そして，1974 年に至り，「児童虐待予防・治療法」が連邦法として制定，全国に National Center on Child Abuse and Neglect が設置され，虐待を発見した者の通報が，広く義務づけられるに至っている．

■ わが国における児童虐待と法

　わが国で最初の「児童虐待防止法」は，1933 年に制定された．当時，経済恐慌や凶作のなかで，幼い子どもが親から酷使・搾取されていたことが，立法の背景としてあった．同法は，親や保護者が，14 歳未満の子どもに対して虐待や放任を行うことを禁止するものではあったが，保護者からのいかなる行為が虐待にあたるのかは明確ではなく，同法は実効性をもたないまま，昭和 22（1947）年の児童福祉法の成立に伴って廃止された．なお，同法が旧虐待防

表1 児童虐待防止法（新）による虐待の定義

身体的虐待	児童の身体に外傷が生じ，又は生じるおそれのある暴行を加えること．
性的虐待	児童にわいせつな行為をすることやさせること．
ネグレクト	児童の心身の正常な発達を妨げるような著しい減食又は長時間の放置，その他保護者としての監護を著しく怠ること．
心理的虐待	児童に対する著しい暴言又は著しく拒絶的な対応，同居家族に対する暴力．その他児童に著しい心理的外傷を与える言動．

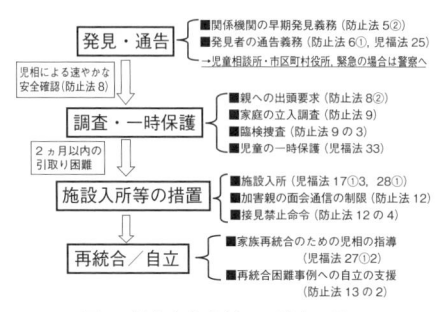

図1 児童虐待事例への対応の流れ

発見・通告
- 関係機関の早期発見義務（防止法5②）
- 発見者の通告義務（防止法6①，児福法25）
- →児童相談所・市区町村役所，緊急の場合は警察へ

児相による速やかな安全確認（防止法8）

調査・一時保護
- 親への出頭要求（防止法8②）
- 家庭の立入調査（防止法9）
- 臨検捜査（防止法9の3）
- 児童の一時保護（児福法33）

2ヵ月以内の引取り困難

施設入所等の措置
- 施設入所（児福法17①3，28①）
- 加害親の面会通信の制限（防止法12）
- 接見禁止命令（防止法12の4）

再統合／自立
- 家族再統合のための児相の指導（児福法27①2）
- 再統合困難事例への自立の支援（防止法13の2）

止法から引き継いだ児童虐待の内容としては，こじきや見世物，物品販売などの業務における児童の使用や営利目的での斡旋行為，淫行などであり，いわゆる身体的虐待やネグレクト，心理的虐待などについては，やはり具体的には規定されていない．

その後，痛ましい児童虐待死事件や，児童相談所への虐待相談件数の増加などが報道されるようになり，児童虐待への社会的な関心が急速に高まりをみせ，2000年5月に，「児童虐待の防止等に関する法律」（児童虐待防止法）が制定された．同法では，新たに児童虐待の分類と定義づけがなされ，その禁止が明言された（表1）．

同法の制定により，児童に接する機会の多い職種の人々（教職員や医師・弁護士など）の早期発見の努力規定，虐待発見者の通告義務，強制調査や警察介入，保護者の接触制限，虐待への対応に関する国や地方公共団体の責務，児童相談所の権限などが明らかにされた．

同法でとくに画期的だったのは，14条2項で「児童虐待に係る暴行罪，傷害罪その他の犯罪について，当該児童の親権を行う者であることを理由として，その責めを免れることはない」と規定し，親の懲戒権が無制限のものではなく，刑罰法規に抵触するものであれば，犯罪として当然に処罰の対象となることを明言した点である．この規定により，従来の「法は家庭に入らず」，「警察の民事不介入」という謙抑的な姿勢は修正を余儀なくされ，「しつけ」の名目で行われる家庭内での暴力の摘発・公的介入が奨励・促進されるようになった．

同法は，2004年，2007年の二度の改正により，虐待の範囲が「疑い児童」や「同居人による虐待」「子どもの目の前での配偶者暴力（DV）」にまで拡大され，さらに児童の安全確認や調査権，保護者に対する措置など，介入・保護のための行政機関の権限がいっそう強化された．

発見・通告から家族の再統合・児童の自立までの大まかな手続的流れと根拠条文は，図1に示すとおりである．

■ **しつけ，体罰と虐待**

ところで「しつけ」とは，子どもが成長に応じて身につけるべき習慣や礼儀作法などを，親やそれに代わる大人が適切に身につけさせることである．他方で虐待とは，本質的には「親が子どもの心身の成長を顧みることなく，否応なしに自分の感情に巻きこむこと」だといえる．これはとりもなおさず，「しつけ」とは，子どものために

なるよう，すなわち，子どものニーズのために自分の行動をコントロールしながら行なう「理性的／利他的な行為」であり，対する「虐待」とは，子どものニーズよりも自分のニーズを優先した「感情的／利己的な行為」だといえる（南部，2011）．

しつけは，信頼関係を土台として，親子が絶え間ない交渉と調整とをくり返してゆくことで成立する，複雑な営みであって，決して親の一方的な行為ではない．そのため，しつけ，あるいは虐待という概念は，親子関係や育児に関する，さまざまな文化的・時代的・社会経済的な背景によって，きわめて相対的なものでありうる．そして，目の前の他者の養育態度を問題あるものとみなすか否か，さらには公的機関への通告の必要性の有無などの判断においても，その人個人の価値観や立場，知識，経験，文化的習慣，性格，信条などが，大きく影響することになるだろう．

なおアメリカ小児科学会は，「親は，子どもの望ましくない行動に対応するために，叩くこと以外の方法を奨励され，支援されるべきである」と推奨している．しかし他方で，たとえば2005年のアメリカの世論調査では，72％の成人が懲罰として「子どもを叩いてもよい」と答えている（Survey USA. *Disciplining a child*）．

2010年に，アメリカの母親2461人を対象とした興味深い調査研究（Taylor et al., 2010）が公表された．その結果は，他の育児リスクを考慮したうえでもなお，母親が3歳の子どものしつけに体罰を用いる頻度が高いほど，その子どもが5歳になったときに，攻撃性などの問題行動を起こす割合が有意に高くなるというものであった．この知見は，幼い子どもが体罰を経験した結果，問題解決の手段として「暴力」を選択することを学ぶという，暴力のサイクルに関する社会的学習のアプローチを支持するものと評価されている．

■ 児童虐待と心の傷

先にもふれたように「親からの感情の押しつけ」による行為や態度が子どもの健全な発達を阻害するときに，それは「児童虐待」だと評価されることになる．しかし，そうした基準は具体性に欠けるために，虐待といえば，外傷を負わされたり性的に搾取されるような，明確な加害行為のみに目が向けられがちである．しかし児童虐待で特に深刻なのは，身体の傷よりもむしろ，親の不適切なかかわりによって子どもにもたらされる，心の傷（トラウマ）（→ 13.3）である．いずれの種類の虐待であれ，子どもの受けたトラウマは，貧弱なアイデンティティや低い自己評価，他者への共感や信頼感の欠如，低いコミュニケーション能力，ストレスをコントロールする能力の不足，孤独感と依存性，抑うつや自傷傾向，精神障害など，生涯にわたるさまざまな問題へと結びついてゆくことが知られている．

■ 親子の愛着

愛着（attachment）とは，子どもの誕生後初期の数年間に，養育者との間で確立される，深く持続的なつながりである．乳児の本能的な愛着は，養育者からの手がかりや信号によって活性化される．ボウルビィ（Bowlby, 1982）は，幼児が対象に愛着性を示す行動（愛着行動）を行い，愛着対象がこれに応えて接近状態を維持することによって，両者に正常な愛着が形成されることを明らかにした．そして，安定した愛着関係は，子どもが確かな価値観や他人の援助に対する信頼感を確立するなど，将来の人間関係を築くための鋳型となり，さらには子どもに自分の環境を探索する自信とエネルギーを与え，効果的に環境を処理

する経験と能力を促進するための「基地」となるといわれる．

しかし，5歳までにこうした愛着が形成されない場合，その子どもは「愛着障害」となり，感情面，行動面，思考面，人間関係，身体面，道徳面や倫理観に遅れや異常が出てくることが指摘されている．また，養育者からの愛情あふれる接触や安心感が与えられない乳幼児には，非常に高いレベルのストレスホルモンが生じ，脳や体の発達成長が損なわれたり（Levy & Orlans, 1998），成長ホルモンの分泌が阻害されることで，深刻な成長障害が生じることもある（Alnanese et al., 1994）．養育者の故意や無知，誤った知識による不適切／不十分な世話によって，子どもが「愛着障害」をきたすのであれば，それは虐待，少なくとも「不適切な育児（child maltreatment）」だといえる．そのため，こうした養育者には，子どもとの正常なかかわりを促進するための，援助的なかかわりが早期に必要とされる．

■ 発達障害と虐待

国際的診断基準による「反応性愛着障害」（DSM-Ⅳ=TR：313.89）は，他者への過度の警戒や無関心を示す「抑制型」と，無分別な社交性や散漫な愛着がみられる「脱抑制型」の，2つの類型に分けられる．杉山（2007）は，豊富な臨床経験から，虐待などによって「反応性愛着障害」となった子どものうち，「抑制型」は自閉症圏の発達障害に非常に似ていて，とくに高機能広汎性発達障害（PDD）との識別はきわめて困難だとし，さらに「脱抑制型」は，非常に落ち着かず，多動であることが多いため，注意欠陥多動性障害（AD/HD）によく似た臨床像を呈するとしている．

他方で，生まれつき軽度発達障害をもつ子どもは，親にとって扱いにくく，愛着関係の発達には困難を伴う（渡辺，2008）．たとえばPDDの子どもは，あやしに反応したり感情が通じないために，乳幼児らしい愛らしさに欠けると感じられ，ネグレクトを誘発しがちであり，AD/HDの子どもは刺激に過敏で衝動的，落ち着きに欠けることから，親を身体的・精神的に消耗させ，暴力行為を誘発しがちである．こうしたことから，発達障害と被虐待児との鑑別は，さらに困難かつ重要な課題となっている．

〔南部さおり〕

▶文　献

Alnanese A. et al. (1994). Reversibility of physiological growth hormone secretion in children with psychosocial dwarfism. *Clinical Endocrinology*, **40** (5), 687-692.

Bowlby, J. (1982). *Attachment and Loss Vol.1：Attachment*. Tavistock/Routledge.（黒田実郎他（訳）(1991)．新版　母子関係の理論Ⅰ　愛着行動　岩崎学術出版社）

Kempe, C.H. et al., (1962). The battered child syndrome. *JAMA*, **181** (1), 17-24.

Levy, T.M., & Orlans, M. (1998). *Attachment, trauma, and healing：understanding and treating attachment disorder in children and families*. CWLA Press.（藤岡孝志・ATH研究会（訳）(2005)．愛着障害と修復的愛着療法　ミネルヴァ書房）

宮田雄吾（2010）．「生存者」と呼ばれる子どもたち　角川書店

南部さおり（2011）．児童虐待――親子という絆，親子という鎖　教育出版

西澤　哲（2010）．子ども虐待　講談社現代新書

杉山登志郎（2007）．子ども虐待という第四の発達障害　学研

Survey USA. Disciplining a child 08/24/05. Available at：www.surveyusa.com/50StateDisciplineChild0805SortedbyTeacher.htm.（Accessed Jan. 31. 2010）

Taylor, A.C. et al. (2010). Mothers' Spanking of 3-Year-Old Children and Subsequent Risk of Children's Aggressive Behavior. *Pediatrics*, **125** (5), e1057-e1065.

渡辺　隆（2008）．子ども虐待と発達障害　東洋館出版社

7.19 子どもに対する性犯罪

子どもに対する性犯罪とは，子どもに対する，強制わいせつ，強姦，強盗強姦，公然わいせつなどの犯罪行為をさす．広い意味では，児童福祉に関する犯罪や青少年育成に関する各種条例違反などの中で性に関する犯罪が含まれることもある．いわゆる痴漢（→7.17）も強制わいせつ罪を構成することが多い．

「犯罪白書」（2006年版）によると，強姦事件の42.2％が19歳以下の少女を対象にして行われており，3.5％の被害者は12歳以下である．また，強制わいせつ事件の89.3％は19歳以下の少女対象のものであり，56.3％の被害者は12歳以下であって，性犯罪の多くが子どもに対するものであるということができる．

性犯罪は，子供から保護者や教育関係者への報告が行われにくいため暗数が多く，実際の犯罪被害件数の把握が難しいという特徴をもっている（→13.10）．子どもに対する性犯罪の実数を把握するための方法としては，被害者調査が最も有効であると考えられている．わが国でもいくつかの被害者調査が行われている．小西（1996）の大学生を対象とした調査では，小学生以下で露出被害にあったことがあるものは，女子のうち10.5％，調査時までで43.6％であった．内山ら（1998）の調査の大学生・高校生を対象とした調査では，女子のうち，調査時点までに露出被害にあったことがあるものは45.3％であった．また，笹川ら（1998）の調査では，中学生以下での身体接触を伴う性的被害の被害率が24.7％となっており，かなり高率である．

■ 被害者・加害者の特性

子どもに対する性犯罪の被害者は，女児が多いが，男児も被害に遭うことがある．男児に対して犯行が行われる場合も含めて，犯人はほとんどすべてが男性である．男児を対象にする犯人は同性愛のケースと，子どもなら性別を問わないというタイプのものがいる．子どもが被害に遭う時間は，午後3～6時に集中しており，下校時間や習い事の行き帰り，または友人と遊んでいるときに被害に遭いやすいと考えられる．犯行場所はマンション（中高層住宅）や公園や道路など，「入りやすく，見えにくい」場所であることが多い．かつ管理状態が悪い地域や場所も犯行が行われやすい．

子どもに対する性犯罪者は，小汚い中年・老年の男性（dirty old man）であるとイメージされることが多いが，実際の犯人は10～30代の比較的若い年齢層であり，高齢者の犯人はそれほど多くない．犯人は，家族（親や配偶者）と同居しており，無職の者（学生を除く）の全体に対する割合は少ない．また，検挙された子どもに対する性犯罪者の中で，過去に性犯罪の前歴をもつ者は全体の30％であるが，検挙時の年齢が高くなるほど，この比率は高くなり60歳代で検挙された犯人は45％程度が性犯罪の前歴をもつ．これらの数値のみから子どもに対する性犯罪は再犯率が高いということはできないが，一部できわめて再犯の危険性が大きく継続して犯行をくり返す者がいるのは事実である．

■ 子供に対する性犯罪のタイポロジー

子供に対する性犯罪は行動パターンや欲求の違いによって何種類かに分類できると考えられている．代表的なものとして，マサチューセッツ治療センター（Massachusetts Treatment Center：MTC）分類がある．

表1 マサチューセッツ治療センター分類

型	性 質	被害者の特徴と犯人の行動
未熟型 (immature pedophile)	成人との人間関係の構築が困難，社会的に未成熟，依存的，臆病，対人的なスキルが低い．	被害者の子どもを仲の良い友人ととらえる．女児だけでなく男児も対象とする．子供との関係を構築したうえで性的な接触を行う．性交はまれ，身体的危害を加えることはまれ．
退行型 (regressed pedophile)	社会的に問題がないように見える．既婚の場合がある． なんらかの失敗体験や自信喪失（性的なもの含む）がきっかけとなり犯行に及ぶ．	女児がおもに被害者の対象となる．性交を試みる．
搾取型 (exploitative pedophile)	反社会的パーソナリティ，性的欲求を満足させるために犯行に及ぶ．	誘拐・監禁を行いレイプを含む性的行為を行う．子どもの人格に注意を払わない．子どもを単なる欲求の対象として扱う．
サディスト型 (sadistic pedophile)	反社会的パーソナリティ，性的またはサディスティックな動機を満足させるために犯行に及ぶ．	誘拐・監禁を行い性的・暴力的行為を行う．子どもを死亡させる．4タイプの中で最も危険性が高い．

未熟型，退行型，搾取型，サディスト型，の4タイプによる分類である（表1）．

また，グロス（Groth, 1982）は暴力使用の有無を基準とし，「基本的に子供を誘惑したり，強要する方法をとる非暴力的な」タイプと「子供に被害を与えるために相手を脅したり，屈服させるような暴力的な」タイプに分類している．コープ（Cope, 1997)はグロスと同様のタイポロジーを「仲良し型」と「行きずり型」とよんでいる．

■ 露出犯の特性

日本における子どもに対する性犯罪の中では，露出犯が多い．露出犯も，そのほぼ全員が男性であり，18歳までに最初の犯罪を行い20〜30代で犯罪のピークをむかえ40代以降に減少する．被害対象は行きずりで面識のない者であり，同じ被害者を意図的に反復して狙うケースは少ない．

性器露出犯の再犯率は他の犯罪よりも非常に高いが，性器露出犯の目的は行為によって相手がショックを受けることで性的興奮を得ることなので，レイプ行為や身体的攻撃に出る可能性は比較的少なく，レイプなどに対するエスカレートしていく可能性はそれほど多くないといわれている．

〔越智啓太・杉山　翠〕

▶文　献

Cope, C. (1997). *Stranger danger : How to keep your children safe.* Andrews Mcmeel.（弓削俊彦（訳）（1997）．変質者の罠から子供を守る法　人間と歴史社）

Groth, N. (1982). The child molester : Clinical observations. In J.R. Conte & D.A. Shore (Ed.), *Social work and child sexual abuse.* New York : Hawthorne Press.

小西聖子（1996）．日本の大学生における性被害の調査　日本性研究会議会報，**8**(2), 28-47.

笹川真紀子・小西聖子・安藤久美子・佐藤志穂子・高橋美和・石井トク・佐藤親次（1998）．日本の成人女性における性的被害調査　犯罪学雑誌，**64**(6), 202-212.

越智啓太（2006）．子供に対する性犯罪に関する研究の現状と展開（1）——発生状況と犯人の特性　法政大学文学部紀要，**54**, 107-117.

越智啓太（2007）．子供に対する性犯罪に関する研究の現状と展開（2）——防犯と矯正の問題　法政大学文学部紀要，**55**, 87-99.

内山絢子・及川里子・加門博子（1998）．高校生・大学生の性被害に対する社会的態度　科学警察研究所報告　防犯少年編，**39**(1), 44-51.

7.20 代理ミュンヒハウゼン症候群

1977年にイギリスの小児科医メードゥ(Meadow R.)が，幼い入院患者が母親によって症状を捏造されていた，2つの症例を報告した。メードゥは，その母親たちの特徴に注目し，医師たちに「病気だ」と確信させるような真似を自らくり返し，病院から病院へと渡り歩く患者をさす「ミュンヒハウゼン症候群」にちなんで，「代理ミュンヒハウゼン症候群」(Munchausen syndrome by proxy：MSBP) と命名した。

ミュンヒハウゼン症候群の患者たちは，自ら病人となる自虐的な「異常嗜好者グループ」であるのに対して，MSBPは，自らの満足のために「わが子に苦痛を代理させる」という，自己中心的な「虐待者グループ」だといえる。MSBP加害者のほとんどは，被害者の母親だとされる。

この加害親たちの目的は，典型的には，「"病気の子どもをもつ親"として，注目や同情を集めること」だとされている。他にも，本当は子どもが嫌いであることや，夫の関心をとり戻すこと，家事を免れること，医療者のコントロールに快感をおぼえることなど，さまざまなものが想定されてきているが，その多くは憶測の域を出ない。自白の信用性の問題以前に，MSBP加害者は，一切の虐待の事実を否認し，子どもは真の疾患であるとの主張を維持するものとされているからである。

その提唱時よりMSBPは，「子どもの不可解な病状」と「親の特徴」とが併せて記載され，ことに後者が強調されてきたという経緯がある。そのため，それが虐待被害者をさす症候群名なのか，虐待加害者をさ

すのかが曖昧なまま，世界各地から，膨大な数の症例報告が集積されてきている。

そもそも，児童虐待(→7.18)を「症候群」としてグループ化したのは，臨床医が子どもの怪我や疾患の原因として，「虐待」の可能性を考慮するためであった。たとえば「被殴打児症候群(Battered-Child Syndrome)」は，身体のあちこちに新旧混在する外傷が認められたり，外傷のタイプが，受傷機序についての親の説明と食い違う児童に対して考慮すべきだとされている (Kempe et al, 1962)。そして，MSBPも，「そのような徴候が認められたならば，医療機関が虐待の可能性を疑うべきだ」とすべき概念であって，臨床医がまず注目すべきは親ではなく，児童の症候につき正確な診断を付して，適切な治療を実施することと，同様のイベントがくり返されないよう，配慮することである。

現在までに，わが国でMSBPが疑われた裁判例は，公表事件で民・刑各2件である（表1）。事件①②④は，母親が，入院中の子どもの点滴回路内に異物を混入して敗血症などを引き起こしていたという点で，共通している。事件③は，母親が，娘の飲食物に気管支拡張剤ベネトリン（硫酸サルブタモール）を，「殺意をもって」過量混入することで入退院をくり返させたという事案であり，典型的なMSBP事例とはいえないものの，精神鑑定において「MSBPと共通した特徴が認められる」とされたため，裁判所において，MSBPに対する検討が行われた。

MSBPにつき，まず事件①では「母親による，一風変わった子どもの虐待」として扱っていたのに対して，事件②では，「非常にまれな精神的疾患」だとみなしている。刑事裁判となった事件③では，MSBPは，「心理的又は行動的徴候と症状の一部を意

表1 わが国でMSBPが疑われた事件の裁判例

事件	加害者	児童の症状	原因	判決・決定（出典）
①福祉施設収容承認事件	実母	下痢，発熱，敗血症	下痢便の過大深刻，点滴チューブ内に便様の汚染物質，腸内細菌	児童養護施設収容（家裁月報54巻4号74-95）
②福祉施設収容承認抗告事件	実母	難治性下痢症，敗血症	カンジダをはじめとする複数菌	児童養護施設収容（家裁月報55巻7号68-80）
③殺人未遂事件	実母	急性肺水腫，頻脈，胸痛，手指震戦	硫酸サルブタモール（ベネトリン®）	懲役3年（南部，2004）
④傷害致死，傷害事件（被害者3名）	実母	発熱，血管炎，敗血症，肺水腫	点滴回路内に室内放置された汚染水を混入	懲役10年（南部，2010）

味する『症候群』として理解されているため，MSBPの精神的背景は正常のものからヒステリー，うつ病などさまざまのものがあり，MSBPに罹患していること自体は，責任能力の判断に影響を及ぼさない」と認定されている．

そして，裁判員裁判である事件④では，MSBPに関して両当事者で見解が分かれていたために，合議体がその解釈について判断する必要があった．弁護側は，本件犯行の原因を，「被告人がMSBPという精神状態にあったため」であるとし，「これによって事理弁別能力および行動制御能力が低下していた」と主張した．対して検察側は「MSBPは『症候群』であって単一の病気ではなく，刑を軽くする事情にはならない」と主張し，事例③の裁判所とほぼ同じ解釈を示した．そして，判決では，「被告人がMSBPと診断される精神状態にあったことで，事理弁別能力および行動制御能力がある程度は低下していた」として，責任能力としてではなく，「量刑上有利な事情」として斟酌されると認定された．

このように，わが国の裁判所でのMSBPに対する解釈はまちまちであるが，漠然と「なんらかの精神異常」とみなされていることがわかる．しかし，MSBPという特殊かつ複雑な虐待行為を行う人物が，なぜそのような行為を行ったのかについては，家族相互のコミュニケーションのあり方を含めた環境因，行為者自身の弱さや強さ，嗜好傾向やものの考え方，精神障害の有無など，それぞれの個人がかかえるさまざまな問題状況に依存するものと考えられる．そして，加害親の中には高度の知能とスキルを有する，明らかに正常な人物から，明らかに「病気である」と認められる人物まで，さまざまな段階が想定される（南部，2010）．ようするに，MSBPという概念は，加害者に共通した精神状態を説明するものではなく，虐待の一類型をさす用語としてとらえられるべきであろう．

〔南部さおり〕

▶文献

Kempe C.H., et al. (1962). The Battered-Child Syndrome. *JAMA*, **181** (1), 17-24.

Meadow, R. (1977). Munchausen Syndrome by Proxy: The hinterland of child abuse. *Lancet*, II August 13, 343-345.

南部さおり (2004).「症候群」としての児童虐待と「代理人によるミュンヒハウゼン症候群」 犯罪社会学雑誌, **29**, 96-111.

南部さおり (2010). 代理ミュンヒハウゼン症候群 アスキー新書

7.21 ヘイトクライム

ヘイトクライム (hate crime) とは, 集団への偏見が動機となっている犯罪のことで, アメリカでは1980年頃より重大視されるようになった. バイアスクライム (bias crime) ともよばれる. とくに重大なものは, ナチスによるものや, ルワンダの紛争や旧ユーゴスラビアの内戦でなされたものなどの, 組織だった虐殺行為や, 世界各地でなされているテロリズムなどである.

アメリカの1990年ヘイトクライム統計法 (HCSA: Hate Crime Statistics Act of 1990) は, 人種・宗教・性的指向・民族 (1994年に障害も加えられる) についての偏見に起因する犯罪 (殺人, 故殺, 強姦, 加重暴行, 単純暴行, 脅迫, 放火, 破壊, 器物損壊) を, 1994年ヘイトクライム厳罰法 (HCSEA: Hate Crimes Sentencing Enhancement Act of 1994) ではこれらに加え, ジェンダー, 肌の色, 国籍についての偏見に起因する犯罪をヘイトクライムと定めているが, これらの定義は網羅的なものではない. たとえば, ホームレスへの襲撃のような社会経済学的地位についての偏見に基づくものも, ヘイトクライムとよぶことができるであろう.

■ 加害者の特徴

マクデビットら (McDevitt et al., 2002) は, 加害者を4つの類型に分類している (各分類群の相対的頻度は, アメリカのボストンにおけるもので, 一般化はできない可能性があることに注意する必要がある). 多くの加害者は"スリル追求型"であり, 被害者集団への偏見や敵意自体はさほど強くもたないが, 退屈を満足させるために犯罪行為に走り, 遂行の容易な攻撃対象として被害者を選択する. 次に多いのは"縄張り防衛型"で, 居住地などへのマイノリティの"侵入者"を攻撃して追い払い, あるいは類似の"侵入"を防止しようとするものである. "報復型"では, 被害者や被害者と同じ集団の成員によってなされた, 現実もしくは架空の攻撃に対する報復として犯罪が行われるが, ヘイトクライムとよばれるのは被害者が当初の攻撃の当事者ではない場合である. このように, ヘイトクライムはしばしば非当事者への, 非当事者による報復として生じる (→ 6.25). また, ヘイトクライムは対象となった社会的カテゴリを顕在化させるため, ヘイトクライムへの反応として非当事者攻撃が生じることもある. たとえば, 9.11テロ自体や, その反応として生じたアラブ系住民に対するヘイトクライムは, 非当事者による"報復"であるとしばしば主張された. 最も少ない"使命型"は, 特定の集団を悪とするイデオロギーに基づいてなされるもので, 加害者はヘイトグループ (KKKなど) の成員である場合もある. フランクリン (Franklin, 2000) はこれに, "仲間集団の力学"によるものを加えている.

加害者はまた, 実害の否認, 被害者否定, 責任の否定, 非難者に対する非難, より高い忠誠への訴え, 責任の否認などの方略を用いて, 行為を正当化することが指摘されている (Byers et al., 1999).

■ 被害者の反応

ヘイトクライムの被害者は, 通常の犯罪以上に心理的な被害を被ることが多い. 例えば, 侵入思考, 安心感の欠如, 神経質, 抑鬱, 「自分の人生を制御できない」という感覚などである. また, 被害を受けた当事者以外の, 同じ集団に属する成員への二次被害も大きい (McDevitt et al., 2001).

上述の縄張り防衛型犯罪のように，二次被害をもたらすこと自体が，ヘイトクライムの目的の一部の場合もある．

■ **アメリカにおける法制**

アメリカにおいては，前述 HCSA に基づき，司法省の指示のもとで FBI が州の統計を収集し，公開している．ただし，データの提出は強制ではなく任意であることから，データを提出していない州もあること，ヘイトクライムに対する問題意識の弱い州では過少に報告されている可能性があることなどの問題点が指摘されている（McDevitt et al., 2007）．

また，1994 年暴力犯罪取締り及び法執行法（Violent Crime Control and Law Enforcement Act of 1994）の一部として導入された前述 HCSEA では，ヘイトクライムに基づく犯罪は，罰を重くすることが定められている．これは連邦法のため適用対象が限られているが，前後して多くの州でヘイトクライムに対して罰を加重する州法が導入されている．ただし，動機の特定はしばしば困難であること，表現の自由を保障する必要から脅迫行為への執行はしばしば困難であること，犯罪以外のハラスメントはまったく対象にならないことなどの問題点が指摘されている．

■ **日本における法制**

日本においては，ヘイトクライムを他の犯罪と区別して厳罰化する法律は存在しない．前述したホームレス襲撃事件などや，とくに北朝鮮との関係が悪化したときに起こるチマ・チョゴリの切り裂き事件や朝鮮学校への脅迫事件はヘイトクライムの例だと考えられるが，それらの動機が偏見によるものであるか否かは，通常明らかにされない．これは現在の法制度の下では動機が偏見に基づくか否かを明らかにすることにメリットがないためであるが，そのためにヘイトクライムへの問題意識自体が喚起されず，立法の必要性が認識されないという悪循環を生んでいる．

■ **ヘイトスピーチ，ヘイトサイト**

比較的容易な形の偏見の表出であるヘイトスピーチや，ヘイトサイトの開設および運営の規制は，しばしば困難である．理由の一つには，多くの先進国が認めている言論の自由と抵触しかねないため，刑事上の取締りが困難であることがあげられる．もう一つの理由には，これらの攻撃は集団全体に対してなされるものであるため，特定の個人の法益を侵したとは認められず，民事上の損害賠償の請求対象として認められないことが多いことがあげられる．日本においても，政治家によるヘイトスピーチがしばしば民事請求の対象となっているが，多くの場合原告が敗訴している．

〔高　史明〕

▶ **文　献**

Byers, B., Crider, B. W., & Biggers, G.K. (1999). Bias crime motivaion：A study of hate crime and offender neutralization techniques used against the Amish. *Journal of Contemporary Criminal Justice*, 15, 78-96.

Franklin, G. (2000). Antigay behaviors among young adults Prevalence, patterns, and motivations in a noncriminal population. *Journal of Interpersonal Violence*, 15, 339-362.

McDevitt, J., Balboni, J., Garcia, L., & Gu, J. (2001). Consequences for victims.：A comparison of bias- and non-bias-motivated assaults *American Behavioral Scientist*, 45, 697-713.

McDevitt, J., Farrell, A., Rousseau, D., & Wolf, R. (2007). Hate crmes：Characteristics of incidents, victims, and offenders. In R.C. Davis, A.J. Lurigio, & S. Herman (Eds.), *Victims of crime*. Sage.

McDevitt, J., Levin, J., & Bennett, S. (2002). Hate crime offenders：An expanded typology. *Journal of Social Issues*, 58, 303-317.

7.22 侵入窃盗

■侵入窃盗の発生状況

侵入窃盗（burglary）は，窃盗のうち，屋内に侵入して金品を窃取するものであると定義できる．侵入窃盗をはじめとする財産犯においては，通常，被害者と犯人との接触がなく，発生から警察が認知するまでの時間経過が長いことも少なくないことから，犯人の検挙率は対人犯罪と比較すると低い．警察庁による犯罪統計によれば，平成20（2008）年に発生した侵入窃盗の検挙率は56.1%（155047件中87047件）であった．

また，侵入窃盗の特徴として，再犯性の高さがあげられる．上記の犯罪統計によれば，平成20年に検挙された侵入窃盗犯（成人）のうち，同一罪種の前科を有する者の比率は35.8%（8965人中3208人）であった．

参考までに，平成20年の他罪種の検挙率，再犯率と比較すると，検挙率は，刑法犯全体で31.5%，凶悪犯で72.6%，粗暴犯で69.3%，成人における同一罪種の前科を有する者の比率は，刑法犯全体で14.8%，凶悪犯で7.2%，粗暴犯で14.2%であった．刑法犯全体の認知件数では窃盗が75.5%を占める．しかし，侵入強盗は窃盗全体の11.3%（137万2840件中15万5047件）であるため，刑法犯全体の検挙率は侵入窃盗の検挙率よりも低いが，その他の値で比較すると，侵入窃盗がそれ以外の罪種と異なる特徴を有することがわかる．

■侵入窃盗の動機

職業的な侵入窃盗犯にとっての主動機は，金銭を得ることである．この点において，侵入窃盗は，道具的行動（instrumental behavior）であるとみなすことができる．しかしながら，ウォルシュ（Walsh, 1980）は，侵入窃盗の表出的（expressive）要素について述べている．ウォルシュは，表出的侵入盗犯の分類として，以下の3タイプを提示している．

> ①破壊者（feral threat）
> 　ヴァンダリズム的な行為を行う．
> ②謎かけ者（riddlesmith）
> 　熟練した腕を被害者や捜査官に見せつけようとする．
> ③支配者（dominator）
> 　被害者を脅したり怖がらせたりすることを楽しもうとする．

これら3タイプの表出的侵入盗犯は，特異な犯行スタイルや犯罪手口によって，侵入窃盗の被害者と間接的なやりとりを行うことに興味をもっている．すなわち，物質的な報酬である外的な強化に加え，自己満足や達成感などの内的強化も強い動因となっている（Bartol & Bartol, 2005）．

■侵入窃盗犯の意思決定

ニーとテイラー（Nee & Taylor, 1988）は，常習的な住居盗犯が家屋の選択において留意する点として，①居住者在宅の有無（例：郵便受けの中に手紙や新聞があるか），②裕福さ（例：庭の手入れの状態），③家屋設計（例：家屋への侵入，逃走のしやすさ），④防犯設備（例：防犯システム設置の有無）の4つをあげている．

また，都市防犯研究センター（1994）では，平成3（1991）年1月末〜3月末までの間に，侵入窃盗被疑者45人についてアンケート調査を実施しているが，その一部で，「安全な住まいづくりはどうあるべきだと思うか」という問いに対する自由回答を集計している．そこで得られた回答は，表に示すように，監視性，視認性，抵抗性，報酬性に大別可能であった（横田・樋村，

表1 安全な家屋づくりはどうあるべきか，に対する被疑者の回答（都市防犯研究センター，1994；横田・樋村，2003）

監視性	・防犯センサーやベルを取り付ける ・家の周囲に砂利を敷き足音を立てさせる ・犬を飼う
視認性	・塀は敷地内が見える程度のものにする ・一般住宅は塀などで囲わない
抵抗性	・ドアや窓に鍵を2つ以上つける ・戸締りを完全にする習慣を身につける ・窓のガラスを割れにくいものにし，面格子や雨戸をつけるなどして，できる限り侵入に時間と手間がかかるようにする
報酬性	・金のありそうな家に見せびらかさない

2003）．

　侵入窃盗犯は，表出的要素の強い犯行や，飲酒や薬物影響下の犯行などを除き，他の罪種の犯罪と比較すると，合理的な意思決定に基づいて犯行を行う傾向が強いと考えられる（→6.19）．そして，侵入窃盗犯の意思決定過程を検討するうえでは，2つの重要な要因が指摘されている．

　一つは「リスク」であり，警察による逮捕や，それに付随する法的制裁が含まれる．あと一つは「報酬」であり，窃盗により得られる現金などの金品獲得や，犯行を行うことによって得られるスリルや快感等が指摘されている．侵入窃盗犯にとっては，①低いリスクで，②最大報酬が得られる対象が，犯行を行ううえで望ましいと考えられる（横田・樋村，2003）．

　しかしながら，一般に，侵入窃盗犯は，報酬よりもリスクの重要性を大きく見積もり犯行を行っていることが，いくつかの研究で示唆されている．たとえば，ベネットとライト（Bennett & Wright, 1984）は，住居盗犯に面接調査を行い，彼らにとって「犯行に適している家」とはどのような家であるのかについて，分析を行った．その結果，リスクに関連する要因を述べた者が49.7％，報酬に関連する要因を述べた者が24.5％，侵入しやすさに関連する要因を述べた者が25.2％であった．また，彼らの研究では，監視性（たとえば，隣家との近接性）と居住者在宅の有無が，侵入窃盗犯にとって重要な要素であることが示された．

　これらの結果は，侵入窃盗犯の意思決定には，「見られている」「監視されている」というリスク認知が大きく影響していることを示唆する．すなわち，侵入窃盗では，街の設計や建造物のつくりなどの状況的犯罪予防が犯罪抑止につながりやすいと考えられる．

〔横田賀英子〕

▶文　献

Bartol, C.R., & Bartol, A.M. (2005). *Criminal behaviour : A psychosocial approach*. 7th ed. New Jersey : Pearson Education.（羽生和紀（監訳）横井幸久・田口真二（編訳）(2006)．犯罪心理学――行動科学のアプローチ　北大路書房）

Bennett, T., & Wright, R. (1986). *Burglars on burglary : Prevention and the offender*. Hampshire : Gower.

守山　正・西村春夫（1999）．犯罪学への招待　日本評論社

Nee, C., & Taylor, M. (1988). Residential burglary in the republic of Ireland : A situational perspective. *The Howard Journal*, **27**(2), 105-116.

都市防犯研究センター（1994）．侵入盗の実態に関する調査報告書(1)――住宅対象侵入盗対策編　JUSRIリポート，**7**．

Walsh, D. (1980). *Break-ins : Burglary from private houses*. London : Constable.

横田賀英子・樋村恭一（2003）．犯罪発生空間の分析――侵入窃盗編　小出治（監）樋村恭一（編），都市の防犯――工学・心理学からのアプローチ　北大路書房

7.23 強盗(殺人)

強盗(robbery)の刑法上の定義は,暴行または脅迫によって被害者の抵抗を抑圧し,財物を奪ったり不法利益を得たりすることである(刑法236条).窃盗犯が盗品を取り返されるのを防いだり,逃走や証拠隠滅のために暴行や脅迫を行った場合も強盗として扱われる(事後強盗罪,刑法240条).また,被害者を昏睡させて財物を奪えば昏睡強盗(刑法239条)が成立する.強盗は財物を目的とする財産犯ではあるが,被害者に対して暴行や脅迫を加える点では身体犯でもあり,警察庁の統計では殺人,放火,強姦とともに「凶悪犯」に分類されている.

■犯人像

強盗というカテゴリーにはさまざまな犯行形態が含まれ,犯人像も多様である.たとえば,横井(2000)は金融機関強盗(→7.23)とコンビニなどの店舗対象強盗とで犯人の属性を比較し,平均的犯人像が異なっている可能性を示唆している.

アリソンら(Alison et al., 2001)は,イギリスにおける強盗犯を「計画性」と「衝動性」の2次元から3タイプに分類し,それぞれを Bandits, Cowboys, Robin's men と命名している.Robin's men は計画性が高く衝動性は低いグループであり,複数で役割分担し状況の変化に柔軟に対処するなど,手なれた犯罪者たちである.一方,Bandits は事前に計画は立てているものの状況への対処がうまく行えず,不必要な暴力を行使する.Cowboy は計画性が低く,場当たり的でやたらと凶器を振り回すとされている.

また,マシューズ(Matthews, 2002)は,持凶器強盗に初心者タイプ(amateur),職業的永続的タイプ(professional and persistent robbery),中間タイプ(intermediates)の3類型を見出している.初心者タイプは犯罪経験の少ない人物が切羽詰って小金を奪うものであり,計画性に乏しく結果の重大性を認識していない.職業的永続的タイプは,強盗を生業とする職業的な犯罪者で,周到に計画し大金の取得を狙い,被害者を効率的にコントロールする.中間タイプには,多様な犯罪経験をもつ人物が機会犯的に強盗を行うケースと,窃盗などからより凶悪な犯罪へとシフトする途上にあるケースが含まれる.

ただし,これらの分類はわが国の強盗事件にそのまま当てはまるわけではない.たとえば,日本の路上強盗やコンビニ強盗は,Bandits と Cowboys のそれぞれの特徴を含んでいるように見受けられるし,Robin's men や職業的永続的タイプは日本では少ないと思われる.

■強盗と殺人

強盗の結果として被害者を死亡させた場合は強盗殺人罪(故意でなければ強盗致死罪)に問われる.わが国における強盗殺人や強盗強姦も含めた強盗の認知件数は,平成20(2008)年中では4278件であり,そのうち約1%が強盗殺人であった(警察庁,2009).強盗殺人には,金銭を奪うために殺害する「利欲殺人」としての側面と,被害者の口を塞ぐという「隠蔽殺人」としての側面がある(影山,1999).いずれにしろ,一般には金品を得るための手段としての殺人であり,殺害自体が目的ではない.

クック(Cook, 1987)は,全米犯罪調査(National Crime Survey)の結果のうち強盗,強盗殺人,強盗以外の殺人に関するデータを比較した.その結果,強盗および強盗

殺人では被害者と面識のない犯人が多いが強盗以外の殺人では見ず知らずの犯人はまれであること，アフリカ系アメリカ人による強盗殺人の半数および強盗の半数以上では白人が被害者となっていたが，強盗以外の殺人ではこうした「人種混交」は少ないことなど，強盗と強盗殺人に共通点を見出している．これらの結果から，クック（1987）は，強盗殺人が司法手続き上では殺人として取り扱われることが多いものの，実際には殺人よりも強盗に似通っていると述べている．連続強盗殺人のようにセンセーショナルな犯罪が耳目を引きがちであるが，強盗殺人はあくまで強盗の延長線上に位置する犯罪ととらえるほうが適切だろう．

■凶器の利用

強盗が被害者を殺害するか否かに影響する要因の一つとして，犯人が所持している凶器が考えられる．クック（1987）は，強盗殺人では多くの場合に銃を中心とする凶器を所持していること，強盗殺人の発生率と銃使用強盗の発生率との相関が高いことを示しており，銃に代表される致命的な凶器の所持が被害者殺害の可能性を高めていることを示唆している．一方で，バートルら（Bartol & Bartol, 2005）は，犯人が凶器を所持している場合は，被害者の反応に自信をもって冷静に対処できること，凶器を所持していなければ被害者が恐怖を感じず犯人に対して抵抗を試みる可能性があることから，素手の強盗のほうが被害者を死傷させる危険性が高いと論じている．

わが国で2008年に発生した強盗殺人における凶器の内訳をみると，拳銃使用1件，刃物使用20件，凶器なしが19件であった（警察庁，2009）．銃による強盗殺人の比率は確かに低いが，そもそも日本では銃所持が規制されており，銃が凶器として使用される犯罪もアメリカに比べればはるかに少ない．致命的な凶器の存在が被害者の抵抗と犯人の過剰な暴力を抑制するのなら，刃物所持強盗も素手の強盗より被害者を死傷させることが少ないはずである．

平成16〜20（2004〜2008）年の5年間の犯罪統計資料（警察庁，2005-2009）から，「強盗殺人及び強盗傷人」と「強盗・準強盗（事後強盗や昏睡強盗など）」について，刀剣・刃物類を使用している場合と凶器なしの場合の認知件数を比較すると，前者では強盗殺人・傷人の比率が少ないという傾向が認められた．この結果はバートルら（2005）の主張を一応は支持する．しかしながら，銃と刃物では被害者に与える心理的インパクトの強さや実際の殺傷能力に大きな相違があるため単純な比較は難しい．

わが国における強盗被害者の生死を分けるのはどのような要因であるのか，詳細な調査によって実証的に明らかにすることが望まれる．　　　　　　　　　　〔横井幸久〕

▶文　献

Alison, L., Rpckett, W., Deprez, S., & Watts, S. (2000). Bandits, cowboys and Robin's men : The facets of armed robbery. Canter, D., & Alison, L.J. (Eds), *Profiling property crimes*. Ashgate, pp.75-106.

Bartol,C.R., & Bartol,A.M. (2005). *Criminal behavior : A psychosocial approach*. 7th ed. Pearson Education.（羽生和紀（監訳）（2006）．犯罪心理学――行動科学のアプローチ　北大路出版）

Cook, P.J. (1987). Robbery violence. *Journal of Criminal Law & Criminology*, **78**(2), 357-376.

影山任佐（1999）．テキストブック殺人学――プロファイリングの基礎　日本評論社

警察庁（2005-2009）．平成16-20年の犯罪（http://www.npa.go.jp/toukei/index.htm）

Matthews, R. (2002). *Armed robbery*. Willan Publishing.

横井幸久（2000）．強盗事件データの分析　犯罪心理学研究，**37**（特別号），34-35.

7.24 銀行（金融機関）強盗

銀行強盗（bank robbery）とは，銀行を対象とした強盗事件（→ 7.22）のことをさす．狭義では銀行の資産を強取する目的で銀行の従業員（窓口担当者）に対して暴行または脅迫を行う犯罪形態のことであるが，広義では，銀行以外の金融機関，たとえば郵便局や消費者金融を狙う場合や，金融機関の窓口やATM，夜間金庫などを利用する顧客から金を強取する行為まで含める場合もある．日本では広義の銀行強盗は年間 150 〜 200 件程度発生している．

銀行強盗は都市型の犯罪である．カナダでは，銀行支店の 30％が存在するにすぎない 7 つの大都市で全体の 66％の銀行強盗が発生している．イギリスでは銀行支店の 10％がロンドンにあるが，銀行強盗の 39％がロンドンで発生している．日本では，銀行よりも郵便局が狙われることが多いが，郵便局強盗の場合，大都市部の大規模郵便局よりは地方都市の比較的小規模な郵便局が狙われることが多い．犯行が行われるのは，海外では午前中，とくに開店直後が多い．これに対して日本では午前 11 時から午後の早い時間帯が多い．

■ 日本の銀行強盗犯人の行動

日本では，郵便局強盗は一年を通してほぼ均等に発生している．銀行強盗は年の前半に多いという報告がある（図 1）．

日本の映画などのイメージと異なり，銀行強盗の多くはアマチュアであり，前科もない者が多い．動機の中で最も多いのは「経済的な困窮」であり，突発的な犯行が多い．犯人の多くはマスクやサングラス，ヘルメットなどで変装している（全体の 7 割程度）．

逃走手段としては，自動車やバイクを使用する犯人もいるが，その割合はそれほど高くなく，多くの犯人が徒歩で逃走する．

用いられる凶器として最も多いのは，包丁や果物ナイフである．近年は灯油やガソリン，液体の入ったペットボトルなどを示して強盗する犯罪が，数は少ないものの増加している．銃が用いられるケースはきわめて少なく，また，犯人が銃に見えるものを持っていても，実際にはそのほとんどがモデルガンやエアガンである．興味深いことにアメリカでも銀行強盗が銃を保持しているケースは近年，低下している．アメリカの銀行強盗のイメージは武装強盗であるが，このイメージは最近は正しくない．確かに 1980 年代までは銀行強盗の 70％以上が銃を持っていたが，2000 年代に入ると銀行強盗の武装率は低下し，現在では 30％程度になっている．

銀行強盗の 80％以上が単独犯によるものである．複数犯の場合，窓口などで強盗を行うよりも ATM から出てきた客に対して強盗したり，夜間金庫に金を入れに来た客に対して強盗する場合が多い．

単独犯の場合犯人は，窓口にいる女性の職員に対して凶器を示したり，その存在を示唆して金を出すことを要求するが，フロアにいる一般の客に対して凶器を突きつけて職員に金を要求する場合もある．銀行職員は強盗に対して十分なトレーニングを受けていることが多く，犯人は金銭要求の過程で手間取り，金を取らずに逃走する場合も多い．実際には 1000 万円以上の現金を強取できる可能性はほとんどなく，逃走に成功した場合でも，結果的に，数千円〜数万円程度の現金しか強取できなかったというケースが大半である（図 2）．

■ 被害に遭いやすい銀行支店

海外では反復して被害を受ける支店が問

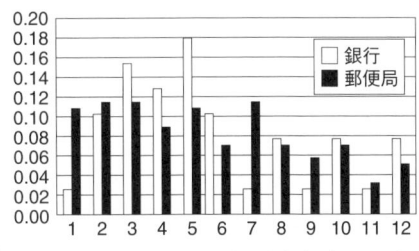

図1 月別の金融機関強盗発生率（越智, 2010）

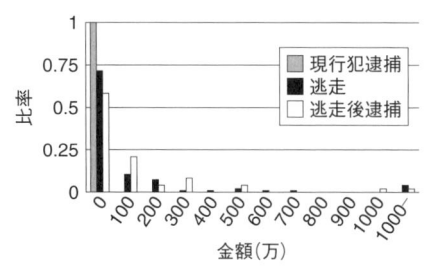

図2 犯行の帰結ごとの被害金額分布（越智, 2010）

題になることが多い．たとえば，イギリスでは被害にあった銀行支店の15％がここ2年以内に同様の被害に遭っており，58％の銀行支店が2度以上の被害に遭っていることがわかっている．アメリカのワシントン州シアトルでは，63％の銀行支店が2度以上の被害に遭っている．

反復して被害に遭う銀行支店と同じ町に，まったく被害にあったことのない銀行が存在していることも多い．それゆえ，反復被害支店はマクロなレベルでの地域の問題でなく，比較的ミクロな要因，つまり，その支店が人通りの多い道に接しているか，身を隠したりする場所がそばにあるか，渡るのに困難な車の量の多い交差点や鉄道がないか，銀行の前に車がとめられるか，などに関連していると思われる．犯人が複数犯，あるいはプロフェッショナルの場合には車での逃走経路，周辺道路の信号や袋小路が少ないことなど，が犯行対象の選定に大きな効果をもつことがわかっている．

日本においては，郵便局強盗の場合，比較的小規模で人通りや客の少ない支店が狙われることが多いが，これは犯人はこのような特徴を備えている支店が犯行を行いやすく検挙されにくいと認知しているということを示している．

■ **銀行強盗の検挙率は高い**

銀行強盗は，検挙率が非常に高い犯罪である．その理由は，金融機関の職員が日頃から防犯訓練を受けていること，警察への通報システムが整っていること，警察も迅速な対応ができる体制が整っていること，事件は日中に行われること，防犯カメラが完備されていること，目撃者が多いことなどである．日本では各金融機関には，カラーボールといわれる塗料が含まれたボールが設置されており，これを犯人や犯人が使用している車などに投げつけてマーキングすることが行われている．カラーボールを使用できるケースは15％程度であり，さらに命中する場合のは半分程度であるが命中した場合には，自首も含め犯人検挙につながるケースが多い． 〔越智啓太〕

▶ **文　献**

Borzycki, M.（2003）．*Bank robbery in Australia*. Australian institute of criminology trends and issues in crime and criminal justice No.253.

越智啓太（2010）．銀行・郵便局強盗の犯行パターン　法政大学文学部紀要，**61**, 175-181

Weisel, D.L.（2007）．*Bank robbery*. U.S. Department of Justice. Problem-oriented Guides for Police, No.48.

7.25 露出犯

■露出症の定義と概況

露出症（exhibitionism）とは、見知らぬ人に自分の性器を露出することに強い性嗜好を有することであり、判明している大多数の露出行為は、男性から女性に対するものである（針間，2003）。

アメリカ精神医学会による「精神疾患の診断・統計マニュアル第4版（DSM-IV-TR）」では、露出症を性嗜好障害（パラフィリア，paraphilias）（→12.9）の一つとしており、その診断基準は、a. のとおりである。

a. DSM-IV-TR の露出症の診断基準
A. 少なくとも6ヵ月間にわたり、警戒していない見知らぬ人に自分の性器を露出することに関する、強烈な性的に興奮する空想、性的衝動、または行動が反復する。
B. その人が性的衝動を行動に移している、またはその性的衝動や空想のために、著しい苦痛または対人関係上の困難が生じている。

窃視症（b. 参照）と同様に、露出症者は、多くの場合、相手と密な接触をもとうとすることはあまりない。しかしながら、窃視症と異なり、自らの行為によって、ショックや驚き、困惑といった相手の反応を求める傾向が強い。

露出は、発生頻度の高さに比して、暗数の多い罪種である。たとえば、内山ら（1998）の調査によると、わが国における高校生および大学生の女性676人のうち、調査対象者の半数弱を占める45.3％が、路上で男性性器を見せられた経験を有していたが、彼らのうち被害を公的機関に届けたり、家族や友人・知人に相談した割合は57.8％であった（内山, 1998）。

また、警察庁による犯罪統計によれば、平成20年のわが国における公然わいせつの認知件数は2361件、検挙件数は1782件であった。これらの統計は、露出が多くの女性が被害に遭遇しやすい、比較的ありふれた犯罪であるにもかかわらず、露出のすべてが公然わいせつに計上されていないことを考慮したとしても、露出の暗数の多さを示唆している。

b. DSM-IV-TR の窃視症の診断基準
A. 少なくとも6ヵ月間にわたり、警戒していない人の裸、衣服を脱ぐ行為、または性行為をしているのを見るという行為に関する、強烈な性的に興奮する空想、性的衝動、または行動が反復する。
B. その人が性的衝動を行動に移している、またはその性的衝動や空想のために、著しい苦痛または対人関係上の困難が生じている。

■露出犯の特徴

デビソンら（Davison et al., 2004）によれば、露出への衝動は、強迫的性質をもっているために、露出行為は同じ場所で、同じ時間に頻繁にくり返されることがある。また、一般に露出症者（exhibitionist）は、異性への接近法が未熟で、対人関係に困難をかかえている。露出症者の半数以上が結婚しているが、妻との性関係は不満足なものである。

露出症には、他のパラフィリアが共存することが少なくない。海外におけるデータであるが、アベルとオスボン（Abel & Osborn, 1992）は、性嗜好障害の治療プログラムにかかわり、露出症と診断された118人のうち、

・32人（27％）に窃視症が、
・20人（17％）に窃触症（c. 参照）が、

> c. DSM-IV-TR の窃触症の診断基準
> A. 少なくとも6ヵ月間にわたり、同意していない人に触ったり体をこすりつけたりすることに関する、強烈な性的に興奮する空想、性的衝動、または行動が反復する。
> B. その人が性的衝動を行動に移している、またはその性的衝動や空想のために、著しい苦痛または対人関係上の困難が生じている。

・16人（14％）に強姦が、
・15人（13％）に女児への非近親姦的な小児性愛（female nonincest pedophilia）が、
・14人（12％）に女児への近親姦的な小児性愛（female incest pedophilia）

が認められたことを述べている。

フロイント（Freund, K.）は、いくつかの特異な性的嗜好を、求愛障害（courtship disorder）という概念によって説明することを試みている。

求愛障害では、人間の性的活動を、
①適切なパートナーを選定し、最初の評価をする段階（location and first appraisal of a suitable partner）
②パートナーとして期待する人に対して、見つめる、ほほ笑む、ポーズを取る、話しかけるなどの行為を行う触れ合う前の段階（pretactile interaction）
③触れ合う段階（tactile interaction）、
④効果的な性交の段階（effecting genital union）

の4段階に分類し、露出症は、②の触れ合う前の段階が歪んだ形で表出したものであると考えられている（Freund, 1990）。

■露出症の治療

露出症者は、他のパラフィリアと対照的に、自らの誤った行動を変えたいという望みを示すことが少なくない（Bartol & Bartol, 2005）。露出症の治療には、認知行動療法などの心理療法や薬物療法が、これまでに用いられている。ただし、パラフィリアの心理（精神）治療では、一つの治療技法を用いるのではなく、複数の技法を用い、多面的にアプローチすることが必要であることが指摘されているが、露出症においても、同様であると考えられる（針間, 2001, 2003）。

〔横田賀英子〕

▶文献

Abel, G.G., & Osborn, C. (1992). The paraphilias: The extent and nature of sexually deviant and criminal behaviour. *Clinical Forensic Psychiatry*, **15**(3), 675-687.

Bartol, C.R., & Bartol, A.M. (2005). *Criminal behaviour : A psychosocial approach*. 7th ed. New Jersey：Pearson Education.（羽生和紀（監訳）横井幸久・田口真二（編訳）(2006). 犯罪心理学——行動科学のアプローチ　北大路書房）

Davison, G.C., Neale, J.M., & Kring, A.M. (2004). *Abnormal psychology*. 9th ed. New Jersey：John Wiley & Sons.（下山晴彦（編訳）(2007). テキスト臨床心理学5——ライフサイクルの心理障害　誠信書房）

Freund, K. (1990). Courtship disorder. In W. L. Marshall, D. R. Laws, & H. E. Barbaree (Eds.), *Handbook of sexual assault : Issues, theories, and treatment of the offender*. NewYork：Plenum-Press. pp.195-207.

針間克己 (2001). 性非行少年の心理療法　有斐閣
針間克己 (2003). 露出症　別冊日本臨牀　領域別症候群シリーズ NO39, 精神医学症候群Ⅱ——摂食・睡眠・性・人格障害など　日本臨牀社 pp.288-290.

内山絢子・及川里子・加門博子 (1998). 高校生・大学生の性被害の経験　科学警察研究所防犯少年編, **39**(1), 32-51.

7.26 放火

放火(arson)とは，アメリカ FBI の犯罪分類マニュアル(Douglas et al., 1992)によれば，「故意かつ悪意のある財産の燃焼」と定義されているが，日本では，刑法第108条「現住建造物等放火」，第109条「非現住建造物等放火」，第110条「建造物等以外放火」で定義されている．また，行為が公共の危険性を生じないと判断されたときは，刑法261条「器物損壊等」に区分される．

■統　計

最初に日本における放火の統計を概観してみよう．警察庁による平成19(2007)年の犯罪統計によれば，放火の認知件数は1519件であり，ここ10年は1500〜2000件前後で推移している．平成19年の検挙件数は1120件であり，検挙率は74％である．発生時間帯では，深夜0時から6時までの割合が最も高い（全体の37％）．発生場所では，一戸建住宅の割合が最も高く(37％)，中高層住宅などを含めると住宅が発生場所として60％を占める．犯行動機としては，憤怒(23％)，怨恨(14％)，遊び・好奇心・スリル(11％)，異常酩酊・精神障害等(6％)，自己顕示(6％)の順で高くなっている．

検挙された放火犯の特徴としては以下のとおりである．年齢に関しては，30代が最も多く(24％)，ついで40代(20％)であり，全体として年齢層は高めである．職業では，無職の者が全体の60％を占めている．初犯者は全体の60％を占めており，過去に放火で逮捕されたことがある者は全体の5％程度である．

■放火犯の分類

次に放火犯の分類に関して紹介する．「犯罪分類マニュアル」(Douglas et al., 1992)では放火をその形態から，単一放火，大量放火，スプリー放火，連続放火の4分類にしている．単一放火とは，放火を1箇所に1回行うもの，大量放火とは，限られた時間内に同一場所で3箇所以上に放火するもの，スプリー放火とは感情的な冷却期間がない状態で3箇所以上の離れた場所に放火するもの，連続放火とは感情的な冷却期間をおいて3箇所以上の離れた場所に放火するものと定義されている．さらに「犯罪分類マニュアル」では放火を動機に基づいて，以下の6つに分類している．

| ①破壊のための放火 |
| ②興奮を得るための放火 |
| ③復讐のための放火 |
| ④他の犯罪隠ぺいのための放火 |
| ⑤利得のための放火 |
| ⑥政治過激主義者による放火 |

①破壊のための放火とは，少年の集団による学校，教育施設，野原などへの放火をさす．②興奮を得るための放火とは，スリル，注目，承認，性的満足などを求めての放火である．③復讐のための放火は，さらに，「個人的な復讐」「社会への復讐」「体制への復讐」「団体組織への復讐」に下位分類される．「個人的な復讐」は特定の復讐対象への放火をさし，「社会への復讐」は，孤独・迫害感などから不特定対象への放火をさす．「体制への復讐」は，政府，教育機関，軍，医療機関，宗教組織など体制を象徴するものを対象とした放火である．「団体組織への復讐」は一定の宗教，人種などの団体組織を対象とした放火をさす．④犯罪の隠ぺいのための放火は，犯罪及び証拠隠滅のための放火，詐欺での帳簿類，犯行に使用した車などへの放火である．

⑤利得のための放火は生命保険, 火災保険, 建物の取り壊し, 破産隠し, 在庫処分, 地上げ等のための放火である. 最後に⑥政治過激主義者による放火は政治的テロ, 最近では堕胎医, 屠殺場, 動物実験施設, 毛皮商なども対象とした放火である.

放火犯の動機に基づく分類の特殊な例として, 放火癖（ピロマニア, pyromania）をあげることができる. これは, 火をつけることへの抵抗しがたい衝動もしくは情熱をさす精神医学的用語であり, 19世紀初頭に編み出された. このタイプの放火犯は炎にとりつかれたような魅力を感じるという. 火をつける前に, 放火犯は緊張の高まりを感じるといわれており, いったん火が燃えはじめると, 内側に激しい喜びや開放感を感じる.「火をつけること」への衝動は自分ではコントロールできないと思われているが, 放火癖のある者による犯行であっても, 点火する前に意図的に放火を決意したことを示す手がかりが残されていることが多い. ただし, 放火癖が動機である放火は, 全体のうちのわずかを占めるにすぎないと考えられている（Bartol & Bartol, 2005）. 米国精神医学会が発行しているDSM-4-TRでは,「衝動制御の障害」の一つとして分類されている.

放火犯の分類としては, 上記のような動機による分類以外にも, 犯行テーマによる分類も行われている. カンターら（Canter & Fritzon, 1998）は, 放火犯による犯罪行動を抽出し, 多変量解析により犯行テーマによって放火の形態を分類している. その結果, 行動のもととなる動機（表出的／道具的）と, 攻撃対象（人／物）という観点から4つの犯行テーマを同定し, さらにそのテーマを示す犯人特徴も示唆している.

「表出的／物」テーマを示す犯人にとって, 放火は犯人の感情を表し, 感情的な解放感を得る手段である. このタイプの行動を示す放火犯は, 公共建造物などをターゲットとする傾向が高い. このタイプの放火犯は, 過去に放火や, いたずらで放火警報を発したという特徴を示しており, 常習的な放火犯である.「表出的／人」テーマを示す放火犯にとっても, 強い感情的表出は重要な要素ではあるが, このタイプの放火犯は, 自分自身や自宅に放火をすることで, 家族や上司らからの注意をひくことが重要であり, この特徴によって, 他の放火犯と区別される. これらの特徴を示す放火犯は, うつ病や精神病という診断を受けたり, 精神病院に入院したり, 自殺を試みたりしたことがあるという特徴がある. 対照的に,「道具的／物」テーマを示す放火犯の放火対象は物であり, 証拠隠滅のような目的の手段として放火を行う可能性が高い. このタイプの放火犯としては, 学生や親と住んでいるような若い被疑者が多い. 最後に,「道具的／人」テーマは個人的な対人関係にかかわっており, 復讐のような特別な目的に動機づけられている. このタイプの放火犯は, 人間関係になんらかの問題を示している放火犯が特徴づけられる.

このように動機や犯行テーマによって放火犯を分類し, それを放火犯の特徴と結びつける試みがなされている. 〔和智妙子〕

▶文　献
Bartol, C.R., & Bartol, A.M. (2005). *Criminal behavior : A psychological approach.* Upper Saddle River : Pearson.
Canter, D., & Fritzon, K. (1998). Differentiation arsonists : a model of firesetting actions and characteristics. *Legal and Criminological Psychology,* **3**, 73-96.
Douglas, J., Burgess, A.W., Burgess, A.G., & Ressler, R. (1992). *Crime classification manual.* New York : Lexington.
警察庁 (2008). 平成19年の統計

7.27 連続放火

　連続放火（serial arson）とは，FBI の犯罪分類マニュアル（Douglas et al., 1992）によれば，感情的な冷却期間をおいて，3ヵ所以上の離れた場所に放火（→ 7.26）するものと定義されている．ただし，この3ヵ所という件数は，研究者によっても異なっている．

　FBI は，連続放火に関しても単一放火と同様に，動機に基づき以下の6つに分類している（Sapp et al., 1994）．①破壊のための放火，②興奮を得るための放火，③復讐のための放火，④他の犯罪隠ぺいのための放火，⑤利得のための放火，⑥政治過激主義者による放火である．田村（1999）は，1989～1995年に検挙された放火犯のうち，5件以上放火を行った日本の連続放火犯107人を上記の FBI の分類に当てはめ，以下のような結果を得た（表1）．

　アメリカでは1位が復讐のための放火で41%，2位が興奮のための放火で30%，他の動機による放火は1割以下である．一方，日本では，社会に対する不平・不満，イライラの発散が連続放火の動機として最も多かったため，社会への復讐のための放火が61%と高い．放火の動機分類としては，日米で1位，2位ともに共通しているが，社会への復讐の集中度が日本では非常に高い点に違いが見られる．

　バートルら（Bartol & Bartol, 2005）は，心理，社会的な報酬を得ることを目的とした連続放火犯に着目し，彼らの特徴として以下の点をあげている．社会的に恵まれない，あるいは崩壊した家庭環境で育っており，他の犯罪集団と比較して，知的レベルや学業成績が低い．多くの放火犯が幼少時代に火傷や火によって虐待された経験がある．人物像としては，複数の不適応パターンを示し，その不適応パターンの一つが放火である．彼らが連続放火に向かう心理としては，「自分の人生を統制したい」「社会的に認められたい」という気持ちがある．放火は，放火犯の自尊心が傷つけられたり，悲しみ，抑うつ感情が増幅されるような出来事によって引き起こされるようである．放火犯は，放火後，火災現場に残り，消火活動の手伝いや人命救助といった英雄的行為にも及ぶ．これらの行為に対する評価で，放火犯の自尊心が向上し，自らの人生をコントロールできるという感情が植えつけられるようである（Bartol & Bartol, 2005）．

　連続放火犯に関しては，空間行動も重要なテーマであり，数々の研究が行われている．上記の FBI モデルでは，動機による連続放火犯の分類によって，自宅などの拠点からの移動距離が異なることが示唆されている．たとえば，破壊のための放火犯は，家や仕事場から0.5～1マイル（約0.8～1.6 km）以内で連続的に放火する．一方，復

表1 アメリカと日本の連続放火犯の動機による分類（田村，1999）．数字は%を表す

	アメリカ ($N=83$)	日本 ($N=107$)
破壊のための放火	7.2	—
興奮のための放火	30.1	15.0
復讐のための放火	41.0	67.3
（個人的な復讐）	6.0	6.6
（社会への復讐）	24.1	60.7
（体制への復讐）	8.4	—
（団体組織への復讐）	2.4	—
犯罪隠ぺいのための放火	4.8	—
利得のための放火	4.8	0.9
過激派による放火	—	—
精神障害型	6.0	2.8
混合型	6.0	14.0

讐のための放火犯，興奮を得るための放火犯，犯罪隠ぺいのための放火犯では，家や仕事場から1〜2マイル（約1.6〜3.2km）以内で放火する．利得のための放火犯では，特定の範囲を示さないようである（Sapp et al., 1994）．

日本の連続放火犯に関しても，移動距離の研究はされてきた．鈴木（2006）は，犯行件数が5件以上の連続放火犯259人を対象に自宅からの移動距離を測定した．その結果，放火犯の年齢や性別によって，移動距離が異なることが示された．平均して，男性連続放火犯の半数は自宅などの拠点から1km以上移動していたが，女性連続放火犯のおよそ半数が500m以下の場所で犯行していた．また，男性30代が最も平均移動距離が長く，男性40代またはそれ以上の年代では，平均移動距離はかなり短かった．さらに，鈴木（2006）では，大都市（東京都とその隣接県，大阪府，政令指定都市），地方都市（大都市以外の県庁所在地と人口15万人以上の市），その他の地域という3群に分け，それぞれの移動距離を測定している．その結果，多くの犯人が土地鑑のある場所を犯行地点としており，大都市での犯行でも86％の犯人が土地鑑のある場所で犯行をしていた．府県境を越えた犯行はあまり発生しておらず，居住する都道府県以外で犯行をした者の割合は，最も割合の高かった大都市でも10％程度であった．犯人の居住地から犯行地点までの最短・最長・平均距離のいずれの距離指標に関しても，犯行地域による有意差がみられず，犯人が自宅からどの程度離れた場所で犯行をするかは，事件の発生地域によって異ならないようであった．このように，日本の連続放火犯に限っては，交通網の発達した大都市圏でも，地方都市でも，放火犯は比較的近隣の場所で放火を行っていることが示唆されている．

最後に女性の連続放火犯に関する日本の研究例を紹介する．和智ら（Wachi et al., 2007）は，1982〜2005年までの間に，5件以上の放火を行った女性連続放火犯83名を対象に犯罪行動を抽出し，犯行テーマにより放火の形態を分類した．その結果，道具的放火，表出的放火という2分類が見出された．表出的放火は，鬱憤晴らしや，火を点けたり見たりすることによる興奮に動機づけられており，機会的，衝動的で感情的な放火といえる．ほどんどの放火は放火犯の家に近い場所で発生していた．道具的放火は，復讐に動機づけられており，計画的で目標志向的な放火といえる．道具的放火犯は，家からより離れた場所で，火をつける傾向があった．女性の連続放火犯のうち，約70％が表出的放火に分類された．

このように，連続放火に関しては，動機や犯行テーマ，さらに移動距離に関しても研究が盛んである．また，最近では連続放火犯の個々の犯行がどの程度一貫しているか，という一貫性の研究も行われている．

〔和智妙子〕

▶文　献

Bartol, C.R., & Bartol, A.M. (2005). *Criminal behavior*. Upper Saddle River: Pearson.

Douglas, J., Burgess, A.W., Burgess, A.G., & Ressler, R. (1992). *Crime classification manual*. New York: Lexington.

Sapp, A.D., Huff, T.G., Gary, G.P., & Icove, D.J. (1994). *A motive-based offender analysis of serial arsonists*. Washington, D.C.: Department of Justice.

鈴木　護（2006）．連続放火の犯人像分析　予防時報, **225**, 30-35.

田村雅幸（1999）．連続放火の動機と犯人像　月刊消防, H11 (10), 17-24.

Wachi, T., Watanabe, K., Yokota, K., Suzuki, M., Hoshino, M., Sato, A., & Fujita, G. (2007). Offender and crime characteristics of female serial arsonists in Japan. *Journal of Investigative Psychology and Offender Profiling*, **4**, 29-52.

7.28 少年による殺人

■ 統計にみる加害者像

わが国の警察統計では，20歳未満の少年による殺人（殺人罪，嬰児殺，組織的殺人罪，組織的嬰児殺，殺人予備罪，自殺関与罪）の認知件数は昭和42（1967）年までは300件をこえていたが，昭和43～48（1968～1973）年の間に急激に減少し，それ以降ほぼ100件前後を推移してきた．ここ5年ほどは年間50～70件の発生数が報告されている．

平成18～20（2006～2008）年の3年間に発生した193人（14歳以上20歳未満の犯罪少年および14歳未満の触法少年）についてみると，加害少年は男子（85%）が多く，年齢では18歳（23%），17歳（21%），16歳（19%），19歳（18%）が多くみられる．

学職身分は高校生（32%），無職少年（27%），有職少年（25%），中学生（14%）となっており，学生の割合が約半数を占める．主たる動機は憤怒（42%），怨恨（25%）が多い．また，犯罪少年181人でみると，本件殺人の前になんらかの犯行を行った者（再犯者）は41%であり，初犯者のほうが多い．

■ 殺人の危険因子

従来の研究は，殺人を犯した少年には特別な背景要因があったのではないかとして，殺人のリスクにつながる特徴や背景を危険因子として特定してきた．欧米の研究では，大まかに個人的要因，家庭要因，環境要因ごとに検討されている（Shumaker & Prinz, 2000）．ただし，欧米の研究ではおもに18歳未満の少年を対象としている．

1）**個人的要因** よく指摘されるのは，少年自身の犯罪性である．これは，殺人を犯した少年は非行性が高く，以前に別の非行を行っている可能性が高いことをさす．また，精神病症状，物質乱用，知的障害などの精神障害に関連する問題（→6.24, 12.2～12.8, 12.14），また低い衝動コントロール，神経学的問題などが言及されている．しかし，精神障害のうち，幻覚といった精神病症状を呈していたケースは3%にすぎないという報告（Zagar et al., 1990）もある．

2）**家庭要因** 児童虐待（→7.18）の被害経験が多く指摘される．幼少時より養育者からの暴力的被害を受け，あるいは両親の一方が受けるドメスティック・バイオレンスを目撃するなどし，その加害者を殺害するというパターンが尊属殺の背景としてよく指摘される．また，虐待経験から少年自身が不適応を起こし，非行や暴力的問題行動がエスカレートして殺人に至る場合も考えられる．このほか，両親自身の精神障害，物質乱用，犯罪性なども危険因子として指摘されている．

3）**環境要因** とくにアメリカでは，武器の入手の容易さとして銃器の問題が報告されている．しかし，イギリスの研究では，少年による殺人事件における銃の使用は2%にとどまっており，わが国でも拳銃による少年の殺人事件はまれである．また，ギャング活動（→7.4）も危険因子として指摘される．わが国でも暴走族の抗争事件の中で発生する殺人事件が，これに該当すると思われる．

■ 殺人の類型

以上の危険因子は，その大半が一般的な非行少年のリスク要因と大きく重なる．殺人を犯した少年が，殺人以外の暴力犯罪を犯した少年とどう異なるのかを検討した研究によれば，殺人以外の暴力的犯罪を犯し

た少年のほうが慢性的に攻撃的であるとされている（Cornell, 1990）．つまり，殺人を犯す少年には必ずしも非行性の高くない少年も含まれるため，少年の類型化が問題となる．

まず，被害者との面識関係（被害者が親族，友人・知人，面識なしの3分類）を用いた研究では，被害者「親族」群は，非行歴が少なく，暴力や酒乱などの問題を抱えた保護者がいるなど家庭に問題があること，被害者「面識なし」群は非行性が高く，家庭は放任的で，学業上の適応も悪く，不良仲間や暴力団との付き合いがあるケースが多く，共犯による殺人が多いと指摘されている（渡邉ほか，1995）．

また，田村（1980）は，加害者・被害者関係を考慮して144人の殺人を犯した少年を分析し，喧嘩型（29％），嬰児殺型（22％），性関係トラブル型（12％）など9類型を提示した．とくに尊属殺の場合，暴力的な父親を殺害する「暴君殺し」型，暴力的な少年が保護者を殺害する「純粋尊属殺」型，精神障害の少年による犯行の「精神障害」型の3分類を指摘し，アメリカの研究者による指摘（Heide, 1992）と一致する．

また，犯罪特徴による分類も検討されている．コーネルら（Cornell et al., 1987）は，犯行状況から精神病群（犯行時に精神病症状を呈していた者），対人葛藤群（被害者との葛藤から犯行に至った者），犯罪群（強盗や強姦など他の犯罪を実行する際に殺人を犯した者）の3群を提示し，非行性や家庭背景が群ごとに異なることを指摘している．

また，近年のわが国の研究では，家庭裁判所調査官研修所が重大な殺人事件の事例を分析し，単独犯について「幼少期から問題行動を頻発していたタイプ」「表面上は問題を感じさせることのなかったタイプ」「思春期になって大きな挫折を体験したタイプ」に分類した．また，近藤（2009）は数量的な分析から発達精神病理学の命名を参照して外在化型，内在化型のほか，遅発型の3類型を提示している．

このように，非行性の高い群だけでなく，家庭内の問題をかかえた尊属殺，対人関係の適応に問題をかかえた内向的な少年による殺人など，類型に応じて異なる資質や適応上の問題が示されている．こうした下位群の特徴に応じた未然防止や矯正を検討することが課題になると思われる．

〔宮寺貴之〕

▶文　献

Cornell, D.G. (1990). Prior adjustment of violent juvenile offenders. *Law and Human Behavior*, **14**, 569-577.

Cornell, D.G., Benedek, E.P., & Benedek, D.M. (1987). Juvenile homicide：Prior adjustment and a proposed typology. *American Journal of Orthopsychiatry*, **57**, 383-393.

Heide, K.M. (1992). *Why kids kill parents*. Thousand Oaks, CA：Sage.

家庭裁判所調査官研修所（監）（2001）．重大少年事件の実証的研究　司法協会

近藤日出夫（2009）．男子少年による殺人――殺人少年73人の類型化の試み　犯罪社会学研究，**34**，134-150.

Shumaker, D.M., & Prinz, R.J. (2000). Children who murder：A review. *Clinical Child and Family Psychology Review*, **3**, 97-115.

田村雅幸（1980）．少年による殺人事件の研究――加害者・被害者関係からみた類型化の試み　科学警察研究所報告防犯少年編　**21**，75-89.

渡邉和美・田村雅幸・來栖裕眞（1995）．少年による殺人事件の特徴―― 2. 加害者・被害者関係による分析　科学警察研究所報告防犯少年編，**36**，18-29.

Zagar, R., Arbit, J., Sylvies, R., Busch, K.G., & Hughes, J.R. (1990). Homicidal adolescents：A replication. *Psychological Reports*, **67**, 1235-1242.

7.29 少年による粗暴犯

■ 統　計

　粗暴犯とは，他者に対して不法な手段で物理的強制力を行使する行為をさし，そこには暴力的威嚇も含まれる．警察庁の統計では，凶器準備集合，暴行，傷害，脅迫，恐喝をさす包括罪種であるが，ここでは暴力的側面をもつ強盗も含めて検討したい．

　警察庁によれば，粗暴犯少年（14歳以上20歳未満）の検挙人員は，平成3（1991）年以降，約1万5千人を推移し，平成12（2000）年に2万人近くに達し，おもに傷害と恐喝の減少を反映して，以降減少を続けている．強盗犯少年の検挙人員は，平成9（1997）年で急増，平成15（2003）年まで1600人前後を推移したが，以降減少し，平成20（2008）年では平成5年の水準（約700人）となっている．

　平成20年中に検挙・補導された少年（犯罪少年および触法少年）の内訳をみると，粗暴犯（9992人）は男子86%，15歳（20%），中学生（41%）が最も多く，初犯者は47%（触法少年除く），犯行場所は路上（20%），学校・幼稚園（17.8%），動機は憤怒（67%）が多い．強盗（735人）は男子（93%）がより多く，18歳（24%），無職少年（27%），有職少年（27%）と年齢も高い．初犯者が32%（触法少年除く），犯行場所は路上（48%），動機は遊興費充当（51%）が多い．粗暴犯よりも両親の態度の放任や，非行時に家出中であった者（9%）が多い．

■ 粗暴犯少年の背景

　刑法犯で検挙・補導された少年に対する調査（科学警察研究所，2004）では，凶悪・粗暴犯の少年729人（うち粗暴犯87%，強盗を含むと97%）は他の刑法犯の少年に比較して，母親が放任的，身体的虐待の被害経験がより早期から多くみられ，他の被害経験も多く，不良行為なども早期からより多くみられた．また，家庭裁判所で観護措置がとられた少年102人を調べた研究（濱ほか，2000）では，粗暴の非行少年を予測する要因は家庭の低い経済状況，両親の離婚・別居，少年の高い知能レベルであるとされ，社会適応への意欲がなく投げやりな態度がみられた．事件で主導的な少年が多かったことが粗暴的非行少年のIQの高さと関連したかもしれないとしている．

　強盗事犯に焦点を当てた法務総合研究所の研究（庵前ほか，2004）では，平成14年に少年鑑別所に入所後，鑑別を終了した947人を分析した結果，約9割が共犯で，また約9割に非行歴がみられた．とくに共犯で主導的だった者に，非行歴や保護処分歴のある者が多かった．動機は「遊興費欲しさ」が多いが，「仲間に認められたい」といった共犯者との関係（26%）も少なくない．保護者の指導力は放任（42%）が多く，学生（37%）や有職（26%）など社会に所属していても，不適応であるケースが多いという．なんらかの被害経験は3割強の者にみられ，虐待経験も約1割にみられた．集団での気分高揚，大切な人以外の他者への共感性の欠如，即時的・短絡的欲求充足が多く（7割超）にみられ，暴力をふるうことに抵抗感のない者も半数にみられた．暴力を通して不全感や劣等感を補償し，自己の存在感を示そうとする者ほど，被害者の死傷と関連するとしている．

■ 攻撃性の2つのタイプ

　罪種や共犯の有無などによって，暴力のメカニズムも異なる可能性がある．ドッジら（Dodge & Coie, 1987）は反応的攻撃（reactive aggression)と能動的攻撃(proactive aggression)を区別し，前者は外部からの脅威を知覚して発動される，怒りを伴った攻撃行動，後者は目標達成の手段として発動される，怒りを伴わない攻撃行動として概念化した．

どちらも非行と関連するが，反応的攻撃はフラストレーション−攻撃仮説に基づき，怒りの調整に問題があり，生理的覚醒が高く，被害の体験を伴うことが多いとされ，おもに抑うつや不安など否定的情緒と関連する．一方，能動的攻撃は社会的学習理論に基づき，生理的覚醒が低く，暴力，素行障害，サイコパシーと関連し，必ずしも被迫害体験が多いわけではない（Fite et al., 2009；Hubbard et al., 2010）．学校や司法機関などから治療機関を受診した児童・少年323人を調べた研究（Connor et al., 2004）では，2割が反応的，6割が能動的攻撃性と判断され，どちらの攻撃性も破壊的行動障害と関連し，被虐待経験は反応的攻撃性，家族内の暴力は能動的攻撃性と関連した．能動的攻撃は被害と関連せず，暴力の学習と関連することが示唆される．

■ 素行障害（行為障害）

能動的攻撃との関連が示唆される素行障害は発症の時期（小児期，青年期）によって態様が異なり，初発年齢が低いほど反社会的行動が成人期まで継続する者の割合が高くなる（Vincent et al., 2009）．わが国のデータ（近藤，2006）では，少年鑑別所入所者の56％に素行障害がみられ，そのうち小児期発症型35％，青年期発症型65％，男女差はないという．さらに性格特徴の統計的分析から，反社会型，不安定型，同調型に分類し，反社会型は小児期発症型と関連が強く，知的操作で他者の感情を理解し，共感性がないこと，不安型や同調型は青年期発症型と強く関連し，同調型は追従するかたちで犯行を行いやすいことなどが示唆されている．

このように攻撃性のメカニズムや性格特徴と犯行の態様（計画性，共犯など）が異なると考えられる．今後，粗暴的非行の罪種ごとにサブタイプを検討する研究知見の蓄積が望まれる．　　　　〔宮寺貴之〕

▶文　献

庵前幸美・藤野京子・大場玲子・細川英志・小國万里子（2004）．最近の強盗事犯少年に関する研究．法務総合研究所研究部報告，**25**．

Connor, D.F., Steingard, R.J., Cunningham, J.A., Anderson, J.J., & Melloni, R.H. (2004). Proactive and reactive aggression in referred children and adolescents. *American Journal of Orthopsychiatry*, **74**, 129-136.

Ddoge, K.A., & Coie, J.D. (1987). Social information-processing factors in reactive and proactive aggression in children's peer groups. *Journal of Personality and Social Psychology*, **53**, 1146-1158.

Fite, P.J., Raine, A., Stouthamer-Loeber, M., Loeber, R., & Pardini, D.A. (2009). Reactive and proactive aggression in adolescent males：Examining differential outcomes 10 years later in early adulthood. *Criminal Justice & Behavior*, **37**, 141-157.

Hubbard, J.A., McAuliffe, M.D., Morrow, M.T., & Romano, L.J. (2010). Reactive and proactive aggression in childhood and adolescence：Precursors, outcomes, processes, experiences, and measurement. *Journal of Personality*, **78**, 95-118.

近藤日出夫（2006）．行為障害と発達障害　犯罪と非行，**148**, 137-171.

濱由紀子・山森美智代・友ες信逸・森達也・大橋茂・小西淳・深澤麻美・加藤貴生（2000）．「少年粗暴非行」の要因研究——統計的分析の試み　家庭裁判月報，**52**(7), 121-158.

科学警察研究所犯罪行動科学部少年研究室（2004）．少年の凶悪・粗暴な非行の背景及び前兆に関する研究報告書

Vincent, G.M., Terry, A.M., & Maney, S.M. (2009). Risk/needs tools for antisocial behavior and violence among youthful populations. In J.T. Andrade (Ed.), *Handbook of violence risk assessment and treatment：New approaches for mental health professionals*. New York：Springer. pp.377-423.

7.30 少年による性犯罪

少年による性犯罪を，ここでは少年による性暴力と定義し，論を進める．

法的区分では，少年による強姦，強制わいせつ，公然わいせつなどといった刑法違反行為や軽犯罪法違反の窃視が含まれる．さらに，下着を盗むことが目的の窃盗や性倒錯的な快楽が動機の猟奇殺人など，罪種からすると性犯罪に属さないが，性的動機で行われる犯罪行為も含まれる．

欧米では，性暴力の定義として，①両者が対等であるか，②同意があるか，③強制的か否かという，被害者－加害者間の関係性に着目した三つの判断基準が提案されており（Ryan & Lane, 1997），性暴力の本質をとらえるうえで，重要な定義といえる．

警察庁によれば，平成20（2008）年の少年による強姦の検挙人員数は127人であるが，単独犯による強姦などが親告罪であるといった理由から，性犯罪の暗数は非常に多く，実態を把握することは難しい．加えて，先述のような法的区分よりも性暴力を広くとらえる定義を用いると，実際の件数は飛躍的に増加することが予想される．

■性犯罪少年の背景

性犯罪少年は，一般少年だけではなく性犯罪以外の非行少年と比較しても，友人が少なく社会的に孤立したり，内気で引っ込み思案な少年が多いという（Vizard et al., 1995）．日本においても，大江ら（2008）が少年鑑別所に収容された性犯罪少年を類型化したうち，性犯罪の再犯可能性が高い「非社会的・性固執群」には，神経質で内向的で，物事を歪んで受け止め不満を募らせやすいため，社会適応に問題をかかえやすいという類似した特徴がみられる．

家庭環境については，性犯罪少年には，性的虐待被害経験だけではなく，身体的虐待被害経験も多くみられるという（Barbaree & Marshall, 2008）（→ 6.23, 7.18, 7.19）．また，家族のまとまりのなさ，性暴力を容認するような家族の態度，少年への性的虐待や性犯罪被害が発見された後の家族によるサポートの不足，両親間の暴力なども性犯罪少年に多くみられることから（Barbaree & Marshall, 2008），少年自身の虐待被害経験だけではなく，親子関係の質や家族の性暴力・暴力行為への関与・態度も悪影響を及ぼすといえる．

学校適応については，友人関係の悪さ（藤岡，2006；Vizard et al., 1995）や成績の悪さ（Vizard et al., 1995）などから，適応に問題のある性犯罪少年が多いという．学力の中でも，とくにコミュニケーション能力にかかわる言語能力が劣ることが多く，これが社会的孤立の要因になっているという指摘もある（Vizard et al., 1995）．

■社会環境による影響

ポルノ雑誌やアダルトビデオといった，性描写のある媒体（以下，性的メディア）への接触量や接触開始年齢は性暴力に影響を与えると指摘されており（Barbaree & Marshall, 2008），簡単に性的メディアを手に入れられる社会環境が，少年に悪影響を及ぼしかねないといえよう（→ 6.8）．

性的メディアは，過激な性描写によって性的衝動を刺激するだけではなく，性暴力を肯定するなど，性に対する誤った情報を含み（杉田，2008），少年の性に対する価値観への悪影響が懸念される．さらに，少年・少女向けの一般的な雑誌や漫画においても，「女性性」の商品化や性役割に基づく恋愛観を含むという指摘もあることから（遠矢家・久津輪，2009），少年が日常的に

接するメディアにも，性暴力を肯定する価値観を醸成しかねない影響力があることが推察される．

■ **性犯罪の動機**

性犯罪少年の多くは，優越感・支配感・愛情を得たいという欲求を，性暴力という手段によって，自己中心的に満たすことを目的として犯行に及ぶのであり，高まった性的欲求を発散させることが目的ではないことが多いという（藤岡，2006）．

先述のような背景をもつ少年は，親と愛着関係が築けず，学校で友人関係を築こうとも対人スキルが劣るためにそれもできないという，家庭でも学校でも孤立してしまう中で，低い自己評価をいだくようになる．それを埋め合わせるための性的空想に浸るうちに，自己中心的な性暴力に至るというのである．このような少年は，計画的に犯行に及ぶといい，再犯を重ねていくうちに，手口も悪質化していくという（藤岡，2006）．

■ **性犯罪少年の治療**

性非行少年への治療に先立ち，査定が行われるが，①少年の治療への動機づけが低い，②評価者は少年だけではなく社会に対しても責任がある，③守秘義務には限界がある，という一般の心理療法における査定とは異なる特徴をもつ（針間，2006）．

治療法としては，欧米では，認知行動療法が効果的な治療として取り入れられており，犯罪に対する責任感や被害者への共感性の教育，自分の性行動パターンの理解，逸脱した性価値観の変化，社会的適応力の向上をおもな治療課題とし，少年の認知の歪みを是正することで，課題の達成を目指す．このような治療実践は，日本でも矯正施設を中心に取り入れられはじめている（藤岡，2006；針間，2006）．

集団療法は費用対効果が優れていることや対人スキルの改善に効果的であるなどから，有効な治療法の一つとされている．大江ら（2008）は，性犯罪少年を，先述の「非社会的・性固執群」のほか，性犯罪を含む重大非行の再犯可能性が高く衝動的な人格特性をもつ「反社会・衝動群」と，再犯可能性も人格的偏りも低く，家庭環境などの社会資源に恵まれている「一過的／潜伏群」の3タイプに分類し，それぞれの特徴にあった再犯防止のための処遇を提案している．より効果的な集団療法を実践するうえで，これは，重要な示唆を与える知見といえよう．

〔久原恵理子〕

▶ **文献**

Barbaree, H.E., & Marshall, W.L. (Eds.), (2008). *The juvenile sex offender.* 2nd ed. The Guilford press.

藤岡淳子（2006）．性暴力の理解と治療教育　誠信書房．

針間克己（2006）．性非行の査定と治療の概要　犯罪と非行，**149**，5-16．

大江由香・森田展彰・中谷陽二（2008）．性犯罪少年の類型を作成する試み―再非行のリスクアセスメントと処遇への適応　犯罪心理学研究，**46**(2)，1-13．

Ryan, G., & Lane, S. (Eds.), (1997). *Juvenile sex offending: Causes, consequences, and correction.* Jossey-Bass.

杉田聡（2008）．AV神話――アダルトビデオをまねてはいけない　大月書店．

遠矢家永子・久津輪麻美（2009）．マンガ・雑誌の「性」情報と子どもたち　セクシュアリティ，**39**，46-52．

Vizard, E., Monck, E., & Misch, P. (1995). Child and adolescent sex abuse perpetrators: A review of the research literature. *J. Child Psychol. Psychiat.* **36**(5). 731-756.

7.31 少年による放火

■現　状

　警察庁によれば，平成 11 ～ 20（1999 ～ 2008）年の 10 年間のうち，放火[*1]で検挙された少年の人員数をみると，平成 20 年は 66 人と少ないものの，ほぼ 100 人前後で推移している．

　この 10 年間のうち，刑法犯で検挙された少年の総数に占める放火少年の割合は，0.1％未満ときわめて低い．凶悪犯で検挙された少年に限定してその割合をみても，10％未満と低く，放火は重大犯罪ではあるものの，少年犯罪の中では少ない犯罪といえる．

　また，平成 20 年度中放火によって検挙された全人員のうち，少年が占める割合は 10％であり，刑法犯総検挙人員中に少年が占める割合が 27％，凶悪犯総検挙人員中に少年が占める割合が 17％であることを考慮すると，放火は成人に多く，少年には比較的少ない犯罪といえる．

■国内における放火の研究

　少年に限定せずに国内の放火に関する研究をみると，農村部に多く発生する怨恨などの親密な人間関係を背景に生じる「田舎型放火」と都市部に多く発生する社会への不満による「都市型放火」という分類の提案や検証がなされている（たとえば桐生，1995；中田，1977）．また，連続放火犯に関する地理的プロファイリング研究（たとえば田村・鈴木，1997）や，女性連続放火犯のプロファイリング研究（→ 8.4）（Wachi et al., 2007）もみられる．

　一方で，少年による放火に限定すると，福田（1986）による日米の少年による放火発生件数を比較した研究や，動機などを検討した事例報告形式の研究が数件みられるのみであり，きわめて少ない．

　欧米では，少年の放火に関する研究が進でおり，その知見が，Handbook on fire-setting in children and youth（Kolko, 2002）にまとめられている．以下では，この本を中心に知見を紹介する．

■放火少年の動機による分類

　放火少年は，動機によって，おもに，①好奇心による火遊び群，②危機直面群，③非行群，④病理群に分類される．

　①好奇心による火遊び群とは，好奇心から火遊びをした結果，失火もしくは放火[*2]によって火災を引き起こす少年のことである．また，同じ火遊びでも，好奇心ではなく，退屈しのぎのために意図的に火をつける少年の存在も指摘されている（Perrin-Wallqvist, 2009）．このような少年は，放火が犯罪行為であるという認識をもっているが，マッチなど道具を手に入れやすいことや現場から逃げやすいなどの理由から，自制できず，実行してしまうという．

　②危機直面群とは，"cry for help" ともいわれ，社会生活で生じたストレスにうまく対応できない少年が放火を行った場合に多くみられる．このような少年は，個人的な悩みや問題を言葉で伝える代わりに，放火によって周囲に自分の気持ちを知らせ，助けを求めるという．

　③非行群とは，さまざまな種類の非行をくり返す中で放火を行った少年のことをさす．この中には，非行仲間のプレッシャーから犯行に及んだ少年もいるという．

　④病理群とは，見つからないよう隠れて犯行に及び，被害の大きい火災を頻繁に引き起こす深刻な放火少年のことである．また，少数ではあるが，火によって性的快感をおぼえることが動機となっている少年も

いるという．

■ 放火少年の背景

　放火少年には，火遊び経験，火への興奮，復讐ファンタジー，動物虐待（→ 7.35），怒りや復讐感情，社会的判断力の乏しさ，高い攻撃性，強迫的特性，共感性の欠如といった特徴がみられる．

　また，放火少年の親は，自分自身が心理的問題をかかえているだけではなく，監督力，しつけ，向社会的行動といった親としての態度にも問題のある人が多いという．ほかにも，放火少年の家庭には，さまざまな問題が多くみられることから，家族関係が少年に影響を及ぼすことが推察される．

■ 放火少年への介入

　放火少年への介入には，大きく分けて，火に関する知識や安全な取り扱い方を教授する教育的介入と，認知行動療法的アプローチの二つがある．

火災安全／予防技能訓練（fire safety/prevention skills training）　教育的介入の一つであり，この訓練では，①火災の被害などの火の特徴や威力，②子どもが使ってよい火炎道具の見分け方，③マッチの使い方と機能，④火事のときにとるべき安全な行動の，おもに4つの要素からなる教育的セッションを行う．

認知行動療法的アプローチ　少年だけではなく，家族も介入の対象とする．少年に対しては，不適応的な火の使用を減らし，より望ましい行動がとれるよう援助する．具体的には，まず，放火前後の出来事を時系列に並べ，少年にそのときに生じた感情を思い出させ，その強さをグラフで表す．放火前にフラストレーションの生じる出来事があった少年も多く，介入者は，このグラフを利用して，犯行の動機や少年の行動パターンを明らかにする．次に，少年が自分の感情や思考のあり方を自覚できるよう援助する．その後，少年に対し，怒りの自己統制力を向上させたり，歪んだ認知を是正させたうえで，フラストレーションが生じた際に適応的な行動がとれるように，対処行動や自己主張訓練を行う．親に対しては，少年の行動の改善を促進するような態度（監督力，ほめ方やしかり方など）がとれるよう援助する．

　放火少年への介入をする場合には，これら二つの介入を組み合わせて行うのが望ましい．また，教育的介入は，予防的介入として，一般少年を含む地域への働きかけとしても有効である．　　　　〔久原恵理子〕

　＊1　警察庁の統計では，放火（→7.25）を放火罪と消火妨害罪と定義している．
　＊2　放火は故意犯，失火は過失犯という点で異なる．

▶ 文　献

福田郁生（1986）．少年放火事件の現状と将来　犯罪社会学研究，**11**，112-130．

桐生正幸（1995）．最近18年間における田舎型放火の検討　犯罪心理学研究，**32**(2)，17-26．

Kolko, D. (Ed.), (2002). *Handbook on firesetting in children and youth.* Academic Press.

中田　修（1977）．放火の犯罪心理　金剛出版．

Perrin-Wallqvist, R. (2009). *Juvenile and adolescent fire play and fire setting.* VDM Verlag.

田村雅幸・鈴木　護（1997）．連続放火の犯人像分析1．犯人居住地に関する円仮説の検討　科学警察研究所報告防犯少年編，**38**，13-25．

Wachi, T. et al., (2007). Offender and crime characteristics of female serial arsonists in Japan. *J. of Investig. Psych. & Offender Profil.*, **4**, 29-52.

7.32 女子の性非行

■女子の性非行と法

「性非行」とは，売春や不純異性交遊などの性的逸脱行為だけではなく，少年による性暴力を含む広い概念である．前者は女子少年の数が圧倒的に多く，女子少年に特徴的な性非行といえるため，ここでは，性的逸脱行為を女子の性非行と定義する．

女子の性非行と関連する法律には，売春防止法，児童福祉法，青少年保護育成条例，児童買春・児童ポルノ禁止法，出会い系サイト規制法などがある．これらの法律などでは，少年の心身に有害な影響を与え，少年の福祉を害する犯罪が定められている．そのため，性非行女子少年は，性に関する福祉犯の被害者として，検挙・補導または保護されることが多い．

■少年をとりまく社会

1985年にテレホンクラブ（以下，テレクラ）の第一号店が誕生するとともに急激な増加をみせ，さらに，1990年はじめからは，双方ともに自宅の電話もしくは公衆電話を使って異性と接触できるツーショットダイヤルなどが増加し，女子中高生の性非行の温床となった．1990年代後半からは，パソコンや携帯電話の普及に伴い，インターネットによる出会い系サイトとその利用者が増加し，性非行を助長する要因として社会問題化した．

テレクラや出会い系サイトを利用する行為は性非行に進展しうる不良行為である．少年のテレクラ利用の動機が「おもしろそうだったから」「暇だったから」などの，利用に対し安易な理由が半数以上を占めていることから（田村ほか，1996），いつでもどこでも簡単に，かつ秘匿性を保ったまま異性と接触できる媒体の普及によって，少年の利用への抵抗感の低下が生じたと考えられる．また，このような少年の意識の変化が性非行への心理的抵抗感の低下も招く危険性も懸念される．

■性非行女子少年の規範意識

性関連の福祉犯被害女子少年が知らない人とのセックスを許容する割合は一般少年より高いことや（内山，1996），デートクラブ・テレクラ・お見合いパブへの出入りにより補導された女子少年は，性交と売春への許容度は一般少年と同程度に低いが，「ナンパされた人から金品をもらうこと」については，一般少年より許容度が高いことから（石橋ほか，1997），性非行女子少年の性的規範意識が低い様子がうかがえる．

一般的規範意識について，性関連の福祉犯被害女子少年は，飲酒や喫煙などの不良行為に関する規範意識は低く，不良行為経験のある少年も多いという指摘や（内山，1992），上述の石橋ら（1997）の研究でも，デートクラブなどで補導された女子少年は初発型非行少年に位置づけられていることから，深刻ではないものの，性非行少年の一般的規範意識が低い様子がうかがえる．

以上より，性非行女子少年について，性的規範意識だけではなく，一般少年よりも軽微な非行がみられる少年とその意識が類似していることが推察される．

■性非行と関連する要因

両親の離婚や虐待などによって満たされなかった愛情を埋めるために，性的関係を求める性非行少年が多いという（松原，2007；德重，1991）．しかし，上述のような問題がなくとも，家庭背景が性非行に影響を与えている事例は少なくない（→ 6.9）．

河野（2003）は，発達的視点から，家庭

背景の性非行への影響を考察している．それによれば，アイデンティティを確立する時期である女子少年にとって，家族の中でも同性の母親との関係は重要である．一般に，青年期の女子は，女性モデルである母親との関係を基盤として，女性としての自己を受け入れ，自己肯定感を高めるが，母子関係が悪いとそのモデルを欠くために，低い自己評価をいだき，それを補うために他者を求めて性非行に走るという．とくに女子少年は他者との関係性の中で自分を確認するために，その傾向が顕著であるという．

親の養育態度については，支配的過干渉によって少年の自律性，能動性，勤勉性の育成が阻害されることや，一貫性を欠く躾によって少年に自信のない自己像をいだかせてしまうことが，女子の性非行につながると指摘されている（徳重，1991）．

学校適応の影響については，成績不振や先生との関係の悪さから自己否定感が生じた結果，性非行に至る事例や，友人関係が良好であったとしても，「みんながやっているのだから」という連帯感から性非行に至る事例もみられるという（松原，2007）．

さらに近年では，現代社会における少年特有の価値観と性非行の関連も指摘されている．矢島（1998）は，現代の若者特有の「両者の合意」と「本人の自由」という個人主義的価値基準が性倫理基準としても用いられるようになったことが，性行為への許容度を高めただけではなく，売春などの性の売買への許容化も進めたと指摘する．このような少年は他者に無関心・無干渉であるため，友人による性非行の抑止効果も期待できなくなるという．

また，櫻庭ら（2001）は，流行への同調，他者との接触を求める態度，金銭至上主義，自分以外への関心の欠如といった現代の若者にみられる意識が，援助交際を容認する態度につながることを明らかにし，少年が不安感を埋め合わせるために他者を求め，周囲への同調によって不安感を解消することや，自分のことで精一杯で余裕がないために目先の享楽的なものに関心がとどまらざるを得ないとその心理を考察している．

性非行女子少年の背景には，以上のようなさまざまな要因が複雑に絡み合っていることが多いため，性教育の他，個々に合った対応が望まれる． 〔久原恵理子〕

▶文　献

石橋昭良・石川ユウ・月村祥子他（1997）．デートクラブ等に出入りする少女の実態と性意識　犯罪心理学研究, **35**(2), 29-40.

河野荘子（2003）．少年の性非行からみた性教育とは——女子の性非行を中心に. 教育と医学, **602**, 734-741.

松原達哉（編著）（2000）．非行——暴力・性の問題・薬物乱用に対応するカウンセリング　学事出版

櫻庭隆浩・松井　豊・福富　護・成田健一・上瀬由美子・宇井美代子・菊島充子（2001）．女子高校生における『援助交際』の背景要因　教育心理学研究, **49**, 167-174.

田村雅幸・米里誠司・麦島文夫（1996）．中学・高校生のテレホンクラブへの接触と社会適応状況　科学警察研究所報告防犯少年編, **37**, 48-59.

徳重篤史（1991）．性非行・暴走行為　黎明書房.

内山絢子（1992）．性関連の福祉被害者の規範意識　犯罪と非行, **92**, 26-52.

内山絢子（1996）．性の商品化についての少女の意識に関する研究　科学警察研究所報告防犯少年編, **37**, 69-81.

矢島正見（1998）．現代青少年の性意識　犯罪と非行, **115**, 26-48.

7.33
振り込め詐欺

■ 手口と発生状況

　振り込め詐欺は，親族や債権者であると偽ったり，還付金や融資保証金の授受を名目にして，金銭をだまし取る犯罪である．犯人が被害者に電話をかけ，「俺だよ，俺，実は…」と被害者の息子や孫としてふるまい，事故の示談金などをすぐに弁済しないと解雇・逮捕・報道されるとして送金させる「オレオレ詐欺」が，まず世間の耳目を集めた．

　その後，金銭を要求する名目を次々に変えて被害が拡大し，オレオレ詐欺に加え，税金や社会保険料の還付金を支払う名目で被害者をATMに誘い出し，操作に不慣れな被害者をだまして預貯金を犯人の口座に振り込ませる「還付金詐欺」，多重債務者や企業経営者へのローン保証金を名目とした「融資保証金詐欺」，実在しない債務の返済を迫る「架空請求詐欺」の4類型を統合して，2004年に「振り込め詐欺」という名称が考案された．

　振り込め詐欺が広く認知されるようになった2004年には，認知件数は2万5千件をこえ，被害額も280億円超となった．その後，取締りや報道により，2007年の認知件数は1万7千件余りに減少したが，翌年は一転して史上最悪のペースで事件が認知された．そのため，2008年10月に振り込め詐欺撲滅のための集中対策月間として全国的に予防活動や取締りが行われ，年金支給日に合わせて警察官がATM利用者に振り込め詐欺に対する注意喚起や，疑わしい送金を中止するよう説得を行った．全国的な集中対策は効果を上げたが，2008年の年間被害金額は250億円を突破した．2009年になって，認知件数・被害額ともに大幅に減少しているが，いまだ毎月数百件の被害が認知され1億円近くが奪われている．

　犯人と被害者のやり取りが詐欺から恐喝になる事例や，金銭をバイク便などに直接手渡したりエクスパック（現レターパック）などを利用して送付する事例も，統計上は振り込め詐欺に含まれる．また事故や痴漢の被害者役や，弁護士や警察官といった権威ある第三者役が現れる事例など，犯行形態は巧妙化している．電話機の番号表示機能で，電話をかけてきた人物が親族かどうか確認するよう広報された際には，電話転送サービスを利用して表示を偽装する犯人グループが現れた．さらに，犯人がまず被害者に息子などを騙って電話し，「携帯電話の番号が変わった」とする「アポ電」を入れたうえで，後日に金銭を要求する二段階の欺罔工作を行う事例も数多い．還付金詐欺では，ATMへ誘い出した被害者に，タッチパネルをどう操作するかを電話で犯人は詳細に指示しており，画面遷移を完全に把握して犯行に及んでいると考えられる．また，金融機関の職員から振り込め詐欺を疑われた際，どのような応対で制止を振り切って金銭を振り込むかを被害者に指示する犯人も少なくない．犯人側は，警察や金融機関の対抗策に応じて手口を変化させている．

　ほとんどの場合はグループによる犯行で，携帯電話・預金口座・犯行拠点といった犯行用具の調達役，被害者に電話をかけるだまし役（かけ子），振り込まれた金銭の引き出し役（出し子），といった担当に分かれている．グループ内で最も影響力があるのは犯行用具を調達しマニュアルに基づいて犯行を指示する者で，逆に出し子は

現金を引き出す際に防犯カメラで姿が記録されるリスクが高く，グループ内で最も階層の低い者が携わる傾向がある．会社組織のように主犯格が複数の犯行グループ（支店）を統括し，各支店を競争させて被害金を配分した事例もある．

■ **被害の背景と対策**

　振り込め詐欺の原型となる留守宅詐欺の手口自体は目新しいものではないが，近年社会問題化するほど頻発した背景には，さまざまな社会的要因が影響している．たとえば，社会保障への不安，景気低迷による多重債務者の増加や中小企業の資金繰り悪化，雇用不安や賃金カットに対応するサイドビジネスへの着目，出会い系サイトなどインターネットでの各種サービスの発達，といった社会情勢の変化が指摘できる．

　また犯行をより容易にしている要因として，即時連絡手段である携帯電話の普及，金融機関以外の場所へのATM設置，犯行用具調達や犯行メンバー勧誘に使われる裏稼業サイト（インターネット経由による不法行為者募集），転送電話や私設私書箱による匿名性の高い通信，などがあげられる．また皮肉なことに，支払督促や少額訴訟といった公的制度の整備が，こうした制度を犯人側に利用させたり制度を偽装した手口の出現を許している．

　振り込め詐欺に共通する犯行原理は，困惑する被害者に即時の行動を要求するというものである．たとえばオレオレ詐欺では，親族や知人が突発的な危機に巻き込まれているとし，還付金詐欺では還付の期限が間近であるかすでに経過しているとし，融資保証金詐欺では窮状にある被害者に保証金の支払を融資条件とし，架空請求詐欺では提訴・財産差し押さえや，サービスの利用内容（とくに出会い系サイト利用やアダルトグッズ購入歴）の勤務先や家族への連絡を行うとし，被害者に他者への相談や冷静な判断をさせないように，即時の対応を求める．

　突然重大な決断を迫られる被害者は，妥当な判断を下すための客観情報を収集する余裕がないため，状況を主導する犯人側の言い分に依拠せざるをえない．そのため，犯人側の言動に疑念がわいたとしても「万一本当のことを言われているのであれば，取り返しがつかない」と判断し，被害に遭ってしまう．つまり，被害者をパニック状態に陥れ，言いなりにさせられるかどうかが，犯行の成否を左右する．

　振り込め詐欺被害の頻発を受けて，必須犯行用具の携帯電話や預金口座の転売規制，ATMからの振り込み限度額の低減が，被害防止策としてとられている．2007年には，いわゆる振り込め詐欺救済法が成立し，被害回復が進められるようになったが，未だ十分とはいえない状況である．

　被疑者の検挙は，犯行用具の調達ルートや，出し子の逮捕が端緒となることが多いものの，犯行用具がインターネットや私設私書箱を介した取引で調達されたり，犯行グループの全貌が末端にいる出し子にはわかりにくいこともあり，犯行グループ全体の検挙や被害金の流れの把握には困難が伴う．振り込め詐欺が暴力団の資金源となっているとする指摘があるため，暴力団対策としても犯行の予防は重要である．

　また2008年頃からは，振り込み先口座や金銭送付先住所の積極的な情報収集と広報が行われたり，だまされたふり作戦として，犯人が指定する現金の受け取り場所に警察官を張り込ませて現行犯逮捕をねらう手法がとられたりしている．〔鈴木　護〕

7.34 悪質商法

悪質商法とは，業者が社会通念とはかけ離れた条件で消費者と取引し，不当に高い利益を得る詐欺的な商売の手法をさす．価格がコストに比較して著しく高いことに加え，勧誘や契約において問題があるものがほとんどを占める．悪質商法の問題点は，極端な情報の非対称性によって情報劣位者である消費者が，圧倒的に不利な取引をしてしまうことにある．

■ 代表的な手法

さまざまな手法がこれまで問題となっており，被害相談の多いものには，被害者の住居の欠陥を過大視したり，ねつ造したりする点検商法，勧誘者の言い分を偽の権威づけによって正当化して契約を迫るかたり商法（身分詐称），閉鎖的かつ過密状態の会場で日用品などを無料配布または格安で販売し，被害者を異常な雰囲気に酔わせたうえで高額商品の契約をさせる催眠商法（SF商法），親密な関係を偽装して高額商品を購入させる恋人商法，「一般に知られていない高利回りの金融商品を特別に紹介する」という触れ込みで勧誘する利殖商法，「懸賞に当たった」として被害者にアプローチする当選商法やほぼ同じ形態の無料商法，注文していない商品を送りつけて代金を請求するネガティブ・オプション（押しつけ販売），収入が増えたり転職に有利となるとして資格試験の通信講座を勧める資格商法（士商法），内職をあっせんするとして登録料や機材購入名目で金銭を奪う内職商法がある．

また近年，「ネットワークビジネス」としてたびたび事件化するものは，実態としてはネズミ講（無限連鎖講）・マルチ商法（連鎖販売取引）と同一である．これらの手法では，形成された販売組織への新規加入者の数や販売実績に応じて，既存加入者に報酬が支払われるため，自らの売り上げよりも，配下の加入者による売り上げや新規加入者数に応じた報酬が主要なものとなる．そのため販売実績の維持や新規加入者の勧誘を目的に，販売可能な数量をこえる商材の仕入れや強引な新規加入者の勧誘などが行われ，破産や親しい人との絶縁など，社会生活上のトラブルを引き起こす可能性が高い．

ネットワークビジネスは，いわゆる特定商取引法による規制を受けるものの，これを無視したり脱法的に活動を続ける悪質な事例が多い．勧誘の際には，他の違法なマルチ商法とは違うことが強調されるが，ほとんどは被害者の予備知識の欠如につけ込んだものである．ネットワークビジネス系の悪質商法に共通する最大の問題は，被害者が自分の人間関係をもとに，次々と親族・友人などをネットワークに引き入れ，結果として自分と勧誘に応じた親しい人の双方が財産を失うことで，人間関係も破綻してしまう点にある．

その他に多くの被害を発生させている悪質商法に，霊感商法がある．これは，霊的能力をもつと称する人物が，被害者には怨霊や先祖の因縁が取り憑いているため悪影響があり，問題を解消するためには印鑑・壺・掛け軸や，健康を取り戻すための栄養補助食品を購入する必要がある，とだまして法外な金銭を対価として得るものである．物品を売りつけず，祈祷料などのみを支払わせる手法を，とくに霊視商法とよぶ．霊感商法では，犯人が被害者と最初に接点をもつための場として，姓名判断や健康相談が名目として利用されることがある．こ

うした場面では，より多くの被害者をだますために，霊能者役へ被害者の個人情報を伝える案内役や，被害者よりも先に金銭の支払を装うサクラがいる場合もある．

■ 被害の背景と対策

勧誘の基本原理は，段階的承諾・権威・希少性・一貫性維持の社会的望ましさなどがあげられ，これらが複数関連して実際の勧誘が行われている (Cialdini, 2001)(→9.4)．たとえばホームパーティ商法は，一般住宅を利用して料理教室やパーティを開き，使われた調理器具などを販売するもので，段階的承諾と知己関係であることが多い参加者どうしの同調圧力の作用を使う．街頭でアンケートや署名集めを口実にして被害者に接近し，近隣にある勧誘者の事務所で高額の契約を結ばせるキャッチセールスでも，段階的な要請を被害者に受け入れさせたうえで勧誘者のテリトリーで状況の主導権を握り，権威ある第三者が認めた商品を特別キャンペーンの期間に契約すべきだと被害者に決断を迫る．

国民生活センターによれば，70歳以上の高齢者が当事者となった事例に関して，毎年約10万件の相談が全国の消費生活センターに寄せられている．高齢者については，健康維持や体調改善への高い関心，老後の生活資金を有利に運用したいという意向，社会活動や親族との交流が不十分な場合は孤独感が強く，親身に声をかける勧誘者に感じる親近感から勧誘を断れない，新しい物品やサービスなどの社会的な変化に疎いといった特徴をもつため，被害に遭いやすいと考えられる．一方若年層については，売買契約やクーリングオフ制度についての知識不足や全般的な社会経験の不足から，被害に遭う傾向が高いと考えられる．

悪質商法では，一度なんらかの手法で被害に遭うことで，「カモリスト」ともいわれる被害者リストに個人情報が登録され，売買されるそのリストに基づいて再度勧誘が行われることも少なくない．被害者リストを用いた勧誘では，「被害経験者を救済する制度ができた」「被害者リストから名前を削除するために手数料がかかる」という名目が使われ，被害経験者を対象とした勧誘の成功率を向上させようとする勧誘トークが用いられる．

悪質商法の規制については，次々と社会問題化する手口を対象とするための改正が続いている．1976年に制定されたいわゆる訪問販売法は，2000年に特定商取引に関する法律と名称変更され，その後も規制・罰則が強化されている．ネズミ講については，1978年に無限連鎖講の防止に関する法律，1986年には現物まがい商法に対応するために，いわゆる特定商品預託法が制定されている．クーリングオフの適用範囲拡大も図られているが，常に規制の網をかいくぐる悪質な業者の対応が先行し，法規制は後手にまわる形となっている．

また，2001年に施行された消費者契約法をはじめとして関係する法律が多岐にわたり，被害者が適切な対応をとることは容易ではない．被害相談には，警察の他に一般市民がよりアプローチしやすい国民生活センターや地方公共団体の消費生活センターが応じており，脱法的な活動を行う悪質商法組織への対応ノウハウも蓄積されている．また国の対応としては，消費者行政を一元的に所管するために内閣府の外局として設置された2009年9月の消費者庁の発足が，最近の動きとしてあげられる．

〔鈴木　護〕

▶ 文　献

Cialdini, R.B. (2001). *Influence : Science and practice.* 4th ed. Allyn & Bacon.（社会行動研究会（訳）(2007). 影響力の武器　第2版　誠信書房）

7.35 動物虐待

■ **動物虐待と凶悪犯罪の関連性**

凶悪犯罪で検挙された犯人が事件前に動物に対して残虐な行為をくり返していたという報道はたびたび耳にする．それゆえ，動物虐待（animal cruelty）が将来の対人暴力犯罪を予測する危険因子の一つとして指摘されている（→6.24）．

わが国では，谷（2007）が少年院被収容者61名と一般中学生125名を調査し，動物虐待と対人暴力の関係について検討している．動物虐待の経験率は，一般中学生が40％，非暴力系犯罪少年が55％，暴力系犯罪少年が80％であり，対人暴力と動物虐待の関連性を強く推認させる結果であった．

一般中学生は，カエルなどの愛護動物以外を対象にした虐待行為が最も多く，行為内容も解剖や四肢を切るなどが多いことから，学校の授業以外に自ら好奇心をもって自然体験学習を行っているとみなされている．一方，少年院被収容者は，一般中学生に比べ，犬・猫・鳥などの愛護動物を虐待対象に選び，火薬やモデルガンなどの道具を使用し，快楽追究的な動機が高頻度で認められた．とくに，快楽追究性と粗暴性が高く，反復して愛護動物に対して虐待に及ぶ場合，対人暴力の危険因子となると考えられている．

アメリカにおける受刑者261名に対する調査によれば（Hensley, & Tallichet, 2005），幼少期や青年期に動物虐待に関与したことがある受刑者の主要な動機は，「怒り」および「楽しい」が最も多いことから，粗暴性と快楽が認められ，わが国の研究と動機面について共通点がある．

また，わが国においても精神医学の分野で広く使用されているアメリカ精神医学会作成の精神障害の統計・診断マニュアル（DSM-Ⅳ-TR）には，18歳以上に適用され，良心の呵責を感じることなく，凶悪犯罪を行い，人を操作することに長けているという特徴を有する「反社会性人格障害」がある．この人格障害の診断基準の一つに，15歳以前の問題行動として動物虐待が含まれていることから，犯罪行動をくり返す者には，幼少期に動物への残虐性に関するエピソードが存在することを示している．

■ **アメリカにおける動物虐待データ**

2003年のアメリカ人道協会（HSUS）による調査では，動物虐待犯1682名のおもな特徴として，犯人の8割近くは成人であり，故意の虐待は成人・未成年ともに男性がほとんどであり，女性はホーディング（過剰飼育）の割合が高い．虐待対象はペットが最も多く，中でも犬が多い．故意の虐待では銃器使用が最も多く，女性は絞殺が一般的である．男性の場合，動物虐待にドメスティック・バイオレンスが伴うとある．

また，アメリカではPet-Abuse.Comというインターネットサイトがあり，動物保護団体が独自に動物虐待事件を調査し，動物愛護団体・警察・研究者・検察官に対して，インターネットでオンライン検索できる動物虐待データベースを提供している．同データベースには，アメリカ以外にも，カナダ，イギリス，ニュージーランド，オーストラリア，スペインにおける約14000件の動物虐待事件が登録されている（2009年1月時点）．

同データベースは，虐待種別（殴打，獣姦，苛性物質による焼損，火・花火による焼損，絞殺・窒息，溺水，動物どうしを格闘させる，吊るす，ホーディング，蹴る・

踏みつける，切断・拷問，ネグレクト，刺す，毒物，盗む，密輸，違法な捕獲，轢くなど22種）と動物種別（闘犬，闘犬以外の犬，猫，野鳥，野ウサギ，ペットウサギ，牛，馬，羊，豚，爬虫類など26種）のクロス検索が可能であり，抽出されたケースの詳細事例を閲覧できる．

同データベースによれば，アメリカにおける12707件の動物虐待のうち，ネグレクト・遺棄が32.1％と最も多く，次いで発砲11.8％，ホーディング（過剰飼育）11.3％，闘犬8.8％，殴打6.9％，切断・拷問5.9％と続いている．

緊縛が認められる虐待には，切断・拷問30％，ネグレクト・遺棄17％，殴打13％，絞殺8％が伴っている．また，野良犬・野良猫に対する虐待で多いのは，発砲57.6％，毒物9.5％，切断・拷問8.3％，殴打7.2％であった．一方，飼い犬への虐待で多いのは，ネグレクト・遺棄64.7％，動物どうしの格闘19.3％であった．

虐待者の特徴としては，30代および40代が全体の4割を占め，どの年代においても男性が女性を上回る．また，虐待種別では，ホーディングにおいて，女性が男性を上回るのみであり，その他すべての虐待は男性優位といえ，アメリカ人道協会の調査結果とほぼ一致する結果である．

また，火や花火による焼損は未成年者が選択する虐待行為であり，切断・拷問は10代後半から20代前半の比率が高い．なお，ネグレクト・遺棄，ホーディング，毒物は，男女ともに年配者の比率が高い．

わが国においても，国内で発生あるいは検挙された動物虐待やネグレクトの事案を集積しているインターネットサイトは存在するが，アメリカのような大量データの統計は，なかなか得られないのが実情である．動物虐待への適切な対応には，国家レベル の組織的なデータ収集および分析が必要であろう．

■ **わが国における動物虐待への罰則**

わが国には，愛護動物に対する虐待などを取り締まる「動物の愛護及び管理に関する法律」がある．同法における愛護動物とは，牛・馬・豚・めん羊・やぎ・犬・ねこ・いえうさぎ・鶏・いえばと・あひる，人が占有している哺乳類，鳥類または爬虫類である．これらの動物を殺傷した場合には懲役1年以下または罰金100万円以下，衰弱・遺棄の場合には罰金50万円以下という罰則を設けている．また，動物取扱業者に対しても動物の健康と安全を保持する基準があり，これに違反した場合は30万円以下の罰金，虚偽の申告などがあった場合は20万円以下の罰金となっている．

ところで，飼い主が飼育動物を虐待する場合，上記法律が適用されるが，飼い主の存在する動物が第三者に虐待された場合，動物は飼い主の所有財産であるため，動物愛護法よりも罰則が重い器物損壊罪（懲役3年以下）が適用されている．

警察統計では，動物愛護管理法の送致は，毎年約70件，器物損壊事件の中で動植物が占める割合は0.5％である．

〔岩見広一〕

▶**文　献**

Hensley, C., & Tallichet, S.E. (2005). Animal cruelty motivation：Assessing demographic and situational influences. *Journal of Interpersonal Violence*, **20**(11), 1429-1443.

Pet abuse.com 動物虐待犯罪データベース（http://www.pet-abuse.com/pages/cruelty_database.php）

谷　敏昭（2007）．青少年における動物虐待の実態——非行少年と対人暴力との関連を中心として　精神医学，**49**(7), 727-733.

The Humane Society of the United States (2003). First Strike® Campaign 2003 Report of Animal Cruelty Cases. 1-8.

7.36 サイバー犯罪

　日本におけるインターネット利用者は，9000万人をこえているといわれているなど（総務省，2009），インターネットによるメールのやりとりや，インターネットを利用したショッピング，ITを基盤とした社会システムはわれわれにとってなくてはならないものとなっている．こうしたインターネットやその他の高度情報通信ネットワークの普及は利益をもたらす一方で，「サイバー犯罪（cyber crime）」の脅威をも生み出している．

　現在，警察庁においてサイバー犯罪は，「高度情報通信ネットワークを利用した犯罪やコンピュータ又は電磁的記録を対象とした犯罪等の情報技術を利用した犯罪」と定義されており以下の3類型に分類されている（警察庁，2008）．

1）コンピュータ・電磁的記録対象犯罪
　刑法に規定されているコンピュータや電磁的記録を対象とした犯罪．
- 金融機関などのオンライン端末を不正操作する．
- ホームページのデータを無断で改ざんしたり消去したりする．
- 大量の電子メールを送付しサーバシステムをダウンさせる．

2）ネットワーク利用犯罪
　上記1）以外で，犯罪の実行にネットワークを利用した犯罪または犯罪行為そのものではないものの，犯罪の敢行に必要不可欠な手段としてネットワークを利用した犯罪．
- インターネットを利用してわいせつ画像，児童ポルノの販売や頒布を行う．
- インターネットを利用して覚醒剤などの薬物，偽部ブランド品などの違法な物品の販売を行う．
- 脅迫電子メールを送付する．

3）不正アクセス禁止法違反
　不正アクセス行為の禁止等に関する法律に違反する犯罪．
- 他人のID・パスワードを無断で使用して認証サーバにアクセスする．
- セキュリティ・ホールを利用して，ネットワーク越しにコンピュータを不正利用する．
- 他人のID・パスワードを無断で掲示板などに公開する．

■ サイバー犯罪の検挙状況

　サイバー犯罪の検挙件数は，増加の一途をたどっている．警察庁の広報資料によれば，平成21（2009）年中の検挙件数は6690件であり，平成17（2005）年からの5年間で約2倍に増加している．上記3分類の検挙件数を比較すると，ネットワーク利用犯罪が3961件でもっとも多く，次いで不正アクセス禁止法違反が2534件，コンピュータ・電磁的記録対象犯罪が195件となっている（http://www.npa.go.jp/cyber/statics/h21/pdf54.pdf）．

　ここに示したのは検挙件数であり，サイバー犯罪の発生状況そのものではない．しかし，検挙件数の増加はサイバー犯罪の発生そのものの増加を反映していると考えられ，今後もその動向に注意が必要である．

■ サイバー犯罪の特徴

　近年は，フィッシングやスパイウエアなどの手口を用いることや，インターネット利用者のセキュリティ上の不備について，他人の暗証番号やクレジットカード番号などを詐取する事件などが発生している．また，出会い系サイトに関する事件や児童ポルノに関する情報の流通も大きな問題となっており，法改正も含めた議論がなされ

ている．このように，サイバー犯罪については，インターネットの発展に伴って新たな形態の犯罪が増加するとともに，旧来から存在する犯罪がネットワークを通して行われていることが見てとれる．

サイバー犯罪の形態は上記の他にもさまざまなものが存在するが，その特徴としては以下のようなことが考えられるだろう．それは，サイバー空間で行われる犯罪は，匿名性が高く痕跡が残りにくい，不特定多数の人に被害が及ぶ，時間的・場所的な制約がない，ひとたび情報などが流出するとデータを回収することが不可能となり，被害が広範囲かつ長期に及ぶということである．サイバー犯罪は，被害者と顔を合わせることなく，不特定多数の人に瞬時に大きな被害を及ぼしうる犯罪であるといえる．

ウォレス（Wallace, 2001）は，匿名性の高い状態において，人は強い抑制解除状態を味わうとしており，このことがサイバー犯罪の発生を助長している要因の一つであると考えられる．インターネットのように匿名性が高い場は，もともと犯罪に対する抵抗感が薄くなる環境であり，さらに，ある程度の知識と装置があれば犯罪行為を比較的簡単に実行できる環境である．つまり，犯罪者にとってサイバー犯罪は，心理的にも物理的にも低コストで行える犯罪であると言える．

また，ダグラスら（Douglas & Douglas, 2006）は，児童ポルノの問題とインターネットの関係について言及している．この中で彼は，かつて，小児性愛者は周囲に知られないように隠れて活動してきたが，今ではインターネット上に小児性愛者の集まるサイトがあり，そこでは，児童を性的な対象とすることがすすめられているだけでなく，児童を誘惑するための具体的な方法などがやりとりされていると述べている．

その他に，サイバー犯罪に関する問題として，内部犯行者による犯行があげられる．これは，会社やその他の組織の人間（あるいは退職者）がシステムを破壊したり，情報を盗み出したりするものである．このタイプの犯行は，外部からの侵入を堅固に防いだとしても発生するものであり，いわばセキュリティ上の盲点とも考えられる．そのため，内部犯行者による脅威（insider threat）に対しては，通常のセキュリティ対策とは別種の対策が必要である．内部犯行者による脅威については，アメリカのCERT/CC（Computer Emergency Response Team Coordination Center）などで多くの研究が行われている（http://www.cert.org/insider_threat/）．

現在，サイバー犯罪に対しては，法令の整備や国際連携，官民の協力体制を含めてさまざまな対応策が整備されつつある．しかし，サイバー犯罪に関する心理学的研究はまだ少ないため，今後さらなる知見の蓄積が望まれる． 〔大塚祐輔〕

▶文 献

Douglas, J.E., & Douglas, L.K. (2006). Cybercrime. In Douglas, J., Burgess, A.W., Burgess, A.G., & Ressler, R.K. (Eds), *Crime classification manual : A standard system for investigating and classifying violent crimes*. John Wiley & Sons. pp405-423.

警察庁編（2008）．平成20年版　警察白書　ぎょうせい

総務省編（2009）．平成21年版　情報通信白書　ぎょうせい

Wallace, P. (2001). *The psychology of the internet*. Cambridge University Press.（川浦康至・貝塚泉（訳）(2001). インターネットの心理学　NTT出版）

7.37 ストーカー

■ストーキングの定義とストーカー規制法

ストーキング（stalking）は特定の他者に対しての悪質なつきまとい行為のことをさす．とくにそれが恋愛関係の場合，通常の交際やアプローチ行為と区別がつきにくく，また家庭内や恋人間のトラブルのような外見を呈しており，刑事的に取り締まろうとしても，軽犯罪法や迷惑防止条例でしか取り締まることができず，実効性のある対策ができなかった．しかし，埼玉県桶川市で女子大学生がストーカーに殺害された事件などをきっかけにして，この問題が大きくクローズアップされ，法整備が進み，2000（平成12）年11月24日「ストーカー行為等の規制等に関する法律」（ストーカー規制法）が施行された．

この法律では，①つきまとい・待ち伏せ・進路への立ちふさがり・押しかけなど，②監視していると告げる行為，③面会・交際などの要求，④著しく粗野・乱暴な言動，⑤無言電話，連続した電話・ファックス，⑥汚物・動物の死体などの送付など，⑦名誉を害する事項の告知など，⑧性的羞恥心を侵害する物品などの送付などの8種類の行為をストーキング行為として規定している．ただし，この法律は，取材活動，組合活動などが規制の対象にならないよう，「恋愛感情その他の好意の感情またはそれが満たされなかった場合の怨恨の感情を充足する目的」で行うストーキング行為と限定されている．実際のストーカー行為の中には，ミューレンの憎悪型にみられるように必ずしもこの定義に該当しないストーキング行為も存在するため，ストーカー規制法の対象は，実際のストーキングの一部の行為であると考えてよい．

■ミューレンによるストーカーの分類

ストーカーにはさまざまなタイプが存在しているため，その特性を理解するためには，そのタイプを分類していくことが必要である．現在，最も有用だと考えられているのは，ミューレン（Mullen, P. E.）による次のような分類枠組みである．

1）拒絶型　元恋人や元妻をストーキングする．ストーキングのきっかけは被害者から別れを切り出されることである．加害者は，はじめはよりを戻そうとする行為を行うが，次第に自分に対して別れを切り出したことに対する報復を行うようになる．このタイプのストーカーの攻撃は執拗であり，かつ嫌がらせの方法も多様である．被害者と交際経験があり，相手の行動パターンや生活パターンを把握していることが多いので，被害者にとってダメージが大きな嫌がらせの方法がとられる．この種のストーキングは一見，恋人，夫婦間の内輪もめトラブルのように見え，危険性は少ないと思われがちだが，実際には被害者が殺されたり，傷害を受けたりする危険性の最も高いタイプである．

2）憎悪型　自分の日常生活のストレスや不満をひとりの人間にぶつけ，人を苦しめることでうっぷんをはらすタイプ．被害者はなんらかの形で犯人を刺激した人物（たとえば，クラクションを鳴らされた，自分より幸せそうに見えた，自分に対して冷たいことを言った）であり，犯人は自分の中で相手に対する憎悪を増幅させ，執拗ないやがらせをはじめる．被害者の選択は恣意的，偶然的であり，被害者の側にはまったく落ち度がない場合も少なくない．犯人と被害者は面識のない場合が多く，犯人は被害者にばれないように犯行を行うところ

が他のタイプと異なっている．脅迫や嫌がらせはするが，実際の暴行や傷害にでることは他のタイプに比べて少ない．

3）親密希求型 精神病などによって妄想に支配され，相手と自分の間に妄想的な関係を作り上げ，つきまとうタイプである．精神疾患の種類としては統合失調症，妄想性人格障害，自己愛型人格障害，躁病などがある．相手は恋愛対象である場合が多い．犯人は男性が多いが同性愛的な志向のある犯人もいるため，被害者は女性に限らない．恋愛対象以外に友情や師弟関係などで生じる場合もある．犯人は相手の行動を自分勝手に解釈し，相手は自分に気があるに違いないとか，相手は自分を誘っていると考えている．また，相手が交際を断るとだれかに交際を妨害されているために断っているにすぎないと考え，相手が自分に気があるという信念は覆さない．相手に対する好意がもとになるため，つきまとい行動が中心となるが，自分たちの交際を妨害している可能性のある人物（相手の家族や恋人）に対して直接的な暴力行為に出ることもあるし，嫉妬から被害者自身に攻撃する場合もあり，危険性は低くない．

4）無資格型 このタイプの犯人は相手の立場を理解することができず，ともかく自分の欲求を相手にぶつける．はじめから的外れでしつこいアプローチで被害者に近づくことが多いが，自分の告白やアプローチが実らないことを理解できず，相手は自分の労力に見合った行動をすべきであると考えているため，強引に交際を迫り続け，場合によってはレイプなどの犯行を行う場合がある．いわば，極度に自分勝手な人物である．このタイプには，社会性人格障害の場合と発達障害などのために好きな異性に対して，柔軟な態度で接することができないタイプがいる．とくに前者のタイプが危険である．

5）略奪型 レイプなどの性的な行為を最終的な目的とするが，その準備としてあらかじめ目をつけた被害者を追跡し，情報収集をするタイプ．最終的にはレイプ事件に発展することもあるが，犯人は犯罪行為のシミュレーションをくり返すことによって得られる支配感を持続させ，実際の犯罪行為に出ない場合もある．被害者を脅迫したり，嫌がらせしたり，自分の存在を知らせることは少ない．そのため被害者は自分がストーキングされていることに気がつかない．犯人はほぼ例外なく男性である．

■**エスカレーションのリスク要因**

ストーカーの事案ははじめはそれほど大きくない事件であるが，最終的には傷害，殺人事件に発展する場合もある．また，自然消滅することもある．そのため，事案の特性から犯行がエスカレートする可能性について見積もっていくことが重要になってくる．このような視点からの研究がいくつか行われている．たとえば，ロジスティック回帰分析を使用した研究（Rosenfeld & Harmon, 2002）によって，犯人の年齢が30歳以下であること，教育歴が高校卒未満であること，犯人が白人でないこと，元恋人・元夫婦であることなどが犯行の危険性を高める要因であることが明らかにされている． 〔越智啓太〕

▶**文　献**

Mullen, P.E., Pathe, M., & Purcell, R. (2000). *Stalker and their victims*. Cambridge University Press（詫摩武俊・安岡誠（訳）(2003). ストーカーの心理　サイエンス社）

Pinals, D.A. (2007). *Stalking: Psychiatric perspectives and practical approaches*. Oxford University Press.

Rosenfeld, B., & Harmon, R. (2002). Factors associated with violence in stalking and obsessional harassment cases. *Criminal Justice and Behavior, 29*, 671-691.

7.38 テロリズム

■ テロリズムの定義と概況

テロリズム（terrorism）について，唯一の定義は存在しない．しかしながら，マーセラ（Marsella, 2004）は，テロリズムの定義の多くが，「一般市民に直接向けられ，政治的もしくは社会的立場を変えさせるために個人もしくは集団を威圧する手段として恐怖を植え付けることを意図した，個人もしくは集団による武力もしくは暴力の行使であるという点で共通している」と指摘している．

ポスト（Post, 2002）は，テロリズムを図1のように分類している．ポストは，とくに，「政治テロ」かつ「国家が直接かかわっていないテロ（sub-state terrorism）」が最も多様であるとして，その下位分類として，犯行組織の思想的背景によって，社会革命テロ（左翼），右翼テロ，民族独立テロ，宗教的過激派テロ，単一問題派テロをあげている．

近年のテロリズムにおいては，宗教的過激派テロの増加が特徴的である．たとえば，シュミット（Schmid, 2004）は，長年にわたり国際的テロリズムのデータをマスメディアの情報などより収集してきたRANDコーポレーションのホフマン（Hoffman, B.）のデータを引用し，1980年には，64の国家間（international）テロリスト集団において宗教的テロリスト集団は全く認められなかったが，1995年には，58集団のうち25集団が宗教的テロリスト集団であったと指摘している．

また，シュミット（2004）は，近年のテロ事件における死亡者の増加は，国際的（global）テロリズムにおいて顕著であることを述べている．そして，ホフマン（Hoffman, 1994）によると，国家間テロ事件において，シーア派系イスラム主義集団による事件が占める割合は1982〜1992年の間で8％にすぎないが，全体の死亡数の28％を占めており，シーア派系イスラム主義集団によるテロ事件のリスクを示唆している．

しかしながら，①宗教的観念に基づく暴

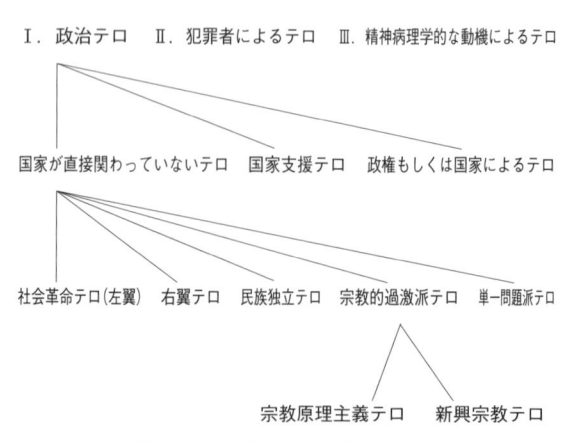

図1　テロリズムの類型（Post, 2002）

Ⅰ．政治テロ　Ⅱ．犯罪者によるテロ　Ⅲ．精神病理学的な動機によるテロ

国家が直接関わっていないテロ　国家支援テロ　政権もしくは国家によるテロ

社会革命テロ(左翼)　右翼テロ　民族独立テロ　宗教的過激派テロ　単一問題派テロ

宗教原理主義テロ　新興宗教テロ

力の合法化，②深刻な疎外感と孤立感，③広義の「敵」を抹殺しようとする熱狂，といった宗教的テロリスト集団の特徴は，アメリカの白人優越主義のキリスト教武装集団，イスラエルにおける過激ユダヤ教テロリスト集団，インドのシーク教徒テロリスト集団などにも同様に認められること，これらの諸集団にとっては，社会の他の部分を抹殺することが目的化していることが指摘されている（Hoffman, 1994；小田, 2006）．

■テロリズムの心理社会的背景

バートルら（Bartol & Bartol, 2005）は，シュタウブ（Staub, 2004）の研究を引用しつつ，テロリズムの心理社会的背景として以下の要因をあげている．

- ある集団もしくは文化が，別の集団あるいは文化によって，生贄もしくはイデオロギー的に敵対するものとして選ばれたときに生じる文化的没価値化（cultural devaluation）．
- 不平等，相対的はく奪，不当な措置を感じ取ること．恵まれない境遇にある無力で孤立した人々は，基本的な欲求を満たすのみならず，テロリスト集団が提供する一体感，連帯感を得ようとする．
- 満たされない自分を放棄して強い指導者や組織の命令系統に服従したいと望んでいる人にとっては，権威（テロリスト集団の厳しい上下関係とカリスマ的指導者）への強い畏敬．

これらがさらに，道徳的正当化といった認知的再構成過程を通して，テロリストが犯行に至る土台になっていると考えられる．

また，シュミット（Schmid, 2004）は，テロリズムの原因として貧困があげられることが多いが，国家レベルでみると，貧困よりも人権侵害のほうが，テロリズムとの相関関係が高いことを示している．

越智（2004）は，テロリストの特性に関連する先行研究を概観する中で，テロ行為は個人特性が原因で生じるという「個人特性仮説」と，テロリズムを社会現象としてとらえる「社会仮説」が過去に提起されていることを述べている．テロリズムについて検討する際には，個人的・心理的要因，社会的要因の双方を包括的に組み込む必要があると考えられる． 〔横田賀英子〕

▶文 献

Bartol, C.R., & Bartol, A.M. (2005). *Criminal behaviour : A psychosocial approach.* 7th ed. New Jersey : Pearson Education.（羽生和紀（監訳）横井幸久・田口真二（編訳）(2006). 犯罪心理学——行動科学のアプローチ 北大路書房）

Hoffman, B. (1994). Responding to terrorism across the technological spectrum. *Terrorism and Political Violence,* **6**, 366-396.

Marsella, A.J. (2004). Reflections on international terrorism : Issues, concepts, and directions. In F. M. Moghaddam & A. J. Marsella (Eds.), *Understanding terrorism : Psychosocial roots, consequences, and interventions.* Washington, DC : American Psychological Association.

越智啓太 (2004). テロリストの心理特性に関する研究の現状と展望 東京家政大学研究紀要, **44** (人文科学), 209-217.

小田 晋 (2006). テロリズムの精神医学 松下正明（総編集）山内俊雄・山上皓・中谷陽二（編），司法精神医学3 犯罪と犯罪者の精神医学 中山書店 pp.188-199.

Post, J.M. (2002). Differentiating the threat of chemical and biological terrorism : Motivations and constraints. *Peace and Conflict : Journal of Peace Psychology,* **8**(3), 187-200.

Schmid, A. (2004). Statistics on terrorism : The challenge of measuring trends in global terrorism. *Forum on Crime and Society,* **4**, 49-69.

Staub, E. (2004). Understanding and responding to group violence : Genocide, mass killing, and terrorism. In F. M. Moghaddam & A. J. Marsella (Eds.), *Understanding Terrorism : Psychosocial Roots, Consequences, and Interventions.* Washington, DC : American Psychological Association.

7.39 生物化学テロ

　生物化学テロとは，生物兵器，化学兵器を用いて一般市民や特定の人物，組織，集団を攻撃することによって，なんらかの政治的な目的を達成しようとするテロ行為のこと（→7.38）である．生物兵器としては，細菌やウィルス，毒素，具体的には，天然痘ウィルス，ボツリヌス菌，炭疽菌などが使用される．化学兵器としては，マスタードガス，VX ガス，サリンなどが使用される．

　生物テロの中で最も有名なのは，2001 年 9 月から 11 月にかけてアメリカで発生した炭疽菌事件である．この事件の犯人は，炭疽菌芽胞入りの郵便物をメディア関係者や民主党の議員に送りつけ，その結果，皮膚炭疽 12 名，肺炭疽 11 名の被害者を出した．最終的に 5 名が死亡した．

　また，オレゴン州のラジニーシュ（Rajneeshees）という宗教グループが行った生物テロ（1984 年 9 月）も有名である．このグループは，その地域の有権者を減らして自治体を乗っ取ることを目的として，地域住民がよく利用する 10 ヵ所のレストランのサラダバーに，自分たちの組織が培養したサルモネラ菌を散布したのである．これによって少なくとも 751 名の人々が発症した．

　化学テロの中で有名なのは，1995 年 3 月に新興宗教団体オウム真理教によって行われた，東京の地下鉄におけるサリン事件である．この事件では，地下鉄丸ノ内線，日比谷線，千代田線の合計 5 編成の車内で神経ガス兵器であるサリンが散布され（サリンの入った袋を傘で突き破り，犯人は逃走するという手口が使用された）乗客や駅員ら 12 人が死亡，5510 人が重軽症を負った．

　生物化学兵器は，通常兵器や核兵器に比べ，その製造や維持管理が簡単なために「貧者の兵器」といわれることがある．そのため，比較的小さな規模のテロ集団も入手し，使用することが可能だといわれる．事実，炭疽菌事件の犯人は個人であった可能性が高い．しかし，実際にはこの兵器の作成と使用にはそれなりの専門技術と熟練が必要である．たとえば，その生物兵器をエアロゾル状にして散布させるためには高度な技術が必要である．

　実際，オウム真理教グループは，博士課程の大学院生レベルの生物学者や医師をそのメンバーとして有していたが，炭疽菌やサルモネラ菌による攻撃を行ったものの成功していない．また，これらの兵器の散布においては，散布者自体も被害を被る可能性が高く，その使用にあたっては，自爆テロ的な自己犠牲をいとわない実行者が必要になる．

■生物化学テロの分類とその主体

　現在，さまざまな国や地域でテロ活動が行われているが，現在のところ大規模な生物化学テロはあまり起きていない．今後，どのような主体がこの種のテロを行う可能性があるのか．

　生物化学兵器（chemical and biological weapons：CBW）自体を保有し，その製造，管理についてもノウハウをもっているのは，国家とその軍隊であるが，これらの主体は生物化学テロを行う可能性は比較的小さいと考えられている．なぜなら，大規模な生物化学兵器の使用は，使用した主体にとっても収拾のつかない事態を作ってしまいやすく，また，その使用は国際社会の中におけるその国家の立場を悪くする可能性

表1 生物化学兵器を使用したテロの種類と反抗主体の関係 (Ursano et al., 2004)

	通常兵器 大規模テロ	偽CBW 攻撃	小規模 CBW攻撃	大規模 CBW攻撃	スーパー CBWテロ
社会革命	○	○	○	×	×
国家主義-分離主義	○	○	○	×	×
右翼	○	○	○	○	×
右翼結社	○	○	○	×	×
宗教原理主義	○	○	○	○	○
新興宗教	○	○	○	○	○

(○=行う可能性がある ×=行う可能性は少ない)

が高いからである.

したがって,これらの兵器を使用する可能性があるのは,国家でない主体であると考えられる.ウルサーノら(Ursano et al., 2004)は,生物化学テロの種類とその規模を基準として4種類に分類し,それを行う可能性がある集団について検討している.テロの分類は表1のようである.

> **1) 偽CBW攻撃**
> これはCBWをもちいたテロを行うということを公表することで実際には攻撃を行わないことであるが,このような公表はその対策のために多くの警察力を導入することになるし,一般の社会に対して不安を引き起こすのでテロの1種と考えられる.
>
> **2) 小規模CBW攻撃**
> これはある特定の攻撃対象人物や地域を狙った小規模なCBW兵器の散布のことである.犠牲者は20名以下である.
>
> **3) 大規模CBW攻撃**
> これは20人から数百人の犠牲者が想定される比較的大規模なCBW攻撃のことである.
>
> **4) スーパーテロ**
> これは何千人も被害者が想定されるCBW攻撃である.

彼らは,生物化学テロを行う可能性がある主体として,6種類のカテゴリーをあげている.すなわち,社会革命派,国家主義者,右翼,右翼結社,(宗教)原理主義,新興宗教である.これらの組織体のうち,小規模CBW攻撃まではすべての団体がとる可能性があると考えている.

ところが,大規模なCBW攻撃を行う可能性のある組織は,宗教関係の組織に限られている.これは,CBW攻撃は事態が収拾がつかなくなり,その被害の回復が困難であるため,通常の政治的なテロ集団では扱いにくいのに対し,終末思想などをもつ宗教団体の場合には,攻撃後の事態の収拾を考えなくていいこと,CBW攻撃は化学兵器や生物兵器を散布するメンバー自体が被害に遭う可能性が大きいが,宗教テロの場合,このような役割を志願するメンバーがいる可能性があること,そして,すでに一般市民からの共感を得ることはできず,孤立しているため,無差別CBW攻撃によって,これ以上失ったりするものはないからである.　〔越智啓太〕

▶文 献

Ursano, R.J., Norwood, A.E., & Fullerton, C.S. (2004). *Bioterrorism : Psychological and public health interventions*. Cambridge University Press.

Tucker, J.B. (Ed.), (2001). *Toxic terror : Assessing terrorist use of chemical and biological weapons*. MIT press.

7.40 ハイジャック

　ハイジャック (hijacking) は，銃やナイフ，爆弾などの武器を用いて航空機，船舶，バスなどの交通機関を乗っ取ることをいう．定義的には乗っ取られるのは航空機に限られないが，とくにわが国ではハイジャックといえば，航空機乗っ取りのことをさす．英語では航空機の乗っ取りについてとくに言及したい場合には，Aircraft hijacking あるいは skyjacking などの用語が用いられる．以下，おもに航空機の乗っ取りについて説明する．

■輸送手段としてのハイジャック

　世界最初のハイジャックといわれているのは，1931年にペルーでフォードのトリーモーター機が飛行場内で乗っ取られた事件である．1940年から1950年代に行われたハイジャックは東側諸国から自由を求めて西側諸国への亡命のために行われた．たとえば，1953年チェコ航空のDC-3が4人の亡命希望者によってハイジャックされ，西ドイツに着陸した．この事件では同乗していた2名の乗客も亡命した．

　その後，1960年代にはいると，キューバで共産主義革命が起こり，アメリカがキューバと国交を断絶したことをきっかけとして，キューバ人が故郷に帰るためのハイジャックや，アメリカ国内犯罪者がキューバに亡命するためのハイジャックが多発した．これは「キューバ急行」といわれる．とくに，1968～1969年にかけてはハイジャックが増加し，1977年までは年間40件以上のペースで発生したが，その大半はキューバ関連のものであった．

　日本でも1972年11月に，羽田発福岡行き日本航空351便727が覆面をした男にハイジャックされ，キューバへの亡命を要求した事件などが発生した．これらのタイプのハイジャックを，輸送手段のためのハイジャック (transportation hijackings) という．

■身代金目的のハイジャック

　身代金目的によるハイジャックとしては，1970年にアーサー・バークレイ (Arthur Barkley) という男がダレス空港でハイジャックを行い，政府に1億ドルを要求した事件がはじめだと考えられている．この事件をきっかけとして，多くの身代金目的ハイジャック事件が発生した．

　とくに有名なのは，1971年にダン・クーパー (Dan Cooper) という男がポートランドの空港でノースウェスト航空の727を爆弾（のようなものの入ったアタッシュケース）を使ってハイジャックし，身代金として20万ドルを要求した事件である．この事件で犯人は飛行中の727の後部ドアから身代金を持ってパラシュート降下した．その後，犯人の行方は知られていない．

　クーパーの事件は伝説化し，何件かの模倣犯罪も行われたが，その多くは失敗した．日本では，1974年3月，羽田発那覇行日本航空903便747がハイジャックされ，18歳の犯人が2億円の身代金を要求したが，説得され投降した事件などがある．現在ではこのタイプのハイジャックはほとんど行われない．

■政治目的のハイジャック

　1968年にはパレスチナ解放人民戦線 (PFLP) によるローマ発イスラエル行きのエルアル航空707ハイジャック事件が発生した．ハイジャック犯の目的は拘留されているパレスチナ人の解放，イスラエル政府との直接交渉，パレスチナ問題を世界的に宣伝することであったが，これは政治目

的で行われたハイジャックとしては最初のものである．

その後，1970年9月にPFLPは，エルアル航空の707（失敗），トランスワールド航空の707，スイス航空のDC8，パンアメリカン航空の747（失敗），英国海外航空のヴィッカースVC-10を同時に乗っ取る同時ハイジャック事件を起こし，航空機をヨルダンの「革命空港」に着陸させた．PFLPのみでなく，この時期日本人を主役とするハイジャック事件が何件か発生した．

1970年には，羽田発板付行日本航空351便727よど号が，日本赤軍の学生にハイジャックされた．この事件では犯人の目的は，北朝鮮を赤化して，世界革命の拠点とするために乗り込むというものであった．この事件は日本人による初めてのハイジャック事件であり，航空機の強取などの処罰に関する法律の制定のきっかけとなった．また，1973年にはPFLPと日本赤軍が，パリ発羽田行の747をハイジャックし，ドバイを経由してリビアのベンガジ空港に着陸させるという事件を起こしている．犯人グループは人質を解放した後で飛行機を爆破した．

さらに，1977年には，パリ発羽田行きの日本航空DC-8が日本赤軍にハイジャックされ，バングラデシュのダッカ国際空港に強行着陸した事件が起きた．この事件では，犯人グループは身代金として600万ドルと日本で服役中の日本赤軍メンバーと日本赤軍に加えようと考えた9人の囚人の釈放を要求した（うち3人は釈放を拒否）．この事件では当時の福田赳夫首相が超法規的措置として，身代金と囚人の釈放を決定した．この決定は国際的に非難された．

この事件の前後から，政治目的のハイジャックに対しては各国とも毅然とした態度で立ち向かうことになる．1976年PFLFなどの4人のメンバーによってエールフランスのエアバスA300がハイジャックされた．この事件では，着陸したウガンダのエンテベ空港で，イスラエル軍部隊が機内に突入して犯人を制圧した．また，1977年PFLPのメンバー4人がルフトハンザ航空の737をハイジャックし，ドイツ赤軍のメンバーの釈放と身代金を要求した事件では，ソマリアのモガディシュ空港で，ドイツ警察特殊部隊GSG-9が機内に突入し，犯人を制圧した．

その後，2001年にはいわゆる9.11同時多発テロにおいてハイジャックされた航空機が突入兵器として使用されるという事態が発生した．従来の政治目的ハイジャックでは，実行犯は逃走することを前提に計画が行われていたのに対し，この事件では実行犯は自爆して死亡することが想定されており，新しいタイプのハイジャックの形態といえるであろう．

■ **精神的・心理的な問題に起因するハイジャック**

日本で最近発生した2件のハイジャック事件は，上記の各類型にはあてはまりにくいものである．1995年の全日空857便ハイジャック事件では，函館空港で元銀行員によって747が乗っ取られた．また，1999年の全日空61便ハイジャック事件では，28歳の無職の男が747を乗っ取り，機長を殺害したうえで自ら操縦し横田基地に向かおうとした．いずれの事件も原因は心理的，精神的な問題だと考えられている．

〔越智啓太〕

▶文　献

稲坂硬一（1996）．戦後ハイジャック全史　グリーンアロー出版

7.41 サイバーテロ

サイバーテロリズム（cyber terrorism）という用語は1980年代にカリフォルニア・セキュリティー諜報研究所の上級研究員バリー・コリン（Barry Collin）によって「サイバー・スペース（cyber space）」と「テロリズム（terrorism）」（→7.38）を組み合わせて作り出されたものである．

サイバーテロリズム（以下，サイバーテロとする）については多くの定義が提案されており，意見の一致を見ていない．その理由として，そもそもテロリズムの定義が多様であること，一般のメディアで用語が十分に定義されずに使用されていることなどがあげられる．一般的には，政治的な動機をもって計画的に行われる，コンピュータ，ネットワーク，そこに保存された情報に対する電子的攻撃を意味することが多い．攻撃がサイバーテロとして分類されるためには，それが不安や恐怖を引き起こすと同時に，大衆や政府の意見に影響を与えようという政治的動機や社会的目的に基づくものでなければならないとの議論もある（Bandura, 1990；Rogers, 2003）．つまり，犯行の動機は従来型のテロと同じであるが，攻撃手段と標的の選択がコンピュータ・システムやネットワークに移行したものと考えられる．この点において，サイバーテロは一般市民による単なるいたずらを含むサイバー攻撃やサイバー犯罪と区別される．

わが国の警察機関では，重要インフラストラクチャー（情報通信，金融，航空，鉄道，電力，ガス，地方公共団体を含む政府・行政サービス，医療，水道および物流の各分野における社会基盤）の基幹システムに対する電子的攻撃又は重要インフラの基幹システムにおける重大な障害で電子的攻撃による可能性が高いものとされている（警察庁, 2008）．この定義では攻撃対象と攻撃手法に焦点が当てられ，政治的動機の有無は問われないため，テロリスト以外のサイバー攻撃と区別されない．

■ **サイバーテロの特徴**

サイバーテロの特徴として次のような性質が指摘されている．まず，従来のテロ手段より費用がかからないという特徴がある．銃や爆発物を入手する費用や手間は必要なく，極端にいえば，サイバーテロに必要なものはオンライン接続が可能なパーソナル・コンピュータ1台だけである．これだけでコンピュータ・ウィルスの作成や配信が可能であり，オンライン接続された標的を攻撃することができる．

また従来のテロ手法よりも匿名性が高いこと，多様で膨大な数の標的が利用可能であること，遠隔地からテロ行為の実行が可能で地理的な距離や国境を気にする必要がないこと，従来のテロ手段と比べより多くの人に影響を与える潜在的な可能性を秘めていることが特徴としてあげられる．

■ **サイバーテロにおける心理学的な問題**

サイバーテロについて心理学の観点から行われた実証研究はほとんどない．しかし，匿名性の高さというインターネットの特性を踏まえ，社会心理学の視点からサイバーテロについて論じられることがある．たとえば，インターネットなどのコンピュータを介したコミュニケーションでは没個性化が促進され，集団規範の影響や内集団バイアス，集団への帰属意識が促進される場合があることが指摘されており，テロリストのテロ集団への帰属意識や反社会的行動を促進する可能が考えられる．

また，バンデューラ（Bandura, A.）は

社会的認知理論（social-cognitive theory）(Bandura, 1986)に基づき破壊行為を正当化，合理化するテロリストの道徳性に関する心理的メカニズムを論じており（e.g., Bandura, 1990），この考えをサイバーテロに適用した議論がなされている．

■ サイバーテロにおけるテロ行為の正当化と合理化

テロ行為の重要な側面として，テロリストが非人道的で残酷な活動を行う点があげられる．このような暴力性にもかかわらず，テロリストは一般にパーソナリティの偏りや精神疾患を伴った者ではなく，正常であるとの指摘がある（Hogan, 2003；Post, 1990）．バンデューラは社会的認知理論の観点から，テロリストの道徳行為の自己調整について論じている．社会的認知理論によれば，自責の念や自己非難といった自己制裁（self-sanction）によって，道徳基準に背くような逸脱行動が抑止される．

しかし，自責感や自己非難という道徳反応を不活性化させるメカニズムがあり，これは道徳的分離（moral disengagement）とよばれる．テロリストが暴力的なテロという道徳基準に背く行為を実行するには，道徳的分離を使用できるよう訓練しなければならない（Bandura et al., 1996；Post, 1990）．

道徳的分離で一般的に使用されるテクニックとして，道徳的正当化や合理化，婉曲的なラベリング，責任の転嫁，責任の拡散，被害者の没人間化，非難の帰属などがある．サイバーテロは道徳的分離を促進する特徴をもっていることが指摘されている（Rogers, 2003）．

サイバーテロでは，コンピュータやネットワークが標的となり，人間への暴力的な攻撃と比べ，これらの標的への攻撃はテロリストが感じる道徳的な重荷を軽減し，テロ行為の正当化・合理化を促進する要因となりうる．また，インターネットはテロ集団内での匿名性および攻撃における匿名性を増大させる役割を果たしている．テロ集団内での匿名性は没個性化（deindividualisation）をもたらし，責任の拡散が促進される可能性が考えられる．これらの要因により，サイバーテロは従来のテロより実行に際しての心理的抵抗が少ないことが指摘されている．
〔丹藤克也〕

▶文 献

Bandura, A. (1986). *Social foundations of thought and action : A social cognitive theory*. Englewood Cliffs, NJ : Prentice Hall.

Bandura, A. (1990). Mechanisms of moral disengagement in terrorism. In W. Reich (Ed.), *Origins of terrorism : Psychologies, ideologies, theologies, state of mind*. New York : Cambridge University Press. pp.161-169.

Bandura, A., Barbaranelli, C., Caprara, G.V., & Pastorelli, C. (1996). Mechanisms of moral disengagement in the exercise of moral agency. *Journal of Personality and Social Psychology*, **71**, 364-374.

Hogan, J. (2003). The search for the terrorist personality. In A. Silke (Ed), *Terrorist, victims, and society : Psychological perspectives on terrorism and its consequences*. Chichester : Wiley. pp.3-27.

警察庁（2008）．平成20年版　警察白書　ぎょうせい

Post, J. (1990). Terrorist psycho-logic : Terrorist behavior as a product of psychological forces. In W. Reich (Ed.), *Origins of terrorism : psychologies, ideologies, theologies, states of mind*. New York, NY, US : Cambridge University Press. pp.25-40.

Rogers, M. (2003). Psychology of cyber-terrorism. In A. Silke (Ed), *Terrorist, victims and society : Psychological perspectives on terrorism and its consequences*. Chichester : Wiley. pp.77-92.

7.42 薬物乱用

■定義

薬物乱用における「乱用（abuse）」とは，法規則や社会的慣習，医学的常識から逸脱した目的や方法で薬物を使用することをさす．一方，薬物の使用をやめることができない状態を「依存（dependence）」とよび，薬物を求める強い心理的欲求（渇望）を伴う状態を「精神依存」，薬物の耐性形成（薬物の反復使用により薬物の効果が弱まり，初期の薬理効果を得るために薬物の使用量を増加する必要が生じること）や離脱症状（体内の薬物濃度が減少・消失した際に現れる症状）といった身体の反応を伴う状態を「身体依存」と分けている（→12.18）．ここでは乱用に焦点を当てる．

乱用の対象となる「薬物（drug）」は主に違法薬物をさす．わが国では「麻薬及び向精神薬取締法（麻薬等取締法）」「大麻取締法」「あへん法」および「覚せい剤取締法」のいわゆる薬物4法で規制される薬物，具体的には麻薬（ヘロイン，コカイン，MDMA，マジックマッシュルームなど），大麻（乾燥大麻，大麻樹脂），あへん（けし，けしがらを含む），覚せい剤などがこれに当たる．このほかにわが国ではシンナー，トルエンなどの有機溶剤の乱用も問題となっており，「毒物及び劇物取締法（毒劇法）」で規制されている．

さらに，麻薬等取締法では指定されていないが類似した有害性が疑われ，人に乱用させることを目的として販売されるものとして，違法ドラッグ（従来，合法ドラッグ，脱法ドラッグとよばれていたが，その違法性を明確にするために「違法ドラッグ（いわゆる脱法ドラッグ）」の呼称が用いられるようになった；石橋，2010）も近年大きな社会問題となっており，新たに麻薬などとして指定したり，薬事法違反（無承認無認可医薬品）として取り締まるという対応がとられている．

■統計と時代的変化

平成20（2008）年の警察統計によると，法令別にみた送致人員のうち，覚せい剤取締法（10876人）が最も多く，大麻取締法（2728人），毒物及び劇物取締法（1580人），麻薬等取締法（488人）が続く．このうち未成年者の送致人員は，毒物及び劇物取締法（565人）が最も多く，覚せい剤取締法（249人），大麻取締法（227人），麻薬等取締法（31人）となっている．

犯罪統計を経年でとらえることにより，薬物乱用の動向を把握できる．これまでの薬物乱用の歴史を踏まえ，現状を概観する．

福井（1996）によれば，1945年以前はわが国における薬物乱用はほとんど存在しなかった．覚せい剤が軍事目的で軍隊や軍需工場で使用され，1941年からヒロポンなどの商品名で一般薬として市販されたが，乱用されることはなかった．しかし，1945～1957年，戦後の混乱期を背景に覚せい剤乱用が大流行し，1954年には覚せい剤取締法違反の検挙人員が5万人台を数え，最初のピークを迎えた．第1次覚せい剤乱用期である．1957年に覚せい剤乱用が衰退すると，ヘロインが大都会を中心に流行し，暴力団の密輸・密売とともに社会問題になったが，1963年の麻薬取締法（名称は当時）の改正を機に急減したという．1960年頃より青少年の間で「睡眠薬遊び」，その後「鎮痛薬遊び」が流行し，1967年頃より有機溶剤乱用が爆発的に流行，急速に全国に広がる中，睡眠薬や鎮痛薬の遊び型乱用は有機溶剤乱用に吸収されていっ

た．そして，1970年頃から高度経済成長時代を背景に覚せい剤乱用が再度はじまり，全国に広がっていったという．この時期が第2次覚せい剤乱用期とよばれる．福井（1996）は，この時期から主たる乱用薬物が睡眠薬，抗不安薬，鎮痛薬などの医療用薬物から，覚せい剤や有機溶剤といった非医療用薬物に変わったと指摘している．

この二大乱用薬物ともいえる覚せい剤と有機溶剤の検挙人員の推移をみると，覚せい剤は，1984年に検挙人員2万4372人のピークを迎えてから減少傾向に転じ，1989年には2万人を割ったものの，1995年以降再び増加に転じ，1997年には2万人近くに達した．この平成以降の増加をさして第3次覚せい剤乱用期とよび，現在に至っている．しかし2001年以降，検挙人員は概ね減少傾向にある．この時期の増減は主に20・30歳代の乱用者の増減を反映しており，未成年者についても1998年から減少傾向を示している．

また，有機溶剤乱用をみると，1980年代前半，毒劇法送致人員は3万人台を推移していたが，1996年には1万人を割り，2008年には1580人へと激減している．

その一方で，大麻取締法違反の検挙人員は2001年以降，顕著な増加傾向を示し，麻薬等取締法違反も2001年以降，増加傾向にある．平行して，違法ドラッグ（いわゆる脱法ドラッグ）も社会問題化している．この流れについて和田（2009）は，薬物事犯者数の傾向として，覚せい剤事犯の減少，有機溶剤と大麻で事犯者数の逆転，規制薬乱用への各種対策強化に相反するかのように designer drug を主とする脱法ドラッグ問題が浮上している点を指摘し，こうした今日的変化を①「ハードドラッグ」から大麻や MDMA に象徴される「ソフトドラッグ」への変化，②有機溶剤優位型から大麻優位型へという「わが国独自型」から「欧米型」への変化，③「違法から脱法への変化」として整理している．

警察庁（2009）の資料でみると，過去5年間の検挙人員中にみる初犯者構成比率および初犯者の年齢構成は，覚せい剤事犯では45％前後，30・20歳代が中心であるのに対し，大麻事犯では初犯者が87％前後，MDMA など合成麻薬事犯では90％前後，ともに20歳代が中心となっており，大麻や MDMA など合成麻薬がソフトドラッグ，またゲートウェイ・ドラッグ的な位置づけであると推察される．警察庁はこの大麻事犯の増大について，大麻の有害性に対する誤った認識，罪悪感の希薄化，インターネットや自己栽培などによる入手の容易さ，暴力団構成員などによる需要に応じた大麻の密売の増加傾向を指摘している．

情報のグローバル化・アクセスの容易さに伴い，欧米型のソフトドラッグが身近になり，密売者側もその部分を積極的に利用している状況がうかがえる．このように多様な薬物の入手がより容易となっている状況では，未然防止の観点から，個人がなぜ薬物使用に至るのかについて，実証的な検討が改めて重要になると思われる．

■ 薬物乱用の理論的背景

薬物乱用の原因論について，とくに乱用の開始に焦点を当て，近年の研究知見のいくつかを概観する．ただし，飲酒・喫煙を含む物質使用の研究知見とする．近年の研究は，従来提示されてきた理論や概念の相互関連性をモデル化して検討している．

1）気質とセルフ・コントロール　ウィルズら（Wills & Ainette, 2010）は，物質使用につながる直近の要因を含めて，気質およびセルフ・コントロールと物質使用との関連を検討する一連の研究を行った．その結果，気質，セルフ・コントロールとも

に直接的には物質使用に関連しないが、いくつかの変数を媒介して物質使用につながる様子が明らかとなった。

彼らのモデルでは、認知的・情緒的なセルフ・コントロールが合理的対処能力を高めることにより、コンピテンス、つまり動機づけとしての効力感を高め、向社会的な活動や仲間関係につながる一方、計画性がなく衝動的で貧困なセルフ・コントロールの場合、問題解決能力を下げ、周囲との葛藤をもたらし、自己効力感を下げ、向社会的交友から反社会的交友に向かう様子が描かれている。また、セルフ・コントロールのうち、行動よりも情動のコントロールが、より強力な物質使用の予測因子であることも指摘している。これは、薬物依存症患者における衝動統制の問題とも関連すると思われる。松本（2005）は、注意欠陥/多動性障害の既往がある覚せい剤依存の患者は、より早期から物質乱用を開始していることを示した。こうした患者は、否定的自己イメージを改善するために薬物を使用するという指摘にも言及している。

2) 仲間の影響　　物質使用の開始における仲間の影響は、社会的学習理論や分化的接触理論など従来から多く指摘される。逸脱的な仲間の影響を論ずる場合、仲間から学習するという社会化の側面と、そうした友人を選ぶという選択の側面が問題になる。アンドルーズら（Andrews & Hops, 2010）によれば、青年期の場合、どちらも同時に起こっており、とくに少年の年齢が低い場合や、乱用の初期段階にある者ほど、薬物に親和的な仲間との交友が乱用の開始・維持に大きな影響を与えるという。この際、仲間や友人がどう行動するかに関する信念が、社会化と選択の双方に重要であるとされる。また、女子のほうが仲間からの影響が大きいという指摘もある。

3) 感情の影響　　カッセルら（Kassel et al., 2010）は思春期における情動的苦痛と薬物乱用開始との関連を指摘し、否定的感情の軽減のための動機に言及している。先のウィルズらのモデルでも、乏しいセルフ・コントロールと否定的出来事の体験が、不安など苦痛な感情を緩和する動機（coping）に関連し、物質使用につながっていた。松本（2005）のいう自己治療的使用とも重なる。

4) 認知的側面（動機・期待・社会規範）コーピングの動機はアルコール使用の動機分類（Cooper, 1994）にも見られる。気分高揚（内的報酬・肯定的感情の増加）、社会的動機（外的報酬・肯定的感情の増加）、コーピング（内的報酬・否定的感情の低減）、同調（外的報酬・否定的感情の低減）の4つの動機である。パテルら（Patel & Fromme, 2010）は、軽度の飲酒は社会的動機、過度の飲酒はコーピングや気分高揚と関連し、飲酒によるトラブルはコーピングと関連するという。こうした物質使用の動機と他の認知的概念（期待や規範）との関連も研究されており、これらはとくに学習理論の文脈で重要になってくる。

バンデューラは社会的学習理論において、行動を動機づけるものとして期待を「結果期待」と「効力期待」に分けて概念化した。効力期待は、ある行動を自身が遂行できるという確信、つまり自己効力感を指す。セルフ・コントロールのモデルで利用されていたコンピテンスと関連する。一方、結果期待は行動をとった結果に関する期待であり、内的（身体的）報酬または外的（社会的）報酬に関する期待である。内的報酬に関する期待、つまり薬理効果への期待は薬物乱用の開始・維持の鍵になる。パテルら（Patel & Fromme, 2010）によれば、コカインの効果について非使用者は高揚感と

他の薬物乱用の入り口（ゲートウェイ・ドラッグ）になると認識し，使用回数の少ない使用者は性的覚醒，攻撃性，高揚感を認識する一方，頻回乱用者は不安，抑うつ，性的減退，緊張緩和をあげた．乱用開始の段階では，コカインによる高揚感への期待があることがうかがえる．期待のほかに，社会規範も薬物使用に関連する認知的概念である．社会規範は記述的規範（周囲の人の薬物使用の量や頻度）と命令的規範（薬物使用に対する周囲の人の承認や批判）に分けられ，どちらも薬物使用に影響を与えるとされる．

これらの期待，規範，動機を含めたモデルの検討は多くなく，結果も混在している（Patel & Fromme, 2010）．いくつかの知見では，「期待→動機→物質使用」という媒介モデルが示されているが，さらに規範を含めたモデルの検討が求められている．

5）二重過程モデル（dual-process models）　期待や規範などの認知的概念のモデルは行動を合理的判断によって説明しようとするが，近年，連合記憶に着目した研究が出てきている．これは経験によって事象間に生じる結合を意味する．薬物使用経験によって連合が生じ，薬物関連手がかりに神経系が反応し，自動的・自発的に薬物摂取・希求行動が起こる，という非合理的・潜在的過程である．この潜在的過程に対して作動記憶による認知的情報処理機能が調整要因として作用し，結果として薬物希求に関連する行動や思考が抑制されることになり，その抑制の度合いが個人で異なるといったモデルによる検討がみられている（Stacy et al., 2010）．どちらかといえば，薬物依存に至る過程を説明するモデルといえよう．このほか言及できなかったさまざまな概念や理論がある．薬物乱用は生物学的，心理社会的，環境的要因に影響される複雑な現象である．これらの概念や理論の相互関係を統合したモデルの実証的検討を進めていくことで，実証的知見に基づいた薬物乱用の防止や介入の更なる発展が可能になると思われる．　　　　〔宮寺貴之〕

▶**文　献**

Andrews, J.A., & Hops, H. (2010). The influence of peers on substance use. In L. M. Scheier (Ed.), *Handbook of drug use etiology*. Washington DC: American Psychological Association. pp.405-420.

Cooper, M.L. (1994). Motivations for alcohol use among adolescents: Development and validation of a four-factor model. *Psychological Assessment*, **6**, 117-128.

石橋昭良（2010）．違法ドラッグ（いわゆる脱法ドラッグ）と少年警察活動　村尾泰弘（編）若者と薬物乱用　現代のエスプリ，**514**，ぎょうせい／至文堂　pp.57-67.

警察庁組織犯罪対策部薬物銃器対策課（2009）．平成20年中の薬物・銃器情勢．

福井　進（1996）．我が国の薬物乱用・依存の実態　福井　進・小沼杏坪（編）薬物依存症ハンドブック　金剛出版　pp.30-47.

Kassel, J.D., Hussong, A.M., Wardle, M.C., Veilleux, J.C., Heinz, A., Greenstein, J.E., & Evatt, D.P. (2010). Affective influence in drug use etiology. In L.M. Scheier (Eds), *Handbook of drug use etiology*. pp. 183-205.

松本俊彦（2005）．薬物依存の理解と援助　金剛出版

Patel, A.B., & Fromme, K. (2010). Explicit outcome expectancies and substance use: Current research and future directions. In L.M. Scheier (Eds), *Handbook of drug use etiology*. pp.147-164.

Stacy, A.W., Ames, S.L., Wiers, R.W., & Krank, M.D. (2010). Associative memory in appetitive behavior: Framework and relevance to epidemiology and prevention. In L.M. Scheier (Eds), *Handbook of drug use etiology*. pp.165-182.

和田　清（2009）．わが国の一般人口における薬物乱用・依存の実態　公衆衛生，**73**，807-812.

Wills, T.A., & Ainette, M.G. (2010). Temperament, self-control, and adolescent substance use: A two-factor morel of etiological processes. In L.M. Scheier (Eds), *Handbook of drug use etiology*. pp.127-146.

資料7 ●「犯罪白書」と「警察白書」

　日本国内の犯罪関連の情報を入手するのに簡便なのは，『犯罪白書』と『警察白書』，警察庁が編纂する犯罪統計である『平成○○年の犯罪』（→資料14）である．現状のみならず，過去のものを見ることで，施策の変化も追うことができよう．いずれも現在では，HP上でも白書そのもの，要約版，英訳が閲覧できるようになっている．　　　　　（渡邉和美）

　1) 『犯罪白書』　http://www.moj.go.jp/housouken/houso_hakusho2.html

　「犯罪の防止と犯罪者の改善更生を願って，刑事政策の策定とその実現に資するため，それぞれの時代における犯罪情勢と犯罪者処遇の実情を報告し，また，特に刑事政策上問題となっている事柄を紹介する」として，法務省が昭和35（1960）年から毎年作成している．警察統計をはじめ，矯正・保護，検察，裁判所の各種統計に基づいて，長期的視点に立った統計が示されている．特集部分では，統計以外に，別途調査を実施して分析した結果が掲載されている．各年にはサブタイトルがつけられており，刑事政策上，どのような関心がもたれていたのかの変遷がわかる．以下に過去10年の一覧を記した．

●「犯罪白書」サブタイトル一覧（過去10年）
　　平成13年　増加する犯罪と犯罪者
　　平成14年　暴力的色彩の強い犯罪の現状と動向
　　平成15年　変貌する凶悪犯罪とその対策
　　平成16年　犯罪者の処遇
　　平成17年　少年非行
　　平成18年　刑事政策の新たな潮流
　　平成19年　再犯者の実態と対策
　　平成20年　高齢犯罪者の実態と処遇
　　平成21年　再犯防止施策の充実
　　平成22年　重大事犯者の実態と処遇

　2) 『警察白書』　http://www.npa.go.jp/hakusyo/index.htm

　日本における警察活動に対して，広く国民の理解を得るために警察庁が作成している．時代ごとの社会背景を元に，どのような犯罪が発生し，それに対して警察がどのような取り組みをしているかを知ることができる．なお，個人のプライバシーにかかわるものや時代の変遷により不適切となった用語などが逐次修正されている．各年ごとに「特集」が組まれている．以下に過去10年の一覧を付した．

●「警察白書」特集一覧（過去10年）
　　平成13年　21世紀を担う少年のために
　　平成14年　我が国の治安回復に向けて：厳しさを増す犯罪情勢への取組み
　　平成15年　組織犯罪との闘い
　　平成16年　地域社会との連帯
　　平成17年　世界一安全な道路交通を目指して
　　平成18年　安全・安心なインターネット社会を目指して
　　平成19年　暴力団による資金獲得活動との対決
　　平成20年　変革を続ける刑事警察
　　平成21年　日常生活を脅かす犯罪への取組み
　　平成22年　犯罪のグローバル化と警察の取組み

8. 犯罪捜査と心理学

　犯罪捜査は，ながらく捜査官の個人的な経験を中心に行われてきた．ところが近年，心理学の領域におけるさまざまな研究成果が，実際の捜査活動の中に取り入れられるようになったきた．その代表的なものがプロファイリングである．これらの心理学的捜査支援手法は，場合によっては犯罪捜査を強力にバックアップすることができるが，まだまだ研究途上の分野も多く，可能性は未知数である．また，捜査員も必ずしも好意的に受け入れているわけではないという問題点ももっている．しかしながら，この分野は現在，盛んに研究されているのも事実であり，今後，犯罪捜査の手法を大きく変革する可能性をもっている研究分野でもある． 〔越智啓太〕

8.1 FBI方式のプロファイリング

犯罪捜査における「プロファイリング」とは，「犯罪者プロファイリング（offender profiling, criminal profiling）」をさす．この手法について初めて組織的な研究に着手したのが，アメリカ連邦捜査局（FBI）である．今から40年近く前である1972年にFBIアカデミー行動科学課において研究が開始された．FBI行動科学課では，プロファイリングを「犯罪行動の分析に基づいて犯人の性格特徴や行動特性を識別する手法」と定義している．

■重要凶悪事件への対応

当時のアメリカでは，ボストン絞殺魔事件など，著名な連続殺人事件が数多く発生して，多数の犠牲者が続出し，事件解決まで捜査が長期化したため社会問題となっていた．こうした背景には，アメリカの警察が，州・郡・市など地域独自でそれぞれ警察機関をかかえており，相互の情報共有が機能せず，同一犯による連続事件の把握が困難な状況にあったことも影響している．

以上のような事情から，FBIが重要凶悪事件への対策として，最初にプロファイリングの研究対象にしたのが，連続殺人（→7.1）であった．

■FBIのアプローチ

FBIでは，行動科学課員，精神医学や臨床心理学の専門家からなる共同研究班を設け，アメリカで収監中の連続殺人犯や大量殺人犯50名に関する調査を実施した．調査方法は，捜査記録や公判記録を精査し，事前に調査票に記入し，そのうえで受刑者との面接を通して，プロファイリングに役立つ基礎データを収集するものであった．

面接で得られたデータはコンピュータで検索可能なデータベースとしても活用された．登録された犯罪および犯人に関する情報は，同一犯人による連続殺人事件の監視とプロファイリングに不可欠であると判断された項目であった．同データベースは，後に開発された凶悪犯逮捕プログラム（VI-CAP）の礎となった．

VI-CAPは，登録された殺人事件情報を比較し，同一犯人による連続事件を識別する「事件リンク分析」（→8.6）に活用され，この構想は，カナダ国家警察で運用されている凶悪犯罪リンク分析システム（ViCLAS）のモデルにもなっている．

当時のVI-CAPの登録情報票に記載された法科学的情報には，DNA型の欄はなく，血液型の欄があるのみであった．現在のように，DNA型鑑定が登場してからは，同一犯人による事件の特定はきわめて確実なものになってきた．ただし，法科学的情報は，すべての犯行現場から入手できるわけではないため，この種の情報だけでは，連続犯の一部の犯行しか把握できないことになる．連続犯の人物特徴や行動特徴を的確に予測するためには，連続犯の全犯行を可能な限り把握する必要がある．それゆえ，法科学的情報に乏しい事件について，事件リンク分析を実施することは，現在の捜査でも重要である．

わが国では裁判員裁判（→9.18）が開始されたが，連続事件のうち，物的証拠の乏しい事件の立件が数多く見送られた場合，その連続犯の罪が過小評価されてしまい，多くの被害者が報われなくなるという問題が生じる可能性もあろう．

■FBIによる一連の犯罪研究

FBIは，連続殺人や大量殺人の罪で収監された受刑者との面接調査によって，性的殺人犯36名には「秩序型」「無秩序型」と

いう犯行行動類型とそれに対応する犯人特性を見出した．

性的殺人の他にも，連続レイプ犯の類型，年少者わいせつ犯の類型，放火の類型など，さまざまな凶悪犯罪について研究が実施されてきた．FBI による一連研究が精力的に行われたのは 1970 年代後半から 1990 年代前半のことである．これら一連の研究の集大成が，「犯罪分類マニュアル（CCM）」である．

プロファイリングは，犯人像を推定するものであるが，それだけでは，犯人にたどり着くことはできない．その後に，さまざまな捜査が実施され，犯人が特定されるのである．FBI によるこのマニュアルの効用は，殺人，性犯罪，放火などの凶悪犯罪には，犯行動機や犯罪行動からさまざまな類型があり，それによって，その後に実施される捜査の方針も異なることを示したことであろう．

■ **FBI 方式の推定プロセス**

FBI による犯人像などの推定プロセスは，①事件に関するあらゆる情報を収集し，②犯行現場の評価によって，その犯行がいずれの類型に合致するか識別し，③採択された類型に基づいて，犯行現場での行動を再構成し，④それら行動に及ぶ犯人の人物像を提示するという流れである．

FBI の手法は，犯罪類型を見出すにはデータ数が少なく，一般化が難しく再現性に欠けるという理由で，非科学的であるという批判がなされているが，FBI による性的殺人 (→ 7.8) の類型は，オーストラリア国家警察による統計分析によっても，その妥当性が確認されている．

■ **わが国への影響**

わが国においても，FBI のプロファイリングは，映画「羊たちの沈黙」（1991 年，米映画），元 FBI プロファイリング担当官レスラー（Ressler, R.K.）の著書「FBI 心理分析官」（1994 年，早川書房）などで一躍有名になった．実際，日本の警察がプロファイリング研究に本格的に乗り出すための大きな影響力の一つでもあった．

FBI の手法は，英国リバプール大学のデヴィッド・カンターによるプロファイリングの手法と対比するため，「FBI 方式」とよばれている．また，FBI の手法は，個別事例の犯行動機や犯人の心理などを詳細に分析した結果から犯人像を推定するというプロセスのため，わが国では，「臨床的プロファイリング」あるいは「行動科学的事例分析」とよばれている．

ところで，わが国では，VI-CAP とは異なるが，運用されている犯罪手口制度がある．これは犯罪行動の類似から犯罪前歴者を浮上させるための制度である．常習窃盗捜査でおもに活用されてきたが，プロファイリングへの活用方法も検討されている．

〔岩見広一〕

▶ **文　献**

Douglas, J.E., Burgess, A.W., & Ressler, R.K. (1988). *Sexual homicide : Patterns and motives.* Lexington Books.

Douglas, J.E., Burgess, A.W., Burgess, A.G., & Ressler, R.K. (1992). *Crime classification manual : A standard system for investigating and classifying violent crimes.* Jossey-Bass.

Hazelwood, R.R., & Burgess, A.W. (1995). *Practical aspects of rape investigation : A Multidisciplinary approach.* CRC-Press.

菅原郁夫・サトウタツヤ・黒沢　香 (2005)．法と心理学のフロンティア II 巻　犯罪・生活編　北大路書房

8.2 リバプール方式のプロファイリング

　FBI方式とリバプール方式を，犯罪者プロファイリングの二大潮流として論じているのは，わが国に限ったことではなく，海外でも同様である．

　FBI方式（→8.1）は，現場の捜査経験に基づき，かつ心理学や精神医学などの知識をもったベテラン捜査官による演繹的推論である．

　一方のリバプール方式は，基本的に統計的手法を用いた実証的研究の積み重ねによって，犯罪者の行動に関する理論を構築していくことが重視される手法といえる．それゆえ，リバプール方式は，「統計的プロファイリング」「類似事件の統計分析」ともよばれている．

■ リバプール方式のプロセス

　イギリスの大学教授であるカンター（Canter, D）は，FBI方式に対する批判に基づいて，客観性と再現性を重視したより科学的な手法を開発し，プロファイリングに取り入れた．1980年代当時，彼はサリー大学の教授であったが，ロンドン警視庁から，連続強姦事件について環境心理学的な観点による事件分析を依頼されたのがきっかけで，犯罪捜査とのかかわりをもつことになった．その後，同教授がリバプール大学に籍をおいているため，わが国ではFBIの手法に対して，「リバプール方式」とよんでいる．彼はその後，捜査心理学という学問領域を新たに創設した．

　カンターのアプローチは，警察が同一犯の犯行と考えていた30事件の情報の中から，犯人の行動に関して100項目程度を抽出し，非計量的多次元尺度法を用いて連続事件の特徴を見出そうとするものであった．この分析結果から，30事件のうち，「どれが同一犯人による犯行か」を識別し，犯行が今後エスカレートしていく可能性について述べていったのである．この一連の分析プロセスは，ガットマン（Guttman, L.）が提唱したファセット理論が背景にある．

　ファセット理論は，心理学以外にも，社会学，経営学，工学の領域において，定性データを扱う場合に使われ，質問紙データ，行動観察データ，面接，記録などにも適用可能であり，仮説検証を目的とした最小空間分析（SSA），多重スケログラム分析（MSA），部分スケログラム分析（POSA）などのデータ解析手法が開発されている（木村ら，2002）．

■ 犯行テーマ

　カンターらは，多変量解析（→5.11）によって過去の類似事件に関する犯行行動の構造を明らかにし，どの犯行にも示される中心テーマとは区別できる犯行テーマを見出す．そして犯行テーマ別に犯人特徴を明らかにし，犯人像の推定に役立てようとした．たとえば，連続強姦については，中心的行動とは別に，「親密性」「暴力性」「性愛性」「犯罪性」「非人間性」という五つの犯行テーマを見出している（Canter & Heritage, 1990）．

　この手法には再現性があり，しかも，さまざまな罪種に適用でき，異文化比較も行いやすいというメリットがある一方，データとして使用される事件情報の品質によっては分析精度が低下するという難点もある．

　この犯行テーマは，犯罪者プロファイリングにおける一連の分析プロセスの中では，犯人像を推定する前段階に当たる事件リンク分析（→8.6）でも利用される．同一の犯行テーマを示す事件どうしは同一犯人

による犯行の可能性があると判断される.

■ 犯人の居住地推定

　カンターらの環境心理学的なアプローチで，もうひとつ有名なものが，犯罪者の犯行地選択と居住地の関係について示したサークル仮説である．この仮説は，連続犯の犯行場所のうち，互いに最も遠距離にある犯行場所間を直径とした円内に，犯人のすべての犯行場所と住居が含まれるというものである．つまり，この仮説は，同一犯による連続事件の犯行地分布から，犯人が居住していると推定される地理的な領域を示す地理的プロファイリング（→8.4）の手法でもある．

　彼らはサークル仮説に該当する犯行地と住居の分布を「拠点犯行型（marauder）」，仮説に該当しない犯行地と住居の分布を「通勤犯行型（commuter）」とよんでいる．連続強姦におけるサークル仮説の検証では，87％が拠点型であり，犯行領域が広いほど，犯人の住居から犯行地までの平均距離も長くなるという傾向を見出した（Canter & Larkin, 1993）．

　わが国の連続放火（→7.27）についてサークル仮説の適用可能性を検討した研究では，円の近傍に住居があったケースを含めると，7割が仮説を支持するという結果であった（田村・鈴木，1997）．また，わが国の連続性犯で同様の検討した研究では，犯行件数が5件以上のケースで7割がサークル内に犯行拠点が存在するという結果であった（岩見，2008）．

　サークル仮説は，犯行間の距離が長くなるほど，捜査対象面積も広くなり，犯行地間の距離が短くなるほど，住居がサークル外に所在する確率が高くなることから，実際の捜査に活用するには，あまりにも単純な仮説であると批判されている．確かに，この手法単独では，犯人を絞り込むことは不可能に近いが，推定あるいは客観的な犯人属性，さまざまな捜査情報を組み合わせて活用することで，犯人を絞り込むことは可能であろう．

■ わが国への影響

　わが国ではFBI方式とリバプール方式の長所と短所を見極め，双方を相補的に組み合わせて，プロファイリングを行っている．カンターらの手法は同一犯人による事件を識別する事件リンク分析でも活用されている．彼が提唱したサークル仮説は，単純明快な概念であるため，わが国においても実際に多くの犯罪者プロファイリングで使用され，犯罪捜査に活用されている．現在，幅広い罪種についてサークル仮説の検証が進行中といえ，仮説を単純に適用するだけでなく，犯罪捜査での効果的な利用方法についても知見が蓄積されていくと考えられる．　　　　　　　　　　〔岩見広一〕

▶文　献

Canter, D., & Heritage, R. (1990). A multivariate model of sexual offence behaviour：Developments in "Offender Profiling". *Journal of forensic psychiatry*, **1**, 185-212.

Canter, D.V., & Larkin, P. (1993). The environmental range of serial rapists. *Journal of Environmental Psychology*, **13**, 63-69.

Canter, D.V. (1994). *Criminal shadows*. Harper Collins.（吉田利子（訳）(1996). 心理捜査官ロンドン殺人ファイル　草思社）

岩見広一 (2008). 連続性犯の犯行行程距離と地理的プロファイリング手法の検証　日本心理学会第72回大会発表論文集，434.

警察庁 (2008). 平成20年度版　警察白書

木村通治・真鍋一史・安永幸子・横田賀英子 (2002). ファセット理論と解析事例——行動科学における仮説検証・探索型分析手法　ナカニシヤ出版

田村雅幸 (1996). 犯人像推定の2つのアプローチ　科学警察研究所報告防犯少年編, **37**(2), 46-54.

田村雅幸・鈴木　護 (1997). 連続放火の犯人像分析：1. 犯人居住地に関する円仮説の検討　科学警察研究所報告防犯少年編, **38**(1), 13-25.

8.3 日本のプロファイリング

■定　義

『警察白書』平成20年版では，プロファイリングは「犯行現場の状況，犯行の手段，被害者等に関する情報や資料を，統計データや心理学的手法を用いて分析・評価することにより，犯行の連続性の推定や，次回の犯行の予測，犯人の年齢層，生活様式，職業，前歴，居住地などの推定を行うものである．」と定義される．

心理学の領域では，単にプロファイリングとよぶが，薬物プロファイリングや人種プロファイリングなどの他領域における用法との区別を明確にするため，「犯罪者プロファイリング」とよばれることも多い．

■日本における歴史

日本では，1994年に科学警察研究所で研究が開始され，2000年に全国で初めて北海道に犯罪者プロファイリング専従班がおかれ，同年以降に捜査現場への応用がなされるようになった．2005年には，科学警察研究所に設置されている法科学研修所において，都道府県警察の犯罪者プロファイリング担当者を育成する研修が開始された．また，2006年には警察庁刑事企画課に情報分析支援室が設置され，そこで犯罪者プロファイリング業務を所管することとなった．現在では都道府県警察の多くで，犯罪者プロファイリングの分析担当者が配置され，業務に取り組んでいる．

■実施状況

心理学の専門家と捜査経験の豊富な警察官とが協働して取り組む場合，心理学の専門家が行う場合，研修を受けた警察官が行う場合などいくつかのパターンがある．心理学の専門家と捜査経験の豊富な警察官が協働する場合に，より高い効果が認められている．全国での実施件数は，2005年に61件，2006年に106件，2007年に137件，2008年に170件，2009年に330件と一貫して増加している．おもに連続して発生する犯罪，とくに性犯罪（強姦，強制わいせつなど）や窃盗などに対して適用されている．

■効用と効果的な活用方法

犯罪者プロファイリングを活用することの効用として，発生頻度の少ない事件への対応支援，動機の不明瞭な事件の捜査支援，捜査官が行う意思決定の支援，捜査官の経験の補充，捜査コストの軽減の5点があげられる（渡邉ほか，2000）．

岩見（2006）によれば，犯罪者プロファイリングの効果的な活用方法には，①犯行予測の結果を，よう撃や密行などに活用する方法，②活動拠点の推定や犯人像の推定の結果を容疑適格者の割出しに活用する方法，③活動拠点の推定や犯人像の推定の結果を捜査対象者の順位づけによる容疑適格者の絞り込みに活用する方法の3つがあり，この中で最も有効とされるのが，①犯行予測の結果をよう撃や密行などに活用する方法である．

■日本のプロファイリングの特徴

日本における犯罪者プロファイリングのおもな特徴は，次の3点である．

①捜査中の事件に関する客観的な情報の整理と圧縮：捜査中に収集される情報について，行動科学の方法に基づいてデータ化して整理する．

②過去の類似事件の分析結果の活用：捜査時に得られた犯人の行動や属性に関する情報を用いて，過去の類似事件を抽出して統計分析をすることによって，これまでに類似事件をどのような特徴を有する犯人が

表1 犯罪者プロファイリングの3つの手法と2つの分析方法

	事件リンク分析	犯人像推定	地理的プロファイリング
統計分析 (過去の類似事件情報を使用)	過去の類似事件における犯罪手口の一般性・特異性の評価 同じ犯人が一緒に行いやすい行動群の特定	過去の類似事件における犯人の一般的な特徴の記述	過去の類似事件における犯人の地理的行動に関する一般的特徴の記述
事例分析 (捜査中の事件情報を使用)	一連の犯行の流れの中での行動の一貫性の評価 同じ犯人像を想定できるかの判断	行動特徴から推定される犯人の心理学的特性の評価	事件発生現場の分布や犯行地選択の特徴から推定される犯人の地理的行動特徴の評価

行ってきたかについての確率的な情報として，典型的な犯人特徴を示す．

③心理学を中心とした行動科学の応用：過去の類似事件の抽出・分析を，心理学を中心とした行動科学の知見に基づく統計手法で行うことにより，客観的な推定を可能とする．また，捜査中の事件の情報について，心理学を中心とする行動科学の知見に基づく評価から犯人の心理学的な特徴を導き出す事例分析により，対象事件の犯人に特有の特徴を客観的に記述しようとする．

■統計分析と事例分析

日本の場合，統計分析を基盤におき，それと事例分析の結果を併せて検討を行う．統計分析とは，リバプール方式（→ 8.2）ともよばれ，捜査中の事件と類似する過去の解決事件情報を用いて，犯人や犯人の行動の特徴に関する情報を導き出そうとするもので，統計手法を用いた，科学の再現性を重視した分析である．事例分析とは，FBI方式（→ 8.1）ともよばれ，捜査中の事件における犯人の行動特徴を評価し，その行動特徴と関連する犯人に関する情報を導き出そうとする，事例性を重視した分析である．

■3つの分析目的

連続事件の場合には，導き出そうとする情報によって，次の3つの分析がある．

①事件リンク分析：一連の事件が同一犯人による事件か否かについて判定を行う．DNA型や指紋，足跡などの法科学的証拠に加え，犯人の行動特徴および目撃証言の情報を用いる（→ 8.6）．②犯人像推定：犯人の行動特徴から，犯人の年齢層・生活様式・職業・前歴の有無，動機の推定などを行う．③地理的プロファイリング（→ 8.4）：同一犯によると推定された事件の発生地点の分布の特徴および推定された犯人像から，犯人の拠点（おもな拠点は居住地であるが，他に職場や実家，愛人宅，頻繁に通う店舗などを含む）や，次の犯行場所を推定する．

表1に示すように，犯罪者プロファイリングでは，これら3つの分析目的のそれぞれで，統計分析と事例分析を用いて検討し，捜査に有用な情報を提供しようとする．

〔渡邉和美〕

▶文　献

岩見広一（2006）．行動科学的プロファイリング——我が国の現状と今後の課題について，犯罪心理学研究，44（特別号），229-231．

渡邉和美・池上聖次郎・小林　敦（2000）．渡邉和美・高村茂・桐生正幸（編著）犯罪者プロファイリング入門——行動科学と情報分析からの多様なアプローチ　北大路書房 pp15-27．

8.4 地理的プロファイリング

■目 的

地理的プロファイリング（geographic profiling）とは，検挙されていない犯罪者を効率的に見つけ出すための手法の一つであり，犯行地点や犯行に関連する場所の特徴やその分布から，犯人の拠点を推定したり次回犯行地を予測したりすることによって，犯罪捜査を支援するものである．主として連続事件に用いられ，捜査範囲の地理的な優先順位を示すことによって，容疑者の絞り込み・パトロール・聞き込み・緊急配備などの警察活動を効率的に実施することが可能になり，結果的としてより早い犯人検挙と被害の拡大防止を達成することが目的である．

■犯行地点分布のモデル化

地理的プロファイリングは，多くの犯罪者は自宅からさほど離れていない場所で犯行に及んでいること見出した犯行行程（journey to crime）の研究が，1970～80年代に欧米で盛んに行われたことに端を発している．当時の多くの研究で得られた知見には，犯罪の多くは犯人住居の比較的近隣で発生する，財産犯は身体犯よりも犯行行程が長い，犯人が少年の場合は成人の場合よりも犯行行程が短い，といったものがある．そして多くの研究で一貫して得られた最も重要な知見は，犯行確率が距離逓減関数に従うということである．つまり，犯人の拠点直近での犯行確率は高く，拠点からの距離が大きくなるにつれて犯行確率は減少してくというもので，これは最小努力の法則から見ても了解できるものである．

犯行行程に関する初期の研究は，拠点と犯行地の距離という一次元の尺度に基づくものが多かったが，犯行地点と犯人の住居の空間的な分布という二次元で犯行地理を解明しようとする試みが次第に現れた．

たとえば，カンターとラーキン（Canter & Larkin, 1993）が提唱した円仮説は，初期の犯行地理モデルの代表例であり，地理的プロファイリング発展の基礎となった．円仮説では，複数ある犯行地点のうちで最も離れた2点を直径とする円内に，すべての犯行地点と犯人の拠点が含まれるとするものである．すなわち円仮説によって得られる円は，犯人の犯行領域であるとともに，環境犯罪学的に見ると犯人の意識空間（の一部）を示すものであると考えられる．そのため，設定される円の直径を構成する最遠の2犯行地点を，犯人の拠点から見た犯行地点分布における単なる統計的な外れ値とはみなさない．

円仮説が成立する場合，犯人の拠点は犯行領域内にあり，犯行行程は対象を求めて拠点から周辺を探索する形になる．こうした犯行行程をカンターらは拠点犯行型（marauder）とした．これとは異なり，犯行領域外に拠点をもち，犯行の都度犯行領域に移動してくる犯行行程を，通勤犯行型（commuter）と分類した．通勤犯行型の犯人の拠点を，地理的プロファイリングで明らかにすることは非常に困難であるが，犯行領域や犯行地点の選択状況によっては，犯行地点分布となんらかの犯人属性との関連が想定される場合もある．

拠点犯行型を前提とした円仮説による分析はきわめて簡便に実施が可能であり，カンターとラーキン（1993）の連続強姦事件データでは87%の事例で円仮説が当てはまることから，その有効性が主張された．田村・鈴木（1997）によるわが国の連続放火犯のデータでは，51%で設定された円内

に，22%で設定された円の近接領域に，犯人の拠点が存在した．また設定された円の直径，すなわち現場間最大距離が1～5kmの場合に，円仮説の成立する事例の割合が最も高いことを明らかにした．ただし円仮説は，犯人の犯行領域が広い場合には設定された円が広大になるため，捜査の効率化への貢献が弱くなる．

一方，すべての犯行地点への距離の総和が最小となる点，重心を求めて，その重心が犯人の拠点であるとする重心モデルは，解析こそ円仮説よりも複雑となるが，全犯行地点の位置情報を加味することから，犯行地点分布の異方性をある程度反映した結果を得ることができる．カインド（Kind, 1987）によるヨークシャーリッパー事件の分析事例が嚆矢とされるが，考え方自体は捜査担当者が経験的にたどり着きうるものであるため，学術的に報告されていない先行適用例が存在している可能性は十分にある．

三本・深田（1999）は，得られた重心を中心にして，重心から各犯行地点までの距離の平均を半径とする円を設定し，これを「疑惑領域」と名づけて，犯人の拠点が存在する可能性が最も高い領域となりうると提案している．これはわが国で独自に生み出された手法であることもあり，国内の分析では適用例が多い．なお一般的に疑惑領域の面積は，円仮説で設定される円の面積よりも相当小さくなることから，捜査陣への提言として分析結果が受け入れられやすい可能性がある．

■ 地理的プロファイリングの成立

以上のような比較的単純な犯人の拠点推定モデルに対して，ロスモ（Rossmo, 2000）がそれまでの犯行行程研究の系譜を包括的にレビューするとともに，バッファ付距離逓減関数を元にした「地理的犯罪者探索（Criminal Geographic Targeting：CGT）」とよばれる犯行確率推定手法を開発し，犯行行程研究の知見に基づく犯罪捜査支援手法である地理的プロファイリングを確立した．なお，犯行地理から拠点推定や次回犯行地予測を行うことを，「地理的プロファイリング」と名づけたのはロスモである．

バッファ付距離逓減関数とは，地理的に見た犯罪発生確率が次のような変化をたどると考える．まず犯人の拠点の直近では，犯罪発生確率はそれほど高くない．これは拠点の直近では自身の犯行であると発覚するリスクが高いことや，犯行対象が必ずしも多く存在しないことによる．犯人の拠点から離れるにつれて犯行確率は単調に上昇するが，拠点からある程度離れた地点で今度は犯人の拠点からの距離が大きくなるにつれて，犯行確率が単調に低下していく．犯行確率の低下は，移動コストの増大に加え，見知らぬ地域で犯行に及ぶことによる対象探索コストや逮捕リスクの上昇を反映するものだと考えられる．つまり，犯行確率が最も高くなるのは，犯人の拠点からある程度離れた地点となる．ここで，犯行確率が最も高い地点よりも拠点に近い範囲，すなわち犯行確率が拠点からの距離の増大に伴って上昇する範囲をバッファゾーンとよぶ．

CGTは，当時カナダのバンクーバー市警察の警察官であったロスモが社会人大学院生として師事した，サイモンフレーザー大学のブランティンガム夫妻の環境犯罪学の理論（Brantingham, P.L. & P.J., 1981）に基づくものである．北米の連続殺人事件の犯行地理データに基づいたCGTの開発と実装プロトタイプの研究により，ロスモは博士号を取得した．その後，ロスモはアメリカの大学に招聘され，地理的プロファイリングや犯罪捜査の効率化に関する研究に

携わっている.

CGTを実装したソフトウエアRigelでは,まずすべての発生地点とその周辺を含む矩形の演算対象領域を設定する.演算対象領域は,計算負荷や距離尺度の精度を考慮して最大16万のグリッドに区切られる.そして個々のグリッドについて,分析対象となっている各犯行地点までのマンハッタン距離（直線距離ではなく,東西方向と南北方向の2つの軸の距離を加えたもの）を計測し,CGTに代入することで拠点存在確率が計算される.結果は拠点存在確率が色分けされた地図や確率の高低を高さで表現した3次元図で表され,とくに対象地域の市街地図と重ね合わされたものをジオプロファイルとよぶ.

以上のような解析結果を受け,捜査担当者によって同種犯罪の前歴者捜査などが,拠点存在確率の高い地域から優先的に行われることになる.結果の有効性については,ヒットスコア率という指標が提案されている.これは,拠点存在確率が犯人の拠点のある場所と同じかそれ以上であった地域の面積が,犯人の狩猟エリアである演算対象領域に占める割合で表される.すなわち,ヒットスコア率の値がより小さければ,効率的に犯人の拠点を明らかにしたということを意味する.CGTの開発に使用された殺人事件データでは,平均ヒットスコア率が6.0%であったことから,ロスモはCGTの有効性が非常に高いとしている.

またロスモは,バッファ付距離逓減関数に基づいて仮想の犯行地点データを作成し,犯行地点数とヒットスコア率の変化をシミュレーションによって解析した.ヒットスコア率の中央値が10%となるためには,5つの犯行地点データが必要であることが明らかとなり,地理的プロファイリングの実施には最低5地点の犯罪場所を必要とするという要件の根拠となっている.

距離逓減関数に基づいた拠点推定については,カンターらもDragnetというソフトウェアを開発している.また,アメリカ司法省の犯罪地図研究センターの委託により開発された空間統計ソフトウェアのCrimeStatにも,犯行行程分析用のモジュールが組み込まれている.犯人の拠点存在確率を算出する際に,RigelやDragnetが未解決事件の犯行地点データのみを利用するのに対して,Crimestatは分析対象事件のデータに加えて,同地域における解決済み事件の犯行行程データも必要とする.

■ 最近の研究とわが国の動向

地理的プロファイリングに関しては,捜査の効率化に寄与したり犯人の拠点を正確に予測していたとする効果事例に関する報告は多いものの,さまざまなモデルの効率性の比較に関する研究はまだ少ない.

リッチとシブリー（Rich & Shively, 2004）は,アメリカ司法省司法研究所の委託を受け,地理的プロファイリング用のソフトウェアの比較検討を試みた.ソフトウェアの手配などに問題があったため,目的は十分に達成できたとは言い難いが,連続事件リンクの重要性,たとえば分析エリアに複数の犯人による事件が混在している場合の分析の難しさ,データの解釈に相当の経験やスキルが必要とされる点について問題提起した.

またスヌークら（Snook et al., 2005）は,円仮説やCGTをはじめとするさまざまな拠点推定手法を,同一データを用いて比較検討した.それによると,拠点推定手法の計算量が劇的に増大したとしても,得られる結果がそれに伴って高い精度をもつとは限らないということを明らかにした.しかし,これはイギリスの一地方で発生した少

数の窃盗犯の犯行移動データに基づいた知見であるため，より一般性の高いデータでの検証が待たれている．一方，CrimeStatを開発したレバインは，自身のベイズ統計的手法を組み込んだ犯行行程分析モジュールが，重心モデルよりもわずかに精度が高いと報告している(Levine & Lee, 2009)．

現在，研究と実践が同時並行的に進められている地理的プロファイリングであるが，研究が必要とされる論点はいまだ数多い．たとえば犯行移動について，距離遙減関数という一般的な傾向が，犯人の属性・罪種・犯行形態などによってどのように変化するのかを，包括的に検討した研究は数少ない．また，直線距離・マンハッタン距離・行程距離・時間距離のいずれの距離指標が，最も精度の高い結果を導き出すのかについても，比較研究が待望されている．

地理的プロファイリング手法の精度向上のためには，分析モデルへの時間軸の組み込みや，犯行の成否などの質的な側面の犯行地理への影響も，必要な研究事項である．さらには，犯行地域の潜在的な被害対象の分布や環境特性を計量的な犯行移動分析に反映することも，今後に残された研究課題である．すなわち，犯人の犯行地理を中心とした分析に基づく地理的プロファイリングから，より包括的な犯罪現象の理解を目指した分析手法に発展させていくことが求められている．こうした動きの理論的支柱となっているのが，ルーチンアクティビティ理論や犯罪パターン理論である．

なお国内の状況を見ると，犯罪発生地点や犯罪者の住所データは広く公開されることがないため，地理的プロファイリングの研究と実施は，警察機関内部の研究者と実務家によるものがほとんどである．一方で大学の研究者は，報道された事件資料に基づいて分析を行うことが現実的な選択となるが，得られるデータの量は限定的であり，研究領域としては方法論的な部分の検討が中心となる．

近年，地域社会の紐帯の弱体化や，犯罪者と被害者の関係の希薄化によって，既存の捜査手法のみによる犯人検挙が困難になっている．その一方で，犯罪捜査に充てられる人員や資源は限られるため，捜査活動には一層の効率化とスピード化が求められている．地理的プロファイリングは，犯罪捜査を支援する一手法として大きな期待が寄せられている． 〔鈴木 護〕

▶文 献

Brantingham, P. L., & Brantingham, P. J. (1981). Notes of the geometry of crime. In Brantingham, P. J. & Brantingham, P. L. (Eds.), *Environmental criminology*. Sage. pp. 27-53.

Canter, D., & Larkin, P. (1993). The environmental range of serial rapists. *Journal of Environmental Psychology*, **13**(1), 63-69.

Kind, S. (1987). Navigational ideas and the Yorkshire Ripper investigation. *Journal of Navigation*, **40**(3), 385-393.

Levine, N., & Lee, P. (2009). Bayesian journey-to-crime modelling of juvenile and adult offenders by gender in Manchester. *Journal of Investigative Psychology and Offender Profiling*, **6**(3), 237-252.

三本照美・深田直樹 (1999). 連続放火犯の居住地推定の試み——地理的重心モデルを用いた地理プロファイリング 科学警察研究所報告防犯少年編, **40**(1), 23-36.

Rich, T., & Shively, M. (2004). *A methodology for evaluating geographic profiling software*. Abt Associates.

Rossmo, D. K. (2000). *Geographic profiling*. CRC Press.(渡辺昭一(監訳)(2002). 地理的プロファイリング 北大路書房)

Snook, B., Zito, M., Bennell, C., & Taylor, P. J. (2005). On the complexity and accuracy of geographic profiling strategies. *Journal of Quantitative Criminology*, **21**(1), 1-26.

田村雅幸・鈴木護 (1997). 連続放火の犯人像分析1. 犯人居住地に関する円仮説の検討 科学警察研究所報告防犯少年編, **38**(1), 13-25.

8.5 クライムマッピング

■ 犯罪と地図

クライムマッピング（crime mapping）とは，犯罪の発生状況を地図で表現する手法を示す．最も単純なものは，紙の地図に事件発生地点をマークしたものだが，最近は地理情報システム（GIS）を基盤とした多角的情報の活用による対話的な地図作成をさすことが多くなっている．実務的な利用例としては，犯罪発生地点を地図上に点で表すピンマップ，県や市町村など地域別の比較を主題にしたコロプレス図などが頻繁に用いられている．

犯罪研究と地図の関係は古くからのものであり，近代的な犯罪学の源流の一つは，19世紀フランスでのゲリーやケトレーなどの「地図学派」とよばれる研究者による，犯罪発生地点の地理的な分析に求めることができる．これは，場所の要因と表現方法としての地図が，犯罪の実証分析においてきわめて重要であることを端的に示している．その後，イギリス・アメリカなどでもクライムマッピングは行われたものの，地図化と記述的な分析にとどまるものが多く，また犯罪研究の主流が犯罪者個人の生物学的要因の解明にシフトしたため，クライムマッピング研究は下火となった．

やがて20世紀に入ってから，社会学におけるシカゴ学派の隆盛とともに，クライムマッピングはデータの視覚化と知見の導出に大きな役割を果たすようになる．たとえばショウら（Shaw & Mckay, 1942）は，シカゴの少年非行が，都市の生態学的構造理論から見た地域特性と深くかかわっていることを，非行発生状況の詳細地図によって示した．これは実証犯罪学の古典となった研究であるとともに，20世紀前半のクライムマッピングにおける記念碑的研究としても広く引用されている．

古典的なクライムマッピングは，地図学の知識とスキルを必要とするものであり，また作成コストは膨大なものであった．コンピュータを活用した犯罪地図は1970年代以降さまざまに試みられたが，当時はコンピュータのハードウェア性能が低く，地理学者や情報工学者主導による開発研究的な色彩が強かったといえる．ことに，住所文字列などで表された犯罪発生地点を，緯度経度などの座標値に変換するジオコーディング技術の確立には，困難が伴った．その後，1980年代中盤からのコンピュータの能力向上と価格低下，GISの発達，基盤的な空間データの整備によって，実務利用を含むクライムマッピングの普及が促進され，犯罪集中地区（hotspot）の検出や，罪種・地域別の犯罪発生状況の分析などに活用されるようになった．

■ 最近の動向

近年では，警察をはじめとする治安および国土安全保障に関する機関がGISの主要ユーザーの一角を占め，GISの解説書などにも犯罪データの分析例が数多く見られる．アメリカでは1997年に司法省が犯罪地図研究センター（CMRC）を設立し，全米規模でのクライムマッピング振興の中核機関としての役割を担うこととなった．CMRCは研究集会の開催，情報交換用のメーリングリスト運営，情報分析用ソフトウェアの開発援助を行った．その成果の代表例が，空間統計分析用フリーウェアのCrimeStatである．その他にも，拘置施設などの建物内の犯罪発生状況を分析するソフトウェアや，学校の敷地や周辺の犯罪・非行を分析するソフトウェアなどが開発さ

れ，無料で提供されている．

なお CMRC は 2002 年に，公共安全のためのマッピングと分析プログラム（MAPS）に改組された．各警察機関内部においても，緊急配備・犯罪捜査・地域警察活動・交通規制など，ほとんどの部門において GIS の利用が活発に行われており，警察活動と情報の地図化が密接に結びついている．

ハリース（Harries, 1999）は，アメリカの警察機関における GIS 導入を 1980 年代半ば以降，過半数の警察機関における紙地図から GIS への作図基盤の交代を 2000 年前後と推定している．とくに，地域の犯罪情勢の変化を見る代表的な犯罪情勢分析である CompStat の中核には，GIS を用いたクライムマッピングがある．アメリカにおける警察署レベルでの警察実務へのクライムマッピングの取り組みについてはとくに活発なものがあり，犯罪分析官の肩書きをもつ職員が管内の犯罪情勢などを分析する際には，クライムマッピングが必須の手法の一つとなっている．

クライムマッピングの成果は，おもに防犯対策の策定とその効果測定や，地域住民に対する情報提供用の素材として用いられる（アメリカ・シカゴ市警察の ICAM〔Information Collection for Automated Mapping〕が先駆的な取り組みの代表例）．また個別事件の捜査支援におけるクライムマッピングの活用は，地理的プロファイリングへと発展した．警察機関の取り組みに加え，欧米では大学における実証的犯罪研究も盛んであり，多くの大学でクライムマッピングの研究が行われたり，授業が開講されたりしている．さらに，大学と警察機関が共同研究によってクライムマッピングを行い，成果をインターネットなどで外部公開している事例も多い．

わが国においても，インターネットの普及に伴う行政機関による地域情報提供の主要コンテンツとして，クライムマッピングが近年急速に普及し全国的に定着している．とくに警視庁の犯罪発生マップは，2003 年に科学警察研究所の協力の下に作成され，その後も毎年新しいデータが追加されて，対象となるデータも街頭犯罪に加えて交通事故などにも拡大されている．このほかの警察機関や自治体でも，地域の犯罪発生情報を地図で表現し，インターネットや広報誌で紹介する事例が急増している．これは犯罪発生情報公開に対する住民のニーズが高いこと，技術的に犯罪地図作成を簡便に行うことができる GIS が発展・普及してきたこと，情報発信のインフラストラクチャとしてのインターネットの普及があいまったものと考えることができる．

わが国においては，これまでクライムマッピングに関して研究が散発的に行われてきたが，犯罪研究と GIS が本格的に結びついてきたのは 1990 年代に入ってからである．空間的な属性をもつデータの解析は，地理学や経済学をはじめとするさまざまな分野で行われていることから，そうした分野での知見や手法が犯罪の空間分析に利用され，犯罪現象の解明に役立つことが期待される．その一方，警察実務におけるクライムマッピングでは，専門的な知識と権限をもつ担当者が少ないため，単なる事件発生地点の地図化をこえた詳細かつ機動的な分析を，どのように可能にしていくのかは今後の課題となっている．

〔鈴木　護〕

▶文　献

Harries, K. (1999). *Mapping crime : Principle and practice*. National Institute of Justice.

Shaw, C., & McKay, H. (1942). *Juvenile delinquency and urban areas*. University of Chicago Press.

8.6 事件リンク分析

連続事件における同一犯推定は，事件リンク（crime linkage）と呼称される．事件リンクは，比較ケース分析（comparative case analysis）やリンク分析（linkage analysis）と呼称されることもあり，行動分析の一つとして位置づけられている（Woodhams et al., 2007）．未解決事件の捜査においては，DNAや指紋などの物的証拠が，同一犯による事件を関連づけるための主要な方法である．

その他，被害者や目撃者の供述によって得られる犯人の特徴も，連続事件の同一犯推定のための貴重な基礎資料となる．しかしながら，それらの資料や情報が存在しない場合，犯人が犯行中に行った行動を分析することによって，事件リンクを行うことが求められる．

■犯行行動の一貫性と弁別性

同一犯が事件をくり返す場合，時や場所が異なっても行動に高い一貫性が見出されるという「一貫性仮説（consistency hypothesis）」は，犯行行動に基づく事件リンクを行ううえでの理論的な前提である（Canter, 1995）．

常習犯罪者の多くが，犯罪をくり返すことにより，最も得意とし，かつ成功率の高い手段や方法を見出し，それらの方法がひとつの型となって「犯罪手口」として形成されると考えられてきた（→8.7）．しかしながら，多くの行動は必ずしも固定したものではなく，犯罪手口においても例外ではないことがいくつかの研究で指摘されている．

犯罪者はしばしば，事件を続ける中で，犯行の手段をより精緻化させる．たとえば，侵入窃盗の場合，初期の犯罪では，行動が変容する傾向が強いことが指摘されている（横田・渡辺，1998）．犯罪者の行動は，現場の環境や，性犯罪などの対人犯罪の場合，被害者とのインタラクションによっても大きく変容する（Hazelwood & Warren, 2003；横田，2005）．

したがって，事件リンク分析を行う際には，状況に左右されにくい，個人内でより一貫性が高い行動について把握する必要がある．連続強姦犯の行動一貫性について検討したわが国における先行研究には，田

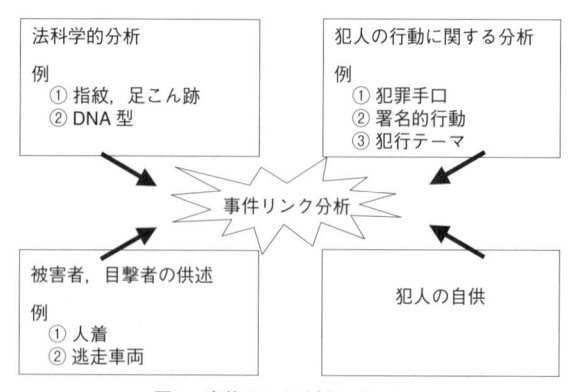

```
┌─────────────────┐        ┌─────────────────┐
│ 法科学的分析    │        │ 犯人の行動に関する分析 │
│ 例              │        │ 例              │
│  ① 指紋，足こん跡│        │  ① 犯罪手口    │
│  ② DNA型        │        │  ② 署名的行動  │
└─────────────────┘        │  ③ 犯行テーマ  │
          ↘                 └─────────────────┘
              ↘           ↙
              事件リンク分析
              ↗           ↖
          ↗                 ↖
┌─────────────────┐        ┌─────────────────┐
│ 被害者，目撃者の供述│     │ 犯人の自供      │
│ 例              │        │                 │
│  ① 人着        │        │                 │
│  ② 逃走車両    │        │                 │
└─────────────────┘        └─────────────────┘
```

図1 事件リンク分析のプロセス

口・猪口（2000）や，渡邉ら（2006）による研究がある．彼らの研究では，連続性犯罪においては，犯行時間帯，犯行場所，被害者の年齢層，接触方法の一貫性が高いことが示されている．

また，海外では，カナダの連続性犯罪者について検討したガイラ（Guay et al., 2001）の研究や，スウェーデンの性犯罪累犯者について検討したシェーステットら（Sjostedt et al., 2004）の研究において，被害者の特徴（年齢層，性別，面識関係）の一貫性が高いことが見出されている．

これらの結果は，いつ，どこで，誰を対象に犯行を行うか，といった犯人の犯行前の意思決定にかかわる変数の一貫性が高いことを示唆していると考えられる．

また，個人間の行動の弁別性も，行動の一貫性と同様に，事件リンク分析の前提条件である（Canter, 1995）．すなわち，個人内で一貫性が高い行動であっても，多くの犯罪者に共通する行動は事件リンクには有用ではない．犯罪者間の行動の弁別性の程度を考慮することによって，異なる犯人による事件を，誤って一人の人間による犯行であるとみなしてしまうリンクの誤りを減少させることができる．たとえば，侵入窃盗（→7.22）において，「現金の窃取」という行動は，生起頻度が高く，弁別性が低い．したがって，「現金の窃取」という行動のみで事件リンクを行うと，異なる侵入窃盗犯による事件を，同一犯による事件であるとみなしてしまう可能性が高くなる．

犯罪者間の弁別性に注目した概念として，署名的行動（signature behavior）があげられる．署名的行動は，コーリングカード（calling card）と呼称されたり（Douglas et al., 1992），儀式的行動および犯罪手口の複合概念として用いられることもある（Hazelwood & Warren, 2003）．犯罪手口は犯罪を遂行するために必要な行動であるとみなされる一方，署名的行動は心理的に重要な行動であり，犯行時の環境に影響されにくいとされる（Alison et al., 2005）．とくに，性犯罪の場合，性的興奮もしくは性的空想が署名的行動と強く関連すると考えられてきた．そして，署名的行動は，事件間で一貫する傾向があるほか，各々の犯罪者に特異な行動であり，事件リンクに有効な指標であるとみなされてきた（Douglas et al., 1992）．

しかしながら，一連の行動群において，どの行動が署名的行動であるのかを見出す過程は，分析者のセンスや経験に依拠せざるをえないこと，署名的行動が見出せる事件は多くはないこと，心理的に重要な行動であっても状況によって異なる意味をもちうることが指摘されており，署名的行動のみに依拠した事件リンク分析には限界があると考えられる（cf. Alison et al., 2005）．

■複数変数による事件リンク分析

各行動を独立に検討するのではなく，複数の行動を同時に考慮して，事件をリンクする手法もいくつか提示されている．一つは，犯行テーマや類型に基づく事件リンク分析である．この方法に基づくと，近隣地域で同一の犯行テーマ（類型）の事件が発生した場合，同一犯による事件である可能性が高いと考えることになる．

たとえば，性的殺人（Salfati et al., 2005）（→7.8）や性犯罪（Santtila et al., 2005）において，犯行テーマの一貫性は高いことが示されている．しかしながら，犯行テーマや類型に基づく方法では，異なる犯人であっても同テーマ（類型）に分類されることで，とくに発生頻度の高い罪種では，別人による事件を同一人物による事件とみなしてしまうリンクの誤りを犯してしまう可能性があると考えられる．

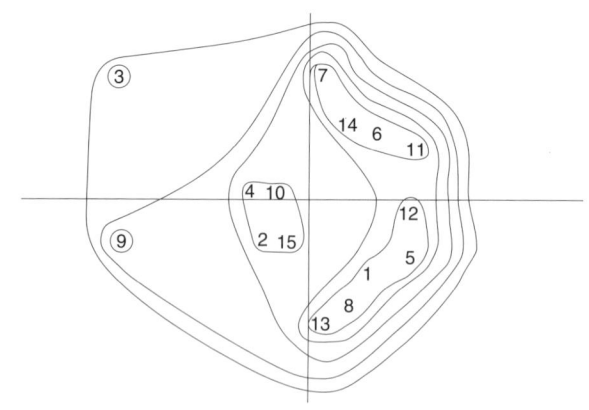

図2 クラスター分析によって特定されたクラスターを，等高線状に示した解決済みの侵入窃盗事件15件に関する二次元図（Green et al., 1976）

近年，多変量解析（→5.1）を用いた事件リンク分析の手法についても検討されている．たとえば，グリーンら（Green et al., 1976）は，連続侵入窃盗の事件リンク分析をクラスター分析によって試みた．クラスター分析では，対象間の類似・非類似に基づいて，対象の群分けを行い，類似した対象の群が「クラスター」として特定される．したがって，同じクラスターに群分けされた事件どうしは，互いに同一犯による可能性が高いとみなすことができる．他には，多次元尺度法（MDS）による検討例もある（Canter, 1994）．

多次元尺度法による分析では，類似度にしたがい，空間上（多くの場合，二次元上）に事件を布置し，互いに近くに布置された事件どうしは，類似度が高いとみなすことができるため，それらの事件が同一犯による犯行である可能性を考慮する．

■ リンクの見落とし，リンクの誤り

事件のリンクを行ううえでは，2種類の失敗がある．ひとつは，「リンクの見落とし（linkage blindness）」とよばれる失敗であり，同一犯による事件にもかかわらず，それらが異なる犯人によるものであると推定してしまうことである．

もう一つは，「リンクの誤り（linkage error）」とよばれるものであり，同一犯による事件ではないにもかかわらず，それらを同一犯による事件であるとリンクしてしまうことである．

それらの失敗を防ぐためには，以下のような事柄に留意する必要がある．

> **事件リンク分析の留意点**
> ① 犯行の文脈（たとえば，犯人の行動に対する被害者の応対，および被害者の応対に対する犯人の反応）を詳細に検討し，生じた行動の文脈依存性を検討する．文脈依存性の高い行動は，事件リンク分析には有用ではない．
> ② 犯罪者ごとの行動の特異性を考慮する．ありふれた行動は，事件リンク分析には有用ではない．
> ③ 加齢や学習などによる犯人の犯行パターンの変化を考慮する．同一犯による事件でも，これらにより行動が変容する場合がある．
> ④ 情報の歪み（たとえば，被害者や目撃者の記憶の歪みから生じる）に留意する．

誤った情報により事件リンク分析を行うと，間違った結果が得られやすい．

〔横田賀英子〕

▶文　献

Alison, L., Goodwill, A., & Alison, E. (2005). Guidelines for profilers. In L. Alison (Ed.), *The forensic psychologist's casebook.* Devon：Willan Publishing. pp.235-277.

Canter, D. (1994). *Criminal shadow.* London：HarperCollins.

Canter, D. (1995). Psychology of offender profiling. In B. Bull & D. Carson (Eds.), *Handbook of psychology in legal contexts.* Chichester：John Wiley and Sons. pp.345-355.

Douglas, J.E., Burgess, A.W., Burgess, A.G., & Ressler, R.K. (1992). *Crime classification manual.* New York：Lexington Books.

Green, E.J., Booth, C.E., & Biderman, M.D. (1976). Cluster analysis of burglary M/Os. *Journal of Police Science and Administration,* **4**, 382-388.

Guay, J.-P., Proulx, J., Cusson, M., and Ouimet, M. (2001). Victim-choice polymorphia among serious sex offenders. *Archives of Sexual Behavior,* **30** (5), 521-533.

Hazelwood, R.R., & Warren, J.I. (2003). Linkage analysis：Modus operandi, ritual, and signature in serial sexual crime. *Aggression and Violent Behavior,* **8**, 587-598.

Salfati, C.G., & Bateman, A.L. (2005). Serial homicide：An investigation of behavioural consistency. *Journal of Investigative Psychology and Offender Profiling,* **2**, 121-144.

Sjostedt, G., Langstrom, N., Sturidsson, K., & Grann, M. (2004). Stability of Modus Operandi in sexual offending. *Criminal Justice and Behavior,* **31** (5), 609-623.

田口真二・猪口武典（2000）．連続強姦犯の犯罪行動の一貫性　犯罪心理学研究，**38**（特別号），30-31．

渡邉和美・横田賀英子・藤田悟郎・和智妙子・佐藤敦司（2006）．性犯罪者の行動の一貫性と犯人像に関する研究　犯罪心理学研究，**44**（特別号），128-129．

Woodhams, J., Bull, R., & Hollin, C.R. (2007). Case linkage：Identifying crimes committed by the same offender. In R. N. Kocsis (Ed.), *Criminal profiling：International theory, research, and practice.* New Jersey：Humana Press. pp.117-133.

横田賀英子（2005）．類似事件発生時における同一犯推定　渡辺昭一（編），捜査心理ファイル　東京法令出版　pp. 226-243．

横田賀英子・渡辺昭一（1998）．犯罪手口の反復性に関する分析　日本鑑識科学技術学会誌，**3**(2)，49-55．

8.7 犯罪手口の一貫性

■ **犯罪手口の一貫性**（consistency of modus operandi）と変遷

世界中の多くの捜査機関において，犯罪手口は異なる事件を一人の犯人に結び付けるための痕跡のようにみなされてきた（cf. O'Hara, 1956）．この考え方の根底には，犯行の手段・方法といった犯罪手口は，犯行の反復によって固定され，変更されることが少ないという前提がある．すなわち，犯罪手口は，犯罪者自らの危険を低減し，犯行の成功確率を高めるための行動であり，犯罪が成功する限りは，犯罪者は同一の犯罪手口を選択する傾向が強いと仮定されてきた．わが国においても，侵入窃盗，強盗，放火などの重大な犯罪が発生した場合，その犯罪手口を検討して犯人を発見しようとする「手口捜査」が一つの重要な捜査手法として根づいている（大山，2003）．

しかしながら，ダグラスら（Douglas et al., 1992）は，多くの捜査員が個々の犯罪手口に依拠して事件リンクを行う傾向がある一方で，犯罪者の多くが，犯行を重ねるにつれて犯罪手口を変容させることを指摘している．ヘイゼルウッドら（Hazelwood et al., 2001）は，性的犯罪の場合には，3～4ヵ月で犯罪手口は変容もしくは進化すると経験的に述べている．

犯罪手口の変容に影響する要因は，被害者の反応などの環境要因と，犯人の学習や犯行のエスカレーションなどの犯罪者の個人要因に大別できる．基本的には，犯行初期の者では，環境要因のみならず，自らの犯行スタイルが確定しないために犯行手口は変容しやすい．また，長期にわたり犯行を行っている者であれば，加齢や犯行のエスカレーションなどの個人的な要因に加え，さまざまな環境要因により，犯人の行動に変化が現れることがある．

■ **被疑者優先順位づけシステムの開発**

足立ら（足立，1996a；足立・鈴木，1993；足立・鈴木，1994）は，個々の犯罪手口に焦点を当てるのではなく，一連の犯罪手口を考慮して，過去の前歴者データから，新規発生事件の犯人である可能性の高い者を優先順位をつけて検索するためのシステムの開発を試みている．

具体的には，新たに事件が発生した際に，発生事件の犯人の犯罪手口データと，前歴者データベースの各前歴者の犯罪手口の記録を突き合わせ，各前歴者が発生事件の一連の犯罪手口で犯行を行う確率をそれぞれ算出し，確率の大きさに従い，データベースの中で犯人の可能性の最も高いものから最も低いものまで各前歴者に順位をつける．このシステムの一つの主眼は，単独の行動では掴みきれない個人内の一貫性を，一連の「行動群」として包括的にとらえようとすることである．

各前歴者が発生事件の犯罪手口で犯行を行う確率の算出は次の方法で行う．たとえば，「犯人が玄関から侵入し，タンスを物色する」という侵入窃盗事件が発生したとする．仮に，前歴者Aは過去3回の犯行中2回，玄関から侵入しているとすると，この前歴者が玄関から侵入するという犯罪手口で新たに犯行を行う確率は3分の2であると考える．同様に，この前歴者Aが過去3回の犯行中1回でタンスを物色していれば，この前歴者がタンスを物色するという犯罪手口で新たに犯行を行う確率は3分の1となる．このとき，前歴者Aが「玄関から侵入し，タンスを物色する」という犯罪手口で新たに犯行を行う確率は，5分

の2と5分の1を乗じた値とみなし，この確率を，前歴者Aが発生事件の犯人である確率であるとする．同様にして，他の前歴者に関しても，同じ犯罪手口で犯行を行う確率を算出し，算出された確率に従って，発生事件の犯人の確率が高いものを順位づけする．ただし，過去の犯行で一回も選択されなかった犯罪手口であっても，新たな事件でその犯罪手口が選択される確率を0とみなすことは不自然であるため，実際の計算は，上述のアルゴリズムを発展させた手法が用いられている．

この手法は，各犯罪手口の選択行為の独立性を仮定しており，そのうえで，これらを総括した行為の確率は，確率の公理によって，個々の選択確率の積によって与えられるとみなすものである．また，各犯罪者の手口選択傾向が複数事件を通して一貫しているという仮定も計算の背後にある（足立，1996b）．

足立（1996b）も述べるように，手口選択の独立性や一貫性の仮定は実際の現象に完全には適合しないが，実用可能な計算式を導くには，仮定の導入による現象の簡略化が必要であり，その妥当性は，シミュレーションによって評価できる．12468人の侵入窃盗の前歴者の犯罪手口より構成されるデータベースによるシミュレーションにおいては，7558件中1524件で実際の犯人が1位に検索されるという結果が得られている（Yokota & Watanabe, 2002）．

■犯罪手口と署名的行動

犯罪手口と対比して言及される概念に，署名的行動（signature behavior）がある．署名的行動とは，犯人の強い心理的欲求により生じる特異な行動をさす．犯罪手口は，犯罪者が犯行を完遂するために行う行動であるが，署名的行動は，必ずしも，犯罪を完遂するために行う行為ではない．署名的行動を見出すためには，①ある行動が，犯人にとって危険を増すにもかかわらず行われているか，②犯人がその行動に，必要以上にこだわっているか，といった点を検討することになる（横田，2004）．

しかしながら，実際の分析にあたっては，犯罪手口と署名的行動が明確に識別できない場合もあると考えられる．各行動が，犯罪手口に該当するのか，署名的行動に該当するのかを綿密に区別するより，「署名的行動」という概念を念頭におくことによって，犯人の一連の行動群から意味のある行動を見出すことが，実務においてはより重要であると考えられる． 〔横田賀英子〕

▶文　献

足立浩平（1996a）．犯罪手口の類似度に基づく犯行記録の検索　科警研報告法科学編，**49**，25-30．

足立浩平（1996b）．犯罪手口解析による被疑者検索の将来像と研究開発　警察学論集，**49**(12)，56-70．

足立浩平・鈴木昭弘（1993）．犯罪手口の選択確率に基づく被疑者の検索手法　科警研報告法科学編，**46**，143-147．

足立浩平・鈴木昭弘（1994）．犯罪手口による被疑者検索への核関数法の適用　科警研報告法科学編，**47**，52-56．

Douglas, J.E., Burgess, A.W., Burgess, A.G., & Ressler, R.K. (1992). *Crime classification manual*. New York：Lexington Books.

Hazelwood, R.R., & Burgess, A.W. (2001). *Practical aspects of rape investigation : A multidisciplinary approach*. Boca Raton：CRC Press.

O'Hara, C.E. (1956). *Fundamentals of criminal investigation*. Springfield：Charles C Thomas Publishers.

大山憲司（2003）．手口捜査　警察時報，**58**(1)，6-9．

横田賀英子（2004）．類似事件発生時における同一犯推定　渡辺昭一（編），捜査心理ファイル　東京法令出版　pp.226-235．

Yokota, K., & Watanabe, S. (2002). Computer-based retrieval of suspects using similarity of *modus operandi*. *International Journal of Police Science and Management*, **4**(1), 5-15.

8.8 捜査本部事件

■ **捜査本部とは**

捜査本部の定義については，犯罪捜査規範（昭和32年7月11日国家公安委員会規則第2号，最終改正：平成19年5月25日国家公安委員会規則第12号）の第22条に次のように定められている．

> **犯罪捜査規範**
> 第22条　重要犯罪その他事件の発生に際し，特に，捜査を統一的かつ強力に推進する必要があると認められるときは，捜査本部を設置するものとする．
> 2　捜査本部の設置及び解散並びに捜査本部の長及び編成は，警察本部長が命ずる．
> 3　捜査本部長は，命を受け，捜査本部に所属する職員を指揮監督する．
> 4　捜査本部を設置した事件の捜査については，すべて捜査本部長の統制に従うものとし，他の警察署において当該事件に関する捜査資料を得たときは，速やかに捜査本部に連絡しなければならない．

つまり，捜査本部事件とは，通常の捜査では解決の難しい事件であり，たとえば，事件認知後すぐに被疑者が特定できない場合や，重大な事案で膨大な捜査事項がある場合などが含まれる．

■ **殺人捜査本部の設置数と解決状況**

殺人捜査本部の設置・解決状況は，警察庁のホームページで公開されている「平成〇〇年の犯罪情勢」の中に示されている．1989（平成元）年から2009（平成21）年までの殺人捜査本部事件設置数と殺人事件認知件数に占める捜査本部設置数の比率を図1に示した．ここでは，2002（平成14）年以降に組織犯罪対策部が設置した捜査本部を併せて，捜査本部設置数として示している．

戦後最大の刑法犯認知件数を示し，治安の悪化が社会問題となった2002（平成14）年には，殺人捜査本部の設置数が増大し195件を示しているが，このピークを除けば，80～140件の間を推移している．また殺人事件の認知件数に占める捜査本部設置数の比率は，2002（平成14）年のピーク時を除けば8～12％を推移している．殺人事件の認知件数が，特異なピークをもたずに，おおよそ1200～1400件の間を安定して推移していることから，殺人事件の認知件数に占める殺人捜査本部の比率の推移は，殺人捜査本部設置数と同じ傾向を示している．

同時期における殺人捜査本部事件の解決率は，おおよそ7～8割台を推移しており，殺人事件全体の解決率の9割台と比較すると低く，捜査の難しい事件が多くを占めることがわかる．

■ **殺人捜査本部事件の特徴**

渡邉ら（Watanabe et al., 2004）は，1993～2003年の10年間に設置・解決された殺人捜査本部事件1092件の分析から，その特徴を明らかにしている．殺人捜査本部事件の加害者被害者関係では，捜査が難しいタイプの事件とはいえ，親族または知人が占める比率は8割を占め，面識のない者による犯行は2割程度でしかない．加害者・被害者ともに，年齢層は中高年の年齢層の比率が高くなってきており，1998年以降，40歳以上の加害者の比率は半数をこえ，40歳以上の被害者の比率は6割をこえている．

主たる加害者と主たる被害者の性別組み合わせから，男性加害者と男性被害者（M-M）群は全体の49％を占め，男性加害者と女性被害者（M-F）群が40％，女

図1

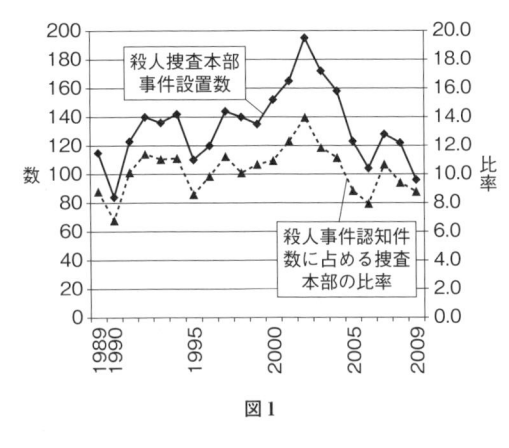

性加害者と男性被害者（F-M）群は6％，女性加害者と女性被害者（F-F）群は4％であり，男性加害者が9割を占めていた。主たる被害者が女性の場合には単独犯の比率が7〜8割を示すが，主たる被害者が男性の場合には単独犯は4〜6割を示すのが特徴である。また，殺人事件全体では女性加害者が2割程度を占めることを考慮すると，女性殺人犯の多くは捜査の難しくないタイプの犯行をしていると考えられる。

さらに，1973〜1982年の10年間ではM-F群が59％，M-M群は36％，1983年から1992年の10年間ではM-F群が53％，M-M群が40％であったことから，この30年間で殺人捜査本部事件の主たるタイプが変化しているといえる。

この性別組み合わせごとに殺害の動機を金品目的，性目的，男女関係トラブル，金銭関係トラブル，精神障害，反撃，リンチ，口論，その他，不明の10分類にすると，すべての群で金品目的が最も多く，殺人捜査本部事件には金品目的の犯行が多くを占めることがわかる。次いで多かったのは，M-M群とF-F群では金銭トラブルであり，M-F群とF-M群では男女関係のトラブルであった。

■ 面識なし事件の特徴

面識あり群の中心を占めるのは，加害者が屋内で1人の既知の被害者を殺害し，その後死体の発見を遅らせる努力をするタイプのものである。これに対し，面識なし群は，無職の男性加害者が，金品目的で1人または複数の被害者に対して攻撃し，少なくとも1人を殺害するが，死体発見からの逮捕のリスクについては関心が低いものが中心を占める（渡邉ら2004）。

面識なし事件も一様な群ではなく，犯行特徴から，①性的対象死体遺棄群，②屋内強盗殺人群，③公的空間刺殺群，の3つの犯行スタイルを特定でき，これら犯行スタイル別で加害者特徴に異なる傾向が認められている。

以上の他，殺人捜査本部事件の特徴については，犯行移動距離についての検討や犯行テーマに関する検討などが行われているが，今後は，特定のサブタイプについての多面的な検討が必要である。〔渡邉和美〕

▶文　献

警察庁（2010）．平成21年の犯罪情勢．http://www.npa.go.jp/toukei/seianki8/h21hanzaizyousei.pdf.

渡邉和美・鈴木護・横田賀英子（2003）．殺人捜査本部事件の特徴　渡辺昭一（編）捜査心理学　北大路書房　pp.101-114.

渡邉和美・横田賀英子・伊原直子・吉本かおり（2004）．面識のない者を対象とした殺人事件の犯行特徴に関する分析　犯罪心理学研究，42巻（特別号），20-21.

Watanabe, K., Yokota, K., & Iwami, H. (2004). Recent trend of homicide in Japan. American Society of Criminology 56th annual meetings, Program, p.248.

8.9 心理学的検死

心理学的検死（psychological autopsy）とは，身元が明らかになった故人についてプロファイルを作成する手法である．心理学的検死は，プロファイリング（→ 8.1, 8.2, 8.3）のカテゴリのうち，死亡直前の故人の認知的過程を再構成する手法である．再構成的心理評価に次のように分類される．

プロファイリング手法の分類
- 身元が明らかではない犯罪者を対象
  - 犯罪者プロファイリング
  - 地理的プロファイリング
- 身元が明らかになった故人を対象
  - 再構成的心理評価
    ・心理学的検死
      ①心理学的剖検（自殺者を対象）
      ②心理学的検死（変死体を対象）
    ・変死分析

心理学的検死には，2つの基本的なタイプがある．1つは，自殺の心理学的要因を明らかにすることを目的としており，心理学的剖検とよばれる．心理学的剖検は，欧米をはじめ，日本でも積極的に用いられている．もう1つは，司法機関が行う変死体の調査を支援することを目的としており，心理学的検死，または心理学的検視や心理学的解剖ともよばれる．心理学的検死は，アメリカの一部の司法機関，ならびに民事訴訟と刑事訴訟で用いられている．本項で述べる心理学的検死とは，後者のほうをさす．

■ **心理学的検死の実際**

心理学的検死では，死因，死亡様態，NASH 死亡分類の3つの法医学的な概念が重要となる．死因とは，死亡の原因である傷病名や症候群であり（匂坂, 1997），死亡様態とは，死に至らしめる特定の状況であり，自然死・事故死・自殺・他殺・不明の5つがある(Jobes et al., 1987)．NASH 死亡分類は，自然死，事故死，自殺，他殺をさす（Schneidman, 1981）．

心理学的検死では，死因は明確だが，死亡様態が不明確な変死体の死亡様態を推定する．具体的には，死体現場ならびに司法機関の保有している資料および，故人をよく知っている人物（以下，情報提供者）へ面接を行い，故人の認知特徴や生活様式に関する情報を収集する．そして，収集したすべての情報から，故人の死亡直前の生活を再構成し，NASH 死亡分類に基づき，死亡様態を推定する．最終的な判定は，心理学的検死の結果，死体解剖などの医学的所見とあわせ，司法機関が行う．

通常，心理学的検死では，訓練された心理学者がプロファイラーとなる．そして，アウトライン（Shneidman, 1969）やガイドライン（Ebert, 1987）に基づき，1人または複数で心理学的検死を行う．対象となる変死体の症例によっては，さまざまな領域の専門家も加わり，チーム単位で心理学的検死を行う．

心理学的検死の開発の背景には，検死官と心理学者の協力関係があった．1950年代後半のアメリカのカリフォルニア州ロサンゼルス地区では，死因は明確だが，死亡様態が不明確な変死体の症例が多数報告され，故人の死亡直前の心理状態が判断上の問題となっていた．この問題を解決するために，同地区検死官事務所の主任検死官であったカーフィー（Curphey, T.J.）からの依頼により，心理学者のシュナイドマンらを中心とするロサンゼルス自殺予防センターは，心理学的検死を開発した．

■ **わが国の状況**

現在，日本の司法機関では，心理学的検死は用いられていない．日本では，変死体が発見されると，検視官または警察官が，検察官を代行して，司法検視（以下，検視）を行い，変死体の死亡が犯罪に起因するものであるか鑑別する．検視は，捜査ではなく捜査の端緒として位置づけられており，検視の結果如何によって，犯罪捜査が行われる．

しかし，変死体は，複雑な死体であるため，検視による変死体の鑑別は，困難を伴うことも多い．変死体の中には，死体や死体現場の調査だけではなく，死亡直前の故人の心理状態の評価を必要とするような症例も少なくない．そのような症例について，心理学は，検視への支援を提供することができ，心理学的検死は，検視官や警察官への有効な支援ツールとして機能するだろう．心理学の知識・技術を検視へ戦略的に活用し，検視への支援ツールとして，心理学的検死の研究を行うことが期待されている．

日本で心理学的検死の研究をはじめるには，検討が不足していた「妥当性」と「信頼性」について研究を行う必要がある．「妥当性」とは，プロファイラーが推定した死亡様態と実際の死亡様態が一致するかである．しかし，心理学的検死の対象となる症例は，故人がすでに死亡して不在である．そのため，医学的，物理的ならびに状況的な証拠がある場合を除いて，妥当性を客観的に測定することは難しいという問題がある．「信頼性」とは，プロファイラーの間で，推定した死亡様態が一致するかである．

入山（2008）は，心理学的検死の妥当性と信頼性を高める要因として，故人に関する情報の評価，死亡様態の推定，検視（死）官や警察官への影響の3つの領域より構成した．故人に関する情報の評価とは，故人に関する情報を収集し，評価する領域である．死亡様態の推定とは，収集，評価した故人に関する情報を基に，死亡様態を推定する領域である．検視（死）官や警察官への影響とは，心理学的検死の結果が，検視（死）官や警察官の判断に影響を与える領域である．入山（2009）によれば，とくに死亡様態の推定の領域が，妥当性と信頼性の要因として強く関係している可能性がある．

現在，心理学的検死は確立された手法とはいえず，妥当性と信頼性について実証的な検討を行うことが求められている．検視への心理学的な支援を提供するためにも，研究の蓄積が望まれる． 〔入山 茂〕

▶**文 献**

Ebert, B.W. (1987). Guide to conducting a psychological autopsy. *Professional Psychology : Research and Practice*, **18**(1), pp52-56.

入山 茂（2008）．心理学的解剖の妥当性と信頼性に関する理論的研究——心理学的解剖研究の基礎構築に向けて 犯罪心理学研究, **46**（特別号）, 94-95.

入山 茂（2009）．心理学的解剖の信頼性に関する基本的な研究 犯罪心理学研究, **47**（特別号）, 108-109.

Jobes, D., Berman, A.L., & Josselson, A. (1987). Improving the validity and reliability of medical-legal certification of suicide. *Suicide and Life-Threatening Behavior*, **17**(4), 310-325.

匂坂 馨（編）（1997）．法医学小事典 南山堂．

Shneidman, E.S. (1969). Suicide, lethality, and the psychological autopsy. In E. Shneidman & M. Ortega (Eds.), *Aspects of depression*. Boston : Little Brown. pp.225-250.

Shneidman, E.S. (1981). The psychological autopsy. *Suicide and Life-Threatening Behavior*, **11**(4), 325-340.

8.10 脅迫分析

脅迫分析（threat analysis）とは，脅迫の内容の危険性を検討し（脅迫が実際の暴力行為などに発展するか否かなど），それに対する対応策を検討するものであり，要人の暗殺やスクールシューティング（→7.3）など，潜在的な脅威に対する分析や評価を行う脅威査定（threat assessment）と共通する枠組みを有している．以下では，まず脅威査定の概略について述べる．

脅威査定は，特定のターゲットに脅威を与え得る人物を特定，評価，管理するためにデザインされた捜査上，作戦上の一連の活動であり（Fein, 1995），アメリカでは，おもにシークレットサービスにより研究と実践がなされてきた．シークレットサービスは，アメリカ大統領をはじめとした国内外の要人を警護する機関であるが，要人たちを保護するための活動の一環として，脅威を事実に基づいて評価する方法を発達させてきたのである．現在は，1998年からシークレットサービス内にNational Threat Assessment Center（NTAC）が設置されており，ここで脅威査定に関する指導などが行われている．

ボラム（Borum, 1999）は，脅威査定の特徴として，脅威を評価する際に，評価の基準を「犯人像」に依るのではなく，当該の人物が特定の攻撃対象に対する攻撃を起こす際の行動や思考のパターンを利用することをあげている．すなわち，脅威査定では，人口学的・心理学的な特性ではなく，ある人物が攻撃行動に至るまでの，行動や考えに焦点を合わせているということができる．発生済みの攻撃ではなくこれから起こりうる攻撃を予防するためには，このようなアプローチが重要であり，脅迫分析にも応用される．

脅迫とは，人の生命・身体・財産・名誉などに害を加えることを告知することである．ターナーら（Turner & Gelles, 2003）は，どんな脅迫においても脅迫者の意図を知ろうと試みることが重要であると述べている．脅迫者の意図としては，脅迫者が，自分の怒りや不満を解消するための手段として人を脅迫する場合であれば，実際の暴力行為なども計画したうえで警告を与えることを意図して脅迫をする場合も考えられる．

後者の場合には，被害者が何の行動も起こさないならば，被害者に対してなんらかの危害が実際に加えられる可能性がある．このようなことを防ぐためにも，脅迫者の意図を推測し，実際の行動へ移行する可能性を検討することが重要であると考えられる．脅迫分析は，そのような検討を行うための枠組みを与えるのである．

■脅迫分析に関する原則

ターナーら（Turner & Gelles, 2003）は，脅迫が実際の暴力に発展する可能性を評価するためのアプローチとして，5つの原則をあげている．

ここでは，その5つの原則を紹介する．

1）秩序対無秩序（organized versus disorganized）　ここでいう「秩序立っているか否か」というのは，脅迫の内容に首尾一貫した中心的なテーマがあり，それが維持され続けているかどうかということである．脅迫内容の秩序立っている程度が高ければ，脅迫者が連続かつ論理的に一つのテーマにこだわっていることが見てとれ，秩序立っている程度が中程度であれば，脅迫の中に複数の脅迫テーマが出てくることがわかる．秩序立っている程度が低い場

合には，一つの短い段落の中に複数のテーマが出現することがある．

ターゲットの身体の安全は，脅迫の内容が秩序立っている程度と特定の内容がどれくらい詳細に述べられているかによって判断できる．すなわち，ターゲットの行動や態度や性格について詳しく言及される頻度が増加したなら，ターゲットは実際に攻撃を受ける危険にさらされていると考えられる．反対に，複数のメッセージが混在して用いられるような秩序立っていない内容の場合には，ターゲットが計画的な攻撃を受ける可能性は低いと判断できる．

2) 執着（fixation） 脅迫者が，組織の一部あるいは組織全体に対してなんらかの執着をいだいている場合である．このとき，脅迫者は自分の雇用状況や個人的な問題を会社の過失によるものであると決めつけている．脅迫者がこのような考えをもつのは，組織再編や組織の起こした行動，利得の変化によるものである．脅迫者が従業員ではないと考えられる場合，脅迫者はおそらく，損失を被った株主，元従業員，当該の会社（組織）の行動に反対している団体の構成員，または，前職を精神的な病で辞めた者である．

3) 焦点（focus） 脅迫者が，どこに焦点を当てているかということである．脅迫者は自分の雇用状況や個人的な問題を会社そのものではなく，1人か複数の特定の雇用主の過失によるものであると結論づけている．脅迫の対象となるのは職場において従業員の問題について責任を負うべき立場にいる人物である．脅迫者が従業員でない場合は，どのようにしてそのターゲットが特定されたのかということと，脅迫者とターゲットの間にどのようなやりとりが起こりうるのかということを判断すべきである．

4) 行動の緊迫性（action imperative） この原則は，脅迫者が行動に移る可能性を判断するものである．法的措置などの解決策がなく救済されるための手段を使い果たしたと判断すると，脅迫者が実際の行動を起こす可能性が高くなる．脅迫者が脅迫の中で，行動を起こすことが差し迫っていることをほのめかす内容のことを言って圧力を与えてきた場合，「行動の緊迫性」の程度が高いと判断できる．

5) 時間的緊急性（time imperative） この原則は，脅迫者の行動が今すぐにでも起こるかもしれない程度を表しており，上記の行動の緊迫性と関連している．脅迫者が自分の計画について言及しているとき，脅迫者の行動が計画どおり実際に実行されるかどうか評価することが重要である．

上記のように，脅迫分析に対するアプローチの一例をあげたが，脅迫分析に関する研究は世界的に見てもまだ多くない．脅迫分析について今後の発展が望まれよう．

〔大塚祐輔〕

▶文　献

Borum, R., Fein, R., Vossekuil, B., & Berglund, J. (1999). Threat assessment：Defining an approach for evaluating risk of targeted violence. *Behavioral Science and the law*, **17**, 323-337.

Fein, R.A., Vossekuil, B., & Holden, G.A. (1995). Threat assessment：An approach to prevent targeted violence. National Institute of Justice：Research in Action, 1-7 1995 September.

Turner, J.T., & Gelles, M.G. (2003). Analysis of threats. *THREAT Assessment：A risk management approach*. The Haworth Press. pp.93-109.

8.11 犯罪情勢分析

■ 概要と代表例

　犯罪情勢分析とは，防犯対策策定などを目的として警察によって行われる，管轄地域内の犯罪発生状況の計量的な分析を意味する．世界的にさまざまな警察機関で犯罪情勢分析は行われているが，アメリカ・ニューヨーク市警察で，1994年に開始されたCompStat (computerized statistics, comparative statistics) が最も有名である．犯罪情報の統計分析に基づいた地域の実情に応じたきめ細かな対策を立案して，警察組織の資源を効率的に活用してその対策を実施する．また行われた警察活動の効果を定量的な分析によって検証することで，次の施策の検討に継承していくというサイクルを，構築することができる．

　代表的な犯罪情勢分析であるCompStatは，おおむね以下のようなプロセスで行われている．中核的活動であるCompStat会議には，警察本部の上級幹部，分署長や薬物などの専門対策班の現場指揮官が一堂に会する．席上ではまず，警察署やより小さな管轄区域を単位とした1週間分の犯罪発生を，前週・前月・前年の統計と比較したり，警察本部の管轄区域全体の中で位置づけることが行われる．検討の対象地域は会議の席上で選定される場合があるため，全現場指揮官が，自らの管轄地域の犯罪情勢と対策について，指名された際にどのように報告するのか，事前に準備しておく必要がある．犯罪発生状況は集計表形式で報告されるだけではなく，専門の地理情報システム（GIS）オペレータが，出席者からの要望に応じてクライムマップ（→ 8.5）を席上で即時作成し，出席者全員が地域の犯罪情勢を正確に把握してとるべき対応を検討することを支援している．分析の主眼の一つは，どこにどの程度の「犯罪集中地区 (hotspot)」が存在するかという点であり，検討結果を受けて現場指揮官は，自らの管轄でどのような対応をとるのかを表明する．そして必要に応じて，複数の担当が連携して問題解決にあたる．そうした取り組みの成果は，後日行われるCompStat会議の席上で施策実施の前後比較などにより検証され，いかなる効果を上げたのかが評価される．また犯罪発生状況に加え，業務分析として部下の残業・欠勤，職務中の交通事故といった勤務状況に関する指標も，指揮官の評価に用いられる．地域の統計データを元にした施策の立案と実行は特段革新的なものではないが，GISを基盤とした各種データの統合とhotspot抽出，施策の立案・実施・評価のプロセスのスピード化および透明化という点では，警察活動とその評価を根拠に基づいたものにするためのきわめて効果的な仕組みである．CompStatの基本理念は，①犯罪発生状況の正確かつタイムリーな把握，②対象とする犯罪を効果的に減少させられる施策の臨機応変な実施，③人員や資源の迅速な配備と，必要に応じた複数部門の連携した対応，④施策の厳密な追跡調査と効果測定の実施，にまとめられる．これは前時代的な警察活動が，正確で詳細な犯罪発生状況に依拠せず目前の重大案件に振り回され，科学的根拠に基づかない施策を場当たり的に行い，セクショナリズムが人員や予算の柔軟な運用を妨げ，施策の効果の事後検証が不十分で人事評価にも適切に反映されることがなかったことの反省に立つものといえよう．

■ 犯罪情勢分析と犯罪分析

　さて，より広い概念である犯罪分析 (crime

analysis）については，実施主体や目的による下位分類がさまざまに提唱されている．たとえば，オズボーンら（Osborne & Wernicke, 2003）は，喫緊の犯罪問題に対応する戦術的犯罪分析，長期的な犯罪問題に対応する戦略的犯罪分析，主として集約化した統計や動向分析を目的とした行政的犯罪分析，すでに把握されている組織犯罪に対応する諜報的犯罪分析，容疑者の割り出しを目的とする捜査用犯罪分析，警察組織資源の利用状況を分析する業務的犯罪分析，という6種の分類を提案している．この分類に従えば，犯罪情勢分析は戦術的犯罪分析を核としながら，施策の効果を最大限にするために行政的・業務犯罪分析を援用している手法という考え方になろう．

またラトクリフ（Ratcliffe, 2008）も，さまざまな犯罪分析における代表的な分析モデルの例を紹介している．そのうえで，犯罪情報分析が犯罪情勢を解釈し（interpret），意思決定者に対して影響を与え（influence），意思決定者による施策が犯罪情勢の改善に効果を与える（impact）という3-iモデルを提案するとともに，今後は「情報主導の警察活動（intelligence-led policing）」が警察活動の主流となるべきであると主張している．すなわち，地域の犯罪発生を予防していくためには，犯罪情勢分析が警察の対応すべき課題の優先順位を決め，犯行を重ねる悪質な犯罪者に対する施策を，トップダウンで実行していくことが最も効果を発揮すると考えられている．

ところで，欧米における犯罪情勢を反映した警察活動の取り組みは，最近はじまったものではない．たとえば，問題主導型警察活動（problem-oriented-policing：POP）は，警察活動は表層的な事案に対応するのではなく，その背後にある警察が解決すべき問題に焦点を当てるべきだとする立場であり，約30年にわたり多くの警察機関で実験的な研究や実践的な取り組みが行われている．POPにおける基本的な活動モデルは，SARAとよばれる．これは，管轄地域の精査（scanning）による問題の分類，問題の想定される原因ととりうる対策に関する分析（analysis），問題解決のための対応（response），対策の効果測定（assessment）のサイクルを踏まえることによって，施策の妥当性や効率性を高めようとする考え方である．POPでは，取り組む問題に応じて意思決定の仕組みや活動の評定基準が変わり，的確な問題設定と対応を行った場合は大きな効果が期待できるが，問題設定が適切でない場合は治安水準の向上は見込めない．また取り組むべき問題を的確に設定することが容易ではないため，実施主体の警察組織の分析や対応能力の高さが問われる．そのため，問題主導型警察活動センター（www.popcenter.org）が各地の取り組みを紹介したりPOPの参考文献を発行して，活動の振興と支援を行っている．

CompStatやPOPでは，施策の立案を犯罪情勢分析抜きに行うことは考えられず，また対象とする罪種を絞ることが基本原則となっている．これに対して，近年わが国でも広く知られるようになった「割れ窓理論」（→10.6）に基づく犯罪対策は，対象地域の秩序びん乱の取締りが，より重大な犯罪全体を抑止するという考え方に基づいている点が大きく異なる．　〔鈴木　護〕

▶文　献
Osborne, D., & Wernicke, S. (2003). *Introduction to crime analysis : Basic resources for criminal justice practice.* Routledge
Ratcliffe, J. H. (2008). *Intelligence-led policing.* Willan Publishing.

8.12 人質立てこもり事件

■ 概況

人質立てこもり事件（hostage barricade incident）は，凶器を示すなどして人を逮捕又は監禁した者が，これを人質として建物内等に立てこもり，第三者に対し，義務のない行為を行わせまたは権利を行わないことを要求することなどをさす．人質立てこもり事件発生時における危機的状況に対応するために，多くの法執行機関において人質交渉の専門家が育成され，事件発生時には，心理学や精神医学の専門家が現場臨場し，捜査への助言を行っているほか，行動科学的観点より，多くの学際的研究が行われている．

渡辺（2006）が，1965年から2002年3月までの間にわが国で発生した人質立てこもり事件460件を分析した結果によると，人質立てこもり事件の年別発生件数は，1985年以降は年間10件前後であり，全国的にみれば発生の少ない事件である．東京都，大阪府，神奈川県，愛知県，福岡県などの人口の集中地域での発生が多い傾向がある．

被疑者の特徴としては，単独犯による犯行が95.2%であり，それらのうち，女性による犯行であることが確認されたものは2件のみであった．年齢層は，30代が最も多く37.6%，次いで20代が31.3%である．職業については，約60%が無職であるほか，人生における成功あるいは達成の経験をもたなかった人々が多くを占める．

犯行の動機（原因）は，恋愛・夫婦関係のもつれや家族間の争いなどの「個人的動機・問題」による犯行が最も多く（45.9%），逮捕を逃れるためあるいは強盗に失敗した後の犯行などの「犯罪に関する動機」が28.7%，覚せい剤中毒などの「精神病理学上の原因」による犯行が21.7%，「政治・思想的動機」が2.8%である．概して無計画，機会的，衝動的な犯行が少なくない．これらの特徴は，彼らの犯行形態にも少なからぬ影響を及ぼしていることが考えられる．

■ 犯人の心理

人質立てこもり事件の初期段階は，犯人，人質ともに，高い興奮状態にあることが指摘されている．こうした状況において，犯人が自らの生命をも脅かすような危機を感

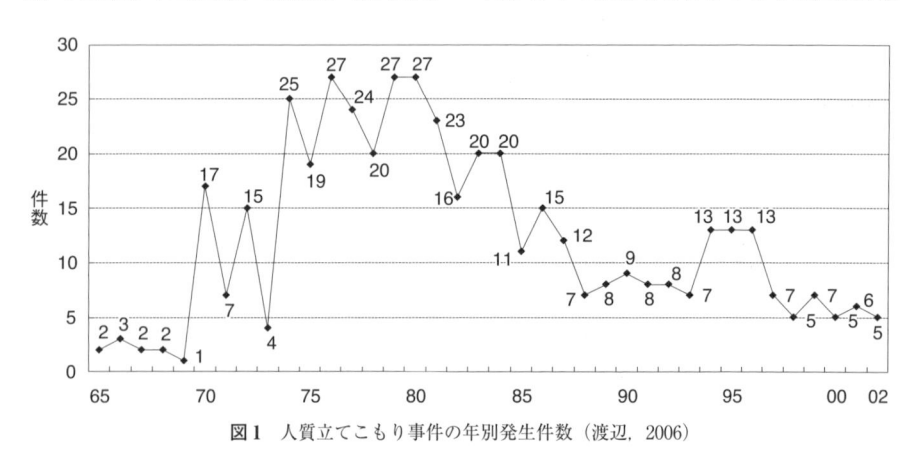

図1 人質立てこもり事件の年別発生件数（渡辺，2006）

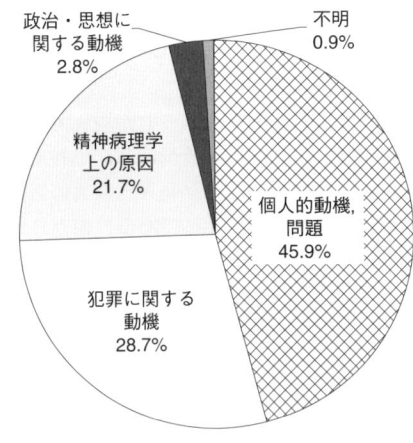

図2 犯行の動機（渡辺, 2006）

- 政治・思想に関する動機 2.8%
- 不明 0.9%
- 精神病理学上の原因 21.7%
- 個人的動機，問題 45.9%
- 犯罪に関する動機 28.7%

じると，「闘争あるいは逃走するための反応（fight/flight reaction）」が生じる．

「闘争あるいは逃走するための反応」とは，生体が捕食者に出会うなどの緊急事態に直面したときに生じる，交感神経系の活動亢進と副腎からのアドレナリン分泌増加を中心とする危急反応であると定義される（青山, 1999）．このとき生体には，立毛，発汗，心拍・血圧の増加，瞳孔の散大，内臓血管の収縮，骨格筋への血流量の増大などの反応が生じる．

こうした危機的状態に直面したとき，人々はその状況に対して，「闘うか（闘争），逃げるか（逃走）」の感情に支配される．立てこもり犯が「逃走」という選択肢を閉ざされ，警察と対峙することを余儀なくされたとき，犯人は状況を打破するための手段として第一に，怒鳴る，威嚇するなどの言語的暴力に及ぶ．しかしながら，それが功を奏さず追いつめられたと感じた場合，犯人は，人質もしくは捜査員に対して身体的暴力に及ぶ可能性が高くなると考えられる（Donohue et al., 1991）．

時間経過に従い，犯人の興奮は沈静化し，合理的思考が可能となる．時間がさらに経過すると，犯人は，疲労や消耗を感じるようになる．しかしながら，直線的に沈静化に向かうことはなく，一般的には，小刻みに興奮の高まりや低下をくり返しながら，徐々に平常心を取り戻すと考えられる（Strentz, 1995）．

■ 人質立てこもり事件のリスク評価

牧原・渡辺（1999）は，事件発生後から30分間ほどは，ほとんどの犯人が興奮しているため，犯人の行動予測は困難であることを指摘している．しかしながら，犯人の興奮度や人質への危険度は，全事件において一様ではなく，犯人特性や事件現場の状況によって異なると仮定できる．

フューズリアら（Fuselier et al., 1991）は，犯人の自殺や人質殺傷リスクを評価するための高リスク要因として，以下の特徴をあげている．

犯人特徴
- 長期にわたり複数のストレスをかかえている．ストレスには，金銭的問題，家庭内の問題，社会的圧迫感などがある．
- 男尊女卑的な考え方をもっている．この場合，犯人は自分の体面が傷つくことを恐れ，なかなか投降に応じようとしない．
- 過去に類似の暴力事件を起こし，被害者に暴力をふるっている．この場合，新たな事件においても，人質を負傷させる可能性は高い．
- 家族もしくは社会から孤立している．この場合，犯人が孤立感を感じ，やけになって行動を起こすことがある．

犯人の事件中の行動
- 警察と対決しようとする．この場合，犯人は感情的に高ぶっており，また，警察に撃たれることを望んでいることがある（→ 8.15）．
- 人質を脅す，もしくは傷つける．とくに，犯人から要求が何もない場合には，人質

を傷つけることが犯人の目的であることが多い．
・自殺をほのめかす言動をする．この場合，実際に自殺を考えていることが多い．

また，テイラー（Taylor, 2002）は，交渉官と犯人の間の「競合性」の度合いによって，交渉の進展度を測ることが可能であるとしている．両者が互いに反目し，聞く耳をもたない場合には，交渉が進展しているとはいえない．他方，両者が一定の妥協を示し，情報交換をしながら，相手に対して親身な態度を見せるようになれば，交渉は成功していると考えられる（→8.13）．

■ 人質立てこもり事件の分類

人質立てこもり事件については，複数の分類が提示されている（横田，2006）．

その一つは，「道具的」「表出的」に基づく分類である（Miron et al., 1979）．人質立てこもり事件における「道具的」行動とは，犯人の目的志向的な行為をさし，その行動によって，犯人がなんらかの利益を得ることを意図しているものである．

要求は犯人によりさまざまであるが，犯人の主目的は，第三者に要求を受け入れさせることにより，自らの目的を達成することであるという点で共通している．犯人にとって，人質は目的達成のための「道具」としての意味しかもたない．

他方，「表出的」行動とは，犯人が自らの葛藤や自己の存在意義を誇示するための行為を示す．他者にとっては，表出的行動の多くが理解困難な自己破壊的行為にとらえられる場合においても，表出的行動を顕著に示す犯人の多くは，自らの鬱積した感情を放出する必要に迫られていると考えられる．

また，アメリカ連邦捜査局（FBI）をはじめとする法執行機関の多くが，人質立てこもり事件を「実質的人質事案（hostage situation）」と「形式的人質事案（non-hostage situation）」に二分類している（Noseneer, 1999）．

実質的人質事案とは，人質が犯人の要求を実現させるための「道具」として利用され，人質事案発生時に，犯人と人質に面識がないことが多いタイプである．他方，形式的人質事案とは，犯人の攻撃対象が「人質」またはその近親者に向けられており，「人質」そのものが実質的「被害者」であるタイプである．犯人が感情的な理由から立てこもっており，たとえ何かを警察などに要求している状況においても，実際には，第三者に対して明確な要求すべき事項をもち合わせていない場合が少なくない．

犯罪者の特徴に着眼した分類としては，フューズリア（Fuselier, 1986）が，立てこもり犯のタイプとして，

① 精神障害者（mentally disturbed）
② 犯罪失敗者（trapped criminals）

表1 人質立てこもり犯のタイプ別にみた犯行特徴（Fuselier, 1986）

タイプ	犯行特徴
精神障害者	妄想を有する者，抑うつ的な者，反社会性人格障害に該当する者などによる犯行である．
犯罪失敗者	強盗など他の犯罪を遂行中に失敗し，警察などに包囲された者による犯行である．取引材料として人質を取り，逃走手段や金銭などの合理的な要求をする．
受刑者	刑務所などに収監されている者による暴動である．他の受刑者や看守を人質に取り，刑務所内での待遇改善を要求することが多い．
政治的テロリスト	特殊な思想や信念をもった集団による犯行である．犯行の時間や場所，人質はあらかじめ選択され，計画的である．

③刑務所における「暴動を起こした受刑者（prisoners in revolt）」
④政治的テロリスト（political terrorists）

をあげている．表1に，各タイプの犯罪者の特徴について示した．

人質立てこもり事件は，犯人，被害者，警察の間に形成されるダイナミクスが，事件進行および事件結末に大きく影響する．したがって，人質立てこもり事件における事件関係者間の相互作用や，事件特徴が関係者の心理に与える影響などを詳細に分析することによって，その対応策を検討することがより重要であると考えられる．

〔横田賀英子〕

▶文　献

青山謙二郎（1999）．闘争あるいは逃走するための反応　中島義明・安藤清志・子安増生・坂野雄二・重桝算男・立花政夫・箱田裕司（編）（1999）．心理学辞典　有斐閣　pp.629-630

Donohue, W.A., Ramesh, C., Kaufmann, G., & Smith, R. (1991). Crisis bargaining in intense conflict situations. *International Journal of Group Tensions*, **21**, 133-145.

Fuselier, D. (1986). A practical overview of hostage negotiations. *FBI Law Enforce Bulletin*, **56** (11), 1-11.

Fuselier, D., Zandt, C., & Lanceley, F. (1991). Hostage/barricade incidents: High risk factors and the action criteria. *FBI Law Enforce Bulletin*, **60** (1), 6-12.

牧原美紀・渡辺昭一（1999）．人質立てこもり事件における心理学の役割　警察学論集，**52**(7), 131-149.

Miron, M.S., & Goldstein, A.P. (1979). *Hostage*. New York: Pergamon Press.

Noesner, G.W. (1999). Negotiation concepts for commanders. *FBI Law Enforcement Bulletin*, **68** (1), 6-14.

Strenz, T. (1995). The cyclic crisis negotiations time line. *Law and Order*, **March**, 73-75.

Taylor, P.J. (2002). A partial order scalogram analysis of communication behavior in crisis negotiation with the prediction of outcome. *International Journal of Conflict Management*, **13**, 4-37.

渡辺昭一（編）（2004）．捜査心理学　北大路書房
横田賀英子（2006）．人質立てこもり事件　松下正明（総編集）山内俊雄・山上皓・中谷陽二（編），司法精神医学3　犯罪と犯罪者の精神医学　中山書店　pp.101-112.

8.13 人質立てこもり事件における交渉

警察にとって，人質立てこもり事件（→8.12）における人質交渉の最大の目的は，事件関係者の安全を確保したうえでの事件解決である．そのためには，犯人投降による解決が望ましく，人質交渉（hostage negotiation）は，犯人の投降を促すための手法として有効であることが示されている．また，人質交渉の異なる大きな目的として，犯人と会話をすることにより，犯行の背景などの情報収集と時間稼ぎをすることがあげられる．

交渉で重要なことは，犯人を興奮させないこと，犯人の精神状態を安定させることである（横田，2005）．そのために，交渉では，
①犯人の話を傾聴する
②犯人と言い争いをしない
③すぐに妥協しない
といった対処法が求められる．

逆に，犯人との会話において，してはならないこととして，
①犯人から要求を引き出さない．
②後の対応が難しくなるような妥協もしくは約束を犯人としない
といった事柄があげられる．表1は，フューズリアとノーズナー（Fuselier & Noesner, 1990）による，交渉のためのガイドラインを示したものである．

■傾聴の役割

人質立てこもり犯との対話においては，その犯人の話を傾聴することが大きな意味をもつ．「説得」という言葉は，相手に一生懸命語りかけることによって態度を変容させることをイメージさせるが，人質立て

表1　交渉のためのガイドライン
（Fuselier & Noesner, 1990）

- 状況を安定化するように努めよ．
- 時間をかけて交渉せよ．
- 被疑者が話をするように努力せよ．良き話し手であることより，良き聞き手であることが重要である．
- 被疑者に何も提供しないようにせよ．
- 被害者に頻繁に注意を向けないように努めよ．被害者を人質と呼ぶことは避けよ．
- できる限り正直であれ．策略は避けよ．
- どのような要求も些細なものとして軽視しないようにせよ．
- 「ノー」と言うことは避けよ．
- デッドラインを設定することは避けよ．デッドラインを受諾しないよう心がけよ．
- 代替案を示さないようにせよ．
- 外部の者（法執行機関の者ではないもの）を交渉に加わらせないようにせよ．
- 人質の交換は避けよ．とくに，交渉官を人質と交換することは避けよ．

こもり事件における交渉では，相手の話を「積極的に」傾聴すること（active listening）が求められる．そのためのスキルには，以下のような複数の技法がある（MacMains & Mullins, 2001；Noesner, 1999）．

最小限の相槌（minimal encouragements）
　交渉官がおもな話し手となることなく，相槌をうちながら聴く
要約（paraphrasing）
　交渉官が自らの言葉で，相手の言った言葉を要約する．
感情のラベリング（emotional labeling）
　相手の感情を，言葉にして伝える
反復（ミーラリング，mirroring）
　相手が言ったことをくり返す．
オープン質問（open-ended question）
　「はい」，「いいえ」で答えられるような質問ではなく，「何が」「どのような」といった具体的に説明しなければいけないような

質問をする.
「私」メッセージ ('I' message)
相手に対して，命令口調もしくは断定的な言い方をするのではなく，「私は○○と思う」といったように，自分の意見を提案として伝える.
効果的な間の利用 (effective pauses)
会話の間に，「間」をおく.

これらによって，交渉官は，犯人の興奮を鎮め，怒りやフラストレーションを発散させる手助けをすること，交渉官が犯人について理解しようとしていることや気遣っていることを示す糸口とすることができる.

■ タイプ別の人質交渉

ハンマーとローガン（Hammer & Rogan, 1997）は，従来の人質交渉を「道具的交渉アプローチ」と「表出的交渉アプローチ」に大別している.

道具的交渉アプローチとは，社会交換理論から派生した交渉理論（bargaining theory）をさし，人々の意思決定における合理性を仮定する．これに基づけば，立てこもり犯は，現実的かつ目的志向的な行動を選択すること，犯人と警察の間の合意は合理的交渉（rational bargaining）によって成立することが仮定される．こうした合理的交渉が有効であるのは，犯人の事件発生当初の興奮が低減し，損得に基づく思考が可能である場合であろう.

他方，人質立てこもり事件における表出的交渉アプローチは，危機交渉（crisis bargaining）であるとして，損得に基づく一般的な交渉と区別されている．この立場にしたがえば，人質交渉において重要なことは，犯人と交渉官の信頼関係の構築であり，交渉官には犯人の話を傾聴する態度が求められる.

ただし，道具的交渉アプローチと表出的交渉アプローチは，必ずしも二律背反ではない．ハンマーとローガンは，双方を融合，発展させたモデルとして，コミュニケーションに基づく交渉アプローチ（communication-based negotiation approach）を提唱している（Hammer & Rogan, 1997）．一つの事例においても，複数の包括的な視点によって，交渉に臨む必要があると考えられる.

〔横田賀英子〕

▶文 献

Bartol, C.R., & Bartol, A.M. (2005). *Criminal behaviour : A psychosocial approach.* 7th Ed. New Jersey : Pearson Education.（羽生和紀（監訳）横井幸久・田口真二（編訳）(2006). 犯罪心理学——行動科学のアプローチ　北大路書房 p.487

Donohue, W.A., Ramesh, C., Kaufmann, G., & Smith, R. (1991). Crisis bargaining in intense conflict situations. *International Journal of Group Tensions*, **21**, 133-145.

Hammer, M.R., & Rogan, R.G. (1997). Negotiation models in crisis situations : The value of a communication-based approach. In R.G. Rogan, M.R. Hammer and C.R. Van Zandt (Eds), *Dynamic processes of crisis negotiation : Theory, research, and practice.* Westport : Praeger. pp.9-23.

McMains, M.J., Mullins, W.C. (2001). *Crisis negotiations : Managing critical incidents and hostage situations in law enforcement and corrections.* Cincinnati : Anderson Publishing.

Noesner, G.W. (1999). Negotiation concepts for commanders. *FBI Law Enforcement Bulletin*, **68** (1), 6-14.

Thompson, L. (2001). *Hostage rescue manual : Tactics of the counter-terrorist professionals.* London : Greenhill books.

横田賀英子 (2005). 人質立てこもり事件における説得交渉　渡辺昭一（編），捜査心理ファイル——犯罪捜査と心理学のかけ橋　東京法令出版 pp.166-175.

8.14 ストックホルム症候群

人質事件（→8.12）の被害者は，①拘束された際の一過性の暴力的体験，②人質としての拘禁，③事件の公共性といった外傷的影響を受けることにより，事件中に大きな精神的損傷を被ると同時に，解放後にも精神的後遺症といった問題に直面する（金・笠原，2000）．

しかしながら，人質の中には，事件中及び事件後において，犯人に好意的な感情を示す人々がいることが指摘されている．このような人質の心理状態は，ストックホルム症候群（Stockholm syndrome）と呼称されている．人質同一化症候群（hostage identification syndrome）と呼称されることもある．

ストックホルム症候群は，
① 人質が犯人に対して，肯定的な感情をもつ
② 人質が警察当局に対して，否定的な感情をもつ
③ 犯人が人質に対する肯定的な感情を，徐々に形成する

という3要素により構成される．事件発生からしばらくすると，犯人のみならず人質も，自らの生死が警察もしくは軍に依存していることを認識する．ストックホルム症候群は，そうした強いストレスと死の恐怖下において生じる心理的防衛反応であり，死への恐怖が外部の権威者に感情転移した結果が強い形で現れるものであると考えられている．

ストックホルム症候群は，1973年8月23日に，スウェーデンのストックホルムにあるスベリッジ・クレジット銀行で発生した銀行強盗事件に由来する．犯人は，窃盗と強盗で服役中の，刑務所を脱獄した32歳の男性と，この男性の要求で刑務所から釈放され，途中から犯行に加わった26歳の男性の2人であり，人質は4人の銀行員であった．

この事件は，マスコミによってさまざまに報道されたが，予想に反し，人質は犯人を恐れるよりもむしろ警察を恐れていた．事件が解決し，人質が解放された後も，2人の人質は犯人に対して深い同情を示し，警察に対して敵意を示し続けた．また，人質の一人は犯人と結婚し，裁判で夫やその共犯者に対する証言をさせまいとして，他の人質だった女性を殺害しようとした（渡辺・横田，2004）．

■人質の心理状態

コラードは，テロ事件の人質の心理状態を，
① 衝撃期（事件直後の強い衝撃）
② 受容期（あきらめ・受容）
③ 対処期（犯人との交流や読書などの対処行動・感情転移）
④ 犯人支配の崩壊期（不安定さからくる不安の再発）
⑤ 事件後の心理（終結直後の高揚感・外傷後ストレス障害など）

に分類している（Corrado, 1989）．このモデルでは，「対処期」における人質の対処行動の一つとして，ストックホルム症候群が生じることがあるとされる．

また，渡辺ら（2004）は，犯人と人質の間に面識がない場合のモデルとして，事件中の被害者の心理を，
① 衝撃期（ショックまたは否認）
② 動揺期（恐怖・不安）
③ 安定期（状況の受容）
④ その後の段階（警察を無力に感じる・犯人に好意的な感情を示すなど）

に分類している.

　ストックホルム症候群が生じるのは，渡辺ら（2004）の④の段階であるが，わが国における人質立てこもり事件のほとんどはそれ以前の段階で解決しているとされる．

■**生起に影響する要因**

　ターナー（Turner, 1985）は，ストックホルム症候群の生起に影響する要因として，以下の7要因をあげている．

　1）対面接触　猿ぐつわや目隠しといった行為がなければ，犯人と人質が対面接触することは，ストックホルム症候群を促進する要因となりうる．

　2）暴力のタイミング　脈絡のない暴力行為や脅迫的行為は，ストックホルム症候群の生起を抑制する．しかしながら，事件発生直後の暴力行為や，人質が状況を刺激するような行動をしたために犯人から制裁的に危害を加えられた場合は，その抑制要因とはならない．

　3）言語　犯人と人質の使用言語が異なる場合，両者が互いを「個人」として認知することは困難となる．

　4）個人の知識　ストックホルム症候群についての知識を有することにより，人質は犯人に自らを「個人」として知覚させるよう行動することが可能となる．犯人側も，意図的に，ストックホルム症候群の生起を，ある程度コントロールすることができる．

　5）文化的価値構造　政治的信念に基づいて人質事件が敢行された場合においても，犯行集団におけるリーダーと部下ではその価値構造の強さにおいて異なる．人質が確固たる信念や価値構造を有している場合，見張り役である犯人がその人質に傾倒することがある．

　6）既存ステレオタイプ　ある集団に対して否定的ステレオタイプを有している場合，その集団成員を肯定的に知覚することはほとんどない．逆に，選択的情報知覚により，ステレオタイプの強化もしくは没個性化（deindividualisation）が促進される．

　7）時間　犯人と人質の間に肯定的同一化が生じている場合，時間経過は人質にとって有利に作用する．しかしながら，否定的な同定やステレオタイプ強化が生じている場合，犯人の疲労やストレス増加に従い，犯人のフラストレーション耐性が低下し，人質への危険が高まる．

　ストックホルム症候群は，人質が警察に対して反感をいだくことにより，警察活動が困難になるという欠点がある一方で，犯人が人質を「個人」として認識することで，犯人の人質への加害リスクが低くなるという利点があることにも留意する必要がある．
〔横田賀英子〕

▶**文　献**

Corrado, R.R., & Tompkins, E. (1989). A comparative model of the psychological effects on the victims of state and anti-state terrorism. *International Journal of Law and Psychiatry*, **12**(4), 281-293.

金吉晴・笠原敏彦（2000）．人質テロ事件　松下正明（総編集），外傷後ストレス障害（PTSD）　中山書店　pp167-174.

Turner, J.T. (1985). Factors influencing the development of the hostage identification syndrome. *Political Psychology*, **6**(4), 705-711.

渡辺昭一・横田賀英子（2004）．人質立てこもり事件における心理学　渡辺昭一（編），捜査心理学　北大路書房　pp74-88.

8.15 警察官を利用した自殺

■定　義

警察官を利用した自殺（suicide by cop (police)）は，なんらかの理由により自殺しようとする者（自殺志願者）が，警察官の行動を利用して自殺を成し遂げようとする現象である．suicide by cop 以外にも，death by cop, blue suicide, officer- (or police-) assisted suicide などとよばれる場合もある．

典型的な事例は，わざと警察官に向けて発砲したり，発砲するふりをして，警察官に自分を銃で撃たせて自殺するケースである．他に自殺志願の通報をして警察官の到着を待って自殺することや，警官に射殺されるために殺人事件を起こすこと，人質立てこもり事件（→ 8.12）を起こし警察官との交渉の最中に自殺すること，事件の犯人が逃走中に追い詰められ警察官と無謀な撃ち合いをして射殺される場合なども，これに含める場合がある．射殺された後で遺書が発見されたり，場合によっては自分を射殺した警察官に対する謝罪のメッセージが発見されることもある（Linsay & Lester, 2004）．他人を利用した自殺，いわゆる拡大自殺の一つの形態である．

警官を利用した自殺は，発砲が比較的多いアメリカの警察の業務遂行においては問題となることが多い．これに関与した警察官が精神的なダメージを受けるからである．警察官発砲事例のかなりの部分が警察官を利用した自殺と関連しているとも指摘されている．そのため，警察官の養成教育においてこの現象について講義されることも多い．

現在のところ，発砲が事実上ほとんど行われない日本では問題になることは少ないが，「捕まって死刑になるために犯罪を犯す」ケースはこれに類似しているかもしれない．

■警官を利用した自殺の実証研究

警官を利用した自殺を試みたものを対象にした研究は数少ないが，ロード（Lord, 2000）の研究は現在のところこの問題を実証的に扱った研究の中で最も有用なものである．この研究では，ノースカロライナ州内における 32 の警察機関から収集された 64 の事例が分析されている．このうち，25％の事例では，自殺志願者が実際に警察官によって殺害され，14.1％の者が負傷している．また，警察官との交渉のさなかに自殺したものが 7.8％いる．その他のケースは自殺志願者がその思いをとげることなく，警察官によって逮捕や保護されている．

これらのケースにおいて，自殺志願者は，93.8％が男性によるものであった．人種構成に関しては，白人が 75％，アフリカ系アメリカ人 21.9％であり，これはアメリカの人種構成と同様なので，特別な傾向は見られない．

年齢は 25 〜 39 歳が全体の 56％を占めていた．前科のあるものは 49％であった．社会的に孤立している人は少なく（8％），多くは家族や妻，両親と同居している（90％）．定まった住居をもつものが多い（88％）が，失業者率は高い（62％）．計画性のあるものは全体の半数（50％）であった．

家族などからの聞き取り調査によれば，精神疾患であったものや罹患歴のあるものは約 50％であり，病名としては，統合失調症（→ 12.2）やうつ病などの感情障害（→ 12.3）の履患歴のあるものが多かった．半数に自殺念慮が見られた．90％以上のケースでこ

のような行動に出る前になんらかのストレスフルなライフイベントが経験されていることが示されている．

このストレスの最大のものは，関係の終結（30％）で，次いで，家族の問題（19％），精神疾患問題（16％）で，金銭問題は5％程度であった．事件のときの薬物などの使用に関しては，60％程度がアルコールを飲んでおり，10％程度がハードドラックを使用していた．これらのデータは一般の自殺の場合とあまり大きく変わらない．

過去に自殺未遂の履歴がある率は24％であるが，自殺未遂の履歴がある場合，警官による自殺が成功する可能性が大きい．また，警官に対して銃を突きつけた場合，警官による自殺は成功する可能性が高いが，凶器を持っていない場合やナイフの場合にはそれほど高くない．つまり，警察官は相手が銃を持っている場合には自らも発砲するなどの行動に出る可能性が高いが，それ以外の武器の場合には銃を使わずに保護することに成功すると思われる．

■ 動　機

警官による自殺を行う理由としてはいくつかのものが考えられている．第1は，自殺したいが手段を持っていないケースである．第2は，自殺したいが死ぬ勇気がないというケース．第3のケースとして，自殺についての意思決定ができず，運命を人の手にゆだねるというタイプがある．

さらに第4として，自殺に際して自分の主張を公的にアピールしたいケースがある．このケースでは，自殺未遂行動を行い，現場に警察官を呼び，自己アピールを行って自殺する．ただし，現実のケースを検討してみると，これらの単独の理由で説明し尽くせるものではなく，複合した理由によって自殺が行われる．

■ 警察官による交渉技術

現場に臨場した警察官にとっては，それが一般の事件なのか，それとも警官を利用した自殺を狙ったものなのかを見分けることは困難である．ただし，立てこもり事案については，以下の特性が見られた場合には，警官を利用した自殺を想定する必要がある（Linsay & Lester, 2004）．

警察官との交渉を拒絶する場合，家族や子どもを殺害した直後の犯人，警察官に「自分を殺せ」と要求する場合，命にかかわる病気にかかっている場合，逃走に関する要求をしない場合，最近2つ以上心に傷を負うような出来事があった場合である．

警官を利用した自殺希望者が立てこもった場合には，警察官は自殺希望者の自殺を思いとどまらせなければならないが，その一方で警察官に対して発砲などの攻撃が加えられることについても留意する必要がある．このようなケースでは，一般に，警察官と自殺志願者との間にラポールが形成されるほど，自殺志願者が自殺を思いとどまるということがわかっている．

さらに自殺志願者がかかえている問題について話し合う機会が交渉時にあると，自殺が成功する確率は大きく減るということもわかっている．そのためにこのようなケースの交渉においては，犯罪や凶器に焦点を当てた交渉や命令よりも，自殺志願者の心的な問題に焦点を当てたカウンセリング的な介入が効果的である．〔越智啓太〕

▶文　献

Lord, V.B.（2000）. Law-enforcement assisted suicide. *Criminal Justice and Behavior*, **27**, 401-418.

Lindsay, M., & Lester, D.（2004）. *Suicide by cop : Comitting suicide by provoling police to shoot you*. New York : Baywood Publishing Company.

8.16 ポリグラフ検査

ポリグラフ検査（polygraph test）は，複数（poly）の生理反応を同時に記録（graph）して，被検者の供述の真偽を鑑定する方法である．日本でのポリグラフ検査は1956年に開始され，その年の5～12月までの間に51件の検査が実施された（平ほか，2000）．現在では，全国の警察で年間約5000件の検査が実施されている．ポリグラフ検査結果回答書（ポリグラフ鑑定書）の証拠能力については，1968年2月8日，最高裁判所第1小法廷において証拠能力が認められている．したがって，ポリグラフ検査の結果を記した鑑定書は，殺人，強盗，放火，強姦，窃盗，詐欺などの事件の種類に関係なく，鑑定書として証拠提出することが可能である．

ポリグラフ鑑定書の証明力に関しては，他の物的証拠に関する鑑定書と同等に考えられ，質問構成，検査時期，特異反応の質と量などから，事例ごとに慎重に判断されている．なお，ポリグラフ検査の数が最も多いアメリカでは，犯罪捜査，雇用者のスクリーニング，雇用前のスクリーニングの3つの目的でおもに使用しているが，日本では犯罪捜査のみに使用しているのが特徴である（平，2005）．

■検査装置と測定指標

警察のポリグラフ検査装置は，1956年からペン書き記録するアナログ式のポリグラフが採用されている．測定指標は呼吸・皮膚電気活動・脈波である．1980年頃からアメリカのLafayette社の携帯型ポリグラフ（図1）が使用されていたが，2003年度からは科学警察研究所が主体となって開発した，携帯型デジタルポリグラフ装置（廣田ほか，2005）が配布されている．

測定指標は呼吸，皮膚伝導度水準，皮膚伝導度反応，規準化脈波容積，心拍である．質問呈示時点をトリガーとして，指標ごとに自動的に計測されるデータ解析プログラムを搭載し，検査結果の判定支援ソフトとして活用されている．

小林ほか（2009）は，新たなデジタルポリグラフ装置（TEAC製PTH-347）で検査した実務データを分析し，実務データの検出率が心拍，皮膚伝導度反応，呼吸速度，規準化脈波容積，皮膚伝導度水準の順に高くなったと報告している．実務の検査開始時の心拍数は，有罪群・無罪群ともに90拍をこえることから（Hira & Furumitsu, 2009），裁決質問に対する心拍の減少が生

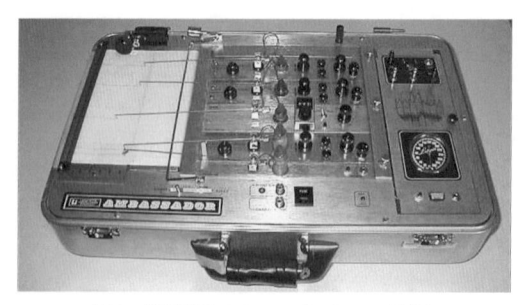

図1 携帯型ポリグラフ（Lafayette社製）

じやすく，今後のポリグラフ検査で非常に重要な指標になると考えられる．

■ **2つの検査方法：CQTとCIT**

ポリグラフ検査で使用される2つの主要な方法は，対照質問法（control question test：CQT）と有罪知識検査（guilty knowledge test：GKT）である．GKTは，犯人しか知りえない隠された情報を検出することから，秘匿情報検査（concealed information test：CIT）とよばれる場合も多く，最近の呼称はCITが主流になっている．北米はCQT，日本はCITをおもに犯罪捜査で用いている．

CQTは犯罪への関与を直接質問する関係質問（たとえば，「5月30日，あなたはジョンの店から指輪を盗みましたか？」）と，過去に行った行為に関する対照質問（たとえば，「今までに，あなたは他人の物を盗ったことがありますか？」）によって起こる生理反応を比較する（Ben-Shakhar & Furedy, 1990）．もし被検者が対照質問よりも関係質問に対して，強い生理反応を示せば検査結果は有罪となる．

一方，CITは犯罪事実である裁決質問と複数の中立な非裁決質問からなる多岐選択質問を使用する．たとえば，被害品が指輪であるならば，以下のような質問を順番を変えて3試行以上呈示する．

「盗まれたのは指輪ですか？」 （裁決質問）
「盗まれたのはネックレスですか？」
　　　　　　　　　　　　　　（非裁決質問）
「盗まれたのはイヤリングですか？」
　　　　　　　　　　　　　　（非裁決質問）
「盗まれたのはブローチですか？」
　　　　　　　　　　　　　　（非裁決質問）
「盗まれたのはブレスレットですか？」
　　　　　　　　　　　　　　（非裁決質問）

そして，裁決質問に対する生理反応が，非裁決質問に比較して特異な反応であれば，「被検者が犯罪に関係した知識を有する」と判定する．裁決質問に対する特異反応は，呼吸振幅の抑制，呼吸速度の減少，呼吸の停止，皮膚電気活動の振幅増大，規準化脈波容積の減少，心拍の減少などが特異反応のマーカーとなる．

CITは犯人だけが裁決質問を弁別できるため，無実の人が裁決質問に特異な反応を生起させることがなく，CQTに比較して無実の人を犯人とする誤り（false positive error）の可能性が少ないという利点をもつことが，実験研究のメタ分析から示唆されている（Ben-Shakhar & Furedy, 1990）．

また，平・古満（Hira & Furumistu, 2002）の実務データでは，無罪が確認できた被検者32名（真犯人が裁判で確定）に実施したCIT 188問のうち，陽性判定が3問（1.6％），陰性判定が179問（95.2％），判定困難が6問（3.2％）であった．すなわち，実務データでもfalse positive errorはわずか1.6％であった．なお，陽性判定の3例は，CIT終了後の面接で反応生起の理由が判明したため，鑑定書では判定の対象外としているため，最終的なfalse positive errorは0％であった．

このようにCITはCQTと比較して科学的妥当性の高さが認められているが，北米を中心に諸外国では，犯罪捜査に適用されるのはCITではなくCQTである．これに対し，日本ではCITを主たる質問法として，年間約5000件の検査が実施されている．したがって，日本のポリグラフ検査システムは，諸外国から研究者が視察に訪れるなど注目を浴びている（平, 2005）．

■ **日本の犯罪捜査の現状**

検査要請は，事件を管轄する警察署長から科学捜査研究所長に対して鑑定嘱託書で行われる．検査を行うのは，科学捜査研究

所に採用され，科学警察研究所での3ヵ月の養成科を修了した研究員のみである．要請を受けた研究員は，資料検討と現場観察の結果から，CITをできるだけ多く作成する．裁決質問は，報道された事実や噂で広まった事実を除く，あらゆる犯罪事実が対象となる．たとえば，強盗事件ならば，犯人と被害者の行動や言動，凶器の種類・入手方法・処分方法，凶器の使用場所，被害品の種類，被害品の保管場所，逃走手段，逃走方向などである．

CITの完成後，被疑者が浮上すると，取調べに先行してポリグラフ検査が実施される．これは取調べを通じて事件情報が漏洩することを防ぐためである．そして，ポリグラフ検査は研究員が実施し，取調官自らが検査することは絶対にできない．検査は科学捜査研究所のポリグラフ検査室，あるいは警察署の静かな部屋で実施する．被検者は容疑事実と検査方法の説明を受けた後，承諾書に署名する．承諾の得られない被検者に対しては，検査を実施しないのが原則である．

検査者は被検者に対し，検査装置，検査方法について説明し，検査承諾書の任意性を確認する．また，被検者の健康状態，事件に関する知識を確認する．被検者にポリグラフ検査のセンサーを装着した後，カード検査を実施する．カード検査は，被検者が5枚のトランプカード（たとえば，3〜7の数字）から1枚のカードを引き，その数字を検査者にわからないようにおぼえる．その後，検査者が5つの数字を順番に質問するのに対し，「いいえ」と返答して，引いたカードの数字を検出されないようにする課題である．カード検査は，装置の正常動作の確認，検査方法の具体的な説明，被検者の適格性と反応傾向の確認を目的としている．

カード検査終了後，検査前面接で知っていると答えたCITを除き，残ったCITで検査を開始する．通常，1つのCITは呈示順序を変えて3〜5回くり返す．各CITの検査前には「読み聞かせ」という事前呈示が行われる．具体的には，実際に質問する内容を読んで聞かせ（視覚呈示の場合は見せる），犯罪事実を本当に知らないかを確認する．そして，知らないと答えた場合のみ，そのCITによる測定記録を行う．

この「読み聞かせ」手続きは，新奇性の定位反応を抑制するとともに，犯人は裁決質問の再認が容易になり，随意性（有意味性）の定位反応が促進すると考えられる．また，CITは再認検査による情報検出であるため，「読み聞かせ」で既知の情報を含む質問を排除することは，false positive errorを防ぎ，結果の信頼性を高くする．通常，異なる内容のCITが，5問以上質問される．検査開始から検査終了までの時間は，おおむね2〜3時間の間である．

検査終了後，検査者は視察と判定支援システムを利用して，CIT別に裁決質問に対する特異反応に基づき，犯人としての情報をもっているかどうかを判定する．判定は被検者が犯人か無実かではなく，犯罪事実の情報をもっているか否かを判定する．後日，判定結果は，ポリグラフ鑑定書（ポリグラフ検査結果回答書）として，嘱託を受けた警察署長宛に書面で回答する．

ポリグラフ鑑定書は，「①使用機器の性能，操作技術等からみて検査結果に信頼性が認められること，②検査者が検査に必要な技術と経験を有する適格者であること，③被検者が検査を受けることに同意したこと，④鑑定書は自ら実施した検査の経過・結果を忠実に記載して作成したものであること，⑤被検者の心身の状態が正常であること」（平ほか，2000）が認定されれば，

証拠能力は認められる．したがって，ポリグラフ検査の結果は，鑑定書として作成され，裁判において証拠として提出されている．

■ **CITの検出理論に関する研究**

CITによる虚偽検出は，被検者が保持する裁決質問と非裁決質問についての情報量の差異に依存している．事件に関係した被検者は，裁決質問を記憶・照合に基づき特異的な情報として認知する．これに対し，事件に無関係な被検者は裁決質問も非裁決質問も同等に認知する．したがって，事件に関係した被検者は，事件に無関係な被検者よりも，裁決質問に対して強い生理反応（特異反応）を生起させると考えられる．

ベン・シャッカーとヒュレディ（Ben-Shakhar & Furedy, 1990）は，CITに関する研究をレビューし，裁決質問に対する特異反応を説明する要因として，認知要因（特定情報の認識，質問中の注意配分）と動機づけ・情動要因（嘘に伴う感情，検査結果の成り行きへの不安，欺瞞の動機づけ）をあげている．そして，CITの特異反応にとって認知要因が必要条件であり，動機づけ・情動要因は検出率に影響する要因としている．つまり，検出回避の動機づけが高い群と低い群で検出率に差がない，すべての質問に「はい」と答えても検出可能，無返答でも検出可能という実験結果は，動機づけ・情動要因よりも裁決質問と非裁決質問に対する情報量の差異に依存するという認知要因を強調してきた．

ところが，CITの特異反応が認知要因のみで説明できないのも事実である．たとえば，「優れた情動統制をもち，高い知識を有する人は，検出妨害することができる」という教示で動機づけを操作し，高動機づけ群で検出率が高いという実験，否定の返答をする場合に検出率が最も高いという実験

も報告されている（Ben-Shakhar & Furedy, 1990）．さらに，ベンシャッカーとエラード（Ben-Shakhar & Elaad, 2003）は，動機づけの教示，嘘の返答が妥当性を向上させることを，80の研究に基づくメタ分析から結論づけた．これらの結果は，CITの検出要因として認知要因を必要条件としながらも，動機づけ・情動要因も関与することを明らかにしている．なお，CITで生じる自律神経系反応の生起機序モデルに関しては，廣田ほか（2009）を参照されたい．

〔平　伸二〕

▶ **文　献**

Ben-Shakhar, G., & Elaad, E. (2003). The validity of psychophysiological detection of information with the guilty knowledge test：A meta-analytic review. *Journal of Applied Psychology*, **88**, 131-151.

Ben-Shakhar, G., & Furedy, J.J. (1990). *Theories and applications in the detection of deception：A psychophysiological and international perspective.* Springer-Verlag：New York.

平　伸二（2005）．虚偽検出に対する心理学の貢献と課題　心理学評論, **48**, 384-399.

Hira, S., & Furumitsu, I. (2002). Polygraphic examination in Japan：Application of the guilty knowledge test in forensic investigations. *International Journal of Police Science and Management*, **4**, 16-27.

Hira, S., & Furumitsu, I. (2009). Tonic arousal during field polygraph tests in guilty vs. innocent suspects in Japan. *Applied Psychophysiology and Biofeedback*, **34**, 173-176.

平　伸二・中山　誠・桐生正幸・足立浩平（2000）．ウソ発見——犯人と記憶のかけらを探して　北大路書房

廣田昭久・小川時洋・松田いづみ・高澤則美（2009）．隠匿情報検査時に生じる自律神経系反応の生起機序モデル　生理心理学と精神生理学, **27**, 17-34.

廣田昭久・松田いづみ・小林一彦・高澤則美（2005）．携帯型デジタルポリグラフ装置の開発　日本法科学技術学会誌, **10**, 37-44.

小林孝寛・吉本かおり・藤原修治（2009）．実務ポリグラフ検査の現状　生理心理学と精神生理学, **27**, 5-15.

8.17 中枢神経系指標を用いたポリグラフ検査

■中枢神経系指標への注目と研究動向

ポリグラフ検査（→ 8.16）は，犯人の記憶に基づく検査であることから，脳の情報処理過程を反映する中枢神経系指標が注目されている．中枢神経系指標の中でおもに研究されているのは，事象関連電位（event-related potential：ERP），機能的磁気共鳴画像（functional magnetic resonance imaging：fMRI）である．

ERP は 1980 年代，fMRI は 2000 年代から研究がはじまり，多くの研究蓄積がなされている．この他，ポジトロン断層撮影法（positron emission tomography：PET），機能的近赤外線分光法（functional near-infrared spectroscopy：fNIRS）による研究も実施され，実用化への努力が進められている（平, 2009）．

■ERP によるポリグラフ検査

脳における情報処理過程の「ものさし」といわれる ERP は，処理対象となる感覚刺激呈示以前から行動反応出力後に至るまで，処理の順に，時系列にそってミリ秒単位で連続的に出現する脳電位である．とくに，P300 とよばれる電位は，有意味（meaningful）でまれ（rare）に呈示される刺激に対し，比較的大きな振幅を出現させるため，裁決質問に対する情報処理過程を検討する CIT（GKT）の有効な指標として評価されている（平, 2009）．

P300 を測定する標準的オッドボール（oddball）課題は，CIT の質問構成と類似している．標準的オッドボール課題とは，呈示頻度の低い刺激と高い刺激を無作為な順序で次々と呈示して，低頻度呈示刺激を標的として検出させる課題である．具体的には，1000 Hz の短い音を 20 %，2000 Hz の短い音を 80 %呈示し，1000 Hz の音をカウントさせる．そして，P300 は低頻度呈示刺激を首尾よく検出すると出現する．

これを CIT の質問構成に当てはめてみると，裁決質問が低頻度呈示刺激，非裁決質問が高頻度呈示刺激となる．ここで非裁決質問は 4 種類あるので実際の出現率は各々 20 %となるが，犯罪に関連した質問というカテゴリーで判断すると裁決質問の出現率が 20 %，非裁決質問の出現率が 80 %となり，一種のオッドボール課題ということができる．

P300 振幅は呈示される刺激の出現確率に反比例し，被験者の課題への関連性に比例して生起する．したがって，裁決質問に対する P300 振幅の増加は，被験者が裁決質問を事件に関連した刺激として認識している証拠となる．

たとえば，ファーウェルとドンチン（Farwell & Donchin, 1991）は，裁決質問，非裁決質問，標的刺激の 3 刺激オッドボール課題で実験を行った．

> 20 名の実験協力者に対して，仮想スパイ犯罪を記憶させ，犯罪に関連した単語（裁決質問），犯罪に無関連の単語（非裁決質問），検出を指定された単語（標的刺激）を CRT へ視覚呈示した．
>
> 仮想スパイ犯罪のシナリオは 2 種類あり，各実験参加者は 2 種類のシナリオのいずれかを実行し，裁決質問の呈示される有罪条件と，裁決質問の呈示されない無罪条件で検査を受けた．
>
> その結果，有罪条件では 20 名中 18 名，無罪条件では 20 名中 17 名，両条件合計すると 40 名中 35 名（87.5 %）を正確に判定した．

日本では，三宅ほか（1986）が，3刺激オッドボール課題で実験している．彼らは，裁決質問を自我関与の高い自己姓，非裁決質問を4人の他者姓，標的刺激を植物名として，自己姓の隠匿を求めた．その結果，8名中7名で裁決質問に対するP300振幅の増加が認められた．

　平（2009）は，P300を指標とした初期の研究（1986-2001）における，有罪条件の正検出率をまとめ，有罪条件におけるP300による個別判定の正検出率が88.3％であると報告している．ただし，犯罪捜査におけるポリグラフ検査では，事件発生から検査実施までの期間が1ヵ月をこえる例が半数以上あるにもかかわらず，初期のP300による研究はいずれも記憶課題と検査までの期間が2日以内と短期間であった．

　このことから，平（Hira, 2003）は，模擬窃盗課題実施直後（$n=9$），1ヵ月後（$n=9$），1年後（$n=5$）と3回検査した結果，いずれの期間においても裁決質問に対するP300振幅は非裁決質問より増大することを見出した（図1）．図1からわかるように，裁決質問と非裁決質問の差は直後で最大であるが，1ヵ月後と1年後でも裁決質問に対するP300振幅が大きくなっていた．つまり，事件発生から検査実施までの期間が長期間となる犯罪捜査場面でも，P300が有効な指標となる可能性を示した．なお，P300振幅は，Pz（頭頂部）で最大となることが多い．

　ところで，犯罪捜査への実用化に関しては，妨害工作であるカウンタメジャーへの対策が重要である．カウンタメジャーは，抑制型と興奮型があり，抑制型には数唱，暗算，興奮型には情動的場面の想起，足を床に押しつけるなどの方法がある．

　実際，ローゼンフェルドら（Rosenfeld et al., 2004）は，①左足に置いた左手人差し指を押しつける，②左足に置いた左手中指を押しつける，③左足の親指をかすかに動かす，④右足の親指をかすかに動かす，⑤実験者に顔を平手打ちされることを想像するという，興奮型のカウンタメジャーを行わせた結果，正検出率が81.8％から18.2％に容易に下がったことから，法的場面への適用は困難であると指摘した．

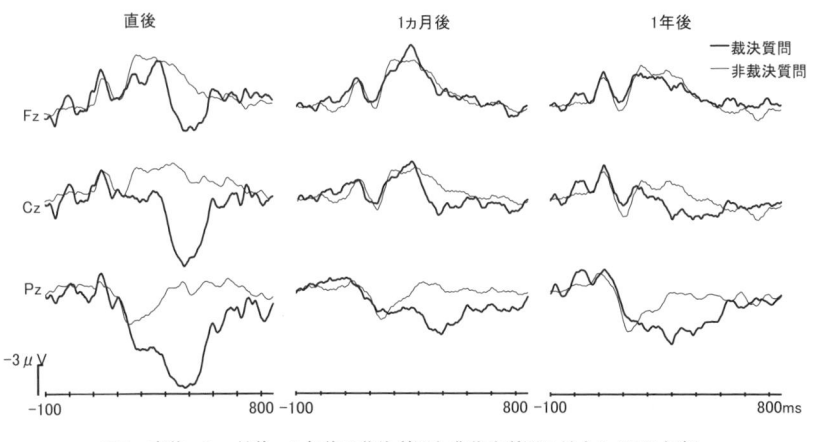

図1 直後，1ヵ月後，1年後の裁決質問と非裁決質問に対するP300振幅．

この問題に対し，ローゼンフェルドは，2560ミリ秒の期間に刺激持続時間300ミリ秒の刺激を2回呈示し（刺激間間隔は1100-1550ミリ秒でランダム），第1刺激には裁決と非裁決のみを呈示してすべて左ボタン押し，第2刺激には3刺激オッドボールと同様に標的は右ボタン押し，それ以外（非標的）には左ボタン押しを課す，新たなプロトコル（Complex Trial Protocol：CTP）を考案し，カウンタメジャーへの対抗策を提案している（Rosenfeld et al., 2008）．

彼らは実験を3週間くり返し，2週目に第2刺激に対する4種類のカウンタメジャーを求めた．その結果，正検出率は第2週を含め，3週すべてで90％をこえ，CTPの有効性を強調している．

また，濱本ら（2010）は，身体的カウンタメジャー（すべての刺激に対して両足のつま先をあげる課題）に加え，心理的カウンタメジャー（刺激呈示中に200から7ずつ引く暗算課題）を行わせた結果，どちらのカウンタメジャーでも裁決質問と非裁決質問のP300振幅に差が認められなることを見出した．ただし，標的刺激に対するP300振幅の減少や反応時間の遅延が，カウンタメジャーを行っていることを検出できる可能性を示唆した．カウンタメジャーは，P300によるCITの実務応用へ向けて最も重要な問題であり，今後も組織的な研究の積み重ねが望まれている．

■ fMRIによるポリグラフ検査

近年，脳機能研究において，空間分解能（数mm）が優れているfMRIによる研究が活発になってきた．fMRIによる最初の研究報告（Spence et al., 2001）が行われると，多くの研究者がこれに追随している．

平（2009）は，fMRIによる18の研究をまとめ，①嘘と真実に関する神経学的基盤を解明する研究，②CITパラダイムによる裁決質問に対する脳内賦活部位を同定する研究の2種類に分類した．

そして，①を目的とする研究は，刺激や課題を交互に20-30秒間測定して比較するブロックデザイン，②を目的とする研究は，刺激や課題に対する一過性の脳活動を測定する事象関連（event-related）型デザインを用いていることを明らかとした．この18のfMRI研究ではほぼ一貫して，被験者の嘘に関連して前頭前野が賦活することが明らかにされている．前頭前野は，人格の最高中枢ともいわれているが，そこには道徳に関連した内側前頭前野，適切な反応の促進に関連した背外側前頭前野，不適切な反応の抑制に関連した腹外側前頭前野，競合（葛藤）の評価を行う前部帯状回などを包含・隣接しており（中尾ほか，2006），嘘と真実に関連して活動する部位として十分な妥当性をもっている．

なお，fMRI研究では，研究者によって刺激呈示法，被験者への課題が標準化されていないため，研究者ごとに異なる活性部位が報告されている．さらに，CITなどのポリグラフ検査の個別判定の対象となる賦活部位が同定されているわけではないため，今後はCITに基づく標準手続きを統一したうえで，正検出率の高い部位による個別判定基準を確立する研究が必要である（平，2009）．

fMRIに関しては，高額な施設と装置が必要なこと，頭部の動きによるアーチファクトの影響を受けやすいこと，検査姿勢が仰臥位で刺激呈示が困難なことなど制約も多い．したがって，犯罪捜査における実用化よりも，ポリグラフ検査の検出メカニズムを明確にする研究として考えるべきであろう．

■ その他の中枢神経系指標によるポリグラフ検査

ERP, fMRI以外の脳機能研究としては, PET, fNIRSによる研究が報告されている. PETはfMRIと同様に空間分解能が高く, 嘘の返答に関して前頭前野, 前部帯状回が賦活することが見出されている. ただし, PETはポジトロンを放出する放射性同位元素で標識された薬剤を, 被験者の体内に静脈注射で投与する侵襲型であるため, 心理学者単独での実験や実務導入に関しては制約がある.

これに対し, 特別な施設を必要とせず, 生体からのアーチファクトに強く, 装置のランニングコストも比較的低いfNIRSは, 実用化に関してERPと同等のメリットをもっている. 研究はまだ少ないが, fNIRSがfMRIの測定原理と同じ局所脳血流量の変化を利用したBOLD理論に基づくことから, fMRIによる研究知見を利用したCIT実験が行われている(細川ほか, 2008). そして, 非裁決質問と比較して裁決質問呈示後に酸素化ヘモグロビン(oxy-Hb)レベルの上昇が前額部のプローブから得られている.

なお, fNIRSはfMRIと異なり, 頭皮から約2cmの大脳皮質表面周辺の活動を反映し, 脳の深部の賦活を同定することができない. したがって, fMRIと併用する研究を積み重ね, fMRIで同定された研究成果で判定基準や検査手続きを確立する必要があろう. そのような基礎データが積み重なれば, より簡便な方法でアーチファクトに頑健で, ランニングコストも低い特徴を生かしての実用化が期待できる(平, 2009). 〔平 伸二〕

▶文 献

Farwell, L.A., & Donchin, E. (1991). The truth will out：Interrogative polygraphy ("lie detection") with event-related brain potentials. *Psychophysiology*, **28**, 531-547.

濱本有希・平 伸二・大平英樹 (2010). P300を指標としたGKTに対するカウンタメジャーの効果――身体的カウンタメジャーと心理的カウンタメジャー 人間環境学研究, **8**, 33-38.

Hira, S. (2003). The P300-based guilty knowledge test：Does it stand the test of time? *Psychophysiology*, **40**, 10-11 (Supplement 1).

平 伸二 (2009). 脳機能研究によるconcealed infromation testの動向 生理心理学と精神生理学, **27**, 57-70.

細川豊治・風井浩志・八木昭宏・片寄晴弘 (2008). 虚偽検出場面における新たなる計測手法――機能的近赤外線分光法を指標として ヒューマンインタフェース学会論文誌, **10**, 11-18.

三宅洋一・沖田庸嵩・小西賢三・松永一郎 (1986). 虚偽検出指標としての事象関連脳電位 科学警察研究所報告, **39**, 132-138.

中尾 敬・武澤友広・宮谷真人 (2006). 内側前頭前皮質の機能――行動選択基準仮説 心理学評論, **49**, 592-612.

Rosenfeld, J.P., Labkovsky, E., Winograd, M., Lui M.A., Vandenboom, C., & Chedid, E. (2008). The Complex Trial Protocol (CTP)：A new, countermeasure-resistant, accurate, P300-based method for detection of concealed information. *Psychophysiology*, **45**, 906-919.

Rosenfeld, J.P., Soskins, M., Bosh, G., & Ryan, A. (2004). Simple, effective countermeasures to P300-based tests of detection of concealed information. *Psychophysiology*, **41**, 205-219.

Spence, S.A., Farrow, T.F.D., Herford, A.E., Wilkinson, I.D., Zheng, Y., & Woodruff, P.W.R. (2001). Behavioural and functional anatomical correlates of deception in humans. *NeuroReport*, **12**, 2849-2853.

8.18 ノンバーバルコミュニケーション（NVC）による虚偽検出

■現　状

　NVC（non-verbal communication, ノンバーバルコミュニケーション）による虚偽検出とは，人が嘘をついたときとそうでないときの非言語的な行動の変化をとらえ，それらを基に人が嘘をついているかどうかを判別しようとする虚偽検出の方法である．

　これまでに検討された非言語的な行動変化は100以上あり，それらの知見からは，嘘をついていることを常に示す直接的手がかりは見つかっていない．しかし，弱い関連ではあるものの，嘘をつくときに表れやすい行動変化はいくつか見つかっており，これらを誘発すると考えられる心理的なプロセスも提案されている（Granhag & Strömwall, 2004；表1）．

　これらの行動変化や誘因の働きは，嘘をつくときの状況の違いや，嘘をつく人がもつさまざまな特性（例：知能，性格，生活環境）の違いによって変動していると考えられる．たとえば，自分の話がそれまでの会話と矛盾していないか，より説得力があるかといったことについて，嘘をつくときのほうが真実を言うときよりも熱心に考えなければならない場合，その複雑性から認知的負荷が増大して，さまざまな「言い間違い」が起こるかもしれない．

　しかし，嘘の複雑性が常に言い間違いを誘発するわけではない．実際に，単純で言いやすい嘘は，言い間違いを減少させるという知見もある．したがって，現在では嘘の複雑性が変動することによって，言い間違いの量も変動すると考えられている．

　また，犯罪捜査において取調べを受ける被疑者が嘘をつく場合，日常的に警察と関わっていて取調べに慣れている者が多く，しばしば平均的な人よりも知能が低いことがある（Gudjonsson, 1992）．こうした場合，知能が低いと説得力のある話を作りにくいという知見もあることから（Ekman and Frank, 1993），感情のプロセスよりも認知的負荷のプロセスのほうが有意に働くケースが多いと考えられる．

　こうした嘘をつく人や状況の変動が，ひいては過去の知見において一貫した嘘の直接的手がかりを得られなかった一因とも考えられる．またこうした要因の影響は，言語的および生物学的な虚偽検出においても共通した課題である．

■オセロ・エラー

　虚偽検出場面において起きやすい典型的なエラーとして，オセロ・エラー（othello error）がある．これは真実を言っている人が示す緊張の兆候を，嘘の兆候だと間違えて解釈することであり，シェークスピアの四大悲劇の一つにちなんだ名前が付けら

表1　嘘をついたときに現れやすい非言語的な行動特徴とその誘因（Granhag & Strömwall, 2004）

行動の変化	・ピッチの高い声 ・声が緊張しているように聞こえること ・言い間違い（例：単語や文のくり返し）の増加 ・話すことへの躊躇（例：「えー」，「あのー」）の増加 ・イラストレーター*の減少 ・無意味な手や指の動作の減少
誘　因	・感情（例：逮捕の恐怖・罪の意識） ・嘘の複雑性による認知的負荷の増大 ・意図的な行動のコントロール

*発話の内容を修正・補足する手や腕の動作．

れている.

これまでの虚偽検出研究の知見からいえることは,ピノキオの鼻のような嘘の直接的手がかりはないということである.しかし,多くの人々には嘘に直結する行動パターンがあるという信念があり,とくに緊張の兆候に対してその傾向が強い.こうした信念をもっていると,出現した行動変化を性急に嘘の手がかりだと判断してしまう可能性がある.

オセロ・エラーでは,真実を言っている人でも緊張するかもしれないということが軽視され,緊張に関連した行動変化が生じている人を見て,嘘をついていると考えてしまう.

■異文化間非言語的コミュニケーションエラー

嘘に直接関連した行動パターンがあるという信念は,異なる文化的背景をもつ人々を誤解する危険性もある.たとえば,ある文化圏の人々に多く見られる行動が,異なる文化圏の人々に対して「真実を隠そうとしている」という印象を与えることがあり,この現象は異文化間非言語的コミュニケーションエラー (cross-cultural non-verbal communication error) とよばれている.

■虚偽検出のエラーを回避するには

非言語的手がかりによる虚偽検出で生じるエラーを避けるには,まず面接の段階で,行動変化を喚起する可能性がある嘘以外の要因をできるだけ排除して,被面接者や状況の変動による影響を事前に軽減する必要がある.それらの変動を統制するためには,似たような状況下(例:時間帯,室温)で,個人が示す行動変化を抽出することが望ましい.

抽出した行動変化の解釈では,一つの行動変化から嘘をついていると決めるのではなく,他にも行動変化が出現したのか,出現していればどんな変化の組合せになっているのかといった全体的な傾向を考慮する必要がある.

さらに,それぞれの行動変化が嘘以外の要因で生じた可能性を考え,変化が起きた本当の理由を考察しなければならない.こうした手続きを注意深く行うことで,虚偽検出におけるエラーの確率を低減することができるだろう.

■日本における応用

非言語的な手がかりの日本における応用を考えた場合,当然,異なる文化圏の人々から得た成果を直接日本に適用することはできない.背景とする文化も人の行動に影響する要因の一つである.しかし,従来日本において虚偽検出に関連する研究の主流は精神生理学的な研究である.これは,とくに警察で行う鑑定の一つとしてポリグラフ検査(→8.16)が定着し,それに伴って実務に即した研究が盛んに行われてきたことによる部分が大きい.そのため,日本においては非言語的手がかりによる虚偽検出を検討した研究は古い物が多く,数も非常に少ない.したがって,まずは日本の人々について,嘘をついたときに現れやすい行動の変化を念入りに調べる必要があるだろう.

〔荻野谷俊平〕

▶文 献

Ekman, P., & Frank, M.G. (1993). Lies that fail. In M. Lewis & C. Saarni (eds.), *Lying and deception in everyday life*. NJ：Guilford. pp.184-201.

Granhag, P.A., & Strömwall, L.A. (2004). *The detection of deception in forensic contexts*. Cambridge University press：Cambridge

Gudjonsson, G.H. (1992). *The psychology of interrogations, confessions and testimony*. England：Wiley.

8.19 健忘の偽装

健忘（→12.16）の偽装を発見するためには，加害者のほとんどが大なり小なり，真実にしろ，虚偽にしろ，健忘を訴えるということを認識しておく必要がある．真の健忘が多いことについては，たとえば今朝，職場に行くまでに信号を守ってきたはずだが，どこの信号で止まったのか覚えていない（些細な行為で毎日くり返されるのでおぼえていない），先週の夕食のメニューを思い出せない（そもそも覚えようとしなかったし，かなり時間がたっているので思い出せない），昨夜おぼえたはずの英単語がテストの場面で思い出せない（積極的におぼえたのに思い出せない）ということは，誰もが経験することからも理解できるだろう．虚偽の健忘が多いことについては，都合の悪いことをしてしまったときに，つい「よくおぼえていない」という言い逃れをしたくなる気持ちがあることや，思い出すと都合の悪いことを積極的には思い出そうとは思えないということが，誰にでもありうることからも想像はたやすいだろう．

実際のケースでは，真と虚偽の健忘の両者が密接かつ複雑に絡み合って健忘の訴えとなっている．そのためどこからどこまでが真であり，虚偽であるのかを判別していくことは相当困難である．都合が悪いので思いだそうとしないでいるうちに，記憶が薄れていくことも当然起こりうる．むしろどのような健忘の訴えも常に両者が混在しているとみるべきであろう．

■虚偽の健忘の検出のために

虚偽の健忘の検出は簡単ではないが，以下の1）〜3）のような手法を組み合わせることで，"ほころび"を見出すことが検出の手掛かりとなる．

1）健忘の訴えの聞き方と整理　健忘の訴えがあったときには，要点をまとめて面接を行い，それを整理すること，健忘の訴えの性質や整合性を把握することができ，その真偽を評価するための要点が浮かび上がることが多い（表1）．

2）真の健忘のメカニズムからの説明

真と虚偽が入り混じった健忘のなかから，健忘の偽装を見つけるためには，真の健忘がなぜ生ずるのか（→12.16），とくに記銘，保持，想起の3段階を理解しておき，その健忘が記憶の過程のどの段階での障害があると説明されるのかを，3つのうちのいくつかが複合している可能性も含めて，確認する．正常な記憶のメカニズムからみて矛盾があれば虚偽の健忘にあたる蓋然性が高くなるというわけである．

3）心理学的，生理学的検査の利用

心理検査は，虚偽の健忘を直接発見するというよりも，虚偽の供述をしやすい傾向の人物であるかを検討するための資料として利用される．たとえばMMPI（ミネソタ多面人格目録）の妥当性尺度を参考にするなどである．

生理学的検査を応用することもある．有名なポリグラフである（→8.16）．しかし，その法廷での証拠としての利用には，厳格な制限があり，精神鑑定（→12章）で使用することはほとんどない．

結局，現在のところは，心理学的検査も生理学的検査も健忘の訴えが，虚偽である可能性が高いかどうかといった「傍証」として利用されるにとどまっている．

〔岡田幸之〕

表1 健忘の訴えがあったときの情報整理の要点

	確認項目	要　点
1	健忘をふくむ全体的な本人の訴え（供述1）	はじめに，健忘自体には焦点を絞らないで，自由で自発的な発言に耳を傾け，広く訴えを聴取する．できるだけそれらを発言のままに録取しておく．このなかで自然に浮かび上がってくる健忘に関連することがらを確認する．
2	健忘に関する本人の訴え（供述2）	健忘の話題に特定して自由に語らせる．さらにこれと区別して，調査者が尋ねることによって明らかにされるような健忘の訴えについても記録する．
3	健忘の時間的範囲（確認1）	健忘が起こっている期間が，いつからいつまで（であるという訴え）なのか．実際に語られることがらから示される時間的な範囲はどうか．
4	健忘の空間的範囲（確認2）	健忘が起こっていることがらが，どのような範囲（であるという訴え）なのか．実際に語られることがらから示される空間的な範囲はどうか．
5	健忘の時間的変遷（確認3）	健忘の時間的，空間的範囲が時間を経るうちに変遷しているのか，しているとしたらどのような変遷か．面接の時期だけではなく，供述1，供述2のように面接方法による違いもあるかを確認する．
6	健忘の訴え方，訴えの内容についての時間的変化（確認4）	健忘やその周辺についての訴えの内容の変化，具体的ことがらの明細化の程度の変化，感情に関する明細化の程度の変化，発話量の変化などを確認する．
7	健忘の自らの表明の有無（確認5）	「思い出せない」ということを本人が自覚しているのか，それとも本人は思い出せているつもりだが客観的にみると思い出せていない部分や期間があるということなのか．
8	健忘の間についての本人の説明（確認6）	おぼえていないとしている期間についての，本人の説明がどのようなものであるか．
9	健忘の原因（評価1）	健忘を認めるとしたらその原因として何が考えられるのか．本人はどのように説明するのか．客観的情報からではどうか．
10	健忘の利得（評価2）	健忘によって得られる利益が本人にはあるのか．どのような利益がどのような流れで得られるのか．本人は利益を得ようとしている態度があるか．ことさらに健忘を強調するようではないか．健忘に関心を示す聴取者に対するのと示さない聴取者に対するのでは，本人の面接態度に違いがあるか．それはどのような違いか．
11	証言の信ぴょう性（評価3）	証言の全般的な信憑性はどうか．その高さ，低さを示唆する所見はなにか．
12	犯人性，被害者性などの問題（評価4）	その健忘が犯人性，被害者性の主張に影響を与えうるケースなのか．それが争われているか．
13	健忘を免れた記憶の特性（評価5）	記憶が存在する部分と記憶の失われた部分とはどのように境界線をもち，記憶の存在する部分はどの程度，どのような様相をもって回想されるのか．
14	健忘の訴えの親和性（評価6）	普段から健忘の訴えが多いのか．今回だけなのか．普段の健忘については周囲の人はどのようにとらえているのか．もし健忘などを理由に医療にかかっている（いた）とすれば，どのように診断されているのか．
15	記憶（健忘）に確認される不合理さ，矛盾点（評価7）	健忘について，そのメカニズムからの説明，客観的情報の照らし合わせなどによって，不合理性や矛盾点がないか確認する

8.20 取調べ

取調べ（interrogation）の研究では，観察研究，調査研究，実験研究の3つの手法が利用されている．観察研究では録画された取調べ場面あるいは実際の取調べに参与して，調査研究では取調べ官への面接や質問紙調査を利用して，実験研究では実際の犯罪場面を模擬的に作り出すことで，取調べ手法などを研究してきた．この3つの手法の中で最もよく使われてきた手法は観察研究である．

体系的に取調べ手法を調べた研究としてレオ（Leo, 1996）による観察研究があげられる．彼はアメリカで実際に行われた182の取調べを，直接または録画を利用して詳細に検討した．その結果，取調べ手法が以下の順で最も多く利用されていることを示した．①被疑者の利益に訴える．②被疑者が有罪である証拠を突きつける．③被疑者が否認を通せるだろうという自信をくずす．④被疑者の話の矛盾を示す．これらの4つの手法は，彼が調べたうち，65（42％）以上の取調べで利用されていた手法である．

また，最近の調査研究（Kassin et al., 2007）では，アメリカとカナダの631名の取調べ官にどのような手法をよく利用するかを訊ねている．その結果，30％以上の取調べ官が「いつも利用する」と答えた手法は，多い順に以下のとおりであった．①被疑者を家族や友人から引き離す．②小さな個室で取調べを行う．③被疑者の供述の矛盾を指摘する．④被疑者の信頼を得るために被疑者とラポールを形成しようと努める．

一方，まれにしか利用されない手法は以下のとおりであった．①被疑者を身体的に傷つける．②協力しないとどうなるかわからないと被疑者を脅す．③被疑者にポリグラフ検査（→8.16）を受けさせ，被疑者が疑わしいという．これらは45％以上の参加者が「決してしない」と答えていた手法である．

このように取調べ手法に関する研究も見られるが，心理学的な観点からの取調べに関する研究では，おもに被疑者を虚偽自白（→8.22）に導く個人的・状況的な要因の解明に焦点を当ててきた．とくに，どのような取調べ手法が有罪の被疑者の自供を導くために効果的であるか，という研究はあまり注目されてこなかったため（Kebbel et al., 2006），そのような観点からの研究は比較的少ない．以下では，研究数は少ないながらも，どのような取調べ手法が否認の被疑者を自供に導く際に効果的であったかを検討した研究について紹介する．

先にあげたレオの研究では，警察官の取調べの手法とその自白への影響も検討している．その結果，最も被疑者を自供に導いた取調べ手法は割合の高かった順に以下の4つである．①被疑者の良心に訴える．②被疑者の供述に矛盾があることを指摘する．③被疑者をほめたりお世辞をいったりする．④被疑者の罪を道徳的に正当化したり，心理的に言い訳ができるようにする．

レオの研究と一部一致しているが，ケッベルら（Kebbell et al., 2006）は，以下の要因が有罪の被疑者から自供を得る方法として効果的であると述べている．「証拠」「人間的な取調べ」「最小化と最大化」「倫理的取調べ」「被疑者（とくに性犯罪者）の認知的歪みの理解」．これらの5つの要因は研究によって支持されている．以下ではそれらの研究を簡単に紹介する．

人間的な取調べに関する研究（Holmberg & Chirstianson, 2002）では，スウェーデンで殺人または性犯罪で有罪が確定した

83名を対象に，彼らが受けた取調べに関する調査を実施した．その結果，取調べ官が被疑者に対して攻撃的であったり，敵対的であったり，被疑者を非難したりする「支配的な」取調べ手法では被疑者が否認する傾向が高かった．一方，取調べ官が被疑者に親切であったり，被疑者に人間として敬意を示したりする「人間的な」取調べ手法では，被疑者は自供する傾向が高かった．

最小化と最大化とは，自供の結果を最小化し，自供せず犯罪行為を続けることの結果の重大さを指摘することである．この手法が自供に影響する効果についての研究は少ないが，その一つの実験（Russano et al., 2005）を紹介する．

> **a.** 実験では，参加者は，実験課題でさくらが不正を働く際手伝うように依頼された．ほとんどの参加者は手伝うが，後に実験者から不正を働いたことで責められた．このとき，ルッサーノらは参加者に取調べを行う際，最小化の取調べを受ける群をもうけた．この条件下では，取調べ官は参加者に最小化という手法を用いて，共感や配慮を示した（たとえば，「君はその行為がどれほど重大なことか，認識していなかったんだろうね」と参加者に述べる）．その結果，どの手法も使わない取調べでは，有罪の参加者の46％が自供したのに対し，最小化の手法を用いた場合，有罪の参加者の81％が自供した．

性犯罪者はとくに，被害者に対して認知的な歪みをもっており，それが犯罪を後押しする可能性がある．取調べ官が被疑者の認知的歪みに対して理解を示すことで，被疑者は安心感や理解されているという感情をもつことができ，被疑者が自供をする可能性を増やすことができる．

ケッベルら（Kebbell et al., 2006）は，先にあげた自供を得るために重要とされた手法が，実際に自供に影響を与えたかを調べるために，44名の有罪判決を受けた性犯罪者に質問紙調査を行った．

> **b.** 調査した取調べ手法は以下のとおりである：人間的対支配的取調べ，最小化と最大化，認知的歪み，証拠の強さ，倫理的取調べ（例：取調べ官は私に意見を述べる時間を与えた）．その結果，自供した被疑者は，否認した被疑者よりも，自分たちが受けた取調べがより倫理的で人間的であり，取調べ官が被疑者の認知的な歪みに理解を示し，証拠を提示する手法が利用されたと述べていた．これらの手法と比較して影響力は少なかったが，最小化と最大化の手法も効果的な手法であることが示唆された．

このように，取調べ官は被疑者を取調べる際，支配的なやり方よりも人間性を示すような，偏見のないやり方で取調べをすることで，有罪の被疑者の自白の可能性をあげることができることが示唆されている．

〔和智妙子〕

▶文　献

Holmberg, U., & Christianson, S.-A. (2002). Murders' and sexual offenders' experiences of police interviews and their inclination to admit and deny crimes. *Behavioral Sciences and the Law*, **20**, 31-45.

Kassin, S. M., et al. (2007). Police interviewing and interrogation：A self-report survey of police practices and beliefs. *Law and Human Behavior*, **31**, 481-400.

Kebbell, M., Hurren, E., & Mazerolle, P. (2006). An investigation into the effective and ethical interviewing of suspected sex offenders. *Trends & Issues in Crime and Criminal Justice*. Australian Government.

Leo, R. A. (1996). Inside the interrogation room. *Journal of Criminal Law and Criminology*, **86**, 266-303.

Russano, M. B., et al. (2005). Investigating true and false confessions within a novel experimental paradigm. *Psychological Science*, **16**(6), 481-486.

8.21 否認の心理

取調べ状況を分析したアメリカの研究では，取調べ（→8.20）の間に自供をした被疑者は，自供をしなかった被疑者と比較して，26％も多く有罪とされる傾向が高かった．さらに，自供をした被疑者はより重い量刑を受ける傾向があった．このような研究結果をみると，取調べ当初に被疑者から自供を得ることが難しいことが予想されるであろう．

それでは，実際にはどの程度の被疑者が自供（または否認）しているのであろうか．イギリスにおける最近の研究では，55～59％の被疑者が自供をしている（Gudjonsson, 2003）．アメリカでは，近年自供の割合を調べた研究は少ないが，自供の割合は取調べを受けた被疑者の42～47％であった（たとえば，Neubauer, 1974）．昭和59（1984）年中に検挙，立件送致した殺人事件の被疑者を調べた日本の研究では，被疑者全体（1184人）の66％が取調べを受けた最初の日に全面自供していた．起訴までに全面自供しなかった者は全体の5.7％であった（渡辺・横田, 1999a）．

どのような被疑者が自供をしにくいかという被疑者の自供と否認に関する要因の研究も行われている．たとえば，被疑者の特徴として，年齢・性別・過去の犯罪経歴の有無が否認と関係しているという研究結果がある．若い被疑者のほうが自供しやすい，女性のほうが男性より自供しやすい，犯罪経歴のある被疑者のほうが自供しやすいなどという結果が得られている．また，犯罪のタイプや犯罪の重大性によっても自供のしやすさが異なるという研究もある．たとえば，窃盗，強盗，偽造のような財産犯のほうが，暴力犯罪のような財産犯以外の犯罪者よりも自供をする傾向が高い（Neubauer, 1974）という結果がある．また，重大な犯罪をした被疑者のほうが，あまり重大ではない犯罪をした被疑者よりも，自供をしにくい傾向があった（Phillips & Brown, 1998）．ただし，これらの結果が必ずしもすべての研究によって支持されているわけではない．

それでは，被疑者の心理を考えたときに，どのような要因が被疑者が自供をする際に妨害要因となるのであろうか．イギリスの研究者グッドジョンソン（Gudjonsson, 2003）は自供を抑制する要因として，以下の5つをあげている．①法的制裁の恐れ，②自己の評判への配慮，③自分自身がした行為を認めたくないこと，④犯罪について家族や友人に知られたくないこと，⑤報復の恐れ，である．

a) 法的制裁の恐れ　すべての犯罪はある種の刑罰を科され，それはある期間，自由を失うことを意味する．犯罪経歴をもつことは，将来就職する際にも影響を受けることになるので，初犯者は犯罪経歴をもつということに抵抗をもつ可能性がある．

b) 自己の評判の配慮　地域社会において，自分の評判にどのような影響が出るかをおそれて，自供をしたがらない犯罪者もいる．とくに，当該人物が社会的地位が高い場合には，その人物が失うものが多く，より自白をしたがらない．

c) 自分自身がした行為を認めたくないこと　犯罪をした後，人はその記憶を抑圧する可能性もある．なぜなら，彼らにとって，自分がしたことがまったく受け入れられないからである．犯罪がより非難されるようなものであるほど，犯罪者は取調べにおいてより否認する傾向が高くなる．

d) 犯罪について家族や友人に知られたくないこと　もし家族や友人が自分の犯した罪について知ったら，彼らはひどく影

響を受けるだろうということを心配する犯罪者もいる．多くの場合，犯罪者は家族や友人が傷つき，ショックをうけ，がっかりするだろうと考えるが，実際多くの被疑者の家族はそのようになる．自分がしたことで，愛するものを傷つけたくない，そして愛する者によって拒絶されたくないという気持ちは，被疑者が自白する気持ちを妨げる強力な感情である．

　e）報復の恐れ　犯罪者が，他の人を巻き込んだ犯罪を自供し，彼らによって報復されるのではないかという恐れをいだくことは，自供を妨げる要因となる．報復の恐れのほうが法的制裁よりも強い場合がある．

　日本では渡辺・横田（1999b）が，殺人事件の被疑者22名，侵入窃盗事件の被疑者63名を対象に，取調べ中の被疑者の否認の原因に関して研究を行っている．その結果，被疑者が否認する原因として以下の5要因が共通して見られた．①法的制裁の恐れ，②家族などに対する不安・心配，③自己の将来についての不安，④共犯者の存在，⑤証拠がないとの確信．さらに，侵入窃盗被疑者の否認原因には，⑥被害弁済の恐れも見られた．

　これらの否認の原因を上記の要因（Gudjonsson, 2003）と対応させると，a）法的制裁の恐れは同じく，①法的制裁の恐れと，②家族などに対する不安・心配は，d）犯罪について家族や友人に知られたくないことと，③自己の将来についての不安は，b）自己の評判の配慮と，対応できるであろう．また，渡辺・横田の理由の④共犯者の存在では，共犯者の報復を恐れて自供したくない場合と共犯者への義理のために否認するという理由が見られたが，共犯者の報復の恐れという点では，グッドジョンソンのe）「報復の恐れ」と一致するであろう．この

ように，否認理由はイギリスでも日本でもほぼ同じであることが示唆された．ただし，どの否認理由が大きな割合を占めるかは犯罪の種類によって異なっていた（渡辺・横田，1999b）．殺人事件の被疑者の否認原因では，②家族などに対する不安・心配が否認理由として最も多く，次に①法的制裁の恐れが続いた．一方，侵入窃盗事件の被疑者の場合は，①法的制裁の恐れを否認理由としてあげた被疑者が最も多く，続いて②家族などに対する不安・心配が続いていた．

　さらに，渡辺・横田（1999b）は，否認中の被疑者の心理として，「欺瞞」とよばれる心理状態にあることも示唆している．「欺瞞」とは，取調べにおいて嘘をつき続ければ逃げられると被疑者が考え，どのように嘘をつき続けるかを思案することである．つまり，有罪である被疑者は，否認中に自らの事件の起訴や刑罰に関して不安に思い，また犯罪が知られることによって，家族や自分の将来が傷つくことを心配し，これらが被疑者を否認し続けることに動機づける一方で，どのようにすれば取調べ官を欺き続けることができるかを考えている状態にあるといえるだろう．〔和智妙子〕

▶文　献
Gudjonsson, G.H.（2003）．*The psychology of interrogations and confessions : A handbook.* Chichester, England : John Wiley & Sons.
Neubauer, D.W.（1974）．Confessions in Prairie City : some causes and effects. *Journal of Criminal Law and Criminology*, **65**, 103-112.
Phillips, C., & Brown, D.（1998）．*Entry into the criminal justice system : A survey of police arrests and their outcomes.* London : Home Office.
渡辺昭一・横田賀英子（1999a）．否認被疑者の自供に至る心理：1　否認する被疑者の特性　科学警察研究所報告防犯少年編，**39**（2），126-135.
渡辺昭一・横田賀英子（1999b）．否認被疑者の自供に至る心理：2　否認の心理　科学警察研究所報告防犯少年編，**39**（2），136-143.

8.22 虚偽自白

虚偽自白（false confession）とは，取調べを受けている者が，自分が犯していない犯罪行為について，詳細に自供することをさす．心理学の分野では，虚偽自白に関する研究が多く行われてきた．以下では簡単に，虚偽自白の理由，虚偽自白に関係する個人的要因，虚偽自白に関係する状況的要因について議論する．

■ **虚偽自白の理由：3つのタイプ**

社会心理学的理論から虚偽自白は次の3タイプに分類されている（Kassin & Wrightsman, 1985）．

自発型虚偽自白　無実の人が，警察から自供を強いられるような圧力を受けていないにもかかわらず，個人的な理由から自供することがある．これにはいくつかの理由が考えられる．①有名になることへの病理的なまでの欲求，②意識的あるいは無意識的な，自己処罰の必要性，③事実と虚構を区別することができないこと，④真の犯罪者を助ける，またはかばうことへの欲求，などである．

強制-追従型虚偽自白　警察の取調べ（→8.20）によって，犯していない罪の自白が引き出されるもので，被疑者はなんらかの利益を得るために自白をする．①ひどい状態から逃れるため，②脅威から逃れるため，③報酬をえるため，などである．このタイプの自白は，否認と比較して，自白することによって得られる短期的利益（たとえば釈放）のほうが，長期的コスト（たとえば起訴や投獄）よりも重要であると判断して生じる．

強制-内面化型虚偽自白　このタイプの虚偽自白では，無実である脆弱な人々が，非常に誘導的な取調べの影響下で，警察の取調べに対して抵抗をやめるだけでなく，問題の犯罪を行ったと信じるようになり，ときには誤った記憶を作話するようになるという自白である．この種の虚偽自白は，自分の記憶に不信をいだき，外的な情報や暗示に影響されやすい状態（記憶不信症候群，memory distrust syndrome）が関連しているとされている（Gudjonsson & MacKeith, 1982）．被面接者が，自分が犯罪をしていないことに対してはっきりした記憶がない場合か，面接開始時には自分が犯罪をしていないことがわかっていたが，面接者が暗示的な取調べをすることで被面接者の確信がゆらいでいく場合にこのタイプの自白があらわれる（Milne & Bull, 1999）．

■ **虚偽自白に関係する個人的要因**

性格特徴　性格特徴によって虚偽白白のしやすさが異なることが，研究によって示唆されている．「警察に虚偽自白をした」と述べた62名の刑務所の被収容者と，それ以外の被収容者との性格テストの結果を比較した研究の結果，虚偽自白をしたと主張した者は，より不安が高く，より従順な傾向が高かった．また，上記の，「強制-内面型虚偽自白」をした者に関しては，暗示のされやすさが他の者よりも高かった（Sigurdsson & Gudjonsson, 2001）．つまり，暗示をされやすいタイプの被疑者は，自分が犯罪を行ったと信じてしまうようになり自白する傾向が高いといえる．

年齢　少年の被疑者は，成人の被疑者に比較して，虚偽自白をする傾向が非常に高い．警察官や他の権威のある人物に取調べをされた場合はとくにその傾向が高く，少年はとくに，取調べの圧力や権威ある立場の人からの否定的な反応に影響されやすい．

知的障害　実際に虚偽自白をした人々の中では，知的障害のある人々の割合が不釣り合いに多い（→12.6）．知的障害のある人は，他の人，とくに権威ある立場の人を喜ばせたい，また彼らから承認されたいという強い欲求がある．また，たとえ肯定的な答えが間違っていて不適切な場合でも，「はい」と答えてしまう強い傾向があり，さらに，取調べ室内で，自分たちの行為の結果がどのようになるかを予見する能力が限られている．これらのことが，知的障害者を虚偽自白に導きやすくしている可能性がある．

■ **虚偽自白に関する状況的要因**

上記の個人的要因に加え，ある種の状況的要因も虚偽自白を導きやすくする．

物理的な隔離　被疑者を取調べる際，被疑者を隔離して取調べ室で尋問することが通常である．しかし，そのような隔離が取調べに対する不安を増し，取調べの期間が延びるにつれて被疑者の逃れたいという動機が増すことが研究で示唆されている．また，疲労や睡眠のはく奪が長い期間の隔離と伴って他人からの影響を受けやすくなり，複雑な課題の意思決定能力が低くなることを示している研究もある．

偽の証拠の提示　取調べの過程では，取調べ官は明白な証拠を被疑者に提示することがあるが，アメリカでは偽の証拠を示すことが認められており，しばしば使われている．しかし，実験では，偽の証拠の提示は，無実の人に虚偽自白をさせ，さらに自分が犯していない罪で非難されることを受け入れさせてしまうことを示している．

最小化　取調べ官が最小化とよばれる技術を利用した場合（たとえば，被疑者に「薬物の影響で罪を犯してしまったのだろう」といった，犯罪行為がある程度正当と認められるものであると述べた場合），これらの技術が無実の者に虚偽自白をさせる可能性を高めてしまうことが研究より示されている．警察官が明白に約束していないときでさえ，被疑者に自供すれば刑が軽くなると思わせてしまうことが理由である可能性がある．

虚偽自白というのは，上記のようにさまざまな理由で起こる．ある個人が性格的にだまされやすく，従順で，誘導されやすく，不安が高く，あるいは知的に障害がある場合，彼らが虚偽自白をするためには，取調べにおける圧力はほとんど必要ない場合もありうる．しかし，普通の成人でも，取調べのストレスから逃れるために，犯していない罪を自白することもある．したがって，上記の個人的要因，状況的要因が虚偽自白を導く可能性があることを認識しておく必要がある．

〔和智妙子〕

▶**文　献**

Gudjonsson, G.H., & MacKeith, J.A.C. (1982). False confessions : Psychological effects of interrogation. In A. Trankell (Ed.), *Reconstructing the past : The role of psychologists in criminal trials*. Denventer, the Netherlands : Kluwer. pp. 253-269.

Kassin, S.M., & Wrightsman, L.S. (1985). Confession evidence. In S.M. Kassin & L.S. Wrightsman (Eds.), *The psychology of evidence and trial procedure*. Beverly Hills, CA : Sage. pp.67-94.

Kassin, S.M., Drizin, S.A., Grisso, T., Gudjonsson, G.H., Leo, R.A., & Redlich, A.D. (2010). Police-induced confessions : Risk factors and recommendations. *Law and Human Behavior*, **34**, 3-38.

Milne, R., & Bull, R.C. (1999). *Investigative interviewing : psychology and practice*. Chichester : John Wiley & Sons.

Sigurdsson, J.F., & Gudjonsson, G.H. (2001). False confessions : The relative importance of psychological, criminological and substance abuse variables. *Psychology, Crime and Law*, **7**, 275-289.

8.23 証言の信頼性査定（CBCA）

■歴 史

証言の信頼性査定は，証拠や第三者的立場の証人が乏しい子どもに対する性犯罪の裁判において，子どもが被害体験について証言した内容の信頼性を評価するためにはじまった技術である．

1950年代から，西ドイツとスウェーデンを中心に証言の信頼性を査定するさまざまな基準が作成され，それらの基準を改良しまとめたものが，正式な査定の手続きとなった（Steller & Köhnken, 1989）．この手続きはSVA（statement validity assessment）とよばれ，現在まで使用されている．

■SVA

SVAは供述の信頼性を査定する一連の技法で，おもに西ヨーロッパの一部の国々で裁判の証拠として採用されている．北アメリカでも一部の裁判で採用されているが，ヨーロッパに比べるとそれほど普及はしておらず，むしろ犯罪捜査や訴追裁量への利用に重点がおかれている．

SVAは，①事件に関する洞察を得るための資料の収集・閲覧，②被面接者から供述を得る半構造化面接，③体系的に供述の信頼性を査定するCBCA（criteria-based content analysis），④CBCAによる査定結果の妥当性を評価する妥当性チェックリスト（validity checklist）の実施の四段階で構成されている．

最初に行う資料の収集・閲覧では，被害者とされる被面接者に関する情報や事件の詳細を把握し，「実際に何が起きたのか」についての仮説を立てる．第二段階の半構造化面接では，供述に影響する不適切な刺激や暗示を避けて被面接者に自由に語らせることで，できるだけ多くの情報を得る．面接の記録はビデオやボイスレコーダーによって行うが，被面接者の非言語的コミュニケーションが分析に影響することを避けるために，供述を文章に起こしたものが次の段階でCBCAに使用される．

第三段階では，専門的な訓練を受けた人々が評定者となり，供述の信頼性評価を行う．具体的には，CBCAに含まれる19の基準の存否を3～5段階の評定尺度や基準の出現率（あり・なしの2段階のみ）を用いて判断し，それぞれの基準がより高く満たされているほど供述の信頼性は高く評価される．表1にCBCA基準のリストを示す．

表1 CBCAを構成する基準
（Steller & Köhnken, 1989）

一般的特徴
　1. 論理的構造
　2. 非構造化された供述
　3. 詳細情報の量

具体的内容
　4. 文脈上の埋め込み
　5. 相互関係の描写
　6. 会話の再現
　7. 事件中の予期せぬ混乱
　8. 普通でない詳細情報
　9. 過剰な詳細情報
　10. 誤解している詳細情報の正確な報告
　11. 関連のある外的つながり
　12. 主観的精神状態の報告
　13. 犯人の精神状態の帰属

動機に関連した内容
　14. 自発的な訂正
　15. 記憶の欠落の承認
　16. 自分の証言に疑問をもつこと
　17. 自己非難
　18. 犯人への許し

犯行の具体的要素
　19. 犯行の詳細な特徴

最後の第四段階では，CBCAの査定に対する供述の真実性以外の要因（例：面接者からの暗示，被面接者の年齢・感情状態）による影響の有無を評価するため，各要因を項目にまとめた妥当性チェックリストによる査定の妥当性評価を行う．

■ CBCAの精度と応用

CBCAはSVAの中核的要素であり，SVAに関する研究のほとんどがCBCAに焦点を当てている．とくにCBCAによる査定の精度については膨大な研究が行われており，被験者に供述の真偽判断を求めた実験室研究では，真実を正しく真実と判断する確率と虚偽を正しく虚偽と判断する確率のどちらも約70％である．個々の基準についても，基準2，3，4，6がしばしば真実と虚偽を区別する手がかりとして立証されている．

しかしこれらも，個別で常に有効な基準となるわけではない．そこで近年，査定の精度を高める方法として複数の手がかりを集合としてとらえることが提案されている（Vrij, 2009）．この方法では，子供の性的虐待被害（→7.19）の供述に限らず，被面接者が大人である場合や，供述の内容が性的虐待以外の話題である場合，被害者以外の目撃者や被疑者である場合にも一貫した高い精度が確認されている．

CBCAによる供述の査定精度は，ある程度の水準をさまざまな状況で一貫して保持している．したがって，CBCAのように供述の内容に対して具体的な判断基準を用いた査定を犯罪捜査に応用することはできるかもしれない．たとえば捜査の初期段階で，多様な特徴をもつ被面接者の真実性について大まかな印象を得たいときなどに有効かもしれない．

しかし，日本における応用を考えた場合にはいくつかの課題がある（高木・大橋，2005）．まず，日本ではCBCAに必要な供述の録音や録画ができない．また，供述は取調官が供述者の一人称で面接場面を要約した供述調書の形で記録するため，供述の具体的な内容の検討に適さない．さらに，日本の犯罪捜査では被面接者に対して不適切な刺激や暗示を与えないような系統的な面接法の採用はまだ検討の段階にある．

けれどもこうした課題は，近年日本において検討されている「取調べの適正化・可視化」が進み，面接の体系化や録画が推進されることで，また被害者に対する系統的な面接法の導入がなされることで克服されるかもしれない（→8.20）．「取調べの適正化・可視化」は，その良否についていまだにさまざまな議論がなされている．だが，経験の豊富な取調官が減少し，これまで以上に被面接者の真実性を判断することが困難になるだろうことを考慮すれば，CBCAのような査定から得られる客観的な情報は，取調官にとっておそらく有意義なものとなりうるだろう．

〔萩野谷俊平〕

▶文　献

Steller, M., & Köhnken, G. (1989). Criteria-based statement analysis. In D.C. Raskin (Ed.), *Psychological methods in criminal investigation and evidence.* NY,：Springer-Verlag. pp.217-245.

Vrij, A. (2009). *Detecting lies and deceit : Pitfalls and opportunities.* 2nd ed. *Wiley series in the psychology of crime, policing and law.* NY,：John Wiley & Sons.

高木光太郎・大橋靖史（2005）．供述の信用性評価における言語分析的アプローチの展開　心理学評論, **48**(3), 365-380.

8.24 犯罪心理言語学

近年，大規模な司法制度改革が行われる中で，日本においても法にかかわる現象に対して学際的な知見への要請が高まっており，心理学や言語学といった分野からも，法にかかわる人間的・言語的現象を扱うものとして「法と心理学」や「法と言語学」(→1.6) などの領域が発展している．そうした中でも，とくに警察と検察が行う犯罪捜査の側面から，法にかかわる言語的現象に対して心理学的な考察を行うのが犯罪心理言語学である．そのため，それぞれ法にかかわる人間的・言語的現象全体を対象とする「法と心理学」および「法と言語学」の一部にまたがった領域である．

おもな研究対象としては，他者を脅迫・誹謗中傷する文章をワープロで作成した文書に関する作者の識別や特性（例：性別，年齢，学歴）の推定（プロファイリング），インターネットの掲示板などで犯行予告をした人物が実際に犯行を行うリスクの査定，言語的手がかりを用いた被疑者・被害者・目撃者の供述の信頼性査定（→8.23) などがある．これらのテーマは，コンピュータやインターネットなどの近年急激な発展を遂げている技術を利用した犯罪，マスコミに大きく取り上げられ社会全体への影響が大きい突発的な凶悪事件など，現代犯罪の動向を反映した研究対象を扱っている．

応用可能な罪種としては，文書の偽造や脅迫，名誉毀損などから殺人，強盗といった凶悪事件まで多岐にわたる．

このように犯罪心理言語学は，犯罪情勢に即した技術を開発し，犯罪捜査の実務場面に応用することを目指す新しい領域である．

■テキストマイニング

犯罪心理言語学の多くの研究では，人間が作成し，または供述したものを文字に起こした文字列（テキスト）のデータを分析することになる．また，扱うデータの量は研究によって数百人，数千人分にもなる．こうした膨大なテキストデータを定量的に解析して，効率よく情報や知識を取り出そうとする分野がテキストマイニング（text minig）である．

現在では，さまざまな文書の電子化が進み，それらの多くがネットワーク上で共有されている．そのため誰でも容易に大量のテキストデータが収集できるようになり，この分野に対する社会的要請は拡大している．とくに企業経営においては，マーケティング調査の自由回答文や，消費者がブログに書いた製品評価などを分析するツールとして，テキストマイニングが積極的に活用されている．

テキストマイニングでは，テキストの電子化，クリーニング，テキストの加工（例：形態素解析，構文解析），データの抽出，データの分析の5つの段階が最低限必要である

表1 テキストマイニングに利用可能なツールの例

テキストの電子化	スキャナー OCR
クリーニング	秀丸 サクラエディタ
テキストの加工	JUMAN 茶筌（ChaSen） 南瓜
データの抽出	MLTP 茶器（ChaKi） KH_coder
データの分析	R SPSS

（金, 2009）．それぞれの段階には，昨今のニーズの増加に伴って個人の研究者でも利用しやすいツールが用意されている（表1）．

■ テキストマイニングを応用した事例

村上（2006）では，犯罪捜査に貢献した統計的テキストマイニングの例として，保険金目当てのひき逃げ事件について，金明哲氏（現同志社大学）が行った分析に言及している（かこみ参照）．

また，マルコム・クルサード（Coulthard, 1994）のように，then の使用パターンに注目した分析から，自白の供述調書の作成に警察官が深く関与していることを指摘したケースもある．

この事例のように，犯罪捜査の実務から得られたデータを用いた分析は，テキストマイニングの応用を考えるうえで不可欠なものである．しかし，実務データは数が少なく，それらを入手することも捜査にかかわる人間でなければ困難である．そのため，これらに加えて入手が容易な文章データ（例：日記，作文）や実験室場面において基礎的な研究を行い，理論・方法論の構築に役立てていくことが望ましい．

〔荻野谷俊平〕

▶ 文　献

Coulthard, M. (1994). On the use of corpora in the analysis of forensic texts. *Forensic Lingnistics*, **1**, 27-43.

金　明哲 (2009).　テキストデータの統計科学入門　岩波書店

村上征勝 (2006).　統計分析による著者の推定　*ESTRELA*, **144**, 2-9.

事例：保険金殺人事件で資料となった匿名の手紙

2001年某日の朝，東京都の路上で，ホームレスの男性が後頭部から血を流して死亡しているのが発見された．

警察がひき逃げ事件として捜査していたところ，事件の発生から十数日の間に，匿名の目撃者を名乗る手紙と犯人を名乗る手紙の2通が別々に警察に届き，犯人の手紙の内容は，犯行の偶然性と被害者との面識のなさを示唆するものだった．

しかし，被害者には生命保険が掛けられており，被害者の兄が保険金の支払いを執拗に請求していたことから，被害者の兄が保険金目当てでひき逃げを行い，捜査を混乱させるためにこれらの手紙を書いたという疑いがもたれた．手紙はいずれもワープロで作成されたものであったため，筆跡鑑定で調べることはできなかった．そこで警察は，被害者の兄がワープロで作成したことがわかっている二つの文書に注目した．これらの文書と目撃者・犯人を名乗る手紙との類似点が見つかれば，被害者の兄の容疑性は高まることになる．この類似点について検討するため，金氏によって分析が行われた．

テキストデータには，目撃者・犯人を名乗る手紙に被害者の兄が作成した二つの文書を加えた四つの文章セットと，学生や被害者の兄と同じ年齢の人が作成した文章セットが用いられた．これらのデータから，助詞の使い方や読点の打ち方に関する情報が抽出され，クラスター分析と主成分分析によって文章セットのグループ分けが行われた．

その結果，目撃者・犯人を名乗る手紙と被害者の兄が書いた二つの文書は，「同じ人物が書いた可能性が非常に高い」という結果が得られ，この分析結果は警察に報告された．報告の一ヵ月後，被害者の兄が「保険金目的で弟をひいた」と認めたため，彼は逮捕された．

8.25 超心理学的手法を用いた犯罪捜査

アメリカなどでは，犯罪を捜査する過程において現在の科学的な常識では認められていない，いわゆる超心理学（parapsychology）的な手法が用いられる場合がある．

犯罪捜査における超能力者の使用についての実用的なマニュアル（Hibbard et al., 2002）では，超能力に肯定的な立場から，その使用方法について手順を踏んだ解説が行われている．彼らは次の6種類の超能力について検討している．

テレパシー（telepathy）は言語などの手段を使用せずに情報を人間間で送りあう能力，透視（clairvoyance）は壁などの物理的な障壁を透過してものを見ることのできる能力，遠隔視（remote viewing）は離れた場所からある特定の場所の状況を見ることができる能力，予知（precognition）はまだ起きていない出来事をあらかじめ覚知する能力，ダウジング（dowsing）は棒や振り子などの装置を用いて地中に存在するもの（地下水や地雷，犯罪捜査の文脈では遺体や凶器，犯人の残留物など）を見つけ出す能力，サイコメトリー（psychometry）は物体に残る人物の意思を読み取っていく能力である．

実際上，超能力の犯罪捜査への使用で最もよく使われるものは，行方不明事件や失踪事件である．これらの事件では，行方不明者やその遺体がどこにあるのか，を明らかにすることが課題になるため，遠隔視，サイコメトリーなどの能力がおもに使われる．また，遺体や証拠を発見するためにダウジングが用いられる場合がある．

■ 実際の犯罪捜査における利用

犯罪捜査における超能力の利用は，犯罪の公開捜査を扱ったアメリカのテレビショーなどで有名になった．これらのショーにおいては，しばしば超能力を使用して多くの犯罪を解決したと名乗る超能力者が現れる．彼らは自分の超能力を使用して多くの事件を解決したと自称している場合が多い．これらの番組を見る限り，アメリカの犯罪捜査現場では超能力の使用は一般的になっているように思える．では，実際に刑事司法の現場での超能力利用はポピュラーなのか．

この問題を調査した研究（Sweat & Durm, 1993）では，アメリカの人口の多い主要な都市50をピックアップし，その地域の警察幹部に対して捜査における超能力者の使用の有無についてのアンケート調査を行っている．その結果，「犯罪捜査に超能力者を使用したことがあるのか」という問いに対して，回答のあった48の警察のうち，35％の17の警察が「ある」と答えた．回答の中には「使用したことがあるが，個人的に使用しただけで組織の方針でない」（シカゴ警察），「われわれは超能力者は使用しないが向こうから連絡が来ることはしばしばある」（ロサンゼルス市警察）などがあった．「使用したことがある」と答えた警察もそれは過去に1～2度使用したというのにすぎなかった．超能力者が使用された場合，その罪種は殺人と行方不明がほとんどであった．興味深いのは「超能力者による捜査協力は事件解決に有効でしたか？」という質問である．この質問に回答した26の警察のすべてがこれに対して「ノー」と答えている．

■ 超能力者の能力に関する実験的な研究

超能力者の能力についての実験的な研究として現在公刊されている研究として，ロ

サンゼルス市警察の行動科学科のディレクターのライザー(Reiser, M.)が行った2つの研究と，ハートフォールドシャー大学教授で著名な心理学者ワイズマン(Wiseman, R.)が行った研究がある．これらの研究では，実際の事件（解決しているものと解決していないものがある）の証拠品を超能力者に示し，その事件の内容について超能力によって推測してもらい，あとで彼らの推測が正しいかどうかを調べるという手続きで研究が行われた．

ライザーの最初の研究では4つの強盗殺人事件の証拠（たとえば，財布やめがねのレンズ）が超能力者に呈示された．その結果，超能力者の推測の正答率はほとんど偶然の閾をでないということがわかった．彼らが最も正確に当てることができたのは犯人の性別であったが，多くの事件は男性によって起こされるものであるので，これは別に超能力者でなくてもあてることができるものである．ライザーの第2の実験とワイズマンの実験では統制群が用いられ，一般大学生や殺人課の刑事が加わった．超能力者の推測は量が多く，よりドラマテックであったが，超能力者が統制群に比べて正確だという証拠は得られなかった．数値的にはむしろ劣っている場合が多かった．

■ 問題点

ニッケル(Nickell, 2006)は，超能力者の捜査への協力は単に意味がないだけでなく，警察の捜査力を誤った方向に向けてしまい，その結果として事件の解決を妨害する可能性が大きいと指摘している．彼は，超能力者の誤った示唆や指示が，事件解決を妨害したり，不要な費用を発生させたりしたケースをあげてこの問題を論じている．彼の論文には超能力者の指示に従って，広い地域を検索したり，地面を掘り返したり，建物を壊したり，川にダイバーを潜らせたり，池の水をくみ上げたりしたが結局，遺体が発見できなかったケース，まったく異なった地点で遺体が発見されたケース，超能力者が指摘した犯人が結局無実だったケースが20個報告されている．

スウェットら(Sweat & Durm, 1993)も，同様な意見を述べている．彼らは，先に述べたアンケート調査において，アトランタ警察が殺人捜査に超能力者であるドロシー・アリソン(Dorothy Allison)を使用したケースを報告している．このケースでは，彼女の超能力推理の結果がテレビを通じて公表された結果，数多くの情報が寄せられ，それを読まなければならなくなり，多大な労力が必要になった．しかし，これらの情報の中には有用な情報はひとつも存在しなかった． 〔越智啓太〕

▶文　献

Hibbard, W.S., Worring, R.W., & Brennan, R. (2002). *Psychic criminology*. Charles C Thomas

Nickell, J. (2006). How Psychic sleuths waste police reserources. *Skeptical Inquirer*. electonic digest.

Reiser, M., Ludwig, L., Saxe, S., & Wagner, C. (1979). An evaluation of the use of psychicsin the investigation of major crimes. *Journal of Police Science and Administration*, **7**(1), 18-25.

Reiser, M., & Klyver, N. (1982). A comparison of psychics, detectives and students in the investigation of major crimes. In Martin Reiser, *Police psychology : Collected papers*. LosAngeles, CA : Lehi Publishing. pp.260-267.

Sweat, J.A., & Durm, M.W. (1993). Psychics : Do Police Departments Really Use Them? *Skeptical Inquire*, Winter, 148-158

Wiseman, R., West, D., & Stemman, R. (1996). An experimental test of psychic detection. *Journal of the Society for Psychical Research*, **61**(842), 34-45.

8.26 夜間の目撃証言

■夜間の目撃証言の重要性

ひったくりや路上強盗などの犯罪は，夜間に集中して発生している．警察庁（犯罪統計「平成20年の犯罪」）によると，全時間帯の発生件数（認知件数）のうち，夜間の時間帯（ここでは午後6時から翌午前6時までとする）に発生する割合は，路上強盗が全体の約85％，強姦も同じく約85％，放火が約68％，ひったくりが約64％を占めており，6割以上が夜間に発生している．

したがって，捜査・裁判の実務において，夜間の目撃証言を取り扱う機会も多くなる．当然のことながら，夜間は昼間と比べ明るさが乏しく，照明条件が問題となりやすい（→10.4）．夜間は，目撃者の視覚機能が低下し，その証言の信頼性に影響を及ぼすことが指摘されている（厳島，2001；Yarmey, 1986）．ここでは，夜間における視覚機能の変化と目撃証言の特徴について概説する．

■夜間における視覚機能の低下

われわれの視覚系には，周囲の明るさに応じて自動的に切り替わる二つの視覚モードがある．

一つは，明所視とよばれる視覚モードであり，昼間の屋外のように明るい場所で機能している．明所視は網膜の視細胞のうち，錐体のみが機能している状態である．この錐体は，解像度が高いため，物体の形態やそのディテールを弁別できる．また錐体には分光感度の違いにより3種類の受容器がある．それぞれ赤色・緑色・青色の波長に対応していることから，色情報も処理できる．したがって，明所視モードが機能している明るい場所では，われわれは物体の形態や色を明確に知覚できる．

一方，夜間の屋外のように暗い場所では，暗所視とよばれる視覚モードが機能している．暗所視は視細胞のうち，桿体のみが機能している状態である．この桿体は光の強度に対する感度が高いため，弱い明るさの光でも知覚できる．しかしながら，桿体は，錐体と異なり1種類しかないため，色の違いを弁別できない．また解像度が低いため，物体の形態やディテールをはっきりと知覚できない（篠森，2007）．

このように夜間のように明るさが乏しい状況では，われわれは物体の形態や色などを正確に知覚できず，昼間と比べ視覚機能が大幅に低下した状態であるといえる．

■夜間の目撃証言の特徴

夜間の目撃証言にはどのような特徴がみられるのであろうか．ヤーメイ（Yarmey, 1986）は，夜間のように暗い状況で事件を目撃した場合，正確な証言量が低下することを示している．

> **ヤーメイの実験**
> プロジェクタの明るさを調整し，4種類の照明条件（昼間，夕暮れのはじめ，夕暮れの終わり，夜間）を設定した．いずれかの照明条件下で，婦女暴行が描かれたスライドを被験者に呈示し，犯人や被害者の特徴，現場の状況などについて自由再生を行わせた．
> その結果，「夜間」条件のように目撃現場が暗い場合，「昼間」や「夕暮れのはじめ」条件と比べ，犯人や被害者の特徴，犯行現場の状況を正確に再生できなかった．この結果は，夜間における知覚機能の低下が，記憶の符号化にも影響することを示している．

またヤーメイ（1986）は，夜間における目撃証言の特徴として，目撃者（被験者）が自分の報告に過剰な自信をもっているこ

ともあげている．先の実験で目撃した内容を報告させた際，どれだけ完全に，また正確に報告できているか自己評定を行わせている．

その結果，「夜間」条件の被験者は，犯人の特徴を約0.06％しか再生できていなかった．それにもかかわらず，被験者は自らが報告した内容についての正確さは74％であり，目撃した出来事全体のうち65％を報告できたと自己評定している．自らが報告した内容は，目撃した事件全体の65％を占め，そのうちの75％が正確であると評定している．このことから，厳島(2001)は，夜間における目撃証言の信用性を判断する場合，目撃者が証言に自信をもっていたとしても，慎重に判断せねばならないと述べている．

■ 夜間の目撃証言は信頼できないのか

では，夜間の目撃証言はまったく信用できないものなのであろうか．ヤーメイ(1986)は，犯行の中心的でかつ重要な事柄については，現場の明るさの影響を受けにくく，暗くても正確に報告されやすいと述べている．

先の実験において，明るさが乏しい条件では，犯人の特徴を正確に再生できなかったが，犯人が持っていたナイフ（凶器）だけは，比較的暗い「夕暮れの終わり」条件でも正確に再生されたことが報告されている．しかしながら，ナイフの金属面は光を反射しやすいことから，単にナイフの物理的特性が影響している可能性も考えられる．

またワーグナーとヴァン・デル・シュライヤー(Wagenaar & Van der Schrier, 1996)によると，夜間の目撃証言であっても，観察条件が「15のルール（The Rule of Fifteen）」，すなわち明るさが15ルクス以上，観察距離が15m以下である場合，その目撃者による人物識別はある程度信頼できるという．しかしながら，この結果は，さまざまな要因が統制された実験室研究から得られたものであり，実際に適用するにはより厳しい基準が必要となるだろう．

いずれにせよ，夜間という，明るさが乏しい状況は目撃者の知覚や記憶の符号化に影響を及ぼし，得られる情報量やその信用性を著しく低下させる．夜間の目撃証言を捜査の手がかりや裁判での証拠として利用するためには，照明条件や観察距離が十分整っている必要があり，きわめて限定された場合に限られるだろう． 〔大上 渉〕

▶文　献

厳島行雄(2001)．目撃証言と記憶の過程　符号化，貯蔵，検索　渡辺保夫（監修）一瀬敬一郎・厳島行雄・仲真紀子・浜田寿美男（編著）目撃証言の研究——法と心理学の架け橋をもとめて　北大路書房　pp.22-51.

警察庁(2009)．平成20年の犯罪 犯罪統計

篠森敬三(2007)．光の強さ　内川惠二（総編集）篠森敬三（編）視覚Ⅰ　視覚系の構造と初期機能　朝倉書店　pp.86-113.

Wagenaar, W.A., & Van der Schrier, J.H. (1996). Face recognition as a function of distance and illumination : a practical tool for use in the courtroom. *Psychology Crime & Law*, **2**, 321-332.

Yarmey, A.D. (1986). Verbal, visual, and voice identification of a rape suspect under different levels of illumination. *Journal of Applied Psychology*, **71**, 363-370.

8.27 子どもの目撃証言

■ 目撃証言とは

　事件や事故を目撃した，あるいは被害にあった子どもから得た事実に関する情報を，広く子どもの目撃証言という．より厳密には，事件・事故現場や面接室など，法廷外で聴取される情報は供述とよばれ，証人が法廷内で述べた言葉を証言という．法廷内の証言は「証拠」として扱われるが，「供述」は裁判所が採用することにより「証拠」として認められる．

　心理学的には，「より初期に聴取された供述」のほうが正確であるように考えられるが，司法的には，「法廷において直接示され，反対尋問により検査も受ける証言」のほうがより重要だとされる．一般に，目撃証言は出来事が生起した日時，場所，誰が，何を，どうしたのかといった情報を含む．誰（人物）に関しては，面通し（ラインナップ）（→8.30）や写真面割りによって得られた人物同定情報も含まれる．

■ 子どもの証言事例

　『判例時報』，『判例タイムズ』などには，数は多くはないが，幼児や児童による目撃証言の事例を見出すことができる．これらの事例においては，目撃者が子どもであることに由来する「証言能力」や「証言の信用性」が問題とされることが多い．「証言能力」とは文字どおり証言を行う能力であり，幼児，児童の場合，出来事を知覚し，記憶し，そのことについて述べることができれば，おおむね証言能力があると判断されているようである．交通事故を目撃したとされる事例では，事件当時3歳であった幼児が証言を行っている（判例時報，572，176-184．）．

　しかし，証言能力は認められても証言の信用性が否定された事例は多い．ある事件では，児童が「わいせつ行為を受けた」と申し立てた．検事は子どもの証言の正当性を主張したが，弁護側は「児童の話の内容は，証言の練習で形成された仮想記憶に基づくものであり，信用できない」と主張した．判決は「被害児童の証言には信用性が乏しく，行為を直接目撃した者もいない」と児童の証言を退けている（読売 2005.4.28）．

　別の強制わいせつ事件では，被害を受けた児童が直後に犯人の顔を言語記述した．児童は「（犯人は）ぱっちりした目，やさしそう，ぽっちゃりした顔…」と比較的明確な供述を行い，この記述から作成された似顔絵や全身像についても「75％くらい似ている」と述べた．しかし，複数回の写真識別が行われ，被疑者が逮捕された後は単独面通し（被疑者一人に対する面通し．複数面通しに比べ正確性が低いとされる）やさらなる写真識別が行われ，およそ半年後の裁判では，児童の記憶は不明瞭なものとなった．高等裁判所は「他の者と区別して，犯人として的確に識別することのできる具体的かつ明瞭な特徴」はないとし，児童の証言を棄却している（広島高裁 2005.1.18）．

　この他にも，子どもの証言の信用性が否定された事件として，横浜での強制わいせつ事件（判例時報，1356, 156-162），福岡での強制わいせつ事件（判例時報，748, 126-131），板橋での強制わいせつ事件（判例時報，1331, 145-161）などをあげることができる．犯罪は隠れて行われるものであり，とくに子どもを対象としたわいせつ事件では，被害にあった子どもしか目撃者がいないことが多い．子どもの目撃証言は事件解決の決めてとなるはずだが，その多くにおいて信用性が否定されている．

■ 子どもの証言の問題点：認知能力の制約

一般に，目撃者証言を裏づける事実がない，他の目撃者や被疑者の供述がない，証言に一貫がなく変遷が見られる，抽象的で臨場感がない，暗示や空想によって作られた疑いがあるなどは信用性の否定につながる．幼児，児童の供述は一貫性がない，変遷が多い，暗示や空想の可能性がある，といった理由で否定されることが多い．

このように子どもの証言の信用性が低く評価される原因としては，まず，子どもの認知能力の制約があげられるだろう．幼児は児童に比べ，児童は中高生に比べ出来事や人物を記銘し，保持する力が弱い．たとえばプールらは，3～8歳児を対象に「Mr.サイエンス」が科学実験のデモを行い，その出来事の自由再生を求めるという実験を行った(Poole & Lindsay, 2001)．その結果，3～8歳児が言及した出来事の割合は順に，9％，25％，51％，71％，68％，74％であり，とくに年少児において低かった．

人物の記述についても同様のことがいえる．10～14歳の子どもや大人に，ビデオまたはライブで人物を提示し，直後にその記述を求めた実験(Pozzulo & Warren, 2003)では，大人による記述は平均9.8項目であるのに対し，子どもによる記述は7.6項目であり，ライブでの記述量はさらに少なかった．子どもは大人に比べ，顔の内部についての情報（目，鼻，口の形など），身体情報（身長，体重，体格など）の提供が少なかった．こういった研究が示すように，幼児や児童の認知能力には制約がある．

■ 子どもの証言の問題点：誘導と被暗示性

しかし，認知能力が低いことのみが問題なのではない．こういった制約のために大人は子どもから話を聞き出すことができず，さまざまな質問や確認をくり返しがちである．面接をくり返すうちに，子どもの言うことが変わったり，記述が詳細になったり，実際にはなかったことが証言に入り込むことがある．

上述のMr.サイエンスの実験では，デモの3ヵ月後，子どもの家に絵本が送付され，母親は子どもに絵本を読み聞かせるよう依頼された．絵本には子どもがデモで体験したことや，しなかったことが描かれていた．その後，子どもにデモでの出来事についてオープン質問（「～についてお話して」）や「はい，いいえ質問」（「～を見ましたか」）を行ったところ，最初の自由再生では不正確な報告はほとんどなかったにもかかわらず，絵本提示後は，とくに「はい，いいえ」質問を受けた年少の子どもにおいて，誤まった情報が報告される度合いが高まった．

人物の記述に関しては，次のような実験がある(Roebers & Schneider, 2002)．彼らは6～10歳の子どもと大人にビデオを提示し，出来事の記述や人物の再認を求めた．ビデオ提示の直後，3週後，4週後に面接を行い，加えて半数の参加者には2度目の面接の際，ビデオには登場していない子どもの写真も見せた（誘導条件）．その結果，最終的な写真識別では，大人も子どもも誘導条件の成績が悪く，写真で見た子ども（ビデオには登場していない）を「ビデオで見た」とする誤反応も誘導条件で高かった．

このように，子どもでは情報源の混乱が生じやすく，他者からの情報を受け入れてしまう傾向性（被暗示性）が高い．現実の事件と実験とは必ずしも同一ではないが，子どもの証言が外部情報からの影響を受けやすいことは，多くの実験により示されている．

■ 子どもの証言における推定変数とシステム変数

児童が申し立てをした先述の事件では，子どもの証言は保護者らとの「証言の練習」によりつくられたと批判された．似顔絵が作成された事件では，人物同定において，大人が「(これから見る人が)その人(犯人)だったら，もうあなたは何もされないから」「もしかしたら(犯人が)この(写真の)中にいるかもしれないから」などの言葉かけを行っていたことが判明した．子どもの認知能力の制約に加え，こういった外部情報は証言の信用性を低める原因となる．

一般に，目撃証言の正確性にかかわる要因は推定変数とシステム変数とに分けられる．推定変数とは目撃時の知覚状況(明るさ，距離)，目撃者の特性(認知能力，言語能力)，事件の性質(偶発的な出来事か，情動を喚起する出来事か)などの，事件が起きた後ではコントロールできない変数である．一方システム変数とは目撃情報を聴取する際に捜査者がコントロールできる変数であり，目撃から面接までの時間，面接の方法，ラインナップの方法，面接の回数などがあげられる．子どもであるという証人の特性は，推定変数として，目撃証言の正確性を減じる方向に働くだろう．このような状況ではシステム変数をいかにコントロールするかがとくに重要な課題となる．

■ 司法面接その他の工夫

子どもの特性，そして大人がとってしまいがちな態度に鑑みれば，子どもの目撃者に対しては，できるだけ早い時期に誘導のかからない方法で面接を行い，それを録音・録画により正確に記録することが必要である．そのために考案されたのが司法面接であり，欧米やアジアの一部の国々では，司法面接が子どもの目撃者から情報を得るための標準的な方法となりつつある．

司法面接では，面接者からの情報提供(外部情報)を極力減らすために，オープン質問(お話ししてください)や WH 質問(いつ，どこ，誰など)を用い，子ども自らの言葉で語ってもらう(自由報告)(アルドリッジ，2004；英国内務省，2007)．これを録画することで正確な情報を確保するとともに，子どもが何度も面接を受けなくてもすむように図る．さまざまな面接法が工夫されているが，認知心理学の成果をふまえ，アメリカの National Institute of Child Health and Human Development で作成された NICHD プロトコルは，数万件にものぼる現実の事例に適用され，効果測定によりその有効性が評価されている．このプロトコルは，①グラウンドルール(知らないことは知らないというなどの約束)，②ラポール(話しやすい関係性)の形成，③エピソード記憶を思い出す練習，④本題への移行(出来事の開示)，⑤出来事の調査(出来事について詳細な情報を得る)，⑥ブレイク(追加質問がないか，他のスタッフと検討する)，⑦追加質問，⑧開示に関する情報(これまでに誰に話したか等)，⑨クロージング(子どもからの質問を受けるなど)，⑩中立的な会話での終了，という手続きからなる(Lamb et al., 2007)．

NICHD プロトコルでは質問や文言の形式が定められており，習熟には訓練が必要である．しかし習得できれば，面接の技能を高め，質の高い供述を得ることができる．たとえば，このプロトコルに基づく面接では，より多くのオープン質問がなされ，より多くの情報が引き出されること；対象が幼児であっても自由再生が促され，オープン質問に対する開示の率が高まること；得られる情報は被面接者の年齢に応じて増加するが，オープン質問に対する詳細情報の割合には年齢差がないこと；プロトコルにそった面接は，より正確な査定を可能にすること，などが知られている．

その他，システム変数に関する司法面接以外の試みとして，人物同定における写真提示や教示，選択肢にワイルドカード（「犯人」と思われる人がいない場合に選ぶカード）を入れるなどの工夫が，心理学者によって検討されている．

■ 法廷での証言

以上は捜査段階での試みだが，証言が求められるのは捜査段階のみではない．初期の供述で信用性の高い供述が得られても，法廷において適切に証言できなければ，子どもの言葉は聞き届けられないだろう．近年では，わが国でも訓練を受けた面接者がガイドラインにそって供述を得るようになってきた．しかし，法廷での子どもの証言はいまだに一問一答形式で行われ，とくに反対尋問においては，子どもが自分の言葉で話すことは難しいようである．

ウォーカー（Walker, 1993）はアメリカでの刑事法廷における5歳児への主尋問，反対尋問を分析し，法廷での質問の7割が「はい，いいえ」質問であること，子どもの応答のほぼ9割が「はい」か「いいえ」であることを示した．彼女は，「（法廷での言葉は）破格であり，非論理的，非文法的であり…不完全さによって特徴づけられる」と述べている．仲（2001a）は日本の子どもに対する法廷尋問を分析し，とくに反対尋問では埋め込みや否定形が含まれる，長文のわかりにくい質問が行われていることを示した．ザヨンら（Zajac & Hayne, 2003）らは，ニュージーランドで調べた事例の75％で，子どもが主尋問での証言を反対尋問で変更すること，5, 6歳児を対象とした別の調査でも85％の子どもが主尋問での証言を反対尋問で変更することを示している．反対尋問は真実発見のための重要な手続きだが，質問の難しさや対人的ストレスによって子どもの回答が変化するのであれば，真実発見は達成されない．

子どもの証言の信用性は，捜査段階から法廷にいたるまで，面接法や尋問法に大きく依存する．信用性の高い証言を得ることは，これらの手続きの適切性を工夫することにより，初めて可能になるといえるだろう．

〔仲真紀子〕

▶ 文　献

アルドリッジ（著），仲真紀子（編訳），子どもの面接法　北大路書房．

英国内務省（編）（2007）．子どもの司法面接　誠信書房．

仲真紀子（2001）．子どもの面接――法廷での「弁護士言葉」の分析　法と心理, 1, 80-92.

仲真紀子・上宮　愛（2005）．子どもの証言能力と証言を支える要因　心理学評論, 48, 343-361.

Poole, D.A., & Lindsay, D.S. (2001). Children's eyewitness reports after exposure to misinformation from parents. *Journal of Experimental Psychology : Applied*, 7, 27-50.

Pozzulo, J.D. & Warren, K.L. (2003). Descriptions and identifications of strangers by youth and adult eyewitnesses. *Journal of Applied Psychology*, 88, 315-323.

Roebers, C.M., & Schneider, W. (2001). Memory for an observed event in the presence of prior misinformation : Developmental patterns of free recall and identification accuracy. *British Journal of Developmental Psychology*, 19, 507-524.

Lamb, M.E., Orbach, Y., Hershkowitz, I., Esplin, P.W., & Horowitz, D. (2007). A structured forensic interview protocol improves the quality and informativeness of investigative interviews with children : A review of research using the NICHD Investigative Interview Protocol. *Child Abuse and Neglect*, 31, 1201-1231.

Walker, A.G. (1993). Questioning Young Children in Court : A Linguistic Case Study. *Law and Human Behavior*, 17, 59-81.

Zajac, R., & Hayne, H. (2003). I don't think that's what really happened : The effect of cross-examination on the accuracy of children's reports. *Journal of Experimental Psychology : Applied*, 9, 187-195.

8.28 高齢者の目撃証言

わが国は世界でもトップクラスの高齢化社会である。2008年10月1日現在で日本の総人口に65歳以上の高齢者人口が占める割合は22.1％であり、5人に1人が高齢者となっている（内閣府，2009）。今後、高齢者人口が増加すれば、高齢者が事件の目撃者、被害者となるケースはますます増加する可能性が考えられる。その場合、高齢者の目撃証言が捜査活動において重要な情報となるだろう。しかし、子どもや若年者を対象とした目撃証言研究（→8.27）と比べ、高齢者を対象とした研究は少なく、実証的知見の蓄積が十分に行われていないのが現状である。

■ 高齢者の定義

わが国では65歳以上の成人を高齢者とよぶことが多い。しかし、どのような年齢区分を採用するかは研究者や分野によって異なり、必ずしも一致していない。認知的加齢に関する心理学研究の多くでは、18-40歳を若年者（young adults）、60-80歳を高齢者（old adults）とし、両年齢群を比較することで加齢の影響が検討されている。しかし、高齢期においても加齢による認知的変化が起こる可能性が考えられるため、一定の年齢以上を高齢期として単一の区分とするのではなく、高齢期の中でも前期高齢者、後期高齢者とするなど、より細かい年齢区分を導入する必要性も指摘されている。

■ 高齢者の記憶の全般的特徴

加齢の影響は記憶の種類によって異なることが知られている。一般に、意味記憶、手続き記憶では加齢による影響はほとんどみられない。これに対して、事件の目撃証言など、ある特定の出来事に関する記憶であるエピソード記憶では、加齢による記憶低下が顕著に現れる。エピソード記憶においても、加齢による影響の現れやすさは記憶テストの方法によって異なる。一般に、再認テストよりも、テスト時の検索手がかりが少ない自由再生テストや手がかり再生テストで加齢の影響が現れやすい。

目撃証言事態でいえば、自由再生は目撃した事件や事故、目撃した人物の特徴について自由に報告するよう求められる場合、手がかり再生は面接者の5W1Hを用いた質問に対して回答することが求められる場合に相当し、再認はラインナップ（→8.30）や写真帳から目撃した犯人を識別するよう求められる場合などに相当する。目撃証言研究においても、高齢者は若者より自由再生や手がかり再生において記憶成績の低下が顕著であることが明らかにされている（Yarmey, 2000）。

ただし、加齢の影響は個人差が大きく、また教育レベル、知能、既往歴、現在の健康状態なども記憶に影響する可能性がある。そのため、高齢者の記憶について考える場合には、これらの点に十分配慮する必要がある。

■ 高齢者の知覚と注意

一般に、目撃証言に影響する要因は、情報の符号化・保持・検索という3つの段階に分けて理解される。情報の符号化段階では、知覚や注意における加齢の影響が考えられる。感覚器官では、視覚や聴覚において加齢の影響がとくに大きい。たとえば、視覚においては、加齢によって虹彩や水晶体の硬化、瞳孔の縮小、水晶体の光学的不透明度の増大といった身体的変化が生じる。また、白内障の罹病率は70-74歳で約37％、80歳以上では約68％になるとの報

告がある．このような変化により，高齢者は一般に色，形，奥行き，運動，細かい事物の知覚が若年者よりも不正確とされる．

また，注意機能においても加齢の影響がみられ，注意資源の減少や注意コントロールの低下によって記憶の量と正確さが低下すると考えられている．たとえば，短時間の目撃は出来事の細部に注意を向けたり，情報を体制化したりする時間が少ないため，若者と比べ高齢者の記憶成績をより低下させる可能性が指摘されている．目撃時間が長い条件と短い条件での年齢差を検討した研究では，目撃時間が短い場合には高齢者は若年者と比べ再生量が少ないが，目撃時間が長い条件では年齢差が認められないとの報告がある（Memon et al., 2003）．しかし，注意と加齢の関係について常に年齢差が見られるわけではない．顔の再認では，目撃時間の長さによって正確さに年齢差は認められないとの報告もある．また，注意がかかわる現象として，凶器の存在が目撃者の注意を引きつけ，犯人識別の正確性を低下させる凶器注目効果（→ 8.37）があるが，凶器の存在は高齢者と若年者とで同じように識別の正確性を低下させ，加齢によって凶器注目効果が大きくなるわけではないとの報告がある（O'Rouke et al., 1989）．

■ **誤誘導効果**

誤誘導効果（→ 8.29）は目撃証言研究で最も精力的に検討されてきたトピックの1つであるが，高齢者を対象とした研究は少ない．誤誘導効果の有力な説明の1つにソース・モニタリングの失敗説がある．記憶の情報源を判断するソース・モニタリング能力は加齢とともに低下することが明らかにされており，高齢者は誤情報の影響をより受けやすいことが予測される．実際，若者よりも高齢者のほうが誤情報の影響を受けやすく，誤誘導効果が大きいことが報告されている（e.g, Mitchel et al., 2003）．誤情報効果に年齢差がみられないとする研究もあるが，このような結果の不一致は高齢者サンプルの偏りやテスト形式（再生と再認）の影響が考えられ，必ずしも矛盾したものではない．とくに，高齢者を対象とした研究では，記憶成績と関連のある言語能力や教育レベルが研究によって大きく異なることがある．そのため，加齢以外の要因が年齢要因と交絡しないよう，常にこれらのデータを報告し状況に応じて統制することが必要とされる．

■ **顔の再認**

加齢による記憶の変化は再認テストよりも再生テストでより顕著に現れる．だが，ラインナップ（→ 8.30）や写真帳からの犯人識別といった顔の再認記憶においても，一般に加齢による記憶成績の低下が認められる．顔の再認では，旧項目（実際に目撃した顔）に対するヒット率は若年者と高齢者で同じ程度だが，高齢者は新項目（実際には目撃していない顔）に対して誤って目撃したと判断してしまうフォールス・アラーム率（以下，FA率）が若者よりも高い傾向にある．つまり，高齢者は若者より，犯人ではない者を犯人として選ぶ誤りをおかしやすいことが指摘されている．またヒット率とFA率のどちらも，若年者の記憶成績が高いほど，年齢差がより顕著になるとの指摘がある（Bartlett & Memon, 2001）．

高齢者の記憶では，意図的，方略的な検索処理の機能低下が認められる．適切に構成されたラインナップで高い記憶成績を示すためには，見覚えがあるという漠然とした親近感（familiarity）に基づく判断ではなく，「いつ，どこで目撃したのか」具体的な文脈を想起し判断する意図的，方略的な記憶検索が必要とされる．このような記憶検索が求められる課題では，若者と比べ

高齢者の記憶成績が低くなり，年齢差が認められやすくなる傾向がある．

■ 目撃対象の年齢と顔の再認：同年齢効果

人物識別の正確さにおける年齢差にかかわる要因の1つに，目撃対象となる人物の年齢がある．これまでの研究から，自分と異なる年齢層の顔よりも，目撃した人物が自分と同じ年齢層である場合に顔の再認記憶が優れているという顔の同年齢効果（own-age effect）が示されている．目撃者の年齢層によって，この同年齢効果の有無に違いがある可能性が指摘されており，目撃者が若者である場合は同年齢効果が示されることが多く，目撃対象が高齢者よりも若者であるほうが顔の再認記憶が優れている．これに対して，高齢者では同年齢効果が見られないことが多い（Bartlett & Memon, 2001）．高齢者においても同年齢効果が示されたことを報告する研究や反対の効果を報告する研究もあるが，いずれにせよ目撃対象が高齢者の場合には，若者と比較した高齢者の記憶成績の低下は小さいか，年齢差がみられないことが多い．なお，同年齢効果は顔の再認に限定されたものではなく，目撃対象となった人物がかかわる出来事の記憶や顔以外の特徴（髪の色や装飾品）に関する記憶でも示されている．

■ 顔の再認にかかわるその他の要因

ラインナップ（→ 8.30）の実施方式にはラインナップの成員を同時に見せて識別を求める同時提示（simultaneous lineup）と，1人ずつ見せて識別を求める継時提示（sequential lineup，順次提示）があり，同時提示と比べ順次提示はFA率を減少させる効果が認められている．一般に高齢者は若者よりもFA率が高いため，誤った識別を低減する手法が模索されているが，継時提示はその有力な候補の1つである．高齢者でラインナップ実施方式の影響を検討した研究では，ラインナップにターゲット（犯人）が含まれていない場合には，高齢者でも順次提示によりFA率が低くなることが報告されており（Memon & Gabbert, 2003），継時提示によるFA率の低減効果は年齢によらず同じような効果が認められる．しかし，ラインナップにターゲットが含まれる場合の結果は一貫しておらず，継時提示によって高齢者のFA率が低下しないとの報告もある．継時提示を採用することで，顔の再認記憶における高齢者と若年者の年齢差がなくなるわけではないが，継時提示では同時提示よりも再認判断の基準が厳しくなると考えられており，ラインナップで厳しい判断基準を用いることが望ましいとされる場合には考慮すべき手法の1つと考えられる（Bartlett & Memon, 2007）．

公正なラインナップ教示を与えることも，誤った識別を低減させる効果がある．「ラインナップの中に犯人がいるかもしれないし，いないかもしれない」というバイアスのないラインナップ教示の効果が年齢によって異なるのかを検討した研究（Rose et al., 2005）では，高齢者は若者よりもこの種の教示を忘却しやすく，また教示を忘却している者ほどラインナップでの記憶成績が低いことが報告されている．

その他，顔の再認記憶を低下させる要因として，ラインナップ前に犯人の顔を含まないマグショットからの人物識別を体験すると，後のラインナップにおいてマグショットで選択した犯人以外の人物を選んでしまうマグショット提示効果（mugshot exposure effect）や，目撃した人物の顔を言語的に説明することで顔の再認に記憶が低下する言語隠蔽効果（verbal overshadowing effect）があげられる．これらの要因は高齢者でより大きな記憶成績の低下をもたらすわけではなく，高齢と若年者の記

憶成績を同じように低下させるとの報告がある．

■高齢者の記憶促進：認知インタビュー

目撃証言研究では記憶を促進する技法として認知インタビュー（cognitive interview）（→8.35）が検討されてきた．加齢による記憶成績の低下を考えれば，このような技法の効果を高齢者で検討することは重要な課題といえる．しかし，高齢者を対象とした研究は非常に少なく，高齢者でも認知面接法が有効であるとする研究と，促進効果がみられないとする研究があり，高齢者に対する有効性については明確な結論が得られていない．しかし，認知面接法による促進効果が認められなかった研究では，若年者においても促進効果が示されていないなどの問題があり，高齢者においてのみ有効性が発揮されていないわけではない．高齢者における認知面接法の有効性を示した研究（Wright & Holliday, 2007）では，強化版認知面接と修正版認知面接（認知面接から視点の変更技法を除いたもの）を用いて，促進効果は修正版認知面接より強化版認知面接の方が大きいが，若年者（17-31歳），前期高齢者（60-74歳），後期高齢者（75-95歳）のどの年齢群においても誤再生量を増やすことなく正再生量を増加させ，この促進効果に年齢差はないことが報告されている．

イギリスの警察官を対象とした調査では，高齢者にとって認知面接で用いられる技法は難しく，苦痛を与えるため，この面接法は高齢者に対しては適切でないと感じられているとの報告がある（Wright & Holliday, 2005）．そのため，どのような条件下で認知面接が高齢者の記憶促進に有効性を発揮するのか，また認知面接を構成する諸技法のうち，高齢者にとって負担が少なく効果的な技法は何かといった点の解明が望まれる． 〔丹藤克也〕

▶文　献

内閣府（2009）．平成21年版　高齢社会白書

Bartlett, J.C., & Memon, A.（2007）. Eyewitness memory in young and older adults. In R.C.L. Lindsay, D. F. Ross, J. D. Read, & M. P. Toglia (Eds.), *The handbook of eyewitness psychology : Volume II memory for people*. Mahwah, N.J. Psychology Press. pp.309-338.

Davis, D., & Loftus, E.F.（2005）. Age and functioning in the legal system : Perception memory and judgment in victims, witnesses and jurors. In Y.I. Noy & W. Karwowski (Eds.), *Handbook of human factors in litigation*. New York : CRC Press. pp.11-1 to 11-53.

Memon, A., & Gabbert, F.（2003）. Unravelling the Effects of Sequential Presentation in Culprit-present Lineups, *Applied Cognitive Psychology*, **17**, 703-714.

Memon, A., Hope, L., & Bull, R.（2003）. Exposure duration : Effects on eyewitness accuracy and confidence. *British Journal of Psychology*, **94**, 339-354

Mitchell, K.J., Johnson, M.K., & Mather, M.（2003）. Source Monitoring and Suggestibility to Misinformation : Adult Age-Related Differences. *Applied cognitive psychology*, **17**, 107-119.

O'Rourke, T., Penrod, S.D., Cutler, B.L., & Stuve, T.E.（1989）. The external validity of eyewitness identification research : Generalizing across age groups. *Law and Human Behavior*, **13**, 385-396.

Rose, R.A., Bull, R., & Vrij, A.（2005）. Non-biased lineup instructions do matter -a problem for older witnesses. *Psychology, Crime, & Law*, **11**, 147-159.

Wright, A.M., & Holliday, R.E.（2005）. Police officers' perceptions of older eyewitnesses. *Legal and Criminological Psychology*, **10**, 211-223.

Wright, A.M., & Holliday, R.E.（2007）. Enhancing the recall of young, young-old and old-old adults with cognitive interviews. *Applied Cognitive Psychology*, **21**, 19-43.

Yarmey, A.D.（2000）. The older eyewitness. In M.B. Rothmanm B.D. Dunlop, & P. Entzel (Eds.), *Elders, Crime, and The Criminal Justice System Myth, Perception and Reality in the 21st Century*. pp.127-147. New York : Springer.

8.29 誤誘導効果

　目撃供述は事件直後に行うこともあれば，事件から数日経って行うこともある．その間，目撃者は事件に関するさまざまな情報に触れる機会をもつ．新聞やテレビの報道，あるいは同じ事件を目撃した別の目撃者からの情報に接する．それらの情報によって目撃者の記憶が変容し，誤った供述がなされる場合がある．これを誤誘導効果（misleading effect）とよぶ．

　誤誘導効果とは，「事後情報がそれに先行する情報の記憶を損なう現象」と定義される（厳島，1996）．誤誘導効果のほかに事後情報効果，誤情報効果ともよばれる．

■ロフタスらの研究：置き換え仮説

　誤誘導効果を扱った初期の研究の中で最も有名なのはロフタスらの研究であろう（Loftus et al., 1978）．

a. ロフタスらによる実験

　実験には自動車事故を描いた一連のスライドが使用された．スライドの内容は，交差点で止まっている赤いダットサンが，右折後に歩行者をはねてしまうというものであった．

　この中で，ダットサンが交差点で止まっている様子を写したスライドが後に問題となるスライドであり，「停止」標識が映っているものと「徐行」標識が映っているものが用意された．参加者には条件に合わせどちらか一方を提示した．ここでは「停止」標識が映っているスライドを提示した場合について説明を行う．

　一連のスライドを提示した後，参加者はその内容に関する20の質問に回答した．このとき17番目の質問が分析の対象であり，正しい情報が与えられる条件（統制条件）と誤った情報が与えられる条件（事後情報条件）に分けられた．統制条件では，「停止標識で赤いダットサンが止まっているときに別の車が通り過ぎましたか」と尋ねられた．一方，誤情報条件では，「徐行標識で赤いダットサンが止まっているときに，別の車が通りすぎましたか」と尋ねられた．その後20分の挿入課題をはさんで，2枚1組全15組のスライドが提示された．実験参加者は自分が見たと思うスライドをどちらか1枚選択する課題を行った．この強制再認課題の中に「停止」標識と「徐行」標識を写したスライドがペアで挿入されていた．

　実験の結果，統制条件と比較して誤情報条件では偶然以上に高い確率で誤った情報と一致するスライド（「徐行」標識のスライド）を選ぶことが示された．

　このように目撃場面を想定してそれに関する誤った情報を与えた後に記憶のテストを行うという実験手法を，ロフタスパラダイムとよぶ．ロフタスらはこの手法を用いて，実際の情報と誤情報が混ざった記憶が生成されることも明らかにした．

　たとえばロフタスの実験では，実際に見た車の色は緑であったにもかかわらず質問中に「青い車」という誤情報を入れておくと，誤情報を与えられなかった実験参加者に比べ誤情報を与えられた参加者は色の再認課題でより青に近い色を選択することが示されている（Loftus, 1977）．このことからロフタスら（Loftus & Loftus, 1980）は，事後情報が実際の情報とおきかわるという，置き換え仮説を提唱した．

■クリスチャンセンらの研究：共存仮説

　ロフタスらの提唱する置き換え仮説と対立する仮説に共存仮説がある．共存仮説では，オリジナルの記憶と事後情報の影響を受けて形成された記憶は併存すると仮定する．事後情報を与えられてもオリジナルの

記憶は消えることなくそのまま残るが，新たに与えられた事後情報のほうがアクセスしやすいためそちらが想起されると考えられる．この共存仮説を支持する実験にクリスチャンセンとオーチャレック（Christiaansen & Ochalek, 1983）がある．

b. クリスチャンセンらによる実験

彼らは事後情報提示後に「与えられた情報の中に誤りがあった」という警告を実験参加者に与えることで，誤誘導効果がなくなることを示した．

実験参加者を，事後情報を与えない統制条件，事後情報を与える条件，事後情報提示直後に警告を与える条件，そして事後情報提示から45分後に警告を与える条件の4条件に分け，出来事のスライド提示から2日後に，それぞれの条件に従った操作を与えて記憶テストに回答させた．

その結果，警告を与えた条件（直後，45分後）は事後情報を与えた条件よりも記憶成績がよく，統制条件と変わらないことが見出された．

■誤誘導効果に対する反証：バイアス仮説

以上のように，1980年代前半までに置き換え仮説と共存仮説という2つの仮説が提唱された（厳島，1996）．しかし，1980年代後半に入ると新たな説が提唱された．それは，誤誘導効果はロフタスらが使用した再認テストのバイアスにより生じたものであるという，マクロウスキーとザラゴザ（McCloskey & Zaragoz, 1985）のバイアス仮説である．彼らは置き換え仮説と共存仮説をともに否定し，事後情報はオリジナルの記憶に何の影響も及ぼさないことを主張した．彼らの主張は以下のとおりである．

ロフタスらの実験では，事後情報が与えられる実験群と統制群が用意され，それぞれ再認テストを受ける．この再認テストでは，オリジナルの項目（オリジナル項目）と事後情報によって与えられた項目（事後情報項目）が提示され，参加者は両者のうち自分が見たと思うほうを選択する．仮に統制群の40%がオリジナル項目を正確に記憶していたとする．よって統制群の40%は正しい選択肢を選ぶと考えられる．統制群の残り60%は，オリジナル項目を覚えていないため推測によってどちらか一方を選択することになり，全体の30%が正解することとなる（チャンスレベルが50%であるため）．したがって統制群全体の正再認率は70%となる．

これに対し実験群では，事後情報が与えられることにより回答にバイアスが生じる．たとえば統制群と同様に実験群の40%がオリジナル項目をおぼえており，正しい選択を行ったと仮定する．実験群の残り60%の中には，オリジナルの項目と事後情報項目の双方を記憶しており回答の段階で事後情報項目を選択する参加者がいることが考えられる．そのため統制群とは異なり，項目の選択率は50%ずつではなく偏ったものとなり実験群全体の正再認率は統制群よりも低下すると考えられる．

マクロウスキーとザラゴザ（1995）は，自分たちの主張を裏づけるために修正再認テストという新しい実験手法を考案した．これはオリジナル項目と新規項目を対にして提示し，実験参加者に再認を求めるという手法である．具体的にみてみよう．

c. マクロウスキーらによる実験

オリジナルのスライドでハンマーを持った男性が登場する．スライド終了後，実験群には男性が持っていたのは「スクリュードライバーである」という事後情報が与えられる．最後に参加者は再認テストを受けるが，このテスト時にオリジナル項目であるハンマーと新規項目のレンチが提示される．

> ロフタスらが主張する置き換え仮説が正しければ、修正再認テストでも実験群の成績は統制群より低下するはずである。しかしマクロウスキーとザラゴザが主張するように事後情報がオリジナルの記憶に影響を及ぼさないのであれば、実験群と統制群の成績に違いが見られないことが予想される。
> 一連の実験の結果、マクロウスキーとザラゴザの主張が支持された。つまり修正再認テストでは実験群と統制群の間に差は見られなかった。このことから、誤誘導効果が反応バイアスで生じることが示唆された。

■ 修正再認テストへの反証

マクロウスキーとザラゴザ（1985）の研究の影響は大きく、彼らの主張をめぐり誤誘導効果の研究に新たな展開が生じた（厳島、1996）。その中で、修正再認テストに対して批判的な研究も現れた。トヴェルスキーらによる研究である（Tversky & Tuchin, 1989）。

強制選択を行わせる修正再認テストでは、誤誘導効果を検証する方法として不十分であると彼女たちは考えた。なぜならオリジナル項目をおぼえていなくても、新規項目に対して見たことがないと正しく判断できれば、修正再認テストでは正解してしまうからである。そこで彼女たちは、個々の項目についてそれぞれ見たか見ていないかを回答させる形式の再認テストを新たに実施した。

> **d．トヴェルスキーらによる実験**
>
> まず、オリジナルのスライドで清涼飲料の「コーラ」が提示される。次に事後情報として「セブンアップ」が与えられる。ここまでは先行研究となんら変わりはない。その後、ロフタスパラダイムの実験であれば「コーラ」と「セブンアップ」の強制再認テストが行われ、一方修正再認テストならば「コーラ」と新規項目である「サンキスト」が提示されることとなる。
> しかしトヴェルスキーらは、「コーラ」「セブンアップ」「サンキスト」のそれぞれについて判断を行わせた。つまりオリジナル項目、事後情報項目、新規項目のすべてに対してスライドでの提示の有無を回答させた。
> その結果、統制群と比較して事後情報群ではオリジナル項目の再認成績が有意に低く誤誘導効果が確認された。トヴェルスキーらはこの結果をもとに、事後情報はなんらかの形でオリジナルの記憶に影響を与えていると考えた（彼女たちは、この結果は共存仮説を支持するものであるとの見解を示している）。

このトヴェルスキーらの研究以外にも修正再認テストを検証する研究が行われ、おおむね誤誘導効果の存在を肯定する結果を示している。

■ 誤誘導効果研究の新たな展開

ロフタスらによる実験以降、誤誘導効果についてさまざまな観点から研究が進められてきたが、近年ではソースモニタリングの観点からも研究が行われている。代表的な研究にリンゼイとジョンソン（Lindsay & Johnson, 1989）がある。

彼らは、誤誘導効果は情報源の混同によって生じると考え、実験参加者に情報源の特定を行わせることで誤誘導効果を減じることができると仮定した。

> **e．リンゼイらによる実験**
>
> 参加者を標準テスト群とソースモニタリングテスト群とに分け実験を行った。
> 標準テスト群には、各項目がオリジナルのスライド中にあったかどうかを「はい-いいえ」で回答させる再認テストを実施した。一方、ソースモニタリングテスト群には「はい-いいえ」で回答させる再認テストに加え、あったと判断された項目につい

て「絵の中だけにあった」「テキストの中だけにあった」「絵とテキストの両方にあった」「絵とテキストのいずれにもなかった」のいずれかを判断させた.

その結果,標準テスト群では誤誘導効果がみられたが,ソースモニタリングテスト群では認められなかった.この結果は情報がどこから得られたものであるかを考えさせることにより,ソースモニタリングテスト群は標準テスト群よりも厳しい基準で判断したと解釈された.

また最近では,同じ立場にいる別の目撃者(co-witness)から与えられる事後情報がオリジナルの記憶にどのような影響を及ぼすかが注目されている.目撃者どうしが接触することで事件に関する情報交換が行われ,それが互いの証言に影響を与えることは,実際の捜査や裁判を行ううえで非常に関心が高い問題でもある.先行研究では,2人の実験参加者に別々のスライドを提示し,互いに自分が見たスライドについて話し合わせることによって情報の混同が生じることが示されている(Skagerberg & Wright, 2008).

また誘導尋問やメディアから与えられる情報よりも,一緒に事件を目撃した別の目撃者から与えられる情報のほうが記憶に大きな影響を及ぼすことも報告されている(Paterson & Kemp, 2006).これらの実験から,同じ立場にある別の目撃者から与えられる情報によって目撃者の証言は大きく左右されることが示唆された.

■ まとめ

ロフタスらの実験からはじまった誤誘導効果研究は,目撃証言研究に大きなインパクトを与えた.なぜ誤誘導効果が生じるのか,置き換え仮説が有効なのかそれとも共存仮説が当てはまるのか,その生起因をめぐって議論がなされてきた.だが,マクロウスキーとザラゴザの実験により研究の方法論のみならず,現象そのものの存在に議論が生じた(厳島,1996).多くの研究者が実験を重ねるなか,オリジナルの記憶と事後情報がおきかわるという単純なものではなく誤誘導効果は非常に複雑な現象であることが次第に明らかにされていった.

誤誘導効果は目撃証言と深いかかわりをもっている.誤誘導効果の研究を進めることにより,司法関係者に対して目撃証言の扱いに関する有益な示唆を与えることができると考えられる.今後,先に示したような別の目撃者から事後情報が与えられる場合のように,より現実に即した実験を重ねていくことが必要であろう.それとともに応用的な側面のみならず,誤誘導効果研究から得られた結果をより基本的な人の記憶システムの評価へと拡張していく姿勢が求められる.

〔笠原洋子〕

▶文 献

Christiaansen, R.E., & Ochalek, K. (1983). Editing misleading information from memory: Evidence for the coexistence of original and postevent information. *Memory & Cognition*, 11, 467-475.

厳島行雄 (1996). 誤誘導効果研究の展望:Loftus paradigm 以降の発展 認知科学, 3, 5-18.

Lindsay, D.S., & Johnson, M.K. (1989). The eyewitness suggestibility effect and memory for source. *Memory & Cognition*, 17, 349-358.

Loftus, E.F., Miller, D.G., & Burns, H.J. (1978). Semantic integration of verbal information into a visual memory. *Journal of Experimantal Psychology : Human Learning and Memory*, 4, 19-31.

McCloskey, M., & Zaragoz, M. (1985). Misleading postevent information and memory for events: Arguments and evidence against memory impairment hypothesis. *Journal of Experimental Psychology : General*, 114, 1-16.

Tversky, B., & Tuchin, M. (1989). A reconciliation of the evidence on eyewitness testimony: Comments on McCloskey and Zaragoza. *Journal of Experimental Psychology : General*, 118, 86-91.

8.30 ラインナップ

　ラインナップ（lineup）とは，ターゲット（被疑者）を含む数名の人物の中から犯人だと思う人物を目撃者や被害者に選択させる同一性識別の技法である．実際の人物によるラインナップ（live lineup）以外に，映像を用いるビデオラインナップと写真ラインナップがある．

　ラインナップと対比される同一性識別の技法にショーアップ（showup）がある．これはいわゆる単独面通しといわれるものであり，ターゲットだけを提示して犯人か否かを判断させる手法である．目撃証言研究の多くがショーアップによる同一性識別は示唆的であると指摘しており，ラインナップのほうがより信頼できる技法であるとされている．

　だが，ショーアップとラインナップを直接比較した研究のメタ分析では，ショーアップよりもラインナップのほうがターゲットの選択率（識別の正しさではなく，なんらかの選択が行われる割合）が高いため，潜在的に誤った同一性識別が増えることが指摘されている（Steblay et al., 2003）．また，ショーアップでは相対比較ではなく絶対比較が行われると考えられ，後述する継時提示手続きとも関連して最近ではその使用について見直す動きもある（Dekle, 2006）．

■ ラインナップの形態

　冒頭で3種類のラインナップを示したが，どの形態が一番効果的なのであろうか．
　先行研究では3種類のラインナップ（実物，ビデオ，写真）を比較すると，ラインナップ中にターゲットが存在しない条件では，より動きのあるラインナップ（実物，ビデオ）のほうが，誤認数が少ないという報告がなされている（Cutler & Fisher, 1990）．同様の結果が実物とビデオのラインナップを比較した実験（Cutler et al., 1989），ビデオと写真のラインナップを比較した実験（Valentine et al., 2007）でそれぞれ報告されている．

　これらの結果を踏まえると，実物のラインナップが最も適切であると考えられる．しかし実物のラインナップは，実施までに時間がかかることや目撃者にかかる負担が大きい点などが問題となる（Valentine et al., 2007）．したがって，ビデオを用いたラインナップのほうが適切であるといえよう．実際にイギリスでは，実物のラインナップではなくビデオのラインナップが用いられる傾向にある（Darling et al., 2008）．また近年では，おもに写真ラインナップを使用しているアメリカや日本でもビデオラインナップの導入を求める声が上がっている（法と心理学会・目撃ガイドライン作成委員会（編），2005；Wogalter, et al., 2004）．

■ ラインナップの構成

　目撃者に正確な同一性識別を行わせるためには，偏りのないラインナップを構成することが重要である．

　フォイル（foil）　まず気をつけなければならないのは，ターゲット以外の人物（フォイルとよばれる）としてどのような人物を選択するかである．たとえば，ターゲットには髭があるのにフォイルには髭がない場合，ラインナップの中でターゲットにだけ注意が向いてしまう可能性が考えられる．そのような事態を避けるために，フォイルにも髭のある人物を選ぶべきであろう．

　これに対しラインナップのフォイルにはターゲットと似通っている人物ではなく，

目撃者が行った犯人の描写と一致する人物を選ぶべきであると主張する研究もある（Luus & Wells, 1991）．しかし目撃者の描写と一致する人物で構成されたラインナップを使用することによる記憶想起促進の効果は確認されていない（Darling et al., 2008）．したがって先述したようなターゲットのみに注意が向いてしまう状況を避けるため，ターゲットと類似した外見的特徴（性別，年齢，体格など）を備えた人物をフォイルとして用いるのが適切であろう．

これまでの目撃証言研究から得られた知見をまとめた本の中でも，最も公平なラインナップとはすべてのフォイルがターゲットと他のフォイルと同程度に似通っているラインナップであると提言されている（Sporer et al., 1996）．

人数 次に問題となるのは，ラインナップを構成する人数である．フォイルの数が多ければ多いほどチャンスレベル（偶然にターゲットを選択する確率）は低下するが，人数の多いラインナップを構成することは実践的ではないと考えられる．なお，膨大な数の写真の中からターゲットを選択させる場合もある．しかしこれはラインナップとは区別され，写真帳調べとよばれる．

では，実務上は何名のラインナップが用いられているのであろうか．アメリカの司法協会が作成した「目撃証拠：法実践のためのガイドライン（*Eyewitness evidence : A Guide for law enforcement*）」では，少なくとも5名のフォイルを用いるべきであるとしている．アメリカの警察官を対象に行った調査でも，実物，写真ともに6名程度の人物で構成されたラインナップが実際の捜査で使用されていることが判明した（Wogalter et al., 2004）．

一方，イギリスの警察が採用している「実務規範」では，8名以上のフォイルが必要であると記されている．この規定は，日本の法と心理学会が作成した「目撃供述・識別手続きに関するガイドライン」にも引き継がれている（法と心理学会・目撃ガイドライン作成委員会（編），2005）．以上のように，それぞれ規定されている人数は異なっており統一の見解があるわけではない．

公平性 ラインナップを構成する人数の問題は最初に述べたフォイルの選択とかかわりがあり，真の課題はラインナップの人数ではなくラインナップ遂行において有効なフォイルをそろえられるかという点にあると考えられる．

たとえば6名のラインナップを用意した場合，公平なラインナップであれば，各人物が選択される確率はそれぞれ6分の1となる．しかし，犯人に髭があったと目撃者が供述していた場合に，先にあげたようなターゲットにだけ髭があるラインナップを使用すれば，ターゲットの選択率は100％となるかもしれない．このとき，ラインナップ中の人物の選択率は各々6分の1ではなくターゲットを選択するようにバイアスがかかっており，5名のフォイルはフォイルとしての役割を果たしていない．実質的には1名の人物を提示するショーアップと同じになってしまっている．これは極端な例であるが，ラインナップ構成時にしばしば起こる問題であると考えられる．使用できるフォイルの人数と質（ターゲットとの類似性）を考慮しつつ，最大限公正なラインナップを作成するように心がけなければならない．

■ **同時提示と継時提示**

同一性識別の正確性を向上させるためにはラインナップの提示手続きも重要なポイントとなる．提示手続きには，同時提示手

続き（同時ラインナップ；simultaneous lineup）と，継時提示手続き（継時ラインナップ；sequential lineup）がある．同時提示手続きとは，ラインナップを構成するすべての人物を一度に提示し，その中からターゲットを選択させる手法である．それに対し継時提示手続きは，一度に1名だけを提示し，その人物がターゲットであるか否かを毎回判断させていく手法である．最も厳格な継時提示手続きでは，受け手側に全部で何名の人物が提示されるかを伝えずに行う．

従来のラインナップ研究では手続きとして同時提示手続きが用いられていたが，最近では継時提示手続きが注目されている．継時提示手続きは同時提示手続きと比較し，誤った同一性識別を減少させることが先行研究により示されている（Lindsay & Wells, 1985）．

継時提示手続きが有効である要因として，相対的比較の排除が考えられる（Wells & Olson, 2003）．同時提示手続きでは，ラインナップメンバーをそれぞれ比較し，より犯人に似ている人物を選択する傾向が生じてしまう．それに対し，一度に1名しか提示されない継時提示手続きではメンバー間の比較が生じない．そのため目撃者自身が保持している記憶の中の犯人像との絶対的な比較がなされ，犯人の識別が行われるのである．

近年ではメタ分析により，ラインナップ中のターゲットの有無によって継時提示手続きの効果が異なることが報告されている（Steblay et al., 2001）．継時提示手続きを用いると，ターゲットが存在するラインナップに対する正確な同一性識別の割合は減少することが示された．しかしその反面，ターゲットの存在しないラインナップを使用した場合には誤った同一性識別が大きく減少することが明らかにされた．この結果から，継時提示手続きを用いると犯人を見逃してしまう可能性が高くなるものの，無実の人物を犯人としてしまう危険性を低く抑えることができると考えられる．

またより現実的な状況下（事件の犯人を同一性識別の対象としている，注意深い教示が証人に与えられる，犯人の容貌などの供述を求められる）では継時提示手続きのほうが有効であることも明らかにされており，今後は継時提示手続きの導入を進めていくべきであろう．

■ **ラインナップの実施**

ラインナップが準備できたら，次に問題となるのはその実施手続きである．ラインナップを実施するうえで気をつけなければならない点について以下に述べる．

第一に，本番前に目撃者のラインナップに対する態度を確認するため，可能であれば予備的なラインナップの実施したほうがよい．このラインナップはブランクラインナップ（blank lineup）とよばれ，フォイルのみで構成されている．本番前にブランクラインナップを実施することで，目撃者の記憶の正確さを推測することができる．また目撃者が必ず誰かを選ばなければならないと考えているのかについても確認できる．目撃者は警察官がラインナップを提示することで，必ずその中に犯人がいると思い込んでいる可能性がある．そこでブランクラインナップを実施することにより，その可能性を確認することができる．

第二に，ラインナップを受ける目撃者へ適切な教示を行わなければならない．「これからお見せする写真（あるいはビデオ，人物）の中から犯人だと思う人物を選んでください」という教示だけでは公平な教示にならない．なぜならば，先に述べたような誤った信念を目撃者がいだいていること

が考えられるからである．誤った信念にもとづきラインナップの中から必ず誰かを選ぼうとするかもしれない．

このようなバイアスを排除するためには，ラインナップ実施前に適切な教示を与えることが必要である．ラインナップ前の教示として，「犯人はラインナップ中にいないかもしれない」という教示が効果的であることが先行研究により示されている．マルパスとデバイン（Malpass & Devine, 1981）は，実験参加者に「ラインナップ中に犯人はいないかもしれない」という教示を与えることで，正しい同一性識別を減らすことなく誤った同一性識別を減少させられることを明らかにした．「ラインナップ中に犯人はいないかもしれない」という教示を行うことは，冤罪防止の観点からも重要な技法であるといえる．

第三に，ラインナップの提示者は捜査担当者と別の人物であるほうが好ましい．捜査担当者はターゲットが被疑者として選ばれた経緯を知っており，ターゲットが犯人であるという期待をいだいている．そのため，ラインナップ実施中に，多かれ少なかれ期待が態度に現れてしまうことが考えられる．先行研究では，警察側の些細な非言語的態度が，目撃者の選択に影響を与えることが明らかにされている（Smith et al., 1982）．

■ まとめ

より正確な供述を引き出すためには，公正なラインナップの使用，実施が不可欠である．これまで述べてきたことを以下にまとめる．

1）ビデオラインナップを用いることが望ましい．写真よりも多面的な観察が可能であり，また実物のラインナップよりも実施が容易である．目撃者に負荷がかからない点も利点としてあげられる．

2）それぞれのフォイルは，ターゲットや他のフォイルと適度に類似するよう選択しなければならない．類似度が低くても高くても公平なラインナップにはならない．適切なフォイルを選択することで，ラインナップメンバーの選択率を理論上同じにすることができる．

3）継時提示手続きで実施する．ラインナップメンバー間での相対的比較を防ぐことができ，目撃者自身が保持する記憶との比較が可能となる．

4）ブランクラインナップや「ラインナップに犯人はいないかもしれない」という教示を与えることで，目撃者に必ず犯人を選ばなければならないという信念をいだかせないようにする．

5）ラインナップの実施は捜査担当者以外の人物が行うのが好ましい．警察官が無意識に行う非言語的態度に目撃者の判断が影響されるのを防ぐためである．

〔笠原洋子〕

▶文　献

Darling, S., Valentine, T., & Memon, A. (2008). Selection of lineup foils in operational contexts. *Applied Cognitive Psychology*, **22**, 159-169.

法と心理学会・目撃ガイドライン作成委員会（編）(2005)．目撃供述・識別手続きに関するガイドライン　現代人文社

Sporer, S.L., Malpass, R.S., & Koehnken, G. (Eds.) (1996). *Psychological issues in eyewitness identification*. New Jersey : Lawrence Erlbaum Associates, Inc.（箱田裕司・伊東裕司（監訳）(2003)．目撃者の心理学　ブレーン出版）

Valentine, T., Darling, S., & Memon, A. (2007). Do strict rules and moving images increase the reliability of sequential identification procedures? *Applied Cognitive Psychology*, **21**, 933-949.

Wogalter, M.S., Malpass, R.S., & Mcquiston, D.E. (2004). A national survey of US police on preparation and conduct of identification lineups. *Psychology, Crime, & Law*, **10**, 69-82.

8.31 似顔絵とモンタージュ写真

犯人が特定されていない場合，目撃者の供述を元に犯人の顔を再現することがある．その再現方法としてモンタージュ写真や似顔絵があげられる．モンタージュとは，髪型や目，鼻などの部位を組み合わせて，顔を再構成していく手法をさす（越智，2005）．あらかじめ顔の各部位が写真や線画といった形式で用意されており，目撃者は部位ごとに犯人の顔の特徴と最も一致するものを選択し顔を再現する．モンタージュ写真は日本独自の呼び名であり，海外では似顔絵と合わせて composite image や facial composite などとよばれている．一方，似顔絵は，訓練された警察官や警察から依頼を受けた似顔絵画家などが目撃者の供述をもとに犯人の顔を描いていく手法である．

■ モンタージュ写真作成システム

コンピュータを使用しない初期のモンタージュ写真作成システムでは，アイデンティキット（Identikit）とフォトフィット（Photo-Fit）が有名である．

アイデンティキットは顔の各部位が線画で1枚の透明シートに1つずつ描かれており，シートを重ねることで顔を構成する仕組みになっている．線画で構成されているアイデンティキットに対し，フォトフィットは5つの顔のパーツ（額，目，鼻，口，顎）の白黒写真をパズルのように組み合わせて顔全体を作成するシステムである．フォトフィットはアイデンティキットよりも人種や年齢などによる違いを考慮しており，全部で 855 の特徴を有している．

この2つのシステムではあらかじめ顔を構成する材料が用意されているため，顔の作成を容易に行うことができる．しかし，これらでは，ターゲットと類似性の高いモンタージュ写真（犯人によく似たモンタージュ写真）の作成が困難であることがそれぞれ実験により示されている．例としてフォトフィットで作成した顔の同一性識別を行った実験を示す（Ellis et al., 1975）．この実験では参加者にターゲットの写真を提示し，同時に提示される 36 の顔の中からターゲットの顔を再現したモンタージュ写真を選択させた．その結果，同定率は 12.5% と非常に低い値であった．またアイデンティキットについても同様の結果が報告されている（Laughery & Fowler, 1980）．

アイデンティキットやフォトフィットといったシートや標本を使用するシステムでは，保有している特徴の数が少ないこと，再現された顔が不自然であること（境界線が残ってしまうなど），各部位の大きさや位置を自由に変更できないことが課題であった．そこで，そのような課題を克服すべく登場したのが，コンピュータを用いたシステムである．コンピュータを使用することでより多くの特徴を利用することができ，各部位の大きさや位置を変更することが可能となった．そのため従来よりも柔軟にモンタージュ写真の作成が行えるようになった．比較的初期のシステムである Mac-a-Mug では線画が用いられていたが，より発展したシステムである E-FIT, PROfit, FACES, EvoFIT では写真が使用されている．

■ モンタージュ写真と似顔絵のどちらが効果的か

以上のように，さまざまなモンタージュ写真作成システムが開発されているが，最も有効なのはどのシステムであろうか．また似顔絵と比較してモンタージュ写真のほ

うがよい手がかりとなるのであろうか.

　これに関して，似顔絵とモンタージュ写真（アイデンティキットにより作成）とで，ターゲットとの類似度を比較した初期の研究にラウゲリーとフォウラー（Laughery & Fowler, 1980）がある．この実験では，似顔絵のほうがターゲットに類似した顔を作成できることが示された．

　近年の研究でも，似顔絵の有効性が示されている．フォードらは，E-FIT, PROfit, FACES, EvoFIT, 似顔絵の5つの手法を比較する実験を行った（Frowd et al., 2005a）．実験では有名人10名をターゲットとし（ただし実験参加者はその有名人を知らなかった），認知インタビュー（→8.35）の技法を用いて，実験参加者からターゲットの特徴を聞き出し，それぞれの手法でモンタージュ写真（あるいは似顔絵）を作成した．作成したモンタージュ写真を別の実験参加者に提示し，ターゲットの同定（名前を答えさせる）を行わせたところ，似顔絵が最も高い同定率を示した．ターゲットの写真を見ながらモンタージュ写真や似顔絵を分類させる課題でも，似顔絵の成績が最もよかった．

　このようにモンタージュ写真よりも似顔絵のほうが有効であることが実験から示されている．なぜか，については諸説ある．たとえば，モンタージュ写真は用意されている特徴を使って作成するため，似顔絵よりも柔軟性に欠けることが指摘できる．また，リアルなモンタージュ写真では，かえって実際のターゲットとの不一致が目立ってしまうといった説もある．しかし，似顔絵よりもE-FITのほうが有効な場合があることが実験によって示されており（Frowd et al., 2005b），今後も検討を重ねていくことが必要であろう．

　なお日本では，2000年から似顔絵捜査官認定制度が開始されている．今では185名が似顔絵捜査官として認められている（2008年2月現在）．また警視庁では似顔絵のデータベース化が進められ，各県警では捜査用似顔絵講習会が開催されている．

■作成に影響を与える要因

　正確な犯人像を作り上げるためには，まずモンタージュ写真を作成するシステム側の問題を克服することが必要である．目撃者の供述内容を十分に再現できるような，柔軟性の高いシステムが求められる．次にそれを使う側は，システム操作あるいは似顔絵作画について十分な経験を有していなければならない．フォトフィットの使用経験がある者（経験者）とない者（初心者）とで，モンタージュ写真と実物との類似性を比較した場合，経験者のほうがより類似したモンタージュ写真を作成することが実験により示されている（Davies et al., 1983）．モンタージュ写真であれ似顔絵であれ，実施する側は十分な経験を積むことが肝要であろう．　　　　　　　　　　　　〔笠原洋子〕

▶文　献

Davies, G.M., Milne, A., & Shepherd, J.W. (1983). Searching for operator skills in face composite reproduction. *Journal of Police Science and Administration*, **11**, 405-409.

Ellis, H., Shepherd, J., & Davies, G. (1975). An investigation of the use of the Photo-Fit technique for recalling faces. *British Journal of Psychology*, **66**, 29-37.

Frowd, C.D., Carson, D., Ness, H., McQuiston-Surrett, D., Richardson, J., Baldwin, H., & Hancock, P. (2005a). Contemporary composite techniques: The impact of a forensically-relevant target delay. *Legal and Criminological Psychology*, **10**, 63-81

Laughery, K.R. & Fowler, R.H. (1980). Sketch artist and Identi-kit procedures for recalling faces. *Journal of Applied Psychology*, **65**, 307-316.

越智啓太（編）(2005). 朝倉心理学講座18　犯罪心理学　朝倉書店

8.32 声の記憶と声からの人物同定

■耳撃証言とは

犯人に関する供述の多くは顔や体格といった視覚的情報である．だが事件によっては視覚的情報が得られない場合がある．たとえば犯人が覆面などで顔を隠している，あるいは暗闇で行われた強盗，暴行事件があげられる．また電話での脅迫や身代金の要求なども当てはまる．そのような視覚的情報が得られない状況下では犯人についての聴覚的情報，つまり声についての供述が犯人の同一性識別で重要な役割を果たす．この声に関する供述を耳撃証言（みみげきしょうげん，earwitness）という．

耳撃証言とは，「犯罪場面における犯人の声に関する供述およびその声を聞いた供述者」をさす用語である．日本語訳は定まっていないが，便宜上本項では，耳撃証言と訳す．

■耳撃証言の歴史

歴史上最も有名な耳撃証言は，1935年にアメリカのチャールズ・リンドバーグが行った証言であろう（Yarmey, 2007）．

> **リンドバーグ Jr. 誘拐・殺害事件**
>
> リンドバーグの息子が誘拐され，殺害されるという事件が1932年に発生した．事件発生後，身代金を要求してきた犯人とリンドバーグは電話で交渉を行った．
>
> そして身代金受け渡しの晩，受け渡し場所である墓地で，リンドバーグは犯人からおよそ100 yd（91.44 m）離れた車の中で "Hey, doctor. Here, doctor, over here." という声を聞いた．
>
> それから約3年後の裁判において，リンドバーグはこの短い犯人の発話と被疑者ハウプトマンの声とが同一のものであると証言した．この証言によってハウプトマンは死刑を宣告された．彼は最後まで無実を訴えたが，1936年に処刑された．

この判決に関しては今でも論争がある．はたして人は，3年前に聞いた未知人物の声を正確に再認できるのであろうか．リンドバーグが聞いた犯人の声は，人物を同定するのに十分な長さであったのだろうか．また視覚的手がかりを得にくい暗闇で聞いた声は，通常の発話と同じように処理されるのであろうか．このようなリンドバーグが行った声の同一性識別の問題に注目したマギーは，実験による検討を行った（McGehee, 1937）．これが声の同一性識別に関する初めての実験研究であり，耳撃証言研究の起こりである．マギー以降も，ハウプトマンの裁判をきっかけに生じた，声の同一性識別に関する数々の疑問に答えるべく多くの耳撃証言研究が行われている．

■研究課題

耳撃証言研究は，大きく2つの流れに分けることができる．1つは声を手がかりにして犯人を同定するといった人物同定に関する研究である．もう1つは，声にもとづく人物の内的・外的特徴判断の研究である．前者の人物同定に関する研究は，さらに人の聴覚による同定と機械による同定の2領域にわけることができる．本項では人が声を聞いて人物同定を行う場合を扱った研究について概観していく．

声だけを手がかりとした場合，人物同定はどの程度正確に行えるのであろうか．この問いに対する答えは非常に複雑である．たとえば，クリフォードらは（Clifford et al., 1981），未知人物をターゲットとした直後再認テストで，チャンスレベル（9.1%）よりも非常に高い再認率（56.3%）を報告している．これに対して，ヤーメイらは（Yarmey

& Matthys, 1992), クリフォードらと同様の条件下（ターゲットが未知人物である直後再認テスト）でチャンスレベル（16.7%）とほぼ同等の成績（25%）を得ている.

このように研究間で結果が異なるのは, 声の再認の正確性はさまざまな要因により影響を受けるためである. 保持期間の長さ, 刺激の長さと音素のバラエティー, ラインナップの構成, 記銘時の顔の存在（顔隠蔽効果）（Cook & Wilding, 1997）といった要因が声の記憶に影響を及ぼすと考えられている. その中でも言語隠蔽効果は非常に興味深い現象である. 言語隠蔽効果（verbal overshadowing effect）とは, 狭義には, 呈示された顔に対して言語記述を行わせると, 言語記述を行わせなかった群と比較し, 顔の再認記憶が低下するという現象をさす（Schooler & Engstler-Schooler, 1990）. 近年, この現象は音声刺激に対しても生じることが報告されている（Vanags et al., 2005）. しかし声を対象とした言語隠蔽効果の研究はほとんど進められておらず, 検討されていない点が多い. 事情聴取などで関係者に犯人がどのような声であったのか供述させることを考えると, 研究の蓄積が待たれる領域であるといえる.

耳撃証言研究では, 以上のような要因を個々に実験計画に組み入れ, それぞれが声の記憶の正確性にどう影響するのかについて検討を行っている. だが今後の研究発展には個別に要因を検討していくのではなく, それぞれの研究結果を包括するような音声認識・記憶のモデルを構築することが必要であろう. なお, 先行研究に関しては, ヤーメイ（Yarmey, 2007）によって詳しいレビューがなされている.

■ 司法制度への応用

耳撃証言研究は欧米で盛んである. 目撃証言研究と比較するとその数は少ないが, 研究の成果が実際に司法の現場で活かされている. 一方日本では, 冒頭で述べたように日常語として訳語が定まっておらず, 研究自体もほとんどなされていない. しかし, 裁判では欧米と同様に耳撃証言が争点の一つとなることがある. そのような裁判の多くは殺人や強盗といった重大事件であり, 耳撃証言が果たす役割は決して小さくはない. 残念ながら現状では, 裁判での扱いは目撃証言よりも消極的なものである（たとえば東京地裁平成元年7月26日判決（刑わ）第608号）.

だが, 耳撃証言は必ず目撃証言よりも劣るというわけではない. どのような場合であれば声からの人物同定が正確に行えるのか, 今後日本でも司法での応用を目指した実証的な研究が進められることを願う.

〔笠原洋子〕

▶文　献

Clifford, B.R., Rathborn, H., & Bull, R. (1981). The effect of delay on voice recognition accuracy. *Law and Human Behavior*, **5**, 201-208.

Cook, S., & Wilding, J. (1997). Earwitness testimony 2 : Voices, faces, and context. *Applied Cognitive Psychology*, **11**, 527-541.

McGehee, F. (1937). The reliability of the identification of the human voice. *Journal of General Psychology*, **17**, 249-271.

Schooler, J.W., & Engstler-Schooler, T.Y. (1990). Verbal overshadowing of visual memories : Some things are better left unsaid. *Cognitive Psychology*, **22**, 36-71.

Vanags, T., Carroll, M., & Perfect, T.J. (2005). Verbal overshadowing : A sound theory in voice recognition? *Applied Cognitive Psychology*, **19**, 1127-1144.

Yarmey, A.D. (2007). The psychology of speaker identification and earwitness memory. In Lindsay, R. C. L., Ross, D. F., Read, J. D., & Toglia, M. P. (Eds.), *Handbook of eyewitness psychology : Memory for people*. New Jersey : Lawrence Erlbaum. pp.101-136.

Yarmey, A.D., & Matthys, E. (1992). Voice identification of an abductor. *Applied Cognitive Psychology*, **6**, 367-377.

8.33 確信度-正確性相関

確信度-正確性相関とは,目撃証言に対して証人がもつ自信の程度(確信度)とその正確さの対応関係のことをいう.A-C関係(accuracy-confidence relationship)やC-A関連(confidence-accuracy relationship)といった用語で表される場合も多い.

確信度-正確性相関をめぐる議論の根幹にあるのは,証人の確信度は証言の信頼性を予測するのかという問いである.初期の研究では,基本的に確信度は証言の正確性を予測しないと考えられてきた.メタ分析を含め,研究報告の多くが確信度と正確性に対応関係を見出すことができなかったためである.しかし近年の研究では,確信度と正確性は必ずしも対応しないわけではないことが指摘されてきている.

■ 確信度-正確性相関の包括的な説明

確信度-正確性相関は,どのようなときに見られ,どのようなときに見られないのだろうか.ディフェンベーカーの提案した最適性仮説(optimized hypothesis;Deffenbacher, 1980)は,確信度-正確性相関の問題を体系的にとらえようとした研究の先駆である.最適性仮説によれば,目撃記憶の情報処理過程が"最適"であった場合に確信度と正確性は対応し,そうでない場合,確信度と正確性は対応しない.ここでいう"最適"とは,たとえばターゲット(犯人に対応する)を長時間目撃できた場合のように,後の犯人識別で高い正答率が得られやすい条件を指す.

一方,近年ではリンゼイ(Lindsay, D. S.)らが,心理学実験と現実の目撃事態との乖離から,確信度-正確性相関の包括的な説明を試みている.リンゼイらが注目したのは,両者におけるデータのばらつき方の相違であった.一般的に,データにばらつきが生じにくい条件下では,二者間の対応関係は無相関を示しやすくなることが知られている.心理学実験の場合,通常は事件や事故の目撃状況を統制するため,参加者間で証言の正確性にばらつきは生じにくい.これに対して,現実の目撃事態では,事件や事故を目撃した状況は証人ごとにさまざまである.このため現実の目撃事態では証言の正確性にばらつきが生じやすく,心理学実験の場合よりも強い確信度-正確性相関が得られやすいと予想される.実際,リンゼイらの研究によれば,現実の目撃事態を模し,目撃状況が良い参加者と悪い参加者を混ぜて実験を行ったところ,確信度は証言の正確さを予測した(Lindsay et al., 2000).

■ どのような場合の確信度-正確性相関を問題とするか

確信度-正確性相関のありようは,実験パラダイムや分析手法の相違によっても異なることが報告されている.たとえば,目撃証人が写真帳に"ターゲットがいる"と判断した場合と,"ターゲットはいない"と判断した場合とに分けて,確信度-正確性相関をとらえなおした報告によれば,次の傾向が見られるという.すなわち,写真帳からターゲットを選択した参加者の場合,確信度と正確性は対応する.しかし,その中にターゲットはいないと判断した参加者の場合,確信度と正確性は対応しない.

また,上記と関連して,参加者が識別を行った対象が実際にターゲットであった場合とそうでなかった場合とに分けて,確信度-正確性相関をとらえなおした報告もある.これによれば,識別の対象が実際にターゲットであった場合,確信度と正確性は対

応する．しかし，識別の対象がターゲットでなかった場合，確信度と正確性は対応しない．

さらに次のような報告もある．想起した出来事の正確性に関する確信度は，犯人の顔を識別した場合の確信度に比べ，証言の正確性を予測しやすい．また，確信度の強弱を他者との比較においてとらえた場合（個人間の相関），確信度と正確性は対応しにくいが，確信度の強弱を個人内でとらえた場合（個人内の相関），確信度と正確性は対応する傾向にある．

■ 確信度は何を表しているのか？

心理学やその隣接領域において，確信度は記憶痕跡の強度（すなわち，記憶の鮮明さ）を表していると仮定されることが多い．しかし，実際には，こうした仮定は必ずしも正しいとは限らない．記憶の鮮明さのみならず，たとえば情報検索の容易さや識別対象への親近性（どの程度見知っているか）といった間接的な情報も，確信度の根拠として参照されることがあるためである．

また確信度は，たとえば自分の証言と他者の証言が一致するかなど，社会的な要因によって影響を受けることも知られている．このように，記憶痕跡の強度以外の情報が確信度の根拠として参照される可能性があることも，確信度と正確性が対応しない一因になりうる．

■ 確信度－正確性相関における一般的認識

種々の調査研究によれば，市民の多くは確信度が証言の正確さを予測するという素朴理論をもっている．実際，目撃証言の場合とは異なり，一般的な事柄に関する判断の場合，確信度は判断の正確性を予測する傾向にある．確信度が正確性を予測するとした市民の認識は，こうした経験則に基づいていると考えられる．目撃証言の確信度は必ずしも証言の正確性を予測しないとした心理学の知見は，市民の一般的な感覚に照らして隔たりが大きいといえよう．

また，確信度－正確性相関をめぐるこうした認識のズレは，裁判官，検察官，警察官といった法の実務家においても存在することが指摘されている．たとえば，弘前大学教授夫人殺害事件では，証人は強い確信をもって犯人識別供述を行った．確信の強さゆえにこの証言は信用性があると判断されたが，結果的にこの証言は誤りであった（仙台高裁昭51・7・13, 1976）．

■ 確信度－正確性相関の指標

初期の目撃証言研究において，確信度と正確性の対応関係は，相関係数（とりわけ，点双列相関係数）によって表されることが多かった．しかし，近年では，相関係数を用いることの不利な点が指摘されてきており（たとえば，データの分布型による影響を受けやすく，値が変化しやすい），キャリブレーション（calibration；ある判断が行われたときの確信度と正答率の乖離を示す）や，確信度の高低時における診断値（diagnosticity；容疑者が犯人であると同定した判断の信頼性を示す）の比較，証言の正誤答間における確信度の直接的な比較といった，相関係数に代わるさまざまな手法もとられるようになってきている．

〔石崎千景〕

▶文　献

Deffenbacher, K.A. (1980). Eyewitness accuracy and confidence : Can we infer anything about their relationship? *Law & Human Behavior*, **4**, 243-260.

Lindsay, D.S., Nilsen, E., & Read, J.D. (2000). Witnessing-condition heterogeneity and witnesses' versus investigators' confidence in the accuracy of witnesses' identification decisions. *Law & Human Behavior*, **24**, 685-697.

仙台高裁昭51・7・13 (1976). 判例時報, **819**, 14-34.

8.34 催眠による目撃者記憶の想起促進

映画やドラマなどでは,事件の目撃者や被害者に催眠をかけ,覚醒時には想起できなかった犯人の顔や車のナンバーなどの情報を思い出させるというシーンが描かれることがある.では,実際に催眠によって,事件の記憶をよみがえらせることは可能なのだろうか.催眠を使用しての想起促進の試みは,1960年代からライサー(Reiser, M.)によって,ロサンゼルス市警察を中心として行われた.彼は,催眠の訓練を行った警察官や心理学者を犯罪捜査の第一線に送り込み,実地で効果を検証した.彼の報告によれば,1982年までに催眠を用いた600あまりの事件のうち,約75%の事件において催眠によって新たな情報を得ることに成功したという.

また,捜査の過程で催眠が用いられた9人のデータを詳しく分析した結果(Yuille & Kim, 1987),催眠を用いたインタビューではそれを用いないインタビューに比べて,総情報量で177%,細かな情報に関しては204%も報告される事柄が増加するということが示された.このうち,82%の情報がのちに真実であることが確認されている.このプロジェクトの成果は,広く知られるところとなり,アメリカ連邦捜査局(FBI)をはじめとした多くの捜査機関で,捜査手法のひとつとして催眠が採用された.

■実験室研究

催眠によって,目撃者の記憶が促進されるという現象は,実地での利用が先行したもののその後,実験室でも多くの研究が行われることになった.その中には催眠による想起促進を明確にした研究も少なくない.たとえば,財布泥棒について描写した11枚のスライドを刺激として用いたシーハンらの研究では,催眠状態で質問した被験者のほうが催眠にかけない統制群の被験者に比べ,事件の細かな部分を想起できることが示された(Sheehan, & Tiden, 1984).また警察官訓練用のフィルムの内容を思い出させる課題においても,やはり催眠条件の被験者のほうが多くの項目を想起することが示された(Geiselman et al., 1985).

ところが,催眠による明確な想起促進を見出すことに失敗した研究もそれ以上に存在する.たとえば,被験者に窃盗事件を描いた20秒間ほどの映像を見せた後,催眠を用いて犯人の顔の記憶を思い出させたサンダースらの研究では,統制群に比べて催眠群の被験者の犯人の顔の再認成績がよくなることはなかった(Sanders & Simmons, 1982).また,90秒間の銀行強盗のビデオを見せた後,1週間後に催眠状態か覚醒状態で記憶テストを行ったユーリらの研究では,正しく想起できた項目から誤って想起した項目を引いて算出した再生スコアは,催眠群と統制群で差は見られなかった(Yuille & McEwan, 1985).このような一貫性のない結果を整理する目的で,催眠による記憶想起の研究を集めて分析した研究がアーデリー(Erdelyi, 1988)により行われた.彼は催眠による想起促進は,記憶テストの方法と記憶される項目の交互作用によって決まるということを示した.自由再生で,有意味な刺激についての記憶をテストする場合には催眠による想起の促進が生じたが,再認課題や無意味な刺激では,想起の促進が生じなかったのである.

■問題点

このように催眠による想起の促進現象についてはさまざまなことが明らかになって

きたが，近年大きな問題点が浮上してきた．それはフォールスメモリー（→ 8.38）の問題である．確かに有意味の事件の刺激を催眠を使用した再生によって想起させることは可能であるのだが，その過程で誤った記憶の想起が増加してしまうというのである．

催眠誘導の際に想像によって実際の記憶を補ったイメージ化が行われ原記憶と混同してしまったり，施術者の誘導によってイメージを作り出してしまうことによって生じるというのである．その後，実際に実験的な方法によって催眠面接で誤った記憶を想起させることを示した研究がたくさんあらわれてきた．また，この時期，いわゆるフォールスメモリー論争が，英米で大きくもりあがった．これは，催眠療法によって実際には存在しなかった幼児期の性的虐待の記憶が誤って想起されてしまう現象と関連している．また，エイリアンアブダクション（宇宙人によって誘拐され人体実験をされたと報告すること）などの現象においても，催眠療法による記憶の植え付けなどが大きな役割を果たしていることがわかってきた．このような状況において「催眠による想起促進」は危険で悪いものとして扱われるようになってしまった．

■ 復権は可能か？

催眠による想起促進のメカニズムとして一般に想定されるのは，催眠によって人々が特殊な心理的な状態におかれ，その状態では自由に過去の記憶を巻き戻して再現できるようになるというものである．しかし，このイメージは誤っている．催眠が記憶を促進するのは，それが情動をコントロールできるために，想起するとショックが大きなトラウマ体験をコントロールしながら想起させることができるからということと，催眠面接時に使用する想起促進の方法が，検索ストラテジーとして有効であるからと

いう理由が考えられる．とくに後者については，催眠状態に誘導しなくても催眠面接と同様な教示を行うことによって想起の促進を引き起こすことが可能であることが実証されている（Geiselman et al., 1985）（この方法は認知インタビュー（→ 8.35）という形で研究が進んでいる）．催眠はなにか神秘的な技術でのイメージがあるため，偏見が強い．しかし，催眠技法自体は心理学的に有効な点も多く，利点を有効に利用しつつ想起促進テクニックを開発していくことで，犯罪捜査に有効に利用する余地は残っている． 〔越智啓太〕

▶ 文　献

Erdelyi, M.H. (1988). Hypermnesia: The effect of hypnosis, fantasy, and concentration. In H. M. Pettinati (Ed.), *Hypnosis and memory*. NY: Guilford. pp. 64-94.

Geiselman, R.E., Fisher, R.P., MacKinnon, D.P., & Holand, H.L. (1985). Eyewitness memory enhancement in the police interview: Cognitive retrieval mnemonics versus hypnosis. *Journal of Applied Psychology*, **70**, 401-412.

Sanders, G.S., & Simmons, W.L. (1983). Use of hypnosis to enhance eyewitness accuracy: Do it work? *Journal of Applied Psychology*, **68**, 70-77.

Sheehan, P.W., & Tiden, J. (1984). Real and simulated occurences of memory distortion in hypnosis. *Journal of Abnormal Psychology*, **93**, 47-57.

Yuille, J.C., & McEwan, N.H. (1985). Use of hypnosis as an aid to eyewitness memory. *Journal of Applied Psychology*, **70**, 389-400.

Yuille, J.C., & Kim, C.K. (1987). A field study of the forensic use of hypnosis. *Canadian Journal of Behavioral Science*, **19**, 418-429.

Webert, D.R. (2003). Are the courts in a trance? approaches to the adminssibility of hypnotically enhanced witness testimony in the light of empirical evidence. *American Criminal Law Review*, **40**, 1301-1327.

Wagstaff, G.F. (2009). Is there a future for investigative hypnosis? *Journal of Investigative Psychology and Offender Profiling*, **6**, 43-57.

8.35 認知インタビュー

認知インタビュー（認知面接法，cognitive interview）は，犯罪事件の目撃者から有効な情報を多く引き出すことを目的として，1980年代に開発された面接法である（Geiselman, et al., 1984）．

認知インタビューの特徴は，人間の記憶に関する研究に基づき，被面接者の記憶を想起しやすくする方法を多数採用していることである．認知インタビューの有効性を示す研究は数多くあり，従来の司法場面における面接と比べて，多くの情報を誤った報告を増やすことなく引き出すと報告されている．認知インタビューは，協力的な目撃者のインタビューを想定して設計されており，物的証拠の少ない，目撃者からの情報が証拠の大半を占めるような事件のインタビューで有効である（Fisher & Geiselman, 1992）．

■ 認知インタビューの構成要素

認知インタビューは，次の4つの教示により構成される．

第一は，被面接者に事件の現場を頭の中で再現するよう求める"文脈の心的再現（mental reinstate of context）"教示である．"文脈の心的再現"教示は，被面接者に頭の中で事件が起きたときの文脈の特徴（例：周囲の状況などの物理的文脈や目撃者の感情状態，そのときの身体的状態などの心理的文脈）を想起させるものである．この教示は，符号化特定性原理（encoding specificity principle）に基づいており，事件目撃時の状況とインタビュー時の状況の心理的文脈の一致度を高め，目撃時の状況を想起させやすくする．

第二は，"悉皆報告（report everything）"教示である．この教示は，被面接者にとって事件に関して重要でないと思うことやどんなに些細なことでもすべて報告するように求める方法である．

この教示のねらいは，この情報は間違っているかもしれないから話す必要はないだろう，ここまで詳細に説明する必要はないだろう，といった被面接者の報告する基準をゆるくし，報告量を増加させることにある．この教示を用いることによって，被面接者は，事件の概要情報だけでなく，周囲の人々の特徴や様子など，詳細な情報も話してくれる可能性が高くなる．

第三は，さまざまな時間順序で再生するよう促す"さまざまな時間順序（change order）"教示である．この教示は，時間順序にそって思い出す場合には，アクセスすることのできなかった情報へのアクセスを促進させることを狙いとしている．おもに用いられる方法は，出来事の終わりから最初に向かって思い出すように促す逆行再生（reverse order recall）である．

第四の教示は，事件を目撃したときの視点とは異なる他の視点から事件を思い出すように促す"視点の変更（change perspective）"教示である．

たとえば，思い出す出来事の中に存在していた他者の視点からその出来事を思い出してもらう．この教示は，多重的に記憶痕跡を想起することにより，さらに利用可能な情報を増やすことに狙いがある．第三，第四の教示は，簡潔な事件よりも，かかわる人や行動の多い入り組んだ事件で有効である（Fishcer & Geiselman, 1992）．

■ 新しい認知インタビュー

初期の認知インタビューは，従来の記憶研究の知見にそって，被面接者の記憶をできる限り引き出すことに焦点を当てていた

が，後にフィッシャーとガイゼルマンは，面接者と被面接者のコミュニケーションの要素などを含む修正版認知インタビュー (revised cognitive interview) を開発した (Fisher & Geiselman, 1992)．

修正版認知インタビューは前述した4つの方法に加え，インタビューの基礎知識（話すペースや口調，被面接者の心理状態）や，インタビュー時の技法（被面接者とのラポール (rapport) の取り方，積極的傾聴 (active listening)，介入しない，開かれた質問など）などを含む総合的なインタビューパッケージとなっている．

記憶促進の教示を被面接者に与える，あるいは読み上げるだけであった初期の認知インタビュー (Geiselman et al., 1984) とは異なり，修正版認知インタビューは総合的な面接の指針となっている．そのため，面接者には訓練が必要である．訓練を終えた質の高い面接者が修正版認知インタビューを行えば，初期の認知インタビュー以上に多くの正確な情報を聞き出すことが可能だとされる．

フィッシャーとガイゼルマンによれば，この認知インタビューは，初期の認知インタビューと比べて正確な報告を45～50％ほど引き出し，なおかつ誤った情報を引き出さない．さらに，彼らの初期の研究で得られた標準的な捜査面接 (investigative interview) の報告量と比べると，修正版認知インタビューは，96％も多くの情報を引き出すという (Fisher & Geiselman, 1992)．

認知インタビューは，イギリスやアメリカをはじめ，世界中の警察の面接訓練に採用されはじめている方法である (Milne & Bull, 1999)．日本では認知インタビューを含む捜査面接の訓練者の育成などが，これからの課題であろう．

〔白石紘章・仲真紀子〕

▶文　献

Fisher, R.P., & Geiselman, R.E. (1992). *Memory enhancing techniques for investigative interviewing : The cognitive interview.* Springfield III. : Charles C. Thomas.

Geiselman, R.E., Fisher, R.P., Firstenberg, I., Hutton, L.A., Sullivan, S.J., Avetissian, I.V., & Prosk, A.L. (1984). Enhancement of eyewitness memory : An empirical evaluation of the cognitive interview. *Journal of Police Science and Administration,* **12**, 74-80.

Milne, R., & Bull, R. (1999). Investigative interviewing ; Psychology and practice. Wiley : Chichester.（原　聰（編訳）(2003)．取り調べの心理学――事実聴取のための捜査面接法　北大路書房）

Milne, R., & Bull, R. (2002). Back to basics : A componential analysis of the original cognitive interview mnemonics with three age groups. *Applied Cognitive Psychology,* **16**, 743-753.

8.36
情動喚起と目撃証言

■ **事件の目撃と情動喚起**

殺人，強盗，交通事故などのあらゆる事件の目撃には，緊張や恐怖などの不快情動が伴う．したがって，事件の目撃者から得られる情報量や期待できる情報の内容を査定するには，情動喚起（emotional arousal）時に形成される記憶の特性を明らかにすることが求められる．

■ **不快情動の喚起が記憶に及ぼす影響**

不快情動の喚起が記憶に及ぼす影響は2つに大別される．1つは，不快感情を喚起した出来事自体の記憶に及ぼす影響である．情動を喚起した出来事自体の記憶は，情動を喚起させたその場面であり，事件そのものの核となる内容を含んでいる．もう1つは，情動喚起前後に起こった出来事の記憶への影響である．情動喚起前後に起こった出来事に関する記憶は，事件に至るまでの経緯や，事件後の展開などの情報を含んでいる．

どちらの情報も，犯人の行動や動機を明らかにするうえで重要であり，事件の目撃者の証言が犯人逮捕や裁判における犯人の量刑に大きく影響する．

■ **フィールド研究と実験的研究**

情動喚起と記憶に関する研究は，フィールド研究と実験的研究によって多くの知見が得られた．

フィールド研究は，実際の事件の目撃者や不快情動を喚起する出来事を経験した人を対象に，その記憶の特徴について調査した研究である．研究の対象となった出来事は多様であり，犯罪に遭遇した体験，虐待体験，医療行為などの情動喚起場面が取り上げられている．また，衝撃的な事件のニュースを聞いたときに形成される記憶をフラッシュバルブメモリ（flashbulb memory）という．おもに不快感情を喚起するような事件に関する記憶を対象としているため，この研究からも多くの知見を得ることができる．

実験的研究は，写真や映像を提示して不快情動を喚起する．そして刺激提示後，刺激の内容に対する再生や再認などの記憶テストを行い，不快情動を喚起した条件と喚起しなかった条件を比較して，不快情動の喚起によって形成される記憶の特徴を明らかにしている．

■ **不快情動の喚起によって形成された記憶の特徴**

不快情動の喚起によって形成される記憶の特徴は2つある．1つは，記憶される内容に偏りがあることである．不快情動の喚起は，出来事の記憶を全体的に促進する，抑制するというような単純な影響を与えるのではなく，記憶されやすい情報と記憶されにくい情報が存在することがわかっている．

2つ目の特徴は，記憶された情報が忘却されにくいことである．符号化される情報には記憶されやすさに偏りがあるが，一度記憶された情報は長期にわたって保持されることがわかっている．

■ **情動を喚起した出来事自体の記憶の偏り**

不快情動を喚起した出来事自体の記憶については，情動喚起場面の空間的に視覚の中心にある情報はよく記憶されるが，空間的に視覚の周辺にある情報は記憶されにくいという記憶されやすさの偏りが生じることが報告されている．

クリスチャンセンとロフタス（Christianson & Loftus, 1991）は，スライドを提示して情動喚起し，その後スライドに関する記憶テストを行った．記憶テストでは，ス

ライドの中心にあったものに関する質問と周辺にあったものに関する質問の2種類があった．その結果，不快情動を喚起した場合は，中心部分に関する質問の成績がよく，周辺部分に関する質問の成績は悪いことが示された．

■ 記憶の偏りが生じる理由

記憶される内容に偏りが生じる理由としては，2つのメカニズムが考えられている．1つは，注意集中効果（attention focuseffect）である（Christianson, 1992）．注意集中効果は，不快情動が喚起されると注意が出来事の中心部分に集中するため，中心部分の情報は記憶されやすいが，その一方で周辺部分には注意が向けられないため記憶されにくいと説明する．

2つ目は，有効視野説である．有効視野（functional field of view）とは，中心視の周りで比較的明確に意識できる範囲のことであるが，不快情動が喚起されると有効視野が変化するために記憶の偏りが生じると説明する．つまり，不快情動の喚起は有効視野を狭くし，有効視野内に存在する中心情報は意識できるため処理され記憶されるが，有効視野外に存在する周辺情報は意識できないため処理されず記憶されにくいと説明される（大上ほか，2001）．

有効視野外になってしまった周辺情報がどの程度処理されるのかについては，刺激の存在にも気づかないというように，検出もできなくなるという報告（大上ほか，2001）や，検出はできるがどのようなものであるかを判断する同定が難しくなるという報告（Nobata et al., 2010）があり，まだ明確にはなっていない．これは，情動喚起の強さや刺激の処理負荷の違いなどが関係していると考えられる．

■ 情動喚起前後の記憶の抑制

不快情動の喚起によって記憶されにくいもう1つの情報は，情動喚起前後に起こった出来事である．情動喚起前に起こった出来事の記憶が記憶されにくいことを逆向抑制（retroactive inhibition），情動喚起後に起こった出来事の記憶が記憶されにくいことを順向抑制（proactive inhibition）という．

フィールド研究では，逆向および順向抑制がよく報告されている．フラッシュバルブメモリやトラウマ記憶は，不快情動を喚起した場面が前後の場面から切り取られスナップ写真のようにおぼえているケースが報告されている．つまり，情動喚起場面自体はよく記憶されるが，その前後に起こったことはよく覚えていない．

実験的研究においては，必ずしも両方が生起するわけではないが，逆向抑制と順向抑制が報告されている．ボーンステインら（Bornstein et al., 1998）は，数分間の映像刺激を用いて不快情動を喚起させ，その映像に関する再生課題を行った．この映像は3つの部分から構成され，不快情動を喚起させる条件では，2番目の部分に銃撃シーンが挿入された．再生テストの結果，不快情動を喚起した場合，情動喚起前に提示された1番目の部分と情動喚起後に提示された3番目の部分に関する記憶成績は悪く，逆向抑制と順向抑制が示された．

現在のところ逆向抑制や順向抑制が時間的にどの範囲まで影響を受けるのかが明らかになっていない．その理由の1つは，実験において，実験パラダイムが多様であるために，情動喚起前後に起こった出来事の時間的な定義が定まっていないからである．これは，実験的研究において逆向抑制と順向抑制の生起が安定していないことにも関連していると思われる．

■ 逆向抑制と順向抑制が生じる理由

逆向抑制と順向抑制が生じる理由は，注

意集中効果が空間的だけでなく時間的にも生じていると考えられている．つまり，情動を喚起する場面に注意が向けられるため，前に起こった出来事や後に起こった出来事に対して注意が向けられず記憶されにくいと説明される．

不快情動を喚起する刺激は注意を強く捕捉し，前後に提示された刺激処理を妨害することは多くの研究が示しているため，注意集中効果による説明は有力である．しかし，逆向抑制と順向抑制が起こるメカニズムは統一された見解がまだなく，さらなる検討が必要である．

■ 不快情動を喚起した記憶の保持

不快情動の喚起による2つ目の特徴は，不快情動の記憶は忘却されにくいということである．たとえばフィールド研究にあたるフラッシュバルブメモリでは，事件を聞いてから数十年後も鮮明に記憶されていることが報告されている．また，実験的研究でも情動喚起刺激の記憶の保持のよさは明らかになっている．

越智・相良（2001）は，写真を使って不快情動を喚起させ，その後，写真に関する記憶テストを，直後と1ヵ月後の2回行った．その結果，情動を喚起しない場合は，直後テストから遅延テストにかけて記憶成績が低下しているのに対し，不快情動を喚起した場合は記憶の低下が見られないことを示している．

■ 不快情動に伴う新奇性と覚醒度が記憶に及ぼす影響

不快情動の喚起が上記のような特徴的な記憶を形成させる理由として，覚醒度と新奇性の2つの要因が考えられた．不快情動の喚起は，同時に覚醒度も高めている．さらに，不快情動を喚起するような出来事は非日常的な出来事であるため，新奇性が高くなる．したがって，記憶に影響しているのは，不快情動というよりも覚醒度や出来事の新奇性である可能性が考えられた．

しかし，覚醒度や新奇性だけでは記憶への影響を説明することができない研究が報告された．たとえば，覚醒度の問題については，同程度の覚醒度であっても，快情動と不快情動では記憶パフォーマンスが違うことが報告されている．したがって，記憶には，覚醒度だけが影響を及ぼしているのではなく，不快情動と覚醒度の交互作用によって生じていることが考えられる．

新奇性の問題については，多くの研究で新奇な場面であるが不快情動は喚起しない条件を設定し，不快情動を喚起する場合との違いが検討された．その結果，新奇な場面は注意を引きつけるため中心情報の記憶を高めるが，周辺情報の記憶が低下するという現象は生じないことがわかっている．同様に，順向抑制や逆向抑制もみられなかった．したがって，これまで述べたような記憶の特性は新奇性によって生じているのではなく，不快情動の喚起によって引き起こされているといえる．

■ 実験的に検討が困難な問題：抑圧

不快情動が喚起されたことによって起こる記憶の現象として抑圧（repression）がある．抑圧とは，自我に脅威を及ぼすような苦痛な体験は意識下に抑え込まれるという考えであり，フロイトによって提唱された概念である．したがって，不快情動が強く喚起された出来事は，思い出すことができないということになる．抑圧された記憶は，カウンセリングを受けることによって思い出されることがある．しかし，思い出された記憶は，実際に起こっていないフォールスメモリーの場合もあるという指摘がある．

さらに，この抑圧の現象が本当に存在するのかについては議論がある．しかし研究

を行うにしても，抑圧現象は強く不快感情が喚起されたときに形成されると考えられるため，実験的に検討することが難しい．したがって，その生起メカニズムはまだ明らかになっていない．

■ **実験的研究とフィールド研究の違い**

フィールド研究と実験的研究は，必ずしも一致した結果を報告しているわけではない．その理由は，フィールド研究と実験的研究ではそれぞれ異なった特徴があるからである．実験的研究は，さまざまな要因を統制し，不快情動そのものの影響を調べている．一方，フィールド研究は，現実場面で形成された記憶を調べているが，現実場面は記憶に影響する多くの要因が絡み合っているため，情動喚起そのものが記憶に及ぼす影響を示しているわけではない．そのため，実験的研究の知見を現実に起こった事件に応用させるにはいくつかの注意が必要である．

まず1つは，情動喚起の強さである．実際の事件に遭遇した場合に生じる不快情動は，自分の命にかかわるような恐怖であったり，自分に脅威を及ぼすような緊張感であったり，実験状況で感じる不快情動よりも大きいと思われる．実験条件では，喚起させる情動の強さには限界があるため，フィールド研究で取りあげる情動とは異なるレベルの記憶パフォーマンスを検討している可能性を留意しておく必要がある．

2つ目は，情報量の違いである．実験的研究では，写真や映像を視聴するため，観察する範囲があらかじめ決まっており，おおむねすべての情報にふれることができる．また，多くの研究では聴覚情報は省略されていることが多く，処理しなくてはいけない情報は限られている．一方，実際の事件では観察する範囲は無限にあり，そもそも符号化時に見なかった情報が多く存在するため，記憶することができなかった可能性が考えられる．

3つ目は，処理負荷の違いである．実際の事件に遭遇した場面では，単に事件をみていればよいのではなく，事件の発生により自分が逃げるにはどうしたらよいか，警察に電話をする必要があるのかなど，解決しなくてはならない問題が多く存在する．したがって，現実場面ではそもそも出来事を記憶することに対して注意が向けられにくい状況にあることが考えられる．

実験的研究は，不快情動の喚起によって形成される記憶の特性を明らかにすることに貢献していることは確かである．しかし，現実の場面では不快情動だけが目撃者の記憶に影響しているわけではない．今後，実際の事件への応用に向けて，実験的研究とフィールド研究の溝を埋めるような研究が求められる．

〔野畑友恵〕

▶ **文 献**

Bornstein, b.H., Liebel, L.M., & Scarberry, N.V. (1998). Repeated testing in eyewitness memory：A means to improve recall of negative emotional event. *Applied Cognitive Psychology*, **12**, 119-132.

Christianson, S-Å. (1992). Emotional stress and eyewitness memory：A critical review. *Psychological Bulletin*, **112**, 284-309.

Christianson, S-Å., & Loftus, E.F. (1991). Remembering emotional events：The fate of detailed information. *Cognition & Emotion*, **5**, 81-108.

Nobata, T., Hakoda, Y., & Ninose, Y. (2010). The functional field of view becomes narrower while viewing negative emotional stimuli. *Cognition & Emotion*, **24**(5), 886-891.

越智啓太・相良陽一郎（2001）．エモーショナルストレスが目撃者の記憶に及ぼす効果 犯罪心理学研究, **39**(2), 17-28.

大上 渉・箱田裕司・大沼夏子・守川伸一（2001）．不快な情動が目撃者の有効視野に及ぼす効果 心理学研究, **72**(5), 361-368.

8.37 凶器注目効果

凶器注目効果（weapon focus effect）とは，犯罪場面で犯人が拳銃や刃物などの凶器を持っている場合，目撃者の注意が犯人の凶器に引きつけられ，犯人の身体的特徴や着衣などに注意が向けられず，それらの記憶も阻害される現象のことである．

目撃証言は事件の経緯を把握したり，犯人特定のための情報が得られるため，捜査では物証と並んで重要視されている．しかしながら，凶器注目効果が生じた場合，容疑者につながる人相や着衣などの証言が得られず，得られたとしてもその信用性が問題になるため，その生起条件や生起メカニズムを解明する研究が続けられている．以下，これまで明らかになっている知見について概説する．

■対立する 2 つの説

凶器注目効果は，現実の事件現場で生じる現象であるため，さまざまな要因，たとえば，目撃者に喚起される情動的覚醒の程度，日常場面に凶器が現れたことに対する驚きや新奇性，凶器の情報価，目撃者の内的処理（例：この状況からどうすれば逃げられるか）などが交絡している．

これらのうち，実際に検証可能で有力とされているものに，脅威性説（情動的覚醒説）と凶器の新奇性説があり，両方の説の妥当性をめぐり議論が続けられている．

1）脅威性説（情動的覚醒説）　この説によると，犯人が持つ凶器は，目撃者に脅威や恐怖を感じさせる物体であるため他の物よりも注視される．同時に目撃者には情動的覚醒が高まり，注意範囲（有効視野）が狭まるため，凶器以外の情報（例：犯人の人相や着衣など）は知覚も記憶もされないとしている（大上ほか，2001）．

しかしながら，その後の研究で，情動的覚醒が喚起されなくても，凶器注目効果は生起することが示されており，情動的覚醒は凶器注目効果の生起に必要ないとする見方（Pickel, 1999）や視野の制限に加算的に作用するとする見方が示されている（越智，2000）．

2）凶器の新奇性説　この説によると，強盗に狙われやすい銀行やコンビニエンスストアなどの文脈において，凶器は出現率が低いことから，相対的に新奇性が高まり，目撃者に注視される．その結果，犯人の外観には注意が向けられず，記憶もされないため，凶器注目効果が生じるとしている（Pickel, 1999）．

しかしながら，現実の犯罪現場において，目撃者は凶器を新奇的物体としてとらえているのかという問題が検討されていない．われわれには犯罪の目撃や犯罪を行った経験がなくても，犯行スキーマが備わっている．もし事件を目撃して犯行スキーマが活性化された場合，凶器の出現は容易に予測され，新奇的物体とは認識しない可能性が考えられる（大上，2006）．

■最近の展開

一時期は凶器の新奇性説がより有力とみなされていたが，最近になり，凶器の脅威性や情動的覚醒の重要性が再び見直されている．ホープとライト（Hope & Wright, 2007）は，凶器も新奇的物体も，どちらも同じように目撃者の注意を引きつけるが，凶器は新奇的物体とは異なり，脅威性の高い致死的物体であり，他のどの情報よりも優先的に処理されるため，凶器以外の情報の知覚や記憶を阻害すると述べている．

また，情動的覚醒の重要性を裏づけるものとして，銃撃戦を経験したアメリカの警

察官72人を対象にした調査（Artwohl & Christensen, 1997）がある．それによると，情動的覚醒が極度に高まる銃撃戦では，多くの警察官が凶器注目効果を経験しており，極端な例として，拳銃を持った犯人の手の指輪しか見えなかった事例が報告されている．

この2つの研究は，これまでの実験室研究と実際の犯罪目撃で生じる凶器注目効果が乖離していることを示唆している．実験室研究では被験者に生死の危機を体験させることはできず，脅威性や情動的覚醒を正当に評価しにくい．このことから，脅威性や情動的覚醒を排除した新奇性説は，凶器注目効果に似た現象を引き起こしているに過ぎず，実際の凶器注目効果とは異なる現象である可能性も考えられる．

最近の新たな展開として，脅威性や新奇性以外の要因も検討されはじめている．ほとんどの先行研究では銃を使用しており，刃物で生じた凶器注目効果の分析に適用できるのか，という問題があった．大上ら（2006）は，刃物を用いて凶器注目効果を検討し，刃先が鋭い刃物ほど，目撃者の注意を引きつけやすく，刃物そのものも記憶されやすいことを明らかにした．この結果は凶器の種類や形状も凶器注目効果に影響を及ぼす要因であることを示しており，刃物と銃では凶器注目効果の生起メカニズムが異なることも考えられる．

■まとめ

凶器注目効果の生起メカニズムは議論が続けられており，未だ結論は得られていない．この研究の目標は，現場の状況や証言から凶器注目効果の生起を判定する基準を確立し，捜査や裁判に貢献することにある．その目標からすれば，凶器の脅威性や情動的覚醒などは無視できない要因であることは確かである．今後は実験室研究と実際の犯罪目撃で生じる凶器注目効果とのギャップや違いを意識した研究に取り組む必要がある．

〔大上　渉〕

▶文　献

Artwohl, A., & Christensen, L. (1997). *Deadly forces encounters : What cops need to know to mentally and physically prepare for and survive a gunfight.* Boulder, CO : Paladin Press.

Hope, L., & Wright, D. (2007). Beyond unusual? Examining the role of attention in the weapon focus effect. *Applied Cognitive Psychology*, **21**, 951-961.

越智啓太（2000）．ウェポンフォーカス効果——実証的データと理論的分析　応用心理学研究, **26**, 37-49.

大上　渉・箱田裕司・大沼夏子・守川伸一（2001）．不快な情動が目撃者の有効視野に及ぼす影響　心理学研究, **72**, 361-368.

大上　渉・箱田裕司・大沼夏子（2006）．凶器の視覚的特徴が目撃者の認知に及ぼす影響　心理学研究, **77**, 443-451.

Pickel, K.L. (1999). The influence of context on the "Weapon Focus" effect. *Law and human behavior*, **23**, 299-311.

8.38 フォールスメモリー

フォールスメモリー（false memory）とは，実際には経験していない出来事を経験したと誤って考え形成してしまった記憶のことである．実際の出来事とは異なる情報を記憶するという点では，誤誘導効果（→8.29）による記憶の変容とも類似しているが，誤誘導効果が情報の細部の記憶について問題にしていることや，自らが体験した出来事というよりもむしろ目撃や傍観という立場で記憶している出来事を問題にしているという点で異なっている．

■フォールスメモリーをめぐる犯罪場面での問題

犯罪場面で問題になるフォールスメモリーを大きく分けると，自分がした犯罪行為に対するものと，自分がされた犯罪行為（犯罪被害）に対するものに分けることができる．自分がした犯罪行為に対するものは，虚偽自白が該当する．虚偽自白の中には，実際は犯罪を行っていなくても，取り調べの中であたかも自分が行ってしまったかのように信じ込んでしまうことが生じる（→8.22）．一方，自分がされた犯罪行為に対するものは，回復された記憶が該当する．

■犯罪被害のフォールスメモリー：回復された記憶

回復された記憶（recovered memory）とは，これまで意識に上ることがなかった幼児期の性的虐待（→7.18）の記憶を思い出すことである．1980年代後半，心理的に問題をかかえた人がカウンセリングを通して性的虐待の記憶を回復し，親を相手に訴訟を起こすことが社会的な問題となって現れた．これは，個人にとって非常に苦痛な体験は抑圧され意識にのぼらないとするフロイト（Frued）の考えが影響している．

苦痛な経験の記憶が無意識下に抑えられたままでいることが，現在の不適応を生じさせていると考えられたため，カウンセリングでは出来事の記憶回復が熱心に行われた．その結果，今まで思い出すことができなかった出来事が思い出されることになった．しかし回復された記憶の中には，実際に経験していない出来事も多く想起されていることが明らかになった．

■フォールスメモリーを形成させる研究：ロフタスらの実験

実際に経験しなかった出来事の記憶をまるで経験したかのように形成させることは本当に可能なのであろうか．ロフタスとピックレル（Loftus & Pickrell, 1995）は，幼児期に実際に経験していない出来事のフォールスメモリーが形成されることを実験的に明らかにした．

> 実験では，実験参加者が幼児期に実際に経験した3つの出来事と実際に経験しなかったが経験しそうな1つの出来事を混ぜて提示し，それぞれの出来事について思い出して詳細を記述するように求めた．
>
> 実験参加者は2回の面接を通し，実際に経験した出来事の68％，および実際には経験していない出来事の25％を思い出した．
>
> この結果から，実際に経験していない出来事についても出来事の詳細を思い出す，つまりフォールスメモリーが形成されることが示された．

■非日常的な出来事のフォールスメモリー

さらに，実際に経験したことがありそうな出来事ではなく，非日常的で経験する可能性が低い出来事であってもフォールスメモリーを形成させることも可能であることが明らかになっている．

ハイマンら（Hyman et al., 1995）は，ロフタスとピックレル（Loftus & Pickrell, 1995）と同様なやり方で，結婚式でのアクシデントや緊急入院といった，めったに経験しないような出来事を用いて，実際には経験していない出来事を想起することができるかについて検討した。その結果，3回の面接を通してめったに経験しないような出来事であっても，実験参加者の25％が，実際に経験しなかったにもかかわらず，経験したかのように思い出すことを示した。

このように，人は実際に経験していない出来事を，あたかも経験したかのように思い出してしまうことがある。さらに，ありふれた出来事で経験してもおかしくないようなものだけでなく，非日常的で経験する可能性が少ない出来事であっても，フォールスメモリーを形成してしまうことが実験的に明らかになった。

■ フォールスメモリーの生起要因

フォールスメモリーの生起要因は，以下の2点があげられる（高橋, 2002）。

1つは，想起の反復である。実際に経験していない出来事は，最初はその詳細を思い出すことができない場合が多い。しかし，面接やカウンセリングなどでくり返し想起するように求められると，次第に誤って思い出してしまいやすくなってしまう。

想起の反復がフォールスメモリーの形成を促進する理由は，社会的圧力が関係している。現在の不適応状態は，幼児期の苦痛な体験の記憶が抑圧されているからだ。つまり，自分はそのような苦痛な経験をしたはずだという圧力によって，実際は存在しないにもかかわらず，そのような経験をしたかのように記憶を作り出すのだと考えられる。

2つ目は，イメージ膨張である。出来事について思い出させる際，その出来事のイメージを膨らませることによって出来事の記憶が鮮明になり，フォールスメモリーが形成されやすくなり，実際に経験した出来事であると確信度が増すことがわかっている。

イメージ膨張がフォールスメモリーの形成を促進する理由は，リアリティモニタリングの失敗が関係している。イメージ膨張を行うと記憶表象が鮮明になる。記憶が鮮明なのは実際に経験した出来事だからだと考えられやすいため，イメージしただけの出来事なのか，実際に経験した出来事なのかが区別できなくなってしまう。したがって，実際には経験せずイメージしただけの出来事を誤って実際に経験した出来事だと判断してしまうと考えられる。

〔野畑友恵〕

▶ 文 献

Hyman, I.E. Jr., Husband, T.J., & Billings., F.J. (1995). False memories of childhood experiences. *Applied Cognitive Psychology*, **9**, 181-197.

Loftus, E.F., & Pickrell, J.E. (1995). The formation of false memories. *Psychiatric Annals*, **25**, 720-725.

高橋雅延（2002）．偽りの記憶と協同想起　井上毅・佐藤浩一（編）日常認知の心理学　北大路書房

資料8 ●日本における犯罪・司法統計

1) 警察統計　http://www.npa.go.jp/toukei/index.html

　警察庁は，犯罪の認知，検挙にかかわる各種統計や各種の犯罪対策に関する統計を作成している．生活安全の確保に関する統計等（産業廃棄物事犯の検挙状況，水難・山岳遭難の概況，少年の補導及び保護の概況，少年非行等の概要，薬物情勢，銃器情勢，犯罪情勢等），捜査活動に関する統計等（犯罪統計資料，犯罪情勢，偽造通貨の発見枚数等），暴力団対策に関する統計等（暴力団の構成員数等），国際犯罪対策に関する統計等（国際組織犯罪対策等），安全・快適な交通の確保に関する統計等（交通事故発生状況，交通事故統計，運転免許統計等）サイバー犯罪に関する統計などがある．これらは，インターネット上で確認ができ，「平成○○年の犯罪」（→資料14）では，集計表がエクセル形式で入手できる．

●「平成○○年の犯罪」の構成
第1　刑法犯／第2　特別法犯／第3　交通犯罪／第4　少年犯罪／第5　暴力団犯罪／第6　公務員犯罪／第7　外国人犯罪／第8　その他

2) 法務省統計　http://www.moj.go.jp/housei/toukei/toukei_index2.html

　法務省では，訟務事件統計，登記統計，検察統計，婦人補導統計，矯正統計，少年矯正統計，保護統計，戸籍統計，供託統計，人権侵犯事件統計，出入国管理統計，登録外国人統計の12の統計を作成している．これらの統計の集計結果は，月報（概数）及び年報として公表されているほか，インターネット上でも確認ができる*．たとえば，「検察統計」では，ある月の「罪名別被疑事件の受理人員」といった集計表がデータで入手できる．

*「政府統計の総合窓口」(http://www.e-stat.go.jp/SG1/estat/eStatTopPortal.do) からも探せる．

3) 司法統計（最高裁判所事務総局）　http://www.courts.go.jp/search/jtsp0010?

　「年報」と「月報」が，「民事・行政編」「刑事編」「少年編」「家事編」に分けて編集されている．それぞれ「総覧表」に年ごとの統計を，事件別に受理・既済・未済の別に裁判所ごとに一覧できるよう総件数が掲げられ，各事件の累年比較の諸表が収録されている．
　また，裁判所のサイトには，「司法統計検索システム」があり，年報，月報それぞれの事件編ごとに検索できるようになっている．また，「グラフで見る統計情報」欄も設けられ，「全新受事件の最近5年間の推移（全裁判所）」といったものがグラフで確認できる．司法統計以外の公表資料もここから確認できる．

4) そのほか

　「非行原因に関する総合的研究調査」「配偶者等からの暴力に関する実態調査」といった調査の質問項目や結果も公開されており，「政府統計の総合窓口」から入手可能．

（渡邉和美）

▶参考文献
浜井浩一（編）(2006)．犯罪統計入門――犯罪を科学する方法　日本評論社
浜井浩一（編）(2010)．刑事司法統計入門――日本の犯罪者処遇を読み解く　日本評論社

9. 公判プロセス

「公判」とは，関係者が一堂に会して刑事事件の裁判を行うことをいう．抽象的に法律について考えていると，「誰かが犯罪を行った→処罰」と犯罪と処罰を直結して考えてしまうかもしれない．しかし，実際には，「犯罪発生→警察が認知→警察の捜査→検察の捜査→検察が起訴→公判→有罪ならば刑の執行」という一連のプロセスを経て事件は処理される．さらに，公判は典型的には「人定質問→起訴状朗読→罪状認否→冒頭陳述→証拠調べ→被告人質問→論告→最終弁論→判決」というプロセスを，順次踏んで初めて適法なものとなる．このように，法はさまざまな関係者の一連の行為の積み重ねで執行される．したがって，手続きにかかわる関係者がどのように行為するかによって，執行のされかたが異なってくる．裁判員の行為によって裁判の中身や結果が異なりうることについて不安や不信が表明されたが，それはそもそも手続きにかかわる者の行為によって法執行の中身や結果が大きく変わってくることについて，われわれが無関心だったからにすぎない．そして，人間が行動するところ，行動についての科学である心理学が貢献する余地がある．本章では，公判の一連の過程において心理学が扱える問題としてどのようなものがあり，そしてこれまでどのような答えが与えられてきたかを概観する．

〔藤田政博〕

9.1 公判前整理手続

■ 公判前整理手続導入の背景

公判前整理手続とは、公判の前に行われる刑事訴訟における準備手続であり、2004年の刑事訴訟法改正によって導入された。充実した公判の審理を継続的、計画的かつ迅速に行うことが目的である（刑訴法316条の3）。

これまで日本では、五月雨式審理と称されるように、1ヵ月に一度の審理が設定され、公判活動に数ヵ月を要する実務が定着していた。しかし、それでは、裁判員制度が新たにはじまることになると、市民が裁判員として役割を果たすには、不都合である。そこで、連日の集中した審理を実現するために、争点や取り調べるべき証拠を整理しておくことが必要と考えられた。また、従前の審理では、証拠として書面によるものが、多数、提出されていた。これも裁判員制度（→9.18）では不都合である。職業裁判官によるそれまでの裁判制度では、そのやり方で裁判所も対応でき、検察官や弁護士も書面を中心とした実務を行った。裁判員制度の導入に伴い、公判前整理手続がそれを解消する一手段として導入された。

■ 準備手続の意義

もともと陪審制であれ、職業裁判官制であれ、公判が一番の中心装置として重視され、それを機軸に手続が設定されなければならない。事実認定者が公判において真偽を確認し、事実を認定していくのが、裁判制度の基本である。そして、公判重視の考え方のもとで、証拠法則や無罪推定原則など、さまざまな法の原則が発展してきたのである。

しかし現代社会においては、事件によっては複雑であったり、気軽に町の関係者すべてを証人として召喚したりするといったようなことが困難な局面も生じてくる。牧歌的な社会ではない現代社会においては、より充実した審理を望むとすれば、事件に応じて「段取り」をしっかりとしておくことも必要になってくる。

■ 公判前整理手続と当事者主義

ただし、事件の資料をすべて事前に裁判所に送付する職権主義の裁判構造の下では、あまりその必要性も感じられず、また職権主義でさらに予審がある構造ではあまり必要性を見出すことはない。しかし、当事者主義のもとでは、審理の準備を当事者任せにしておいては、いざ公判が開かれたとしても、その後の見通しを立てておかないと、公判で思わぬ落とし穴があったり、予想に反して公判が長期に及ぶことも考えられる。そのため、当事者主義訴訟を採用する国（アメリカ、イングランド・ウェールズ）では、公判前にこのような準備の手続が必要とされていったのである。

■ 公判前整理手続の由来

「公判」の前に「準備手続」を作るアイディアは、アメリカ合衆国の連邦刑事手続をめぐる議論において、今から70年ほど前に登場した（岡田, 2007）。しかし、この手続を設定するには、内在的に当事者主義とは相容れない要素もある。裁判官が、公判前に事前に当事者の準備に介入することになり、裁判官に予断を生じさせてしまうからである。準備に力が入りすぎると、準備段階が実質的な公判のようになり、本来の公判は儀式化してしまうことにもなりかねない。準備手続の必要性は否定できないが、それはあくまでも適度な準備でなければならない。

また陪審制では、準備は裁判官が担当し事実認定は陪審が行うため、この不都合は

回避される．裁判員制度のもとでも，事実認定者である裁判官と，準備手続を扱う裁判官を別にする方法が考えられるが，準備をより効果的に行うためには同一の裁判官がよいとされ，この手段は採用されていない．また，当事者主義では，両当事者の検察官，弁護人の能力が前提であり，それら当事者が十分に準備し，公判活動を行えば，準備手続はさほど必要のないものとなる．

日本では，第二次世界大戦前までは，職権主義の訴訟構造を採用しており，裁判官も含めて当事者が一同に会い，公判の進行について調整するといった現在の公判前整理手続のような手続を備えていなかった．旧陪審制のもとでも同様である．予審もあったため，旧法下では，裁判官が職権で調査をする権限強化について議論があったくらいである．戦後直後の刑事訴訟法制定過程でも同様であった．

しかし，当事者主義の導入により，集中審理のあり方が1950年代に盛んに研究されるようになった．その過程で，アメリカの動向に影響されたのか，公判前整理手続の前身としての準備手続が，刑事訴訟規則に導入された．ただし，裁判所は積極的に準備手続を運用することなく，起訴状一本主義を戦後採用したこともあって，規則上も，裁判所の介入は自制的であった．したがって，公判前整理手続の導入は，裁判員制度の導入に伴う大きな方向転換であったといえる．

■ **公判前整理手続の構造**

公判前整理手続は，裁判所が裁量的に開催することができるが（刑訴法316条の2），裁判員裁判を対象とする事件には，必要的に開催されなければならない（裁判員法49条）．争点の整理，証拠の整理・決定を具体的にしていくほか，証拠開示を促進させることを狙いとしている．手続には，裁判官の他，検察官，弁護人が出席することが必要とされるが（刑訴法316条の7），被告人は出席しない場合もありうる（刑訴法316条の9）．運用上，もっぱら，非公開で行われている．

争点の整理，証拠の整理にあたって，最も重要な取り組みが証拠開示である．証拠開示とは，訴訟当事者が手持ちの証拠を相手方や裁判所に開示することである．純粋な当事者主義訴訟では，ポーカーゲームのように手持ちの札を勝つためには見せる必要性はないと思われがちになるが，裁判はこのようなゲームではなく，被告人の権利を尊重しつつ，公平かつ真実を追求する場である．したがって，とくに証拠収集に大きな権限を有する検察官側の手持ち証拠の開示が，現代の訴訟では必要とされてきた．

現行法では，この証拠開示法制を拡大し，検察官が証明予定事実を提示し，検察官請求証拠を開示した後，被告人・弁護人側の請求に基づき検察官側が類型証拠の開示を行うこととした．その後，被告人・弁護人による主張の明示，請求証拠の開示をする．さらにその後，被告人・弁護人側の請求に基づく，検察官の争点に関連する証拠の開示を行うという四段階の開示手続を基本的に用意した．公判前整理手続が十分に目的を果たすか否かは，証拠開示の運営が両当事者にとって納得いく形で運用されるかどうかにかかっている．

今後は，公判前整理手続が導入されたことにより，公判審理が円滑に進められるようになったのか，両当事者の納得が得られているのかなど，実証的に検証していくことも求められるであろう． 〔岡田悦典〕

▶ **文　献**

岡田悦典（2007）．刑事訴訟における準備手続の役割と構造（1）〜（3・完）　南山法学 **30**（3・4），105-157，**31**（1・2），241-262，**31**（3），99-145

9.2 自由心証主義

事実認定者（裁判官や裁判員）が，証拠を評価するときに，その評価については自由な判断をすることができる．これを自由心証主義という．刑事訴訟法318条で「証拠の証明力は，裁判官の自由な判断に委ねる」と，わが国の刑事裁判においても，自由心証主義が原則となっており，証拠法の基本的な原理でもある．自由心証主義と相対する考え方として，法定証拠主義がある．これは，証拠の評価については，あらかじめ法律で定めておくとするものである．

証拠を評価する場合には，「証拠能力」があることが求められる．つまり，法廷で取り調べられる資格を付与された証拠のみが評価されることになり，そうでないものについては，証拠と認められない．そして証拠能力の有無は，本来，法によって決せられるというのが，基本的な考え方である．しかし，法廷に出てきた証拠をどのように評価するのかは，自由心証主義に基づいて，事実認定者の自由な判断に委ねられる．つまり，証拠の「証明力」は，事実認定者の評価次第ということになる．

■ 自由心証主義の由来

わが国では，近代国家の形成と同時に司法制度の整備が急務とされ，その中で自由心証主義が裁判原則として導入された．明治初期の改定律例（明治6年）でも，「凡ソ罪ヲ断スルハ口供結案二依ル」とされていた．しかし，明治9年司法省達において，「証拠二依リ罪ヲ断スルハ専ラ裁判官ノ信認スル所ニアリ」とされ，法定証拠主義から自由心証主義への転換が図られ，その後，治罪法，明治刑事訴訟法へと自由心証主義が定着していったのである．

自由心証主義は，もともと西洋，中でも大陸法において発展してきた概念である．中世における，いわゆる糾問手続に基づく裁判形式では，手続全体が裁量性のあるものとして構成され，証拠価値については，法が厳しく制約を課していた．中でも自白は最も証拠価値の高いものとされていた．そして，自白を得るための手段として，拷問が行われた．フランス革命以降の近代の幕開けにおいては，この糾問手続が批判され，法定証拠主義は自由心証主義にとって代われていったのである（鴨，1964，pp. 95-100）．

ドイツやフランスといった大陸法だけではなく，英米法においても，証拠を自由に評価することが認められている．ただし英米法では，証拠能力を厳しく法が制約していくものとして証拠法が発展してきたと言える（熊谷ほか，1970，p.216）．わが国の現在の証拠法も，アメリカ法の影響を受けて証拠能力を制約する法原理が発展してきており，自由心証主義を純粋に採用するというよりも，基本的に，英米法のアプローチを取りつつある．

■ 自由心証主義の内容

自由心証主義の内容は，次のとおりである．裁判官の自由な評価に委ねられるのは，証拠の証明力だけである．証拠の証明力には，証拠の信用性と，狭義の証明力（要証事実の有無につきどのように証拠から推論できるか）がある．その証拠の証明力の評価が自由心証に委ねられる．そして，この自由心証は，証明方式の区分として厳格な証明によるものと，自由な証明によるものとがあるが，厳格な証明だけに限らず，自由な証明にも妥当する．

この自由心証主義のもとで，刑事裁判においては，有罪判断をすることが大変に重

い決断であるがゆえに，高い証明基準を設けられている．わが国の判例では，「通常ならば誰でも疑を差挟まない程度の真実らしいとの確信をうることで証明ができたとするものである．…訴訟上の証明に対しては通常反証の余地がのこされている」（最判昭23・8・5刑集2・9・1123），「合理的な疑いを差し挟む余地のない程度の立証が必要である」（最決平19・10・16刑集61・7・677）と表現されたりする．刑事訴訟において有罪の心証基準については，より一般的には，大陸法では「疑わしきは被告人の利益に (in dubio pro reo) の法理」があり，英米法においては「合理的疑いをこえる (beyond the reasonable doubt)」確信が必要とされる．

■ **自由心証主義の合理性**

自由心証主義は，もともと理性に基づいた近代の人間像を前提とした原則であり，その原則自体を尊重することが重要ではある．しかし，自由心証主義に基づく判断といっても，それはどのような事象も好き勝手に常識外れの判断をしてよいというわけではない．また，さまざまな個別的事情から，あるいは制度的要因などから，非常識，不合理な判断を事実認定者が行うことも，まったく考えられないことではない．そのため，原則の合理性を担保するための仕組みが，刑事訴訟法上，工夫されている．

まず，経験則・論理則にかなった事実認定が必要であるとされる．そして，そのこと自体に不満がある場合には，事後的にチェックする仕組みが用意されている．上訴制度による事実認定の審査が可能とする手続が用意され（刑訴法382条，411条3号参照），事件が確定した後も，場合によっては再審を行う道も残されている（刑訴法435条6号）．不公正な判断をする可能性のある裁判官に対して，除斥・忌避・回避という制度も用意されている（刑訴法20条，21条，刑訴規則13条等参照）．また，有罪判決をする場合には，その理由を記載する制度が用意され（刑訴法335条），事実認定の透明性を確保しようとしている．

また，そもそも証拠能力を制限するという制度は，自由な心証に基づく判断の前に，事前に不当な証拠を排除するということであるので，自由心証の合理性を担保するための制度である．任意に基づかない自白は，証拠とされないとする自白法則（憲法38条2項）は，その一例である．さらに，わが国では自白を唯一の証拠として有罪をすることができないことが憲法の原則とされており，自白以外に補強証拠が必要とされている（憲法38条3項）．これは，自白という証拠の危険性を歴史的な教訓から学び，法制度化したものであり，自由心証主義の例外とされている．

■ **自由心証主義と科学**

自由心証主義は，近代の社会科学，自然科学の発展とともに登場し，歩んできた．法による規制ではなく，「個」としての人間それぞれが，事実認定者として理性に基づき判断をすることへの信頼を前提とし，人間が人間の行いを裁く装置を発展させてきたのである．したがって，裁判において，医学などの科学によることも，自由心証主義の合理的な基礎づけとなってきたのである．それゆえ，裁判において科学的知見といかに接していくかは，医学，科学技術，そして心理学の近年の発展に伴い，近年ではますます重要な課題となっている．

〔岡田悦典〕

▶ **文 献**

鴨 良弼（1964）．自由心証主義 刑事訴訟法講座 2 有斐閣, pp.88-112.

熊谷弘他（1970）．証拠法体系 I 日本評論社．

9.3 法廷でのコミュニケーション

■裁判員制度と法廷コミュニケーション

裁判員制度の導入が決定して以来，法と心理学，法社会学，そして法言語学などの諸分野で法廷におけるコミュニケーションにこれまで以上に大きな関心がもたれるようになってきている．とくに，裁判員制度（→9.18）に焦点を当てた研究が多くなってきている．法廷でのコミュニケーションは，口頭や書面による言語という媒体が中心になるが，他にも映像などの視覚に関するもの，音声などの聴覚によるものなどさまざまな伝達手段が研究対象になる．

■法廷コミュニケーション研究の切り口

わが国の法廷でのコミュニケーションの研究の切り口は，基本的に証人・被害者・被告（人）・弁護士・検察官・裁判官といった，裁判参加者から発信される伝達内容や，伝達方法および発信者の属性がいかに素人である裁判員等の事実認定者の判断に影響を与えるもの，あるいは伝達内容や司法言語の理解度に関するものが中心であるといえるだろう．また，参加者の社会的非対称性に主眼をおいた，いわゆる制度的文脈（institutional settings）とよばれる状況におけるコミュニケーションや影響も研究対象として多く取り上げられる．

これら公判廷でのコミュニケーションに加え，裁判官と裁判員だけで別室で非公開で行われる評議におけるコミュニケーションも盛んに研究されている．

■公判廷におけるコミュニケーション

裁判過程の公判部分についてのわが国では心理学的研究は，目撃証言についての研究や「説示」とよばれる裁判官による裁判員に対する説明の仕方の違いが裁判員の判断に与える影響に関して多少の蓄積があるものの，まだまだこれからの分野といえる．弁護士などの当事者による公判廷でのコミュニケーションについては，海外の研究であるが，弁護士の話し方や性別などの属性の差異が事実認定者による判断や評価にどのような影響を与えるかを調べた研究（O'Barr, 1982）がよく知られている．

■法廷用語の研究

裁判員制度の導入が決定した当初，社会の注目を最初に浴びたのは，「法曹の使う難解なことばを市民が理解して円滑なコミュニケーションができるか」ということであった．この分野については，法律家・心理学者・言語学者・報道関係者などで編成された「日本弁護士連合会裁判員制度実施本部　法廷用語の日常語化に関するプロジェクトチーム」(2008) が，比較的早い段階から検討を行っており，その成果は数々の論文や書籍として発表されている（→資料9）．とくに心理学に礎をおいたアプローチとしては，上掲書にて同プロジェクトチームの藤田政博委員が，プロジェクトチーム内での検討を通して選定した法律用語について，大学生や社会人を対象として理解度および親密度などを面接調査によって調べている．

■評議におけるコミュニケーション

裁判員制度に関する研究で，心理学者が制度導入前後におそらく最も多くかかわってきたのが，裁判官と裁判員が議論を尽くして事実認定と量刑を決める評議の研究であろう．評議の研究では，集団意思決定（→9.7）に関する心理学的研究が中心となる．

実際の裁判員裁判での評議は非公開であるため，評議参加者以外の人間が直接観察することはできない．また，評議室を出た

後も法律上の制約があるため，その内容について裁判員にたずねることもできない．したがって，評議室でのやりとりは評議の参加者以外には見えず，完全なブラックボックスになってしまうことが指摘されている．

評議の研究については，研究者たちが企画する実験が最も簡便な方法であると考えられる．実際にも，たとえば，評議体の望ましい人数比や発言を分析した藤田（2008）や大坪（Ohtsubo & Masuchi, 2004）のような研究がある（→9.16）．このような形態での先行研究については，大坪（Ohtsubo, 2006）が簡潔にまとめている．

日本の評議の研究で興味深いのは，2005～2009年までの間に全国各地で，600回以上にわたって行われた法曹三者合同模擬裁判についての研究である．これらは，法曹三者が実際の裁判員裁判導入に備える準備として，法曹界内での検討のために開催された．それゆえ，研究者によって企画されたものではないため，厳密な実験デザインにもとづいたものではない．しかしとくに評議の部分については，裁判員も実際の市民であるし，通常の実験では参加してもらうことがきわめて困難な実際の裁判官が参加しているため本物の裁判に非常に近い状態が実現できているという点で貴重なデータである．

こういった模擬裁判を分析した研究が2007年以降には散見されるようになった．たとえば，藤田・堀田（2007）や『法律時報』（2007年1月号）の心理学者・法学者・コミュニケーション論学者らによる「裁判員制度における評議―裁判官と裁判員のコミュニケーション」と題した特集などがある．

■法律専門家と素人の思考体系の差異

弁護人・検察官・裁判官のような法律家として訓練を受けてきた者たちは，要件ごとに二者択一的にその要件が認められるかどうかという形で議論を展開していく傾向がある．しかし，素人である一般市民には馴染まない思考方法，議論方法であるという興味深い指摘（藤田，2009；Ohtsubo, 2006）がなされている．弁護人や検察官も，そういった思考体系を色濃く反映した主張を法廷で展開するし，裁判官も評議で同様の形で議論を進めていく．一方，陪審研究では，素人は一連のストーリーとして出来事をとらえるというのが定説のようになっている．しかし，このような思考体系の差異が判断に与える影響については，まだ実証的研究がなく，今後の展開が待たれるところである．

〔堀田秀吾〕

▶文献

日本弁護士連合会裁判員制度実施本部法廷用語の日常語化に関するプロジェクトチーム（2008）．裁判員時代の法廷用語　三省堂

藤田政博（2008）．司法への市民参加の可能性　有斐閣

藤田政博（2009）．論点主導型―裁判員制度に見られる参審型評議特有の評議スタイルについて　岡田悦典・藤田政博・仲真紀子（共編），裁判員制度と法心理学　ぎょうせい　pp.185-195

藤田政博・堀田秀吾（2007）．模擬評議の分析その1――コミュニケーションネットワークの観点から　季刊刑事弁護，**52**，53-57．

O'Barr, W.M. (1982). *Linguistic evidence: Language, power, and strategy in the courtroom*. New York: Academic Press

Ohtsubo, Y. (2006). On Designing a Mixed Jury System in Japan. In M. F. Kaplan & A. M. Martin (Eds.), *Understanding world jury systems through social psychological research*. pp.199-214. New York: Psychology Press

Ohtsubo, Y., & Masuchi, A. (2004). Effects of Status Difference and Group Size in Group Decision Making. *Group Processes & Intergroup Relations*, **7**(2), 161-172.

9.4 説得的コミュニケーション

■ 説得とは何か

説得的コミュニケーション（persuasive communication）とは，説得を目的とするあらゆるコミュニケーションの形態をさす．決して相手を言い負かすことではなく，相手の立場を理解することで，こちらの考えを聞いてもらうようにするコミュニケーションのことである．説得の定義は「人もしくは集団が，他者・集団等を対象とし，コミュニケーションを通して，相手の自由意志を尊重しつつ，相手の態度・規範を変えるという意図を実現しようとする行為」である．この定義は次の意味をもつ．①説得者は1人でも集団などでもよく，相手は個人でも集団などでもよい．集団などとしたのは，相互作用のない「大衆」「カテゴリー」「集合」も説得の対象となるからである．②変えるのは相手の態度・規範である．相手が「大衆」「カテゴリー」「集合」の場合，変えるのは「価値」「規範」となる．③説得は意図的な目標をもつ．それは，自己，相手，第三者，その混合体の利益であり，利益とは無論金銭に限るものではない．④説得はコミュニケーションを通して行われる．それは主として言語によってなされるが，身ぶり，表情などの非言語コミュニケーション（NVC）による場合もある．⑤被説得者には自由な選択の余地がある．被説得者・被説得集団などは自らの自由意志により，承諾，非承諾を決めることができる．命令，強制，洗脳，操作の場合，受け手に自由意志はない．⑥被説得者は「自分は説得されている」という認知をもつ．操作やある種の洗脳の場合，この認知をもたないため非常に危険である．⑦説得は対面的でなくてもよい．手紙，電話，Eメール，新聞広告，チラシ，テレビCM，ネット掲示板，企業サイトなども説得的コミュニケーションの形態となりうる．この場合，形態は媒体と表現してもよい．

■ 説得の理論

1) 社会判断理論（Hovland & Sherif, Sherif & Hovland）　人の態度変容は精神物理学における同化と対比の現象から直接的に類推されている．説得的情報に対する態度は，自己の態度位置に近い受容可能な受容範囲，受容不可能な拒否範囲，そしてこの2つの範囲の間にある不確定範囲の3つからなる．人は，自分の態度位置を精神物理学的判断における係留点と同様のものとして用い，説得的情報の立場が受容範囲にあるならば同化効果が生じ，唱導方向への態度変容が生じる．説得的情報の立場が受け手の態度の拒否範囲にあるならば対比効果が生じ，拒否するようになるから態度変容は減少する．

2) 認知的不協和理論（Festinger, L.）関連する2つの認知要素のうちひとつの認知要素の逆の面が他方の認知要素から帰結するとき，2つの認知要素は不協和な関係にあり，人はこれを解消ないし低減しようとして自分の態度を変える．強制的承諾の事例として，単調な作業をさせられその報酬として1ドルもらえるという群の人たちは，単調な作業を1ドルでしたという認知と，その作業を面白かったと人に告げた認知の矛盾から生じる不協和を解消しようとして，「あの作業は面白かった」と自分の態度を変える．また重要な意思決定後には不協和が生じるとされ，自己の決定や態度に協和をもたらす情報に接触することを選択的接触といい，不協和をもたらす情報を回避することを選択的回避という．

3) バランス理論（Heider, F.） この理論も認知の一貫性理論のひとつであり，POX 理論ともいう．自分（P）と他者（O）がともに対象（X）に対して類似した立場をとっているならば，自分と他者の間にはプラスの関係が成立し，3者関係の記号の積がプラスなら認知のバランスがとれているが，マイナスならばインバランスであり，自分（P）は他者（O）または対象（X）に対する認知・態度を変化させてバランスを回復しようとする．

4) 吟味可能性モデル（ELM）（Petty & Cacioppo） 説得内容を受け手が深く吟味する場合，中心ルートを経る態度変容といい，深く吟味せず相手の対人魅力などで態度変容する場合，周辺ルートを経る態度変容という．深く吟味する可能性は，受け手の説得内容を吟味しようとする動機づけの強度および受け手の吟味能力の程度に依存する．いずれも高い場合は説得内容を十分に吟味することが可能となり，受容できると判断した場合は説得方向への態度変容が生じる．ELM とよく似たヒューリスティック-システマティックモデル（HSM）（Chaiken, S.）は，システマティック処理過程とヒューリスティック処理過程が同時進行するとしている点が異なる．

5) 認知の陰陽理論（榊） 認知も含めた万物は正負二面性をもち，正の側面が顕在化しているときは負の側面は潜在しているが，潜在している側面は常に顕在化しようとし，その程度は潜在していた程度に比例する．人がある対象に対して意見を述べるとき，大脳の中でその対象に関する無数の正負の認知が情報処理され，葛藤の結果，正の認知群が負の認知群に打ち勝つと正の意見が顕在的に表明されるが，負の認知群は潜在化したのであって忘れ去られたわけではない．説得的情報は潜在化した認知群を活性化し顕在化させるとして，ブーメラン効果（唱導方向と逆方向への意見変化）や順効果などの態度変容を説明する．

〔榊 博文〕

表1 説得を構成する諸要因

1，送り手（説得者）の要因．
信憑性（専門性，信頼性，力動性），対人魅力（外見的身体的魅力，相手との類似性，相補性，単純接触と近接の効果，好意・称賛，自己開示など），性・年齢・人種などの人口学的要因．
2，受け手の要因．
自尊心，不安傾向，攻撃性，知的水準，セルフ・モニタリング，性・年齢・学歴などの人口学的要因．
3，説得の技法
①従来からある技法 フットインザドア・テクニック，ドアインザフェイス・テクニック，ローボール・テクニック，ザッツノットオール・テクニック，EAPH テクニック，ソーシャルラベリング・テクニック，リストテクニック，一面提示，両面提示，結論明示，結論保留，新近効果，初頭効果． ②筆者らが開発した技法 ブーメラン・テクニック，サクセスストーリー・テクニック，手作りお弁当テクニック，家族のためにテクニック，ジキルとハイド・テクニック，あなたのためにテクニック，フレンドリー・テクニック，コンプレックス攻撃法，ローン推薦法，選択肢限定法百聞は一見にしかずテクニックなど．
4，説得によらない影響力の技法
①従来からある技法 強制的承諾法，同調性，集団討技法，決定公表法，役割演技法，ランチョン・テクニック，吊り橋効果など． ②筆者らが開発した技法 赤頭巾テクニック，撒き餌1本釣りテクニック，撒き餌大漁テクニック，漏れ聞き法，又聞き法，カウンセング・テクニック，場所変え法，個室人分けテクニック，舞台装置法，催眠オークション・テクニック，スパイ・テクニック，蟻地獄テクニック，根張り法，戦友体験効果など．

▶**文 献**

榊 博文（2010）．説得学——交渉と影響の理論とテクニック おうふう

9.5 法廷戦術

法廷戦術（courtroom tactics）とは，当事者対審構造（当事者主義，adversarial system）で運営される法廷において，より有利になるように各当事者がたてる行動の方針である．法廷戦術には，当事者が互いの相手の行動を予想することと，相手の行動への対策が含まれる．刑事裁判，中でも市民が判断者となる裁判員裁判においていわれることが多い．

なぜなら，民事事件においては陳述書や証拠書面などの書類のやりとりが訴訟の中心であり，期日において各当事者や代理人の弁護士がどう行動するかは，刑事事件ほど重要でないことが多いためである．民事事件で法廷での行動が重要になるのは，たとえば証人尋問などだろう．また，刑事事件であっても裁判員裁判とならない裁判では依然として調書などの書面が重要な役割を果たしている．被告人が否認して争っている事件では，公判をどう乗り切るかの戦略はとくに重要だが，裁判員裁判と同じ意味で法廷戦術がいわれることは少ない．

本項で扱う「法廷戦術」は，個々の公判期日でのきわめて具体的な場面の具体的な行動を念頭におき，相手方よりもよりよく主張や証拠を見せるにはどのようにすればよいかという方針の意味で使用される語である．これと類似の語で「法廷戦略」という語が使われることがあるが，これは個々の戦術を統合した大きな行動の方針という意味で使われる．

■ 具体的な法廷戦術

刑事事件について具体的な法廷戦術を例示すると，まず従来の刑事公判との運用方法とそれに対する対応方法の違いを説くものがある．たとえば，書面中心から映像・音声メディアへの対処，わかりやすさの重視，「ケースセオリー」の重視，社会心理学における説得研究（→ 9.4）とその応用などである．加えて，各戦術から一歩引いて，法廷戦略の立案や各公判期日における行動シナリオの作成などがある．

各公判期日における具体的な技術としては，証人尋問の技術やプレゼンテーションがある．コンピュータのプレゼンテーションツールの使い方のノウハウにとどまらず，ツールに振り回されない扱い方も法廷戦術の一つである．模造紙や大判の紙を使用した紙芝居的なプレゼンテーションなど，コンピュータ以外の「ビジュアル」ツールを使った方法も取り上げられる．

また，重要なのはコンピュータや紙というツールを使いこなすための考え方や扱い方が重視されていることである．裁判員制度導入準備の初期には，ツールが法廷に応用されること自体が目新しかったが，ツールが普及するにつれ，使用方針をはっきり定めずに，ツールに振り回される弊害も自覚された．現在はそこを乗り越え，ツールを使うための基本的方針が説かれている．

■ 当事者主義と法廷戦術

当事者主義が前提とするのは「訴訟における真実を発見するためには，利害に直接かかわる（対等な）当事者が，力を尽くして主張し証拠を提示し，互いに攻撃・防禦することがもっともよい」という考え方である．そうだとすれば，当事者主義を採用して訴訟が運営されるからには，当事者が各公判期日においてどのようにふるまえば最も有利になるかは，裁判員制度の有無と関係なく常に問題になるはずである．しかし，最近この言葉が注目を集めるようになったのは，2009 年から裁判員裁判（→ 9.18）

がはじまったことが大きいと考えられる．裁判員は，公判外の場で書面を熟読して判断することはほとんどなく，公判の場で見聞きした証拠に基づいて判断するからである．これは，従来の訴訟戦略に大きな転換を迫った．

第2次世界大戦後の刑事訴訟法では，当事者主義の構造が規定されていたものの，実際の訴訟運営は糾問主義的な手続を色濃く残すものであった．すなわち，警察官や検察官などの捜査官が被疑者を拘束して取調べを行い，強制力を行使して証拠を集める．そして自白や物的証拠などの重要な証拠が得られた場合には起訴をする．あるいは決定的証拠がなくとも，有罪にできるだけの証拠が集まったと判断したら起訴をする．ただし，十分な証拠があっても，検察官の判断にによってあえて起訴しないこともできる．一切の証拠は検察がもっている．そして起訴されて公判になれば，検察が自己の主張に有利になるように選んだ証拠が裁判官に示され，裁判官は多くの場合書面を読んで心証をとる．このような状況において，弁護人の訴訟戦略は，まずいかに起訴させないようにするか，起訴されれば検察側の不備をいかに書面で説得的に主張するか，不備がないようならいかに情状酌量を勝ち取るか，……といった点に集中していた．また，裁判官は最終的には書面を読んで判断するために，公判廷での行動が大きく焦点化されることはなかった．

■ 法廷戦術は「邪道」か

「法廷戦術」の重要性を正面から認めようとすると，「刑事裁判の目的は『真実発見』であり，真実はひとつなのだから，小手先の『戦術』によって裁判の結果が左右されるのは不適切である」という反応が出ることがある．実際に，「戦術」に長けた報酬の高い弁護士を雇った被告人が無罪となり，雇えない被告人が有罪となれば，資力によって裁判の結果が左右されるという倫理的な問題が生じうるだろう．

たしかに，神の目から見た真実は一つである．そう考えれば，見せ方という枝葉末節で結果が左右されては正義に反すると考えられる．ただ，その考え方はすでに正義に関する一定の立場を前提にしている．つまり，裁判によって，到達した結果が正義に叶うことが重要であるという実体的正義を貫徹する立場である．

実体的正義はもちろん重要であるが，残念ながら人間は神ではない．客観的証拠や関係者の供述を集めても神の目から見た真実に到達できないこともあるだろう．たとえその場合でも，法で定められた正しい手続に則って裁判が進められた場合，その結果を正しいものとして受け入れようというのが「手続的正義」であり，現在の日本の司法はそれを前提に，上訴などの誤りを正す機会を設けつつ，組み立てられている．そして現状ではよいと考えられている裁判が，当事者どうしが証拠に基づいて主張を尽くす「当事者主義」であり，当事者主義の裁判の構造自体が法廷戦術的なものを要請する．そのことが，裁判員制度が開始され，市民が法廷に入ることによって顕在化したといえるだろう．法廷戦術に対する態度は，われわれが手続的正義を重視した裁判を受け入れられるかの試金石でもある．

■ 法廷戦術の重視がもたらすもの

市民が法廷に入ってきたことにより，公判期日でどうふるまうか，裁判員にどう見せるかが非常に重視されるようになった．これは公判中心主義の実質化といえ，現行刑事訴訟法の理念が現実化されつつある．そして裁判の準備に多くの時間と知識が必要になることは，弁護士の中で専門分化を促すことになるだろう．　〔藤田政博〕

9.6 責任帰属理論・帰属バイアス

■ **責任帰属とは**

私たちは他者を理解しようとするとき，さまざまな情報をもとに推論を行う．なんらかの事象を観察したときの推論の過程において，事象とその背後にある原因を結びつける心的過程をハイダー（Heider, 1958）は「帰属（attribution）」とよんだ．

ハイダーは個人の行動の原因が，その行為者にある場合（内的要因）と行為者のおかれていた環境にある場合（外的要因）を区別した．内的要因には行為者の能力の問題と意図や努力の問題，外的要因にはその行動の困難さの問題と運の問題があり，これらの組み合わせによって帰属のメカニズムを説明しようとした．

ハイダーの考えをより発展させたのが，ジョーンズとデイヴィス（Jones, & Davis, 1965）である．彼らはハイダーの内的要因に注目し，行動の原因が行為者に帰属される過程について詳細に分析を行った．ジョーンズとデイヴィスは行動とその行為者の属性の間に認められる対応性の強さによって帰属がなされるか否かが決定すると説明する．行為者の属性としては，外的圧力の有無，非共通効果の数，社会的望ましさの3つがあげられている．

外的圧力では，行動への強制がある，あるいは役割としての行動であったという外的圧力があった場合には対応性が低くなり，行為者自身には帰属されにくくなると考える．非共通効果の数では，その行動によって特別な効果が多く期待できるという場合には対応性が低くなり，行為者自身に帰属されにくくなる．社会的望ましさは行動が社会的に望ましいものであると対応性が低くなり，行為者への帰属がなされなくなると考える．反対に社会的に望ましくない行動は行為者に帰属されやすくなる．

これに対し，外的要因に対する帰属も含めたより広範な帰属理論を展開したのがケリー（Kelley, 1967）である．ケリーは行動の原因として実体，行為者，時／様態の3つをあげた．そして，行動がこれらのうちのどれに帰属されるかは「ある効果をもたらす原因は，その効果が観察されるときには存在し，その効果が観察されないときには存在しない」という共変原理を提唱した．

たとえば，あるお笑い芸人（実体）がテレビに現れるときには，いつでも（時／様態）誰もが（行為者）同様の効果である笑いを示し，お笑い芸人がないときには笑わないならば，笑いという効果の原因はお笑い芸人に帰属されることになる．この際，

① 一貫性：時と様態にかかわらず生じるか
② 弁別性：特定の実体に対して生じるのか
③ 一致性：複数の行為者に類似の効果が生じるか

という3つの基準で帰属の妥当性が吟味され，これらの高低の組み合わせによって帰属の原因が特定されるとしている．

■ **帰属バイアス**

上記に示したような古典的な帰属理論は，人間がどのような帰属を行うのかというよりもむしろ，「人間が合理的に推論するとすればこうなるだろう」という規範的な傾向が強かった．研究が進むにつれ，しばしば現実の帰属の判断と理論が異なることも明らかになってきた．そこで，帰属バイアスについての研究がなされるようになる．

バイアス（bias）という言葉は「偏見・偏った見方・歪み」という意味をもっているが，帰属バイアスという場合には，個人的な見解の偏りという意味ではなく，大多数の人々が共通にもっている認知的な特質という意味で用いられる．ロス（Ross, 1977）は広く多くの人たちにみられる帰属バイアスとして，基本的帰属の錯誤（fundamental attribution error）を明らかにした．これは，ある行動が外的な要因による強い影響を受けて発生したことが明らかである場合でも，人はその行動を行為者の内的属性に帰属しやすいというものである．

ジョーンズとニスベット（Jones, & Nisbett, 1975）は，行為者−観察者バイアスを明らかにした．自分の行動は外的要因に帰属しやすいのに対し，他者の行動は内的要因に帰属しやすくなるというバイアスである．自分の行動に関する帰属バイアスにはツッカーマン（Zuckerman, 1979）によるセルフ・サービング・バイアス（self-serving bias）もある．自分の成功は自分の内的要因に帰属され，自分の失敗は外的要因に帰属される傾向がある，ということを示した帰属バイアスである．

訴訟場面にかかわる可能性をもった帰属バイアスとしては，正当世界信念（belief in a just world）と過度の責任帰属があげられるだろう．正当世界信念とはラーナー（Learner, 1980）によるもので，この世の中は，報酬を受けるべき人が受け，罰を受けるべき人が罰を受けるといった正当性のある世界である，という信念を意味する．「罰を受けた人にはなんらかの非があるはずだ」という考えがバイアスの一端と考えられている．

ウォルスター（Walster, 1966）による過度の責任帰属は，他者に生じた事故や災害が何の責任もない被害者にも非があると考えてしまうバイアスである．〔今在景子〕

▶文 献

Heider, F. (1958). *The psychology of interpersonal relations.*（大橋正夫（訳）(1978). 対人関係の心理学　誠信書房）

Jones, E.E., & Davis, K.E. (1965). From acts to dispositions：The attribution process in person perception. In L. Berkowitz (Ed.), *Advances in experimental social psychology.* vol.2. Academic Press.

Jones, E.E., & Nisbett, R.E. (1975). The actor and the observer：Divergent perceptions of the causes of behavior. In E.E. Jones, D.E. Kanouse, H.H. Kelley, R.E. Nisbett, S. Valins, & B. Weiner (Eds.), *Attribution：Perceiving the causes of behavior.* General Learning Press. pp.709-94.

Kelley, H.H. (1967). Attribution theory in social psychology. In D. Levine (Ed.), *Nebraska symposium on motivation,* vol.15. Univ. of Nebraska Press.

Learner, M.J. (1965). *The belief in a just world：A Fundemental delusion.* New York：Plenum Press.

Ross, L. (1977). The intuitive psychologist and its shortcomings：Distortions in the attribution process. In L. Berkowitz (Ed.), *Advances in experimental social psychology.* vol.10. Academic Press. pp.174-221.

Walster, E. (1966). Assignment of responsibility for an accident. *Journal of Personality and Social Psychology,* **3**, 73-79.

Zuckerman, M. (1979). Attribution of success and failure revisited. *Journal of Personality,* **47**, 288-305.

9.7 集団意思決定とそのバイアス

集団意思決定（group decision making）とは，2人以上の集団で，とるべき行動や下すべき判断について複数の選択肢があるうちから，何を選び，何を選ばないかを，討議し決定することである．たとえば裁判員制度（→9.17）に関しては，被告人を無罪ではないとするべきか否か，有罪の場合の量刑をどの程度にするべきか，ということの判断が該当する．

英語のことわざには，"Two heads are better than one" というものがあるが，これは一人で判断するよりも，二人で判断したほうが，よりよい判断が可能になるという意味なので，日本語の「3人寄れば文殊の知恵」と同様の意味である．一般的には，人数が多いほうが，正しい答えを知っている人を含んでいる確率が増えるので，正解が明らかな課題については，人数が多いほど，正しい意思決定が可能となる．正解であることが誰の目にも明らかに示されうる課題は，誰もが正しさを納得できるために，正解を主張する人の説得力が最大になり，議論が紛糾しないのである．一方，集団での意思決定が個人での意思決定よりも質的に劣ってしまう場合もあり，グループシンク（後述）などとよばれる．

しかし，集団意思決定が必要な問題の大部分は，「本当の正解」が不明確なものや，正解を示しても納得されない場合や，そもそも正解が存在しないようなものも多い．このようなときには，さまざまな集団意思決定におけるバイアスが生じる．ちなみにバイアスとは，「一定の方向への偏りをもった（誤った）判断」という意味である．

たとえば，ガリレオが「それでも地球は回る」と正しいことを言ったときには，教会的な価値観をもつ人たちが天動説を断固支持しており天動説へのバイアスがきわめて強かった．したがって，ガリレオがいかに正しく精緻な論理を展開して説明しても，説得される人がいなかったのである．このように，少数派が正解を述べても，特定のバイアスがかかった考えを支持する多数派には受け入れられないこともある．

■ **少数派影響過程と多数派影響過程**

ガリレオの例のように，多数派が一定の方向への（誤った）意見をもっている場合，正しい意見をもった少数派がそれに対抗することはきわめて難しい．日常生活では，多数派意見が通りやすいのであり，映画「12人の怒れる男」（1957年公開，アメリカ）のように，1人の少数派が11人の多数派を説得することは，まずありえないが，「多数派から少数派への影響」と，「少数派から多数派への影響」は，異なるのだろうか．

モスコヴィッチ（Moscovici, S.）は，同じ意見を主張する人数と，それぞれの成員が意見を主張する強さの積和が影響力を表すと考えた．この考え方によると，多数派の成員たちがそれぞれ一回ずつ意見を主張するときの力に対抗するには，少数派の成員は人数のハンディを埋めるために何回も意見を主張する必要がある．少数派が説得力をもつためには，わかりやすい意見を一貫してくり返すことで，多数派と同等以上の影響力をもちうると考えたのである．

いっぽうネメス（Nemeth, C.J.）らは，少数派が多数派に及ぼす影響力は，即効的な力はない代わりに，多数派成員の中に論点に関する深い熟慮をもたらすために説得に成功すると，効果が長続きすること，他方，多数派が少数派に及ぼす影響力は，少数派の反論を封じ込める力による部分が大きい

ため，論点に関する深い熟慮を反対派に呼び起こすことは少なく，説得に成功しても長続きしにくいことを示した．

裁判員制度などにおいても，多数派であるか，少数派であるかに影響されずに話ができるようにすることが重要となる．

■ **グループ・シンク**（group think, 集団思考）
集団での意思決定が，個々人での意思決定よりも質的に劣る現象で，集団浅慮，集団的愚考，集団思考などの訳がある．

一般的に，仲が良い集団では，意思決定の質も高まると考えられているが，仲が良いことが，反対意見を抑制するなどの方向に作用すると，かえって意思決定の質が低下することがある．

社会心理学者のジャニス（Janis, I.）がアメリカのケネディ政権下でのキューバ侵攻（キューバのカストロを暗殺するためのピッグス湾作戦．2000人からなる部隊をピッグス湾に送り込んだが，事前に計画が漏れていたため，20万人の部隊に迎え撃たれ壊滅した歴史的失敗）や，ジャクソン政権下でのベトナム戦争の失敗（社会主義国のベトナムを支配するためにベトナム戦争を開始したものの，思わぬ長期戦となり，双方ともに大量の死者を出し，ジャクソン大統領は失脚した事件）について分析したところ，いろいろな共通点が見出された．

先行条件　ジャニスは，次の要素をグループシンクが生じる先行条件にあげた．
① 凝集性が高い集団（cohesive group）
② 集団意思決定の過程における構造的な欠陥
③ 注目度が高く，毀誉褒貶などさまざまな刺激にさらされる状況

ここで，②の「意思決定上の構造的な欠陥」とは，凝集性が高いために支配的な意見への反対意見を言いにくく，また言ったとしてもリーダーや他のメンバーも，その発言を抑制したり無視すること，成員の均質性，などである．

グループシンクの兆候　グループシンクの兆候は，以下の3類型に分けられる．
1) 自分たちの力への過信．不敗幻想（illusion of invulnerability）や，グループに固有の行動規範や倫理への信仰．
2) 自分たちの考えしか見えないという，閉鎖的心性（closed mindedness）．
3) グループがみな同じ意見でなければならないという全員一致への圧力（pressure toward uniformity）．この圧力が強いと，各成員は，自分の意見のうち，グループの意見と異なる部分を自己検閲（self-censorship）して，表明しなくなる．その結果，グループの意見は全員一致で支持されたという全員一致の幻想（illusion of unanimity）が生じると同時に，外部からの批判意見に対して防衛的な構えができる．

問題のある意思決定の特徴　以上のようなグループシンクの結果，グループでの意思決定過程で生じる行動には，以下の7つの兆候が見られるようになる．

①別の選択肢を十分検討しない，②目標を十分に詳しく検討しない，③選んだ選択肢の問題点を十分に検討しない，④一度却下された代替案を顧みない，⑤十分よく情報を探そうとしない，⑥手元の情報から都合の良いものばかり取り出す，⑦非常事態を想定せず，したとしてもそれへの対応計画を立てない，などである．

予防策：悪魔の代理人　グループシンクの予防策の代表的な「悪魔の代理人（devil's advocate）」は意図的にグループへの反対意見を述べる役である．役割として反対意見を述べることで，本人が批判されたり遠慮したりせずに，グループの意見を多角的，批判的に検討できるのである．

〔杉森伸吉〕

9.8 集団としての陪審による意思決定

■ 模擬陪審実験

陪審の意思決定（→ 9.10）については，社会心理学において集団意思決定研究（→ 9.7）の応用として研究がなされてきた．具体的には，実験参加者に実際の公判の様子などを記述したシナリオを呈示し，その事件について評議してもらうという模擬陪審（mock jury）実験がさかんに行われてきた．

模擬陪審実験が明らかにしたのは，ほとんどの場合，陪審の評決は評議前の初期多数派の意見に収束するということである（大坪・藤田，2001）．これは初期多数派主導型（majority-wins）の決定プロセスとよばれるが，模擬陪審に特徴的なプロセスではなく，実際の陪審裁判を分析した研究でも同様のパターンが観察されている（Kalven & Zeisel, 1966）．

■ 決定ルール・陪審サイズの影響

陪審の決定プロセスが，おおむね初期多数派主導型決定プロセスに従うという事実は，陪審に関する重要な規則変更が陪審評決に対してどのような影響をもつかという問題とも関係している．

たとえば，伝統的な陪審には「全員一致が達成されるまで評議を続けるように」との教示が与えられる．これを「12人中8人の賛成が得られれば評決を下してもよい」とする教示に変更すると評決は何か違ったものになるだろうか．全員一致を求めると陪審が評決を下すまでにかかる評議時間が長くなるが，評決自体（どの程度の確率で有罪評決が下されるか）は影響されない．いずれの規則の下でも初期多数派の意見に評決が収束するからである（Miller, 1989）．

また，伝統的な12人からなる陪審と比較して，人数を縮小した6人の陪審は異なる評決を下すのだろうか．この問題は，個人的に有罪・無罪それぞれの判断を下す陪審員（候補者）が一定割合で含まれる母集団から12人もしくは6人を無作為に抽出した場合に，どの程度の確率で有罪（または無罪）を支持する陪審員が多数派となるかに関する確率の計算としてとらえることができる．この計算を行うと，母集団が同じであれば12人でも6人でも有罪支持者（もしくは無罪支持者）が多数派になる確率はさほど違わない．したがって，集団サイズを変えても評決自体（たとえば有罪率）は大きく変化しないと予測できる．多くの模擬陪審実験の結果はこの予測を支持している（Saks & Marti, 1997）．

■ 個人判断と集団判断の違い

初期多数派主導型の決定プロセスは，陪審評決が「証拠能力のない情報」にどの程度影響を受けるかという問題を考える際にも有効である．

> **証拠能力のない情報による影響**
>
> ある事件の裁判に接して，20%の者が個人的に有罪であると判断すると考えよう．このときに12人陪審の多数派が有罪を支持する確率は0.4%である．つまり，ほぼ確実に無罪評決が下されると予測できる．
>
> ここで，メディア報道により被告人の犯罪歴（証拠能力のない情報）が陪審員たちに知られたとしよう．この証拠能力のない情報の影響により，40%の陪審員が個人的に有罪と判断するようになるとしよう．このとき12人陪審の多数派が有罪を支持する確率は約16%であり，個人の有罪判断確率が20%上昇したことと比較すると，証拠能力のない情報の影響は相対的に小さいといえるだろう．

「かこみ」で紹介した確率計算の例が示すように，一般的に，集団（の多数派）の判断は個人の判断よりも証拠能力のない情報の影響を受けにくい．ただし，例外的に，個人の有罪判断率が50％付近にある場合には，ほんの数％の違いにより母集団の多数派が入れ替わる可能性があるため，集団での判断がむしろその影響を強く受けることがある（Kerr et al., 1999）．

■ 宥恕バイアス

陪審の決定プロセスは基本的には初期多数派主導型であると述べてきたが，有罪・無罪支持者を比べると無罪支持者の影響力の方が強い．たとえば，有罪支持者と無罪支持者が同数になる場合，無罪評決が下されやすい．初期少数派の意見が評決を決める例外的な事例だけに着目すると，初期多数派が有罪支持であるにもかかわらず無罪評決が下されることのほうがその逆よりも起こりやすい．このような陪審の宥恕（ゆうじょ）バイアス（leniency bias）は，無罪推定の原則に起因すると考えられている（MacCoun & Kerr, 1988）．

■ 評議プロセス

ここでは評決に着目した研究を主に紹介したが，評議時間や発言内容など評議プロセスに関する研究もなされている．たとえば，陪審の評議スタイルは大きく次の2つに分かれることが知られている．

評議の最初の段階で各陪審員の個人的な判断を訊き，その判断を中心に議論を進める評決主導型（verdict driven）の評議スタイル．評議の最初の段階では各人の判断は訊かず，裁判で扱われた証拠の検討を中心に議論を進める証拠主導型（evidence driven）の評議スタイルである（Hastie et al., 1983）．

また，人種構成と評議プロセスの関連を調べた研究では，黒人の加害者と白人の被害者を含む事件において，6人中2人が黒人である陪審と全員が白人である陪審を比較すると，黒人を含む陪審のほうが証拠をより注意深く検討する傾向が見られている（Sommers, 2006）．

評議プロセスの違いは，多くの場合評決に大きな影響を与えないかもしれない．しかし，陪審制度の正当性にもかかわる問題であり，評決と同様重要な研究課題である．

〔大坪庸介〕

▶文　献

Hastie, R., Penrod, S.D., & Pennington, N. (1983). *Inside the jury*. Cambridge, MA：Harvard University Press.

Kalven, H., Jr., & Zeisel, H. (1966). *The American jury*. Boston：Little, Brown.

Kerr, N.L., Niedermeier, K.E., & Kaplan, M.F. (1999). Bias in jurors vs bias in juries：New evidence from the SDS perspective. *Organizational Behavior and Human Decision Processes*, **80**, 70-86.

MacCoun, R.J., & Kerr, N.L. (1988). Asymmetric influence in mock jury deliberation：Jurors' bias for leniency. *Journal of Personality and Social Psychology*, **54**, 21-33.

Miller, C. E. (1989). The social psychological effects of group decision rules. In P. Paulus (Ed.), *Psychology of group influence*. 2nd ed. Hillsdale, NJ：Erlbaum. pp.327-355.

大坪庸介・藤田政博（2001）．集団過程としての陪審裁判　心理学評論, **44**, 384-397.

Saks, M.J., & Marti, M.W. (1997). A meta-analysis of the effects of jury size. *Law and Human Behavior*, **21**, 451-467.

Sommers, S.R. (2006). On racial diversity and group decision making：Identifying multiple effects of racial composition on jury deliberations. *Journal of Personality and Social Psychology*, **90**, 597-612.

9.9 裁判官による意思決定

　裁判官は，どのように事件に関する意思決定（decision making）をするのだろうか．裁判官は「良心に従ひ独立してその職権を行ひ」，「憲法と法律にのみ拘束される」，というのが憲法の条文上答えになるだろう（日本国憲法76条3項）．あるいは，裁判官は法的三段論法を用いるだろうし，それにまつわる論理的推論も使用するだろう．ほかにも，裁判官は真理を直観的に把握してそれを後から理屈づけるか，あるいは精緻な推論を重ねて結論に到達するか，という論争もある．

　しかし，これらの答えは，裁判官の意思決定がいかなる内心的過程を経て出されるか，の説明にはならない．すなわち，裁判官の「直観的判断」が何によって支えられているのかについては説明しない．本項で扱うのは，意識化できない部分も含めた心的過程をも理解するためのモデルである．

■裁判官の意思決定についてのモデル

　心理学では，人間の頭の中で起きている複雑な過程を理解する方法として，頭脳や心の中で起きているであろう過程を可能な限り簡略化したモデルを作る．ここでは，裁判官の意思決定モデルとして，態度モデルと認知モデル（Wrightsman, 1999）を紹介したい．

　態度モデル　心理学でいう態度とは，オルポート（Allport, G.W.）の定義をつづめると，個人の反応に対して直接的な影響を及ぼす内心的準備状態である．たとえば，ある対象に対する好悪の評価，ある問題に対する賛成・反対の評価といったものである．これらは人の心の中に保持されていて，人間の社会的行動に影響をあたえるものと考えられる．

　このような態度が裁判官の判断に影響すると考える態度モデルは，裁判所の裁判官の意見は，裁判官のイデオロギー的な立場と事件の内容によって決まる，とする．イデオロギー的に受け入れられない行動について裁判官は棄却の判断を下すが，その判断はイデオロギーからの直接的判断とはいわれず，論理によって武装されている．

　ここでいう「イデオロギー」が心理学のいう態度であると考えると，態度モデルは，裁判官の態度によって裁判官の意思決定が説明でき，予測できるというモデルである．

　認知モデル　態度モデルの問題は，態度が裁判官の出す結論に直接影響すると考えることである．このような態度と行動が直接結びついていると考えるのは，すでに時代遅れのものとなっている．そのような単純な態度と行動の関係によらず，認知モデルでは「スキーマ（schema）」が裁判官の意思決定に影響を与えていると考える．

　「スキーマ」は過去の経験によって得られた知識が体制化されたものであり，新規の経験を解釈するために使われる．スキーマという概念自体は，認知過程を説明するための概念であり，認知モデルは裁判官の意思決定の過程と認知を重視しているといえる．

　「スキーマ」が態度と違うのは，態度は意思決定などの行動を直接規定すると主張されるのに対して，スキーマは裁判官が情報を処理するフィルターとして機能すると考えられるところである．

■裁判官と一般人の意思決定の違い

　裁判官は，法律と訴訟指揮のプロとして日々知識と経験を積んでいる．そのため，裁判のあらゆる面において素人を凌駕すると考えられることがある．ここでは例とし

て，意思決定におけるバイアスの問題についてふれておきたい．

■ 思考のバイアス

心理学で扱われるさまざまな思考のバイアスの一つに，「後知恵バイアス（hindsight bias）」がある．これは，「物事が起きた後，振り返ってその物事が起きたかどうか考えると，最初からそれが予想されたことであったように認識する思考の歪み」といえる．たとえば，選挙の結果がわかった後に，「あなたは開票前にこの選挙で誰が勝つと予測していましたか？」というような質問をすると，実際に起こった結果のとおりに予測していたと回答する人が増える，というようなことである．裁判では必ずなんらかの事件が起こったあとで，事件発生時の責任の有無などの判断を求められるから，基本的に判断者は後知恵バイアスの影響を受けた状態で判断していると考えるべきだろう．

ある鉄道の線路について事故の起こる確率を一般の人々が予測したところ，「事故は実際に発生しましたが，それは考慮に入れないで客観的に判断してください」と教示された場合，そのような教示がない場合に比べて，事故の起こる確率を80％高く評価した（Sunstein et al., 2003）．

さらに，サンスティンら（Sunstein et al., 2003）は，裁判官にも同様の実験をした結果として，後知恵バイアスのパターンはまったく同様で，事故が発生したと告げられた場合には，そうでない場合と比較して，鉄道事故の発生確率を80％程度と回答したと報告している．その一方，事故のリスクについての判断を，裁判官と一般人に求めた結果を比較すると，裁判官のほうがリスクについての判断バイアスが少なく，法的にも理にかなった判断を行ったと報告されている．

このように，裁判官であっても逃れがたいバイアスもあれば，知識と経験によってより良い判断ができる課題がある．具体的にどのような判断がよりよくでき，どのような課題については通常人と同じようなバイアスから逃れられないかを把握することは，裁判運営のうえでも，裁判官の専門性とは何かを考えるうえでも重要だろう．

■ 『裁判官の心証形成の心理学』

これまでの認知心理学的な研究とは異なるが，日本語において閲読可能な裁判官の意思決定に関係が深い研究として，『裁判官の心証形成の心理学』（Bohne, 1948）がある．

本書は，表題論文の翻訳50ページ強と，訳者解説，訳者による法現実主義についての論文，事実認定における余談偏見の論文，関連するドイツ語書籍の紹介が行われている．この表題論文では，心証形成の過程を明らかにすることを怠る裁判所への批判，心証形成における感情要素の重要性，心証形成についての哲学的・心理学的課題についての理論的検討が行われている．また，序などにも日本語で閲読可能な心証形成に関する文献が多数あげられており，この分野について深く知るためには必読の文献といえる．

〔藤田政博〕

▶ 文　献

Bohne, G.H. (1948). *Zur Psychologie der richterlichen Überzeugungsbildung.* （庭山英雄・田中嘉之（訳）(2006). 裁判官の心証形成の心理学──ドイツにおける心証形成理論の原点　北大路書房）

Sunstein, C., Hastie, R., Payne, J., Schkade, D., & Viscusi, W. (2003). *Punitive damages: How juries decide.* University of Chicago Press.

Wrightsman, L.S. (1999). *Judicial decision making: Is psychology relevant?.* NY: Kluwer Academic.

9.10 陪審員による意思決定

■陪審員と裁判官の差異

陪審員と裁判官とでは，その判断の仕方に違いがあることが知られている．陪審研究の古典である"*American jury*"(Kalven, & Zeisel, 1966)において，78%の事案で裁判官と陪審の評決は一致するが，19%の事案では，陪審は無罪と判断したのに裁判官が有罪と判断し，3%では，陪審が有罪と判断したのに裁判官は無罪と判断したと報告されている．

このように裁判官と陪審で判断が一致しない背景には，さまざまな理由があるが，陪審員は，白紙の状態で裁判に臨むわけではないこと，陪審員と裁判官とでは判断の仕方に違いがあることがあげられる．

■常識的司法

第1に，陪審員は，法廷にやってくる前から，法や法の役割についての事前のイメージがあり，これが証拠の評価についても影響する(Smith, 1993)．このような市民の公正感，正義感による判断は，常識的司法(commonsense justice)とよばれることもある(Finkel, 1995)．そのため，陪審員による意思決定をとらえるには，市民が日常的にどのような公正感，正義感に基づいて判断しているのかを理解することが重要である．

他方で，市民なりの方法での判断の結果，陪審員の判断は，ときに法と矛盾することがあり，それは，陪審による法の無視(jury nullification)とよばれる．法の無視は，権利として積極的に認められているわけではないが，陪審がその力をもつことは知られている．

■ストーリーモデル

陪審員の意思決定については，ストーリーモデルによって説明されている(Pennington & Hastie, 1992)．このモデルは，ストーリー(物語：因果によって結びつけられた一連の事象)の構築を通しての証拠評価，評決の選択肢の学習，物語と評決の対応の検討過程，という3種の下位過程からなる．

まず陪審員は，証拠によって示されるものを物語として理解しようとする．理解する際には，公判での証拠だけではなく，類似した事象に関する知識(たとえば類似した犯罪)や，物語の構造に関する知識(たとえば人の行動はある目標のために行われる)が参照される．物語を構築する際に，完全な物語となるために欠如している情報があれば，その部分は，推測によって埋められる．

このように物語が構築されれば，陪審員は，複数の物語を比較して，最も受け入れられるものを選ぶ．どの物語が選ばれるかは，「確かさの原理」による．この「確かさの原理」とは，被覆性・斉一性・ユニークさからなる．

> **被覆性**：公判で提示された証拠にどれだけ適合するかであり，多くの証拠がそのストーリーで説明できればそれだけ被覆性は高くなる．
> **斉一性**：一貫性(内的に矛盾はないか)，完全性(ストーリーを支える要素に合致した証拠はあるか)，信憑性(現実にありえそうか)の3種からなる．
> **ユニークさ**：その物語が，証拠を説明する唯一の物語である場合に高くなる．

このような物語の構築とは別に，陪審は，評決の選択肢の学習を行う．その際に，法についての説示だけではなく，犯罪カテゴリーについての事前の考えも参照される．

このように学習された評決のカテゴリーは，評決を出す段階において，選択された物語と比較され，最も適合する評決のカテゴリーが評決として選択される．この際に，選択された物語が，選択された評決にどれだけ適合しているかが，その評決に対する確信度にも影響する．

■ 陪審員の意思決定に影響する先入観

　陪審研究では，先述の法に関する態度，信念以外に，以下の4種の先入観がある場合に評決に影響する可能性が指摘されている（Vidmer, 2002）．

> 第1は，広義の利害関係がある場合（利害関係的先入観）．
> 　第2は，被告人に関わる噂を耳にしていたり，許容されない証拠を知っていたりするなど，その特定の裁判において争われていることに関して特定の態度や信念をもっている場合（特定的先入観）．
> 　第3は，被告人などその裁判に関わる人の属性に対して一般的に固定された態度や信念，ステレオタイプがある場合（一般的先入観）．
> 　第4は，世論が特定の判決を強く求めていることを感じている場合（服従的先入観）．

■ 陪審員の意思決定に影響する公判過程

　公判過程においても，陪審の意思決定に影響するさまざまな要因がある．

　陪審は，不適切なものであっても，一度曝された証拠を無視するのがむずかしい．たとえば，提出されて裁判官に証拠として認められなかったものや，なんらかの理由で知らされた被告人の前科に関する情報などの影響を除外するのが難しいことがある．

　また，陪審は，「被告人の犯行を見た」という目撃証人の証言を素朴に信用しがちである（→8.33）．しかし，専門家証人が，目撃証人の証言に影響する要因について証言することは，その信頼性の問題について，陪審が意識するのに，一定の影響力をもつことが知られている（Cutler et al., 1989）．

　他方で，統計的証拠や科学的証拠などについて理解することに困難を感じる陪審は多い．この点については，説示によってある程度陪審の理解を助けることができるという報告もある．

　しかし，説示の理解は陪審の意思決定に強く影響するにもかかわらず，陪審の説示の理解についての研究では，陪審は，説示の50％程度しか理解していないと指摘されている（Elwork & Sales, 1985）．

〔荒川　歩〕

▶文　献

Cutler, B.L., Penrod, S.D., & Dexter, H.R. (1989). The eyewitness, the expert psychologist, and the jury. *Law and Human Behavior*, **13**, 311-322.

Elwork, A., & Sales, B.D. (1985). Jury instruction. In S. Kassin & L. Wrightsman (Eds.), *The psychology of evidence and trial procedure*. Beverly Hills, CA：Sage. pp.280-297).

Finkel, N. (1995). *Commonsense justice：Jurors' notions of the law*. Cambridge：Harvard University Press

Kalven, H., & Zeisel, H. (1966). *The American jury*. Chicago：University of Chicago Press.

Pennington, N., & Hastie, R. (1992). Explaining the evidence：Tests of the story model for juror decision making. *Journal of Personality and Social Psychology*, **62**, 189-206.

Smith, V.L. (1993). When prior knowledge and law collide：Helping jurors to use the law. *Law and Human Behavior*, **17**, 507-536.

Vidmer, N. (2002). Case studies of pre- and midtrial prejudice in criminal and civil litigation. *Law and Human Behavior*, **26**, 73-105.

9.11 集団としての裁判員による意思決定

■ 裁判員裁判と実験研究

　裁判員裁判では裁判官3人に加えて，一般市民から選ばれた6人の裁判員が刑事事件の裁判に参加する．陪審裁判についてはおもにアメリカを中心に模擬陪審実験がさかんに行われており，実際の陪審裁判でどのような集団過程が生じるのかが研究されている（→9.10）．しかし，裁判員裁判（→9.17）ではこのような研究は難しいかもしれない．

　陪審裁判では，お互いに初対面の法律の素人12人（もしくは6人）が評議を行うが，これは実験に参加してくれる人の特徴と一致している．一方，裁判員裁判では一般市民だけでなく法律の専門家である裁判官が同席する．模擬裁判員裁判実験（または模擬参審実験）で必ずしも裁判官に協力してもらえないとすると，そこで観察される集団過程がどの程度実際の裁判員裁判のプロセスを近似するかは，裁判官役の参加者がどの程度実際の裁判官らしくふるまうかにかかっているといえるだろう（模擬参審実験の例として「かこみa」を参照）．

a. 模擬参審実験

　アメリカの陪審制度とスペインの参審制度の比較を試みた．実験では，以下の2種類の基準で構成された7人集団が大学内の紛争（たとえば，ハラスメントや器物損壊の事例）についての判断を行った（Martin et al., 2003）．

　ひとつの条件では7人全員が心理学の学生であった．もうひとつの条件では7人中2人は法学を学ぶ5年目の学生であり，残りの5人が心理学の学生であった．前者が陪審制度を模した裁判体であり，後者が参審制度を模した裁判体である．

ここで用いられた課題では，いずれの裁判体もほとんど有罪という判断を下したため，最終的な判断に裁判体の種類の影響はなかった．

■ 裁判官と市民の影響過程

　かこみa. の研究では，参審制度を模した裁判体だけに着目した分析も行われている．そのような裁判体では，法学の学生のほうがより頻繁に個人的判断や法的規則に言及する傾向があった．また，法学の学生と心理学の学生では実験後の感想にも興味深い違いがあった．法学の学生よりも心理学の学生のほうが相手から強い影響を受けたと回答していた．

　実際の参審裁判に参加した人たちへのインタビュー調査でも，裁判官のほうが議論により貢献し，専門用語をより頻繁に用い，議論における発言時間が長かったとみなされていた（Brandstätter et al., 1984）．

　これらの結果から，法的なバックグラウンドをもつ者（専門家）とそうでない者（素人）が法的判断を一緒に行うと，専門家のほうがより積極的に議論に参加し，素人は相手からの影響を受けやすい（あるいは受けたと思いやすい）ことがわかる．

　法律の専門家のほうが素人よりも影響力が強いのであれば，専門家が入る裁判体と素人だけからなる裁判体では判断自体も違ってくるのではないかと思われるかもしれない．実際，専門家と素人が議論前に異なる判断を下している場合には，議論を経て専門家の判断に意見が収束しやすいことを示す研究もある（Casper & Zeisel, 1972）．

　しかし，上記の模擬参審実験では判決自体には差が生じていなかった．これは，専門家と素人の意見が話し合い前に大きく違っていなかったためである，と考えられる．いいかえれば，参審制度と陪審制度（も

しくは裁判官だけによる裁判）で有罪率などに差が生じるとすれば，それは専門家（裁判官）と素人の判断が系統的に異なる場合だけである．

■ 裁判員と裁判官の意見の不一致

日本ではどのような場合に市民と裁判官の間に判断の差が生じるだろうか．従来の裁判官だけによる裁判では有罪率がきわめて高かったという事実を踏まえると，一般市民の感覚では被告人の有罪を確信できない事件で市民と裁判官の意見が食い違うかもしれない．このとき，裁判官主導で有罪判決が下されるならば，裁判員は冤罪を疑い，裁判員としての経験に不満をもつかもしれない．

■ 裁判員裁判と進行方法

では，裁判員裁判において裁判官は裁判員に対してどのような影響力をもつのだろうか．十分な実証的研究がないため確たることを述べることはできないが，個々の裁判官の議論の進行方法が影響力の違いを生むかもしれない．このことを考えるにあたって，九州大学の大出研究室により行われた模擬裁判員裁判実験が参考になる（かこみb．参照）．

b. 模擬裁判員裁判実験

大出研究室の実験では，裁判官と一般市民の数の割合を変えた2つの裁判体が模擬裁判を行った（大出，2003）．この2つの討議プロセスには市民と裁判官の数の違いには還元できないような差が生じていた．

一方のグループでは裁判官役の弁護士は市民の質問を引き出し，それに答えるような形で議論を進め，有罪・無罪の判断も最後まで保留した．もう一方のグループでは最初に各人の判断が聴取され，どのような判断が法的に妥当かを裁判官役の弁護士が市民に説明するような形で議論が行われた．その結果，前者のグループで市民の参加はより活発であった．

仮に最終的には裁判官が当初考えていた判断に意見が収束するとしても，参加度を高めることで市民の満足度も高まるかもしれないし，場合によっては裁判官が気づかない事実の解釈が議論の中で明らかになるかもしれない．したがって，大出研究室の実験結果から示唆されるように，裁判員経験者がこの制度にどのような感情をもつかは，個々の裁判官の進行の仕方にも影響されると考えられる．

上記の議論から，裁判員制度をよりよく運用していくために少なくとも2種類の実証研究が必要であるといえる．ひとつは，どのような事件で裁判官と市民の意見に齟齬が生じやすいかを調べるような研究である．もうひとつは，異なる議論の進行方法を条件として，素人の参加・満足度を測定するような実験である．これらの研究により，裁判員の参加・満足度を高める制度運用が可能になると考えられる．

〔大坪庸介〕

▶ 文　献

Brandstätter, H., Bleckwenn, M., & Kette, G. (1984). Decision-making of industrial tribunals as described by professional and lay judges. *International Review of Applied Psychology*, 33, 137-159.

Casper, G., & Zeisel, H. (1972). Lay judges in the German criminal courts. *Journal of Legal Studies*, 1, 135-191.

Martin, A.M., Kaplan, M.F., & Alamo, J.M. (2003). Discussion content and perception of deliberation in Western European versus American juries. *Psychology, Crime, and Law*, 9, 247-263.

大出良知（監修）(2003)．実践ガイド模擬裁判員裁判――裁判員（あなた）が有罪，無罪を決める　現代人文社

9.12 賠償額の決定

■ 日本における損害賠償

日本で賠償（compensation）といえば，「損害賠償（compensatory damages）」のことをさす．損害賠償が発生するのは，債務不履行（民法第 415 条）と不法行為（民法第 709 条）による損害があった場合である．

賠償の方法は，金銭による（金銭賠償主義）．すなわち，損害を金銭に換算した額が賠償される．損害賠償にかかる問題としては，①どこまでの範囲の損害を，②どのようにして金銭に換算するか，の 2 点があげられる．以下では不法行為の場合について述べる．

まず，①の範囲に関して，加害者の不法行為と因果関係のあるすべての損害を賠償の範囲とすると，いくらでも拡大解釈ができてしまう．たとえば，加害者によって被害者が軽傷を負い，その入院先の病院の床が濡れていたため，転倒して頭を強く打ちつけて死亡したとする．この場合，「最初の怪我さえなければ被害者は病院に行かず，死なずして済んだ」という因果関係が成り立つ．しかし，加害者自身も含め，誰もが「被害者が転倒して死ぬだろう」などとは想像しえなかったであろう．損害賠償の範囲をどこまで認めるかについての通説はいくつかあるが，加害者の故意または過失に起因する損害のすべてではなく，その範囲に一定の制限を設けている点では共通している．

次に，②の金銭への換算方法について述べる．損害には金銭に換算しやすい部分と換算しにくい部分がある．車が損害を受けた場合の車の修理費や代替車のレンタル費，人が怪我した場合の治療費や見込んでいた営業利益などは，金銭に換算しやすい．一方，精神的損害に対する賠償，すなわち慰謝料は，金銭に換算する客観的な方法があるわけではない．そのため，慰謝料は裁判官の裁量によって決定されることになる．また，裁量で決まるという性質上，慰謝料は損害への補填機能だけでなく，制裁的機能や抑止的機能も有している．なお，過失相殺にも裁量の余地がある．過失相殺とは，不法行為に被害者自身が加担していた場合，賠償額の一部を減額するしくみのことである．もし，被害者がよそ見をしていて加害者に怪我を負わされたのであれば，被害者にも落ち度はある．このとき，損害の全部を加害者に帰すのは公平ではない．

以上のように，日本における損害賠償額の決定は，損害の穴埋めという原則のもと，判断の一部において裁量を認めるしくみになっている．

■ 懲罰賠償

賠償の中には，損害への補填を目的としていないものもある．アメリカの懲罰賠償は，不法行為に対する制裁と再発抑止を目的とした賠償である．その性質上，懲罰賠償は刑事上の罰とほとんど同じ措置であると考えられる．懲罰賠償の額は，当該不法行為の悪質性や将来的な危険性の高さに応じて決められることになっており，被害者の受けた損害の大きさそれ自体には依存しない．それゆえ，たとえ不法行為による損害が小さくても（したがって損害賠償（アメリカでは「補償的賠償」）が低額でも），加害者が強い悪意をもっていたり，一歩間違えれば大災害を招きかねなかったりするようなケースでは，高額な懲罰賠償が求められる．

実損害ではなく悪質性や危険性といった主観的評価に基づくため,懲罰賠償の額の予測は難しく,高額になりやすいというリスクを孕む.ただし,データ上,懲罰賠償が認められるケースは多くなく,製造物責任などの例で知られているほど高額にはならない.

とはいえ,高額な懲罰賠償額が見込まれるケースでは,そもそも和解に至る場合が多く,データには反映されにくい.したがって,懲罰賠償額の決定がリスキーであるという可能性は依然否定できないものであると考えられる (Polinsky, 1997).

■ 懲罰賠償に関する心理学的研究

上記に述べた懲罰賠償のリスクを低減するため,アメリカの心理学界では,懲罰賠償の額や分散を大きくする要因が何であるのかという問題に関して,多くの研究が行われてきた.

懲罰賠償の額や分散を大きくする要因として第1に考えられているのは,専門的知識または経験の不足である.実際に,素人の陪審員が懲罰賠償額を決めている州も多いため,懲罰賠償にかかるリスクを知識や経験不足のせいにする風潮は強い.もし知識や経験不足のせいならば,裁判官が決定する懲罰賠償は,その額・分散ともに素人よりも小さくなると予測できる.

しかし,両者の違いを検証した研究の結果はまちまちであり,裁判官のほうが素人よりも誤った判断をしている結果を示す研究さえある (Robbennolt, 2002).したがって,専門的知識や経験があれば懲罰賠償のリスクが解消されるとは必ずしも断言できない.

第2の要因は,判断者の特徴やパーソナリティに関する要因である.特定の性別・人種・収入・教養などの要因があらゆるケースの懲罰賠償に影響するということはないが,ケース特異な要因としてはたらくことはある(例:被害者が黒人であったときの判断者の人種).一方,訴訟危機を強く意識している人は懲罰賠償額を低く判断する傾向があるなど,信念や態度といった要因は一貫して影響する可能性が示されている (e.g., Vinson et al., 2008).

なお,懲罰賠償額の高額化や分散の拡大を抑制するために,あらかじめ懲罰賠償額の上限を設けておく方法が考案され,すでにその方法を採用している州もある.しかし,その効果を検証した研究では,上限を設定することにより,むしろ上限がアンカーとなるために高額化し,分散も大きくなることが示された (Robbennolt & Studebaker, 1999).

以上の懲罰賠償に関する心理学的知見は,民事と刑事という違いこそあれ,不明確な基準に基づく量的判断という性質上,日本の刑事裁判における量刑判断 (→ 9.14) に対しても示唆的である. 〔綿村英一郎〕

▶ 文 献

Polinsky, A.M. (1997). Are punitive damages really insignificant, predictable, and rational? *Journal of Legal Studies*, **26**, 663-677.

Robbennolt, J.K. (2002). Punitive damage decision making : the decisions of citizens and trial court judges. *Law and Human Behavior*, **26**, 315-342.

Robbennolt, J.K., & Studebaker, C.A. (1999). Anchoring in the courtroom : The effects of caps on punitive damages. *Law and Human Behavior*, **23**, 353-373.

Vinson, K.V., Costanzo, M.A., & Berger, D.E. (2008). Predictors of verdict and punitive damages in high-stakes civil litigation. *Behavioral Sciences and the Law*, **26**, 167-186.

9.13 科学的陪審選任・陪審員（裁判員）の選定

　科学的陪審選任方法（scientific jury selection）とは，社会心理学研究の専門家の協力のもと，事件や被告人への偏向・偏見を検証し，忌避権を有効に使って最終的な陪審員を選択・選任する作業をいう．これには公判前の陪審候補者対象者となる住民の意識調査，裁判所で陪審候補者に直接配布された詳細な質問票の回答の統計分析，法廷内での予備尋問で裁判官や検察官・弁護人の質問に伴う候補者の回答や動作などの科学的分析を踏まえて行われる．

　科学的な選任方法は，刑事と民事の両陪審裁判で用いられている．アメリカでは1960年代後半から1970年代前半にかけて，刑事事件の陪審選定において専門家が積極的に協力・参加する科学的陪審選任が盛んに用いられるようになった．その後，70年代後半にIBMが独占禁止法で訴えられた裁判で適応されたのが民事陪審での科学的選任手続のはじまりである．

■ 歴史的背景

　社会学者などが陪審選任のサポート役として積極的に参加するようになったのは，反戦活動家が裁判にかけられた1960年代後半が最初である．そして彼らが科学的な方法を使って陪審選任を行ったのは，1972年のペンシルベニア州ハリスバーグ市で行われた「ハリスバーグ・セブン」といわれる著名な刑事陪審裁判が最初である．反戦牧師であるフィリップ・ベリガンを含む7人のベトナム戦争反対の活動家が，大統領アドバイザーのヘンリー・キッシンジャーの誘拐や，爆弾テロを企てたとして逮捕され陪審裁判に掛けられた．コロンビア大学社会学教授のジェイ・シュルマンを含む進歩的な心理学者・社会統計学者などがサポート役として裁判に参加し，科学的な陪審選任方式を試みたのが最初である．

　彼らは管轄区の住民の意識調査を行い，被告に有利な陪審評決を得るために，理想的な陪審員候補者のプロファイルを属性分析を使って検証した．当初，弁護人や専門家は大学生や高等教育を受けた候補者の多くは進歩的な理念をもち，被告人を含む反戦・反政府活動家を支援する意見をもつと予想していた．しかし分析の結果，裁判管轄区の大学教育を受けた多くの住民は富裕階級出身者で，保守的思想をもち，むしろベトナム戦争を含む政府政策をサポートし，同時に過激な反戦活動家に対し批判的な視点をもっていることもわかった．法廷内の予備尋問では，弁護人は大学卒で富裕な候補者に対し合計28の忌避権を行使し排除した．逆に検察側は反戦活動に共鳴する4人の白人と2人の黒人を忌避権で排除した．陪審評決は10対2で無罪の賛同が過半数となり，結果的に評決不成立（hung jury）となった（Fukurai et al., 1993）．

　民事陪審では，独占禁止法に違反しているとしてIBMが南カリフォルニアのコンピュータ会社に訴えられた1977年のケースが，科学的陪審選任方法を用いた最初である．IBMは南カリフォルニア大学コミュニケーション学教授のドナルド・ビンソン氏をコンサルタントとして雇い，IBMの主張が十分理解できるような法廷内での証人・証拠提示の戦略を練った．ビンソン教授は実際に選任された陪審員の属性をもつ同様な模擬陪審員を使って，公判と平行して模擬陪審実験を行った．実験では公判と同じ証人・証拠提示を行い，模擬陪審員の反応に基づいて評決に有利になるような証拠提示方法を検証した．これはシャドー

ジュリー（影の陪審）といわれ，科学的な法廷戦略方法として今も利用されている．1980年のMCIがAT&Tに対し独占禁止法違反で訴えた民事陪審裁判でも科学的陪審選任方法が適用された．結果的にMCIが勝訴し，民事陪審はAT&Tに6億ドルの損害賠償の支払いを命じた．

近年では，ロドニーキング暴行裁判やO.J. シンプソン裁判などの著名な刑事裁判でも，科学的陪審選任方法が使われた．しかし，科学的選択法を用いたすべてのケースで裁判に勝利しているわけではない．2004年12月に有罪判決が下ったカリフォルニア州でのLaci Peterson殺人裁判では，2年半続いた米国最長のマクマーチン児童虐待陪審裁判などに携わった陪審コンサルタント（→9.16）が弁護側に加わり陪審選択をサポートしたが，被告人は有罪と死刑の評決を受けている．

■ 科学的陪審選任方法の必要性

陪審員が直接選ばれる従来のボア・ディール（以後，予備尋問）では，検察官や弁護人は自らの直感や経験に頼る傾向があった．しかし，直感的判断だけでは必ずしも偏向のない公平な陪審員を選べるとは限らない．科学的選択法は弁護人や検察官に対し，適格に陪審員候補者の偏向・予断を分析する科学的手段を与えたのである．

たとえば過剰な報道が行われた事件では，事件や被告に対し偏向や予断をもたない陪審員を選任するのは非常に困難である．事件のおもな情報源は検察・警察であるため，多くの報道は被告人に対し批判・否定的な内容がほとんどだからである．その結果，陪審員候補者の多くは，公判前にすでに被告人が「有罪」であると想定してケースが少なくない．このような被告側不利の状況において，予断がない，または非常に偏向が少ない陪審員を選択することは重要な弁護側の作業となる．そして陪審員が直接選ばれる予備尋問では，裁判官の許可を得て弁護人や検察官が候補者に対して直接質問する．そして事件や被告人に対する偏見の有無，また証人との関係を確かめる．さらに著名で過剰な報道がなされたケースでは，予備尋問以前に配布された詳細な質問票への回答内容を踏まえて，偏向・予断を分析し，選任作業が行われる．事件内容によっては公判前に住民の意識調査を行うこともある．さらに予備尋問が行われている時点でも，候補者の質問票への回答の科学的分析のほかに，心理学者らによる非言語行動（non-verbal communication）の観察による個性・性格などの分析を行い，忌避権の行使を検討する．

■ O.J. シンプソン刑事陪審裁判での陪審コンサルタントの役割

最後に実例をあげて検証してみたい．アメリカの著名な陪審裁判に，ロサンゼルス（以下ロス）市で行われたO.J. シンプソン裁判がある．1995年にはじまり，無罪評決の終結まで9ヵ月を要した裁判である．私が陪審員選任コンサルタントとして携わった裁判に，同じロス市で行われたマクマーチン児童性的虐待裁判がある．これは1987年にはじまり，連日アメリカ全土に報道され1990年に終結するまで2年半を要した全米最長の陪審裁判である．シンプソン裁判では，マクマーチン裁判で一緒だったジョアレン・ディミトリアス博士が陪審コンサルタントとして活躍した．

シンプソン裁判はマクマーチン裁判やそれまでの裁判とは違いテレビ放映が許可され，さらに陪審員がマスコミの影響を受けないようホテルに長期間隔離された裁判としても有名である．この裁判ではマクマーチン裁判と同様に，質問票を事前に作成し陪審員候補者に回答してもらった．質問票

には，人種問題に関する個人的経験や意見，さらにはシンプソン被告の妻とボーイフレンドが白人だったことから，異なった人種間の結婚に関する考え，家庭内暴力，異性問題などへの意見，最後に実際にシンプソン被告が殺人犯と考えるかなど，選択・自由形式の質問も含め，数十ページに及ぶものであった．選択形式の回答は統計分析，自由形式の回答は内容分析によって，シンプソン被告に有利な陪審員候補者のプロファイルを作成した．有利といっても，証拠を無視して被告の無罪を主張しているのではなく，証拠に基づく公正な判断が可能な陪審員候補者を見出すのである．さらに証拠内容に関係なく，黒人への人種差別で「有罪」をすでに確信している候補者を見出し排除の対象とするためでもある．

陪審候補者の選任方法と陪審員の構成

この裁判では，他の裁判管轄区と違った選任方法制度を使っていたため，その特徴を事前に分析する必要があった．ロス郡の陪審コミッショナーは，郡内に存在する数十箇所の地方裁判所に連日何百人という陪審候補者を供給する義務があり，その遂行には大変な努力が必要であった．そのためロス郡の陪審管理事務所は「ブルズ・アイ」と称する特別の選任方法を1970年代初めに考案した．これは個々の裁判所に陪審員候補者の特別区域を地理的に規定し，その中から無作為に候補者を抽出する方法である．この制度によって，すべての裁判所で確実に陪審員候補者が確保できるようになった．しかし，裁判所によっては，同時に人種・階層的に大きく偏った陪審構成も可能にした．たとえばロス市のダウンタウン中央に位置するセントラル地方裁判所の陪審員は，周辺に住む黒人・メキシコラテン系住民が陪審員候補者となるため，この裁判所の陪審裁判では非白人が過半数を占めることになった．シンプソン裁判でも，陪審員12人中9人が黒人であったことは記憶に新しい．逆にマンハッタン・ビーチやサンタモニカのような郊外にある裁判所では，白人が陪審候補者の大半を占めることになった．1997年に行われたシンプソンの民事陪審裁判は，サンタモニカ地方裁判所で行われ，陪審員全員が白人となった．さらにこの白人陪審は，黒人の陪審が下した無罪評決とは逆に，シンプソン被告の殺人を認定する判決を下し，被告に多額の賠償金を課した．このように人種構成の異なった陪審評決は，法律上の問題以前に，未だ根絶していない米国の人種問題を浮き彫りにしている．よって弁護士やそれをサポートする陪審コンサルタントは，裁判管轄区での陪審候補者の選任方法が人種や社会階級構成に及ぼす影響を事前に把握しておく必要があった．人種などの社会的属性によって，警察・検察や政府機関，さらには人種問題に対する意識が著しく異なるからである．そして人種・民族的に異なる陪審員候補者の特性に基づく適切な質問票や選任方法を考慮しなければならないからである．

無罪評決と合理的な疑問

シンプソン刑事陪審裁判では，被害者が白人で加害容疑者が黒人であったことから，人種問題が大きく取り上げられた．日米マスコミのおもな反応は，黒人の被告は二重殺人を犯したにもかかわらず，同じ黒人陪審員の人種的な計らいで幸運にも無罪になったとする評価が多くあった．つまり白人社会の抑圧・差別に対する黒人陪審員の違法な反応が無罪評決の裏にあったとする評価である．しかし最近の陪審研究では，シンプソン被告に対する無罪評決は「合理的疑問」という法律的な概念に則った陪審員の正しい評価が原因であるとする見方が大方である．つまり陪審の無罪評決は「犯罪を犯し

ていない」という意味ではなく「検察側の証拠には合理的な疑いがあって，有罪にはできなかった」とする判断である．米国の陪審裁判には，日本で一般にいわれる「無罪（innocence）」という評決は存在せず，「有罪（guilty）」か「有罪にあらず（not guilty)」の二種類の評決しかない．後者の「有罪にあらず」は，検察は有罪を立証するための十分な証拠を提出できず，立証責任を果たせなかったという陪審員の判断にすぎない．犯罪を犯していない，つまり「無罪」という事実を陪審員全員が確証したのではない．評決後のインタビューで陪審員の多くは「被告は殺人を犯したかもしれない」と述べている．同時に検察側証人の証言や提出証拠には数多くの問題・疑問点があり，有罪の確証はできなかったと述べているのである．

米国の多くの裁判では，このように人種差別など社会的にセンシティな要素が絡む事件が多い．陪審コンサルタントは，これらの裁判の陪審員選定手続きで，合理的疑いのレベルの高さに応じて陪審員を選ぶ必要性がある．たとえば有色人種が被告人の裁判では，警察・検察が提出する物的証拠・証言の信憑性や信用性に対し，人種的に異なった合理的疑問の基準で評議・評決する傾向が見られるからである．黒人が多く住むニューヨーク・マンハッタンの地方裁判所では，過半数の陪審裁判で「有罪にあらず」の評決を下しているといわれる．つまり，政府側の証拠に合理的疑問がない場合においてのみ，黒人陪審は有罪評決を下すのである．よってニューヨークやワシントンのように黒人が多く住む大都会の検察・警察は，すべての証拠採取・調査において人種的偏見のない，公正公平な調査・証拠最終方法の駆使に細心の注意を払わなければばらない．

■結び

科学的陪審選任方法は候補者一人一人の予断や偏見を調査・分析し，忌避権の行使を通して最終的な陪審員を選択する方法である．しかし，多民族国家であるアメリカでは，これまで検察側の忌避権の差別的乱用が，混成陪審の構成を阻止し，多くの白人陪審を生んできた．これは科学的陪審選任方法は弁護側だけでなく，検察側も使用するケースも少なくないからである．

日本の裁判員制度でも，忌避権行使はアメリカのように検察側に乱用される可能性がある．裁判員法は，理由なき忌避権の行使を容認しているからである．さらに裁判員選任の2日前に，候補者のリストが検察側に公表されるので，候補者やその家族・親族の思想的背景などが事前にチェックされる可能性があり，不公平な忌避権の行使が行われる可能性も生んだ．よって裁判員制度での検察側による忌避権行使と乱用の裁判員構成への影響は，早急に研究せねばならない課題のひとつである．もし忌避権乱用が，低層階級者や日本のマイノリティーなどの，いわゆる「社会的弱者」の排除に使用されるのであれば，アメリカと同様に忌避権の廃止を含めて議論しなければならない．そしてアメリカで忌避権の存続が激しく論議されている現状を踏まえて，検察側による潜在的な忌避権の乱用についてさらに警鐘する必要があるだろう．

〔福来 寛〕

▶文 献

Butler, E.W. et al., (2001). *ButlerAnatomy of the McMartin child molestation case*. University Press of America.（庭山英雄・黒沢香（翻訳）(2004). マクマーチン裁判の深層――全米史上最長の子ども性的虐待事件裁判　北大路書房）

Fukurai, H., Butler, E.W., & Krooth, R. (1993). *Race and justice : Racial Disenfranchisement and the Search for Justice*. NY : Plenum Press.

9.14 量刑判断

量刑判断(determination of punishment)とは,被告人に対してどれくらいの刑罰を与えるべきかという意思決定である.日本の場合,刑罰を決めるまでの過程は大きく分けて次の2段階からなる.

第1段階では,刑法が定める刑の範囲(法定刑)を加重・減軽し,実際に与える刑の範囲(処断刑)を導き出すまでの過程である.この過程は,併合・累犯・心神耗弱・中止犯・未遂など明文化された規定に従った作業であり,規定が適用されれば処断刑は自動的に導かれる.

第2段階では,処断刑の範囲内から被告人に言いわたす刑(宣告刑)を導き出すまでの過程であり,最も狭義の量刑判断はこの過程をさす.この過程では,犯罪結果の重大性,動機や方法の悪質性,被告人の年齢・性格,その事件による社会的な影響など,あらゆる犯情と情状が勘案され,裁判官および裁判員の裁量に基づく判断となる.

なお,広義の量刑判断には,保護観察を認めるか,刑の執行を軽減するかなどの意思決定も含まれる.

量刑判断は裁判官でも容易には決められない判断である(岩野,1992).量刑判断が難しい理由の1つは,日本の刑法システムが法定刑にかなりの幅を認めている点である.たとえば,殺人罪の場合は死刑または無期もしくは5年以上の懲役となり(刑法第199条),窃盗罪の場合は10年以下の懲役または50万円以下の罰金となる(刑法第235条).

法定刑の幅は処断刑の幅に反映されるため,必然的に宣告刑の分散も大きくなる.もう1つの理由は,宣告刑を決めるときに考慮する犯情および情状が多岐に及ぶうえ,どう勘案するかが明確には決められていない点である.

■"適正な"量刑

先述したように量刑判断は難しく,とくに処断刑から宣告刑を導く過程は判断者の裁量によるため,本当に適正といえる量刑がどれくらいであるかは一義的に決まらない.これは,刑罰のどの側面を重視するかにも依存する.法哲学的には,悪行に対する制裁として刑罰を与える考え方(応報刑)と,刑罰によって被告人を教育あるいは隔離したり,社会に対して警告を与えたりすることで,将来的な犯罪の抑止を期待する考え方(目的刑)とがある.

量刑の適正性は,殺人など重大事件の場合においてとくに問題となる.被告人の更生可能性が非常に高く,目的刑的側面においては厳罰を科す必要がなくても,被害者感情を尊重する観点からは,応報刑的側面を重視し厳罰を科す必要があるからである.

■量刑判断の心理プロセス

ところで,量刑判断はどのような心理プロセスを経て決定されているのであろうか.残念ながら,量刑判断に関する心理学的研究は,裁判心理学の進んだ欧米でも数が少なく,そのプロセスはほとんど明らかにされていない.しかし,判断者の直感が一定の役割を果たしているという点は確かであろう.すなわち,量刑判断には,判断者自身でさえ言語化できないような勘や感覚が影響を及ぼしている.

テトロックら(Tetlock et al., 2007)のFair-but-Biased-yet-Correctible(FBC)Modelでは,直感で一時的に判断が決まり,その後の意識的・能動的な修正を経て最終

的な判断に至ると考えられている．同様のモデルは，認知神経科学的研究からも提案されている（e.g., Reynolds, 2006）．

ただし，テトロックらのモデルは素人を対象とした研究に基づいている．そのため，裁判員の量刑判断にはあてはまっていても，専門的知識や経験を有する裁判官にそのままあてはまるわけではない，という批判も考えられる．しかし，ライツマン（Wrightsman, 1999）は，裁判官であっても直感の影響はあると指摘している．ライツマンによると，専門的知識は直感を後づけ的に正当化する理由として使われており，裁判官自身も自らがこのように判断していることに気づいていない．先述のとおり，日本の刑法システムは量刑にかなりの幅と裁量を認めている．したがって，日本においては，裁判員はもとより裁判官であっても，直感が量刑判断に及ぼす影響はなおさら否定できないと考えられる．

■ 量刑判断にはたらく直感

これまでくり返し，直感という言葉を用いてきたが，量刑判断にはたらく直感とは何であろうか．先行研究によれば，その正体は応報刑的な態度であることが示されている（e.g., Carlsmith, 2006）．すなわち，当該事件の結果の重大性と量刑の重さとを均衡させ，後者によって前者を相殺しようとする心理である．簡単にいえば結果が重大であるほど重い量刑にするということであるが，必ずしも客観的事実（例：被害者数，被害金額）に相応した量刑を志向するわけではない．結果の重大性と量刑の重さとの均衡は，主観的であるからである．

たとえば，怨恨と快楽犯による殺人とでは，人 1 人が亡くなったという客観的事実が同じであっても，後者のほうがより重大だと感じられる．そのため，快楽犯に対する量刑はより重くすべきであると判断される．重要なことは，その均衡が主観的であるがゆえに，さまざまな情報が影響しうるという点である．怨恨か快楽犯かといった情報は，そもそも情状酌量という形で合法的に勘案される事由であるから問題はない．

しかし，たとえば被告人についてのエピソードとして法廷内外で得る情報の中には，事件にはまったく関係がないものや，虚偽や噂も多く含まれるであろう．もし，これらの情報が応報的な均衡を崩すことによって，量刑判断にも影響を及ぼすとしたら，量刑の適正性は損なわれるであろう．この可能性については，今後さらに詳しく検証していく必要がある．〔綿村英一郎〕

▶文 献

Carlsmith, K.M. (2006). The roles of retribution and utility in determining punishment. *Journal of Experimental Social Psychology*, **42**, 437-451.

岩野壽雄（1992）．罪と罰——量刑に悩む元裁判官の手記　新日本法規出版株式会社

Reynolds, S.J. (2006). A Neurocognitive model of the ethical decision-making process: Implications for study and Practice. *Journal of Applied Psychology*, **91**, 737-748

Tetlock, P.E., Visser, P.S., Singh, R., Polifroni, M., Scott, A., Elson, S.B., et al. (2007). People as intuitive prosecutors: The impact of social-control goals on attributions of responsibility. *Journal of Experimental Social Psychology*, **43**, 195-209.

Wrightsman, L.S. (1999). *Judicial decision making: Is psychology relevant?* New York: Kluwer Academic/Plenum.

9.15 裁判員（陪審員）の数

裁判員制度（→9.17）において，ひとつの評議体に参加する裁判員は6名，裁判官は3名が原則であり，場合によって裁判員4名，裁判官1名でも可能とされる（裁判員の参加する刑事裁判に関する法律2条2項）．裁判員の員数は，司法制度改革審議会での議論，その後の立法の過程を経てこのように決まった．

■司法制度改革審議会内外の議論

司法制度改革審議会で裁判員制度の導入がほぼ見えてきた段階で，次の大きな焦点になったのは，「裁判官と市民の人数を何人ずつにするか」であった．

司法制度改革審議会では，第45回と第51回に裁判員の「適正な数」について議論された．意見としてあがったのは「3～4人」「（裁判官の）数倍程度」，9人，12人であった．各々の意見の理由を見ると，3～4人とする意見は，職業裁判官の裁判を基本と考えていた．「数倍程度」の理由は，国民の多様な意見を反映し，国民の誰もがその責務を負っていると感じるためにこのくらいは必要ということであった．9人とする意見は，議論をリードしていく職業裁判官と裁判員が対等に議論して実質的に関与するためには，裁判官の3倍の9人が必要としていた．12人とする意見は，裁判員の多様性確保と，国民が「自分にもまわってくるかもしれない」と感じるだけの数として，12人が必要と論じた．

本来，このような議論をするには実験や調査を行ってデータを集めたうえで，裁判官と市民が何名ずつであれば制度の目的を達成しやすいかが検討され，最終的には国会での決定がなされるべきであろう．しかし，実際の導入の議論では，「市民の参加人数を多くする≒陪審賛成派≒現状の刑事裁判の否定」「市民の人数を少なくする≒守旧派≒現状の刑事裁判の肯定」と評価され，裁判員の人数についての意見表明と政治的立場の表明が同一視されるような状況があった．そのため，現状否定・改革あるいは現状肯定・保守という主張の理由の適否が，裁判員の人数の妥当性の理由と同一視された形で論じられた．また，当時の与党の自民党，裁判所，弁護士会，研究者などからさまざまな意見が表明されたものの，十分な調査や実験を踏まえたものはほとんど見られなかった．裁判員制度の評議体の設計に関しては，EBP（evidence-based policy：証拠に基づいた政策）の観点が欠落していた．

司法制度改革審議会の意見書では，①裁判員の主体的・実質的関与を確保する要請からは，裁判員の意見が評決結果に影響を与えられる人数とし，②評議の実効性を確保するという要請からは，裁判官と裁判員の全員が十分な議論を尽くすことができるだけの人数とする，にとどまり，具体的な人数の言及は避けられた．

■集団意思決定研究から

裁判員の数について"evidence-based"に考えるためのヒントとして，集団意思決定研究の知見を参照してみよう（→9.7）．一般に，意思決定に関与する人数が多いほど，大数の法則によって意見の数値的ばらつきは少なくなる．したがって，人数を増やすと判断の信頼性（同じような課題に対してくり返し判断を行った場合に，同じような結果が出る傾向）が向上するが，集団極化現象（→9.20）によって各成員の意見がより極端な形で集約される．また，人数が多くなると1人あたりの発言時間が減少

し、評議の実効性確保が難しくなる.

なお、一般には、人数が多くなるからといって「三人寄れば文殊の智慧」といって期待されるように、話しあうことで誰も知らなかった情報が評議の場に登場するわけではない。多くの場合、多数の集団成員がもつ情報が評議の場に投入され、確認されて終わることがほとんどである。したがって、人数が多くなると事前に予想もしなかった結果が「創発」するというより、多くの目で確認され、多くの集団成員が受け入れた情報に基づいて話し合いが行われる。なお、多くの人が記憶していると思ったことでも、必ずしも正しい記憶とは限らないのは記憶研究の教えるところである。この点は、評議中に証拠や裁判の記録を参照することで解決できる.

また、ほとんどの場合で初期多数派の意見が評議体の最終的な意見となる.映画『12人の怒れる男』(1957年公開、アメリカ)のように少数派の意見が全体を支配して当初の多数派を制することは非常にまれである。これは、多数決をとっても全員一致を課しても同様である。ただし、全員一致を課した場合には、評議の時間が長くなり、少数派の意見を多数派が考慮する可能性が高まる。その場合でも、「有罪 vs. 無罪」という決定的対立を覆すに至ることはほとんどない.

ただ、社会学的観点からすると、評議体1つあたりの人数が少なくなると、裁判員の評議体がコミュニティを代表する程度が下がってしまう。もちろん、裁判員制度の評議体には議会と同じ意味での代表性は求められないが、あまりにも代表する程度が低いと、市民が参加する裁判という裁判員制度の意義自体が疑われる恐れがある.

なお、アメリカでは6人陪審の合憲性が争われたため、6人の評議体と12人の評議体を比較した社会心理学研究が多数存在する。たとえばザックスとマーティ(Saks & Marti, 1997)は、6人陪審と12人陪審を比較した17の研究を取り上げ、分析した。それによると、12人陪審のほうが評議時間が長くなり、評決不能(hung jury)が増えた。しかし、12人陪審のほうが少数派を含むことが多く、評議中に証言を適切に思い出せる傾向が見られた。とすれば、多様な意見を評議に取り入れ、評議の質を高めたいならば、より大きな裁判体である12人陪審のほうが適切であることが示唆される.

■ 他の国の陪審員・参審員の数

上で言及した米国では多くの小陪審の陪審員は12人であるし、イングランド・ウェールズでも陪審員は12名である。しかし、スコットランドでは15名、スペインでは9名という例もある。また、参審制に近いがフランスでは9人または12人であり、韓国の国民参与裁判は9名または7名である。参審制まで加えると、参審員は2名から5名程度にばらついている.

国民が裁判に直接参加する制度をもつ国でも、それぞれの国の事情に応じて具体的な人数にはばらつきがある。したがって、日本では各国の状況調査に加えて、日本独自のデータをとったうえでの決定が必要であったと考えられる.

今後、法と心理学の浸透、また司法の制度設計において社会科学的手法と知見によってEBPが可能であることが理解されるに従って、社会科学的証拠に基づいた制度設計の議論がされることを期待したい.

〔藤田政博〕

▶ 文　献

Saks, M.J., & Marti, M.W. (1997). A Meta-analysis of the effects of jury size. *Law and Human Behavior*, **21**, 451-467

9.16 陪審コンサルティング

陪審コンサルティングとは，原告または被告のために陪審評決が有利になるような当事者以外の専門家による支援作業をいう．アメリカでは刑事と民事の陪審裁判で，活動がマスコミで大きく取り上げられるようになった．同時に，倫理道徳的問題を指摘する声も大きくなっている．

■陪審コンサルティングの歴史

古代陪審の起源はアテネの陪審法廷（dykasteria）にあるといわれるが，近代史における陪審裁判を支援する司法活動の歴史は非常に浅い．陪審コンサルティングという言葉が生まれ，または職業として確立したのは，市民権運動やベトナム戦争反対運動が活発になったアメリカ社会激動期の1960年代だといわれる．政府機関に逮捕された反戦活動家・学生や市民運動家を，弁護士や進歩的学者が共同してサポートしたのが発端だといわれる．1950年代からはじまった連邦捜査局による対敵諜報プログラム（COINTELPRO：Counter Intelligence Program）に象徴されるように，反戦平和や人種・民族平等を求める活動団体は，連邦捜査局（FBI）や政府機関によって危険視され，取締りや監視・弾圧の対象となった．たとえば「ブラックパワー」路線を主張し，第三世界との連帯を訴えるブラックパンサー党や学生非暴力調整委員会（SNCC：Student Nonviolent Coordinating Committee）の活動家，さらには無政府主義カトリック信徒（Anarchic Catholic Left）の反戦牧師がテロリストとして裁判にかけられるなか，社会心理学・犯罪学・社会統計学などの学者が陪審裁判に積極的に参加したのがきっかけである．よって当初の彼らの支援作業は営利的な目的をもたず，反政府団体・活動家の犯罪化（criminalize）を試みる連邦政府政策からの救済がおもな目的であった．著名な陪審コンサルティング団体であるNational Jury Projectは，このような反政府活動家の救済的目的の流れを汲んで，1975年にカリフォルニア州オークランド市に進歩的な社会心理学・統計学などの専門家によって創設された．

■陪審裁判における作業

コンサルタントが行う専門的作業は，民事・刑事事件によって異なる．たとえば刑事事件での作業はおもに次の四つがある．ひとつは，事件の性質や種類に基づいて，裁判地変更の申請，住民の意識調査，陪審リスト作成の公正さの検証を行う．マスコミが大きく取り上げた事件では，地域住民の意識調査をもとに裁判地変更の申請を検討する．同時に陪審員候補者のリストが公正に作成されているかどうか検証する．これらの作業は，陪審員候補者が実際に裁判所に出頭する前に行われる．

二つめは，法廷内での実際の裁判員の選択にかかわる作業である．たとえば，選任手続の環境や質問条件を被告人に有利にするための法廷内戦術，偏向・予断をもつ候補者を見分けるための質問票の作成と分析，場合によっては科学的陪審選定選任方法（scientific jury selection）（→9.13）の使用を検討する．そして陪審員候補者の質問票への回答に基づいて，心理的分析や事件・被害者への偏向を分析する．

三つ目は，公判の証人・証拠提示のサポートである．陪審員が理解しやすい証人への尋問や証拠提示を検討する．たとえば陪審員の評議内容に影響を与えると考えられる証人喚問や証拠提示の方法を検証する．場

合によってはシャドー陪審員を使って，実際の陪審員のもつ属性と同じ人たちを募集して模擬陪審を開催し，証人尋問方法や質問の種類や有効性，証拠提示の仕組みや順番・方法等の直接的な検証を行うことも大切な専門家の作業となる．

最後に被告人が有罪評決を受けた場合，上級審において「法律的な審査を受けうる法的な根拠」を示す申立の検討である．ここでは陪審リスト作成や質問票の送付手続の公平性，予備尋問における検察側忌避のジェンダーや人種・年齢・宗教別の行使の可能性など，選任過程で記録化された資料をもとに，公正な選任手続がなされたかどうかを検討する．刑事裁判の過半数が有罪評決で終結する現状を踏まえ，多くの弁護人は有罪確定後の異議申立を裁判所に対して行う作業を，公判前にすでにはじめている．たとえばカリフォルニア州の公設弁護人 (public defender) の多くは，管轄区域の陪審員の代表性について，過去の経験や判例などで示された研究結果などを予め分析し，裁判所に対し候補者名簿や選任手続の資料の情報開示請求を事前に行う．そして地元の選任手続の公正・公平性の調査・分析をもとに，有罪確定後の戦略を検討する．

■ 倫理・道徳的問題

近年，陪審コンサルタント活動に対する倫理・道徳的問題が指摘されている．1995年のO.J.シンプソン裁判では，被告はドリームチームといわれる著名な弁護士や陪審コンサルタントを雇い，無罪評決を不当に得たと批判された．民事裁判では，公害・人権訴訟で被告になった大企業が巨額な費用で陪審コンサルタントを雇い，勝訴するケースが多くなっている．このような裁判では，貧困層や少数民族が被害者になるケースが少なくない．「社会的弱者」は自ら専門家を雇う金銭の余裕がなく，金銭的不平等が

そのまま裁判の結果に反映される．近年では企業に有利な陪審裁判の司法環境をつくる司法専門家の作業も問題視されている．たとえば証拠認定や陪審選定手続きを有利に行うために，陪審裁判が行われる裁判管轄区の判事への政治的圧力である．

アメリカ不法行為法改革協会 (American Tort Reform Association) は1986年にアメリカ医師会（AMA）と三百社以上のアメリカ企業が出資してつくった．アメリカ全土の民事訴訟を統計的に分析し，大企業を含むビジネス団体に不利な評決・判決を出した裁判管轄区のランキングを「Judicial Hellholes」という小冊子に毎年発表している．カリフォルニア州のように地裁判事を6年ごとに地方選挙で再選する裁判管轄区では，再選資金は裁判官が自ら調達をしなければならない．資金源は商工会議所や地元に支店をもつ大企業が主となる．この団体は反企業体制の裁判所を公表することで，裁判官を含む地元の司法関係者を間接的に牽制しているのである．さらに行政や司法への圧力を通して，医療損害賠償額の最高額の制限を提案したり，企業への懲罰的損害賠償制度 (punitive damage) を制限したりなど，陪審員の評決に対し一定の法的な制約を敷く働きかけもしている．

■ 結 び

日本では民事裁判での市民の司法参加制度はない．しかし刑事事件での裁判員裁判におけるコンサルティング活動はこれから活発になるであろう．著名な事件での意識調査や被告人に対する偏見・予断の分析，裁判員選定過程での質問票の作成，有罪確定後の選任手続に関する異議申立など専門家が関与する作業は多い．倫理道徳的問題点を十分に検討しつつ，多くの司法研究・専門者や市民活動家による弁護人への積極的な支援活動に期待したい．〔福来 寛〕

9.17 裁判員制度

裁判員制度とは，日本において一般市民が裁判官とともに刑事裁判を行う制度である．すなわち，裁判官と一般市民が，犯罪をしたとして検察官に起訴された人物（被告人）が本当に犯罪を行ったかどうかを決める制度である．有罪の場合，被告人が受ける刑も決定する．対象となる事件は重大な犯罪に限られている．一般市民は，衆議院議員の選挙人名簿から無作為に選ばれ，裁判所での選任の手続を経て任命される．

この制度は，2004年5月に成立した「裁判員の参加する刑事裁判に関する法律」（裁判員法）を根拠法としている．原則として3人の裁判官と6人の裁判員でひとつの事件を担当する．検察官・弁護人から申し出があれば，裁判官1人・裁判員4人で裁判を行うことを裁判所が決定できる．

■裁判員制度導入の意義

裁判員制度が導入された目的は，「司法の国民的基盤」を強化するためである．そして，司法への直接参加を通じて「統治主体意識の涵養」を行うためである（司法制度改革審議会意見書）．この意見書が念頭に置いているのは，フランスの思想家トクヴィル（Tocqueville, A.）が，アメリカの陪審制度を評して言った「民主主義の学校」と推測される．

そのような政治的・社会的意義だけではなく，市民が刑事裁判に参加することを契機に，事件捜査の方法や裁判の運営方法の変更・改善が行われている．たとえば，裁判員裁判では，関係者が法廷に出席して審理を行う「公判」が裁判の中心となる．公判では，事件の詳しい事情を知らされていない裁判員と裁判官が，検察官や弁護人が法廷で示す証拠に従って判断する．

これまでは公判に至る前に作成された供述調書など，書類（書面）を裁判官が法廷の外で読んで事件を処理してきたが，裁判員制度では法廷で示されたものをその場で見聞きして判断を下していくことになる．これを「公判中心主義の実質化」とよぶ．それに伴い法廷プレゼンテーションの強化，取調の一部録音・録画などのさまざまな変化が裁判と事件捜査に現れてきている．

裁判員制度は2009年5月に施行されたが，実施後3年で実施状況について検証されることが裁判員法で規定されている．

■裁判員制度導入の経緯

裁判員制度のような制度が「急に」出てきて国民が巻き込まれることになった，という印象が語られることがしばしばあるが，もちろん実際にはそのようなことはない．

日本では，明治初期に岩倉具視率いる視察団が欧州に到達した際に，フランスで陪審裁判を見学した記録が残っている．そのときから日本の刑事訴訟法の近代化とともに陪審制度の導入の是非をめぐって議論が続けられていた．さまざまな曲折を経て，1923年，高橋是清内閣のときに陪審法が成立し，刑事裁判において1928年から陪審制度が採用され，15年間で484件の陪審裁判が実施されたが，1943年に停止され現在に至っている．

陪審制度が停止されたとき，第2次世界大戦後に再実施されることになっていたものの，再実施されなかった．大きく注目されることはなかったが，陪審制度の復活の議論は，第二次世界大戦終結後からずっと続けられてきた．

1960年代の臨時司法制度調査会では，

陪審裁判復活に向けた議論はなされなかった．しかし，1999年にはじまった司法制度改革審議会が，2001年6月13日に提出した意見書で裁判員制度の導入が勧告された．この議事録は各回の会議終了後からインターネット上で公開されている（http://www.kantei.go.jp/jp/sihouseido/index.html）．なお，「裁判員制度」という語は，この審議会で新しく作られた語である．それまでは，「裁判員」といえば，裁判官弾劾裁判所の裁判担当の国会議員のことであった．

■ 陪審制度との違い

陪審制度では，市民から選出された陪審員が陪審を構成する点は同じだが，事件の事実のみについて判断する．量刑については判断しない．また，裁判官は陪審の評議に参加しない．一方，裁判員制度では，裁判員は裁判官とともに評議する．なお，陪審員とは個々の構成員のことをいい，陪審とは陪審員が集まった意思決定主体のことを言う．また，「陪審員制度」という語が近年聞かれるが，これは「裁判員制度」の連想から逆成された語で，誤用である．

■ 控訴の問題

裁判員制度は，地方裁判所における一審の審理に導入される．日本では刑事裁判において三審制がとられているため，検察側または弁護側が一審の結論に不服があれば控訴できる．控訴審は裁判官のみで構成される裁判体で裁かれることとなる．控訴は量刑不当や事実誤認でも可能である．

したがって，市民を交えて下した量刑や事実認定についての結論を，裁判官が覆すことが制度上は可能な構造となっている．しかし，そのような事態は裁判員制度をわざわざ導入した趣旨に反するため，最高裁判所は，なるべく一審の結論を尊重するのが望ましいとしている．

■ 裁判員制度と心理学

裁判員制度は日本独自の新しい制度であるため，心理学的研究の対象としては取り組みがいのある研究領域といえるだろう．

もちろん，陪審制度についての社会心理学的研究が精力的に進められてきたアメリカでは，裁判員制度にも応用可能な研究が数多くなされてきた．中には，何人でひとつの陪審とするかなど（→9.15），裁判所の判断に影響を与えた研究もある．法解釈学はテキスト解釈を主要な方法とするため，人間の行動を扱う方法，とくに系統的な観察方法をもたない．それゆえ，心理学をはじめとした法解釈以外の分野の方法と知識によって，よりよい運営の方法を模索し，改善していく必要があるだろう．

具体的には，コミュニケーション研究や説得研究（→9.4）を応用したプレゼンテーションの研究や，裁判員や裁判官の判断に影響する要因を特定するために，たとえば意思決定（→9.7）や態度変容，パーソナリティに関する研究も応用可能となる．ほかに，公判前報道の裁判員への影響，裁判員の理解力，評議という集団意思決定の特性，日本の文化との関係など，さまざまなトピックが考えられる．ただ，日本ではこれらについてはこれからの課題となっている．

日本で実施された研究としては，集団主義と評議の参加度評価の関係，認知負荷と同調の関係，裁判員制度への参加意欲に関する社会調査などがある． 〔藤田政博〕

▶文　献

藤田政博（2008）．司法への市民参加の可能性——日本の陪審制度・裁判員制度の実証的研究　有斐閣

司法制度改革審議会（2001）．司法制度改革審議会意見書—— 21世紀の日本を支える司法制度〈資料〉　自由と正義，**52**(8)，242-184.

9.18 裁判員制度批判

■裁判員制度への批判

さまざまな制度の変更・創設などには批判がつきものであり，裁判員制度（→ 9.17）もその例外ではない．司法制度改革における目玉として関係各所が広報に努め，実施が近づくにつれ関連報道が増えたこともあってか，裁判員制度は大きな関心を集めるようになった．

裁判員制度への関心の高まりのひとつの発露として，各種の裁判員制度批判論が展開されるようになっている．この項では，批判論を概観し，批判論に共通する論点を抽出することを試みる．

■批判文献の公刊状況

日本国内の日本語雑誌論文を対象としたデータベース（CiNii）で調べると，2010年5月19日現在，「裁判員」と「批判」をキーワードとしてヒットする論文数は18本である．

「裁判員」「矛盾」で2件であり，合わせると20件となる．「裁判員」のみでヒットする件数（1879件）の1％強である．もちろん，これらのキーワードが含まれない批判論文もあると考えられるが，裁判員制度の文献全体からすると，矛盾・批判の論文は量としては多くないと推測できるだろう．なお，書籍については「裁判員」「批判」または「矛盾」で国会図書館書籍目録でヒットする件数は8件であり，全件数244件の3％強である．読者の便宜のために例示すると，井上（2008），池内・大久保（2009），小田中（2008），高山（2006）などがある．

■裁判員制度批判の種類

裁判員制度に対する批判の論点は多い．大きくいっても，制度の不備，裁判官のあり方，裁判員となる国民の資質などが存在する．典型的には，これらの論点について羅列的に述べられている論が多い．各種批判本に共通する点を，わかりやすくするためにあえて分類するとすると，次のようになるだろう．

1. 裁判員制度の導入過程に問題があるとするもの
2. 従来の刑事裁判との比較において裁判員制度を批判するもの
3. 制度上の問題を指摘するもの
4. 運用上の問題を指摘するもの
5. 憲法上の問題を指摘するもの
6. 理念的問題を指摘するもの
7. 参加意欲の不足を指摘するもの

次では，裁判員制度を批判する書籍に見られる論点の概略を要約して紹介しよう．

■裁判員批判の概要

導入過程の問題としては，国民の議論や関心が高まらないうちに導入された，陪審でも参審でもない妥協の産物であるという主張がある．

従来の刑事裁判との比較としては，精密司法・調書裁判という良き伝統を壊し基準なき裁判に陥る，人権侵害の捜査を温存させる，これまでの裁判の悪いところを強化する，という主張がある．

制度上の問題としては，重大事件でなく軽微事件にすべきという主張，被告人が裁判員による裁判を拒否できない，公判前整理手続が長くかかるために被告人の勾留期間が長くなる，控訴審は裁判官のみによる裁判であり裁判官が裁判員裁判の結果を覆すのは裁判員制度の導入の趣旨にもとるという指摘がある．また，判決書は裁判官のみが署名押印するのは裁判員制度の導入の趣旨にもとるという主張がある．部分判決制度について，リレー裁判や裁判員の途中

交代は許されないという主張がある．

　制度上の問題のうち裁判員の選任・解任について，裁判官に楯突けば解任される，裁判員になれる資格が限定されている，選任手続で弁護人が不利になっている，裁判所は質問や忌避を通じて大きすぎる権限をもっている，くじ引きという方法自体がおかしいという主張，1回限りで経験が生かせないのは良くないという主張がある．

　ほかに，裁判員の守秘義務が厳しすぎる，実施後3年後検証の検証委員会の権限が不十分という主張がある．

　運用上の問題としては，裁判員の参加は形式的になり「お客様扱いされる」，参加は見せかけである，裁判員の負担が過大であるという主張がある．また，裁判員の能力の問題に関する主張として，裁判員は見た目で判断する，マスコミなどの裁判外の情報に容易に影響される，日本人は人をさばくのが苦手である，経験のない裁判員で誤判が多発する，高度で複雑な判断能力がない，事実認定が困難である，法的素養が不足している，裁判員は適正な量刑ができない，という主張がある．また，裁判官との格差に着目し，プロと素人では裁判員制度が目指す「対等な」議論はありえない，裁判官の意見や権限は裁判員を圧倒する，という主張がある．

　審理にかけられる時間についての問題として，裁判所や法務省が「公判は3日前後で終わる」ことを広報において強調していたことをとらえて，2種類の主張があった．ひとつは，裁判員は3日も仕事を休んで裁判に出席できない，長期裁判には対応できない，という「長すぎる」という主張である．その一方で，数日の裁判で死刑を宣告するのは短すぎる，被告人の人権を無視した拙速裁判である．憲法上の問題としては，裁判員の入った評議体で裁判を行う裁判所は憲法で定める「裁判所」とはいえない，裁判員の裁判官の職権行使の独立に反する，裁判員をさせられるのは憲法が禁ずる「意に反する苦役」である，という主張がある．

　理念的問題としては，民主的なように見えて民主的でない，国民主権原理を否定するものであるという主張や，処罰意識や権力意識を国民に注入するものである，新自由主義の発露である，市民を裁くものと裁かれるものに分断するものであるという主張がある．一方で，みんなで決めればそれで良いのかという疑問も提示されている．

　意欲の不足の指摘としては，最高裁判所調査，法務省調査，読売新聞調査，独自調査などを引用して参加に否定的な回答が大多数を占めるという指摘がある．

■まとめ

　裁判員制度批判が提起する問題点について，独自のデータによって検証されたものは非常に少ない．裁判員制度だけでなく，われわれが裁判という社会的作用についてより正確な認識をもつために，批判論が提起する問題点を実験などのデータによって当否を確かめる作業が必要といえるだろう．

　そのうえで，さまざまな問題点をかかえてもなお，われわれが裁判員制度を維持すべきか，制度を変えるとすればどうするかを広く議論し決定する必要があるだろう．

〔藤田政博〕

▶文　献

池内ひろ美・大久保太郎（2009）．裁判長！話が違うじゃないですか——国民に知らされない裁判員制度の「不都合な真実」　小学館101新書
井上　薫（2008）．つぶせ！裁判員制度　新潮新書
小田中聰樹（2008）．裁判員制度を批判する　花伝社
高山俊吉（2006）．裁判員制度はいらない　講談社

9.19
リスキーシフト（集団極化）

　個人での意思決定よりも，集団での意思決定のほうがよりリスキーな決定をする現象をリスキーシフト（risky shift）といい，より慎重（コーシャス）で，リスク回避的な決定をする現象をコーシャスシフトという．あわせて，集団極化現象（group polarization）という．集団極化現象をストーナー（Stoner, J.A.F.）が最初に報告した当時は，集団での意思決定（→9.7）は，集団成員の意見の平均をとったものになる，という見解が経営学などでも支配的であった．そこに，ストーナーが集団での意思決定のほうが個人意見の平均より極端になることがあることを示したので，強い関心を集めた．

　それでは，ストーナーはどのような研究により，集団極化現象を示したのであろうか．ストーナーの実験参加者は，いくつかの仮想場面について，ある人物がなんらかの問題に直面しており，そこである行動をとるように勧めるにあたり，その行動の成功率がどれくらいならば勧めるかについて，成功率が1（0％に相当）から11（100％に相当）までの11段階で評定した．成功率が高くないかぎり勧めないのであれば，慎重で，リスク回避的な決定をしたことになり，成功率が低くても勧めるのであれば，リスキーな選択肢を勧めたことになる．

　参加者には集団意思決定の前に一回個人で判断し，事前判断の平均と，集団での判断を比較した．その結果，事前判断よりも集団判断のほうが，より低い成功確率でも行動を勧めるリスキーシフトが生じやすい場面設定と，その反対に集団討議の結果，その行動の成功確率が，より高くなければ勧めないというコーシャスシフトが生じやすい場面があることがわかった．

　リスキーシフトが起こりやすい場面は，「これ以上失うものは少ないが，うまくいけば大きな成果が得られる」ような設定である．たとえば，あるチェスの選手がチェスの全国大会でチャンピオン候補と対戦している．勝つ見込みは，まずない．途中である妙手を発見し，失敗したら確実に負けてしまうが，うまくいけば勝利できるとき，どれくらいうまくいく可能性があれば妙手を指すことを勧めるか，という問題である．実際にこの問題では，討議前の受け入れ可能な成功見込みの個人平均に対し，集団ではリスキーシフトを生じやすい．

　いっぽう，コーシャスシフトが生じやすい場面は，成功すればよいが，失敗すれば失うものが非常に大きいために失敗が許されないようなハイリスクな場面である．たとえば，友人女性が，ボーイフレンドと結婚する予定であるが，いくつかの重要な点について価値観の重大な相違があることが判明した．結婚したい気持ちはあるが，友人やカウンセラーからは，「幸せな結婚は可能であるが確実ではない」という意見をもらっている．このとき，彼女が結婚して幸せになる確率がどれくらいであれば，結婚を勧めるか，というものである．この問題では，討議前の受け入れ可能な成功見込みの個人平均がもともと慎重で高めであるのに対し，集団ではさらに高い成功可能性を求めるコーシャスシフトを生じやすい．

　ストーナーの研究をうけて，ウォラック（Wallach）らは，追試によって多くの課題でリスキーシフトが生じることを確認した．また，集団決定のあとに，ふたたび個々人での判断を求めたところ，集団決定の方向に個人意見もずれていることを確認した．このことは，集団討議から離れたあと

も，集団討議の結果の影響が内在化されたことを示している．

ストーナーやウォラックは，はじめはリスキーシフトを強調していたが，その後に多くの研究者により行われた研究も含め，1〜11の中間点である6を中心として，集団判断が事前の個人判断の平均よりも極端な方向になるというとらえ方のほうが妥当であるという合意ができ，集団極化現象と総称されるようになった．

また，その後の研究で明らかになったことに，討議前の個人意見の平均が，中間点に近いほど，極化現象が生じにくく，中間点からリスキーまたはコーシャスな方向に離れているほど，同じ方向に大きなシフトが起こりやすいということがある．このことは，初期の個人意見の平均が極端であればあるほど，討議後の集団意見がさらに同じ方向に極化することを意味する．この現象は，評定尺度には上限（ここでは11）と下限（ここでは1）があることを考えると，不思議である．なぜなら，一般に，初期の個人判断が尺度の上限または下限に近いほど，そこから同じ方向にシフトできる余地が少なくなるからである．このことは，天井効果（尺度の上限でつっかえてしまう現象）や床効果（尺度の下限でつっかえてしまう現象）としても知られているため，心理学的に見ると，個人意見の平均が極端なほど，尺度上でシフトできる余地が少なくなるにもかかわらず，集団判断のシフトが大きくなることは，意外な結果である．このような結果は，どの程度実際の集団意思決定に一般化してよいのだろうか．この点に関しては，ウォラックたちが，たまたま人工的に極化現象が生じやすいような課題を用いた可能性も考えられる．

それでは極化現象は，ウォラックが用いたようなローリスク・ローリターンな選択肢とハイリスク・ハイリターンな選択肢を呈示されたときの選択のジレンマ課題以外の課題でも，生じるのであろうか？　この点に関しては，選択のジレンマ課題とは異なる課題でも，極化現象が生じることが知られている．たとえば，政治家に対する態度や，自分が所属する集団や組織への態度などにおいても，極化現象が見られている．ただし，極化現象に関する多くの研究は，その場で初めて会うような，一時的で人工的な集団を対象にする実験室実験から得られたものである．

その後，集団討議で自分と他者の意見とを比較して，よりよく集団に受け入れられるように意見を言ううちに意見が極端化するのだという社会的比較による説明，説得的な論拠が極化に影響しているのだという説得的論拠理論，初期の多数派の影響により，多数決原理で極化が生じる（少数派の意見も多数派寄りに変わる）という説，などが提示され，多くの実験が行われた．

説得的論拠理論や社会的比較理論があてはまるのは，互いの意見についてあまりよく知らず，討議すべき内容についての知識も多くはないような場合である．集団極化の実験は，大部分は初対面の参加者が初めて討議する論題について議論するので，社会的比較や説得的論拠の影響を受けやすく，集団極化が生じやすいといえるだろう．いっぽう互いの意見や討議内容についてよく知っていることが多いような，現実に存在する集団に関しては，極化現象が生じないという報告もある．

裁判員制度（→9.17）では，事実認定や量刑判断などにおいて，極性化現象が生じるかどうか定かではない．しかし，極化現象などが起こる余地を少なくすることで，よりよい集団意思決定ができるだろう．

〔杉森伸吉〕

9.20 陪審員ストレス

陪審職務中に陪審員が直面するストレスを陪審員ストレス（juror stress）という．

陪審員の多くは陪審業務を意義のあるものとして肯定的にとらえているが，同時に強いストレスを感じている（Bornstein et al., 2005）．たとえば，陪審員の約半数は陪審中に高レベルのストレスを経験したことがあると報告しており（NCSC, 1998），場合によっては陪審員自身の生活を脅かすほどの深刻な影響を与えることもある．

■ ストレスの元は何か？

では，何が陪審員にとってストレスとなるのだろうか．陪審対象となる事件は民事と刑事の両方があるが，陪審員ストレスに関する研究の多くは刑事事件の中でも，とくに殺人や重大犯罪の審議に集中している．これらの事件では残酷な写真や目撃証言が犯罪の証拠として提出され，陪審員は審議を行うためにこれらの衝撃的証拠に向き合わざるをえない．

こうした刺激は陪審員に過大なストレスを与えると同時に，陪審にも影響を及ぼす．また，まれなケースではあるが，O.Jシンプソン事件など非常にセンセーショナルな審議では，マスコミによる陪審員の調査やそれから身を隠すこともストレスになりうる．たとえば，アメリカで起こったタイコ・インターナショナルの元最高経営責任者らの脱税および背任事件の裁判では，陪審員の実名報道を含むメディアプレッシャーが無効審理の原因であったと考えられる．

しかし，陪審員が感じるストレスはこのような例外的な経験によってもたらされるものだけでない．401名の陪審員（および陪審員候補）を対象に行われた調査（NCSC, 1998）ではストレスを感じるおもな要因として，①答申の決定，②陪審でのディスカッションや審議，③日常生活がかき乱され，日課のスタイルを変えざるをえないこと，④間違いを犯すことへの恐れ，⑤暴力犯罪を審議すること，⑥陪審員に選定されるか否か，⑦子どもに対する犯罪の審議に加わること，⑧他の人々の前で質問をすること，⑨被告へ答申を宣告すること，⑩陪審員どうしの軋轢や意見の相違，の10点をあげている．

また，これ以外にも被告がどのような刑を受けるか知ることも陪審員にとってはストレスとなりうる．陪審員は事件の事実のみについて審議し，量刑の判断は行わない．しかし，刑事事件における有罪判決は被告の死刑を含みうるし，民事裁判の場合，被告は金銭や名誉を失うこととなる．このように，陪審員の決定が被告の人生を変える重要なものであると認識することは大きなストレスとなる（Haney et al., 1994）．

また，ボーンシュタインら（Bornstein et al., 2005）は，陪審員ストレスの重要な特徴として，審議中だけでなく，日常生活において慢性的なストレス（失職や子どもの保育などの日課のスタイルを変えざるをえないこと）に晒されることをあげている．陪審員ストレスの症状としては，不安や不眠，頭痛，高血圧があげられる．また人によってはアルコールの大量摂取などが生じることもある．こうした症状は陪審が長期化したり，量刑が重いものであったりするほど生じやすい．また，陪審中ではなく終了後，時間がたってから発症することも多い（Bell & Feldmann, 1992）．

しかしながら，このような多様な症状にもかかわらず陪審員自身は，自分のストレスを過小評価する傾向がある（Bornstein et al., 2005). 陪審員ストレスにPTSDや抑うつなどの診断名がつくことはまれであるが，これはストレスレベルが小さいことを示しているのではなく，陪審員自身がその症例や原因に気がついていないことも関与しているのかもしれない．

■陪審員ストレスへの対策

陪審員ストレスの緩和対策としては，主として審議前の介入（intervention）と審議後のディブリーフィング（debriefings）があげられる．審議前の介入は，陪審中に感じる可能性のあるストレスの種類とその対処方略について説明を陪審員が受けることにより，ストレス事態への免疫を高めることを目的としたものである．この方略はストレス免疫訓練に端を発したものであり，ストレスへの対処方略として有益なものであると考えられる．しかし，実際の施行数が少ないことから，その効果については検討が待たれる．

一方，審議後のディブリーフィングは多くの審議で行われている．ディブリーフィングの中で，陪審員は自らの役割を振り返り，審議中に感じた感情を他の陪審員と共有するとともに，ストレスのコントロール方法を学ぶ．ディブリーフィングをうけた陪審員の多くはそのセッションが有効であったという内観を報告する．

しかし，その効果はあくまで主観的なものであり，ストレスレベルの低減に役立つという結果は得られていない．たとえば，ディブリーフィング条件と統制条件でのストレスレベルや不安を比較では（Bornstein et al., 2005），両条件のストレスレベルに有意な差はなかった．さらに，ディブリーフィング条件でセッションの前後を比較してもストレスレベルの低減は見られなかった．しかし，これらの研究においても被験者の内観ではディブリーフィングは効果があったと報告しているのである．

陪審員がなぜ実際のストレスレベルが低減されていないのにセッションが有効であったと報告するかについては，要求特性の影響などが指摘されている（Bornstein et al., 2005）．陪審員ストレスの原因についての研究が進んでいる一方，ストレス緩和の有効な対策についてはまだ明らかになっていない．今後の検討が必要であるといえるだろう．　　　　〔雨宮有里〕

▶文　献

Bell, R.A., & Feldmann, T.B. (1992). Crisis debriefing of juries : A follow-up. *American Journal of Preventive Psychiatry*, 4, 2-6.

Bornstein, B.H., Miller, M.K., Nemeth, R.J., Page, G.L., & Musil, S. (2005). Juror reactions to jury duty : Perceptions of the system and potential stressors. *Behavioral Sciences & the Law*, 23, 321-346.

Kaplan, S.M., & Winget, C. (1992). The occupational hazards of jury duty. *Bulletin of the American Academy of Psychiatry and the Law*, 20, 325-333.

Kelley, J.E. (1994). Adressing juror stress : A trial judge's perspective. *Drake Law Review*, 43, 97-125.

Haney, C., Sontag, L., & Constanzo, S. (1994). Deciding to take a life : Capital juries, sentencing instructions, and the jurisprudence of death. *Journal of Social Issues*, 50, 149-176.

National Center for State Courts (NCSC). (1998). *Through the eyes of the juror : A manual for addressing juror stress*. Williamsburg, VA : National Center for State Courts.

資料9 ●法廷用語の日常語化に関するプロジェクト

　裁判員制度の導入を踏まえて，日本弁護士連合会が立ち上げたのが，「法廷用語の日常語化に関するプロジェクト」である（2004年8月設置）．2005年11月年に中間報告，2007年12月に最終報告書がまとめられている（いずれも日弁連HPから閲覧可）．

　陪審制もしくは裁判員制度とは，法律についての特別な知識や裁判の経験のない一般市民が，刑事裁判を担うということである．そのために裁判員法では，裁判員がその職責を十分に果たせるような配慮を，裁判長などに求めている（同法51条，66条5項）．そのひとつの重要な要素として，審理において裁判員と他の法律専門家とのコミュニケーションを円滑にするために，法廷用語を一般市民にわかりやすくする意図から，このプロジェクトが立ち上げられた．このような試みは日本では陪審裁判以来忘れられていたために，一般市民に法律用語をわかりやすく解説しようとする意義自体が理解されないこともあった．

　実際の検討は，「法廷用語をわかりやすくして一般市民が学びやすくするため」ではなく，法律の専門家が一般市民の日常的語彙に近づいていくという発想で行われた．そのため，法律の専門家だけではなく，アナウンサーや日本語学者，法言語学者などといった有識者委員もまじえたプロジェクトチームとされた．また，法律用語がどこまで知られているか，実際にはどのように理解されているのか，といった意識調査や実態調査も行われた．この経緯については，座長の酒井（2009）によるまとめに詳しい．こうした調査や議論をふまえて，耳で聞いて，本質が直感的にわかるような説明をめざして検討が進められた．中間報告について意見を広く求めたうえで最終報告書をまとめた．この最終報告書をもとに，法律家向け市民向けの2種類の書籍も刊行された．その中から説明の一例をあげれば，「冒頭陳述」を「検察官が描いた，事件に関するストーリー」という提案など，それまでの刑事裁判からすると画期的な提案を行っている．このような表現は当初反発を受けたが，主張と証拠を明確に表現し分け，かつわかりやすく端的な説明として，その後の裁判員裁判では当たり前のものとして使用されるようになった．このように，難解な法律用語と概念について，法律家が一般市民に説明する際の助けとなる表現を案出することを目標とした．しかし，「さまざまな含みのある法律専門用語を捨てて，わかりやすい言葉に置き換えようとしているプロジェクトである」という誤解も見受けられた．

　このプロジェクトは，裁判員制度という新しい制度の導入のために必要不可欠な作業であったと同時に，専門家の使う言語と一般市民とをつなごうとする，ある種の異文化コミュニケーションの試みであったともいえる．関連諸学において，貴重な経験・記録になったといえるだろう．

（藤田政博）

▶文献など

日本弁護士連合会HP「法廷用語の日常語化に関するプロジェクトチーム」http://www.nichibenren.or.jp/ja/citizen_judge/program/nichijyougoka.html
後藤　昭（監修）日本弁護士連合会裁判員制度実施本部　法廷用語の日常語化に関するプロジェクトチーム（編）（2008）．裁判員時代の法廷用語　三省堂
同プロジェクトチーム（編）（2008）．やさしく読み解く　裁判員のための法廷用語ハンドブック　三省堂
酒井　幸（2009）．裁判員を法廷に迎えるために　岡田悦典・藤田政博・仲真紀子（編）裁判員制度と法心理学　ぎょうせい　pp.109-119

10. 防犯

日本における犯罪心理学的な防犯研究は，戦後から1990年代にかけ，「少年非行の予防」が主たる研究内容であった．しかしながら，街頭犯罪の認知件数が増加し，その対策として都市工学や環境犯罪学による「地域防犯」の知見が伝わったことから，研究内容が多様な広がりを見せつつある．たとえば，総合学会としては日本最大である日本心理学会大会の犯罪・非行部門において，2009年では24題中8題が，2010年では28題中5題が，それぞれ防犯に関する研究となっている．これは，他領域の研究（たとえば犯罪者プロファイリング）の発表題数に劣らない．本章では，まだ研究が開始されたばかりの地域防犯の研究成果を踏まえながら，関連する理論，実践活動を中心に紹介する．この分野の礎となれば幸いである．

〔桐生正幸〕

10.1 日本における防犯活動の動向

■ 防犯活動の背景

1970年代からアメリカなどで試みられていた環境デザインによる犯罪予防「CPTED」(→ 10.2)が，日本で実施されたのは，1979年に警察庁が行った「都市における防犯基準策定のための調査」からである(小出，2003)．都市犯罪の現状，犯罪の発生要因，対策などを都市工学的な視点から調査し，環境設計による「安全なまちづくり」を目指したものであった．

そもそも日本では，1963年の全国防犯協会連合会の設立以降，コミュニティによる防犯活動が行われてきた経緯がある．町内会・自治会やPTAによる交通安全運動や夜回り（火の用心）などの事故防止や防犯活動が継続的に，また地震や台風など災害に対する防災活動が機会的に，それぞれ行われていた．古くは，江戸時代の「自身番」（各町内や区画内にある詰め所に常時数名が居り，夜間の人の出入りの管理，犯罪や火事の対応や予防を行った）のように，小区画ごとの地域安全のシステムが日本には古くからあったことも起因し，各組織や多様な活動が，地域による安全のコミュニティ活動の土壌となっていたといえよう．

これら活動の上に，学問的な理論や系統だったシステムとしての安全・安心まちづくりが形成されていったのは，いくつかの凶悪事件の発生が要因となる．1988〜1989年にかけて埼玉県と東京都にて発生した宮崎勤による連続幼女誘拐殺人事件，1997年の神戸児童連続殺傷事件，2001年の大阪教育大学附属池田小学校における児童殺傷事件などは，社会全般の犯罪不安感を大いに高まらせた．また，街頭犯罪の増加も相まって，建設省（当時）と警察庁の合同による「安全・安心まちづくり手法調査」が1997〜1998年にかけ実施されることとなる．以後，ハード面では，たとえば，道路や公園の屋外照明（→ 10.4）の改善や監視カメラ（→ 10.10）の設置といった個別の対策が行われ，各家屋においては，窓ガラスや鍵の強化，監視カメラやセンサーライトの設置などが進められてきた．ソフト面では，地域ボランティアによる防犯活動（→ 10.11），教育機関などが行う子どもへの防犯教育（→ 10.8, 10.9）などが活発に行われはじめる．

■ 警察の取り組み

前述したように，防犯活動の対策としては，環境改善や設備の充実といったハードの部分と，地域ボランティアによる見回りといったソフトの部分がある．加えて，防犯活動の対象として，器物損壊や侵入盗など街や住宅を守るため活動と，子ども，女性，高齢者など犯罪被害のリスクが高い対象を守る活動に大別できる．警察の取り組みは，それらを横断的にとらえながら行われてきた．

CPTEDの視点に立って防犯活動の充実を促した初の試みとして，1989年に山口県警察が行った「小京都ニュータウン（山口市）」の防犯団地モデル指定がある(小出，2003)．これは防犯設備の対策に加え，自治会・山口市・警察などによる「防犯モデル地区推進連絡会議」を設立し，防犯パトロールや防犯診断などを行うものであった．以後，福島県警察による「美郷ガーデンシティ（福島市）」の防犯モデル団地指定，静岡県警察による「防犯マンション認定制度」などが実施されている．また，2000年には「安全・安心まちづくり推進要綱」を，警察庁が制定している．

一方，女性・子どもを守るために 1999年 12 月 16 日，「女性・子どもを守る施策実施要綱の制定について」が警察庁から関係部局，各都道府県警察の長に通達される．この要綱は，「ボランティア・自治会等との連携」「被害者支援」「資器材の整備」の3つの内容に分かれている．「ボランティア・自治会等との連携」については，以下のように記載されている．

> ・女性，子どもを対象とした地域安全情報の提供，防犯指導の実施，防犯機器の貸与
> ・自主的なパトロール活動に対する支援，子ども 110 番の家に対する支援，子ども発見ネットワークの構築

　その後，2005 年に広島県や栃木県にて女子児童誘拐殺害事件が発生したことから，警察庁は「通学路等における子どもの犯罪被害を防止するための諸対策の徹底について」（2005 年 12 月 6 日）を通達することとなる．ここでは，以下のようなことが具体的な対策を含め記載されている．

> ・声かけ事案等不審者情報の迅速かつ正確な把握と情報の共有化
> ・学校，PTA，防犯ボランティア団体，地域住民等との連携の強化
> ・子どもに対する被害防止教育の強力な推進

　以上のような徹底した対策を呈示しながら，社会全体で女性・子どもを犯罪から守る気運と行動を，警察は促している．
　なお，同年 6 月には，全国の防犯活動の地域ボランティア団体は 13968 団体，構成員数は 800317 人となっている．団体数は，平成 2003 年度と比べ約 4.6 倍に増加している（財団法人全国防犯協会連合会，2005）．

■ 自治体の取り組み
　各地方自治体（都道府県）は，条例などを制定し，警察庁が提示する防犯活動の格子にそった形で，住民による防犯活動を推進している．すなわち，防犯グッズ（防犯ベル，携帯電話，防犯カメラ，サスマタなど）の普及，防犯ボランティアなどによる防犯パトロール，地域安全マップ（→ 10.12）などの防犯教育などの活動である．
　たとえば，東京都は，「東京都安全・安心まちづくり条例」（2003 年 10 月 1 日施行）を制定した．この条例の第一条は以下としている．

> 第一条　東京都の区域における個人の生命，身体又は財産に危害を及ぼす犯罪の防止に関し，東京都，都民及び事業者の責務を明らかにするとともに，安全・安心まちづくりを推進し，安全で安心して暮らすことのできる社会の実現を図ることを目的

　この中で，「学校等における児童等の安全確保に関する指針」を定めており，具体的な方策として以下の点をあげている．

> ・正当な理由なく学校等に立ち入ろうとする者の侵入防止等
> ・施設・設備の点検整備
> ・安全確保についての体制の整備
> ・児童等に対する安全教育の充実
> ・保護者，地域及び関係団体（PTA，自治会，青少年教育団体等）との連携
> ・緊急時に備えた体制整備

　また，2004 年からは「東京都安全・安心まちづくりアカデミー」を開催し，防犯ボランティア活動を都内全域に広げるための地域リーダーを養成している．2004 年から 2005 年にかけて 3 回開校し，受講生は 284 名となっている．その後は，公開講座や子供安全ボランティア養成講座を，また現在は，地域安全マップ専科を開講している．このような自治体が開催する地域ボランティア養成講座は，以後，全国的な広がりをみせている．

他の自治体の取り組みも，同様の動きとなっており，たとえば兵庫県の「地域安全まちづくり条例」(2006年4月1日施行)が制定され，その内容は次のとおりである．

- 兵庫県が地域に行う支援施策：「必要な情報の提供，相談，助言」，「活動のノウハウ等の習得機会の提供」，「人材の確保や資金の調達への支援」，「著しい功績があった人への表彰など」
- 地域安全まちづくり推進員（ボランティア）を知事が委嘱し，身分証明書の発行，ボランティア保険料の負担などの支援を行っている．1グループ5万円限度の助成，腕章，防止，ジャンパーなどの用品を配布する．

現在，兵庫県は「地域安全まちづくり推進計画」の第2期に入っている．そのおもな取り組みとしては，以下のような細やかな対策を掲げている．

1. **地域安全まちづくり活動の支援**
   - 県民意識の高揚：地域の活動事例情報の共有（マモリンレポート発行，図1），団塊世代等の地域づくり活動への参加促進，犯罪被害者支援の必要性の啓発
   - 地域ぐるみの活動の促進：まちづくり防犯グループの活動促進，地域リーダーのための研修機会の提供

図1　兵庫県の活動事例レポート

2. **子ども，高齢者等の安全確保の支援**
   - 地域で取り組む見守り活動の推進：青少年のインターネット等の利用対策の推進
   - 安全に関する対応能力の向上：ひょうごユースケアネット推進会議の運営
   - 豊かなこころの育成：薬物乱用防止対策の推進
3. **防犯に配慮した施設の管理・整備の支援**
   - 防犯に配慮した施設の管理等の取組：防犯指針の普及啓発
   - 防犯カメラの設置推進：防犯カメラ設置補助事業

現在，自治会などの団体から，防犯カメラ設置の補助申請が増加しているという．

■ 地域の取り組み

警察や自治体の支援を受けて，自治会・町内会，PTAなどのさまざまな地域防犯活動が展開している．ここでは，大阪府内における活動を紹介したい．平成19年度第1回安全なまちづくり・リーダー養成講座（2007年10月27日，国民会館大ホール）が，大阪府の企画によって開催され，冒頭，次のような説明が行われた．

> ボランティア団体の内訳は，子どもの防犯だけに特化しない「一般ボランティア」が23%，「子どもの安全見まもり隊」が77%である．ボランティア団体の主な構成員は，保護者が71%，町内会・自治会会員が12%である．活動拠点は，拠点があるのが23%，拠点がないのが77%である．また，おもな拠点としては，町内会集会所が28%，公民館が19%，その他の公的施設が20%，会社事務所が15%である．

この説明でもわかるように，開始された地域防犯活動の内容は，子どもの安全が主たる目的となっており，PTA（とくに母親）が中心となっていた．

次に，具体的な活動内容である．「平成19年度　大阪府青少年指導員連絡協議会

講演会」(2008年2月2日，大阪府立青少年会館文化ホール)において，大阪府内の各種事例報告が行われた．

泉南市：青少年指導員は81名(男性61名，女性20名)であり，10年以上前から防犯広報パトロールを行っている．現在は，青色パトロール車を用いて定期的な活動を実践している．なお，泉南市にある11の小学校全てに，子ども防犯の組織がある．

田尻町：町内の子どもに「子ども110番」のことをよく知ってもらうための企画「こども110番ウォークラリー」を行っている．これは，地図を手にして「子ども110番」を探し当て，そこで出題されるクイズを解きながらゴールの小学校に向かうものである．到着の想定時間に近いタイムを出したグループ，クイズの高得点グループが表彰対象である．ラリー出発前には，警察によるミニ防犯教室，大声コンテストなどが行われ，また，「子ども110番」の家や店の人に感謝の手紙を渡したり，新しい110番の旗を渡したり，といったことも行われている．

図2 大学生による防犯教室の様子

大阪府熊取町：町のイベントに大阪体育大学の学生が参加
兵庫県姫路市：姫路獨協大学の学生による安全パトロール
兵庫県三木市：関西国際大学の学生が設立した防犯に関するNPO法人を母体に，地元小学校への出前「防犯教室」(図2)の実施などの活動

全国における地域防犯の取り組みは，概ね防犯パトロールを中心に，その地域の特色を生かした，さまざまな試みが行われていると言えよう．

■ 今後の課題：道草ができる地域へ

さて，地域防犯ボランティアの多くは，高齢者や母親であり，日々の活動における時間的な制限や体力疲労などが問題となっている．そのため，防犯パトロールなどへの幅広い世代の参加や，新たな防犯活動の必要性が高まっている．たとえば，大学生など地域の青少年が地域防犯活動に参加している例として，以下がある．

警察庁は2010年に「若い世代の参加促進を図る防犯ボランティア支援事業実施要領」を出し，大学生に防犯活動の参加を促しており，その活動は全国的に広がりをみせている．

さて，今後の日本の防犯活動における人的資源として，「地域の父親」の参加が期待される．その役割は，地域の犯罪発生状況を分析する，休日に子どもと一緒に通学路などを歩き具体的な対策を講じる，運動会などのイベントを利用し地域の人たちとのコミュニケーションを深め楽しめる防犯活動を考える，などがあげられよう．

これまでの官民協同の地域防犯活動は一定の効果を示している．今後望まれることは，子どもが大人への信頼感を高め，再び道草ができる地域を作ることが，日本の防犯活動の目的となろう． 〔桐生正幸〕

▶ 文　献

小出　治(監)(2003)．都市の防犯――工学・心理学からのアプローチ　北大路書房
財団法人全国防犯協会連合会(2005)．安全ガイドブック　第3号

10.2 環境デザインによる犯罪予防

犯罪・防犯理論の多くは犯罪者の心理的特性（犯罪特性・犯罪傾向）と犯罪，あるいは犯罪者を生み出してしまう社会的要因におもに焦点をあててきた．一方で，犯行が行われやすい，あるいは行われにくい場面の物理的特性に注目し，環境デザイン（enviromental design）をおもな手段として，犯罪を抑止しようと試みるいくつかの理論がある．ここではその中の守りやすい空間と CPTED を紹介し，状況的犯罪予防（→ 10.3）との関係について説明する．

■ 守りやすい空間

守りやすい空間 (defensible space) とは，オスカー・ニューマン (Oscar Newman) によって提唱された防犯設計の理論である (Newman, 1971)．この理論は 1954 年にアメリカ合衆国のミズーリ州セントルイスに建築された，比較的低所得者向けの集合公共住宅，プルイット・アイゴーの研究からはじまっている．このモダンな 11 階建ての集合住宅は，建設中からバンダリズムなどの問題をかかえ，入居がはじまって数年が経つと，住民は平均をはるかに上回る犯罪発生率に悩まされた．ニューマンはこの公共住宅の環境にいくつかの問題を見出し，ある場所を犯罪から守るための原則を守りやすい空間理論としてまとめた．この理論の最も重要な概念はテリトリアリティと自然監視である．

テリトリアリティ (territoriality) とは，その場所を住民自身に所属する場所であると認識させ，そこを守ることに責任と正当性を感じさせるための区画や環境デザイン上の工夫を意味している．とくに，私的な空間と公共の空間の間に，準公共空間（あるいは準私的空間）という，実際には公共の空間なのだが，住民が「自分のテリトリーである」と感じる空間を設けること，また，そうした私的空間から公共空間までのヒエラルキーを作り出し，住人および第三者にその領域と境界を意識させるデザインである．象徴的障壁という方法を提案している．低い柵のように，乗り越えることは容易だが，それに囲まれた空間は住人の進入禁止の意図を第三者に伝えることで，侵入をためらわせ，また，住人に侵入をとがめられた場合に，住人を心理的に強い立場に，侵入者を弱い立場にさせるようなデザインが象徴的障壁の例である．また，直接的な物理的障壁（たとえば，施錠可能な堅固なドアや高い塀）を用いての侵入の制限（アクセスコントロール）もテリトリアリティの確保のために用いられる．

自然監視は，構築環境の内外への視界を最大にするように，窓や出入り口の位置やデザインを行うことである．また，守りやすい空間では環境のイメージと周辺の環境の要因も重視している．住民が住環境に対して良いイメージをもつことが，テリトリアリティの効果を高め，悪いイメージはテリトリアリティの効果を減少させてしまう．プルイット・アイゴーでは，近隣の住宅とはまったく異なるモダンな高層集合住宅を，住民は肯定的にはとららえず，その「違うデザイン」を低所得者の烙印として否定的に捉えていた．そのイメージの悪さが，住宅に対する愛着や誇りを失わせ，その結果，自分の部屋以外の公共部分を守ろうという意識を失わせていた．周辺の環境の要因とは，ある建物の犯罪発生に対して周辺環境の土地利用と秩序の程度が影響しているという考えである．この考えは後の割れ窓理論 (→ 10.6) と共通するものがある．

■ **CPTED**

　CPTED（Crime Prevention Through environmental Design，防犯環境設計）とは建築，設計・環境デザインによる防犯対策全般を意味することもあるが，狭い意味ではこの用語を提唱したジェフリーの防犯理論（Jeffery, 1971）のことをさす．彼は，それまでの犯罪学が犯罪行動に影響を与える要因として，個人の特性と社会環境に主に焦点をあて，物理的環境の要因をほとんど無視していたことへの批判から，環境の適切なデザインにより，犯罪発生率と犯罪不安を減少させ，生活の質を向上させるために理論としてCPTEDを提唱した．

　CPTEDのおもな方法として，アクセスコントロール，監視，境界の画定，テリトリアリティがあげられる．CPTEDは守りやすい空間とは直接関係をもたず，独自に発達してきた理論であるが，実際に提唱される方略は，守りやすい空間と大差はなく，実務家にとってはとくに別々の理論として考える必要性は小さい．しかし，住人が存在しない場合には，機能が十分に発揮されないことが多いテリトリアリィティの方略にあまり比重をおかないため，住宅以外の商業・公共・工業施設などの幅広い対象へと適用が可能なことが特徴である．また，理論的には，守りやすい空間が，場所を守るものと犯罪者の心理・行動の両方を重視した理論なのに対し，CPTEDは犯罪者の心理，とくに意思決定プロセスに大きな比重をおく理論であるといえる．

　状況的犯罪予防（→ 10.3）は，イギリス内務省に勤務していたロナルド・クラーク（Ronald V. Clarke）らによる実務的な活動の中で，整理，発展してきた理論である（Clarke, 1992）．方法論的には守りやすい空間とCPTEDの物理的環境設計の影響を受けているが，そこに環境設計以外の規則やモラルなどに基づく対策を取り入れたものと言える．理論的にはルーティンアクティビティ理論と合理的選択理論（→ 6.20）に大きく基づいている．つまり，犯罪を発生させる必要条件（ルーティンアクティビティ理論）を満たさない状況を作り出すことで犯罪を予防し，そのための手段として犯罪者の意思決定過程にかかわる要因（合理的選択理論）を操作することを目指すというものである．犯罪者の意思決定プロセスを重視するという点では，守りやすい空間よりもCPTEDに理論的には近い．オリジナルの状況的犯罪予防は犯行労力の増加（たとえば，ステアリングロック），犯罪者の知覚するリスクの増加（たとえば，監視カメラを付ける），犯行により期待される報酬の減少（たとえば，テレフォンカードを導入し，公衆電話の中に現金を残さない）の3つの基本原則から構成される．このうち前者2つはとくに環境デザインによる対策を重視している．その後，クラークは口実の排除という原則を加えるなど枠組みの拡大，整理を行っているが，基本的な方略に変更はない．口実の排除とは，新しく規則を制定することで，法的にはあいまいだった迷惑行為を明確に違法行為として定めることや公共の場にごみ箱を設置することにより，ポイ捨てを行った場合の言い訳ができないようにすることなどである．

〔羽生和紀〕

▶文　献

Clarke, R.V. (Ed.), (1992). *Situational crime prevention:Successful case studies*. New York, NY, USA：Harrow and Heston.

Jeffery, C.R. (1971). *Crime prevention through environmental design*. Beverly Hills, CA. USA：Sage.

Newman, O. (1973). *Defensible space : Crime prevention through urban design*. New York, NY, USA：Macmillan.

10.3 状況的犯罪予防

■ 基本原則

イギリス内務省調査部は，施設内処遇の調査結果（脱走や違反行為の発生は，収容者の個人的性向より施設の状況要因に左右される）を防犯に応用し，1970年代中期に「状況的犯罪予防」(situational crime prevention) の研究を開始した．

状況的犯罪予防とは，①個々の具体的な犯罪形態を対象とし，②犯行の直接的な環境を管理・操作することで，③犯行する者が認識する犯罪の手間とリスクを増大させ，報酬を減少させることを目指した，「機会縮減」(opportunity reduction) の諸方策である．

犯罪を醸成する社会的・制度的要因の改善ではなく，端的に犯罪機会を直接的に縮減することが目的である．クラーク (Clarke, 1992) などによると「状況的犯罪予防」は以下の4基本原則から構成されている．

①犯罪予防の目的は犯罪の機会を減少させることにある．
②犯罪予防の対象は具体的な特定の犯罪形態である．
③犯罪予防の方法は，犯罪者の構成や環境の一般的な改善ではなく，犯罪発生の可能性がある環境に直接働きかけ，管理・設計および操作するもの．
④犯罪予防の重点は犯罪の際の労力とリスクを増大させ，犯罪から得ることができる利益を減少させることにある．

■ 犯罪予防策

この原則に基づき，クラークは12の犯罪予防策を提案している．

犯罪の困難さの増加
①標的の強化：鍵・金庫・金網などの設置
②施設への出入り制限：ドア施錠やIDカードによる身分照会．
③犯罪者の移置：特定の地域での犯罪を黙認することにより他の地域の治安を守る．
④犯罪促進手段の制限：犯罪促進機会や道具の取得制限．

犯罪に伴う危険性の増加
①出入口の規制：部外者を発見する可能性を高める．
②フォーマルな監視：警察・ガードマンによる監視・防犯機器による監視．
③従業員による監視：バスの車掌・建物の管理者．
④自然な監視：街路照明の設置・生け垣の刈り込み．

犯罪報酬の減少
①標的の除去：コンビニエンス・ストアでの現金取引の制限など．
②所有物の識別：所有物を識別しやすいように名前やマークなどの目印を付ける．
③犯罪誘因の除去：危険発生地域に高価品を身に付けていかない，など．
④ルールの設定：組織内部犯行阻止のためのルール化．

状況的犯罪予防はイギリスに起源をもつが，その後の展開では，アメリカ合衆国で開発された「防犯空間」(defensible space)，「防犯環境設計」(crime prevention through environmental design：CPTED) の各論の影響を受けている．

理論的発展の初期の段階では，この状況的犯罪予防は「物理的」(physical) 防犯とよばれていたが，その後，機会縮減の方策は必ずしも「物理的」なものにかぎられるわけではない，という認識が進み，「状況的」という用語に変えられた．

■ 防犯環境設計論

次に状況的犯罪予防に密接に関連する

「防犯環境設計」であるが，犯罪学者であるC.R. ジェフェリーが，1971年に「防犯環境設計論」（CPTED：crime prevention through environmental design）を提唱した（→ 10.2）。

これは，「環境設計による犯罪防止」において，犯罪実行前の環境を直接コントロールし犯罪を予防するという考え方であり，住居地区のみならず都市全体の環境設計を目指すものとなった。CPTEDとは，建物や街路などの物理的環境の設計により犯罪を抑止すること，また，設計やデザインが住人・利用者の意識や行動を変化させ，その変化した意識や行動を犯罪の抑止として働かせるよう心理メカニズムを媒介とした抑止効果を構築することである。

CPTEDは，大きく以下の4つの分野，「被害対象の回避強化」「接近性の制御」「自然監視性の確保」「領域性の確保」から構成されている。前者2つは物理的環境設計による犯罪抑止に，また，後者2つは心理メカニズムを媒介とした抑止効果構築に関連している。心理メカニズムにおいては，地域コミュニティ・行政・警察が一体となって総合的な防犯体制を構築していくことが指向される。

被害対象の回避・強化　犯罪の被害対象となることを回避するため，犯罪の誘発要因を除去したり，対象物を強化したりすることである。

接近性の制御　犯罪者が被害対象者（物）に近づきにくくすることにより犯罪を未然に防ごうとすることであり，組織的手法（ガードマンなど），機械的手法（鍵などの設備），自然的手法（空間の限定）がある。これは，ビルとか住宅，学校，駐車場などへの出入りをいかに管理するかということである。

自然的監視性の確保　多くの人の目を確保し，また，見通しを確保することである。これはジェーン・ジェイコブスが初期の研究で言及したような，監視の目，街路を見守る目を街中に配置するという考え方である（→ 10.9）。たとえば駐車場に適切な照明を施すとか（→ 10.4），視線を妨げないような景観を作り出すとかでこの自然的監視性は高まる。

領域性の確保　共用のエリアに対する住民のコントロールを強めることが，領域性の問題である。建築のデザインにより，公共的なスペースでもなく，私的なスペースでもない，半公共的／半私的な空間を作り出すことができる。このような空間を設けることによって，住民による空間の領有を，必ずしも明示的な形でなく示すことができる。さらに，環境を魅力的にしたり，利用を活発にして，市民の防犯活動を推進することもある。

前述した接近制御と自然的監視性の2つは，領域性に貢献するものと位置づけられる。すなわち，これらを独立した方策とみなすのではなく，領域強化は接近制御と自然的監視性を包括する原理とみなされる。

〔樋村恭一〕

▶文　献
Clarke R.V. (1992). *Situational crime prevention: Successful case studies*. New York: Harrow and heston.
Mayhew, P., Ronald, M., Larke, V., Sturman, A., & Hough, J.M. (1976). Crime as opportunity. *Home Office Research Study*, **34**.

10.4 防犯灯による犯罪抑止

終戦から10年,戦後の混乱が後を引き夜の街は依然として女性や子どもたちが安心して歩ける環境ではなかった.政府は夜間における犯罪防止,公衆の安全を図る目的で1961(昭和36)年3月「防犯燈等整備対策要綱」を閣議決定した.この年の暮れから,警察当局・自治体・電力会社と照明メーカーが一体となり,全国的に"明るい街づくり運動"が展開された.国内における「防犯灯文化」の幕開けとなった.

それから40年,2000(平成12)年2月,警察庁は「安全・安心まちづくり推進要綱」を制定し,その防犯基準の中で"道路の明るさ(照度)は,概ね3ルクス程度"と定めている.防犯上の照度値が公の形となり,都道府県の生活安全条例の指針などにこの値が明記されている.現実は,この明るさをクリアーしている自治体は少ない.

■暗がりでの痛ましい事件

1997(平成9)年,神戸・児童連続殺傷事件にはじまり,各地で子どもを巻き込んだ痛ましい事件が起きている.最近では,暗がりでの事件が3件発生した.

2007年10月,兵庫県加古川市別府町の住宅街で,自宅の玄関前で小2年の女児が殺害された.日が落ちた6時すぎ,家の前は真っ暗だった.

2008年5月,愛知県豊田市の伊勢湾岸自動車道の豊田南IC近くの農道で,部活帰りの女子高生が,何者かに襲われ殺害された.ICには照明があるが,農道には照明はなかった.

2008年5月,豊田市の事件から4日後,京都府舞鶴市で深夜に,県道から約300m入った川の土手で女子高生が殺害・遺棄された.工場の裏手で普段は人が行かない,真っ暗な場所であった.

いずれの事件も,目撃証言がなく未だ犯人が捕まってない.もし,明りがあれば事態が変わっていたかもしれない.

■不安感などに関する国民世論調査

(財)社会安全研究財団は,2002(平成14)年から3年ごとに,犯罪に対する不安感等に関する国民世論調査を行ってきた.2008(平成20)年3月に3回目の調査研究結果が報告された.50の質問の中に「あなたは,地域の安全を守るために行政に何をして欲しいですか」(7項目のうちで,あてはまるものすべてに○をつける)で,"街灯や防犯灯を増やす"が第1位で,過去の2回も同様であった.国民のほとんどは夜道が暗いから明るく照明して欲しいと答えている.

■防犯灯の本来機能とは

防犯灯だから,すぐに防犯に役に立つというのではなく,本来的な機能は「街路の背景全体がそこそこ見通せ,安全に歩行ができ,前方から来る人が視認できる」ことにある.「環境設計による犯罪予防(CPTED)」の考え方でも,「監視性の確保」のためには夜間の適切な照明が不可欠である.それでは,どの程度の明るさがあればよいか.(社)日本防犯設備協会では,防犯照明の推奨照度を定めている.

警察庁の推進要綱は,表1のクラスBの値を最低限のレベルとして参考にしてい

表1 防犯照明の推奨照度(単位:ルクス)

クラス	水平面照度 (平均値)	鉛直面照度 (最小値)
A	5.0 以上	1.0 以上
B	3.0 以上	0.5 以上

注)水平面は路面上,鉛直面は路面から1.5m上の垂直面の照度を示す.

図1 照明改善の前(左)と後(右)

表2 ひったくり発生件数(夜間) 単位:件

	前1	後1	後2	後3	後4	後5
件数	4	5	1	1	2	2

注)各々,半年ごとの件数

表3 ひったくり発生件数(夜間) 単位:件

	前1.5	後1	後2	後3
件数	4	5	1	0

注)前は1年半,後は半年ごとの件数

る.具体的な事例を写真で示す.図1(左)は,蛍光ランプ20ワット防犯灯による照明,図1(右)はコンパクト形蛍光ランプ32ワットによるクラスBをクリアーした照明である.

■ 街頭犯罪は夜間に多く発生

街頭犯罪8罪種のうち自転車盗を除き,7罪種は55〜65%が夜間(夕方6時〜翌朝6時)に発生している.また,大阪府警がひったくり容疑者100人へのアンケート調査の結果,42%は「暗いからやった」と答えている.街を明るく照明することは,住民に安心感を与えるとともに,犯罪を起こし難い環境を創ることができる.

■ 照明改善による犯罪抑止効果

大阪府下のひったくり多発地域で,防犯照明を明るい機種に取り替えて,ほぼ3ルクスにして改善前と後でのひったくり発生件数の推移を調査した2例を紹介する.

寝屋川市K地区の3町会で,2002(平成14)年4月に既設の蛍光ランプ20ワット防犯灯を32ワットに取替え,前後(計3年)のひったくり発生件数の推移を調べた.なお,防犯灯の取替えは,町内全域ではなく,町内のおもだった4路線のみである.明るくしてからは,路線とその周辺で発生件数が減少し,しかも対象路線から大きく外れている.明るくなった道路上での発生はなかった.(表2)

八尾市Y2〜5町会の54基の防犯灯を,2006(平成18)年5月に20ワット防犯灯を32ワットに取替え,1年半の発生件数の推移を調べた.直後の半年で5件の発生があったが,常習犯が検挙され,その後の発生は減少した.(表3)

2例ともに,単に防犯灯を明るくしたことによる成果ではなく,警察当局の街頭犯罪抑止総合対策と地域住民の防犯活動などが,効を奏したものと考えられる.

■ 青色防犯灯の全国普及

青色防犯灯が全国各地に普及している.新聞・テレビなどの報道から,単純に"防犯灯のランプを青色に替えたら,犯罪が減った"と思い込まれている.しかし,犯罪抑止効果があったのは,住民の防犯意識の高揚とともに防犯パトロール・青パト巡回など,活発な防犯活動との相乗効果によるものである.防犯灯のランプ(たとえば20ワット)を取替えると,青色ランプは白色ランプ対して明るさは1/3〜1/5になり,見え方が大幅に低下することを認識しておかねばならない.

■ まとめ

防犯灯の明りは,地域の安全・安心のための必要条件であるが,犯罪抑止のための十分条件ではない.明るい街路照明により,子どもや女性,高齢者が安心して暮らせ,犯罪の起き難い環境を創ることができるだろう.

〔須谷修治〕

10.5 ゼロ・トレランス

トレランスとは，寛容，寛大の意味である．つまり，ゼロ・トレランス（zero-tolerance）はどんな小さな違反も見逃さず，その違反行為に対して罰を与えること「ゼロ寛容」という意味になる．このゼロ・トレランスにおいては，社会規範（法律など）に反する行為は，たとえいかなる理由があれども違反と見なされ処罰対象となる．

このゼロ・トレランスの考えは，アメリカ産業界が1980年代に行った方式からきている．それは，日本製品のきめ細かい正確な品質に対抗できるよう，少しでも損傷や不具合のあるものを製品として扱わないといった厳しい管理体制をとり，品質管理を根本から変革しようとしたことである．

また，1994年ニューヨークのジュリアーナ市長（当時）が推進した「割れ窓理論」（→10.6）もその一例であると考えられる．従来は検挙の対象でなかった物乞いや軽量の薬物犯罪なども処罰の対象とし，小さな違反や犯罪が処罰された．これは，警察が軽微な違反や犯罪を積極的に取り締まることで，潜在的犯罪者による重大犯罪を減らすことを狙ったものである．日本においても，自転車の2人乗りの送検や駐車違反の取締りの強化，一部の都市での歩き煙草に罰金を科すといった厳しい規制がその一例と考えられる．

■ ゼロ・トレランス政策

アメリカにおける「ゼロ・トレランス政策」は，以下の三つである．

1) 銃規制法 1994年にクリントン大統領（当時）が，学校における銃規制を各州に法案化を義務づけ「武器所持及び関連する犯罪や青少年育成法に触れる生徒に対して，一年間の放校処分を科す」といった「ゼロ・トレランス政策」を命じた．

2) クリントン・コール 1997年にクリントン大統領（当時）が1）の銃規制法の対象を銃以外の武器や薬物などにも拡大することを決定した．武器や麻薬の排除，規則を強化し暴力に対応できる教員の養成や怠学法の整備と強化をよびかけ，学校を小規模化し，コミュニティとの連携を強化するなどとし，ゼロ・トレランス方式の徹底と確立を図ろうとした．

3) 割れ窓理論式警察官徒歩パトロール 破れ窓理論を応用した警察官の徒歩パトロールも「ゼロ・トレランス政策」の1つとして位置づけられていることは，日本ではほとんど認知されていない．細かなことも見逃さないといった警察官の存在により，その地域住民の「体感治安」を高め，それにより地域住民が防犯に協力的になり，大きな犯罪が減少している．

以上より，小さなことから取り締まることで，非行や大きな犯罪へ至ることを防ぐことができることの重要性が，「ゼロ・トレランス政策」の理念であるといえる．

■ ゼロ・トレランス方式の生徒指導

ゼロ・トレランス方式の生徒指導とは，意味どおり「寛容ゼロの生徒指導」ということである．合理的で細かな規則を作り，それを徹底させ，違反を行った生徒に対しては，規則どおりに寛容ゼロでただちに罰を与えるといった指導方法である．

このゼロ・トレランス方式の生徒指導を最初に実践したのは，ワシントン州タコマ市のホス高校である．非行など多くの問題をかかえる地域にあったホス高校は「暴力・ケンカなどに対しては寛容さを用いない」とし，1990年に「もしケンカを行えば除籍処分とする」というゼロ・トレラン

ス宣言をした．すると，前年殺人事件を含む暴力事件が200件だったのに対し，その数は半減した．翌年，「もし暴力事件を起こせば，必ず退学処分とする」という厳罰規則にしたところ，暴力事件は3, 4件に減少するという成果をあげた．このホス高校が発端となり，ゼロ・トラレンス式の生徒指導はアメリカ全土に広がった．

■アメリカ国内での評価

アメリカにおけるゼロ・トラレンスの評価は非常に高く，教育行政や学校管理者，教職員にとってはその評価はとくに高く，父母や国民にも大きな信頼を得ている．多くの学者および一般的な評価は，暴力，麻薬，銃器などの防止策に効果をあげている．理念が良く，生徒や親が何を言おうが，ポリシーとして行い続けることができる．大多数の生徒は，良い規律や勉強が好きであり，彼らの良い学習環境が確立できることなどがあげられる．

一方，ゼロ・トラレンスには反対論もある．それは，ゼロ・トラレンスを規則どおりに形式的に運用した場合に起こる矛盾点を取り上げている．たとえば，規律正しい成績の良い優等生が，生理痛のために鎮静剤を所持していて，罰せられてしまうなどの事例である．このようなときに生じる，感情的に納得のいかない問題点を取り上げ，このようなときには寛容さの余地を残しておくべきだという反対論が存在する．

■プログレッシブ・ディシプリン

プログレッシブ（progressive）とは，段階的，累積的を意味し，ディシプリン（discipline）とは規律，懲戒という意味をさす．つまり，プログレッシブ・ディシプリンとは「段階的累積的規律指導」という意味になる．日本語でいえば「段階的な細かいしつけ指導」といえる．アメリカではゼロ・トラレンスの概念が拡大され，麻薬や暴力といった重大な規律違反の排除だけでなく，普通の学校の規律指導にまで広がっている．「悪いことは悪い」という厳格な指導方針であり，先の「ゼロ・トラレンス宣言」といった重い表現ではなく，当たり前の善悪についての指導を目標としている．遅刻・欠席・授業中の態度というような日常の小さな規律違反に対して，教師はただちに違反者の生徒へ注意を与える，あるいは軽い罰を与えて，問題の小さいうちに解決してしまおうというものである．この小さな問題を1つ1つチェックしておいて，それが累積的に重ねれば，段階的にもう少し罰を重くして更生させ，決して大きな規律違反にまで至らせないようにしようという細かな段階的な規律指導である．

■日本で求められるゼロ・トラレンス

日本の教育現場で求められる「ゼロ・トレランス」とは，アメリカでの銃や麻薬を排除するものではなく，「悪いことは悪い」と粘り強く指導する，プログレッシブ・ディシプリンのような段階的な厳しい指導である．しかし，現在の日本の教育現場は，規律違反においてはカウンセリング的指導であり，生徒の自主性を重視し，管理しないという方向性にあるとともに，聖職といわれてきた教師の立場が弱くなっている．そのため，あたりまえのことを指導するにも教師と生徒，保護者とに温度差が生じている場合が多い．そこでまず，指導基準を明確にし，これを生徒と保護者に通達し，一貫した態度をもって段階的に教育指導に取り組んでいく必要があるのではないだろうか．

〔板山昂・桐生正幸〕

▶文　献

加藤十八（2006）．ゼロトレランス——規範意識をどう育てるか　学事出版．

藤平　敦（2006）．ゼロトレランス理念と日米実践高の事例　月刊生徒指導, 10月号, 26-31．

10.6 「割れ窓」理論

割れ窓理論とは，政治学者のジェームス・ウイルソンと犯罪学者のジョージ・ケリングが発表した論文「Broken windows：The police and neighborhood safety」の中で展開した理論である（Wilson & Kelling, 1982）．彼らは，「建物の窓が1枚割られたまま放置されると，それを見たものは，その建物をだれも気にかけておらず，そのような無法行為がとがめられないと判断し，別の窓を割る．そして，最終的にはその建物のすべての窓は割られてしまう」という比喩で，犯罪が小さなきっかけからエスカレートしていくメカニズムを説明した．これを実際の犯罪に当てはめると，まず地域の軽微な荒廃，たとえば，投げ捨てられたまま放置されたゴミや壁の落書きをそのままにしておくと，そうした環境に対する無作法な行為が咎められないまま許されるならば，「自分たちもとがめられないだろう」と判断した社会的に望ましいとみなされない人々や地域の平均的な住民とは異質な人々，たとえば路上生活者，娼婦，泥酔者，目的もなくたむろする若者やさらに落書きをする，違法チラシを貼るなど軽微な犯罪を行う者が，その地域に出入りするようになる．そして，軽微な犯罪の多発は，その地域の住民や行政の責任者が犯罪に対して関心が低く，対策もないことを示す．その結果，より重大で深刻な犯罪を行う者を地域に引き付けてしまうことになる．さらに，この過程は住民に対しても否定的な影響を与える．地域が荒廃し，犯罪者が目に付くようになると，住民の地域に対する不安が高まり，地域や近隣に対する誇りや愛着が薄れる．不安に対する反応として，人々はお互いに避けあい，必要な時以外はなるべく家の中に引きこもるようになる．自分の住宅だけの防御を固め，地域に関する関心はますます低くなり，犯罪に対する地域の抑止力はさらに低下することになる．また，不安の程度が高まると，引っ越せる者は別の地域に移り，引っ越すことのできない者だけが地域に残される．残されるものは社会的弱者が多いため，地域の荒廃や犯罪に対する抑止力，抵抗力はさらに低くなってしまうことになる．

法執行機関が割れ窓理論に基づいて犯罪対策を行う場合には，日本であれば条例違反や軽犯罪法に抵触するような軽微な犯罪者を徹底的に取り締まるという対策がとられることが多い．そのため，「ゼロ・トレランス」とともに語られることが多い．ゼロ・トレランスとは寛容（トレランス）をしない（ゼロ）ということで，犯罪の重大さの軽重にかかわらず，違反行為には裁量の余地なく厳重に対処するということを意味している（→10.5）．こうした犯罪対策においては，割れ窓とは初期の軽微な犯罪者を意味する比喩ということができる．一方で，近隣地域の物理的荒廃も，住民たちに犯罪に対する不安を引き起こし，そのため，地域の荒廃や犯罪に対する抑止力，抵抗力を弱め，ますます犯罪者を引き寄せるという過程も存在する．そのため，比喩としてだけではなく，割れた窓そのものも犯罪対策において重要性があり，軽微な犯罪者対策だけではなく，近隣環境の荒廃に対しても十分な対策がとられることが必要である．

割れ窓理論に基づく犯罪対策の有効性に関しては多くの事例が報告されている．有名な1990年代のニューヨーク市の例では，殺人・侵入盗・強盗などの犯罪数が4分の3以下になったとされている．また，相対

的な有効性に関しても，同期間に全米の平均犯罪発生率の減少の7倍以上の減少を示したこともある．しかし，こうした犯罪の減少を割れ窓理論による犯罪対策にだけには求められないという批判的な立場もある（たとえば Taylor, 2001）．

まず，犯罪対策というものは，単独の方略だけが導入されることは少なく，多くの場合には複数の方略が一度にとられるために，それぞれの方略の効果を単独に判断することは難しい．また，犯罪発生数は，経済状況，社会機能・構造の変化や人口構造の変化によっても変動するものであり，たとえある期間に犯罪数が減少したとしても，防犯対策の効果であるとすぐに断定はできない．さらに，日本への導入に関していえば，割れ窓理論が例としているアメリカ都市での荒廃の程度は，現在の日本においてほとんど見られないような劣悪なものである．そうした重度の荒廃とそれに伴う社会病理化した犯罪不安を念頭においた理論を，状況の違う日本にそのまま当てはめることができるかどうかは検証される必要があるだろう．こうしたことから，割れ窓理論を用いた防犯対策の有効性に関しては今後も入念な検討が必要である．

割れ窓理論の心理メカニズムは，社会心理学者であるジンバルドーによって行われた一つの実験に基づいている（Zimbardo, 1969）．

> ジンバルドーは，ニューヨーク州のブロンクスとカリフォルニア州のパロアルトの街中に自動車を放置した．比較的治安の悪いブロンクスでは放置されてから10分も経たないうちに，ラジオ，ホイール・タイヤからドアまでのあらゆる部品の盗難がはじまり，また破壊行為もはじまった．しかし，比較的治安の良いパロアルトでは1週間たっても車には誰も干渉しなかった．その後，ジンバルドーはパロアルトの車の一部を破壊してみた．すると，その後何時間もたたないうちに車への盗難と破壊の襲撃がはじまり，数時間以内に車はひっくり返され，完全に破壊された．

この結果をジンバルドーは以下のように解釈した．治安の維持された地域では，何の変化もない駐車された車に対しては，通りがかった人々は，とくに関心をもたない．しかし，そんな地域であっても，一部が破壊された車に対しては，所有者の監督がされていない「誰も気にかけていない車」であるとみなし，咎められることなく部品を持ち帰ることが可能であると判断する者が現れ，盗難がはじまる．そして，一度盗難がはじまると，誰も咎められないならば，多くの者が「自分も持ち帰ろう」と思いはじめる．そして，荒廃がはじまった車に対しては，さらに破壊行為を加えても，咎められることはないだろうとさらなる破壊行為を加える者が出てくる．そうして，盗難行為と破壊行為はエスカレートしていく．つまり，この実験は，最初の咎められない小さな不正行為が，責任の分散と罪を受けるリスク知覚の低下を導き，最終的には致命的な破滅へと導く過程を説明している．

〔羽生和紀〕

▶文　献

Taylor, R.B. (2001). *Breaking away from broken windows : Baltimore neighbors and the nationwide fight against crime, grime, fear and decline*. Boulder, CO, USA：Westview.

Wilson, J.Q., & Kelling, G.L. (1981). Broken windows : The police and neighborhood safety. *The Atlantic Monthly*, **211**, March, 29-38.

Zimbardo, P.G. (1969). The human choices : Individuation, reason, and order versus deindividuation, impulse, and chaos. In W.J. Arnord & D. Levine (Eds.), *Nebraska symposium on motivation*. Lincoln, NE, USA：University of Nebraska Press. pp.237-307.

10.7 子どもを対象にした性犯罪からの防犯教育

近年，子どもが被害者となる凶悪な犯罪事件は社会的問題として，その防犯対策に力が注がれるようになった．京都日野小学校（平成11（1999）年）や大阪教育大学附属池田小学校（平成13（2001）年）における児童殺傷事件以降，「学校への不審者侵入をいかに防ぐか」が課題となってきたが，その後，奈良県での小1女児殺害事件（平成16（2004）年）や，広島県，栃木県における小1女児殺害事件（平成17（2005）年）が相次いで発生すると，登下校や放課後の子どもの安全確保対策も急務となった．

同時に，子ども自身に対しても「いかにして自分の身を守るか」といった防犯教育を行うことの必要性も生じている．本項では，子どもが被害にあう犯罪のうち，とくに性犯罪被害（→7.19）について，その実情と子どもへの防犯教育の可能性について述べる．

■子どもの性犯罪被害の実情

警察庁統計によると，13歳未満の子どもが被害者となった強姦強盗，強姦，強制わいせつ（いずれも致死または致死傷および未遂を含む），およびわいせつ目的略取誘拐（未遂を含む）などの暴力的性犯罪被害の認知件数は，平成11年以降平成15年まではほぼ増加傾向にあったが，平成15年をピークとして，その後は減少傾向にある（表1）．

とくに発生件数の多い強制わいせつ事件は，最も多かった平成15年に比べ，平成20年は半数以下に減少している．強制わいせつ事件には，通りすがりに抱きついて逃走するといった比較的軽微なものから，被害者の心身に深刻なダメージを与える行為まで，幅広い性行為が含まれる．そのため，子どもやその保護者，地域住民にとって，注意を払うべき問題であるといえる（渡邉，2006）．

また，性犯罪は暗数の大きな犯罪であり，警察に通報されるのは10件に1件程度であるという推測もなされているため（渡邉，2006），被害の実態については把握しづらいというのが現状ではある．しかし平成16年以降の発生件数の減少には，この間，防犯対策への取り組みが強化されたことや子どもに対する直接的な防犯教育の広がりが功を奏しているととらえることもでき

表1　13歳未満の子ども対象の罪種別被害発生件数

区分＼年次	H11	H12	H13	H14	H15	H16	H17	H18	H19	H20 1～12	H20 1～6	H21 1～6
子ども対象の暴力的性犯罪	1,527	1,790	2,137	1,960	2236	1,796	1,484	1,114	1,012	1,036	504	435
強盗強姦	2	1	0	1	0	0	0	0	0	1	0	0
強姦	65	72	60	90	93	74	72	67	81	71	30	24
強制わいせつ	1,391	1,668	2,037	1,815	2,087	1,679	1,384	1,015	907	936	464	398
わいせつ目的・略取誘拐	69	49	40	54	56	43	28	32	24	28	10	13

（注）平成20年及び21年警察庁統計による（21年は上半期のみ）

る.

■ 子どもへの防犯教育の実際

平成 17 年 6 月に警察庁から各都道府県警察に対し,「子どもを犯罪から守るための対策の推進要領」が通達され,また同年 12 月には文部科学省から「登下校時における幼児児童の安全確保について」が各都道府県知事,および教育委員会などに通達され,これを機に各都道府県警察や自治体においても積極的な防犯対策が講じられるようになった.さまざまな防犯マニュアルの作成や,幼稚園,保育所,小学校における「防犯教室」の実施など,子どもに対する直接的な防犯教育や啓蒙活動が行われている (→ 10.8).

たとえば,警視庁の HP には「防犯チェックポイント」が公開されており,そこでは,「知らない人についていかない」,「ひとりで遊ばない」,「外出する際は家人に行き先や帰宅時間を伝える」などの約束を子どもにくり返し教えるよう勧めている.また,大人の対応策としても,「子どもの行動を日ごろから把握しておく」,「子どもの変化を見逃さない」,「『子ども 110 番の家』を教えておく」などの具体策に加え,日ごろから親子のコミュニケーションをはかるなど,子どもの心を大切にすることの必要性も説かれている.

■ 防犯教育の難しさ

その一方で,公園で遊ぶ子どもの姿が減ってしまったり,子どもだけで大人の知らない秘密の場所で遊ぶといったわくわくするような経験ができなくなったりしているという状況も起きており(岡本ら,2006),教育関係者や親たちの間には,あまりにも過剰になりすぎて常に大人の監視下に置かれることが,子どもの育ちにどう影響するのかという不安も広がっている.

私たち大人には子どもの命を守る責任があるが,しかし教育においては,ただ命を「守る」だけでなく,そのかけがえのない命をどう「育む」のかという命の質のあり方も保障する責務がある.子どもが犯罪の被害にあうようなことは決してあってはならないが,それと同時に,防犯教育をすることによって,子どもに必要な経験や貴重な学習の場や機会を制限してしまうのではないかということ,人を信じる心を育てたい時期に,人を疑わねばならないといった矛盾をどう伝えていくのかということなど,子どもを守る方法だけでなく,子どもへの伝え方も十分に配慮がなされたうえで,適切な防犯教育を行う必要がある.

〔岡本拡子〕

▶文　献

警察庁(2009).子どもを主たる被害者とする犯罪　平成 20 年の犯罪情勢　pp.121-124
警察庁(2009).子どもを主たる被害者とする犯罪　平成 21 年上半期の犯罪情勢　115-118
警視庁　子どもの犯罪被害防止対策 (http://www.keishicho.metro.tokyo.jp/seian/bouhan/yuukai/uukai.htm)
岡本拡子・桐生正幸(2008).幼い子どもへの防犯教育に関する課題——幼児期の子をもつ親の防犯意識に関する調査から　高崎健康福祉大学紀要,**7**, 79-98
渡邉和美(2006).子どもの犯罪被害の実態と防犯対策　岡本拡子・桐生正幸(編)(2006).幼い子どもを犯罪から守る!　命をつなぐ防犯教育　北大路書房　pp.130-137

10.8 幼い子どもを対象にした防犯システムと防犯教育

■わが国における観点

「学校」の犯罪予防をテーマとした研究や取り組みとしては，まず，児童や学生による問題行動（窃盗，暴力，アルコール，薬物など）の予防があげられる．たとえば，米英での詳細な研究レビューと犯罪予防戦略の要約（Lawrence, et al. 2002）は，わが国における対策にも有効であろう．

さて，1999年，アメリカコロラド州コロンバイン高校銃乱射事件以後，2007年のバージニア州バージニア工科大，2008年のイリノイ州ノーザン・イリノイ大学にて同様の銃乱射事件（→7.3）が発生したが，これらは学生の問題行動の観点から対策が論じられる．しかしながら，わが国において予防の観点は異なる．アメリカでは，被害者も内部の生徒であったのに対し，わが国では外部の侵入者が加害者であった．大阪教育大学附属池田小学校における連続殺傷事件以降，わが国では環境犯罪学的な対策が主流となっている．

■子どものための安全・安心な園づくり

このような経緯から，米英の「学生の問題行動への対応」と「環境犯罪学的対応」の重層的な犯罪予防とは異なり，わが国独自の活動やシステムが進められている（→10.1）．ただし，保育園や幼稚園など幼い子どもが集まる空間での防犯対策は，はじまったばかりである．小学校と異なり，0歳児がいる環境に，体格の良い警備員を配備したり，高いフェンスを作ったり，有刺鉄線を張り巡らせるというのは，教育環境として不釣合いであろう．また，育児相談など地域に開かれた場所であることが求められオープンな雰囲気を作る必要もある．そのため，一見すると暖かく親しみやすいが，不審者が侵入しようとすると，しっかりとガードされているという防犯対策が必要となる．

安全・安心な園づくりとしては，次のことが重要であると指摘されている（岡本・桐生，2006）．教職員における事前と事後の危機管理の意識形成および体制作り，不審者侵入の施設設備作り，地域との連携，防犯境域プログラムの開発，である．なによりも，必要以上に子どもを不安がらせない環境と体制が重要となってくる．

■防犯システムの事例

ある保育所が実施している防犯システムの事例を紹介する．

入り口　正面玄関にオートロックとカメラ付インターフォンを設置している．また，朝の通用門は，午前8：30～9：30のみ開き，その時間帯は保育士を立たせている．門や玄関にはセンサーライトを設置し夜間への対応を講じている．

PHSの館内電話　どこからでも連絡ができる内線電話を，全職員が携帯している．これらPHS館内電話から，各クラス，および外線へ発信ができるので緊急時に速やかに通報することが可能となっている．また，全館放送のマイクにもなる機能も付いている．

通報装置　ワイヤレスのカード式のボタンを押すと警備会社に連絡が行き，保育所に警備員が急行する．夕方や土曜日など保育士が少ない場合は，持ち歩き緊急時に備えている．

WEBカメラ　各保育室・園庭・体育館にカメラを設置している．この映像は，園内LANで配信されており，各クラスのパソコンで見ることができる（図左上）．緊急時には，園内の動向を一斉に見ること

ができ，避難誘導の手助けとなる．

保護者の携帯電話へ mail 送信　緊急事態が発生した場合，保育園から全保護者に電子メールを一斉に送信している．また，定期的に保育園からメールを送ることで，メールアドレス変更登録されていないなどを予防し不測の事態に備えている．

■ 防犯教育の事例

次に，同保育所における防犯教育の事例を紹介する．毎週の朝礼や日々の保育の中で，園児に「大きな声」を出す練習が行われている（左下）．くり返し練習することで，不審者に遭ったとき，危険を周囲に知らせることが期待できる．また園児には，警視庁生活安全部が考案した防犯の歌「イカのおすし」を定期的に歌わせ，防犯の具体的な対応を身につけさせている．

次に，職員の防犯意識と対応を形成するため，地域の警察と連携し，職員の防犯研修を定期的に実施している．たとえば，「さすまた」を用いて不審者を遠ざける訓練を行うことで，保育士の意識を高めさせ，緊急時に備えている（右）．また，緊急時にどのような役割が必要となるかをシュミレーションし，通報する者・現場対応する者・園児を安全な場所に誘導する者などの役割を決めて訓練している．

なお，これら子どもと職員への防犯教育を通じて，お互いの信頼関係が構築されるよう目指している．子どもに何かあれば，すぐに保護者や保育士に伝えることのできる関係こそ，防犯教室の大切な目的と考えている．園児が何でも話せる環境を作り，問題を早期発見できる体制を作ることが，防犯に不可欠なものと思われる．

なお，この保育所では，園周辺の毎日清掃や打ち水，周辺住民の方への挨拶や行事への招待，園庭の小高い場所から飛び下りができる環境整備といった日常の活動や遊びも防犯に役立つものと考えている．

〔馬場耕一郎・桐生正幸〕

▶ 文　献

Sherman, L.W., Farrington, D.P., Welsh, B.C., & Mackenzie, D.L. (Eds), (2002). *Evidence-based crime prevention*. Routledge.（津富宏・小林寿一（監訳）（2008）．エビデンスに基づく犯罪予防　（財）社会安全研究財団）

岡本拡子・桐生正幸（編）（2006）．幼い子どもを犯罪から守る──命をつなぐ防犯教育　北大路書房

10.9 監視カメラ（CCTV）による犯罪抑制

■ 機械的な監視性

2002年2月27日，警視庁が東京都新宿区歌舞伎町地区に街頭防犯カメラシステムの運用を開始するなど，日本各地で監視カメラ（closed-circuit television：CCTV／閉回路有線テレビ）を用いた犯罪抑制が試みられている（小出，2003）．個人による監視カメラの設置とは異なり，防犯環境設計（→10.2）の有力なツールとして国や地方自治体が積極的に導入している．

元来，防犯環境設計における監視性とは自然的監視性を高めることであり，防犯灯による暗がりの改善，店舗内の見通しの確保，などといった対策が従来は提案されてきた．これに対しCCTVは，この自然的監視性とは性格が異なり，機械的な監視性の効果を期待するものと考えられる．

■ イギリスおよびアメリカの状況

イギリスでのCCTVは，プライバシーの侵害といった問題を意識しながらも，犯罪抑制の効果をより全面に押し出して導入されている．1980年代後半から，都市やシティセンターに政府の資金援助などでCCTVが設置されて以来，さまざまな地域で運用されている（Schneider & Kitchen, 2002）．その効果としては，犯罪を思いとどまらせ犯罪が行われても逮捕に役に立つことが指摘されており，イギリス市民の受け入れもおおむね肯定的である．犯罪捜査へ寄与するとされた事例として，1993年2月にリバプールで発生した，ジェームス・バルガー事件（少年2人組による幼児誘拐殺人事件）があげられる．被害者の幼児をショッピングセンターの外に連れ出す少年の様子が映像で記録され，それが事件解決に役立った．また，市民の受け入れを示す事例としては，1996年6月，マンチェスターのシティセンターにて発生したIRA（アイルランド共和軍）による爆弾事件があげられる．事件以後，市民がすんなりとシティセンター内のCCTVカメラ増設を受け入れていることから，市民の肯定的態度がうかがい知れる．

一方アメリカでは，イギリスのように公的資金にてCCTV設置を支援することは少ない（Schneider & Kitchen, 2002）．その理由として，なによりも市民自身が自由を重んじ，政府が個人の動きを監視することに高い不安感を示すことがあげられる．よって，ショッピングモールではCCTVが多く使用されているものの，中心市街地といった公的部分での使用は少ない．犯罪抑制の評価も良い結果は得られていない．

■ 日本の状況：警察による動向

現在の日本は，イギリスほどの進展ではないものの，同方向に進んでいるといえよう．まず警察庁は，CCTVの前身ともいうべき「スーパー防犯灯（街頭緊急通報システム）」（図1）を，2001年に北海道岩見沢市，東京都墨田区など全国10地区に設置した．このシステムは，照明装置，カメラ，インターホンなどで構成され，非常通報ボタンを押すと所轄の警察本部や警察署

図1　スーパー防犯灯

に映像が送られて相互通話が可能となる．

その後，警視庁によりCCTV（街頭防犯カメラ）が犯罪抑制の目的で設置された（図2）．前記した歌舞伎町以後，渋谷区渋谷地区（2004年：対象地域を広げて2010年に増設），豊島区池袋地区（2004年），台東区上野2丁目地区（2006年），港区六本木地区（2007年）にて，それぞれ運用が開始されている．なお，その運用には厳格な規程や要綱が定められている．

図3に，設置地域の刑法犯認知件数の動向を示した．全体として，設置による犯罪抑制の効果がうかがわれるが，今後，詳細な検討が必要となろう．

■ 日本の状況：自治体による動向

2004年3月19日，杉並区防犯カメラの設置及び利用に関する条例が，日本で初めて公布されている．

> 第1条（目的）：この条例は，防犯カメラの設置及び利用に関し，基本原則及び必要な事項を定めることにより，防犯カメラの有用性に配慮しつつ，区民等の権利利益を保護することを目的とする．

この条例では，上記の目的にて，道路，公園など多数の者が来集する場所に防犯カメラを設置しようとする場合には，防犯対象区域などの防犯カメラの設置及び利用に関する基準を定め，これを区長に届け出なければならないとしている．また，区域ごとに防犯カメラ管理責任者をおき，情報を他に漏らしてはならないが，「区民等の生命，身体又は財産に対する危険を避けるため緊急かつやむを得ない」と認められる場合は情報提供を認めるとしている．

図2 街頭防犯カメラ配置イメージ（警視庁HPより転載）

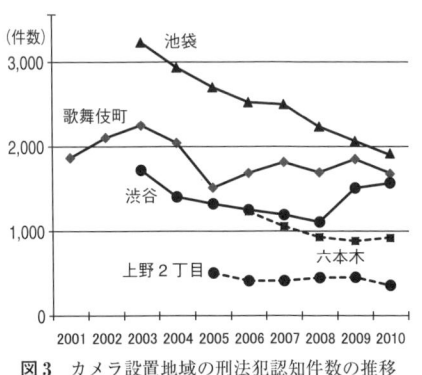

図3 カメラ設置地域の刑法犯認知件数の推移
警視庁のデータを筆者がグラフ化
渋谷は，2010年の増設に伴い2009年から対象地域を広げている

■ 今後の展望

兵庫県などの自治体は，自治会などに対しCCTV設置に費用の一部を助成する制度を設けている．JRなど交通機関では，痴漢防止の対策として，電車内などにCCTV設置を試みている（→10.14）．ハード面では，一部の人の動きを検知して自動追尾するなど撮影機能の進歩も著しい．今後，公的に設置が進むCCTVの犯罪抑制の評価を十分に行うとともに，個人の自由，プライバシーに関する法的な整備も進めて行かなくてはならないであろう．　　〔桐生正幸〕

▶文　献

小出治（監）（2003）．都市の防犯――工学，心理学からのアプローチ　北大路書房．

Schneider, R.H., & Kitchen, T. (2002). *Planning for crime prevention: A transatlantic perspective*. Routledge.

10.10 地域防犯活動

2002（平成14）年，刑法犯認知件数が戦後ピークとなり，それ以来減少に転じている．政府は，2003（平成15）年12月に犯罪対策閣僚会議を組織し「犯罪に強い社会の実現のための行動計画」を公表した．警察庁は，2005（平成17）年から「地域安全安心ステーション」推進事業を実施し，これまでに全国600地区が事業に取組んできた．この事業により，全国各地の自治会やボランティア団体は，犯罪に強い地域社会に向けて，地域住民の理解と支援を得ながら活動を展開している．

これら事業のモデルともいえる地域防犯活動の事例を紹介する．

■神戸市・北須磨団地

1967（昭和42）年から神戸労働金庫により開発された「北須磨団地」は，戸建てと高層住宅を合せて2100戸が居住している．開発当初から自治会を設立し活動をしていたが，1997（平成9）年に児童連続殺傷事件が発生，住民はショックを受けた．

以来，活動拠点「友が丘防災・防犯センター」（図1）の運用，自治会活動により，団地は安全で安心な街へと大きく変わってきた．多くの取組みのなかで，あいさつ運動「あ（明るく元気に），い（いつでも），さ（先に），つ（続ける）」の展開を徹底的に行っている．小学校の授業で，2時間にわたり街の歴史とともに学習を行っている．

また，団地運動会，音楽の夕べ，自然観察会など年間40回以上の行事により，団地の住民が皆顔見知り，隣近所と仲良くなることなど成果を上げている．家並み・道路は整備され，ごみ一つ落ちてなく美しい．

最近，神戸市と「友愛パートナーシップ協定」を結び，"安全・安心，健康・福祉，子ども・子育て，環境・マナー"の4つの部会に若い人から高齢者までが参加して活動をしている．自治会長の西内勝太郎氏は，難しいことは別にして"できることからやろう！"の精神でリーダーシップを発揮されている．

■千葉県習志野市・秋津団地

1980（昭和55）年，当時の住宅公団により開発された戸建て・中層住宅2500戸で7700人の人口を擁する団地である．秋津コミュニティ顧問の岸裕司氏らが中心になって，秋津小学校の空き教室を活用して"秋津コミュニティ"を展開している．地域に信頼され開かれた学校（スクールコミュニティ）として，小学校区をまちづくりの単位と考えている．

具体的には，子縁（子どもの縁で大人が知り合う），学社融合～授業の協働，学校施設の共用（学校と社会による協働作業），Give & Take（連携）→ Win & Win（融合）を，中高年パワーで取組んでいる．

■愛知県春日井市の人づくり

市制施行50周年の1993（平成5）年に，

図1　友が丘防災・防犯センター

図2　コミュニティの玄関（左），学校グランド隅の手作りビオトープ（右）

名古屋市のベッドタウンとして人口増加・都市化傾向が進み，地元意識・コミュニティの希薄化による防犯・防災への脆弱化を危惧して「春日井市安全なまちづくり協議会」（会長：鵜飼一郎春日井市長／故人）を設立した．安全都市研究部会・啓発活動推進部会など5つの部会が各団体・住民との協働で活動をはじめた．

　1995（平成7）年から「春日井安全アカデミー」を開講し，多くの市民の参加を得ている．基礎教養課程は「生活安全・防災」コース，専門課程も「生活安全・防災」コースで，各コース共7講座となっている．さらに，両課程と「ボニター養成講座」を終了した受講生には「ボニター」が委嘱され，地域の安全リーダーとして活躍している．なお，ボニターとは「ボランティア」と「モニター」のことで春日井市の造語である．平成21年4月現在，アカデミー卒業生は1968名，ボニターは311名である．

■大阪府堺市・登美丘地区

　登美丘地区は，南海・高野線北野田駅を中心に，人口約42500人の街である．活動は，2002（平成14）年ひったくり多発地域の伊勢道の街道筋に登美丘地区防犯委員会池﨑守会長がセンサーライト（図3）を設置したことにはじまる．さらに，防犯灯は20ワットから明るいインバータ式32ワットに順次切り替えられている．また，登美丘ヤングサポート隊，とみおか防犯安全隊，とみおか防犯ひよこ隊が，それぞれに若者から中高年よる地域パトロールを行っている．合同パトロールは200～300人の大部隊になる．この活動は，権威主義は排除，制服は作らない，人の心に入り込み，地域に密着している．また，自治体や警察との連携も密接である．

　池﨑氏は，子どもの見守りをテーマに世代をつなぎ・人をつなぎ，理想とする地域社会を創ることを目指している．

　ちなみに，当地区でのひったくり発生件数は，2001年82件であったが，2003年以降は20件から10件程度になった．車上ねらい，空き巣，痴漢などすべての街頭犯罪も画期的に減少している．

■奈良県香芝市・逢坂地区の青色防犯灯

　逢坂地区は，住宅，マンション，事業所が混在し，1400戸（旧村140戸）人口4100人の街である．2004（平成16）年，地区内の20ワット防犯灯を一挙に青色ランプに取替えた．現在550灯と奈良県下では最大規模である．逢坂地区自治会の奥村善弘会長の強い思い入れの事業で，大勢の住民が参加して自前で，一晩で取替え工事を行った．青色防犯灯の導入を契機に，40～50人のパトロール隊を結成し，365日6～7人で約1.5時間かけて地域内を巡回している．また，2台の青パトも町内を巡回している．過去には，女児への悪戯，忍び込み，ひったくりがあったが，現在はまったくない．青色防犯灯は防犯活動のきっかけづくりであり，あくまでも地域を守るのは住民の目であるとのこと．

■まとめ

　いずれの事例も，強力なリーダーとサポータの存在があった．防犯活動は総合的な取組みが必要であるとともに，今後は活動している人の高齢化に伴う世代交代が課題である．　　　　　　　　　　〔須谷修治〕

図3　ライト点灯状態と設置表示（右上）

10.11 地域安全マップ

小宮（2005）は，犯罪被害防止の教育にて，「領域性」「監視性」の意識と能力を高めるための有効な手段として，地域安全マップの作成を提案している．このマップの背景理論は，「機会なければ犯罪なし」とする「犯罪機会論（opportunities for crime）」であるとする．

この地域安全マップの効果としては，制作物とその制作過程の2つがあげられる．制作物，すなわち紙ベースの地図は「犯罪が起こりやすい場所」を表示したものといえる．そして，それは「領域性と監視性の視点から，地域社会を点検・診断し，犯罪に弱い場所，すなわち，領域性や監視性が低い場所を洗い出したもの」と説明されている．また，制作過程に際しては，小学生のみがフィールドワークを行い，「入りやすい場所」や「見えにくい場所」が危なく，「入りにくい場所」や「見えやすい場所」は安全であること，を教えることが主眼となっている（小宮，2003）．また，地域を歩きまわることにより，地域社会とのつながりの強化も期待されるとする．なお，小宮（2006）によれば，マップ作りに大人が参加してはいけない．

この地域安全マップは，防犯活動の参考とする地図，たとえば，実際の犯罪発生箇所を載せた「犯罪発生マップ（crime mapping）」（→ 8.5）や，高齢者や女性が危ないと感じたり，不安と思った箇所を記す「ヒヤリ・マップ」「犯罪不安マップ」などとは異なり，子どもの防犯意識と能力を高める教育目的の道具として開発されている．そして，この制作された地図が全国の多くの小学校で壁に貼ってあったことからも，当初は，その期待が高かったことがうかがわれる．

■マップ作成に対する疑問点

しかしながら，小学校などの現場から，この「地域安全マップ」への疑問点が出てきている．筆者による聞き取り結果などを踏まえ，その理由について以下に記したい（桐生，2009a）．まず，子どもだけで，「犯罪に遭うかもしれない場所」を見つけることができるだろうか，という点である．

「犯罪に遭うかもしれない場所」とは，犯罪発生が予測される場所のことである．この予測は，犯罪捜査のプロでも難しい．なぜなら，「地域安全マップ」で想定される犯罪形態や犯人像は，未発生の事件，未知なる犯人の行動であることから，それを予測するための資料があまりに少ないのである．

次に，犯罪が発生する場所は「入りやすい場所」や「見えにくい場所」だけでよいか，という点である．本書でも説明しているように（→ 10.2, 10.3, 10.6），防犯に関する空間要因は多様である．また，この2つの下位要因，たとえば「空間の明るさ」「人通りの多少」「道路形状」「周辺建物の窓やベランダの有無」なども，具体的な検討ポイントとなろう．そして，罪種によっても，犯罪者の特性によっても，物理的空間がもつ意味は異なってくる．この2つだけの基準では，やはり推定は困難である．

■フィールドワークの効果

最後に，地図を制作することで，何かしらの効果が得られるのか，という点である．筆者は，小宮（2005）が述べる「この作業を通じて子どもに危険回避能力を身につけさせる」とする考えには賛同しがたい．なぜなら，前述のとおり「犯罪に遭うかもしれない場所」の推定は，大人であっても難

しいし，それを推定する2つの観点（「入りやすい場所」，「見えにくい場所」）に忠実に従うなら，街中に犯罪発生の可能性の高い場所が無数に存在することとなる．そのため，子どもは作成中に混乱し，結果的に街の中で相対的に「嫌な感じのする場所」「不安を感じる場所」といった主観的な判断（リスク認知）で場所を選択するだろう．

危惧すべきは，「嫌な感じがする場所」とは，社会的なバイアスを伴う危険性を有するということである．社会的に未熟な子どもによる，集団での感情的判断で選択したいくつかの「場所」が，地域社会内での「安全」という名称で差別化が図られることとなる．教育現場の関係者は，その危惧をいち早く感じたものと思われる．

なお，この作業を終了した後の子どもたちになんらかの肯定的な教育的変化が現れたとするならば，たぶんそれは，小グループで行うフィールドワークの効果だと考えられる．普段接することの少ない地域社会との関係性を強めた効果であろう．しかしながら，「犯罪」「危険」を探す，といったフィールドワークよりも，「秘密」「面白いこと」を探す，といったフィールドワークのほうが，より肯定的な教育効果をもたらすのではないかと考えられるのである．

■ 新たなマップ作成の可能性

では今後，地域安全マップをどのように生かせばよいであろうか．桐生（2009b）は，警察などが公表している事件発生の現場と，地域住民が犯罪発生をリスク評価した箇所とを組み合わせたものを「地域安全マップ」とすることを提唱している．

地域の犯罪現場を地図に落とした「犯罪発生マップ」をもとに，それぞれの現場を観察することは，犯罪発生の可能性高い場所を検討するのに有効である．まず，複数の空間要因と犯人の行動特性を観察基準とし，それらの箇所を評価する，大人によるフィールドワークを行う．それら評価の結果をもとに，今後，犯罪が発生すると考えられる（リスク評価）箇所を選択し地図に記入する．この「地域安全マップ」を用いて，未就学児童や小学校低学年には危険エリアに一定期間近づかないこと，といった内容を教える．そして，小学校高学年以上には，その地図を持って大人と一緒にフィールドワークを行い，「なぜ，そこが危険なのか」を大人と一緒に現場で考えることが有効であろう．

地域の大人が子どもに防犯について指導すること，および防犯対策を検討する姿を子どもに見せることは，地域の防犯力を示す最良の手段となろう．大学生が小学生に指導する試みでは，その効果が測定されている（濱本・平，2008）．

事件発生現場とリスク評価を記載した客観的なデータに基づく「地域安全マップ」は，大人と子ども，地域と個人を結びつける有力なツールとなり，より効果的な防犯活動をもたらすと考えるのである．

〔桐生正幸〕

▶ 文　献

桐生正幸（2009a）．安心・安全まちづくり　関西国際大学現代GPプロジェクト（編）大学，住民及び行政等の協働と地域活性化（最終報告書）pp.14-149.

桐生正幸（2009b）．地域防犯活動プログラムの手引き（関西国際大学現代GPプロジェクト）イズミ印刷

小出　治（監）（2003）．都市の防犯——工学，心理学からのアプローチ　北大路書房

小宮信夫（監）（2003）．危険回避・被害防止トレーニング・テキスト　栄光

小宮信夫（2005）．犯罪は「この場所」で起こる　光文社新書

濱本有希・平　伸二（2008）．大学生による小学生の地域安全マップ作製指導とその効果測定　福山大学こころの健康相談室紀要，**2**, 35-42.

10.12 防犯における心理学

日本における防犯への心理学的研究として，犯罪心理学，環境心理学，生理心理学などの各領域からのアプローチがあげられる．

■ 犯罪心理学と防犯

犯罪心理学（→ 5.5）とは，「加害者」「被害者」「目撃者や監視者」の各心理的過程や行動などに，犯罪現場などの物理的空間要因を加えた4要因を分析，検討を行う学問と定義される．この犯罪心理学による防犯の研究としては，各4要因をデータ化し統計的な分析を行う犯罪者プロファイリング（→ 8章）の成果を用いることで，進展が期待される．たとえば，田村（1992）や渡邉（2006）の犯罪者プロファイリング研究で明らかになった，幼少児誘拐，わいせつ事件，暴行傷害事件の特質を用いれば，具体的な子どもを守る防犯活動が可能となろう．

たとえば，①自動車を使用する犯人は，「20歳以上で，精神障害者は少なく，妻子持ちが多く，有職者で経済的にも中流である」，また中年以降の自転車使用者の半数は，「精神的な障害を有する者」である．②自転車を使用する犯人は，「半数が少年」である．③徒歩により犯罪を行う犯人は，「全体の半数を占めるが，中年以降の者にはアルコール問題を持つ者が多い」という傾向（田村，1992）を用いれば，犯人の交通手段が明らかになることで，防犯ボランティアが注意すべき人物像が明確となろう．

同様に，子ども被害の粗暴犯の場合，①小学生被害よりも幼児被害のほうが，加害者に女性が多く，面識のある場合が多い．②被害者と面識のない粗暴犯の場合，移動手段は，徒歩，自転車による移動が多く，犯行現場の近隣に住む者が多い（渡邉，2006）．

以上のことから被害者の年齢や加害者の移動手段によって，防犯ボランティアが注意すべき人物像が明確となろう．犯罪者プロファイリングの成果は，ただ漫然と行う防犯活動を，より焦点を絞った効果的な防犯活動にシフトさせることができる．

■ 環境心理学と防犯

物理的な環境要因や社会的状況的な要因から，防犯へアプローチをする研究領域に，環境心理学があげられる．この環境心理学とは，物理的な環境や対人的な環境と人間とをひとつのまとまりとして扱う学問領域といえる．研究の対象テーマとしては，なわばり行動やパーソナルスペース，居住空間，環境への感情や認知，などがあげられる．環境心理学における防犯へのアプローチは，環境犯罪学の理論―合理的選択理論（→ 6.19），CPTED（→ 10.2），状況的犯罪予防（→ 10.3），ルーチンアクティビティ理論など―を基礎とし進めているといえよう．

さて，環境心理学の観点から研究が行われているものに，「犯罪不安（fear of crime）」がある．犯罪不安とは物理的空間から得られる犯罪遭遇に関する情報を認知的に処理し，犯罪という具体的な事象に対する情動が喚起される，といった一連の心理的過程と考えることができる．この犯罪不安における主要な研究では，現在の生活空間において，犯罪に対しどの程度不安なのかを評定尺度法などを用いて評価させたり，居住エリア内で犯罪に遭遇するかもしれないと思われる箇所を地図などに記載させる，といった調査紙法が用いられている．すなわち，犯罪被害に対するリスク評

価が検討され，犯罪予防などの政策決定の際などに活用するものとなっている．他方，より限定されたエリア内にて詳細で臨場感があるデータを得るため，フィールド調査による研究方法も行われている．

この場合に明らかにされるものは，犯罪遭遇に対するリスク認知や実際に犯罪遭遇したときの情動であるといえよう．調査された犯罪不安は，実際の犯罪発生箇所との比較を行うことにより，犯罪予防のための一指針として，活用が可能となる．環境と人を一つの系としてとらえる環境心理学のアプローチは，犯罪不安研究に多くの知見を提供している．

■生理心理学の応用

さて，前述の犯罪不安の研究において，自律神経系の生理指標を用いた研究がある（桐生，2006）．不安と生理的変化の関連を見てみると，不安の出現に伴って最高，最低血圧が上昇し，心拍数や心拍出量が増し，呼吸数も増え，手掌皮膚電気抵抗が減退し，筋緊張が高まることが明らかとなっている．このことから，犯罪不安の客観的な測定として自律神経系の生理反応を用いることができないか検討されている．

> 「物理的空間に対する犯罪不安が高く評価された場合，低く評価された場合よりも呼吸運動は促進する」を仮説立て，2要因（空間が「明るい・暗い」，人物が「いる・いない」）を操作した地下道の画像刺激を用いた実験である．呈示される各画像刺激に対し，実験参加者が不安の程度を主観評定し，同時に胸部などに装着されたセンサーより呼吸速度を計測された．
>
> その結果，明暗が不安程度の主観評価と関連し，暗く不安と評価された画像刺激に対して，呼吸速度が促進したことが明らかとなっている．

先行研究では，空間の暗さ（印象評価）と不安評価の高さは関連しており，さらに犯罪遭遇のリスク評価も高い（小野寺ほか，2003）．また，不安と呼吸の関連は不安が増すことにより呼吸数が増加する，といった生理心理学的知見や，ストレス課題実験によりストレス刺激が喚気を促進させたとする実験結果もある．これらのことより，物理的環境と犯罪に遭遇するかもしれない不安感との関連を，生理指標にて検討できることが示唆されている．

■防犯活動への実践的研究

その他のアプローチとしては，次のようなものがある．大学生が小学生に対し，地域安全マップ（→10.11）作成の指導を行うことの教育効果を検討した研究（濱本・平，2008）は，防犯教育の実施効果を心理学的手法で検討したものといえよう．また，久保と井上（2008）は，防犯灯の色光がもたらす心理的効果を，末梢神経系の生理反応と主観評価により検討している．防犯灯設置の際に寄与する研究といえよう．

〔桐生正幸〕

▶文　献

濱本有希・平　伸二（2008）．大学生による小学生の地域安全マップ作製指導とその効果測定　福山大学こころの健康相談室紀要，**2**，35-42．

久保博子・井上容子（2008）．有彩色光照明の生理学的・心理的影響　照明学会誌，**92**(9)，645-649．

桐生正幸（2006）．犯罪不安における生理反応に関する基礎研究　関西国際大学研究紀要，**7**，151-160．

小野寺理江，桐生正幸（2003）．空間情報が犯罪不安に及ぼす影響　犯罪心理学研究，**41**(2)，53-62．

田村雅幸（1992）．幼少児誘拐・わいせつ事件の犯人の特性分析　科学警察研究所報告（防犯少年編），**33**，30-41．

渡邉和美（2006）．子どもの犯罪被害の実態と防犯対策　岡本拡子・桐生正幸（編）幼い子どもを犯罪から守る　北大路書房　pp.114-145

10.13 交通機関における防犯

■ 交通機関における犯罪

JR西日本の特急「サンダーバード」のトイレ内で女性が暴行される事件や,大阪,兵庫などにてタクシー運転手を殺害し現金が強奪される強盗事件など,交通機関における凶悪犯罪が断続的に発生している.また,通勤電車内での痴漢などは慢性的に発生しており,被害者の精神的苦痛や,被害者になりうる女性の犯罪不安感が,過度にもたらされている.これら交通機関における犯罪としては,次のようなものがあげられる.

- 器物損壊: シート切り,吊革破損,列車の車体などへ落書きなど.
- 性的犯罪: 迷惑防止条例違反:痴漢(→ 7.17),隠しカメラなどで女性の下着を撮影する盗撮,公然わいせつなど.
- 窃盗: スリ,置き引きなど.
- 強盗: タクシーから現金強奪など.
- 粗暴犯: 言い争いによる暴行,傷害など.

これ以外にも,車両への放火,線路などへの置き石,客室乗務員へのセクシャルハラスメントなどがある.犯罪が発生する主な交通機関としては,JRや私鉄などの電車や特急列車,長距離運行や市内循環などのバス,タクシー,定期運行の客船,飛行機などである.また,加害者と被害者との関係性は,運転手や職員などと利用乗客との間での発生や,乗客間での発生がおもな関係としてあげられる(ハイジャック→ 7.40,テロリズム→ 7.38,7.39).

さて,以上のような交通機関における犯罪に対し,日本では未だ効果的な防犯対策が講じられているとは言い難い.同様に,街頭犯罪における犯罪発生の実態調査,住民への質問紙法による調査,フィールド研究の豊富さに比べて,交通機関における防犯の研究は脆弱であるともいえる.

■ 犯罪被害と不快経験の調査

松田ら(2009a)は,交通機関における具体的な防犯対策を検討する目的で,交通機関(路線バス,高速バス,普通列車,特急列車,タクシー)における犯罪被害,不快な経験および犯罪不安について基礎調査を行っている.兵庫県内に在住する公務員107名(男性55名,女性52名,平均年齢25.8歳)を対象に調査を行った.彼らは,通常,自家用車を使用して生活している.その結果,「犯罪の被害に遭ったことがある」と回答した人は6名(女性6名),「身近な人が被害に遭ったことがある」と回答した人は8名(男性2名,女性6名)であった.具体的な犯罪被害は電車内での痴漢などであった.次に,不快な経験や思いについてである.「ある」と回答した人は,路線バス19名(男性6,女性13),高速バス10名(男性4,女性6),普通列車39名(男性18,女性21),特急列車10名(男性4,女性6),タクシー13名(男性6,女性7)であった.具体的な不快な経験は,混雑,他の乗客の声などであった.

同じ質問項目で,大学生179名(男性115名,女性64名)対象の調査では(松田ほか,2009b),「犯罪の被害に遭ったことがある」と回答した学生は14名(男性5名,女性9名)であり,おもな被害は痴漢,盗撮であった.「身近な人が被害にあった」と回答した人は21名(男性6名,女性14名),犯罪を目撃したと回答した人は8名(男性6名,女性2名)であったおもな犯罪は,痴漢などであった.

警視庁による,電車内での痴漢対策に関

するインターネット調査（読売新聞，2009年10月26日）においては，回答した女性の83%が「電車で痴漢に遭った」と答えている．松田らの調査結果がそれぞれ11.5%，14.1%であったことと比較すると大きく隔たりがあるが，生活環境，日常生活の交通手段，回答者の回答意欲や属性などの違いが反映されたものと考えられる．いずれにせよ，普段，電車などを使用しない女性であっても，1割程度が被害に遭う実態は，やはり憂慮すべきものと考えられる．

　以上のように，交通機関における犯罪被害や不快な経験は，性差および交通機関の種類によって異なっていることがうかがわれる．具体的な防犯対策は，これらのことを十分考慮したうえで講じられるべきであろう．

■ 具体的な防犯対策：痴漢

　では，今現在，交通機関における防犯対策として，いかなる対策が講じられているだろうか．まず，迷惑防止条例違反（痴漢）における対策である．前出の警視庁のインターネット調査では，痴漢防止対策への複数回答として，「駅構内や電車内での巡回警備」，「警察の取り締まり強化」，「駅構内，電車内の防犯カメラ導入」が多かった．このことを受け，痴漢防止の具体的な対策として，電車内などの防犯カメラの設置を実施，検討されている．

　また，大阪府警察が，京都府警察，兵庫県警察と共催で，2010年1月27日，「電車内における痴漢事犯対策会議」(http://www.police.pref.osaka.jp/05bouhan/seihan_kodomo/index.html)を開催し，近畿6府県警察とJR西日本など近畿の11鉄道事業者が痴漢事犯の撲滅に向けて対策を協議している．その中で事業者に対し，電車内の防犯カメラ設置の検討を求めている．

　このように，駅の構内や車内への防犯カメラの設置により，痴漢の抑止を講じる動向が，現在みられている．

■ 具体的な防犯対策：タクシー強盗

　次にタクシー強盗に対する対策である．2008年1月29日，兵庫県稲美町にて，翌30日，大阪府東大阪市にて，それぞれタクシー乗務員が刃物で殺害され売上金などが強奪された事件が発生している．そして，その後同種の事件が連続発生したのを契機に，2009年4月17日，警察庁から各都道府県警察へ文書が通達され，防犯対策の強化が促された．これら一連の事件では，被害車両に防犯仕切板が設置されていなかったことなどが指摘されている．そこで，各地方運輸局長等宛てに，各都道府県警察および関係団体などと連携のうえ，「タクシーの防犯基準」の再度の徹底が促されている．この「タクシーの防犯基準」は，平成16年3月30日に警察庁より策定されているものであり，「防犯ガラスの義務づけ」「防犯スプレーの装着」「緊急時の非常信号の改善」を対策としてあげている．

■ 今後の対策

　以上のように，現在，監視カメラや物理的防御が主要な対策となっている．交通機関においては，地域性に準拠する防犯ボランティアの参入は難しいが，人的な防犯対策の投入も不可欠となろう．JRなどでは鉄道警察隊が関与できるが，バス，タクシーでは難しい．警備保障会社などによる民間対応の対策も今後必要であろう．

〔桐生正幸・松田睦代〕

▶ 文　献

松田睦代・桐生正幸（2009a）．公共交通機関における犯罪被害と犯罪不安　日本心理学会第73回大会発表論文集，478．

松田睦代・桐生正幸（2009b）．公共交通機関における犯罪不安の検討　日本応用心理学会第76回大会発表論文集，106．

10.14 少年警察活動

少年警察活動とは，少年の健全育成を目的に行われる警察の活動であり，国家公安委員会規則である「少年警察活動規則」に指針が定められている（丸山，2008）．また，少年警察活動は，少年警察活動規則だけでなく，少年法をはじめとして，警察法，警察官職務執行法，刑事訴訟法，犯罪捜査規範，児童福祉法，青少年保護育成条例などに基づいて遂行されている．

少年警察活動は，「少年事件の捜査・調査」「非行防止・立ち直り支援」「少年の被害防止・被害少年の保護」に大別されるので，以下ではそれぞれの概要ならびに近年の動向を説明し，さらに心理学を代表とする行動科学との関連をみていきたい．

■少年事件の捜査・調査

司法警察活動として行われる少年事件の捜査・調査は，少年法第3条に規定される非行少年（→6.8, 6.9, 7.4）に係る事件が対象となるが，対象少年の年齢などで取り扱いが異なる．

犯罪を行ったと疑われる14歳以上の少年（犯罪少年）の場合（少年被疑事件の捜査）は，基本的に刑事訴訟法に基づく捜査が行われ，犯罪捜査規範の第11章（少年事件に関する特則）が適用される．具体的には，全件送致主義（少年法第41・42条）に基づいて家庭裁判所に送致することを念頭において，少年の健全育成に資するため，少年の特性に配慮して，「他人の耳目に触れないようにし，取調べの言動に注意するなど温情と理解をもってあたり，その心情を傷つけないように努めなければならない」と規定されている．

また，取調べ（→8.20）にあたって保護者などに連絡したり，学業などに支障が生じないように取調べ時間を設定することや，少年の身柄拘束には慎重を期すること，報道発表では少年の氏名・住所などの情報を提供しないことなどが配慮されている．

こうした配慮をしたうえで，少年被疑事件の捜査では，関係機関と密に連絡を行い，「犯罪の原因及び動機並びに当該少年の性格，行状，経歴，教育程度，環境，家庭の状況，交友関係等を詳細に調査しておかなければならない」と規定されている．犯罪少年に関する捜査の結果，その犯罪が罰金以下の刑にあたると判断される場合は，事件が家庭裁判所に送致され，禁固以下の刑にあたると判断される場合は検察官に送致される．

次に，刑罰法令に触れる行為を行ったと疑われる14歳未満の少年の場合（触法事案）は，当該少年に刑事責任がないので，被疑者として刑事訴訟法の適用を受けることはない．触法少年の場合は，少年法第6条2項に規定されるように，警察は「少年の情操の保護に配慮しつつ，事案の真相を明らかにし，もって少年の健全な育成のための措置に資することを目的として」，調査を行うことが規定されている．

こうした調査活動では，当該少年が家庭裁判所の審判に付すべき少年か，児童福祉法第25条に規定される要保護児童に該当するか（要保護性の程度）を判断するために，事件の事実，少年の性格・行状，保護者の監護能力などが調査される．調査の結果，要保護性が高いと判断される場合は事件が児童相談所に送致・通告される．

14歳未満の低年齢少年については，被暗示性や迎合性が高いことなどを考慮した取扱いの要領が「触法調査マニュアル」にまとめられ，そのマニュアルに従って警察

職員が中立性を保ちながら，バイアスのかからない聴取が行われるよう慎重な配慮がなされている（石橋，2008a）．なお，少年法第6条2項3号によれば，触法事案の調査を担当する警察官は，少年の心理その他特性に関する専門的知識を有する警察職員（警察官ではなく後述の少年補導職員）に調査をさせることができる．

さらに，不良性を示す行動がみられ，「その性格又は環境に照らして，将来，罪を犯し，又は刑罰法令に触れる虞のある少年」（ぐ犯少年）の事案については，少年警察活動規則27条以下の手続きに従って，触法事案と同様に，当該少年の要保護性を判断するための調査が行われる．

こうした少年事件の捜査・調査については，これまで現場での実践を通じて，適正で効果的・効率的な手法が経験知として蓄積されてきたが，今後はこうした経験知について，行動科学的な分析を通して実証的な基盤を確立することが期待される．

■非行防止・立ち直り支援

任意の行政警察活動である非行防止・立ち直り支援としては，街頭補導（不良行為少年などの補導），少年相談，継続補導，社会参加活動・非行防止教室といったさまざまな活動が行われている．こうした活動は，各都道府県警察の少年担当課に設置される少年サポートセンターを中心に展開されており，警察官だけでなく，大学で心理学や教育学などを専攻した少年補導職員が職務を遂行している．

なお，一般職員である少年補導職員には，少年相談を専門に担当する少年相談専門職員も含まれるが，その多くは臨床心理士の資格を有している．さらに，非行防止や立ち直り支援の活動は，警察職員だけでなく，少年警察ボランティアとよばれる住民ボランティアや学校などの関係機関・団体と連携して実施されている．

予防精神医学の概念を援用すると，警察が行う非行防止活動の多くは，一次予防（問題行動がはじまる前に，子どもや保護者に対して非行抑制因子を育む活動）と二次予防（問題傾向が現れはじめた者に対して本格的な非行へのエスカレートを防止する活動）に該当するが，近年は三次予防（すでに非行を行った少年の再非行を防止する活動）に該当する活動も注目されている．

まず，街頭補導は，少年の蝟集（いしゅう）する繁華街・学校周辺・公園などにおいて，おもに不良行為（深夜はいかい・家出や飲酒・喫煙など）を行っている，あるいはそう思われる少年に対して声かけを行い，必要に応じて注意や助言・指導（保護者等への連絡を含む）を行うものである．街頭補導の目的は，不良行為の段階で適切に対処することで本格的な非行に至らないようにすることであり，非行の二次予防に該当する．さらに，危険にさらされている少年を保護し，犯罪などの被害に遭うことを未然に防止することも目的としている．

少年相談の活動については，家庭・学校・交友などの悩みごとに関する相談を少年や保護者などから受けて，おもに少年相談専門職員が対応しており，直接的な面談以外に電話や電子メールでも相談を受け付けている．相談内容は多岐にわたるが，保護者などからの相談の3割以上は直接的に非行・不良行為にかかわるものであり，対応する職員は必要な助言・指導を行っている．少年相談での対応は1回で解決することも少なくないが，継続的な働きかけが必要な場合もある．

相談活動などを通して，少年やその保護者に継続的な対応を行うことを継続補導というが，継続補導の対象は，おもに不良行為を行った少年，触法少年あるいは14歳

未満のぐ犯少年で児童相談所への通告が必要でない者（要保護性がきわめて高くはないが，継続的な支援が必要な者）である．こうした継続補導の対象は相談活動だけでなく，街頭補導や触法事案・ぐ犯事案の調査活動を通じて選別され，保護者の同意を得て，継続補導が開始される．

少年相談・継続補導を通じて，対応する警察職員は，相談者の洞察を重視するカウンセリングよりも，具体的な助言・指導（ガイダンス）や環境調整（ケースワーク）を折衷的に取り入れながら，対象者のニーズに対応している（石橋，2008b）．さらに，非行問題の相談活動では，少年本人よりも保護者への対応が中心となるケースが多く，子どもに対する親の態度を変容させることを通して，子どもの問題行動を改善することが実践されている．

なお，少年相談を通じた継続補導に加えて，非行集団加入者などの離脱支援・立ち直り支援として，スポーツ活動や社会奉仕活動などへの参加を促している．こうした非行集団加入者などに対する社会参加活動の効果であるが，スポーツ活動や職業体験活動に参加したり，協働作業を経験し，人の役に立てたと実感できることが，明るい将来展望につながることが実証されている（小林，2008）．

また，不良行為などを行った少年の立ち直り支援として，近年「少年サポートチーム」という多機関連携の取り組みが注目されており，個々の少年のニーズに応じて警察，学校，児童相談所等が支援を分担して対応している．こうした少年相談・継続補導の活動は非行の二次予防や三次予防に該当する活動である．

さらに，非行の一次予防にあたる警察の活動としては，一般の小学生や中学生を対象とする社会参加活動や非行防止教室・薬物乱用防止教室があげられる．一般の小学生・中学生を対象とする社会参加活動は，非行防止を明示的に掲げたものというよりも，青少年の健全育成や自立支援を目的に，青少年関係機関と地域住民との協働によって実施されている．こうした地域社会を基盤とする社会参加活動の効果であるが，環境美化活動などで協働作業を経験することが，参加する少年の協調的な対人関係能力を育むことを通して，非行を抑止することを示唆する調査結果が得られている（小林，2008）．

住民参加を伴う地域の非行防止活動では，警察は地域の非行発生状況や非行防止のノウハウの情報提供を行うことが任務の1つであるが，参加する住民ボランティアや青少年の主体性を尊重し，活動の企画・運営には補完的にかかわり，黒子的な役割を務めることが肝要である（小林，2007）．そのために，警察は，民主的で効率的なリーダーシップをとれる民間人を探して，非行防止活動の中核的な役割を委嘱したり，またはすでに委嘱している少年警察ボランティアが，民主的で効率的なリーダーシップを発揮できるように働きかけることが求められる．

■少年の被害防止・被害少年の保護

前述の「少年事件の捜査・調査」と「非行防止・立ち直り支援」は，犯罪・非行の加害者・実行者である少年を対象に行われるが，少年を犯罪などの被害から守る活動も警察は行っている．こうした活動のうち，少年警察活動として行っているのは，福祉犯の取締り・捜査，児童虐待対策，被害少年・児童の支援である．

まず，「福祉犯」とは，児童に淫行させる行為のように，少年の心身に有害な影響を与え，少年の福祉を害する犯罪を意味する．こうした福祉犯のうち，近年，警察は

児童買春や児童ポルノ (→7.19) に対する取締りを強化している．さらに，福祉犯の発生に暴力団やインターネット上の違法・有害情報がかかわっていることが多いことから，補導活動や有害環境浄化活動を通じて，少年に対する暴力団や違法・有害情報の影響を排除するよう努めている．

児童虐待対策 (→7.18, 13.7) としては，警察は，虐待を受けたと考えられる児童を発見した場合，児童相談所に通告したうえで，厳正な捜査や緊急介入などの措置を行って，児童の安全の確認・確保を最優先とする対応を行っている．さらに，個々の事案について早期の段階から児童相談所などの関係機関と情報を共有し，迅速で的確な対応を検討することで児童の保護を図っている．

児童虐待も含めて，犯罪などの被害にあった少年・児童に対して，警察は少年サポートセンターの少年相談専門職員を中心にカウンセリングを継続的に行うなどの支援を行っている．さらに，被害少年支援を推進するうえで，警察は，大学の研究者や精神科医・臨床心理士を被害少年カウンセリングアドバイザーとして，民間ボランティアを被害少年サポーターとして委嘱している．

被害少年カウンセリングアドバイザーは，被害少年支援を担当する警察職員に対して専門的助言（スーパービジョン）を与え，被害少年サポーターは，被害少年の家庭を訪問して話し相手になったり，スポーツ活動などを一緒に行ったりして被害少年の立ち直りを援助している．

こうした「少年の被害防止・被害少年の保護」にかかわる警察活動について，今後の課題を述べると，福祉犯については，児童買春や児童ポルノにかかわる加害者についてわが国では実証的研究が不足しており，こうした犯罪者の心理や行動特性を研究し，対策に生かしていく必要がある．

さらに福祉犯や虐待事案の捜査を進めるうえで，被害少年・児童から被害事実を正確に聴取する手法を確立する必要がある．すでに児童虐待については，「児童虐待対応マニュアル」が作成され，被害児童の心理特性に配慮した対応の原則（被害児童に自由報告を求め，誘導的な質問は避けることなど）が規定されているが，その内容を充実させていくことが期待される．その場合，欧米諸国で開発され導入されている「認知面接」や「司法面接」の手法を参考にしながら，わが国の状況にあった手法の開発に向けて，研究が行われることが重要であろう．

〔小林寿一〕

▶文　献

石橋昭良 (2008a)．低年齢少年の特性を踏まえた調査について　警察学論集，**61**(3)，pp.84-99.

石橋昭良 (2008b)．警察の少年相談　小林寿一（編），少年非行の行動科学　北大路書房　pp.131-145.

小林寿一 (2007)．これからの地域社会における警察の役割——少年非行の防止を中心に　菊田幸一他（編），社会のなかの刑事司法と犯罪者　日本評論社　pp.233-243.

小林寿一 (2008)．地域の非行防止活動の効果的な態様について　犯罪と非行，**158**，116-131.

丸山直紀 (2008)．注解少年警察活動規則　立花書房

資料 10 ●犯罪統計の見方

　犯罪の認知件数の推移として，最も引用されることの多いわが国の犯罪統計は警察統計であり，「平成○○年の犯罪」（→資料14）として，インターネットでも公開されている．
　ここで示される認知件数とは，警察が犯罪の発生を認知した件数であり，実際には発生しているものの警察が把握できなかった事件については計上されない．そうした，実際には発生しているものの，犯罪統計に計上されない事件のことを暗数（dark figure）という．
　犯罪には必ず暗数が存在している．性犯罪（→7.15, 7.16, 7.17, 13.10）は暗数の多い犯罪であるというのは，想像に難くないだろうが，軽微な窃盗の被害などにおいても大きな暗数があることが知られている．また，暗数はごく少ないといわれている殺人事件でも，死因が病死と診断されていたり，死体が発見されない場合には事件として認知されない場合もある．この暗数のすべてを把握することは不可能であり，犯罪発生数の真の値を把握することは不可能である．
　警察が把握できない要因には，いくつかのパターンがある．たとえば，自転車が盗まれたとしても，自転車が戻ってくる可能性が低いという見込みをもったり，警察に行く手間を考えたりして，届け出ない人もいる．また，殴られて怪我したにもかかわらず，そのことを隠そうとすることは，虐待の被害者にはしばしばみられる態度である（→7.18, 13.12）．司法過程にのることで，受けるであろう精神的苦痛を回避するために届け出ない人もいる．また，報復を恐れて届け出ない人もいる．これらは，被害者自身が被害の認識をもっているものの届け出をためらう諸要因により，届け出ないものである．
　これに対して，被害を受けたものの，被害の認識がないために，届け出ることがない場合がある．たとえば，盗まれたものがあっても，盗まれたことに気づかなければ，その被害が警察に届けられることはない．また，幼い子どもが性的被害にあった場合（→7.19）には，いやなことをされたと思っても，それが犯罪の被害であるという認識をもつことは少ないだろう．
　これらの被害者側の要因だけではなく，目撃者が通報しない場合や，犯罪者が隠蔽をはかる場合には，警察が事件を把握しにくくなるだろう．さらに，警察や検察の活動自体も事件の認知しやすさに強く影響を与える．たとえば，警察が自転車盗の対策を強く打ち立てて，自転車盗に対して焦点化した活動を強化すれば，自転車盗の認知しやすさは大きく上昇するだろう．交通取り締まりを強化すれば，交通違反者を多く認知できるのも同様である．
　このように，犯罪統計には，さまざまな要因が影響した結果の数字が示されている．そうした統計の限界をふまえつつ，この犯罪統計を見なければならない．しかし，そうした限界をふまえながら犯罪統計を用れば，犯罪の動向をおおまかに把握することができる．長期にわたり，継続して計上されている統計は有用であり，犯罪動向を把握するための一つの重要な指標であることには変わりはない．

〔渡邉和美〕

11.
犯罪者・非行少年の処遇

犯罪者・非行少年に対する処遇は，何を一番の目的とし，どのように行うべきか．最善の選択肢は，受益者ごと，事案ごとに異なっている．本章では，こうした事案ごとの要因を精査し，最適な決定を導くための情報を提供し，必要十分な処遇を効果的に実行するための，一連の流れに関与する心理学の役割をさまざまな角度から検討する．前半は，加害者の処遇にかかわる機関と各組織に勤務する心理職の役割について，その成り立ちや経緯を含めて紹介する．また，後半は，加害者処遇の基本となるアセスメントとトリートメントの実際について解説する． 〔朝比奈牧子〕

11.1 加害者処遇制度と心理学の役割

■加害者処遇の目的と心理学

11章では，加害者処遇制度における心理学の役割をさまざまな角度から詳説する．本項では，犯罪捜査段階（→8章）を終え，公判プロセス（→9章）を経て刑が確定した以降の段階に関与する制度を便宜的に加害者処遇制度と定義した．少年司法においては，審判プロセス期間中から家庭裁判所および少年鑑別所の心理職が恒常的に処遇的関与を行っていることから，本章に含んだ．

司法制度の主眼は，加害者を公正に裁き，罰し，かつ再犯抑止を図ることを通して社会を守ることにあるといえるが，同時に，被害者に及んだ被害を最大限修復すること（→11.18），国民の税金を最も効果的に運用することなども求められる．加害者を対象とした処遇の受益者は，一見加害者本人であるかのように見えることも多いが，実際には，加害者処遇は，被害者，潜在的被害者（将来当該加害者による犯罪被害を受ける可能性のある人々），納税者，加害者の関係者など，それぞれのニーズを最大限満たすべく行う必要がある．

犯罪・非行の被害に遭った被害者や関係者が受ける心身の損害，社会的・経済的損害は，犯罪の内容や性質が類似していても，さまざまに異なっていることが普通であり，これに伴って，司法制度がとるべき判断に対する期待も異なってくる．また，仮に類似する犯罪・非行を行った場合でも，加害者が加害行為に至った背景や，本人の資質面の特徴はそれぞれに異なっており，再犯抑止のために必要十分な処遇も，事例ごとに異なる．こうした性質上，万人にとって最善の方法を唯一に定めることは困難であり，最も妥当な方法を機械的に導き出す方法が確立されているわけでもない．現在の加害者処遇制度においては，こうした事案ごとの要因を精査し，最適な決定に導くための情報を提供し，必要十分な処遇を効果的に実行するための一連の流れに心理学が寄与しているといえる．

■関与する機関と心理学

表1は，各段階で関与するおもな機関と，心理学を活用するおもな目的をまとめたものである．

公判・審判段階では，主として加害者の資質に応じた適切な刑罰・処分選択と，処遇による再犯抑止などの見通しを判断するために心理学が活用されている．具体的には，加害行為の理解，加害者の資質の理解，生活環境などの理解，再犯リスク，他害リ

表1 加害者処遇制度の各段階で関与するおもな機関と心理学を活用する目的

		公判・審判段階	施設内処遇段階	社会内処遇段階
関与する主な機関	成人	検察庁，裁判所，拘置所（→9章）	少年刑務所（→11.3）刑務所（→11.3）	保護観察所（→11.7）
	少年	家庭裁判所（→11.2）少年鑑別所（→11.5）	児童自立支援施設 少年院（→11.5）	
心理学を活用する主な目的		刑罰・処分選択 再犯抑止	施設適応 再犯抑止	社会生活への適応 再犯抑止

スクなどのアセスメントが的確な判断を支える．成人司法においては，必要に応じて精神科医や臨床心理士などによる精神鑑定（→12章）が実施されるものの，全事例に心理職が関与するわけではない．一方の少年司法では，家庭裁判所の家庭裁判所調査官，観護措置をとられた場合には少年鑑別所の心理技官が関与し，社会調査，心身鑑別によって，個々の少年の特性をよりきめ細やかに把握し，処分選択に反映させている（→11.2, 11.8）．

施設内処遇段階では，刑罰／処分を適正に執行することと，犯罪者・非行少年に対する処遇（リハビリテーション）の実施を通じた再犯抑止を行うこと，さらに，これらの前提となる施設適応を促すにあたって，心理学的アプローチが活用されている．再犯抑止の観点からは，前段階でのアセスメントに加えて，リスク，ニーズ，反応性が査定され，これに応じた密度，処遇ターゲットおよび方法による処遇が行われる（→11.9, 11.13, 11.14, 11.16）．また，施設適応の観点からは，心身の疾患および障害の有無と程度，性格の偏りの程度，自殺・自傷および他害リスク，規律違反行為など反復の背景要因，危機場面後の動揺の程度などが適時アセスメントされ，その結果に応じた介入がなされている（→11.3, 11.9）．

また，社会内処遇段階では，上述の再犯抑止の観点からのアセスメント及び処遇に加えて，対象者の社会生活への適応を促す一連のケースワーク的処遇が展開されている．（→11.7, 11.15, 11.17）．

■ 欧米における加害者処遇と心理学の歴史

1950年代まで　　加害者処遇における心理学の貢献は，1910年代から1920年代にかけてアメリカではじまった例が古い．刑事施設に心理職が勤務するようになった当初は，20世紀初頭に開発された知能検査を用いて，被収容者の能力レベルを査定することからはじまり，1930年代から1940年代にかけて，次第により包括的な心理検査や，教科教育，職業訓練等の実施，施設内の職員関係の調整などを行うようにその機能が拡大していった．

1960年代　　1960年代に入り，刑事施設の機能として被収容者のリハビリテーション（rehabilitation：改善更生／再犯抑止）が注目を集めるようになり，刑事施設の心理職は，それまでのアセスメントを主とした業務から，処遇業務にも参入するようになった．犯罪行動は当時，主としてスキナー（Skinner）の学習理論を用いて説明されており，これに対応して，行動療法に基づいた行動変容のための処遇が行われていた．

1970年代　　1970年代に入ると，マーティンソン（Martinson）の矯正無効論（1974）に代表される，リハビリテーションに対する期待の低迷の時期を迎えるが，一方で，司法制度に関連する心理学の発展のための下地作りは進み，専門学会の創設，Criminal Justice and Behavior（1974）などの専門雑誌の創刊に加え，大学における専門コースの配備も進んだ．

また，バンデューラ（Bandura, A.）の社会的学習理論によって，学習の説明に思考と感情，動機づけの要因が加えられ，認知行動療法が発展する基礎が作られた．

1980年代　　1970年代に司法における心理学の学術的基礎作りが進んだことなどを受けて，1980年に国際矯正司法心理学会（IACFP，当時：アメリカ矯正心理学会）が「矯正施設における心理業務規則」第1版を出版し，矯正施設の心理業務の質の向上が図られた．

統計手法の発展に伴い，処遇効果研究にもメタ・アナリシスが用いられるようにな

り，エビデンスに基づいた処遇選択という考えが広まりはじめた．

処遇技法としては，認知行動療法に基づく各種プログラムが加害者処遇に適用されるようになった（例：薬物濫用者を対象としたリラプス・プリベンション・プログラム（1980））．

1990年代　1990年代に入り，単なる厳罰化による再犯抑止効果の限界が明らかになったことや，アンドリューズら（Andrews）やリプシー（Lipsey）がそれぞれリハビリテーションの再犯抑止効果に関する大々的なメタ・アナリシスを発表したことなどを受けて，再び処遇プログラムの開発と実施に予算と人材が注がれるようになった．とくに，対象者のリスク（risk），ニーズ（need），反応性（responsivity）に応じた処遇こそが最大の再犯抑止効果を挙げるとする「RNRモデル」が広く承認され，加害者処遇の世界的スタンダードとなった（→11.13）．

アセスメント領域では，保険数理統計式手法に基づくアセスメント・ツールの開発が盛んに行われ，LSI-R（The Level of Service Inventory-Revised）などが広く実用化された（第3世代アセスメント→11.10）．

2000年代　国際矯正司法心理学会（当時，アメリカ矯正司法心理学会）のスタンダード第2版（2000）が出版され，加害者処遇領域における心理業務の質のさらなる向上が図られた．その内容は，心理業務の必要性を査定するための入所時スクリーニングの実施方法，必要な心理業務へのアクセスの確保，守秘義務とその限界についての説明方法，記録の保存方法，処遇実施時のインフォームド・コンセントの重要性，危機介入時の留意点，心理業務に就く職員の質の確保，研究の推進，理論とエビデンスに基づく心理業務の重要性など多岐にわ

たっている．

加害者処遇の有効性に関する研究では，その重点が「内容」から「プロセス」にも拡大した．さらに，対象者の動機づけの問題にも注目が集まったことなどを受けて，「RNRモデル」を補完するための「GLモデル（Good Lives Model）」が提唱され，その有効性が吟味されている（→11.13）．

アセスメント領域では，単に再犯予測のためではなく，処遇ターゲットの特定，ケース・マネージメント，処遇効果の測定にも耐え得るアセスメント・ツールの開発が行われるようになった（第4世代アセスメント→11.10）．

■ **日本における司法制度と心理学の歴史**

日本では，表1に示した機関のうち，家庭裁判所，少年鑑別所，刑事施設（刑務所，少年刑務所，拘置所），少年院，保護観察所などに心理職が配置されている．各組織の成り立ちやそこで勤務する心理職の役割の詳細については，本章の各項目（→11.2, 11.3, 11.5, 11.6, 11.7）を参照いただき，以下ではその概要について紹介する．

第二次世界大戦前　日本においては，1922年に司法省の行政機関としての少年審判所が発足し，1923年には旧少年法および矯正院法に基づいて，少年院が設置され，少年保護司による観察制度が開始されている．こうした制度の成立は，少年に対して成人とは異なる処遇を行う必要性を認め，その枠組みを整えたという意味で，事案と対象者の特性に応じた処遇によって適正な司法制度の実現を目指す現在の加害者処遇の下地となっている．

第二次世界大戦後　大戦後の法整備によって，1949年に家庭裁判所（→11.2）および少年鑑別所（→11.5）が設置され，少年法によって，心理学などの専門的知識を活用した少年の資質鑑別（→11.8）の実施が明

文化された．また，更生保護制度（→ 11.7）においても，上述の少年保護司による観察制度などに加えて，すべての仮釈放者（1949年）や一部の執行猶予者（1954年）などの成人犯罪者までが広くその対象となった．これらは，現在まで続く加害者処遇の基本的枠組みとなっている．

加害者処遇制度などに関連する心理学の学術的発展という観点では，1951年に矯正心理研究会が発足し，1963年には日本犯罪心理学会となった．司法制度に関連する業務に従事する実務家や，制度の各面に関与する研究者などが所属し，2007年には会員数が1225名の団体に成長している．また，関連団体としては，1951年に日本矯正医学会，1974年に日本犯罪社会学会，2005年に日本司法精神医学会が発足し，それぞれ活動している．

司法制度改革　戦後の法整備から半世紀を数えた1999年に，内閣に司法制度改革審議会が設置されたことを皮切りに，続く10年間で加害者処遇に関連する制度も相次いで見直された．

少年法制では，2001年，2007年，2008年にそれぞれ少年法等の一部が改正され，少年事件の処分などのあり方の見直し（例：刑事処分可能年齢の引下げ，原則逆送制度，少年院送致が可能な年齢の引下げなど），少年審判の事実認定手続のいっそうの適正化（例：裁定合議制，観護措置期間の延長など），被害者等への配慮の充実（例：被害者等からの意見聴取，少年審判の被害者等の傍聴など），保護観察における指導をいっそう効果的にするための措置などの整備がなされた．一連の改正は，少年処遇の多様化を図り，事案の特性に応じた選択肢を拡大する流れと，司法制度全般にわたる犯罪被害者等保護のための施策に呼応したものといえる．

成人矯正では，2003年の行刑改革会議の提言を受けて2006年に刑事施設及び受刑者の処遇等に関する法律（受刑者処遇法），2007年に刑事収容施設及び被収容者等の処遇に関する法律（刑事収容施設法）が施行され，受刑者処遇の基本理念は受刑者の改善更生および円滑な社会復帰を図ることにあることが明らかにされるとともに，矯正処遇（作業，改善指導および教科指導）を受けることが受刑者の法律上の義務と定められた．これにより，監獄法下では任意受講の形態をとっていた各種処遇プログラムが必要な対象者には義務づけられることとなり，併せて処遇プログラムなどの充実化（→ 11.14, 11.16）が図られた．

更生保護では，2006年の更生保護のあり方を考える有識者会議の提言を受け，2008年に更生保護法が全面施行され，保護観察を強化するための遵守事項の整理及び充実化，社会復帰のための生活環境の調整の充実化，特別遵守事項に基づく処遇プログラム等の受講の義務化が図られ，併せて処遇プログラムなどの充実化（→ 11.15, 11.17）がなされた．

このように，日本における加害者処遇制度は，ここ10年間で大きな変革を遂げたところである．今後は，その効果を検証しながら，加害者処遇の更なる充実化を進めることが求められる．　　〔朝比奈牧子〕

▶ **文　献**

American Association for Correctional Psychology (2000). Standards for psychology services in Jails, prisons, correctional facilities, and agencies. *Criminal Justice and behavior*, **27**(4), 433-494.

法務総合研究所（2008）．平成20年版　犯罪白書

11.2 家庭裁判所と家庭裁判所調査官

　家庭裁判所は1949年、アメリカのファミリー・コートの制度を参考にして、地方裁判所の手続とは特色の違う独立した裁判所として創設された。

　家庭裁判所で取り扱われる事件は、大きく少年事件と家事事件に分けられるが、その系譜はやや違っている。少年事件については1922年、当時の司法省の行政機関として少年審判所が誕生し、家事事件については1939年、人事調停制度が発足したのをはじまりとしている。戦後、1948年改正民法の施行とともに地方裁判所の支部として家事審判所が設けられ、少年審判所も行政機関としてではなく司法機関とされることとなり、家事審判所と少年審判所を併せて家庭裁判所が発足したのである。

　家庭裁判所には、そこで取り扱われる事件の対象が家庭内のプライバシーに関する問題であったり、発達途上にある未成年の非行問題であることから、通常の訴訟手続とは違う機能上の特徴がある。

　まず第一には、手続の非公開性がある。これは原則として、関係者以外はその手続に関与することができないことになっている。

　第二に、家庭裁判所が職権により、事実の調査などを行って真実を究明したうえで審判を行うことである。他の裁判所では当事者の提出した資料や陳述をもとに判断を下すが、家庭裁判所では夫婦や親子といった重要な生活基盤に関する事柄だけに、家庭裁判所自身が必要な情報を職権で収集することができる。

　第三に、事実の認定と法律の適用といった司法的機能だけではなく、適切な助言や援助を行うことにより紛争を解決しようとする福祉的機能がある点である。

■少年事件

　少年事件においては、20歳未満の少年（女子も含む）の非行問題（→7.4, 7.32）を取り扱っている。成人の刑事事件とは違って、少年保護手続は非行を犯した少年に対して処罰ではなく保護により更生を図ることを目的としている。具体的には、少年の非行動だけに限定するのではなく、資質や環境などについても調査を行い、保護処分の要否および保護処分の内容を決定する。その中には、審判不開始決定や不処分決定があり、少年自身の反省が認められたり、家庭裁判所のさまざまな保護的措置などにより、少年の更生が期待できると判断されたときにその決定がなされる。

　それに対して、保護処分決定は当該保護処分によって少年を更生させることを目的としており、保護観察決定、少年院送致決定（→11.5）、児童自立支援施設または児童養護施設送致決定がある。また、検察官送致決定は、少年保護手続よりも、成人の刑罰による刑事手続のほうが相当と考えられる場合に決定され（少年法20条1項）、中でも故意の犯罪行為により被害者を死亡させた罪の事件であつて、その罪を犯したときに16歳以上の少年については、原則的には検察官送致決定がなされる（少年法20条2項）。

■家事事件

　家事事件は、夫婦の紛争や成年後見制度、遺産についての争いなど、家族関係や親族関係の中で生じる問題を取り扱っている。これらを手続の類型によって分類すると、「甲類審判事件」「乙類審判・調停事件」「一般調停事件」「人事訴訟事件」などに大別できる。

甲類審判事件は，養子縁組許可事件や失踪宣告事件などのように，人の身分関係や能力などに関するもので，一般的には対立当事者は存在せず，紛争状態にない場合がほとんどである．乙類審判・調停事件は親権者の指定や変更事件，遺産分割事件などのように，対立当事者があり紛争性があることを特徴としている．

この種の事件は，まず当事者間の話し合いによる解決が優先され調停が開かれるが，そこでの合意が得られない場合は家事審判官が審判により結論を出すことになる．一般調停事件は，離婚の紛争の夫婦関係調整事件など，調停による話し合いで紛争の円満解決を図る事件である．ここで解決できない場合は，人事訴訟事件として提訴された場合に限り，裁判による問題解決が図られることになる．

■**家庭裁判所調査官とは**

家庭裁判所の事件は，人間関係における問題や紛争であるだけに，単に法律を適用するだけでは本質的な問題解決につながらないことが多い．そこで，家庭裁判所には心理学・教育学・社会学・社会福祉学・法律学などの人間関係諸科学の専門職としての家庭裁判所調査官が配置されている（裁判所法61条の2）．

家庭裁判所調査官は，家庭裁判所調査官補採用Ⅰ種試験を受験して採用され，裁判所職員総合研修所において2年間必要な知識や技能を身につける研修を受けた後に任官される．

少年事件における家庭裁判所調査官の活動は，専門的知識を活用して少年が非行に至った動機・原因・生育歴・性格・生活環境などの調査を行い，あるいは必要に応じ少年の資質や性格傾向を把握するために心理テストを実施したりもする．調査においては，少年はもとより保護者や学校関係者等にも面接し，少年鑑別所（→11.5）・保護観察所（→11.7）・児童相談所などの関係機関と連携を図りながら，少年が立ち直るために必要な方策を検討し，裁判官に報告する．裁判官はこれらの調査結果などを踏まえながら総合的に判断して処遇決定を行う．その際，最終処分を決めるため必要があるときには試験観察決定がなされることもあり，家庭裁判所調査官が継続的に少年を指導したり，援助しながら少年の行動や生活状況を一定期間観察することになる．

家事事件における家庭裁判所調査官の活動は，さまざまな事件に対応する事実の調査や調整援助活動を行う．たとえば，調停で話し合いが進展しなかったり，紛争の実態の把握が難しい場合などは，家庭裁判所調査官が調停期日外に面接調査をして，紛争の実情を調査したり，調停に出席して調停の円滑な進行を補佐する．

こうした調査活動においても，人間関係諸科学の専門的知識が活用され，場合によっては心理テストやカウンセリングなどが実施されることもある．調査では紛争の当事者や親の紛争のさなかにおかれている子どもに面接をしたり，必要に応じ社会福祉機関や医療機関との連絡や調整を行い，事実の解明や紛争の解決を図ったりもする．

〔橋本和明〕

11.3 刑事施設
―刑務所, 少年刑務所, 拘置所―

■ 日本の刑事施設

日本においては, 刑事施設として, 法務省設置法第8条に基づき, 刑務所, 少年刑務所および拘置所が設置されており, 2010年4月現在, 刑務所62庁 (うち, 女子施設5庁, 専門的に医療を行う医療刑務所4庁, PFI手法による刑務所4庁), 少年刑務所7庁, 拘置所8庁, 刑務支所8庁 (うち女子施設2庁), 拘置支所103庁の合計188庁を有する。2009年末現在, 受刑者65951人, 未決拘禁者8060人, その他1239人が収容されている。

これらの刑事施設は法務省が所管しており, 内部部局である矯正局および全国8ヵ所に設置されている地方支分部局である矯正管区の指導監督により, 刑事収容施設及び被収容者等の処遇に関する法律に基づいて被収容者の処遇が行われている。

1) 刑務所 主として受刑者 (懲役受刑者, 禁錮受刑者又は拘留受刑者) を, 刑の執行のために収容し, 必要な処遇と指導を行う施設である。

受刑者は, 各人ごとに処遇指標 (受刑者に実施すべき矯正処遇の種類および内容並びに受刑者の属性および犯罪傾向の進度を示す指標) が指定され, その処遇指標に対応する処遇区分に指定されている刑事施設に収容される。

受刑者の処遇は, その者の資質および環境に応じ, その自覚に訴え, 改善更生の意欲の喚起および社会生活に適応する能力の育成を図ることを旨として行われる。この受刑者処遇の原則を達成するため, 受刑者には, 作業, 改善指導および教科指導の三つの柱で構成される矯正処遇が義務づけられている。各受刑者には, 矯正処遇の目標並びにその基本的な内容および方法を明確にした処遇要領に基づいて, 計画的に処遇が行われている。また, 日本の行刑においては, 各工場を担当する職員が受けもつ受刑者を個別指導しながら集団を管理する担当制を採用している。さらに, 刑事施設に勤務する心理技官や民間のボランティアなどを積極的に処遇に関与させ, それらの専門的知識を活用することで, 担当職員をサポートしている。

このほか, 受刑者に自発性や自律性を身に付けさせる目的で, 改善更生の意欲や社会生活に適応する能力の程度に応じて, 刑事施設内の生活および行動に対する制限を順次, 第4種から第1種まで緩和していく制度や, 受刑者の改善更生の意欲を喚起する目的で, 受刑態度によって, 各受刑者について第5類から第1類までの区分を指定し, その区分に応じて外部交通の回数や自弁使用できる物品を増加するなどの優遇措置が講じられている。

開放的施設で処遇を受けている受刑者や仮釈放許可決定を受けている受刑者などは, その円滑な社会復帰のために必要がある場合には, 職員の同行なしに, 施設外に通勤して作業や職業訓練を受けたり, 外出・外泊が許可されることもある。

2) 少年刑務所 おもに26歳未満の男子受刑者を, 刑の執行のために収容し, 必要な処遇と指導を行う施設であるが, 20歳未満の少年受刑者は少なく, 大多数は26歳未満の若年成人受刑者である。各種の資格・免許を取得するための職業訓練や教科指導など, 可塑性に期待した矯正処遇が重点的に行われている。

なお, 女子受刑者など, 少年刑務所以外の刑事施設内に収容される少年受刑者も,

少年法第56条第1項に基づき，施設内で成人と分離されている．

3) **拘置所**　主として勾留状によって身柄を拘束された被告人または被疑者の未決拘禁者と，死刑確定者を収容する施設である．ただし，被疑者勾留のほとんどは，刑事施設に収容することに代えて，都道府県警察に設置されている留置施設に拘禁されている．

未決拘禁者の処遇は，その法的地位に応じ，逃走および罪証の隠滅の防止並びにその防御権の尊重にとくに留意して行われている．拘禁目的を害する場合または施設の規律・秩序の維持もしくは管理上やむをえない場合に限り，制限を受けることがある．

■ **諸外国の刑事施設**

日本では，受刑者の処遇指標に基づき収容施設を指定し，処遇が進むにつれて，被収容者の自己管理の程度を増すが，欧米では，逃走リスクや暴力などの危険性を基にした警備度により，管理程度の異なる施設に犯罪者を分類し収容している特徴がある．また，欧米の刑務所では，再犯防止の効果に関する科学的なエビデンスに基づく政策決定や，受刑者の再犯リスクとニーズに応じた処遇プログラムの実施を重視している．日本の刑事施設は，欧米と同様に過剰収容の状況にあるが，日本の人口当たりの収容人員は欧米よりもかなり少ない．

1) アメリカ合衆国　アメリカ合衆国は連邦制をとっており，連邦，州，郡および市政府がそれぞれ所管する刑事施設が設置されている．全米に115の連邦刑事施設，約1200の州刑事施設，3000以上の郡や市のジェイル（jail）があり，2008年6月時点の収容人員は，連邦施設が約19万人，州施設が約133万人，郡や市のジェイルが約79万人であった．

連邦：刑務所および拘置所：　連邦政府では，合衆国法律集第18編第3621(a)条（18 U.S.C.§3621(a)）に基づき，司法省の内部部局である連邦行刑局（Federal Bureau of Prisons）の管轄により，連邦法によって拘禁刑を受けた受刑者は連邦設置の刑務所に収容され，また，連邦規則28巻第551.100条（28 C.F.R. §551.100）に基づき，連邦法による未決拘禁者は連邦設置の拘置所に収容される．ただし，連邦被収容者のうち，政府間の合意に基づき州や郡の施設または契約により民営施設に収容されている者もいる．

連邦施設は，最軽警備（連邦刑務キャンプ），軽警備および中警備（連邦矯正施設），重警備（連邦刑務所），管理（拘置所・医療刑務所・最重警備刑務所）の5段階の警備度に分類される．警備度は，施設外のパトロール，銃を構える監視塔，フェンス・外塀上の監視設備，収容棟

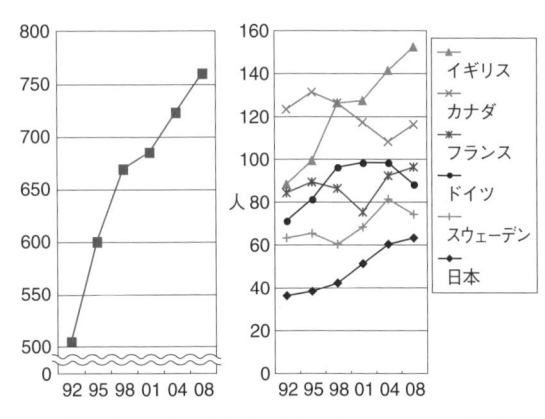

図1　人口10万人当たりの被収容者数（1992-2008年）
World Prison Brief (International Centre for Prison Studies) から抜粋し，作図した．

や居室の開放・閉鎖のタイプ，施設内の警備設備，職員対被収容者数の割合の特徴に基づいて定められている．一般に，警備度が低くなるほどより穏やかな監督となり，より多くの処遇プログラムや余暇活動に参加する機会が与えられる．多くの連邦施設は，異なる警備度や目的の施設が近接地に設置され，連邦矯正複合施設を構成している．連邦刑務キャンプでの受刑者の処遇は，作業や処遇プログラムを中心にしており，多くは大施設または軍基地の近くに存し，そこでの作業に従事する．

連邦施設内での受刑者は作業が義務づけられ，再犯率低下に効果があるとの研究結果を有する連邦刑務作業（UNICOR）などに従事しているが，基礎学力を欠いている者は教科教育が義務づけられて，作業が免除される．その他，職業訓練，薬物乱用者処遇などのプログラムや，認知行動療法の処遇モデルに基づく特別な処遇プログラムが行われている．

州刑務所： 州法によって有罪となった受刑者のほとんどは州刑務所に収容されるが，一般に，受刑者は，警備度により施設に分類収容される．多くの州では，最初にどの警備度の施設に収容するかは，暴力行為などの危険性，逃走のおそれまたは罪名によって決定され，その後，自主管理の程度により，より自由の多い開放的な施設へ移送される．一方，規律違反行為を続けている受刑者は，より厳重な警備の施設へ移送される．おもな施設は中警備または最軽警備施設であり，公共事業や高速道の整備などの作業を行っている施設も多い．ほとんどの施設が，教科教育・薬物乱用者処遇・職業訓練・作業または農業活動などのプログラムを実施している．

ジェイル： 一般に，州の未決拘禁者やおおむね刑期1年未満の軽罪の受刑者は，郡や市のジェイルに収容される．そのほか，長期の刑を言い渡されて州刑務所へ移送される予定の受刑者も収容されている．

多くの小規模なジェイルは，短期間の拘禁を予定しているため，被収容者を分類収容しないが，数千人を収容する大規模なジェイル（ロサンゼルス郡男子中央ジェイルやシカゴにあるクック郡ジェイルなど）では，警備度によって分類収容している．

2）イギリス（イングランド・ウェールズ地方） イギリスの刑事施設は，行刑法（Prison Act）に基づいて設置され，法務省所管の独立法人である全国犯罪者管理庁（National Offender Management Service：NOMS，施設内及び社会内処遇を管轄）に属する行刑庁（HM Prison Service）が統括している．2010年現在，11民営施設を含む139施設を有する．

刑務所： 受刑者は，逃走を不能にする必要性に応じてA～Dの4つの警備度に区分され，適合する刑務所又は収容区に収容されるが，その分類は定期的審査により変わりうる．受刑者には作業が義務づけられているが，必要があると認められる場合には作業に代えて教育や訓練が行われる．性犯罪者処遇プログラム，暴力的犯罪者へのプログラムなどの処遇プログラムは，再犯防止の目的で実証的に効果があると認定を受けたものである．さらに，受刑者の薬物離脱と就労支援による再犯防止にとくに力を入れており，保健省と協力した薬物離脱プログラムや刑務所内の薬物取り締まりを実施し，また，釈放後の就職機会の増加のため，民間の雇用主など民間パートナーによる職業訓練や，刑務所内の建築作業を行っている．

拘置所： 未決拘禁者は，最重警備度のA分類に仮指定される者を除き，BまたはC分類と同様の設備を有する拘置所に収容

される．

少年犯罪者施設：　行刑庁は，17歳の未決拘禁者および女子少年受刑者，15～17歳の男子少年受刑者並びに18～20歳の若年成人受刑者を収容する少年犯罪者施設を有し，約2600人の男子と約70人の女子を収容している．18歳未満の少年と若年成人犯罪者とは施設内で分離される．

3) カナダ　カナダは連邦制をとっており，カナダ刑事法典（Criminal Code）743.1条に基づき，連邦政府が連邦刑務所を管理運営し，州または準州政府が州刑務所を含むその他の刑事施設を管理運営する．刑期2年以上の成人受刑者は連邦の施設に，刑期2年未満の成人受刑者，未決拘禁者および少年司法における被収容者は，州または準州の施設に収容される．なお，連邦公共安全省（Public Safety Canada）は，カナダ全体の公共の安全に関する政策決定に責任を有し，その根拠となる科学的な調査研究を進めている．

カナダには連邦に58の連邦刑務所（うち4施設は先住民修復施設）と，州又は準州に114の刑事施設がある．2007年度は，1日平均約1万3千人の受刑者が連邦刑務所に収容され，約1万人の受刑者と約1万3千人の未決拘禁者が州刑事施設に収容された．

連邦：　連邦刑務所は，矯正及び条件付き釈放法（Corrections and Conditional Release Act）に基づき，連邦矯正庁（Correctional Service of Canada）が統括している．受刑者の危険度に応じて受刑者を分類し，外塀や個室の状態，所内での行動規制などに関して異なる警備度の施設（軽警備，中警備，重警備および複合警備）を設置して，適合した受刑者を収容するが，収容期間中の本人の行状などに基づく警備分類の変更に応じて，異なる警備度の施設へ移送もありうる．受刑者は，各矯正計画に基づき，改善更生に資するプログラム，作業または教育に参加するよう支援される．処遇プログラムには，暴力抑止，薬物乱用者処遇，性犯罪者処遇，先住民支援プログラムなどがあり，実施結果の評価研究に基づいた改善がなされているとともに，専門家の認定を受ける．CORCANとよばれるプログラムに従って作業と職業訓練も行われており，その製品は，矯正庁内または公的機関に販売されている．また，先住民修復施設では，コミュニティと協力し，先住民の文化に配慮したプログラムも行っている．

州または準州：　州刑務所は刑務所及び矯正院法（Prisons and Reformatories Act）と各州法，拘置所は刑事法典と各州法に基づき，運営される．

たとえば，オンタリオ州地域安全・矯正省（Ministry of Community Safety and Correctional Services）では，31の成人矯正施設を所管しているが，このうち，刑務所として，矯正センターで教育，カウンセリング，職業訓練プログラムを行い，処遇センターで薬物乱用，性的不適正行為，怒りの統制などの特定の問題への集中的処遇を行っている．また，ジェイルまたは拘置所はいずれも最重警備施設で，未決拘禁者，おおむね60日未満の短期刑受刑者，連邦または州の刑務所へ移送待ちの者を収容する．

〔赤田実穂〕

▶**文　献**

法曹時報　第60巻6号（平成20年6月号）

鴨下守孝ほか（編）(2006)．矯正用語事典　東京法令出版

World Prison Brief, International Centre for Prison Studies, King's College London, www.kcl.ac.uk/icps.

各国政府ホームページ

11.4 刑務所民間委託

■ **PFI 刑務所の概要**

　民間資金等の活用による公共施設等の整備等の促進に関する法律（平成11年法律第117号）によりPFI制度が推進されていることに伴い，2007年4月からPFI手法を活用した新たな刑務所が運営を開始している．

　PFI（private finance initiative）とは，公共施設などの建設，維持管理，運営などを民間の資金，経営能力および技術的能力を活用して行う新たな手法であり，効率的かつ効果的に社会資本を整備することを目的としたものである．

　諸外国では，各種の社会資本整備・運営について，すでに民間資金などの活用が広く採り入れられており，その刑務所運営に着目すると，イギリス，アメリカ合衆国，オーストラリア，ニュージーランドなどの英米法系諸国では，権限委任の理論により，すべての行政権限は，それが正当に行使される限りにおいて私人にも委託できると考えられている．それゆえ一部を除いてさまざまな行政分野での民間委託が可能であると考えられていることを背景として，刑務所運営業務のすべてを包括的に民間委託する，いわゆる「民営刑務所」が整備されている．

　これに対し，フランス，ドイツなどの大陸法系諸国では，刑罰権の行使は国家の排他的専権事項と考えられているとともに，国民の権利・自由にかかわる権限の行使については，争議行為や信用失墜行為が禁止され，職務専念義務を負う官吏に留保されることにより，国民の権利・自由が保護さ

れるとも考えられている．こうした考え方を背景として，保安業務などはこれまでどおり政府が行うこととし，施設の建設や維持管理のほか，給食・洗濯・清掃・職業訓練などサービス業務の民間委託を行う「混合運営施設」が整備されている．

　わが国では，法制度になじみやすいと考えられるフランス型の官民協働による「混合運営施設」をモデルとして検討を進め，「官民協働の運営」のほか，「地域との共生」を図り，「国民に理解され，支えられる刑務所」を整備するとの方針の下，改善更生の可能性が高い受刑者に対し，多様で柔軟な処遇を試みることとした．

　検討を重ねた結果，2007年4月にわが国初めてのPFI刑務所として運営を開始したのが，「美祢社会復帰促進センター」（山口県美祢市）である．

　2010年1月現在，美祢社会復帰促進センターのほか

- 「喜連川社会復帰促進センター」（栃木県さくら市，2007年10月運営開始）
- 「播磨社会復帰促進センター」（兵庫県加古川市，2007年10月運営開始）
- 「島根あさひ社会復帰促進センター」（島根県浜田市，2008年10月運営開始）

の計4つのPFI刑務所が稼働し，合計6000名を収容している．

■ **PFI 刑務所における新たな受刑者処遇**

　わが国における4つのPFI刑務所では，民間の創意工夫を採り入れた新たな矯正処遇が実践されている．

　1）改善指導および教科指導　4つのPFI刑務所では，収容対象者の特性等に応じて，以下のような教育プログラムが実施されている．

- 衝動的な反応を抑え，反犯罪的な思考への働きかけを行う「反犯罪性思考プログラム」（美祢）

・生後2ヵ月の子犬を，12ヵ月まで受刑者が養育し，基本的な社会化訓練を実施する社会貢献活動である「パピープログラム」（島根あさひ）

2) **職業訓練**　職業訓練とは，受刑者に職業に関する免許もしくは資格を取得させ，または職業に必要な知識および技能を習得させるために行う訓練である．

4つのPFI刑務所では，昨今の雇用情勢を踏まえ，真に必要とされる知識・技術を付与すべく，民間事業者の創意工夫により，以下のような職業訓練が実施されている．

・調理師の免許取得を目指す「調理師科」／クリーニング師の免許取得を目指す「クリーニング科」（喜連川）
・MOS（マイクロソフト・オフィス・スペシャリスト）の資格取得を目指す「MOS取得科」（播磨）

3) **官民協働**　改善指導や教科指導および職業訓練のいずれについても，企画・対象受刑者の選定・評価といった業務については，一般の刑務所と同様に国が行っており，民間事業者は，その創意工夫とネットワークを活かし，プログラムの開発，講師の手配といった業務を担当している．

国の職員は，民間事業者が提案・開発するプログラムの指導監督および評価を行うなど，官民協働で業務に携わることにより，民間のノウハウによる多様なプログラムの知識および経験を共有することが可能であり，教育・職業訓練を担当する職員の育成にもつながるものと考えられる．

■ **今後の課題・展望**

前述のとおり，各PFI刑務所において，民間事業者の創意工夫による各種の教育プログラムおよび職業訓練が実施されているところであるが，第1号のPFI刑務所である美祢社会復帰促進センターが運営を開始してから，3年半あまりが経過したところであり，その再犯抑止効果などにかかわる評価研究の方法などを検討する必要があろう．

また，刑事施設における施設の警備や被収容者の処遇に関する業務の民間事業者への委託については，これまで，構造改革特別区域法に基づき限られた地域で実施されていたところ，2009年5月，「競争の導入による公共サービスの改革に関する法律」が改正されたことに伴い，既存の施設を含む全国の刑事施設においても，広く官民競争入札または民間競争入札の対象とすることにより実施できることとなった．

委託の対象となる業務には，改善指導および教科指導の実施や職業訓練の実施も含まれており，今後，刑事施設の一部を対象とした民間競争入札が実施される予定である．民間委託に際しては，隣接する複数の刑事施設を対象とすることなどにより，効率化を図るとともに，スケールメリットの増加による事業者の参入促進が期待される．

〔片岡義恵〕

11.5 少年鑑別所と少年院

■ 少年鑑別所

少年鑑別所は，主として家庭裁判所（→11.2）の観護の措置（少年法17条1項2号）の決定により送致された少年を収容するとともに，資質の鑑別を行う施設であり，全国の都道府県庁所在地など52箇所（うち分所1）に設置されている．

1) 歴史　少年鑑別所は，少年法（昭和23年法律第68号）および少年院法（昭和23年法律第69号）の施行により発足した法務省所管の施設である．

発足当初は，少年の収容を担う少年観護所に少年の資質の鑑別を担う少年鑑別所が附置されていたが，昭和25（1950）年に両組織が統合されて少年保護鑑別所となり，同27（1952）年に現在の名称である少年鑑別所となった．なお，少年鑑別所という用語は少年教護法（昭和8年法律第55号）に基づいて誠明学園（教護院）内に設置された東京府立少年鑑別所で用いられたのが最初であるが，これは，現在の少年鑑別所とは別組織である．

2) 組織　少年鑑別所は，全国の都道府県庁所在地のほか，北海道に3箇所（函館，旭川および釧路），東京都（八王子）と福岡県に各1箇所（福岡少年鑑別所の分所である小倉少年鑑別支所：北九州市）が設置されている．いずれの施設も，少年を収容するための設備・構造を備え，資質の鑑別を行う法務技官（心理）及び法務教官が勤務しており，一部施設には法務技官（医師）および法務事務官が配置されている．

組織は，所長（または支所長），庶務全般を所掌・監督する庶務課，収容業務と資質の鑑別を行う鑑別部門，これらに施設の規模に応じて少年の健康管理および健康診断を行う医務課から構成される．鑑別部門は首席専門官の下，被収容少年の入退所に係る事務や他機関との連絡調整を行う統括専門官（企画・調整担当），考査を担当する統括専門官（考査担当）および観護を担当する統括専門官（観護担当）がおかれ，それぞれ係員が配置されている．規模の大きい少年鑑別所では統括専門官（観護担当）が複数配置されている．逆に規模の小さい少年鑑別所では，企画・調整と観護の業務を兼務する統括専門官（企画・調整・観護担当）が1名のみ配置される．

なお，所長と首席専門官は，法務技官（心理）が配置されることが一般的である．

3) 収容　家庭裁判所の観護の措置の決定により送致される少年が大多数であり，これらの少年がいわば本来的な収容の対象である．少年鑑別所の組織や設備・構造は，観護の措置の決定で送致された少年を収容することに最適化されている．

居室の構造は，各個室が施錠される閉鎖構造となっている．少年の情操に配慮をし，ふんだんな採光や柔らかい色使いなど，きめ細やかな配慮が行われている．

観護の措置以外では，勾留に代わる措置（少年法43条）や，少年を収容するために設置された少年鑑別所の収容機能を活用し，勾留，更生保護法（平成19年法律第88号）73条1項等による留置，鑑定留置などの少年も収容している．

また，少年院は医療少年院を除いて男女別に施設が設けられているが，少年鑑別所は男女を一定の構造などにより分隔して収容している．さらに，収容対象の加減がおおむね12歳以上と定められている少年院と異なり，年齢の下限が定められていないため，数は少ないものの，小学生も入所す

る．一方，上は更生保護法に基づく留置などの場合には，まれではあるが，成人を収容することもある．このように，少年鑑別所は，性，年齢，さまざまな法的地位を有する少年をも収容し，それぞれの特性に応じたきめ細やかな処遇を行っている．

4) 資質の鑑別 資質の鑑別は，家庭裁判所の審判および調査に資するために行われるもの，保護処分の執行に資するために行われるもの，懲役または禁錮の言い渡しを受けた 16 歳未満の少年の刑の執行に資するために行われるもの，そして，一般市民からの依頼に応じて行うもの（一般少年鑑別）がある．以下，家庭裁判所の審判および調査に資するために行われる資質の鑑別のうち，観護の措置をとられた少年の鑑別について説明する．

資質の鑑別は，法務技官（心理）である鑑別技官，法務教官である観護教官，そして法務技官（医師）（→11.6）または非常勤の医師の協働によって実施される．すなわち，鑑別技官が行う鑑別面接や心理検査といった心理査定，観護教官が行う被収容少年の日々の生活状況の行動観察と，課題作文やり絵など意図的に一定の条件を設定した状況下での行動観察である意図的行動観察（教育学・社会学的アプローチ），そして医師による健康診断の結果を統合し，鑑別結果通知書にまとめ，家庭裁判所に提出する．このように，少年鑑別所における資質の鑑別は，医学・心理学・教育学・社会学その他の専門知識を総合する鑑別実施体制が敷かれている（→11.8）．また，少年鑑別所には，外来相談室が設けられており，子供の非行などの問題行動に悩む保護者や学校教師からの相談などを受ける一般少年鑑別を実施している．

■ **少年院**

少年院は，家庭裁判所が保護処分の決定により送致した少年に矯正教育を授ける施設であり，全国で52施設（うち分院1）が設置されている．

1) 歴史 現在の少年院は，現行少年法及び少年院法に根拠をもつ法務省所管の施設である．旧少年法（大正11年法律第42号）とともに成立した矯正院法（大正11年法律第43号）に基づいて設置された多摩少年院（東京都八王子市）と浪速少年院（大阪府茨木市）がその直接のルーツとなる（法律上は矯正院であるが，当時から少年院の名称が与えられていた）．

2) 組織 全都道府県に設置されている少年鑑別所と異なり，秋田県や山梨県などのように少年院が設置されていない県もあれば，北海道（4施設），東京都（3施設），神奈川県（3施設），大阪府（3施設）などのように複数施設が設置されている都道府県もある．少年院には，法務教官，法務技官（医師），そして一部施設には法務教官である教育調査官や法務事務官が配置され，少年の矯正教育を実施している．

組織は，院長及び次長のほか，庶務課，医務課及び被収容少年の矯正教育を担当する教育部門が設けられている．教育部門は首席専門官の下，矯正教育の運営の企画・調整を担当する統括専門官（企画・調整担当），教務を行う統括専門官（教務担当），そして個性及び環境の調査並びに分類を担当する統括専門官（分類・保護担当）が置かれ，それぞれ係員が配置されている．

3) 少年院の種類 少年院における処遇は，個々の在院者の年齢および心身の発達程度を考慮し，その特性に応じて行わなければならないとされており（少年院法1条の2），個別処遇を原則とする．

そのため，少年院においては，家庭裁判所が決定する少年院の種類ごとに，少年鑑別所の作成した少年簿や処遇指針，家庭裁

判所調査官の作成した社会調査記録などの資料を参酌しながら少年個々人に個別的処遇計画が作成され，それに基づいて処遇が行われる．

以下，少年院の種類，短期処遇と長期処遇の別，そして処遇課程の別ごとに概要を説明する．少年院には，初等，中等，特別および医療の四つの種類が定められている．それぞれの対象者は次のとおりである．

ア　**初等少年院**　心身に著しい故障のない，おおむね12歳以上でおおむね16歳未満の者
イ　**中等少年院**　心身に著しい故障のない，おおむね16歳以上で20歳未満の者
ウ　**特別少年院**　心身に著しい故障はないが，犯罪的傾向の進んだおおむね16歳以上で23歳未満の者
エ　**医療少年院**　心身に著しい故障のある，おおむね12歳以上で26歳未満の者

ところで，医療少年院のみを設置する関東医療少年院（東京都府中市）および京都医療少年院（京都府宇治市）を除き，他の少年院は，初等少年院と中等少年院，中等少年院と特別少年院といったように，複数の種別を併設している．また，この両施設は男女を在院させるが，ほかは男女別に施設が設けられている．

4）短期処遇と長期処遇　初等少年院と中等少年院には，非行の進み具合などに応じて短期処遇と長期処遇の別がある．

短期処遇は原則として14歳以上の少年を対象とする．さらに，非行の傾向がある程度進んでいるが，少年のもつ問題性が単純または比較的軽く，早期改善の可能性が高い者を対象者とした一般短期処遇と，非行の傾向はある程度進んでいるが，その傾向は一般短期処遇の対象者より進んでおらず，かつ，少年のもつ問題性が単純または比較的軽い者を対象者とした特修短期処遇とがある．他方，長期処遇は，これら短期処遇にはなじまない者を対象者としている．

それぞれの収容期間は，一般短期処遇においては原則として6ヵ月以内（平均在院日数は150日；平成21年犯罪白書による．以下同），特修短期処遇において4ヵ月以内（平均在院日数は83日），長期処遇は原則として2年以内で設定される（平均在院日数は401日）．なお，これらの収容期間は，家庭裁判所の行う処遇勧告にそって，少年院長が決定している．

5）処遇課程　少年院における処遇課程は，次のとおりである（表1）．

6）教育の内容　少年院における矯正教育は，在院者を社会生活に適応させることを目的として行われる（少年院法4条）．その内容は，生活指導，職業補導，教科教育，保健・体育および特別活動がある．在院者は半開放的な構造をもつ寮で生活を送りながら，法務教官により各種教育を授けられることとなる．このうち，教科教育については，平成19年（2007）度から，少年院内において高等学校卒業程度認定試験を実施するようになっている．

なお，これらの内容は，いずれも少年院の中で行われるものがほとんどであるが，一部，事業者または学識経験のある者に委嘱して少年院以外の施設で，在院者に対する職業の補導を行わせることや，特別活動の一つとして，社会奉仕活動など院外での教育活動を行うことも実施されている．

7）出院　少年院において，それぞれの教育課程の対象者が処遇の最高段階に達したときには，地方更生保護委員会に対して仮退院の申し出を行い，同委員会が仮退院を許可すると，在院者は仮退院を迎える．以後，本退院となるまでの間，保護観察を受けることとなる．

なお，出院に関連しては，平成18（2006）

表1 少年院の処遇課程

処遇区分	処遇課程	処遇課程の細分	対 象 者
一般短期処遇	短期教科教育課程（SE）	—	義務教育課程の履修を必要とする者又は高等学校教育を必要とし，それを受ける意欲が認められる者
	短期生活訓練課程（SG）	—	社会生活に適応するための能力を向上させ，生活設計を具体化させるための指導を必要とする者
特修短期処遇（O）	—	—	一般短期処遇の対象者よりも非行の傾向進んでおらず，かつ，開放処遇に適する者
長期処遇	生活訓練課程	G_1	著しい性格の偏りがあり，反社会的な行動傾向が顕著であるため，治療的な指導及び心身の訓練を特に必要とする者
		G_2	外国人で，日本人と異なる処遇を必要とする者
		G_3	非行の重大性等により，少年の持つ問題性が極めて複雑・深刻であるため，その矯正と社会復帰を図る上で特別の処遇を必要とする者
	職業能力開発課程	V_1	職業能力開発促進法等に定める職業訓練（10か月以上）の履修を必要とする者
		V_2	職業能力開発促進法等に定める職業訓練（10か月未満）の履修を必要とする者
	教科教育課程	E_1	義務教育課程の履修を必要とする者のうち，12歳に達した日以後の最初の3月31日が終了した者
		E_2	高等学校教育を必要とし，それを受ける意欲が認められる者
		E_3	義務教育課程の履修を必要とする者のうち，12歳に達する日以後の最初の3月31日までの間にある者
	特殊教育課程	H_1	知的障害者であって専門的医療措置を必要とする心身に著しい故障のない者及び知的障害者に対する処遇に準じた処遇を必要とする者
		H_2	情緒的未成熟等により非社会的な形の社会的不適応が著しいため専門的な治療教育を必要とする者
	医療措置課程	P_1	身体疾患者
		P_2	肢体不自由等の身体障害がある者
		M_1	精神病者及び精神病の疑いのある者
		M_2	精神病質者及び精神病質の疑いのある者

年度から法務省と厚生労働省の連携により，総合的就労支援対策の一環として，在院者に対して，公共職業安定所の職員による職業相談などを実施している．

8）少年院収容受刑者 少年法等の改正（平成12年法律第142号）により，懲役または禁錮の言い渡しを受けた16歳に満たない少年に対しては，16歳に達するまでの間，少年院において，その刑の執行することができることとなった．これに伴い，久里浜少年院（神奈川県横須賀市）に専用の居室が設けられたが，2010年10月現在時までその対象者は現れていない．

〔清水大輔〕

11.6 法務技官（心理），法務教官，法務技官（医師）

■ 法務技官（心理）

1) 概要　矯正施設で勤務する法務技官（心理）は，少年鑑別所および刑事施設（刑務所，少年刑務所および拘置所）で被収容者の心理査定を行っている．少年鑑別所では鑑別技官，刑事施設では調査専門官とよばれ，近年，心理技官と紹介される機会も増えている．

2) 業務

少年鑑別所：　少年鑑別所（→11.5）においては，約200人の鑑別技官が，被収容少年の資質の鑑別に従事している．このほか，少年院に出向いて在院者の資質の鑑別を行う再鑑別，保護観察所の長からの依頼により保護観察対象者の心理検査等を行う依頼鑑別，そして，一般市民を対象とした一般少年鑑別にも従事している．

なお，ここでいう鑑別とは，面接や行動観察，心理検査などの結果を統合して行う総合的な心理査定である．観護の措置の少年を対象とした鑑別の場合，心理査定の結果は，鑑別結果通知書にまとめられ，家庭裁判所の調査及び審判に資する資料とされるとともに，保護処分の決定等がなされたときは，保護処分などの執行の際の参考資料となる（→11.8）．

刑事施設(刑務所および拘置所)：　他方，刑事施設（→11.3）には，全国で100人前後の法務技官（心理）が調査専門官として勤務しており，おもに刑の執行開始時の処遇調査に従事している．

処遇調査とは，受刑者の処遇に必要な基礎資料を得るため，その資質および環境に関する科学的調査を意義とする．調査専門官は，面接や心理検査，関係機関への照会などを行って調査を行い，処遇調査票にまとめるとともに，受刑者ごとの処遇要領を定めており，この結果は受刑者の処遇に活用されている（→11.9）．このほか，処遇部門等と共同していわゆる処遇困難受刑者や少年受刑者の処遇に携わったり，性犯罪再犯防止指導などの特別改善指導における指導者を務めたりする者もいる．

3) 採用　国家公務員採用Ⅰ種試験人間科学Ⅰ区分合格者及び大学院卒業程度の選考採用試験であるA種認定鑑別技官採用試験合格者から，東京少年鑑別所などで採用される．

4) 研修　職務に必要な知識は，矯正研修所又は矯正研修所支所に入所して行う集合研修と，OJTとして行われるスーパービジョンによって得ている．

このうちOJTは，主として少年鑑別所において行われ，採用されてから2年間は，一人ないしは複数のスーパーバーザーから，マンツーマンで指導を受けるのが一般的である．この時期には，面接や心理検査の実施や解釈の仕方はもとより，文章表現や資質の鑑別に必要な知識を総合的に学ぶ．

他方，集合研修は，関係法規に関する研修のほか，採用初年度，4ないし5年後，そして9ないし10年後の節目に専門研修が実施されている．専門研修においては，心理検査のあり方などを，それぞれの第一人者の指導により学んでいる．

■ 法務教官

1) 概要　矯正施設に勤務する法務教官は，主として少年院における矯正教育，少年鑑別所における観護並びに刑事施設における改善指導および教科指導に従事している．少年鑑別所においては観護教官，刑事施設においては教育専門官とよばれてい

る.

2) 業務

少年院: 少年院には約2400人の法務教官が勤務しており, 少年院におけるあらゆる業務に従事している.

このうち, 教育部門に勤務する法務教官は, 24時間の紀律ある環境を作り, 維持し, その中で個別処遇と集団処遇とを組み合わせて, 在院者がその年齢までに身に付けていることが望ましいと考えられる行動やものの考え方などを身に付けさせていく. これらの一連の働きかけは,「育て直し」とよばれ, まさに少年を収容していなければ成立しない教育活動に従事している.

少年鑑別所: 少年鑑別所には1000人弱の法務教官が勤務しており, 鑑別技官の行う鑑別面接および心理検査以外のあらゆる業務に従事する. その代表的な業務は観護である.

観護教官は, 被収容少年の生活全般に密接にかかわっていく. その内容は, 少年から寄せられる相談に対する助言, 運動の指導, 義務教育期間中の少年に対する学習の支援など多岐にわたっている. このように, 24時間少年とかかわりながら, 行動観察を行う. この行動観察は通常の生活場面を観察するものに加えて, 一定の条件を設定したうえで行う意図的行動観察があり, いずれも鑑別の重要な資料となる.

刑事施設: 刑事施設の教育部もしくは分類教育部または企画部門における教育専門官として, 教科指導のほか, 刑事収容施設及び被収容者等の処遇に関する法律(平成17年法律第50号)によって実施されることとなった一般改善指導のほか, 性犯罪再犯防止指導などの特別改善指導における指導者を務めている.

3) 採用
現在は, 国家公務員採用I種試験人間科学II区分合格者及び法務教官採用試験合格者から各少年院において採用される.

4) 研修
矯正研修所及び矯正研修所支所における集合研修並びに各少年院などにおけるOJTを通じて専門性を身に付けていく.

集合研修は, 採用年度に行われるもの, 採用後4ないし5年後に行われる処遇技法などを学ぶ専門研修がある.

■法務技官(医師)

1) 概要
法務技官(医師)は, 国の責務とされている矯正施設(刑務所, 少年刑務所, 拘置所, 少年院, 少年鑑別所および婦人補導院)において被収容者の健康の保持と傷病の治療に従事している. 矯正医官ともよばれる.

2) 業務
矯正医療は, 一般社会における医療とし比較して, 被収容者に医師や医療機関選択の自由がないこと, 被収容者の受診行動に職員が介在すること, 操作的な被収容者が存在すること, 治療は拘禁環境下で行われること, 原則として自己負担がなく無料であること, 過剰診療は行わないこと, 強制的治療を実施する場合があること, そして出所によって治療が中断すること(大橋, 2003)が特徴とされている.

3) 採用
各矯正施設において, 欠員の補充という形で採用されている(法務省ホームページ参照, http://www.moj.go.jp/).

4) 研修
矯正研修所において, 新任矯正医官を対象とした研修が不定期に実施されている.

〔清水大輔〕

▶文　献

大橋秀夫(2003). 矯正医学総論　矯正医学, **52**

11.7 更生保護制度

「更生保護」とは，犯罪者や非行少年の再犯・再非行を防ぎ，これらの者が善良な社会の一員として自立し改善更生することを助けることにより，社会を保護し，個人および公共の福祉を増進することを目的とするもので，仮釈放等，保護観察，生活環境の調整，更生緊急保護，恩赦，犯罪予防活動をその主たる内容としている．

現行制度は，2007年6月に成立した「更生保護法」を根拠法としている．それ以前は「犯罪者予防更生法」および「執行猶予者保護観察法」が更生保護制度の主たる根拠法令であったが，「更生保護法」により2法が一本化された．

わが国の更生保護の先駆として有名なのは，江戸時代後期に老中松平定信が長谷川平蔵の進言で，江戸石川島（佃島）に設けた「人足寄場」であり，ここでは，無宿・浮浪人や入墨・敲などの身体刑の執行を終えた者を収容して職業補導・授産・教養訓練などを行った．

わが国で初めて保護観察が制度化されたのは，1923年施行の旧少年法による少年保護司の観察制度であり，さらに1936年施行の思想犯保護観察法による特定犯罪者の保護観察制度も行われたが，すべての仮釈放者や一部の執行猶予者などの成人犯罪者までを広くその対象とするようになったのは，第二次世界大戦後のことだった．

■ 更生保護の機関

更生保護の機関としては，更生保護に関する企画・立案などの事務を行っている「法務省保護局」，個別恩赦の申出などを行う「中央更生保護審査会」，各高等裁判所の管轄区域ごとに全国8ヵ所に設置されており，仮釈放などの許可，仮釈放の取消し，不定期刑の終了，少年院仮退院者の退院の許可等に関する権限を有する合議機関である「地方更生保護委員会」，地方裁判所の管轄区域ごとに全国50ヵ所におかれ，更生保護および精神保健観察の第一線の実施機関である「保護観察所」がある．

■ 保護観察官

保護観察官は，「医学，心理学，教育学，社会学その他の更生保護に関する専門的知識に基づき，保護観察，調査，生活環境の調整その他犯罪をした者及び非行のある少年の更生保護並びに犯罪の予防に関する事務に従事する」（更生保護法第31条）法務省所属の国家公務員であり，保護観察所および地方更生保護委員会事務局に配置されている．

■ 保護司

保護司は，保護司法に基づき法務大臣の委嘱を受けて活動する民間の篤志家で，地方更生保護委員会または保護観察所の指揮監督を受けて，その所掌に属する職務を行う．保護司の定員は保護司法により52500人と定められている．保護司の任期は2年で，再任は妨げられない．保護司は，民間の篤志家であるが，その身分は非常勤で一般職の国家公務員とされている．ただし，給与は支給されない．

■ 保護観察

保護観察とは，犯罪者や非行少年の改善更生を図るため，保護観察対象者に通常の社会生活を営ませながら，保護観察官と保護司が，一定の遵守事項（法定遵守事項及び必要に応じて設定される特別遵守事項）を守らせるなどの指導監督を行うとともに，主としてケースワーク的方法により，必要と認める補導援護を行う制度であり，更生保護制度の中核をなすといえるもので

ある.

　保護観察は,矯正施設から身柄を仮に釈放された者に対する処分として行われるパロール(parole)と,主として刑の執行を猶予する場合などにおいて,裁判所の行う処分として行われるプロベーション(probation)の2種に大別でき,諸外国では,この区別により,これを執行する機関が異なっている場合もあるが,わが国においては,双方とも法務省所管の保護観察所において行われている.

　わが国において,保護観察に付されるのは,①家庭裁判所(→11.2)において保護観察処分に付された少年(保護観察処分少年),②少年院(→11.5)からの仮退院を許されて保護観察に付されている少年(少年院仮退院者),③刑事施設(→11.3)からの仮釈放を許されて保護観察に付されている者(仮釈放者),④裁判所で刑の執行を猶予され,その間保護観察に付された者(保護観察付執行猶予者),⑤婦人補導院からの仮退院を許された者(婦人補導院仮退院者)の5種類である.

　さらに,①の保護観察処分少年は,家庭裁判所の処遇勧告またはその犯罪の種別によって,一般の保護観察,交通保護観察,一般短期保護観察,交通短期保護観察の4種に種別される.

　保護観察は,通常,一人の保護観察対象者を保護観察官と保護司がともに担当する協働態勢により実施されている.保護観察官は,保護観察開始当初において,保護観察対象者との面接や関係記録などに基づき,処遇の目標や指導監督および補導援護の方法などを定めた保護観察の実施計画を作成する.保護司は,この実施計画にそって,保護観察対象者を保護司宅に来訪させたり,保護観察対象者宅への訪問などを通して保護観察対象者やその家族と接触し,指導や援助を行う.この経過は,毎月,保護司から保護観察所の長に報告され,これを受けた保護観察官は,保護司との連携を保ちながら,必要に応じて保護観察対象者や関係者などと面接するなどして,状況の変化に応じた処遇上の措置を講じることになる.

　保護観察対象者が健全な生活態度を保持し,善良な社会の一員として自立し,保護観察を行わなくとも改善更生することができると認められる場合に執られる措置を良好措置という.保護観察処分少年に対しては,「一時解除」および保護観察を早期に終了させる「解除」の措置,少年院仮退院者の保護観察を早期に終了させる「退院」の措置,刑の短期を経過した不定期刑の仮釈放者について刑を受け終わったものとする「不定期刑終了」の措置,保護観察付執行猶予者については,保護観察を仮に解除する「仮解除」の措置がある.

　一方で,保護観察対象者に遵守事項違反,再犯などがあった場合には,いわゆる「不良措置」が執られる.保護観察処分少年につき,遵守事項を遵守しなかったときに発することのできる「警告」,警告を受けてもなお遵守事項を遵守せず,その程度が重いと認めるときに保護観察所長が家庭裁判所に対して行う「施設送致申請」,新たなぐ犯事由があると認めるときに保護観察所長が家庭裁判所に対して行う「通告」がある.少年院仮退院者につき,保護観察所長の申出,地方更生保護委員会の申請を経て,家庭裁判所の決定により少年院に再収容する「戻し収容」,仮釈放者が遵守事項を遵守しなかったときは保護観察所長の申出に基づき,または仮釈放者が罰金以上の刑に処せられたときなどは保護観察所長の通知に基づき,地方更生保護委員会が決定し,刑事施設に再収容する「仮釈放の取消し」,

所在不明になった仮釈放者の刑期の進行を止める「保護観察の停止」、保護観察付執行猶予者が遵守事項を遵守せず、その情状が重いときに保護観察所長の申出、検察官の申請に基づき裁判所で決定される「刑の執行猶予の取消し」がある。

■ 仮釈放等

仮釈放等とは、矯正施設などに収容されている者を収容期間満了前に釈放して更生の機会を与え、円滑な社会復帰を図ろうとするもので、「仮釈放」「仮出場」「少年院からの仮退院」および「婦人補導院からの仮退院」がある。

仮釈放は、懲役または禁錮の刑の執行のため刑事施設などに収容されている者を、その刑期の満了前に、仮に釈放する制度である。

仮釈放は一般に刑の執行の一形態であるとされ、受刑者に将来的な希望を与えてその改善更生の意欲を喚起させ、受刑者およびその者をとりまく諸条件の変化に応じて不必要又は不適当となった拘禁を排し、釈放後における円滑な社会復帰を促進することを目的とするものである。

仮釈放は、懲役または禁錮に処せられた者に改悛の状があるとき、地方更生保護委員会の決定により、これを許すものとされている。仮釈放は、有期刑については刑期の3分の1、無期刑については10年を経過していることが要件とされている（刑法28条）。

仮出場は、拘留の刑の執行のため刑事施設に収容されている者や罰金・科料を完納することができないため労役場に留置されている者を、情状により地方更生保護委員会の処分によって釈放する制度である。仮出場の期間中保護観察に付されることはなく、その取消しの制度もないので、仮出場の日をもって刑の執行は終了することとなり、実質的には終局的な釈放である。

少年院からの仮退院は、保護処分の執行のため少年院に収容されている者を、地方更生保護委員会の決定により、その収容期間の満了前に、仮に退院させる制度である。地方更生保護委員会は、保護処分の執行のため少年院に収容されている者が、「処遇の最高段階に達し、仮に退院させることが改善更生のために相当であると認めるとき、その他仮に退院させることが改善更生のために特に必要であると認めるとき」（更生保護法第41条）は、仮退院を許す旨の決定をするものとされている。

婦人補導院からの仮退院は、補導処分の執行のため婦人補導院に収容されている者を、その収容期間（6月）の満了前に、仮に退院させる制度である。

なお、矯正施設に収容されている者の帰住予定地を管轄する保護観察所では、その者の社会復帰を円滑にするため、その者が矯正施設に収容されている段階から、その者の家族その他の関係人を訪問するなどし、釈放後の住居、就業先、その他の「生活環境の調整」を行っている。

■ 更生保護に関する民間団体など

更生保護施設は、更生保護事業法に基づき法務大臣の認可を受けて、更生保護事業を営む民間団体である更生保護法人が経営する施設であり、刑事施設から釈放された者や保護観察中の者などのうち、身寄りがない者や現在住んでいるところでは更生が妨げられるおそれがあるなど、適当な住居のない者の社会復帰に際し、自立までの間、居室や食事を提供したり、生活指導、職業補導などを行っている。2009年7月現在、全国に101施設ある。

犯罪者や非行少年を社会の中で立ち直らせるためには、地域の理解や協力が不可欠であるため、更生保護制度は、保護司、更

生保護施設以外にも，更生保護女性会，BBS会，協力雇用主といったさまざまな民間のボランティアに支えられている．

■ **最近の新たな処遇施策など**

近年，保護観察対象者の再犯防止や改善更生を図るため，さまざまな処遇施策などが新たに実施されているので，いくつか紹介する．

専門的処遇プログラム 2006年から，性犯罪(→7.15, 7.16, 7.19)をした仮釈放者および保護観察付執行猶予者に対して，主として認知行動療法を活用した「性犯罪者処遇プログラム」が実施されてきたが，2008年からは，更生保護法の施行に伴い，覚せい剤の使用を反復する傾向がある仮釈放者や保護観察付執行猶予者などに対して簡易薬物検出検査および教育課程を併せて実施する「覚せい剤事犯者処遇プログラム」，暴力事犯を反復する傾向がある仮釈放者および保護観察付執行猶予者などに対して，主としてアンガーマネージメントの技法を用いた「暴力防止プログラム」が実施されることとなった．現在は，これら3種の専門的処遇プログラムの受講が特別遵守事項により義務づけられて実施されている．

刑務所出所者等総合的就労支援対策
保護観察対象者などが社会内で更生するためには，就労の確保が重要な課題であることから，2006年から法務省と厚生労働省が連携し，身元保証システム，セミナー・事業所見学会，職場体験講習，トライアル雇用事業などの「刑務所出所者等総合的就労支援対策」が実施されている．

所在不明中の仮釈放者に対する対応の強化 2006年から，法務省が警察の協力を得て，所在不明となった仮釈放者に対する対応を強化することとなった．

しょく罪指導プログラム 2007年から，被害者のある重大な犯罪をした保護観察対象者に対し，所定の課題を履行させる「しょく罪指導プログラム」が実施されている．

特別遵守事項の設定・変更・取消しなど
更生保護法においては，遵守事項の内容が整理され，違反すれば不良措置につながる法的規範であることを明確にしたうえで，保護観察の途中でも特別遵守事項を設定，変更することができ，その必要性がなくなった特別遵守事項は取り消すものとしたことにより，保護観察対象者の問題性や改善更生の状況に応じた弾力的な保護観察処遇が可能になった．

段階別処遇制度 更生保護法の施行に伴い，「段階別処遇」が実施されることとなった．これは，保護観察対象者を処遇の難易により区分した各処遇段階に編入するとともに，各処遇段階に求められる処遇の強度に応じて，適正かつ効率的な処遇活動を行うものである．

自立更生促進センター 親族などの引受けがなく，かつ，民間の更生保護施設では受入困難な仮釈放者を宿泊させ，保護観察官による濃密な処遇と充実した就労支援を行い，その改善更生と自立を促進する「自立更生促進センター」を整備する構想が進められているところであり，2009年7月，「北九州自立更生促進センター」が運営を開始したところである．

また，少年院仮退院者等を宿泊させながら，農業実習と農業への就業支援を行う「沼田町就業支援センター」は，2007年10月から運営されている．〔田代晶子〕

▶ **文 献**

法務総合研究所 (2008). 平成20年版 犯罪白書
法務総合研究所 (2009). 平成21年度版 研修教材更生保護

11.8 非行少年の資質鑑別

■鑑別の根拠と位置づけ

非行少年の資質鑑別は，その身柄の保全とともに，少年鑑別所の主たる業務である．少年鑑別所は，昭和24（1949）年の少年法および少年院法の制定に伴って開設された法務省所管の施設であり，少年保護事件手続のプロセスの一端を担っている．

非行（→6.8, 6.9, 7.4）が発覚した少年が警察から家庭裁判所（→11.2）に送られると，家庭裁判所は，非行事実についての法的調査とは別に，その少年の要保護性について社会調査を実施する．資質鑑別は，この社会調査活動の一環である．家庭裁判所が少年の資質に関し，収容して心身鑑別を行う必要性があるとした場合には観護措置をとり，少年を審判までのおおむね4週間弱の間，少年鑑別所（→11.5）に収容して，そこで資質の鑑別が実施される．これは，少年法第9条に「前条の調査は，なるべく，少年，保護者又は関係人の行状，経歴，素質，環境等について，医学，心理学，教育学，社会学その他の専門的智識<u>特に少年鑑別所の鑑別の結果を活用して，これを行うように努めなければならない</u>」（下線は筆者）と規定されていることを法的な根拠としている．

家庭裁判所調査官による社会調査は少年の人格についても調査対象に含んでおり，少年鑑別所による資質鑑別とは互いに重なり合う部分があるが，その名前が表すように，社会調査は環境面，資質鑑別は資質面の調査にそれぞれ重心があり，相補的な協働関係にあるといえよう．こうしてアセスメントを実施した後，少年は審判において少年院送致の決定を受けたり，保護観察処分になったりして，処遇機関による処遇（トリートメント）を受けることになる．

■鑑別の内容

少年鑑別所処遇規則第17条は，「鑑別は，少年の素質，経歴，環境及び人格並びにそれらの相互の関係を明らかにし，少年の矯正に関して最良の方針を立てる目的をもって，行わなければならない」としており，鑑別はこれらの内容について実施される．少年鑑別所は資質鑑別の結果について，家庭裁判所に対し，審判の前に鑑別結果通知書として提出する．

鑑別結果を適正かつ簡明に表現して家庭裁判所に提出する必要から，鑑別結果通知書には統一的な様式が定められている．最初，様式は少年鑑別所の組織と同じく昭和24年に定められ，その後，何度も改正を重ねている．現在の様式は，①判定欄（改善更生のために適当であると考えられる処分とその理由を記載），②医療措置欄（疾病・障害の有無，診断や必要とされる医療措置などを記載），③精神状況欄（知能程度やその特徴，性格の特徴，また精神障害の有無や，診断や必要とされる医療措置などを記載），④身体状況欄，⑤行動観察欄（集団場面や面会場面など，少年鑑別所収容中に観察された行動の特徴を記載），⑥総合所見欄（少年の非行の深度や心理的な機制などの分析，また，今後処遇していくうえでの指針や社会復帰後の見通し等を記載）からなっている．

鑑別結果は，これに従って記載されるものであり，見方を変えれば，鑑別の内容自体，様式に定められたこれらの観点から実施されているともいえるだろう．

■鑑別の実際

少年が審判まで少年鑑別所で生活するおおむね4週間弱が，鑑別を実施する期間で

ある．当然ながら少年鑑別所に喜んで入所してくる少年はまずいない．通常，少年が入所するとすぐにオリエンテーションを実施し，観護措置について少年本人にとっての意味づけや見通しがもてるように働きかける．翌日に担当の鑑別技官によるインテイク面接が実施されるが，ここでは逃走や自殺といった処遇上のリスクについての確認や少年の動機づけに加え，少年の非行を理解する仮説を立て，それを検証するための作業を鑑別方針として各部門に伝達するという役割もある．

鑑別に携わるのは，少年の面接や心理検査等を実施する鑑別技官をはじめ，収容されている少年の処遇全般に係る業務を行う中で少年の行動を観察し，記録している観護教官，また医学的診察を行う医師など，少年鑑別所の組織全体である．インテイク面接後，各部門で仮説検証のために，行動観察や医学的診察などを行っていく．

そうした各部門からの情報，さらには家庭裁判所等の外部機関からの情報などが最終的にすべて集約されるのは，担当の鑑別技官である．鑑別技官は二回目以降の面接を繰り返しつつ，集まってくるさまざまな視点からの情報も統合し，仮説の検証などの分析を行って，有機的なまとまりをもった少年の人物像を構成して文章化するという役割を担っている．鑑別結果通知書の作成に先立ち，各部門の担当者や幹部職員で構成される判定会議において，複数の視点から情報や資料を突合せて検討し，判定意見を決定する．鑑別技官は，判定会議で得られた非行の機制等についての基本的な共通理解に基づいて鑑別結果通知書を作成するのである．

■ 鑑別の手法

上述したように，鑑別は，複数の職員がそれぞれの視点と手法をもって多次元的に実施した結果を統合するものである．その手法の種類は便宜的に，①面接，②心理テスト（知能検査なども含む），③行動観察，④医学的診察に区別される．

面接　鑑別のために実質的に利用できる2週間余りの間に，鑑別技官は数回にわたって少年と面接を実施する．

鑑別面接の構造的な特徴として，それが実際に面接する少年ではなく，社会からの要請によってなされているものだということがある．少年保護事件手続の一環であることもあって，実際に鑑別面接には調査的な性質が要求される．鑑別に必要な情報を広く，また深く，効率的に得るうえで，面接は最も重要な手法である．

とはいえ，鑑別面接はあくまで面接であり，一方的な情報の収集を目的とする調査とは異なる．鑑別の構造を反映して，面接に対する少年の動機づけが低いということも鑑別面接の特徴としてしばしば指摘されるが，非行少年も，たとえそれが最初は収容生活への不満や審判への不安などといった形をとるにせよ，問題に直面して困っているという点では他と変わらない．根本の目的が少年の改善更生にあることに鑑みても，他の治療的な場で行われる面接ととくに区別されるべき理由はないといえる．

当然，少年の自尊心を傷つけるなど，本来の目的を損ねかねないような侵襲的な行為は許されないし，少年が鑑別面接を通じて自分の内面に目を向けたり，なんらかの気付きに至ったりするということは，法的には副次的なものであるにしても，現象としては必然の結果であろう．

心理テスト　鑑別技官は，ほとんどの場合，面接の補助的な手段として各種の心理テストを実施する．集団式知能検査，法務省式人格目録（MJPI），法務省式態度検査（MJAT），法務省式文章完成法（MJSCT）

の4種類によって，ルーティンで実施するテストバッテリーを構成しており，これらは基本的に集団で実施している．法務省式人格目録は性格特性，態度検査は社会的態度の把握を目的とする質問紙法の心理テストである．MJ式のテストは法務省によって開発，標準化され，改訂を重ねている．

これらに加え，個別の必要性に応じて各種の心理テストを実施することも多い．たとえば，非行を理解するうえで，少年の外界に対する認知スタイルや対人関係のもち方をさらに検討することが望まれる場合や，処遇の方法を策定するうえで知能の程度や構造を精査する必要があるような場合である．WAIS-ⅢやWISC-Ⅲなどの個別式知能検査，ロールシャッハ・テストやTAT，各種の描画法といった投影法検査などが少年鑑別所でよく用いられている．交通事犯の少年に対しては，法務省式運転態度検査（MJDAT）や運転適性検査を実施することも多い．また最近では，諸外国で臨床的判断によらない統計的な実証データに裏打ちされたアセスメント手法が活用され，成果を上げていることを背景に，本人の性格特徴などの把握をおもな目的とした従前の心理テストに加え，再非行リスクの程度の把握やその低減のために処遇のターゲットとすべき領域の明確化を目的とした，法務省式保険数理統計式ツールの開発にも取り組んでいる．

行動観察　　行動観察は，収容少年の処遇面を担当し，少年を24時間体制で見ている観護教官が主として行っている．生活場面における少年の行動からは，その少年の同年輩の相手との対人関係のもち方や，家族との関係のありようなど，さまざまな状況と反応のセットの比較検討することにより，少年の人となりを統合的に理解するうえでの貴重な手がかりが提供される．

行動観察は，さまざまな状況下における少年の自発的反応を第三者的に観察するにとどまるものではない．観察者の側が主体的にいろいろな要因を操作して意図的に状況を設定し，その場合の少年の行動を観察するというような方法をとることも多く，これは意図的行動観察とよばれる．そこには，日記や家族画，貼り絵などのテーマを与え，それに対する反応から本人の気持ちや性格を把握しようとするものもあるし，参加者や課題を意図的に選定して実施するレクリエーションのように，不慣れな集団課題場面で少年が率先して行動するのか，追従的にふるまうのかなど，対人面での行動傾向等を把握しようとするものもある．

また，チェックリスト方式による行動観察も実施されることもあり，面接場面などでは必ずしも把握が容易ではない情報も行動観察によって得ることができる．生活全般についての綿密な行動観察は，収容して鑑別する大きな利点の一つである．

医学的診察　　少年鑑別所に入所した少年の医学的診察を行うのは，嘱託医等の場合も含め，少年鑑別所の医師である．少年の入所後，少年鑑別所では健康診断を実施して，疾病や障害がないかどうかを確認する．さらに必要に応じて，外部の病院を受診するなど，専門医による診察や治療を実施することもある．

資質の鑑別が，少年の非行に結び付く資質面の問題の分析と，改善更生の方法の検討を行うものであることから，精神科診察はとくに重要である．精神疾患の有無によっては非行の機制の解釈もまったく異なってくるし，処遇についても精神科治療を優先する必要が生じるなどといったこともある．実際，薬物乱用歴のある少年は多く，その場合には後遺症などの確認の必要があるし，統合失調症や摂食障害など，思

春期に好発する精神障害も少なくない．加えて，近年では発達障害の有無も鑑別実施上の大きな留意点となっている．

医学的診断は医師によってしかなされないとはいえ，心理テストや生活場面において何かしらの徴候が見られることもあり，そのような場合には医師に対して適切に情報提供する必要がある．そのため，鑑別技官や観護教官も，いろいろな障害の可能性を念頭において業務にあたっている．

■鑑別の意義

さて，上述してきた非行少年の資質鑑別について，少年の改善更生にどのような意義があるのかという観点から考えると，以下のような点があげられる．

第一に，少年の処分決定のための有用性があげられる．少年の資質に関する信頼のおける分析結果を踏まえて処分についての判断がなされるということは，少年の改善更生を考えるうえで欠かせないことである．

第二に，審判が少年の心情を汲んだものとなり，少年の内面に浸透しやすいものとなるように，少年がどのような人であるのかを家庭裁判所にわかりやすく伝えるということも，鑑別のもつ意義の一つである．少なくとも少年の立場に立って考えた場合には，どのような処分になったかということのみならず，どのようにしてその処分を受けるに至ったのかということは，その後の処遇への動機づけや，ひいては物事の見方全般にも影響を及ぼしかねない重要な意味をもっている．たとえば，少年院送致の決定を受けたにせよ，自分の気持ちや事情についても十分にわかってもらったと納得したうえでの決定かどうかということは，予後に大きな影響を及ぼすであろう．

第三に，少年院や保護観察所といった処遇機関に対し，どのような処遇がその少年の改善更生のために必要かつ効果的であるのかという手がかりを示すことにも大きな意義がある．どのような枠組みを設定するのかという部分だけでなく，どのようなアプローチをしていくのかという部分についての指針を示すことが，鑑別の役割として期待されている．また，非行少年へのアセスメントは，処遇機関による処遇に先行するものだけではなく，鑑別技官が少年院の処遇期間中や処遇終了の時期に少年院で面接等を実施することもある．これを再鑑別というが，第三者的立場から提出される改善更生の進行状況や問題点などを把握・分析した意見は，処遇上，有用な資料となる．

第四に，鑑別の有する処遇としての有用性もあげられよう．鑑別は法的にはアセスメントとして位置づけられるものではあるが，いうまでもなくアセスメントとトリートメントとは，対象者とのかかわりをとらえる視点をどこにおくかという違いであって，本来的に不可分なものである．

多くの少年にとって，鑑別は調査であって矯正教育ではないなどといった法的な位置づけの違いなど，ほとんど意識されることはないと考えるのが自然だろう．彼らにしてみれば観護措置は危機的事態であり，施設に強制的に収容され，自由を奪われた不満や今後に対する不安をかかえて入所してくるが，これは立ち止まって自分自身を振り返る貴重な機会でもある．少年が自分にとって非行がもっていた意味を考え，それを自分の人生に統合して今後に目を向けていくという作業を行うに際し，そこに自分の話をきちんと聞いてくれる存在がいるということは，とても大きな意味をもつだろう．少年自身にとっての意味合いということから考えれば，鑑別は，それ自体が改善更生・再犯抑止を志向するトリートメントとしての意義も有しているといえよう．

〔朝比奈　卓〕

11.9 成人犯罪者のアセスメント

本項では、日本の刑事施設（→11.3）で刑の執行を受ける受刑者に対して実施するアセスメントについて解説する．

■ 受刑者に対するアセスメントの歴史

監獄法（1908～2006年）では，受刑者を年齢・性別などにより分離して収容する規定はあったものの，現行のような受刑者に対する科学的な調査の実施やその結果に基づく集団の編成及び適切な処遇の実施等に関する明確な規定はなかった．

小野（2003）によれば，受刑者に対する科学的人格調査の制度的な発展は，昭和2（1927）年の，精神病理学者吉益脩夫による「凶悪不良囚」に対する科学的調査にはじまる．そして，この凶悪不良囚に対する科学的観点から行われた調査が，やがて個々の受刑者に対する人格調査へと広げられ，「仮釈放審査規程」（1931年），「行刑累進処遇令」（1933年）といった処遇制度の中に正式に組み込まれていくことになった（小野，2003）．

行刑累進処遇令は，受刑者の分類調査を規定し，そこでは本人の個性，心身の状況，境遇，経歴，教育程度その他身上に関する調査をすべきものとし，科学的分類調査が，累進処遇への編入，進級その他処遇を推進するための前提とされていたが（田中，1998），この分類調査は，仮釈放や累進処遇の審査のための分類にとどまっており，施設に入ってから出るまでの一貫した計画的な処遇の裏づけとなるものとは本質的に異なっていた（樋口，1972）．

その後，昭和23（1948）年に「受刑者分類調査要綱」が制定されたあと，この要綱の問題点（各分類カテゴリーに対応した処遇の基準・内容が示されていなかった，「分類あって処遇なし」という批判などがあったことなど）を踏まえたものとして，昭和47（1972）年に，現行の処遇調査制度の前身となる「受刑者分類規程」（法務大臣訓令）が制定された．

受刑者分類規程では，その第1条で「改善及び社会復帰を促進することを目的」として，「科学的分類調査並びにそれに基づく適切な収容及び処遇」を行うことが掲げられ，分類調査に基づき，収容分類級（①性別，国籍，刑名，刑期による分類，②犯罪傾向の進度による分類，③精神，身体の障害・疾病による分類の3種類から構成）を判定したうえで，それぞれの収容分類級に該当する施設に収容し，処遇分類級（職業訓練を必要とする者（V級），教科教育を必要とする者（E級），生活指導を必要とする者（G級）など8種類）の判定に従った処遇を実施する体制が整備された．

■ 刑事収容施設法下における受刑者に対するアセスメント

1) 刑事収容施設法における受刑者処遇の原則等　平成18（2006）年5月24日「刑事施設及び受刑者の処遇等に関する法律」（平成19（2007）年6月1日「刑事収容施設及び被収容者等の処遇に関する法律」に名称変更．以下「刑事収容施設法」という）が施行され，監獄法が全面改正された．

刑事収容施設法では，受刑者処遇の原則を「受刑者の処遇は，その者の資質及び環境に応じ，その自覚に訴え，改善更生の意欲の喚起及び社会生活に適応する能力の育成を図ることを旨として行うものとする．」（法30条）と規定しており，受刑者の内的問題性（人格特性など）および外的問題性（受刑者をとりまく社会・環境的諸条件など）に応じて適切な働きかけを行うこと（処

遇の個別化）が基本原理として明記されている．さらに，この改善更生と円滑な社会復帰に向けた働きかけの中心として，作業（法92条及び93条），改善指導（法103条），教科指導（法104条）からなる3つの「矯正処遇」が位置づけられている．この矯正処遇は，処遇要領（矯正処遇の目標並びにその基本的な内容および方法を受刑者ごとに定める矯正処遇の実施の要領のこと）に基づき，必要に応じて，医学・心理学・教育学・社会学その他の専門的知識および技術を活用して行われ（法84条5項），受刑者にこれを受けることを義務づけている．

2）処遇要領　矯正処遇は，受刑者の改善更生と円滑な社会復帰のため，組織的，計画的に実施すべきものであり，そのために，処遇要領において，各受刑者が出所するまでに達成すべき目標を定めるとともに，矯正処遇の種類ごとに実施すべき内容及び方法等を定めることとなっている．処遇要領は，各受刑者の個々の問題性に応じて策定する必要があり，刑事施設の長が受刑者の資質および環境の調査結果に基づき定めるものとされている（法84条第3項）．

3）集団編成と処遇指標　矯正処遇並びに刑執行開始時及び釈放前の指導を行うにあたっては，その効果的な実施を図るために，必要に応じて受刑者を集団に編成して行うこととされている（法86条）．

刑事収容施設法施行以前は，収容分類級の判定に基づき，受刑者を大まかな集団に振り分け，処遇分類級に従い矯正処遇を実施してきたが，刑事収容施設法では，まず個々の受刑者の有する問題性などに応じた必要な矯正処遇の内容などを判断したうえで，効果的に処遇するために同じ矯正処遇が必要な受刑者を一定の集団に編成し，矯正処遇を実施することとしており，矯正処遇の実施を中心に据えた考え方となっている．

この受刑者の集団を編成する際に，各受刑者に指定されるのが「処遇指標」とよばれるものであり，受刑者分類規程における

表1　処遇指標の種類

1）矯正処遇の種類および内容

種類	内容		符号
作業	一般作業		V0
	職業訓練		V1
改善指導	一般改善指導		R0
	特別改善指導	薬物依存離脱指導	R1
		暴力団離脱指導	R2
		性犯罪再犯防止指導	R3
		被害者の視点を取り入れた教育	R4
		交通安全指導	R5
		就労支援指導	R6
教科指導	補習教科指導		E1
	特別教科指導		E2

2）属性

属性	符号
拘留受刑者	D
少年院への収容を必要とする16歳未満の少年	Jt
精神上の疾病又は障害を有するため医療を主として行う刑事施設等に収容する必要があると認められる者	M
身体上の疾病又は障害を有するため医療を主として行う刑事施設等に収容する必要があると認められる者	P
女子	W
日本人と異なる処遇を必要とする外国人	F
禁錮受刑者	I
少年院への収容を必要としない少年	J
執行すべき刑期が10年以上である者	L
可塑性に期待した矯正処遇を重点的に行うことが相当と認められる26歳未満の成人	Y

3）犯罪傾向の進度

犯罪傾向の進度	符号
犯罪傾向が進んでいない者	A
犯罪傾向が進んでいる者	B

収容分類級・処遇分類級に代わるものである．処遇指標は，処遇調査の結果に基づき指定され，各受刑者に対して，①矯正処遇の種類および内容，②属性，③犯罪傾向の進度の3つの指標について，表1に示す符号を指定することになっている．

処遇指標の表示は，矯正処遇の内容及び方法，属性，犯罪傾向の順で示されることとなっており，たとえば，「(V0, R0, R1) YA」という処遇指標は，一般作業，一般改善指導，薬物依存離脱指導の矯正処遇の実施が必要である，26歳未満の犯罪傾向が進んでいない受刑者であることを示している．

4) 処遇調査　処遇調査は，従前の分類調査から発展したものであり，処遇要領の策定，受刑者の集団の編成など，受刑者の処遇に必要な基礎的資料を得るために行われる資質および環境に関する科学的調査である．同調査は，医学・心理学・教育学・社会学その他の専門的知識及び技術を活用し，面接・診察・検査・行動観察その他の方法により行うものとされている（受刑者の処遇調査に関する訓令（以下「処遇調査訓令」という）3条4条1項）．また，処遇調査を効果的に行うために必要と認めるときは，併せて，カウンセリングその他の適当な処置を行うことができることとなっている（処遇調査訓令4条2項）．

処遇調査は，その実施時期により刑執行開始時調査と再調査に分かれている．

(1) 刑執行開始時調査　刑執行開始時調査は，刑の確定による収容開始後，主として処遇要領を作成するために行う処遇調査である（処遇調査訓令6条1項）．

刑執行開始時調査は，確定施設（刑の開始時において受刑者を収容している刑事施設），処遇施設（処遇要領に基づく矯正処遇を実施する刑事施設）の2段階で実施される．

刑執行開始時調査の調査項目は，①精神状況，②身体状況，③生育歴，教育歴及び職業歴，④暴力団その他反社会的集団への加入歴，⑤非行歴及び犯罪歴並びに犯罪性の特徴，⑥家族その他の生活環境，⑦職業，教育などの適性及び志向，⑧その他受刑者の処遇上参考となる事項，と定められている（処遇調査訓令6条3項）．

これらの調査項目のうち，確定施設においては基礎的な調査を，処遇施設においては，確定施設の調査結果を踏まえ，より詳細な調査を行うことになっている．これらの調査の結果を踏まえ，最終的に処遇要領が策定されることになる．

調査センターにおける処遇調査：　調査センターは，矯正管区の管轄区域ごとに，高度の専門的知識および技術を活用して特定の受刑者に対して処遇調査などを実施する刑事施設のことであり，受刑者分類規程の制定に伴い，昭和47（1972）年に分類センターとして設置された．刑事収容施設法施行に伴い，その名称が変更された．同センターは，とくに精密な刑執行開始時調査を行う必要がある場合に，当該受刑者をセンターに収容し，専門的知識に基づく処遇調査を実施する役割を担っている．

調査センターで実施する刑執行開始時調査の対象者は，①性別，執行すべき刑期などの一定の基準に該当する26歳未満の者，②特別改善指導の受講にあたりとくに調査を必要とする者，の2つに大別されており，確定施設の刑執行開始時調査において，これらの要件に該当すると判定された者は，調査センターに移送されたうえで，精密な刑執行開始時調査を受けることになる．

調査センターでは，心理学などの専門的知識および技能を有する職員（心理技官）によって調査が行われ，必要に応じ，その

専門性を生かして個別知能検査や各種心理検査等を実施し，矯正処遇の効果的な実施に役立てている．

性犯罪者調査： 調査センターで実施する刑執行開始時調査の対象者のうち，刑事収容施設法の施行に伴って新たに加えられたのは，特別改善指導の受講のための調査として実施する者であり，とくに，性犯罪再犯防止指導の受講のために実施する性犯罪者調査（①リスク調査，②ニーズ調査，③処遇適合性調査）は，調査センターの重要な役割となっている．

性犯罪再犯防止指導は，諸外国で効果があると実証されている認知行動療法をベースとした処遇プログラムを採用しており，受講対象者の再犯リスクに対応した密度の異なるプログラム（高密度，中密度，低密度，調整の4種）が用意されている．これらのうちの適切なプログラムを受講させるために，調査センターにおいて，性犯罪者調査を実施することとなっている．

リスク調査とは，再犯と関連があるとされている要因のうち，静的リスク（年齢や性別，過去の受刑歴など変化しない要因）を査定するものである．一方，ニーズ調査とは，再犯と関連があるとされている要因のうち，動的リスク（処遇により変化しうる要因）を査定するものであり，構造化面接によって，①重要な社会的影響，②親密さの欠損，③性的自己統制などに関してその問題性の程度を査定するものである．

処遇適合性調査は，リスク調査及びニーズ調査の結果を踏まえ，受講するプログラムの種類や時期などを判定するほか，知的能力レベルや動機づけレベルなどを判定し，プログラムの実施に役立てている．

(2) 再調査： 再調査は，刑執行開始時調査終了後に行う処遇調査（処遇調査訓令7条）であり，処遇施設において実施することとなっている．

再調査には，定期再調査と臨時再調査の2種類があり，そのうち，定期再調査は，おおむね6月ごとに1回，主として矯正処遇の目標の達成状況の評価が終了した後に，処遇要領の変更の要否を判断するために実施する処遇調査である．一方，臨時再調査は，処遇指標の変更，制限区分などの変更など，定期再調査で実施しない再調査を実施するものである．

■ **少年受刑者に対する取扱い**

少年受刑者（少年法56条1項又は2項の適用を受ける受刑者）についても，基本的に成人受刑者と同様の手続きで処遇調査を実施し，それに基づき処遇要領を策定したうえで，矯正処遇を実施することとなっている．

成人受刑者と異なる点としては，矯正処遇の充実のために，少年受刑者用の処遇要領が別に定められていること，個別担任制による指導体制をとっていることなどがあげられる．

■ **まとめ**

このように，刑事施設では刑事収容施設法の施行により，改善指導などの矯正処遇が実施されるようになったことに伴い，これまで以上にアセスメントの重要性が高まってきたといえよう．今後は，性犯罪者調査で実施されているような，再犯を予測するリスクアセスメントなどのさらなる充実が求められてくるであろう．

〔西田篤史〕

▶ 文　献

樋口幸吉（1972）．新分類規程の意義と課題　刑政，**83**(9), 12-27

小野義秀（2003）．日本行刑史［Ⅳ］分類制度の発達　犯罪と非行，**135**, 89-125

田中常弘（1998）．受刑者処遇制度の展開　西原春夫先生古稀祝賀論文集，**4**, 307-346

11.10 再犯リスク評価

再犯リスクとは,犯罪をした者が,将来に再犯する蓋然性をいう.再犯リスク評価(リスクアセスメント)は,審判や判決前調査段階でなされる処遇選択や予後評価,累犯者に対する量刑,処分後の処遇内容や介入密度選択,人的・物的資源の適正配分,仮釈放の適否判断など,刑事司法過程における各種意思決定に大きく関与する.再犯リスク評価は,個人の勘や経験に基づく主観的な評価,法令上のガイドラインや規定に従った規範的評価,実証的根拠に基づく科学的な評価などさまざまな水準や次元から行われている.ここでは,海外やわが国の刑事司法機関の実務で使用が活発化しているリスクアセスメントツールを用いた実証的・科学的な再犯リスク評価の起源や統計手法などを中心に概説する.

■ 歴史的変遷と世代分類

今日の実証的なリスクアセスメントの起源は,1928年にバージェス(Burgess,E.W.)が発表した仮釈放者の再犯予測研究や,グリュック夫妻(Glueck, S. & E.)の非行早期予測研究などを嚆矢とし,その後,さまざまな予測方式が発表され,わが国でも欧米の諸研究を追試する形で,吉益脩夫などの研究が活発に実施されてきた(徳山,1975).これら初期の予測研究は,多因子論的な犯罪原因論の観点から,再犯の有無を予測することに主眼をおいていたようである.今日のリスクアセスメントツールによる再犯リスク評価では,評価ツールの構築過程においては,再犯予測研究の知見や技法に依拠するが,再犯予測自体よりもリスク水準に応じて再犯にまつわるリスク要因を適正に管理することや,治療や矯正処遇を介しリスク要因を削減し再犯防止に役立てることに主眼がある(安藤,2003).

実証的リスクアセスメントツールによる評価実務が活発化した背景には,以下の事情を指摘できる.まず,専門家による臨床的評価や判断が実証的な知見に照らすと再犯予測力に欠け,刑事司法の諸過程における恣意的な分類や意思決定が,対象者を過剰に危険視するなどして人権を不当に侵害したり倫理的要請に離反するおそれがあるなどの批判に対し,客観的で妥当性の高い評価基準が求められたこと.次に,疫学的犯罪学や発達犯罪学の研究が進行し,系統的レビューによる知見が蓄積し,再犯の抑制や促進に寄与する各種要因に関し知識ベースが増したこと.さらに,効果的な再犯防止手法として,リスク管理(risk management)を機軸とする犯罪者処遇論(リスクパラダイム)が,実証的根拠に基づく実務(evidence-based practice)の方法論となったこと.

アンドリュースら(Andrews et al., 2006)は,リスクアセスメント手法の変遷を次の4世代に分け整理している.

第1世代 専門家の主観に基づく非構造的な臨床的判断.判断ルールが可視的でないことが多いため再現性が低く,経験・技量による判断のばらつきも大きい.その結果,総じて再犯予測力が低下しやすい(例:面接と心理テストによる伝統的査定).

第2世代 保険数理統計的ツールによるアセスメント.この世代の評価ツールの予測因子は,再犯と関連性の高い静的・履歴因子(例:犯罪歴,初発年齢など)に多く依拠し,長期的再犯予測力が高い.予測力の高い静的変数が非理論的に選択されモデル構成されているため,治療や介入による変化が反映されにくい.(例:SIR-R, OGRS, Static-99)

第3世代 保険数理統計的ツールによるアセスメントだが、第2世代ツールの静的変数とともに処遇により変容可能なリスク要因も取り入れ同時に評価する。全般的リスク水準とともに、処遇を通じた動的リスクの変化を測定できるためケース管理に役立つという（例：LSI-R）。

第4世代 第4世代は、第3世代の評価ツールをケースの受理段階から終結段階まで系統的に使用し、評価結果を処遇計画やケース管理システムに取り入れ、処遇効果の評価や実務改善につなげてゆくような系統的介入体制をさす（例：LS/CMI, OASys）。

なお、上記の第1世代と第2世代以降の折衷的な査定枠組みとして、構造的臨床判断という手法もある。これは、アセスメントの一部に保険数理統計的手法を使いながらも、臨床的な判断の余地も残す折衷的評価方式である（例：HCR20, SVR20）。

■ **再犯リスク要因の種類と評価**

再犯リスク要因とは、再犯確率を高める方向に関連性を示す要因群である。逆に犯罪の生起確率を抑制する方向に関連性のある要因群は保護要因という。これら要因は、因果関係をもつ原因因子である場合もあれば、間接的に再犯を促進させる修飾因子として機能している場合もあり、背景に伏在する要因の単なるマーカーである場合もある。したがって、再犯リスク要因をただちに犯罪の原因とみなしてはならない。

再犯リスク要因は、①静的（固定的・履歴的；static）リスク要因と、②動的（可変的；dynamic）リスク要因に分けられ、動的リスクはさらに、②A：動的・安定的（stable）リスクと、②B：動的・急性的（acute）リスクに細分される（Hanson, 2000）。①は、個人の過去の行動や履歴に関連する要因群で、長期的な再犯予測に関連性が高い（例：年齢、犯罪歴、保護観察中再犯歴）。②Aは、数ヵ月〜数年程度持続する安定的要因だが、治療や処遇により変容させることが可能で、リスク削減の介入目標となる要因であることから、犯罪生成ニーズ（criminogenic needs）ともよばれる（例：雇用状態、物質依存症、暴力肯定的態度）。②Bは、数週間〜数秒程度で変化してしまう急性要因であり、長期的リスク要因にはならないが、再犯を誘発する状況的引き金因子として寄与することがあり、再発防止のための社会内の監督指導やセルフマネジメントプラン作りで重視すべき要因群である（例：怒り、飲酒による酩酊、潜在的被害者への接近）。

リスク評価では、以上の各種リスクの評価に適したツールを評価目的や評価場面に応じて使い分ける必要がある。また、再犯リスク評価に関する諸研究を見ると、再犯に関与する要因は、各種犯罪に共通な成分とともに、各種犯罪に固有の成分も認められる。このため、その双方に目配りしながら再犯リスク評価を行う必要がある。一般犯罪に共通して認められる要因群について、アンドリュースら（Andrews et al., 2006）は、メタ分析に基づく知見をもとに、①反社会的行動歴、②反社会的人格パターン、③反社会的認知、④反社会的交友関係の4種を、再犯との関連性の高さから再犯リスクのBig4とよび、これより再犯との関連性は低いが有意な影響を与える要因として、⑤家族・婚姻状態、⑥就学・就労状態、⑦余暇活動、⑧物質乱用を上げ、以上の8要因を再犯リスクのCentral8と位置づけている。こうした一般的犯罪リスクに着目したツールとしては、LSI-RやLS/CMI、YLS/CMIなどがある。一方、各種の犯罪に固有のリスク要因としては、性犯罪の場合は、児童に対する性的関心、逸脱的性嗜好などの性的逸脱傾向や親密さの欠

損などがあり（→11.12）．また，暴力再犯の予測では，上記の共通成分評価に加えて，人格障害の存在や怒りなどの要因が考慮され，これらの査定にふさわしいツールが活用される（例：性犯罪；SORAG, SVR-20，暴力犯罪；VRAG, HCR20）．

■ 再犯リスク評価のための統計手法

統計学的再犯リスク評価では，まず各種要因と再犯との関連性を確認するための基礎データを得る必要がある．その方法には，再犯指標となる事象の生起時点（例：再逮捕，施設再収容）を起点とし，後方視的（回顧的）に再犯と関連性の高い要因を確認する方法と，前回処分終結や施設出所などの時点を起点とし前方視的（展望的）に特定時点までの成行きを調査し，再犯関連要因を検討する手法が一般的に用いられる．

リスク候補要因に関するデータは，再犯指標との関連性を示す指標（例：相関係数，関連係数，オッズ比）と単変量レベルの解析をした後，再犯群と非再犯群に有意差が認められる要因を列挙し，各リスク要因に該当するかどうかを単純にカウントして総得点を計算する方式（Burgess 方式の線形加算モデル）や多変量解析（→5.11）の手法を利用して，リスク要因項目の相対的寄与を考慮し，変数選択や重み付けなどを行う方式として，線形重回帰分析，判別関数，林の数量化法，多重ロジスティック回帰，決定木分析など各種手法が使用される．ただし，Burgess 型のようなシンプルな予測モデルも，多変量解析による複雑な統計手法を使うモデルも予測力では大差はないという指摘もある．

比較的大規模なサンプルを用いた再犯データをもとにリスク要因を選択し，リスク水準ごとの再犯率を検証し，この検証データに基づき評価するツールは，保険数理統計的（actuarial）リスクアセスメント

ツールという．リスクアセスメントツールを実務場面に適用するためには，評定段階での信頼性があり，かつ予測的な妥当性がなければならない．ツールの予測精度は，カットオフ値の設定の仕方に応じて，真陽性（a）・真陰性（d），偽陽性（b）・偽陰性（c）の分布が変わり，感度（真陽性率＝a/(a+c)）と特異度（＝d/(b+d)＝1－偽陽性率(b/(b+d))も，再犯のベースレート（＝(a+c)/(a+b+c+d)）と選択比（＝(a+b)/(a+b+c+d)）に応じ変わるため，そのトレードオフをグラフ化して予測精度を示す指標として ROC 曲線（receiver operating characteristics curve, 受信者動作特性曲線）がしばしば用いられる．ROC 曲線下面積（AUC-ROC）は，0.5 のとき予測は偶然のレベルと異ならないことを，1.0 に近づくほど予測精度が高いことを示す．

表1

予測＼実測	再犯あり	再犯なし	
予測再犯	真陽性 a	偽陽性 b	a+b
予測安全	偽陰性 c	真陰性 d	c+d
	a+c	b+d	a+b+c+d

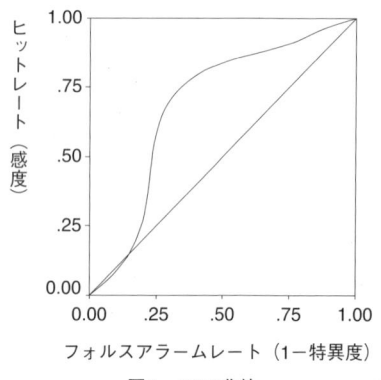

図1 ROC 曲線

■ 実務場面への活用，留意点，課題

　上述のように，客観的な評価ツールによる再犯リスク評価は，リスク管理の考え方に基づく犯罪者処遇論の中で，ベースラインデータを与え，改善状況をモニタリングし評価するうえでも欠かせず，限定的な人的・物的資源を適正に配分し，リスク水準に応じた処遇選択や意思決定を行うための基盤を与える．これに関連し，ボンタら（Bonta & Andrews, 2007）は，再犯抑止に効果的な処遇原則としてRNRモデルに基づく処遇を1990年代から提唱してきた．

　RNRモデル（Risk-Needs-Responsivity Model）とは，リスク水準に応じた処遇を行うべきこと（リスク原則），介入ターゲットは再犯関連リスク（犯罪生成ニード）に焦点づけるべきこと（ニード原則），処遇が効果を上げるためには，対象者の学習スタイルに合った介入法（認知行動療法的アプローチなど）や動機づけ増進法を用いるべきこと（応答性原則）をさし，これらの原則を忠実に実施した場合，処遇効果が最も高まるという．

　わが国においてリスクアセスメントツールを実務に導入する場合も，評価ツールの導出過程や特性を踏まえ，適用集団において検証の作業を丁寧に行い，妥当性を確認する作業が欠かせない．また，静的・履歴要因に多く依拠するツール使用の場合，評価が対象者のスティグマとなり社会的排除を助長する危険性があることも注意しなければならない．一方，動的要因を評価するツールの場合は，対象者の変化を的確に把握するため，処遇の進行状況や節目に応じて一定期間ごとに再評価する必要がある．

　なお，評価ツールによる再犯リスクの査定は，あくまで総合的なアセスメントの一部をなすにすぎない．評価ツールの評価結果を過信するあまりに，再犯の促進や抑止にかかわる他の重要な要因を見落としたり過少評価してしまうことを十分注意しなければならない．

　わが国のリスクアセスメントツールの制度的な利用は欧米諸国に比べ立ち遅れていた．しかし，平成18（2006）年のいわゆる受刑者処遇法の施行とともにはじまった特別改善指導の性犯罪プログラムでは，カナダの連邦矯正保護実務にならい，客観的なリスクアセスメントツールが使われ，RNRモデルに準じたプログラム実務が展開されている（→11.4, 11.15）．また，触法精神障害者（→12章）の処遇分野でも，HCR-20やPCL-Rなどが活用されるようになっている．少年非行分野でも客観的な評価ツール開発作業が進行している．こうしたリスク評価を機軸とするアプローチの対極には，個人の強みや長所を伸長させるアプローチが伝統的にある．ワードら（Ward & Maruna, 2008）の言うように，対象者の更生や立ち直りの支援という観点から後者の視点は不可欠であり，双方の持ち味を生かした評価方式の検討も今後の重要課題となると考えられる．　　　〔寺村堅志〕

▶文　献

安藤久美子（2003）．暴力に関する欧米の司法精神医学的研究（2）：暴力のリスクアセスメントツール　犯罪学雑誌，**69**（6），220-232．

Andrews, D.A., Bonta, J., & Wormith, J.S. (2006). The recent past and near future of risk and/or need assessment.. *Crime & Delinquency*, **52**, 7-27.

Bonta, J., & Andrews, D.A. (2007). *Risk-need-responsivity model for offender assessment and rehabilitation*. Public Safety Canada.

Hanson, R.K. (2000). *Risk assessment*. ATSA Infopack.

徳山孝之（1975）．犯罪の予測　安香　宏・麦島文夫（編）犯罪心理学　有斐閣　pp.439-458．

Ward, T., & Maruna, S. (2008). *Beyond the risk paradigm*. Routledge.

11.11 殺人犯の再犯リスク評価

■殺人犯の犯罪経歴に関する検討

殺人（→ 7.1, 7.2, 7.6, 7.8, 7.9）は究極の暴力犯罪であるが，殺人犯は必ずしも犯罪性や暴力性の高い人たちばかりではない．

1948年から2006年9月30日までの間に記録された有罪の確定裁判（前科）の電算記録に基づく100万人の犯罪者に関する犯罪経歴の分析を行った法務総合研究所（2009）によれば，初犯が殺人であった4348人のうち，上記期間に再犯がなかった者の割合が83.3％で，なんらかの再犯があった者は16.7％であった．この割合は罪種別でみた場合に最も低く，初犯の罪種別で累犯の割合を多い順で見ると，窃盗や覚せい剤法違反で4割台，傷害・暴行や強盗，強姦で3割台，詐欺や風営適正化法，強制わいせつ，放火で2割台であった．

殺人犯が殺人をくり返す傾向について同様に見ると，再犯で殺人をくり返した者（0.9％）はごくわずかであり，再犯者のほとんどが殺人とは異なる罪種（15.7％）であった．多くの罪種で，同種再犯をくり返した者の割合は1割に満たないが，他罪種と比較して，殺人は刑期が長いことを考慮する必要がある．また，初犯が殺人であった者で殺人以外の再犯があった者の半数には，傷害・暴行の再犯があり，これらの者は暴力との親和性が高いと考えられる．

犯罪統計によると，殺人で検挙された者の約半数は前歴者であることから，2回目以降の前科で殺人を行った者の前科内容も検討する必要がある．法務総合研究所（2009）の分析で2回目以降の前科で殺人を行った2407人の前科内容を見ると，1462人（60.7％）に暴行・傷害があり，複数回の「暴行傷害の前科あり」が637人（43.4％）であった．これらの人たちはとくに暴力の問題をくり返しているうちに殺人に至ったと考えられる．他に対人暴力を伴う暴力行為等処罰法違反や銃刀法違反，恐喝への該当者も14.7％おり，前科を有する殺人犯には，暴力のリスクが高い人たちが多くを占めることが示唆される．また，前科の2～9回目に殺人がある者については，再犯ありの割合（37.5％）や殺人の再犯ありの割合（2.1％）が，いずれも初犯が殺人だった者の2倍を示しており前科が殺人犯の再犯と強く関連していた．

一般に再犯の予測において最も一般的で最良の変数は，若さと前科前歴の数であると指摘されている（Zamble & Quinsey, 1997）．他に，初回逮捕年齢や犯罪の多方向性，アルコール乱用，低い教育歴，などは正の関連はあるが，年齢や前科前歴と比較するとやや弱い関連とされている．

■殺人犯の再犯の実態

法務総合研究所（2009）の知見は有用ではあるが，回顧的研究であり，初犯時の前科年によって再犯の追跡期間が大きく異なるため，再犯の実態をできるだけ正確に把握するためには，追跡期間をある程度統一しての検討が必要となる．

渡邉（2008）は，処分裁定後の追跡期間を10年とした追跡研究により，殺人犯を一般犯罪者群と精神障害者群とに分けて，その再犯率を検討している．そこでは，一般犯罪者群の殺人犯における処分裁定の約10年後の時点における再犯率は23.3％であり，その約半数が対人暴力の再犯を行っていた．このことは，一般犯罪者群における再犯の有無と対人暴力をくり返す傾向との関連を示唆している．

■精神障害により刑を減軽された殺人犯の再犯の実態

精神障害と暴力の関係は，古くから議論されてきたが，実証的な研究の蓄積からは，これらの間に正の関係があることが指摘されている（→12.14）．統合失調症とアルコールの問題が同時に存在するときに，他と比較して暴力のリスクが高くなる．

山上ら（1995）による触法精神障害者946例を11年間にわたって追跡した結果，触法精神障害者の再犯率は22％であった．同様に，1994年の触法精神障害者のうち，殺人犯について処分裁定後10年間の追跡をした結果，再犯率は9.4％であり，重大再犯の再犯率は3.9％，対人暴力の再犯率は6.9％，殺人の再犯率は0.8％であった（渡邉，2008）．触法精神障害者の中で再犯率が高いのは傷害であり，殺人の場合には再犯率は低いものの，再犯がある場合にはそれが対人暴力である場合が多くなっている．

■殺人の再犯リスク評価で考慮すべき要因

殺人犯といっても一様な集団ではなく，どのような特徴をもつ者に再犯傾向があるのかについて，検討が進められている．殺人犯の再犯リスクの中で最も関心が高いのは，再び暴力で逮捕される再犯についてのリスクであり，この領域については多くの研究の蓄積がある．

岡田と安藤（2003）は，既存の研究のレビューから暴力再犯リスクに関連する要因を，①人口統計学的要因，②犯罪学的要因，③精神医学的要因に分類している．

①人口統計学的要因，②犯罪学的要因とまとめて示されることもあるが，ここには，年齢，性別，生活環境（社会経済階層，教育，就労），生育環境（暴力への暴露や被虐待体験，親の養育態度）が含まれる．②犯罪学的要因には，暴力や犯罪への既往が含まれる．③精神医学的要因には，診断名，幻覚，妄想，TCO症状（Threat/control-override symptom）暴力の空想，抑うつ，アルコール／薬物，器質的な障害，人格障害（反社会的人格障害，行為障害，精神病質），治療の10の領域が含まれる．

静的リスク要因と動的リスク要因 先のいずれの分類でも，それぞれの要因は，一度該当すれば変化させることのできない静的リスク要因と，介入することによって変化させることのできる動的リスク要因に分けられる．

静的リスク要因は，再犯の予測において強力な予測因子となりうる．たとえば，渡邉（2007）は，一般犯罪者群の殺人犯で，「前科前歴2回以上で，処分裁定時年齢が39歳以下」の場合に，対人暴力の再犯率が44.2％（ベースレイト12.0％の3.7倍）を示すハイリスク群を見出している．しかしながら，静的な要因は変化させることができないため，リスク管理や介入を考えるためには，動的リスク要因を評価していくことが重要となる．こうした背景から，再犯の危険性の概念からリスク概念へと変化し，リスク管理のための要因を取り入れた再犯リスク評価ツールが開発されている．

〔渡邉和美〕

▶文献

岡田幸之・安藤久美子（2003）．暴力に関する欧米の司法精神医学的研究（1）暴力のリスクファクター 犯罪学雑誌，**69**(5)，181-201．

法務総合研究所（2009）．再犯防止に関する総合的研究 法務総合研究所研究部報告42 法務総合研究所．

渡邉和美（2007）．1994年の殺人犯603例に関する10年間にわたる暴力犯罪の再犯追跡研究──暴力再犯リスク要因と，これに精神障害が及ぼす影響に関する分析 犯罪学雑誌，**73**(6)，174-207．

11.12 性犯罪者のアセスメント

■目 的

一般的に「性犯罪」の語は、わいせつ目的の殺人や侵入強姦から、電車内での痴漢、露出、児童ポルノ関連犯罪、下着などの窃盗まで、性に関する犯罪を幅広く含む。したがって、一口に「性犯罪者」といっても、ここには実に多様な人々が含まれており、社会に対する危険性、再犯リスク、処遇ニーズなどもさまざまに異なっている。

性犯罪者のアセスメントは、これら多種多様な一群に属する各人について、主として①将来の再犯リスクの評価、②処遇ニーズの評価、③処遇を受けたことによって期待する変化が生じたかどうかの評価、の3つの観点から把握し、個々の加害者の再犯を効果的かつ効率的に防ぐとともに、性犯罪者処遇のあり方を検討することを目的として行う。

■歴 史

他の犯罪者のアセスメント（→11.10）と同様に、性犯罪者のアセスメントも1980年代までは「臨床的アセスメント（診断的アセスメント）」が主流であった。しかし、1990年代に入ると、性犯罪に対する社会的批判の強さを受けて、再犯リスク判定に基づく司法的判断（釈放の判断、民事拘禁要否の判断、情報登録・公開要否の判断など）を行う必要性がとくに高まった。さらに、これに伴い、臨床的判断によるリスク評価の信頼性に疑問を呈する声も高まったこと、質問紙による的確なアセスメントの実施が困難であることが明らかになったこと、統計手法が発達したことなどを受けて、保険数理統計式（actuarial）ツールの開発が進んだ。

まず、遡及的研究にもなじみやすい静的（static）リスクを用いたツール（＝再犯リスク評価ツール）の開発が行われ、実用化された。次いで、再犯予測の精度を高める目的と、処遇の実施による変化を評価する目的から、動的（dynamic）リスクを用いたツール（＝処遇ニーズ評価ツール）の開発にも力が注がれるようになり、現在も継続して行われている。

■再犯リスク評価

再犯リスク評価は、対象者の再犯する可能性を予測するためのものである。保険数理統計式ツールを用いた評価が主流であり、諸外国では、釈放の判断、民事拘禁要否の判断、情報登録・公開要否の判断などにも用いられ、日本では、処遇密度（実施回数および実施期間）の判定に用いられている。

代表的な再犯リスク評価のツールとしては、Static-99 (Hanson & Thornton, 2000) およびその改良版である Static-2002 があげられる。このシリーズには、加害者の年齢、結婚・同棲歴、過去の粗暴犯罪歴、性犯罪歴、被害者との親族関係や知人関係の有無、被害者の性別などの変数が用いられている。

■処遇ニーズ評価

処遇ニーズ評価は、対象者の再犯する可能性に結びつく要因のうち、変化しうる動的要因を用いて行うものである。再犯リスク評価を補完し、各種判断に用いられるとともに、処遇を行う際の処遇目標を具体化し、処遇の実施による変化の度合いを測定するために用いられている。

代表的な処遇ニーズ評価のツールとしては、STABLE-2000 (Hanson & Harris, 2000) および、その改良版である STABLE-2007 があげられる。このシリーズに

は，重要な社会的影響，親密さの欠損，性的な自己統制，性暴力を容認する態度，監督指導への協力，一般的な自己統制などの変数が用いられている．

■ 精神医学的診断

性犯罪に関連する精神医学的診断として，露出症，窃触症，窃視症，小児性愛，性的サディズムなどがあげられる．しかし，DSMシリーズ（→12.13）の判定基準は，本人の自己申告に多くを依存しており，正確な情報を把握することが困難であるなどの理由により，性犯罪に関連する精神医学的診断の実用性は，疑問視されている．また，診断の有無がより良い治療・処遇選択に結びついていないこともあって，性犯罪者処遇の実務家の多くは，これらの診断を活用していないのが現状である．

■ 質問紙による評価

性犯罪者は，他の犯罪者にも増して，自己の問題性（とくに性嗜好の偏りに関するもの）を意図的・非意図的に覆い隠そうとする傾向が強いと考えられている．そのため，性に関する態度や認知などの評価を目的として作成された質問紙の多くが，「防衛的でなく，協力的な対象者」に対してのみ有効であると結論されるに留まっている．他の質問紙と同様に，回答の信頼性を測定する虚偽尺度，社会的望ましさ尺度などを活用した場合でも，現存する質問紙は，大多数の性犯罪者の特徴を正確に抽出するには不十分である．

■ 性嗜好の評価

否認傾向が強いとされる性犯罪者の性嗜好を客観的に測定するツールとして，PPG（penile plethysmograph）が開発され，実用化されている．PPGは，伸縮式のゲージを性器に装着した状態で各種性的刺激（物語を読む聴覚刺激が主流）を提示し，性器の血流量変化を測定して性嗜好（対象の年齢，性別，暴力の有無，強要の有無など）を測定するものである．

PPGの実施を機に，否認していた性嗜好を自覚し，これを処遇ターゲットとすることで効果的な処遇が行われる例が報告されている一方で，成人を被害者とした性加害者の逸脱はほとんど検出されないことや，偽陰性が多いことも知られており，過度の依存を警告する意見もある．その他，さまざまな年齢・性別の人の写ったカードを注視する時間から性嗜好を推測するAbel Card Sort なども開発されているが，現時点では，実用性が低い．

■ 日本の性犯罪者アセスメント

日本の刑事施設では，2006年5月「刑事施設及び受刑者の処遇等に関する法律」の施行と同時に，特別改善指導の一つとして「性犯罪再犯防止指導」を開始した．同指導の開始に伴い，全国8ヵ所に設置されている「調査センター」機能をもつ刑事施設において，「性犯罪者調査」を実施している（→11.9）．

性犯罪者調査は，リスク調査，ニーズ調査，処遇適合性調査の3種から成っており，この結果と通常の刑執行開始時調査の結果を総合的に判断して，①処遇密度（高密度，中密度，低密度及び調整），②処遇実施施設，③処遇目標，④処遇実施時期などを判定している．　〔朝比奈牧子〕

▶文　献

Hanson, R.K., & Thornton, D. (1999). *Static-99 : Improving actuarial risk assessments for sex offenders.* User Report 99-02. Ottawa：Department of the Solicitor General of Canada.

Hanson, R.K., & Harris, A. (2000). *The sex offender need assessment rating (SONAR) : A method for measuring change in risk levels.* Correctional Research, Department of the Solicitor General of Canada.

11.12　性犯罪者のアセスメント | 497

11.13 犯罪者・非行少年の処遇 —加害者臨床—

■ 処遇の目的

矯正施設には，①拘束（incapacitation：拘束期間中の再犯抑止），②応報（retribution：犯罪を行ったことに対する罰の執行），③抑止（deterrence：本人および他者に対して，犯罪を行えば罰せられることを知らしめることによる再犯抑止），④リハビリテーション（rehabilitation：本人の変化を促し，出所後の再犯可能性を小さくすることによる再犯抑止）の4つの犯罪抑止機能が期待されている．近年は，ここに⑤修復（restoration：犯罪が被害者および社会に対して与えた損害の修復）を加える研究者も増えてきている．

このうち，犯罪者・非行少年の処遇（treatment：ここでは，施設に収容するというハード機能は除外し，その中でどのような加害者臨床を行うかというソフト機能に限定することとする）は，主として④のリハビリテーションを促進するために行うものと位置づけられよう．

リハビリテーションは，他の目的から独立するものではなく，②の応報や③の抑止の結果として実現すると考えている人も多い．たとえば，「刑務所で嫌な思いをすれば改心し，再犯しなくなるだろう」と考えることはこれに該当する．しかし，②の応報はもともと，再犯抑止効果の有無にかかわらず，「懲らしめるべきは懲らしめる」という発想である．仮に結果として再犯を促す機能があったとしても，である．また，③の抑止についても，理論的には効果が期待できそうであるにもかかわらず，加罰の確実性，迅速性などにまつわる限界からか，再犯抑止効果は実証されていない．世界的に見ても，現在までのところ，いわゆる厳罰化施策（例：刑の長期化，収容処分の多用，電子監視，加害者情報公開など）が犯罪の減少に結び付くというエビデンス（実証研究の結果）が示されていないことは注目に値する．

■ 処遇効果研究

1990年代以降，加害者臨床（offender treatment）における処遇は，実証研究の結果に基づいて開発・実施することが世界的なスタンダードとなっている．1980年代後半からはじまった「何が効くのか？（what works?）」という問いに関連して，過去半世紀の間におよそ2000の個別の研究が行われ，さらに，2007年までの間に少なくとも65のメタ・アナリシスが行われている（McGuire, 2008）．

これらのメタ・アナリシスは，かつてくり返し引用された「何も効かない（nothing works）」の提言に真っ向から対立する結果を示している．加害者に対する心理的介入は，再犯抑止に効果的であり，処遇を行わなかった場合よりも再犯率を有意に低くする機能がある．とはいえ，その効果の多寡は幅広く，主要なものを列挙すると，次のとおりである．対象者の年齢では，年少少年や成人のほうが，年長少年（15-18歳）よりも処遇効果が高い．処遇の実施環境では，社会内処遇のほうが，施設内処遇よりも処遇効果が高い．処遇密度では，6ヵ月以上，週2回以上行うもののほうが効果が高い．また，処遇の実施形態では，RNR原則に基づいて行ったほうが，そうでない場合よりも効果が高い．

このように，加害者処遇の効果研究を通じて，多くのことが明らかになりつつある．しかし，たとえ「効果的な処遇のリスト」を完成させたとしても，処遇効果研究は終

わりではない．最高の犯罪者・非行少年処遇は，単に最高の治療的技術を適用することによって達成されるわけではないのである．

近年では，「何が効くのか？(what works?)」という問いに代わり，「どう効くのか？(how it works?)」が吟味されるように変化してきている．この問いによれば，これまでのプログラム化された処遇パッケージだけではなく，処遇プロセスやセラピストの資質，処遇実施環境などを含むより多面的な要素が処遇効果検証の対象となる．このように処遇効果研究は，プログラムという単位での検討を経て，次の段階に差しかかっているといえる．

■ 二大処遇モデル

加害者処遇を説明する二大モデルとして，RNRモデル（risk need responsivity model，リスク・ニーズ・反応性モデル）とGLモデル（good lives model，グッド・ライブスモデル）があげられる．RNRモデルは，処遇効果研究が始動した1980年代にアンドリュース（Andrews, D），ボンタ（Bonta, J）らを中心にカナダで提唱され，1990年代以降，世界的に最も広く受け容れられている処遇モデルといえる．一方のGLモデルは，ワード（Ward, T）を中心に1990年代後半に提唱され，2000年代に入ってから成熟したもので，歴史が浅く，まだ十分な議論が尽くされたモデルとはいえない．

しかしながら，一般心理臨床におけるポジティブ心理学の流れ，社会学系犯罪学者による質的研究の流れ，回避ゴールより接近ゴールのほうが変化を起こしやすいという行動系心理学における発見，セラピーにおけるセラピストの役割の重要性の認識，クライエントの動機づけの問題など，昨今の加害者臨床に関連する課題を包括的に説明しようとするモデルといえ，今後の発展が期待される．

■ RNRモデル

RNRモデルは，加害者臨床のエビデンスに基づき，リスク原則，ニーズ原則，反応性原則の3つを中心として，効果的かつ効率的な加害者処遇のあり方を説明するモデルである．リスク原則とは，加害者はそれぞれ，自他に害を及ぼす可能性および害を及ぼした場合の深刻度に違いがあるという事実に着目し，このリスクの高さに応じた密度（期間，頻度，内容）の処遇を行う必要があるとするものである．ニーズ原則とは，人にはさまざまなニーズ（例：自律性，他との関係性，権能）があり，これらのニーズが満たされていない状態にあるとき，心理的ストレスを感じたり，不適応的な防衛機制を採用したり，加害行動を行うという仮説に基づき，このうち，再犯率の低下に直接的に関連するニーズ（＝犯因性ニーズ）の改善をターゲットとした処遇を行う必要があるとするものである．また，反応性原則とは，受講者が学びやすい方法（目標の明確化，構造化，スキルの獲得に重点を置いた活動など）を採用することとする一般反応性（general responsivity）と，処遇を受ける加害者個々の特性（年齢，性別，能力，動機づけレベル，不安レベル，対人スキル，文化的背景など）を考慮した方法で処遇を行うこととする特別反応性（specific responsivity）からなるものである．

RNRモデルは，裏を返せば，各加害者の特性をアセスメントすることなく，一律化されたプログラムを機械的に適用する処遇の効果は限定的であり，効率も悪いことを示している．加害者臨床におけるアセスメントの重要性と，個に応じた処遇の重要性をエビデンスに基づいて提示した点，さ

らには，RNR原則を適用すれば加害者臨床は再犯抑止に効果を上げうるものであることを明示し，加害者臨床発展の道筋をつけた点は，とくに大きな功績といえる．

　一方でRNRモデルは，研究結果を元に，いわば帰納的に発展したものであることから，処遇を包括的に説明するモデルとはいえないこと，実務に還元しうる具体的な指針を導きにくいこと，リスク低減モデルであるためクライエントの動機づけが難しいことなどに批判が寄せられてもいる．また，処遇ターゲットを犯因性ニーズに限定するという点も，近年とくに議論をよんでいる．現在セラピストが特定しうる犯因性ニーズは，研究者が着目し，適切に概念化・数量化され，再犯率との関係性を実証的に確立する手続を経たものに限られている．つまり，ある因子が犯因性ニーズとして認定されるか否かには，多数の要素が影響していることを考えれば，現時点で非犯因性ニーズをすっかり無視することは得策ではなかろう．言葉を換えれば，犯因性ニーズを処遇ターゲットとすることは効果的な処遇の必要条件であるが，十分条件ではないということである．

■ GLモデル

　GLモデルは，独自に発展したものではあるが，ポジティブ心理学や長所基盤（strength-based）アプローチを加害者臨床に適用した一例といえる．GLモデルは，加害者を含むすべての人は，「幸（goods）」を手に入れるという目標に向かって行動していると仮定する．人の求める「幸」には，健康な生活，遊びや仕事の充実，自律性と主体性の実感，友情や恋人・家族間の愛情，喜び，創造性，心の平和などがあるとされている．加害行為は，これらの「幸」を「社会的に受け入れられない手段で」手に入れようとする試みであると位置づけられる．

したがって，セラピーは，各対象者の求める「幸」を「社会的に受け入れられる形で」実現するための内的要因（スキル，価値観，態度，信念）および外的要因（リソース，社会的サポート，機会）の変化を促し，対象者が加害を行わずに「幸」を手に入れることができるようになることを処遇目標として行う．リスク要因を低減させるためのスキルを身に付けさせることを直接ねらうのではなく，「幸」のレベルを高めることに伴い，自動的にリスクを低下させるという手法である．反対に，リスクの低減のみに焦点を当てても，「幸」レベルは自動的には高まらない．

　何を「幸」と位置づけるかは，人によって異なっていることから，GLモデルによる処遇の実際では，通常のリスク／ニーズ・アセスメントに加えて，対象者がどのような「幸」に重点をおいているか，これをより適切な形で実現するために必要なものや，障害となっているものは何かについても，入念にアセスメントする．そのうえで，個々の対象者のニーズ（犯因性ニーズに限定しない）に応じたセラピーを展開する．このような手続をとることで，リスクの低減を前面に出す場合と比較すると，クライエントの動機づけが高まりやすい点も利点である．

　先にふれたとおり，GLモデルはまだ歴史が浅く，実務への適用もはじまったばかりであり（とはいえ，アイルランド，イギリス，カナダ，オーストラリア，ニュージーランド，アメリカですでに実用化されている），十分な実証研究や議論，批判を経たものとはいえない．しかし，発表されはじめた実証研究（再犯抑止，クライエントの動機づけ）の結果は肯定的であることや，RNRモデルの原則との整合性がとれていること，実務上の示唆に富んでいることな

ど，今後の発展が期待される要素を多くもつモデルであるといえる．

■加害者臨床の特殊性？

一般の心理臨床（→5.3）と比較した場合の加害者臨床の特殊性として，①セラピーへの参加が完全に任意であることはまれであること，②本人が変化を望んでいるとは限らないこと，の2点が指摘されやすい．司法制度内で処遇が行われる場合，たとえ本人が自発的に参加を申し出た場合でも，参加による処遇期間の短縮や，処遇環境の改善，各種不利益の回避などのインセンティブに動機づけられて参加していることが想定される．また，加害行為を行うことによって，被害者を傷つけ，加害者本人も被害者や周囲の人，さらには社会から阻害され，罰せられるという数々の否定的な結果が生じているにもかかわらず，加害者は変化を望まないか，変化をあきらめていることが多いとされる．

しかし，これらは本当に加害者臨床に固有の課題といえるだろうか．加害者臨床に限らず，クライエントが自ら変化を望み，進んで心理臨床の場に訪れているわけではないケースは多数ある．どのようなクライエントも，セラピーを受けるよう方向づける外的な影響（家族，学校，会社などによるもの）を少なからず受けており，完全に「自発的」であることのほうがまれであろう．また，変化したいという気持ちの裏には，変化の可能性を疑い，ときにはあきらめたくなる気持ちが常に共存しているものである．心理臨床は，これらの要因をも勘案した上で，人の変化を促すために最も効果的なセラピーのあり方を模索しながらここまで発展してきたのであり，ここでの発見は，加害者臨床にもそのまま適用することが可能である．言葉を換えれば，加害者臨床は何も特殊な領域ではなく，心理臨床の原則として重視されている各種要素を考慮しないような形で加害者処遇を行っても，期待する変化は望みにくいといえる．

明らかになってみれば当然のことであるが，かつてこれを妨げるような神話（例：加害者臨床においては，クライエントが事件の責任を完全に認めることが不可欠であり，そのためには，セラピストが強い調子で説得（confrontation）すべきだ）が流布していた背景には，冒頭に整理した処遇の目的の混乱が影響しているだろう．クライエントになるべく嫌な思いをさせ，自尊感情を低下させることは，応報や抑止という意味では効果的ともいえるが，セラピーにおける治療的協働関係の構築や，変化を促すという観点からは有害である．結果として，再犯抑止という目的が果たされない．

加害者臨床のセラピストは，再犯抑止機能の最大化という目的にそってセラピーを行っていることを常に意識している必要がある．加害者臨床の実務では，加害行為の内容に対する嫌悪感や，被害者への共感とこれに伴う加害者への怒りや憎しみ，その他の否定的な逆転移，抵抗の強いクライエントと接することなどによるバーンアウトなどが起こりやすいとされている．セラピストは，こうした典型的な反応を熟知したうえで，これをものさしとしながら，自身の立ち位置や価値観，セラピー中の感情の動きを十分にモニターし，これらの反応が意図せずセラピーに否定的な影響を及ぼすようなことがないよう留意する必要がある．

〔朝比奈牧子〕

▶文　献

McGuire, J. (2008). What's the point of sentencing? : Psychological aspects of crime and punishment. In Davies, G., Hollin, C., & Bull, R. (Eds.), *Forensic psychology*. Chichester：John Wiley & Sons. pp.265-291.

11.14
性犯罪者に対する処遇

■ **性犯罪者処遇の歴史**

性犯罪者に対する専門的な処遇がはじまったのは，1960年代後半とされている．当時は，性嗜好異常仮説（性犯罪は，性嗜好の異常に基づいて行われている）によって性犯罪を説明する動きが主流であったため，性犯罪者処遇も，行動療法的手法（例：嫌悪条件づけ）を活用し，この性嗜好の異常を修正するという方向で行われていた．

しかし，行動療法による変化の持続性に対する疑問や，性犯罪の理解が変化したこと，心理臨床領域全体で行動の背景にある認知や感情に対する関心が高まったことなどを受けて，1980年代に入ると，認知行動療法の流れを汲んだ処遇への移行が起こった．ベースとなったのは，マーラット（Marlatt, G.A.）が薬物やアルコールの依存症処遇のメンテナンス手法として開発した「リラプス・プリベンション・モデル（RPモデル）」である．1989年には，ロウズ（Laws, R.）の編集による「性犯罪者に対するRP」が出版され，これを機に，北米や他の英語圏を中心とする多くの管轄区において，RPモデルによる性犯罪者処遇が広く取り入れられた．

1990年代は，性犯罪の背景要因に関する研究と，処遇効果研究，アセスメント・ツール開発の時代といえる．性犯罪の背景要因について研究が進んだ結果，性犯罪は，単に性嗜好の偏りのみによって引き起こされるのではなく，親密性や自尊感情，不安，不適応感，孤独感，不信感，スキル不足などの対人関係に関する要因や，計画を立て，問題を解決し，日常生活における課題に対処するなどの問題解決や自己統制に関する要因，性加害を容認するような価値観や自己防衛的な思考スタイルなどが大きくかかわっていることが明らかになった．これに伴い，処遇ターゲットを拡大する必要性が広く認識されるようになった．

その後，1995年に発表されたワード（Ward, T.）らによる，「ピサース（Pithers, W.D.）のRPモデルに対する批評」が端緒となり，性加害者処遇の研究者・実務家の間で，RPモデルの性加害者処遇における限界に関する議論が引き起こされた．2000年には，再びロウズらの編集による「性犯罪者に対するRP再考」が出版され，ポストRPモデルとしてのセルフ・レギュレーション・モデル（SRモデル），さらに2003年にはグッド・ライブス・モデル（GLモデル）が提唱され，現在は移行期にある．

■ **性犯罪者処遇の効果**

性犯罪者処遇の効果研究は，1980年代から行われはじめた．また，2000年代に入ってからは，複数のメタ・アナリシスが発表され，とくに認知行動療法モデルに基づいた性犯罪者処遇は，性犯罪再犯および一般犯罪再犯の効果的な低下に効果があることが示されている（例：Hanson et al. 2002；Lösel & Schmucker, 2005）．

一方で，性犯罪者の処遇効果研究で唯一ランダム化配置デザインを採用しているCA州の一連の研究（例：Marques et al., 2005）では，プログラムを受講した人の再犯率と，受講していない人の再犯率の間には，有意差がないという結果が示されている．しかし，プログラム受講者を処遇目標の達成度合いによって分けた場合，処遇目標を達成した人については，再犯率の有意な低下が認められたという点に注目が集まっている．この研究によって，単にプログラムの全過程に出席したことと，プログ

ラムによって望ましい変化を遂げた場合とでは，再犯抑止効果に差があることへの認識が深まった．これを受けて，何をもって「処遇効果」を定義するか，また，期待した効果が上がらなかった対象者にどのような付加的な働きかけを行うか，などが検討課題として浮上しており，今後の処遇効果研究の方向性が示されたといえる．

■ 性犯罪者処遇の現在

現在の性犯罪者処遇は，世界的に，上述のRPモデルからSRモデル，GLモデルへの転換期を迎えている．SRモデルは，「性加害を止めたいけれど止められない」というRPモデルが想定している対象者に加えて，性加害に積極的な意味を見出している人の再犯抑止をも包括的に説明することを目指すモデルである．また，GLモデルは，問題点に注目し，これを改善するというアプローチではなく，各クライエントが到達したい将来像を明確にし，備わっている個人内外の強みを活用しながら，適応的な方法で（＝加害を行わず）生活していける能力を伸ばすという働きかけである．

処遇の形態は，グループワークが主流である．多くの国で，対象者のリスクに応じた期間および頻度のプログラムを数種類準備している．また，対象者個々の能力や問題性の深さにより柔軟に応じることができるなどの利点があるとして，オープン・グループ（グループメンバーが五月雨式に入れ替わる）の活用も推奨されはじめている．

グループワークでは，自己理解，自己統制，対人関係，感情統制，共感性，出所後の計画などが明示的なテーマとして扱われることが多い．以前は，これらのテーマについて，心理教育的に情報提供を行うことに重点をおいたプログラムも多かったが，近年では，セラピストとクライエントの治療的協働関係の構築や，クライエントの変化を促すための原動力となる自尊感情の向上，これを支えるセラピストの態度（クライエントへの関心，温かさ，共感）さらには，クライエントの動機づけを高めるためのアプローチの重要性が認識され，処遇内容だけではなく，処遇プロセスを重視したスタイルへの移行が見られる（例：Marshall et al., 2003）．

■ 日本の性犯罪者処遇（施設内）

日本では，2006年5月の「刑事施設及び受刑者の処遇等に関する法律」施行に伴い，特別改善指導の一つとして性犯罪再犯防止指導が開始された．同指導は，指定する施設において，指導者2名，受講者8名を基本とするグループワーク形式で行われている．対象者のリスク，ニーズ，及び処遇適合性に応じて，高密度，中密度，低密度，調整の4種から最適なプログラムを受講することとなっている．また，指導の開始に伴い，プログラムの受講者および非受講者の出所後の再犯状況の追跡調査もはじまっており，データの集積を待って，アセスメント・ツールおよびプログラムの改良が計画されている（橋本，2006）．

〔朝比奈牧子〕

▶文　献

橋本牧子（2006）．刑事施設における性犯罪者処遇プログラムについて　犯罪と非行, 149, 46-60.

Marshall, W.L., Fernandez, Y.M., Serran, G.A., Mulloy, R., Thorton, D., Mann, R.E., & Anderson, D. (2003). Process variables in the treatment of sexual offenders : A review of the relevant literature. *Aggression and Violent Behavior*, 8, 205-234.

Hanson, R.K., et al. (2002). First report of the collaborative outcome data project on the effectiveness of psychological treatment for sex offenders. *Sexual Abuse : A Journal of Research and Treatment*, 14, 167-192.

Lösel, F., & Schmucker, M. (2005). The effectiveness of treatment for sexual offenders : A comprehensive analysis. *Journal of Experimental Criminology*, 1, 117-146.

11.15 性犯罪者に対する社会内処遇

■ **性犯罪者処遇プログラム策定の経緯**

保護観察所では，1999年度から，保護観察官と民間の篤志家である保護司が連携し，性犯罪（強制わいせつ，強姦，準強制わいせつ・準強姦又は強盗強姦及び同致死（未遂を含む））や，性的動機に基づく他の犯罪（下着盗，住居侵入など）により保護観察に付された者を，「保護観察類型別処遇」における「性犯罪等対象者」に類型化し，その問題性などに焦点を当てた個別処遇を実施してきた．これは，処遇プログラムや技法のパッケージというよりも，各類型ごとに示されている指針を参考にして各対象者に応じた個別の処遇計画を立案し，これにそって必要な指導監督や補導援護を行うというものである．

2004年11月に奈良県で発生した女児誘拐殺害事件の犯人として，性犯罪の前歴がある者が逮捕されたことを機に，性犯罪者処遇の充実強化を求める世論が高まったことから，2005年に法務省矯正局と保護局が連携して性犯罪者処遇プログラム研究会を立ち上げ，同研究会での検討をもとに，諸外国で処遇効果が実証されている認知行動療法を基礎にして，「性犯罪者処遇プログラム」が策定された．社会内処遇を担当する保護観察所においては，2006年から，同プログラムを活用した保護観察処遇が実施されている．同プログラムの対象となるのは，上記保護観察類型別処遇における「性犯罪等対象者」に類型化された仮釈放者及び保護観察付執行猶予者である．

保護観察所における性犯罪者処遇プログラムは，コア・プログラム，導入プログラム，指導強化プログラム，家族プログラムから構成されている．

■ **コア・プログラム**

コア・プログラムは，保護観察所における性犯罪者処遇プログラムの中核であり，認知行動療法を基礎として策定されたプログラムである．

セッションA「性犯罪のプロセス」
対象者が性犯罪に至った経緯を「性犯罪のサイクル」という概念図で整理させ，対象者自身に，自己が性犯罪を惹起するパターンを細かい段階に分けて分析・理解させる．残りのセッションにおいては，セッションAで策定したサイクルから脱出する種々の方法を本人に習得させる．

セッションB「認知の歪み」
性犯罪につながりやすい考え方や物事の受け止め方（認知）に気づかせ，これを変容させる方法を学ばせる．

セッションC「自己管理と対人関係スキル」
認知行動療法の問題解決訓練および必要に応じてSST（社会技能訓練）を行わせ，主として行動面や対人関係面に焦点を当てたサイクルからの脱出方法を習得させる．

セッションD「被害者への共感」
被害者の受ける心身の傷について理解を深めさせ，事件や被害者に対する認知の歪みを変化させるとともに再犯をしないことへの動機づけを高めさせることを目指す．

セッションE「再発防止計画」
これまでのセッションで習得した方法に加え，行動療法に基づく種々の再発防止技法（自己教示法，刺激コントロール法，タイムアウト法など）についても教示し，プログラムの総まとめとして各自の具体的な「再発防止計画」を策定させる．

東京，名古屋，大阪，福岡の各保護観察所においては，性犯罪者処遇プログラムの開始に併せて設置された特別処遇実施班において，コア・プログラムをグループワークにより実施している．このグループワー

クは，原則として男女1名ずつのファシリテーター役の保護観察官と性犯罪等対象者3〜5名程度で実施される．このほか，横浜，千葉などの大規模庁においても，グループワークによりコア・プログラムを実施しているが，その他の保護観察所においては，保護観察官が個別処遇によりコア・プログラムを実施している．

コア・プログラムの受講は，保護観察中の特別遵守事項により義務づけられている．すなわち，コア・プログラムを受講することを特別遵守事項として設定された者が，正当な理由なくプログラムに欠席・遅刻することは遵守事項違反となり，仮釈放や保護観察付執行猶予が取り消され，刑事施設に収容される可能性があるということである．

■ 導入プログラム

導入プログラムは，おもに刑事施設内で性犯罪者処遇プログラム（性犯罪再犯防止指導）を受講していない者に対して，コア・プログラムを受講させる前に実施している．実施する保護観察官は，対象者が性犯罪に至る経緯などについて詳細な調査を行うとともに，同プログラムの背景理論となる認知行動療法などの基礎的知識を教示したり，プログラムのルールを伝えたりすることを通じ，対象者のコア・プログラム受講への動機づけを高めている．

■ 指導強化プログラム

指導強化プログラムは，保護観察官の直接的関与および保護司との頻繁な接触を通じて，対象者の生活実態を把握し，必要な指導助言を行うことにより，再犯を防止することを目的とするものである．これは，従来から性犯罪等対象者に対する類型別処遇として保護観察官及び保護司が実施してきた指導・助言を，より一層充実化させたものということができる．

本プログラムでは，保護観察開始当初に判定した対象者のリスクに応じて定められた頻度で，保護観察官が定期的に対象者と面接する．面接にあたっては，面接内容を構造化したチェックリストを用いて，再犯の予兆の疑いが高いといわれる「急性リスク」を把握することとしており，これを把握したときは，早期の危機介入をすることにより再犯を防止することを目指している．

■ 家族プログラム

処遇プログラムが効果をあげるためには，対象者の周囲の者，とくにその家族のサポートは不可欠であることから，保護観察所では，家族に対するプログラムも実施している．家族の同意のもと，保護観察官や保護司が対象者の家族に面接し，対象者による性犯罪の再犯を防止する援助者としての家族の機能を高めるような指導を行っている．

■ 性非行少年に対する処遇

保護観察を受けている性非行少年に対しては，現状では，統一的な処遇プログラムは実施されていない．しかしながら，実務においては，従来からの類型別処遇に加え，成人に対する性犯罪等処遇プログラムを実施する中で得られた知見をもとに，各保護観察官が認知行動療法を活用した処遇を，少年の同意に基づいて行っている例が認められる．

〔田代晶子〕

▶文　献

多久島晶子（2006）．保護観察所における性犯罪者処遇プログラムについて　犯罪と非行, **149**, 61-70.

11.16
薬物事犯者に対する処遇

■矯正施設における薬物事犯者処遇の必要性

薬物事犯者は，わが国を含め各国矯正施設で大きな比重を占め，施設の過剰収容や健康管理など，さまざまな処遇局面で大きな影響を与えている。平成20年版「犯罪白書」（法務総合研究所，2008）によれば，刑事施設新収容受刑者中，覚せい剤取締法違反は，男子では平成10（1998）年以降，窃盗に次いで常に2位を，女子では昭和53（1978）年以降，常に1位を占有し，再犯率も他の罪種に比べ相対的に高い。薬物乱用問題は，薬物および他事犯の再犯リスク要因（→11.10）であり，再犯防止施策推進上，重要な課題領域になっている。

規制薬物関連の問題に効果的に対処するためには，刑事政策上，供給削減と需要削減の双方にバランスのとれたアプローチを講じる必要がある。刑事司法分野の介入では，規制薬物の密造・密輸・密売などの供給側の問題に対しては，徹底した取締りと厳正な処罰が一定の抑止効果をもつと期待される。しかし，薬物事犯者の大半を占める自己使用者で，依存症や中毒のレベルに達している場合や，薬物関連各種併存障害をもつ対象者の場合，依存症に焦点づけた治療的介入や，併存する疾病・障害やニーズに着目した介入を講じていかなければ，効果的な再犯防止や対象者の更生につながらない。

国連薬物犯罪事務所（UNODC, 2003）によれば，治療的介入を伴わない拘禁刑では，薬物乱用者の大半が出所後に薬物を再乱用し，出所者の半数以上が刑務所に逆戻りしてしまうが，義務づけられた介入でも治療的介入を行えば，回復や再犯削減につながるうえに，処罰のみの場合の刑事司法コストを上まわる費用対効果を上げることができるという。

刑事司法分野で，効果的な治療的介入を展開するためには，海外のドラッグコート実務のように，拘禁代替施策として社会内の治療資源を拡充しこれを活用することも将来の検討課題の一つになると考えられる。しかし，わが国の現行刑事司法制度のもとでは，医療・福祉分野よりもはるかに多数の薬物乱用者を矯正施設が処遇している現状にあり，依存症からの回復の道程で，矯正施設の果たす役割や使命は大変大きいといえる。

■再犯防止や更生に効果的な処遇とは

薬物事犯者の再犯防止や更生支援に施設内処遇が効果を上げるためには，対象者個々の問題を適正に査定し，生物・心理・社会の各次元にわたる包括的な介入を計画・実施・評価する必要がある。解毒や退薬症状への手当て，心身の障害や疾病の治療には薬物療法などの医学的治療が優先されるが，依存症からの回復や薬物によらぬ健康なライフスタイルの確立には，心理社会的な介入が必須である。さらに，施設内処遇実施後は，社会内の関係機関や資源との協働により治療・教育の継続や福祉・就労援助などのアフターケアを一貫性をもって実施することが望ましい（Leukefeld et al., 2002）。

矯正施設における心理社会的な介入の系統的レビューによる評価研究（Mitchell et al., 2006）を見ると，アミティなど治療共同体（TC）モデルの介入が再犯防止・薬物再乱用防止の双方に頑健な効果を示し，再発防止スキル増進などをねらった認知行動療法の介入，AAやNAの12ステップ

アプローチを活用したグループカウンセリング的介入にも再犯防止効果があるが，軍隊式訓練によるブートキャンプ処遇は無効とされる．こうした有用なエビデンスは，わが国の矯正施設の状況や文化的な文脈を踏まえ，実務に生かしてゆくことが望まれる．

■ わが国の薬物事犯者処遇の現状と課題

わが国の矯正施設では，覚せい剤の第二次乱用期がピークを迎えた昭和50年代頃から，薬物乱用防止教育が活発に実施されてきたが，これら従来の指導は，断薬の決意固めに主眼をおき，講義形式で薬害教育を行うような形態のものが主であった．

外部有識者などを交えた平成16（2004）年の薬物事犯受刑者処遇検討会は，従前の指導を点検し，指導の方向性を転換させた．すなわち，断薬の決意だけでは薬物依存者を回復に導くことは困難との認識に立ち，薬物使用のないクリーンな状態の継続，民間自助団体メンバーの参画による回復モデル呈示，グループワークを中心に認知行動療法のアプローチを活用すること，施設内処遇後に民間自助団体などの資源につなぐことを骨子としたプログラム策定や教材開発を提言した．

現在では，この提言を受け，平成18（2006）年の「刑事施設及び受刑者の処遇等に関する法律」の施行後，矯正処遇の一部として改善指導が義務づけられたことに伴い，特別改善指導の一種として薬物依存離脱指導というプログラムが全国的に実施されている．

標準的プログラムは，薬物や依存症に関する心理教育，グループワークによる薬物関連問題への振り返り，回復者メッセージによるモデリング・動機づけ増進，再発防止スキル学習や生活プラン策定などからなり，ダルクなど民間自助団体の協力も得て，12単元程度で構成されている．プログラム運営は，刑事施設職員のみならず少年施設職員も処遇共助によりサポートしている．このほか，施設の実施プログラムには，マトリクスモデルを応用したものなどもあり，官民協働のPFI方式の刑務所（→11.4）では，治療共同体や認知行動療法モデルによる治療的介入が展開されている．

今後は，各種実践をモニタリングし，処遇効果を検証し，有効な介入方式を確立させること，スクリーニングやアセスメントを精緻化し，リスクやニーズに応じた介入を分化させること，継続的処遇を担保するため情報共有化を図り，社会内処遇機関や各種資源とのネットワークやパートナーシップを強化することなどが課題となろう．　〔寺村堅志〕

▶ 文　献

法務総合研究所（2008）．犯罪白書　平成20年版　法務総合研究所

Mitchell, O., MacKenzie, D.L., & Wilson, D. (2006). *The effectiveness of incarceration- based drug treatment on criminal behavior.* Campbell Collaboration：C2-RIPE Library（原田隆之（訳）拘禁下における薬物乱用治療の犯罪行為に対する効果　キャンベル共同計画日本版 http://fuji.u-shizuoka-ken.ac.jp/~campbell/library.htm）

UNODC (2003). *Drug abuse treatment and rehabilitation.* UNODC.

Leukefeld, C.G., Tims, F., & Farabee, D. (2002). *Treatment of drug offenders:Policies & issues.* Springer.

11.17 薬物事犯者に対する社会内処遇

薬物事犯のうち，保護観察での主要な処遇対象となるのはシンナー（有機溶剤）事犯と覚せい剤事犯である．ここでは，その両者に絞って処遇の概要を述べる．

■シンナー事犯者に対する処遇

シンナー事犯は，ピーク時の1982年には送致人員が3万6796人となり，保護観察対象者にも深刻な依存状態にまで進行した者が多くみられた．当時の保護観察では，シンナー乱用・依存の問題にどう対処するかということが処遇上の最重要課題の一つであった．幸い，1991年頃からはシンナー事犯での送致人員そのものが急速に減少し，現在はピーク時のような蔓延状態は収束しているが，依然，少年を中心にシンナー乱用の問題はある．シンナー事犯者に対しては，シンナー乱用のきっかけとなる夜遊び・不良交遊などの生活態度に関する指導や，問題行動の背景にある家族との心理的な葛藤の解消など，生活全般にわたる問題への対処が求められる．また，後遺症による精神病症状を呈している者や，深刻なシンナー依存の状態にまで進行している者に対しては，精神科医療機関を受診するよう指導し，当該医療機関と連携を図るなどして，必要な治療を継続させることを主眼とした処遇を行うなどしている．

■覚せい剤事犯者に対する処遇

覚せい剤事犯者については，程度の差はあるものの，少なからず薬物依存の状態にある者が多く，単に倫理的な問題として本人の反省心に訴え，保護観察期間中に守るべき遵守事項の指導だけでは，薬物使用を中止させることは困難である．

そこで，さまざまな処遇的関与が重要となる．シンナー事犯者と同様，後遺症による精神病症状を呈している者に対しては，医療機関での治療を受けそれを継続するよう促す．また，覚せい剤の入手先や共犯関係にある者との断絶，家族との関係の改善，生活面や精神面での安定を図ることなど，生活全般にわたる問題状況に対処し，薬物を使用しない新しい生活を構築させていく必要がある．その前提として，本人自身が覚せい剤と縁を切るという強い決意をもつことが必要不可欠であるが，切実かつ本質的な問題として，覚せい剤に対する強力な欲求，渇望をいかに克服していくかということに大きな課題がある．

こうした観点から，覚せい剤事犯者に対する保護観察においては，以下のような施策が展開されている．

1) 覚せい剤事犯者に対する簡易薬物検出検査を活用した処遇 覚せい剤事犯者は，かねてから覚せい剤の再使用による再犯が多く，その処遇は積年の課題とされてきたが，2004年4月からは，覚せい剤事犯の仮釈放者などに対し，簡易薬物検出検査を活用した処遇が全国的に実施されるようになった．

この施策は，覚せい剤事犯者にとって覚せい剤への渇望を断ち切ることは容易ではないことを前提として，あらかじめ検査期日を検査対象者に示して定期的に保護観察所に出頭させ，保護観察官が簡易薬物検出検査を実施することにより，覚せい剤を使用していない結果の確認を積み重ね，最終的に覚せい剤のない生活習慣を習得させようとするものである．なお，この検査は，犯罪捜査のような取締りの目的で実施されるものではないことを明確にするため，強制ではなく，保護観察官からの勧めに応じた保護観察対象者自身の意思に基づいて実

施されている．ただし，検査で陽性反応を出した者は，ただちに警察などの捜査機関での精密な鑑定を受けるよう求められる．

この検査を活用した処遇は，ブリーフセラピーの一種である「解決志向アプローチ」の理論に基づいている．解決志向アプローチでは，問題の起こっていない状態を「例外」と位置づけ，その例外を日常化することを解決とみなす．保護観察における定期的な簡易薬物検出検査も，この解決志向アプローチでいう「例外」を日常化するという目的で実施されるものである．また，検査に備えて自分自身の感情と行動を制御し，覚せい剤を使用しない期間をすごすことは，その期間だけに限らず，本人の心情，行動および家族関係などに全般的に好影響を及ぼすことが期待できる．解決志向アプローチでは「さざ波効果（ripple effect）」とよんでいるものである．

2）覚せい剤事犯者処遇プログラム

導入の経緯： 簡易薬物検出検査の導入により，覚せい剤事犯による仮釈放者の仮釈放取消率（仮釈放者のうち，再犯等の遵守事項違反が原因で仮釈放が取り消された者の割合）が低下するなど，一定の効果が上がった．しかし，定期的な簡易薬物検出検査を終了した途端，すぐに再使用に及んでしまう事例も散見されるため，簡易薬物検出検査と併せて，系統的な断薬教育を実施していく必要性も認められた．

こうした課題に対応するため，2008年6月の更生保護法の施行を機に，従来からの簡易薬物検出検査と並行して，「覚せい剤事犯者処遇プログラム」が導入された．このプログラムは，「簡易薬物検出検査」と「教育課程」を一体のものとして実施するものであり，保護観察対象者の改善更生を目的とすることが外形的にも明確であるため，保護観察中の遵守事項として義務づけて実施することを可能としている．プログラムの対象は，覚せい剤事犯の仮釈放者および保護観察付執行猶予者の中から，仮釈放期間の長さや執行猶予判決を出した裁判所の意見などに基づき選定されている．

プログラムの概要： プログラムの対象者は，保護観察所に定期的に出頭し，簡易薬物検出検査で陰性の結果を確認するとともに，「教育課程」として，保護観察官との面接形式で，ワークブックに基づく断薬教育を受ける．

教育課程のおもな目的は二つある．第一は，覚せい剤の悪影響や将来の目標を確認することなどを通じて，断薬の動機づけを高めることである．この目的のため，保護観察官の面接では，解決志向アプローチや動機づけ面接法の技法が用いられる．第二は，覚せい剤の再使用に結び付く行動，状況，考え方などの「引き金」を特定しこれに対処する方法を検討することなどを通じて，覚せい剤から離れた生活を維持していくための具体的な方法を考えることである．この目的のため，保護観察官の面接では，認知行動療法の技法が用いられる．

3）その他の取組

その他，覚せい剤事犯者の家族に対しては，家族への支援と薬物に関する知識の提供などを目的とした「引受人講習会」を開催している保護観察所もある．また，民間の更生保護施設の中には，各施設独自の酒害・薬害教育を実施するなどして，薬物事犯者の処遇に積極的に取り組んでいる施設もある．

〔生駒貴弘〕

▶文　献

法務総合研究所（2008）．平成20年版　犯罪白書
Berg, I.K., & Miller, S.D. (1992). *Working with the problem drinker : A solution-focused approach.* (斎藤学（監訳）（訳）（1995）．飲酒問題とその解決　金剛出版）

11.18 修復的司法

　修復的司法とは，Restorative Justice の訳語であり，修復正義と訳されることもある。後者の訳語は修復的司法が扱うべき事例を犯罪だけでなく，南アフリカの「真実と和解委員会」のように，国家間の紛争や人種問題にまで広げるべきであるとする見解に裏打ちされるものである。

　「修復的司法の父」ともよばれる，ハワード・ゼア博士（ヴァージニア州の東部メノナイト大学教授兼同大学の修復的司法・平和構築センター所長）によると，従来のレンズ（伝統的な刑事司法制度）とは違ったレンズ（修復レンズ）を通して被害者や加害者，犯罪について見ることが修復的司法である，ということになる。したがって修復的司法とは，犯罪や被害についての「考え方」全般をさすともいえよう。つまり，従来の刑事司法制度において投げかけられる質問が，「どの法律に違反したか，非難されるべきは誰か，彼らはどのような報いを与えるべきか」であるのに対し，修復的司法におけるそれは，「誰が傷つけられたのか，被害者や加害者のニーズは何か，ニーズを満たす義務は誰にあるのか」となる。この意味で，従来の刑事司法制度が過去の行為に向けられた責任非難であり，応報に重きがおかれていたのに対し，修復的司法は犯罪の事後を解決するために「誰が誰に対して何をすべきか」を重視する，未来志向アプローチだと表現されよう。

　また国家刑罰権が成立して以来，国家がその犯罪処理を独占してきたことに対して，犯罪の事後問題解決を，事件の直接の当事者である被害者，加害者，あるいは地域社会の手に取り戻そうという主張もそこには含まれている。このような考え方は，修復的司法分野の著名な研究者である，ニルズ・クリスティ（オスロ大学の刑事法研究所所長）の 1977 年の論文「財産としての紛争」に最もよく表れているといえる (Christie, 1977)。

　また，修復的司法においては，被害者，加害者だけでなく，地域社会も重要な参加者となる。地域社会は犯罪の間接の被害者であるがゆえに，そこにはニーズが存在し，また被害者の回復や加害者の更生に果たす役割という意味で，地域社会にも犯罪の事後問題解決において能動的な関与が求められるのである。

　ところで，修復的司法の定義は必ずしも確立されていない。犯罪をまず何より被害者と加害者の間の問題としてとらえ，被害者の回復を重視し，加害者には被害弁償に向けた自発的な責任をとらせ，心からの謝罪が加害者の更生を促すのであれば，それが司法制度の枠内で行われたとしても，あるいは民間団体などの主導でまったくの司法制度外で行われたとしても，修復的司法であるということができる。このような変幻自在さ，柔軟さは修復的司法の可能性を大きく広げている一方，その曖昧さが他のコミュニティ・プログラムとの境界を不明確にしているのも事実である。

■修復的司法のモデル論

　上述のように，修復的司法は犯罪や被害に対する従来の考え方からのパラダイム変換全体をさすというべきであり，「修復的司法とは何か」について完全な定義化を試みることは困難となる。しかし，修復的司法についてよく使用される修復的司法の定義の一つは「純粋モデル」である。純粋モデルは「当該犯罪に関係するすべての当事者が一堂に会し，犯罪後の問題とその将来

へのかかわりにいかに対処するかという問題を解決しようとする」プロセスこそが修復的司法だとするものである．このモデルのもとでは，事件に利害関係をもつ者の多くの参加が求められるために，会合が成立することの困難さや，参加者の納得する結論が得られにくいという問題がある．

もう一方の定義は「最大化モデル」である．最大化モデルでは「犯罪によって生じた害悪を修復することによって正義をなそうとする一切の活動」が修復的司法であると定義づけられる．最大化モデルは純粋モデルを否定するのではなく，それを内包し，自己の内側において純粋モデルを拡大するものである．このモデルのもとでは，欧米で採用されている損害賠償命令や社会奉仕命令なども修復的司法と解されることになる．修復的司法の成立しうる範囲が拡がることは利点であるが，このモデルのもとでは修復的司法の個性を曖昧にしてしまっているという批判がある．

このように，この二つのモデルにはそれぞれ長所と短所があるが，どちらのモデルにも共通しているものは，これまでの刑事司法制度におけるよりも，「害悪を被った者」と「害悪を与えた者」に重点をおくということであろう．

■ 修復的司法の起源

修復的司法の起源は先住民司法の問題解決に見ることができる．カナダ先住民アボリジニ族によるサークルや，ニュージーランドのマオリ族，オーストラリアのアボリジニ族による家族集団会議などがあげられる．北米において修復的司法の手法が実際に開始されたのは，1974 年カナダのオンタリオ州キッチュナーにおいて，器物損壊事件を起こした少年と被害者を対面させ，謝罪と弁償に向けた取り組みを保護観察官が仲介したことがきっかけであり，その後北米を中心に広く広がった．

■ 修復的司法の諸形態

修復的司法の形態はまずは被害者加害者間の対話を中心にした，被害者加害者対話（victim offender mediation：VOM）（→11.19）, 被害者加害者和解プログラム（victim offender reconciliation program：VORP）があげられる．また，オーストラリアやニュージーランドで採用されている家族集団会議（family group conference：FGC）は被害者とその家族，加害者とその家族，また地域社会の代表者など被害者や加害者を支える多くの人が一堂に会し，話し合うものである．またカナダで採用されてきた「量刑サークル」（Circle）は，事件に利害関係をもつ者が車座になって座り，すべての参加者が平等な発言権をもち事件の事後問題解決を話し合う，というものである．FGC や量刑サークルはそれぞれの国の先住民が採用してきた，問題解決手法がその起源である．どの形態をとるとしても，対話進行役（ファシリテーターとよばれる）による被害者加害者対面までの綿密な準備と，対話の際の中立公平で適切な介在が重要となる．

■ 修復的司法と刑事司法制度の関係

修復的司法と従来の刑事司法，少年司法制度の関係については，次にあげるモデルに分けられる．まずは「単一モデル」であり，これは従来の刑事司法制度を廃止して修復的司法に完全に代替するという，アボリショニズムに基づくものであるが，ラディカルすぎて現実的ではない．次は「二元モデル」であり，修復的司法と刑事司法を両立させ，相互補充していく考え方である．また，「安全ネットモデル」は修復的司法をメインに据え，それがうまくいかなかった場合のバックアップとして刑事司法制度を位置づけるものである．さらに「混

合モデル」は裁判の段階までは刑事司法制度により，矯正の段階からは修復的司法制度により対応しようとするものである．

■ 諸外国の修復的司法

アメリカでは修復的司法はおもに少年，成人に対する司法手続の各段階におけるダイヴァージョンの一形態として導入されている州が多く，裁判所命令としてこのようなプログラムに事件が付される．

一方，ニュージーランドでは「1989年児童，若者及びその家族法」により，死亡事件以外のすべてのケースが，修復的司法アプローチによって処理され，通常の少年審判はいわばそのバックアップとして位置づけられている．修復的司法について規定している法律が存在すること，その制度がメインとして運営されているという点で，ニュージーランドは他の国々と一線を画している．ニュージーランドの修復的司法の手法は，家族集団会議であり，参加者によって被害弁償について話し合いがもたれ，なんらかの合意が形成され，その合意が両者が決めた期間の間に達成されれば，加害者は起訴されない．これは上記の安全ネットモデルに当てはまる．

■ 日本における修復的司法の取り組み

わが国においては修復的司法はNPO団体による取組みが中心である．代表的なものは，大阪に本部を多くNPO法人である「被害者加害者対話支援センター」（通称，関西VOM）や，千葉の弁護士会による「千葉被害者加害者対話支援の会」（通称，千葉対話の会）などがあげられる．

一方，公的な機関による修復的司法には，警察庁が少年事件について2006年4月より取組みをはじめた「修復カンファレンス」があげられる．これは非行少年，少年の親，被害者，警察官により，カンファレンスを開き，事件の初期の段階で少年の被害者に対する謝罪の気持ちをもたせようと試みるものである．

また，2008年10月に開庁した島根あさひ社会復帰支援センター（PFI刑事施設）では，受刑者に対する修復的司法プログラムが導入された．ここでは，半官半民運営というPFI施設（→11.4）の強みを活かし，民間の修復的司法実践グループによる受刑者に対する教育プログラムの一つとして位置づけられている．

また，2004年12月に内閣府の共生社会政策統括官が策定した「青少年育成施策大綱」において，「処遇全般の充実・多様化」として，「（中略）修復的司法活動のわが国への応用の可能性について検討する」と明記され，公的な制度の中で修復的司法が実践されていくことが期待された．ところが2008年12月に新しく策定された同大綱においては，「修復的司法」の文言が姿を消した．この背景は不明であるが，国による修復的司法に対する関心の後退のあらわれであるとするなら，その理由を含め検証が重要となろう．

わが国においては，今後誰が修復的司法の中心的な担い手となるのか，は上記で議論したように従来の刑事司法制度との関係をどうもたせるかと合わせて議論しなければならないことになろう．

■ 修復的司法への批判

修復的司法に対する批判は，まずは被害者団体によるものがあげられる．とくにこの傾向はわが国においては顕著である．被害者は加害者となんらかのコミュニケーションをとるということ自体に抵抗を感じる場合が多いであろう．また被害者は修復的司法において加害者の更生の道具として自分たちが利用されるのではないか，と懸念することもある．さらに，修復的司法に参加することで，被害者が加害者を赦すこ

とが強要されるのではないか，という批判もある．

　これらの批判に対しては，修復的司法においては，被害者と加害者の間のなんらかの合意形成という結果に重きをおくのではなく，対話するそのプロセスそのものに重きがおかれると理解されるべきである．したがって加害者を赦すか否かは被害者に任されており，その意味で被害者をエンパワーメントするものであるという反駁も可能である．また，修復的司法は当事者間で合意が形成されれば，それが公式な手続に影響しうるために，犯罪者にとって甘いのではないか，という批判もある．しかし実際は，通常であれば警察による警告のみなどですむ微罪においても加害者は被害者への真摯な対応が求められるので，むしろ司法や社会による統制の網が強化されている（ネット・ワイドニング）という逆の批判がされることすらある．

■ **発展する修復的司法**

　修復的司法の新しい形態の一つとして，刑事弁護人からの被害者への働きかけ（defense initiated victim outreach：DIVO）が注目を集めている．DIVO はアメリカの一部の連邦公選弁護士事務所において採用されている．DIVO では弁護人のスタッフの一員でもある，被害者リエゾン（victim liaison）とよばれる橋渡し役が被害者遺族にコンタクトをとり，被告人であるからこそ知っている事件についての情報の提供や，被告人からなしうる修復などが試みられることになる．

　DIVO は現段階ではアメリカにおいても死刑事件に限定して採用されているプログラムである．対審構造をとる刑事裁判に被害者が参加することを望む場合，被害者がそこで受ける苦痛を少しでも軽減し，また被告人にとっても，事実関係に争いがない場合は，被害者に対して自分がなしうる修復について思いを馳せることに重要性を見出すのならば，注目に値するアプローチとなる．また DIVO は加害者の支援者であるところの弁護人に被害者の視点に配慮する重要性をもたせる点に意義があるといえる．わが国でも被害者参加制度や裁判員制度（→9.17）が開始され，両制度が重畳的に適用されることもあるから，弁護人の被害者対応が裁判員の心証に与える影響は大きなものであることが予想される．このように刑事裁判の変革を迎えているわが国においても DIVO の果たしうる役割が期待される．

　また，修復的司法の得意分野が少年司法であるならば，不得意分野は性犯罪であろう．性犯罪に対する国民の恐怖感や処罰感情は大きく，また被害者の二次被害が大きいことが理由としてあげられよう．

　カナダでは矯正局との協力のもと，民間団体支援と責任のサークル（Circle of Support and Accountability：COSA）」が，性犯罪前歴者にヴォランティアによる友人活動を提供することで，高い再犯防止効果をあげている．COSA においては被害者との間の対面などは活動の中心ではないが，加害者に被害者の視点を重視させ，社会包摂することを目指す意味で，上記最大化モデルからは修復的司法の一形態と評価することも可能である．このように修復的司法はその対応分野においても発展していると評価できる．〔平山真理〕

▶ **文　献**

Christie, N. (1977). Conflict as property. *British Journal of Criminology*, **17**(1).

細井洋子・西村春夫・樫村志郎・辰野文理（編）(2006). 修復的司法の総合的研究　風間書房

Zehr, H. (1990). *Changing lenses : A new focus for crime and justice.* Herald Press.

11.19 VOM

　VOMとはvictim offender mediationの略であり，修復的司法（→11.18）の形態の一つである．修復的司法が正義や犯罪，被害等についての「ものの考え方」全般をさすのに対し，VOMは具体的な修復的司法実践の具体的な形態や方法をさす際に使用される．

　VOMは「被害者加害者対話」や「被害者加害者調停」と訳されることが多い．victim offender dialogue（被害者加害者対話）やvictim offender conference（被害者加害者コンファレンス）なども同義語であり，これらはとくに区別して使用されているわけではない．

　ただ，オーストラリアやニュージーランドで使用されているfamily group conference（家族集団会議，FGC）やカナダの先住民による紛争解決方法である量刑サークルと比べると，VOMは対話の参加者として被害者加害者と対話進行役のみで行われることも多く，参加者が限定されることに特徴が見出せる．また，victim offender reconciliation program（被害者加害者和解プログラム，VORP）もVOMと同種のプログラムをさし，1974年にカナダにおいて北米で初めての修復的司法が実践された際に使用された，被害者加害者対話プログラムはVORPと言及されることが多い．しかし，VORPは最初から「和解」を予定するような印象を当事者に与える可能性もあるという指摘もあり，VOMのほうが用語として適切であるとの指摘もあることに留意しなければならない．

　修復的司法研究の第一人者でもあり，実践も多く手がけるアンブライト教授（ミネソタ州立大学社会福祉学部教授）によるハンドブック（Umbreit, 2000）は，VOMを実践するうえでのガイドブックとして，修復的実践者に広く利用されている．また，同州に拠点をおくNPO組織Victim Offender Mediation Association（VOMA）は修復的司法の啓蒙活動や，世界中の修復的司法実践者へのトレーニングや情報提供を行っている．

■ VOMはどのように行われるか

　VOMは，刑事司法制度や少年司法制度の中において，ダイヴァージョンとして行われることもあれば，完全に独立した民間団体によって行われることもある．前者は公式の手続に反映できるという利点があり，後者には事件について公的な手続がすべて終了した段階でも開始できるという強みがある．

　VOMは通常，被害者，加害者どちら側からでも申し込むことができるが，参加についての両側の同意が重要となる．被害者加害者の対面のために重要なのは綿密な準備である．対話進行役は準備期間において被害者，加害者と個別に連絡をとり，そのニーズや不安について詳しく知る必要がある．対面の場では対話進行役はあくまで中立な司会者にすぎず，被害者と加害者が話し合いによって事件により生じた害悪を少しでも健全化するよう試みる．被害者と加害者の間でなんらかの合意を形成できれば，その合意事項を記載した書面にサインをし，その履行が目指される．ディヴァージョンとしてのVOMにおいては，合意が形成されなかったり，また不履行になった場合は，公式手続に戻されることになる．

　ところで，VOMは被害者と加害者の対面を基本とするため，比較的軽微な犯罪が対象となることが多く，重大事件や，とく

に性犯罪などにおける実践は諸外国でもまだ少ないが，その対応範囲は徐々に拡大している．

■ VOMと被害者，VOMと加害者

　被害者はVOMに参加することで，事件や加害者に対して知りたい質問を直接加害者に投げかけることができる．また，加害者から発せられる謝罪の言葉は被害者の回復にとって重要な意味をもつことも多いであろう．また，VOMでは被害弁償の方法等についても被害者の希望を述べることができ，被害者の発言権は従来の司法制度におけるそれより格段に大きなものとなる．

　一方，加害者は被害者と対面することで，自己の行為が与えた害悪についてより可視的に理解することになり，これは加害者が自発的に事件の事後問題解決について責任をとろうとする意識を喚起することになる．さらに，加害者にとって被害者に対する謝罪の場所を提供されることの意義も大きい．これらは，加害者が起きてしまった事態を可能な限り健全化する努力をするということであり，ひいては加害者の更生にも役立つことが期待される．

■ VOMへの批判

　VOMへの批判は修復的司法に対する批判が当てはまる．またVOMでは，事件に最も強い利害関係を有する被害者，加害者のニーズに焦点を当てることができる一方，FGCのように，当事者の家族やコミュニティの関与による紛争解決が期待しにくい，という批判もある．

　また，非常に重要な対面までの準備段階が軽視され，対面により合意に至る率に重点をおいてしまう，効率主義に陥っているVOMプログラムもあるとの批判もアメリカには見られる．VOMにおいて重要なのはあくまでプロセスであり，結果ではないことを再確認すべきであろう．

■ わが国におけるVOM

　わが国ではNPO法人で被害者加害者対話支援センター（大阪に本部，東京に支部がある）が，通称関西VOMとよばれている．また，千葉の弁護士会による「千葉被害者加害者対話支援の会」（通称千葉対話の会）などがあげられる．

　さらに，兵庫弁護士会が2008年10月より開始した，被害者加害者対話支援事業においては，「謝罪文銀行」プロジェクトが採用された．これは加害者が謝罪の意志があるものの，被害者がそれを拒む場合に，兵庫弁護士会が加害者からの手紙を預かるものであり，ミネソタ州矯正局の同名のプログラムをモデルとするものである．被害者が加害者からの謝罪に関心を示せば，この手紙は被害者に渡される．事件によっては被害者と加害者の直接対面が困難なことはありうるし，加害者の謝罪と被害者がそれに関心を示す時期が必ずしも一致しないことは予想されるので，この取組みには期待が寄せられている．　　　　　〔平山真理〕

▶文　献

藤岡淳子（編）(2005)．被害者と加害者の対話による回復を求めて──修復的司法におけるVOMを考える　誠信書房

Umbreit, M.S. (2000). *The handbook of victim offender mediation : An essential guide to practice and research*. Jossey-Bass.

Zehr, H. (1990). *Mediating the victim- offender conflict*. Mennonite Central Office

資料11 ●犯罪者・非行少年の処遇制度に関連するウェブサイト

加害者処遇制度に関連する情報を提供しているウェブサイト（日本語または英語）として，以下のようなものがある（アドレスなどは，いずれも2011年2月現在）．　　（朝比奈牧子）

■日本
裁判所HP（http://www.courts.go.jp/）　　裁判所の組織・機能に関する情報や，刑事事件，家事事件，少年事件別の年報などの司法統計（2000年～最新）が閲覧できる．
法務省HP（http://www.moj.go.jp/）　　矯正施設（拘置所，刑務所，少年刑務所，少年鑑別所，少年院），保護観察所の組織・機能に関する情報や，電子版犯罪白書（日本語版：1960年～最新，英語版：2000～2006年），矯正統計調査，少年矯正統計調査，保護統計調査などの年報（2006年～最新）が閲覧できる．

■アメリカ
連邦行刑局（Federal Bureau of Prisons）（http://www.bop.gov/）　　連邦矯正施設の統計や，関係例規，連邦矯正施設のデータを用いた評価研究などの全文が閲覧できる．
州矯正局　　各州の矯正施設に関する統計，関係例規が閲覧できる．
司法文献サービス（National Criminal Justice Reference Service：NCJRS）（http://www.ncjrs.gov/index.html）　　連邦司法省の運営．矯正，裁判所，犯罪，犯罪抑止，薬物，司法制度，少年司法，法執行機関，被害者の9分野で，関連文献の全文が閲覧できる．連邦機関が主体となって実施した研究やNCJRSが研究費を提供した研究，司法統計局（BJS），矯正研究所（NIC），少年司法非行犯罪部（OJJDP）による文献も集約されている．

■イギリス
全国犯罪者管理庁（National Offender Management Service：NOMS）（http://www.justice.gov.uk/about/noms.htm）　　運営理念，関連統計，研究が閲覧できる．
行刑庁（HM Prison Service）（http://www.hmprisonservice.gov.uk/）　　Researcher向けページに移動すると，矯正施設に関する統計や，関係例規のほか，関連研究，機関紙のPrison Service Journal（2005年～最新）の全文が閲覧できる．
行刑研究国際センター（International Centre for Prison Studies）（http://www.kcl.ac.uk/depsta/law/research/icps/worldbrief/）　　イギリスのキングス・カレッジ内に設置されているセンターで，国際行刑情報（World Prison Brief）を提供（掲載国数は200超）．各国の刑務所を管轄する行政庁や基礎データが閲覧できる．

■カナダ
連邦公共安全省（Public Safety Canada）（http://www.publicsafety.gc.ca/index-eng.aspx）　　連邦公共安全省の運営理念のほか，関連統計，同省研究部において実施した研究レポートの全文が閲覧できる．
連邦矯正庁（Correctional Service of Canada）（http://www.csc-scc.gc.ca/text/index-eng.shtml）　　矯正施設に関する統計，関係例規，関連研究，機関紙のFORUM on Corrections Research（1989～2007年）の全文が閲覧できる．

■オーストラリア・ニュージーランド
オーストラリアの加害者処遇は，州政府単位で運営されている．州ごとの加害者処遇に対する理念，矯正施設に関する統計などが閲覧できる．ニュージーランドの矯正庁（http://www.corrections.govt.nz/）では，矯正施設に関する統計や，関係例規，実施しているプログラムの解説のほか，30本余りの関連研究の全文が閲覧できる．

12. 精神鑑定

「精神鑑定」という言葉はよく耳にするが，もっぱらホラーやサスペンスの題材として興味を掻き立てるように描かれたりするばかりで，実際にどのようなものなのかといったことはあまり知られていない．そして「嘘をついて病気のふりをすれば精神鑑定医など簡単に騙せる」「殺人をすること自体おかしなことなのだから誰だって精神異常者だということになってしまう」と批判的に語られたり，また逆にタブー視されて正面からは論じにくい雰囲気もある．こうしたことは結局，精神鑑定や精神障害と犯罪の関係などについて，正確な知識が広められていないことに由来する．本章ではこの領域に関するできるだけ幅広い話題をとりあげ，基礎から少し専門的なところまでの知識が得られるように解説する． 〔岡田幸之〕

12.1 精神鑑定

裁判官，検察官，弁護人，そして裁判員たちが法律判断をするとき，その判断のためにはなんらかの特定分野の専門的知識や経験が必要でありながら，それを十分には持ち合わせていないということがある．そうした知識や経験を補充するために行われるのが鑑定である．そのなかでも精神医学的なものを精神鑑定とよんでいる．

■ 精神鑑定の種類

おもな精神鑑定について，
①刑事事件
②医療観察法事件
③民事事件
に整理して，解説する（図1）．

■ 刑事鑑定

1）責任能力鑑定 刑法第39条には，心神喪失の者は無罪とし，心神耗弱の者については刑を減軽しなければならないということが定められている．この心神喪失，心神耗弱というのは，刑事責任能力の"程度"を意味している（→ 12.20）．刑事責任能力についての精神鑑定は，実施される時期の違いによって，①検察官による起訴の前に行われるものと，②起訴の後に行われるもの，の2つにわけることができる．

①起訴の前に行われる鑑定： 被疑者を"起訴して裁判にかけるかどうか"を決めるのは検察官である．この判断をするときに，検察官の依頼で精神鑑定（一般的には「起訴前鑑定」とよばれる）が行われることがある．たとえば，仮に起訴したとしても，裁判で心神喪失による無罪になることが明らかならば，起訴をせずにより迅速にそれ以外の処遇（たとえば心神喪失者等医療観察法や精神保健福祉法（→ 12.19）による医療）に導入するほうが合理的といえる場合もあるからである．起訴前鑑定はさらに簡易鑑定と本鑑定の2つに分けることができる．

a. 簡易鑑定： 捜査機関による取調べのための勾留期間のうちの，半日ないし一日ほどを使って行われる．事件から比較的早い時期に行われるので，より事件時の状態を推定しやすい可能性があること，結果によってはより迅速に医療につなぐことができるという利点がある．短時間で行うことなどに伴う難しさや役割の重要性は，"簡易"という名前とは裏腹に，非常に大きなものとなっている．

b. 本鑑定： 鑑定のために2〜3ヵ月程度の特別な勾留（鑑定留置）をして行う．時間をかけて行うので，被疑者の家族から話を聞くことや多くの検査をす

```
1 刑事事件 ┬ 責任能力に関する鑑定 ┬ 起訴前鑑定 ┬ 簡易鑑定
         │                      │            └ 本鑑定
         │                      └ 公判鑑定（公判前鑑定）
         │                           （意見書）
         ├ 情状に関する鑑定
         ├ 訴訟能力に関する鑑定
         ├ 受刑能力に関する鑑定
         ├ 被害者の精神状態に関する鑑定
         └ など

2 医療観察法事件

3 民事事件 ┬ 成年後見鑑定
         ├ 遺言や契約の有効性に関する鑑定
         ├ 精神的損害の査定のための鑑定
         └ など
```

図1 おもな精神鑑定

ることができ，入手できる情報量がより多いなどの利点がある．多くの場合，事情が複雑だったり病状が微妙であるなど簡易鑑定だけでは判断が難しい事件，より慎重な判断が必要となるような重大事件などで行われる．この鑑定は，起訴前嘱託鑑定，起訴前正式鑑定などともよばれている．

②起訴の後に行われる鑑定： 起訴の後に裁判所が，被告人の"刑事責任能力の有無や程度"を判断するうえでの参考として精神科医に意見を聞くために鑑定が行われることがある．おそらく，これが一般の人が最もよく耳にする精神鑑定であろう．

たとえば，起訴前に①の鑑定が行われていたけれども，弁護人が「その手法や結論などには問題があるから裁判での判断にあたってあらためて別の鑑定が必要である」と主張し，これが被告人の利益を守り公正な裁判にあたっては必要であるということが裁判所によって認められて，②の鑑定を行う．さらに②で提出された鑑定に再び疑問が示されて，再度の鑑定を行うということもある（もっとも，このように鑑定がくり返されることが刑事手続きの円滑で迅速な運用を妨げる可能性もあるので，再鑑定の実施の決定は慎重に行われている）．

この②の鑑定は，裁判員制度（→ 9.17）などで行われる公判前整理手続（→ 9.1）きのなかで実施されることも（通称，公判前鑑定），公判がはじまってから行われる（通称，公判鑑定）こともある．

この鑑定にあたっての鑑定人の選定をする際には，裁判所が直接に選択することもあれば，弁護人や検察官が推薦した者のなかから選ぶこともある．いずれにせよ鑑定の依頼主はあくまでも裁判所である．マスメディアなどでは，しばしば「検察側の鑑定人」「弁護側の鑑定人」などとよばれるけれども，これは正確ではない．鑑定人の立場はどちらか一方に偏ったものではなく，裁判官と同様に中立である．たとえば弁護人に推薦された鑑定人が結論としては検察官に有利ともいえるものを提出することもあるし，その逆もありうる．

もっとも，結果として示される鑑定意見の内容は，弁護人か検察官かのどちらかにとってより有利になるのが普通である．そのため法廷では鑑定人に対して厳しい尋問が行われることもある．

③意見書： 刑事裁判では上記のようにして作られる「鑑定書」のほかに，弁護人や検察官の依頼により鑑定人以外の専門家による「意見書」が法廷に提出されることもある．たとえば，鑑定が行われていないケースに対して鑑定が必要であるということを指摘する意見，すでに提出されている鑑定書に対する反対意見などが示される．

2) その他の刑事鑑定 刑事責任能力の評価のほかに，たとえば量刑にあたって精神面について酌量すべき事情がないかなどを評価する情状鑑定，弁護人と意思疎通をして公判で証言を述べて自らを適切に弁護できるかなどを評価する訴訟能力，決定された刑に服することができないような精神の障害に陥っていないかなどを評価する受刑能力などについての精神鑑定もある．ただ現在の日本の刑事司法制度のなかでは，あまりこれらの鑑定が行われることはない．しかし法制度の異なる諸外国では，こうしたものがより頻繁に行われている例もある．

さらにこのような加害者（被疑者，被告人）ではなく，被害者の精神鑑定が行われることがある．たとえば，「強姦事件」にとどまるのかそれとも，たとえば"精神的に重い障害が後遺症として残った"という主張で「強姦致傷事件」というべきかが争われたときなど，被害者がどのような精神

的な損害を被ったのかなどを評価するために，被害者の精神鑑定が行われることもある．また，事件時の被害者の記憶があいまいである場合に，それがPTSD（→13.4）などによるものではないか，その供述の信憑性はどの程度なのか，などの評価が求められることがある．

■ 医療観察法鑑定

心神喪失者等医療観察法の制度では，検察官が心神喪失や心神耗弱を理由にして不起訴にしたケース，あるいは裁判で心神喪失や心神耗弱を理由として無罪や減刑によって執行猶予などになったケースを，検察官がこの制度での処遇を求めて審判を申し立てる．この審判では，制度下での特別な入院や通院を行う必要があるかどうかなどを決定する．その際に，精神保健判定医の資格（→12.18）をもった（もしくはそれと同等以上の学識経験を有する）医師に鑑定を行わせる．この鑑定では，通常2ヵ月程度の鑑定入院をしたうえで，実際に治療が必要であるか，有効であるかなどを確認した結果が報告される．

なかでも，検察官が不起訴にしたことで本法の審判が申し立てられた事例については（検察官は心神喪失や心神耗弱として申し立てているけれども，裁判を経ているわけではないので），その責任能力の認定が法的に確定しているわけではない．そのため，この医療観察法鑑定であらためて刑事責任能力の確認が行われ，心神喪失とはいえないなどの理由で，検察官申立て自体を却下することもある（この場合，検察官はあらためて起訴することもあれば，起訴を猶予することもある）．

■ 民事鑑定

民事事件で行われる鑑定には，さまざまなものがある．ここでは代表的なものを2つあげておく．

成年後見制度の鑑定　民法では，精神機能に障害があるために判断能力がうまく発揮できない人を保護することを目的として成年後見制度を設けている．判断能力の程度に応じて（以前は，禁治産，準禁治産という2段階の区別をしていたが，2000年に制度が改正され），後見，保佐，補助という3段階にわけて，制度の利用が行われる．この3段階のどれにあてはまるのかということを裁判所が判断するにあたって家庭裁判所の依頼で，精神鑑定（ないし診断）が行われる．

この鑑定は，たとえば本人の状態を日ごろからよく知っている主治医が行うことも多い．したがって必ずしも精神科医ではなく，内科医などが行うこともある．鑑定や診断にあたっては，その専用の書式が用意されている（最高裁判所HPからダウンロード可能）．

遺言書や契約などの有効性に関する鑑定

比較的まれではあるが，過去に作られた遺言書や過去の売買契約などの法的効力を確認するために，その作成時点での精神能力を査定することがある．とくに遺言書の有効性については，死後になってから生前の作成時にまでさかのぼった推定をすることになり，しかも本人の証言も一切とれない．周辺の人々に事情を尋ねても，たいていは利害関係者となっているので，その信憑性も問題となる．かなり困難をきわめる作業である．

被害者の損害の査定のための鑑定　損害賠償請求や保険金の請求などで，被害者や被災者がどのような精神的な損害を被ったのかなどを評価する必要があるときに，精神鑑定が行われることがある．たとえば，PTSD（外傷後ストレス障害）（→13.4）があるか，それによってどのような種類のどういった程度の障害が生活機能に現れてい

るのかを査定する.

■ 鑑定人の資格

現在のところ，鑑定を行うための資格がとくに定められているのは，「医療観察法鑑定」だけである．それ以外の鑑定については，少なくとも法律の上では，精神科医であること，あるいは医師であることなどさえも求めていない．けれども鑑定は，そもそも法律の専門家では不足する，他の領域の専門的な知識や経験を補うために行われるというものである．したがって実際には，精神鑑定は精神科医が行うのが常となっている．ただし，たとえば加害者の心理的な背景事情として量刑に酌むべき事情があるという主張のために，弁護人が請求する「情状鑑定」などについては，必ずしも精神科医が行うとは限らず，心理学の専門家が作成している例はある．

■ 鑑定の実際

鑑定がどのような流れで，どのようなことが行われるのかを見ておくことにする．それは基本的に，一般の精神科の臨床で行われている病気の診断のための方法とほとんど同じである．結局，結果の整理や考察の段階で「何に焦点をあてるのか」ということが，大きな違いとなる．一般精神医療では治療が，鑑定では法的判断のために材料となることが，それぞれ第一の目的なのである．

ここでは，公判での刑事精神鑑定を例にして，鑑定作業の流れのイメージを示しておく．

まず裁判所が精神科医のもとに電話などで鑑定実施の可否が打診される．精神科医がこれを受諾すると，鑑定人として任命されることになる．鑑定人には「事件当時の精神状態を説明してほしい」とか，「責任能力の判断のための参考意見を出してほしい」などの鑑定の依頼の内容が伝えられる．また，いつまでに，どのような形式でそれを報告してほしいか，たとえばどれくらいの枚数の鑑定書にしてほしいかとか，法廷での口頭の報告のみにしてほしいなどが伝えられる．そして，鑑定資料として事件にかかわる調書などが渡される．

こうして鑑定が開始される．公判鑑定の場合には2～3ヵ月ほどの期間で行われることが多い．この間に，鑑定人は調書を読み，拘置所に出向いて被告人との面接を重ねる．ときには被告人を病院に入院させて観察することもある．脳波検査，MRI検査，血液検査などの医学検査，MMPIやロールシャッハテストなどの心理検査も行う．被告人の家族への面接も行う．本人の語る症状の裏づけをとったり，本人が覚えていない小児期の情報を得たりするためである．

こうして得られたさまざまな情報を総合して疾患の診断を行い，その疾患と事件の関係を整理する．そして鑑定の依頼事項に応じた鑑定の結論に至る．

この鑑定の経過で得られた情報，そして考察を鑑定書としてまとめ，とくに結論については鑑定主文として記して，裁判所に報告する．結論について検察側と弁護側の間で争いがある場合には，法廷からの呼び出しがあり，証人尋問を受けることになる．

〔岡田幸之〕

12.2 統合失調症

統合失調症は，かつて「精神分裂病」「早発性痴呆」などとよばれていた．100人に1人くらいがかかる"ありふれた病気"である．性別，人種，生活水準などによる大きな差はない．多くが思春期から成人期早期に発症する．

自分の殻に閉じこもっているとこの病気になるとか，親の育て方が悪いとこの病気になるなどというのは誤りである．基本的には脳の中で起こる異常が原因と考えられていて，伝統的診断（→12.13）の枠組みでは「内因性精神病」のひとつとして位置づけられている．

現在では，この病気へのなりやすさやなりにくさに，ある程度遺伝が関係しているらしいことと，過剰なストレスが発症や経過に影響を与えていること（ストレス脆弱性モデル）は，おおよその共通認識となっている．この病気になって，さまざまな精神症状が出現するメカニズムについては，脳の神経細胞同どうしの情報を伝える物質（神経伝達物質）のいくつかのバランスが崩れているというモデルが考えられている．

■ 分 類

比較的早期に発症し，慢性化して精神機能の全般的な低下に至る「破瓜（はか）型（解体型）」，激しい興奮と昏迷状態を特徴とする比較的短期の病状悪化時期がみられる「緊張型」，発症が遅く幻覚や妄想の活発さに比してその他の精神機能の低下が目立たない「妄想型」がある．ただし，症状や経過は多様で，この分類にうまくあてはまらないことも多い．このことから統合失調症はより細かく分けられる障害の総称，すなわち「症候群」としてとらえるほうが妥当ではないかという考えもある．

■ 症 状

症状は大きく陽性症状と陰性症状に分けて整理されている．

1）陽性症状 一般にはみられないようなことが生じる症状をまとめて陽性症状とよぶ．たとえば，幻聴，妄想など（表1）．陽性症状が激しくなると，話や行動がまったくまとまらなかったり，極端に不自然なひとりごと（独語）やひとり笑い（空笑）がみられたりして，周囲からは奇妙なものに見える．

2）陰性症状 通常の生活の中で普通に行われている精神や行動の機能が低下したり失われたりするものを陰性症状とよぶ．たとえば，意欲や自発性の低下，周囲への無関心など．治療をしないままの状態が続くと，表情が硬くなったり，身だしなみに無頓着になったり，閉じこもった生活に陥ったりすることもある．

3）その他の特徴 多くの場合，自分が病気であるという自覚がない（「病識」の欠如）．このため治療を中断し，悪化することがある．

■ 経過と治療

多くの例で慢性的に経過する．治療は，薬物療法と心理・社会的治療の組み合わせが一般的である．おおよそ全体の3分の1の人は治癒または軽快してほぼ通常の生活を送り，3分の1程度は悪化し，残りは中程度の症状が持続するとされる．治療法の開発とともに，こうした予後は改善している．

■ 統合失調症の鑑定

統合失調症の患者による事件の刑事責任能力鑑定のイメージを示しておく．

表1　陽性症状の例

知覚の障害	幻聴がみられることが多い．自分を非難する声が聞こえる，命令するような声が聞こえる，自分の考えが声となって聞こえるなど，現実にはない音や声が聞こえてくる．思考に関する自我障害のあらわれで，自分の考えが声のように感じられるのだとも捉えられる．
思考の障害	思考内容の障害として「妄想」はほぼ必発．現実にはありえない奇妙な内容を強く信じ，理論的な説得でも訂正されない．さまざまな主題や形式のものがある．たとえば，被害妄想，関係妄想など． 　被害妄想：　自分の生命や生活がおびやかされ，被害をうけていると思い込む． 　関係妄想：　周囲のあらゆるできごとを自分に関係があると思い込む． 思考過程の障害もみられる．たとえば，思考途絶，支離滅裂などがある． 　思考途絶：　思考の流れが突然に途絶えてしまう． 　支離滅裂：　思考の流れの一貫性が失われてしまい，話がまったくまとまらない．
自我障害	自分の思考，感情などが自分のものだという感覚に障害をきたす．たとえば以下のようなものがある． 　思考奪取：　自分の考えを抜き取られる（と感じる）． 　思考吹入：　他人の考えが勝手に自分の頭に入れられる（と感じる）． 　思考伝播：　自分の考えが周囲に伝わってしまう（と感じる）． 　作為体験：　自分の考えや行動が他人によって強く支配されていると感じ，それに抵抗できない．
緊張病症状	緊張病性興奮：　外的刺激と無関係に激しい興奮を伴った無目的な行動があらわれる． 緊張病性昏迷：　行動や思考の流れが止まり，周囲に対しても無反応，無関心に見える状態になる．

　22歳の男性は，4年前に体調の不良と授業についていけないことを感じ，大学を1年で中退した．ここ2年ほどは，周囲の人間がすべて"機械人間"に入れ替わってしまい，家族も偽物であり，自分を殺そうとしていると感じるようになっていた．
　それは最近，とくに強くなっていた．道を歩くと皆が自分の情報を伝え合っている．殺してしまおうという相談をしている声が聞こえる．あまりの恐怖から自室に閉じこもっていると，「出てこい，出てこい」と父親がくり返し怒鳴るので，さらに恐ろしくなり，どうすればよいかわからなくなって無我夢中でナイフをもって扉を開き，そこに立っていた父親に切りつけて，傷害事件を起こした．

　このケースでは，幻聴や妄想によって自分が殺されると信じ，恐怖をいだいていたことが動機になっているととらえられる．しかし，実際に父親が「出てこい」とくり返し怒鳴っていた場合に，単に幻聴と妄想によって本件が起こったと言い切ってよいのかとか，現実の父親の態度が怖かったのだとしても，その怖がり方，混乱ぶり，さらに犯行に至るような衝動性の高さには統合失調症の症状がかかわっている可能性はないのか，ということなども検討しなければならない．　　　　　　　〔岡田幸之〕

▶文　献

伊藤順一郎（2005）．総合失調症――正しい理解と治療法（健康ライブラリーイラスト版）　講談社
岡田幸之（2006）．犯罪者プロファイリングと精神医学――妄想とその周辺　渡辺和美，高村茂，桐生正幸（編）犯罪プロファイリング入門　北大路書房　pp.112-127
坂口正道（2006）．総合失調症，妄想性障害　松下正明（総編集）山内俊雄，山上皓，中谷陽二（編）司法精神医学2　刑事事件と精神鑑定　中山書店　pp.144-150

12.3 気分障害

われわれが普段感じるような気分の波は、たいていなんとか乗りこなすことができる。しかし、それが極端な程度に達したり極端に長く続いたりすると波にのまれ、生活に障害をきたす。気分や感情を自ら制御することができなくなり、できているという感覚もなくなってしまう。著しい苦痛を感じ、周囲からみても正常とは明らかに異質で"病的"にみえる状態となり、「気分障害（mood disorder）」として精神科の治療の対象となる。

従来、気分障害は統合失調症（→ 12.2）とともに二大内因性精神病とよばれてきた。現在も原因は不明だが、この病気へのなりやすさやなりにくさにある程度遺伝が関係しているらしいこと、過剰なストレスが発症や経過に大きく影響を与えていること、この病気になって症状が出現するメカニズムとして脳の神経細胞どうしの情報を伝える物質（神経伝達物質）のバランスが崩れているらしいことが明らかにされている。

■ 症状

1) うつ状態（うつ病相, うつ病エピソード） 気分が沈み、思考の内容も悲観的になる。ものごとに興味や楽しみを感じなくなる。活力が低下し、行動量が減少する。食欲や体重の極端な変化や不眠、性欲の低下がみられる。思考力や決断力も衰える。不安や焦りを強くもつこともある。自分は価値のない人間であると感じ、過剰な罪悪感を抱くこともある。死を望む気持ちが強くなって、自殺を図ることもある。周囲からすると、なぜそのように落ち込み、自責的になるのかまったく合理的な理由がみあ たらない。より重症の場合には、妄想（とくに犯してもいない失敗や罪を思いこむ「罪責（罪業）妄想」、負ってもいない借金や困窮を苦しむ「貧困妄想」、罹ってもいない病気があると信じ込む「心気妄想」、これらをうつ病の三大妄想という）や幻聴などの精神病症状が出現することもある。

2) 躁状態（躁病相, 躁病エピソード） 気分が高じ、爽快に感じ、気力も充実する。精神的にも、身体的にも活動性が過剰に高まり、多弁で、睡眠欲求の減少、食欲や性欲の亢進などが続く。うつ病よりも（本人は苦しいというよりも爽快なので）病識をもちにくい。誇大的になり、自分が有能で誰よりも優れていて、特権的に尊重されるはずだという思考をもちやすくなる。周囲に対して命令的、干渉的になる。優越感や特権意識が高まるため、それを侵害されていると感じやすく、攻撃的になる。つぎつぎと考えや感情が展開し、周囲からすると思考や会話がまとまらない。抑制を欠いて、浪費や社会的脱線行為に至ることもある。より重症の場合には、上げてもいない偉大な功績やもってもいない莫大な財産があるとか、特権階級の家系の出身であるなどと信じこむ「誇大妄想」が出現することもある。

3) 混合状態（混合相, 混合エピソード） うつ状態と躁状態は、必ずしもそれぞれに両極にあるという整理が当てはまるとはいえない。気分の状態は抑うつ的でありながら、興奮のしやすさや落ち着かなさなどの面をみるとむしろ典型的には躁状態にあてはまるような場合などもある。このように、うつ状態と躁状態とをあわせもった状態を混合状態などとよんでいる。

■ 分類と頻度

気分障害には多様なものが含まれている。操作的診断基準のDSM-IV-TR（→ 12.13）

を例にすれば，うつ状態の相だけが現れる「うつ病性障害」と躁状態とうつ状態の両方の相が交代して出現する「双極性障害」などに分けられている．

「うつ病性障害」はさらに，うつ状態の程度が一定以上の基準を満たす「大うつ病性障害」，そこまでには至らない程度のうつ状態が年単位で持続し，従来「神経性うつ病」「抑うつ神経症」とよばれていたものに相当する，「気分変調性障害」などに分類される．また「大うつ病性障害」のなかでも，①抑うつ気分，②日内型変動（午前中のほうが具合が悪い），③早朝覚醒，④行動の億劫さや焦燥感の強さ，⑤明確な食欲減退や体重減少，⑥罪責感が強いという特徴のあるものをメランコリー型とよび，これは従来の「内因性うつ病」にほぼ相当するとされている．

「双極性障害」は，重い躁病相とうつ病相がみられる「双極Ⅰ型障害」と，比較的軽い躁病相と重いうつ病相がみられる「双極Ⅱ型障害」と，さらに躁病相もうつ病相も比較的軽いが，それを年単位の長さで繰り返し続けている「気分循環性障害」などに分けられている．

人口100人あたりで一生涯のうちに罹患する頻度は，うつ病性障害で約15人（女性は男性の約2倍），双極性障害で約1人（男女の頻度は同程度）とされる．好発年齢は，大うつ病は40歳代，双極性障害症は20歳代である．

近年では「うつ病」という診断が広く聞かれるようになっている．現代が"ストレス社会"だという理由も指摘されるが，従来は「神経症」という位置づけを与えられていたものも「うつ病」の範疇でとらえるようになったこと，うつ病を「心の風邪」とよぶなど，以前より精神科を受診しやすくなっていることなどもかかわっていると考えられている．

■ 治療と予後

心身の休息と抗うつ薬，気分安定薬などの薬物療法の組み合わせが一般的である．認知行動療法や，さらに重症，難治性の場合には電気けいれん療法を行うこともある．気分障害は基本的に慢性の疾患であり，気分の安定がみられても継続的な観察を行っておき，再燃の兆しに対してできるだけ早く介入をすることが有効である．

■ 気分障害の鑑定

最後に，気分障害に罹患した人の事件についての刑事責任能力鑑定のイメージを示しておく．

> 34歳のAは，夫と4歳になる女児をもつ主婦である．もともと真面目で何事にも力を抜かずに取り組む性格であった．1年前ころから疲れやすさ，不眠，気力の低下を感じるようになり，半年前頃からはほとんど家事もできなくなった．このころから娘が周囲の子どもに比べて言葉が遅いのではないか，このままでは幸せな人生を歩むことができないので不憫だと思うようになった．また自分の体調不良も癌になったためだと思い，このままでは自分が娘の世話もできなくなると思い詰めるようになった．そして，娘の首を絞めて殺害し，自分も手首を切ったが，死にきれなかった．

このようなケースでは大うつ病性障害という診断のもとで，その抑うつ気分や悲観的な考えから将来を悲観し，子どもを道づれにして死のうと考えたものと評価されるであろう．一方で，現実的な悩みやストレスがどれだけ影響していたのかも重要な論点である．このように病気の症状とそれ以外の現実的なこととがどのように事件にかかわっていたかを整理して示すことが精神鑑定の中心的な作業となる．

〔岡田幸之〕

12.4 発達障害

発達障害とは，胎生期を含めた発達期に起こった中枢神経系の生物学的な障害や発達の未熟性により，精神あるいは運動などの機能の獲得に遅れや歪み，あるいは偏りが生じたと考えられるさまざまな障害を包括した診断概念である．

通常，幼児期，小児期または青年期に診断され，その経過は慢性の傾向があり，固定したかたちで成人期まで持続しやすいとされている．ただし，障害のいくつかの徴候については，その後の脳の発達や療育などをはじめとする外部からの働きかけにより，環境に適応したり，機能を獲得しうると考えられている．

■ 診断分類

発達障害の診断概念は，時代や法制度，医学的知見などによって変遷しており，統一的な定義は確立していない．したがって，どこまでを発達障害の診断分類に含めるかについては，医学的な専門領域や社会的あるいは法的な立場によって異なる．

精神医学的観点からは，中枢神経系の明確な器質的障害によって特徴づけられるてんかん，脳性麻痺，視覚・聴覚といった感覚障害などの診断分類については発達障害の診断から除外し，より精神機能に注目したおもな発達障害として，精神遅滞，広汎性発達障害，学習障害や，注意欠陥／多動性障害，行為障害（素行障害）などをあげている．しかし，これらの体系的診断分類についても国際的にはまだ統一されておらず，たとえば，DSM-IV-TR（→12.13）では，これらのすべての障害は「通常，幼児期，小児期または青年期に初めて診断される障害」という大項目の中に包括されているが，精神遅滞（→12.6）についてはⅠ軸の臨床疾患ではなく，パーソナリティー障害（→12.7）と同様にⅡ軸診断として位置づけられている．ICD-10（→12.13）では，会話および言語，学習，運動機能などに関する特異的発達障害と，自閉症やアスペルガー症候群（→12.5）を含む広汎性発達障害をあわせて「F8 心理的発達の障害」としてまとめており，これと並列したかたちで「F7 精神遅滞」，および多動性障害や行為障害などを含む「F9 行動および情緒の障害」をあげて，それぞれを独立した診断分類としている．

一方，2005年にわが国で施行された「発達障害者支援法」は，これまで支援が行き届かなかったすべての発達障害者の，自立と社会参加を支援するという理念に基づいて制定された．そのため，本法律においては「発達障害」の診断をできるだけ広くとらえることを目的としており，その定義を「自閉症，アスペルガー症候群その他の広汎性発達障害，学習障害，注意欠陥多動性障害，その他これに類する脳機能の障害であって，その症状が通常低年齢において発現するもの」と規定している．ただし，精神遅滞（→12.6）については既存の法律によって支援体制が整えられているとして，本法からは除外されている．

■ 診断

発達障害を診断するにあたっては，上述したように，医学的な定義が統一されていないという問題があることに加え，社会的な要請による影響を受けて，発達障害という診断名を付す範囲が拡大しすぎることも危惧されている．診断の際には，その目的や使用する診断基準の種類とその定義などを明確にし，とくに精神鑑定の場面では治療や介入を目的とした臨床場面とは区別して考える必要がある．しかし，こうした発

達上の問題に注意を向けることは，一般の精神科臨床の場面だけでなく，精神鑑定においても非常に有用であると思われる．発達障害の特性は児童期，思春期からすでに顕在化しているとは限らず，青年期以降に初めてその特性が明らかになることも少なくない．たとえば，発達障害のなかでも精神遅滞，自閉性障害などは比較的早期に診断される障害としてあげられるが，一部の発達障害あるいは行動障害の場合には，学校などの集団生活のなかで発生する不適応行動やいじめをきっかけにはじめて問題に気づかれたり，思春期・青年期の性的発達の段階において，あるいは青年期以降に対人関係が広がり，より高度な社会性が要求される段階になって，対人接触の異質性や不適切な行動パターンとして問題が認められることもある．さらに，発達障害が軽度の場合には成人以降も障害に気づかれることなく経過し，二次的に生じた抑うつ症状などを主訴に医療機関を受診したところ，発達障害に関連した素因を指摘されたり，なかには悩みや不安を溜め込んだ結果，反社会的な行為に至り，精神鑑定によって初めて診断されるようなケースもある．

このような背景から，発達障害が疑われるような精神鑑定例では，これまでに見逃されてきた発達の徴候についても探っていくことが重要となる．したがって，家族などから発達歴について聴取するだけでなく，母子手帳や学校の指導要録などの客観的な記録についても合わせて確認することが望ましい．また，とくに思春期以降の少年の場合には，家庭内での行動と家庭以外での行動様式が異なっていることもあるため，環境による影響についても考慮する必要がある．本人の対人的相互反応を評価するにあたっては，家族からの情報だけでなく，学校生活における仲間関係や職場環境における対人関係などから得られるエピソードのほうがより的確である場合もあるかもしれない．

■検査

一般的に発達障害が疑われた場合，診断や重症度を判定する補助として発達検査や知能検査が行われている．いくつかの障害については，スクリーニングとして用いることのできる質問紙検査も開発されており，臨床場面でも広く用いられている．

精神鑑定の場合にも，鑑定時における発達の到達度や能力の偏りなどの個別の特性を確認するためにスクリーニング用の質問紙や知能検査が利用されることが多い．また，発達障害が人格面や行動面に与える影響について把握する目的では，各種の人格検査（MMPI，P-Fスタディなど）も参考として組み合わせて実施されている．

■発達障害の鑑定

発達障害に関連した事例の刑事責任能力鑑定のイメージを示しておく．

> 18歳の男子高校生．発達の遅れを指摘されたことはなかったが，幼少時から怪我をすることが多く，小，中学校では落ち着きのなさや注意散漫な態度を教師から繰り返し指摘されていた．スーパーでアルバイト中に商品の陳列方法をめぐって上司と口論になり，殴って傷害を負わせた．

ごくありふれた非行・犯罪事例でも仔細に検討すると，このケースのように目立った発達上の問題はないけれども，注意の欠陥や衝動性の高さなどの発達障害全般に見られることのある非特異的な特性が確認されることは少なくない．当然，その多くが障害の程度からみても責任能力の問題になることはないが，その後の適正な処遇を考えるうえでは診断の特定や特性の分析が有用なこともある．

〔安藤久美子〕

12.5 アスペルガー障害

■概　要

アスペルガー障害（症候群）とは発達障害のひとつで，国際診断分類では，自閉性障害，レット障害，小児期崩壊性障害，特定不能の広汎性発達障害（非定型自閉症を含む）とともに広汎性発達障害（pervasive developmental disorder：PDD）に分類されている．広汎性発達障害とは，社会的技能，言語，疎通性，行動能力といった広い範囲における発達の遅れや偏倚が認められることを特徴としている．精神遅滞を伴うことも多いが，アスペルガー障害では一般的に精神遅滞（→ 12.6）はみられない．

■疫学，病因

海外の報告によれば，広汎性発達障害全体の有病率は，おおむね 0.2 ～ 0.6 ％で，男女比は 4 ～ 8：1 とされている．アスペルガー障害単独での有病率については明らかになっていない．

発症のメカニズムについては脳の器質的な機能の異常にあるとされているが，明らかな原因は特定されておらず，遺伝，代謝，感染，周産期にかかわる要因などが推定されている．

■診　断

1）基本的な特徴　国際的診断基準のひとつである DSM-IV-TR によれば，アスペルガー障害の基本的な特徴は，対人的相互反応の質的な障害（基準 A）と行動，興味および活動の限定的，反復的，常同的な様式（基準 B）からなる．

対人的相互反応の質的な障害としては，目と目で見つめ合ったり，顔の表情や身振りを使った非言語的コミュニケーションに著明な障害があること，発達水準に応じた仲間関係が築けないこと，楽しみや興味，達成感などを他人と共有しようとしないこと，対人的または情緒的相互性が欠如していることがあげられ，これらのなかから 2 つ以上の特徴をもつとされる（基準 A）．

行動，興味および活動の限定的，反復的，常同的な様式とは，特定の興味に対する異常なほどの熱中や，特定の機能的でない習慣や儀式へのこだわり，手や指をぱたぱたさせるなどの身体の常同的で反復的な衒奇的運動，物体の一部への持続的な熱中などを指し，これらのうち 1 つ以上の特徴をもつことが診断の基準となっている（基準 B）．

なお，こうした行動上の特徴の源泉には，認知機能の障害，すなわち「心の理論」の発達の遅れが関係していると考えられている．「心の理論」とは他者が自分とは違う意図，思考，信念などをもっているということを理解したり，他者の心の動きを推測したりする機能のことをいい，通常は 10 歳頃までに獲得するとされている．

2）鑑別　他の広汎性発達障害との鑑別は，いくつかの正常な発達を遂げる点によって区別される．たとえば，アスペルガー障害の場合には，自閉性障害とは対照的に，2 歳までに単語を用い，3 歳までにコミュニケーション的な語句を用いることができるなど早期の言語発達には臨床的に明らかな遅れがみられない（基準 D）．さらに，認知の発達，年齢相応の自己管理能力，対人関係以外の適応行動などに関しても著しい遅れがみられない（基準 E）という点でも他の広汎性発達障害とは異なっている．

しかし，アスペルガー障害の診断基準は国際的にもまだ統一されておらず，臨床や研究などの立場によっても診断の幅が異なる．近年は自閉症やアスペルガー障害，さらにその周辺にあるいずれの定義も厳密

は満たさない一群を「自閉症スペクトラム」という概念でとらえ，互いに連続性のある障害として考えられるようになっている．

■ **おもな経過と予後**

アスペルガー障害の本質は，先天的な脳の機能の障害であると考えられているため，これが治癒するということはない．しかし，成長過程の比較的早期の段階において適切な療育を導入することによって，機能を獲得したり，より社会適応的な行動を学習し，偏った行動様式を修正することは可能であるとされている．

一方，アスペルガー障害による機能の障害が，実際の生活場面でどのような形で表れてくるかはケースごとにかなり異なり，知能や年齢，環境などの影響が大きい．周囲がアスペルガー障害についての理解が不十分であるような場合には，適応状態が悪化して問題行動が生じたり，抑うつ状態，幻覚，妄想などをはじめとする二次的障害を合併することもある．

■ **治療**

自閉症やその近縁のコミュニケーション障害に対する療育的介入としては，環境の構造化を基本としたTEACCHプログラムなどが有名である．思春期以降で比較的知能が高い場合には認知療法的アプローチや心理カウンセリングが有効な場合もある．いずれの場合においても，本人や周囲が障害を受容し，個々の特性に合った生活様式や対処方法を工夫したり，学習したりすることがもっとも重要であるといえる．

■ **アスペルガー障害の鑑定**

アスペルガー障害による事件の刑事責任能力鑑定のイメージを示しておく．

> 17歳，男性．同胞なし．胎生期，出産時，その後の発達全般にも異常は指摘されていなかった．母親によれば，食べ物の好き嫌いが激しく，帽子をかぶったり，靴下をはくことを嫌がったり，一度かんしゃくを起こすとなかなか抑まらないため，幼少時は育てにくかったという．また，保育園では集団では遊ばず，ひとりで本を読んだり，扇風機が回るのを眺めて長時間すごすこともあったという．小学校時代には電車が好きで鉄道図鑑に載っている電車やその運行路線をすべて暗記し，友人らから「電車博士」とよばれていた．高校進学後は，鉄道模型や電車を運転するゲームに没頭するようになり，次第に「本物の電車を運転してみたい」という考えが頭から離れなくなった．某日，早朝の人気の少ない時間を選んで電車の運転席に乗り込もうとしたところ，それをみつけた鉄道職員ともみ合いになり，同人に全治10日間の傷害を負わせ，逮捕された．

本事例のように，幼少期，学童期には発達の偏りに気づかれることなく経過し，思春期青年期以降に発生した，なんらかの問題行動や不適応行動を契機に，初めてアスペルガー障害の診断を受けることもまれではない．そのため，あたかもアスペルガー障害が犯罪などの反社会的な行動とかかわりが深いような印象を与えやすいかもしれない．しかし，広汎性発達障害と犯罪との関連については統計的に頻度が高いという証拠は示されておらず，これらを安易に結びつけることのないよう注意する必要がある．

また，たとえば上記の例では確かに障害の特徴が事件の動機に密接にかかわっているとはいえるであろうけれども，そのことがただちに法的に見て責任能力が著しく障害されているとか失われているということを意味するわけではない．アスペルガー障害の特徴によって事件の説明ができる程度と，刑事責任能力が障害されている程度の判断とは異なることには注意が必要であるといえる．

〔安藤久美子〕

12.6 精神遅滞（知的障害）

精神遅滞（mental retardation：MR）とは，ひとつの疾患単位ではなく，全般的な知的機能が平均よりも有意に低く，同時に適応行動の欠陥を共存している状態をさす．かつては，schwachsinn（独）やmental deficiency（英）の訳として「精神薄弱」とよばれていたが，知的障害者への偏見や差別につながるおそれがあるとして，現在の精神医学分野では国際的にも，mental retardation（MR）（精神遅滞）という呼称が用いられている．

一方，わが国の法律および行政上の表記においては，「精神」という言葉は人格も含むうえ精神障害と混同されやすいなどの理由により，2000年以降は「知的障害」に名称を統一し，知的能力面だけの問題であることを明確にしたものになっている．

■病因

MRの病因は，おもに遺伝的要因，発達的要因，後天的要因，もしくはそれらの組み合わせによると考えられている．遺伝的要因とは，ダウン症や脆弱性X症候群などの染色体や遺伝子による条件をさす．発達的要因とは出生前の病気や中毒によるもので，たとえば風疹や梅毒などの母体感染や，胎児性アルコール症候群などがあげられる．後天的な要因としては未熟児などの周産期の問題や出生後の頭部外傷，養育の剥奪といった環境および社会文化的要因が考えられる．しかし，明らかな原因が確認されるのは全体の約3分の2といわれており，原因が特定できないものも多い．

■診断基準（DSM-IV-TR）（表1）

知能検査で測定されるIQの値は，実施状況や被検者の検査に対する動機づけによって大きく影響する．そのため，単純にIQの数値だけで判断するのではなく，コミュニケーション能力，自己管理能力，社会的・対人的技能などの複数の領域における適応機能に，欠陥または不全が認められることが診断の条件となっている．

■頻度と重症度

MRの有病率は一般人口の約1％と推定されている．重症度別の割合をみると，MR全体のうち85％が軽度MR，10％が中等度MR，4％が重度MR，1～2％が最重度MRと見積もられている．男性の発生率が高く，女性の1.5倍である．

表1　精神遅滞の診断基準（DSM-IV-TR）

精神遅滞（mental retardation）
A. 明らかに平均以下の知的機能： 個別施行による知的検査で，およそ70またはそれ以下のIQ（幼児においては，明らかに平均以下の知的機能であるという臨床的判断による） B. 同時に，現在の適応機能（すなわち，その文化圏でその年齢に対して期待される基準に適合する有能さ）の欠陥または不全が，以下のうち2つ以上の領域で存在： コミュニケーション，自己管理，家庭生活，社会的・対人的技能，地域社会資源の利用，自律性，発揮される学習能力，仕事，余暇，健康，安全 C. 発症は18歳以前である．
知的機能障害の水準を反映する重症度に基づいてコード番号をつけよ
軽度精神遅滞：IQレベル50～55からおよそ70 中等度精神遅滞：IQレベル35～40から50～55 重度精神遅滞：IQレベル20～25から35～40 最重度精神遅滞：IQレベル20～25以下 精神遅滞，重症度は特定不能：精神遅滞が強く疑われるが，その人の知能が標準的検査では測定不能の場合（例：あまりにも障害がひどい，または非協力的，または幼児の場合）

■ 発症の経過および予後

　重度以上のMRでは，多くの場合出生後1年以内に身体や運動機能の発達の遅延によって気づかれる．一方，軽度から中等度のMRでは，生後数年間は目立った徴候が認められないまま経過し，幼児期以降に言語や社会性の発達の遅延によって明らかになることが多い．

　成人後の経過については，軽度MRでは，通常，最低限の自立をするのに十分な社会的および職業的技能を得ることが可能である．中等度MRの場合には，訓練によってある程度の社会的技能，職業的技能を習得することができ，監督のもとに熟練を要しない仕事を行ったり，地域社会での生活にも適応することが可能である．重度MRでは，十分に監督された状況であれば単純な作業を行ったり，グループホームのような監督下の生活状況に適応することも可能とされている．最重度MRでは生活全般において持続的な援助と監督が必要となるが，運動発達，自己管理技能などは適切な訓練によって改善することもある．

■ 治　療

　MRは脳の発達の障害であるため，知能検査によるIQ値はほぼ安定した状態で成人期まで持続する．おもな治療的介入としては，社会生活に適応するためのスキルの教育や身体機能，言語，職業技能などの訓練があげられる．

　MRは，精神疾患の合併率が一般人口より3〜4倍高いとされている．とくに理解力や言語能力が低い場合には，周囲の出来事にうまく対処できず，容易に心理的葛藤や不適応状態に陥り，心因反応として幻聴や妄想（念慮）様の症状を呈しやすい．そのため，併存疾患に注意しながら心理的なサポートを行ったり，症状によっては薬物療法を併用することも彼らの社会適応を促進させるにあたって有効であろう．

■ 精神遅滞の鑑定

　MRのケースの刑事責任能力鑑定のイメージを示しておく．

> 21歳．胎生期，出産時に異常は認められていなかった．出生後，股関節脱臼をくり返し，軽い歩行障害が残った．中学校までは普通学級に通っていたが，中学卒業後は養護学校に進学した．知能検査ではIQ53の判定で，中等度MRと診断されていた．養護学校卒業後は地域の工場に就職したが，仕事に行くことが嫌で，時折，無断で休むことがあった．ある朝，仕事を休んで部屋で寝ていたため，母親が仕事に行くように強く勧めたところ，これに反発して自室の布団にライターで点火し，半焼させた．

　MRを有する者による犯罪では窃盗などの財産犯が最も多いが，その他にも性犯罪や放火犯罪に占める割合が高いとされている．また，一旦習得した行動は修正されにくいため，反社会的な行動パターンが形成されると累犯事例になりやすいことも特徴である．動機については，食欲や性欲などの強い欲動や，感情をそのまま発散させるような短絡的な反応に基づいた犯罪が多く，このケースでも怒りの感情を爆発させた結果，衝動的に犯行に及んでいる．

　MRを有する者の精神鑑定を行う際には，善悪を認識し判断する能力にどの程度欠陥があるのか，またそうした善悪の判断は道徳的な規範意識に起因するものであるのか，さらには未分化な人格の発達が行動の衝動性にどのような影響を与えていたのかといったいくつかの視点から検討する必要があるであろう．なお，近年の司法精神医学分野では，診断上の注意点と同様に，知的検査によるIQの数値のみによって責任能力判断を振り分ける手法は主流ではなくなっている．

〔安藤久美子〕

12.7 パーソナリティ障害

「パーソナリティ」とは一般的には，性格，人柄といわれるものであり，知覚・思考・情緒・意志などの精神機能を核として，行動・言葉・態度・人間関係などに表れた総体である．パーソナリティが極端に偏りかつ持続するライフスタイルとなり，本人や周囲の人々に苦痛をもたらすものをパーソナリティ障害（personality disorder：PD）という．その偏り方は多様である．PDの概念の源流であるシュナイダー（Schneider, 1923）による精神病質（psychopathy）の分類では，①発揚者，②意志欠如者，③情性欠如者，④爆発者，⑤狂信者，⑥抑うつ者，⑦気分易変者，⑧自信欠如者，⑨無力者，⑩自己顕示者があげられている．操作的診断でも細分類されて，DSM-IV-TRでは，A群，B群，C群とその下位分類があげられている（表1）．PDは，平均からの連続にある極端に偏った人たち，つまり"量的な偏り"と位置づけられている．しかし，いくつかのPDについてはより重篤な精神障害の不全型，ないし前駆状態という位置づけ—たとえば，失調型PDやシゾイドPDを統合失調症の，妄想性PDを妄想性障害の，不全型，ないし前駆状態としてみる—といった意見もある．近年では脳神経科学や認知心理学の立場から，PDを"脳機能やその障害の現れ"と整理するようにもなっている．

■成因と治療

パーソナリティは，脳の生物学的な特性と環境のかかわりあいのなかで時間をかけて形成されると考えられており，PDの成因にも同様の複雑な構造が想定されている．さまざまな精神療法の技法が利用されるが，この複雑さゆえに，治療は容易ではなく，治療関係の構築自体も難しい．

表1

群	下位分類	主たる特徴	別称，類称
A群	妄想性PD	疑い深く他者の行動や言動に悪意があると思いこむ	
	シゾイドPD	他者とのかかわりに関心や喜びを抱かず，孤立を選ぶ	統合失調質PD，分裂病質（性）PD，ブラケットPD
	失調型PD	他者とは共有されない奇異な空想や信念の世界に閉じこもっている	統合失調型PD，分裂病型PD
B群	反社会性PD	他者の権利を侵害し，良心の呵責や責任感を欠く	非社会性PD，社会病質PD
	境界性PD	自己像が確立せず，情緒が不安定で，他者を巻き込む	境界型PD，爆発的PD，攻撃的PD
	演技性PD	他者の関心を引くことに没頭する	ヒステリー性PD，精神幼児性PD
	自己愛性PD	他者に賞賛されることを当然と考え，嫉妬深い	
C群	回避性PD	自信を欠き批判や拒絶におびえて対人関係を避ける	不安性PD
	依存性PD	自信を欠き，他者の支えや決定を求める	無力性PD，不全性PD，受動性PD，自己破滅性PD
	強迫性PD	秩序一貫性完全性に激しくこだわり，柔軟性を欠く	

＊PD＝パーソナリティ障害（とくに以前の文献では「人格障害」の用語を使用しているものもある）

■ パーソナリティ障害と精神病質

概述のとおりPDの源流は，シュナイダーの「精神病質」の概念にさかのぼる．最近ではヘア（Hare, 1993）らの研究を中核にして改めて反社会性PDのなかの，情性の欠如，対人関係上の表面的な魅力などを特徴とした一群をさす狭い概念としての精神病質（サイコパス→6.26）も注目されている．しかし，精神病質という言葉は，ことに日本の精神医学界では，保安処分推進に通ずる危険な概念であるという観点から，扱うこと自体がタブー視されてきた．その後にPDの和訳として使われるようになった「人格障害」も人格否定などの偏見を与えることなどから避けられるようになり，現在に至っている．このような流れは，そもそも，「ものの考え方の偏り」を精神障害として扱うべきなのかという問題に端を発している．呼称は変わっても変わらず非常に繊細な問題があることには注意しなければならない．

■ パーソナリティ障害の鑑定（事例）

a. 妄想性パーソナリティ障害

30歳男性のAは会社員だったが，同僚や上司が顧客に自分の悪口を言って営業をしにくくしていると抗議して，辞職した．その後は誰にも邪魔されないようにと，自転車小売店を立ち上げて一人で経営していた．Aは隣人たちのゴミの出し方にくり返し苦情を言っていたが，某日，隣人につかみかかり，暴行事件で逮捕された．Aは「わざと自分の店のほうに多く積み上げて嫌がらせている」「今回の事件で自分の主張が正しいことが警察の捜査でわかるはずだ」と言い，また国選弁護人のふとしたしぐさにも悪意があるのではないかと疑いの目をむけ，内心を語ろうとしない．

b. 反社会性パーソナリティ障害

26歳男性のBは暴力団組員であり，傷害事件で逮捕された．小学校1年生時から，侵入盗やその証拠隠滅のための放火をくり返し，盗んだ金でハイヤーを乗りまわして遊興していた．中学卒業と同時に暴力団に入ったが，裏切りをくり返して組を渡り歩き，そのために組どうしの争いになることもあったと自慢する．12歳で初交．性交時には覚せい剤を相手にも使わせて興奮を得ることが多いが，「心からの愛情を感じたことはない」という．刑事施設でも，若い担当職員に食ってかかり，しかたなく対応した幹部職員には「話がわかる」と取り入るなどして，自分の要求が通りやすい職員を担当につけさせる．

c. 自己愛性パーソナリティ障害

36歳男性のCは経営コンサルタントを自営している．Cの助言に疑問があると言った顧客を殴り，止めに入った女性従業員も殴り，彼らを事務所の一室に閉じ込めた．C自ら警察に通報し，「顧客も従業員も自分に従うのが当然なのに反抗した」「自分は営業妨害をされた被害者だ」という．Cは，自分以上の有能なコンサルタントはいないと言ってはばからない．

PDが正常からの量的な偏りであるという見方からも，また，妄想や幻覚のように事実を完全に誤って認識するような症状も基本的にはないという見方からも，法的に刑事責任能力の著しい減退や喪失の根拠とされることはない．まれには，激しい解離症状，幻覚，妄想などが犯行の原因となっているようなものがあり，検討を要することがある． 〔岡田幸之〕

▶文　献

Hare R. D. (1993) *Without conscience⁻: The disturbing world of the psychopaths among us*, New York, Guilford Press., (小林宏明 (訳), (2000). 診断名サイコパス──身近にひそむ異常人格者たち　早川書房)

Schneider, k. (1923) *Die Psychopathischen Persönlichkeiten*. Berlin：Springer, (懸田克躬・鰭崎轍 (訳), (1954). 精神病質人格　みすず書房)

12.8 物質関連障害

操作的診断基準(→12.13)では、薬物が関係する精神障害をまとめて「物質関連障害」とよぶ。そこでいう物質にはアルコールやニコチンといった合法のものも、アンフェタミン、メタンフェタミン(覚せい剤)、MDMA、コカイン、ヘロイン、LSD、PCP、有機溶剤、マジックマッシュルームなどの非合法のものも含まれる(→7.42)。さらに、身体疾患や精神疾患の治療薬も含まれている。

物質関連障害は、(A)物質の使用状況や習慣についての問題である「物質使用障害」と、(B)物質が体内に入ってその薬理作用によって精神機能に与える障害である「物質誘発性障害」とに分けられる。たとえば、アルコールを常用し続けているという問題は「アルコール使用障害」であり、飲酒の結果、意識障害・健忘・認知症などを生ずるという問題は「アルコール誘発性障害」にあたる。一般用語ではアルコール中毒(=アル中)というと、この両者を区別せずに用いられているので注意が必要である。

■物質使用障害

物質使用障害は「物質依存」と「物質乱用」とに分けられる。

1) 物質依存 その物質による効果が得られにくくて量が増え(耐性)、摂取しないといわゆる禁断症状が出現し(下記「離脱」参照)、やめようと思っても失敗し、逆に多大な時間をかけてでもその物質を手に入れようとする状態のこと。その物質を得るために生活を犠牲にし、有害であるとわかっていてもやめることができない。たとえばアルコールであれば、飲酒量が増えたために失職、離婚にも至り、本人はたびたび断酒を試みるが、欲求が抑えられずに飲酒を続けているなど。

2) 物質乱用 「依存」には至らず、耐性や離脱がないながらも、その物質が原因で悪い結果を生じさせている状態(仕事や育児などの大切な義務や役割を果たせない、法律違反をくり返すなど)にあること。たとえばアルコールであれば、酒酔い運転(→7.11)や飲酒時の喧嘩をくり返しているなど。

■物質誘発性障害

物質によってどのような作用が出現し、どのような障害をきたすかは異なる。時間経過からみて1)比較的短い期間、2)長期慢性的な期間で観察されるものに分けることができる。

1) 比較的短い時間経過のなかで観察される物質誘発性障害 短期的な観察期間のなかで確認される現象として、「中毒」「中毒せん妄」「離脱」「離脱せん妄」がある。

中毒: 物質の摂取中から摂取直後に生ずる精神機能の障害をさす。たとえば覚せい剤であれば、中枢神経系の異常興奮による精神症状(気分高揚、多幸感、覚醒水準上昇、意欲亢進、疲労感の減退、注意力の増強・散漫、性欲の刺激、多弁・多動、食欲の減退、常同行動)、交感神経刺激による身体症状(頭痛、めまい、頻脈、心悸亢進、口渇、発汗、振戦、瞳孔散大、便秘、悪心、嘔吐、排尿困難、全身痙攣など)がみられる。

離脱: 物質の摂取を中止や減量をした数時間ないし数日以内に生ずる精神機能の障害をさす。いわゆる禁断症状である。たとえば覚せい剤では、過眠、過食、脱力感、抑うつ・不快感、疲労感、倦怠感などを生ずる。

せん妄: 注意を集中したり、必要に応

じて注意を転じたりする能力の低下を伴うような意識の障害や、記憶、見当識、言語などの機能にあらわれる認知の変化や、幻視、幻聴、著しい錯覚などの知覚の障害などを生じた状態をいう。上記の「中毒」の最中に生ずれば「中毒せん妄」といい、「離脱」の最中に生ずれば「離脱せん妄」という。たとえば覚せい剤も、大量摂取をすると意識障害を生じて、せん妄状態や錯乱状態に陥ることがある。

2) 長期慢性的な時間経過のなかで観察されるもの　薬物の作用が脳に長期的に働きつづけることで、「認知症」「健忘性障害」「精神病性障害」「不安障害」「気分障害」「睡眠障害」などがみられることがある。薬物ごとに誘発されやすい障害がある。

たとえば覚せい剤では、摂取をしつづけると薬物の効果が得られにくくなり、より多くの量を摂取しようとすることになるが(耐性)、常同行動などはむしろ発現しやすくなることもある(逆耐性)。そしてその長期的な経過のなかで、(せん妄のような急性のものではない)幻覚、妄想、精神運動興奮といった統合失調症(→ 12.2)でいう陽性症状や、抑制力の低下、意欲低下、無為といった統合失調症でいう陰性症状と類似した状態が見られるようになる。こうした症状が出現して覚せい剤精神病とよばれる状態になると、統合失調症との鑑別もきわめて困難になる。

■ **物質関連障害の鑑定**

最後に、メタンフェタミン中毒の状態で起こした事件の精神鑑定のイメージをかこみに示しておく。

白昼堂々の通り魔事件(→ 7.7)などでは物質関連障害の頻度は高い。このケースはその典型であり、周囲の裏切りにより暴力団に殺されるという被害妄想がメタンフェ

> 23歳の男性Aは、某日、出社時からおどおどしていたが午後3時頃に突然ナイフを持って職場の一室に立てこもり、「やめて」叫びながら、ライターを手に持った紙にかざしているところを逮捕された。Aは覚せい剤を18歳のときに、飲み友達に誘われてはじめて以来、ほぼ常用していた。3ヵ月ほど前からは妻や友人の言葉の端々から、彼らが監視して暴力団と結託して密かに自分を葬り去ろうとしているとわかったという。当日は、ついにその日が来たと確信していたようである。

タミンの薬理作用によって生じているのだが、違法薬物を使っている後ろめたさや、周囲からの孤立という現実の不安が心理的背景として影響している可能性にも目を向けて評価する必要がある。

メタンフェタミンをめぐっては、福島(1988)がその臨床症状を「ア.一般反応」と「イ.異常反応」とに区分し、後者を「イ-1.内因性精神病型(イ-1-1.非定型精神病型、イ-1-2.幻覚妄想回帰型)」、「イ-2.中毒性精神病型(イ-2-1.挿間性幻覚型、イ-2-2.複雑酩酊型)」、「イ-3.心因反応型(=不安状況反応型)」に分け、アは完全責任能力、イ-2-2、イ-3は心神耗弱、イ-1-1、イ-1-2、イ-2-1は心神喪失に相当すると解説している。

これを根拠として責任能力に言及している鑑定書もあるが、その分類と責任能力との一対一対応の妥当性にはくり返し疑問が呈されているので十分に注意が必要である。
〔岡田幸之〕

▶**文　献**

福島　章(1988).　覚醒剤関連障害　司法精神医学・精神鑑定　臨床精神医学講座　19巻　中山書店　pp.178-186

12.9 性嗜好障害（異常）

■概　要

性に関する思考や行動の異常（性障害）には，その量的な異常と質的な異常がある．このうち質的な性障害のひとつで，普通でない対象，行為，または状況に関して，反復的に強烈な性的衝動を感じたり，空想をいだいたり，性的行動を反復することを特徴とするものを性嗜好障害（paraphilias）という．その他にも，性嗜好異常（DSM），パラフィリア，異常性愛，性欲性倒錯症（ICD）などの用語があてられている．

■疫　学

性嗜好障害の診断は難しい．第一に，性は文化や宗教などの社会的背景によって受容される範囲が異なるため，どこまでを障害として定義し，診断するのかという問題がある．第二には，性的な思考や行動の異常を主訴に自ら医療機関を訪れることはまれであるという問題がある．そのため正確な有病率は明らかではないが，一般人口における有病率は，医療機関で出会う割合よりも高いと考えられている．治療目的で医療機関を訪れるケースでは，小児性愛，窃視症，露出症が多く，その約半数が既婚者である．女性が性嗜好障害と診断されることはほとんどないとされているが，性的マゾヒズムの男女比は20対1と推定されている．

■診断と分類

DSM-IV-TRでは性的対象に基づいた下位分類がある．診断には，各々の特徴が少なくとも6ヵ月間持続しており，また，それにより著しい苦痛，または社会的，職業的な機能の障害や対人関係上の困難が生じていることが診断の条件とされている．

1) **露出症**（exhibitionism）　見知らぬ人に自分の性器を露出することにより性的興奮を得る．性的衝動によって露出行為を行っても，相手にそれ以上の性的活動を求めようとはしない．見る人を驚かせたりショックを与えたいという欲求をいだいたり，見る人が性的に興奮するだろうという空想をいだいていることもある（→7.25）．

2) **フェティシズム**（fetishism）　生命のない対象物（フェティッシュ）の使用（手にもつ，体にこすりつける，臭いをかぐなど）により性的興奮を得る．フェティッシュの対象物としては衣類や履物など身につけるものが多い．性的興奮を得るためにその対象が必要であり，男性では勃起機能不全が生じることもある．

3) **服装倒錯的フェティシズム**（transvestic fetishism）　異性の服装をすることにより性的興奮を得る．服装倒錯は，異性の衣服をたまたま一人で身につけてみるというものから，完全に女装するものまで幅広い．異性の服装をすることにより，不安や抑うつが軽減したり，平和で平穏な感覚を得る者もいる．異性愛的な男性に多く，性同一性障害とは異なり，必ずしも性転換を望んでいるわけでない．

4) **窃触症**（frotteurism）　同意していない人に自分の性器をこすりつけたり，女性の性器や乳房を触ったりすることにより性的興奮を得る．

5) **窃視症**（voyeurism）　見知らぬ，警戒していない人の裸，衣服を脱ぐ行為，または性行為をしているのを見ることにより性的興奮を得る．

6) **小児性愛**（pedophilia）　性的興奮の対象は思春期前（一般に13歳以下）の子どもとの性的活動に関するもので，特定の年代の子どもに魅力を感じることが多く，女児では8～10歳，男児ではそれよ

り少し年上の男児を好むことが多い．通常は青年期にはじまるが，中高年以降になってから子どもに関心をもつ者もいる．

　7）性的サディズム（sexual sadism）
　犠牲者に心理的または身体的苦痛（辱めを含む）を与えることによって性的興奮を得る．サディズム的な空想はすでに小児期から存在し，慢性的で，時間とともに強まっていく傾向があるとされている．

　8）性的マゾヒズム（sexual masochism）　辱められる，打たれる，縛られる，またはそれ以外の苦痛を受ける行為によって性的興奮を得る．マゾヒズム的空想はすでに小児期から存在し，慢性的で同じマゾヒズム的行為をくり返す傾向があり，最終的には傷ついたり，死に至ることもある．フェティシズム，服装倒錯的フェティシズム，性的サディズムなどの他の異常を合併することもある．

　9）特定不能の性嗜好障害　その他，電話わいせつ，死体愛，部分性愛（身体の一部だけに関心が集中する），獣愛（動物），糞便愛（大便），浣腸愛，小便愛などがある．

■ おもな経過
　性嗜好異常に関連した空想や行動は小児期から青年期早期にはじまり，成人期早期までの間に，よりはっきりしたものになる．性嗜好異常に基づく空想は生涯を通じて細かく作り変えられていき，多くの場合は慢性的で一生続く傾向にある．ただし，加齢に伴い空想や行動は弱まることもある．

■ 犯罪との関連
　性嗜好障害はその定義にあげられる行為自体が犯罪に該当ないし関係することがある．たとえば，露出症はわいせつ物公然陳列罪，窃触症は強制わいせつ罪，窃視症は住居不法侵入や迷惑防止条例違反，軽犯罪法違反などに該当する．フェティシズムの場合には，たとえば下着の窃取などの窃盗癖に結びついたり，小児性愛では欲動に基づいて，わいせつ目的での誘拐，強制わいせつなどの犯罪につながることもある．

■ 治療
　おもな治療としては認知行動療法があげられる．わが国の矯正施設においても性犯罪者処遇プログラムのなかでリラプス・プリベンション技法による認知行動療法が導入されている（→11.14）．一方，欧米では抗精神病薬や選択的セロトニン再取込阻害剤（SSRI）による薬物療法や持続性抗男性ホルモン剤などによるホルモン療法（→6.1）も行われており，近年は両者の併用が主流となっている．

■ 精神鑑定
　性嗜好障害に関連した事例の刑事責任能力鑑定のイメージを示しておく．

> 21歳男性．同胞なし．中学卒業後は父親の経営する内装業を手伝っていた．某日，ひとりで下校途中の小学生の女児を見かけて性的興奮を感じた．道を尋ねるふりをして神社の境内に連れていき，無理やり服を脱がせて体を触ろうとしたところ，女児が大声で騒いだため，近くを通りかかった人によって取り押さえられ，駆けつけた警察官によって逮捕された．この地域では数ヵ月前から小学生を狙った痴漢行為が多発しており，後日，これらについても本人が行っていたことを認めた．

　性嗜好異常の中にはそれ自体が違法行為を構成しているものもあり，一般的に刑事責任能力の減免の対象にはなりがたい．しかし，異常に強烈で抑制しがたい性衝動は，統御不能の強迫，強迫的衝動（krafft-Ebing, V. kafka）ともよばれ，内因性刺激産生性の病的な亢進であるという考え方もあり，弁識能力には障害はなくても，行動制御能力の点で問題があるとして法廷で争われることはある．

〔安藤久美子〕

12.10 外傷性記憶と法廷

心的外傷体験（→ 13.4）に関する記憶のことを包括的に外傷性記憶という．外傷性記憶，ことに後述する回復記憶のような特徴をもつ記憶が作られるメカニズムについてはさまざまな説明がある．近年は，体験時の情緒的刺激と解離（dissociation）との関連が再評価されている．

ジャネ（Janet, 1919）の心的外傷理論に基づくと次のように説明される．まず，あまりにも情緒的刺激が強烈である場合，意識野における認知機能のコントロール範囲をこえてしまい，正常な情報処理の過程が障害される．その結果，外傷体験にともなう記憶は障害され，恐怖感などの感覚だけが意識から分離したところに身体的に蓄積される．そして，この「内蔵記憶」の断片が，外傷を思い出させるような場面に遭遇すると自動的に喚起され，生理反応やフラッシュバックなどのかたちで出現すると考えられている．

また，現在はこうした解離メカニズムの心理学的理論についても，海馬や扁桃体などの脳機能に着目した神経生理学的な観点から解明しようとする研究が進められている．

■外傷性記憶の分類

外傷性記憶を「記憶」の形式から分類し，法廷における問題点についてまとめる．

1）通常記憶／維持記憶　一般にわれわれが日常生活の中で物事を記憶し，そして思い出すという形式の記憶である．法廷での証言という意味では最も問題がないと考えられる．

ただし，PTSDによる感情の麻痺などの症状がある場合には，過酷な虐待体験でさえも法廷で淡々と語るため，心理的衝撃が過小評価されてしまったり，外傷体験は本当に起こったのだろうかという疑問までいだかせることもありうる．あるいは逆に，PTSDの侵入症状が強くなると，外傷体験を回想する段階で激しい不安が惹起されるため，法廷ではうまく説明できないこともあり，注意が必要である．また，この場合には次のような特徴にもつながる．

2）隠蔽記憶／棚上げ記憶　記憶の形式は通常記憶と同様である．本人の意識の上でも記憶として保持されているが，なんらかの意図により，故意にそれを表明しないものをさす．「語ることを避ける」という背景にはさまざまな理由が考えられるが，なかには臨床上重要な意味が隠れていることもある．

たとえば，外傷体験を思い出すことがあまりにも苦痛であるために，あえて外傷と関連した刺激を避けている，すなわちPTSDの回避症状である場合や，性被害や虐待などの場合には羞恥心や自責感，あるいは二次被害を恐れて事実の表明を避けているような場合もある．

3）回復記憶／遅延記憶／甦生記憶／（抑圧記憶）　長期間にわたって想起されることのなかった過去の体験が記憶として呼び起こされるものをいう．記憶の形式からみると，記銘や保持には問題はないが想起ができない状態をさす．心因性健忘の一型に該当する．記憶のすべてが想起できずにいる場合もあるが，記憶の一部分が欠落している場合（内容や文脈の断片化のほか，情緒や感覚などの記憶の領域の断片化）もしばしば認められる．また，同じ現象を，記憶が回復される以前の状態をとらえていえば「抑圧記憶」と称されることになる．

回復記憶や隠蔽記憶が関連した訴訟で

は，しばしば外傷体験から告訴までに長期間経過している場合がある．これは法的側面からみると，公訴の時効期限の点で重要である．つまり，刑事事件として取り扱う場合には，犯罪から一定の期間が経過すると検察官は事件として起訴できない（刑事訴訟法 250 条）．ただし性犯罪については，出訴が遅れることなどが法的にも考慮され，告訴の期限については撤廃されている（刑事訴訟法 235 条）．

4）偽記憶／偽りの記憶／過誤記憶
現実に体験の事実がないことは客観的にも証明されているが，本人はその体験が真実であったと記憶しているものをさす．回復記憶との鑑別が困難である．まれではあるが，捏造記憶が偽記憶に移行することもある．

5）捏造記憶／虚言　現実に体験の事実がなく，本人もそれを自覚しているが，故意に作り出された虚偽（作話）をさす．賠償や補償をめぐる訴訟では，虚言や詐病，症状の誇張などが認められたり，虐待事例で親権を争うような場合には，第三者が子どもに偽りを述べさせるようなこともある．

■ 外傷性記憶と法廷の歴史
1980 年の DSM-III の改訂に伴って，PTSD（外傷後ストレス障害）（→ 13.4）の診断名が登場すると，アメリカではさまざまな外傷体験の被害によって生じた精神的苦痛や精神障害に対する損害賠償を求める訴訟が行われるようになった．しかし，その申立で件数が増加するにつれて，PTSD に関連した訴訟上の問題についても明らかになっていった．

たとえば，"損害"として主張される精神症状というのは，本人の供述の上でしか確認できないものが多い．また，外傷体験自体についても，家庭内のいわゆる密室で行われる虐待や DV（→ 13.7）のような閉鎖された対人関係のなかで生じた出来事の場合には，被害者本人の供述が唯一の証拠となることもまれではない．このように法廷で PTSD が取り上げられる際には，とくに"客観的証拠"の扱いにそもそも難しい面があったところに，さらに外傷性記憶の問題が重畳した．

とくに回復記憶に関連する訴訟では，カウンセリングを通じて幼少期に受けた性的虐待（→ 13.7）の記憶を甦生した成人が，その親を告訴するケースまでみられるようになった．しかし，その後，一部の研究により，過去の外傷性記憶の中には実際には経験していない出来事が"想起"されている可能性があるとされ，1980 年代後半には外傷性記憶の信憑性をめぐって法廷でも大きな議論となった．

そして 1990 年代になると，これに対して児童虐待（→ 7.18）の疑いで子どもに訴えられた親たちによる「ペアレント・アノニマス」や False Memory Syndrome Foundation（FMSF：偽記憶症候群財団）などが設立され，そうした親たちを支援する活動をはじめたことで，偽記憶症候群（false memory syndrome）をめぐる論争はマスコミなどでも広く知られるようになった（→ 8.38）．
〔安藤久美子〕

▶文　献
Janet, P. (1919). *Psychological Healing*. trans. vol.1 (1919), E. Paul & C. Paul (1925). Macmillan, N.Y. 661-663
岡田幸之・安藤久美子（2003）．司法精神医学的視点からみた外傷性記憶　アディクションと家族，**19**(4), 485-492.

12.11 酩酊と責任能力

日本の刑事司法の現場で責任能力をあつかうにあたってしばしば利用されてきたのが「ビンダーの3分類」で，先行する研究と自験例を基礎にしてスイスの精神医学者ビンダー（Binder, H）が整理したものである．以下のように紹介されている．

(1) 単純酩酊
見当識は保たれ，自らを制御することができる．気分は一般に多幸的である．一部の例外を除いて著しい健忘を残すことがないものとされる．

(2) 複雑酩酊
生気的な興奮が強く持続し，段階的に意識障害は増強する．態度の秩序が失われて，平素の人格とは異質な行動が出現する．気分は一般に刺激的で粗暴な行動へと発散されやすい．しかし，その行動は周囲の状況から了解できるものである．

(3) 病的酩酊
生気的な興奮が強く持続するが，その意識障害は急激に生じてただちに極点に達する．場所や時間に対する見当識に著しい障害が生じ，ことに状況について本質的な誤認が存在する．病的酩酊の「グルーレの四徴候」として（i）不機嫌，（ii）運動性興奮への傾倒，（iii）特定の行為に動機のないこと，（iv）完全な健忘があげられている．「もうろう型」と「せん妄型」に分けられる．

(3-a) もうろう型病的酩酊
原始的な欲動が盲目的に発散され，無対象，無差別に夢幻的，非現実的な色彩の現実との関連性のない，周囲からすると了解できない行動がみられる．被害妄想や錯覚，幻覚を示す場合も多い．

(3-b) せん妄型病的酩酊
一般精神医学にいう振戦せん妄と症候的には一致し，外界，内界との関連性を失うものとされる．気分は苦悶的で，多彩な妄覚をみせる．しかし犯罪のような行為をすることはまれである．

この3分類に基づいて，単純酩酊では完全責任能力，複雑酩酊では心神耗弱，病的酩酊では心神喪失という判断をするという慣例がある．しかし後述のとおり，その妥当性には強い疑問が呈されている．

■ 飲酒試験

ビンダーの3分類を前提として「飲酒試験」を行うことがある．実際に飲酒をさせ，経時的にアルコール血中濃度を測定して，その変化が飲酒の摂取量から通常予想されるものとは極端に解離した上昇をしないかという特異体質的な傾向の確認と，実際に飲酒に伴って出現する精神，身体面の変化の観察をする．飲酒量を事件当時と同等量にする再現飲酒と一定の量にする規定飲酒がある．いずれの手法であっても事件当時の健康状態や飲酒状況は異なるので，再現性には限界があることなどから，飲酒試験の妥当性と信頼性には疑問が示されていて，採用しない鑑定人も多い．

■ ビンダーの分類をめぐる論争

鑑定書や法廷での判断におけるその引用の多さの一方で，ビンダーの分類についてはその妥当性に多くの疑問が投げかけられてきた．たとえば，各分類の説明も抽象的なところが多く，どういった症状をその条件としてとらえるべきかが必ずしも共有されているわけではない．病的酩酊に関して，少量の飲酒にもかかわらず急激に精神機能に変調をきたすという特異体質的な要素をどれくらい重視するかにも差がある．そもそも病的酩酊というものの存在についても議論がある．たとえば著名な精神医学の教科書（サドック他，2004）にも，病的酩酊を「特異体質性アルコール中毒」として取

り上げ,「特異体質性アルコール中毒の診断上の実態が本当に存在するかどうかという重要な論争があるが,それはDSM-IV-TRでは公式の診断として認定されてはいない.そのような障害を有すると推定される人についての対照研究では,その妥当性については疑問視されている.」としている.こうした事情や,酩酊分類が一対一対応で責任能力判断を導く科学的根拠は精神医学には存在しないことからすれば,ビンダーの分類と慣例を絶対視すべきではなく,利用する場合でも相当に慎重な態度が求められることは間違いない.

■ 原因において自由な行為

一般の人々の感覚として,「自分で飲んだのだから」というふうに酩酊犯罪について責任能力の減損をすることを厳しく見る立場があるだろう.この感覚は,自招性への非難,自己責任の追及であり,法的な整理の中では「原因において自由な行為(actio libera in causa:ALIC)」という概念に反映されうる.ときに精神鑑定のなかにもALICを根拠にして,「責任能力がある」という結論を述べようというものがある.

しかし実際の法廷では,ALICの法理はそれほどに簡単に適用されない.たとえしばしば酒に酔って正体を失って人に危害を与え,そして自分が酒のせいでそうした失敗をすると自覚している人であったとしても,ふつう「これから行う飲酒がある特定の人物の殺害を引き起こすと確実に予想して飲酒をする」というわけではないからである.“原因”はたしかに自由な行為であるが,生じた“結果”である特定事件とその“原因”とされる飲酒との因果関係は(事後からさかのぼると結果的にはそうであると認められるとしても),事前の本人の自由意思によって決められるわけではないのである.逆にいえば,もともと殺人をしよ うとしていて,いわば"勢いをつけるため"に飲酒したというのであればALICは十分に適用されうることになる.

■ 酩酊犯罪の鑑定

酩酊がかかわる事件の刑事責任能力鑑定のイメージを示しておく.

> 47歳の女性は,専業主婦として二人の子どもを育てていたが,夫との不仲をきっかけに家庭内で飲酒をするようになった.飲酒をとがめる夫とさらに諍いが絶えなくなり,2年前に離婚した.以来,貯金を切り崩して一人暮らしをしてきたが,最近では金銭に困り,飲み仲間の男性を頼ってその部屋を渡り歩いていた.毎日,日本酒4合を飲んでいた.
> 1週間前から知人男性と同居をはじめたが,某日深夜1時に,それまでに穏やかに酒を酌み交わしていたその男性に,突然いいがかりをつけて包丁で切りかかるという事件を起こした.本人は,よく覚えていないがふと気づくと包丁を握った手を相手の男性につかまれていたと述べている.

このケースでは,たしかにアルコール摂取によって感情と行動の突然の暴発があったととらえられるであろうし,そもそも飲酒をしなければ事件も起こらなかったと予想されるだろう.しかし,飲酒習慣,飲酒状況,被害者との間の葛藤関係,飲酒をしていないときの暴力的な行動,他の飲酒時の暴力的行動,本件の直前の被害者とのやりとりなども十分に検討して総合的に評価しなければならない.酩酊分類の何にあたるかとか「記憶がない」という点ばかりに目を奪われないことは重要である.

〔岡田幸之〕

▶文　献

中田　修(1987).増補犯罪精神医学　金剛出版
サドック,B.J. & サドック,B.A.(2004).カプラン臨床精神医学テキストDSM-IV-TR診断基準の臨床への展開　メディカルサイエンスインターナショナル

12.12 精神鑑定における心理アセスメント

精神医学的診断は，基本的には観察可能な徴候や症状，臨床面接に基づいてなされる（Sadock & Sadock, 2003）．精神鑑定においては，対象者についての精神医学的な診断のほか，診断時と犯行時における対象者の精神状態や，対象者のもつ心理的な要因や人格要因が犯行自体や犯行に至る過程にどのように影響したのかについての検討が求められる．そのため，対象者との面接や対象者の生育歴や生活史に関する情報収集とともに，対象者の知能，思考，感情状態，人格特徴，行動様式についての評価を考慮して総合的な判断を行う必要がある．

心理アセスメントは，対象者の知能，思考，感情状態，人格特徴，行動様式を定められた手続きに従って評価し，対象者の特徴に関する仮説を提示することによって，精神鑑定で行う総合的な判断を補佐する役割をもつ．

■心理アセスメントの方法

心理アセスメントとしてすぐに頭に浮かぶのは，標準化された手続きに基づいて測定・評価した結果を提供する心理学的検査であろうが，心理アセスメントはこれに限らない．デビソンとニール（Davison & Neale, 1994）は，心理アセスメントとして，その方法論から，①臨床的面接，②心理学的検査，③行動および認知アセスメントの3分類をあげている．ここでは①および②についてとりあげる．

臨床的面接　臨床的面接では，あるパラダイムにそった面接の中で，対象者の反応の仕方を観察し，情報を収集する．面接においては，対象者との信頼関係の形成や，面接者の共感的，受容的な態度が重要となる．面接者が直接関与しての観察のため，面接者自身や面接の場の要因が大きな影響を与える方法である．そのため，面接者には高い技術が求められる．

心理学的検査法　心理学的検査法とは，特定の課題に対する被検査者の遂行能力やパーソナリティを評価するための手続きである．心理学的検査法の多くは，標準化されており，信頼性（reliability）と妥当性（validity）が考慮されている．標準化とは，心理検査について厳密な企画を設定する手続きであり，標準化された検査法を用いれば，検査対象者が示した結果を基準となる集団の中に位置づけて理解することができる．信頼性とは，同じ検査を用いたときの測定誤差の程度を示すもので，結果の安定性を示すものである．また，妥当性とは，その検査が意図しているものを測定しているかどうかに関する評価である．

心理学的検査は，知能検査・発達検査，人格検査，神経心理学的検査に大別される．

1）知能検査・発達検査：　知能検査とは，その検査が定義する知的能力を測定するものであり，その能力の程度は，対象者の属する性別・年齢層で標準化された知能指数や知能偏差値で示される．

ウェクスラー式知能検査（WAIS，児童用はWISC）や田中・ビネー検査などが該当する．知能程度は，その対象者が属する性別や年齢層の集団に基づいて評価されるため，発達検査の一つに位置づけられる．

発達検査とは，乳幼児から使用でき，知能など特定領域だけでなく，運動や社会性の領域などを含めた子どもの発達全体や発達特徴を把握するものである．これにより，発達の遅れや発達の障害を知ることができる．新版K式発達検査や，乳幼児精神発達診断法，日本版デンバー式発達スクリー

ニング検査などがある.

2) **人格検査**: 人格検査とは,その検査が測定しようとする人格特徴について把握しようとするものであり,その手続きによって質問紙法と投影法,作業検査法に大別される.

> **質問紙法** 予め設定された複数の質問文に対して自発的に回答を求める方法であり,ミネソタ多面人格目録(MMPI)や法務省式人格目録(MJPI)などが該当する.実施や採点が容易で,客観的な結果が得られるが,意識的に回答を操作できてしまうという短所をもつ.
>
> **投影法** なんらかの曖昧な刺激(多義的,不完全,未組織な刺激)を提示し,被検査者にそれに対する判断や意味づけ,連想をする課題を与える方法である.刺激も課題も曖昧であることから,被検査者は自分独自の解決法で課題に取り組む.ロールシャッハ検査や主題統覚検査(TAT),文章完成法(SCT)などが該当する.意識的操作が困難で,意図せずに本来の意識や態度が反映されるが,検査者には実施や解釈の技術が求められ,主観的解釈に陥りやすいという短所がある.
>
> **作業検査法** 一定の検査場面で指示に従って作業を行わせ,その反応結果からパーソナリティを診断しようとするものであり,内田・クレペリン精神作業検査などが該当する.

3) **神経心理学的検査**: 神経心理学的検査とは,認知,運動,感覚,情緒的機能の領域における行動と脳機能の関係性を検討するための方法である.認知的な障害の検出などに用いられ,ベンダー・ゲシュタルト検査や,ウィスコンシンカードソーティングテストなどが該当する.

■ **心理学的検査の実施**

それぞれの心理検査は,その理論的背景や操作的定義により効用と限界をもっており,複数のテストの効用と限界の認識の上にたって,その特性を利用して被検査者を総合的に理解しようとする姿勢が必要である.精神鑑定においては,対象者をより多面的な角度から理解することを目的に,テストバッテリーを組み,複数の心理テストを実施する.その際,施行にかかる時間やそれに伴う被検査者の心理的負荷を考慮する必要がある.なお,得られた結果は,あくまで心理テストの枠組みの中で検証された結果であり,検査時の態度観察の結果や,他の生理学的検査,生育歴,環境調査,アセスメント面接との照合を行い,総合的な理解に基づく評価が必要である.

施行時の注意点 心理検査の実施者は,研修やスーパービジョンを受けるなどして,使用する心理検査に習熟し,正しい査定ができるようになっている,あるいはそれに向けて努力していることが必要である(岡堂ら,2003).テストそのものが標準化されていても,検査者自身の技量や特性が,検査場面や結果の評価に影響する.また,検査者と対象者との間に相互の信頼と協力関係がなければ,信頼できる所見は得られないため,検査者は信頼関係の形成に努め,検査についての説明を行って対象者から同意を得たうえで検査を実施する必要がある. 〔渡邉和美〕

▶ **文献**

Davison, G.C., & Neale, J.M. (1994). *Abnormal psychology.* 6th ed. John Wiley and Sons. (村瀬孝雄(監訳)(1998). 異常心理学 誠信書房)

Sadock, B.J., & Sadock, B.A. (2003). *Kaplan and Sadock Synopsis of psychiatry : Behavioral sciences/Clinical psychiatry.* 9th ed. Lippincot Williams & Wilkins. (井上令一・四宮滋子(監訳)(2006). カプラン臨床精神医学テキスト DSM-IV-TR診断基準の臨床への展開 第2版 メディカル・サイエンス・インターナショナル)

岡堂哲雄・大塚義孝・東山紘久・下山晴彦(2003). 臨床心理学全書 第2, 6, 7巻 臨床心理査定学 臨床心理査定技法1・2 誠信書房

12.13 ICDとDSM

精神医学における「疾患」「病気」「障害」の概念は、"精神の異常とはそもそも何なのか"という根本命題から離れることができない性質をもっている。しかし精神医学者らは、自分たちが扱う対象について他の身体の疾患と同じように、その特徴や共通点を見出し、分類し、原因と治療法を見つけようとしてきた。

この試みの中で歴史的に確立されてきた精神障害の概念の枠組みを「伝統的診断」、ないし「従来診断」とよぶ。それは、"その疾病の本質は何か"というところから分類をしようという傾向が強く、基本的には疾病の原因（病因）に注目している。そして、脳に器質的な問題が起こっている「外因性」、ストレスなどの心理的な問題が原因となっている「心因性」、それらいずれでもなく、脳になんらかの異常が生じていると想定される「内因性（統合失調症や躁うつ病など）」に大きく三分類するところに基軸をおいている。

しかし、伝統的診断に対しては、精神障害の原因が単純にこの三分類に収まるようではないこと、疾患どうしの境界線が経験的にひかれており、あいまいで医師や研究者ごとに差が生じうることなどから、客観性や科学性に疑問が投げかけられてきた。そこで1980年代以降、精神科医の間での共通言語を求め、客観的に把握される臨床症状を中心にした整理を分類の基盤におく「操作的診断」が台頭し、現在ではそれが教育や臨床の現場でも汎用されている。その最も代表的なものがICDとDSMである。

■ICD：疾病および関連保健問題の国際統計分類

ICD（International Statistical Classification of Diseases and Related Health Problems）は、WHO（世界保健機関）が死因や疾病の統計分類のために1900年に原型を発表して以来、改定が重ねられている。現在は、1992年に示された第10版のICD-10が用いられているが、今後も改定が行われていくことになっている。

ICDは、あらゆる医学領域で扱っている全身の疾病を網羅するように作られ、領域ごとにA〜Zに大きく分けられている。そのうちのF分類に精神医学が扱う疾患の多く（たとえば「てんかん」はG分類である）がまとめられている。F分類は、10に大きく分けられ、そのなかに、個別の疾患とその診断基準が具体的に示された階層構造になっている（図1）。

1993年にはF分類に研究用診断基準DCR（Diagnostic Criteria for Research）が示された。研究用の共通用語としてより明確な境界線を共有するために、一層詳細な項目をたてた基準となっている。DCRの開発にあたっては後述するDSMの研究とのすり合わせなども行われている（ただし、両者は一致しているというわけではない）。

■DSM：精神疾患の診断・統計マニュアル

DSM（Diagnostic and Statistical Manual of Mental Disorders）はアメリカ精神医学会 American Psychiatric Associationによる操作的診断基準である。

ICDとちがって精神障害のみを扱っている。WHOがICD-6（1948）を改定して精神疾患を採用したことを受け、アメリカ精神医学会が臨床使用のためのマニュアルとしてDSM-I（1952）を作成したのが出発点である。以来改定が重ねられ、DSM-

F0	症状性を含む器質性精神障害	
F1	精神作用物質使用による精神および行動の障害	
F2	統合失調症，統合失調症型障害および妄想性障害	⎧ 統合失調症 — ⎧ 妄想型統合失調症 ⎪ 統合失調症型障害 ⎨ 破瓜型統合失調症 ⎨ 持続性妄想性障害 ⎩ 緊張型統合失調症 ⎪ 急性一過性精神病性障害 ⎪ 感応性妄想性障害 ⎪ 失調感情障害 ⎪ 他の非器質性精神病性障害 ⎩ 特定不能の非器質性精神病性障害
F3	気分（感情）障害	
F4	神経症性障害，ストレス関連障害および身体表現性障害	
F5	生理的障害および身体的要因に関連した行動症候群	
F6	成人の人格および行動の障害	
F7	精神遅滞	
F8	心理発達の障害	
F9	小児期および青年期に通常発症する行動および情緒の障害	

図 1 ICD-1 の F 分類の構造（統合失調症）

1 通常，幼児期，小児期または青年期に初めて診断される障害
2 せん妄，痴呆，健忘および他の認知障害
3 一般身体疾患による精神疾患
4 物質関連障害
5 統合失調症および他の精神病性障害
6 気分障害
7 不安障害
8 身体表現性障害
9 虚偽性障害
10 解離性障害
11 性障害および性同一性障害
12 摂食障害
13 睡眠障害
14 他のどこにも分類されない衝動統御の障害
15 適応障害
16 人格障害
17 臨床的関与の対象となることのある他の状態

⎧ 統合失調症 — ⎧ 妄想型
⎪ 統合失調様障害   ⎪ 解体型
⎨ 失調感情障害   ⎨ 緊張型
⎪ 妄想性障害   ⎪ 鑑別不能型
⎨ 短期精神病性障害 ⎩ 残遺型
⎪ 共有精神病性障害
⎪ 一般身体疾患による精神病性障害
⎩ 特定不能の精神病性障害

図 2 DSM-IV-TR の診断分類の構造（統合失調症）

IV-TR（four text revision；第 4 版改訂版）（2000, 日本語版は 2002）に至っている．今後，DSM-V への改訂が予定されている．

DSM は，16 の大診断分類と付加的にもうけられた「臨床的関与の対象となることのある他の状態」とをあわせた 17 に大きく分けられている．ICD と同様に，それぞれの大診断分類のなかに，個別の疾患とその診断基準が具体的に示された階層構造になっている（図 2）．

現行の DSM の特徴として多軸診断システムの採用があげられる．それはさまざまな疾患，精神的な状態，その背景となっている状態について，I 軸「臨床疾患，臨床

的関与の対象となることのある他の状態」，Ⅱ軸「パーソナリティ障害，精神遅滞」，Ⅲ軸「一般身体疾患」，Ⅳ軸「心理社会的および環境的問題」，Ⅴ軸「機能の全体的評定」といった多次元で表記するものである．

■操作的診断の利用の実際

本項では操作的診断について説明したが，伝統的診断も否定されているというわけでは決してない．たしかに操作的診断は境界を明確にはする．しかし，疾患の本質や疾患のイメージをいだくうえでは多くの精神科医が伝統的診断とそれに立脚する学術的な蓄積を重要なものととらえている．

そして現在のところ臨床の現場などではもっぱら，伝統的診断が示すような疾患のイメージをもつことと操作的診断によってその境界線や定義を明確にすることとが併用されていて，その併用のバランスが医師によって異なるという状況にある．

さらにICDとDSMのどちらを用いるのかも，医者個人の志向やその医療機関や教育機関の方針による．それはどちらが正しい（真実）かという問題ではなく，どちらの枠組みを採用するかという取り決めの問題である．そして操作的診断を用いても，結局，どのような症状に注目するかとか，項目立てされた各基準を広くとるか狭くとるかといったことは，各々の精神科医の自由裁量的なところがあり，同じ診断基準を使っていても，診断が異なることがある（それはいわゆる誤診とは異なる）．

また，研究や臨床経験から得られた新しい知見に基づくその時点での専門家の合意を反映して，ICDにもDSMにも改定がくり返し行われている．精神現象自体は同一であっても改訂によって，異なる診断分類へと振り分けられる可能性が十分にある．その変化の影響は，辺縁的，境界的なものほど受けやすいが，精神障害の中心的な存在といえる統合失調症（→ 12.2）でさえも絶対に免れるとはいえない．

さらに，操作的診断に記載されているものはすべて「精神障害」といってもよいことになるが，その範囲はきわめて広い．窃盗癖，放火癖，窃視症など犯罪傾向そのものを特徴とするものも含まれている．

こうしたことから，操作的診断をとくに法的文脈のなかで用いる際には細心の注意が必要である．

■操作的診断の法的な文脈での利用

操作的診断はよく整理されていて，一見チェックリストのような構造をしているため，精神科臨床や精神医学的研究をこえて，周辺のあらゆる学術領域，一般の人たちやメディアなどでも利用される機会が出てきている．ここではとくに法的な場での利用についてDSM-IV-TRの序文の記載からの引用をしつつ整理しておく．

1) 注意点　　操作的診断を法的な文脈で用いる場合，十分に注意が払われるべき重要な点が2つある．

a. 精神医学の専門家が用いること：第一に，操作的診断は基本的に精神医学の専門家によって用いられなければならない．たとえばDSMには以下のように記されている．

> 重要なことは，研修を受けていない人にDSM-IVが機械的に用いられてはならないことである．DSM-IVに取り入れられた各診断基準は指針として用いられるが，それは臨床的判断によって活かされるものであり，料理本のように使われるためのものではない．

b. 診断から一義的に法的判断を決定しないこと：　　第二に，操作的診断から得られた診断分類から直接に法的判断を導いてはならない．たとえばDSMには以下のよ

うに記されている．

> DSM-IVのカテゴリー，基準，解説の記述が法医学的目的に用いられる場合，診断的情報が誤用されたり，誤解されたりする危険が著明に存在する．このような危険は，法律上もっとも関心ある問題と臨床診断に含まれている情報とが，不十分な対応をしているために生じてくる．ほとんどの状況では，DSM-IVの精神疾患の臨床診断が，"精神障害""精神能力低下""精神疾患""精神欠陥"などの法律的な目的に利用しようとしても根拠のある存在としては十分に確立されていない．

> ある個人が法律で規定された基準（例：責任能力，犯罪の責任，行為能力）を満たすか否かを決定するにあたっては，通常，DSM-IVの診断に含まれたもの以上の付加的情報が要求される．これには，その個人の機能の障害とか，その機能障害が今問題となっている特定の能力にどれほど影響しているかなどが含まれるかもしれない．特定の診断があるからといって，それが機能不全や能力低下の特定レベルを意味するわけではないというのは，まさに各診断カテゴリーのなかで機能障害，能力，能力低下が大きく変化しうるためである．

> 病的賭博や小児性愛のような診断カテゴリーは，臨床的および研究目的のために取り入れられているが，このことが，その病態が，精神疾患，精神障害，精神機能低下などを構成するものに関する法的またはその他の非医学的基準を満たすことを意味するものではないと理解すべきである．これらの病態を精神疾患として分類するという臨床的および自然科学的発想は，たとえば，個人の責任，無能力の決定，責任能力などを問題とする法的判断とは全く関係がない．

2）効用 上記a, bのような注意を十分に払ったうえであれば，操作的診断の法的な文脈での使用にも利点がある．たとえばDSMには次のように記されている．

> 法医学的状況におけるDSM-IVの使用は，上述のような危険と限界を知ったうえで生かされるべきである．適切に用いられれば，診断と診断的情報は法的決定を行う者の判断に役立つ．たとえば，精神疾患の存在がその後の法的決定の属性である場合（例：強制的収容の執行），確立された診断システムを使用することが，その決定の価値と信頼性を増大させる．

> 関連する臨床および研究文献の検討に基づいた解説を提供することによって，DSM-IVは，法的決定に関連した精神疾患の特徴をその決定者が理解することを促進する．また，診断に関連した文献は，その人物の精神疾患や機能についての根拠のない推論を防止するものとして役立つ．最後に，法的問題が過去または将来の時点におけるその人物の精神機能であるとき，長期経過に関する診断情報が決定の仕方を改善させるだろう．

〔岡田幸之〕

▶文　献

American Psychiatric Association　高橋三郎・大野　裕・染矢俊幸（訳）（2003）．DSM-IV-TR精神疾患の診断・統計マニュアル新訂版　医学書院

世界保健機関　融　道男・小見山実・大久保善朗・中根允文・岡崎祐士（訳）（2005）．ICD-10 精神および行動の障害―臨床記述と診断ガイドライン　医学書院

世界保健機関　中根允文・岡崎祐士・藤原妙子・中根秀之・針間博彦（訳）（2008）．ICD-10 精神および行動の障害-DCR研究用診断基準　新訂版．医学書院

12.14
精神障害者による殺人

精神障害が原因となって起こる殺人事件について理解するにあたっては，まず次の三点を確認しておく必要がある．

第一に，精神障害者の大多数は，殺人はもちろん，他者に危害を加えることもない．これが最も注意されるべき点である．

第二に，殺人という行為はたしかに"異常"であるとはいえるが，精神科医はそれをしたこと（のみ）を根拠として"精神障害"と診断することはない．したがって，「殺人をするということ自体が異常なのは当たり前なのに，精神鑑定で何でも病気だというのはおかしい」という批判は妥当ではない．さらに，仮に精神障害と診断されたとしても，だからといってただちに心神耗弱や心神喪失と判断されるわけではない（→12.20）．

第三に，精神障害者による殺人の特徴をひとくくりにすることはできない．精神障害とのかかわりなく起きる殺人事件がそうであるように，精神障害がかかわる事件でも，そのかかわり方にはさまざまなものがある．当然，精神障害者による事件であっても，精神障害と何の関係のないこともある．

■ 統計と法制度

精神障害者による殺人がどれくらいの頻度で起こっているのか正確な統計はないが，これを「犯罪白書」からさぐることはできる．各年ごとに数字に変動があるので大まかな数値のイメージを示すと，全国で認知される殺人事件のうち検挙率は約95%で，検挙された殺人犯のうち「精神障害者（疑いを含む）」とされる人は10%弱である．この精神障害者（疑いを含む）のうち約70%が心神喪失で不起訴，または心神耗弱で起訴猶予となるが，残りの裁判を受けたケース（約30%）では，約半数が心神耗弱で執行猶予となり，心神喪失で無罪となるケースはきわめてまれである．実数のイメージでいえば，たとえば，近年では殺人事件は毎年1100件程度認知されているが，仮にこの1100件が認知された年には1000人が殺人犯として逮捕され，そのうち100人余りが精神障害者（疑いを含む）であり，このうち起訴されないケースが70人，裁判で執行猶予となるのは15人程度，無罪となるのは1件あるかないか，というイメージである．

この数字から精神障害者による犯罪が「多い」とみるか「少ない」とみるかは難しい．たとえば"精神障害の暗数"のために実際よりも少なく見えているかもしれない．司法システムにおいては「精神障害者（疑いを含む）」として検出するのは，医師ではなく，警察官・検察官・弁護士・裁判官である．彼らがそれと気づかないケースは含まれていない可能性がある．これとは逆に，たとえば"事件の暗数"のために実際よりも多く見えているかもしれない．事件を巧みに隠して発覚を逃れるケースは殺人事件にも存在する．一方，心神喪失や心神耗弱と認定されるほど犯行に精神障害が影響しているような事件の多くでは犯行態様もその障害のために稚拙で，発覚しやすく，逮捕もされやすい．このことが"逮捕された殺人犯"のなかの精神障害者の頻度を高くしている可能性がある（これは殺人事件に限らずいえることで，検挙率の低い放火事件や被害届の少ない性犯罪では一層その傾向が強いと推測される）．

■ 各種の精神障害と殺人

精神障害がどのようにして殺人事件を引

き起こしたり，事件の態様を特徴づけたりするのかについて，統合失調症（→12.2），気分障害（→12.3），物質関連障害（→12.8），パーソナリティ障害（→12.7）を例にあげて説明する．

1) 統合失調症　統合失調症の症状によって殺人事件が起こる典型例は，被害妄想をいだいていて，その恐怖から逃れようとして，あるいはその被害への逆襲や先制攻撃として，妄想上の迫害者に攻撃をし，殺害するというものである．なかには初対面の人に対して「あぁこの人が首領だったのだ」などと突発的に着想して攻撃をするケースもあるが，妄想の対象へのなりやすさからすれば，家族を含む顔見知りを被害者とすることのほうがより典型的であるといえる．

2) 気分障害　気分障害から殺人を起こすもののなかでは，抑うつ症状から「自殺したい」と考え，自殺をするにあたっては，自分の子どもや近しい人を道づれにした心中を図ろうとするものが最も典型的である．このような場合には，単に自殺をしたいという気持ち（自殺念慮）が強いだけではなく，不安や焦燥感が激しくなり，熟考を損なわせ，短絡的で冷静な判断力を失っているという様子（鑑定などではしばしば「（心理的）視野狭窄」などとも説明される）がうかがわれることも多い．

なお，同じ気分障害でも躁状態の場合には，小さな対人トラブルは頻発しつつも（偶発的に傷害致死になってしまうものはあるとしても），殺人に至るようなことはまれである．

3) 物質関連障害　覚せい剤などの薬物の中毒下においては，急性に幻覚や妄想が出現して強い恐怖を感じ，同時に薬理作用によって激しい興奮，意識障害，錯乱をきたし，無我夢中で刃物を振り回すというような"通り魔事件"（→7.7）や，"立てこもり人質事件"（→8.12）などと見出しされるような犯行形態をとる者が比較的多い．

また，薬物使用のために生活が破たんし，そのうっ積と抑うつから自暴自棄になって心中のようなかたちでの殺人（たとえば離婚した妻へのストーカー行為から発展する殺人など）が起こることもある．

4) パーソナリティ障害　パーソナリティ障害の中では，群別に特徴の違いがみられることが多い．

A群：　被害者に対してたとえば，逆恨み的，妄想的な極端な思い込みによる事件，極端な一般化（「○○はみんな死ぬべきだ」など）による無差別な事件，極端に没頭している思想の実行，独自の理論や実験的な殺人（「○○をしてみたい」）というように（客観的には関係のない）被害者についての独自，独善的な論理，理屈がある事件に親和性がある．

B群：　その場の激情，攻撃性の発散としての殺人（初対面で言いがかり，因縁をつけるなど）や，関係のある人物への支配的，依存的，搾取的な関係から発展した殺人などに親和性がある．

C群：　直接に殺人との関連性を見出すことは少ないが，抑うつやストレス関連障害などを介して，上記2) 気分障害のような形で殺人を招くことはある．

なお，パーソナリティ障害の場合には，このように障害と殺人との因果関係は強いことも多いが（それはそもそもパーソナリティというものが人の思考や行動を一つの類型としてまとめたものであるから当然である），その障害の影響が事件当時に弁識能力や制御能力に減損を与えるまでに及ぶことはまれなので，心神喪失や心神耗弱と認められることもほとんどない．

〔岡田幸之〕

12.15 疾病の偽装と隠ぺい

■ 疾病の偽装：詐病

　精神鑑定では，精神障害を装う人に出会うことはある．ところが，たいていは本人の思惑どおりには"うまく"いかない．精神障害の偽装を見抜く手段はいくつもあり，多少の時間をかければ，ほぼまちがいなく発覚するのである．

　1) 訴えている症状の観察　最も有力な発見方法は症状の観察である．一度も精神障害者と接したこともない人や，自ら精神症状を有した経験のない人が病気を装っても，多くの精神障害者の診療をしてきた精神科医をだますことは，ほとんど不可能である．精神科医たちでさえ精神障害を完璧に装うことはできない．

　病的な精神症状や精神機能，病者に残存する正常な精神機能を精神医学的にみて合理的なかたちで意図的に作りだすことはまずできない．まれなことだが，短時間で行われた措置診察（→ 12.18）のフィルターをすり抜けて精神医療施設に入ってくる"偽の患者"も確かにいる．しかし，たいていは複数の"プロの目"にさらされて入院数日のうちに詐病（malingering, simulation）が発覚する．

　2) 症状の発現と経過の観察　逮捕以後に供述や態度の変遷を丁寧にたどり，そのなかで訴えや病状を時系列的に整理することも有効である．これは詐病に限らず病状把握のためには必須の作業だが，とくに偽りの訴えには，その流れに不自然さが見出されることが多い．とくに問題となるのは，途中から訴えや"病状"が出現してきた場合であろう．

　一般的には，逮捕直後の「弁解録取書」に示された発言では，被疑者が言い訳を用意する時間や余裕がないこと，逆に捜査者も被疑者を誘導するような情報をもちえていないことなどから，比較的真実に近いことが多いと考えられている．もちろん，変遷する供述のうち後の供述のほうが正しいこともある．

　いずれにせよ，それらの変遷の生じた合理的な説明を見出す努力が必要である．精神症状の訴えやその発現についても同様であり，逮捕直後にはまったく問題を見せなかった被疑者が，取調べの途中から精神障害とみられるような症状をみせはじめたときには，詐病を疑うことになる．

　この場合，拘禁を受けていることによってそうした症状が，虚偽ではなく真に発現することもあることに注意をして，それらを除外することで詐病であるとの判断に至ることになる．つまり拘禁ストレスに対する心理的な反応である「拘禁反応」，もともとの精神障害の拘禁による「悪化」，ないし偶然の新たな精神障害の「発症」などを鑑別する．勾留中の行動や言動についての詳しい情報を集めること，そして拘禁状態での精神障害に詳しい医師に確認を求めることが望ましい．

　3) 各種検査の利用　心理検査，医学的検査でも詐病の証拠は確認できる．心理検査で，"正常ではない"所見をわざと作りだすことはできたとしても，しかしそれは，"ありえない異常所見"になってしまうのである．さらにくり返し心理検査をすると所見の合理的な変化からは考えにくい経過（たとえば変わるはずのないものが変わるなど）が確認されることがある．また医学的検査では，まさに"体は正直"であり，故意に異常所見を示すことはできない（ただし，たとえば自ら隠れて注射器で血

を抜いて実際に異常な検査結果を作り出すというケースもないわけではない）．

4）事件前から事件当時にかけての側副情報の利用　家族などの第三者から得られる事件前の情報（＝側副情報）でも本人が訴えている症状の矛盾が発覚することがある．いかに素人相手とはいえ，生活全体に及んで，ことに事件を起こす以前から精神障害を装い続けることは難しいからである．ときには，本人が普段から嘘をついて責任逃れをすることが多い人物であるという情報や，特有の嘘のつき方がある（それが今回もあてはまる）などの証言が得られることもある．

ただ，なかには普段から孤立して第三者との人間関係がなく，情報が得にくいこともある．家族に指示を出して口裏を合わせて虚偽の証言をさせて自分を精神障害者に見せかけるという，手の込んだことをする者もいる．したがって，できるだけ過去から現在の長い期間について，そして多方面から多くの情報を収集する努力が必要となる．

5）虚偽の症状の由来の確認　装っている症状の由来を推定し，確認することが有用な場合がある．たとえば，家族に精神障害者がいてその病気をまねた，薬物やアルコールの依存症の治療のために精神医療施設に入院したことのある人が周囲にいた統合失調症者の様子をまねた，かつて薬物の使用で幻覚を見たことがある人が自分の体験を参考にして症状を訴えた，映画や小説に登場する多重人格（解離性同一性障害）をまねたといったことで，説明がつくものがある．こうした情報が詐病の機序の説明を補強する．

6）動機の検索と除去　詐病が疑われる際にその動機を検索し，除去を試みることが有効な場合がある．法的な責任を逃れようという気持ちは詐病の動機となりやすいが，本人が思っているほどには有利に働かないことは多い．

詐病によって刑罰を逃れることを期待しているとうかがわれる場合に，「事件後の病気が事件時の責任能力の面に斟酌されることはないこと」や「虚偽だとかえって印象が悪くなることもあること」などを，（説得や強要ではなく）一般論としてそれとなく本人に伝えることで詐病をやめることがある．この"詐病は損"というメッセージが，たとえ見え透いたものであっても，一旦装ってしまった無用な詐病をやめるきっかけを提供することになるのである．

■**疾病の隠ぺい**

精神障害に罹患していることを隠ぺいすることもある．隠すことができるということは，病状が極端に深刻であるわけではないこと，そして自ら多少なりとも周囲からおかしいと思われるのではないかという感覚（病感）があるということもいえるであろう．

しかし，過去に精神科を受診したことがあり，どのようなことを話すと入院や服薬をさせられるのかを知っていて，その話題を一切しないでいるという精神障害者は案外多い．このようなときには，疾病を装っている場合と同様に，状態像の丁寧な把握や側副情報の収集がその確認のために有効な手段となる．実際には，精神科医にとってこの隠ぺいを見破ることはたいてい簡単である．しかし，治療へのネガティブな思いが相当に強いということであるから，その後に治療への導入をすることは困難なケースであることが多いといえる．

〔岡田幸之〕

12.16 健忘

ものごとをおぼえていない，思い出せないことを「健忘」という．人が物事を思い出し，それを正しく人に伝えるためには，①物事を知覚，認識する，②その物事を情報におきかえておぼえる（記銘），③おぼえた物事の情報を記憶にとどめておく（保持），④記憶から物事の情報を引き出す（想起），⑤引き出した物事の情報を言葉や文字などで表現する，というプロセスを確実にこなしていく必要がある．そして健忘とは，このプロセスの②〜④のどこかに障害が起こることをいうのである．

■ 健忘の評価（1）：健忘のみの抽出

健忘を評価するにあたってまず，①と⑤の影響を差し引いておく必要がある．たとえば，視力や聴力に障害があって出来事についての情報が欠落している場合も（①の問題），また思っていることをうまく言葉にできないために記憶の内容をうまく伝えられないのも（⑤の問題），健忘とはいわない．しかし実際のケースでは，たとえば認知症を患った老人の場合が想像しやすいが，これらが重複して存在していることも多く，健忘の有無と程度を純粋に評価することは簡単ではない．

■ 健忘の評価（2）：健忘の特徴の把握

もし，②〜④のメカニズムが常に完ぺきに作動していたとすれば，人は生まれた瞬間から現在までの何もかもを忘れずに記録し続けていることになる．しかし実際には，記憶の健康なメカニズムとして「忘却」は必須である．忘れることが健忘という障害としてとらえられるわけではなく，忘却の量・質・内容・メカニズムにおいて通常の程度をこえて，あるいは異質に生ずる場合を問題とするのである．つまり，思い出せないこと＝異常というわけではなく，そもそも誰であっても思い出せないようなことではないかということを検討することが重要である．「おぼえやすさ／にくさ」，「忘れにくさ／やすさ」というものは，記憶される物事自体がもつ性質に大きく依存することも重要である．それはその物事が本人に及ぼす現実的な影響の程度，その物事を経験する頻度やくり返しの程度，物事のもつ情報量，情報の多次元性（五感のどれだけの領域で知覚した情報であるか），情報の複雑さの程度などによって多面的に評価される．さらにおぼえた時期からの時間経過，その間の想起の頻度なども記憶の強化や劣化に影響するものとして評価にとりいれられなければならない．

記憶の内容の評価にあたっては次のような整理が有用である．アメリカの精神医学者アンドリアセン（2004）は，記憶の機能的側面からの整理として，(a) 出来事記憶と意味記憶，(b) ワーキングメモリと連想記憶，(c) 宣言的記憶と手続的記憶，(d) 顕在記憶と潜在記憶をそれぞれ対をなすものとして俯瞰的な軸を示している．

それぞれの概要を示すと，(a) その人自身の体験談に相当するものが「出来事記憶」であり，いわゆる知識に相当するものが「意味記憶」である．(b) 何かの作業をするにあたって必ず必要となる一時的なメモのように使われる記憶が「ワーキングメモリ」であり，思い出すときに振り返る集合として形成されている記憶が「連想記憶」である．(c) "何"に相当する記憶でありいわば"頭でおぼえている"にあたるのが「宣言的記憶（陳述記憶）」であり，"どのようにして"に相当する記憶でありいわば"体が覚えている"にあたるのが「手続き記憶

(非宣言的記憶,非陳述記憶)」である．（d）注意や関心を向けられておらず,いわば"しまわれている"のが「潜在記憶」であり,すぐにアクセスできるはっきりとした記憶としていわば,"目の前におかれている"のが「顕在記憶」である．(a)〜(d)の分類軸からすると,「健忘」としてもっぱら問題としているのは,(a)出来事記憶,(b)連想記憶,(c)宣言的記憶,(d)顕在記憶,という側面をもった領域の記憶を失うことであるといえる．

健忘がどういう範囲に生じているかによって分類する方法がある．健忘に陥った時点(たとえば脳に外傷を受けた時点,何かの出来事に遭遇した時点,意識を失った時点,薬の作用が出始めた時点など)から以降について新たな記憶が作られない状態を「前向性健忘」という．健忘に陥った時点より以前の記憶が失われている状態を「逆向性健忘」という．

また,とくに健忘の内容が,その人の人生に関する記憶である場合を「生活史健忘」といい,それが生まれてからのすべてにわたる場合に「全生活史健忘」という．

■ 健忘の評価（3）：健忘の原因

人が記憶をする脳の中のメカニズムは,大脳辺縁系(とくに海馬)の機能を"中心"として解明されつつあるものの,実際には記憶機能が②〜④のさまざまなプロセスを経る．健忘は,いわば脳のどこか一部の機能でも低下すれば生じやすい非特異的な現象ないし症状であるといえる．健忘を生ずることは正常の加齢でも見られるし,精神障害としても「健忘性障害」のほか,認知症,せん妄,解離性障害などでみられるという整理になる．さらに「健忘性障害」とされるものの原因も,アルコール慢性使用によるコルサコフ症候群とされるチアミン欠乏症,低血糖,てんかん発作,頭部外傷,脳腫瘍,脳炎,低酸素症,睡眠導入剤使用など多岐にわたる．多様な原因を念頭において検索しなければならない．

■ 健忘と刑事責任

加害者が健忘に陥っている場合,刑事手続きのうえで多様な問題が生ずる．事件についての情報が得られないことによって捜査が行き詰る可能性があること,自白が得られないことによって犯人性の特定(真犯人であるという断定)が困難になることがあげられる．

健忘の主張が責任能力の判断の文脈でとりあげられることがある．本来,おぼえていないということと責任能力(→ 12.20)の問題とは(関連はあるけれども)直接に結び付くものではない．「おぼえていないこと＝責任能力がないこと」ではない．おぼえていないということが意味する犯行時の精神状態が,そのときの弁識能力や制御能力の評価の観点からはどのようにとらえられるかを細かく検討しなければならないのである．こうした考察なしに「おぼえている／いない」を「責任能力の有／無」におきかえていないかに注意が必要である．

被疑者,被告人が虚偽の健忘(→ 8.19)を訴えることもある．そうした偽装の多くは,単に「責任を逃れたい」「自らの非を認めにくい」といった気持から,つい口をついて「よくおぼえていない」と言ってしまったところに端を発しているようである．したがって,その程度の段階で彼らの責任を逃れたい気持ちを解決しておくことが,その後の取調べや法廷の複雑化を回避するうえでも,望ましいといえる．

〔岡田幸之〕

▶文　献

アンドリアセン,N. C.（著）,武田雅俊・岡崎祐士（訳）(2004).　脳から心の地図を読む　新曜社

12.17 刑事裁判の訴訟能力に関する鑑定

　刑事訴訟法314条には「被告人が心神喪失の状態に在るときは、検察官及び弁護人の意見を聴き、決定で、その状態の続いている間公判手続を停止しなければならない。但し、無罪、免訴、刑の免除又は公訴棄却の裁判をすべきことが明らかな場合には、被告人の出頭を待たないで、直ちにその裁判をすることができる」とされている。被告人に訴訟能力がない場合には、基本的に裁判を中断して被告人の回復を待つということである。さらに同条4には「公判手続を停止するには、医師の意見を聴かなければならない」とあるので、この判断をするにあたっては精神科医などの意見が求められ、訴訟能力に関する鑑定が行われることになる。

　また刑事訴訟法28条には「刑法第39条又は第41条の規定を適用しない罪に当たる事件について、被告人又は被疑者が意思能力を有しないときは、その法定代理人(親権者が2人あるときは、各自。以下同じ。)が、訴訟行為についてこれを代理する。」とあり、さらに同法37条には「被告人が心神喪失者又は心神耗弱者である疑いがあるとき」について、「被告人に弁護人がないときは、裁判所は、職権で弁護人を附することができる。」としている。つまり訴訟能力に問題がある場合や、それが明白ではないとしても疑いがあるような段階から、法手続きが適正に行われるように配慮されることになっている。

■訴訟能力の「心神喪失の状態」

　上記の刑事訴訟法314条は「心神喪失の状態」にあると訴訟能力がないものと判断するとしているが、具体的にどうであれば「心神喪失の状態」というのかが示されているわけではない。しかし「心神喪失の状態」にあると公判を停止する理由、つまり裁判を受けるには訴訟能力を必要とする理由は比較的はっきりしている。日本国国民がもつ公平な裁判を受ける権利(憲法31～40条)を保障するためである。

　裁判を受ける権利をもっているということは、たとえば憲法によれば、身柄の拘束理由の告知を理解し(34条)、自分にとって有利な証人をあげ(37条2)、弁護人との関係をもち(37条3)、自己に不利な証言を強要されない(38条)といったことができ、またそれらの具体的な行為として、刑事訴訟法により、捜査段階での供述や調書作成にかかる手続ができ(198条)、法廷での黙秘権の告知の理解、黙秘権の行使、自らの弁解の陳述(291、311条)などができることが求められる。刑事事件における訴訟能力は、概念的にいえばこうした権利を適正に行使できるだけの能力であり、「心神喪失の状態」とはそうしたことができない状態であることをさすといえるだろう。

　こうした能力が問題になるものとしては、統合失調症(→12.2)(妄想などによって意思疎通をはかりにくかったり、供述内容の理解に注意が必要であるなど)、精神遅滞(→12.6)(知能の問題から言語理解や供述にあたっての表現に限界があったり、どれだけ誘導されずに能動的に供述できるかの評価に注意が必要であるなど)のように、事件よりも以前からみられる障害がある。また、事件以後に拘禁ストレスへの反応として生ずる精神障害も含まれる。

■日本における訴訟能力の評価

　日本の法廷での訴訟能力の評価の基準は明確に示されているわけではないが、訴訟

能力について心神喪失と認めるにあたって求める条件はかなり狭いようである．そして正確に統計が示されているわけではないが，訴訟能力について心神喪失とされる事例はかなりまれであるようである．

こうした背景にある事情としておそらく，第一に検察官がかかわる事情として，法廷を維持できないほどに精神状態が悪い人の多くはそもそも起訴されずになんらかの形で精神医療に振り分けられていること（→12.19），第二に弁護人がかかわる事情として，刑事訴訟法314条を適用すると公判は「停止」になるだけであって無罪となって完全に釈放されるというわけではないから弁護人が強く争っても（たとえば確実に予想される死刑判決を先延ばしにすることができるというのでもなければ），実際には利があまりないこと，そして第三に刑事司法制度全体が関わる事情として，公判を停止したケースについて専門に処遇するような医療施設がないこと，をあげることができるであろう．

しかし適正手続きを重視する視点からは，訴訟能力の積極的な評価とそれに基づいた運用を求める声もある．

■ **海外における訴訟能力の評価**

日本よりもはるかに訴訟能力を細かく評価し，その結果を制度運用に取り入れているアメリカの諸州では訴訟能力の概念はかなり明確に共有されている．

州による違いは若干あるものの，おおむね，(a) 時間や場所の見当識をもち，(b) ものごとを理解，想起，伝達することができ，(c) 裁判の過程，裁判の参加者たちの役割をわかっていて，(d) 弁護人との関係をもつことができ，(e) 弁護人の助言を理解する知力と判断力を十分にもち，その助言を参考にして（それを取り入れるかどうかは別として）自分にとってより有利な方策は何かを考え，(f) 訴訟のストレスにも耐えうるだけの十分な能力を有するかどうかなどが判断されている．

このような項目について客観的に整理して評価するための尺度も利用されている．たとえば，比較的多くの州で用いられているのがマクガリー（McGarry）らによる訴訟能力評価尺度（Competency Assessment Instrument：CAI）である．これは，①自分が適用しうる刑事弁護についての現実的な理解をすること，②公判過程で自らの行動を律すること，③弁護人と疎通し関係をもつこと，④有罪答弁（有罪を認める代わりに減刑を求めるなどの司法取引をする）など刑を軽減する法廷での適当な方策をたてること，⑤公判に参加する人たち（裁判官，陪審員，検事，弁護人，被告人，証人など）の役割を理解すること，⑥公判過程と手続を理解すること，⑦問われている罪の意味などを理解すること，⑧受ける可能性のある刑罰の範囲と内容の意味を理解すること，⑨下される可能性の高い判決について現実的に認識すること，⑩当該犯罪に関する適切で弁護に有効な事実を弁護人に伝えること，⑪検察側の証拠，証人に対して現実的に弁明すること，⑫適切に証言をすること，⑬自滅的な方向への動機に対して自己救済的な動機が法的な文脈のなかで適切に認められること，という13の項目からなる．それぞれについて1点（完全な無能力）から5点（まったく無能力ではない）の5段階で評価する．

標準化はされていないものの，基本的にはどの項目でも十分な能力があることが求められ，とくに3点を下回る項目が多いような場合にはその回復のための特別な処遇を考慮していくことになる．このほかにも，架空事例についての16項目と当人のケースについての6項目からなるマッカーサー

訴訟能力評価ツール・刑事裁定版（MacArthur Competency Assessment Tool-Criminal Adjudication；MacCAT-CA）や，法律領域5項目と精神領域11項目からなる複合的適正面接（Interdisciplinary Fitness sentences；IFI）などの評価法が開発されている．

こうした具体的な行為に焦点を当てた評価によって，「訴訟能力がない」という判断をされた場合には，刑事司法制度と精神医療制度の連携のなかで，強制的な治療と教育によって回復を目指し，回復すれば裁判に復帰し，あるいはまったく回復の見込みがなければ一般精神医療での治療へとダイバージョンするという運用が行われている．

■訴訟能力の周辺にあるさまざまな能力

訴訟能力の周辺にはさまざまに混同しがちな能力があるので整理しておく．

1）刑事責任能力　刑事責任能力について「心神喪失」というときと言葉は同一でも，実際に意味するところは異なる．刑事責任能力は事件時の弁識能力と制御能力によって評価されるが（→12.20），訴訟能力については逮捕から裁判の時点での適正な法的手続きにのっとり，また公平な裁判を受ける権利の行使にかかわる能力によって評価されるのである．

2）受刑能力　自由刑（拘留，禁固，懲役），死刑などについては，その刑に服するに相応の身体及び精神の状態にあることが求められる．この能力が具体的にどのようなものであるかについては明示されていない．けれども受刑に際して求められる精神の状態が，法廷で求められる訴訟能力とは別のものであることはいうまでもない．そして少なくとも，自分が受ける刑罰の意味がわかることが求められるのは間違いない．

3）証言能力　証言能力とは，その人が法廷で何かを述べるとき，意味のある発言として証拠になるとするうえでその人に求められる能力である．被告人だけではなく，すべての証人について評価される．

日本の刑事訴訟法のうえでは明確にそれを規定はしていないが，判例や通説からすると，基本的には何をどこまで証明しようとするのかによって個別的に判断しているようである．つまり，幼児であっても，あるいはそれに相当するような知的機能の知的障害者であっても，ごく簡単な事実の有無などであれば，その発言を証拠として採用しうると判断されることがある．

また個人の資質としては証言の能力はあるとしても，たとえば事件当時に限っては薬物やアルコールの影響で意識障害があって事実を誤認している可能性があるといった場合には，個別にそのときの能力を推し量る必要がでてくることになる．したがって，証言能力は必ずしも個人にあらかじめ確認されるものではなく，

（証言という作業をなすために求められる知的能力，および言語的能力）×（証明すべき事実があった時点でのその事実を認識して記憶するなどに必要な精神機能）×（証明しようとする事実の複雑さの水準）

といった観点から複合的，総合的に評価される．ある人からある証言が得られたときに，その証言が示そうとする事実の詳細の程度を個別に評価して，「ここまでのことは事実として認定できる」というふうに判断することになる．

4）証拠能力　証拠能力とは，物や人の供述などを証拠として法廷に示して，事実認定の材料としうるだけの能力をさす．つまり，証拠能力があるとされるものしか法廷には示すことはできないし，事実認定の証拠として採用してはならない．

「訴訟能力」や「証言能力」とよく似た響きの言葉だが，それらとちがって個人の能力を意味するものではない．「○○は証拠となるか」というよりも「○○は証拠として示してよいか」という規定であり，まったく別の次元の用語である．簡単には，自然的関連性（証明しようとすることに関係あるものであること），法律的関連性（法的に関係があるといってよいものであること），違法収集証拠排除法則（→4.5）（法的に問題のない方法で集められたものであること）の3つにかなっていることを求める．

5）**民法上の訴訟能力**　民法上の訴訟能力については，民事訴訟法28，および31～34条に示されている．未成年や成年被後見人には，原則として民事事件に関する訴訟行為を認めていない．

■ **訴訟能力の鑑定**

上述のとおり日本では訴訟能力をめぐる鑑定が行われることはきわめてまれであるが，責任能力の鑑定をするなかでは，公判をすすめることに疑問をもつような病状にあるケースは少なくない．たとえば右の事例のようなものである．

このケースでは，被害妄想による周囲への不信感が原因となって，弁護人との意思疎通や法廷での証言に一定の限界があることは予想されること，そのことを理解したうえで被告人の証言の内容や態度を評価しなければならないこと，不信感を払しょくするためにはどのような工夫が有効であるか，などを説明することになるであろう．

〔岡田幸之〕

事　例

52歳の男性が，隣人への傷害で逮捕された．17歳頃に統合失調症を発症したが，この10年間は治療を受けていなかった．いわゆるゴミ屋敷のような家で一人暮らしをしていた．捜査機関の取調べにはまったく無言であったため，精神鑑定をすることになった．会話は次のようである．

〈お名前は？〉…．〈警察に捕まえられてしまったいきさつは？〉…．〈言いたいことは？〉…私は被害者であってこのように留置場に入れられるわけがない．警察が証拠隠滅をしている．〈被害者？〉平成○年○月○日に，隣の○○が手引きをして，毒ガス装置を取り付けた．屋根の上に乗って，その工事を進めていました．

〈警察には頼みましたか？〉ええ．でも警察は「ない」と言うんです．現行犯にもかかわらず，犯人を捕まえずに私のほうを犯人扱いした．

〈何のための毒ガスを？〉それを被害者に聞くんですか．加害者に聞いてください．私も何度も尋ねたのに，警察が来て追い払われて…被害にあったことを言っても…笑ったんですよ．その直後にストーカー規制法ができて，私のほうをストーカーとして取り締まろうとする．集団犯罪．警察もマスコミも．弁護士つけるとか言って，どうせ手がまわるのです．

〈昔から被害に？〉個人情報なのでお答えできません．個人情報保護法．

〈ゴミを沢山おいてあったそうですが？〉ゴミではありません．洗えないので，とっていた．新しいものも沢山あったが，洗濯機も冷蔵庫とかもネズミにコードかじられた．ネズミもハエも大量に入れられた．でなければ，今どきあんなに沢山いませんよ．

〈狙われる理由は見当がついている？〉追い出したい．因縁つけて．加害者の鑑定をしてください．年金の領収書と父の死亡診断書の筆跡鑑定もお願いします．

12.18 精神保健福祉法における通報と措置診察

■ 精神保健福祉法とは

精神保健福祉法(精神保健及び精神障害者福祉に関する法律)とは,わが国の精神医療および精神保健福祉などに関して定められた法律である.本法の第一条には,次のように規定されている.

> この法律は,精神障害者の医療及び保護を行い,障害者自立支援法と相まってその社会復帰の促進及びその自立と社会経済活動への参加の促進のために必要な援助を行い,並びにその発生の予防その他国民の精神的健康の保持及び増進に努めることによって,精神障害者の福祉の増進及び国民の精神保健の向上を図ることを目的とする.

国民の精神的健康の保持とともに,精神障害者の人権に配慮し,福祉や社会復帰支援の充実が図られることを目的としている.

■ 精神保健福祉法の成り立ち

精神保健福祉法の前身は,1950年に設立された「精神衛生法」にさかのぼる.この法律は,それまで私宅監置などの根拠となっていた「精神病者看護法」と「精神病院法」を廃して設立された.その後,1964年のライシャワー事件,1983年の宇都宮病院事件などの社会的問題を契機に改正がくり返され,1987年の精神保健法への改正を経て,1995年からは現在の名称となっている.また,現行法は,2005年の障害者自立支援法の成立を受けて一部改正されたもので,おもな改正点としては,障害者福祉に関する項目や通院医療に関する項目が削除されたほか,精神科病院などに関する指導監督体制の見直しや,「緊急時における入院等に係る診察の特例措置」の導入といった精神科救急の医療体制の確立に向けた新たな枠組みが整理されたことなどがあげられる.

■ 精神保健福祉法の概要

精神保健福祉法は,第1章総則,第2章精神保健福祉センター,第3章地方精神保健福祉審議会及び精神医療審査会,第4章精神保健指定医,登録研修機関及び精神病院,第5章医療及び保護,第6章保健及び福祉,第7章精神障害者社会復帰促進センター,第8章雑則,第9章罰則および附則から構成される計57条からなる.

そのなかで,精神障害者の医療及び保護については第5章に規定されており,具体的には,保護者,入院の形態(→12.19),精神保健指定医による診察や精神病院における処遇などについて定められている.ここでは,精神障害者の医療及び保護に関するおもな項目について説明する.

1) 保護者(第20〜22条)　「保護者」とは,精神障害者については,その後見人または保佐人,配偶者,親権を行う者及び扶養義務者をさす.保護者は,自らの意思によらない入院をしている精神障害者に治療を受けさせ,医師の指示に従って診断や治療に協力することが定められている.また,保護者には精神障害者の財産上の利益を保護し,入院患者の退院請求や処遇改善請求等の権利を擁護する役割(第38条の4)や,措置入院患者または仮退院する者の引き取り義務(第41条)についても規定されており,精神障害者の医療と保護にあたって非常に重要な役割を担っている.

2) 精神障害者の保護などの申請および通報(図1)　精神障害者の医療や保護に関する申請および通報に関しては第23条から第26条に規定されている.これらは,医療および保護のために入院させなけ

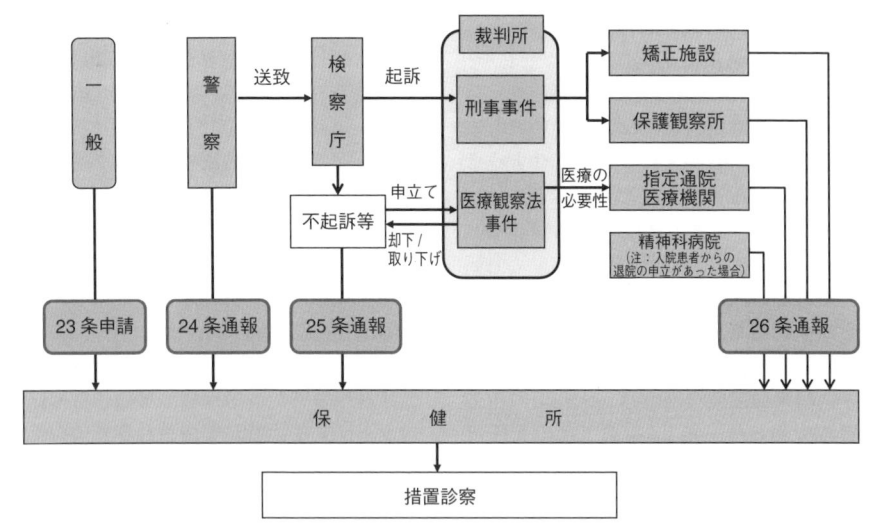

図1 精神保健福祉法による申請および通報

れば，精神障害のために自身を傷つけ，または他人に害を及ぼす恐れのある精神障害者を，精神保健指定医の診察の結果により保護し，医療を受けさせ自傷他害の行為を防ぐことを目的としたものである．申請および通報の種類は，次のように分類されている．

一般人からの申請（第23条）： 精神障害者またはその疑いのある者を知った者は，誰でも，その者について精神保健指定医の診察及び必要な保護を都道府県知事等に申請することができるとされている．申請は最寄りの保健所長を経て都道府県知事に提出されるが，この申請は必ず文書によることと規定されており，かつ罰則を設けることにより，その慎重性を要求し，精神障害者の人権の保護を図っている．

警察官による通報（第24条）： 警察官は，職務を執行するにあたり，異常な挙動，その他周囲の事情から判断して，精神障害のために自身を傷つけまたは他人に害を及ぼすおそれがあると認められる者を発見し

たときは，ただちに，その旨を最寄りの保健所長を経て都道府県知事に通報しなければならないとされている．

検察官による通報（第25条）： 検察官は，精神障害者またはその疑いのある被疑者または被告人について，不起訴処分をしたとき，または裁判（懲役，禁錮又は拘留の刑を言い渡し執行猶予の言い渡しをしない裁判を除く）が確定したときは，速やかに，その旨を都道府県知事に通報しなければならないとされている．ただし，「心神喪失等の状態で重大な他害行為を行った者の医療及び観察等に関する法律（平成15年施行）」（以下，医療観察法とする）の第33条第1項により申立てを行った対象者については，この限りでない．

保護観察所の長による通報（第25条の2）： 保護観察所の長は，保護観察に付されている者が精神障害者またはその疑いのある者であることを知ったときは，速やかに，その旨を都道府県知事に通報しなければならない．

矯正施設の長による通報（第26条）：矯正施設（拘置所，刑務所，少年刑務所，少年院，少年鑑別所及び婦人補導院をいう）の長は，精神障害者またはその疑いのある収容者を釈放，退院または退所させようとするときは，あらかじめ，①本人の帰住地，氏名，性別および生年月日，②症状の概要，③釈放，退院または退所の年月日，④引取人の住所及び氏名を本人の帰住地）の都道府県知事に通報しなければならない．

精神科病院の管理者の届出（第26条の2）：精神病院の管理者は，入院中の精神障害者であって，第29条第1項の要件に該当すると認められる者から退院の申出があったときは，ただちに，その旨を，最寄りの保健所長を経て都道府県知事に届け出なければならない．

心神喪失等の状態で重大な他害行為を行った者に係る通報（第26条の3）：医療観察法による指定通院医療機関の管理者および保護観察所の長は，同法の対象者がその精神障害のために自身を傷つけまたは他人に害を及ぼすおそれがあると認めたときは，ただちに，その旨を，最寄りの保健所長を経て都道府県知事に通報しなければならない．

3）精神障害者に係る申請および通報の状況　精神障害者に係る申請および通報の状況について，近年の第23条〜第26条の申請および通報の総件数は15000件をこえており，10年前の値と比較すると約2倍以上に増加している．また，その内訳については，一般からの申請（第23条）は，おおむね年間300〜500件と報告されており，大きな変移は認められないが，警察官からの通報（第24条）については平成11年頃より増加の一途をたどっており，平成16年以降の通報件数は1万件をこえた値で推移している．

また，実際に措置入院となるケースのほとんどは，この警察官からの通報によるものである．検察官からの通報（第25条）については年間1000件前後で，ほぼ横ばいとなっている．矯正施設からの通報（第26条）については，約10年前から徐々に増加しはじめ，平成18年以降は2000件を上回る通報件数となっており，10年前の通報件数と比較すると6〜7倍に増加している．

これらの第23条〜第26条による申請および通報された者のうち，実際に精神保健指定医による診察が実施されるのは約半数である．また，精神保健指定医による診察を受けた者のうち精神障害が認められ，第29条（→12.19）に該当する症状があるとして措置入院となる者は約7割と報告されており，近年の措置入院者数は全国で年間およそ5000人前後となっている．

4）精神保健指定医の診察の流れ　上述した第23〜26条による申請および通報に基づいて行われる精神保健指定医による診察等については第27条で規定されており，都道府県知事（措置権限が保健所長に下りている場合は保健所長）は，申請，通報または届出のあった者について調査のうえ必要があると認めるときには，精神保健指定医をして診察させなければならないとされている．

この調査とは，都道府県の職員が通報内容や被通報者の背景などについて行う事前調査のことをさしており，警察官職務執行法による24時間の保護時間内に迅速に行われる．具体的には，通報書や通報内容を確認したり，警察官や保護者に直接面接をして被通報者に関する情報などを収集したり，精神科受診歴がある場合には，直近に受診した医療機関から診断名，受診状況，症状，服薬などについて情報提供を受けた

りする．診察の実施が決定されると，被通報者は，警察署内，あるいは搬送された病院などで，都道府県の職員の立ち会いのもと，2名の精神保健指定医によって診察が行われる．

診察は2名の医師が同席して診察を行う場合もあるが，地域によっては，はじめに1名の精神保健指定医によって診察（一時措置診察）が行われた後，その結果を受けて，もう1名の精神保健指定医による診察（二次措置診察）が実施される場合もある．いずれの場合も，診察の結果，2名の精神保健指定医による意見が一致し，措置入院による治療の必要性が認められた場合にのみ，第29条に基づく都道府県知事の権限による入院措置が実施されることになる．

5) 判定の基準（第28条の2） 措置診察の判定の基準については第28条の2に規定されており，当該診察をした者が，精神障害者であり，かつ，医療および保護のために入院させなければその精神障害のために，自身を傷つけまたは他人に害を及ぼすおそれがあるかどうかをその基準としている．いわゆる「自傷他害のおそれ」といわれるものである．この「自傷他害」については，昭和63（1988）年4月8日付け厚生省告示でその具体的な内容が示されている．

自傷行為とは「自殺企図等，自己の生命，身体を害する行為」をさし，他害行為としては「殺人，傷害，暴行，性的問題行動，侮辱，器物破損，強盗，恐喝，窃盗，詐欺，放火，弄火等他の者の生命，身体，貞操，名誉，財産等又は社会的法益等に害を及ぼす行為」を例示し，「原則として刑罰法令に触れる程度の行為をいう」と定めている．つまり，ここでは，現在の精神障害の症状によって，上述のような「自傷他害行為」が起こりうる急迫した状態にあるかどうか

といった，ごく近い予後についての判断を求めたものと解釈される．

また，精神科領域における診断には，一般の身体疾患とは異なり，客観的所見が乏しいという特徴に加え，患者本人が精神の障害であることを自覚していないことも少なくない．そのため，患者との診察や治療に関する契約あるいは同意が成立せず，患者の意思に反して診察や入院措置が行われたり，行動の制限を伴った医療が行われることもある．そこで，医師の主観的な判断によって入院措置の判定結果が大きく異なるといった可能性を排除し，患者の人権を擁護した医療を行ううえでも，2名の精神保健指定医による判断の一致を措置入院の要件とし，判断の信頼性と公平性を確保している．

6) 精神保健指定医制度 前項で述べたとおり，精神医療においては，患者本人の意思に反した治療や行動制限が行われることがあるため，医療にあたる医師には，患者の人権を擁護した医療を行うための必要な知識と技能を有することが要請される．これを制度化したものが精神保健指定医制度であり，精神保健指定医は厚生労働大臣によって指定される．精神保健指定医の資格を受けるためのおもな要件としては，診療経験が5年以上（うち精神科診療経験3年以上）あること，厚生労働大臣が定める精神障害の診断または治療に従事した経験を有すること，厚生労働省の定める研修の過程を修了していることなどが規定されており（第18条），精神保健指定医の指定を受けた後も5年ごとに資格の更新を行うことが定められている（第19条）．

〔安藤久美子〕

▶文　献
精神保健福祉研究会（監修）(2007)．改訂第3版　精神保健福祉法詳解　中央法規

12.19 精神保健福祉法による入院

■ 都道府県知事による入院措置など

1) 措置入院（第29条）　精神保健福祉法第29条では，同法第27条の規定による診察（→12.18）の結果，その診察を受けた者が精神障害者であり，かつ，医療および保護のために入院させなければ，その精神障害のために自身を傷つけまたは他人に害を及ぼすおそれがあると認めたときは，都道府県知事はその者を国等の設置した精神病院または指定病院に入院させることができると規定している．この入院形態を措置入院という．実質的には知事（保健所）の命令による強制的な入院となるため，2人以上の精神保健指定医（以下，指定医）による診断の結果が一致することを入院の条件とすることによって，判断の中立性と公平性を確保し，患者の人権を擁護している．措置入院の実施件数は年間に全国で約5000件と報告されている．

2) 緊急措置入院（第29条の2）　精神科医療では，患者の精神症状が突発的に増悪し，通常の措置入院の手続きを行う時間の余裕がない場合がある．こうした精神科救急の事態に対応すべく，応急的な措置として1965年の精神衛生法改正により導入されたのが緊急措置入院である．

緊急措置入院では，72時間に限り指定医1名の診察の結果に基づいて，都道府県知事及び指定都市の市長はその者を強制的に入院させることができる．通常の措置入院よりも簡略な手続で措置権限が行使されるため，通常の措置入院の判定基準よりも患者のいわゆる「自傷他害のおそれ」の程度が著しく，ただちに入院を要すると認められる場合であることを明記している．

入院の期間は72時間をこえることはできないため，入院治療を継続する必要がある場合には，72時間以内にもう一名の指定医が診察を行い，診察の結果が一致すれば措置入院は継続される．その他の場合には，72時間以内に医療保護入院，任意入院のいずれかに切り替えなければ退院となる．

3) 入院中の処遇　精神病院の管理者は入院中の者の医療または保護に欠くことのできない限度において，その行動について必要な制限を行うことができる（第36条）．ただし，信書の発受や行政機関の職員との面会などについては制限できない．

隔離や身体拘束などの行動制限に関する具体的な運用については精神保健福祉法の運用マニュアルにそって行われている．そのなかでは，行動制限を行う際は指定医が診察のうえ指示を行い，行動制限の内容や理由・症状・開始した年月日時刻，指定医の氏名を診療録に記載することや，1日1回以上の頻回の診察を行うことなどが細かく規定されている．

また，精神病院の管理者は，指定医による診察の結果に基づいて，措置入院者の症状等を定期的に都道府県知事に報告することが義務づけられている（第38条の2）．精神医療審査会は，その報告を受けて当該入院中の者の入院の必要性について審査し，必要に応じて，当該入院中の者の同意を得て直接診察を行ったり，精神病院の管理者に出頭を命じて審問することができる．審査の結果，入院が必要でないと認められた場合には，精神病院の管理者に対してその者の退院を命じなければならない（第38条の3）．

一方，退院の請求や入院中の処遇改善のための請求は，精神病院に入院中の者又は

その保護者によっても行うことができる（第38条の4）．こうした手続きにより，患者の人権を擁護し，入院処遇中に不当な行動制限が行われたり，入院期間が長期化しないための方策が講じられている．

なお，都道府県知事による措置入院に要する費用は，都道府県が負担する．

4) 仮退院（第40条）　措置入院中の患者は，一般の入院患者のように一時外泊などは認められていない．そのため，患者が病院から離れる場合には，仮退院または措置解除のいずれかの方法が採られる．仮退院とは，指定医の診察の結果，一時退院させて経過を見るのが適当であると認めるとき，知事等の許可により6ヵ月をこえない期間，仮に退院させることをいう．ただし，仮退院中の者は措置継続中であるので，病状が悪化し自傷他害のおそれが顕在化した場合には，精神病院の管理者は即刻，社会的妥当性を有する必要最小限の強制力をもってその者を病院に連れ戻すことができる．

5) 入院措置の解除（第29条の4）　指定医による診察の結果，「自傷他害のおそれ」が消失したと認められる場合には，ただちに都道府県知事などはその者を退院させなければならず，同時に，その者の症状などを都道府県知事に届け出るよう義務づけられている（第29条の5）．措置入院の解除は措置開始時の病状などが消滅したときには速やかに行われるべきであり，単に精神障害のための入院医療を行う理由で措置入院を継続することは違法となる．

■ その他の入院形態

1) 医療保護入院（第33条）　措置入院の要件である「自傷他害のおそれ」については認められないが，医療及び保護のために入院による治療が必要であり，かつ患者は自身の精神障害のためにその医療の必要性について理解していないような場合がある．こうした場合には，指定医1名が入院治療の必要性を認め，かつ家族等の保護者あるいは扶養義務者（→12.18）による入院の同意が得られれば，本人の同意がなくてもその者を入院させることができる．この入院形態を医療保護入院という．その者に保護者がいない場合には，居住地を管轄する市町村長が保護者となり，その義務を行うことができるが，本人に同意能力がある場合には適用されない．

また，医療保護入院が行われた場合には，精神病院の管理者は10日以内に，その者の症状などを保護者の同意書を添えて，最寄りの保健所を経て都道府県知事に届け出なければならず，同様に，退院の際にもその旨を届け出ることが規定されている．

2) 応急入院（第33条の4）　医療保護入院と同様に，ただちに入院させなければその者の医療及び保護を図るうえで著しく支障があると認められる精神障害者で，患者本人からの同意が得られず，保護者による同意も得られないような場合には，指定医の診察により，72時間に限り応急入院させることができる．また，緊急その他やむを得ない理由があるときには指定医の診察に代え，特定医師による診察によっても12時間までの応急入院が可能とされている．

3) 任意入院（第22条3および4）　任意入院は，患者本人の意思により入院に同意して行われる入院形態をさす．指定医による診察の必要はなく，退院についても，精神科病院の管理者は，本人の申出によりいつでも退院させなければならない．

〔安藤久美子〕

12.20 責任能力の基準

責任能力の判断には客観性が求められる．しかし自然科学は，「その人はどのような人か」を客観的にいうことはできたとしても，「どのような人を心神喪失というべきなのか」をいうことはできない．最終的には人為的，社会的に決めざるをえないものである．とはいえ個別の事件ごとに刑事責任能力の有無の判断方法が一定でなければ法の下の平等は保たれない．有名な「マクノートン・ルール」はそのための基準のひとつである．このほかにも法律の違いはもとより，その解釈と適用の判断のなかで国や時代によってさまざまな基準が示されている．そして，その範囲は拡大と縮小とを揺れる振り子のように動いてきた．

1) 野獣の基準　「いわば子どもや動物や野獣のごとく，理解力と記憶とが完全に奪われ，自分のしている行為が何であるかがわかっていない者」を心神喪失者とするもの．18世紀ころまでのイギリスなどで用いられていた．最も狭い基準のひとつである．

2) マクノートン・ルール　心神喪失により無罪とするには「自分の行動の本質や性質がわからない，もしくはそれがわかっていたとしても，行っていることが悪いことだとわからないほどに，精神の疾患によって被告人が理性を欠く状態下で行動をしたということが明白に証明される必要がある」としたもの．行為の性質やその善悪が理解できているか，つまり「弁識能力」の有無や程度を評価するものであり「認知基準」ともよばれる．

イギリスで19世紀頃に利用されていた，正しいことと悪いこととを弁別できない人は無罪とする「正邪基準（right or wrong test）」を，1843年のダニエル・マクノートンによるイギリス首相襲撃事件をうけてより具体的に明文化したものである．狭い基準である．イギリスやアメリカの大多数の州で現在，採用されている．

3) ダーラム・ルール　「被告人の行為が精神疾患の産物であるならば，被告人の責任能力が失われていることになる」とするもの．行為が精神疾患によるものかどうか，つまり「精神の障害」が原因になっているかどうかを評価していて，「所産基準」ともよばれる．ワシントンD.C.で1954年のダーラム事件で採用されたもの．かなり広い基準である．アメリカでは現在，ニューハンプシャー州のみがこれを採用している．

4) 抵抗不能の衝動性の基準　「精神の障害により，被告人が行為時に自分を律する能力を欠いていたならば，責任を問うことができない」とするもの．自分の行動をコントロールできたかどうか，つまり「（行動）制御能力」の有無を評価していて，「意思基準」ともよばれる．また，仮に警察官がすぐそばにいたとしてもその犯罪をしてしまったかどうかといった視点であるため俗に「警官前基準（policeman at the elbow test）」などともよばれる．アメリカで現在この基準を単独で採用している州はない．

5) ALI基準　「行為時に精神の疾患もしくは精神の欠陥により，自分の行動の犯罪性を評価する，あるいは法律の要請に自らの行動を一致させるために要する実質的な能力を欠くならば，その犯罪行為についての責任能力を欠くということになる」としたもの．これは2)「認知基準」，または4)意思基準を満たすならば心神喪失と

表1 代表的な心神喪失の基準として求める要素

	生物学的要素*	心理学的要素*	
	精神の障害 (所産基準)	弁識能力の問題 (認知基準)	制御能力の問題 (意思基準)
マクノートンルール	○	○	—
抵抗不能の衝動性の基準	○	—	○
ダーラムルール	○	—	—
ALI基準	○	○	○
GBMI	—	—	—
		(心神喪失の概念を排除)	
日本の法廷	○	○	○

＊この文脈では「生物学」「心理学」という言葉が，一般的に用いられるものと若干異なる意味で用いられている．

するものである．アメリカ法協会（American Law Institute：ALI）による模範刑法典（Model Penal Code）（1955）に示されて以来，多くの州の判決に影響を与えてきた．

しかし，1981年に当時のレーガン大統領を襲撃したジョンヒンクリー Jr. が，この基準によって心神喪失による無罪をいいわたされたことを受け，ALI基準は広すぎるとして，ことに制御能力を根拠とすることへの非難が集まり，この世論を反映した連邦心神喪失抗弁修正法（Insanity Defense Reform Act）が制定され，多くの州でマクノートンルールへの回帰が起こり，現在に至っている．

6）GBMI　上記のヒンクリー事件以後に，アメリカの一部の州（アイダホ，カンザス，モンタナ，ネバダ，ユタ）では，「有罪ただし精神障害（guilty but mentally ill：GBMI）」，つまり心神喪失というものを捨て去り，有罪判決をしつつ処遇上は精神障害者として治療をするという制度を採用している．

7）日本の法廷　日本の法廷では通説や判例によれば，おおむね次のような基準

> 心神喪失と心神耗弱とはいずれも精神障害の態様に属するものなりといえども，その程度を異にするものにして，すなわち前者は精神の障害により事物の理非善悪を弁識するの能力なく，またはこの弁識に従って行動する能力なき状態を指称し，後者は精神の障害いまだ上述の能力を欠如する程度に達せざるも，その能力著しく減退せる状態を指称するものなりとす
>
> （大審院1931年12月3日）

が用いられている．

ようするに，精神の障害によって弁識能力または制御能力が失われた状態を心神喪失としており，ALI基準とほぼ一致したものである．

そしてこの能力の評価にあたっては，たとえば「○○病ならば心神喪失」などと病名や症状名から一義的に結論を導くのではなくて，個々の事件ごとに「犯行当時の疾病の種類・程度，犯行の動機・原因，犯行の手段・程度，犯行後の態度，発症前の性格と犯行との関連性などを総合」（最高裁1984年7月3日）して判断することになっている．

〔岡田幸之〕

資料 12 ●精神鑑定医とは

　一般の人たちは，「精神鑑定」を"精神科の診断"と同じくらいの意味でとらえていることもあるだろう．「精神分析」とか「カウンセリング」というものとも区別はしていないかもしれない．しかし，精神科医の間で精神鑑定というと，普通は刑事責任能力を法廷で判断するために利用されるものだけをさしている（→ 12.1, 12.17）．

　つまり精神鑑定というのは，精神医学の中でもかなり特殊な仕事である．それは，精神科医の誰もがふだん病院で行っている作業とはかなり違っていて，精神鑑定をする精神科医はとても限られている．たとえば大学の精神科の教授の多くは，生物学的な研究を認められてその地位に就いていて，まして「専門分野が精神鑑定である」人などほとんどいない．そのため，裁判官・検察官・弁護人は，精神鑑定を引き受けてくれる精神科医を見つけることに非常に苦労をする．仲間うちから鑑定をしてくれそうな医師を紹介してもらったり，そこで断られればさらに別の医師の紹介をしてもらったりして，なんとか依頼にこぎ着けるのである（実は，そうした依頼主の法律家自身も，彼らの経歴の中でそれほど頻繁に精神鑑定を扱う事件に出会うわけではない）．

　精神鑑定は社会的にもよく知られているし，そのニーズが高いようである．それにもかかわらず，なぜこれほど人手不足なのかというと，第一には上述のように精神医学のなかではとてもマイナーであり，たとえば実務家・研究者としてのキャリアにはほとんど有効ではないこと，第二には精神鑑定が非常に時間と労力がかかる作業で，日常の診療で忙しいなかでそのような作業をする時間を確保することは難しいこと，第三には，もし鑑定費用の収入を目的と考えるのならば，普通に臨床家として働くほうがよほど効率的であること，第四には，法廷などで証言をするとき，（その結論は，どのようなものであってもたいていは検察官か弁護人のどちらかにとって不利であるから）非常に厳しい尋問を受けるなどして，つらい思いをすることも少なくないこと，第五には，刑事責任能力の判断というものに，かなり名人芸的なところがあり，たとえば誰でもすっきり簡単にわかる教科書や勉強方法がないということ，などがあげられる．

　おそらく精神鑑定がいま一番に直面している課題は，いかにして質の高い，そして多くの精神鑑定人を養成するかである．関連学会である日本犯罪学会，日本司法精神医学会などはそうした領域に力を入れた活動をしている．また，著者の所属する国立精神・神経医療研究センター精神保健研究所司法精神医学研究部＊でもそうした活動を支える研究を行っている．精神鑑定を専門に行うような施設，たとえば「精神鑑定センター」のようなものの設立は，鑑定の専門家たちにとっても，また彼らを頼りにする法律家たちにとっても，長年の夢であるといえる．

　　　　　　　　　　　　　　　　　　　　　　　　　　　　　　　　　　　（岡田幸之）

＊同 HP：http://www.ncnp.go.jp/nimh/division/shihou.html．ここには，筆者らのかかわった「刑事責任能力に関する精神鑑定書作成の手引き　ver.4.0」を紹介している．

13.
犯罪被害者

犯罪被害者基本法の基本理念によると，犯罪被害者は尊厳にふさわしい処遇を保障される権利をもち，一人ひとりの事情に応じた適切な施策が講じられる必要があり，再び平穏な生活を営むまでに途切れることなく支援が行われる必要があるとされている．この基本理念を実現するには，法律学，社会学，教育学，精神医学，心理学，看護学，社会福祉学などの，さまざまな専門分野による視点と方法が必要であるが，刑事司法や行政の制度においては法律学の役割が，犯罪被害の心身への影響に対する具体的な治療や支援においては精神医学と心理学の役割がそれぞれ大きい．本章では法と心理学の視点から，犯罪被害者が置かれている現在の状況，犯罪被害の心身への影響，支援の取り組みの歴史，現在の支援制度などを解説する．

〔藤田悟郎〕

13.1 犯罪被害者

■ 定　義

　犯罪被害者基本法の第二条においては，「犯罪被害者等とは，犯罪等により害を被った者及びその家族又は遺族をいう」とされている．また，「犯罪等とは，犯罪及びこれに準ずる心身に有害な影響を及ぼす行為をいう」となっている．この定義には，暴行，性犯罪，交通事故などにあった本人，あるいは，殺人や交通事故の遺族（→ 13.2）が含まれる．本項目では，上の定義による犯罪被害者について解説する．

■ 統計上の犯罪被害者の数

　犯罪被害者基本法（→ 13.8）の「心身に有害な影響を被った」というのを，犯罪による死傷者と，性犯罪による被害者と解釈して，これらの被害にあった人数を統計から求めると，まず，2009年中に刑法犯（交通事故を除く）で死傷した人の人数は，33076人であり，うち死者は1054人，重傷者（治療の見込み日数が30日以上であった者）は2832人である．死者の内訳で，最も多いのは殺人罪による死者で476人，重傷者で最も多いのは，傷害罪による2123人である．一方，性犯罪による被害者数は，強姦罪が1402人，強制わいせつ罪は6688人である．

　一方，2009年中の交通事故による死傷者数は約91万人で，うち死者は4914人，重傷者は53690人である．ただし，交通事故の統計の死傷者数には，被害的立場の者と加害的立場の者との両方が含まれているから，他の刑法犯との人数の単純な比較はできない．

　主要な犯罪（わが国では一般刑法犯）について，犯罪被害の発生率を，ドイツ，イギリス（イングランドとウェールズ），フランス，アメリカと日本とで比較すると，5ヵ国の中で，最も犯罪の発生率が高いのは，イギリスの10万人あたり9157件であり，最も低いのは日本の1494件である．殺人罪で同様の比較をすると，最も高いのは，アメリカの10万人あたり5.6件であり，最も低いのは日本の1.0件である（法務総合研究所，2010）．現代社会においては犯罪の被害に遭遇する人は多いが，わが国の統計上の犯罪被害の発生率は，欧米と比較して低い値となっている．

■ 犯罪被害の暗数

　犯罪被害者の人数を知るのに統計の数字を調べることは重要であるが，統計の数字は，警察が認知した犯罪被害者の人数であることに注意する必要がある．犯罪の被害にあった被害者は，「どうせ犯人は捕まらない」，「被害を申告することが恥ずかしい」などと考え，被害を警察に通報しないこともある．被害者支援を含めて，各種の犯罪対策を実施する際には，警察に通報されない暗数を含めた犯罪被害の把握が必要である．

　暗数を含めた犯罪被害を調べる調査としては，犯罪被害の国際比較を目的として1989年から実施されている，国際犯罪被害実態調査（ICVS：International Crime Victimization Survey）がある．わが国では法務省の法務総合研究所が，この調査に参加している．2008年の調査は，層化二段無作為抽出法により全国から選んだ16歳以上の男女6000人を対象に行われた．この調査によると，わが国における性犯罪（→ 13.11）の申告率は13.3％と推計されている（法務総合研究所，2008）．また，暗数を含む性犯罪の被害率のわが国の推計値は，調査に参加した国の平均より，高い値

となっている (van Dijk, J. et al, 2007).
犯罪によっては,統計上の被害者の人数より,実際に被害にあっている被害者の人数が,かなり多い犯罪もある（→資料10）．

■刑事司法における犯罪被害者の地位

現在では,犯罪被害者の尊重,権利擁護という考え方が一般的であるが,刑事司法の制度においては,最近まで,このような考え方は一般的ではなかった．

近代の刑事司法は,国家が社会秩序を維持するために行う制度とされてきた．犯罪の捜査はおもに警察が行い,公訴の提起は検察官が行う．裁判は,被告人と検察官の間で争われ,判決が禁錮刑や懲役刑などとなった場合,刑の執行は国が行う．国は,犯人を裁き,罰することで,社会正義と秩序を維持する責任を果たし,犯罪の抑止と,犯人の更生と社会復帰に責任をもち,健全な社会を維持するというのが,近代の刑事司法の基本的な考え方である．

最近でこそ,捜査の状況や裁判の結果を被害者に通知する制度や,公判で被害者が心情を述べる制度があるものの,このような制度ができる以前は,被害者が自ら進んで公判を傍聴しない限り,被害者には裁判の結果さえ伝えられなかった．被害者は犯罪の被害を被った当事者でありながら,近代の刑事司法においては,被害者に期待されるのは証人としての役割くらいであり,被害者の主体的な役割や,被害者の権利に関心が及ばないのが一般的であった．近代の刑事司法においても,人権尊重の議論はあったが,それは,被疑者や被告人となった加害者の人権を,刑事司法の手続きの中で,どう守るかという視点が主であった．

わが国では2008年からは被害者参加人制度が開始され,被害者が公判に出席し,被告人や検察官に質問することも可能になった．「刑事司法は国家が行う」という考え方に照らすと,犯罪被害者が刑事司法の手続きに参加する制度が作られたのは,大きな変革であるといえる．

■被害者学と犯罪被害者の援助制度

被害者学の体系化を最初に試みたのは,メンデルソーン (Menderson, B.) で,1940～50年代のことであるが,当時の被害者学では,犯罪に巻き込まれる,あるいは,犯罪を誘発する被害者の特徴を調べ,犯罪の発生防止策を見出すことが目的とされた．メンデルソーンの視点は,被害者の権利擁護という視点ではなかった．

現代の被害者学や被害者支援に通じる視点は,フライ (Fry, M.) が1957年に発表した論説がきっかけであったとされている (Fry, 1959). フライは,税金を財源とし,暴力犯罪の被害者が被った損害を経済的に補償する制度の創設を唱えた．この論説では,功利主義者のベンサム (Bentham, J.) が引用されているように,フライは,援助制度が社会全体の利益になると主張している．フライは,国家による公平な経済的補償を行うことが被害者の応報感情を鎮め,被害者自身による復讐を禁じ,犯罪者に比較的ゆるやかな刑罰を科し,犯罪者の更生を目指すという近代国家の維持に役立つと主張している．

フライの論説は,欧米のおもな国で,犯罪被害者の援助制度が作られるきっかけになったとされている．最初に犯罪被害者の援助制度を作ったのはニュージーランドで,1964年のことである．その後,おもな欧米諸国では,1970年代に同様の制度を設けた．日本では,1980年に犯罪被害者給付制度が作られた（→13.9）．

■家庭や地域における犯罪被害

刑事司法が家族や地域における犯罪被害にどこまで介入するか,というのも重要な問題である．欧米では,ローマ法以来,「法

は家庭に入らず」という伝統があり，家庭の揉め事は，家庭内で解決すべきものだとされてきた．日本でも，戦前は家父長制が強く，家庭内のことは家長が解決すべき問題との考えが主流であった．また，近代の法制度では，国家が社会秩序を維持するために行う刑法と，犯罪の当事者間で損害賠償などを争う民法とを明確に分離してきた．しかし，家庭や地域の機能に期待し，公的機関が家庭や地域の問題へ介入することを避けてきた結果，女性や子どもなどの弱者に対する犯罪（→ 13.11）が隠蔽され，見すごされてきたという現実がある．

犯罪被害の中には，親族や知人からの暴力が原因によるものも多いのが実情である（→ 13.12）．親族や知人による暴力は発覚しにくく，被害が重大になって，初めて警察が介入することもある．内閣府が2006年に行った，「男女間の暴力に関する調査」においては，既婚者あるいは，結婚の経験のある者のうちの6％が，配偶者から，くり返し身体的な暴力を受けたことがあると回答している．また，同じ調査で，配偶者から受けた暴力を警察に通報したとの回答は3％に過ぎず，77％は，家族や友人を含めて誰にも相談しなかったと回答している．また，殺人事件の約85％が，強姦事件の約40％が，親族や知人などの面識のある者による犯行である．最近では，刑事司法が家庭や地域の問題に介入し，女性や子供，あるいは高齢者などの人権を守るという考えが広まっている．DV防止法，児童虐待防止法，ストーカー防止法などの法律が相次いで成立している．

■ 罰則の強化と修復的司法

最近は，刑法の量刑の見直しが行われるなど，罰則が強化される傾向にある．たとえば，2001年には，刑法に危険運転致死傷罪が新設され，被害者が交通事故で死亡した場合は1年以上15年以下の懲役，負傷した事故では10年以下の懲役が科せられることになった（現在では，それぞれ20年と15年）．当時，多くの交通事故に適用されていた業務上過失致死傷罪の罰則が5年以下の懲役であったから，刑罰が最大3倍に引き上げられたことになる．2004年には，刑法犯の量刑の見直し行われ，有期刑の上限が15年から20年（併合罪などにより刑が加重される場合では20年から30年）に引き上げられたほか，2人以上で行った強姦罪に関しては，被害者の告訴がなくても処罰できる集団強姦罪が新設された．2010年には，最高刑が死刑の罪は時効が廃止された．

罰則の強化の背景には，加害者に厳罰を望む被害者の意見が反映されている．刑事司法の役割から考えると，罰則は，被害者の応報感情を満足させるためではなく，犯罪の発生を抑止し社会秩序を維持するために行われる．加害者を罰することで，司法の役割を達成しようとする考え方を応報的司法という．

一方で，加害者を罰するだけでは，犯罪により壊された地域や社会の信頼感を回復することはできず，司法の目的である健全な社会の維持を達成することができないとの意見もある．修復的司法は，加害者，被害者，地域社会が一同に会し，犯罪によるさまざまな損害の回復を目指す制度である（→ 11.18）．具体的な方法には，被害者と加害者の対話や和解をし，可能な範囲で加害者が被害者の損害を回復することなどがあり，少年事件で用いられることが多い．ニュージーランドでは司法手続きの一部として修復的司法が導入されており，わが国では，非政府組織や弁護士会などが主催し，被害者と加害者が任意に参加する実践が行われている．

修復的司法において，犯罪被害者は救済の対象であるとともに，加害者を赦し，社会や地域の再構築する当事者となる役割を期待されている．修復的司法は，加害者に刑罰を科すという従来の方法とは，一見，異なるように思えるかもしれないが，「健全な社会を維持する」という点で，従来の方法と共通の目的で行われている．

■ 犯罪被害の影響と国民の理解

犯罪の被害は，心身を直接に傷つけられた被害が最も重大であるが，被害の体験後には，収入の減少や民事裁判の費用などの経済的影響，PTSD（外傷後ストレス障害）（→ 13.4）などの精神的影響，外出や人とのコミュニケーションが困難になるなどの社会的影響など，さまざまな影響が生じる．

また，犯罪被害者は，警察での事情聴取や実況見分，あるいは公判での証言などに協力する必要があるが，この過程で，被害の恐怖を再体験することがある．性犯罪の被害者では，被害にあったときの状況を詳しく質問されるなど，刑事司法の手続きへの協力は，被害者の心理的な負担が大きい．ときには，刑事司法の担当者の不用意な言動に傷つけられ，刑事司法や社会に対する信頼感が低下する場合もある．二次被害は，病院関係者，仕事や学校の友人や知人，保険の関係者，家庭や親族との関係においても生じる．マスコミの取材や報道により，二次被害が生じる場合もある．

二次被害の中には，被害者を心配し，被害者の力になろうとしたのだが，被害者に対する接し方についての知識が不足しているために，思いがけずに被害者の心を傷つけてしまう例もある．被害にあったことを否認する，被害を忘れるように促す，被害者を責める，元気になるように励ますなどは，適切でない接し方の例である．職務で，犯罪被害者にかかわる可能性があるさまざまな職種の人はもちろんのこと，一般の国民に，犯罪の被害の実態と事件や事故後の被害者の様子についての，正しい理解を普及させることが重要である．

■ 犯罪被害者がおかれた状況の把握

犯罪被害者の支援策は，調査や研究の結果に基づき実施されるべきである．必要なのは，犯罪被害調査のように，犯罪被害の暗数を把握するための調査だけでなく，被害者が直面している問題の種類や大きさを，被害の類型別に把握する調査も必要である．わが国では，この種の調査は，おもに政府機関が行ってきた．

おもな調査としては，警察庁が 2003 年に，殺人や性犯罪の被害者を対象に行った「犯罪被害実態調査」，内閣府が 2006 年に行った，「配偶者からの暴力の被害者の自立支援等に関する調査」，内閣府が，2007 年から行った，「犯罪被害類型別継続調査」などがある．また，治療方法や支援策の効果を評価するためには，精神医学や心理学などの視点による，詳しい調査や研究が必要である．

犯罪被害者に関する調査や研究に関して，わが国では，必ずしも蓄積が十分ではなく，欧米に比較して調査や研究の量が少ないといわざるをえない．わが国で，比較的，調査や研究が行われているのは，児童虐待，地下鉄サリン事件，交通事故の被害者などである．性犯罪，強盗，傷害などの被害者については，調査や研究が少ないのが現状である．

〔藤田悟郎〕

▶ 文 献

Fry, M. (1959). Justice for Victims. *Journal of Public Law*, **8**, 191-194.

法務総合研究所（2010）．平成 21 年版犯罪白書　太平印刷社

van Dijk, J. et al. (2007). *Criminal victimization in international perspective*. United Nations Office on Drug and Crime.

13.2 犯罪被害者遺族

■ 遺族の困難への社会的認知

警察庁発表の犯罪統計資料によると平成20（2008）年に警察が認知した殺人件数は1297件である．しかし，このような殺人被害者の遺族だけが犯罪被害者遺族ではなく，交通事故被害の場合も，なんらかの「加害者」が存在するという点では同じであり，その遺族も犯罪被害者遺族として扱われている．被害者支援団体が行ったアンケート調査（阿久津，2008）によれば，遺族たちは周囲の言葉や噂，また加害者に謝罪や反省の態度が見られないことに傷つけられたと述べている．さらに大部分の人に不眠や食欲減退などの身体的症状が起こり，人目が気になり外出できなくなる，家族関係が悪くなる，など実際の被害の影響は広範囲かつ長期に及んでいる．仕事や家事・育児，介護などの日常の営みができなくなる遺族も多いが，周囲への信頼感を失い，援助資源にもなりうる人間関係からはかえって孤立しがちになる．刑事手続きがわからないことによる不安や，警察や検察庁での事情聴取への苦痛を感じていることも多い．

今日では当事者である遺族自身の訴えから，遺族が直面している困難が社会に認知されるようになった．それに伴い，わが国の遺族も含めた犯罪被害者等への援助体制は大きな転換期を迎えている．2005年4月には，犯罪被害者やその家族のための施策を総合的に推進し，その権利利益の保護を行うことを目的とし「犯罪被害者等基本法」（→ 13.8）が施行され，同年12月には具体的施策の実施のため「犯罪被害者等基本計画」が策定された．その結果，犯罪被害給付金（→ 13.9）の支給限度額の引上げや，加害者の処遇状況などの通知制度の拡充，刑事裁判への被害者や遺族の参加制度，損害賠償命令制度の導入などが実施され，犯罪被害者をめぐる社会・法的な制度は急速に変化している．

■ 遺族の精神健康と二次被害

「犯罪被害者等基本計画」には「重度のPTSD等重度ストレス反応の治療のための高度な専門家の養成等」を行うことが盛り込まれている．家族を犯罪などの悲惨で予期せぬ形で亡くすと，直接の犯罪被害者と同様に，トラウマ体験後の精神的後遺症であるPTSD（心的外傷後ストレス障害）の症状が現れる可能性がある．そして一般にトラウマ体験と考えられる出来事による精神的後遺症は，出来事の生起に他者の悪意や過失が介在すると重篤になりやすい．

また犯罪被害者遺族の場合は，激しい悲嘆反応の遷延が起こりやすい．悲嘆の遷延は身体的健康の悪化を招き，実際には心身の健康にかかわる問題となる．自助グループに参加する被害者遺族の調査からは，PTSDや抑うつ状態だけでなく，複雑性悲嘆（complicated grief）が遺族に認められ，それらは併存しやすいことが示されている（白井ほか，2005）．複雑性悲嘆の定義はまだ統一されていないが，PTSDや大うつ病とは独立した症候群と現在ではとらえられている．多彩な精神症状が包括され，故人への強い思慕，故人に関することへの没頭，あるいは喪失を思い起こさせる事物や場所・状況の回避，死の受け入れの困難，過度の罪悪感や自責，怒りなどが現れるとされる．従来，家族との死別により悲嘆反応が起こることは，「正常な」悲嘆のプロセスの現れととらえられてきた．しかし，その現れ方や進行には個人差があり，死別の状況や対象，故人との生前の関係や，いだ

いていた感情，あるいは遺族の性別やソーシャルサポートなどの影響を受ける．犯罪被害では若年層の人が亡くなることも多いが，一般に子を喪った親の悲嘆は重篤で長期にわたり，その結果，親どうしの不仲や離婚も起こりやすいといわれる．現在はこのような慢性化した被害者遺族の悲嘆の治療法も変化し，PTSDに用いる長期間曝露療法（prolonged exposure）の要素を取り入れた手法が使われはじめている（飛鳥井，2008）．家族を喪った悲しみ自体を曝露の手法で消失させることはできない．しかし，死別後に回避していた事物や場所，状況への接近が可能になり，苦痛に邪魔されずに故人とのよい思い出を想起できるようになることは，遺族が新たな生活に適応してゆく手助けとなると考えられる．

また遺族の悲嘆は，被害自体だけではなく，被害後にかかわる人からの「二次被害（secondary victimization）」で「複雑化」する可能性がある．二次被害とは被害に関連して二次的にもたらされた苦痛の総称である．援助を行う立場にある人でも，理解不足や援助体制の不備，自身の感情的混乱などから，遺族の心を傷つけ二次被害を与えてしまうことがある．遺族を対象とした面接調査では，近所の人や親戚に加え，警察・検察などの司法関係者，あるいは医療関係者やマスコミ関係者などの言動から受けた二次被害が多く，その苦痛が強いと，遺族のPTSD症状および抑うつ症状が重篤であることが示された（中島ほか，2008）．二次被害を防ぎ，起きてしまった場合はそれによる苦痛を軽減しようとすることが，遺族への援助では求められる．

■ 遺族への総合的な援助の継続

遺族への援助は，事件直後に家族が亡くなった事実を知らせる際の伝え方の配慮からすでにはじまっている．精神的苦痛や身体症状の緩和を直接試みるだけでなく，犯罪被害者給付金のような経済的援助，家事の代行や裁判への付き添いなど現実行動レベルでの援助，あるいは司法手続きの説明やサポート団体の紹介といった情報提供による援助，と多様な形態・次元で継続されることが望まれる．また遺族のおかれている状況への理解促進のための啓発や，遺族にかかわる人の援助スキルを向上させる研修などにより，二次被害の軽減をはかることも重要である．悲しみの表現が人により異なるように，遺族自身の求める援助も個々で違い，時期によっても変化する．被害後の気持ちを話したいという遺族が，一概に専門家によるカウンセリングを求めているわけではなく，当事者どうしでないと話せないと遺族団体によるピア・カウンセリングを求める場合もある．また精神的に大変苦しい作業であっても，被害後の心情を裁判で意見陳述することを望み，その手伝いを第一に求める遺族もいる．被害者遺族の援助に従事する場合は，遺族に今必要とされる援助のどの部分を担っているかを考え，他の援助資源や援助者と連携することで総合的な援助を目指す必要がある．連携により支えられてこそ，長期にわたる丁寧なかかわりが援助者にも可能になると考えられる．

〔栁田多美〕

▶文　献

阿久津照美（2008）．犯罪被害者の現状と必要な支援　形政，**119**(12)，36-42．

飛鳥井望（2008）．暴力的死別による複雑性悲嘆の認知行動療法　トラウマティック・ストレス，**6**(1)，59-65．

中島聡美・小西聖子・辰野文理ほか（2008）．犯罪被害者等の再被害および二次被害の予防に関する研究　（財）社会安全研究財団　平成18年度一般研究助成最優秀論文報告書

白井明美・木村弓子・小西聖子（2005）．外傷的死別におけるPTSD　トラウマティック・ストレス，**3**(2)，63-70．

13.3 トラウマ

トラウマの原義は，身体の外傷である．一方，最近では，トラウマ（trauma）という用語が一般の人にも知られており，なにか深刻な出来事を体験した後の心のショック症状のようなものとして理解されている．主要な犯罪のトラウマは，他の項目で解説されているので，本項目では，犯罪によるトラウマを理解するのに必要な，トラウマ研究の歴史，ストレスの生物学，トラウマに対する社会の見方，トラウマの種類などを解説する．

■定義

現代におけるトラウマの定義については，PTSD（posttraumatic stress disorder，外傷後ストレス障害）(→13.4) の診断基準を参照するのが適切であろう．PTSDの診断基準によると，PTSDの原因となりうる出来事については，実際の死や死の脅威，または深刻な負傷，あるいは，自分または他人の身体的保全に対して脅威となるような出来事とされ，これらの出来事を体験し，目撃し，または直面した場合にPTSDが生じることがあるとされている．ここでいう出来事には，犯罪や重大事故のほかに，戦争・自然災害・虐待・拷問などが含まれる．また，出来事を体験した後の反応については，極度の恐怖，無力感，絶望を伴うとされている（American Psychiatric Association，2000）．

トラウマの原因となりうる重大事故や犯罪は，古くから存在していたはずだが，トラウマの研究がはじまったのは，19世紀後半のことであり，トラウマがPTSDの診断基準のように理解されたのは，20世紀後半のことである．

■鉄道脊髄症

最初のトラウマ研究は，鉄道事故被害者の研究といわれている．産業革命を成し遂げたイギリスでは，大量輸送機関として，蒸気機関車が牽引する列車が運行されていた．当時は，現代のような管制システムなどがなかったから，しばしば重大事故が発生し，事故後に精神的な不調を訴える被害者もいた．鉄道事故被害者の精神的な不調について，当時は，事故のショックで脊椎が損傷することが原因であるなどの説が唱えられ，鉄道脊髄症などとよばれていた．

■ヒステリー研究

一方，19世紀の終わりごろ，シャルコー（Charcot, J.M.）は，パリのサルペトリエール病院で，当時，ヒステリーとよばれていた，起立不能，呼吸困難などの発作をもった女性の研究をしていた．シャルコーは，ヒステリーの症状は，先天的な神経系の障害が原因で生じると考えていたが，弟子であったフロイト（Freud, S.）とジャネ（Janet, P.）は，ヒステリー患者の多くが，幼児期の性的な虐待を経験しており，これが原因でヒステリーの症状が生じると考えた．ヒステリーの患者は，ヒステリーの原因を想起できないことがほとんどであったが，フロイトは，心の破綻を回避するために，虐待の不快な記憶を抑圧した結果，想起できないでいると考えた．一方のジャネは，不快な出来事である虐待を体験した意識を，意識の本体である自我から切り離した結果，想起できないでいると考えた．

フロイトとジャネの説は，適応能力をこえた恐怖を体験した人の心理的反応という点で，今日のPTSDの概念にも通じる学説であったが，これらの学説は，その後，他の研究者に受け継がれるなどして，発展することはなかった．

■ シェルショック

　初期のトラウマ研究としては，第一次大戦時の兵士の研究も重要である．第一次世界大戦は，人類史上はじまって以来の過酷な戦闘であった．戦線は長期間にわたって膠着状態となり，兵士たちは，終わる見込みのない塹壕戦を戦った．戦車や毒ガスなどの殺傷度の高い新兵器も登場した．その結果，戦意を喪失し，戦闘不能に陥る兵士たちが続出した．これらの症状については，当時，炸裂する砲弾による脳震盪が原因であるとの説が唱えられ，シェルショック（shell shock）などとよばれたが，正しい原因の特定には至らなかった．

　このように，20世紀初頭までには，重大事故，性虐待，戦争のトラウマの研究が行われ，トラウマによる症状は生物学的原因という仮説も提案されていた．しかし，当時は症状の原因を明らかにすることも，有効な治療方法を見出すこともできなかった（→ 13.5）．

■ ストレスの生物学

　現在，トラウマの理論が，学術的にも社会的にも受容されている背景には，その後，ストレスに関する生物学の研究が進展したことが理由のひとつと考えられる．

　ストレスに関して先駆的な研究を行ったセリエ（Selye, H.）は，動物の体内に異物を注入する，温度を急に変化させるなど，動物に負荷をかけると，刺激の種類にかかわらず，ある共通した生理的な反応が生じることを発見した．この反応は，異物の侵入や，環境の急激な変化により，ホルモンや自律神経のバランスに異常が生じるために生じるものであることが確認された．

　動物の体内には，ホルモンや自律神経により，臓器や細胞の活動を制御する仕組みが備わっている．ホルモンや自律神経は，自動で調整されるが，急激な環境の変化や，環境の悪化が生じると，調節がうまく機能しない場合がある．ホルモンや自律神経の調節の不具合を直接に感じることはできないが，不具合の結果により生じた体や心の変化が，体調の不良，不安感，緊張感などとして意識される．

　PTSDでは，「心臓の鼓動が速くなる」，「息苦しくなる」などの身体の症状が重視されている．PTSDは，圧倒的なストレスを受けたときの生体の反応であるが，これは，動物が捕食者に突然に襲われたときの防衛反応が基礎になっており，緊張感が高まることや，恐怖を感じることは，捕食者との対決や，捕食者からの逃走のときに必要な準備状態であり，本来，適応的である生理的な反応が基礎になっているとも考えられている．擬似的に恐怖を学習させたマウスを使って，トラウマの生理的な仕組みを調べる研究や治療薬の効果を調べる研究も行われている．重要なことは，死の脅威など，直接に体に作用しない現象により，動物の体内に生理的な反応が生じることである．

　現在では，PTSDの症状と脳内の働きとの関係が解明されつつある．たとえば，PTSDの症状には，脳の中心付近にある海馬という器官が密接に関係しているとされている．海馬は，記憶と感情に関係する脳の器官である．大きなストレスを体験すると，副腎皮質ホルモンの一種であるコルチゾルが過剰に分泌され，コルチゾルが海馬を萎縮させ，その結果，記憶障害や不快な感情が伴う出来事の想起などが起こるとされている．

■ 社会とトラウマ

　トラウマを理解するには，「社会がトラウマをどう見てきたか」を理解することも重要である．トラウマは，女性や子供など，社会的な弱者が体験することが多く，かつ，

家庭における暴力などの社会的に公になりにくい問題にかかわっていることに注意すべきである（→13.12）.

女性や子供などの弱者に対する暴力によるトラウマという視点は，フロイトとジャネの研究に見ることができるが，この考えが，一般的になったのは，1970年代になってからである．1970年代のアメリカは，公民権運動や女性解放運動が盛んな時代であり，弱者の権利に注目し尊重する時代背景が存在した．ハーマン（Herman, J）は，「PTSDの歴史は，女性に対する偏見の克服の歴史である」と述べている（Herman, 1992）．

トラウマの体験者が訴える精神な症状が，詐病（→12.15）ではないかとの疑問は，古くから主張されていた．最初のトラウマ研究として知られる鉄道事故被害者の研究が行われた当時には，賠償神経症（compensation neurosis）という概念も唱えられた．PTSDの診断基準が成立した背景には，ベトナム帰還兵に対する年金の支払い基準を明確するという背景があった．弱者庇護という視点が広まり，PTSDの診断基準が明確になった現在では，トラウマ体験者をすべて詐病者だという見方は一般的ではないが，補償金や民事裁判が関与している状況などでは，本当に被害に苦しむ人と，そうでない人の鑑別をすることは重要である．

このほかにも，ベトナム戦争から帰還したアメリカ人兵士の研究は進んでいるが，ベトナム戦争で被害にあったベトナムの民間人の研究は進んでいないことや，日本軍の収容所における連合軍兵士のPTSDの研究は存在するが，アメリカ軍の空襲による日本人の被害者の研究は少ないなど，トラウマの理解に社会的な問題が影響している例をいくつもあげることができる．

■ トラウマのさまざまな態様

以下は，犯罪によるトラウマを理解するのに重要な点を，いくつか述べる．

PTSDの診断基準が成立する前には，「強制収容所症候群」「レイプトラウマ症候群」（→13.10）など，原因となる出来事の別にトラウマの学説が唱えられていた．PTSDは，さまざまなトラウマをひとつにまとめた概念であり，ひとつにまとめたことにより，一見，異なるさまざまな被害の生物学的な発生のメカニズムが基本的に同じであることを明確にでき，トラウマという現象の理解に役立ったといえる．その反面で，トラウマを単純化しているため，犯罪被害の別など，それぞれのトラウマの特徴が見えにくくなっていることも事実である．

■ 遺族のトラウマ

犯罪の被害に遭い，自分自身が犯罪の被害を直接に体験した人と，犯罪で家族を亡くした人との違いにも注意すべきである（→13.2）．両者のトラウマには共通点が多く，どちらもPTSDになりうる被害であるが，死の脅威を直接に体験した人と遺族のトラウマは異なる点も多い．遺族の反応は，しばしば，複雑性悲嘆（complicated grief）などの概念により説明される．たとえば，プリガーソン（Prigerson, H）は，故人に対する侵入的な思慕などの分離性の苦悩（separation distress）と，人生が無益だと感じるなどの外傷性の苦悩（traumatic distress）からなる，複雑性悲嘆の概念を提案している．

■ 被害の時間とトラウマ

トラウマを，被害に遭った時間の長さや回数で分類することも重要である．たとえば，マックファーレン（McFarlane & DeGirolamo, 1996）は，交通事故などの短時間であるが状況のコントロールがきかない

状況下のトラウマ，くり返される戦闘体験などの連続するトラウマ，児童虐待（→ 6.23, 7.18）などの長期でかつ加害者に依存的な関係をもち続けることを余儀なくされるトラウマの3つを区別すべきだとしている．

これらの出来事は暴力的で，被害者に死の脅威を生じさせるという点では共通するが，体や心に対する影響は，異なる場合があることを理解すべきである．

■ 二次的なトラウマ

被害者を援助するカウンセラーや警察官などは，被害者が体験した悲惨な出来事の話を聞き，被害者と共感的に接し続けていると，援助者自身にも，恐怖や怒り，絶望感などの強い感情が生じるほか，伝聞した出来事の再体験をするなど，援助者にもPTSDに類似した症状が見られることがある．これらの症状は，自分自身が死の脅威を直接に体験してないにもかかわらず，被害者とのかかわりを通じて二次的にトラウマを体験することが原因で生じると考えられている．

二次的なトラウマとしては，二次的外傷性ストレス（secondary traumatic stress），共感疲労（compassion fatigue），代理トラウマ（vicarious traumatization）などの概念が知られている（Satmm, 1999）．

■ トラウマの影響の長さ

犯罪被害によるトラウマの影響で，最も顕著なのは，被害を体験してまもない時期の精神的な症状である．被害者の中には，精神的に不安定になり，不眠や，仕事や家事などの社会的活動に支障が出るなどのさまざまな症状を訴える人も多い．一般的には，犯罪の被害を体験して，比較的にまもない時期の支援を目的としている．被害を受けてまもない時期の支援は，非常に重要であるが，トラウマの影響は，被害の直後だけではなく，長期にわたって持続する場合もある．たとえば，ベトナム帰還兵や強制収容所の元収容者は，トラウマの体験から何十年も経過した後の症状に苦しんでいる．

子どもが体験するトラウマは，成長後の人格や行動などに，回復が不可能な影響を与える場合がある（→ 13.6）．摂食障害，自傷行為がある患者の中には児童虐待の体験者が多いといわれている．児童虐待の体験があると，自らが虐待や暴力の加害者になりやすいこと，児童虐待は，境界性パーソナリティ障害（→ 12.7）や解離性同一性障害などの原因となりうることも指摘されている．子ども時代のトラウマ体験が，人格の形成に影響することは，フロイトやエリクソン（Erikson, E.H.）などにより指摘されてきた古典的な問題である．犯罪被害によるトラウマは，事件や事故直後だけでなく，より長期にわたって被害者の生活に影響することも注意すべきである．〔藤田悟郎〕

▶文 献

American Psychiatric Association (2000). *Diagnostic and statistical manual of mental disorders.* 4th ed., Text Revision. APA, Washington, DC. （高橋三郎・大野裕・染谷俊幸（訳）（2003）．DSM-Ⅳ-TR 精神疾患の診断・統計マニュアル 医学書院）

Harman, J.L. (1992). *Trauma and recovery.* Basic Books, New York. （中井久夫（訳）（2004）．心的外傷と回復 みすず書房）

Stamm, B.H. (Ed.). (1999). *Secondary traumatic stress : Self-care issues for clinicians, researchers and educators.* Lutherville, MD : Sidran Press. （小西聖子・金田ユリ子（訳）（2003）．二次的外傷性ストレス 誠信書房

McFarlane, A.C., & DeGirolamo, G. (1996). The nature of traumatic stressors and the epidemiology of posttraumatic reactions. In B.A. van der Kolk, A.C. McFarlane & L. Weisaeth (Eds.), *Traumatic stress,* New York, NY : Guilford. B.A. pp.129-154. （西澤哲（訳）(2001). トラウマティック・ストレス 誠信書房）

13.4 PTSD と ASD

■概　念

心的外傷後ストレス障害（posttraumatic stress disorder：PTSD）および，急性ストレス障害（acute stress disorder：ASD）は，いずれも生命や身体の危機を伴うような外傷的出来事に曝されたことを契機に発症する精神障害である．

PTSD は，①再体験，②回避・麻痺，③過覚醒の3つの症状群が1ヵ月以上持続する慢性の病態を呈する．一方，ASD は PTSD 症状に加えて急性期の特有に見られる解離性の症状が加わった4つの症状群が，2日以上，4週間以内持続する場合に診断される急性の障害である．

現在 PTSD および ASD の診断には，DSM-Ⅳ-TR（精神疾患の診断・統計マニュアル第4版 text revision，アメリカ精神医学会）の診断基準が広く使用されている．ICD-10（国際疾病分類第10版，WHO）でも PTSD の診断基準が示されているが，DSM-Ⅳ-TR とは外傷体験の定義や基準となる症状などがやや異なっている（→12.13）．

■疫　学

全米疫学調査（Kessler et al., 1995）では，アメリカ人の生涯のトラウマ体験率（→13.3）は，約57%であり，PTSD の生涯有病率は7.8%であった．有病率は外傷体験の種類によって異なっており，自然災害（男3.7%，女5.4%）や事故（男6.3%，女8.8%）に比べ，強姦（男65%，女45.9%）や身体虐待（男22.3%，女48.5%）などの対人暴力で高い傾向がある（Breslau et al., 2004；Kessler et al., 1995）．

日本では，生涯有病率1.4%と報告されている（川上，2007）．

ASD については，外傷患者で6%（Bryant et al., 2008），銃撃事件33%（Classen et al., 1998）などの報告がある．

■要　因

発症要因について，近年のメタアナリシス（Ozer et al., 2003）では，①過去のトラウマ体験，②過去の不良な心理的適応，③家族の精神疾患の負因，④トラウマ体験中に生命の脅威を感じたこと，⑤トラウマ後のソーシャルサポート受容感の乏しさ，⑥トラウマ周辺期の否定的な感情反応（恐怖，無力感，罪悪感など），⑦トラウマ周辺期の解離が PTSD 発症の予測因子としてあげられている．

また，脳画像研究からは外傷的記憶の処理に関係するとされている海馬（Kitayama et al., 2005）や，前帯状回の容積が小さいこと（Yamasue et al., 2003）などが報告されているが，特定の部位とのはっきりした関連性についてはまだわかっていない．特定の遺伝子との関連は報告されておらず，PTSD の発症には，外傷体験の暴露の程度が最も大きな要因ではあるが，個体の脆弱性やトラウマ後の体験も関連しており，複数の要因によって決まるのではないかと考えられている．

ASD は PTSD のリスク要因とされているが，自然回復や遅延発症（遅延型；出来事から6ヵ月をこえてから発症する）もあり，ASD のすべてが PTSD に移行するわけではない．

■臨床像

PTSD 患者では，自分でコントロールできない形で，外傷体験が想起されることが特徴的である（侵入的想起）．このような記憶は鮮明で，その時の感情（恐怖，苦痛，無力感など）や感覚（光景，匂い，声など）を伴っており，患者はあたかもその体験が

くり返されるように感じる（再体験）．これらの想起は患者に著しい恐怖や苦痛を与えるだけでなく，動悸や冷や汗などの生理反応もひきおこす．このような記憶は内的・外的さまざまなきっかけ（reminder）によって生じることが多い．

この想起が非常に鮮明であって，現実感覚を失いあたかもそのときに戻ったかのように体験される場合を（解離性）フラッシュバックとよんでいる．患者は，出来事を人に話さないようにしたり，思い出すきっかけを避けるようにする．事件の記憶が失われたり（健忘）（→12.16），人との間に疎隔感を感じたり，感情の幅が縮小（幸福感などを感じない）したり，自分の人生は短いという確信をいだくこともある．過覚醒症状として，睡眠障害（就眠困難，中途覚醒）や，集中困難，イライラや怒りの爆発などの感情制御の問題，過剰な警戒反応，驚愕反応が見られる．

また，PTSDでは，約80％にうつ病，他の不安障害，薬物・アルコール関連障害（物質関連障害（→12.8））などの他の精神障害が併存する（Kessler et al., 1995）ため，複雑な病状を呈することがある．

■ 経過，予後

PTSDは発症後12ヵ月の間に速やかに自然回復し，約20〜40％では長期に症状が持続する（Breslau et al., 2004；Kessler et al., 1995）．PTSD患者では自殺行動や身体健康の疾患（呼吸器疾患，慢性疼痛など）のリスクが高いことや，QOL（quality of life）の低下がみられることも報告され

ており，心理的苦痛だけでなく，生活機能における影響が大きいため，治療介入が重要である．　　　　　　　　〔中島聡美〕

▶文　献

Breslau, N., Peterson, E.L., Poisson, L.M., et al. (2004). Estimating post-traumatic stress disorder in the community : Lifetime perspective and the impact of typical traumatic events. *Psychol Med*, **34**, 889-898.

Bryant, R.A., Creamer, M., O'Donnell, M.L., et al. (2008). A multisite study of the capacity of acute stress disorder diagnosis to predict post-traumatic stress disorder. *J. Clin. Psychiatry*, **69**, 923-929.

Classen, C., Koopman, C., Hales, R., et al. (1998). Acute stress disorder as a predictor of post-traumatic stress symptoms. *Am. J. Psychiatry*, **155**, 620-624.

川上憲人（2007）．こころの健康についての疫学調査に関する研究　平成16〜18年度厚生労働科学研究費補助金「こころの健康についての疫学調査に関する研究総合研究報告書」pp.1-21.

Kessler, R.C., Sonnega, A., Bromet, E., et al. (1995). Posttraumatic stress disorder in the National Comorbidity Survey. *Arch. Gen. Psychiatry*, **52**, 1048-1060.

Kitayama, N., Vaccarino, V., Kutner, M., et al. (2005). Magnetic resonance imaging (MRI) measurement of hippocampal volume in post-traumatic stress disorder : A meta-analysis. *J. Affect. Disord.*, **88**, 79-86.

Ozer, E.J., Best, S.R., Lipsey, T.L., et al. (2003). Predictors of posttraumatic stress disorder and symptoms in adults : A meta-analysis. *Psychol. Bull.*, **129**, 52-73.

Yamasue, H., Kasai, K., Iwanami, A., et al. (2003). Voxel-based analysis of MRI reveals anterior cingulate gray-matter volume reduction in post-traumatic stress disorder due to terrorism. *Proc. Natl. Acad. Sci. USA*, **100**, 9039-9043.

13.5
PTSDの治療

PTSD（→13.4）の治療は，その診断概念が定まらないころから行われており，1980年代初期では，おもにベトナム退役軍人を対象とした症例研究で，催眠療法，フラッディング，集団療法，薬物（Phenerzine）などの効果が報告されている．しかし，当時はまだ実証性に乏しかった．

薬物療法については，1990年代からおもに抗うつ薬を中心に無作為化比較試験（randomized control trial：RCT）が実施されるようになり，選択的セロトニン再取り込み阻害薬（serotonin selective reuptake inhibitor：SSRI）において有効性が示された研究が多く報告されるようになった．

精神療法では，催眠療法，力動的精神療法，ストレス接種法，認知行動療法（cognitive behavioral therapy：CBT），眼球運動による脱感作と再処理法（eye movement desensitization reprocessing：EMDR）など，さまざまな治療が行われてきている．近年のいくつかのメタアナリシスおよび系統的レビュー（Australian Centre for Posttraumatic Mental Health, 2007；Bisson & Andrew, 2007；Foa, 2009；National Academy of Sciences, 2007；National Institute for Health and Clinical Excellence, 2005）の結果は，曝露療法を含むトラウマ（→13.2）に焦点をあてた認知行動療法（trauma focused cognitive behavioral therapy：TF-CBT）が最も治療効果におけるエビデンスのある治療であることで一致してきている．

上記の治療法の有効性の評価は，PTSDの中核症状（再体験，回避・麻痺，過覚醒）についてのものである．PTSDは併存精神疾患が多く，またさまざまな心理社会的な問題をかかえていることも少なくない．治療をはじめるにあたっては，慎重な評価と信頼できる治療関係の形成につとめなくてはならない．

国際トラウマティックストレス学会（ISTSS）（Foa et al., 2009）では，PTSDの治療を開始するにあたって，①PTSDと併合疾患の正確な診断，②治療の妨げになる問題の同定，③患者のリソースの評価，④患者のモチベーションの把握を行うことを留意するように求めている．

■ PTSDの薬物療法

PTSDの薬物療法は，1990年代以降，SSRIがいくつかの研究でPTSDの3つの中核症状に有効であるという報告がなされるようになった．

近年のメタアナリシスの結果では，薬物療法の有効性に関するエビデンスは，TF-CBTほど十分ではないとされ，英国国立医療技術評価機構（National Institute for Clinical Excellence, 2005）やオーストラリア・トラウマメンタルヘルスセンター（Australian Centre for Posttraumatic Mental Health, 2007）のガイドラインでは，TF-CBTを最優先にするべきであり，薬物療法を第一選択とすることは勧めていない．

しかし，薬物療法の中では，SSRIを第一選択とし，有効でない場合にはNaSSA（Noradrenergic and Specific Serotonergic Antidepressant）や三環系抗うつ薬を用いることを検討するべきであるとしている．その他の薬物，抗アドレナリン作用薬（βアドレナリン拮抗薬あるいはα_2アドレナリン拮抗薬）や，抗てんかん薬，抗精神病薬，抗不安薬の効果については十分なエビデンスは得られていない．

IPAP (International Psychopharmacology Algorithm Project, 2006) ではPTSDの薬物療法アルゴリズムを示し，副作用や併存疾患を検討しながら薬物療法を選択していくことを勧めている．

■ **精神療法**

イギリスおよび，オーストラリアのPTSDの治療ガイドラインでは，治療の第一選択は，TF-CBTかEMDRを行うべきとしている．

ここでは，TF-CBTとその代表的な治療法である持続エクスポージャー療法 (prolonged exposure therapy：PE) と認知処理法 (cognitive processing therapy：CPT) およびEMDRについて簡単に紹介する．

1) TF-CBT PTSDにおけるCBTの治療要素として以下のものが含まれる．曝露 (exposure)，認知再構成 (cognitive restructuring)，コーピングスキル，心理教育．代表的なものとして持続エクスポージャー療法 (prolonged exposure：PE)，認知処理法 (cognitive processing therapy：CPT) などがあげられる．

PTSDの場合，CBTの治療要素に曝露の要素あるいは，トラウマ体験に焦点をあてた要素が必要だとされている．この根拠となっているのは，フォアら (Foa & Kozak, 1986) の「恐怖構造」理論である．

フォアらは，恐怖の認知構造として「恐怖刺激」，「恐怖反応」，「恐怖刺激と反応の意味づけ」の3つの要素があり，恐怖を軽減するためには，曝露によって「恐怖構造」を活性化し (記憶を再想起させ)，新たな情報を再学習することが必要だとしている．

この理論は，近年動物実験などによってPTSDが恐怖条件づけの消去に失敗した状態であり，恐怖条件づけの消去には，「現在はもう安全である」という情報の再学習が必要とされていることと一致しているであろう

PE フォアらが1990年代に上記の理論に基づいて開発した治療プログラムで，曝露に重点をおいている (Foa, 2007)．週1～2回, 10回のセッションで構成される．治療要素としては，①PTSDおよびトラウマ反応に対する心理教育，②呼吸再調整法，③想像曝露 (imaginal exposure)，④現実曝露 (in vivo exposure) ⑤認知再構成があげられる．

想像曝露では，患者は目を閉じ現在形で体験したトラウマを45～60分間語る．現実曝露では，現実生活において回避している状況に恐怖が軽減するまでくり返し直面する．PEはおもに性暴力被害者 (→ 13.11) を対象としたRCTでの治療効果が多く報告されている (Foa et al., 2005 など)．

CPT： レイシックら (Resick & Schnicke, 1992) が開発した認知再構成に重点をおいた治療法である．全12回のセッションで，グループへの応用も可能である．治療要素として，心理教育とトラウマ体験への曝露 (出来事の筆記) のほか，安全，信頼，力/コントロール，尊厳，親密さの5つの課題を取り上げ，認知再構成を行う．

レイシックらは，RCTにおいてPEとほぼ同等の効果があることを報告している (Resick et al., 2002)．

2) EMDR： シャピロ (Shapiro, 1989) が自分の体験から開発した左右の眼球運動によってトラウマ記憶および関連する感情の処理を行うとする治療法である．治療の回数は特定されていないが，以下の8つの手続きによって構成されている．

①成育歴の聴取
②準備
③評価
④脱感作

⑤認知の植え付け
⑥ボディスキャン
⑦終了
⑧再評価

　脱感作の際に，患者はトラウマ体験を想起しながら，治療者の素早く左右に動く指を追うことで眼球運動を行う．眼球運動ではなく，左右のタッピング刺激でもよいとされている．眼球運動の明確な作用機序は不明である．

　EMDRは，いくつかのRCTによって有効性は評価されている（van der Kolk et al., 2007など）が，研究の数や質の不足の指摘（National Academy of Sciences, 2007）や主要な治療技法である眼球運動の必要性について疑問がある（Davidson & Parker, 2001）ことなども指摘されている．

■ 子どものPTSDの治療

　児童虐待や，配偶者間暴力の目撃，性的被害，事故などの外傷体験によって，子どももPTSDを発症する．しかし，子どもに成人の治療をそのまま適応することは単純にはできない．

　一つには，子どもは内的体験の言語化や感情の調節などの機能が未成熟であることがあるため，成人と同じような外傷体験を言語化していく認知行動療法を適応することができない．また，子どもは，親（養育者）の影響を大きく受けるため，治療に親を組み入れることが必要である．現在，子どものPTSDに対して十分な効果のある薬物療法の報告はなく，各国のガイドラインやメタアナリシスでは，成人と同様にトラウマに焦点を当てた認知行動療法が有効であるとされている．

　児童思春期のPTSDに対するTF-CBTの代表的なものとして，コーエンら（Cohen, et al. 2006）のプログラムがある．このプログラムは，子どもの状態に柔軟にあわせるようになっており，親子別々のセッションと同席のセッションを組み合わせた10のコンポーネントによって構成されており，週に1回，少なくとも10～12回実施することを勧めている．10のコンポーネントの項目は以下である．
　①心理教育
　②子どもの問題行動をマネージメントできるようにするための養育のスキル
　③リラクセーション
　④感情の表出とその調節
　⑤トラウマに関係しないことに対する認知的対処と処理
　⑥外傷体験について段階的に語る（描画など用いる）
　⑦外傷体験についての認知的対処と処理
　⑧外傷体験についての刺激に対する現実生活での対処の習得
　⑨親子同席での心理教育，外傷体験の記述，認知の修正
　⑩将来の安全上の問題への対処能力の強化

　子どものPTSDの治療については，まだ研究が不足しているのが現状であるが，増え続ける児童虐待や災害に対応するためにも，多くの治療現場で利用可能な治療法の開発とその効果についての実証的研究の推進が望まれる．

■ その他の治療の動向

　PTSDの予防には現在十分に有効性が実証された治療技法はまだない．CISD（Critical Incident Stress Debriefing）（Mitchell, 1983）に代表されるトラウマ直後の単回のデブリーフィングについてはメタアナリシスで，PTSDの予防効果がないと報告されている（Rose et al., 2002）．被害後早期における数回の認知行動療法についても現在のところ，十分なエビデンスは得られていない（Roberts et al., 2009）．

TF-CBT は，治療の習得や指導体制などの困難さから十分に普及しているとはいいがたく，今後は技法の普及やより簡便な治療技法の開発などが課題である．

〔中島聡美〕

▶文　献

Australian Centre for Posttraumatic Mental Health. (2007). *Australian guidelines for the treatment of adult with acute stress disorder and posttraumatic stress disorder*, Melbourne：Australian Centre for Posttraumatic Mental Health.

Bisson, J., & Andrew, M. (2007). Psychological treatment of post-traumatic stress disorder (PTSD). *Cochrane Database Syst Rev*, CD003388.

Cohen, J.A., Mannariono, A.P., & Deblinger, E. (2006). *Treating trauma and traumatic grief in children and adolescents*. New York：Guilford Press.

Davidson, P.R., & Parker, K.C. (2001). Eye movement desensitization and reprocessing (EMDR)：A meta-analysis. *J. Consult. Clin. Psychol.*, **69**, 305-316.

Foa, E.B., Hembree, E.A., Cahill, S.P., et al. (2005). Randomized trial of prolonged exposure for posttraumatic stress disorder with and without cognitive restructuring：Outcome at academic and community clinics. *J. Consult. Clin. Psychol.*, **73**, 953-964.

Foa, E.B., Hembree, E.A., & Rothbaum, B.O. (2007). *Prolonged exposure therapy for PTSD：Emotional processing of traumatic experiences, Therapist Guide (treatment That Work)*. New York：Oxford University Press.

Foa, E.B., Keane, T.M., Friedman, M.J., & Cohen, J.A. (2009). *Effective treatment of PTSD*. 2nd ed. New York：Guilford Press.

Foa, E.B., & Kozak, M.J. (1986). Emotional processing of fear：exposure to corrective information. *Psychol. Bull.*, **99**, 20-35.

International Psychopharmacology Algorithm Project (IPAP). (2006). *The Post-traumatic stress disorder (PTSD) algorithm* (www.ipap.org.)

Mitchell, J.T. (1983). When disaster strikes...the critical incident stress debriefing process. *Jems.*, **8**, 36-39.

National Academy of Sciences. (2007). Treatment of posttraumatic stress disorder：An assesment of the evidence.

National Institute for Health and Clinical Excellence. (2005). *Post-traumatic stress disorder The management of PTSD in adults and children in primary and secondary care*. London/Leicester：Gaslell and British Psychological Society.

Resick, P.A., Nishith, P., Weaver, T.L., et al. (2002). A comparison of cognitive-processing therapy with prolonged exposure and a waiting condition for the treatment of chronic posttraumatic stress disorder in female rape victims. *J. Consult. Clin. Psychol.*, **70**, 867-879.

Resick, P.A., & Schnicke, M.K. (1992). Cognitive processing therapy for sexual assault victims. *J. Consult. Clin. Psychol.*, **60**, 748-756.

Roberts, N.P., Kitchiner, N.J., Kenardy, J., et al. (2009). Multiple session early psychological interventions for the prevention of post-traumatic stress disorder. *Cochrane. Database. Syst. Rev.*, CD006869.

Rose, S., Bisson, J., Churchill, R., et al. (2002). Psychological debriefing for preventing post traumatic stress disorder (PTSD). *Cochrane Database Syst Rev*, CD000560.

Shapiro, F. (1989). Eye movement desensitization：A new treatment for post-traumatic stress disorder. *J. Behav. Ther. Exp. Psychiatry*, **20**, 211-217.

van der Kolk, B.A., Spinazzola, J., Blaustein, M.E., et al. (2007). A randomized clinical trial of eye movement desensitization and reprocessing (EMDR), fluoxetine, and pill placebo in the treatment of posttraumatic stress disorder：treatment effects and long-term maintenance. *J. Clin. Psychiatry.*, **68**, 37-46.

13.6 複雑性PTSD・DESNOS

複雑性PTSDとは，長期的・反復的な心的な外傷体験に基づく広範囲の心身症状群のことをさす．「複雑性」という言葉は，1回の心的外傷体験によって生じる（単純性の）PTSD（posttraumatic stress disorder，心的外傷後ストレス障害）（→13.4）と対比して，その原因となる体験が複雑になっていることを意味している．ハーマン（Herman, 1992）によれば，原因となる体験は「全体主義的な支配下に長期間（月から年単位）服属した生活史」をもつこととされ，具体的には，人質，戦時捕虜，強制収容所生存者，宗教カルトあるいは家庭生活・性生活における支配的・搾取的な関係や暴力への暴露が含まれる．

DESNOS（disorders of extreme stress, not otherwise specified：他に特定されない極度のストレス障害）は，複雑性PTSDとほぼ同義であるが，症状学的な調査結果をもとにして複雑性PTSDをより精密な診断として再構成したものである．

■ 本概念の背景と症状

児童虐待（→7.18, 13.7）などによる早期からの反復的・慢性的な対人的なトラウマ（→13.3）によるダメージの評価は，PTSDの3症状では十分でないことが，従来より指摘されてきた．たとえばテア（Terr, 1991）は，長期の反復性外傷を受けた者では単一の外傷の場合に比べ，否認と麻痺，自己催眠と解離，怒りが多いことを見出し，これを「タイプⅡ」外傷とよんだ．ハーマン（Herman, 1992）はこれらの研究をレビューし，長期の反復するトラウマの被害者の症状群を，「複雑性PTSD」という概念としてとらえる提案を行った．DSM-Ⅳ（→12.13）のPTSD診断基準作成委員会は，彼女の研究を発展させ，長期に反復するトラウマに関連する症状を以下の7カテゴリーからなるDESNOSという診断基準にまとめた．

> Ⅰ．**感情と衝動の調節の変化**：慢性的な感情の制御障害，怒りの調節困難，自己破壊行動，希死念慮性的な関係の制御困難過度に危険を求める行動
> Ⅱ．**注意や意識の変化**：健忘，一過性の解離エピソードと離人症
> Ⅲ．**自己認識の変化**：自分が役に立たないという感覚，取り返しのつかないダメージを受けた感覚，罪悪感・自責感，恥辱感，自分を理解する人が誰もいないという感覚，自分に起こることを過小評価する傾向）
> Ⅳ．**加害者への認識の変化**：加害者から取り込んだ歪んだ信念，加害者の理想化，被害者を傷つけることばかり考える
> Ⅴ．**他者との関係の変化**：他者を信頼できない傾向，再び被害を受ける傾向，他者を傷つける傾向
> Ⅵ．**身体化**：胃腸障害，慢性的な痛み，動悸息切れ，転換症状，性的な症状
> Ⅶ．**意味体系の変化**：絶望感，以前からもっていた信念の喪失

さらに，このDESNOSを評価する半構造化面接法（structured interview for DESNOS・SIDES）とその自記式質問表（SIDES-SR）が作成され（Pelcovitz et al., 1997），これを用いた調査が行われた結果，a) 14歳以前の早期の対人トラウマの被害体験は，後の時期の対人トラウマ被害体験よりも多くDESNOS症状を生じる，b) PTSDとDESNOS症状は重複して発生することが多い，c) トラウマ体験の時期が早いほど，PTSDに加え，DESNOS症状が生じる可能性が高い，d) トラウマへの暴露期

間が長いほど，PTSD と DESNOS の両診断がつく可能性が高い，などが明らかにされた（van der Kolk, 2002）.

DESNOS は，DSM-Ⅳ に組み込まれることが検討されたが，従来診断と折り合いの問題などから，正式に採用されなかった．しかし，その後，アメリカの National Child Traumatic Stress Network（NCTSN）による大規模な子どもの複雑性トラウマの調査（Cook et al., 2003）の結果，対象児童の8割近くが複数/慢性的なトラウマに曝されていること，最初のトラウマ暴露は平均5歳でその大半が対人的被害であること，トラウマをもつ子供が PTSD 以外の幅広い症状を有することが報告され，子どもにおける複雑性 PTSD の評価・治療の重要性があらためて注目されている．

■ 心理的機序と治療

複雑性 PTSD では，トラウマによる危機反応のみでなく，これを解消するはずの感情や対人関係の安定化システムの機能不全が生じている（van der Kolk, 1996）．この安定化するシステムは，アタッチメント体験などの安定した人間関係をもとに形成されるものであるが，それがダメージを受けてしまっている．そのため，危機反応を安定化できず，その結果生じた過剰な情動負荷が多様な症状・問題行動として表現される事態となっている．このパターンの継続は，自己や他者や生きる意味についての認知を歪め，不適切な行動が再被害を生む悪循環を生じていると考えられる．

回復のためには，安定的な人間関係をベースに危険な悪循環をストップしたうえで，認知-感情の問題やトラウマ記憶の処理に取り組む必要がある．クックら（Cook et al., 2003）は治療過程を，4段階（①家，学校，地域などの環境における安全の確保，②情動調節・対人機能スキルの開発，③外傷的な出来事に対する意味づけ，④社会ネットワークの回復と統合）にまとめている．

以上のように複雑性 PTSD の概念を用いることで多様な症状を束ねる形で対人的なトラウマの影響を把握し，回復計画を進めることができる．この概念は，精神科治療のみでなく，被害体験をもつ犯罪者や非行少年の更生においても有用である．日本でも，その評価ツールである SIDES や SIDES-SR の日本語版の標準化が行われ（鈴木ほか，2007），複雑性 PTSD の観点から治療的な働きかけがなされはじめている（白川，2002）. 〔森田展彰〕

▶文 献

Cook, A., Blaustein, M., Spinazzola, J. et al. (2003). Complex trauma in children and adolescents: White paper from the National Child Traumatic Stress Network Complex Trauma Task Force. National Child Traumatic Stress Network, www.NCTSNet.org.

Herman, J.L.H. (1992/1997). *Trauma and recovery*. New York, Harper Collins.（中井久夫（訳）(1999). 心的外傷と回復 みすず書房）

Pelcovitz D, van der Kolk B.A., Roth S et al. (1997). Development of a criteria set and a structured interview for disorders of extreme stress (SIDES). *J. Trauma. Stress*, **10**, 3-15.

白川美也子（2002）. 複雑性 PTSD（DESNOS） 臨床精神医学増刊号 220-230.

鈴木志帆・森田展彰・白川美也子ほか（2007）. SIDES (Structured Interview for Disorders of Extreme Stress) 日本語版の標準化 精神経誌, **109**(1), 9-29.

Terr, L.C. (1991). Childhood traumas: An outline and overview. *Am. J. Psychiatry*, **148**, 10-20.

van der Kolk, B.A. (1996). The complexity of adaptation to trauma: Self-regulation, stimulus discrimination, and characterological development. In van der Kolk, B.A., MaFarlane A (Eds), *Traumatic stress: The effects of overwhelming experience on mind, body, and society*, The Guilford Press, New York, pp.182-213.

van der Kolk, B.A. (2002). The assessment and treatment of complex PTSD. In Yehuda, R., (Eds), *Psychological trauma*. American Psychiatric Press.

13.7 被害者支援

近年では，被害者の権利擁護，弱者保護などの考えが一般的になり，かつて犯罪被害者が直面していた多くの問題は解決が図られ，あるいは，解決の方向性が示されてきている．

しかしながら，わが国で，犯罪被害者の支援の取り組みが本格的にはじまったのは，10数年前のことであり，多少の時間差はあるが，歴史が浅いという点では，欧米の状況も類似している．本項では，犯罪被害者の支援の歴史と概要を解説する．

■ 欧米の取り組み

犯罪被害者を尊重し，社会が支援に責任をもつという考え方は，1960年代頃から，欧米を中心に広まった．ニュージーランドは，1963年に犯罪被害者補償法を制定し，世界で始めて犯罪被害者の補償制度を導入した．イギリスでは，「犯罪被害者保証要綱」が1964年に成立している．

民間の支援団体としては，イギリスのブリストルで1973年にBVSS (Bristol Victim Support Schemes) が設立され，1979年に全国組織となっている．アメリカでは1972年に，民間組織による援助プログラムがスタートし，1976年には全国組織のNOVA (National Organization for Victim Assistance) が設立された．

1985年には国連総会で「犯罪及びパワー濫用の被害者のための司法の基本原則宣言」が採択された．被害者は，同情と，被害者の尊厳に対する尊敬の念をもって扱われなければならないこと，被害者が十分な弁償を得られない場合には国家は経済的補償を行うよう努力しなければならないこと，被害者は，物質的・医療的・精神的・社会的な援助を受けることができること，警察・司法・健康・社会サービスなどの担当者は，被害者のニーズに適切に対応し，適切な援助を迅速に行うためのガイドラインについて適切な訓練を受けなければならないこと，などが宣言されている．

■ わが国の取り組み

わが国では欧米から約20年遅れ，1990年代後半からさまざまな施策が実施されはじめた．まず，警察で被害者の安全の確保に関する配慮，事情聴取の際のプライバシーの確保，被害者との接し方に関する職員の教育，相談機関の連絡先等の情報を掲載したパンフレット類の作成などが行われるようになった．事件の起訴・不起訴の理由，刑事裁判の結果，加害者の現在の状況などを被害者に通知する制度もはじまった．

2000年には，犯罪被害者保護のための二法とよばれる，「刑事訴訟法及び検察審査会法の一部を改正する法律」「犯罪被害者等の保護を図るための刑事手続きに付随する措置に関する法律」が成立した．これらの法律により，被害者が裁判所で証言する場合，衝立を設ける，別室に設置したビデオカメラを利用して証言すること，などが可能になった．また，被害者や遺族が，裁判で心情を話すことができるようになった．

2001年には，「配偶者からの暴力の防止及び被害者の保護に関する法律」(DV防止法) が成立し，国と地方公共団体には配偶者からの暴力を防止し，被害者を保護する責任があるとされた (→ 13.12)．警察は暴力の制止，被害者の保護，被害の発生を防止する措置をとることとされ，各都道府県には，DV被害者を支援するセンターが設置された．センターでは，被害者からの相談を受け付けるほか，必要があれば被害者

を一時保護し，暴力行為を行う配偶者から隔離する．

2000年には，「児童虐待の防止等に関する法律」，「ストーカー行為等の規制等に関する法律」も施行され，DVと同様に児童虐待（→7.18）やストーカー（→7.37）についても，警察や地方公共団体による介入が可能となった．

2008年には，被害者参加制度が開始され，被害者が公判に出席し，被告人や検察官に質問を行うことが可能になった．また，刑事事件を担当した裁判所が，刑事裁判に引き続いて損害賠償請求についての審理も行う制度が開始された．被害者の相談に応じる行政機関の窓口や，民間の援助団体も設立された．1998年は，民間の被害者支援団体が加盟する「全国被害者支援ネットワーク」が設立され，現在では，すべての都道府県に民間の援助団体がある．民間の援助団体の中には「犯罪被害者等早期援助団体」の指定を受けている団体もある．指定を受けた団体は，警察から被害者や事件の情報を直接に得ることができ，早期に必要な支援を行うことができる．

このように，わが国では1990年代後半から，被害者支援の施策が次々と実施されたが，それぞれの施策は，関係機関が個別に実施したもので，必ずしも同じ理念に基づいて実施されたわけではなかった．また，犯罪被害者は，長い間，社会から孤立していたという歴史があり，今後，施策が後退する可能性もないとはいえない．このような背景の中，国や地方公共団体が行うべき支援の内容などを明記した，犯罪被害者等基本法が2004年に成立した（→13.8）．基本法に基づく5年計画の犯罪被害者等基本計画は，2005年12月に策定された．

■ 課題

犯罪被害の賠償は大きな課題である．保険制度が普及している交通事故の場合を除くと，加害者に支払い能力がない場合も多く，被害者が加害者から犯罪被害の賠償を受けることはまれである．公的な給付金として，犯罪被害給付制度（→13.9）があるが，見舞金的な性格であり，被害者の損害を補償する制度は十分とはいえない．

支援の多くは，民間団体の協力で進められているが，民間団体が活動を遂行するにあたっての財源の確保の問題がある．被害者支援の専門家は都市部には多いが，地方には少ないなど，地方の被害者は必要な支援を受けにくいなどの問題もある．また，被害者支援を行う機関どうしの連携の問題もある．犯罪被害者は，思いがけずに事件や事故などに遭遇するので，支援策の種類や内容を詳しく知らないことが一般的である．最初に相談を受けた窓口がどこであっても，被害者が必要な援助が受けられるように十分な連携を図る必要がある．

犯罪被害者のニーズは，安全の確保，情報の提供，二次被害の防止，刑事手続きや民事訴訟での権利の保護，経済的な支援，心のケアや社会復帰の援助などさまざまであり，犯罪の態様や被害者によって，ニーズや支援が必要な時期も異なる．また，犯罪被害者の支援は，警察や検察などの刑事司法の機関や，自治体・病院・民間団体などの多くの機関が協力がして行う必要であり，法律家・精神科医・臨床心理士はもちろん，行政学・看護学・社会学などのさまざまな専門家の関与が必要である．被害者支援は単一の視点や方法により達成できるものではなく，多様な方法により達成されるものであることを理解する必要がある．

〔藤田悟郎〕

▶ 文　献

内閣府（2009）．平成21年版　犯罪被害者白書　内閣府

13.8 犯罪被害者等基本法

■犯罪被害者等基本法の制定経緯

日本における犯罪被害者等（以下「被害者」という）を対象とした施策は，古くは昭和20年代の自動車損害賠償保障制度等までさかのぼることができるが，これらの施策は交通政策等の色彩が強く，必ずしも被害者の権利利益の保護を念頭においた施策ではなかった．

しかし，1974（昭和49）年に発生した三菱重工ビル爆破事件において多数の死傷者が出たことなどをきっかけとして被害者救済の気運が高まり，1980（昭和55）年に「犯罪被害者等給付金支給法」（現在の「犯罪被害者等給付金の支給等による犯罪被害者等の支援に関する法律」）（→13.9）が成立し，わが国において被害者の権利利益の保護を目的とした最初の制度である犯罪被害給付金制度が設立された．

その後，平成に入ってから，1996（平成8）年に警察庁が犯罪被害者対策要綱を策定し，1999（平成11）年には検察庁が「被害者通知制度」を導入した．2000（平成12）年にいわゆる犯罪被害者等保護二法が制定されるなどしたが，省庁横断的・総合政策的な取組みまではなされなかったこともあり，被害者の要望に十分応えた施策にまでは至らなかった．被害者の多くは「その権利が尊重されてきたとは言い難いばかりか，十分な支援も受けられず，社会において孤立することを余儀なくされてきた」（犯罪被害者等基本法前文）．

そのため，被害者の権利利益の保護を念頭においた，総合的な施策を求める声が主として被害者側から高まり，それを受けて2004（平成16）年12月に犯罪被害者等基本法（以下「基本法」という）が議員立法により成立し，翌2005（平成17）年4月から施行された．

■適用範囲

基本法第2条は，「犯罪等」や「犯罪被害者等」などの定義に関する規定をおいて，同法の適用対象を明確にしている．

まず，同条第1項は「犯罪等」につき，「犯罪行為及びこれに準じる心身に有害な影響を及ぼす行為をいう」と規定し，被害を生じさせた行為が必ずしも刑事法上の構成要件を満たさない，つまり犯罪として成立しない場合であっても基本法が適用されうる旨を定めた．

典型的な場合としては，犯人が心神喪失により責任無能力とされる場合がこれにあたり，刑法上は同法第39条第1項によって犯罪が成立しないが，基本法上は「犯罪行為に準じる心身に有害な影響を及ぼす行為」に該当し，同法の適用がある．このような差異が生じるのは，基本法が被害者の権利利益の保護を念頭においた法制度であることに由来している．

また，第2項では「犯罪被害者等」につき，「犯罪等により害を被った者及びその家族又は遺族をいう」と規定し，被害者本人だけでなく，その家族や遺族も基本法によって保護されることを定めた．犯罪被害による悪影響は，被害者自身だけでなく遺族や家族にまで波及することがほとんどであり，その程度も被害者自身と比較して軽度とは限らないことによるものである．

■基本理念

基本法第3条は，同法を支える3つの基本理念，つまり「尊厳にふさわしい処遇を権利として保障すること」（第1項），「個々の事情に応じて適切に施策が講じられること」（第2項），「被害者が再び平穏な生活

を営むことができるようになるまでの間，必要な支援が途切れることなくおこなわれること」（第3項）について，それぞれ独立した項で規定をしている．

第1項の基本理念は，前述のような基本法制定までの経緯を前提としたうえで，被害者が個人としての尊厳を重んじられ，それにふさわしい処遇を保障される権利を有することに言及したものであるが，とくに権利性を明文で規定した点に意義がある．

第2項の基本理念は，個々の被害者が置かれた状況は，たとえば，犯罪などの態様，被った被害の状況，被害者自身の生活環境などについて千差万別であるため，それぞれの特有の事情に応じた施策が講じられなければ十分な被害者施策とはならないことに基づく．

第3項の基本理念は，被害者が被害から回復するには，きわめて長い時間を必要とし，また，時間の経過に伴って被害者が必要とする支援の内容が変化することも少なくないことなどに鑑みたものであり，「途切れなく」という点が重要である．

これら3つの基本理念は，後述する犯罪被害者等基本計画の基本方針とされていることに代表されるように，わが国における各種の被害者施策の根本をなしている．

■ 国，地方公共団体及び国民の責務

基本法は，国及び地方公共団体が，それぞれの役割などに応じて，被害者施策を策定し，および実施する責務を有することを明文で規定しているが（同法第4条，第5条）．それだけにとどまらず，国民に対しても，被害者の名誉や生活の平穏を害さないよう十分配慮するとともに，国や地方公共団体の施策に協力するよう努めなければならない旨を定め，努力義務ではあるものの国民の責務についても規定している（第6条）．

被害者が犯罪被害によって被ったさまざまな傷を癒して社会生活に戻れるようになるためには，国や地方公共団体の施策だけでなく，社会の構成員である国民の理解も重要な意味をもつからである．

■ 推進体制

基本法は，被害者施策の重要性に鑑み，政府をあげて，かつ学識経験者や被害者団体関係者などの意見も反映させつつ取り組むため，内閣官房長官を会長とし，関係省庁の大臣と有識者を委員とする「犯罪被害者等施策推進会議」（以下「推進会議」という）を内閣府に設置し，同会議において，犯罪被害者施策に関する重要事項の審議や施策の実施状況の検証・評価などを行わせることとしている（第24～28条）．

そして，推進会議は，必要があると認める場合には，関係行政機関の長に対し，資料の提出，意見の開陳，説明その他必要な協力を求めることができる（第29条）とされている．

また，政府は，政府が講じた犯罪被害者等のための施策についての報告を，毎年，国会に提出することとされており（第10条），これに基づいて内閣府では毎年，「犯罪被害者白書」を作成している．

■ 種々の基本的施策

基本法は第11～23条において，国ないしは地方公共団体が講じるべき各種の施策について規定している．これらは，情報の提供，給付金の支給にかかる制度の充実，雇用や居住の安定から国民の理解の増進，調査研究の推進，民間の団体に対する援助に至るまで，分野としては広範囲に及んでおり，各分野において国や地方公共団体が被害者施策を講じることを義務づけるとともに，その際の基本方針や留意点について規定したものである．

これらの規定は，後述する犯罪被害者等

基本計画において，施策として具体化されている．

■犯罪被害者等基本計画および3つの検討会

基本法は，その内容において，犯罪被害者施策を推進するにあたって画期的な法律であるが，同法は基本構想を定めたものにすぎず，それが実効性を有するには施策として具体化する必要があり，そのため基本法第8条は，犯罪被害者等基本計画（以下「基本計画」という）の策定を明文で義務づけていた．

基本計画の策定作業は，基本法施行直後の2005（平成17）年4月から，有識者，関係府省庁の幹部職員などから構成された「犯罪被害者等基本計画検討会」で進められた．検討開始前に犯罪被害者などから1000をこえる要望・意見などを聴取し，それを集約したうえで前記検討会で一つ一つの施策について検討を行い，同年8月に骨子案を取りまとめ，さらに意見募集（パブリック・コメント）を経て11月に基本計画案が取りまとめられ，同年12月27日に基本計画が閣議決定された．

決定された基本計画は，基本法に規定された3つの基本理念に，「国民の総意を形成しながら行われること」という理念を加えた4つを基本方針とし，施策数は全部で258を数えた．そして，それらの施策は，
「損害回復・経済的支援等への取組」
「精神的・身体的被害の回復・防止への取組」
「刑事手続への関与拡充への取組」
「支援等のための体制整備への取組」
「国民の理解の増進と配慮・協力の確保への取組」
といった5つの重点課題に分類整理された．

基本計画では，これら258の施策一つ一つについて担当府省庁を明記するとともに，施策実施までの期限も明文で規定し，ただちに実施可能な施策については，ただ

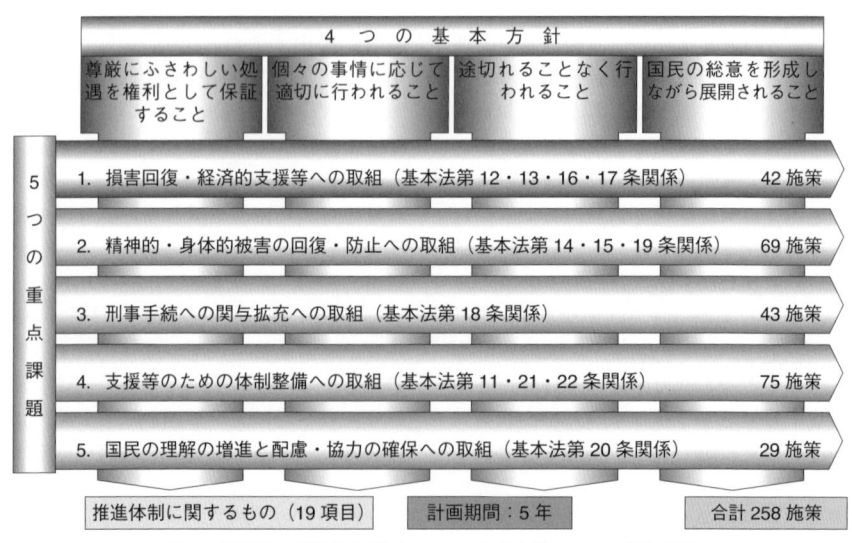

図1 犯罪被害者等基本計画の4つの基本方針，5つの重点課題

4つの基本方針：
- 尊厳にふさわしい処遇を権利として保証すること
- 個々の事情に応じて適切に行われること
- 途切れることなく行われること
- 国民の総意を形成しながら展開されること

5つの重点課題：
1. 損害回復・経済的支援等への取組（基本法第12・13・16・17条関係）　42施策
2. 精神的・身体的被害の回復・防止への取組（基本法第14・15・19条関係）　69施策
3. 刑事手続への関与拡充への取組（基本法第18条関係）　43施策
4. 支援等のための体制整備への取組（基本法第11・21・22条関係）　75施策
5. 国民の理解の増進と配慮・協力の確保への取組（基本法第20条関係）　29施策

推進体制に関するもの（19項目）　　計画期間：5年　　合計258施策

ちに実施し，法改正等の事前準備が必要な施策についても最長で3年以内には実施することとされた．

また，基本計画の期間に関しては，平成22年度末までの約5年間と決められた．

このように基本計画が閣議決定されたものの，いくつかの施策，たとえば，被害者に対する経済的支援の充実，被害者のための公的弁護制度導入の是非，損害賠償債務の国による立替払および求償の是非などの論点については，最終的な結論までには至らなかった．

そのため，これらの論点にかかわる施策に関しては，3つの分野に分けてそれぞれ検討会を設置し，そこでさらに議論を進めることとなった．それを受けて，

「経済的支援に関する検討会」
「連携のための支援に関する検討会」
「民間団体への援助に関する検討会」

という3つの検討会が設置され，2006（平成18）年4月から検討が行われた．

各検討会は，犯罪被害者等基本計画検討会と同様に，学識経験者や被害者団体関係者などの有識者や関係省庁の幹部職員などから構成され，約1年半にわたって熱のこもった検討が行われた結果，翌2007（平成19）年11月にそれぞれの検討会の最終取りまとめが推進会議で決定され，基本計画に基づく施策が出揃った．

これらの基本計画及び3つの検討会最終取りまとめに基づいて実施された具体的施策は多数にのぼるが，おもなものだけでも，

「犯罪被害給付制度の拡充」
「刑事裁判における被害者参加制度」
「被害者参加人のための国選弁護制度」
「損害賠償命令制度」
「少年審判における傍聴制度の創設等」

などをあげることができる．

〔瀬戸真一〕

▶文　献

内閣府（2009）．平成21年版犯罪被害者白書

13.9 犯罪被害給付制度

■ 概　要

　犯罪被害者等に対する経済的支援のための制度の1つ．「犯罪被害者等給付金の支給等による犯罪被害者等の支援に関する法律」（昭和55年法律第36号．略称「犯罪被害者支援法」）に基づく．殺人などの故意の犯罪行為により不慮の犯罪被害を被った者らに対して，国が犯罪被害者等給付金を支給するものである．

■ 趣　旨

　犯罪被害者やその家族（以下「犯罪被害者等」という）は，犯罪によって，生命を奪われ，身体を損なわれるなど多大の損害を被るが，十分な損害賠償を加害者から受けられることはむしろまれである．また，犯罪被害者等は，犯罪による直接の被害に加えて，たとえば，働き手を失ったことによる収入の途絶，長期の療養のための費用負担など，将来にわたって経済的に困窮することが少なくない．そこで，こうした犯罪被害者等が他になんらの公的救済も受けられない場合において，国が，社会連帯共助の精神に基づいて，犯罪被害者等に対して，犯罪被害者等給付金を支給することで，その精神的・経済的打撃の緩和を図り，再び平穏な生活を営むことができるよう支援しようとするもの．

■ 沿　革

　犯罪被害者等に対する経済的支援制度は，1964（昭和39）年からイギリス，ニュージーランドにおいて実施されたものが嚆矢となり，その後，欧米各国において広がっていった．
　わが国においては，被害者遺族による市民運動，さらに，1974（昭和49）年の三菱重工ビル爆破事件の発生などにより，次第に制度整備の必要性が，広くかつ強く認識されることとなり，国会などでも大きな議論をよぶに至った．政府部内においては警察庁が中心となり制度立案作業が進められ，昭和55（1980）年4月に，国会において「犯罪被害者等給付金支給法」として成立し，昭和56年1月1日から犯罪被害給付制度が施行された．
　その後，平成13（2001）年の法改正により犯罪被害給付制度が拡充され，法律の題名も「犯罪被害者等給付金の支給等に関する法律」に改められ，さらに，平成20年にも法改正により再び犯罪被害給付制度が拡充され，法律の題名も「犯罪被害者等給付金の支給等による犯罪被害者等の支援に関する法律」に改められた（→13.8）．なお，犯罪被害者等基本法（平成16年法律第161号）は，給付金制度の充実など，犯罪被害者等の経済的負担の軽減を図るため必要な施策を講じることを求めている．

■ 給付金の種類と額

　犯罪行為により，死亡した者の遺族に対する「遺族給付金」，重傷病を負った者に対する「重傷病給付金」，障害が残った者に対する「障害給付金」の3種類がある．

　遺族給付金　「遺族給付基礎額」（犯罪被害者の収入日額を基礎として算出されるもの）に「倍数」（生計維持関係遺族の有無およびその人数により定められるもの）を乗じて得た額を基本とし，犯罪被害者が死亡前に療養を要した場合には，医療費の自己負担相当額，さらに犯罪被害によって休業した期間に応じて算出する額を加算する．最高で2964万5千円，最低で320万円である．

　重傷病給付金　医療費の自己負担相当額に，犯罪被害によって休業した期間に応

じて算出する額を加算した額であるが，120万円の上限がある．

障害給付金 「障害給付基礎額」（犯罪被害者の収入日額を基礎として算出されるもの）に「倍数」（障害の等級に応じて定められるもの）を乗じて得た額となる．最高で3974万4千円，最低で18万円である．

■ 対象となる犯罪行為など

給付金の支給対象となる犯罪行為は，人の生命又は身体を害する罪に当たる行為に限られ，財産のみを対象とする犯罪は含まれない．緊急避難や犯人が心神喪失や刑事未成年のために処罰されないものであっても対象となるが，正当行為・正当防衛は除かれる．また，過失による行為は対象から除かれる．場所については，日本国内（または日本国外にある日本船舶もしくは日本航空機内）において行われたものに限られ，海外における犯罪被害は対象外である．

■ 支給手続

犯罪被害者等の申請を受け，その者の住所地を管轄する都道府県公安委員会が事実関係などを調査のうえ，給付金を支給するか否かを裁定する．給付金は，支給裁定を受けた者からの請求に基づいて，国が一時金として支給する（図1）．申請することができるのは，日本国籍を有する者か，外国人にあっては日本国内に住所を有する者に限られる．申請期間は，原則として，犯罪被害を知った日から2年以内で，かつ，犯罪被害発生の日から7年以内でなければならない．

■ 支給制限

この制度は，社会の連帯共助の精神に基づいて犯罪被害者等の支援を行おうとするものであるから，犯罪被害者と加害者との間に親族関係があるとき，犯罪被害者が犯罪行為を誘発するなど犯罪被害を受けるについて犯罪被害者等の責めに帰すべき行為があるとき，加害者と犯罪被害者等との間の関係その他の事情から判断して給付金を支給することが社会通念上適切でないと認められるときには，給付金は支給されない．

■ 調整

犯罪による損害は，本来加害者が賠償すべきものと考えられることから，犯罪被害者等が加害者などから損害賠償を受けた場合には，その限度で給付金は支給されない．また，労働者災害補償保険など他の公的給付が行われるべき場合にも，その限度で給付金は支給されない．

■ 仮給付など

申請を受けた都道府県公安委員会は，速やかに裁定することが求められている．給付裁定は，犯人が検挙されていなくともなしうるが，犯人が不明であるなどのため事実関係が解明できず，速やかに裁定できない場合には，一部の金額について仮給付を行うことが検討される． 〔髙木勇人〕

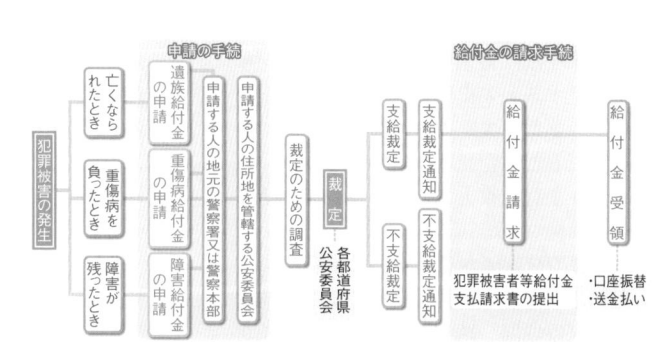

図1 給付金申請の流れ

13.10 性犯罪の被害者／加害者

性犯罪とは，主たる動機・原因が性的欲求である犯罪であり，相手の同意のない姦淫やわいせつ行為，接触行為の他，のぞき，性器露出，買春，児童ポルノの所持など，幅広い罪種が含まれる．犯罪統計などで性犯罪を狭義で用いる場合には，刑法に示される強姦（→7.15）および強制わいせつ（→7.16）に該当する犯罪をさす場合が多い．

警察で認知した事件の加害者の大半が被害者にとって無関係な者であるのに対し，被害調査では親族や知人からの被害経験率が高く，児童期における被害の経験率が高いという結果が報告されており，警察への通報しやすさが犯罪統計に現れる実態に影響を与えている．こうした背景には，性犯罪神話や二次被害の問題が存在する．

■性犯罪神話

性犯罪神話とは，一般的に信じられているが，性犯罪に関する実態とは異なる誤った考えをいう．性犯罪神話には，「電車内で混み合った場所に立つ女性は痴漢（→7.17）をされてもしかたがない」「若い女性が強姦の対象になる」「本気で抵抗すれば強姦されるはずがない」などがある．

性犯罪を扱う警察官や検事，裁判官，被害者に対するケア提供者，家族や友だちなど被害者をとりまく人たちがこれに気づかないでいると，性犯罪の被害者を傷つけてしまう．また，被害者自身も性犯罪神話にとらわれ傷ついている．

■性犯罪の被害者が受ける二次被害

犯罪の被害者が被害を受けたことで法的機関や医療機関，精神保健関連機関とかかわり，その中でさらに受ける精神的被害を二次被害（secondary victimization）という．被害者支援の先進国であるアメリカでさえ，強姦被害者はこれらの機関に援助を求めること自体も難しいが，援助を求めることでさらに二次被害を受ける場合がまだ多く，こうした傾向は社会経済的地位の低い人たちの間でとくに顕著なものとなっている．

■性犯罪の被害者の心理

バージェスら（Burgess & Holmstrom, 1974）が，初めて強姦被害が被害者に与える深刻な影響を，レイプトラウマ症候群（rape trauma syndrome）として記述した．

レイプトラウマ症候群の症状は急性期と長期的な影響とに大別される．急性期における衝撃への反応では，恐怖や不安，怒りといった感情が，泣き叫ぶ，すすり泣く，笑う，落ち着かずに動きまわる，緊張するなどの形で表現される．また，その逆に感情が隠され，表面上は冷静で落ち着いて見える場合もある．急性期における身体的反応では，事件の直後から数週間にわたって，暴行によって受けた身体的外傷に起因する痛みを体験する．睡眠パターンの障害，夜驚，驚愕反応などの症状のほか，骨格筋の緊張による頭痛，疲労などの症状が現れる．食欲不振，味盲，吐き気，胃の痛みなどの症状もあり，泌尿器や女性器の痛み，かゆみなどの症状や性感染症の症状がでることもある．急性期における感情的反応では，恐怖や屈辱感，当惑，怒り，復讐心，自責感など各種の激しい感情が現れる．その根底には，暴力と死の恐怖がある．他の犯罪被害者に比較して，非常に強い自責感をもっているのが性犯罪被害者の特徴といえる．

こうしたレイプトラウマ症候群の概念は，その後PTSD（→13.4）の概念へと吸収されていく．強姦被害後の3ヵ月間にその50％がPTSDになる（Rothbaum et al.,

1992) という知見があるように，さまざまな被害経験と比較しても，強姦被害後のPTSD発症率は高く，自然災害被害の場合の5倍の発症率を示す（Kessler et al., 1995）．PTSDの他にも，感情収縮や感覚希求，再演，薬物・アルコール乱用，自傷，自殺企図など，多様な二次的な症状を呈する．性被害が境界性人格障害や多重人格障害，パニック障害，慢性疼痛性障害などの形成に強く関連するという指摘もある．また，児童期の性的暴行の被害経験は，精神的・情緒的発達に多面的に影響を及ぼし，神経学的異常を呈することもあることが指摘されている．

■ 性犯罪被害者の再被害化

一度トラウマティックな経験をすると，その後被害を受けやすくなることが指摘されている．コイドら（Coid et al., 2001）は，児童期の身体的虐待や性的虐待の被害者は，成人期に暴力被害を受けやすく，児童期の性的虐待（→7.19）の被害者は成人期に売春のリスクが高いことを示している．

■ 性犯罪の加害者の心理

性犯罪で行われる行為は性を手段とした暴力であり，性暴力ともよばれる．性犯罪は性的欲求が背景にあるものの，性的欲求だけで行われるわけではなく，その他の心理的な欲求が複合して存在しており，複合した動機により行われる場合が多い．心理的な欲求としては，支配（control）や力（power）による優越，男性性（masculinity）の誇示，復讐（revenge）などがあり，これらの心理的欲求を性という手段を用いて自己中心的に満たそうとする動機が存在している．性犯罪者は一様ではなく，包括的に説明できるモデルはまだないが，性犯罪者に特有のものとして，認知の歪みや，被害者への共感の欠如，逸脱した性嗜好（→12.9），愛着の障害，被虐待経験などの要因があることが指摘されている．

■ 性犯罪者の加害者の治療処遇

性犯罪者は，自分が行った性犯罪を自分にとって都合よく合理化し，被害の矮小化を行っている．こうした認知の歪みがあるがゆえに，自らの行為を内省することが難しく，認知面への介入なしに行動を変化させることが難しい．また，性犯罪者がもつ特定の性的空想は，自慰行為によりくり返し強化されており，空想自体の内容を変化させることは難しい．こうした性犯罪者の特性からその累犯性の高さが懸念されているが，暗数の多い犯罪であるため，犯罪統計にその累犯性の高さは現れにくい．たとえば，年少者に対する強姦犯の場合，犯罪経歴を追跡した結果，性犯罪での再犯者率は20％であり，年少者に対する性犯罪での再犯者率は9％程度であった（渡邉・田村，1999）．現在，刑務所などの矯正施設や保護観察所において，処遇効果の望まれる特定の対象者に性犯罪者処遇プログラム（→11.14, 11.15）が実施されており，認知の歪みや性犯罪に至る行動や感情の連鎖に焦点を置いた再犯防止のための介入が実施されている．　　　　　　　　　　〔渡邉和美〕

▶ 文　献

Burgess, A., & Holmstrom, L.L. (1974). Rape trauma syndrome. *American Journal of Psychiatry*, **131**, 981-986.

Coid, J., Petruckevitch, A., Feder, G., Chung, W., Richardson, J., & Moorey, S. (2001). Relation between childhood sexual and physical abuse and risk of revictimisation in women : A cross-sectional survey. *Lancet*, **358**, 450-454.

Kessler, R.C., Sonnega, A., Bromet, E., Hughes, M., & Nelson, C.B. (1995). Posttraumatic stress disorder in the National Comorbidity Survey. *Arch Gen Psychiatry*, **52**(12), 1048-1060.

Rothbaum, B.O., Foa, E.B., Riggs, D.S., Murdock, T., & Walsh, W. (1992). A prospective examination of post-traumatic stress disorder in rape victims. *Journal of Traumatic Stress*, **5**(3), 455-475.

13.11 子どもと少年の被害者／加害者

未成年者が被害者となる犯罪等の事案には，刑法犯，いじめ（→7.5），児童虐待（→7.18）やDV，児童買春・児童ポルノ（→7.19）にかかわる行為などを含む少年の福祉を害する犯罪などが想定されるが，ここでは刑法犯といじめの被害を受けた少年（以下，被害少年）について言及する．

■ 統計にみる被害の実態

警察庁の統計によれば，少年（20歳未満）が主たる被害者となる刑法犯の認知件数は，平成20（2008）年で28万9035件が報告されている．被害者の年齢が判明しているうち，少年が被害者である事件は19.8％で，そのうち男子の被害が62.6％である．罪種では窃盗の被害（86.6％）が最も多く，殺人・強盗・強姦などの凶悪犯の被害0.4％，暴行，傷害，恐喝などの粗暴犯の被害5.0％，またわいせつの被害1.4％となっている．

被害少年は高校生（43.2％），中学生（22.2％）を中心として学生が9割を占め，未就学児（0.2％）は少ない．ただし，罪種別にみると，未就学児の凶悪犯被害の割合（7.2％），小学生のわいせつ被害の割合（20.1％）が高いのが目につく．

年齢によって子どもの依存性や活動範囲は異なるため，当然ながら被害パターンも被害少年の年齢で異なる．13歳未満の年少者は11.5％だが，殺人（69.3％），略取誘拐（56.8％），強制わいせつ（25.4％）では被害者に占める年少者の割合が高い．一方，強盗，逮捕監禁，知能犯では被害者のうち14歳以上の年長の少年の割合が高い．

次にいじめの実態をみると，文部科学省の統計によれば，平成20年度のいじめの認知件数は8万4648件，被害少年の属性別でみると，男子（54.9％）が若干多く，学年では中学1年（20.7％）が最も多く，中学2年（15.4％），小学6年（10.3％）が続く．

■ 加害者の特徴

アメリカの統計（Finkelhor & Ormrod, 2000）によれば，事案の8割が被害者と面識のある加害者によるもので，面識のない加害者の犯行は少ない．面識のない加害者の割合は暴力犯罪で11％，比較的高いのは誘拐（24％），強盗（52％）である．

被害少年が5歳未満の場合，加害者は家族である割合が5割から7割弱と高いが，被害少年が思春期になると2割に減る．一方，年齢が上がるほど知人の加害者の割合が増加し，被害少年が12歳以上では7割に及ぶ．また，加害者の年齢をみると成人が53％だが，被害少年の年齢に応じて変化する．被害少年が7歳未満の場合，成人の加害者が大半だが，学童期では少年の加害者が増加し，被害者が18歳近くなると成人の加害者の割合が再度増加する．面識のない成人による加害者のリスクは，幼児期と10代後半で増加する．

わが国で無作為抽出による一般の13～19歳の男女を対象とした被害経験に関する調査（科学警察研究所，2007）では，過去3年間に受けた被害経験について，暴力の加害者は単独（73％）・面識あり（85％），未成年者（72％）が多く，脅迫の加害者は単独（38％）・複数（55％），面識の有無ともにあり，未成年者が多かった．恐喝または強盗の加害者は複数が多く，おもに未成年者（75％）で，面識あり（40％）・なし（55％）であった．また，いじめの被害では，加害者が複数であるケースが大半（81％）であった．

■ 被害経験の心理社会的影響

　被害を受けると種々の否定的な影響を受けることが指摘されている。抑うつ，不安，恐怖，悲嘆，PTSD（外傷後ストレス障害）（→ 13.4），身体化，怒り，攻撃性のほか，暴力，物質乱用（→ 7.42），ハイリスクな性行動，自傷行為，自殺念慮などの自殺関連行動などの問題行動が生じ，学校での不適応にもつながるといわれている。

　とくに，被害を受けることによって，後に被害を与える側（加害者）になる，という関連性について，「暴力の連鎖」（cycle of violence）として多くの研究が行われている。アメリカの小学6年生・中学2年生約1600人を対象に実施した縦断的調査による研究（Brookmeyer et al., 2005）では，過去1年間の喧嘩や傷害の被害・目撃の経験は，少年自身の暴力性，性別などを統制しても，有意に1年後の暴力行為を予測した。これは「被害→加害」という方向性を示唆する。

　一方，少年が夜遊びをしたり，非行仲間（→ 7.4）と交友関係をもつなど，非行傾向を示す場合，暴力行為を行ったり，他人の物を盗んだりするような人と接する機会が増え，自分自身が被害に遭うリスクを高めるという指摘もある。つまり，「加害→被害」という方向性である。

　アメリカの中高生約5000人を対象とした縦断的調査による研究（Shaffer & Ruback, 2002）では，暴力の被害経験があった者は，1年後に暴力行為を行いやすく，かつ暴力の被害に遭いやすかったこと，逆に暴力の加害経験があった者も1年後に暴力行為を行いやすく，かつ暴力の被害に遭いやすかったことが明らかとなり，「被害→加害」と「加害→被害」の双方向を考慮する必要があるといえる。

　被害から加害へ転化するという知見は，被害経験と加害経験の双方をもつ者が年齢とともに増えてくることを示唆する。さらに，被害経験と加害経験の双方がある場合，怒り・抑うつ・不安といった心理症状のレベルが高いことが指摘されている。

　アメリカの電話調査による研究（Cuevas et al., 2007）では，被害・非行経験の種類が多い群（大半は男子）は怒りが強く，性的被害または虐待被害があり軽微な非行を伴う群（大半は女子）は抑うつと怒りが強いことが指摘されている。いじめに関する研究においても，いじめの加害者でありながら被害も受けている者（bully/victims, aggressive victims など）の心理的適応が非常に悪いという指摘（Schwartz et al., 2001）がある。被害少年に対する支援を行ううえで，留意する必要があろう。

〔宮寺貴之〕

▶文　献

Brookmeyer, K.A., Henrich, C.C., & Schwab-Stone, M. (2005). Adolescents who witness community violence. *Child Development*, **76**, 917-929.

Cuevas, C.A., Finkelhor, D., Turner, H.A., & Ormrod, R.K. (2007). Juvenile delinquency and victimization. *Journal of Interpersonal Violence*, **22**, 1581-1602.

Finkelhor, D., & Ormrod, R. (2000). *Characteristics of crime against juveniles*. Washington, DC：U.S. Department of Justice.

科学警察研究所犯罪行動科学部少年研究室（2007）．非行少年等における犯罪被害経験に関する調査報告書

Schwartz, D., Proctor, L.J., & Chien, D.H. (2001). The aggressive victim of bullying：Emotional and behavioral dysregulation as a pathway to victimization by peers. In J. Juvonen & S. Graham (Eds.), *Peer harassment in school*, New York：The Guilford Press. pp.147-174.

Shaffer J.N., & Rubach, R.B. (2002). *Violence victimization as a risk factor for violent offending among juveniles*. Washington, DC：U.S. Department of Justice.

13.12 DVと虐待の被害者／加害者

■家庭内の暴力の特徴

本項では，ドメスティック・バイオレンス（DV：domestic violence）とは，おもに女性が夫やパートナーから，虐待（abuse）（→7.18）はおもに子どもが親や養育的立場にある大人から受ける「家庭内の暴力」をさすと定義する．加害者と被害者はなんらかの愛着関係を基本的にはもち，DVの場合には性的な意味での親密（intimate）な関係もそこへ加わる．暴力はくり返し起きるが，その相手とともに日常生活の営みが続いてゆく点が他の暴力事件と比べ特殊である．

■DVと虐待の同時生起

DVか虐待のどちらかが家庭内で確認できたときは，もう片方の暴力の存在も同時に確認することが望まれる．現在の「児童虐待の防止等に関する法律」では，両親間の暴力の目撃も心理的虐待であると定義されている．この定義によればDV家庭の子どもの大部分は虐待被害者になる．さらに子どもたちの多くは，母親への暴力の加害者から直接に身体的暴力などを受けている．「配偶者からの暴力の防止及び被害者の保護に関する法律」（2001年）も，現在では被害者本人に加えその子に対して，加害者の接近禁止命令が適用するよう改正（2007年）されている．

子の世話を担う人が虐待を行いやすいので，一般に虐待加害者には実母が最も多いといわれる．DV被害があれば母子ともに精神健康は悪化し，PTSD（外傷後ストレス障害）（→13.4）や複雑性PTSD（→13.6），うつ病，子の場合には愛着障害といった診断が付く状態や，一見するとADHD（注意欠陥／多動性障害）などの発達障害様の状態になりやすい．DV被害の後遺症は広範囲に及び，母子関係が阻害されやすくなるので，母親の虐待リスクは当然上がる．

■暴力の種類と背景

DVと虐待で起こる暴力は，大きくは「心理的暴力」「身体的暴力」「性的暴力」の3つに分けられ，それらは重複して生起する．ある行為が「暴力」としてのダメージを受け手に与えるには，加害者・被害者間になんらかの「力」の差が存在すると考えられる．それは腕力や収入であったりするが，なんらかの力で勝る加害者がその力を利用し，被害者の心身へ打撃を与える．さらにその差を強固なものとするため，加害者は被害者を援助資源から遠ざけ，社会的に「孤立」させる．DV被害者への実家の家族や友人との交際の制限，被虐待児への登校やクラブ活動の禁止などは，そのような加害者の行動の一環と考えられる．

なお，養育に必要な世話を行わないことで起こる虐待「ネグレクト」は，自身をケアする力がまだ弱い子どもであるからこそ暴力となる．またDVへの介入を行う領域では，ジェンダー役割などの概念を用い，社会構造としての被害者・加害者間の「力」の差の影響が指摘されている（Pence & Paymer, 1993）．

■暴力が被害者にもたらす心理的影響

親密さを示す態度や養育的な行為とともに示されると，加害者の行為を「暴力」と認識すること自体が被害者には困難になる．どこからが暴力かという境界線は曖昧で，とくに子どもの場合，可愛がるふりをした性虐待（→7.19）などを受ければ，容易に混乱する．

たとえ大人であっても，被害を周囲に伝えた後の報復に恐怖心を植え付けられ，

「何をしても抵抗できない」という「学習性無力感」が生じると，逃げる気力を失ってしまう．また，加害者が暴力をくわえながら，その責任は被害者にあると言い続けると，長期間監禁された人の「洗脳」に近い状態に被害者がなる．その結果，被害者は加害者ではなく自らを責めるようになる．一方で，自分さえ「改めれば」暴力は止む，という考えは残るので，さらに暴力から脱する気力を失うといわれる．

またひどい暴力被害が続いている人ほど，感情の麻痺が起こる．とくに子どものときからの被害がある人には解離が生じやすい．その結果，暴力被害は深刻でないと周囲に誤解されることがある．深刻な被害を他人事のように語る，あるいは激しい身体的暴力を受けたのに「痛みを感じなかった」「記憶が抜けている」と語るときなどは，とくにこの麻痺や解離に注意が要する．被害者は暴力により生じた心理的変化や，生き残る術であった心理的防衛の結果から，被害を周囲に過小評価されやすい．

■ 支援の原則

DVと虐待の被害者の支援における原則は，被害者の安全確保を最優先することである．被害者自身は加害者との「関係改善」を願っても，危険が大きければ加害者から一旦離れることを勧め，地域の児童相談所，配偶者暴力相談支援センター，民間の女性シェルターなどと連携し，緊急の保護の実施を検討する．この原則は加害者のみが直接のかかわりの対象であっても同様である．たとえば，DV加害者の更生プログラムでは，被害者へのプログラム内容の説明や安全確認などが行われ，加害者の情報は被害者へ知らせるが，被害者の情報は加害者に知らせない配慮が推奨されている．なお現時点で法制化されたDV加害者更生プログラムの制度はわが国になく，裁判所命令による加害者のプログラム受講の強制はできない．

暴力の加害者は自身の行為を正当化することが多く，自身の責任を加害者が認めることは，暴力を止めるための重要なステップである．しかし家庭内の暴力は同一家庭で重複して生起しやすいだけでなく，「虐待の世代間伝達」研究（→6.23）で虐待被害をもつ人の約3分の1が虐待的子育てをするという説が出されたように，加害者自身が過去に家庭内での暴力被害をもつ率は高い（Oliver, 1993）．そのため加害者にかかわる人はこの「加害者の被害体験」を扱う際の自らの姿勢を明確にしておく必要がある．加害者が暴力をふるう「理由」や「人格」と，被害者への「行為」とそれに伴う「責任」を区別しないまま，加害者の被害体験の訴えに共感的に関わると，暴力をふるう理由の正当化に加担する危険がある．

また被害者の身の安全の査定を行わず，加害者と安易に同席させて援助を開始することは非常に危険である．加害者の前で暴力を打ち明ければ，報復として援助者のいないところで暴力は激化する．被害者の身の安全を確認できれば，とくに虐待の場合には，相互関係の観察や改善という点で，被害者・加害者を同じ面接の場で扱うことは有用である．実際に虐待への介入では，PCIT（Parent-Child Interaction Therapy）など親の子育てスキルを上達させ，その愛着関係の改善を目的とする体系的プログラムがわが国でも使われはじめている．

〔栁田多美〕

▶文　献

Oliver, J.E. (1993). Intergenerational transmission of child abuse. *American Journal of Psychiatry*, **150**(9), 1315-1324.

Pence, E., & Paymer, M. (1993). *Education Groups for men who batter*. Springer.（波田あい子（監訳）(2004). 暴力男性の教育プログラム　誠信書房）

13.13 交通事故の被害者／加害者

■死者および負傷者

交通事故（自動車事故）による1年間の死傷者は約91万人，重傷者は約5万4千人である．年齢層別では，若い世代が交通事故に遭遇する危険性が高く，16～34歳の年齢層では，1年間に100人に1人以上が，交通事故により負傷している計算になる．また，厚生労働省の人口動態統計によれば，2009年中の交通事故（鉄道や航空機の事故も含む）による死者は7309人である．男性ではおおむね100人に1人の死因が，交通事故である．15～19歳では，交通事故が死因の20％以上を占める．一般の人にとっては，交通事故の被害は身近であるといえる．

■加害者の責任

大部分の交通事故では自動車運転過失致死傷罪が適用され，過失により人を死傷させたとみなされるが，悪質な事故では危険運転過失致死傷罪が適用されることがある．危険運転致死傷罪は，刑法で傷害の罪に分類されており，人を死傷させる可能性があることを認識しながら，あえて危険な運転を行った故意犯（準故意犯）とみなされる．2009年中に危険運転過失致死傷罪で送致された交通事故は325件であり，内訳は，「信号の殊更無視」が152件，「アルコールの影響」が108件などであった（警察庁，2010）．

「被害者が死ぬかもしれない」と認識しながら，被害者を引きずった場合など，より悪質な場合は，殺人の罪が適用される場合もある．2006年の福岡幼児3人死亡事故や，2008年の大阪・梅田のひき逃げ事件など，悪質な交通事故は，世間の耳目を集め，捜査や裁判の過程が詳しく報道されている．

一方，交通事故の中には双方に過失があるなど，被害者と加害者の関係が複雑な事故もある．酒に酔って道路で寝ていた歩行者を自動車で轢いた場合，運転者の責任が問われる．友人を同乗させて単独事故を起こした場合，運転者が加害者になる．

■賠償制度と後遺障害

交通事故では，被害者の救済を目的とした賠償制度に比較的長い歴史がある．わが国では，いわゆる自賠責保険の制度が，1956年から運用されている．アメリカの一部の州では無過失賠償保険（no-fault insurance）の制度がある．この制度では，一定の限度額の範囲内で，事故の責任の程度に関係なく，事故の保険金が支払われる．

事故の賠償においては，後遺障害がしばしば問題になる．交通事故の後遺障害者は1年間に約6万人である．以前は，頚部の鞭打ち症による詐病が問題になったが，診断方法が進歩した現在では，専門医が詐病を見極めることは難しくない．

■交通事故被害者の心理

交通事故の体験はPTSD（外傷後ストレス障害）（→13.4）となりうるが，PTSDを発症する被害者は一部である．救急病院に収容された患者を対象とした欧米の研究では，交通事故後に，PTSDを発症する割合は約3割とされている（Branchard & Hickling, 2003）．

事故後にPTSDを発症するか，あるいはPTSDの回復が遅いかは，負傷の程度よりも，事故時の恐怖感や，認知的な適応が重要だと考えられている．認知的な適応とは，「事故にあった理由に納得できるか」ということである．負傷の程度が軽い被害者でも，大きな恐怖を感じた場合などでは，

精神的な症状が深刻になる場合もある．
　犯罪の中には，加害者が知人や親族であり，被害にあう前に，なんらかの前兆があるものもあるが，大部分の交通事故では，まったく知らない他人により，突然に被害を受ける．この点において，交通事故被害者の心理は，強盗や通り魔の被害者などと共通点があると考えられる．事故の被害が突然で暴力的なことは，被害者の恐怖感を大きくし，認知的な適応を困難にする．
　交通事故が人為災害であり，原因が加害者の違法な運転であることも，被害者の認知的な適応を困難にする．示談が長引くと回復が困難になりやすいが，これは，交渉や訴訟が生活の負担になるのと，事実関係や過失を争うことで，被害にあった理由の納得が，より困難になるからである．
　なお，欧米の精神医学や心理学の研究では，victims of motor vehicle accident という用語がしばしば用いられるが，これは交通事故の負傷者をさし，加害者と被害者を区別しないのが普通である．欧米の研究を参考にする場合は，注意が必要である．

■ 交通事故遺族の心理

　他の犯罪と同様に，交通事故遺族の心理は，PTSDと悲嘆の心理の両面から理解する必要がある．悲嘆に特有な心理のひとつに怒りの感情がある．飲酒運転事故の被害者など，悪質な運転が原因の事故では，遺族の怒りが大きくなりやすい．怒りは加害者だけでなく，刑事司法の関係者や病院の関係者などにも向けられることがある．家族を突然に亡くした遺族の怒りは自然な反応である．遺族の怒りは静かに受け止めるのがよく，刑事司法の関係者や援助者は，遺族の怒りに過剰に反応すべきではない．

■ 交通事故加害者の心理

　死亡事故など重大な事故を起こした運転者にも，PTSDの症状が見られることがある．重大事故の加害者の中には，将来を悲観して，事故後に自殺を図る者もいる．しかし，一般的には，被害者よりも加害者のほうがPTSDなどの症状は軽く，事故後の適応も良い．加害者は，事故の原因を自分の運転に帰属できるため，事故にあった理由を，認知的に了解しやすいからだと考えられる．

　加害者の場合，事故を体験し，罰則を受けた後に運転行動を改めるかが重要な問題である．これまでの研究は，重大事故を起こした運転者の多くが，事故により精神的なダメージを受け，反省や後悔をするが，精神的ダメージや反省は，事故後の安全運転に必ずしも結びつかないことを示している．たとえば，交通事故で病院に入院した149人の運転者を調べた研究（Vingilis et al., 1996）では，事故後に抑うつ，不安や運転恐怖が見られる一方で，飲酒運転事故を起こした者の約40％は退院後も飲酒運転をし，約16％は退院1年以内に再び「事故を体験していた」としている．加害者が違法な運転の習慣を改めないのは，社会にとって問題なだけでなく，本人にとっても適応的な行動とはいえない．

　公判や矯正施設などで，加害者が反省の言葉を述べたとしても，反省の言葉が直ちに運転行動の改善を意味するわけではない．違法な運転の習慣を改めるためには，心理学や精神医学の理論に基づく指導が必要である．

〔藤田悟郎〕

▶ 文　献

Blanchard, E.B., & Hickling, E.J. (2003). *After the crash*. Washington, DC : American Psychological Association.

警察庁（2010）．平成21年の犯罪　警察庁

Vingilis, E., Larkin, E., Stoduto, G. Parkinson-Heyes, A., McLellan, B. (1996). Psychosocial sequelae of motor vehicle collisions. *Accident Analysis and Prevention*, **28**, 637-645.

資料13 ●犯罪被害者研究に関連する おもな学会・雑誌・白書

■関連学会

日本被害者学会（1990年設立）　犯罪被害者の支援に関する学際的な学会で，法律学を中心として，社会学，教育学，精神医学，心理学などの研究者や実務家が参加する学会．毎年開催される学術大会では，研究発表，講演，シンポジウムなどが行われる．

日本トラウマティック・ストレス学会（2002年設立）　犯罪だけでなく災害や事故の心身への影響に関する学会で，精神医学を中心として，心理学，看護学などの研究者や実務家が参加する学会．毎年開催される学術大会では，海外の著名な研究者による講演があるほか，シンポジウム，研究発表，セミナーなどが行われる．

International Society for Traumatic Stress Studies　戦争・犯罪・災害などの心身への影響に関する最大の国際学会で，アメリカに本部がある．毎年開催される学術大会では，精神医学や心理学などを背景とするシンポジウムや研究発表が行われる．

The World Society of Victimology　犯罪被害者の支援に関する研究者や実務家による国際組織．4年に一度開催される国際シンポジウムでは，さまざまな学問分野を背景とする研究者や実務家によるシンポジウムや口頭発表が行われる．

■関連雑誌

『被害者学研究』　日本被害者学会の機関誌で1992年の創刊．犯罪被害者の支援に関する法律や制度についての記事が多く，わが国だけでなく海外の法律や制度の歴史と現状（→ 13.1, 13.10）を理解するうえで参考になる論文が多く掲載されている．

『トラウマティック・ストレス』　日本トラウマティック・ストレス学会の機関誌で2003年の創刊．PTSD（Posttraumatic Stress Disorder）およびPTSDと関連する精神疾患についての研究や治療の最新の動向（→ 13.3, 13.4, 13.9, 13.14）を知るうえで参考となる論文が多く掲載されている．

『法務総合研究所研究部報告』　法務省の法務総合研究所の機関誌．同研究所が行った犯罪に関する調査結果の記事が掲載されており，犯罪被害の暗数を知るうえで重要な，「国際犯罪被害者実態調査」（→ 13.1）の詳細な報告が，この雑誌に掲載されている．

■白書および統計

『犯罪被害者白書』　内閣府が毎年発行する白書で，わが国において現在行われている被害者支援の施策の計画と進捗の全容を知ることができる（→ 13.10, 13.11, 13.12）．

『犯罪白書』　法務省が毎年発行する白書．諸外国の犯罪動向との対比に関する章がある（→ 13.1）．わが国の刑事政策の仕組みを理解するうえでも重要な情報が掲載されている．

『平成〇〇年の犯罪』　警察庁が毎年発行する犯罪統計書（→資料14）．白書や各種資料に掲載されている犯罪被害者の人数に関する統計の数字は警察の統計に基づくが，この資料から統計上の犯罪被害者の人数を知ることができる（→ 13.1）．

（藤田悟郎）

資料14 ●『平成〇〇年の犯罪』における犯罪統計一覧

わが国の代表的な犯罪統計（→資料10）である，『平成〇〇年の犯罪』に計上されている統計の一覧を下記に記す．どのような資料があるのか参考にされたい．

犯罪の概況
第1　刑法犯
総　括
1　罪種・態様別　認知・検挙件数及び検挙人員
2　罪種別　既遂・未遂・予備別　認知・検挙件数
3　年次別　府県別　罪種別　認知・検挙件数及び検挙人員
4　年次別　府県別　強盗　手口別　認知・検挙件数及び検挙人員
5　年次別　府県別　窃盗　手口別　認知・検挙件数及び検挙人員
6　年次別　府県別　詐欺　手口別　認知・検挙件数及び検挙人員

認知状況
（認知の端緒）
7　罪種別　認知の端緒別　認知件数
8　窃盗　手口別　認知の端緒別　認知件数
9　府県別　認知の端緒別　認知件数
（発生時間帯）
10　罪種別　発生時間帯別　認知件数
11　窃盗　手口別　発生時間帯別　認知件数
（発生曜日）
12　罪種別　発生曜日別　認知件数
13　窃盗　手口別　発生曜日別　認知件数
（発生場所等）
14　罪種別　発生場所別　認知件数
15　窃盗　手口別　発生場所別　認知件数
16　罪種別　犯罪供用物・犯行手段別　認知件数
17　侵入強盗　発生場所別　侵入口・侵入手段別　認知件数
18　侵入窃盗　発生場所別　侵入口・侵入手段別　認知件数
19　器物損壊等事犯　発生場所別　被害器物等・損壊等の状況別　認知件数

検挙状況
（検挙活動）
20　罪種別　成人・少年事件別　共犯形態別　検挙件数
21　窃盗　手口別　成人・少年事件別　共犯形態別　検挙件数
22　罪種別　主たる被疑者の犯行時の年齢別　検挙件数（総数表・女表）
23　窃盗　手口別　主たる被疑者の犯行時の年齢別　検挙件数（総数表・女表）
24　罪種別　主たる被疑者特定の端緒別　検挙件数（警察活動）（総数表）
25　窃盗　手口別　主たる被疑者特定の端緒別　検挙件数（警察活動）（総数表）
26　罪種別　主たる被疑者特定の端緒別　検挙件数（民間協力等）
27　窃盗　手口別　主たる被疑者特定の端緒別　検挙件数（民間協力等）
28　罪種別　主たる被疑者特定の端緒を得た係別　検挙件数
29　罪種別　被疑者特定の端緒を得た係別　検挙人員
30　窃盗　手口別　主たる被疑者特定の端緒を得た係別　検挙人員
31　罪種別　身柄措置別　送致別　検挙人員
32　窃盗　手口別　身柄措置別　送致別　検挙人員
（犯行の広域性等）
33　罪種別　主たる被疑者の逃走時の交通手段別　検挙件数
34　窃盗　手口別　主たる被疑者の逃走時の交通手段別　検挙件数
35　窃盗　手口別　主たる盗品等の処分先別　検挙件数
36　罪種別　被疑者の犯行府県数別　検挙人員
37　窃盗　手口別　被疑者の犯行府県数別　検挙人員
（犯行供用物）
38　罪種別　犯罪供用物別　検挙件数（総数表・暴力団事件）
（犯行の動機・原因等）
39　罪種別　犯行の直接の動機・原因別　検挙件数（総数表・女表）
40　刑法犯　罪種別　被疑者の精神障害等の有無別　検挙人員（総数表・女表）
（被疑者の身上）
41　罪種別　犯行時の職業別　検挙人員

42	窃盗　手口別　犯行時の職業別　検挙人員	
43	罪種別　犯行時の年齢別　検挙人員（総数表・女表）	
44	窃盗　手口別　犯行時の年齢別　検挙人員（総数表・女表）	
45	年次別　犯行時の年齢・性別　検挙人員（前科等）	
46	罪種別　初犯者・再犯者別　再犯者の前回処分別　検挙人員	
47	罪種別　前科数別　検挙人員（成人表）	
48	窃盗　手口別　前科数別　検挙人員（成人表）	

犯罪被害状況
　（被害財物）

49	財産犯　被害額・回復額及び被害品別　認知・検挙件数	
50	財産犯（窃盗を除く）被害程度別　認知件数	
51	窃盗　手口別　被害程度別　認知件数	
52	年次別　財物被害額及び被害回復額	

　（被害者）

53	特定罪種別　死傷別　被害者数	
54	罪種別　被害者の年齢・性別　認知件数	
55	罪種別　被害者の職業別　認知件数	
56	罪種別　被疑者と被害者との関係別　検挙件数	
57	罪種別　被害者の世帯構成別　認知件数	

第2　特別法犯

総括

58	法令別　送致件数及び措置別　送致人員	
59	年次別　法令別　送致件数及び送致人員	
60	法令別　身柄措置別　送致件数　送致人員	
61	府県別　主要法令別　送致件数及び送致人員	

選挙違反

62	各種選挙違反の適条別　送致件数及び送致人員	

軽犯罪・小暴力

63	軽犯罪法違反　違反態様別　送致件数及び送致人員	
64	年次別　迷惑防止条例違反の行為別　送致件数及び送致人員	

風俗関係事犯

65	風俗営業等の規制及び業務の適正化等に関する法律違反等　送致件数及び送致人員	
66	無許可風俗営業及び無届風俗関連営業等　態様別　被疑者の本来の営業別送致件数	
67	府県別　風俗営業等の規制及び業務の適正化等に関する法律違反等　業態別送致件数及び行政処分件数	
	（付表1）風俗営業等の業態別　許可及び届出数	
	（付表2）風俗営業等の業態別　行政処分件数の内訳	

売春事犯

68	売春事犯　法令適条別等　送致件数	
69	売春事犯　法令適条別等　送致人員	
70	府県別　売春事犯　法令適条別　送致件数及び送致人員	

銃砲刀剣類所持等取締法

71	銃砲刀剣類所持等取締法違反　適条別　送致件数・人員及び押収物件数	
72	府県別　銃砲刀剣類所持等取締法違反　送致件数・人員及び押収物件数	
73	けん銃の製造国・入手方法及び出所別　押収件数	
74	銃砲刀剣類の入手方法別　押収物件数	
	（付表1）年次別　銃砲刀剣類　物件別　所持許可数	
	（付表2）猟銃・空気銃の所持許可異動状況	
	（付表3）年次別　銃砲による事故の発生件数及び死傷者数	

火薬類取締法

75	火薬類取締法違反　適条別　送致件数・人員及び押収物件数量	
76	年次別　火薬類取締法違反　適条別　送致件数	
77	年次別　火薬類取締法違反　適条別　送致人員	
78	府県別　火薬類取締法違反　適条別　送致件数及び送致人員	
	（付表1）火薬類　種類別　運搬届出数	
	（付表2）猟銃用火薬類等　態様別　許可状況	
	（付表3）年次別　火薬類取締対象事業所数	
	（付表4）年次別　火薬類による事故発生件数及び死傷者数	

環境関係事犯

79	環境関係事犯　法令別　公害態様別　送致件数	
80	年次別　環境関係事犯　公害態様別　送致件数	

出資の受け入れ，預り金及び金利等の取締りに関する法律（出資法）

81	年次別　出資法違反　違反態様別　送致件数	
82	年次別　出資法違反　違反態様別　送致人員	

質屋・古物営業法

83	年次別　質屋・古物営業法違反　適条別　送致件数及び送致人員	

関税法・外国為替及び外国貿易管理法
84　関税法・外国為替及び外国貿易管理法　適条別　送致件数・人員及び検挙の端緒

薬物事犯
85　薬物事犯　違反態様別　送致件数及び送致人員（H21　085-086.xls）
86　年次別　薬物押収状況

外国人登録法
87　外国人登録法違反　国籍別　違反態様別　送致件数及び送致人員

出入国管理及び難民人認定法違反
88　出入国管理及び難民人認定法違反　国籍別　適条別　送致件数及び送致人員

宅地建物取引業法
89　年次別　宅地建物取引業法違反　違反態様別　送致件数及び送致人員

第3　交通犯罪
90　年次別　交通業過事件　罪種別　送致件数及び送致人員
91　年次別　ひき逃げ・無申告事件　発生・検挙件数
92　年次別　道路交通法等違反　違反態様別　送致・告知件数
93　道路交通法違反　違反態様別　送致・告知件数
94　府県別　ひき逃げ・無申告事件　発生・検挙件数
95　府県別　年次別　交通事故　発生件数及び死傷者数
96　府県別　交通業過事件　罪種別　送致件数及び送致人員
97　府県別　危険運転致死傷罪　検挙件数　検挙人員　及び　類型別適用件数
98　府県別　ひき逃げ事件の逃走の動機（人身）
99　府県別　道路交通法違反　違反態様別　送致・告知件数（車両等の違反）
100　府県別　年次別　道路交通法違反　送致・告知件数（車両等の違反）

第4　少年犯罪
101　年次別　罪種別　年齢・学職別　検挙人員
102　罪種別　年齢・学職別　検挙人員（総数表・女表）
103　窃盗　手口別　年齢・学職別　検挙人員（総数表・女表）
104　罪種別　年齢・学職別　両親の状態別　検挙人員
105　罪種別　初犯・再犯別　再犯者の前回処分別　検挙人員
106　罪種別　年齢・学職別　非行場所別　検挙人員
107　罪種別　年齢・学職別　非行の直接の動機・原因別　検挙人員
108　罪種別　年齢・学職別　非行時の背景・保護者の態度等別　検挙人員
109　府県別　罪種別　検挙人員
110　府県別　学職別　検挙人員
111　罪種別　年齢・学職別　身柄措置・送致別　検挙人員（総数表・女表）
112　年次別　包括罪種別　検挙人員及び人口比

触法少年
113　罪種別　年齢・児童・生徒別　補導人員
114　窃盗　手口別　年齢・児童・生徒別　補導人員
115　罪種別　年齢・児童・生徒別　両親の状態別　補導人員
116　罪種別　年齢・児童・生徒別　非行場所別　補導人員
117　罪種別　年齢・児童・生徒別　非行の直接の動機・原因別　補導人員
118　罪種別　年齢・児童・生徒別　非行時の背景・保護者の態度等別　補導人員
119　府県別　児童・生徒別　補導人員
120　罪種別　年齢・児童・生徒別　措置別　補導人員

福祉犯罪等
121　少年の福祉を害する犯罪の送致件数・人員及び被害者数
122　児童買春・児童ポルノ禁止法違反　都道府県別　違反態様別　送致件数及び送致人員
123　青少年保護育成条例違反　都道府県別　違反態様別　送致件数及び送致人員
124　テレクラ規制条例違反　都道府県別　違反態様別　送致件数及び送致人員

第5　暴力団犯罪
125　罪種別　地位別　検挙件数及び検挙人員
126　罪種別　系列別　検挙件数及び検挙人員
127　罪種別　逮捕・地位別　検挙人員
128　罪種別　年齢別　検挙人員
129　罪種別　前科数別　刑法犯検挙人員（成人表）

第6　公務員犯罪
130　特定罪種別　所属別　検挙人員
131　年次別　特定罪種別　所属別　検挙人員
132　年次別　罪種別　公務員犯罪　検挙人員

第7 外国人犯罪

133 年次別　外国人による犯罪の検挙件数及び検挙人員
134 罪種別　国籍別　外国人による犯罪の検挙件数及び検挙人員
135 罪種別　国籍別　来日外国人による犯罪の検挙件数及び検挙人員
136 刑法犯　年次別　国籍別　来日外国人による検挙件数及び検挙人員
137 特別法犯　年次別　国籍別　来日外国人による送致件数及び送致人員
138 刑法犯　罪種別　国籍別　外国人に対する犯罪の認知件数（H21　138.xls）

第8 その他

139 年次別　府県別　自動車盗　回復件数・回復率
140 年次別　府県別　オートバイ盗　回復件数・回復率
141 年次別　府県別　自転車盗　回復件数・回復率
142 府県別　乗り物盗　盗難車両の処分別　被害回復件数
143 年次別　保護取扱状況
144 捜索願出のあった家出人の職業・年齢及び原因別人員
145 態様別　家出人の発見別人員
146 態様別　家出人の措置別人員
147 原因・動機別　年齢別　自殺者数
148 年次別　年齢別　人口
149 年次別　府県別　人口

参 考 図 書

全体で参考となる書籍や，本文各項目で紹介しきれなかった文献などを掲載した．網羅的なものではないが，項目ごとに分けて掲載しており，補注としても参考にされたい．

■「法と心理学」全般にかかわるもの
(和文)

厳島行雄・仲　真紀子・原　聡（2003）．目撃証言の心理学　北大路書房
インボー，F.E. リード，J.E. バックリー，J.P.（著）小中信幸・渡部保夫（訳）（1990）．自白――真実への尋問テクニック　ぎょうせい
ウェスターマン，T.D. パーフェインド，J.W.（著）大野平吉・庭山英雄・岩井宜子（訳）（2000）．犯罪と裁判日米の比較文化論　尚学社
ウェブスター，C.D.（著）岡田幸之・安藤久美子・菊池安希子（訳）（2007）．HCR-20――暴力のリスク・アセスメント　星和書店
植松　正（1949）．裁判心理学の諸相　世界社（新版　有信堂　1958年）
植松　正（1964）．供述の心理――真実と虚偽のあいだ　日本評論社（新版　成文堂　1975年）
植松　正（編）（1955）．犯罪心理学　朝倉書店
ヴォルド，& バーナード　平野龍一・岩井弘融（監訳）（1990）．犯罪学――理論的考察　東京大学出版会（Vold, G.B., & Bernard, T.J. (1986). Theoretical criminology. 3rd ed. Oxford University Press.）
榎本博明（2009）．裁判員のための記憶と証言の心理　おうふう
太田勝造・濱野亮・村山眞維・フット，ダニエル・H.（2009）．法社会学の新世代　有斐閣
大橋靖史・高木光太郎・森　直久・松島恵介（2002）．心理学者，裁判と出会う――供述心理学のフィールド　北大路書房
大渕憲一（2010）．謝罪の研究――釈明の心理とはたらき　東北大学出版会
岡田悦典・仲　真紀子・藤田政博（編）（2009）．裁判員制度と法心理学　ぎょうせい
越智啓太（編）（2005）．犯罪心理学（朝倉心理学講座18）　朝倉書店
越智啓太（2008）．犯罪捜査の心理学――プロファイリングで犯人に迫る　化学同人
笠井達夫・桐生正幸・水田恵三（編）（2002）．犯罪に挑む心理学――現場が語る最前線　北大路書房
グッドジョンソン（著）庭山英雄ほか（訳）（1994）．取調べ・自白・証言の心理学　酒井書店
樫村志郎・武士俣敦（編）（2010）．トラブル経験と相談行動（現代日本の紛争処理と民事司法2）　東京大学出版会
鴨良弼等（編）（1970）．刑法と科学　心理学・医学編　有斐閣
佐藤岩夫・山本和彦・菅原郁夫（2006）．利用者からみた民事訴訟――司法制度改革審議会「民事訴訟利用者調査」の2次分析　日本評論社
菅原郁夫・黒沢　香・サトウタツヤ（編）（2005）．法と心理学のフロンティア〈1巻〉理論・制度編／〈2巻〉犯罪・生活編　北大路書房
西村克彦（1992）．法心理学考述　信山社出版
庭山英雄（1978）．自由心証主義その歴史と理論　学陽書房
浜井浩一（編）（2006）．犯罪統計入門――犯罪を科学する方法　日本評論社
浜井浩一（編）（2010）．刑事司法統計入門――日本の犯罪者処遇を読み解く　日本評論社
浜田寿美男（2004）．取調室の心理学　平凡社
浜田寿美男（2005）．新版　自白の研究――取調べる者と取調べられる者の心的構図　北大路書房
堀田秀吾・藤田政博・中村幸子・橋内　武・大河原眞美・水野真木子・首藤幸子・前田忠彦（2010）．裁判員裁判における言語使用に関する統計を用いた研究〔統計数理研究所共同研究リポート237〕　統計数理研究所

シャピロ, B. J.（2003）.「合理的疑いを超える」証明とはなにか——英米証明理論の史的展開　日本評論社
高木光太郎（2009）. 証言の心理学——記憶を信じる，記憶を疑う　中公新書
菅原郁夫（1998）. 民事裁判心理学序説　信山社出版
デブリン卿（2000）. 同一性識別の法と科学刑事事件における同一性識別証拠に関するデブリン・レポート　信山社出版
バートル＆バートル（著）羽生和紀（監訳）（2005）. 犯罪心理学——行動科学のアプローチ　北大路書房
藤田政博（2008）. 司法への市民参加の可能性——日本の陪審制度・裁判員制度の実証的研究　有斐閣
フット, ダニエル・H　太田勝造（編）（2010）. 裁判経験と訴訟行動（現代日本の紛争処理と民事司法 3）東京大学出版会
ブル, R. ほか（著）仲　真紀子（監訳）（2010）. 犯罪心理学——ビギナーズガイド：世界の捜査，裁判，矯正の現場から　有斐閣
松村良之・村山眞維（編）（2010）. 法意識と紛争行動（現代日本の紛争処理と民事司法；1）東京大学出版会
水田恵三（編著）（1994）. 犯罪・非行の社会心理学　ブレーン出版
村井敏邦（2005）. 刑事司法と心理学——法と心理学の新たな地平線を求めて（龍谷大学社会科学研究叢書）日本評論社
柳瀬　昇（2009）. 裁判員制度の立法学——討議民主主義理論に基づく国民の司法参加の意義の再構成　日本評論社
リンド, E. アラン　タイラー, トム R.（1995）. フェアネスと手続きの社会心理学——裁判，政治，組織への応用　ブレーン出版
ロフタス, E. ケッチャム, C.（2000）. 目撃証言　岩波書店
渡辺　修・山田直子（編）（2005）. 被疑者取調べ可視化のために——オーストラリアの録音・録画システムに学ぶ　現代人文社
渡辺昭一（編）渡邉和美ほか（著）（2005）. 捜査心理ファイル——犯罪捜査と心理学のかけ橋：捜査官のための実戦的心理　東京法令出版
渡邉和美・高村茂・桐生正幸（編著）（2006）. 犯罪者プロファイリング入門——行動科学と情報分析からの多様なアプローチ　北大路書房
渡辺保夫（監修）（2001）. 目撃証言の研究——法と心理学の架け橋をもとめて　北大路書房

法と心理学会叢書

R. ミルン, R. ブル（著）原　聰（編訳）（2003）. 取調べの心理学——事実聴取のための捜査面接法　北大路書房
山本登志哉（編著）脇中　洋ほか（著）（2003）. 生み出された物語——目撃証言・記憶の変容・冤罪に心理学はどこまで迫れるか　北大路書房
E.W. バトラーほか（著）黒沢香・庭山英雄（編訳）（2004）. マクマーチン裁判の深層——全米史上最長の子ども性的虐待事件裁判　北大路書房
M・アルドリッジ，J・ウッド（著）仲　真紀子（編訳）齋藤憲一郎・脇中　洋（訳）（2004）. 子どもの面接法——司法手続きにおける子どものケア・ガイド　北大路書房
G・ボーネ（著）庭山英雄・田中嘉之（訳）（2006）. 裁判官の心証形成の心理学——ドイツにおける心証形成理論の原点　北大路書房
浜田寿美男（2006）. 自白が無実を証明する——袴田事件，その自白の心理学的供述分析　北大路書房
浜田寿美男（2009）. 狭山事件虚偽自白　新版　北大路書房

（欧文）

Adler, J. R. (Ed). (2004). *Forensic psychology : Concepts, debates and practice.* Willan.
Bartol, C. R., & Bartol, A. M. (2004). *Psychology and law : Theory, research, and application.* 3rd ed. Wadsworth/Thomson.
Bartol, C. R., & Bartol, A. M. (Ed). (2008). *Current perspectives in forensic psychology and criminal behavior.* 2nd ed. Sage.
Blinder, M. (2006). *Psychiatry in the everyday practice of law : A lawyer's manual for case preparation and trial.* 4th ed. Thomson/West.

Bornstein, B. H., & Wiener, R. L. (Ed), (2010). *Emotion and the law : psychological perspectives*. Springer.
Bottoms, B. L., Kovera, M. B., & McAuliff, B. D. (Ed), (2002). *Children, social science, and the law*. Cambridge University Press.
Brewer, N., & Williams, K. D. (Ed), (2005). *Psychology and law : An empirical perspective*. Guilford Press.
Brooks-Gordon, B., & Freeman, M. (Ed), (2006). *Law and psychology*. Oxford University Press.
Bryant, C. D. (Ed), (2001). *Encyclopedia of criminology and deviant behavior*. Brunner-Routledge.
  Vol.1 Historical, conceptual, and theoretical issues
  Vol.2 Crime and juvenile delinquency
  Vol.3 Sexual deviance
  Vol.4 Self-destructive behavior and disvalued identity
Canter, D., & Žukauskiené, R. (Ed), (2008). *Psychology and law : bridging the gap*. Ashgate.
Carson, D., & Bull, R. (Ed), (2003). *Handbook of psychology in legal contexts*. 2nd ed. Wiley.
Fulero, S. M., & Wrightsman, L. S. (2008). *Forensic psychology*. 3rd ed. Wadsworth.
Goldstein A. M. (2003). *The handbook of psychology Vol 2 : Forensic psychology*. Wiley.
Hess, A. K., & Weiner I. B. (Ed), (1999). *The handbook of forensic psychology*. 2nd ed. John Wiley & Sons.
Kapardis, A. (2010). *Psychology and law : A critical introduction*. Cambridge University Press.
Kebbell M. R., & Davies, G. M. (2006). *Practical psychology for forensic investigations and prosecutions*. Wiley.
Kurke, M. I., & Scrivner, E. M. (Ed), (1995). *Police psychology into the 21st century*. Lawrence Erlbaum Associates.
McGuire, J. Mason, T., & O'Kane, A. (Ed), (2000). *Behaviour, crime, and legal processes : A guide for forensic practitioners*. Wiley.
Memon, A., Vrij, A., & Bull, R. (Ed), (2003). *Psychology and law : Truthfulness, accuracy and credibility*. 2nd ed. Chichester, Wiley.
Needs, A., & Towl, G. (Ed), (2004). *Applying psychology to forensic practice*. BPS Blackwell.
O'Donohue, W. T., & Levensky. E. R. (Ed), (2004). *Handbook of forensic psychology : Resource for mental health and legal professionals*. Elsevier Academic Press.
Ogloff, J. R. P. (2002). *Taking psychology and law into the twenty-first century*. Springer.
Rosner, R. (Ed), (1994). *Principles and practice of forensic psychology*. Chapman & Hall.
Sunstein, C. R., Hastie, R., Payne, J. W., Schkade, D. A., & Viscusi, W. K. (2003). *Punitive damages : How juries decide*. University of Chicago Press.
Thaler, R. H., & Sunstein, C. R., (2008). *Nudge : Improving decisions about health, wealth, and happiness*. Penguin.
Towl, G. J. et al., (Ed), (2008). *Dictionary of forensic psychology*. Willan.
Wecht C. H., & Rago J. T. (Ed), (2006). *Forensic science and law : Investigative application in criminal, civil, and family justice*. CRC press.
Weiner, I. B., & Hess, A. K. (2006). *The handbook of forensic psychology*. 3rd ed. John Wiley & Sons.
Wrightsman, L. S., Greene, E., Nietzel, M. T., & Fortune, W. H. (2002). *Psychology and the legal system*. 5th ed. Wadsworth Thomson Learning.

■2章 日本の司法制度概要
2.5 刑法概説
平川宗信（2008）．刑事法の基礎　有斐閣
山口　厚（2007）．刑法入門　岩波書店

■3章 外国の司法制度の概要―英米を中心に―
田中英夫（編集代表）（1991）．英米法辞典　東京大学出版会
　巻末の和英対照表は，本書の索引作成でも参考とした．
3.1 アメリカの連邦捜査機関
浅香吉幹（1999）．現代アメリカの司法　東京大学出版会
島　伸一（2002）．アメリカの刑事司法――ワシントン州キング郡を基点として　弘文堂

森本哲也（2005）．概説 アメリカ連邦刑事手続──日本企業に対する刑事訴追への法的対応　日本評論社
Walker, S., & Katz, C. M. (2010). *The Police in America : An Introduction.* 7th ed. New York：McGraw-Hill Connect Learn Succeed.

■ 4章　刑事法・民事法概論
4.12　生殖補助医療と家族
日本学術会議（2008）代理懐胎を中心とする生殖補助医療の課題──社会的合意に向けて
　日本学術会議が法務大臣と厚生大臣からの審議依頼を受けてとりまとめた報告書．（日本学術会議 HP より PDF で入手可能．http://www.scj.go.jp/ja/info/kohyo/pdf/kohyo-20-t56-1.pdf）
4.14　probable case（相当の理由）
Del Carmen, R. V. (1991). *Criminal procedure : law and practice.* 2nd ed. Brooks/Cole.（樺島正法・鼎　博之（1994）．アメリカ刑事手続法概説──捜査・裁判における憲法支配の貫徹　第一法規出版）
Shapiro, B. J. (1991). *Beyond reasonable doubt and probable cause : Historical perspectives on the Anglo-American law of evidence.* University of California Press.（庭山英雄・融　祐子（訳）（2003）．「合理的疑いを超える」証明とはなにか──英米証明理論の史的展開　日本評論社）
4.17　犯人識別手続き
田淵浩二（2001）．犯罪捜査における単独面通しの禁止　法と心理，**1**(1), 67-79．
4.20　取調べの可視化　4.21　取調べの録音・録画
ジョンソン, D. T.（2006）．風向きを知るのにお天気キャスターは要らない──日本における取調べ録音／録画について合衆国から学ぶこと　法と心理，**5**, 57-83．(Johnso, David T. n (2007). You don't need a weather man to know which way the wind blows：Lessons from the United States and South Korea for recording interrogations in Japan, *Ritsumeikan Law Review,* **24**, 13-46.)
ドリズィン, S. レオ, R.（2008）．なぜ無実の人が自白するのか　日本評論社．(Drizin, S. A., & Leo, R. A. (2004). The Problem of False Confessions in the Post-DNA World, *North Carolina Law Review,* **82**(3), 891-1007)
白取祐司（2003）．捜査の可視化と適正化　自由と正義，**54**(10), 79-88．
本江威憙（2006）．取調べの録音・録画記録制度と我が国の刑事司法　判例時報，1922, 11-21．
渕野貴生（2007）．被疑者取調べの課題　法律時報，**79**(12), 43-48．

■ 5章　心理学の諸分野と研究方法
日本心理学会倫理委員会（2010）社団法人日本心理学会倫理規定　第 2 版　日本心理学会．
　http://www.psych.or.jp/publication/rinri_kitei.html
Smith, E. E., Barbara L. Fredrickson, B. L., Nolen-Hoeksema, S., & Loftus, G. L. (2003). *Atkinson & Hilgard's introduction to psychology.* 14th ed. Wadsworth/Thomson Learning.（内田 一成（監訳）（2005）．ヒルガードの心理学　第 14 版　ブレーン出版→おうふう）
5.3　臨床心理学
フロイト（著），高橋義孝・下坂幸三（訳）（1977）．精神分析入門（上・下）　新潮文庫
小此木啓吾（2002）．現代の精神分析　講談社学術文庫（弘文堂版 1985 年）
パールズ, F. S.（著），日高正宏・倉戸由紀子・井上文彦（訳）（1990）．ゲシュタルト療法──その理論と実際　ナカニシヤ出版
オハンロン, B.（著）串崎真志・永井知子・酒井　隆（2009）．変化の第一歩──日常生活やセラピーを変える実践ガイド　金剛出版
ヘイリー, J.（著）高石　昇（訳）（2000）．戦略的心理療法──ミルトン・エリクソン心理療法のエッセンス　黎明書房
ホイト, M. F.（編）児島達美（訳）（2006）．構成主義的心理療法ハンドブック　金剛出版
丹野義彦（2001）．エビデンス臨床心理学──認知行動理論の最前線　日本評論社
5.5　犯罪心理学
Bull, R., Cooke, C., Hatcher, R., Woodhams, J., Bilby, C., & Grant, T. (2007). *Criminal psychology : a beginner's guide.* Oneworld Publications.（仲　真紀子（監訳）（2010）．犯罪心理学──ビギナーズガイド：世界の捜査，裁判，矯正の現場から　有斐閣）

心理学が法の現場でどのように役立てられているかを示す良書．法と心理学の最前線がわかる．
バートル＆バートル（著）羽生和紀（監訳）(2005). 犯罪心理学　北大路書房
5.7 事例研究
辻　悟 (2003). こころへの途——精神・心理臨床とロールシャッハ学　金子書房
5.11 多変量解析
田中　敏・山際勇一郎 (1992). 新訂　ユーザーのための教育・心理統計と実験計画法——方法の理解から論文の書き方まで　教育出版
山際勇一郎・田中　敏 (1997). ユーザーのための心理データの多変量解析法——方法の理解から論文の書き方まで　教育出版
森　敏昭・吉田寿夫（編著）(1990). 心理学のためのデータ解析テクニカルブック　北大路書房
狩野　裕・三浦麻子 (2002). 増補版グラフィカル多変量解析——AMOS, EQS, CALISによる目で見る共分散構造分析　現代数学社

■ 6 章　犯罪原因論
ヴォルド, ＆バーナード　平野龍一・岩井弘融（監訳）(1990). 犯罪学——理論的考察　東京大学出版会（Vold, G. B., & Bernard, T. J. (1986). *Theoretical criminology.* 3rd ed. Oxford University Press.）
6.10 攻撃行動の性差
Putallaz, M., & Bierman, K. L. (2004). Aggression, antisocial behavior, and violence among girls a developmental perspective. In M. Putallaz & L. K. Bierman (Eds), *Aggression, antisocial behavior, and violence among girls : a developmental perspective* Guilford Press.
6.11 攻撃の個人差および測定尺度
Bushman, B. J., Bonacci, A. M., Pedersen, W. C., Vasquez, E. A., & Miller, N. (2005). Chewing on it can chew you up : Effects of rumination on triggered displaced aggression. *Journal of Personality and Social Psychology,* **88**, 969-983.
6.13 衝動的攻撃性
Hirschi, T. (1971). *Causes of delinquency.* California Press.（森田洋司・清水新二（訳）(1995) 非行の原因——家庭・学校・社会へのつながりを求めて　文化書房博文社．）
6.19 合理的選択理論
ハーフォード, T. 遠藤真美（訳）(2008). 人は意外と合理的——新しい経済学で日常生活を読み解く　ランダムハウス講談社
6.21 銃の保持と犯罪
Wellford, C. F., Pepper, J. V., & Petrie, C. V. (Eds.) (2005). *Firearms and violence : A critical review.* Washington, DC : The National Academies Press.
　　銃規制については最もよくまとまっている書籍．

■ 7 章　各種犯罪の実態と研究
7.4 非行集団
家庭裁判所調査官研修所監修 (2001). 重大少年事件の実証的研究　司法協会
　　第 2 章で，多人数集団による重大事件が 3 事例取り上げられており，集団暴力の特徴などを知るのに好適である．
7.5 いじめ
国立教育政策研究所生徒指導研究センター（編）(2010). いじめ追跡調査 2007-2009　いじめ Q&A　国立教育政策研究所
　　最新の縦断的調査に基づく報告書であり，いじめの現状を理解するために最適の資料である．インターネットでも公開されている．
7.6 バラバラ殺人
Holmes, R. M., & Holmes, S. T. (1996). *Profiling violent crimes : An investigative tool.* Newbury Park : Sage.（影山任佐（監訳）(1997). プロファイリング——犯罪心理分析入門　日本評論社）
Ressler, R. K., Burgess, A. W., Hartman, C. R., Douglas, J. E., & MaCormack, A. (1986). Murderers who rape and mutilate. *Journal of Interpersonal Violence,* **1** (3), 273-287.

7.28 少年による殺人
河野荘子（編著）（2005）．人をあやめる青少年の心—殺人の心理——発達臨床心理学的考察　北大路書房
小林寿一（編著）（2008）．少年非行の行動科学——学際的アプローチと実践への応用　北大路書房．
Cornell, D. G. (2006). *School violence : Fears versus facts*. Mahwah, NJ : Lawrence Erlbaum Associates.
7.30 少年による性犯罪　7.32 女子の性非行
針間克己（2001）．性非行少年の心理療法　有斐閣
藤岡淳子（2001）．非行少年の加害と被害——非行心理臨床の現場から　誠信書房
Marshall, W. L., Laws, D. R., & Barbaree, H. E. (1990) *Handbook of sexual assault : Issues, theories, and treatment of the offender*. Plenum.
Rich, P. (2009) *Juvenile sexual offenders : A comprehensive guide to risk evaluation*. John Wiley & Sons.
7.29 少年による粗暴犯
小林寿一（編著）（2008）少年非行の行動科学——学際的アプローチと実践への応用　北大路書房
齋藤万比古（総編集）本間博彰，小野善郎（責任編集）（2009）．子どもの診療シリーズ 7　子どもの攻撃性と破壊的行動障害　中山書店
7.38 テロリズム
Mogahaddam, F. M., & Marsella, A. J. (Eds.) (2004). *Understanding terrorism : Psychological roots, consequences and interventions*. Washington, DC : American Psychological Association Press.（釘原直樹（監訳）テロリズムを理解する——社会心理学からのアプローチ　ナカニシヤ出版）
7.41 サイバーテロ
Bandura, A. (2004). Role of selective moral disengagement in terrorism and counterterrorism. In F. M. Mogahaddam & A. J. Marsella (Eds.), *Understanding terrorism : Psychological roots, consequences and interventions*. Washington, DC : American Psychological Association Press. pp.121-150.（釘原直樹（監訳）（2004）．テロリズムを理解する——社会心理学からのアプローチ　ナカニシヤ出版）
7.42 薬物乱用
村尾泰弘（編）（2010）若者と薬物乱用　現代のエスプリ 514　ぎょうせい／至文堂
Scheier, L. M. (2010). *Handbook of drug use etiology*. Washington DC : American Psychological Association.

■8章　犯罪捜査と心理学
8.9 心理学的検死
渡辺昭一（編）（2004）．捜査心理学　北大路書房
Canter, D. V., & Youngs, D. (2009). *Investigative psychology : offender profiling and the analysis of criminal action*. John Wiley & Sons.
Wrightsman, L. S., & Fulero, S. M. (2005). *Forensic psychology*. 2nd ed. Belmont, CA : Wadsworth.
Shneidman, E. S. (1993). *Suicide as psychache : A clinical approach to self-destructive behavior*. Northvale, N. J. : Jason Aronson.（高橋祥友（訳）（2005）．シュナイドマンの自殺学——自己破壊行動に対する臨床的アプローチ　金剛出版）
8.18 ノンバーバルコミュニケーション（NVC）による虚偽検出
Depaulo, B. M., Lindsay, J. L., Malone, B. E., Muhlenbruck, L., Charlton, K., & Cooper, H. (2003). Cues to deception. *Psychological Bulletin*, **129**, 74-118.
Vrij, A. (2000). *Detecting lies and deceit : The psychology of lying and its implications for professional practice*. Chichester : John Wiley & Sons.
8.23 証言の信頼性査定（CBCA）
Vrij, A. (2005). Criteria-based content analysis : A qualitative review of the first 37 studies. *Psychology, Public Policy, and Law*, **11**(1), 3-41.
Vrij, A., Akehurst, L., Soukara, S., & Bull, R. (2004). Let me inform you how to tell a convincing story : CBCA and Reality Monitoring Scores as a function of age, coaching, and deception.
8.24 犯罪心理言語学
金　明哲・村上征勝・永田昌明・大津起夫・山西健夫（2003）．言語と心理の統計——ことばと行動の確率モデルによる分析　岩波書店

荻野谷俊平（2009）．文体による筆者の識別と特性推定　日本犯罪心理学会第47回大会発表論文集，114-115.

村上征勝（2004）．シェークスピアは誰ですか？——計量文献学の世界　文春新書

Coulthard, M. (1994). On the use of corpora in the analysis of forensic texts. *Forensic Linguistics*, **1**, 27-43.

Solan, L. M., & Tiersma, P. M. (2004). Author identification in American courts. *Applied Linguistics*, **25**, 448-465.

8.27　子どもの目撃証言

英国内務省，英国保健省（編）仲　真紀子，田中周子（訳）（2007）．子どもの司法面接——ビデオ録画面接のためのガイドライン　誠信書房（Great Britain. Home Office ; Great Britain. Dept. of Health Home Office /Department of Health, (1992). *Memorandum of good practice on video recorded interviews with child witnesses for criminal proceedings*）

M・アルドリッジ，J・ウッド（著）仲　真紀子（編訳）齋藤憲一郎・脇中　洋（訳）（2004）．子どもの面接法——司法手続きにおける子どものケア・ガイド　北大路書房（Aldridge, M., & Wood, J. (1998). *Interviewing children : A guide for child care and forensic practitioners*. John Wiley & Sons.）

8.28　高齢者の目撃証言

McMahon, M. (2000). The effect of the enhanced cognitive interview on recall and confidence in elderly adults. Psychiatry, *Psychology and Law*, **7**, 9?32.

8.29　誤誘導効果

Loftus, E. F. (1977). Shifting human color memory. *Memory and Cognition*, **5**, 696-699.

Loftus, E. F., & Loftus, G. R. (1980). On the permanence of stored information in the human brain. *American Psychologist*, **35**, 409-420.

Paterson, H. M., & Kemp, R. I. (2006). Comparing methods of encountering post-event information : The power of co-witness suggestion. *Applied Cognitive Psychology*, **20**, 1083-1099.

Skagerberg, E. M., & Wright, D. B. (2008). The co-witness misinformation effect : Memory blends or memory compliance? *Memory*, **16**, 436-442.

8.30　ラインナップ

厳島行雄・仲　真紀子・原　聰（2003）．目撃証言の心理学　北大路書房

Cutler, B. L., Fisher, R. P., & Chicvara, C. L. (1989). Eyewitness identification from live versus videotaped lineups. *Forensic Reports*, **2**, 93-106.

Cutler, B. L., & Fisher, R. P. (1990). Live lineups, videotaped lineups, and photoarrays. *Forensic Reports*, **3**, 439-448.

Dekle, D. J. (2006). Viewing Composite Sketches : Lineups and Showups Compared. *Applied Cognitive Psychology*, **20**, 383-395.

Lindsay, R. C. L., & Wells, G. L. (1985). Improving eyewitness identification from lineups : Simultaneous versus sequential lineup presentation. *Journal of Applied Psychology*, **70**, 556-564.

Luus, C. A. E., & Wells, G. L. (1991). Eyewitness identification and the selection of distracters for lineups. *Law and Human Behavior*, **15**, 43-57.

Malpass, R. S., & Devine, P. G. (1981). Eyewitness identification : Lineup instruction and the absence of the offender. *Journal of Applied Psychology*, **66**, 482-489.

Smith, J. E., Pleban, R. J., & Shaffer, D. R. (1982). Effects of interrogator bias and a police trait questionnaire on the accuracy of eyewitness identification. *The Journal of Social Psychology*, **116**, 19-26.

Steblay, N., Dysart, J., Fulero, S., & Lindsay, R. C. L. (2001). Eyewitness accuracy rates in sequential and simultaneous lineup presentations : A meta-analytic comparison. *Law and Human Behavior*, **25**, 459-473.

Steblay, N., Dysart, J., Fulero, S., & Lindsay, R. C. L. (2003). Eyewitness accuracy rates in police showup and lineup presentations : A meta-analytic comparison. *Law and Human Behavior*, **27**, 523-540.

Wells, G. L., & Olson, E. A. (2003). Eyewitness testimony. *Annual Review of Psychology*, **54**, 277-295.

8.31　似顔絵とモンタージュ写真

Frowd, C. D., Carson, D., Ness, H., Richardson, J., Morrison, L., Mclanaghan, S., & Hancock, P. (2005). A forensically valid comparison of facial composite systems. *Psychology, Crime & Law*, **11**, 33-52.

Sporer, S. L., Malpass, R. S., & Koehnken, G. (Eds.) (1996). *Psychological issues in eyewitness identification*. New Jersey：Lawrence Erlbaum Associates. (箱田裕司・伊東裕司（監訳）(2003). 目撃者の心理学 ブレーン出版)

8.32　声の記憶と声からの人物同定

Bull, R. (2004). Legal psychology in the twenty-first century. *Criminal Behavior and Mental Health*, **14**, 167-181.
　　耳撃証言の研究成果が，実際に司法の現場で活かされていることが紹介されている．

Vanags, T., Carroll, M., & Perfect, T. J. (2005). Verbal overshadowing：A sound theory in voice recognition? *Applied Cognitive Psychology*, **19**, 1127-1144.
　　本文でとりあげた「言語隠蔽効果」が，「音声刺激」に対しても生じることを報告した研究．

Yarmey, A. D. (2007). The psychology of speaker identification and earwitness memory. In Lindsay, R. C. L., Ross, D. F., Read, J. D., & Toglia, M. P. (Eds.), *Handbook of eyewitness psychology：Memory for people*. New Jersey：Lawrence Erlbaum. pp.101-136. (厳島行雄・笠原洋子（訳）(2009-2010)．発話者の同一性識別と耳撃記憶の心理学　季刊刑事弁護　58-61号）
　　耳撃証言研究の先行研究を詳しくレビューしたもの．

(目撃証言全般)

Toglia, M. P., Read, J. D., Ross, D. F., & Lindsay, R. C. L. (Eds). (2007). *Handbook of eyewitness psychology*. Vol I. *Memory for events*. Mahwah, NJ：Erlbaum.

Lindsay, R. C. L., Ross, D. F., Read, J. D., & Toglia, M. (Eds) (2007). *Handbook of eyewitness psychology*. Vol II. *Memory for People*. Mahwah, NJ：Erlbaum.

■9章　公判プロセス

9.5　法廷戦術

キース＝エヴァンス（著）高野隆（訳）(2000). 弁護のゴールデンルール　現代人文社
後藤貞人ほか（編）(2009). 刑事弁護マニュアル裁判員裁判　第一法規
日本弁護士連合会（編）(2009). 法廷弁護技術　第2版　日本評論社
八幡紕芦史ほか（2009). 入門法廷戦略　現代人文社

9.7　集団意思決定とそのバイアス

Janis, I. L. (1972). *Victims of groupthink*. Boston：Houghton Mifflin.

Kameda, T., & Sugimori, S. (1993). Psychological entrapment in group decision making：An assigned decision rule and a groupthink phenomenon. *Journal of Personality and Social Psychology*, **65**(2), 282-292.

Moscovici, S., Mugny, G., & van Avermaet, E. (1985). *Perspectives on Minority Influence*. Cambridge：Cambridge University Press.

Nemeth, C. J., & Wachtler, J. (1983). Creative problem solving as a result of majority vs minority influence. *European Journal of Social Psychology*, **13**, 45-55.

9.12　賠償額の決定

Sunstein, C. R., Hastie, R., Payne, J. W., Schkade, D. A., & Viscusi, W. K. (2002). *Punitive damages：How juries decide*. The University of Chicago Press.

9.13　科学的陪審選任・陪審員（裁判員）の選定

バトラー, E. W. ほか（著）黒沢香・庭山英雄（編訳）(2004). マクマーチン裁判の深層――全米史上最長の子ども性的虐待事件裁判　北大路書房
　　科学的陪審選任方法が具体的に適応されたケースについて．

Fukurai, H., Edgar W. B., & Krooth R. (1993). *Race and justice：racial disenfranchisement and the search for justice*. NY：Plenum Press.

9.14　量刑判断

原田國男（2008). 量刑判断の実際　第3版　立花書房
ボーネ, G.（著）庭山英雄・田中嘉之（訳）(2006). 裁判官の心証形成の心理学　北大路書房

9.16　陪審コンサルティング

Churchill, W., & Wall, J. V. (2002). *Cointelpro papers：Documents from the FBI's secret wars against dissent in the United States*. Boston, MA：South End Press.

American Tort Reform Association (2009). *Judicial Hellholes 2008*, available at http://www.atra.org/reports/hellholes/ (Last visited on August 1, 2009).

9.19 リスキーシフト（集団極化）
Stoner, J. A. F. (1961) A comparison of individual and group decisions including risk. Unpublished thesis, Massachusetts Institute of Technology, School of Management.
Stoner, J. A. F. (1968) Risky and cautious shifts in group decisions : The influence of widely held values. *Journal of Experimental Social Psychology*, **4**, 442-459.
Wallach, M. A., Kogan, N., and Bem, D. J. (1962) Group influence on individual risk taking. *Journal of Abnormal and Social Psychology*, **65**, 75-86.

9.20 陪審員ストレス
Feldmann, T. B., & Bell, R. A. (1993). Juror stress : Identification and intervention. *Bulletin of the American Academy of Psychiatry and the Law*, **21**, 409-417.

■10章 防犯

10.2 環境デザインによる犯罪予防
清水賢二・田中 賢・川嶋宏明・篠原惇理（2010）．防犯環境設計の基礎――デザインは犯罪を防ぐ　彰国社
スナイダー, R.・キッチン, T.（著）防犯環境デザイン研究会（訳）（2006）．犯罪予防とまちづくり――理論と英米における実践　丸善
カフーン, I.（著）小畑精治・大場　悟・吉田拓生（訳）（2007）．デザインアウトクライム――「まもる」都市空間　鹿島出版会

10.4 防犯灯による犯罪抑止
警察庁「安全・安心まちづくり推進要綱」平成12年2月24日制定（平成18年4月20日改正）
防犯設備協会（2010）．防犯照明ガイド　vol.4
照明学会関西支部（2010）．有彩色光照明ガイド――防犯照明の課題
社会安全研究財団（2008）．犯罪に対する不安感等に関する調査研究――第3回調査報告　平成20年3月発行
照明学会誌 **92**(9), 特集「防犯照明と青色照明」
　　特集資料の全文が，照明学会のHPに公開されている．（http://www.ieij.or.jp/JIEIJ/index.html）
　　防犯照明と青色光照明の編集にあたって（松島公嗣）／青色・防犯灯を活用した安心安全なまちづくりに関する調査研究（金城雄一）／青色防犯灯で安全・安心のまちに～複合的な防犯対策による犯罪抑止（福田守秀）／青色防犯灯の導入背景と全国実態調査報告（須谷修治）／有彩色光照明が視認性と雰囲気におよぼす影響（井上容子）／有彩色光照明の生理的・心理的影響（久保博子，井上容子）／夜間の青色光が近隣居住者の生活におよぼす影響について（小山恵美）／防犯照明の要件と青色光の課題（土井正）

10.6 「割れ窓」理論
ケリング, G. L.・コールズ, C. M.（著）小宮信夫（監訳）（2004）．割れ窓理論による犯罪防止――コミュニティの安全をどう確保するか　文化書房博文社

10.11 地域防犯活動
警察政策学会　市民生活と地域の安全創造研究部会（2010）．NEXT　ONE　セーフコミュニティ――「安全社会」から「安心社会」への切符　警察政策学会資料，59号
　　警察政策学会のホームページで全内容が公開（http://www.asss.jp/katudo/publish/report.html）
鹿児島市・(財)地方自治研究機構（2008）．夜間照明環境の形成による安心安全なまちづくりに関する調査研究――青色・防犯灯の活用と検証
　　鹿児島市のホームページに全文公開されている．
　　http://www.city.kagoshima.lg.jp/_1010/shimin/1kurashi/safe/1-1-3bohan/_29850.html

10.14 少年警察活動
小林寿一（編著）（2008）．少年非行の行動科学――学際的アプローチと実践への応用　北大路書房

■11章 犯罪者・非行少年の処遇
藤岡淳子（編）（2007）．犯罪・非行の心理学　有斐閣ブックス

11.1　加害者処遇制度と心理学の役割

American Association for Correctional Psychology (2000). Standards for psychology services in jails, prisons, correctional facilities, and agencies. 2nd Edition. *Criminal justice and behavior*, **27** (4), 433-494.

American Association of Correctional Psychologists (1980). Standards for psychology services in adult jails and prisons. *Criminal justice and behavior*, **7** (1), 81-127.

Andrews, D. A., & Bonta, J. (1995). *The level of service inventory-revised.* Toronto：Multi-Health Systems.

Andrews, D. A., Zinger, I., Hoge, R. D., Bonta, J., Gendrew, P., & Cullen, F. t. (1990). Does correctional treatment work? A psychologically informed meta-analysis. *Criminology*, **28**, 269-404.

Lipsey, M. (1995). What do we learn from 400 research studies on the effectiveness of treatment with juvenile delinquents? In McGuire, J. (Ed.), *What works : Reducing reoffending.* Chichester：England. Wiley, pp.63-78.

Martinson, R. (1974). What works? Questions and answers about prison reform. *The Public Interest*, **35**, 22-54.

11.8　非行少年の資質鑑別

石毛　博（2005）．鑑別——少年の心理アセスメント　犬塚石夫（編）矯正心理学下巻（実践編）　東京法令出版

寺村堅志（2007）．犯罪者・非行少年のアセスメント　藤岡淳子（編）犯罪・非行の心理学　有斐閣

11.10　再犯リスク評価

藤岡淳子（編）（2007）．犯罪・非行の心理学　有斐閣

Gottfredson, D. M., & Tonry, M. (Eds.). (1987). *Prediction and classification : Criminal justice decision making.* Chicago Univ. Press.

Gottfredson, D. M., & Snyder, H. N. (2005). The mathematics of risk classification：Changing date into valid instruments for juvenile courts. OJJDP (NCJ 209158).

11.13　犯罪者・非行少年の処遇—加害者臨床—

Andrews, D., & Bonta, J. (2003). *The psychology of criminal conduct.* 3rd ed. Cincinnati, OH：Anderson.

Ward, T., & Maruna, S. (2007). *Rehabilitation : Beyond the risk paradigm.* New York, NY：Routledge.

11.14　性犯罪者に対する処遇

Hanson, R. K., Gordon, A., Harris, A. J. R., Marques, J. K., Murphy, W., Quinsey, V. L., & Seto, M. C. (2002). First report of the collaborative outcome data project on the effectiveness of psychological treatment for sex offenders. *Sexual Abuse : A Journal of Research and Treatment*, **14**, 167-192.

Laws, D. R. (Ed.). (1989). *Relapse prevention with sex offenders.* New York：Guilford.

Laws, D. R., Hudson, S. M., & Ward T. (Eds.), (2000). *Remaking relapse prevention with sex offenders : A sourcebook.* Thousand Oaks, CA：Sage.

Losel, F., & Schmucker, M. (2005). The effectiveness of treatment for sexual offenders：A comprehensive analysis. *Journal of experimental criminology*, **1**, 117-146.

Marlatt, G. A. (1980). Relapse prevention：A self-control program for the treatment of addictive behaviors. Unpublished manuscript, University of Washington, Department of Psychology, Seattle.

Ward, T., Hudson, S. M., & Siegert, R. J. (1995). A critical comment on Pithers' relapse prevention model. *Sexual abuse : A journal of research and treatment*, **7** (2), 167-175.

11.16　薬物事犯者に対する処遇

近藤恒夫（2009）．拘置所のタンポポ——薬物依存再起への道　双葉社

坂上　香・アミティを学ぶ会（2002）．アミティ・脱暴力への挑戦　日本評論社．

松本俊彦（2005）．薬物依存の理解と援助　金剛出版

■12章　精神鑑定

日本精神神経学会・精神科用語検討委員会（編）(2008)．精神神経学用語集　改訂6版　新興医学出版社
　この改訂にあたって，以下のような用語の変更が行われている．本書では，今まで使われていた用語も鑑みて，新旧両者の用語を使いつつ，索引では相互に参照できるようにした．
　　　社会不安障害（social anxiety disorder）→「社交不安障害」
　　　行為障害（conduct disorder）→「素行障害」

人格障害（personality disorder）→「パーソナリティ障害」
外傷後ストレス障害（PTSD）→「心的外傷後ストレス障害」

五十嵐禎人（編）（2008）．専門医のための精神科臨床リュミエール1 刑事精神鑑定のすべて 中山書店
滝野隆浩（2000）．宮崎 勤精神鑑定書——多重人格説の検証 講談社プラスアルファ文庫
中田 修・小田 晋・影山任佐・石井利文（2000）．精神鑑定事例集 日本評論社
中田 修・小田 晋・影山任佐・石井利文（2010）．精神鑑定事例集2 日本評論社
西脇 巽（2002）．西脇巽精神鑑定選集〈第1巻〉飲酒酩酊編 同時代社
西脇 巽（2002）．西脇巽精神鑑定選集〈第2巻〉精神病編 同時代社
福島 章（1999）．現代の精神鑑定 金子書房
吉益脩夫・福島 章・小木貞孝・中田 修（1973）．日本の精神鑑定 みすず書房
Sadock, Benjamin James；Sadock, Virginia Alcott（編）井上令一 四宮滋子（監訳）（2004）．カプラン臨床精神医学テキスト DSM-IV-TR 診断基準の臨床への展開 メディカル・サイエンス・インターナショナル

■ 13章 犯罪被害者

13.2 犯罪被害者遺族
小西聖子（編著）（2008）．犯罪被害者のメンタルヘルス 誠信書房
ライナソン, E.K（著）藤野京子（訳）（2008）．犯罪・災害被害遺族への心理的援助——暴力死についての修復的語り直し 金剛出版

13.10 性犯罪の被害者／加害者
警察庁（2008）．警察白書 平成20年版 警察庁
法務省（2008）．犯罪白書 平成20年版 法務省
Kessler, RC, Sonnga, A., Bromet, E., et.al. (1995). Post-traumatic stress disorder in the national comorbidity surbey. *Archives Geniatric Psychiatry*, **52**, 1048-1060.
内山絢子・及川里子・家門博子（1998）．高校生・大学生の性被害の経験 科学警察研究所報告, **39**(1), 32-43.

13.11 子どもと少年の被害者／加害者
フィンケルホー, D.（編著）森田ゆり他（訳）（2010）．子ども被害者学のすすめ 岩波書店
藤岡淳子（著）（2001）非行少年の加害と被害——非行心理臨床の現場から 誠心書房
Juvonen, J., & Graham, S. (2001). *Peer harassment in school*. New York：The Guilford Press.
小林寿一（編著）（2008）少年非行の行動科学——学際的アプローチと実践への応用 北大路書房

13.12 DVと虐待の被害者／加害者
ランディ・バンクロフト＆ジェイ・G・シルバーマン（著）幾島幸子（訳）（2004）．DVにさらされる子どもたち——加害者としての親が家族機能に及ぼす影響 金剛出版

●補注：英訳についての注意

　日本の制度や慣習についての語句の「英訳」の中には，定訳と思われているものであっても，日本の制度に馴染みのない海外の人が何の補足説明もなく読むと，誤解を招く可能性があるものもあります．法律による公定訳がないままに，説明的でなく手短に表現できるものとして，多少誤解を招く可能性がある訳が広がってしまった場合もあります．英文で使用されるにあたっては，必要な補足解説を入れられるなど，ご留意されるとよいでしょう．また今後，より適切な表現が見つかれば，訳語がおきかえられる可能性もあります．本書の「索引」「英和対照用語一覧」では，そうした表現には右肩に＊を付しました．

　たとえば，裁判員（制度）の英訳は，"lay judge (system)" とされていることがあります．これを日本語に直訳すると「素人裁判官（制度）」となります．間違いとまではいえないにしても，制度を正しく理解すれば，裁判員を「素人裁判官」とよぶことはミスリーディングであることが理解されるでしょう．そのような場合，"saiban-in system" として説明を補うか，海外の人にとってもう少しイメージをもちやすい，"mixed jury system" といった言葉を用いたうえで，解説を補うといった方法もとりうるでしょう．

索　引
※ボールドは見出し語

▶略　称

ADHD（attention deficit hyperactive disorder）　180
ADR（alternative dispute resolution）　24, **74**
ALI（American Law Institute）　564
ALIC（action libera in causa）　541

BATNA（best alternative to a negotiated agreement）　79

CBCA（criteria-based content analysis）　338
CBT（cognitive behavioral therapy）　580
CCTV（closed-circuit television）　444
CD（conduct disorder）　181
CGT（criminal geographic targeting）　291
CISD（Critical Incident Stress Debriefing）　582
CIT（concealed information test）　321
CompStat（computerized statistics, comparative statistics）　308
COSA（Circle of Support and Accountability）　513
CPTED（crime prevention through environmental design）　426, 430
CQT（control question test）　321

DBD（disruptive behavioral disorder）　181
DCR（Diagnostic Criteria for Research）　544
DEA（Drug Enforcement Administration）　43
DESNOS（disorders of extreme stress, not otherwise specified）　**584**
DIVO（defense initiated victim outreach）　513
DSM（Diagnostic and Statistical Manual of Mental Disorders）　**544**
DV（domestic violence）　229, 539, 586, 598

ELM（elaboration likelihood model）　389
EMDR（eye movement desensitization reprocessing）　580
ERP（event-related potential）　324
FBC（fair-but-biased-yet-correctible）　410

FBI（Federal Bureau of Investigation）　42, 190, 200, 205, 246, 248, 414
fMRI（functional MRI）　326
fNIRS（functional near-infrared spectroscopy）　327

GBMI（guilty but mentally ill）　566
GKT（guilty knowledge test）　321

HSM（heuristic systematic model）　389
HSUS（The Human Society of the United States）　264

ICD（International Statistical Classification of Diseases and Related Health Problems）　**544**
ICVS（International Crime Victimization Survey）　568
IFI（Interdisciplinary Fitness sentences）　556

LD（learning disorder）　180

MacCAT-CA（MacArthur Competency Assessment Tool-Criminal Adjudication）　555
MMPI（Minnesota Multiphasic Personality Inventory）　521
MRI（magnetic resonance imaging system）　521
MTC（Massachusetts Treatment Center）　232

NTAC（National Threat Assessment Center）（米）　306
NTSB（National Transportation Safety Board）　221

PCIT（parent-child interaction therapy）　599
PCL（Psychopathy checklist）　184
PDD（pervasive developmental disorder）　526, 528
PFI（private finance initiative）　470
POP（problem-oriented-policing）　309
PPG（penile plethysmograph）　497
PTSD（posttraumatic stress disorder）　10, 520,

538, 572, 574, 594, 597, 601

QOL（quality of life） 579

RCT（randomized control trial） 215

SSRI（serotonin selective reuptake inhibitor） 580
SVA（statement validity assessment） 338

TF-CBT（trauma focused cognitive behavioral therapy） 580
VOM（victim offender mediation） **514**

▶欧　字

A-C 関係（accuracy-confidence relationship） **366**
ADR 運動　75
ADR 法　74
aggressive victims　597
Aircraft hijacking　**274**
ALI 基準　564

Bandits　240
BBS 会（Big Brothers and Sisters Movement）481
bully/victims　597

C-A 関連（confidence-accuracy relationship）**366**
CompStat　295
Cowboys　240
CrimeStat　292, 294

DBD マーチ　181
designer drug　279
DSM-Ⅳ-TR　181, 244, 247, 264, 524, 526, 528, 530, 532, 545, 578
DV 加害者の更生プログラム　599
DV の被害者／加害者　586, **598**

FBI 行動科学課　284
FBI による殺人の分類　192
FBI 方式のプロファイリング　**284**

GABA　131
GL モデル（good lives model）　462, 499, 500, 503

ICD-6　544
ICD-10　181, 526, 544, 578

J カーブ仮説　172

KKK（Ku Klux Klan）　236

NASH 死亡分類（NASH classification）　304
NICHD プロトコル　348

P300　324
Pet-Abuse.Com　264
PFI 刑務所（刑事施設）　470, 507, 512
PTA　428
PTSD　10, 520, 538, 572, 574, 594, 597, 601
　　──の治療　580
　　子どもの──　582

RNR 原則　498
RNR モデル（risk-needs-responsivity model）　462, 493 499
Robin's men　240
ROC 曲線（receiver operating characteristics curve）　492
RP モデル　502

SARA　309
skyjacking　**274**
SR モデル　503
STABLE-2000　496
Static-99　496

TCO 症状（threat/control-override symptom）　495
TEACCH プログラム　529
TPB 理論（Theory of planned behavior）　214

WHO　544
Win-Win　78

12 ステップアプローチ　506
9.11（同時多発）テロ　182, 236, 275

▶ア

アイゼンク（Eysenck, H.J.）　136
愛着（attachment）　168, 230
愛着障害　231, 598
アイデンティキット（Identikit）　362
アイデンティティ（identity）　182, 183, 259
青色防犯灯　435, 447
秋葉原通り魔事件　202
悪質商法（illegal business practice）　**262**
アクセスコントロール（access control）　430, 431

悪魔の代理人（devil's advocate） 395
悪魔払い 200
アスペルガー障害（症候群）（Asperger's disorder/syndrome） 526, **528**
アセスメント（assessment） 462, 485
　　成人犯罪者の—— **486**
　　性犯罪者の—— **496**
アタッチメント（attachment） 144
あっせん 74
後知恵バイアス（hindsight bias） 399
アノミー（anomie） **162**
安倍淳吉 146, 148, 160
安倍の発生類型 160
安倍理論 146
アメリカ 174, 221, 284, 306, 308, 404, 406, 436, 444, 467, 555, 578, 596
　　——における懲罰的損害賠償 72
　　——の ADR 75
　　——の刑事手続 **56**
　　——の裁判手続 **52**
　　——の司法協会 359
　　——の州裁判制度 **50**
　　——の捜査機関 42
　　——の地方警察 44
　　——の民事手続き **54**
　　——の連邦裁判制度 **48**
アメリカ司法省司法研究所 292
アメリカ人道協会（Humane Society of the United States：HSUS） 264
アメリカ精神医学会（American Psychiatric Association） 544
アメリカ不法行為法改革協会（American Tort Reform Association） 415
アメリカ法 86
アメリカ法協会（American Law Institute：ALI） 565
アメリカ連邦捜査局（FBI） 194, 312, 368
アリソン（Alison, L.） 240
アルコール（alchol） 212
アルコール依存症（alcoholism） 213
アルコール血中濃度 540
アルコール使用障害 534
アルコール使用の動機 280
アルコール・タバコ・火器および爆発物取締局（米）（Bureau of Alcohol, Tobacco, Firearms and Explosives：ATF） 43
アルコール誘発性障害 534
アルコール乱用 213
アル中（アルコール中毒） 534
アンケート調査 81

暗示性質問 3
暗所視（scotopic vision） 344
暗数（dark figure） 232, 254, 440, 458, 548, 568
安全・安心まちづくり推進要綱 426, 434
安全な家屋づくり 239
アンダーソン（Anderson, C.A.） 139, 141, 159
アンドリュース（Andrews, D） 499
アンブライト（Umbreit, M.S.） 514

▶イ

医学的検査 550
怒り（anger） 143, 182, 253
怒り喚起操作 138
イギリス 88, 286, 444, 468, 586
　　——における懲罰的損害賠償 73
　　——イギリスの捜査機関 46
生ける法（生きた法）（lebendes Recht〔独〕） 14
遺言書（will, testament） 520
意思基準 564
意識障害（disturbance of consciousness） 540, 549, 556
意識心理学（consciousness psychology） 106
意思決定（decision making） 17, 238, 410
　　裁判員による—— **402**
　　裁判官による—— **398**
　　陪審員による—— **400**
　　犯罪者の—— 171, 431
いじめ（bullying） **198**
　　——の定義 198
　　——の四層構造論 198
いじめ対策プログラム 199
慰謝料（compensation） 404
異常性愛（abnormal sexual libido） 536
イースタリンの逆説（Easterlin paradox） 17
遺族 572
　　——のトラウマ 576
　　——への援助 573
　　交通事故の—— 601
遺族給付金 592
依存症（dependency） 506
一次性・二次性サイコパシー尺度（Primary and Secondary Psychopathy Scale） 184
一貫性仮説（consistency hypothesis） 296
逸脱行動（deviant behavior） 168, 277
一般化可能な法則性 112
一般感情攻撃モデル 158
一般少年鑑別 476
一般短期処遇 474
一般反応性（general responsivity） 499
一般予防論 30

イデオロギー（ideology）　173, 236, 398
遺伝（heredity）　**134**, 524
遺伝規定率　135
移動距離　249
意図的行動観察　473, 477, 484
田舎型放火　256
異文化間非言語的コミュニケーションエラー
　　（cross-cultural non-verbal communication
　　error）　329
違法競走型暴走族　216
違法行為の抑止（deterrence）　72
違法収集証拠排除法則（exclusionary rule）　**68**,
　　557
違法ドラッグ　278, 279
意味記憶（semantic memory）　552
イメージ膨張　379
依頼鑑別　476
依頼者中心モデル　76
医療観察法鑑定　520
医療少年院　474
医療保護入院　563
因子分析（factor analysis）　120
飲酒運転（drink driving）　211, **212**
飲酒試験　540
陰性症状　522
インターネット（Internet）　261, 266
　　――と犯罪　165
インタラクティブ性（相互作用性）　140
隠蔽記憶（screen memory）　538
隠蔽殺人　240
インボルブメント（involvement）　144, 168

▶ウ

ウィグモア（Wigmore, J.）　7
ウェーバー，マックス（Weber, Max）　14
植松正　8
ウォーカー（Walker, L.）　84
ウォード（Ward, T.）　225
ウォラック（Wallach, H.）　420
嘘（lie, deception）　328
　　――の直接的手がかり　328
　　――の複雑性　328
嘘発見器　7（→ポリグラフ検査）
疑わしきは被告人の利益に（in dubio pro reo）
　　の法理　385
うつ状態　524
うつ病（depression）　318
　　――の三大妄想　524
うつ病性障害　525
恨み　194

運転調整　214
ヴント（Wundt, W.）　6, 98, 106, 110

▶エ

嬰児殺　250
エイリアンアブダクション（alien abduction）　369
エビデンスに基づいた処遇選択　462
エリクソン（Erickson, M.H.）　105
エリクソン（Erikson, E.H.）　577
エールリッヒ，オイゲン（Ehrlich, Eugen）　14
遠隔視（remote viewing）　342
円仮説　290
冤罪（false charge）　61, 62, 90, 403

▶オ

応急入院　563
応答性原則　493
応報（retribution）　498
応報刑（論）（retributive punishment）　30, 410
応用言語学　18
置き換え仮説　354
置き換えられた怒り（displaced anger）　204
置き換えられた攻撃（displaced aggresion）　203
オセロ・エラー（othello error）　328
オッドボール（oddball）課題　324
オーバーキル（over kill）　200
オープン質問（open-ended question）　347
オペラント条件づけ（operant conditioning）　136
親殺し（parricide）　206
親の養育態度　259
オルヴェウス（Olweus, D.）　198
オルヴェウスいじめ防止プログラム（Olweus
　　Bullying Prevention Program）　199
オルポート（Allport, A.W.）　398
オルポート（Allport, G.W.）　103
オレオレ詐欺　260
音楽心理学　101

▶カ

外因性　544
解決志向アプローチ　509
外国の刑事施設　467
開示拒絶特権（privilege）　55
外傷後ストレス障害（posttraumatic stress
　　disorder：PTSD）　132, 520, 574, **578**, 600
　　（→心的外傷後ストレス障害）
外傷性記憶（traumatic memory）　538, 578
外傷性の苦悩（traumatic distress）　576
改善更生　461, 485
改善指導　470

階層的クラスター分析(hierarchical cluster analysis) 121
街頭犯罪 295, 426, 435
街頭防犯カメラ 445
街頭補導 455
概念法学(Begriffsjuris prudenz)(独) 14
回避(avoidance) 578
回復された記憶(recovered memory) 378
快楽殺人(erotophonophilia, lust murder, erotophonophilia) 204
解離(dissociation) 533, 538
カインド(Kind, S.) 291
カウンセリング(counseling) 4
カウンセリング理論 104
カウンタメジャー 325
カウンティ(county) 44
顔隠蔽効果 365
顔の再認(face recognition) 351
顔の同年齢効果(own-age effect) 352
加害者(offender) 510, 515
加害者処遇(制度)(treatment system) **460**
加害者・被害者関係 192, 201
加害者臨床(offender treatment) **498**
科学警察研究所 37, 295, 320
過覚醒 578
科学捜査研究所 38, 321
化学的去勢 129
科学的陪審選任方法(scientific jury selection) **406**, 414
化学兵器(chemical weapon) 272
下級裁判所(lower court) 22
架空請求詐欺 260
学習障害(learning disorder：LD) 180, 526
学習心理学(learning psychology) 100
学習理論(learning theory) 461
革新 162
確信度(confidence) **366**, 367
確信度-正確性相関(CA 関連) 366
覚せい剤 534, 549
覚せい剤事犯者 508
覚せい剤事犯者処遇プログラム 481, 509
覚醒転移理論 140
覚醒度 374
拡大自殺 193, 318
確認的因子分析(confirmatory factor analysis) 120
学範(discipline) 6, 13
学融的(trans-disciplinary) 13
影の陪審(shadow jury) 407
ガーゲン(Gergen, K.) 103, 105

火災安全／予防技能訓練(fire safety/prevention skills training) 257
家事事件(domestic proceeding) 464
過失責任の原則(principle of negligence liability) 29
下垂体 131
家族(family) 82
家族集団会議(family group conference：FGC) 511, 514
家族心理学(family psychology) 100
家族プログラム 505
家族法(family law) 29
家族療法(family therapy) 105
かたり商法(身分詐称) 262
カタルシス効果(catharsis effect) 158
学校(school) 442
学校適応 254, 259
学校における銃乱射(school shooting) **194**
合衆国控訴裁判所(米)(United States Court of Appeals) 48
合衆国最高裁判所(米)(Supreme Court of the United States) 48
合衆国地方裁判所(米)(United States District Court) 49
カッシン(Kassin) 332
葛藤家庭 144
葛藤理論(conflict theory) 161
ガットマン(Guttman, L.) 286
家庭 195, 258, 569
　――の社会化機能 144
　――の相互作用 144
　――の保護機能 144
家庭環境 254
　――と非行 **144**
過程コントロール 84
家庭裁判所(domestic relation court) **464**, 472, 479, 520
　――の司法的機能 464
　――の福祉的機能 464
家庭裁判所調査官 464, 465
家庭裁判所調査官研修所 251
家庭内殺人(family homicide, domestic homicide) **206**
家庭内暴力(violence in the family, domestic violence) 206
家庭要因 250
カード検査 322
過度の責任帰属 393
カナダ 469
カラーボール 243

索　引 | 623

仮釈放(parole) 480
仮釈放者 479, 509
　──の再犯予測研究 490
仮出場 480
仮退院 474, 479, 480, 563
下流階層文化論(theory of low-class culture) 149
加齢(aging) 350
川島武宜 9, 1415
簡易鑑定 518
簡易薬物検出検査 508
管轄権 51
眼球運動による脱感作と再処理法(eye movement desensitization reprocessing：EMDR) 580
環境心理学(environmental psychology) 100, 450
環境デザインによる犯罪予防(CPTED) **430**
環境のイメージ 430
環境犯罪学(environmental criminology) 442
関係性攻撃(relational aggression) 152
観護教官 473, 476, 483
監獄(prison, gaol) 62
観護措置 485
観護の措置 472
観察(observation) 99
監察医(medical examiner) 45
監視 431
監視カメラ(closed-circuit television：CCTV) 444
監視性 448
感情(emotion) 280, 501, 524, 531, 585
　──の麻痺 599
　交渉者の── 78
感情障害 318
感情的刺激 153
感情的冷却期間 190, 202
管制官 220
間接学習(indirect learning) 164
間接的攻撃(indirect aggression) 152
カンター(Canter, D) 286, 290
鑑定 11, 35 (→精神鑑定)
鑑定書 69, 521
鑑定嘱託 35
鑑定人の資格 521
鑑定留置 518
還付金詐欺 260
鑑別(classification) 482, 528
　資質の── 472, 473
鑑別技官 476, 483
鑑別結果通知書 473, 476, 482

鑑別部門 472
鑑別面接 473, 483
官民協働(private public partnership) 470
関与しながらの観察(participant observation) 113

▶キ

記憶(memory) 107, 330, 336, 346, 350, 353, 367, 372, 376, 538, 552, 579
　回復された── 378
　虐待の── 378
　声の── **364**
　目撃者の── 368
記憶不信症候群(memory distrust syndrome) 336
機会縮減(opportunity reduction) 432
偽記憶(false memory) 539 (→フォールスメモリー)
偽記憶症候群(false memory syndrome) 539
危機交渉(crisis bargaining) 315
危険運転致死傷罪 210, 212, 570, 600
擬似相関(spurious correlation) 117
気質(temperament) 279
稀釈化 80
記述的規範(descriptive norm) 281
記述的分析(discriptive analysis) 16
起訴(prosecution) 66
帰属(attribution) 392
帰属バイアス(attributional bias) **392**
帰属理論(attribution theories) 392
起訴独占主義(prosecution monopolism) **66**
起訴便宜主義 66
起訴前鑑定 518
起訴前勾留(detention before indictment)* **70**
起訴前嘱託鑑定 519
起訴前正式鑑定 519
起訴猶予 548
きっかけ(reminder) 579
規定飲酒 540
帰納演繹法 114
規範意識 258
規範的分析(normative analysis) 16
既判力 35
忌避権 406
忌避権行使 409
器物損壊罪 265
気分安定薬 525
気分障害(mood disorder) 181, **524**, 549
欺瞞(deception) 335
記銘(memorization) 330, 552

逆向性健忘(retroactive memory disorder) 553
虐待(abuse) 132, 177, 234, 574, 577, 598
　　——の記憶 378
　　——の世代間伝達 599
　　——の被害者／加害者 **598**
　　高齢者の—— 208
虐待経験 252
虐待被害経験 254
虐待防止 179
逆方向(disordinal)の交互作用 119
逆行再生(reverse order recall)教示 370
逆向抑制(retroactive inhibition) 373
キャッチセールス 263
キャテル(Cattell J.M.) 6
キャリブレーション(calibration) 367
求愛障害(courtship disorder) 227, 245
救護義務 210
旧車會 216
急性ストレス障害(acute stress disorder：ASD) 578
キューバ急行 274
凶悪犯罪 264
凶悪犯罪リンク分析システム(ViCLAS) 284
凶悪犯逮捕プログラム(VI-CAP) 284
教育課程 509
教育心理学(educational psychology) 100
教育的介入 257
脅威査定(threat assessment) 306
脅威性説 376
強化(reinforcement) 140
境界の画定 431
教科指導 470, 487
恐喝(blackmail, extortion) 252, 596
共感性の欠如 252
共感疲労(compassion fatigue) 577
凶器(weapon of robbery) 241, 242, 345
凶器準備集合 252
凶器注目効果(weapon focus effect) 351, **376**
行刑改革会議 463
行刑法 26
凝集性が高い集団(cohesive group) 395
供述(statement) 346
　　——の信憑性 520
　　——の信頼性査定 340
　　目撃者の—— 362
供述調書 92
供述分析 19
強制-追従型虚偽自白 336
強制-内面化型虚偽自白 336
矯正医官 477

矯正教育 473, 474
矯正研修所 476, 477
矯正施設(correctional institution) 476, 560
強制収容所症候群 576
矯正処遇 466, 487
　　——の種類および内容 488
矯正心理学(correctional psychology) 4, 9, 108
強制的承諾(forced compliance) 388
矯正無効論 461
強制わいせつ(罪)(indecent assault, indecency through compulsion) **224**, 440
共存仮説 354
兄弟殺し(fratricide, siblicide) 206
共同危険型暴走族 196, 216
共同危険行為等の禁止 216
協同モデル 77
脅迫 19, 252, 596
脅迫者の意図 306
強迫性(obsessive) 227
強迫的衝動 537
脅迫分析(threat analysis) **306**
恐怖構造理論 581
共分散(covariance) 116
共分散構造分析(covariance structure analysis) 122
業務上過失傷害 219
業務上過失致死傷罪 210, 219
協力雇用主 481
虚偽検出(lie detection) 323, 330
　　——のエラー 329
　　ノンバーバルコミュニケーションによる—— 328
虚偽自白(false confession) 10, 93, 94, 332, **336**, 378
虚偽の症状 551
拒絶型ストーキング 268
拠点犯行型(marauder) 287, 290
距離逓減関数 290
規律指導 437
儀礼主義(ritualism) 163
疑惑領域 291
緊急措置入院 562
緊急逮捕 91
銀行強盗(bank robbery) **242**
禁治産 520
緊張型統合失調症 522
緊張病症状 523
吟味可能性モデル(elaboration likelihood model：ELM) 389
近隣環境 438

▶ ク

空間行動　248
空間識失調(vertigo)　220
空笑　522
クック(Cook, P.J.)　240
グッドジョンソン(Gudjonsson, G.H.)　334
ぐ犯少年　455
クライアント中心療法(client-centered therapy)　104
クライムマッピング(crime mapping)　**294**
グラウンドルール(ground rule)　348
クラーク(Clarke, R.V.)　170, 431, 432
クラス・アクション(class action)　55
クラスター分析(cluster analysis)　121
クリスチャンセン(Christiaansen, R.E.)　355, 372
クリスティ(Christie, N.)　510
グリュック夫妻(Glueck, S. & E.)　148, 490
クーリングオフ　263
クリントン・コール　436
クルサード(Coulthard, M.)　341
グルタミン酸　131
グループ・シンク(group think)　395
グループワーク　503
グルーレの四徴候　540
グレーザー(Graser, D.)　149
グロス(Grosz, H.)　7, 233

▶ ケ

計画的行動理論(theory of planned behavior：TPB)　214
警官前基準(policeman at the elbow test)　564
経験(主義)法学(empirical legal studies)　9
経済心理学(economic psychology)　16
警察(police force)　46, 62, 426
　　　の民事不介入　229
警察委員会(police authority)　46
警察官(policeman, police officer)　36, 559
　　　による交渉　319
　　　を利用した自殺(suicide by cop)　195, **318**
警察官徒歩パトロール　436
警察官発砲事例　318
警察署(Police Station)　36, 38
警察長(chief constable)　46
警察庁(National Police Agency)　36, 37, 38
警察統計(「平成〇〇年の犯罪」)　380, 603
警察白書　196, 282
警察本部(Prefectural Police Headquaters)　36
刑事　53
刑事学(criminology)　109

刑事鑑定　518
形式的人質事案(non-hostage situation)　312
刑事裁判(criminal action)　11, 22
　　　の訴訟能力　554
刑事施設(penal institution)　63, 71, **466**, 486, 497
　　　の被収容者数　467
　　　外国の――　467
刑事司法　569
刑事政策(学)(criminal policy)　27, 109
刑事責任能力(criminal liability)　556
刑事訴訟法　27, 32, 33, 391, 556
警視庁　38
刑執行開始時調査　488
刑事手続(criminal procedure)法　**32**
刑事弁護人からの被害者への働きかけ(defense initiated victim outreach：DIVO)　513
刑事法(criminal law)　**26**
刑事法院(英)(Crown Court)　47
継時ラインナップ(提示)(sequential lineup)　360
継続補導　455
形態素解析　340
傾聴(active listening)　314
軽度発達障害　231
刑罰(punishment)　26, 30
刑法(criminal law)　2, 26, 27, **30**, 32, 266
　　　と被害者　31
　　　の基本原理　31
　　　の存在根拠　30
刑務所(prison)　**466**, 476
刑務所出所者等総合的就労支援対策　481
刑務所民間委託(private consignment of prisons)　470
契約(contract)　78
契約自由(freedom of contract)の原則　29, 78
契約法　28
ゲシュタルト心理学(Gestalt psychology)　98
ゲシュタルト療法(Gestalt therapy)　104
血液検査　521
結果期待　280
欠損家庭(→単親家族)　144
決定コントロール　84
ゲートウェイ・ドラッグ　279, 280
ケトレー(Quetelet, A.)　109
ケラーマン(Kellermann, A.L.)　174
ケリー(Kelley, H.H.)　392
原因において自由な行為(actio libera in causa：ALIC)　541
幻覚(hallucination)　533
幻覚発作　200
研究用診断基準(Diagnostic Criteria for Research：

DCR) 544
検挙率 548
減軽(extenuation) 495
言語隠蔽効果(verbal overshadowing effect)
　352, 365
健康心理学(health psychology) 100
現行犯逮捕 90
言語学鑑定 19
検査(assessment) 99
顕在的自尊心 156
検察官(prosecuting attorney) 23, 36, 66, 559
検察官司法 67
検死官(検視官)(coroner, medical examiner) 45,
　304
現実的葛藤理論(realistic conflict theory) 183
現実曝露(in vivo exposure) 581
検証型研究 99
言説分析(discourse analysis) 18
幻聴(auditory hallucination) 522
ケンドールの順位相関係数(Kendall's rank
　correlation coefficient) 116
厳罰化 212
ケンプ(Kempe, C.H) 228, 234
現物まがい商法 263
憲法 68
健忘(amnesia, loss of memory) 540, **552**, 579
　——の偽装 **330**
健忘性障害 553

▶コ

コア・プログラム 504
恋人商法 262
行為者-観察者バイアス 393
行為障害(素行障害)(conduct disorde：CD) 181,
　253, 526
行為能力(capacity, competency) 547
抗うつ薬 525
高温仮説(heat hypothesis) 158
強姦(罪)(rape) **222**
強姦殺人 204
高機能広汎性発達障害(PDD) 231
公共安全のためのマッピングと分析プログラム
　(MAPS) 295
拘禁(imprisonment) 550, 554
拘禁ストレス 550, 554
拘禁反応 550
航空事故(air accident) 220
攻撃性(aggression) 142, 252
　——の個人差 154
　——の性差 152

　——の測定尺度(measurement scale) **154**
　自尊心と—— **156**
　性ホルモンと—— 126
　人間の—— 127
　暴力映像と—— **138**
　暴力的ゲームと—— **140**
攻撃性促進効果 138
攻撃性置換型(displaced aggressive)レイプ 223
攻撃による自己呈示・自己高揚 156
攻撃の一般モデル(general aggression model)
　139, 141
攻撃の置き換え(displaced aggression) 155
攻撃の個人差 138
後見(guardianship) 520
公権力 2
交互作用(interaction) 119
向社会的行動 115
向社会的な性格 115
交渉(negotiation) 78
　——の戦術 78
　——の戦略 79
　警察官による—— 319
　人質立てこもり事件における—— 314
交渉者の感情 79
交渉理論(bargaining theory) 315
公人 24
公正 15
更生(rehabilitate) 464, 506, 510, 512
構成概念(construct) 123
公正なラインナップ教示 352
更生保護(relief and rehabilitation) 463
更生保護施設 480
更生保護女性会 481
更生保護制度 478
更生保護のあり方を考える有識者会議 463
更生保護法人 480
公設弁護人(public defender) 415
公然わいせつ(罪) 244, 254, 537
公訴(criminal action) 66
　——の提起 32
控訴 417
構造方程式モデリング(structural equation mod-
　eling) 122
公訴局(英)(Crown Prosecution Service) 47
拘束(incapacitation) 498
公訴権濫用論 67
拘置所(jail) 62, **467**, 476
交通機関における防犯 452
交通事故(traffic (road) accident) 210, 212, 576,
　600

索引 | 627

――の遺族　601
　　　――の被害者／加害者　**600**
　交通心理学（traffic psychology）　101
　校庭監視　199
　強盗（robbery）　**240**, 252, 596
　　　――の職業的永続的タイプ（professional and persistent robbery）　240
　　　――の初心者タイプ（amateur）　240
　　　――の中間タイプ（intermediates）　240
　行動科学（behavioral science）　288
　行動観察（behavior observation）　473, 477, 484
　行動経済学（behavioral economics）　16
　強盗殺人（murder-robbery）　240
　口頭主義　18, 386
　行動主義心理学（behaviorism psychology）　98, 106
　行動制御能力　235, 564
　行動の緊迫性（action imperative）　307
　交番　39
　公判（trial）　52, 57, 95, 382, 569
　公判鑑定　519
　公判審理　32
　広汎性発達障害（pervasive developmental disorder：PDD）　526, 528
　公判中心主義の実質化　391, 416
　公判手続　52
　公判前鑑定　519
　公判前整理手続（pretrial conference）＊　**382**, 519
　幸福度　17
　構文解析　340
　公平な裁判を受ける権利　554
　公法（public law）　24
　公民権運動（Civil Rights Movement）　576
　効用（utility）　16, 17
　合理性の仮定　16
　効率性（efficiency）　16
　合理的疑いをこえる（beyond the reasonable doubt）　57, 385
　合理的交渉（rational bargaining）　315
　合理的選択理論（rational choice theory）　**168**
　合理的な疑問（reasonable doubt）　408
　勾留（detention）　60, 62, 64, 70, 87, 91
　　　――の期間と場所　71
　勾留理由開示の制度　71
　効力期待　280
　高齢化社会　350
　高齢者虐待（elderly abuse）　208
　高齢者の目撃証言　350
　声からの人物同定　364
　声の記憶　364

　声の同一性識別　364
　コーエン（Cohen, A.K.）　149
　小汚い中年・老年の男性（dirty old man）　232
　国際矯正司法心理学会　462
　国際犯罪被害実態調査（International Crime Victimization Survey：ICVS）　568
　国選弁護制度　23
　国土安全保障省（米）（Department of Homeland Security）　42
　国民生活センター　263
　国連薬物犯罪事務所（UNDOC）　506
　互恵性（reciprocity）　16
　子殺し（filicide）　192, 206, 208
　心の傷　230
　心の理論（theory of mind）　528
　コーシャスシフト（cautious shift）　420
　誤情報効果（misinformation effect）　354
　個人差（individual differences）　159
　　　攻撃性の――　154
　個人主義的価値基準　259
　個人情報　263
　個人的剝奪感（personal/egoistic relative deprivation）　172
　個人内の心理過程　102
　個人判断　396, 421
　個性記述（idiographic method）　114
　誇大妄想（delution of grandeur）　524
　国家が直接かかわっていないテロ（sub-state terrorism）　270
　国家刑罰権（Staatsstrafrecht）（独）　26, 510
　国家公安委員会（National Public Safety Commission）　36, 37, 454
　国家訴追主義（principle of public prosecution）　**66**
　ゴッフマン（Goffman, E.）　167
　ことばの犯罪（language crimes）　18
　子ども（child）　199
　　　――に対する性犯罪　**232**
　　　――による動物虐待　176
　　　――の PTSD　582
　　　――の性犯罪被害　**440**
　　　――の複雑性トラウマ　585
　　　――の目撃証言　346
　　　――の福祉（welfare of the child）　83
　子ども虐待→児童虐待
　子ども虐待の世代間連鎖（transgenerational transmission）　**178**
　子ども・少年の被害者／加害者　596
　子どもを犯罪から守るための対策の推進要領　441

コーパス(corpus) 18
コーピング(coping) 280
コープ(Cope, C.) 233
コミットメント(committment) 144, 168
コミュニケーションに基づく交渉アプローチ
　(communication-based negotiation approach)
　315
コミュニティ(community) 426
コミュニティ調停 75
コミュニティ・プログラム 510
誤誘導効果(misleading effect) 351, **354**
コーリングカード(calling card) 297
コロンバイン高校銃乱射事件 194
混合計画(mixed design) 119
混合状態 524
コンスタブル(constable) 45
混同 80
コントロール感 84
コンピテンス(competence) 280
コンピュータ 106

▶サ

罪悪感(guilt feeling) 524
災害心理学(psycohological studies in disaster)
　100
再鑑定 519
再鑑別 485
罪刑法定主義(nulla poena sine lege)(羅) 2, 26,
　31
裁決質問 320, 324
債権(chose in action) 28
再現飲酒 540
再検挙率 213
最高裁判所(Supreme Court) 22
サイコドラマ(psycho drama) 4
サイコパシー(psychopathy) 184, 253
サイコパス(psychopath) 137, **184**
財産法(property law) 28
罪証隠滅 70
最小化 337
最上級裁判所(米)(supreme court) 50
最小努力の法則 290
罪状認否手続(arraignment) 56
最小有意差法(least significant difference：LSD)
　118
再審(new trial) 35
罪責(罪業)妄想 524
再体験 578
再調査 488, 489
最適性仮説(optimized hypothesis) 366

サイバー攻撃 276
サイバー・スペース(cyber space) 276
再発防止計画 504
サイバーテロリズム(cyber terrorism) **276**
サイバー犯罪(cyber crime) **266**, 276
裁判(judical proceedings) 22
再犯(repeat conviction) 128, 212, 233, 254, 490,
　595
裁判員(lay judge)＊ 402
　――による意思決定 **402**
　――の数 412
　――の選任・解任 419
裁判員制度(lay judge system)＊ 13, 94, 382, 386,
　390, 394, 402, 409, **412**, 416, 421, 424, 513, 519
　――への批判 418
裁判外紛争解決手続(ADR) **74**
　アメリカの―― 75
裁判官(judge) 22, 49, 50, 51, 71, 402
　――の意思決定 **398**
裁判所 32, 50
裁判所調査 35
裁判心理学(forensic psychology) 108
再犯防止 506, 513, 461, 485
再犯リスク 489
　――の評価 **490**, 496
　――の要因 491
催眠(hypnotism) **368**
催眠商法(SF商法) 262
債務不履行(default) 404
裁量(discretion) 404
作業検査法→人格検査 543
酢酸シプロテロン(CPA) 128
酢酸メドロキプロゲステロン(MPA) 128
酢酸ロイプロリド 128
搾取型性犯罪(exploitative pedophile) 233
錯乱(精神錯乱)(confusion) 549
サークル仮説 287
さざ波効果(ripple effect) 509
サザーランド(Sutherland, E.H.) 149, 165
差押え(attachment, distraint) 64, 87
幸(goods) 500
殺人(homicide, murder) 250, 600
　――の危険因子 250
　――を行った後の自殺(homicide-suicide) 207
　少年による―― **250**
　精神障害者による―― **548**
殺人捜査本部(事件) 190, **302**
殺人犯の再犯リスク評価 **494**
殺人被害 174
　――のリスク因子 174

サディスト型性犯罪(sadistic pedophile) 233
詐病(malingering, simulation) **550**
さまざまな時間順序(change order)教示 370
サマリー・ジャッジメント(summary judgment) 55
五月雨式審理 382
狭山事件 64
産業組織心理学(industrial/organization psychology) 100
三審制 50
散布図(scatter plot) 116

▶シ

死因(cause fo death) 304
ジェイル(jail) 467, 468
ジェフリー(Jeffrey, C.R.) 431, 433
シェリフ夫妻(Sherif, M. & C.W.) 151
シェルショック(shell shock) 575
ジェンダー心理学 101
支援と責任のサークル(Circle of Support and Accountability：COSA) 513
自我脅威理論 157
資格商法(士商法) 262
シカゴ学派 150
シカゴ市警察 295
自我障害 523
時間選好(time preference) 16
私鑑定 35
時間的緊急性(time imperative) 307
自供(confession) 332, 334
　　——を抑制する要因 334
シークレットサービス 306
刺激欲求(sensation seeking) 214
試験観察 465
事件リンク分析(crime linkage analysis) 286, 289, **296**, 300
自己愛傾向(narcissism) 155
自己愛性パーソナリティ障害 533
思考の障害(thought disorder) 523
思考の歪み 399
自己検閲(self-censorship) 395
自己コントロール理論(self-control theory) 159
事後情報(postevent information) 19
事後情報効果(postevent information effect) 354
自己制裁(self-sanction) 277
事故調査 218
自己治療の使用 280
自己統制感(locus of control) 214
自己統制力 257

自己報告データ 135
自殺(suicide) 193, 198, 207
　　警察官を利用した—— 195, **318**
自殺志願者 318
自殺念慮 318, 549, 597
事実認定(finding of fact) 11, 386
事実認定者 384
資質の鑑別 472, 473
視床下部 131
事象関連(event-related)型デザイン 326
事象関連電位(event-related potential：ERP) 324
自傷行為(self-injured behavior) 597
事象の再現可能性 113
私人(private man) 2, 24
　　——のイニシアティブ 25
私人間のトラブル 30
私人訴追(appeal) 66
システム変数(system variables) 348
施設内処遇 461
自然的監視(性) 430, 433
自然的関連性 557
持続エクスポージャー療法(prolonged exposure therapy：PE) 581
自尊心(self-esteem) 156
　　——と攻撃性 **156**
自治会 427, 428, 446
自治体 427, 445
自治体警察(municipal police) 39, 44
悉皆報告(report everything)教示 370
しつけ 229
しつけ指導 437
実験(experiment) 99
実験経済学(experimental economics) 16
実験研究(experiment study) **110**
実験参加(協力)者(participant) 110
実験者(experimenter) 110
実験者効果(experimenter effects) 111
実験心理学(experimental psychology) 3, 110
実験デザイン(experimental design) 387
執行猶予(suspension of sentence) 548
実質的人質事案(hostage situation) 312
実証可能性 113 (→反証可能性)
実証的根拠に基づく実務(evidence-based practice) 490
実体的真実主義 33
実体的正義(substantive justice) 391
実体法(substantive law) 2, 15
質的研究 99
疾病および関連保健問題の国際統計分類(ICD)

544
疾病の隠ぺい **551**
疾病の偽装 **550**
質問紙(調査)(questionnaire) 81, 497
質問紙法(人格検査) 484, 543
私的自治の原則(principle of private autonomy) 2, 78
視点の変更(change perspective)教示 370
児童虐待(child abuse) 208, **228**, 250, 539, 577, 582, 584 (→子ども虐待)
——への対策 457
児童虐待対応マニュアル 457
指導強化プログラム 505
自動車運転過失致死傷罪 210, 600
自動車事故 600
自動車賠償責任保険(自賠責保険) 600
児童性愛者 142
児童相談所 599
児童ポルノ 267
シナプス(synapse) 130
死の恐怖 316
支配・成人型強制わいせつ 224
支配性(control)レイプ 223
支配・未成年強制わいせつ 224
自白(confession, judical confession) 60, 62, 68, 385, 553
——の任意性判断 92
自白供述分析 9
自白偏重主義(overemphasization of confession)* **60**
自発型虚偽自白 336
支払督促 261
事物管轄権(subject matter jurisdiction) 49
自閉症スペクトラム 529
自閉性障害(autistic disorder) 527
私法(private law) 24, 26, 28
司法警察員 90
司法警察活動 454
司法警察職員 36
司法検視 305
司法権の独立 22
司法支援センター 23
司法省(米)(Department of Justice) 42
司法心理学→裁判心理学
司法制度(judical system) 460
　日本における—— **22**
司法制度改革 418, 463
司法制度改革審議会 93, 412
司法統計 380
司法の国民的基盤 416

司法の廉潔性・無瑕性 68
司法面接(forensic interview) 348
死亡様態(manner of death) 304
司法臨床 11
市民権運動(Civil Rights Movement) 414 (→公民権運動)
市民社会(civil society) 28
社会規範(social norm) 281
社会交換理論(social exchange theory) 315
社会構成主義(social constructivism) 105
社会参加活動 456
社会心理学(social psychology) **102**
社会的アイデンティティ(social identity) 85
社会的学習(social learning) **164**
社会的学習理論(social learning theory) 202, 280, 461
社会的絆 144
社会的絆理論(social bond theory) 156
社会的コントロール(社会的統制) 166
社会的コントロール理論(social control theory) **168**
社会的自殺 203
社会的弱者 415
社会的認知理論(social-cognitive theory) 277
社会的比較理論 421
社会内処遇 461
　性犯罪者の—— **504**
　薬物事犯者の—— **508**
社会判断理論(social judgement theory) 388
社会病質 185
視野狭窄 549
謝罪文銀行 515
写真 358
写真帳調べ 359
写真面割り(photo lineup) 88, 346
シャドージュリー(shadow jury) 406
ジャニス(Janis, I.) 395
ジャネ(Janet, P.) 574
シャピロ(Shapiro, D.H.) 86
シャピロ(Shapiro, F.) 581
シャルコー(Charcot, J.M.) 574
自由意思(free will) 29
銃器 250
銃規制(gun control) 175
宗教心理学(psychology of religion) 101
宗教的過激派 270
住居盗犯 238
自由刑(imprisonment) 556
州刑務所(米) 468
自由権 2

銃社会　195
重傷病給付金　592
銃所持　**174**
自由心証主義(principle of free determination)＊　**384**
重心モデル　291
修正版認知インタビュー(revised cognitive interview)　371
従属変数(dependent variable)　3, 111, 119
重大インシデント　218
集団意思決定(group decision making)　15, 386, **394**, 412, 420
集団価値モデル　85
集団間葛藤(inter-group conflict)　183
集団規範(group norm)　276
集団極化現象(group polarization)　**420**
集団識別(group identification)　89
集団思考(group think)　395
集団的剝奪感(group/fraternal relative deprivation)　172
集団での非行　150
集団の実体性(entitativity)　182
集団の心理過程　102
集団判断　396
集団編成　487
集団(心理)療法(group therapy)　4, 255
執着(fixation)　307
銃秘匿携行権　175
修復(restoration)　498
修復カンファレンス　512
修復的司法(restorative justice)　**510**, 514, 570
修復的司法プログラム　512
周辺の環境　430
自由法論　14
住民参加　456
収容分類級　486
従来診断　544
銃乱射事件　192
主観的な公正評価　84
酒気帯び運転　212
受刑者(convict)　466, 468
　　暴動を起こした——　312
受刑者処遇　470
受刑者処遇の原則等　486
受刑者分類規程　486
受刑能力　519, 556
主効果(main effect)　119
受信者動作特性曲線　492
主尋問(evidence in chief)　349
出自を知る権利(right to know one's biological origin)　83
シュテルン(Stern, L.)　6
シュナイダー　532
シュレジンガー(Schlesinger, L.B.)　204
準起訴手続(付審判手続)　67
準拠集団(reference group)　148
準禁治産　520
順向抑制(proactive inhibition)　373
順次提示(sequential lineup)　352　→継時提示
準備手続　382
順方向(ordinal)の交互作用　119
ショーアップ(showup)　358
傷害　252
障害給付金　592
生涯持続型犯罪者(life course persistent offender)　**186**
少額訴訟　261
小規模 CBW 攻撃　273
状況的犯罪予防(situational crime prevention)　239, 432
状況論　171
条件づけ(conditioning)　**136**, 164
証言能力(competency of witness)　346, 556
証言の信用性(reliability of testimony)　346
証言の信頼性査定(CBCA)　**338**
証拠(evidence)　332
　　——に基づいた政策(evidence-based policy : EBP)　412
　　——の証明力　384
　　——の評価　384
証拠隠滅　200
　　単なる——　86
証拠開示　383
証拠開示手続き(discovery)　55
証拠主導型(evidence driven)評議スタイル　397
証拠能力(admissibility)　68, 384, 556
　　——のない情報　396
常識の司法(commonsense justice)　400
情状(circumstances)　410
情状鑑定　519, 521
少数派影響(minority influence)　394
上訴(appeal)　32, 55
象徴的障壁　430
情緒的刺激　538
焦点(focus)　307
衝動型(impulsive)レイプ　223
情動喚起(emotional arousal)　**372**
衝動性(impulsiveness)　527
衝動制御の障害　247
情動的覚醒説　376

情動的感受性(emotional susceptibility) 154
衝動的攻撃性(impulsive aggression) 130, **158**
小児性愛(pedophilia) 536
証人尋問 521
少年(juvenile) 336
　　——による殺人 **250**
　　——による性犯罪 **254**
　　——による粗暴犯 **252**
　　——による放火 **256**
　　——の処分決定 485
　　——の被害防止 456
　　——の福祉を害する犯罪 596
少年院 **472**, 473, 476, 477
　　——の教育部門 473
　　——の処遇課程 475
少年院収容受刑者 475
少年観護所 472
少年鑑別所(juvenile classification home, detention home) **472**, 476, 482
少年警察活動(policing for juvenile sound nurturing through prevention of juvenile delinquency and protection of juvenile) **454**
少年警察活動規則 454
少年警察ボランティア 455
少年刑務所(juvenile prison) **466**
少年サポートセンター 455
少年事件 464
　　——の捜査・調査 454
少年受刑者 489
少年相談 455
少年法制 463
少年保護鑑別所 472
少年補導職員 455
小陪審(petit jury) 52
消費者契約法 263
消費者庁 263
消費生活センター 263
商標(trademark) **80**
　　——の要部 81
情報源の混同 356
情報源の混乱(sourse monitering error) 347
情報主導の警察活動(intelligence-led policing) 309
照明改善による犯罪抑止(効果) 435
照明条件 344
剰余変数(extraneous variable) 111
初期多数派主導型(majority-wins) 396
処遇改善請求等 558
処遇指標 487
処遇調査(票) 476, 488

処遇適合性調査 489
処遇ニーズ 496
処遇分類級 486
処遇要領 476, 487
職業訓練 471
しょく罪指導プログラム 481
職場いじめ(workplace bullying) 198
触法少年 250, 252, 454
触法精神障害者 495
所在不明中の仮釈放者 481
所産基準 564
女子の性非行 **258**
女性解放運動 576
女性シェルター 599
女性の連続放火犯 249
処断刑 410
初等少年院 474
初発型非行 149
署名的行動(signature behavior) 297, 301
所有権絶対の原則 28
自立更生促進センター 481
事理弁別能力(competence to appreciate the situation) 235 (→弁識能力)
事例研究, 事例分析(case study) 99, 114, **112**, 289
　　犯罪研究における—— 114
心因性(psychogenesis) 544
心因性健忘 538
侵害原理 31
人格検査(personality test) 543, 184
人格障害→パーソナリティ障害
進化社会心理学 103
審議後のディブリーフィング(debriefings) 423
新奇性(説) 374, 376
審議前の介入(intervention) 423
心気妄想 524
親近感(familiarity) 351
神経細胞(neuron) 130
神経症(neurosis) 525
神経心理学的検査 543
神経伝達物質(neurotransmitter) **130**, 522, 524
人権(human rights) 33, 47, 563
人工授精(artificial insemination) 82
人口動態統計 600
人種構成と評議プロセス 397
心証((strong)belief) 391
心証形成 399
心神耗弱 518, 540, 548, 565
心神喪失(lunacy) 518, 540, 548, 554, 556, 564, 565

人身保護手続(habeas corpus)　57
新生児殺(neonaticide)　206
親族殺(kinicide)　206
身体依存　278
身体拘束　64, 90
　　被疑者・被告人の――　60
身体的虐待　178, 229, 252, 595
心的外傷後ストレス障害(PTSD)　132, **578**
心的外傷体験　538
心的外傷理論　538
シンナー事犯者　508
侵入窃盗(burglary)　**238**
侵入的想起　578
信念(belief)　168
ジンバルドー(Zimbardo, P.G.)　439
シンプソン, O.J. 裁判　407, 415
人物同定(identification)　349
　　声からの――　364
人物の記述(description of a stranger)　347
親密(intimate)　598
親密希求型ストーキング　269
親密性(intimacy)レイプ　223
尋問(examination)　53
信頼性(reliability)　305, 542
審理　419
心理アセスメント(psychological assessment)　542
心理学(psychology)　**98**, 460
　　――の学会　124
　　――の研究分野　98
心理学的鑑定　12
心理学的検査　542
心理学的検死(psychological autopsy)　**304**
心理学的思考　12
心理技官　476, 488
心理劇(psycho drama)　4
心理検査(psychological assessment)　473, 550
心理的虐待　229
心理テスト　483
心理療法(psychological therapy)　245

▶ス

推定変数(estimator variables)　348
数量化理論(Ⅰ～Ⅳ類)(林の)　123
末弘厳太郎　14
スキナー(Skinner, B.F.)　461
スキーマ(schema)　398
スクールシューティング(school shooting)　306
スケープゴート(scapegoat)　173
スティグマ(stigma)　166

ステレオタイプ(stereotype)　317, 401
ストーカー(stalker)　**268**, 587
ストーキング(stalking)　268
ストックホルム症候群(Stockholm syndrome)　**316**
ストーナー(Stoner, J.A.F.)　420
ストーリーモデル　400
ストレス(stress)　131, 143, 268, 316, 319, 337, 422, 524, 575
ストレス脆弱性モデル　522
スパイウェア　266
スーパーテロ　273
スーパービジョン(supervision)　476, 543
スーパー防犯灯　444
スピアマンの順位相関係数(Speaman's rank correlation coefficient)　116
スプリー犯(spree offender)(通り魔)　202
スポーツ心理学(sport psychology)　101
スミス, アダム(Smith, Adam)　16

▶セ

ゼア(Zehr, H.)　510
性愛性(sexuality)レイプ　223
性格→パーソナリティ
生活史健忘　553
生活の質→ QOL
性器切除　200
制御能力　549, 553, 556
制裁的慰謝料　73
政策形成機能　22
性嗜好　497
性嗜好異常(仮説)　226, 502
性嗜好障害(paraphilias)　225, **536**
政治テロ　270
政治目的のハイジャック　274
正邪基準(right or wrong test)　564
性障害　536
青少年育成施策大綱　512
生殖補助医療(reproductive medicine)　**82**
精神医学的診断　497, 542
精神異常　235
精神依存　278
精神医療審査会　562
精神科診察　484
精神科病院　560
精神鑑定(psychiatric expert testimony)　12, 108, 330, **518**
精神疾患(mental illness)　318
精神疾患の診断・統計マニュアル(DSM)　**544**
精神障害(mental disorder)　203, 495, 546

──の偽装　550
　　薬物が関係する──　534
　　有罪ただし──　565
精神障害者(mentally disturbed)　312
　　──による殺人　548
精神遅滞(mental retardation：MR)　526, **530**, 554
精神的・心理的な問題に起因するハイジャック　275
成人犯罪者(adult criminal)のアセスメント　**486**
精神病質(psychopathy)　532
精神分析(psychoanalysis)　98, 104
精神分裂病(schizophrenia)　522
精神保健指定医　558, 561, 562
　　──の診察　560
精神保健判定医　520
精神保健福祉法による入院　**562**
製造物責任(product(s) liability)　405
生態学的妥当性(ecological validity)　111
性的逸脱(行為)(sexual deviation)　143, 258
性的虐待(sexual abuse)　178, 229, 595
性的空想(sexual fantasy)　200, 204, 227, 255, 297, 595
性的攻撃型(sexual aggressive)レイプ　223
性的殺人(sexual homicide)　200, **204**
性的メディア　254
静的リスク(static risk)　489, 491, 495, 496
正当世界信念(belief in a just world)　393
正当な理由(justifiable reason)　86
生徒指導　436
制度的文脈(institutional settings)　386
青年期限定(adolescence-limited)型　186
成年後見制度　520
性犯罪(sexual delict)　127, 204, 225, 227, 288, 297, 440, 458, 531
　　──の被害者／加害者　594
　　子どもに対する──　232
　　少年による──　254
　　ポルノグラフィと──　142
性犯罪再犯防止指導　489
性犯罪者(sexual offender)　332
　　──のアセスメント　496
　　──の社会内処遇　504
　　──の処遇　502
性犯罪者処遇プログラム　481, 504, 537
性犯罪者調査　489, 497
性犯罪者トリートメント　227
性犯罪神話　594
性犯罪前歴者　513
性犯罪被害者の再被害化　595

性非行(sexual delinquency)　258
　　女子の──　**258**
性非行少年に対する処遇　505
生物化学テロ(chemical and biological terrorism)　272
生物学的な成熟と社会的成熟のギャップ(maturation gap)　186
生物兵器(biological weapon)　272
性暴力(sexual violence)　254
　　──の定義　254
性ホルモン　126
　　──と攻撃行動　126
性ホルモン療法　127
精密司法　418
性役割　254
性欲性倒錯症　536
生来性犯罪人説　7
生理心理学(physiological psychology)　100, 451
生理的覚醒　140
生理的指標　137
世界保健機関(WHO)　544
セカンダリー・ミーニング(secondary meaning)　80
責任帰属(attribution of responsibility)　**392**
責任主義　31
責任能力(capacity)　547, 553
　　──の鑑定　518
　　──の基準　**564**
責任の拡散　277
積極的一般予防論　31
積極的傾聴(active listening)　371
接近性の制御(access control)　433
窃視(voyeurism)　254
説示(instruction, charge)　53, 386, 401
窃視症(voyeurism)　244, 536
窃触症(frotteurism)　226, 536
窃盗(larcency)　71, 288, 531
説得(confrontation)　501
　　──によらない影響力の技法　389
　　──の技法　389
　　──の理論　388
説得的コミュニケーション(persuasive communication)　388
説得的論拠理論　421
セラピスト(therapist)　501, 503
セリエ(Selye, H.)　575
セリン(Serin, T.)　149, 161
セルフ・コントロール(理論)(self-control (theory))　169, 279
セルフ・サービング・バイアス(self-serving bias)

索引　|　635

393

セロトニン(serotonin) 131
セロトニン系の障害 132
セロトニン再取り込み阻害薬(selective serotonin reuptake inhibitor：SSRI) 128
ゼロ・トレランス(zero-tolerance) **436**, 438
全員一致(の)(unanimous) 413
　——の幻想(illusion of unanimity) 395
　——への圧力(pressure toward uniformity) 95
全員法廷(court in banc/en banc court) 49
宣言的記憶(declarative memory) 552
選好(preference) 16
前向性健忘 553
宣告刑 410
全国青少年非行集団調査(米)(National Youth-Gang Survey) 197
全国犯罪者管理庁(英)(National Offender Management Service：NOMS) 468
全国被害者支援ネットワーク 587
全国防犯協会連合会 426
潜在的自尊心 156
センサーライト 447
全生活史健忘 553
選択的回避 388
選択的接触 388
選択的セロトニン再取り込み阻害薬(serotonin selective reuptake inhibitor：SSRI) 580
専断的忌避(peremptory challenge) 52
前頭葉 132
先入観(prejudice) 401
全米犯罪調査(National Crime Survey) 240
せん妄(delirium) 534
せん妄型病的酩酊 540
専門委員 35
専門家証人 6, 80
専門家調停委員 35
専門的助言 457
前歴者データ 300

▶ソ

憎悪型ストーキング 268
相関係数(correlation coefficient) 116
相関研究 **116**
想起(recall) 330, 552
　——の促進 368
　——の反復 379
早期中立人評価(early neutral evaluation) 74
双極性障害 525
捜査(criminal investigation) 32, 61, 70, 95

捜査機関(investigative authority) 90
　アメリカの—— **42**
　イギリスの—— **46**
　日本の—— **36**
捜索(search) 64, 87
捜査心理学(investigative psychology) 108, 286
操作的診断 544
　——の利用 546
操作的診断基準 524, 534
捜査本部事件 302
躁状態 524
双生児研究 134
想像曝露(imaginal exposure) 581
相対的剥奪(relative deprivation) **172**
相当の理由(probable cause) 56, **86**
早発型(犯罪者) 187
早発性痴呆→統合失調症 522
即時的・短絡的欲求充足 252
側副情報 551
素行障害(conduct disorder)(→行為障害) 253, 526
ソーシャル・リファレンシング(social referencing) 145
訴訟能力(competence to stand trial) 519, 554
　民法上の—— 557
訴訟能力評価尺度(Competency Assessment Instrument：CAI) 555
訴訟物(subject-matter) 34
ソースモニタリング(source monitoring) 356
措置診察 550
措置入院 **562**
訴追請求状(complaint) 56
粗暴犯(violent crime)
　少年による—— 252
素朴理論(intuitive theory) 367
損害賠償(damages) 404
尊属殺 250, 251

▶タ

第一次世界大戦 575
第一審裁判所(米)(trial court) 50
体感治安 436
大規模CBW攻撃 273
退行型性犯罪(regressed pedophile) 233
対照質問法(control question test：CQT) 321
対人関係(interpersonal relationships) 585
対人関係スキル 504
耐性 278
代替的紛争解決(alternative dispute resolution：ADR) 54

態度(attitude) 398
対等な当事者(equal party) 25
態度形成(attitude formation) 148
第二次的逸脱 166
対人間の心理過程 102
ダイバージョン 556
体罰(corporal punishment) 229
対比効果(contrast effect) 388
逮捕(arrest) 56, 60, 64, 70, 86, 87, **90**
逮捕前置主義 70
代用監獄(代用刑事施設) **62**, 63, 70
代理懐胎(gestational surrogacy) 82
代理トラウマ(vicarious traumatization) 577
代理ミュンヒハウゼン症候群(Munchausen Syndrome by Proxy：MSBP) **234**
大量殺人(mass murder) **192**
対話進行役 511
タクシー強盗 453
確かさの原理 400
多重比較(multiple comparison) 118
多数決(majority rule) 421
多数派影響(majority influence) 394
立ち直り支援 455
脱感作(desensitization) 582
脱集団化 197
脱法ドラッグ 278, 279
妥当性(validity) 305, 542
妥当性チェックリスト(validity checklist) 338
谷敏昭 264
多変量解析(multivariate analysis) **120**, 247, 297, 492
田村雅幸 287
ダラム・ルール 564
ダルク 507
タルド(Tarde, J.G.) 149, 165
段階的承諾(獲得法)(foot-in-the-door technique) 263
段階別処遇 481
短気(irritability) 154
短期処遇 474
探索型研究(exploratory study) 99
探索的因子分析(exploratory factor analysis) 120
単純酩酊 540
単親家族 144
炭疽菌事件 272
単独面通し(confrontation) 89, 346
単なる証拠(mere evidence) 86
単発犯(single offender)(通り魔) 202

▶チ

治安 39, 436
地域安全マップ(local safety map) 448
地域社会(community) 293, 510, 569
地域社会の公正な断面(fair cross-section of the community) 52
地域防犯活動(local communal crime prevention activities) 446
地域ボランティア 427
地域リーダー 427
知覚心理学(perceptional psychology) 100
知覚の障害 523
地下鉄サリン事件 272
痴漢(sexual molester) **226**, 452, 453
治罪法 33
知識(knowledge) 400
秩序型(organized)性的殺人 205, 285
知的障害(精神遅滞) 337, **530**
知的障害者 556
知的利己心モデル 84
知能検査(intelligence test) 527, 542
遅発型(犯罪者) 187
千葉被害者加害者対話支援の会(千葉対話の会) 512, 515
チボー(Thibaut, J.) 84
地方警察(local police) 44
地方更生保護委員会 474
チャルディーニ(Cialdini, R.B.) 263
注意機能 351
注意欠陥／多動性障害(attention deficit hyperactive disorder：ADHD) 180, 231, 280, 526
注意集中効果(attention focuseffect) 373
中間上訴裁判所(米)(intermediate appellate court) 50
駐在所 39
中枢神経系指標を用いたポリグラフ検査 (polygraph test with indecies from central nervous system) **324**
中等少年院 474
中毒(＝依存症, addiction) 534
長期間曝露療法(prolonged exposure) 573
長期処遇 474
調査(survey) 99
調査センターにおける処遇調査 488
調査専門官 476
調査の嘱託 35
長所基盤(strength-based)アプローチ 500
調書裁判 418
超心理学(parapsychology) **342**

索 引 | 637

調停(conciliation) 74, 465
町内会 428
懲罰(punishment) 72
懲罰的損害賠償(punitive damages) **72**, 221, 404, 415
直接的攻撃 152
直感(intuition) 410, 411
直観的判断 398
地理情報システム(GIS) 294, 308
地理的犯罪者探索(criminal geographic targeting:CGT) 291
地理的プロファイリング(geographic profiling) 287, 289, **290**
治療共同体(therapeutic community) 506
治療的協働関係 501, 503

▶ツ
通勤型犯行(commuter) 287, 290
通常逮捕 90

▶テ
出会い系サイト 261, 266
定位家族(family of orientation) 146
抵抗不能の衝動性の基準 564
ディシプリン(discipline) 6, 13
ディミトリアス,ジョアレン 407
敵意的帰属バイアス(hostile attribution style) 154
出来事記憶(event memory) 552
テキストマイニング(text mining) 340
適正手続(主義)(due process of law) 33, 555
適正手続の原則 26
手口捜査 300
テストステロン(testosterone) 126, 153, 227
テストバッテリー(test battery) 484, 543
手続き記憶(procedural memory) 552
手続き的公正(procedural justice) 15, **84**
　　──の関係要因 85
手続的正義(procedural justice) 391
手続法(procedural law) 2, 15
鉄道事故(railway accident) **218**
鉄道事故被害者 576
鉄道脊髄症 574
デブリーフィング(debriefing) 582
テューキー(Tukey)法 118
デュルケーム(Durkheim, E.) 162
寺田精一 8
テリトリアリティ(territoriality) 430, 431
　　(→領域性)
テレホンクラブ(テレクラ) 258

テロリズム(テロ)(terrorism) 172, **270**, 276, 316
点検商法 262
伝統的の診断→統合失調症 522, 544
伝聞証拠(hearsay evidence) 53

▶ト
同一性識別(identification) 358
　　声の── 364
投影法(projection method) 112, 484, 543
トヴェルスキー(Tversky, B.) 356
同化効果(assimilation effect) 388
動機(motive) 203, 204, 236, 242, 246, 248, 310, 319, 551, 595
どう効くのか？(how it works?) 499
動機形成モデル 191
動機づけ(motivation) 323, 485, 499
道具的交渉アプローチ 315
道具的行動(instrumental behavior) 238
道具的人質立てこもり事件 312
統計手法,統計分析(statistic analysis) 286, 289, 461, 492
統計的プロファイリング(statistical profiling) 286
統合型交渉(integrative negotiation) 78
統合失調症(schizophrenia) 318, **522**, 524, 549, 554, 557
　　──の陽性症状 523
当事者(party) 85
　　対等な── 25
当事者主義(adversarial system) 25, 390
当事者主義訴訟 382
当事者対抗主義(adversary system) 52
当事者対審構造 390
同時提示(simultaneous lineup) 352
同時ラインナップ(simultaneous lineup) 360
当選商法 262
逃走 211
闘争あるいは逃走するための反応(fight/flight reaction) 310
同調(conformity) 162
動的リスク(dynamic risk) 489, 491, 495, 496
道徳的分離(moral disengagement) 277
導入プログラム 505
逃避(escape) 163
道府県本部 38
動物虐待(animal cruelty) **176**, 264
　　子どもによる── 176
動物心理学 100
動物の攻撃行動 126
答弁取引(plea bargaining) 56

登録商標　80
通り魔（事件）（(attempted) homicides/assaults by strangers in the public space）　**202**, 535, 549
特異体質性アルコール中毒　540
トクヴィル（Tocqueville, A.）　416
独語（monologue）　522
特修短期処遇　474
毒樹の果実（fruit of the poisonous tree）　69
特別改善指導　507
特別司法警察職員　36
特別少年院　474
特別処遇実施班　504
特別反応性（specific responsivity）　499
特別予防論　30
匿名性（anonymous）　267
独立変数（independent variable）　3, 110
都市型犯罪　242, 426
都市型放火　256
都道府県警察　36, 38, 39
都道府県公安委員会（Prefectural Public Safety Commission）　36, 38
ドーパミン（dopamine）　131
ドメスティック・バイオレンス（domestic violence：DV）　206, 208, 250, 598
　　——の加害者／被害者　**598**
トライアル（trial）　54
トライアンギュレーション　114
トラウマ（trauma）　191, 230, 369, 572, **574**
　　——に焦点をあてた認知行動療法（trauma focused cognitive behavioral therapy：TF-CBT）　580
トラウマ－統制モデル（trauma-control model）　191
ドラッグコート（drug court）　506
取調べ（interrogation）　47, 60, 62, 64, 70, 92, **332**, 334
　　——の可視化　63, **92**, 339
　　——の録音・録画（audio or visual record）　**94**
　　人間的な——　333
　　誘導的な——　336
取調べ受忍義務　61, 62
取調べ状況報告書　93
トリートメント（treatment）　485
トルネード仮説　150

▶ナ

内因性（endogenous origin）　544
内因性精神病（endogenous psychosis）　522, 524
内観法（introspection）　98

内集団バイアス（in-group bias）　276
内職商法　262
内戦　236
内部犯行者　267
内分泌（internal secretion）　126
仲間集団の力学　236
何が効くのか？（what works?）　498
何も効かない（nothing works）　498
ナラティブ・アプローチ（narrative approach）　105

▶ニ

似顔絵　**362**
似顔絵捜査官　363
二次的意味　80
二次的外傷性ストレス（secondary traumatic stress）　577
二次被害（secohdary victimization）　571, 573, 594
二重過程モデル（dual-process models）　281
二審制　50
ニーズ（need）　462
ニーズ（ニード）原則　493, 499
ニーズ調査　489
偽CBW攻撃　273
日本
　　——における法と心理学　8
　　——における防犯活動　**426**
　　——の司法制度　22
　　——の捜査機関　**36**
　　——のプロファイリング　**288**
日本国憲法　33
日本産婦人科学会　82
日本弁護士連合会裁判員制度実施本部　386, 424
日本法　86
乳幼児殺（infanticide）　206
ニュージーランド　512
ニューマン（Newman, O.）　430
ニューヨーク　438
任意入院　563
人間観　6
人間的な取調べ　333
人間の攻撃行動　127
認知インタビュー（認知面接法）（cognitive interview）　353, 369, **370**
認知科学（cognitive science）　106
認知革命　103, 106
認知基準　564
認知行動療法（cognitive behavioral therapy：CBT）　105, 128, 215, 255, 257, 462, 489, 505,

507, 525, 537, 580
認知症　552
認知処理法(cognitive processing therapy：CPT)　581
認知心理学(cognitive psychology)　106, 348
認知的再構成過程(cognitive reconstruction process)　271
認知的新連合理論　158
認知的不協和理論(theory of cognitive dissonance)　388
認知の陰陽理論(Yin and Yang theory of cognition)　389
認知の歪み　333, 504, 595
認知バイアス(cognitive bias)　16
認知面接法(認知インタビュー)(cognitive interview)　353, 369, **370**
認知療法(cognitive therapy)　105

▶ ネ

ネガティブ・オプション(押しつけ販売)　262
ネグレクト(neglect)　229, 265
ネズミ講(pyramid selling)　262
捏造記憶　539
ネットいじめ(cyber-bullying)　198
ネットワークビジネス　262

▶ ノ

脳(brain)　535
　　——における情報処理過程　324
　　——の発達の障害　531
脳機能研究　326
脳機能の障害　526
能動的攻撃(proactive aggression)　253
脳波検査　521
ノルアドレナリン(noradlenaline)　131
ノンバーバルコミュニケーション(non-verbal communication：NVC)　328
　　——による虚偽検出　328

▶ ハ

はい，いいえ質問(yes-no question)　347
バイアス(bias)(仮説)　355, 393, 394
バイアスクライム(bias crime)　236
ハイウェイ・パトロール(Highway Patrol)　45
配偶者殺し(sponsicide, intimaticide)　206, 208
配偶者暴力相談支援センター　599
ハイジャック(hijacking)　274
　　政治目的の——　274
　　身代金目的の——　274
　　輸送手段のための——　274

賠償(compensation, award)　593
賠償額の決定　**404**
賠償神経症(compensation neurosis)　576
排除法則　**68**
陪審(jury)　51, 52, 54, 57, 72
　　——による意思決定　**396**
　　——による法の無視(jury nullification)　400
　　影の——　407
陪審員選任コンサルタント　407
陪審員(juror)
　　——による意思決定　**400**
　　——の数　**412**
　　——のストレス(juror stress)　**422**
　　——の選定　**406**
　　——の人数　54
陪審研究　387
陪審コンサルティング(jury consulting)　409, 414
陪審サイズ→陪審員の人数　396
陪審裁判(jury trial)　414
陪審制度　382, 416
陪審法廷(dykasteria)　414
ハイダー(Heider, F.)　392
パウンド会議　75
破壊的行動障害　181, 253
破瓜型(解体型)統合失調症　522
曝露療法(exposure)　580
ハーシ(Hirschi, T.)　144, 159
バージェス(Burgess, E.W.)　490
派出所　39
パーソナリティ(personality)(特性)　155, 169, 214, 532
パーソナリティ心理学　100
パーソナリティ障害(personality disorder：PD)　532, 549
発言順序　18
罰則の強化　570
発達検査　542
発達障害(developmental disorder)　**180**, 485, 526
　　脳における——　531
発達心理学(developmental psychology)　100
発達精神病理学　251
発達犯罪学(developmental criminology)　186
発達類型理論(developmental taxonomy)　186
バッファゾーン　291
バッファ付距離逓減関数　291
バーディゴ(vertigo)　220
バートル(Bartol, C.R. & A.M.)　241, 248, 271
浜田寿美男　9

ハーマン(Herman, J.L.)　576, 584
バラバラ殺人(mutilation murder)　**200**
パラフィリア(paraphilias)　225, 226, 244, 536
バランス理論(balance theory)　389
バリー・コリン(Barry Collin)　276
ハリスバーグ・セブン　406
パールズ(Perls, F.)　104
パレード(parade)　89
パレート，ヴィルフレド(Pareto, Vilfredo)　16
パロール(parole)　479
犯因性ニーズ　499, 500
反抗(resistance)　163
犯行行程(journey to crime)　290
犯行行動の一貫性　296
犯行行動類型　285
犯行スキーマ　376
半構造化面接(法)　338, 584
反抗挑戦性障害(oppositional defiant disorder：ODD)　180
犯行テーマ(themes of offendering)　223, 247, 249, 286, 297
犯行労力の増加　431
犯罪(crime)　26, 30
　——に遭うかもしれない場所　448
　——に強い社会の実現のための行動計画　446
　——の空間分析　295
　——のコスト　170
　——の専門化(specialization of offending)　187
　——の捜査→捜査　42
　——の抑止　174, 239
　インターネットと——　165
　ことばの——　18
犯罪学(criminology)　108
　——の学会　58, 188
犯罪家庭　144
犯罪機会論(opportunities for crime)　448
犯罪傾向　488
犯罪経歴　494
犯罪原因論　108, 171
犯罪研究における事例研究　114
犯罪行動の弁別性　297
犯罪失敗者(trapped criminals)　312
犯罪社会学(sociological criminology, criminal sociology)　109
犯罪者の意思決定　171, 431
犯罪者の処遇　**498**
犯罪者プロファイリング(offender profiling, criminal profiling)　284, 286, 288, 450
犯罪集中地区(hotspot)　294, 308
犯罪情勢分析　**308**

犯罪少年　250, 252, 454
犯罪心理学(criminal psychology, forensic psychology)　100, **108**, 450
犯罪心理言語学(crime psycholinguistics)　**340**
犯罪性　185
　——の深化　186
犯罪生成ニーズ(criminogenic needs)　491
犯罪捜査規範　302
犯罪地図研究センター(CMRC)(米)　292, 294
犯罪手口　296
犯罪手口の一貫性(consistency of modus operandi)　**300**
犯罪統計　380, 458, 494
犯罪白書　282, 548
犯罪パターン理論　293
犯罪発生マップ(crime mapping)　295, 448
犯罪被害　452
犯罪被害給付制度　592
犯罪被害者　27, **568**
　——に対する経済的支援制度　592
犯罪被害者遺族(family members of homicide and manslaughter victims)　**572**
犯罪被害者等基本計画　572, 587, 590
犯罪被害者等保護　463
犯罪不安(fear of crime)　450
犯罪分析(crime analysis)　309
犯罪分析官(米)　295
犯罪分類マニュアル(米，FBI)　246, 248, 285
犯罪抑止　174, 239
　照明改善による——　435
犯罪予防(crime prevention)　432
犯罪レディネス　146
反社会化過程　160
反社会性人格障害(antisocial personality disorder)　181, 185, 264, 533
反社会的行動　115, 176, 180, 276
反社会的性格　115
反社会的態度(antisocial attitude)　148, 149
反証可能性(falsifiability)　113
反芻傾向(rumination)　154
反政府団体・活動家の犯罪化(criminalize)　414
反対尋問(cross-examination)　349
バンデューラ(Bandura, A.)　164, 277, 461
犯人識別手続き(indentification procedure of the culprits)　88
犯人像　285, 286
犯人像推定　289
犯人特性　285
犯人の居住地推定　287
反応性(responsivity)　462

索引 | 641

反応性愛着障害　231
反応性原則　499
反応的攻撃(reactive aggression)　252
判別分析(discriminant analysis)　122

▶ヒ

火遊び　256
ピアソンの積率相関係数(Pearson's product moment coefficient of correlation)　116
被暗示性(suggestibility)　347
被殴打児症候群(battered child syndrome)　228, 234
被害(injury)　596
　──から加害への転化　597
被害感情　31
被害経験　252
被害者(victim, aggrieved party)　510, 515, 519
　──の損害　520
　──への共感　504
　刑法と──　31
被害者影響陳述(victim impact statement)　57
被害者加害者対話(victim offender mediation：VOM)　511
被害者加害者対話支援センター(関西VOM)　512, 515
被害者加害者和解プログラム(victim offender reconciliation program：VORP)　511, 514
被害者学(victimology)　569
被害者参加制度　513, 587
被害者参加人制度　569
被害者支援(victim support)　586
被害者支援団体　587
被害者心理学(victim psychology)　101, 108
被害者リエゾン(victim liaison)　513
被害少年　596
　──の保護　456
被害少年カウンセリングアドバイザー　457
被害少年サポーター　457
非階層的クラスター分析　121
被害妄想(delusion of persecution)　535, 557
比較ケース分析(comparative case analysis)　296
比較心理学　100
光クラブ事件　163
引受人講会　509
被疑者(accused)　47, 62, 88, 90, 92, 332, 334, 358
　──の権利　89
被疑者勾留　70
被疑者取調べの適正化のための監督に関する規則　93

被疑者ノート　93
被疑者・被告人の身体拘束　60
被疑者優先順位づけシステム　300
ひき逃げ事件(hit-and-run accident)　**210**
非計量的多次元尺度法　286
非言語行動(non-verbal communication)　407
非言語(的)コミュニケーション　338, 388
被験者(subject)　110
被験者間計画(between-subjects design)　118
被験者内計画(within-subjects design)　118
非行(少年非行)(juvenile delinquency)　144, 148, 166, 256, 474, 482
　家庭環境と──　**144**
　集団での──　150
　友人関係と──　**148**
非行化　186
非行集団(gang)　**196**, 216
非行少年の資質鑑別　**482**
非行少年の処遇　**498**
非行性の深化　186
非行早期予測研究　490
非行発生類型　148
非行副次文化論(delinquent subculture theory)　149, 197
非行防止　455
非行防止教室　456
被告人(defendant)　62, 410, 513
被告人勾留　70
被支配・成人強制わいせつ　224
被支配・未成年強制わいせつ　224
ヒステリー(hysteria)　574
悲嘆(grief)　572, 601
ビーチ(Beech, H.R.)　225
ビッグファイブ(Big Five)　155
ビデオ　358
ビデオ識別　89
非当事者攻撃(third-party aggression)　**182**
人柄→パーソナリティ
秘匿情報検査(concealed information test：CIT)　321
人質交渉(hostage negotiation)　314
人質司法(hostage judiciary)＊　**60**, 90
人質立てこもり事件(hostage barricade incident)　310, 316, 549
　──における交渉　**314**
人質同一化症候群(hostage identification syndrome)　316
人と社会の相互作用　102
否認(denial)の心理　**334**
ビネ(Binet, A.)　3

ヒューマン=コンピューターインターフェース
　（human-computer interface）　221
ヒューマンエラー（human error）　218
ヒューマンファクター（human factor）　218, 220
ヒューリスティクス（heuristics）　287
ヒューリスティック-システマティックモデル
　（heuristic systematic model：HSM）　389
ヒューリスティックス（heuristics）　16
ヒュレディ（Furedy, J.J.）　323
病因　544
病感　551
評議（deliberation）　53, 386
評議室　386
評議プロセス　397
　人種構成と——　387
評決（verdict）　53, 57, 401
評決主導型（verdict driven）評議スタイル　397
評決不成立、評決不能（hung jury）　53, 57, 413
表現の自由（freedom of expression）　237
病識（insight of mental condition）　522
表出的交渉アプローチ　315
表出的（expressive）侵入窃盗犯　238
表出的人質立てこもり事件　312
病的酩酊　540
漂流理論（drift theory）　149
ビリーフ（belief）　145
ピロマニア（pyromania）　247　→放火癖
貧困家庭（poor families）　144
貧困妄想　524
ビンダー（Binder, D.A.）　76
ビンダー（Binder, H）　540
ビンダーの3分類　540

▶フ

ファシリテーター　511
ファセット理論（facet theory）　286
ファミリー・コート（family court）　464
不安感などに関する国民世論調査　434
ファンタジー　191
フィッシング　266
フィールドワーク　449
フェティシズム（fetishism）　536
フェヒナー（Fechner, G.T.）　98
フォア（Foa, E.B.）　581
フォイル（foil）　358
フォード・ピント車事件　72
フォトフィット（Photo-Fit）　362
フォールスメモリー（false memory）　369, **378**
フォレット（Follett, M.P.）　78
不快経験　452

不快情動　372
深川通り魔事件　202
不起訴（no bill）　548
複合的適正面接（Interdisciplinary Fitness
　sentences：IFI）　556
複雑性PTSD　**584**
複雑性悲嘆（complicated grief）　572, 576
複雑酩酊　540
福祉心理学　101
福祉犯　456
福島章　200
副腎　131
複数面通し　346
福知山線事故　219
符号化特定性原理（encoding specificity prin-
　ciple）　370
不抗争の答弁（plea of non contendere）　56
不正競争防止法　80
武装強盗（armed robbery）　242
普通名称化　80
物権（property）　28
物質依存（substance dependence）　534
物質関連障害（substance-related disorders）　181,
　534, 549
物質使用障害　534
物質誘発性障害　534
物質乱用　250, 534, 597
フットインザドアテクニック（foot-in-the-door
　technique）　78
物理的隔離　337
物理的荒廃　438
物理的障壁　430
不適応パターン　248
不適切な育児（child maltreatment）　231
不敗幻想（illusion of invulnerability）　395
不服申立て（dissent）　91
不法行為（tort delict）　404
不眠　524
ブーメラン効果　389
扶養義務者　563
フライ（Fry, M.）　569
プライバシー（privacy）　47, 65, 83, 86, 95
プライミング効果（priming effect）　140
フラッシュバック（flashback）　579
フラッシュバルブメモリ（flashbulb memory）
　372, 374
ブランクラインナップ（blank lineup）　360
ブランティンガム夫妻（Brantingham, P.L. & P.J.）
　291
ブランド　80

索　引　｜　643

プリガーソン（Prigerson, H） 576
振り込め詐欺（bank transfer scam） **260**
ブリーフセラピー 509
不良行為 252
プルイット・アイゴー 430
プレゼンテーション（presentation） 390
フロイト（Freud, S.） 98, 104, 106, 378, 574
プログレッシブ・ディシプリン（progressive discipline） 437
プロファイリング（profiling） 18, 200, 223, 224, 288, 304, 340
　　日本における―― 288
　　リバプール方式の―― 286
プロベーション（probation） 479
文化心理学 101
文化的葛藤理論（culture conflict theory） 149, 161
分化的機会構造論（theory of differential opportunity structure） 197
分化的接触理論（differential association theory） 149, 165, 280
分散分析（analysis of variance） **118**
紛争（dispute） 35, 236
紛争解決場面 84
分配型交渉（distributed negotiation） 78
分配的公正（distributive justice） 15
文脈の心的再現（mental reinstate of context） 370
分離性の苦悩（separation distress） 576

▶ ヘ

ヘア（Hare, R.） 184
閉鎖的心性（closed mindedness） 395
ヘイトクライム（hate crime） **236**
ベッカー（Becker） 166
別件基準説 64
別件差押え 65
別件捜索（search on another charge） **64**
別件逮捕（pretext arrest） **64**, 90
別の目撃者（co-witness） 357
ベトナム戦争 406
ベトナム退役軍人 580
弁解録取書 550
偏見（prejudice） 172, 236
弁護士（attorney at law） 23, 76
弁護士過疎地域 23
弁護人依頼権 33
弁護人立会い 93
ベンサム（Bentham, J.） 109, 164, 569
弁識能力 549, 553, 556, 564　→事理弁別（弁識）能力

変死体（equivocal death） 305
ベン・シャッカー（Ben-Shakhar, G.） 323
変数（variable） 116
偏相関係数（partial correlation coefficient） 117
扁桃体 131
弁論主義 34

▶ ホ

ボア・ディール 407
保安官（sheriff） 44
法意識 15, 29
法益（Rechtsgut）（独） 31
放火（arson） 176, 256, **246**, 531
　　少年による―― **256**
法学教育 76
放火癖（pyromania） 247
忘却 552
法言語学（forensic linguistics） **18**, 340, 386
法現象 14
暴行（assault） 252
法執行官（law enforcement officer） 42, 44
法執行機関（law enforcement agencies） 42, 44
法社会学（sociology of law, law and society） 4, **14**, 386
報酬（reward） 239
　　――の減少 431
法曹三者合同模擬裁判 387
法曹人口 23
暴走族（motorcycle gang） 151, 196, **216**, 250
法則定立 114
法廷 349
法定刑（punishment defined by law） 30, 410
法廷コミュニケーション **386**
法定証拠主義 384
法廷戦術（courtroom tactics） **390**
法廷戦略 390, 407
法廷用語の日常語化に関するプロジェクト 386, 424
法的思考（legal mind） 11
法的事実（juristic fact） 5
法的制裁（legal sanction） 334
報道 407
暴動を起こした受刑者（prisoners in revolt） 312
法と経済学（law and economics） **16**
法と心理学（law and psychology, psychology and law） 6, 340
　　――の概念 **2**
　　――の学会 58, 96
　　――の3つの類型 10

――の歴史 **6**
　日本における―― 8
法と心理学会 9, 20
法の経済分析(economic analysis of law) 16
法は家庭に入らず 229
防犯(crime prevention) 243, 426
　――と心理学 **450**
　交通機関における―― **452**
防犯意識 443
防犯環境設計(crime prevention through environmental design：CPTED) 430, 432
防犯教育 440, **442**
防犯空間(defensible space) 432
防犯システム 442
防犯心理学 108
防犯灯(security lighting) **434**
防犯ボランティア活動 427
防犯マニュアル 441
報復の恐れ 335
法務技官 472
法務技官(医師) **477**
法務技官(心理) **476**
法務教官(law instructor of the Ministry of Justice) **476**
法務省 466
法務省統計 380
法務総合研究所 494
法律相談 76
法律的関連性 557
法律扶助制度 23
法律用語 386
暴力(violence) 127, 185, 596, 598
　――のサイクル 230
　――の連鎖(cycle of violence) 597
暴力映像(violent movie)と攻撃性 **138**
暴力ゲーム(violent video game) **140**, 195
　――と攻撃行動 140
暴力団 217
暴力的威嚇 252
暴力犯罪のリスク要因 177
暴力防止プログラム 481
ボウルビィ(Bowlby, J.) 230
他に特定されない極度のストレス障害(DES-NOS) 584
保険数理統計式(actuarial)ツール 462, 491, 492, 496
保護観察(probation) 474, 478, 508
保護観察官 478
保護観察所 504
保護観察処分 479

保護観察対象者 478
保護司 478, 479
保護者(protector) 558
保護処分 473
保護処分決定 464
保護的措置 464
保護要因 491
保佐 520
補佐人 35
保持(retention) 330, 552
ポジティブ心理学(positive psychology) 499, 500
保釈(bail) 61, 70
補助 520
補償型(compensatory)レイプ 223
ポスト(Post, J.M.) 270
没個性化(deindividualisation) 276, 277, 317
ホーディング(過剰飼育) 265
ポニター 447
ホームズら(Holmes, R.M. & S.T.) 193
ホモ・エコノミクス(homo economics) 16
保有効果(endowment effect) 28
ボランティア(volunteer) 427, 447
ポリグラフ鑑定書 320
ポリグラフ検査(polygraph test) 7, 10, **320**, 329, 330, 332
　中枢神経系指標を用いた―― **324**
ポルノ，ポルノグラフィ(pornography) 142, 227, 254
　――と性犯罪 **142**
ホルモン(hormone) **126**, 153, 575
ホルモン療法 537
ホワイト(Whyte, W.F.) 150
本鑑定 518
本件基準説 65
ボンタ(Bonta, J) 499

▶マ

牧野英一 8
マクガリー(McGarry) 555
マグショット提示効果(mugshot exposure effect) 352
マクドゥーガル(McDougall, W.) 102
マクドナルドの3兆候説 176
マクノートン・ルール(M'Naghten Rules) 564
マクマーチン児童性的虐待裁判 407
マクロウスキー(McCloskey, M.) 355
マサチューセッツ治療センター分類(Massachusetts Treatment Center：MTC) 222, 232
マスコミ 422
マッカーサー訴訟能力評価ツール・刑事裁定版

(MacArthur Competency Assessment Tool-Criminal Adjudication：MacCAT-CA)　555
マッツア(Matza, D.)　149
マトリクスモデル　507
マートン(Merton, R.K.)　162, 166
守りやすい空間(defensible space)　430
麻薬取締局(Drug Enforcement Administration：DEA)　43
マルチ商法　262

▶ミ

未決拘禁者　467, 468
未熟型性犯罪(immature pedophile)　233
ミスマッチング(mismatching)　145
未成年者　596
三菱重工ビル爆破事件　588, 592
三菱ふそう自動車のリコール隠し事件　73
ミネソタ多面人格目録(MMPI)　330
身代金目的のハイジャック　274
耳撃証言(earwitness)　364
ミューレン(Mullen, P.E.)　268
ミュンスターバーグ(Munsterberg, H.)　7
ミュンヒハウゼン症候群(Munchausen syndrome)　234
ミラー(Miller, W.B.)　149
ミランダ警告(Miranda warnings)　56
ミル，ジョン・ステュアート(Mill, John Stuart)　16
民間自助団体　507
民事　53
民事鑑定　520
民事裁判(civil action)　22
民事実体法　24
民事訴訟手続法　**34**
民事訴訟法　24, 34
民事的交渉(civil negotiation)＊　**78**
民事手続法　24
民事法(civil law)　**24**
民法　2, 24, **28**
　　──と心理学　29
民法上の訴訟能力　557
無過失賠償保険(no-fault insurance)　600
無限連鎖講　262
無罪(innocence)　409, 548
無罪推定(presumption of innocence)原則　33
無罪の答弁(plea of not guilty)　56
無作為割付比較試験(randomized control trial：RCT)　215
無資格型ストーキング　269

無実の人を犯人とする誤り(false positive error)　321
無秩序型(disorganized)性的殺人　205, 285
無秩序状態　162
無理心中　192
無料商法　262
無令状　87

▶メ

明所視(photopic vision)　344
酩酊(drunkenness, intoxication)　**540**
命令的規範　281
メタ・アナリシス，メタ分析(meta analysis)　215, 461, 502
メタンフェタミン(中毒)　534, 535
メディア暴力　139
メードゥ(Meadow R.)　234
面識　201, 251, 303, 596
面接調査　386
面接法(interview method)　76, 112
メンデルソーン(Menderson, B.)　569

▶モ

妄想(delusion)　202, 522, 533, 549
妄想型統合失調症　522
妄想性パーソナリティ障害　533
もうろう型病的酩酊　540
模擬裁判員裁判実験　403
模擬参審実験　402
模擬陪審(mock jury)　396
模擬陪審実験　406
目撃供述　354
目撃供述・識別手続きに関するガイドライン(法と心理学会)　88, 359
目撃者(eyewitness)　47, 88, 358, 370
　　──の記憶　368
　　──の供述　362
　　別の──　357
目撃証言(eyewitness testimony)　107, 346, 366, **372**, 376
　　──の研究　8
　　──の正確性　348
　　高齢者の──　**350**
　　子どもの──　**346**
　　夜間の──　**344**
「目撃証拠：法実践のためのガイドライン」(米)　Eyewitness evidence：A Guide for law enforcement)　359
目的刑　410
黙秘権(privilege against self-incrimination)　33,

65, 554
モスコヴィッチ(Moscovici, S.) 394
モデリング(理論)(modeling) 138, 140, 164
モード論 13
モノアミン酸化酵素 133
モフィット(Moffit, T.E.) 186
模倣説 149
問題飲酒 213
問題解決型裁判所(problem solving courts) 11
問題行動(problem behavior) 508
問題主導型警察活動(problem-oriented-policing：POP) 309
モンタージュ写真 **362**

▶ヤ

夜間 435
──の目撃証言 **344**
薬物が関係する精神障害 534
薬物事犯者(drug offender) 506
　　──の社会内処遇 **508**
　　──の処遇 **506**
薬物乱用(drug abuse) **278**
薬物療法(drug therapy) 227, 245, 522, 525, 580
野獣(wild beast)の基準 564
夜尿症 176
ヤーメイ(Yarmey, A.D.) 344, 350, 365

▶ユ

有効視野(functional field of view) 373, 376
有罪(guilty) 409
　　──にあらず(not guilty) 409
　　──の答弁(plea of guilty) 56
有罪ただし精神障害(guilty but mentally ill：GBMI) 565
有罪知識検査(guilty knowledge test：GKT) 321
融資保証金詐欺 260
宥恕バイアス(leniency bias) 397
友人関係と非行 **148**
誘導的な取調べ 336
輸送手段のためのハイジャック(transportation hijackings) 274

▶ヨ

要求(position) 79
養子法 134
陽性症状 522
陽電子放射線断層法(PET) 133
抑圧(repression) 374
抑圧記憶(reppressinal memory) 538

抑うつ(depressive) 549
抑止(deterrence) 168, 498
抑止効果 506
抑止理論(deterrence theory) 212
抑制解除状態 267
予言の自己成就(self-fulfilling prophecy) 166
吉益脩夫 8
欲求不満(frustration) 173
欲求不満-攻撃-置き換え理論(frustration-aggression-displacement theory) 173
欲求不満-攻撃仮説 154, 158
予備尋問(voir dire) 52, 407
予防的介入 257
四層構造論(いじめの) 198

▶ラ

ライサー(Reiser, M.) 368
来日外国人犯罪 **160**
ラインナップ(lineup) 89, 346, 350, **358**
ラーキン(Larkin, P.) 290
落書き 438
ラーナー(Learner, M.J.) 393
ラベリング(labelling) **166**
ラポール(rapport) 319, 348, 371

▶リ

利害(interest) 79
リーガル・カウンセリング(legal counseling) **76**
利殖商法 262
リスキーシフト(risky shift) **420**
リスク(risk) 239, 421, 462
　　──の増加 431
リスクアセスメント(評価)(risk assessment) 311, 490
リスク回避傾向(risk-aversive) 16
リスク管理(risk management) 490
リスク原則 493, 499
リスク調査 489
リスク・ニード・反応性(RNR)モデル 462, 493, 499
リスク認知(risk perception) 174, 449, 451
リスク要因 206, 500
　　暴力犯罪の── 177
理性(reasoning) 385
理性ある注意力(reasonable caution) 86
利他性(altruism) 16
離脱 534
リハーサル(rehearsal) 140
リハビリテーション(rehabilitation) 461, 498

索　　引 | 647

リバプール方式のプロファイリング **286**
略奪型ストーキング 269
留置場(lockup) 63
理由付きの忌避(challenge for cause) 52
領域性(territoriality) 433, 448
量刑(sentencing) 57, 158, 386
　──の見直し 570
量刑ガイドライン(sentencing guidelines) 57
量刑サークル(Circle) 511
量刑判断(determination of punishment) 12, 405, **410**
量的研究 99
利欲殺人 240
リラプス・プリベンション(技法)(relapse prevention) 462, 502, 537
リンクの誤り(linkage error) 298
リンクの見落とし(linkage blindness) 298
リンク分析(linkage analysis) 296
臨時司法制度調査会 417
臨床症状 544
臨床心理学(clinical psychology) 3, 77, **104**
臨床的面接 542
リンゼイ(Lindsay, D.S.) 356, 366
リンドバーグ Jr. 誘拐・殺害事件 364

▶ル

ルーチンアクティビティ理論(routine activity theory) 293

▶レ

霊感商法 262
レイシック(Resick, P.A.) 581
令状(writ) 64, 86, 90
令状主義 33, 71
レイプ(rape) 142, **222**
レイプ神話 225
レイプトラウマ症候群(rape trauma syndrome) 576, 594
レヴィン(Lewin, K.) 103
レオ(Leo) 332, 334
レスポンデント条件づけ(respondent conditioning) 136
レスラー(Ressler, R.K.) 176, 200, 205, 191, 285
連鎖販売取引 262
連想記憶(association memory) 552
連続殺人(serial murders) **190**, 284, 296
連続犯(serial offender)(通り魔) 202
連続放火(serial arson) **248**
連邦行刑局(Federal Bureau of Prisons) 467
連邦矯正庁(加)(Correctional Service of Canada) 469
連邦刑事手続 382
連邦刑務作業 468
連邦刑務所局(Federal Bureau of Prisons) 43
連邦検察官(United States Attorney) 42
連邦公共安全省(加)(Public Safety Canada) 469
連邦制(federalism) 54
連邦捜査局(Federal Bureau of Investigation：FBI) 42, 414
連邦保安局(United States Marshals Service) 43

▶ロ

ロジャース(Rogers, C.) 104
露出症(exhibitionism) 244, 536
露出症者(exhibitionist) 244
露出犯 233, **244**
ロス(Ross, E.A.) 102
ロス暴動 182
ロスモ(Rossmo, D.K.) 291
ローゼンフェルド(Rosenfeld, J.P.) 325
ロット(Lott, J.) 175
ロドニー・キング殴打事件 182
ロフタス(Loftus, E.F.) 7, 19, 354, 372, 378
ロールシャハテスト(Rorschach test) 521
ロンドン警視庁(Metropolitan Police) 46
ロンブローゾ(Lombroso, C.) 7, 109, 165
論理療法(rational emotive therapy) 104

▶ワ

わいせつ行為 224
わいせつ事件 346
和解(settlement, reconciliation) 54, 514
　──の仲介 74
ワーキングメモリ(working memory) 552
ワトソン(Watson, J.B.) 98, 106
割れ窓理論(broken windows theory) 168, 309, 436, **438**

▶法　律

1984年警察および刑事証拠に関する法(米)(Police and Criminal Evidence Act 1984) 46
1989年児童，若者及びその家族法(ニュージーランド) 512
1990年ヘイトクライム統計法(米)(Hate Crime Statistics Act of 1990) 236
1994年暴力犯罪取締り及び法執行法(米)(Violent Crime Control and Law Enforcement Act of 1994) 237

医療観察法　560

カナダ刑事法典（Criminal Code）　469
監獄法　486
行刑法（英）（Prison Act）　468
矯正及び条件付き釈放法（加）（Corrections and Conditional Release Act）　469
刑事収容施設及び被収容者等の処遇に関する法律（刑事収容施設法）　27, 63, 486
刑事訴訟法 28 条　554
刑事訴訟法 314 条　554
刑事訴訟法及び検察審査会法の一部を改正する法律　586
刑法 37 条　554
刑法 39 条　518, 554
刑務所及び矯正院法（加）（Prisons and Reformatories Act）　469
航空法 76 条 1 項　220
航空法施行規則 165 条の三　220
裁判外紛争解決手続の利用の促進に関する法律　74
更生保護法　27, 478
裁判員の参加する刑事裁判に関する法律（裁判員法）　416, 424
自衛隊法　220
児童虐待の防止等に関する法律（児童虐待防止法）　228, 587
児童虐待の防止等に関する法律（2000 年）　229
児童虐待予防・治療法（米）　228
児童買春・児童ポルノ禁止法　258
児童福祉法　228, 258
銃規制法　436
銃の秘匿携行を許可する法令（米）（right-to-carry-laws）　175
商標法　80
所有権法　28
心神喪失者等医療観察法　518
杉並区防犯カメラの設置及び利用に関する条例　445
ストーカー行為等の規制等に関する法律（ストーカー規制法）　268, 587
青少年保護育成条例　258
精神衛生法　558
精神保健福祉法（精神保健及び精神障害者福祉に関する法律）（Act on Mental Health and the Welfare of Persons with Mental Disabilities）　518, **558**

出会い系サイト規制法　258
鉄道事業法 19 条　218
動物の愛護及び管理に関する法律（動物愛護管理法）　265
道路交通法　216
道路交通法 72 条 1 項前段　210
特定商取引に関する法律　263
特定商品預託法　263

配偶者からの暴力の防止及び被害者の保護に関する法律（DV 防止法）　586
売春防止法　258
陪審法　416
犯罪及びパワー濫用の被害者のための司法の基本原則宣言（国連）　586
犯罪被害者基本法（Basic Act on Crime Victims）　568
犯罪被害者支援法　592
犯罪被害者対策要綱　588
犯罪被害者等基本法　**588**
犯罪被害者等給付金の支給等による犯罪被害者等の支援に関する法律　592
犯罪被害者等の保護を図るための刑事手続きに付随する措置に関する法律　586
犯罪被害者保護のための二法　586
犯罪被害者保証要綱（英）　586
不正アクセス禁止法　266
不法行為法　29
振り込め詐欺救済法　261
弁護士法 72 条　75
訪問販売法　263

民間資金等の活用による公共施設等の整備等の促進に関する法律　470
無限連鎖講の防止に関する法律　263
模範刑法典（Model Penal Code）　565

薬物 4 法　278

連邦心神喪失抗弁修正法（米）（Insanity Defense Reform Act）　565

英和対照用語一覧

見出し語を中心に，法と心理学にかかわるキーワードの英和対照一覧を作成した．

abuse　虐待
accuracy-confidence relationship　確信度-正確性相関
Act on Mental Health and the Welfare of Persons with Mental Disabilities　精神保健福祉法（精神保健及び精神障害者福祉に関する法律）
acute stress disorder(ASD)　急性ストレス障害
aggression　攻撃(行動)，攻撃性
aggrieved party　被害者
air accident　航空事故
aircraft hijacking　ハイジャック
alternative dispute resolution(ADR)　裁判外紛争解決手続
amnesia　健忘
analysis of variance　分散分析
animal cruelty　動物虐待
anomie　アノミー
arrest　逮捕
arson　放火
Asperger syndrome　アスペルガー障害／症候群
assessment of adult crimial　成人犯罪者のアセスメント
assessment of culpability　犯罪性の査定
assessment of sexual offender　性犯罪者のアセスメント
attachment　差押え
(attempted) homicides/assaults by strangers in the public space　通り魔
attribution bias　帰属バイアス
attribution of responsibility　責任の帰属
audio or visual record of interrogation　取調べの録音・録画

bank robbery　銀行(金融機関)強盗
bank transfer scam　振り込め詐欺
Basic Act on Crime Victims　犯罪被害者等基本法
bereaved family　遺族
bioterrorism　生物テロ
broken windows theory　「割れ窓」理論

bullying　いじめ
burglary　侵入窃盗

case studies on criminal studies　犯罪研究における事例研究
case study　事例研究
chemicalterrorism　化学テロ
child abuse　児童虐待，子ども虐待
child molestation, child sexual abuse　子どもに対する性犯罪
chronic offender　生涯持続型犯罪者(常習犯罪者)
civil law　民事法
civil negotiation*　民事的交渉
civil procedure　民事手続
clinical psychology　臨床心理学
closed-circuit television(CCTV)　監視カメラ
cognitive interview　認知インタビュー
cognitive psychology　認知心理学
communication　コミュニケーション
compensation　賠償
competence to stand trial　訴訟能力
complex PTSD (post-traumatic stress disorder)　複雑性 PTSD
composite image　似顔絵，モンタージュ写真
conditioning　条件づけ
confession　自白
consistency of *modus operandi*　犯罪手口の一貫性
correction　矯正
correctional institution　矯正施設
correctional psychology　矯正心理学
correlation　相関
courtroom tactics　法廷戦術
crime　犯罪
crime linkage analysis　事件リンク分析
crime mapping　クライムマッピング
crime prevention　防犯(活動)，犯罪予防
crime prevention education　防犯教育
crime prevention system　防犯システム
crime psycholinguistics　犯罪心理言語学

criminal action	刑事訴訟
criminal investigation	捜査
criminal law	刑事法
criminal liability	刑事責任能力
criminal procedure	刑事手続
criminal psychology	犯罪心理学
criminal responsibility	刑事責任
criminology	犯罪学
criteria-based content analysis (CBCA)	証言の信頼性査定
criticisms on lay judge system	裁判員制度批判
cyber crime	サイバー犯罪
cyberterrorism	サイバーテロ
damage	損害，被害(抽象的なものを含む)
decision making	意思決定
delinquency	非行
denial	否認
detention	勾留
detention before indictment*	起訴前勾留
determination of punishment	量刑判断
developmental disorder	発達障害
Diagnostic and Statistical Manual of Mental Disorders (DSM)	精神疾患の診断・統計マニュアル
disorders of extreme stress, not otherwise specified (DESNOS)	特定不能の極度のストレス障害
distraint	差押え
domestic homicide	家庭内殺人
domestic relations court	家庭裁判所(日)
domestic violence	ドメスティック・バイオレンス
drink driving	飲酒運転
drug abuse	薬物乱用
drug offender	薬物事犯者
drunkenness	酩酊
earwitness	耳撃証言
emotional arousal	情動喚起
environmental design	環境デザイン
exclusionary rule	証拠排除法則
exhibitionism	露出症
experiment	実験
eyewitness testimony	目撃証言
facial composite	似顔絵，モンタージュ写真
false confession	虚偽自白
false memoriy	フォールスメモリー
family	家庭
family court	ファミリーコート(米)
family court probation officer	家庭裁判所調査官
family homicide	家庭内殺人
federal court system	連邦裁判制度(米)
foreigner	外国人
forensic linguistics	法言語学
forensic psychology	裁判心理学・司法心理学
forum	法廷
friendship	友人関係
gang	非行集団
gaol	監獄
gender difference	性差
geographic profiling	地理的プロファイリング
group decision making	集団意思決定
group polarization	集団極化
gun control	銃規制
habitual offender	生涯持続型犯罪者(常習犯罪者)
harm	被害(モノやビジネスなどを含むとき)
hate crime	ヘイトクライム
heredity	遺伝
hijacking	ハイジャック
hit-and-run accident	ひき逃げ事件
homicide	殺人
hormone	ホルモン
hostage barricade incident	人質立てこもり事件
hostage judiciary* investigation, interrogation (and criminal trial) under long-term detention resulting in restriction of the accused's assistance by the counsel (起訴後の勾留も含む場合)	人質司法
hostage negotiation	人質交渉
hypnotism	催眠
identification procedure of the culprits*	犯人識別手続き
illegal business practice	悪質商法
impulsive aggression	衝動的攻撃性
indecent assault	強制わいせつ
individual diffrences	個人差
injury	被害(身体的な)
International Statistical Classification of Diseases and Related Health Problems (ICD)	疾病及び関連保健問題の国際統計分類
interrogation	取調べ
intoxication	酩酊
investigative authority	捜査機関

英和対照用語一覧

英語	日本語
investigative psychology	捜査心理学
jail	監獄，留置場（代用監獄），拘置所
judge	裁判官
judical confession	自白
judical proceeding	裁判
judicial system	司法制度
juror	陪審員
juror stress	陪審ストレス
jury	陪審（ひとつのまとまりとしての）
jury consulting	陪審コンサルティング
justice system	司法制度
juvenile	少年
juvenile classification home, detention home	少年鑑別所
juvenile delinquency	少年非行
juvenile prison	少年刑務所
labelling	ラベリング
law and economics	法と経済学
law and psychology	法と心理学
law and society	法社会学
(law) court	法廷
law enforcement agencies	法執行機関
law instructor of the Ministry of Justice	法務教官
lay judge system*	裁判員制度
lay judge*	裁判員
legal counseling	リーガル・カウンセリング
lie-detection	虚偽検出
life course persistent offender	生涯持続型犯罪者（常習犯罪者）
lineup	ラインナップ
local communal crime prevention activities	地域防犯活動
local safety map	地域安全マップ
lockup	留置場（代用監獄）
loss of memory	健忘
malingering	詐病
mass murder	大量殺人
measurement scale of aggression	攻撃行動の測定尺度
memory disorder	記憶障害
mental retardation (MR)	精神遅滞（知的障害）
mentally challenged person, mentally handicapped person	精神障害者
misleading effect	誤誘導効果
mood disorder	気分障害
motorcycle gang	暴走族
multivariate analysis	多変量解析
Munchausen syndrome by proxy (MSBP)	代理ミュンヒハウゼン症候群
murder	殺人
mutilation murder	バラバラ殺人
neurotransmitter	神経伝達物質
non-verbal communication (NVC)	ノンバーバルコミュニケーション
numbers of the members of the judicial panel in lay judge system (or the jury system)	裁判員（陪審員）の数
offender	犯罪者
offender profiling	犯罪者プロファイリング
offender treatment	加害者臨床
overemphasization of confession*	自白偏重主義
paraphilias	性嗜好障害（異常）
parapsychology	超心理学
penal institution	刑事施設
persistent offender	生涯持続型犯罪者（常習犯罪者）
personality disorder (PD)	パーソナリティ障害
persuasive communication	説得的コミュニケーション
phantom killer*	通り魔
police	警察
policing for juvenile sound nurturing through prevention of juvenile delinquency and protection of juvenile	少年警察活動（少年の非行の防止及び保護を通じて少年の健全な育成を図るための警察活動）
polygraph test	ポリグラフ検査
polygraph test with indecies from central nervous system	中枢神経系指標を用いたポリグラフ検査
pornography	ポルノグラフィ
posttraumatic stress disorder (PTSD)	心的外傷後ストレス障害
pretext arrest	別件逮捕
pretrial conference*	公判前整理手続
private finance initiative (PFI)	民間資金活用した公共施設整備
principle of free determination*	自由心証主義
principle of public prosecution	国家訴追主義
prison	監獄，刑務所
private consignment of prisons	刑務所民間委託
private law	私法
probable cause	相当の理由

procedural justice	手続き的公正
profiling	プロファイリング
prosecution monopolism	起訴独占主義
psychiatric expert testimony, psychiatric evidence	精神鑑定
psychological assessment	心理アセスメント
psychological autopsy	心理学的検死
psychology	心理学
psychology and law	法と心理学
psychology in crime prevention	防犯における心理学
psychopath	サイコパス
public law	公法
punitive damages	懲罰的損害賠償
railway accidents	鉄道事故
rape	レイプ
rational choice theory	合理的選択理論
recidivism	累犯
reformation	矯正
relative deprivation	相対的剝奪
relief and rehabilitation	更生保護
repeat offense	再犯
repeated offender	生涯持続型犯罪者(常習犯罪者)
report	通報
reproductive medicine	生殖補助医療
restorative justice	修復的司法
risk assessment	リスク評価
risky shift	リスキーシフト
robbery	強盗
schizophrenia	統合失調症
school shooting	学校における銃乱射
scientific jury selection	科学的陪審選任
search	捜索
security lighting	防犯灯
self-esteem	自尊心
sentence	量刑
serial arson	連続放火
serial crime	連続事件
serial murder	連続殺人
sex crime	性犯罪
sexual delict	性犯罪
sexual delinquency	性非行
sexual delinquent	性的逸脱
sexual difference	性差
sexual homicide	性的殺人
sexual molester	痴漢,わいせつ犯
sexual offender／sex offender	性犯罪者
sexual offense	性犯罪
simulation	詐病
situational crime prevention	状況的犯罪予防
social control theory	社会的コントロール(統制)理論
social learning	社会的学習
social psychology	社会心理学
sociology of law	法社会学
stalker	ストーカー
state court system	州裁判制度(米)
statistical profiling	統計的プロファイリング
Stockholm syndrome	ストックホルム症候群
(strong) belief	心証
substance-related disorders	物質関連障害
suicide by cop(police)	警察官を利用した自殺
terrorism	テロリズム
third-party aggression	非当事者攻撃
threat analysis	脅迫分析
trademark	商標
traffic(road)accident	交通事故
transgenerational transmission	世代間連鎖
transportation	交通機関
trauma	トラウマ
traumatic memory	外傷性記憶
treatment	処遇
treatment of PTSD	PTSDの治療
treatment system	加害者処遇制度
trial	公判
tribunal	法廷
victim	被害者
victim offender mediation (VOM)	被害者と加害者との対話(調停)
victim support	被害者支援
victimology	被害者学
violent crime	粗暴犯
violent movie	暴力映像
violent video game	暴力的(テレビ)ゲーム
weapon focus effect	凶器注目効果
zero-tolerance	ゼロ・トレランス

編集者略歴

<ruby>越<rt>お</rt></ruby><ruby>智<rt>ち</rt></ruby><ruby>啓<rt>けい</rt></ruby><ruby>太<rt>た</rt></ruby>
越 智 啓 太

1965 年 神奈川県に生まれる
1992 年 学習院大学大学院人文科学
　　　　研究科博士前期課程修了
現　在　法政大学文学部心理学科 教授

<ruby>藤<rt>ふじ</rt></ruby><ruby>田<rt>た</rt></ruby><ruby>政<rt>まさ</rt></ruby><ruby>博<rt>ひろ</rt></ruby>
藤 田 政 博

1973 年 神奈川県に生まれる
2006 年 東京大学大学院法学政治学
　　　　研究科博士課程修了
現　在　関西大学社会学部社会学科 准教授
　　　　博士（法学）

<ruby>渡<rt>わた</rt></ruby><ruby>邉<rt>なべ</rt></ruby><ruby>和<rt>かず</rt></ruby><ruby>美<rt>み</rt></ruby>
渡 邉 和 美

1967 年 千葉県に生まれる
2003 年 東京医科歯科大学大学院医歯学
　　　　総合研究科博士課程修了
現　在　科学警察研究所犯罪行動科学部
　　　　捜査支援研究室 室長
　　　　博士（医学）

法と心理学の事典
―犯罪・裁判・矯正―

定価はカバーに表示

2011 年 5 月 25 日　初版第 1 刷
2012 年 12 月 20 日　　　第 3 刷

編集者　越　智　啓　太
　　　　藤　田　政　博
　　　　渡　邉　和　美
発行者　朝　倉　邦　造
発行所　株式会社　朝　倉　書　店

東京都新宿区新小川町 6-29
郵便番号　　162-8707
電　話　03（3260）0141
FAX　03（3260）0180
http://www.asakura.co.jp

〈検印省略〉

ⓒ 2011〈無断複写・転載を禁ず〉　　　　　教文堂・牧製本

ISBN 978-4-254-52016-3　C 3511　　Printed in Japan

JCOPY　〈(社)出版者著作権管理機構　委託出版物〉

本書の無断複写は著作権法上での例外を除き禁じられています．複写される場合は，そのつど事前に，(社)出版者著作権管理機構（電話 03-3513-6969，FAX 03-3513-6979，e-mail: info@jcopy.or.jp）の許諾を得てください．

◆ 朝倉心理学講座〈全19巻〉◆
海保博之監修／心理学の全分野を体系立てて平易に詳説

朝倉心理学講座1　心理学方法論
東京成徳大 海保博之監修　帯広畜産大 渡邊芳之編
52661-5 C3311　A5判 200頁 本体3400円

心理学の方法論的独自性とその問題点を，近年の議論の蓄積と現場での実践をもとに提示する。〔内容〕〈心理学の方法〉方法論／歴史／測定／〈研究実践と方法論〉教育実践研究／発達研究／社会心理学／地域実践／研究者と現場との相互作用

朝倉心理学講座2　認知心理学
東京成徳大 海保博之監修・編
52662-2 C3311　A5判 192頁 本体3400円

20世紀後半に隆盛を迎えた認知心理学の，基本的な枠組みから応用の側面まで含めた，その全体像を幅広く紹介する。〔内容〕認知心理学の潮流／短期の記憶／注意／長期の記憶／知識の獲得／問題解決・思考／日常認知／認知工学／認知障害

朝倉心理学講座3　発達心理学
東京成徳大 海保博之監修　甲子園大 南　徹弘編
52663-9 C3311　A5判 232頁 本体3600円

発達の生物学的・社会的要因について，霊長類研究まで踏まえた進化的・比較発達的視点と，ヒトとしての個体発達的視点の双方から考察。〔内容〕I．発達の生物的基盤／II．社会性・言語・行動発達の基礎／III．発達から見た人間の特徴

朝倉心理学講座4　脳神経心理学
東京成徳大 海保博之監修　前広島大 利島　保編
52664-6 C3311　A5判 208頁 本体3400円

脳科学や神経心理学の基礎から，心理臨床・教育・福祉への実践的技法までを扱う。〔内容〕神経心理学の潮流／脳の構造と機能／感覚・知覚の神経心理学的障害／認知と注意／言語／記憶と高次機能／情動／発達と老化／リハビリテーション

朝倉心理学講座5　言語心理学
東京成徳大 海保博之監修　東大 針生悦子編
52665-3 C3311　A5判 212頁 本体3600円

言語を，基本的なメカニズム，使用とその所産・獲得という観点からとらえる。〔内容〕言語心理学の潮流／発話の知覚／心的辞書／文章の理解／語用論／ジェスチャー／言語と思考／言語獲得／言語獲得のコンピュータ・シミュレーション

朝倉心理学講座6　感覚知覚心理学
東京成徳大 海保博之監修　前筑波大 菊地　正編
52666-0 C3311　A5判 272頁 本体3800円

感覚知覚の基本的知識と最新の研究動向，またその不思議さを実感できる手がかりを提示。〔内容〕視覚システム／色／明るさとコントラスト／かたち／三次元空間／運動／知覚の恒常性／聴覚／触覚／嗅覚／味覚／感性工学／知覚機能障害

朝倉心理学講座7　社会心理学
東京成徳大 海保博之監修　東大 唐沢かおり編
52667-7 C3311　A5判 200頁 本体3600円

社会心理学の代表的な研究領域について，その基礎と研究の動向を提示する。〔内容〕社会心理学の潮流／対人認知とステレオタイプ／社会的推論／自己／態度と態度変化／対人関係／援助・攻撃／社会的影響／集団過程／社会行動の起源

朝倉心理学講座8　教育心理学
東京成徳大 海保博之監修　慶大 鹿毛雅治編
52668-4 C3311　A5判 208頁 本体3400円

教育実践という視点から，心理学的な知見を精選して紹介する。〔内容〕教育実践と教育心理学／個性と社会性の発達／学習する能力とその形成／適応と障害／知識の獲得／思考／動機づけ／学びの場と教師／教育の方法／教育評価

朝倉心理学講座9　臨床心理学
東京成徳大 海保博之監修　京大 桑原知子編
52669-1 C3311　A5判 196頁 本体3400円

臨床心理学の基礎と理論を紹介する。〔内容〕概説／基礎―人格・発達・アセスメント／対象―神経症圏・精神病圏・心身症・境界例・実存的課題／アプローチ―精神分析・ユング派・行動療法・ロジャーズ派／応用―教育・医療・司法

東京成徳大 海保博之監修 朝倉心理学講座10 **感　情　心　理　学** 52670-7　C3311　　　　A 5 判 224頁 本体3600円	同志社大 鈴木直人編	諸科学の進歩とともに注目されるようになった感情(情動)について，そのとらえ方や理論の変遷を展望。〔内容〕研究史／表情／認知／発達／健康／脳・自律反応／文化／アレキシサイミア／攻撃性／罪悪感と羞恥心／パーソナリティ
東京成徳大 海保博之監修 朝倉心理学講座11 **文　化　心　理　学** 52671-4　C3311　　　　A 5 判 232頁 本体3600円	白百合女子大 田島信元編	文化と，行為や認知の形成(発達)との関係についての心理学的アプローチの考察。〔内容〕起源と潮流／〈Ⅰ文化心理学の理論と実践〉ヴィゴツキー理論，状況論的アプローチ他／〈Ⅱ隣接領域からの示唆〉認知科学，エスノメソドロジー他
東京成徳大 海保博之監修 元早大 佐古順彦・武蔵野大 小西啓史編 朝倉心理学講座12 **環　境　心　理　学** 52672-1　C3311　　　　A 5 判 208頁 本体3400円		人間と環境の相互関係を考察する環境心理学の基本概念およびその射程を提示。〔内容〕〈総論：環境と人間〉起源と展望／環境認知／環境評価・美学／空間行動／生態学的心理学／〈各論〉自然環境／住環境／教育環境／職場環境／環境問題
東京成徳大 海保博之監修 朝倉心理学講座13 **産　業・組　織　心　理　学** 52673-8　C3311　　　　A 5 判 208頁 本体3400円	九大 古川久敬編	産業組織内の個人・集団の心理と行動の特質について基本的知識と応用の示唆を提供する。〔内容〕採用と選抜／モチベーション／人事評価／人材育成／リーダーシップ／キャリアとストレス／マーケティング／安全と労働／社会的責任
東京成徳大 海保博之監修 朝倉心理学講座14 **ジェンダー心理学** 52674-5　C3311　　　　A 5 判 196頁 本体3400円	前東京学芸大 福富 護編	社会，文化，歴史的に構築された性差＝ジェンダーのありようと意識行動への影響を明らかにする。〔内容〕現状と課題／家族／保育・教育／メディア／高齢社会／男らしさ・女らしさ／性差別・性役割意識／恋愛・セクシュアリティ／性の病理
東京成徳大 海保博之監修 朝倉心理学講座15 **高　齢　者　心　理　学** 52675-2　C3311　　　　A 5 判 224頁 本体3600円	阪大 権藤恭之編	高齢者と加齢という変化をとらえる心理学的アプローチの成果と考察。〔内容〕歴史と展望／生理的加齢と心理的加齢／注意／記憶／知能，知恵，創造性／感情と幸福感／性格／社会環境／社会関係／臨床：心理的問題，心理的介入法
東京成徳大 海保博之監修 朝倉心理学講座16 **思春期・青年期臨床心理学** 52676-9　C3311　　　　A 5 判 208頁 本体3400円	慶大 伊藤美奈子編	人格形成や発達の観点から，思春期，青年期の心理臨床的問題を理論・実践両面から考える。〔内容〕Ⅰ自己と他者をめぐって(自己意識／関係)／Ⅱ思春期・青年期の心の諸相(不登校／性／非行／自傷)／Ⅲ思春期・青年期の心理臨床
東京成徳大 海保博之監修 朝倉心理学講座17 **対　人　援　助　の　心　理　学** 52677-6　C3311　　　　A 5 判 196頁 本体3400円	立命大 望月 昭編	看護，福祉，教育などの対人援助職において，必要な心理学的な方法論や技法，課題を具体的実践事例とともに紹介する。〔内容〕対人援助の心理学／看護／社会福祉／特別支援(障害児)教育／心理臨床／障害者の就労
東京成徳大 海保博之監修 朝倉心理学講座18 **犯　罪　心　理　学** 52678-3　C3311　　　　A 5 判 192頁 本体3400円	法大 越智啓太編	犯罪をめぐる人間行動について科学的に検証する犯罪心理学の最新成果を紹介。〔内容〕犯罪原因論／犯罪環境心理学／捜査心理学／プロファイリング／目撃証言と取調べ／ポリグラフ検査／非行犯罪臨床心理学／被害者心理学
東京成徳大 海保博之監修 朝倉心理学講座19 **ストレスと健康の心理学** 52679-0　C3311　　　　A 5 判 224頁 本体3600円	前早大 小杉正太郎編	心理学的ストレス研究の最新成果を基に，健康の促進要因と阻害要因とを考察。〔内容〕Ⅰ健康維持の鍵概念(コーピングなど)／Ⅱ健康増進の方法(臨床的働きかけを中心に)／Ⅲ健康維持鍵概念の応用／ストレスと健康の測定と評価

東京成徳大 海保博之・聖学院大 松原　望監修
東洋大 北村英哉・早大 竹村和久・福島大 住吉チカ編

感情と思考の科学事典

10220-8 C3540　　　A 5 判 484頁 本体9500円

「感情」と「思考」は，相対立するものとして扱われてきた心の領域であるが，心理学での知見の積み重ねや科学技術の進歩は，両者が密接に関連してヒトを支えていることを明らかにしつつある。多様な学問的関心と期待に応えるべく，多分野にわたるキーワードを中項目形式で解説する。測定や実践場面，経済心理学といった新しい分野も取り上げる。〔内容〕I. 感情／II. 思考と意思決定／III. 感情と思考の融接／IV. 感情のマネジメント／V. 思考のマネジメント

海保博之・楠見　孝監修
佐藤達哉・岡市廣成・遠藤利彦・
大渕憲一・小川俊樹編

心理学総合事典

52015-6 C3511　　　B 5 判 792頁 本体28000円

心理学全般を体系的に構成した事典。心理学全体を参照枠とした各領域の位置づけを可能とする。基本事項を網羅し，最新の研究成果や隣接領域の展開も盛り込む。索引の充実により「辞典」としての役割も高めた。研究者，図書館必備の事典〔内容〕I部：心の研究史と方法論／II部：心の脳生理学的基礎と生物学的基礎／III部：心の知的機能／IV部：心の情意機能／V部：心の社会的機能／VI部：心の病態と臨床／VII部：心理学の拡大／VIII部：心の哲学

早大 中島義明編

現代心理学［理論］事典

52014-9 C3511　　　A 5 判 836頁 本体22500円

心理学を構成する諸理論を最先端のトピックスやエピソードをまじえ解説。〔内容〕心理学のメタグランド理論編（科学論的理論／神経科学的理論他3編）／感覚・知覚心理学編（感覚理論／生態学的理論他5編）／認知心理学編（イメージ理論／学習の理論他6編）／発達心理学編（日常認知の発達理論／人格発達の理論他4編）／社会心理学編（帰属理論／グループダイナミックスの理論他4編）／臨床心理学編（深層心理学の理論／カウンセリングの理論／行動・認知療法の理論他3編）

前東女医大 澤口彰子他著

臨床のための法医学（第6版）

31091-7 C3047　　　B 5 判 224頁 本体5900円

ベーシックな法医学テキスト。〔内容〕検視・検案／死亡診断書／死体現象／内因性急死／創傷／頭部外傷／交通外傷／環境異常障害／窒息／頸部圧迫／溺死／胎児・乳児／児童虐待／薬物／中毒／DNA／個人識別／歯／医師と法律／他

千葉大 青山紘一編

知的財産法基本判例ガイド

55000-9 C3032　　　A 5 判 264頁 本体3500円

特許法・著作権法・不正競争防止法・商標法・意匠法・実用新案法等に関する120余の重要判例を収録。各事件の概要・判旨・要点につき，各分野の専門家がコンパクトに解説。充実した文献データで知財法学習を「ガイド」する座右の1冊

東工大 佐伯とも子・東工大 京本直樹・東工大 田中義敏著

知的財産
―基礎と活用―

50014-1 C3032　　　A 5 判 200頁 本体2900円

理工系学生や技術者，経営者がプロパテント時代を生き抜くための「常識」を網羅。知財法学習の導入としても好適。〔内容〕知的財産の発生と発展／知的財産権法概論／日本の知財戦略／企業経営と知的財産／企業の知的財産マネジメント／他

特許庁 松縄正登著

特許審判
―法理と実務―

55002-3 C3032　　　A 5 判 296頁 本体4500円

特許実務や企業の知財戦略の現場等で不可欠な審判制度の仕組みや手続きを中心に，諸権利の効力や侵害時の罰則ほかを詳説。〔内容〕総論／無効審判／その他の当事者系審判／査定系審判／再審・訴訟／特許権・実施権／権利侵害と罰則／各論

上記価格（税別）は2012年11月現在